U0916209

中国社会科学院马克思主义研究学部、马克思主义研究院◎编

Marxist Theory Research and Discipline Construction Yearbook 2012

# 马克思主义理论研究与学科建设年鉴 2012

总第3卷

中国社会科学出版社

**图书在版编目(CIP)数据**

马克思主义理论研究与学科建设年鉴（2012·总第3卷）／中国社会科学院马克思主义研究学部，马克思主义研究院编．—北京：中国社会科学出版社，2012.8

ISBN 978－7－5161－1148－2

Ⅰ.①马… Ⅱ.①中…②马… Ⅲ.①马克思主义—理论研究—中国—2012—年鉴 Ⅳ.①A81－54

中国版本图书馆CIP数据核字(2012)第144702号

---

**出 版 人** 赵剑英
**责任编辑** 黄燕生 蔺红 金泓 许琳 刘艳 李四龙
**责任校对** 韩海超
**责任印制** 戴 宽

---

**出　　版** 中国社会科学出版社
**社　　址** 北京鼓楼西大街甲158号(邮编100720)
**网　　址** http://www.csspw.com.cn
中文域名:中国社科网　010－64070619
**发 行 部** 010－84083685
**门 市 部** 010－84029450
**经　　销** 新华书店及其他书店

---

**印　　装** 环球印刷(北京)有限公司
**版　　次** 2012年8月第1版
**印　　次** 2012年8月第1次印刷

---

**开　　本** 787×1092　1/16
**印　　张** 49.5
**字　　数** 1233千字
**定　　价** 158.00元

---

凡购买中国社会科学出版社图书,如有质量问题请与本社联系调换
电话:010－64009791

## 《马克思主义理论研究与学科建设年鉴》编委会



## 《马克思主义理论研究与学科建设年鉴》编辑部

# 编辑说明

一、由中国社会科学院马克思主义研究学部和马克思主义研究院主办的《马克思主义理论研究与学科建设年鉴》是目前全国唯一一部全面反映马克思主义理论研究成果和学科建设的综合性年鉴；主要汇集上年度马克思主义理论研究与学科建设新成果、新进展、新走向；具有权威性、学术性、时效性。

二、特约文稿部分选取的是上一年度马克思主义研究领域中知名专家的重要成果或该领域中具有较大影响的文章，具有学术前沿性。

三、学科建设部分由从事马克思主义研究的专家学者撰写，反映学科发展的最新进展，具有可读性。

四、论文荟萃部分是从全国同类文章中选取部分新颖的观点予以介绍，以期对众多马克思主义研究者有所启发。

五、教育教学部分选取若干单位在马克思主义研究生教育、精品课程建设、教学基本经验等方面的成绩及博士生导师的情况予以介绍，以其检阅我国马克思主义研究阵容。

六、为了尽量反映更多学者的马克思主义理论研究成果，同一作者的同一成果在本年鉴中一般只使用一处。

七、本年鉴在《中国特色社会主义年鉴》的基础上创办，积累了丰富的经验和社会资源，我们将进一步使其成为全国理论工作者、党政领导干部、高等院校有关师生、全国各级各类图书馆（资料室）必备的工具书和参考读物。

中国社会科学院

马克思主义研究学部　马克思主义研究院

《马克思主义理论研究与学科建设年鉴》编辑部

2012 年 6 月

# 目　录

# 第一篇

# 重要文献

# 在庆祝中国共产党成立90周年大会上的讲话

胡锦涛

同志们，朋友们：

今天，我们在这里隆重集会，同全党全国各族人民一道，庆祝中国共产党成立90周年，回顾中国发展进步的伟大历程，瞻望中国发展繁荣的光明前景。

90年前的今天，中国共产党成立了。这是中华民族发展史上开天辟地的大事变。从此，中国人民踏上了争取民族独立、人民解放的光明道路，开启了实现国家富强、人民富裕的壮丽征程。

90年来，中国共产党人和全国各族人民前赴后继、顽强奋斗，不断夺取革命、建设、改革的重大胜利。今天，一个生机盎然的社会主义中国已经巍然屹立在世界东方，13亿中国人民正在中国特色社会主义伟大旗帜指引下满怀信心走向中华民族伟大复兴。

同志们、朋友们！

1840年鸦片战争以来中国170多年的历史，概括地说就是，我们伟大的祖国经历了刻骨铭心的磨难，我们伟大的民族进行了感天动地的奋斗，我们伟大的人民创造了彪炳史册的伟业。

鸦片战争以后，中国逐步成为半殖民地半封建社会，列强对中国的侵略步步进逼，封建统治日益腐败，祖国山河破碎、战乱不已，人民饥寒交迫、备受奴役。救亡图存的民族使命迫在眉睫。争取民族独立、人民解放，实现国家富强、人民富裕，成为中国人民必须完成的历史任务。

在那个风雨如晦的年代，为改变中华民族的命运，中国人民和无数仁人志士进行了千辛万苦的探索和不屈不挠的斗争。太平天国运动，戊戌变法，义和团运动，不甘屈服的中国人民一次次抗争，但又一次次失败。孙中山先生领导的辛亥革命，结束了统治中国几千年的君主专制制度，对推动中国社会进步具有重大意义，但也未能改变中国半殖民地半封建的社会性质和中国人民的悲惨命运。

事实说明，不触动封建根基的自强运动和改良主义，旧式的农民战争，资产阶级革命派领导的革命，照搬西方资本主义的其他种种方案，都不能完成中华民族救亡图存的民族使命和反帝反封建的历史任务。要解决中国发展进步问题，必须找到能够指导中国人民进行反帝反封建革命的先进理论，必须找到能够领导中国社会变革的先进社会力量。

1921年，在马克思列宁主义同中国工人运动相结合的进程中，中国共产党应运而生。中国共产党的诞生，是近现代中国历史发展的必然产物，是中国人民在救亡图存斗争中顽强求索的必然产物。从此，中国革命有了正确前进方向，中国人民有了强大精神力量，中国命运有了光明发展前景。

90年来，我们党团结带领人民在中国这片古老的土地上，书写了人类发展史上惊天地、泣鬼神的壮丽史诗，集中体现为完成和推进了三件大事。

第一件大事，我们党紧紧依靠人民完成了新民主主义革命，实现了民族独立、人民解放。经过北伐战争、土地革命战争、抗日战争、解放战争，党和人民进行28年浴血奋战，打败日本帝国主义侵略，推翻国民党反动统治，建立了中华人民共和国。新中国的成立，使人民成为国家、社会和自己命运的主人，实现了中国从几千年封建专制制度向人民民主制度的伟大跨越，实现了中国高度统一和各民族空前团结，彻底结束了旧中国半殖民地半封建社会的历史，彻底结束了旧中国一盘散沙的局面，彻底废除了列强强加给中国的不平等条约和帝国主义在中国的一切特权。中国人从此站立起来了，中华民族发展进步从此开启了新的历史纪元。

第二件大事，我们党紧紧依靠人民完成了社会主义革命，确立了社会主义基本制度。我们创造性地实现由新民主主义到社会主义的转变，使占世界人口四分之一的东方大国进入社会主义社会，实现了中国历史上最广泛最深刻的社会变革。我们建立起独立的比较完整的工业体系和国民经济体系，积累了在中国这样一个社会生产力水平十分落后的东方大国进行社会主义建设的重要经验。

第三件大事，我们党紧紧依靠人民进行了改革开放新的伟大革命，开创、坚持、发展了中国特色社会主义。党的十一届三中全会以来，我们总结我国社会主义建设经验，同时借鉴国际经验，以巨大的政治勇气、理论勇气、实践勇气实行改革开放，经过艰辛探索，形成了党在社会主义初级阶段的基本理论、基本路线、基本纲领、基本经验，建立和完善社会主义市场经济体制，坚持全方位对外开放，推动社会主义现代化建设取得举世瞩目的伟大成就。

这三件大事，从根本上改变了中国人民和中华民族的前途命运，不可逆转地结束了近代以后中国内忧外患、积贫积弱的悲惨命运，不可逆转地开启了中华民族不断发展壮大、走向伟大复兴的历史进军，使具有5000多年文明历史的中国面貌焕然一新，中华民族伟大复兴展现出前所未有的光明前景。

90年来，中国社会发生的变革，中国人民命运发生的变化，其广度和深度，其政治影响和社会意义，在人类发展史上都是十分罕见的。

事实充分证明，在近代以来中国社会发展进步的壮阔进程中，历史和人民选择了中国共产党，选择了马克思主义，选择了社会主义道路，选择了改革开放。

事实充分证明，中国共产党不愧为伟大、光荣、正确的马克思主义政党，不愧为领导中国人民不断开创事业发展新局面的核心力量。

同志们、朋友们！

90年来，我们取得的一切成就，是一代一代中国共产党人同人民一道顽强拼搏、接续奋斗的结果。以毛泽东同志为核心的党的第一代中央领导集体团结带领全党全国各族人民，夺取了新民主主义革命的伟大胜利，确立了社会主义基本制度，为当代中国一切发展进步奠定了根本政治前提和制度基础。以邓小平同志为核心的党的第二代中央领导集体团结带领全党全国各族人民，开启了改革开放的伟大历程，吹响了建设中国特色社会主义的时代号角，开辟了社会主义事业发展新时期。以江泽民同志为核心的党的第三代中央领导集体团结带领全党全国各族人民，坚持改革开放、与时俱进，引领改革开放的航船沿着正确方向破浪前进，成功把中国特色社会主义伟大事业推向21世纪。党的十六大以来，党中央团结带领全党全国各族人民，以邓小平理论和“三个代表”重要思想为指导，深入贯彻落实科学发展观，着力推动科学发展、促进社会和谐，继续在全面建设小康社会实践中推进中国特色社会主义伟大事业。

在庆祝中国共产党成立90周年的时刻，我们深切怀念为中国革命、建设、改革，为中国共产党建立、巩固、发展作出重大贡献的毛泽东、周恩来、刘少奇、朱德、邓小平、陈云等老一辈无产阶级革命家，深切怀念为创立、捍卫、建设新中国而英勇牺牲的革命先烈，深切怀念近代以来为中华民族独立和解放而顽强奋斗的所有先驱。他们为祖国和民族建立的丰功伟绩永垂史册！

在这里，我代表中共中央，向全国广大工人、农民、知识分子，向各民主党派、各人民团体、各界爱国人士，向中国人民解放军、武警部队、公安民警，致以崇高的敬意！向香港特别行政区同胞、澳门特别行政区同胞和台湾同胞以及广大侨胞，致以诚挚的问候！向一切同中国人民友好相处，关心和支持中国革命、建设、改革事业的各国人民和朋友，表示衷心的谢意！

同志们、朋友们！

经过90年的奋斗、创造、积累，党和人民必须倍加珍惜、长期坚持、不断发展的成就是：开辟了中国特色社会主义道路，形成了中国特色社会主义理论体系，确立了中国特色社会主义制度。

中国特色社会主义道路，是实现社会主义现代化的必由之路，是创造人民美好生活的必由之路。中国特色社会主义道路，就是在中国共产党领导下，立足基本国情，以经济建设为中心，坚持四项基本原则，坚持改革开放，解放和发展社会生产力，巩固和完善社会主义制度，建设社会主义市场经济、社会主义民主政治、社会主义先进文化、社会主义和谐社会，建设富强民主文明和谐的社会主义现代化国家。

中国特色社会主义理论体系，是指导党和人民沿着中国特色社会主义道路实现中华民族伟大复兴的正确理论。我们党坚持把马克思主义基本原理同中国具体实际结合起来，在推进马克思主义中国化的历史进程中产生了两大理论成果。一大理论成果是毛泽东思想。毛泽东思想是马克思列宁主义在中国的运用和发展，系统回答了在一个半殖民地半封建的东方大国，如何实现新民主主义革命和社会主义革命的问题，并对建设什么样的社会主义、怎样建设社会主义进行了艰辛探索，以创造性的内容为马克思主义宝库增添了新的财富。另一大理论成果是中国特色社会主义理论体系。中国特色社会主义理论体系是包括邓小平理论、“三个代表”重要思想以及科学发展观等重大战略思想在内的科学理论体系，系统回答了在中国这样一个十几亿人口的发展中大国建设什么样的社会主义、怎样建设社会主义，建设什么样的党、怎样建设党，实现什么样的发展、怎样发展等一系列重大问题，是对毛泽东思想的继承和发展。

中国特色社会主义制度，是当代中国发展进步的根本制度保障，集中体现了中国特色社会主义的特点和优势。我们推进社会主义制度自我完善和发展，在经济、政治、文化、社会等各个领域形成一整套相互衔接、相互联系的制度体系。人民代表大会制度这一根本政治制度，中国共产党领导的多党合作和政治协商制度、民族区域自治制度以及基层群众自治制度等构成的基本政治制度，中国特色社会主义法律体系，公有制为主体、多种所有制经济共同发展的基本经济制度，以及建立在根本政治制度、基本政治制度、基本经济制度基础上的经济体制、政治体制、文化体制、社会体制等各项具体制度，符合我国国情，顺应时代潮流，有利于保持党和国家活力、调动广大人民群众和社会各方面的积极性、主动性、创造性，有利于解放和发展社会生产力、推动经济社会全面发展，有利于维护和促进社会公平正义、实现全体人民共同富裕，有利于集中力量办大事、有效应对前进道路上的各种风险挑战，有利于维护民族团结、社会稳定、国家统一。

面对风云变幻的国际形势，面对艰巨繁重的国内改革发展稳定任务，我们党要团结带领人民继续前进，开创工作新局面，赢得事业新胜利，最根本的就是要高举中国特色社会主义伟大旗帜，坚持和拓展中国特色社会主义道路，坚持和丰富中国特色社会主义理论体系，坚持和完善中国特色社会主义制度。

同志们、朋友们!

回顾90年中国的发展进步，可以得出一个基本结论：办好中国的事情，关键在党。

总结90年的发展历程，我们党保持和发展马克思主义政党先进性的根本点是：坚持解放思想、实事求是、与时俱进，以科学态度对待马克思主义，用发展着的马克思主义指导新的实践，坚持真理、修正错误，坚定不移走自己的路，始终保持党开拓前进的精神动力；坚持为了人民、依靠人民，诚心诚意为人民谋利益，从人民群众中汲取智慧和力量，始终保持党同人民群众的血肉联系；坚持任人唯贤、广纳人才，以事业感召、培养、造就人才，不断增加新鲜血液，始终保持党的蓬勃活力；坚持党要管党、从严治党，正视并及时解决党内存在的突出问题，始终保持党的肌体健康。

全党必须清醒地看到，在世情、国情、党情发生深刻变化的新形势下，提高党的领导水平和执政水平、提高拒腐防变和抵御风险能力，加强党的执政能力建设和先进性建设，面临许多前所未有的新情况新问题新挑战，执政考验、改革开放考验、市场经济考验、外部环境考验是长期的、复杂的、严峻的。精神懈怠的危险，能力不足的危险，脱离群众的危险，消极腐败的危险，更加尖锐地摆在全党面前，落实党要管党、从严治党的任务比以往任何时候都更为繁重、更为紧迫。

我们必须从新的实际出发，坚持以科学理论指导党的建设，以改革创新精神研究和解决党的建设面临的重大理论和实际问题，着眼于全面建设小康社会、加快推进社会主义现代化，全面认识和自觉运用马克思主义执政党建设规律，全面推进党的建设新的伟大工程，不断提高党的建设科学化水平。

在新的历史条件下提高党的建设科学化水平，必须坚持解放思想、实事求是、与时俱进，大力推进马克思主义中国化时代化大众化，提高全党思想政治水平。

90年来党的发展历程告诉我们，理论上的成熟是政治上坚定的基础，理论上的与时俱进是行动上锐意进取的前提，思想上的统一是全党步调一致的重要保证。中国共产党人坚信马克思主义基本原理是颠扑不破的科学真理，坚信马克思主义必须随着实践发展而不断丰富和发展，从来不把马克思主义看成是空洞、僵硬、刻板的教条。马克思主义，理论源泉是实践，发展依据是实践，检验标准也是实践。任何固守本本、漠视实践、超越或落后于实际生活的做法都不会得到成功。在历史上的一些时期，我们曾经犯过错误甚至遇到严重挫折，根本原因就在于当时的指导思想脱离了中国实际。我们党能够依靠自己和人民的力量纠正错误，在挫折中奋起，继续胜利前进，根本原因就在于重新恢复和坚持贯彻了实事求是。这方面的经验教训，我们党在《关于若干历史问题的决议》和《关于建国以来党的若干历史问题的决议》中进行了系统总结，我们必须牢牢记取。

实践发展永无止境，认识真理永无止境，理论创新永无止境。党和人民的实践是不断前进的，指导这种实践的理论也要不断前进。中国特色社会主义道路必将在党和人民的创造性实践中不断拓展，中国特色社会主义制度必将在深化改革、扩大开放中不断完善。这一过程必将为理论创新开辟广阔前景。在新的历史条件下坚持马克思主义，关键是要及时回答实践提出的新课题，为实践提供科学指导。我们要准确把握世界发展大势，准确把握社会主义初级阶段基本国情，深入研究我国发展的阶段性特征，及时总结党领导人民创造的新鲜经验，重点抓住经济社会发展重大问题，作出新的理论概括，永葆科学理论的旺盛生命力。

理论创新每前进一步，理论武装就跟进一步，这是我们党加强自身建设的一条重要经验。我们必须按照建设马克思主义学习型政党的要求，抓紧学习人类社会创造的一切科学的新思想新知识。全体党员、干部都要把学习作为一种精神追求，深入学习和掌握马克思列宁主义、毛泽东思想，深入学习和掌握中国特色社会主义理论体系，牢固树立辩证唯物主义和历史唯物主义世界观和方法论，真正做到学以立德、学以增智、学以创业。全党同志特别是党的各级领导干部都要不断提高思想政治水平，坚定理想信念，增强为党和人民事业不懈奋斗的自觉性和坚定性，咬定青山不放松，真正做到坚定不移、矢志不渝。

在新的历史条件下提高党的建设科学化水平，必须坚持五湖四海、任人唯贤，坚持德才兼备、以德为先用人标准，把各方面优秀人才集聚到党和国家事业中来。

90 年来党的发展历程告诉我们，政治路线确定之后干部就是决定因素。坚持五湖四海、任人唯贤，是我们党的性质和宗旨的必然要求。我们党除了人民利益，没有自己的特殊利益。我们党坚持这个崇高原则，为一切忠于人民、扎根人民、奉献人民的人们提供了施展才华的宽广舞台。中国特色社会主义道路能不能越走越宽广，中华民族能不能实现伟大复兴，要看能不能不断培养造就大批优秀人才，更要看能不能让各方面优秀人才脱颖而出、施展才华。

我们要以更宽的视野、更高的境界、更大的气魄，广开进贤之路，把各方面优秀干部及时发现出来、合理使用起来。要坚持把干部的德放在首要位置，选拔任用那些政治坚定、有真才实学、实绩突出、群众公认的干部，形成以德修身、以德服众、以德领才、以德润才、德才兼备的用人导向。要坚持凭实绩使用干部，让能干事者有机会、干成事者有舞台，不让老实人吃亏，不让投机钻营者得利，让所有优秀干部都能为党和人民贡献力量。

源源不断培养造就大批优秀年轻干部，是关系党和人民事业继往开来、薪火相传的根本大计。年轻干部要承担起事业重任，必须牢固树立正确的世界观、权力观、事业观，做到忠诚党的事业、心系人民群众、专心做好工作、不断完善自己。广大年轻干部要自觉到艰苦地区、复杂环境、关键岗位砥砺品质、锤炼作风、增长才干。经过艰苦复杂环境磨练、重大斗争考验、实践证明优秀、有培养前途的大批年轻干部能够不断涌现出来，党和人民事业就大有希望。

人才是第一资源，是国家发展的战略资源。全党同志和全社会都要坚持尊重劳动、尊重知识、尊重人才、尊重创造的重大方针，牢固树立人人皆可成才的观念，敢为事业用人才，让各类人才都拥有广阔的创业平台、发展空间，使每个人都成为对祖国、对人民、对民族的有用之才，特别是要抓紧培养造就青年英才，形成人才辈出、人尽其才、才尽其用的生动局面。

在新的历史条件下提高党的建设科学化水平，必须坚持以人为本、执政为民理念，牢固树立马克思主义群众观点、自觉贯彻党的群众路线，始终保持党同人民群众的血肉联系。

90年来党的发展历程告诉我们，来自人民、植根人民、服务人民，是我们党永远立于不败之地的根本。以人为本、执政为民是我们党的性质和全心全意为人民服务根本宗旨的集中体现，是指引、评价、检验我们党一切执政活动的最高标准。全党同志必须牢记，密切联系群众是我们党的最大政治优势，脱离群众是我们党执政后的最大危险。我们必须始终把人民利益放在第一位，把实现好、维护好、发展好最广大人民根本利益作为一切工作的出发点和落脚点，做到权为民所用、情为民所系、利为民所谋，使我们的工作获得最广泛最可靠最牢固的群众基础和力量源泉。

每一个共产党员都要把人民放在心中最高位置，尊重人民主体地位，尊重人民首创精神，拜人民为师，把政治智慧的增长、执政本领的增强深深扎根于人民的创造性实践之中。要高度重视并切实做好新形势下群众工作，坚持问政于民、问需于民、问计于民，真诚倾听群众呼声，真实反映群众愿望，真情关心群众疾苦，依法保障人民群众经济、政治、文化、社会等各项权益。只有我们把群众放在心上，群众才会把我们放在心上；只有我们把群众当亲人，群众才会把我们当亲人。各级党政机关和干部要坚持工作重心下移，经常深入实际、深入基层、深入群众，做到知民情、解民忧、暖民心。要把基层一线作为培养锻炼干部的基础阵地，引导干部在同群众朝夕相处中增进对群众的思想感情、增强服务群众本领。要把服务群众、做群众工作作为基层党组织的核心任务和基层干部的基本职责，使基层党组织成为推动发展、服务群众、凝聚人心、促进和谐的坚强战斗堡垒。

在新的历史条件下提高党的建设科学化水平，必须坚持标本兼治、综合治理、惩防并举、注重预防的方针，深入开展党风廉政建设和反腐败斗争，始终保持马克思主义政党的先进性和纯洁性。

90年来党的发展历程告诉我们，坚决惩治和有效预防腐败，关系人心向背和党的生死存亡，是党必须始终抓好的重大政治任务。我们党对长期执政条件下滋生腐败的严重性和危险性，对改革开放和社会主义现代化建设全过程都要反对腐败，认识是清醒的。我们党旗帜鲜明、一以贯之反对腐败，反腐倡廉建设不断取得新的明显进展，为推进改革开放和社会主义现代化建设提供了重要保障。同时，反腐败斗争形势依然严峻、任务依然艰巨。如果腐败得不到有效惩治，党就会丧失人民信任和支持。全党必须警钟长鸣，充分认识反腐败斗争的长期性、复杂性、艰巨性，把反腐倡廉建设摆在更加突出的位置，以更加坚定的信心、更加坚决的态度、更加有力的举措推进惩治和预防腐败体系建设，坚定不移地把反腐败斗争进行到底。

各级领导干部都要牢记，我们手中的权力是人民赋予的，只能用来为人民谋利益。行使权力就必须为人民服务、对人民负责并自觉接受人民监督，决不能把权力变成牟取个人或少数人私利的工具。各级干部都要自重、自省、自警、自励，讲党性、重品行、作表率，做到立身不忘做人之本、为政不移公仆之心、用权不谋一己之私，永葆共产党人政治本色。

在新的历史条件下提高党的建设科学化水平，必须坚持用制度管权管事管人，健全民主集中制，不断推进党的建设制度化、规范化、程序化。

90 年来党的发展历程告诉我们，建设好、管理好一个有几千万党员的大党，制度更带有根本性、全局性、稳定性、长期性。必须始终把制度建设贯穿党的思想建设、组织建设、作风建设和反腐倡廉建设之中，坚持突出重点、整体推进，继承传统、大胆创新，构建内容协调、程序严密、配套完备、有效管用的制度体系。

推进党的制度建设，要坚持以党章为根本、以民主集中制为核心，坚持和完善党的领导制度，改革和完善党的领导方式和执政方式，发展党内民主，积极稳妥推进党务公开，保障党员主体地位和民主权利，完善党代表大会制度和党内选举制度，完善党内民主决策机制，保障党的团结统一，增强党的创造活力，坚决克服违反民主集中制原则的个人独断专行和软弱涣散现象。全党同志都要牢固树立法律面前人人平等、制度面前没有特权、制度约束没有例外的观念，认真学习制度，严格执行制度，自觉维护制度。

总之，只要全党同志常怀忧党之心、恪尽兴党之责，以更加奋发有为的精神状态推进党的建设，我们党就一定能够更好把握历史大势、勇立时代潮头、引领社会进步。

同志们、朋友们！

中国共产党自诞生之日起就勇敢担当起团结带领人民实现中华民族伟大复兴的历史使命。继续推动中华民族伟大复兴进程，必须始终坚持党的基本路线不动摇，继续解放思想，坚持改革开放，推动科学发展，促进社会和谐，在新的历史起点上把中国特色社会主义伟大事业全面推向前进。

面向未来，全党同志必须牢记，我国过去 30 多年的快速发展靠的是改革开放，我国未来发展也必须坚定不移依靠改革开放。新时期最鲜明的特点是改革开放。改革开放是党在新的历史条件下领导人民进行的新的伟大革命，是决定当代中国命运的关键抉择，是坚持和发展中国特色社会主义、实现中华民族伟大复兴的必由之路。只有改革开放才能发展中国、发展社会主义、发展马克思主义。当前，世情、国情、党情继续发生深刻变化，我国发展中不平衡、不协调、不可持续问题突出，制约科学发展的体制机制障碍躲不开、绕不过，必须通过深化改革加以解决。我们一定要坚定不移坚持党的十一届三中全会以来的路线方针政策，坚定信心、砥砺勇气，坚持不懈把改革创新精神贯彻到治国理政各个环节，奋力把改革开放推向前进。要坚持社会主义市场经济的改革方向，提高改革决策的科学性，增强改革措施的协调性，找准深化改革开放的突破口，明确深化改革开放的重点，不失时机地推进重要领域和关键环节改革，继续推进经济体制、政治体制、文化体制、社会体制改革创新，继续解放和发展社会生产力，继续推动我国社会主义制度自我完善和发展，坚决破除一切妨碍科学发展的思想观念和体制机制弊端，为推进中国特色社会主义事业注入强大动力。

在前进道路上，我们要继续牢牢扭住经济建设这个中心不动摇，坚定不移走科学发展道路。

以经济建设为中心是兴国之要，是我们党、我们国家兴旺发达、长治久安的根本要求。只有推动经济又好又快发展，才能筑牢国家发展繁荣的强大物质基础，才能筑牢全国各族人民幸福安康的强大物质基础，才能筑牢中华民族伟大复兴的强大物质基础。改革开放30多年来，我们坚持以经济建设为中心，推动社会生产力以前所未有的速度发展起来，这是我国综合国力、人民生活水平、国际地位大幅度提升的根本原因。今后，我们必须继续牢牢坚持发展是硬道理的战略思想，牢牢扭住经济建设这个中心，决不能有丝毫动摇。

生产力是人类社会发展的根本动力。我们党是以中国先进生产力的代表登上历史舞台的。党的一切奋斗，归根到底都是为了解放和发展社会生产力，不断改善人民生活。我们已经取得了举世瞩目的伟大成就，但我国仍处于并将长期处于社会主义初级阶段的基本国情没有变，人民日益增长的物质文化需要同落后的社会生产之间的矛盾这一社会主要矛盾没有变，我国是世界上最大的发展中国家的国际地位没有变。发展仍然是解决我国所有问题的关键。牢牢抓住和用好我国发展的重要战略机遇期，是我们赢得主动、赢得优势、赢得未来的关键所在，是对我们党执政能力的重大考验，也是对我们民族自强能力的重大考验。我们必须继续聚精会神搞建设、一心一意谋发展，不断夯实坚持和发展中国特色社会主义的物质基础。

在当代中国，坚持发展是硬道理的本质要求就是坚持科学发展。我们要以科学发展为主题，以加快转变经济发展方式为主线，更加注重以人为本，更加注重全面协调可持续发展，更加注重统筹兼顾，更加注重改革开放，更加注重保障和改善民生，加快经济结构战略性调整，加快科技进步和创新，加快建设资源节约型、环境友好型社会，促进社会公平正义，促进经济长期平稳较快发展和社会和谐稳定，不断在生产发展、生活富裕、生态良好的文明发展道路上取得新的更大的成绩，不断为全面建成小康社会、实现中华民族伟大复兴打下更为坚实的基础。

在前进道路上，我们要继续大力推进社会主义民主政治建设，坚定不移走中国特色社会主义政治发展道路。

人民民主是中国共产党始终高扬的光辉旗帜。改革开放以来，我们党总结发展社会主义民主的正反两方面经验，明确提出没有民主就没有社会主义，就没有社会主义现代化，人民当家作主是社会主义民主政治的本质和核心。我们坚持推进政治体制改革，在发展社会主义民主政治方面取得了重大进展。我们废除了实际上存在的领导干部职务终身制，确保了国家政权机关和领导人员有序更替。我们不断扩大人民有序政治参与，人民实现了内容广泛的当家作主。我们坚持和完善中国共产党领导的多党合作，深入开展政治协商、民主监督、参政议政，发展最广泛的爱国统一战线。我们建立健全深入了解民情、充分反映民意、广泛集中民智、切实珍惜民力的决策机制，保证决策符合人民利益和愿望。我们建立健全广纳群贤、人尽其才、能上能下、充满活力的用人机制，为各方面优秀人才建功立业开辟了广阔渠道。我们形成了中国特色社会主义法律体系，我们党自觉在宪法和法律范围内活动，支持人大、政府、政协、司法机关等依照法律和各自章程独立负责、协调一致开展工作。我们建立健全权力运行制约和监督体系，保证党和国家机关按照法定权限和程序行使权力。事实充分证明，我国社会主义民主政治具有强大生命力，中国特色社会主义政治发展道路是保证人民当家作主的正确道路。

同时，我们也要看到，我国社会主义民主法制建设与扩大人民民主和促进经济社会发展的要求还不完全适应，社会主义民主政治的具体制度方面还存在不完善的地方，在保障人民民主权利、发挥人民创造精神方面还存在不足。随着中国特色社会主义事业持续推进，我国社会主义民主政治建设需要也必然会继续向前推进。

发展社会主义民主政治，必须坚持中国特色社会主义政治发展道路，关键是要坚持党的领导、人民当家作主、依法治国有机统一。我们要积极稳妥推进政治体制改革，以保证人民当家作主为根本，以增强党和国家活力、调动人民积极性为目标，扩大社会主义民主，建设社会主义法治国家，发展社会主义政治文明。要坚持发挥党总揽全局、协调各方的领导核心作用，提高党科学执政、民主执政、依法执政水平，保证党领导人民有效治理国家。要坚持国家一切权力属于人民，健全民主制度，丰富民主形式，拓宽民主渠道，保证人民依法实行民主选举、民主决策、民主管理、民主监督。要全面落实依法治国基本方略，在全社会大力弘扬社会主义法治精神，不断推进科学立法、严格执法、公正司法、全民守法进程，实现国家各项工作法治化。总之，我们要不断推进社会主义民主政治制度化、规范化、程序化，进一步把我国社会主义政治制度的优越性发挥出来，为党和国家兴旺发达、长治久安提供更加完善的制度保障。

在前进道路上，我们要继续大力推动社会主义文化大发展大繁荣，坚定不移发展社会主义先进文化。

社会主义先进文化是马克思主义政党思想精神上的旗帜。面对当今文化越来越成为综合国力竞争重要因素的新形势，我们必须以高度的文化自觉和文化自信，着眼于提高民族素质和塑造高尚人格，以更大力度推进文化改革发展，在中国特色社会主义伟大实践中进行文化创造，让人民共享文化发展成果。

要坚持发展面向现代化、面向世界、面向未来的，民族的科学的大众的社会主义文化，推动社会主义先进文化更加深入人心，推动社会主义精神文明和物质文明全面发展，不断开创全民族文化创造活力持续迸发、社会文化生活更加丰富多彩、人民基本文化权益得到更好保障、人民思想道德素质和科学文化素质全面提高的新局面，建设中华民族共有精神家园。

发展社会主义先进文化，必须把社会主义核心价值体系建设融入国民教育、精神文明建设和党的建设全过程。要坚持用马克思主义中国化最新成果武装全党、教育人民，引导广大干部群众深刻领会党的理论创新成果，坚定理想信念。要在全体人民中大力弘扬以爱国主义为核心的民族精神和以改革创新为核心的时代精神，增强民族自尊心、自信心、自豪感，激励全党全国各族人民为实现中华民族伟大复兴而团结奋斗。要坚持用社会主义荣辱观引领社会风尚，深入推进社会公德、职业道德、家庭美德、个人品德建设，加强对青少年的德育培养，在全社会形成积极向上的精神追求和健康文明的生活方式。要加快文化体制改革，加快构建公共文化服务体系，加快发展文化事业和文化产业。要着眼于推动中华文化走向世界，形成与我国国际地位相对称的文化软实力，提高中华文化国际影响力。中华民族创造了源远流长、博大精深的中华文化，中华民族也一定能够在弘扬中华优秀传统文化的基础上创造出中华文化新的辉煌。

在前进道路上，我们要继续大力保障和改善民生，坚定不移推进社会主义和谐社会建设。

保障和改善民生，促进社会和谐，是实现全面建设小康社会宏伟目标的必然要求。我们必须从维护最广大人民根本利益和实现国家长治久安的战略高度抓好社会建设，推动社会建设与经济建设、政治建设、文化建设协调发展。

推进社会建设，要以保障和改善民生为重点，着力解决好人民最关心最直接最现实的利益问题。要坚持发展为了人民、发展依靠人民、发展成果由人民共享，完善保障和改善民生的制度安排，把促进就业放在经济社会发展优先位置，加快发展教育、社会保障、医药卫生、保障性住房等各项社会事业，推进基本公共服务均等化，加大收入分配调节力度，坚定不移走共同富裕道路，努力使全体人民学有所教、劳有所得、病有所医、老有所养、住有所居。

正确处理改革发展稳定关系，实现改革发展稳定的统一，是关系我国社会主义现代化建设全局的重要指导方针。发展是硬道理，稳定是硬任务；没有稳定，什么事情也办不成，已经取得的成果也会失去。这个道理，不仅全党同志要牢记在心，还要引导全体人民牢记在心。

当代中国正经历着空前广泛的社会变革。这种变革在给我国发展进步带来巨大活力的同时，也必然带来这样那样的矛盾和问题。社会矛盾运动是推动社会发展的基本力量。我们要遵循社会发展规律，主动正视矛盾，妥善处理人民内部矛盾和其他社会矛盾，不断为减少和化解矛盾培植物质基础、增强精神力量、完善政策措施、强化制度保障，最大限度激发社会活力，最大限度增加和谐因素，最大限度减少不和谐因素。要加强和创新社会管理，完善党委领导、政府负责、社会协同、公众参与的社会管理格局，建设中国特色社会主义社会管理体系，全面提高社会管理科学化水平，确保人民安居乐业、社会和谐稳定。

巩固的国防和强大的军队，是国家主权、安全、领土完整的坚强后盾。我们必须统筹经济建设和国防建设，走中国特色军民融合式发展路子，在全面建设小康社会进程中实现富国和强军的统一。要着眼全面履行新世纪新阶段军队历史使命，以推动国防和军队科学发展为主题，以加快转变战斗力生成模式为主线，全面加强军队革命化、现代化、正规化建设，坚持党对军队绝对领导的根本原则和人民军队的根本宗旨，培育当代革命军人核心价值观，拓展和深化军事斗争准备，积极开展信息化条件下军事训练，提高国防科技和武器装备自主创新能力，加快全面建设现代后勤步伐，抓紧培养高素质新型军事人才，积极稳妥推进国防和军队改革，坚持依法治军、从严治军，全面提高以打赢信息化条件下局部战争能力为核心的完成多样化军事任务能力。要加快建设现代化武装警察力量。要深化全民国防教育，加强国防动员和后备力量建设，巩固和发展军政军民团结。

我们要一如既往坚持“一国两制”、“港人治港”、“澳人治澳”、高度自治的方针，全力支持香港特别行政区政府、澳门特别行政区政府依法施政、发展经济、改善民生，推进香港、澳门同内地的交流合作，团结一切爱国爱港、爱国爱澳力量，保持香港、澳门长期繁荣稳定。我们要牢牢把握两岸关系和平发展主题，全面深化两岸交流合作，扩大两岸各界往来，共同反对和遏制“台独”分裂活动，为两岸同胞谋幸福，为中华民族创未来。

同志们、朋友们！

环顾全球，和平、发展、合作的时代潮流没有变，但世界和平与发展面临诸多挑战。共同分享发展机遇，共同应对各种风险，推动建设持久和平、共同繁荣的和谐世界，是各国人民的共同愿望。

中国共产党和中国人民历来是促进世界和平与发展的积极力量。为人类作出应有贡献，是中国共产党和中国人民早就作出的庄严承诺。我们将坚持不懈为人类和平与发展的崇高事业作出自己的努力，争取对人类作出新的更大的贡献。

中国外交政策的宗旨是维护世界和平、促进共同发展。我们将继续坚持独立自主的和平外交政策，始终不渝走和平发展道路，始终不渝奉行互利共赢的开放战略，在和平共处五项原则的基础上同所有国家发展友好合作，维护发展中国家正当要求和共同利益，积极参与多边事务，推动国际政治经济秩序朝着更加公正合理的方向发展。我们将坚定不移实行对外开放的基本国策，完善开放型经济体系，全面提高开放型经济水平，加强同世界各国的互利合作，继续以自己的和平发展促进各国共同发展。

中国共产党将在独立自主、完全平等、相互尊重、互不干涉内部事务原则的基础上，同各国各地区政党和政治组织发展交流合作，相互学习借鉴治国理政经验，促进国家关系发展。

同志们、朋友们！

回顾我们党90年的发展历程，我们有一个共同的感觉，这就是，我们党从成立之日起，就始终代表广大青年、赢得广大青年、依靠广大青年。我们党的创始人之一李大钊说过，为世界进文明，为人类造幸福，以青春之我，创建青春之人类。我们党的创始人，一代又一代中国共产党人，大多数都是从青年时代就满腔热血参加了党，决心为党和人民奋斗终身。我们党的队伍里始终活跃着怀抱崇高理想、充满奋斗激情的青年人，这是我们党历经90年风雨而依然保持蓬勃生机的一个重要保证。青年是祖国的未来、民族的希望，也是我们党的未来和希望。全党都要关注青年、关心青年、关爱青年，倾听青年心声，鼓励青年成长，支持青年创业。党对青年寄予厚望，人民对青年寄予厚望。全国广大青年一定要深刻了解近代以来中国人民和中华民族不懈奋斗的光荣历史和伟大历程，永远热爱我们伟大的祖国，永远热爱我们伟大的人民，永远热爱我们伟大的中华民族，坚定理想信念，增长知识本领，锤炼品德意志，矢志奋斗拼搏，在人生的广阔舞台上充分发挥聪明才智、尽情展现人生价值，让青春在为党和人民建功立业中焕发出绚丽光彩。

同志们、朋友们！

90年前，中国共产党只有几十个成员，国家贫穷落后，人民苦不聊生。今天，中国共产党已经拥有8000多万党员，国家繁荣昌盛，人民幸福安康。90年来，我们党取得的所有成就都是依靠人民共同奋斗的结果，人民是真正的英雄，这一点我们永远不能忘记。

我们完全有理由为党和人民取得的一切成就而自豪，但我们没有丝毫理由因此而自满，我们决不能也决不会躺在过去的功劳簿上。

在本世纪上半叶，我们党要团结带领人民完成两个宏伟目标，这就是到中国共产党成立100年时建成惠及十几亿人口的更高水平的小康社会，到新中国成立100年时建成富强民主文明和谐的社会主义现代化国家。我们肩膀上的担子重、责任大。全党同志要牢记历史使命，永远保持谦虚、谨慎、不骄、不躁的作风，永远保持艰苦奋斗的作风，勇于变革、勇于创新，永不僵化、永不停滞，不动摇、不懈怠、不折腾，不为任何风险所惧，不被任何干扰所惑，坚定不移沿着中国特色社会主义道路奋勇前进，更加奋发有为地团结带领全国各族人民创造自己的幸福生活和中华民族的美好未来！

（原载《求是》2011年第13期）

# 在纪念辛亥革命100周年大会上的讲话

胡锦涛

同志们，朋友们：

100年前，以孙中山先生为代表的革命党人发动了震惊世界的辛亥革命，开启了中国前所未有的社会变革。今天，我们隆重纪念辛亥革命100周年，深切缅怀孙中山先生等辛亥革命先驱的历史功勋，就是要学习和弘扬他们为振兴中华而矢志不渝的崇高精神，激励海内外中华儿女为实现中华民族伟大复兴而共同奋斗。

1840年鸦片战争以后，中国逐步成为半殖民地半封建社会，西方列强野蛮入侵，封建统治腐朽无能，国家战乱不已，人民饥寒交迫，中国人民和中华民族遭受了世所罕见的深重苦难。在那个内忧外患接踵而至的年代，一切关心国家和民族前途命运的人们无不痛切感到，要实现民族独立、人民解放和国家富强、人民富裕，就必须推翻封建专制统治，对中国社会进行根本变革。辛亥革命的爆发，是当时中国人民争取民族独立、振兴中华深切愿望的集中反映，也是当时中国人民为救亡图存而前赴后继顽强斗争的集中体现。

孙中山先生是伟大的民族英雄、伟大的爱国主义者、中国民主革命的伟大先驱。孙中山先生站在时代前列，“适乎世界之潮流，合乎人群之需要”，大声疾呼“亟拯斯民于水火，切扶大厦之将倾”，高扬反对封建专制统治的斗争旗帜，提出民族、民权、民生的三民主义政治纲领，率先发出“振兴中华”的呐喊，希望推动中华民族摆脱封建专制统治和外国列强侵略，推动中国跟上世界发展进步的步伐、跻身世界先进行列。孙中山先生以自己的模范行动实现了“吾志所向，一往无前，愈挫愈奋，再接再厉”的誓言。在他领导和影响下，大批革命党人和无数爱国志士集聚在振兴中华旗帜之下，广泛传播革命思想，积极兴起进步浪潮，连续发动武装起义，有力推动了革命大势的形成。

辛亥革命推翻了清王朝统治，结束了统治中国几千年的君主专制制度，传播了民主共和的理念，以巨大的震撼力和深刻的影响力推动了近代中国社会变革。虽然由于历史进程和社会条件的制约，辛亥革命没有改变旧中国半殖民地半封建的社会性质，没有改变中国人民的悲惨境遇，没有完成实现民族独立、人民解放的历史任务，但它开创了完全意义上的近代民族民主革命，极大推动了中华民族的思想解放，打开了中国进步潮流的闸门，为中华民族发展进步探索了道路。

孙中山先生和辛亥革命先驱为中华民族建立的历史功绩彪炳史册！在辛亥革命中英勇奋斗和壮烈牺牲的志士们永远值得中国人民尊敬和纪念！辛亥革命永远是中华民族伟大复兴征

程上一座巍然屹立的里程碑！

同志们、朋友们！

辛亥革命后，接受这场革命洗礼的中国先进分子和中国人民继续顽强探寻救国救民道路。1921 年，在马克思列宁主义同中国工人运动的结合中，中国共产党应运而生。从此，中国人民有了用先进理论指导的马克思主义政党的领导，中国革命出现焕然一新的面貌。

中国共产党人是孙中山先生开创的革命事业最坚定的支持者、最亲密的合作者、最忠实的继承者，不断实现和发展了孙中山先生和辛亥革命先驱的伟大抱负。中国共产党在成立之初，就提出反帝反封建的民主革命纲领，并同孙中山先生领导的中国国民党携手合作，建立最广泛的革命统一战线。辛亥革命后屡遭挫折的孙中山先生，把中国共产党人当成亲密朋友，毅然改组国民党，实行联俄、联共、扶助农工三大政策。国共两党第一次合作，形成席卷全国的革命新形势，给北洋军阀反动统治以沉重打击。孙中山先生逝世后，中国共产党人继承他的遗愿，同一切忠于他的事业的人们共同努力、继续奋斗。经过 20 多年艰苦卓绝的斗争，中国人民终于夺取了新民主主义革命的胜利，建立了人民当家作主的中华人民共和国，完成了近代以来中国人民和无数仁人志士梦寐以求的民族独立、人民解放的历史任务，开启了中华民族发展进步的历史新纪元。

新中国成立后，中国共产党继承和发展孙中山先生关于建设人民享有民主权利和幸福生活的现代化国家的理想，团结带领全国各族人民自力更生、艰苦奋斗，完成了从新民主主义到社会主义的转变，开展了大规模社会主义建设，推进了改革开放和社会主义现代化伟大事业。经过新中国成立以来特别是改革开放以来的持续奋斗，中国人民取得了举世瞩目的巨大成就，谱写了中国发展的辉煌篇章。当前，全国各族人民正满怀豪情为全面建设小康社会、加快推进社会主义现代化而团结奋斗。孙中山先生振兴中华的深切夙愿，辛亥革命先驱的美好憧憬，今天已经或正在成为现实，中华民族伟大复兴展现出前所未有的光明前景。

同志们、朋友们！

实现中华民族伟大复兴任重道远。我们要紧紧抓住并切实用好我国发展的重要战略机遇期，以马克思列宁主义、毛泽东思想、邓小平理论和“三个代表”重要思想为指导，深入贯彻落实科学发展观，继续解放思想，坚持改革开放，推动科学发展，促进社会和谐，为实现中华民族伟大复兴继续团结奋斗。

实现中华民族伟大复兴，必须坚定不移高举中国特色社会主义伟大旗帜。辛亥革命 100 年来的历史表明，实现中华民族伟大复兴，必须找到引领中国人民前进的正确道路和核心力量。中国人民付出艰辛努力、作出巨大牺牲，终于找到了实现中华民族伟大复兴的正确道路和核心力量。这条正确道路就是中国特色社会主义道路，这个核心力量就是中国共产党。中国特色社会主义道路，深刻总结近代中国一切救亡图存、振兴中华的经验教训，深刻总结在中国推进社会主义建设的正反两方面经验，深刻总结世界各国实现发展进步的历史启示，符合我国实际和时代要求，符合中国最广大人民根本利益，符合中华民族根本利益。在实现中华民族伟大复兴的征程上，我们一定要牢牢坚持中国共产党的领导，坚持和拓展中国特色社会主义道路，坚持和丰富中国特色社会主义理论体系，坚持和完善中国特色社会主义制度，坚持发展为了人民、发展依靠人民、发展成果由人民共享，全面推进经济建设、政治建设、文化建设、社会建设以及生态文明建设和党的建设，不断保障和改善民生，奋力实现全面建设小康社会宏伟目标，不断开创中国特色社会主义事业新局面，不断为实现中华民族伟大复兴打下坚实基础。

实现中华民族伟大复兴，必须坚定不移高举爱国主义伟大旗帜。辛亥革命100年来的历史表明，爱国主义是中华民族精神的核心，是动员和凝聚全民族为振兴中华而奋斗的强大精神力量。热爱祖国是中华民族的光荣传统。创造中国人民的幸福生活，使中华民族巍然屹立于世界民族之林，是全体中华儿女的共同目标。实现中华民族伟大复兴，离不开全体中华儿女的团结奋斗，也是全体中华儿女义不容辞的职责。在实现中华民族伟大复兴的征程上，我们一定要大力弘扬爱国主义精神，巩固和加强全国各族人民的大团结，巩固和加强海内外中华儿女的大团结，巩固和壮大最广泛的爱国统一战线，促进政党关系、民族关系、宗教关系、阶层关系、海内外同胞关系的和谐，广泛凝聚中华民族一切智慧和力量，团结一切可以团结的力量，万众一心为实现中华民族伟大复兴而奋斗。

实现中华民族伟大复兴，必须坚定不移高举和平、发展、合作旗帜。辛亥革命100年来的历史表明，实现中华民族发展进步，不仅需要安定团结的国内环境，而且需要和平的国际环境。孙中山先生曾经说过："中国如果强盛起来，我们不但是要恢复民族的地位，还要对于世界负一个大责任。"当今世界，和平、发展、合作的时代潮流更加强劲，中国的前途命运日益紧密地同世界的前途命运联系在一起。中国过去、现在、将来都是维护世界和平、促进共同发展的积极力量。在实现中华民族伟大复兴的征程上，我们一定要坚持独立自主的和平外交政策，坚持走和平发展道路，坚持实施互利共赢的开放战略，在和平共处五项原则的基础上同所有国家发展友好合作，推动国际政治经济秩序朝着更加公正合理的方向发展，同各国人民一道推动建设持久和平、共同繁荣的和谐世界，努力为人类作出新的更大的贡献。

同志们、朋友们！

孙中山先生和辛亥革命先驱振兴中华的宏愿，应该成为两岸同胞的共同追求。两岸同胞是血脉相连的命运共同体，大陆和台湾是两岸同胞的共同家园。当今时代，两岸中国人面临着共同繁荣发展、共谋中华民族伟大复兴的历史机遇，两岸关系和平发展已成为中华民族伟大复兴的重要组成部分。携手推动两岸关系和平发展、同心实现中华民族伟大复兴，应该成为两岸同胞共同努力的目标。

孙中山先生曾经说过，"'统一'是中国全体国民的希望。能够统一，全国人民便享福；不能统一，便要受害。"以和平方式实现统一，最符合包括台湾同胞在内的全体中国人的根本利益。我们要牢牢把握两岸关系和平发展主题，增强反对"台独"、坚持"九二共识"的共同政治基础，促进两岸同胞密切交流合作，共享两岸关系和平发展成果，提升两岸经济竞争力，弘扬中华文化优秀传统，增强休戚与共的民族认同，不断解决前进道路上的各种问题，终结两岸对立，抚平历史创伤，共同为实现中华民族伟大复兴而努力。

同志们、朋友们！

回首中华民族百年奋斗历史，我们无比自豪。展望中华民族伟大复兴光明前景，我们信心百倍。我们呼吁，全体中华儿女携起手来，坚定实现中华民族伟大复兴的理想，努力作出无愧于孙中山先生和辛亥革命先驱、无愧于我们伟大民族的贡献，在时代进步洪流中奋力实现中华民族伟大复兴!

（原载《人民日报》2011 年 10 月 10 日）

# 在纪念中国共产党成立 90 周年理论研讨会上的讲话

李长春

由中央组织部、中央宣传部、中央党校、中央文献研究室、中央党史研究室、教育部、中国社会科学院、解放军总政治部联合召开的这次理论研讨会，是中央庆祝建党 90 周年系列活动的一项重要内容。

在中央隆重召开的庆祝中国共产党成立 90 周年大会上，胡锦涛总书记发表了重要讲话。讲话站在历史和全局的高度，全面回顾了我们党 90 年来紧紧依靠人民完成和推进“三件大事”的奋斗历程，高度评价了 90 年来我们党团结带领全国各族人民创造的举世瞩目的辉煌成就，深入总结了 90 年来党领导革命、建设和改革的宝贵经验，明确提出了新的历史条件下提高党的建设科学化水平的目标任务，深刻阐述了在新的历史起点上把中国特色社会主义伟大事业全面推向前进的大政方针。讲话高瞻远瞩、总揽全局，思想深刻、内涵丰富，令人鼓舞、催人奋进，有很强的理论性、战略性、指导性，通篇闪耀着马克思主义真理的光辉，进一步丰富了中国特色社会主义理论体系，是继续推进中国特色社会主义伟大事业的纲领性文献。我们一定要认真学习、深刻领会，把思想和行动统一到讲话精神上来，不断增强在中国共产党领导下、走中国特色社会主义道路、实现中华民族伟大复兴的自觉性和坚定性，增强深入贯彻落实科学发展观的自觉性和坚定性，更好地为夺取全面建设小康社会新胜利、开创中国特色社会主义事业新局面而努力奋斗。

这次研讨会开得很好、很成功，有几个显著特点：一是主题突出。紧紧围绕学习贯彻党的十七大和十七届三中、四中、五中全会精神，围绕深入研究总结我们党 90 年的伟大实践和宝贵经验，始终贯穿了学习贯彻胡锦涛总书记重要讲话精神的要求，贯穿了中央确定的关于庆祝建党 90 周年活动的主题。二是联系实际。紧密结合 90 年来我们党领导革命、建设和改革的历史进程，紧密结合社会主义初级阶段基本国情和我国发展新的阶段性特征，紧密结合当前贯彻落实“十二五”规划、推动经济社会又好又快发展的实际，充分体现了理论联系实际的马克思主义学风。三是探讨深入。大家坚持解放思想、实事求是、与时俱进，围绕改革发展的深层次问题，围绕总结各个领域的新鲜经验，围绕各个学科的前沿课题，进行了深入探讨和交流，提出了许多真知灼见。四是成果丰硕。入选会议的 140 多篇论文和会上的发言，选题广泛，内容丰富，体现了马克思主义理论研究的许多新进展，体现了广大理论工作者追求真理、勇于创新的精神风貌。可以说，这次理论研讨会是近年来理论工作成果的一次集中展示，是进一步加强党的理论建设的有力动员。

下面，我就深入学习贯彻胡锦涛总书记重要讲话精神、做好新形势下的理论工作，讲几点意见。

## 一　深入总结90年来党的理论建设的非凡历程和巨大成就，不断深化对理论工作的规律性认识

理论是一个政党的精神旗帜，是一个国家和民族的思想指南。我们党作为一个用科学理论孕育催生、用科学理论武装锤炼起来的马克思主义政党，在90年波澜壮阔的历史进程中，始终高度重视理论建设，重视发挥科学理论对事业发展的强有力指导作用。从在苦苦追寻中举起马克思主义伟大旗帜到鲜明提出“马克思主义中国化”的重大命题，从毛泽东思想的创立到中国特色社会主义理论体系的形成，从在马克思主义基本原理指导下走出农村包围城市的正确道路到确立社会主义制度并成功开创中国特色社会主义道路、党的理论建设接力推进，硕果累累。胡锦涛总书记指出：“90年来党的发展历程告诉我们，理论上的成熟是政治上坚定的基础，理论上的与时俱进是行动上锐意进取的前提，思想上的统一是全党步调一致的重要保证。”我们一定要按照胡锦涛总书记的要求，进一步总结我们党90年来特别是改革开放以来理论建设的宝贵经验，不断深化对新形势下理论工作特点和规律的认识，使党的理论建设更好地体现时代性、把握规律性、富于创造性。

1. 我们党的90年，是在风云激荡中高举马克思主义伟大旗帜，在披荆斩棘中坚定马克思主义政治信仰，始终坚持和不断巩固马克思主义指导地位的90年。马克思主义的诞生是人类思想史上具有划时代意义的大事。马克思主义在中国的传播推动了中国历史具有划时代意义的变革，并在与中国工人运动相结合中产生了伟大的中国共产党，使中国革命的面貌为之一新。回望近代中国，面对山河破碎、亡国灭种的危机，无数有识之士纷纷寻求救国救民的真理。形形色色的“主义”、思潮纷至沓来、竞相登场，最终又都昙花一现。唯有马克思主义，以其无可辩驳的科学性真理性，在同各种思想的争鸣交锋中，站到了社会思想大潮的前列。经过反复认识、比较鉴别、激烈斗争之后，先进的中国人毅然选择了马克思主义，使黑暗的中国迎来光明。90年来，我们党以高度的自觉信仰马克思主义，以毫不动摇的立场坚持马克思主义，以科学求实的态度捍卫马克思主义，使马克思主义在中国大地上根深叶茂、坚如磐石。无论是国内革命和建设事业遭遇挫折，还是世界社会主义遭受严重曲折；无论是面对社会思想多元多样多变的趋势，还是面对敌对势力的意识形态渗透，我们都牢牢坚持马克思主义这个主心骨，不被任何干扰所惑。90年来，正是因为始终坚持马克思主义不动摇，才使我们党在错综复杂的形势中始终把握正确方向，形成了团结奋斗的强大思想基础，战胜了一切艰难险阻，不断取得历史性的成就。

2. 我们党的90年，是把马克思主义基本原理与中国具体实际相结合，创造性地解决中国革命、建设和改革的一系列重大问题，推动党和国家事业不断胜利前进的90年。马克思主义是实践的理论，它的生命力深深植根于实践之中，正如胡锦涛总书记所指出的：“中国共产党人坚信马克思主义基本原理是颠扑不破的科学真理，坚信马克思主义必须随着实践发展而不断丰富和发展，从来不把马克思主义看成是空洞、僵硬、刻板的教条。”90年来，我们

党把马克思主义创造性地运用到中国的实践中，指导革命、建设和改革事业不断从胜利走向新的胜利。面对如何在半殖民地半封建的中国进行革命的问题，我们党运用马克思主义深入分析中国革命的特点和规律，找到了革命胜利的正确道路，实现了马克思主义基本原理同中国具体实际相结合的第一次历史性飞跃，创立了毛泽东思想，完成了民族独立、人民解放的伟业，开辟了中国历史的新纪元。面对如何在经济文化比较落后的东方大国建设社会主义、巩固和发展社会主义的问题，我们党科学分析我国基本国情和时代特征，作出实行改革开放的伟大决策，成功开辟了中国特色社会主义道路，实现了马克思主义基本原理同中国具体实际相结合的第二次历史性飞跃，形成了包括邓小平理论、“三个代表”重要思想和科学发展观等重大战略思想在内的中国特色社会主义理论体系，取得了社会主义现代化建设举世瞩目的伟大成就，迎来了中华民族伟大复兴的光明前景。90 年来，正是在我们党创造性地运用马克思主义指导事业发展、推动中国进步的过程中，中国人民深切感受到马克思主义的真理力量和巨大威力，也为马克思主义在与中国实际的结合中注入强大生机活力，不断开辟了发展新境界。

3. 我们党的 90 年，是坚持用科学理论武装全党，以思想建设引领推动党的建设，始终保持和发展党的先进性的 90 年。注重从思想上建设党，是我们党对马克思主义建党学说的创造性发展，也是加强党的建设、保持党的先进性的一条重要经验和重要原则。党的先进性首先表现在思想理论上的先进性。只有用科学理论武装起来的中国共产党，才能始终发挥中国工人阶级的先锋队、中国人民和中华民族的先锋队作用，才能始终成为中国特色社会主义事业的坚强领导核心。90 年来，我们党始终坚持把思想理论建设放在首位，坚持不懈用党的理论创新成果武装全体党员，通过思想建设引领党的组织、作风、制度和反腐倡廉等各方面建设，使党的理论和实践始终体现时代性、把握规律性、富于创造性。延安时期，我们党经过整风学习，坚决纠正了党内的各种错误思想，“使党变为一个共产主义的熔炉”，全党在毛泽东思想的基础上达到空前的团结和统一，为夺取抗日战争和解放战争胜利提供了有力保证。新中国成立后，我们党为迎接新的任务，努力学习马列主义、毛泽东思想，学习过去不熟悉的东西，创造性地进行了社会主义改造，推动了全国规模的社会主义建设。改革开放以来特别是党的十六大以来，我们党着力用马克思主义中国化最新成果武装广大党员干部头脑，在全党兴起学习贯彻邓小平理论和“三个代表”重要思想新高潮、开展保持共产党员先进性教育活动、开展深入学习实践科学发展观活动等，使广大党员干部受到了普遍的、深刻的党的理论创新成果的学习教育，全党的马克思主义理论水平不断提高，为推进党的建设新的伟大工程提供了坚实思想基础、注入了强大精神动力。90 年来，正是因为我们党始终坚持以思想理论建设为灵魂和主线推动党的各方面建设，才极大促进了全党思想和意志的统一，极大增强了党的创造力、凝聚力、战斗力，有力推动了党的执政能力的提高和党先进性的发展。

4. 我们党的 90 年，是尊重人民首创精神，在人民的历史创造中进行理论创造，不断赋予马克思主义以勃勃生机和活力的 90 年。人民群众是历史的创造者，是推动社会发展的决定性力量。正如胡锦涛总书记所指出的：“来自人民、植根人民、服务人民，是我们党永远立于不败之地的根本。”我们党领导的新民主主义和社会主义革命，是亿万群众改变苦难命运、谋求自身解放的斗争和建设；我们党开创的中国特色社会主义事业，是亿万群众实现富裕安康、创造美好生活的共同事业。90年来，无论是革命战争年代、社会主义建设时期，还是改革开放历史新时期，我们党都始终紧紧依靠人民群众，着眼人民群众根本利益，极大调动了人民群众的积极性、主动性、创造性，激发了人民群众无穷的创造活力和聪明才智。我们党的许多成功探索和新鲜经验都来自基层，来自人民群众的生动实践。90年来，广大理论工作者始终坚持马克思主义群众观点，坚持党的群众路线，深入人民群众创造历史的火热生活，对人民群众的实践创造和鲜活经验进行系统总结，形成规律性的认识，作出理论的创新概括。90年来，正是因为坚持以广大人民群众的生动实践为理论创新的源泉，以广大人民群众推动历史前进的创造精神为理论创新的动力，以实现和发展最广大人民的根本利益为理论创新的目的，我们党才有了最坚实的群众基础和永不枯竭的发展源泉，党的工作才始终保持着旺盛的生命力，我们党才当之无愧地成为深受各族群众信赖、爱戴和拥护的党。

5. 我们党的90年，是高度重视理论人才队伍建设，团结凝聚一大批理论工作者，不断发展壮大马克思主义理论队伍的90年。党的理论建设之所以能够顺利推进、取得丰硕成果，关键是有一支坚定信仰马克思主义、认真研究马克思主义、积极传播马克思主义的理论人才队伍。马克思主义从早期零散的翻译介绍，到有组织有系统的学习研究；从初步运用解决中国的实际问题，到自觉在实践中创造性地加以丰富和发展，形成马克思主义中国化的两大理论成果，成为中华民族振兴发展的强大精神支柱，凝聚着一代又一代理论工作者的心血和智慧。90年来，我们党始终坚持以崇高的理想吸引人才，以伟大的事业锻造人才，汇聚培养了一大批造诣深厚、影响深远的理论大家，一大批学贯中西、勇于创新的领军人物，一大批信仰坚定、素质优良的骨干中坚，形成了人才辈出的生动局面。90年来，广大理论工作者积极投身革命、建设和改革的历史洪流，追求真理、竭忠尽智，以科学求实的精神、开拓创新的勇气、锲而不舍的探索、卓有成效的成果，为理论建设的繁荣发展、为党和人民事业的兴旺发达，作出了无愧于历史、无愧于时代的重大贡献。

回顾中国共产党的90年，伴随着革命、建设和改革的伟大实践，党的理论建设走过了极不平凡的发展历程，给予我们许多深刻的启示：马克思主义是认识规律、揭示真理的科学理论，必须始终坚持马克思主义的指导地位不动摇，坚持用发展着的马克思主义指导实践，不断巩固马克思主义在意识形态领域的指导地位，不断巩固全党全国各族人民团结奋斗的共同思想基础；马克思主义是与时俱进、不断发展的理论，必须坚持解放思想与实事求是的统一，积极推进实践基础上的理论创新，做到思想上不断有新解放，实践上不断有新创造，理论上不断有新突破；马克思主义是源于实践、指导实践的理论，必须坚持理论联系实际，立足基本国情，回应实践挑战，服务全党全国工作大局；马克思主义是服务人民、造福人民的理论，必须坚持以人为本，贴近实际、贴近生活、贴近群众，尊重人民群众首创精神，维护人民群众根本利益，满足人民群众理论需求；马克思主义是开放包容、博采众长的理论，必须坚持百花齐放、百家争鸣，认真汲取民族优秀文化传统，积极借鉴人类文明的一切有益成果，充分发扬学术民主，鼓励大胆探索创新，在实践中不断认识真理和发展真理。这些重要启示，集中反映了90年来我们党理论建设的丰富实践，反映了推进马克思主义中国化时代化大众化这一本质要求，需要我们在今后的理论工作中很好地坚持，并结合新的实践不断发扬光大。

## 二　清醒认识党的理论建设面临的新形势新任务，进一步增强做好理论工作的责任感使命感

理论工作是党的整个工作的重要组成部分，从来都与党和国家事业发展紧密联系在一起。当前，国际形势正在发生深刻复杂的变化，我国改革发展进入新的关键阶段，必须从审视国际国内大局和不断发展变化的形势中准确把握理论工作面临的新任务新要求。

1. 从世情来看，当今世界正处于大发展大变革大调整时期，如何在日趋激烈的综合国力竞争中赢得发展主动权，对理论工作提出了新的更高要求。当前，世界多极化和经济全球化深入发展，科技创新孕育新突破，和平、发展、合作仍是时代潮流。同时，世界政治经济格局出现新变化，各种不确定、不稳定、不安全因素增多，特别是应对国际金融危机的冲击是对各国发展模式、发展道路、执政能力的重大考验，经历这场冲击之后，围绕发展主动权的国际竞争日趋激烈。世界各国都在重新审视自己，积极探寻更为有效的发展路径、发展方式，努力抢占世界经济发展的制高点，对发展模式、发展道路的讨论也日益活跃。在这场竞争中，国家发展如逆水行舟，不进则退。当今世界，综合国力的竞争，从实质上说，是发展理念、发展战略、发展模式的竞争，其中最具决定意义的是关于发展的理论。用什么样的发展理论来指导，就会有什么样的发展取向，有什么样的发展结果。我国之所以有今天这样的好局面，根本在于改革开放以来形成了一套科学的发展理论，找到了一条正确的发展道路，这就是中国特色社会主义。综合判断当前国际国内形势，总体上有利于我国和平发展，我国仍处于可以大有作为的重要战略机遇期。战胜各种风险挑战、赢得发展的主动权，迫切要求我们从国际国内的相互联系中把握发展大势、创新发展理念、完善发展战略，争创发展的新优势，使中国特色社会主义道路越走越宽广；迫切要求深入总结我国发展的成功经验，积极回应国际社会对“中国道路”、“中国经验”的关切，使中国发展道路获得更加广泛的理解和认同，努力营造良好的国际环境；迫切要求进一步进行理论创新，增强思想理论的说服力和感召力，使全国各族人民对中国特色社会主义的创新实践增强自信心和自豪感，有力抵御西方敌对势力的思想渗透，维护我国国家安全和意识形态安全。

2. 从国情来看，改革开放和现代化建设进入新的关键阶段，如何开拓中国特色社会主义更为广阔的发展前景，对理论工作提出了新的更高要求。胡锦涛总书记讲话中“三个没有变”的重要论断，对于我们正确认识和把握我国国情，具有十分重要的意义。经过长期艰苦的努力，我国取得举世瞩目的巨大成就，国家面貌发生了历史性变化，事业发展已站在新的历史起点上，进入新的发展阶段。这既是一个发展机遇期，也是改革攻坚期和社会矛盾凸显期，呈现出一系列新的阶段性特征。经济社会发展中不平衡、不协调、不可持续的问题突出，制约科学发展的体制机制障碍依然存在，转变经济发展方式过程中的“两难”问题明显增多。社会思想多元多样多变趋势更加明显，各种社会思潮日趋活跃，引领社会思潮、凝聚社会共识的难度越来越大。特别是随着利益格局深刻调整，各种利益关系更趋复杂，社会矛盾明显增多，协调各方面关系、化解社会矛盾的压力不断加大，推动科学发展、促进社会和谐的任务十分艰巨繁重。这迫切要求我们从理论上深入分析我国发展面临的新情况新问题，研

究解决制约科学发展的突出矛盾，为推动经济社会又好又快发展提供理论支持；迫切要求围绕党和政府的重大决策部署开展具有针对性、战略性、前瞻性的深入研究，更好地提供政策建议、理论依据、解疑释惑和咨询服务；迫切要求深入总结人民群众的实践创造和鲜活经验，不断深化对经济社会发展规律的认识，以新的思想观点为丰富和发展中国特色社会主义理论体系作出新贡献。

3. 从党情来看，党所处的历史方位和执政环境发生深刻变化，如何提高党的执政能力、保持和发展党的先进性，对理论工作提出了新的更高要求。90年来，我们党为争取民族独立、人民解放和实现国家富强、人民富裕艰苦奋斗、不懈探索，建立了彪炳史册的丰功伟绩。在这一光辉历程中，我们党适应各个历史时期的形势和任务，坚持不懈地推进自身建设，党的先进性得到坚持和发展，党的执政地位得到加强和巩固，党的领导水平和执政水平、党的建设状况、党员队伍素质总体上同党肩负的历史使命是适应的。但是，党的先进性和党的执政地位都不是一劳永逸、一成不变的，过去先进不等于现在先进，现在先进不等于永远先进，探索执政党建设规律是一个永恒课题。当前，党内还存在不少不适应新形势新任务、不符合党的性质和宗旨的问题。特别要看到我们党所处的历史方位和执政环境已发生深刻变化，面临的执政考验、改革开放考验、市场经济考验、外部环境考验也是长期的、复杂的、严峻的，精神懈怠的危险、能力不足的危险、脱离群众的危险、消极腐败的危险，更加尖锐地摆在全党面前，党自身建设的任务比过去任何时候都更为紧迫和繁重。胡锦涛总书记指出："我们必须从新的实际出发，坚持以科学理论指导党的建设，以改革创新精神研究和解决党的建设面临的重大理论和实际问题，着眼于全面建设小康社会、加快推进社会主义现代化，全面认识和自觉运用马克思主义执政党建设规律。"这就迫切要求我们用科学的理论武装全党，不断提高广大党员干部的思想理论素养，始终保持清醒头脑和科学认识，树立坚定的政治立场和政治信念；迫切要求认真研究总结党的建设的历史经验和新鲜经验，研究我们党领导人民夺取政权、执掌政权、治国理政的客观规律，不断丰富和发展党建理论；迫切要求深入研究党的建设遇到的新情况新问题，进一步探索新形势下加强党的建设的有效途径和方法，以更多有价值的理论成果推动党的建设实践创新和制度创新。

4. 从理论工作自身来看，面对新的时代课题和历史任务，如何更好地服务党和国家工作大局，对理论工作提出了新的更高要求。90年来，特别是改革开放以来，理论工作在党和国家事业发展全局中的地位和作用越来越突出，呈现健康发展的良好局面。当前，理论工作面临着极为有利的发展条件和难得机遇。马克思主义不断与时俱进，为理论工作提供了强大动力；中国特色社会主义的伟大实践，为理论工作提供了坚实基础；加强党的执政能力建设、推进决策科学化民主化，为理论工作提供了广阔舞台；全党全社会的关心和支持，为理论工作创造了良好的社会环境。同时也要看到，错综复杂的国际环境、艰巨繁重的改革发展稳定任务，不断对理论工作提出新任务新要求。与时代和事业发展的要求相比，理论工作还存在某些不适应的地方。特别是在社会意识多元多样，互联网、手机等新兴媒体迅猛发展，社会思想形成和传播渠道更加复杂的情况下，如何进一步增强党的创新理论的说服力、社会主义核心价值体系的影响力、主流意识形态的指导力，给理论工作提出了新的要求。把握发展机遇、适应新的形势，把理论工作提高到新水平，迫切要求我们在坚持过去的宝贵经验和成功做法的同时，积极探索理论工作新的思路、办法和途径，不断深化对理论工作特点和规律的认识，不断扩大工作覆盖面和影响力，积极运用先进的信息技术创新研究分析方法，以先进的思想理论占领互联网、手机等新阵地，增强工作的针对性实效性和吸引力感染力。

## 三 深入推进马克思主义中国化、时代化、大众化，在新的历史起点上开创党的理论建设新局面

面对国内外形势的新变化，面对党和国家事业发展的新要求，面对人民群众的新期待，更好承担起理论工作的神圣使命，最为重要的是坚持解放思想、实事求是、与时俱进，大力推进马克思主义中国化时代化大众化，提高全党思想政治水平。这是新形势下事关思想理论建设全局的根本任务，更是时代发展赋予理论工作的历史责任。我们要牢牢把握推进马克思主义中国化时代化大众化这一重大课题，坚持运用马克思主义立场、观点、方法，准确把握当今世界发展大势，准确把握我国社会主义初级阶段基本国情，准确把握经济社会发展的新情况新要求，全方位推进理论学习、研究和宣传的各项任务，为推动党和国家事业发展提供更加强有力的思想保证和理论指导。

1. 牢牢把握理论武装这个首要任务，坚持不懈地抓好中国特色社会主义理论体系的学习教育，用当代中国马克思主义凝聚起团结奋斗的强大力量。胡锦涛总书记指出："理论创新每前进一步，理论武装就跟进一步，这是我们党加强自身建设的一条重要经验"。中国特色社会主义理论体系是马克思主义中国化最新成果，是中国共产党和中国人民面向21世纪的科学社会主义理论，为党和人民经受住各种考验、战胜各种艰难险阻、取得一个又一个胜利提供了根本思想保证。推进马克思主义中国化时代化大众化，必须充分发挥科学理论武装头脑、指导实践、推动工作的巨大作用，始终用中国特色社会主义理论体系统一全党全国人民的思想。要以推进马克思主义学习型政党建设和学习型党组织建设为抓手，推动党员干部深刻领会中国特色社会主义理论体系的科学内涵和精神实质，掌握贯穿其中的马克思主义立场、观点、方法，更加自觉地坚持中国特色社会主义旗帜、道路、理论体系、制度不动摇。要把科学发展观作为理论武装的重要内容，推动学习实践科学发展观向广度和深度拓展，不断增强党员干部贯彻落实科学发展观的自觉性和坚定性。要把学习党的理论创新成果同学习贯彻胡锦涛总书记重要讲话精神结合起来，同学习党领导人民进行的革命史、创业史和改革开放史结合起来，同学习贯彻中央关于落实"十二五"规划、促进经济社会又好又快发展的决策部署结合起来，引导人们深刻认识党的光辉历史、伟大成就和宝贵经验，深刻理解历史和人民是怎样选择了中国共产党、选择了马克思主义、选择了社会主义道路、选择了改革开放，进一步坚定在中国共产党领导下、走中国特色社会主义道路、实现中华民族伟大复兴的信念和决心。要深入实施马克思主义理论研究和建设工程，加强马克思主义基础理论研究，重视学科建设和人才培养。扎实做好高校哲学社会科学重点教材编写出版、推广使用和骨干教师培训工作，进一步加强和改进高校思想政治理论课建设，加快构建充分体现马克思主义中国化最新成果的哲学社会科学学科体系和教材体系，更好地推进中国特色社会主义理论体系进教材、进课堂、进头脑。

2. 牢牢把握党和国家事业发展的主题，进一步发挥思想库和智囊团作用，为推动科学发展提供有力理论支撑。胡锦涛总书记指出："在新的历史条件下坚持马克思主义，关键是要及时回答实践提出的新课题，为实践提供科学指导。"这为理论工作进一步发挥服务实践、推动实践的作用提出了要求，指明了方向。只有着眼党和国家的战略需求，及时总结党领导人民创造的新经验，重点抓住经济社会发展的重大问题，进行新的理论探索，作出新的理论概括，不断以丰富扎实的研究成果服务于党和政府的决策，理论工作才能在与实践的紧密结合中展示蓬勃的生机和旺盛的活力。推动科学发展是当前党和国家工作的大局，是贯穿"十二五"规划的主题。理论工作要更加自觉地心系大局、服务大局，紧紧围绕科学发展这一主题，创造性地运用各个学科和领域的理论和知识，努力在破解发展难题、健全推动科学发展的体制机制中发挥思想库、智囊团作用。要在加强对深化改革开放的研究上取得重要成果，深入研究阐释改革开放是决定当代中国命运的关键抉择，是坚持和发展中国特色社会主义、实现中华民族伟大复兴的必由之路，研究阐释提高改革决策的科学性，增强改革措施的协调性，不失时机提出推进重要领域和关键环节改革的系统思路和科学方法，为进一步推进经济体制、政治体制、文化体制、社会体制改革创新提供理论支持。要在加强对加快转变经济发展方式、贯彻落实"十二五"规划的研究上取得重要成果，深入研究阐释在当代中国坚持发展是硬道理的本质要求就是坚持科学发展，研究阐释加快转变经济发展方式的基本要求和主攻方向，及时总结升华各地各部门推动科学发展、加快转变经济发展方式的新进展新经验。要在加强对中国特色社会主义政治发展道路的研究上取得重要成果，深入阐释社会主义民主政治建设的基本原则、本质特征和完善途径，研究阐释发展社会主义民主政治必须坚持党的领导、人民当家作主、依法治国有机统一，研究阐释坚持和完善人民代表大会制度、中国共产党领导的多党合作和政治协商制度、民族区域自治制度以及基层群众自治制度，推动从各个层次、各个领域扩大公民有序政治参与，不断推进社会主义政治制度的自我完善和发展。要在加强对深化文化体制改革、推动社会主义文化大发展大繁荣的研究上取得重要成果，深入研究阐释文化建设在经济社会发展中日益突出的重要地位和作用，研究总结中国特色社会主义文化发展道路的内涵、特征和规律，研究阐释社会主义核心价值体系的基本内容和实践要求，研究探索加快文化体制机制改革创新、加快构建公共文化服务体系、加快发展文化产业、加强对文化产品创作生产的引导的有效途径，为兴起社会主义文化建设新高潮提供强有力的理论支撑。要在加强对创新社会建设和管理的研究上取得重要成果，系统总结我国社会建设和管理的成功实践，深入分析发展关键时期和改革攻坚阶段社会出现的新情况新问题，在改进社会分配，协调好各种利益关系，最大限度地化解社会矛盾，推动社会和谐以及吸收借鉴国外社会建设和管理有益经验等方面积极建言献策，为加强和创新社会管理、做好新形势下群众工作提供理论指导。要在加强对党的建设的研究上取得重要成果，深入研究总结我们党在革命、建设和改革长期实践中加强自身建设的基本经验，深入研究世情国情党情的新变化对党的建设提出的新任务新要求，研究探索新形势下加强党的执政能力建设、保持和发展党的先进性的有效途径和办法，不断提高党的建设科学化水平。

3. 牢牢把握服务人民这个宗旨，深入回答广大群众普遍关注的热点问题，用党的理论创新成果引导群众、动员群众。人民群众是建设中国特色社会主义的主体力量，中国特色社会主义理论体系只有内化为亿万人民群众的信念追求，才能转化为发展中国特色社会主义的巨大物质力量。胡锦涛总书记强调，“以人为本、执政为民是我们党的性质和全心全意为人民服务根本宗旨的集中体现，是指引、评价、检验我们党一切执政活动的最高标准”。这个要求，要认真贯彻落实到党的理论工作中去，切实把以人为本、服务人民贯穿到理论工作的全过程。要紧密联系人民群众的思想实际，直面现实热点和社会关切，积极回应群众意见和社会诉求，特别是针对当前人们关心的物价、住房、社会分配、就业、教育、医疗、惩治腐败等问题，既讲清“怎么看”又说明“怎么办”，把党和政府的政策措施讲清楚，把对群众的利益安排讲明白。要高度关注有影响的社会思潮，着力回答深层次的思想理论问题，引导人们辨明理论是非、划清重大界限，深刻认识为什么必须坚持马克思主义在意识形态领域的指导地位；为什么只有社会主义才能救中国，只有中国特色社会主义才能发展中国；为什么必须坚持人民代表大会制度；为什么必须坚持中国共产党领导的多党合作和政治协商制度；为什么必须坚持公有制为主体、多种所有制经济共同发展的基本经济制度；为什么必须坚持改革开放不动摇。要创新理论宣传的方式方法，进一步改进文风，把我们要说的与人们想听的结合起来，把逻辑的力量与情感的力量结合起来，把透彻的说理与鲜活的语言结合起来，推出更多像“理论热点面对面”、“人民日报‘任仲平’”那样的理论宣传名牌产品，增强理论宣传的效果。要善于运用大众传媒做好理论宣传，充分发挥报刊、广播、电视宣传普及理论的重要作用，讲究宣传艺术，增强吸引力感染力。要积极运用互联网、手机等新兴媒体开展理论宣传，适应网络传播特点，不断丰富内容和形式，有效引导网上舆论热点，掌握网上思想理论的话语权和宣传教育的主动权。

4. 牢牢把握坚持改革创新的要求，立足中国特色社会主义伟大实践进行新的理论创造。实践的突破带动理论的突破，理论的创新引领实践的创新，两者紧密联系、相互促进。我们党成立90年、在全国执政62年、领导改革开放33年，推动中国发生了人类历史上少有的深刻变革和经济社会的快速发展，开辟了中国特色社会主义道路。这条道路，既坚持了马克思主义基本原理，又与中国具体实际相结合，既学习借鉴世界各国发展的有益经验，又坚持从社会主义初级阶段的基本国情出发而不照搬照抄，既始终坚持马克思主义政党的政治本色和革命传统，又不断解放思想、实事求是、与时俱进，大力推进理论创新和实践创新，系统回答了在中国这样一个十几亿人口的发展中大国建设什么样的社会主义、怎样建设社会主义，建设什么样的党、怎样建设党，实现什么样的发展、怎样发展等一系列重大问题，不断深化了对共产党执政规律、社会主义建设规律、人类社会发展规律的认识。中国特色社会主义道路，是中国共产党领导中国人民走出的创新之路，是人类文明史上的伟大创举，是中国对世界的历史性贡献。当前，我们党正站在新的历史起点上，带领全国各族人民在全面建设小康社会实践中，坚定不移地把中国特色社会主义伟大事业继续推向前进。新的实践为理论工作开辟了新的广阔天地、提供了不可多得的宝贵资源，呼唤着也推动着理论的重大创新和重大发展，与以往任何时候相比，与其他任何国家相比，当代中国都更有条件、更有可能不断产生新的理论创造。胡锦涛总书记指出：“中国特色社会主义道路必将在党和人民的创造性实践中不断拓展，中国特色社会主义制度必将在深化改革、扩大开放中不断完善。这一过程必将为理论创新开辟广阔前景。”我们要按照这个要求，进一步担负起在伟大实践基础上推进伟大理论创新的历史责任。广大理论工作者要敏锐把握时代的要求和实践的呼唤,紧紧立足中国特色社会主义道路这一人类文明史上的崭新创造,从历史与现实、理论与实践、国际与国内以及不同学科的结合中,对中国特色社会主义道路进行深入透彻的研究和阐述,对中华民族在人类文明史上开创的中国特色社会主义伟大实践、崭新理念和现实成就进行系统梳理和研究,对在较短时期内实现几亿人摆脱贫困、经济实力和综合国力快速提升、成为推动当今世界经济发展的重要引擎的成功经验作出深刻揭示和阐释,对国际社会广泛关注的中国发展经验作出科学概括和论述,对克服前进道路上面临的风险和挑战、进一步完善和发展这条道路进行深入的理论探讨,不断丰富我国哲学社会科学的学术思想和理论体系,不断概括出理论联系实际的、科学的、开放融通的新概念、新范畴、新表述,努力形成有中国特色、中国风格、中国气派的学术话语体系,为中国特色社会主义事业发展提供坚实的理论支撑,不断增强中国特色社会主义道路的感召力、吸引力和凝聚力。

5. 牢牢把握人才培养这个根本,大力推进理论人才队伍建设,着力造就一支宏大的、高素质的马克思主义理论队伍。理论工作是极为艰苦的创造性劳动。在人类思想史和马克思主义发展史上,每一部理论名篇巨作都镌刻着名家大师的不朽之名。开创理论事业新局面,必须把理论人才培养放到更加重要的位置,牢固树立人才资源是第一资源的意识,以更加科学的思路和更加有力的举措,扎实推进理论人才培养和队伍建设,为党的理论发展提供坚实人才保证。要遵循理论人才成长规律,创新理论人才培养模式,认真贯彻落实宣传思想文化领域中长期人才发展规划,以实施文化名家工程和“四个一批”人才培养工程为主要载体,以重大科研项目、重点建设学科、重点研究基地为依托,以重点扶持、跟踪培养、宣传推介等为主要措施,不断加强对中青年理论人才的培养力度。要完善教育培训机制,继续开展哲学社会科学教学科研骨干、高校思想政治理论课骨干教师等研修培训,不断提高其思想政治素养。完善实践锻炼机制,采取国情调研、挂职锻炼、基层服务、双向交流等方式,引导理论工作者深入实际、深入生活、深入群众,增强对世情、国情、党情的了解,增进对群众的感情,在实践中汲取营养、开阔视野、提升能力。完善学风建设机制,鼓励引导广大理论工作者严谨治学,自觉加强职业精神和职业道德修养,把个人的学术追求与国家的发展统一起来,把学术自由与社会责任统一起来,加强学术自律,恪守学术诚信,防止心浮气躁,潜心学术研究。通过坚持不懈的努力,造就一批政治可靠、学贯中西、影响广泛的马克思主义理论大家;一批理论功底扎实、学术造诣较高、锐意探索创新的中青年学科带头人;一批善于运用通俗语言、善于借助大众传媒、善于回答热点问题的理论宣传名家;一批理论水平高、了解中国国情、熟悉国际问题、精通外语、在多边国际舞台维护国家利益的外向型理论人才。

做好新形势下的理论工作,关键是加强党的领导。各级党委一定要从党和国家事业发展的战略高度充分认识理论工作的极端重要性,把理论工作作为事关全局的一件大事,摆上重要议事日程,切实担负起领导责任。要及时关注和经常研究思想理论方面的形势,指导和帮助理论战线增强政治敏锐性和政治鉴别力,牢牢把握正确的政治方向。要认真落实党的知识分子政策,拓宽同理论界联系沟通的渠道,多同理论工作者交朋友,增进了解、增进感情,虚心向他们学习,认真听取意见,主动提供服务。要经常了解广大理论工作者的所思所想所盼,关心他们的工作和生活,多为他们办实事办好事,帮助解决实际问题,充分调动他们的积极性、主动性、创造性。

同志们，回顾过去的90年，马克思主义的真理光芒给黑暗的旧中国带来了光明，给贫穷落后的旧中国带来了富强的希望，给涌动改革春潮的当代中国带来了发展的奇迹；展望未来，在马克思主义指引下，我们必将最终实现中华民族伟大复兴的宏伟目标。广大理论工作者任重道远，大有可为。让我们更加紧密地团结在以胡锦涛同志为总书记的党中央周围，高举中国特色社会主义伟大旗帜，解放思想，锐意创新，以理论创造的新成果推动事业实现新发展，为夺取全面建设小康社会新胜利、开创中国特色社会主义事业新局面作出新的贡献！

（原载《人民日报》2011年7月6日）

# 关键在于落实

## ——在中央党校春季学期开学典礼上的讲话

习近平

胡锦涛同志在党的十七届五中全会上强调，全党同志特别是各级领导干部要发扬真抓实干精神，改进工作作风，建立健全抓工作、抓落实的责任制，切实把各项工作抓出成效。各级领导干部要认真贯彻胡锦涛同志关于狠抓落实的要求，进一步做好领导工作。

### 一　充分认识抓落实在党的领导工作中的重要意义

抓落实，从各级党委、政府和领导干部工作方面讲，就是抓党和国家各项方针政策、工作部署和措施要求的落实。落实到哪里去？就是落实到实践中去，落实到基层中去，落实到群众中去，使之成为广大党员、干部、群众的自觉行动，以确保党和国家确定的目标任务顺利实现。

我们党坚持以马克思主义为指导，善于把远大目标、奋斗纲领同脚踏实地、埋头苦干紧密结合起来。我们党建立已90年、新中国成立已60多年，在革命、建设、改革各个历史时期党和人民的事业之所以能够不断取得伟大的成就，在全国各族人民中我们党之所以能够享有崇高的威望，靠的就是把马克思主义基本原理同中国具体实际结合起来形成的正确的理论和路线方针政策，靠的就是全党同志团结带领人民群众一步一个脚印地把党的路线方针政策变成认识世界和改造世界的巨大精神力量与物质力量。我们的所有成就，都是干出来的。这里的关键，就是始终注重抓落实。如果落实工作抓得不好，再好的方针、政策、措施也会落空，再伟大的目标任务也实现不了。因此，抓落实是领导工作中一个极为重要的环节，是党的思想路线和群众路线的根本要求，也是衡量党员领导干部世界观正确与否和党性强不强的一个重要标志。

“空谈误国，实干兴邦”。这是千百年来人们从历史经验教训中总结出来的治国理政的一个重要结论。古人曰：“道虽迩，不行不至；事虽小，不为不成”，“为政贵在行”，“以实则治，以文则不治”。历史上有许多空谈误国的教训，比如战国时期的赵括，只会“纸上谈兵”，以致40万赵军全军覆没，赵国从此一蹶不振直至灭亡。此类误国之鉴，发人深省。

反对空谈、强调实干、注重落实，是我们党的一个优良传统。对于抓落实的极端重要性，我们党和党的主要领导同志先后都有过很多精辟的阐述。毛泽东同志要求共产党员一定要有“认真实干”的精神，强调“一件事不做则已，做则必做到底，做到最后胜利”，“什么东西只有抓得很紧，毫不放松，才能抓住。抓而不紧，等于不抓”。邓小平同志强调“少说空话、多干实事”，凡事都“要落在实处”，“开会、讲话都要解决问题”。江泽民同志强调“落实，落实，再落实，因为这是做好一切工作的关键环节”，“不要在层层表态、层层开会、层层造声势上做文章，而要在层层抓落实、层层抓解决问题上下功夫”。胡锦涛同志强调“要坚持发扬共产党人的革命精神和坚持科学求实态度的统一，脚踏实地，埋头苦干，坚决反对形式主义和官僚主义”。这些论述，把抓落实的重要意义和基本要求讲得很清楚很深刻，我们在领导工作中要始终遵循和认真贯彻。

抓落实，是我们党执政能力的重要展现，也是对各级领导干部工作能力的重要检验。当前，我国处于发展的重要战略机遇期，但社会矛盾也日益凸显，前进中遇到不少需要克服的困难和风险。只有攻坚克难，乘势而上，我们才能抓住和用好机遇，赢得未来发展的主动权；如果自满懈怠，心浮气躁，就不可能开创改革和发展的新局面，已经取得的成果也有可能丧失。党的十七届五中全会审议通过了关于制定国民经济和社会发展第十二个五年规划的建议，十一届全国人大四次会议将审议批准“十二五”规划纲要，中央部门和地方相继出台了一系列推进改革发展的具体思路、政策和措施。现在的关键就在于落实。

近年来，从中央到地方都加大了抓落实的工作力度，并已取得明显成效。特别是中央对重大决策、重大部署、重大举措，采取任务分解、明确责任、加强督查等措施，保证和促进了改革发展稳定各项任务的落实。但是也要看到，在有些地方、部门和单位，中央的一些方针政策和重大部署，口头上讲了、文件上也写了，而贯彻落实得却不好；一些中央三令五申、明令禁止的事情，依然我行我素、屡禁不止。不重视抓落实、不善于抓落实的问题仍然存在。认真贯彻胡锦涛同志关于狠抓落实的要求，切实解决好领导工作中存在的抓落实不够有力、不够有效的问题，对于推动“十二五”时期经济社会发展目标任务的实现，对于巩固党的执政地位、确保国家长治久安，具有十分重要的意义。

## 二　抓落实必须牢固树立党的宗旨意识和正确政绩观

抓落实，是把决策变为人们的实践行动、由认识世界到改造世界的过程，无疑需要克服主观和客观上的诸多障碍，需要付出艰辛的努力。只有深入贯彻落实科学发展观，牢固树立党的宗旨意识和正确政绩观，抓落实才能始终坚持正确的方向，才能始终弘扬脚踏实地、埋头苦干的精神，也才能使各项落实工作保持不竭的动力。

全心全意为人民服务是党的根本宗旨，党的各项工作都必须坚持以最广大人民的根本利益为出发点和落脚点。从这个意义上讲，是否抓落实直接反映着领导干部的宗旨意识和党性。各级领导干部不论职务高低，不论在什么岗位工作，都要身体力行党的宗旨，把以人为本、执政为民贯穿到各项工作的落实中去，努力为群众办实事办好事，切实做到权为民所用、情为民所系、利为民所谋。把握住这一点，就把握住了抓落实的根本，就能把全部心思和精力用到抓落实上。在其位，谋其政。我们党是为人民执政的，每个领导干部都要有执政为民的高度使命感和责任感。抓落实，也是对各级领导干部这种使命感和责任感的重要检验。现在有的领导干部工作不求进取，满足现状，只求过得去，不求过得硬，这样的精神状态怎么能抓好落实呢？每个领导干部都要懂得，党和人民把为人民服务的重担放在我们肩上，这是一种多大的信任和责任。要把这种信任和责任看得比泰山还重，始终以饱满的热情投身工作，永葆蓬勃朝气、昂扬锐气和浩然正气，自觉地盯着榜样找差距，对照先进学经验，努力争创一流业绩，不断开创各项工作新局面，真正做到“为官一任、造福一方”。

在抓落实过程中，不同的政绩观会有不同的抓法、不同的结果。什么叫政绩？顾名思义，就是为政之绩，即为政的成绩、功绩、实绩。我们做事情、干工作，如果做到了上有利于国家、下有利于人民；既符合国家和人民眼前利益的要求，又符合国家和人民长远利益的要求；既能促进经济社会发展，又能促进国家富强和人民幸福，那就做出了党和人民所需要的真正的政绩。一些领导干部落实工作抓得不好，很重要的是政绩观出了问题，个人主义思想在作祟。各级领导干部要牢固树立正确政绩观，把抓落实的出发点放到为党尽责、为民造福上，而不是树立自身形象、为自己升迁铺路；把抓落实的落脚点放到办实事、求实效上，而不是追求表面政绩，搞华而不实、劳民伤财的“形象工程”；把抓落实的重点放到立足现实、着眼长远、打好基础上，而不是盲目攀比、竭泽而渔。

领导干部在抓落实过程中，还要有“功成不必在我任期”的理念和境界，注意防止和纠正各种急功近利的行为，不贪一时之功、不图一时之名，多干打基础、利长远的事。说到这里，我想起了山西右玉县植树造林、改造山河的感人事迹。右玉地处毛乌素沙漠的天然风口地带，是一片风沙成患、山川贫瘠的不毛之地。解放之初，第一任县委书记带领全县人民开始治沙造林。60多年来，一张蓝图、一个目标，18任县委书记和县委、县政府一班人，一任接着一任、一届接着一届，率领全县干部群众坚持不懈，用心血和汗水绿化了沙丘和荒山，现在树木成荫、生态良好，年降雨量较之解放初期已显著增加。老百姓记着他们、感激他们，自发地为他们立碑纪念。正可谓“金杯银杯不如老百姓的口碑”。右玉的可贵之处，就在于始终发扬自力更生、艰苦创业、功在长远的实干精神，在于始终坚持为人民谋利益的政绩观。我们抓任何工作的落实，都应该这样去做。

## 三　抓落实必须具有知难而进、锲而不舍的奋斗精神

抓落实的过程，必然会遇到许多矛盾和问题，只有努力解决好各种矛盾和问题，才能把落实工作真正抓好、抓出成效。矛盾和问题是普遍存在的，问题也是矛盾。没有矛盾，就没有世界、没有发展。因此，我们在各项工作包括抓落实工作中，不要怕遇到矛盾和问题，而要敢于正视矛盾和问题。不要绕开矛盾和问题走，而要同群众一道千方百计地去求得矛盾和问题的及时正确解决。这是各级领导干部在抓落实及其全部工作中应该具有的根本态度。

当前，我们在改革和发展中遇到很多这样那样的矛盾和问题，有的还比较突出。比如，经济发展方式粗放、资源约束加剧、环境压力增大、自主创新能力不强、保障和改善民生任

务繁重等矛盾和问题，正在日益显现出来。又比如，在对外开放中涉及的贸易摩擦、贸易保护主义、技术封锁问题，以及涉及国家主权、安全和长远发展的种种矛盾和斗争，也越来越多。再比如，随着世情、国情、党情的发展变化，对党员队伍教育和管理的难度增大，保持党的先进性面临许多新情况新问题。所有这些矛盾和问题，都要求各级领导干部以对党、对人民高度负责的精神，迎难而上，敢于面对并认真探索解决之策。如果眼中只有成绩和经验，看不到问题和困难；如果回避矛盾，遇到困难绕道走，见到难题就躲避；如果报喜不报忧，有了矛盾推责任，出了问题捂着拖着，那么抓落实就有落空的危险。有些地方、部门和单位积累的问题长期得不到解决，有多种原因，但很大程度上与这些地方、部门和单位领导班子和领导干部遇到矛盾畏难情绪占上风、解决问题不得力有直接关系。抓落实，还要求领导干部增强预见性，及时发现并尽早解决矛盾和问题，努力使简单矛盾不演化成复杂矛盾，小问题不延误成大问题。领导干部要多到矛盾突出的基层去，多到困难较多的一线去，多到难点焦点问题聚集的地方去，在克服困难、化解矛盾、解决问题中抓落实、促发展、出实绩。

抓落实，贵在持之以恒，也难在持之以恒。有些地方、部门和单位抓落实之所以成效不佳，往往与缺乏经常抓、反复抓、持久抓有关。如果抓一阵子松一阵子，热一阵子冷一阵子，不能一抓到底，那怎么能把工作落实好呢？抓落实，一定要防止虎头蛇尾。目标确定了，任务明确了，就要咬定青山不放松，不达目的不罢休。

抓落实能不能知难而进、锲而不舍，对领导干部的原则立场是一个现实的考验。坚持党的原则，怀着诚心诚意为人民谋利益的公心办事，这两条对抓好落实工作十分重要。如果不讲原则而讲关系，不讲纪律而讲人情，落实工作就必定做不好或者走样。各级领导干部要始终保持共产党人的高尚情怀和政治本色，正确看待个人的进退得失，正确对待金钱名利。唯有这样，才能做到“心底无私天地宽”，“岂因祸福避趋之”。

## 四　抓落实必须发扬求真务实、真抓实干的优良作风

求真务实、真抓实干的对立面，就是弄虚作假，搞形式主义。现在，大多数领导干部是能够做到求真务实、真抓实干的，但在有些领导干部中也确实存在着比较严重的形式主义，这必须引起高度重视。比如，在一些地方、部门和单位，规章制度应有尽有，却高高挂起、形同虚设；“文山会海”屡禁不止，习惯于靠会议落实会议、靠文件落实工作；各种检查评比考核过多过滥，催生“形象工程”、“政绩工程”；热衷于看风向、赶时髦，喊不着边际的空口号，提不切实际的高指标，求大轰大嗡的所谓“规模效应”；下基层走马观花、蜻蜓点水，不去深入了解群众真实的情况和要求，等等。这些形式主义的东西有一个共同特征，就是重形式轻内容，重口号轻行动，重数量轻质量，重眼前轻长远。搞形式主义，势必造成人力、物力、财力和时间的浪费，助长弄虚作假、投机取巧的心理和好大喜功的浮夸作风，严重损害党和政府的威信。

有一幅对联，上联是“你开会我开会大家都开会”，下联是“你发文我发文大家都发文”，横批是“谁来落实”，这是对“文山会海”的讽刺。开会是为了了解情况、倾听意见、

集思广益，发现矛盾、分析矛盾、解决矛盾；制订文件，是为开展和落实各项工作提供遵循和依据。因此，开会和发文件是必要的，也是工作的重要环节。但是会议精神和文件再好，如果不落实，仍会劳而无功。各级领导机关和领导干部都要下个决心，坚决砍掉那些不必要的会议和文件，从“文山会海”中解脱出来，把精力投到抓落实中。

基层是一切工作的落脚点。我们的各项政策措施落实了没有，落实得好不好，基层群众最有实际感受。落实得好、落实得快，群众就拥护；落实得不好、落实得慢，群众就会有反映。因此，抓落实的重心一定要放在基层一线，解决落实不到位问题的思路和办法也要到基层和群众中去寻找。各级领导干部都要坚持眼睛向下看、身子往下沉，深入基层、深入群众开展调查研究，及时了解在上面难以听到、不易看到和意想不到的新情况新问题，掌握第一手资料，向群众问计问策。调查研究要善于总结群众的经验和创造，也要善于发现问题和触及矛盾，以利于不断推进和深化各项工作的落实。

抓落实的工作必须抓得很具体很细致很扎实，这也是发扬求真务实、真抓实干优良作风的必然要求。在一些地方、部门和单位，许多问题客观地存在着，之所以看不到、想不到、抓不到，解决不了，一个重要原因就在于失之于“粗”，失之于“虚”，工作抓得不具体不细致不扎实。古人说，天下大事必作于细。抓落实的过程，也是一个积小胜为大胜、积跬步致千里的过程。从细处入手，落实才会日见成效。有些领导干部总认为自己的任务只是抓大事、管宏观，习惯于坐机关、发指示，而不习惯深入实际、深入群众解决具体问题，不愿意去抓所谓“小事”。这种认识和做法是不全面、不恰当的。领导干部在重大决策和部署作出之后，还要研究具体办法，明确具体责任，一环扣一环地去抓，这样才能实现各项决策和部署的全面落实。

## 五　抓落实必须树立正确的用人导向和形成完善的工作机制

抓好落实，具有良好的精神状态和优良的作风很重要，建立科学管用的制度和机制同样很重要。要制定强有力的组织措施、考核措施、激励措施，健全抓落实的工作机制。特别是要健全人人负责、层层负责、环环相扣、科学合理、行之有效的工作责任制。有些地方、部门和单位存在工作推诿扯皮现象，与目标责任不明确、工作任务没细化有很大关系。要科学进行责任分解，把目标任务分解到部门、具体到项目、落实到岗位、量化到个人，以责任制促落实、以责任制保成效，形成一级抓一级、层层抓落实的工作局面。要进一步完善巡视督查制度、信息反馈制度、情况通报制度、重大责任追究制度，及时掌握工作进展情况，及时发现带有苗头性、倾向性的问题，及时找出薄弱环节，及时采取有针对性的措施，及时排除工作中的障碍和困难。

抓落实的工作实践，检验着每个干部的思想品质、工作作风和实际能力，也是考察和选用干部的重要依据。用好一个干部，就是树立一面旗帜，就会在一个地方、一个部门、一个单位形成良好的工作氛围。一些地方、部门和单位之所以出现形式主义、官僚主义问题，往往同用人导向有关。评价一个干部，重要的不是看他说什么，而是看他做什么，看他做得怎么样。要抓好工作落实，必须完善领导干部考核评价机制，对干部干与不干、干好干坏、干多干少要有明确的区分，褒奖那些埋头苦干、狠抓落实的干部，教育和调整那些只尚空谈、不干实事的干部，问责和惩处那些因弄虚作假、失职渎职造成重大损失和严重后果的干部，努力营造崇尚实干、恪尽职守、勇于奉献的工作氛围。优良的工作作风是一级一级带出来的，要注重发挥一把手的表率作用和督促作用。有了重视抓落实、善于抓落实的一把手，才能带出抓落实的好班子、好团队。

（原载《求是》2011 年第 6 期）

# 坚持中国特色社会主义文化发展道路<br>努力建设社会主义文化强国

刘云山

坚持中国特色社会主义文化发展道路，努力建设社会主义文化强国，是党的十七届六中全会立足中国特色社会主义事业发展全局，深刻总结文化建设历史经验，科学分析当前形势，着眼于推动我国文化长远发展、实现中华民族伟大复兴提出的重大战略思想和战略举措。我们一定要认真学习贯彻全会精神，坚定不移地走自己的文化发展道路，在新的历史起点上深化文化体制改革，推动社会主义文化大发展大繁荣，为把我国建设成为社会主义文化强国而不懈奋斗。

## 一

文化是民族的血脉，是人民的精神家园，也是政党的精神旗帜。我们党是一个具有高度文化自觉的马克思主义政党，在革命、建设、改革各个历史时期，都高度重视文化建设，充分运用文化引领前进方向、凝聚奋斗力量、推动事业发展。改革开放特别是党的十六大以来，我们党始终把文化建设放在党和国家全局工作的重要战略地位，坚持物质文明和精神文明两手抓、依法治国和以德治国相结合、文化事业和文化产业同发展，在推动文化建设不断取得新成就的过程中，走出了中国特色社会主义文化发展道路。这条文化发展道路，是我们党长期领导文化建设实践经验的集中体现，是对我国文化发展规律的深刻揭示，符合我国基本国情，顺应时代发展潮流，反映了新形势下党和国家事业发展对文化建设的新要求。

坚持中国特色社会主义文化发展道路是由我国社会制度、发展道路和党的性质宗旨决定的。文化是一定社会政治经济状况的反映，总是在特定的社会条件下存在和发展的。不同国家由于社会性质和政治理念的不同而形成不同的社会制度，选择不同的发展道路。有什么样的社会制度和发展道路，就会孕育和滋养与之相应的文化。中国共产党作为一个用科学理论武装起来的马克思主义政党，在领导人民推动中国革命、建设和改革的伟大进程中，成功开辟了中国特色社会主义道路，形成了中国特色社会主义理论体系，确立了中国特色社会主义制度，实现了经济社会的历史性进步，创造了生机勃勃的崭新文化。从提出新民主主义文化到建设社会主义文化，再到发展中国特色社会主义文化，我们党总是站在时代前列，引领文化发展进步。实践证明，中国特色社会主义道路，既是一条实现社会主义现代化、创造人民美好生活的正确道路，也是一条不断孕育先进思想文化的正确道路；中国共产党既是政治的先锋队，也是文化的先锋队。新时期我国文化发展方向和路径的选择、文化纲领和政策的制定，都是由我国社会主义制度、发展道路和党的性质、宗旨决定的。只有坚持中国特色社会主义文化发展道路，才能确保文化建设沿着正确方向前进，更好地推动文化大发展大繁荣，为坚持和发展中国特色社会主义提供坚强思想保证、强大精神动力、有力舆论支持、良好文化条件。

坚持中国特色社会主义文化发展道路是由中华民族的优秀历史文化传统决定的。文化就像一条奔腾不息的长河，凝结着过去，联结着未来。任何国家和民族的文化发展，都是一个绵延不断、接续推进的过程，都是在继承传统的基础上开拓创新的过程。我国的历史文化传统源远流长、博大精深，积淀着中华民族最深层次的精神追求，包含着中华民族最根本的精神基因，代表着中华民族最独特的精神标识，深刻影响着我国文化的未来发展。如果抛弃历史文化传统，割断民族文化血脉，文化发展就会像无根浮萍、断线风筝，就会迷失方向和目标。我们党始终是民族优秀传统文化的忠实传承者和弘扬者，在发展中国先进文化的过程中，坚持汲取优秀传统文化的精华，同时适应时代和实践的新发展，不断赋予中华文化以时代的青春活力。中国特色社会主义文化发展道路，就是高扬社会主义先进文化与传承民族优秀传统文化相结合的发展道路，就是植根民族历史文化土壤而又面向现代化、面向世界、面向未来的发展道路，最能把中华文化精华与时代精神统一起来、发扬光大。只有坚持中国特色社会主义文化发展道路，才能把坚持和发展、继承和创新统一起来，使优秀传统文化成为发展先进文化的深厚基础，努力发展具有中国特色、中国风格、中国气派的社会主义文化，在新的时代条件下焕发中华文化蓬勃生机、迎来全面复兴的光明前景。

坚持中国特色社会主义文化发展道路是由我国文化发展规律和人民群众根本意愿决定的。世界文化丰富多彩，每个民族和国家的文化都有自身的特性，从而形成了世界文化的多样性。只有认识文化的演进逻辑，把握其内在规律，才能开拓文化发展的广阔道路。党和国家事业属于人民、为了人民的根本方向，我们的基本国情和所处的发展阶段，决定了我国文化建设需要解决的矛盾和问题不同于其他国家，面临的任务和要求也不同于其他国家。党的十七届六中全会通过的《决定》在深刻总结我国文化建设历史经验基础上，概括提出的“五个坚持”的重要方针，集中体现了我国文化发展的内在规律，反映了中国文化的独特属性和文化工作的特殊原则，构成了中国特色社会主义文化发展道路的重要内容，是新形势下推进文化改革发展的重要遵循。当前，中国特色社会主义进入一个新的发展阶段，一方面，亿万人民在中国特色社会主义伟大实践中，精神焕发地投身文化建设、进行文化创造；另一方面，我国经济社会发展对文化建设提出了新的更高要求，人民群众对丰富精神文化生活提出了新的更高期待。回答时代发展和人民群众对文化建设提出的新课题，推动文化建设在更高起点上创造新的辉煌，必须坚持我们党在领导文化建设长期实践中积累的成功经验、形成的方针原则。只有坚持中国特色社会主义文化发展道路，才能科学把握我国文化发展规律，尊重人民群众的文化选择，以更加开阔的视野、更加前瞻的思路、更加有力的举措推进文化改革发展，在全面建设小康社会进程中奋力开创社会主义文化建设新局面。

坚持中国特色社会主义文化发展道路是由增强国家文化软实力的现实需要决定的。当今世界，各种思想文化交流交融交锋趋势更加明显，文化软实力在综合国力竞争中的战略地位日益凸显，许多国家都从提高国家核心竞争力出发，把加快文化发展、增强文化软实力作为国家基本战略。随着我国经济快速发展，中国的发展道路得到越来越多人的理解和认同，中华文化的作用和影响引起世界更大关注。同时，我国文化整体实力和国际影响力与我国国际地位还不相称，与我国深厚的文化底蕴还不相称，国际文化格局西强我弱的状况并没有改变。在这样的背景下，加快提升国家文化软实力已经成为事关党和国家发展全局的重大而紧迫的课题。我们要在日趋激烈的国际文化竞争中赢得主动，绝不能照搬别国的文化发展模式，必须有自己独特的文化设计，选择符合自身实际的文化发展路径，努力构筑我们的文化优势。只有坚持中国特色社会主义文化发展道路，才能更加坚定对我们自己文化的信念，极大焕发文化创新创造的活力，把我国丰富的文化资源转化为强大的文化竞争力，切实提高国家文化软实力，维护国家文化安全，拓展我国的战略利益和发展空间。

## 二

坚持中国特色社会主义文化发展道路，努力建设社会主义文化强国，是党的十七届六中全会的《决定》贯穿始终的鲜明主题，也是全会的一个重大贡献和突出亮点。中国特色社会主义文化发展道路内涵十分丰富，围绕文化的地位作用、发展方向、发展目的、发展动力、发展思路、发展格局、发展战略、领导力量和依靠力量等提出了许多新思想新观点新论断，深入回答了我国文化建设中一系列带有方向性、根本性、战略性的重大问题。这条文化发展道路，指明了我国文化建设的前进方向和发展路径，是发展社会主义先进文化、实现中华文化繁荣兴盛的唯一正确道路。

中国特色社会主义文化发展道路是建设先进文化之路。我们党从走上中国历史舞台的那天起，就始终高扬自己的文化理想，代表中国先进文化前进方向，自觉承担发展先进文化的历史使命。改革开放特别是党的十六大以来，我们党始终把握中国先进文化的发展趋势和要求，着眼时代前沿，立足新的实践，努力建设和弘扬先进文化，不断丰富人们的精神世界、增强人们的精神力量，充分展现了先进文化的强大感召力和吸引力。中国特色社会主义文化发展道路，就是在探索建设先进文化实践中取得的最重要成果，从根本上说就是发展社会主义先进文化之路，也就是以马克思主义为指导，发展面向现代化、面向世界、面向未来的，民族的科学的大众的社会主义文化。马克思主义作为揭示人类社会发展规律的科学理论，给中华文化注入了先进的思想内涵，是指引文化建设正确方向的根本指针。必须始终坚持马克思主义在意识形态领域的指导地位，坚持用中国特色社会主义理论体系研究解决文化改革发展面临的问题，努力在纷繁复杂的社会文化生态中辨析主流与支流、区分先进与落后、划清积极与消极，正确处理经济效益和社会效益的关系，确保文化建设始终沿着正确方向健康发展。世界在变化、时代在发展、实践在推进。发展先进文化，必须坚持承续民族传统、植根伟大实践、秉持开放包容，做到不忘本来、吸收外来、着眼将来。要始终坚守民族文化立场，维护民族文化基本元素，加强对优秀传统文化思想价值的挖掘和阐发，使优秀传统文化成为建设中华民族共有精神家园的重要支撑，成为新时代鼓舞人民前进的精神力量。要始终立足改革开放和社会主义现代化建设实践，准确把握世界文化发展趋势，准确把握文化科技创新潮流，在人民群众的伟大创造中进行文化创造，在历史的进步中实现文化的进步。要始终以积极态度对待外来文化，坚持辩证取舍的方法，提高转化再造的能力，积极吸纳融汇各国优秀文化成果，在博采众长中不断赋予先进文化强大生机。

中国特色社会主义文化发展道路是科学发展之路。科学发展观是马克思主义关于发展的世界观、方法论的集中体现，不仅反映了我们党对当今世界发展趋势和中国特色社会主义事业发展方位的科学把握，而且反映了我们党对当今文化发展趋势和我国文化建设规律的科学把握。党的十六大以来，我们党坚持用科学发展观指导文化建设，努力把全社会文化发展的积极性引导到科学发展上来，逐步形成了符合科学发展观要求的新的文化发展理念，科学回答了中国文化实现什么样的发展、怎样实现发展的重大问题。新的历史条件下推动文化大发展大繁荣，必须深入贯彻落实科学发展观，以科学发展为主题，把科学发展的理念贯穿到工作的各个方面、各个环节。要始终坚持把发展作为第一要务，用发展的办法解决前进中的问题，既积极为经济建设中心服务，又努力实现文化自身的繁荣发展，推动文化建设与经济建设、政治建设、社会建设协调发展；始终坚持以人为本，以服务人民为根本宗旨，保障人民文化权益，促进人的全面发展；始终坚持全面协调可持续，着力解决影响文化科学发展的突出问题，协调好文化建设的各个领域、各个方面，促进文化持续快速健康发展；始终坚持统筹兼顾，正确认识和妥善处理文化改革发展中的各种重大关系，统筹推进文化改革发展各方面工作，做到文化事业和文化产业两手抓、两加强，提高文化建设科学化水平。推动文化科学发展，必须把着力点放到转变文化发展方式上来。要加强宏观调控、完善政策措施，着力优化文化发展的布局和结构，推动文化资源合理配置，不断提高文化发展的质量和效益，增强文化发展后劲，实现文化又好又快发展。

中国特色社会主义文化发展道路是强基固本之路。社会主义核心价值体系是兴国之魂，是社会主义意识形态的本质体现。文化的力量，很大程度上取决于凝结其中的核心价值体系的力量；不同文化的竞争，很大程度上表现为各自代表的核心价值体系的竞争。以社会主义核心价值体系为内核，用社会主义核心价值体系凝魂聚气、强基固本，是中国特色社会主义文化发展道路的根本标识。推动文化大发展大繁荣，必须把建设社会主义核心价值体系作为根本任务，融入国民教育、精神文明建设和党的建设全过程，贯穿改革开放和社会主义现代化建设各领域，体现到精神文化产品创作生产传播的各方面，使其成为全体人民的自觉追求，不断巩固全体人民团结奋斗的共同思想道德基础。要坚持不懈地用中国特色社会主义理论体系武装全党、教育人民，推动学习实践科学发展观向深度和广度拓展，大力推进马克思主义中国化时代化大众化，用发展着的马克思主义指导新的实践；坚持不懈地用中国特色社会主义共同理想凝聚力量，深入开展理想信念教育、形势政策教育、国情教育、革命传统教育、改革开放教育、国防教育，引导干部群众增强坚持中国特色社会主义旗帜、道路、理论体系和制度的自觉性坚定性；坚持不懈地用以爱国主义为核心的民族精神和以改革创新为核心的时代精神鼓舞斗志，弘扬爱国主义、集体主义、社会主义思想，激励人们与时俱进、开拓创新，为民族振兴、国家发展贡献力量；坚持不懈地用社会主义荣辱观引领风尚，加强社会公德、职业道德、家庭美德、个人品德建设，深入开展群众性精神文明创建活动，树立社会文明新风。在社会思想意识日趋多样多元多变的情况下，要积极探索用社会主义核心价值体系引领社会思潮的有效途径，有力抵制各种错误和腐朽思想影响，提高主流思想文化的主导力、整合力，最大限度扩大社会思想认同。

中国特色社会主义文化发展道路是以人为本之路。人民是历史的创造者，是文化发展最深厚的力量源泉。我们建设的社会主义文化，是人民大众的文化；中国特色社会主义文化发展道路，是人民群众共建共享的道路。这条文化发展道路，坚定地维护广大人民的文化权益，蕴含着我国文化建设永恒不变的价值追求，其重要特征就是坚持以人为本、坚持人民至上。推动文化大发展大繁荣，必须自觉贯彻党的群众路线，牢记文化建设的根基和力量在人民，以满足人民精神文化需求为出发点和落脚点，坚持文化发展为了人民、文化发展依靠人民、文化发展成果由人民共享。人民是文化创造的主体力量，要充分尊重人民在文化建设中的首创精神，为人人成为社会主义文化建设者提供广阔舞台，充分挖掘蕴藏于人民之中的文化创造潜能，使全社会的文化创造活力竞相迸发、充分涌流。一切进步的文化创作生产都源于人民、属于人民，要树立以人民为中心的创作导向，坚持贴近实际、贴近生活、贴近群众，引导文化工作者向人民学习、拜人民为师，从人民群众的火热实践中汲取营养、挖掘素材，努力创作生产出思想性艺术性观赏性相统一、人民喜闻乐见的优秀文化作品，把最好的精神食粮奉献给人民。要坚持面向基层、服务群众，完善城乡基层文化基础设施和服务网络，多生产质优价廉的文化产品，多为低收入群众和生活困难群众提供文化服务，努力让文化改革发展成果惠及全体人民。要大力开展群众乐于参与、便于参与的文化活动，积极搭建各种形式的群众文化活动平台，支持群众依法兴办文化团体，总结推广源于群众、生动鲜活的文化创新经验，更好地激发群众投身文化建设的热情。

中国特色社会主义文化发展道路是改革创新之路。改革创新是坚持和发展中国特色社会主义的强大动力，也是推动文化繁荣发展的强大动力。中国特色社会主义文化发展道路本身就是改革创新的成果，以改革创新为动力是坚持这条道路的必然要求。推动文化大发展大繁荣，必须坚持解放思想、实事求是、与时俱进，坚持百花齐放、百家争鸣，把改革创新精神贯穿文化建设全过程，不断激发文化创造活力，解放和发展文化生产力。现在，文化体制改革已进入攻坚克难的关键阶段，必须牢牢把握正确方向，推动改革在重点领域和关键环节取得新进展。要加快推进国有经营性文化单位改革，深化公益性文化单位改革，健全现代文化市场体系，完善文化管理体制，创新文化走出去模式，着力构建充满活力、富有效率、更加开放、有利于文化科学发展的体制机制。要提高改革决策的科学性、增强改革措施的协调性，加强分类指导，完善政策保障，确保文化体制改革积极稳妥地推进。文化引领社会风气之先，是最需要创新的领域。要把创新作为文化繁荣发展的强大引擎，适应时代和实践发展要求，积极运用高新科技成果，大力推进文化内容、形式、方法、手段创新，不断创造新的文化样式，催生新的文化业态，实现题材、品种、风格和载体的极大丰富，使我们的文化更具时代感和吸引力。改革创新是不断探索、不断突破的过程，良好的社会环境至关重要。要大力营造有利于改革创新的氛围，倡导勇于变革、勇于创造的精神，鼓励探索、宽容失败，使一切改革创新的观念得到尊重、一切改革创新的举措得到支持、一切改革创新的成果得到肯定。

归结起来，中国特色社会主义文化发展道路就是建设社会主义文化强国之路。全会深刻把握我国文化建设实际和发展趋势，明确提出了建设社会主义文化强国的战略目标。这个战略目标，与中国特色社会主义事业总体布局相适应，与建设富强民主文明和谐的社会主义现代化国家目标相衔接，与我国深厚文化底蕴和丰富文化资源相匹配，既顺应时代潮流又体现人民愿望，既符合实际又催人奋进。中国特色社会主义文化发展道路和建设社会主义文化强国，是路径和目标的关系；坚持走中国特色社会主义文化发展道路，最终目标是建设社会主义文化强国。我们必须坚定不移地走这条文化发展道路，高举中国特色社会主义伟大旗帜，以马克思列宁主义、毛泽东思想、邓小平理论和“三个代表”重要思想为指导，深入贯彻落实科学发展观，着力推动社会主义先进文化更加深入人心，推动社会主义精神文明和物质文明全面发展，不断开创全民族文化创造活力持续迸发、社会文化生活更加丰富多彩、人民基本文化权益得到更好保障、人民思想道德素质和科学文化素质全面提高的新局面，建设中华民族共有精神家园，为人类文明进步作出更大贡献。

## 三

中国特色社会主义文化发展道路已经开辟，建设社会主义文化强国的目标十分明确。实现党的十七届六中全会描绘的宏伟蓝图，是一个需要不懈奋斗、不断创造的伟大过程。必须树立高度的文化自觉和文化自信，全面落实全会部署，积极主动地做好各方面工作，推动兴起社会主义文化建设新高潮。

以更加高度的自觉担当起推动文化大发展大繁荣的历史责任。全会《决定》的一个鲜明特点，就是突出强调了文化自觉。这种自觉是对文化地位作用的深刻认识、对文化发展规律的正确把握、对发展文化历史责任的主动担当。文化自觉不仅是推动文化繁荣发展的思想基础和先决条件，而且决定着一个民族、一个政党的前途命运。当今时代，文化越来越成为民族凝聚力和创造力的重要源泉、越来越成为综合国力竞争的重要因素、越来越成为经济社会发展的重要支撑，丰富精神文化生活越来越成为我国人民的热切愿望。在新的历史起点上深化文化体制改革、推动社会主义文化大发展大繁荣，关系实现全面建设小康社会奋斗目标，关系坚持和发展中国特色社会主义，关系实现中华民族伟大复兴。要深入学习贯彻全会精神，进一步提高思想认识、增强文化自觉，以更加积极主动的姿态肩负起推动文化大发展大繁荣的时代重任。要自觉把文化繁荣发展作为坚持发展是硬道理、发展是党执政兴国第一要务的重要内容，作为深入贯彻落实科学发展观的一个基本要求，从中国特色社会主义事业总体布局出发，把文化建设摆在全局工作重要位置，纳入经济社会发展总体规划，纳入科学发展考核评价体系，努力实现文化与经济、政治、社会建设以及生态文明建设共同推进、协调发展，充分发挥文化引领风尚、教育人民、服务社会、推动发展的作用。

以更加强烈的自信把握文化发展的难得机遇。全会《决定》通篇贯穿了强烈的文化自信。这种自信，来自对时代发展潮流、中国特色社会主义伟大实践的深刻把握，来自对自身文化价值的充分肯定、对自身文化生命力的坚定信念。中国特色社会主义伟大事业正在波澜壮阔地向前发展，改革开放实践的深入推进和取得的丰硕成果，既为文化建设提供了有力支撑，又为文化创新创造开辟了广阔空间。我国文化建设已实现历史性跨越，总体实力大幅增强，人民群众精神文化需求日趋旺盛，全社会关注和参与文化建设热情空前高涨，我国文化正迎来一个繁荣发展的黄金期。特别是中国特色社会主义文化发展道路的成功开辟，使我们对文化发展规律的认识把握达到一个新高度，找到了在时代的高起点上开启文化繁荣兴盛之门的“钥匙”。可以说，坚实的工作基础、有力的物质保障、浓厚的社会氛围以及正确的发展道路，使我们完全有理由对中华文化的发展前途充满信心，对最终建成社会主义文化强国的目标充满信心。要进一步拓宽视野、开阔思路，准确把握我国经济社会发展新要求，准确把握当今时代文化发展新趋势，准确把握各族人民精神文化生活新期待，坚持自己的文化理想，鼓起奋发进取的勇气，焕发文化创造的活力，在中国特色社会主义文化发展道路上不断谱写文化建设的新篇章。

以更加有力的措施推动文化改革发展取得新的突破。文化发展的过程就是不断回答时代和实践提出的新课题的过程。随着经济社会加速转型和科学技术迅猛发展，我国文化领域正在发生广泛而深刻的变革，文化改革发展遇到许多复杂情况，面临不少新的矛盾和问题。全会《决定》深入总结了这些年文化建设的丰富实践，围绕文化改革发展中全局性、根本性、战略性的重大问题，围绕文化建设亟待解决的突出问题，围绕干部群众普遍关注的热点问题，既提出了许多有针对性的政策举措，又提出了许多带有方向性的要求。要紧密结合自身实际，抓住那些基础性战略性工作，抓住那些重大部署和重大项目，集中力量和资源，全力以赴地加以推进，力争在重点领域和关键环节取得新的突破。同时，要进一步梳理制约文化改革发展的深层次问题，在深入调查研究的基础上，进一步明确深化文化体制改革的各项政策，进一步细化文化建设各领域、各方面的工作措施，加大各项工作推进力度，推动形成思想道德建设深入推进、文化事业全面繁荣、文化产业快速发展、优秀文化作品大量涌现、中华文化国际影响力不断提升的良好局面。

以更加扎实的作风落实好文化建设的各项任务。能不能按照全会《决定》要求，推动文化改革发展实现新的跨越，关键取决于我们工作的推进力度和落实程度，取决于我们的精神状态和工作作风。要以对党和人民事业高度负责的态度，以时不我待、奋发有为的精神，以狠抓落实、务求实效的作风，抓住难得机遇，加快发展步伐，把文化建设各项任务持续向前推进。要坚持立足当前、着眼长远，切实增强工作紧迫感，抓紧抓好当前工作，创造条件把承担的任务迅速推开，同时要树立战略思维，注重从中长期角度进行谋划，善于抓住打基础、利长远的重要项目，有计划分阶段地加以实施。要坚持求真务实、真抓实干，一切从实际出发，努力把原则要求变为可操作的工作措施，把目标任务变成实实在在的工作项目，在抓实、抓细、抓具体上下工夫。要坚持眼睛向下、重心下移，把更多的资源投向基层，把更多的项目放在基层，把更多的服务延伸到基层，不断打牢事业发展的根基。要把文化人才队伍建设作为基础工程，加大对高层次领军人物和拔尖人才的培养力度，加大对基层文化人才队伍的培养力度，努力造就一支德才兼备、锐意创新、结构合理、规模宏大的高素质文化人才队伍，为社会主义文化大发展大繁荣提供有力人才支撑。

(原载《人民日报》2011年10月28日)

# 辛亥革命打开了中国进步的闸门

陈奎元

100年前，公元1911年10月10日，革命团体文学社、共进会领导新军在武昌举行起义，数日之内起义风潮迅速席卷各地，各省纷纷宣布独立，油尽灯枯的清王朝应声倒地。这一年是中国纪元的辛亥年，这一次革命被称作辛亥革命。

## 一 辛亥革命是中国近代历史的一次伟大革命

自秦始皇统一中国，开创以皇权为中心的封建中央集权制度，两千多年间，中国的封建社会跌宕起伏，历经多次国势兴衰、朝代更迭。明朝崇祯九年（1636年），后金可汗皇太极在沈阳改国号为清，自称大清皇帝。1644年，李自成领导的农民起义推翻明王朝，清军乘机攻入北京，统一全国，成为中国最后一个封建王朝。清朝先后平定了各地的武装反抗，收复了台湾，对蒙、藏等边疆和少数民族居住区建立起牢固的统治，奠定了中国疆域的版图，成为世界上屈指可数的强大国家。经过“康雍乾盛世”，歌舞升平的大清王朝开始由顶峰向下滑落。乾隆后期正值法国大革命和北美独立战争取得胜利的时期，欧洲、美国的资本主义发展已经热火朝天。18世纪中叶至19世纪初，工业革命正在欧洲如火如荼，机器大生产取代工场手工业，资本主义步入了快速发展的时期。关门当皇帝的清朝廷对世界的大发展大变化却懵然无知，夜郎自大，被阻隔在世界进步的洪流之外。

1840年，英国发动鸦片战争，率先挑起侵略中国的战争，紧接着，法、美、俄、德、日、意、奥等国争先恐后疯狂地瓜分中国。由于帝国主义的残酷压迫和清王朝的极端腐朽，中国政治黑暗，经济凋敝，社会残破，民不聊生。“四万万人齐下泪，天涯何处是神州？”拥有数千年古老文明、曾经雄踞东方、睥睨世界的“泱泱大国”，悲惨地沦为任人宰割的半殖民地半封建社会。

在国家和民族生死存亡之际，上至统治阶级中爱国的大臣、将领如林则徐、邓廷桢等人，下至社会底层的知识分子和劳动大众都开始寻找救亡图强的办法。轰轰烈烈的太平天国农民战争的失败，表明以农民为主的旧式的农民战争推不倒帝国主义、封建势力的联合统治。戊戌维新运动和甲午战争的一败涂地，说明以维护清朝封建统治为目的的改良主义和洋务运动根本救不了中国。这时，资产阶级民主主义革命登上中国的历史舞台，资产阶级革命派的杰出代表——孙中山先生把民族主义、民权主义、民生主义即“三民主义”作为革命纲领，创办民报，组织政党，锲而不舍地先后发动了10次武装起义，传播了革命的思想，造成了革命的气氛，激发了革命志士推翻大清王朝的勇气和信心。这是辛亥革命发生并一举推翻封建专制制度的重要原因和前提。

辛亥革命是中国历史的新纪元，孙中山先生说辛亥革命“做成了两件很大的事：一件是把满清两百多年的政府完全推翻；一件是把中国数千年的专制国体根本改变。”① 与中国历史上著名的农民大起义和改朝换代的战争相比较，辛亥革命的斗争场景并不是特别的壮观与惨烈，但它的历史地位与意义却不同寻常。辛亥革命的目标不只是推翻一个封建王朝，而是一次试图向封建专制制度发起攻击、用先进社会制度取代落后社会制度的“革命”。中国封建社会的历次农民起义、民族战争基本上都是中国本土阶级斗争的反映，而辛亥革命是中国头一次受到世界潮流影响的革命。从此以后，中国的生存与发展，就不再是脱离世界环境的单独行动。

辛亥革命推倒了清王朝，宣布建立民国，推举孙中山担任第一任中华民国临时大总统，制定了《中华民国临时约法》，表面上看似乎取得了成功，但实际上由于多种原因，最终归于失败。孙中山迫于帝国主义、北洋军阀、宣布独立的各省立宪派的压力，特别是国民党内部主张议会道路一派人的压力，于1912年2月13日提出辞职，提名袁世凯继任，此时距他就任临时大总统还不到一个半月。

袁世凯是帝国主义、封建主义的政治代表，他在取得大总统权位以后，废除中华民国的临时约法，基本接受日本提出的企图灭亡中国的“二十一条”要求。他冒天下之大不韪，于1915年12月12日厚颜无耻地宣布接受推戴，当皇帝。袁世凯逆历史潮流而动，在全国一派反对声中被迫于1916年3月22日取消帝制，不久即黯然死去，留下千古骂名。毛泽东曾经说过：辛亥革命“推翻了清朝的统治，结束了中国两千多年的封建帝制，建立了中华民国和临时革命政府，并制定了一个《临时约法》。辛亥革命以后，谁要再想做皇帝，就做不成了。”②

辛亥革命以后，中国大部分地区陷于军阀的战乱，一部分边疆地区失控，民族分裂主义势力趁机兴风作浪，沿海、沿边许多地方被帝国主义侵占，民族危亡的局面没有丝毫缓解。孙中山对辛亥革命的失败痛心疾首，他痛陈辛亥革命“去一满洲之专制，转生出无数强盗之专制，其为毒之烈，较前尤甚。”③ 他指出，北洋军阀主宰的中华民国是假民国，只有民主之名而无民主之实。

尽管如此，辛亥革命毕竟推倒了封建皇朝，促进了民族的觉醒，使民主共和的观念从此深入人心，形成了“敢有帝制自为者，天下共击之”的普遍共识，它的历史功绩永载史册。胡锦涛同志在“七一”重要讲话中指出：“孙中山先生领导的辛亥革命，结束了统治中国几千年的君主专制制度，对推动中国社会进步具有重大意义，但也未能改变中国半殖民地半封建的社会性质和中国人民的悲惨命运。”辛亥革命的成功和失败，为中国共产党领导的新民主主义革命取得胜利提供了经验教训。

---

① 《孙中山选集》下卷，人民出版社1956年版，第516页。

② 《毛泽东文集》第6卷，人民出版社1999年版，第345—346页。

③ 《孙中山选集》上卷，人民出版社1956年版，第104页。

## 二 新文化运动和五四运动开辟了解放思想的新局面

辛亥革命过后，民族危在旦夕、国家山河破碎、民众苦不聊生，日甚一日，有加无已。为了寻找国家的出路，各种思潮蜂拥而起，纷纷亮相。改良主义、立宪派在辛亥革命前后曾经发生过很大影响，但由于本质是维护封建制度，随着革命的进展，其主张自然被淘汰出局，改良主义的领袖人物梁启超、张謇等人在革命分子和人民大众中的影响力也迅速黯淡下去。在风起云涌的追求变革的浪潮中，新文化运动当之无愧地成为思想革命的主流。新文化运动以1915年9月陈独秀创办《青年杂志》（后改为《新青年》）为起点，并以此为主要阵地。陈独秀、李大钊、吴虞、鲁迅等人猛烈地抨击尊孔读经，坚决反对封建统治阶级麻醉人民的纲常伦理，揭露封建礼教“吃人”的本质。陈独秀响亮地提出“民主”和“科学”的口号，大声疾呼反对旧文化、旧道德，唤起民族觉醒，追求民族的解放与进步。1917年1月胡适在《新青年》发表《文学改良刍议》，认为“一时代有一时代之文学”，中国社会要适应现代社会就必须废除文言文，提倡白话文。紧接着，陈独秀在《新青年》2月号发表《文学革命论》，提出以“三大主义”作为文学革命的“征战目标”，从内容到形式对封建旧文学持批判否定的态度，对中国传统文化发起强大的挑战。在陈独秀、胡适、鲁迅、钱玄同等人的大力倡导和推动下，新文学革命形成了蔚为壮观的浩荡气势。毛泽东赞扬新文化运动“举起文学革命的两大旗帜”：提倡新道德、反对旧道德，提倡新文学、反对旧文学。新文化运动有力地促进了思想解放和民族觉醒，成为辛亥革命以后中国发展进步的时代主流。

1919年5月4日，发生了具有重大历史意义的五四爱国运动。五四运动是彻底地、毫不妥协地反对帝国主义、封建主义的革命运动。1919年1月，第一次世界大战的战胜国召开巴黎和会，一些中国人以为这是一次伸张正义的会议，幻想着中国作为战胜国一方，能够获得公正的待遇。但是，被英、法、美、日、意5个帝国主义列强操纵的“巴黎和会”拒绝中国代表团的正义要求，没有给中国一点公道，也没有给予中国一点自主和尊严，不要说他们自己不肯放弃在中国攫取的各种利益和特权，就连战败国德国在中国山东割占的土地和殖民地特权，也被日本所攘夺。巴黎和会成为帝国主义战胜国分配赃物和由他们重新分配主宰世界权力的会议。中国知识分子和社会各界原来对西方鼓吹的公平、正义、民主所抱有的幻想，一下子被击得粉碎。在法国的中国留学生率先行动起来，敦促中国参加和会的代表拒绝在和约上签字。5月4日，以北京大学为首的北京学生首先走上街头，打出“外争国权，内惩国贼”等标语，抗议帝国主义列强欺凌中国，声讨北洋政府屈辱媚外，掀起了轰轰烈烈的五四爱国运动。

五四运动虽然上距辛亥革命只有8年，但是由于第一次世界大战和1917年俄国十月革命的成功，世界历史进入了新的时代。五四运动是在俄国十月革命的影响下发生的群众性反帝爱国运动，已经是世界无产阶级革命的一部分。“中国从五四运动起，由旧民主主义革命转到了新民主主义革命。”① 新文化运动和五四运动，是辛亥革命失败以后中国革命知识分子继

① 《毛泽东文集》第3卷，人民出版社1996年版，第289页。

续觉醒、继续奋斗的光辉历程。

毛泽东分析了五四运动的队伍状况，指出：五四运动“是共产主义的知识分子、革命的小资产阶级知识分子和资产阶级知识分子（他们是当时运动中的右翼）三部分人的统一战线的革命运动。”① 五四运动后，新文化运动的知识界发生分化，以胡适为代表的一部分知识分子，崇尚西方思想和社会制度，主张“全盘西化”，他们看不清“帝国主义列强侵入中国的目的，决不是要把封建的中国变成资本主义的中国……是要把中国变成它们的半殖民地和殖民地”②，依旧要走旧民主主义的道路；另一部分革命的知识分子，自新文化运动以来一直走在斗争最前列的李大钊、陈独秀、李达以及毛泽东、瞿秋白等人则转变为马克思主义者。《共产党宣言》等一批马克思主义著作得到翻译、发表和出版，学习和研究马克思主义的团体在各地相继建立，并开始提出知识分子应当同劳动者群众相结合的思想。

五四运动是资产阶级民主革命的一个分水岭，此前的革命是旧民主主义革命，此后的革命是新民主主义革命。五四运动发生后，受爱国学生运动的感召，随即发生了大规模的工人罢工、商人罢市，罢工浪潮扩展到全国 20 多个省 100 多个城市，推动学生爱国运动发展成为全国性的革命运动。五四运动的影响极为深远，它有力地唤起了中华民族的爱国热情，标志着中国工人阶级开始以独立的姿态登上政治舞台，为中国共产党的创立准备了思想条件和干部条件。

## 三　新民主主义革命是中国实现独立和复兴的正确道路

辛亥革命推翻了清王朝，建立起中华民国，新建立的国家制度完全仿效欧美资产阶级民主共和国的模式，建立两院制议会、选举大总统、组织政党内阁、实行议会政治等全套西方政治体制。有些人以为做到这一步，民主革命便算成功了，有的人热心于当议员，有的人陶醉于当将军，有的人提出了“革命军起，革命党消”的口号，瓦解了国民党的组织，迫使孙中山另行组织中华革命党。后来的实践表明，把西方的社会政治制度移植到半殖民地半封建的中国，完全没有效力，帝国主义决不会允许中国独立，封建势力也决不会让人民自由，新老独裁者决不会给各种政党民主的机会。民主、共和的招牌只是每一个得势的军阀装潢门面的政治把戏，资产阶级的民主政治，在半殖民地半封建的中国，没有任何出路，根本行不通。

俄国十月革命以后，世界进入了新的时代。此前，资产阶级作为资本主义生产方式的代表，在反对封建主义的革命中居于领导地位。此后，进入帝国主义时代的资产阶级，作为维护现行秩序的统治阶级，已经不具备革命领导阶级的性质，其理论也丧失了 18 世纪资产阶级革命时期锐意追求科学真理、追求平等权利、朝气蓬勃的战斗精神。资产阶级领导革命的历史已成为明日黄花。中国的买办性的大资产阶级是帝国主义的走狗，是革命的对象，而中国的民族资产阶级在帝国主义和封建主义的双重压迫下，发育不良，具有反抗内外压迫的革命性与对封建势力和帝国主义势力妥协的双重性格，无力领导中国完成资产阶级民主主义革命。

① 《毛泽东选集》第 2 卷，人民出版社 1991 年版，第 700 页。

② 同上书，第 628 页。

这已为历史所证明。中国实现独立和民主，只能走工人阶级及其政党领导的新民主主义道路。

五四运动以后，中国一部分革命知识分子掀起了宣传马克思主义的高潮，开始创建共产主义组织。李大钊在北京成立马克思学说研究会，陈独秀在上海成立马克思主义研究会，形成被后人称作“南陈北李”两个宣传马克思主义的中心。1921 年，中国共产党正式诞生。中国共产党从成立之日起，就担当起新民主主义革命领导力量的重任。新民主主义的思想、政治、文化是五四运动的合乎规律的发展，是自辛亥革命以来中国继续革命的正确选择。

1922 年，中国共产党第二次全国代表大会在共产国际指导下，确定了新民主主义革命的思想和路线。大会发布一系列决议案，要求“工人、农民和小资产阶级要建立一条民主主义的联合战线”，进行反对封建军阀、推翻国际帝国主义压迫的“民主主义革命运动”，提出了革命要分两步走的思想，提出中国共产党要“联合全国革新党派，组织民主的联合战线，以扫清封建军阀推翻帝国主义的压迫，建设真正民主政治的独立国家为职志。”① 同时又指出党的目的是要“组织无产阶级，用阶级斗争的手段，建立劳农专政的政治，铲除私有财产制度，渐次达到一个共产主义的社会。”② 这就明确地区分了党的最低纲领和最高纲领。党的最低纲领是反帝反封建，建立民主共和国，这本来是资产阶级民主革命的任务，与孙中山先生主张的新三民主义和三大政策是一致的，因此，国共两党有了合作的共同政治基础。

中国共产党接受共产国际的意见，同意加入以孙中山先生为领袖的中国国民党，实现第一次国共合作。1924—1927 年的大革命，是国共合作的典范，中国共产党人的英勇奋斗以及中共发动工农大众造成的革命形势，对于北伐战争的胜利、推进民族独立和国家统一作出了不可磨灭的历史功绩。后来由于国民党右派势力和新军阀破坏国共合作，采取剿杀共产党的反动政策，使轰轰烈烈的大革命被扼杀。“从此以后，内战代替了团结，独裁代替了民主，黑暗的中国代替了光明的中国。”③ 中国共产党在反对国民党反动派的土地革命战争及从 1937—1945 年的抗日战争期间，排除党内“左”倾和右倾机会主义的干扰，坚持新民主主义的思想和路线，终于取得了新民主主义革命的胜利。毛泽东的《新民主主义论》、《论联合政府》等著作，是用马克思主义科学理论认识中国社会性质和中国新民主主义革命的任务、目标、阶级力量、战略策略的光辉文献，是指导中国完成新民主主义革命、建立新民主主义和社会主义新中国的重要指南。

1949 年 10 月 1 日，中华人民共和国成立，这标志着中国共产党紧紧依靠人民胜利完成了实现民族独立和人民解放的历史任务。在这一时期进行的土地改革和没收官僚资产阶级的资产归国有，则标志着反对封建和反对官僚资本主义的任务也宣告完成。100 多年来，压在中国人民头上的帝国主义、封建主义、官僚资本主义三座大山终于被彻底推倒，由辛亥革命开启的民主革命取得彻底胜利。

回顾中国近代历史，人们不难看到，中国由封建社会转向半封建社会是鸦片战争以后逐渐演进的。清朝末期，改良主义曾经大行其道，清朝廷办洋务、兴实业、废科举，改变满洲皇家和贵族垄断朝政的状况，任用并支持一批主张学习西方“长技”的满汉大臣实行自上而

① 《中共中央文件选集》第 1 册，中共中央党校出版社 1989 年版，第 63、66 页。

② 同上书，第 115 页。

③ 《毛泽东选集》第 3 卷，人民出版社 1991 年版，第 1036 页。

下的改良。辛亥革命是中国旧民主主义革命的顶峰。但是，辛亥革命的失败，充分说明照搬西方资本主义的资产阶级革命不能解决中国当时的内外矛盾，没有力量打破封建军阀及其支持者帝国主义的压迫，因而不可能解决半殖民地半封建的社会革命问题，不可能完成中华民族救亡图存的民族使命和反帝反封建的历史任务。这段历史鲜明地揭示出一个至关重要、至为深刻的道理——资本主义救不了中国。

资产阶级革命的伟大领袖孙中山先生，在辛亥革命失败后，毫不气馁，继续顺应时代潮流走革命的道路。俄国十月革命成功以后，孙中山十分感慨，他多次在讲话和文章中赞赏俄国革命比中国的辛亥革命晚了6年，却能先于中国而一举成功。他认为俄国革命的成功在于俄国有一个在列宁领导下的有远大理想的政党，在于这个党得到了劳农大众的支持。在不断总结革命经验教训的基础上，孙中山提出了新三民主义的政治纲领，采取联俄、联共、扶助农工的三大政策，于1924年1月召开中国国民党第一次全国代表大会，改组国民党。五四运动以后资产阶级革命派发生分化，孙中山由旧民主主义的革命家转变为拥护新民主主义的革命家，始终走在民主主义革命前列，他是中国民主革命的伟大先行者。

从辛亥革命到新文化运动、五四运动，从旧民主主义革命到新民主主义革命的转变，再由新民主主义革命过渡到社会主义革命和社会主义建设，直到社会主义的改革发展，形成了一条中国百年革命历史的轨迹。这条轨迹令人由衷地信服：在近代以来中国社会发展进步的壮阔进程中，是历史和人民选择了马克思主义，选择了中国共产党，选择了社会主义道路，选择了改革开放。中国共产党不愧为伟大、光荣、正确的马克思主义政党，不愧为领导中国人民不断开创事业发展新局面的核心力量。

（原载《求是》2011年第19期）

# 第 二 篇

# 特约文稿

# 伟大的中国共产党

## ——在中国延安精神研究会纪念中国共产党成立90周年理论研讨会上的讲话

李铁映

今天，我们在这里集会，隆重庆祝中国共产党成立90周年。参加今天会议的，有老一代共产党员，也有中青年和新入党的同志，此时此刻，我们大家有着共同而强烈的感受：是中国共产党领导人民自己解放了自己，是中国共产党领导人民开辟了幸福美好的新生活，是中国共产党开创了中华民族复兴的新纪元。“没有共产党就没有新中国”是中国各族人民的共同心声。

中国共产党的90年，是开天辟地、波澜壮阔的90年；是马克思主义中国化并取得伟大成果的90年；是我们党战胜各种艰难险阻、不断发展壮大的90年；是领导全国各族人民艰苦奋斗、推动中华民族伟大复兴的90年。无数共产党人用自己的生命和热血、智慧和汗水，书写了气壮山河的英雄史诗。这部史诗，记载着中国共产党不懈的奋斗与探索，诉说着中国共产党为人民的利益作出的牺牲与奉献。90年的实践雄辩地证明：中国共产党是伟大的党，是中国各族人民的坚强领导核心。

### 一　中国共产党的诞生，是历史发展的必然

中国是一个有着五千年历史文明的国家，中华民族是伟大的民族。

“革命不能故意地、随心所欲地制造”。中国共产党在中国这块大地上诞生，是历史发展的必然。

1840年鸦片战争以后，中国逐步沦为半殖民地半封建的社会，国家日益贫弱，社会战乱不已，民族灾难深重，人民饱受丧权辱国之苦。“四万万人齐下泪，天涯何处是神州?”这是当时中国人民悲惨命运的真实写照。造成这种状况的根本原因是，帝国主义的野蛮侵略、疯狂宰割，封建统治阶级的黑暗腐败、压迫剥削。帝国主义与中华民族的矛盾，封建主义与人民大众的矛盾，成为中国社会的主要矛盾。这一矛盾，决定了当时中国社会的主要任务必然是实现民族独立和人民解放。

从鸦片战争到“五四”运动的80年间，太平天国农民革命、中法战争、甲午战争、戊

戌变法、义和团运动等，从不同角度，在不同程度上打击了帝国主义的侵略势力，动摇了封建王朝的统治。80年间，中国人民在斗争中日益觉醒，认识到，必须打倒帝国主义，推翻封建主义制度，才能实现民族独立和人民的解放。

20世纪初期，有三件大事唤起了中华民族的觉醒，使中国人民看到了曙光，即辛亥革命、俄国十月革命、“五四”运动。

1911年的辛亥革命，结束了中国的封建帝王制度，举起了振兴中华的旗帜，开启了现代中国的大门。辛亥革命是伟大的民主革命，孙中山是伟大民主革命的先行者。

辛亥革命后，中国陷入了北洋军阀统治时期。中国社会的各种矛盾更加激化，军阀混战愈演愈烈，社会动乱加剧，人民在死亡线上挣扎。恰在这时，“十月革命一声炮响，给我们送来了马克思列宁主义”。中国人民看到了进步的曙光和解放的希望。

1919年的“五四”运动，是彻底地反帝和反封建的革命运动，是深刻的思想解放运动，是影响深远的新文化运动。“五四”运动，推动了马克思列宁主义在中国的传播，启发了中国人民的觉悟。中国的先进分子，接受了马克思列宁主义，同工人劳动大众的解放斗争相结合，为中国共产党的诞生提供了必要的条件。

1921年7月，在产业工人集中的上海，举行了党的第一次全国代表大会，正式宣告中国共产党成立。从此，在中国共产党的领导下，中国人民开始了新的伟大革命。

中国共产党的产生，是马克思列宁主义与中国工人运动相结合的产物，是中国近代历史发展的必然结果。中国人民与帝国主义、封建主义进行了不屈不挠的斗争，在寻求民族独立、人民解放的道路上，中国人民终于觉醒了，产生了陈独秀、李大钊、毛泽东等一批马克思主义者。

中国共产党的诞生，是中国开天辟地的大事变。

中国人民选择了中国共产党，这是中华民族走向复兴的唯一出路。中国共产党，是照耀在中华大地上的火炬，是引领中国人民的旗帜。

中国共产党的诞生是历史发展的必然，中国人民选择了中国共产党也是历史发展的必然。

## 二　没有共产党，就没有新中国

中国共产党从成立那天起，就高举起反帝反封建的革命大旗。1921年7月，党的“一大”通过的党纲就清楚地写明：“党的根本政治目的是实行社会革命”。1922年7月，党的“二大”制定了中国共产党的最低纲领和最高纲领，最低纲领是：消除内乱，打倒军阀，推翻国际帝国主义的压迫。最高纲领是：渐次达到一个共产主义的社会。

在中国这个长期任人宰割的半殖民地半封建社会进行革命，是艰苦卓绝的。要摆脱封建主义的束缚、帝国主义的欺压，实现民族独立和人民解放，必然要经历若干发展阶段。首先，要完成资产阶级的民主革命，共产党人从一开始就认识到这一点。中国革命的主要敌人，是帝国主义和封建主义。中国资产阶级虽然在某个历史时期可以参加革命，但中国特定的历史条件决定了，中国的资产阶级不可能领导中国革命走上彻底胜利的道路。资产阶级的民主革命必须，也只能由中国共产党领导，以工人阶级为核心，依靠广大农民等劳动群众，才能取得反帝反封建的胜利。这就是新民主主义革命的历史任务。

从上海望志路起步的中国共产党，经过28年的浴血奋战，在领导中国人民为新民主主义而斗争的过程中，经历了国共合作北伐战争、土地革命战争、抗日战争、解放战争几个阶段。

共产党成立后，立即投入了工人和农民运动。安源路矿工人罢工、开滦煤矿工人罢工、京汉铁路工人大罢工……与工人罢工运动相呼应，广东海丰总农会等革命的农民组织，相继宣告成立。中国共产党与孙中山领导的国民党，实行了第一次国共合作，举行了北伐战争，沉重打击了封建主义势力。

1927年，蒋介石背叛了孙中山，勾结帝国主义和大地主大资产阶级，发动了反革命政变，大肆屠杀共产党员和革命人士。共产党人在血泊中站立起来，在南昌城头打响了武装斗争的第一枪，创建了人民军队，举起了中国革命武装斗争的大旗。10年的土地革命战争，党领导人民建立了一个又一个红色政权，开创了农村包围城市的革命道路，壮大了人民军队，完成了震惊世界的两万五千里长征。长征是人类历史上伟大的史诗。

“抗日战争是中国资产阶级民主革命中最伟大、最生动、最活跃的阶段。”1931年“九一八”事变爆发，日本帝国主义武装侵略中国东北，对中国发动了全面的、野蛮的侵略战争，欲亡我中华。在民族危亡的关头，1933年1月7日，中国共产党（向国民党）发表了停止进攻苏维埃、共同抗日的声明，举起了抗日救国的大旗。西安事变的和平解决，积极推动了全国抗战的民族统一战线的建立，实现了第二次国共合作。抗日战争，是近代以来中华民族反侵略战争的第一次全面胜利，是中国人民浴血奋战所取得的伟大胜利。

抗日战争胜利后，蒋介石发动了全面内战。中国共产党为了中国人民的利益，为了新中国，进行了三年的解放战争。在中国共产党领导下，百万雄师出太行、赴关东、过大江、进新疆。人民军队奋勇激战，势如破竹，一举推翻了国民党反动派统治的旧中国。

1949年10月1日，毛泽东同志向全世界庄严宣告：中华人民共和国成立了，中国人民从此站立起来了！中国人民推翻了压在中国人民头上的“三座大山”，中国进入了新的历史阶段。

新中国的诞生，是以毛泽东同志为代表的中国共产党人，为中华民族和中国人民创立的丰功伟业。

以毛泽东同志为代表的中国共产党人，把马克思主义的基本原理与中国革命具体实际相结合，开创了新民主主义的革命道路，制定了一系列符合中国实际的斗争策略，创立了毛泽东思想，成为党的指导思想。毛泽东思想是马克思主义中国化取得的第一个重大理论成果。

“没有中国共产党的努力，没有中国共产党人做中国人民的中流砥柱，中国的独立和解放是不可能的。”没有共产党的领导，就没有新中国。这是历史的结论，也是人民的抉择。

### 三　没有共产党，就没有中国的社会主义

新中国成立之后，中国要建设成什么样的国家，走什么样的道路？这是我们党面临的历史任务。

任何社会变革，归根到底都是生产力和生产关系矛盾运动的结果，是发展生产力的要求。

新中国建立初期的现实，决定了中国的社会主义革命，要先完成民主革命时期尚未完成的任务。从新中国成立到完成社会主义三大改造，我们党领导人民从新民主主义逐步过渡到社会主义。在社会主义革命和建设的历史进程中，确立了社会主义的基本制度，社会主义建设事业取得了显著的成绩。

从 1949 年到 1978 年近 30 年的时间，党对社会主义的道路、政策、方法等重大理论和实践问题，进行了艰难曲折的探索，对社会主义的认识逐步加深。

中国社会主义国家的政治、经济、社会、文化形态，是前无古人的伟大探索。党领导人民建立了工人阶级领导的、以工农联盟为基础的人民民主专政的国家政权。建立了人民代表大会制度、民族区域自治制度、中国共产党领导的多党合作、政治协商制度。全国人民代表大会制定和通过了新中国第一部宪法。同时还建立了社会主义的经济、文化、教育、外交、国防等一系列制度。这些制度，都是中国共产党根据中国实际情况的探索和创造，符合中国的国情，是保护最广大人民群众根本利益的制度，是好制度。

毛泽东同志在 1956 年说过，只有搞了社会主义，才知道什么是社会主义。建立社会主义基本制度，这是我国历史上最深刻的社会变革。是党在理论与实践上进行的新探索、新发展。

党领导人民用近 30 年时间，逐步建立了比较完整的国民经济体系。建立和巩固了社会主义。在一穷二白的基础上，艰苦奋斗，推动了经济发展和人民生活水平的提高，促进了文化、教育、科技事业的发展，并拥有了原子弹、运载火箭、人造卫星。战胜了帝国主义的封锁、侵略、破坏、武装挑衅。进行了抗美援朝等正义的战争，抗击了帝国主义对中国的威胁，维护了国家安全和独立。加强了人民军队建设，发挥了人民民主专政的柱石作用。与一切友好的国家建立了外交关系。恢复了我国在联合国的合法席位，维护了国家的利益。《关于建国以来党的若干历史问题的决议》指出：我们现在赖以进行现代化建设的物质技术基础，很大一部分是这个时期建设起来的。

如同战争时期打仗要流血牺牲，社会主义建设不可避免地也要付出代价的，探索总是要付出代价的。从新中国成立到改革开放的近 30 年，最重要的成就：是奠定了中国的社会主义基本制度，全面开始了社会主义建设。这期间也出现了曲折和失误。“文革”10 年浩劫，错误是严重的，造成的损失是巨大的，这是我们党在领导社会主义建设历史时期最严重的教训。我们应该看到，历史的发展是曲折的，道路的探索是艰辛的，就像人走路会要摔跤一样。进行社会主义的实践，前无古人，没有先验可以借鉴，没有模式可以效仿。搞社会主义也是万里长征，会有国内外各种敌对势力的围追堵截，会有许多难以预料的事情发生，这就是事物发展的规律。

曲折和失误磨练了我们，挫折和教训教育了我们。正如恩格斯所说，伟大的阶级，正如伟大的民族一样，从来没有比从自己所犯错误的后果中学习来得更快。社会主义建设中的曲折探索，为改革开放，为党创立中国特色社会主义理论体系，开辟中国特色社会主义现代化道路，积累了宝贵的经验。

近 30 年的社会主义实践，是党领导中国人民，大踏步地走上社会主义道路的实践。没有共产党，就没有新中国；没有共产党，就没有中国的社会主义。中国走上社会主义道路，是亿万中国人民在长期奋斗中所作出的决定性选择。

## 四　没有共产党，就没有中国的现代化

1978年底，中国共产党召开了十一届三中全会。这是我们党历史上又一次伟大的转折。这次会议，拨乱反正，在思想上、政治上结束了“文革”，停止了“以阶级斗争为纲”的指导方针，把党的工作重心，转移到经济建设上来。30多年来，我们党始终把领导人民建设有中国特色社会主义、实现中国的现代化作为根本任务。

建设中国特色社会主义，是对社会主义理论和实践的再认识、再探索。在新的历史时期，邓小平同志总结了新中国成立以来的经验教训，将解放、发展生产力纳入社会主义的本质范畴，对“什么是社会主义，怎样建设社会主义”这一历史性课题，在理论上进行了新探索，在实践上实现了新突破。明确了中国正处于社会主义初级阶段。这个阶段的基本路线，就是党领导和团结全国各族人民，以经济建设为中心，坚持四项基本原则，坚持改革开放，自力更生，艰苦创业，把我国建设成为富强、民主、文明、和谐的社会主义现代化国家。

建设中国特色社会主义理论体系，是马克思主义基本原理与中国具体实际相结合的又一次历史性飞跃。改革开放30多年来，党创立了邓小平理论、“三个代表”重要思想、科学发展观等一系列战略思想，形成了中国特色社会主义的理论体系，开辟了中国特色社会主义现代化道路。中国特色社会主义理论体系，是我们党对社会主义的新认识，是马克思主义中国化的新成果，是中国共产党和中国人民对世界文明的新贡献。它是我们的理论，是我们实践的总结，是我们最可珍视的精神财富。

搞中国特色的社会主义，书本上没有，历史上没有，摆在我们党面前的这个问题是前所未有的。把马克思主义基本原理与中国实际相结合，实现中国的现代化，就是中国特色的社会主义。靠自己，走自己的路，按中国的实际办，这就是我们的结论。

什么叫特色？一切存在的、现实的、具体的社会主义都是具有特色的。小平同志用了一个“特色”，解放了我们的思想，拓展了我们的眼界，放开了我们的手脚。从此，中国人民开始大胆探索，走自己的路。

如何看待资本主义，如何看待社会主义？这是我们搞社会主义现代化的两大问题。我们不要把资本主义“看短了，看轻了”！也不要把社会主义“看近了，看易了”！我们不可能凭自己的主观意志超越社会发展的历史阶段，必须按照历史唯物主义所揭示的规律办事，逐渐往前走。财富是一点一点积累起来的，路是一步一步走出来的。可以有超前的意识，但不能搞超现实，做不可能的事。任何一种美味美食，不适合自身的，吃下去是不会有益的。我们的党是坚持实事求是的党，是按辩证唯物主义和历史唯物主义办事情、搞事业的党。只有共产党的领导，才能实现中国的现代化，才能实现社会和谐，实现中国人民的共同富裕。

改革开放极大地解放和发展了社会生产力，极大地激发了人民群众的创造活力，极大地增强了我们的综合国力。30多年来，中国经济平均发展速度为9.8%。社会主义市场经济体制初步建立。中国特色社会主义法律体系基本形成，依法治国方略得到贯彻实施，文化、社会等各方面的改革和建设，都取得了显著的历史性进步。对外开放稳步向深度和广度拓展。一个朝气蓬勃、大踏步走向现代化的社会主义中国，巍然屹立在世界的东方。

没有中国共产党，就没有中国的社会主义现代化；离开了社会主义道路，实现不了中国的现代化。邓小平同志强调指出："我们搞的四个现代化有个名字，就是社会主义四个现代化。""我们应该在中国社会主义制度下实现四个现代化"。

回顾改革开放30多年来的发展历程，可以看出：在中国，改革开放，实现长期发展、长期稳定，是前无古人的伟大探索；在当代，发展社会主义市场经济，实现中国工业化、现代化，是前无古人的伟大探索；在全球化和对外开放的时代背景下，共产党带领13亿中国人民，实现中华民族的伟大复兴，这同样是前无古人的伟大探索。

中国共产党成立90年来，党领导中国人民为民族独立，人民解放，国家富强，人民幸福干了三件大事：建立新中国，建设社会主义，改革开放。这三件大事，是中国共产党人认识世界、改造世界的创举，从根本上改变了中国人民的前途命运。我们要十分珍视被实践证明了的自己的理论，我们的双脚要永远站立在自己的土地上。一切好的东西都可以借鉴，但决不能照抄照搬，照抄照搬只能是死路一条。

面对没有既成经验、没有前车之鉴的发展和变化，我们既不能妄自菲薄，也不能妄自尊大。我们正站在新的历史起点上，既要勇往直前，大胆探索，又要缜密谨慎，如履薄冰。规律是客观的，也是无情的。

## 五 中国要发展，必须把党建设好

我们党已经走过了90年。90年丰功伟业，彪炳千秋。

对党90年生日最好的纪念，就是要把我们的党建设好。使我们党不断提高领导水平，长期保持先进性，永远保持与人民的血肉联系。

90年，还只是历史的一瞬，长征的一步。中国人民实现社会主义现代化的任务和目标远大而艰巨。中国的发展和未来，必须坚持党的领导，凝聚13亿人的力量和智慧，才能在汹涌的波涛中，沿着中国特色社会主义航路，不断向前。

坚持党的领导，首先必须把党建设好。今天，我们面临的国内外环境和形势纷繁复杂，机遇难得，面临的困难和问题也前所未遇，未有所闻。问题总在前面，已知已成过去，未知接踵而来。改革开放将进一步深化。我们必须面对新形势、新任务、新挑战。中国是个大块头，正处于发展的高速度、大变化的重要时期。世界上没有哪一个国家像我们国家这样人口众多，情况复杂。实现中国的现代化，实现中华民族的伟大复兴，是一个长期的历史过程，"需要十几代、几十代人的努力"。坚定地把改革开放的伟大事业推进下去，关系社会主义的兴衰成败，关系中华民族的前途命运。

在中国社会主义条件下实行市场经济，存在许多难以预料的困难。市场经济是一个诡异的大海，在创造巨大财富的同时，也有着骇浪和旋涡。在社会主义条件下搞市场经济，用市场经济发展社会主义；在市场经济条件下坚持党的领导，在改革开放中，把党建设好，这是我们党遇到的重大历史性课题。

当今世界，处在大发展、大变革、大调整时期。中国与世界其他国家的联系，从来没有像今天这样紧密，国际社会各种有利的和不利因素对我国的影响，从来没有像今天这样深刻。

国际资本的贪与毒，资本的国际化、垄断化，与霸权主义、强权政治共谋，争夺利益的战争接连不断。天下很不太平。西方敌对势力对我实施“西化”、“分化”的战略从来都没有改变，不断变换“棒杀”、“捧杀”的手段，通过各种途径，对我国极尽污蔑、挑拨、迷诱之能事，煽动、制造、支持各种危害中华民族利益的活动。其目的就是乱我中华，搞掉中国共产党，搞垮中国。我们现在是在和国际垄断资本打交道，与老牌帝国主义打交道，并且是在他们制定的游戏规则下与他们打交道。这些游戏充满危险和诡谲，搞不好，就会出大问题。交道是必须打的，合作是必须的，但警惕、防范也是必然的，也是不可或缺的。

在如此复杂的时代条件下，如何把我们党建设好，如何始终保持党的先进性，如何不断地提高党的领导能力，是对全党同志的历史考验。这是一个亘古未有的大事业，只能靠我们党，靠中国人民，在社会主义现代化建设的历史实践中去探索、去创造。

历史上，政党的覆亡，政权的倒台，都是思想僵化、政治腐朽的结果。自己烂掉了就会倒下去，己不乱，人其奈何之。要防止思想上的僵化、政治上的官僚主义，要防止脱离群众、奢靡腐化、违法犯罪。我们是历史唯物主义者，党不可能脱离社会而孤立存在和发展，而社会生活又是极其复杂的。我们党必须和种种腐败现象作长期的、不懈的斗争。何况这些现象，还有深刻的国际背景。人总是要生病的，不生病的人是没有的。腐败现象就像人生病一样。有病就要治，标本兼治。有苍蝇就要打，什么时候有就什么时候打。敌对势力要“西化”、“分化”中国，首先要蜕化共产党。

保持党的先进性，提高党的领导能力，就要不断地加强和改善党的领导，把思想理论建设放在首位。要坚持和发展马克思主义，不断推进马克思主义中国化，建设马克思主义学习型政党，不断提高认识世界和改造世界的能力。这也是一场“持久战”。共产党自身建设不好，是可以垮台的；共产党蜕变了，社会主义必然变质，国家必然分裂，就没有中国的现代化。苏共垮台就是共产党人的历史之鉴！

当前世情、国情的深刻变化对党的建设提出了新的要求，党所面临的是全新的、极其复杂的历史阶段，把党建设好，永远是党的根本任务。

如何加强党的建设？90 年来，在我们党的理论中，有许多深刻、透彻的重要论述，在实践中积累了丰富的经验，这是党的建设最重要、最宝贵的财富。如何使我们党在改革开放、市场经济、长期处于领导地位的情况下，带领中国人民增强始终保持党的性质、宗旨和本色；如何使党在社会主义与资本主义长期共存的情况下，同资本主义既合作，又斗争；既需要，又警惕，坚定不移地沿着中国特色社会主义道路前进；如何长期与腐败现象作斗争，克服官僚主义，形成清正廉明的党风，这是党的建设中现实的、长期的、十分重大而又艰巨的课题，需要全党同志努力去研究、探索。

今天，中国人民正走在社会主义现代化的大路上，这是何等声震寰宇，气壮山河！这是 13 亿人的攀登队伍，在党的领导下，沿着蜿蜒曲折的悬崖峭壁，向顶峰攀登。前面是一座又一座的山峰，没有人能阻挡我们前进。我们既要大胆向上攀登，又要缜密谨慎前行。弄不好，我们也会自己掉下来。要相信中华民族的智慧，中国人民坚韧不拔的决心。要相信党一定会不断提高自己的领导能力，始终作为中国人民的领导者，率领中华民族和中国人民，征服前进道路上一座座山峰。无论前面有多少艰难险阻，我们都要攀登上去。我们一定能够攀登上去!

今天，我们隆重庆祝中国共产党成立 90 周年。我们每一个人、每一名共产党员，始终要热爱党、拥护党。她是我们的党，是我们事业的中流砥柱。青少年是中国的未来。要让青年一代了解党的历史，担当起建设中国社会主义现代化的重任，使中华民族的伟大复兴代代相继，永不断章，这是历史赋予中国青年一代的重任。我们对中国的未来充满信心，相信中国的青年一代，一定是振兴中华的一代!

中国不能没有共产党。未来，中国共产党一定会更加伟大，中华民族一定会更加强盛，中国人民一定会更加幸福。中国的社会主义现代化一定能实现，中华民族的伟大复兴一定能实现!

(原载《党建研究》2011 年第 8 期)

# 马克思主义在中国的伟大胜利

王伟光

1921 年，中国近代史上发生了一起从根本上改变中国人民历史命运的大事件，这就是以马克思主义作为指导思想的中国共产党的诞生。建党 90 年来，中国共产党始终勇立时代潮头，坚持将马克思主义与中国实际相结合，不断在实践创新进程中推进理论创新，推进马克思主义中国化、时代化、大众化，指导中国革命、建设和改革的正确航向，从根本上改变了中国的面貌和中华民族的命运。今天，一个昔日积贫积弱、受人宰割的旧中国已跃然成为日新月异、势头强劲的社会主义中国，巍然屹立在世界东方，在全球产生了广泛而深刻的影响。社会主义在中国的胜利，就是中国人民唯一历史选择的胜利，就是中国共产党的胜利，就是马克思主义在中国的伟大胜利。

## 一　只有马克思主义才能救中国

马克思主义传播到中国，为中国人民所接受，在中国的土地上生根、开花、结果，是世界时势和中国国情发展的必然结果。中国人民选择马克思主义作为解救中国的真理，成为中国工人阶级政党——中国共产党的理论基础和思想指南，马克思主义作为思想武器与中国人民的物质力量结合在一起，转化成巨大的革命的能动力量，改变了中国的历史命运，是中国近代以来历史发展的必然逻辑。

以 1840 年鸦片战争为转折，昔日曾经创造过世界辉煌的中华民族沦为受列强欺凌的“劣等民族”。以西方资本主义国家为主的外国列强恃强凌弱，为满足殖民掠夺和强占市场的贪欲，一次次发动血腥的侵华战争，包括两次攻陷都城北京，逼迫腐败无能的清政府签订一系列不平等条约，致使中国主权惨遭粗暴侵犯、领土被蚕食鲸吞，一步步跌入半殖民地的深渊。截至 1905 年，仅对西方列强的战争赔款便累计达十余亿两白银，而清政府将这笔负担转嫁到民众身上，地方官吏趁机进行敲骨吸髓式的压榨。在外国帝国主义侵略势力和本国封建统治者的双重压迫下，民生凋敝，时局动荡，国力衰微，社会矛盾空前激化，民族危机日趋深重。为了挽救中华民族、解救中国，再造富民强国辉煌，各方政治力量提出了种种解救方案，采取了不同方式和手段。

首先是中国农民阶级、广大劳苦大众向封建统治阶级和帝国主义发起了猛烈的武装斗争。1851 年，洪秀全发起太平天国农民运动，提出纲领性文献——天朝田亩制度，从解决土地问题入手，憧憬建立一个“有田同耕，有饭同食，有衣同穿，有钱同使，无处不均匀，无人不饱暖”的理想社会。太平天国与清政府对峙 14 年，先后攻克 600 多座城池，并在上海、苏州等地奋勇抗击进行武装干涉的英法侵略军。以农民为主体的义和团运动，掀起反帝爱国大潮，用原始武器殊死抵御八国联军，展示了中国人民不屈不挠的反抗精神，使列强受到极大震慑。鸦片战争以来，中国的农民阶级和劳苦大众的武装斗争风起云涌、前赴后继，但大多与太平天国运动命运一样，在封建统治阶级和帝国主义的联手镇压下失败。

其次是在封建统治阶级阵营内部，一些图强派人士企图实行改进措施，中兴清王朝封建统治。林则徐发动了禁烟运动，然而由于在软弱无能、反复无常的皇权下，内受腐败官僚的出卖，外受列强打击，终告失败。魏源提出“师夷长技以制夷”，洋务派官僚发起洋务运动，以“自强”、“求富”标榜，引进西方坚船利炮，仿效西方兴办军事、民用工业以及交通运输业等，但装备不落下风的清军却在甲午战争中惨败给日本，北洋水师全军覆没，洋务运动宣告破产。

以康有为、梁启超等人为代表的维新派吸取日本资产阶级明治维新的经验，推行改良主义，试图在保存清皇权的前提下通过变法挽救民族于危亡，虽在思想启蒙上发挥了重要作用，但维新派依靠没有实权的光绪帝推行新政，结果慈禧太后一声令下，戊戌变法仅维持 103 天便告夭折，谭嗣同等六君子身首异处。

伟大的资产阶级民主革命先行者孙中山先生抛弃改良主义方案，力图通过武装革命推翻清王朝统治，开创了近代旧民主主义革命。辛亥革命结束了在中国延续几千年的君主专制制度，促进了民众的思想觉醒和解放，意义非凡，影响深远。然而，“无量头颅无量血，可怜购得假共和”，这场革命果实很快被袁世凯窃取，随后发生袁世凯、张勋复辟帝制和曹锟贿选等丑剧，帝国主义列强操纵中国政治、把持中国经济命脉，军阀割据混战的格局远未被撼动，中国社会性质并没有得到实质性改变。以上各种努力和尝试均以失败告终，各种处方皆不能解救中国。到底什么办法才能救中国，实现中国的现代化？

在近代中国历史上，旨在救国救民的斗争和探索，每一次都在一定的历史条件下或多或少推动了社会进步，但一次一次又归于失败。究其主观上的根本原因就是没有正确的理论指导。除了旧式农民起义方案和局部改良方案以外，旧民主主义的民族复兴方案，其指导思想不过是资产阶级政治理论，是资产阶级启蒙和革命时期的人权、民主、博爱、自由等思想武器，其主要目标是发展资本主义的经济、政治和文化，建立现代资本主义国家。然而，为什么西方在资产阶级思想武器指导下可以成功地进行资本主义民主革命，建立资产阶级国家，走现代化的强国之路，旧中国却办不到，资产阶级思想武器为什么在旧中国失灵？这是由中国所处的具体客观条件所决定的。中国在明朝已经开始了资本主义生产方式的萌起，如果没有国际资本主义的干涉，中国也可以按照一般历史发展规律，走资产阶级民主革命之路。当中国向资本主义发展之时，西方资本主义国家的先行发展使得世界进程进入了帝国主义和无产阶级革命的时代，帝国主义已把世界殖民地分割完毕。考察国内外条件，帝国主义列强、封建统治阶级和官僚买办阶级都不允许中国建立独立富强的资产阶级民主共和国。帝国主义列强入侵中国的目的，是从其自身利益考虑，要永久地控制、剥削中国，绝不容许中国成为强大的资产阶级民主共和国，必须维持和强化中国的半殖民地半封建制度。这决定了帝国主义列强需要与封建势力和官僚资本勾结，不允许中国民族资产阶级强大起来，不允许在中国这块土地上进行资产阶级民主革命。在帝国主义、官僚买办资产阶级和封建统治阶级的强压下，中国民族资产阶级必然是一个软弱的、两重性的阶级，担当不起民主革命的领导任务。在资产阶级思想指导下，由软弱的民族资产阶级及其政党领导的旧式民主革命是不可能解救中国的。

毛泽东同志指出："十月革命一声炮响，给我们送来了马克思列宁主义。十月革命帮助了全世界的也帮助了中国的先进分子，用无产阶级的宇宙观作为观察国家命运的工具，重新考虑自己的问题。走俄国人的路——这就是结论。"① 中国人民选择俄国人所走的社会主义道路，选择中国工人阶级政党——中国共产党的领导，选择马克思主义指导，是世界历史和中国社会矛盾发展的必然结果，是中国人民同帝国主义、封建主义的社会主要矛盾激化的必然结果，是中国人民唯一的正确选择。从国际时代大格局来看，中国人民对社会主义、对马克思主义、对中国共产党的历史选择，受到处于十月革命爆发和社会主义革命前夜的世界局势的深刻影响。辛亥革命之后，帝国主义国家日益走向腐朽和无产阶级革命方兴未艾的世界局势，以及旧中国继续延续甚至更加恶化的黑暗现实，特别是1914年爆发的帝国主义战争，使中国先进知识分子对资本主义制度及其思想武器产生了怀疑，感到资产阶级的民主、自由、平等、博爱等思想武器解决不了中国问题，中国民族资产阶级旧民主主义无法解救中国。辛亥革命为什么失败，救中国的目的为什么达不到？到底什么思想武器能够解决中国问题？马克思主义和十月革命的成功对中国先进知识分子产生了巨大的震撼和影响，开阔了眼界，使他们探索中国民主解放之路的方向发生了根本转折，经过对西方各种思潮、各种社会主义思想的比较，认识到决定中国人民命运的不是资产阶级，不是资本主义，不是资产阶级思想武器，而是工人阶级、科学社会主义和马克思主义。中国先进知识分子冲破了资产阶级民主思想的藩篱，冲破了旧民主主义民主、科学、爱国主义的精神界限，接受了马克思主义，在马克思主义中找到了答案。他们选择马克思主义作为唯一思想指南，选择社会主义为中国唯一出路，选择中国工人阶级及其政党作为唯一领导。历史潮流不可阻挡。中国最早的马克思主义者李大钊豪放地预言："试看将来的环球，必是赤旗的世界！"以马克思主义为指导、代表工人阶级这一新生先进阶级的中国共产党应运而生，担负起领导中国革命、建设和改革，建设社会主义强国的伟大使命，中国面貌历经九十载焕然一新。

## 二　一定要实现马克思主义的中国化

马克思主义是外来的先进思想，用以指导中国人民的社会实践，就有与中国国情和中国人民的具体实践相结合的问题。只有为中国人民所接受、所消化、所使用，成为中国化的马克思主义，才能起到科学指南的作用。

中国革命到底怎样搞，中国道路怎么走，中国现代化怎么实现？马克思主义经典作家没有给出现成的答案，他们着重论述了在西方发达资本主义国家进行无产阶级革命和社会主义

① 《毛泽东选集》第4卷，人民出版社1991年版，第1471页。

建设问题。尽管十月革命是在帝国主义统治的薄弱环节——俄国率先取得突破，但俄国已经进入资本主义发展阶段，发动社会主义革命走的是依靠工人阶级发动城市暴动的具体道路。中国是一个半殖民地半封建社会，农民占总人口的绝大多数，近代中国的产业工人仅有 200 万人左右，在这样一个东方落后大国取得革命成功，建设社会主义，是一个极为艰巨复杂的新课题。中国共产党 90 年的历史经验教训告诉我们，不能照抄马克思主义经典作家的原有结论，也不能照搬俄国和别国的革命模式和建设道路，必须走一条符合中国国情的革命和建设道路，这就迫切需要把马克思主义与中国实际相结合，创立中国化的马克思主义，武装全党，指导实践。

在中国共产党早期，由于理论准备和斗争经验不足，曾走过弯路，尤其是 1927 年、1934 年两度遭受惨痛挫折。陈独秀右倾机会主义错误，主张先搞资本主义革命、再搞社会主义革命的“两次革命”论，对国民党右派一味妥协退让，放弃中国革命的领导权，导致 1927 年大革命失败。王明“左”倾冒险主义错误，把马克思主义教条化，将共产国际决议和苏联经验神圣化，主张毕其功于一役的社会主义“一次革命”论，推进军事冒险主义和政治关门主义，导致党在苏区、白区好不容易积蓄起来的力量严重折损，导致 1934 年第五次反围剿失败，根据地版图急遽萎缩，中国革命几乎濒临绝境。一“左”一右，错误表现不同，但实质都一样，主观与客观相脱离，离开了中国国情。

只有把马克思主义与中国实际相结合，实现马克思主义中国化，才能引导中国革命走向胜利。毛泽东同志科学分析了中国社会的性质和中国具体国情，指出中国半殖民地半封建的社会性质，强调中国革命的实质是农民问题，制定了新民主主义革命总路线，科学论述了中国革命的性质、对象、任务、动力、前途以及策略等重大问题。同时，毛泽东同志提出中国革命要实行革命阶段论与不间断革命论相结合，通过新民主主义革命迈向社会主义的“两步走”战略：第一步，完成反帝反封建任务的新民主主义革命，新民主主义革命是由工人阶级及其政党——中国共产党所领导的新型的资产阶级民主革命；第二步，完成新民主主义革命后，再不间断地进行社会主义革命，经过新民主主义向社会主义的过渡，进入社会主义建设时期。

在具体革命道路上，是走武装占领城市夺取政权的道路，还是走农村包围城市最后夺取政权的道路？以毛泽东同志为主要代表的中国共产党人从具体国情出发，指出中国革命的中心问题是农民问题，必须以农村为根据地，以农民为主要依靠力量，将工作重点由城市转入农村，创建工农红军和农村革命根据地，开展土地革命和游击战争，在农村保存、恢复和发展力量，走出了一条中国革命成功之路。

毛泽东同志领导全党以巨大的政治和理论勇气，运用马克思主义基本原理深刻分析中国国情、科学总结正反两方面经验，苦苦探索中国革命的新路，大胆进行马克思主义与中国实际相结合的理论创新。他集中全党智慧，在革命实践以及抵制和纠正党内“左”、右倾错误的斗争中，实现了马克思主义中国化的第一次历史性飞跃，形成了毛泽东思想，为中国革命指明了前进方向。

经过 28 年艰苦卓绝的探索与奋斗，我们党带领人民成功地走出一条救亡图存新路，赢得新民主主义革命的胜利，实现了近代以来无数仁人志士孜孜以求的民族独立和人民解放的目标，创立了新中国，开辟了中国历史的新纪元、新时代。在毛泽东思想指引下，党领导新中国迅速医治战争创伤，基本完成对农业、手工业、资本主义工商业的社会主义改造，建立了社会主义制度，从此走上社会主义道路。这是中国历史上最广泛最深刻的一次社会变革，为中国发展进步奠定了根本政治前提和制度基础。

## 三　必须不断推进马克思主义中国化的理论创新

马克思、恩格斯揭示了资本主义必然灭亡、社会主义必然胜利的历史规律，曾预言社会主义革命将首先同时在西欧北美少数发达资本主义国家发生。他们在晚年研究俄国和东方国家发展道路时再次预言，在一定条件下，落后国家可以不经过资本主义的“卡夫丁峡谷”，充分利用资本主义创造的文明，直接过渡到社会主义，走上社会主义道路。马克思的科学预见在20世纪初的俄国有了十月革命的实践案例。“二战”之后，有了一系列社会主义阵营的案例，有了苏联和若干国家社会主义建设初步成就的案例。然而在20世纪下半叶，形势发生了逆转，苏东剧变，社会主义阵营不复存在，社会主义建设遭受严重挫折，社会主义处于低潮。但是20世纪七八十年代以来，在中国共产党领导下的中国，通过改革开放，成功地取得中国特色社会主义的伟大成就，马克思的预言成为活生生的现实。中国特色社会主义的成功经验深刻表明：必须不断地推进马克思主义中国化的理论创新，才能成功指导社会主义建设的实践创新。

在新中国成立前夕，毛泽东同志展望党的执政使命，充满豪情地宣告：“我们不但善于破坏一个旧世界，我们还将善于建设一个新世界”。[①] 如何在一个人口众多、社会生产力水平十分落后的东方大国，跨越资本主义发展阶段，建设社会主义，是一个极具挑战的崭新课题。在马克思、恩格斯的经典著作中没有现成答案。以毛泽东同志为核心的第一代中央领导集体在新的历史征程上积极带领人民探索改变贫穷落后状况、建设现代化社会主义国家的正确途径。在社会主义建设之初，更多的是向苏联经验和模式学习。鉴于苏联在建设中暴露出的问题，毛泽东同志和党中央很快意识到不能照搬苏联经验，必须摸索适合自己国情的发展道路。毛泽东同志相继发表《论十大关系》、《关于正确处理人民内部矛盾的问题》等，指出在社会主义改造完成后，我国根本任务已经由解放生产力变为在新的生产关系下保护和发展生产力，提出了一系列社会主义建设方针、政策、原则和策略。毛泽东同志领导全党关于社会主义建设道路的理论和实践探索，为中国特色社会主义建设提供了具有重要借鉴意义的历史经验和理论认识，为中国特色社会主义理论体系的形成奠定了思想基础和理论前提，推进了马克思主义的中国化。

党带领全国人民通过克服重重困难，建立起独立的比较完整的工业体系和国民经济体系，取得包括“两弹一星”那样的伟大成就，古老神州发生翻天覆地的变化，为今天中国特色社会主义奠定了重要的物质技术基础。由于社会主义现代化建设是一项全新的事业，加上当时复杂严峻的国际环境的影响，党在探索中也有曲折和失误。随着指导思想上的“左”倾错误

① 《毛泽东选集》第4卷，人民出版社1991年版，第1439页。

逐渐占据主导地位，乃至发生“文化大革命”，致使我国建设事业遭受严重挫折，耽误了宝贵时间，拉大了与发达国家的差距。

面对十年浩劫造成的严峻局面，在中国面临向何处去的重大历史关头，党召开十一届三中全会，彻底否定“以阶级斗争为纲”的错误理论和实践，确立解放思想、实事求是的思想路线，拨乱反正。党顺应全党全国人民搞建设、谋发展的迫切愿望，敏锐地抓住和平与发展已成为世界两大主题这一机遇，作出把党和国家工作重点转移到社会主义现代化建设上来、实行改革开放的战略决策，实现了党的历史上具有深远意义的伟大转折，开启了我国改革开放的历史新时期。以邓小平同志为核心的党的第二代中央领导集体大力倡导解放思想，及时总结党带领人民在实践中形成的新经验新认识，提出了许多具有开创意义的新思想、新观点、新理念。邓小平同志抓住“什么是社会主义，怎样建设社会主义”这个首要的基本问题，深刻揭示了社会主义的本质，提出了社会主义改革开放的总国策和党在社会主义初级阶段的基本路线，第一次比较完整地初步回答了在中国这样经济文化比较落后的国家如何建设社会主义、如何巩固和发展社会主义等基本问题，使党的指导思想实现了与时俱进，将马克思主义中国化推到一个新境界，创立了邓小平理论，创立了中国特色社会主义理论体系的开篇。

理论创新极大地推动了实践创新。改革首先在农村展开、从经济领域入手，随后扩展到城市、延伸为全面的综合性改革，对外开放则从沿海辐射到内地，亿万人民的建设和创造热情得到充分调动与空前释放。仅十年左右时间，沿着建设中国特色社会主义这条新路，我国实现了持续快速发展，综合国力跃上新台阶，人民生活从温饱不足向小康迈进，整个国家充满新的生机和活力。

20 世纪 80 年代末 90 年代初，国内发生严重政治风波；国外发生东欧剧变、苏联解体，不少长期执政的共产党相继垮台，世界社会主义运动骤然陷入低潮。国外有人谬称资本主义制度是人类历史的终点，国内也有不少怀疑、否定四项基本原则的声音，我国的发展面临空前困难和巨大压力。以江泽民同志为核心的党的第三代中央领导集体受命于这一重大历史关头，明确表示将坚定不移、毫不动摇地继续贯彻执行党的十一届三中全会以来的基本路线和基本政策，科学判断党的历史方位新变化，高度重视加强党的建设、巩固党的执政地位，将新时期党的建设提到“新的伟大工程”的高度，郑重提出党的建设两大历史性课题，即提高党的领导水平和执政水平，提高党的拒腐防变和抵御风险能力。江泽民同志集中全党智慧，科学地总结历史、思考现实、规划未来，提出了“三个代表”重要思想。“三个代表”是我们党的立党之本、执政之基、力量之源。这一创新理论以党的执政地位作为连接点，将党的建设新的伟大工程与党领导的中国特色社会主义伟大事业结合起来进行研究和思考，进一步回答了“什么是社会主义，怎样建设社会主义”的问题，创造性地回答了“建设什么样的党，怎样建设党”的问题，丰富和发展了中国特色社会主义理论体系，将马克思主义中国化又推向前进。

在邓小平理论和“三个代表”重要思想指导下，我们党以伟大工程带动伟大事业，经受住国内外政治风波、经济风险等严峻考验，创建社会主义市场经济新体制，开创全面开放新格局，成功地稳住改革和发展的大局，人民生活总体上完成由温饱到小康的历史性跨越，胜利实现现代化建设“三步走”战略的前两步目标，进入全面建设小康社会、加快推进社会主义现代化建设新的发展阶段，将中国特色社会主义事业全面推向21世纪。

进入新世纪新阶段，世情、国情、党情发生深刻变化，我国发展呈现出一系列新的阶段性特征，所面临的机遇与挑战均前所未有。以胡锦涛同志为总书记的党中央迎难而上，开拓奋进，在新的历史起点上大力发展中国特色社会主义，集中体现了马克思主义关于发展的世界观和方法论，有针对性地提出了科学发展观等一系列新的重大战略思想，继续回答了“什么是社会主义，怎样建设社会主义”，以及“建设什么样的党，怎样建设党”的问题，创造性地回答了“实现什么样的发展，怎样发展”的问题，进一步深化了中国特色社会主义理论体系，开拓了马克思主义中国化的新境界。

我们党在中国化马克思主义最新成果指导下，成功应对各种风险和挑战，包括有效应对国际金融危机冲击，经济总量已跃居世界第二位，综合国力、人民生活水平以及国际地位、国际影响力，均得到进一步提升，开创了中国特色社会主义事业新局面。

改革开放新时期以来，我们党立足社会主义初级阶段这一基本国情，紧紧围绕建设和发展中国特色社会主义这一主题，相继推出邓小平理论、“三个代表”重要思想和科学发展观等重大战略思想这三大理论成果，形成一个既一脉相承又与时俱进的系统科学的理论体系——中国特色社会主义理论体系，继承并发展了马克思列宁主义、毛泽东思想，实现了马克思主义中国化的第二次历史性飞跃。实践告诉我们，一定要不断实现马克思主义中国化的理论创新，这是马克思主义在中国取得胜利的关键所在。

## 四 归根到底是坚持实事求是思想路线

中国共产党领导中国人民在革命、建设和改革的90年历程中，实现了马克思主义两次历史性飞跃，创造了马克思主义中国化既一脉相承又丰富发展的两个理论形态——毛泽东思想和中国特色社会主义理论体系，取得了中国革命、社会主义建设和社会主义改革开放三项伟大成就，实践创新带动理论创新，理论创新引导实践创新。我们从中可以得出许多重要启示。

（一）马克思主义中国化的实质与精髓就是实事求是思想路线，坚持马克思主义，说到底，必须坚持实事求是思想路线。实行党的正确领导，关键在于是不是以马克思主义作指导；以马克思主义为指导，关键在于是不是把马克思主义与中国实践相结合；把马克思主义与中国实践相结合，关键在于是不是贯彻落实实事求是思想路线。实事求是是马克思主义活的灵魂，是中国化马克思主义的精髓。一旦偏离实事求是的思想路线，再好的理论也会成为僵化空洞的教条，在实践中就会犯经验主义、教条主义的错误。马克思主义中国化的不断创新，实现于不同的历史时期，面对不同的时代主题，解决不同的时代课题，但都贯穿了马克思主义实事求是思想路线这条红线。只有坚持实事求是思想路线，才能长期坚持并不断发展中国化的马克思主义，中国特色社会主义道路才会越走越宽广。

（二）坚持实事求是思想路线，不断推进马克思主义中国化，最重要的就是坚持理论联系实际的学风和密切联系群众的作风。理论联系实际、密切联系群众是实事求是思想路线的一璧两面，是贯彻实事求是思想路线的两条密不可分的基本原则。是从本本出发，还是从实际出发，是联系群众，还是脱离群众，是对待马克思主义根本态度的分歧点，是采取什么样学风、作风的分水岭。坚持实事求是思想路线，推进马克思主义中国化，必须弘扬理论联系实际的马克思主义学风。学风问题是对待马克思主义的根本态度问题，是第一位重要问题。坚持实事求是，就一定要从实际出发，从中国国情出发，把马克思主义同中国实际相结合。如果学风不正，对待马克思主义的根本态度出了问题，把马克思主义变成教条，脱离实际，就会给党的事业带来灾难性的危害。作风问题是学风问题在工作上的具体表现。联系实际与联系群众是一致的，联系实际最根本的就是联系群众，坚持理论联系实际的学风，就要坚持密切联系群众的作风，一切为了人民群众，一切依靠人民群众，从群众中来，到群众中去。全党树立了优良的学风和作风，才能做到实事求是，才能不断推进马克思主义中国化。

（三）坚持理论联系实际和密切联系群众，必须密切联系不断发展的实践，永不脱离群众，不断推进马克思主义中国化的理论创新。人民群众永远追求进步，实践永无止境，理论创新也就无止境。理论创新一旦停滞或中断，就会迷失方向，就会遭遇挫折或失败。只有坚持理论创新，才能使马克思主义始终保持蓬勃生命力，使党的工作体现时代性、把握规律性、富于创造性。90 年来，我们党努力开创马克思主义在中国发展的新境界，归根到底，是科学回答了“什么是马克思主义，怎样对待马克思主义”这一核心问题，故而能够带领人民战胜一切艰难险阻，闯过一个个关口，取得中国革命的伟大胜利以及社会主义建设和改革的辉煌成就。一定要在群众实践活动中坚持马克思主义，发展马克思主义，不断推进马克思主义中国化、时代化、大众化，用发展着的马克思主义指导新的实践。

高度重视马克思主义指导，高度重视马克思主义中国化，高度重视马克思主义中国化的不断创新，是始终保持党的先进性的思想源泉和活力所在，是我们党的优良传统和政治优势。没有马克思主义和马克思主义中国化就没有中国共产党，没有中国共产党就没有中国特色社会主义。只要我们党始终坚持马克思主义和马克思主义中国化，高举中国特色社会主义伟大旗帜，就一定能够实现 2020 年全面建设小康社会的奋斗目标，迎来中华民族伟大复兴更加光明的前景。

（原载《中国社会科学》2011 年第 4 期）

# 进一步丰富和发展马克思主义的重大课题

## ——论推进马克思主义中国化、时代化、大众化

徐光春

党的十七届四中全会根据世情、国情、党情的新变化和马克思主义发展的新要求，提出了推进马克思主义中国化、时代化、大众化的重大课题。认真研究和解答这一重大课题，对于丰富和发展马克思主义，更好地用当代中国马克思主义武装头脑、指导实践、推动工作，不断开创中国特色社会主义事业新局面，具有重要战略意义。

### 一　推进马克思主义中国化，就是把马克思主义基本原理同中国具体实际结合起来，形成具有中国特色、中国风格、中国气派的马克思主义

马克思主义中国化的本质是将马克思主义基本原理同中国具体实际相结合，形成具有中国特色、中国风格、中国气派的马克思主义。毛泽东同志指出："马克思这些老祖宗的书，必须读，他们的基本原理必须遵守，这是第一。但是，任何国家的共产党，任何国家的思想界，都要创造新的理论，写出新的著作，产生自己的理论家，来为当前的政治服务，单靠老祖宗是不行的。"中国共产党人正是在将马克思主义同中国实际相结合的过程中，形成了毛泽东思想和中国特色社会主义理论体系两大成果，从而成功实现和不断推进了马克思主义中国化。

推进马克思主义中国化，体现了中国共产党人的高度自觉。在中国革命、建设和改革的历程中，中国共产党人坚持马克思主义的立场、观点、方法，在新的思想高度上继承和发展马克思主义，形成了中国化马克思主义。以毛泽东同志为核心的党的第一代中央领导集体，首先提出马克思主义中国化的重大任务，创立了毛泽东思想，开创了中国特色革命道路，建立了社会主义新中国；以邓小平同志为核心的党的第二代中央领导集体，坚持推进马克思主义中国化，深入总结社会主义建设正反两方面的经验，形成了邓小平理论；以江泽民同志为核心的党的第三代中央领导集体，在不断推进中国特色社会主义伟大事业的过程中继续推进马克思主义中国化，形成了"三个代表"重要思想；党的十六大以来，以胡锦涛同志为总书记的党中央，站在新的历史高度，再次向全党提出了推进马克思主义中国化的新要求，形成了科学发展观等一系列重大战略思想，有力推进了中国特色社会主义发展进程，实现了马克

思主义中国化在认识和实践上的新发展。

推进马克思主义中国化是一项艰巨复杂的工程，是中国共产党人肩负的一项重大历史使命。在实践中，应当始终坚持一些基本原则。

坚持马克思主义基本原理。这是推进马克思主义中国化的重要前提。始终坚持马克思主义的基本立场、基本观点、基本方法，始终坚持马克思主义基本原理，为发展中国特色社会主义打下坚实思想基础。

坚持理论联系实际。这是推进马克思主义中国化的根本途径。坚持实践第一的观点，从实践需求出发，面向实际、面向群众、面向未来，不断总结广大人民群众推动科学发展的新经验、新做法，在回答和解决实际问题中推进理论创新，用创新理论指导新的实践。

坚持解放思想、实事求是、与时俱进。这是推进马克思主义中国化的强大动力。一切从实际出发，不唯书、不唯上、只唯实，勇于探索、敢于创新、善于发现，努力开创马克思主义发展的新境界。

## 二　推进马克思主义时代化，就是把马克思主义同时代发展结合起来，使之能够适应时代需要、把握时代脉搏、回答时代课题

所谓马克思主义时代化，就是紧密结合时代特征，不断吸收新的时代内容，使马克思主义顺应时代潮流、紧跟时代步伐、揭示时代主题、引领时代发展，形成与时代特征相结合、与时代要求相一致、富有时代特色的马克思主义最新理论成果。

马克思主义是时代的产物，必须反映时代发展规律。马克思主义既揭示了世界发展的普遍规律，又具有鲜明的时代特征。第一次产业革命后资本主义基本矛盾激化、经济危机周期性爆发的历史条件，催生了马克思主义经典理论；帝国主义时代和殖民地半殖民地国家革命运动风起云涌的历史条件，催生了列宁主义和毛泽东思想；在中国这样的落后国家回答什么是社会主义、怎样建设社会主义，建设什么样的党、怎样建设党，实现什么样的发展、怎样发展等重大历史课题，催生了马克思主义中国化的最新成果——中国特色社会主义理论体系。当今世界正处在大发展大变革大调整时期，马克思主义只有随着时代的发展而发展，才能永葆生机活力。

马克思主义是时代精神的精华，必须引领时代发展潮流。马克思主义是时代精神的集中体现，为研究历史、解读时代提供了科学的世界观和方法论。作为时代精神精华的马克思主义要继续引领时代前进，就必须因时制宜、因地制宜，把握时代变化，揭示时代规律，破解时代难题，指明时代方向，不断拓展马克思主义发展新视野、指导社会主义建设新实践。

时代化是当今世界和当代中国对马克思主义发展提出的新要求。推进马克思主义时代化，主要包括三个方面的内涵。

紧扣时代主题。每个时代都有自己的主题，求和平、谋发展、促合作是当今时代的主题。推进马克思主义时代化，必须牢牢把握求和平这个共同愿望，坚持走和平发展道路；必须牢牢把握谋发展这个时代主旋律，推动科学发展；必须牢牢把握促合作这个大势，坚持求同存异、互利共赢。

把握时代脉搏。自觉顺应科技革命和经济全球化的时代潮流，从时代的演变中吸收新的元素、补充新的养分，使马克思主义发展与时代同行。当前，特别要紧密联系应对国际金融危机、气候变化、公共安全等全球性问题和后金融危机时期我国面临的科学发展、社会稳定、保障民生等问题，在破解难题中不断丰富和发展马克思主义。

推动时代进步。认真总结国际共产主义运动的历史经验、科学社会主义的实践经验、中国经济社会发展的现实经验，对这些经验进行理论概括和理论升华，着力调整那些与时代发展不协调、不适应的理论观点和思想方法，着力破除那些束缚时代发展、阻碍时代进步的理论教条和陈腐观念，以马克思主义时代化的理论成果推动时代发展进步。

## 三　推进马克思主义大众化，就是把马克思主义同人民群众的实践活动结合起来，使之更好地走进人民群众、武装人民群众

马克思主义大众化的本质是让广大人民群众掌握马克思主义。具体而言，就是一方面要坚持党的群众路线，相信群众、依靠群众，从广大人民群众的伟大实践中汲取思想养料和智慧，不断推进理论创新；另一方面要用马克思主义中国化、时代化的最新成果武装头脑、指导实践、推动工作。

马克思主义是指导人民群众伟大实践的科学理论。人民群众是社会物质财富和精神财富的创造者，是推动社会发展进步的决定性力量。人民群众历史主体作用的发挥必须有科学的理论作指导，马克思主义就是这样的科学理论。

马克思主义只有被人民群众掌握才能真正发挥作用。人民群众是马克思主义与客观世界联系的桥梁和纽带。只有坚持不懈地推进马克思主义大众化，用发展着的马克思主义武装群众头脑，才能使马克思主义发挥改造主客观世界思想武器的强大威力。马克思主义如果脱离人民群众、远离社会实践，就只能停留在口头上、书本上，永远也不会发挥实际作用。

推进马克思主义大众化，重要的是用马克思主义特别是马克思主义中国化最新成果武装全党、教育人民。在这方面，应把握一些基本要求。

坚持“三贴近”，即贴近实际、贴近生活、贴近群众。“三贴近”是对马克思主义大众化的总体要求，体现了马克思主义植根群众、服务群众的规律。坚持“三贴近”，就要认真听取群众呼声，充分尊重群众意愿，始终做到与人民群众心连心；紧贴社会实际，真实反映社会发展的实际情况，着力解决社会发展中的实际问题；紧贴群众生活实际，用人民群众喜闻乐见的语言和真实生动的材料宣传马克思主义，增强马克思主义的吸引力、感召力、影响力。

坚持“三进”，即进教材、进课堂、进头脑。坚持“要精，要管用”原则，编写通俗易懂、生动活泼，集科学性、可读性于一体的马克思主义理论读本。坚持把教学与研究、讲授与辅导、讲课与讲座相结合，以传播知识、激发情感、坚定信念为目的，借助广播、电视、网络、宣传橱窗等平台，精选教学内容，突破教学难点，阐明基本原理，解答现实问题。坚持以党员干部为主体，把学习教育与社会实践相结合、普及理论与思考问题相结合、抽象的理论与通俗的事例相结合、严肃的内容与活泼的形式相结合，动之以情，晓之以理，激发干部群众学习的积极性和主动性，使马克思主义理论入耳、入脑、入心。

坚持“四真”，即真学、真懂、真信、真用。坚持理论联系实际的学风，创新学习方法，完善学习机制，引导广大干部群众深刻领会马克思主义尤其是中国特色社会主义理论体系的科学内涵和精神实质；以我们正在做的事情为中心，选准切入点，把握联结点，找准着力点，自觉地把马克思主义理论转化为正确的路线方针政策，转化为科学的工作思路和方法，转化为解决实际问题的能力，转化为推进中国特色社会主义伟大事业的具体实践。

马克思主义中国化、时代化、大众化是一个密切联系的有机整体。马克思主义不中国化，就不可能符合中国的实际和人民的需求，也不可能实现时代化和大众化；马克思主义不时代化，就不能反映时代特征，就难以解决中国改革发展的现实问题；马克思主义不大众化，马克思主义中国化、时代化也就发挥不了作用，就会失去意义。推进马克思主义中国化、时代化、大众化，必须“三化”统筹、整体推进。

（原载《36位著名学者纵论中国共产党建党90周年》，
中国社会科学出版社2011年7月版）

# 毛泽东关于保持党和政权永不变质战略思想产生的渊源、发展脉络及相关思考

## ——纪念中国共产党成立90周年

李慎明

本文力求以辩证唯物主义和历史唯物主义为指导，以1981年党的十一届六中全会作出的《关于建国以来党的若干历史问题的决议》（以下简称《决议》）和邓小平相关讲话精神为依据，梳理毛泽东关于保持党和政权永不变质战略思想产生的渊源、发展脉络及其实践，对毛泽东晚年的探索与失误作出实事求是、恰如其分的评价，以对我们现在的工作特别是确保实现毛泽东关于保持党和政权永不变质战略思想有所启示。

这里需要说明的是，这可能是一个难以讲清的大题目。因此，探讨这一问题，一是需要用一定的篇幅，二是有时也须引用一些必要的文献，三是笔者只能从自己所接触到的有限材料进行梳理和认识。

### 一 "永不变质战略思想"与"毛泽东晚年探索中的失误"概念的提出

"毛泽东关于保持党和政权永不变质战略思想"这一概念，主要反映毛泽东在社会主义革命和建设时期保持党和政权永不变质的战略思想，但同时也包括毛泽东在新民主主义革命时期保持党和军队、政权永不变质的战略思想。之所以只提毛泽东关于保持党和政权永不变质战略思想，而没有把军队单列出来，是因为广义上的政权概念，已经包括了军队。至于毛泽东关于保持党和政权永不变质战略思想这一概念提法本身是否完全科学准确，当然还可以探讨，但这一战略思想是客观存在的，并且是毛泽东思想的一个十分重要的组成部分，是我们党、国家和人民军队的一笔十分宝贵的精神财富。《决议》在"毛泽东同志的历史地位和毛泽东思想"部分中明确指出"建国前夕和建国以后，鉴于我们党成为领导全国政权的党，毛泽东同志多次提出要继续保持谦虚谨慎、戒骄戒躁、艰苦奋斗的作风，警惕资产阶级思想的侵蚀，反对脱离群众的官僚主义。"① 这个表述实质就是毛泽东关于保持党和政权永不变质

① 《三中全会以来重要文献汇编》（下），人民出版社1982年版，第832页。

战略思想的具体体现。

梳理毛泽东关于保持党和政权永不变质的战略思想产生的渊源、发展脉络及其实践，也应遵照《决议》和邓小平相关讲话精神，对毛泽东“文化大革命”的理论亦即毛泽东晚年探索中的失误作出实事求是、恰如其分的评价。本文提出“毛泽东‘文化大革命’的理论亦即毛泽东晚年探索中的失误”这一概念，就是根据《决议》和邓小平相关讲话精神进行的提炼，是经过多次推敲确立的。其中的“毛泽东‘文化大革命’的理论”这一提法源自《决议》。《决议》中说：“在我国，在人民民主专政的国家政权建立以后，尤其是社会主义改造基本完成、剥削阶级作为阶级已经消灭以后，虽然社会主义革命的任务还没有最后完成，但是革命的内容和方法已经同过去根本不同。对于党和国家肌体中确实存在的某些阴暗面，当然需要作出恰当的估计并运用符合宪法、法律和党章的正确措施加以解决，但决不应该采取‘文化大革命’的理论和方法。”[①]“实事求是、恰如其分地评价”这一提法源自1981年6月22日邓小平在十一届六中全会预备会期间的讲话。邓小平说：“要举毛泽东思想的伟大旗帜，实事求是地、恰如其分地评价‘文化大革命’，评价毛泽东同志的功过是非”[②]。“毛泽东晚年探索中的失误”这一提法的依据来自1980年8月21日、23日邓小平在会见意大利记者奥琳埃娜·法拉奇时的谈话。邓小平说：“搞‘文化大革命’，就毛主席本身的愿望来说，是出于避免资本主义复辟的考虑”。“我们不会像赫鲁晓夫对待斯大林那样对待毛主席”[③]。邓小平这一论述十分重要，这就坚定地划清了与苏共赫鲁晓夫领导集团全盘否定斯大林进而逐渐脱离、背离马克思主义和社会主义的根本界限。毛泽东“虽然在‘文化大革命’中犯了严重错误”[④]，但“从本身的愿望来说，是出于避免资本主义复辟的考虑”。这也就是说，这一严重错误是在探索确保党和政权永不变质战略思想中的失误，同时也可以说是在探索“什么是社会主义，如何建设社会主义”、“建设一个什么样的党，怎样建设党”过程中的失误。从一定意义上讲，我们党所领导的新民主主义革命，是马克思主义的基本原理与中国具体实际经过多次曲折，最终实现的第一次成功的结合。我们党在新中国成立后所领导的社会主义革命、建设和改革开放，是马克思主义的基本原理与中国具体实际的第二次结合。在第二次探索中，毛泽东带领我们党积累了成功的经验，但也出现了“文化大革命”这样的严重失误，但这个失误毕竟是探索中的失误。因此，本文提出“对毛泽东‘文化大革命’的理论亦即毛泽东晚年探索中的失误作出实事求是、恰如其分的评价”这一概念，是符合《决议》和邓小平相关讲话精神的。其中的“实事求是”是指我们党的思想路线，其中的“恰如其分”是指具体运用党的思想路线实事求是评价“文化大革命”的理论亦即毛泽东晚年探索中的失误。这两个词并不是同义语的重复。

什么是毛泽东“文化大革命”的理论?《决议》明确指出：“一九六六年五月至一九七六年十月的‘文化大革命’，使党、国家和人民遭到建国以来最严重的挫折和损失。这场‘文化大革命’是毛泽东同志发动和领导的。他的主要论点是：一大批资产阶级的代表人物、反

① 《三中全会以来重要文献汇编》(下)，人民出版社1982年版，第811页。

② 《邓小平文选》第2卷，人民出版社1994年版，第307页。

③ 同上书，第346、347页。

④ 《三中全会以来重要文献汇编》(下)，人民出版社1982年版，第825页。

革命的修正主义分子，已经混进党里、政府里、军队里和文化领域的各界里，相当大的一个多数的单位的领导权已经不在马克思主义者和人民群众手里。党内走资本主义道路的当权派在中央形成了一个资产阶级司令部，它有一条修正主义的政治路线和组织路线，在各省、市、自治区和中央各部门都有代理人。过去的各种斗争都不能解决问题，只有实行‘文化大革命’，公开地、全面地、自下而上地发动广大群众来揭发上述的黑暗面，才能把被走资派篡夺的权力重新夺回来。这实质上是一个阶级推翻一个阶级的政治大革命，以后还要进行多次。这些论点主要地出现在作为‘文化大革命’纲领性文件的《五·一六通知》和党的九大的政治报告中，并曾被概括成为所谓‘无产阶级专政下继续革命的理论’，从而使‘无产阶级专政下继续革命’一语有了特定的含义。”① 可以说，毛泽东“文化大革命”的理论，就是我们党《决议》中所说的有特定含义的“无产阶级专政下继续革命的理论”。

我们党是如何给“文化大革命”定性的呢？《决议》指出：“‘文化大革命’的历史，证明毛泽东同志发动‘文化大革命’的主要论点既不符合马克思列宁主义，也不符合中国实际。这些论点对当时我国阶级形势以及党和国家政治状况的估计，是完全错误的”；“‘文化大革命’被说成是同修正主义路线或资本主义道路的斗争，这个说法根本没有事实根据，并且在一系列重大理论和政策问题上混淆了是非”；“上述的是非混淆必然导致敌我的混淆。”“‘文化大革命’名义上是直接依靠群众，实际上既脱离了党的组织，又脱离了广大群众”②。“实践证明，‘文化大革命’不是也不可能是任何意义上的革命或社会进步。它根本不是‘乱了敌人’而只是乱了自己，因而始终没有也不可能由‘天下大乱’达到‘天下大治’。在我国，在人民民主专政的国家政权建立以后，尤其是社会主义改造基本完成、剥削阶级作为阶级已经消灭以后，虽然社会主义革命的任务还没有最后完成，但是革命的内容和方法已经同过去根本不同。对于党和国家肌体中确实存在的某些阴暗面，当然需要作出恰当的估计并运用符合宪法、法律和党章的正确措施加以解决，但决不应该采取‘文化大革命’的理论和方法。在社会主义条件下进行所谓‘一个阶级推翻一个阶级’的政治大革命，既没有经济基础，也没有政治基础。它必然提不出任何建设性的纲领，而只能造成严重的混乱、破坏和倒退。历史已经判明，‘文化大革命’是一场由领导者错误发动，被反革命集团利用，给党、国家和各族人民带来严重灾难的内乱。”③《决议》对“文化大革命”的定性十分重要。从一定意义上说，有此定性，我们党才果断地停止使用“以阶级斗争为纲”这个不适用于社会主义社会的口号，作出了把工作重点转移到社会主义现代化建设上来的战略决策，实现了新中国成立以来“我党历史上具有深远意义的伟大转折”④；才有此后的改革开放和中国特色的社会主义道路所取得的巨大成就。

毛泽东本人是如何看待自己一生，包括“文化大革命”的呢？1976 年 6 月 13 日，病重的毛泽东对华国锋等四位守护在自己身边的政治局委员交代后事时说：“‘人生七十古来稀’，我八十多了，人老总想后事。中国有句古话叫‘盖棺定论’，我虽未‘盖棺’也快了，总可

① 《三中全会以来重要文献汇编》（下），人民出版社 1982 年版，第 808—809 页。

② 同上书，第 809—810 页。

③ 同上书，第 811 页。

④ 同上书，第 821 页。

以定论吧！我一生干了两件事：一是与蒋介石斗了那么几十年，把他赶到那么几个海岛上去了；抗战八年，把日本人请回老家去了。对这些事持异议的人不多，只有那么几个人，在我耳边叽叽喳喳，无非是让我及早收回那几个海岛罢了。另一件事你们都知道，就是发动文化大革命。这事拥护的人不多，反对的人不少。这两件事没有完，这笔'遗产'得交给下一代。怎么交？和平交不成就在动荡中交，搞不好就得'血雨腥风'了。你们怎么办？只有天知道。"①

从一定意义上讲，毛泽东把对自己一生的评价简化为"两件事"，是有一定道理的。"两件事"中的第一件，从中国的绝大多数人来讲，完全可以"定论"。至于"两件事"中的第二件，绝大部分同志依然拥护和维护《决议》精神；但毋庸讳言，也出现了各种不同看法，甚至展开激烈的争论。这种争论会延续不少年月，甚至也可以说，直到阶级的完全消亡。

《决议》在给"文化大革命"定性的同时还指出："对于'文化大革命'这一全局性的、长时间的'左'倾严重错误，毛泽东同志负有主要责任。但是，毛泽东同志的错误终究是一个伟大的无产阶级革命家所犯的错误。毛泽东同志是经常注意要克服我们党内和国家生活中存在着的缺点的，但他晚年对许多问题不仅没有能够加以正确的分析，而且在'文化大革命'中混淆了是非和敌我。他在犯严重错误的时候，还多次要求全党认真学习马克思、恩格斯、列宁的著作，还始终认为自己的理论和实践是马克思主义的，是为巩固无产阶级专政所必需的，这是他的悲剧所在。"②

1978 年 12 月 13 日，邓小平在中共中央工作会议闭幕会上的讲话中指出："关于'文化大革命'，也应该科学地历史地来看。毛泽东同志发动这样一次大革命，主要是从反修防修的要求出发的。至于在实际过程中发生的缺点、错误，适当的时候作为经验教训总结一下，这对统一全党的认识，是需要的。'文化大革命'已经成为我国社会主义历史发展中的一个阶段，总要总结，但是不必匆忙去做。要对这样一个历史阶段作出科学的评价，需要做认真的研究工作，有些事要经过更长一点的时间才能充分理解和作出评价，那时再来说明这一段历史，可能会比我们今天说得更好。"③

《决议》的作出，距今已整整 30 年。对毛泽东发动"文化大革命"的动机，无论在国内还是国际上，都有着种种评说。这些年来，国际国内的实践充分说明，当年邓小平和我们党的《决议》对毛泽东发动"文化大革命"动机的评价是完全正确。此后的改革开放之所以取得如此巨大的成就，与党中央和邓小平当年正确评价毛泽东的功过是非都有直接或间接的关系。试想，若是当年我们党像赫鲁晓夫评价斯大林一样对待毛泽东，很难想象今日之中国，会是什么局面。实践也已经证明，那些关于发动"文化大革命"是所谓"个人权力之争"甚至"个人品质问题"的说法是完全站不住脚的。据笔者所知，当年有此误解的同志中，现在有不少人已完全转变了自己的看法。

维护《决议》对毛泽东历史地位和毛泽东思想的科学、准确、正确的评价，要反对两种

① 逄先知、金冲及主编：《毛泽东传（1949—1976)》（下），中央文献出版社 2003 年版，第 1781—1782 页。

② 《三中全会以来重要文献汇编》（下），人民出版社 1982 年版，第 814—815 页。

③ 《邓小平文选》第 2 卷，人民出版社 1994 年版，第 149 页。

倾向，这就是《决议》中指出的："因为毛泽东同志晚年犯了错误，就企图否认毛泽东思想的科学价值，否认毛泽东思想对我国革命和建设的指导作用，这种态度是完全错误的。对毛泽东同志的言论采取教条主义态度，以为凡是毛泽东同志说过的话都是不可移易的真理，只能照抄照搬，甚至不愿实事求是地承认毛泽东同志晚年犯了错误，并且还企图在新的实践中坚持这些错误，这种态度也是完全错误的。"① 上述两种态度，都不是邓小平所说的"实事求是"和"恰如其分"。

在纪念中国共产党成立90周年之际，重温邓小平上述讲话，梳理毛泽东关于保持党和政权永不变质战略思想产生的渊源、发展脉络及其实践，对毛泽东晚年的探索与失误作出实事求是、恰如其分的评价，把毛泽东关于保持党和政权永不变质战略思想这一科学论断与"文化大革命"的错误理论和实践严格区别开来；把毛泽东晚年探索和思考当中的正确成分与所谓的"无产阶级专政下继续革命"的错误理论严格区别开来，从而牢牢记取"文化大革命"的严重教训，避免"文化大革命"的悲剧重演，进一步科学、全面、准确贯彻落实毛泽东关于保持党和政权永不变质战略思想，在任何时候任何情况下都始终高举毛泽东思想的伟大旗帜，进一步加强党的先进性建设和执政能力建设，坚持和发展中国特色社会主义理论体系，具有重大的现实意义和深远的历史意义。

## 二　永不变质战略思想产生的渊源

近些年，国际形势的风云变幻和国内改革的持续深入，使笔者更加感到理论的重要。但坚持和发展正确理论的前提，是正确对待历史。从一定意义上讲，世界上只有一门科学，这就是历史科学。近些年，笔者又重温了党史，更加感到我们党特别是毛泽东同志在新民主主义革命时期的伟大，在新中国成立后到1956年基本完成所有制社会主义改造的伟大；以及从这时开始探索本国社会主义建设道路的伟大。同时，也对1957年反右斗争直到"文化大革命"我们党特别是毛泽东同志所犯错误进行了相关思考。思考中，总有这样一个问题盘桓在自己的脑际：在一个相当长的党的各个历史发展的重要时期，毛泽东总能作出正确的判断和决策，他的功绩为何像一座座巍峨的高山矗立在我们面前？而在随后的历史发展中，他的种种错误为何突然涌现，让人感到不可思议呢？

人的正确思想是从哪里来的？是从天上掉下来的吗？不是。是自己头脑里固有的吗？也不是。毛泽东说，人的正确思想，只能从社会实践中来，只能从生产斗争、阶级斗争和科学实验这三大实践中来。近些年笔者在想，人的错误思想是从哪里来的？能不能说是从天上掉下来的呢？或是自己头脑里固有的呢？同样不是，人的错误思想的来源也只能是社会实践。只不过，正确思想是对社会实践正确的反映，错误思想则是对社会实践的错误反映。

如果说，毛泽东关于保持党和政权永不变质的战略思想和毛泽东"文化大革命"的理论同样是来自社会实践的话，那么，其肇端发始于何时何日？探寻此思想发生、发展和演化的

① 《三中全会以来重要文献选编》（下），人民出版社1982年版，第836—837页。

轨迹，无疑有助于我们认识时代的变迁和毛泽东的心路历程。

毛泽东不仅是伟大的无产阶级革命家、战略家，而且是伟大的马克思主义者和理论家。在长期的革命和建设中，他十分注重把马克思列宁主义的基本原理与中国革命实践相结合，经过实践—认识—再实践—再认识的多次反复逐渐形成适合中国情况的科学的指导思想。在建党、建军和建政的过程中，他一直高度重视保持党、军队和政权的无产阶级性质，深刻论述党、军队和政权必须全心全意为人民服务，密切联系群众，与人民群众始终保持血肉联系的极端重要性，并为此始终不断进行着认真的实践探索和总结，从而形成了关于保持党和政权永不变质的战略思想。这为指导我们党、军队和国家取得革命、建设和改革开放的辉煌成就建立了永远不可磨灭的功勋。

从一定意义上讲，毛泽东关于保持党和军队鲜明无产阶级性质战略思想探索的端倪显现于 1927 年工农红军第一军第一师的“三湾改编”。那时除了整编部队以外，更为重要的是把党组织建立在连上，确立了“党指挥枪”的原则；并在连队建立士兵委员会的民主制度，实行官兵平等，经济公平，破除旧军雇佣关系；并初步酝酿出“三大纪律、六项注意”。“三湾改编”初步解决了如何把以农民及旧军人为主要成分的革命军队建设成为一支无产阶级新型人民军队的问题，这标志着毛泽东建设人民军队思想的开始形成，保证了党对军队的绝对领导，奠定了政治建军的基础。“三湾改编”的三项重要内容之一——实行民主主义，不仅对团结广大士兵群众、瓦解敌军起到了巨大作用，丰富了我党早期的统一战线思想，同时也可以说是丰富了党内民主和保持党的性质永不变色的思想。

毛泽东关于保持党和政权永不变质战略思想的思考同时也显现于 20 世纪 30 年代初他就任中华苏维埃共和国主席之时。当时叶坪村苏维埃政府主席谢步升利用职权贪污打土豪所得财物，偷盖苏维埃临时中央政府管理科公章，伪造通行证私自贩运物资到白区出售，谋取私利。他为了谋妇夺妻掠取钱财，秘密杀害干部和红军军医。事发后，查办案件遇到一定阻力。毛泽东力主严惩，并指示说：“腐败不清除，苏维埃旗帜就打不下去，共产党就会失去威望和民心！与贪污腐化作斗争，是我们共产党人的天职，谁也阻挡不了！”1932 年 5 月 9 日，中华苏维埃共和国临时最高法庭二审判决：“把谢步升处以枪决，在 3 点钟的时间内执行，并没收谢步升个人的一切财产。”这是红都瑞金打响的苏维埃临时中央政府惩治腐败分子的第一枪。1933 年，毛泽东签发的《关于惩治贪污浪费行为和训令》明确指出，如发现苏维埃工作人员中有贪污腐化，民众应立即揭发，苏维埃政府应立即惩办，绝不姑息。

毛泽东关于如何保持党和政权永不变质战略思想的思考进一步显现于延安时期。黄克功，1927 年参加革命，参加过井冈山斗争和两万五千里长征，历任红军班长、排长、连长、团长、旅长。1937 年 9 月，在延安因逼婚未遂枪杀了陕公女学生刘茜。毛泽东致信给陕甘宁边区高等法院院长雷经天：“黄克功过去的斗争历史是光荣的……但他犯了不容赦免的大罪……如赦免他，便无以教育党，无以教育红军，无以教育革命，根据党与红军的纪律，处他以极刑。正因为黄克功不同于一个普通人，正因为他是一个多年的共产党员，正因为他是一个多年的红军，所以不能不这样办。”① 这对当时全党、全军都是一次深刻的教育。1944 年 3 月，

① 《毛泽东书信选集》，中央文献出版社 2003 年版，第 100 页。

毛泽东阅读了描述明末农民起义军领袖李自成的《永昌演义》。他关注这位英雄人物，但让他更加关注的是李自成由胜利转为失败的历史教训。1944 年，郭沫若应约撰写并在重庆《新华日报》发表纪念李自成领导的农民起义军进入北京推翻明王朝 300 周年的《甲申三百年祭》，记述了李自成所率起义部队进京后，因骄傲、腐败导致最终失败的过程和原因。毛泽东当即指示延安《解放日报》转载，并在各解放区印成单行本。1944 年 4 月，毛泽东在《学习和时局》报告中说："近日我们印了郭沫若论李自成的文章，也是叫同志们引为鉴戒，不要重犯胜利时骄傲的错误。"① 1944 年 11 月 21 日，在中共六届七中全会总结党的历史经验期间，毛泽东复信郭沫若："你的《甲申三百年祭》，我们把它当作整风文件看待。小胜即骄傲，大胜更骄傲，一次又一次吃亏，如何避免此种毛病，实在值得注意。"②

毛泽东关于如何保持党和政权永不变质战略思考更直接地表现在抗战胜利前夕的 1945 年 7 月初。当时毛泽东会见到延安参加国共商谈的著名爱国民主人士、时任国民参政员的黄炎培。黄炎培通过在西北黄土高原窑洞里与一群生活俭朴但又充满生机的共产党人的短暂接触，深信这些人在不久的将来一定会在全国执政，但他也有着更深层次的忧虑。他说："一部历史，'政怠宦成'的也有，'人亡政息'的也有，'求荣取辱'的也有，总之没有能跳出'其兴也浡焉'、'其亡也忽焉'的周期率"；"中共诸君从过去到现在，我略略了解了。就是希望找出一条新路，来跳出这周期率的支配。"毛泽东回答说："我们已经找到新路，我们能跳出这周期率。这条新路，就是民主。只有让人民来监督政府，政府才不敢松懈。只有人人起来负责，才不会人亡政息。"③ 毛泽东对民主的概念曾有过多次明确阐发。1939 年 11 月，他《在边区党代表大会的政治报告》中说：到底什么是民主？民主，讲俗话就是老百姓能起来说话、活动、想办法。1944 年 6 月 12 日，毛泽东又指出："民主必须是各方面的，是政治上的、军事上的、经济上的、文化上的、党务上的以及国际关系上的，一切这些，都需要民主。"④ 笔者认为，这就是毛泽东所说的民主概念内涵和外延的通俗表达。毛泽东关于人人起来负责的思想，实质上是党在夺取政权前特别是在执政后永远保持党的根本性质、保持党与人民群众血肉联系，从而跳出人亡政息历史周期率的根本途径，实质上这也是无产阶级和资产阶级民主、社会主义民主与资本主义民主的根本区别。无产阶级和社会主义民主的本质，是绝大多数人起来自己为自己负责，从而实现自己为自己当家作主；而资产阶级和资本主义民主的本质则是绝大多数人通过选举把权力让渡给极少数"精英"，让他们为绝大多数人负责和当家作主。前者的本质是人民当家作主，后者的本质是资本当家作主。民主的名字相同，但其实质的不同却泾渭分明。但是，在无产阶级和社会主义民主中，如何才能唤起人人都有起来负责的责任感和使命感？如何才能建立保证让人人起来负责的机制与制度，保持党永不变质呢？1948 年，刘少奇在《对马列学院第一班学员的讲话》中也指出："得了天下，要能守住，不容易。很多人担心，我们未得天下时艰苦奋斗，得天下后可能同国民党一样腐

① 《毛泽东选集》第 3 卷，人民出版社 1991 年版，第 948 页。

② 金冲及主编：《毛泽东传（1893—1949）》，中央文献出版社 1996 年版，第 691 页。

③ 同上书，第 745—746 页。

④ 《解放日报》1944 年 6 月 13 日。

化。”[①] 这说明，这不仅是毛泽东当时的思考，也是党内许多领导人的共同思考。

这充分说明，在延安时期，以毛泽东为核心的中国共产党人不断对党在延安时期局部执政经验进行总结，并在此基础上逐渐形成了毛泽东关于保持党和政权永不变质的战略思想。从一定意义上讲，在思想政治领域，毛泽东在建立新中国后所做的所有事情包括发动“文化大革命”的出发点，都是为了确保无产阶级取得政权后党和政权不被腐蚀、不改变颜色的问题，这不但是毛泽东晚年思考并力图解决的一个战略问题，也是今天我们当代中国共产党人必须高度重视的重大战略问题。邓小平在晚年念念不忘“中国要出问题，还是出在共产党内部”[②]，从一定意义上说，这与毛泽东晚年的思考在本质上有高度的一致性。

## 三　永不变质战略思想的发展脉络

可以说，与黄炎培谈话之后，如何“跳出历史周期率”这一课题始终萦绕在毛泽东心头。毛泽东与黄炎培谈话一个多月后，日本即无条件投降。1946 年 6 月，摧枯拉朽的解放战争拉开大幕。三年解放战争中，毛泽东几乎全力指挥战争，但他十分强调党“必须和人民群众亲密合作”[③]。1948 年 1 月，解放战争已经胜利在望，为了保证战争的顺利进行，毛泽东为中央军事委员会起草对党内的指示《军队内部的民主运动》，要求人民军队实行政治、经济、军事民主，并明确指示：“应当使士兵群众对于干部中的坏分子有揭发其错误和罪恶的权利。应当相信，士兵对于一切好的和较好的干部是不会不加爱护的。”[④] 军队内部开展的三大民主运动为保证解放战争胜利起到了根本保障作用。

在三大战役顺利结束后的 1949 年 3 月 5 日召开的党的七届二中全会上，毛泽东深知，建立新中国已指日可待了。如何跳出周期率这一重大课题可能又涌上毛泽东的脑海。他在会上警示全党：“因为胜利，人民感谢我们，资产阶级也会出来捧场。敌人的武力是不能征服我们的，这点已经得到证明了。资产阶级的捧场则可能征服我们队伍中的意志薄弱者。可能有这样一些共产党人，他们是不曾被拿枪的敌人征服过的，他们在这些敌人面前不愧英雄的称号；但是经不起人们用糖衣裹着的炮弹的攻击，他们在糖弹面前要打败仗。”[⑤] 他在七届二中全会总结中还指出：“如果国家，主要的就是人民解放军和我们的党腐化下去，无产阶级不能掌握住这个国家政权，那还是有问题的。”[⑥]

1949 年 3 月 23 日上午，毛泽东率中共中央机关离开西柏坡进北平。临行前，他说：“我们进北平，可不是李自成进北平，他们进了北平就变了。我们共产党人进北平，是要继续革命，建设社会主义，直至实现共产主义”；“今天是进京‘赶考’的日子”。周恩来回答：“我们应当都能考试及格，不要退回来。”毛泽东说：“退回去就失败了。我们决不当李自成，我

---

① 《刘少奇选集》（上），人民出版社 2004 年版，第 413 页。
② 《邓小平文选》第 3 卷，人民出版社 1993 年版，第 380 页。
③ 《毛泽东选集》第 4 卷，人民出版社 1991 年版，第 1187 页。
④ 同上书，第 1275 页。
⑤ 同上书，第 1438 页。
⑥ 《毛泽东文集》第 5 卷，人民出版社 1996 年版，第 262 页。

们都希望考个好成绩。"① 途中，他又提到郭沫若的《甲申三百年祭》，说："这仅仅是读了个开头，这篇文章是要永远读下去的！"

时间没过一年，即1950年2月27日，毛泽东访苏回国来到哈尔滨，这也可以算作他在新中国成立后第一次在国内视察。在哈尔滨吃第一顿饭时，即发现招待的十分丰盛。他当即提出严肃的批评，为省委题词："学习"、"奋斗"、"不要沾染官僚主义作风"②。2月28日，他到了沈阳，当地饭菜安排的比哈尔滨还好。上述两餐他都因同时从苏联返回的胡志明在场而只是象征性地吃了几口而没有"罢餐"。在沈阳这顿晚餐他只用了半个多小时。饭后，他很不高兴地说："我们是人民的公仆，是为人民服务的，如果你们一层一层仿效下去，这么吃起来，在人民群众中将会有什么影响？你们应重温七届二中全会精神。"③ 3月1日，毛泽东在东北局、辽宁省、沈阳市领导干部大会上讲话，重点讲了七届二中全会精神。他严肃批评并愤愤地说："我是不学李自成的，你们要学刘宗敏，我劝你们不要学。二中全会刚刚开完，就忘了。我们还要继续贯彻二中全会的精神。"④

尽管如此，毛泽东在七届二中全会上的担心很快被实践证明。新中国成立后不久，党和国家机关中部分工作人员的腐败现象便频频出现。西北局书记习仲勋在给中央的报告中疾呼：贪污行为已毁坏了一批干部，并染坏了很多干部。贪污蜕化已成为主要危险！⑤ 1951年11月1日，东北局书记高岗在给中央的报告中说，沈阳市仅在部分单位中就揭发出3629人有贪污行为。1951年11月29日，华北局向中央报告了河北省揭发出的刘青山、张子善二人在任中共天津地委书记、行署专员期间贪污的严重犯罪事实。毛泽东看了这些报告，十分忧虑，他甚至用一股"贪污浪费的狂澜"⑥ 形容此现象。12月1日，中央作出《关于实行精兵简政、增产节约、反对贪污、反对浪费和反对官僚主义的决定》。毛泽东在审改此《决定》时，特地加写了一段话："自从我们占领城市两年至三年以来，严重的贪污案件不断发生，证明一九四九年春季党的二中全会严重地指出资产阶级对党的侵蚀的必然性和为防止及克服此种巨大危险的必要性，是完全正确的，现在是全党动员切实执行这项决议的紧要时机了。再不切实执行这项决议，我们就会犯大错误。"⑦ 随着"三反"深入，发现党内贪污分子大多与不法资本家有关。如，天津不法商人马玉恒一人腐蚀干部170人，其中团、师、军干部达25人。1952年1月26日，中央又作出《关于首先在大中城市开展五反的指示》。"三反"、"五反"⑧斗争从1951年底开始至1952年10月结束，取得了重大成果。全国县以上机关查出贪污1000元以上的共10万余人，处决了刘青山、张子善等42人。据中纪委截至1952年7月的统计，参加运动的有312.2437万人，其中有贪污行为者122.6984万人，占参加运动总数的39%强；贪污分子中有党员20.2683万人，其中6万余人受到党纪政纪处分，约2万人被撤职查办，

① 金冲及主编：《毛泽东传（1893—1949）》，中央文献出版社1996年版，第954页。
② 李家骥回忆、杨庆旺整理：《我做毛泽东卫士13年》，中央文献出版社1998年版，第182页。
③ 同上书，第185页。
④ 逄先知、金冲及主编：《毛泽东传（1949—1976）》（上），中央文献出版社2003年版，第205页。
⑤ 王关兴、陈挥：《中国共产党反腐倡廉史》，上海人民出版社2001年版，第179页。
⑥ 同上书，第168页。
⑦ 逄先知、金冲及主编：《毛泽东传（1949—1976）》（上），中央文献出版社2003年版，第207页。
⑧ 在私营工商业者中进行的反行贿、反偷税漏税、反盗骗国家财产、反偷工减料、反盗窃国家经济情报的运动。

4029人被逮捕法办；逮捕法办的党员干部中，省委或相当于省委一级的干部25人，地委或相当于地委一级的干部576人，县委或相当于县委一级的干部3428人。[①] 在外部开展的惩治不法资本家的"五反"斗争中，京、津、沪等9大城市被审查的45万多私营工商业者，犯不同程度五毒行为的占76%，其中上海为85%，北京为90%。[②]

"三反"、"五反"有效地遏制了党内和社会上的腐败现象。特别是当毛泽东下决心要处决刘青山、张子善时，有同志为他们求情，毛泽东说："正因为他们两人的地位高，功劳大，影响大，所以才要下决心处决他们。只有处决他们，才可能挽救20个，2百个，2千个，2万个犯有各种不同程度错误的干部。"[③] 事实正是如此。

对刘青山所犯错误，并非无人抵制。但刘青山振振有词地回应："老子们拼命打了天下，享受些又怎么样?"这种打天下、坐天下、享乐天下的思想，是中国几千年封建制度及近百年殖民地半殖民地社会的产物，党政领导干部中有不少人受这种社会文化传统的影响，不可能完全摆脱上述思想的熏染，这种思想也不可能随着刘青山、张子善的处决而从一些人的脑海里消除。享受与特权、特权与腐败的界限在哪里，对于那些腐败分子来说，就更加分辨不清。

1956年三大改造基本完成、社会主义制度的基本建立，对快速发展新中国的生产力起到了极大的促进作用。管理权是所有权的重要内容，在一定条件下甚至是所有权的根本体现。从一定意义上说，在新民主主义革命时期，在枪林弹雨的战场上，领导干部意味着冲锋在前、牺牲在前；而在建设时期，管理权的相对集中，也为一些官僚主义甚至腐败分子提供了脱离群众、违法乱纪、追求特权享受的便利条件。在1956年11月的中共八届二中全会上，毛泽东宣布翌年要在全党开展一次新的整风运动。会上，刘少奇着重讲了不要脱离群众和防止产生新的贵族阶层的问题。毛泽东接着刘少奇的话说："少奇同志讲了，我们可以成为一个贵族阶层的，人数几百万，主要的就是那么几十万到百把万，我看无非是十八级以上的（周恩来同志插话：县委以上），县委以上有几十万，命运就掌握在县委以上的手里头，如果我们不搞好，不是像今天好多同志所讲的艰苦奋斗"，"我们一定会被革掉。"[④]

毛泽东异常清楚，兴衰更替的周期率问题没有得到根本解决，甚至只是刚刚破题。他在抓三大改造，讲"社会主义革命的目的是为了解放生产力"、"努力改变我国在经济上和科学文化上的落后状况"[⑤] 的同时，对"因为革命胜利了，有一部分同志，革命意志有些衰退，革命热情有些不足，全心全意为人民服务的精神少了，过去跟敌人打仗时的那种拼命精神少了，而闹地位，闹名誉，讲究吃，讲究穿，比薪水高低，争名夺利，这些东西多起来了"[⑥] 的现象高度重视，对脱离群众脱离实际的官僚主义、宗派主义和主观主义有了新滋长的现象

① 王关兴、陈挥：《中国共产党反腐倡廉史》，上海人民出版社2001年版，第186—187页。

② 《新华月报》1952年3月号。

③ 薄一波：《若干重大决策与事件的回顾》（上），中共中央党校出版社1993年版，第152页。

④ 薄一波：《若干重大决策与事件的回顾》（下），中共中央党校出版社1993年版，第604—605页。

⑤ 《毛泽东文集》第7卷，人民出版社1999年版，第1、2页。

⑥ 同上书，第284页。

高度重视，对不关心群众疾苦的特权思想甚至用打击压迫的方法对待群众的现象高度重视。因此，他强调："放手让大家讲意见，使人们敢于说话，敢于批评，敢于争论"；"百花齐放、百家争鸣这个方针不但是使科学和艺术发展的好方法，而且推而广之，也是我们进行一切工作的好方法"[①]。1957 年 4 月 27 日，中央发布《中国共产党中央委员会关于整风运动的指示》，明确要求"首先从检查领导干部的思想作风开始"[②]。5 月 4 日，又在《中共中央关于继续组织党外人士对党政所犯错误缺点展开批评的指示》中明确指出："党外人士参加我党整风座谈会和整风小组，是请他们向我们提意见，作批评，而不是要他们批评他们自己"；"展开对我党缺点错误的批判，以利于我党整风，否则对于我党整风是不利的（没有社会压力，整风不易收成效）"[③]。1957 年 5 月 10 日，上海《解放日报》第二版整版刊登了 22 位中、小学教师在一次座谈会上的发言摘要，题为《大胆揭露矛盾，帮助党内整风》。5 月 14 日，毛泽东读了发言摘要，写批语给刘少奇、周恩来、陈云、邓小平、彭真说："这一整版值得过细一看，不整风党就会毁了。"[④]

有的研究人员认为，1957 年的党的整风一开始就是搞阴谋，是为了"引蛇出洞"，这是误解。整风的本质，是要防止党脱离群众，保障党不变质。开展整风之后，广大人民群众包括民主党派和无党派人士积极响应中共中央的号召，畅所欲言，对党、政府和各级领导干部提出了大量批评、意见和建议。党和毛泽东同志明确肯定这些批评，"基本上是诚恳的，正确的。这类批评占百分之九十以上，对于我党整风，改正缺点错误，大有利益。"[⑤] 各级领导干部中的绝大多数对大家的批评甚至态度、言词有些过激的批评也是认真接受并虚心改正的。但也有的干部对大家的批评甚至是完全正确的批评很不理解，个别的还窝着一肚子火，对在全党开展整风有着很大的抵触情绪，这种抵触情绪实质上主要来自部分干部在全国解放后的享受和特权思想。

但是，由于 1956 年赫鲁晓夫领导集团在苏共二十大全盘否定斯大林，引发了"波匈事件"，国际上出现反共反社会主义的大气候。资产阶级右派错误地估计了形势，认为在中国也将很快出现波、匈风波。极少数资产阶级右派分子利用帮助党整风之机，向党和新生的社会主义制度放肆地发动进攻，妄图取代共产党的领导。一些人公然说："现在政治黑暗"，"各机关都是官僚机构"，"比国民党还坏"，"根本的办法是改变社会主义制度"；提出要和共产党"轮流坐庄"，甚至毫不隐讳说"请共产党下台"。在此情势下，我们党不得不中止整风，被迫开展反右斗争。《决议》指出："对这种进攻进行坚决的反击是完全正确和必要的。但是反右派斗争被严重地扩大化了，把一批知识分子、爱国人士和党内干部错划为右派分子，造成了不幸的后果。"[⑥]《决议》的论断完全正确。

在社会主义条件下，意识形态领域存在长期复杂的斗争。在一定条件下，这种斗争还会

---

① 《毛泽东文集》第 7 卷，人民出版社 1999 年版，第 278、279 页。

② 《建国以来重要文献选编》第 10 册，中央文献出版社 1994 年版，第 226 页。

③ 同上书，第 246—247 页。

④ 《建国以来毛泽东文稿》第 6 册，中央文献出版社 1992 年版，第 468 页。

⑤ 《建国以来重要文献选编》第 10 册，中央文献出版社 1994 年版，第 272 页。

⑥ 《三中全会以来重要文献汇编》（下），人民出版社 1982 年版，第 805 页。

发展为政治斗争。由于我们党对领导这种斗争缺乏经验，加上敌我与人民内部两类不同性质的矛盾在某些具体背景和场合下不容易区分清楚，毛泽东本人对极少数右派分子向党与社会主义进攻的形势作了过于严重的估计。对反右斗争的严重扩大化，毛泽东本人无疑负有主要领导责任。但我们也要看到，中央其他领导也有一定的领导责任。邓小平就坦率地承认："从一九五四年起，我就担任党中央秘书长、军委副主席和国务院副总理，一九五六年起担任党的总书记，是在领导核心之中。那以后直到'文化大革命'以前我们党犯的'左'的错误，我也有份。"① 勇于承担责任，坦诚地作自我批评，这正是我们党的领袖人物的伟大之处。

与此同时，我们也应看到，反右派斗争被严重地扩大化，党的各级领导干部中不少人也有直接的责任。整风被迫中止开展反右后，一些有特权和享受思想的领导干部，对提意见的人进行打击报复，使他们受到很大的伤害。从一定意义上讲，这些领导干部对反右斗争的扩大化负有更直接的责任。此后，群众给领导提意见都是小心翼翼的了。1957年以后，我们党又开展了几次小规模的整风，但由于反右斗争的严重扩大化，成效都不明显。20世纪80年代中期，王稼祥的夫人朱仲丽告诉笔者："1957年10月间的一个周末，我与稼祥同志到中南海春藕斋跳舞。毛主席问我，仲丽呀，你们单位打了多少个右派？当时，我任友谊医院院长兼党总支书记。我回答，十二三个。主席又问，你们有多少人？我说，一千二百左右，有十二个科室。基本上是一个科室打了一个。主席说，你们是搞自然科学的，有那么多右派？我不相信。你回去后能否甄别一下，砍它一半？那时的保密观念和纪律观念强。回到医院我又不能说是主席的指示。我们总支讨论多次，要往下砍，但每个科室抓了一个，每个科室主任都不同意砍掉本科室的。因为每个科室抓的'右派'，往往都是本科室与自己对着干的'刺头'。在整风时，这些科室领导对给自己提了意见特别是言辞激烈的人，十分窝火。整风被迫停止开展反右斗争后，给这些领导正好提供了出气的机会。在我们当时的友谊医院，有一个大学刚毕业的小伙子，在整风时要给科室主任提意见，一位老同志劝他说，这个主任官僚主义确实严重，但他报复心也很强，你还是不提为好。这个小伙子说，党开展整风号召群众提意见，就是让他改掉这个官僚作风的，为什么不能提？这位老同志摇头说，你呀，真是初生牛犊不怕虎。这个小伙子说，我就是初生牛犊不怕虎。结果，那位科室主任说，你敢说党是老虎？这还不是典型的右派?！我原打算解脱几个人其中包括这个小伙子的，但由于各科室领导的坚持，原来划定的十多个右派，一个也没被砍掉。"笔者认为，朱仲丽所举的例子，可能有一定普遍性。有些人把反右斗争扩大化的责任全部归咎于毛泽东同志一个人，这不是唯物主义的态度，也是极不公道的。

事实证明，那时我们党内和社会上确有右派。当年被打成右派者有的如今公开承认：自己"是准确地被打成了右派，一点也不冤枉"；"因为我当时确实是想走资本主义道路"，且至今并不以为非。事隔50余年的这种自白，进一步证明了当年反右斗争的必要。当然，我们也充分看到，党对当时右派进攻和阶级斗争的形势确实估计得过于严重了，在反右斗争时也确实采用了错误的斗争策略和方式，使大量的同志和朋友特别是知识分子受到伤害，他们的

① 《邓小平文选》第3卷，人民出版社1993年版，第271页。

家属、亲友受到牵连。反右斗争严重扩大化，也使刚刚形成的民主空气被严重破坏，毛泽东原想通过整风形成的生动活泼的政治局面非但没有形成，从一定意义上讲，反而助长了原来所要反对的主观主义、官僚主义和宗派主义。这一教训是十分深刻的。

反右斗争后，毛泽东对国内主要矛盾问题重新作出判断，提出“无产阶级与资产阶级、社会主义道路与资本主义道路的矛盾是主要矛盾”。在毛泽东的提议下，1958 年 5 月召开的中共八大二次会议改变了八大对国内主要矛盾的正确判断，从此党的指导思想沿着阶级斗争扩大化的错误逐步发展。这是反右派斗争被严重扩大化给中国政治生活带来的一个严重后果。

## 四　永不变质战略思想的最终形成及对阶级斗争形势的错误估计

1958 年后，毛泽东抓经济建设，抓技术革命，抓总路线、“大跃进”和人民公社这三面红旗，其间取得很大成绩，同时也遭受了严重挫折。但“如何跳出周期率，保持党和政权永不变质”这一主题他始终念念不忘。在 1958 年 5 月 20 日的中共八大二次会议上，他又一次严厉批评令人厌恶的官气：“有些干部是老子天下第一，看不起人，靠资格吃饭，做了官，特别是做了大官，就不愿意以普通劳动者的姿态出现。这是一种很恶劣的现象。”①

回顾和总结历史，我们应十分关注毛泽东关于保持党和政权永不变质的战略思想及“文化大革命”理论形成的国际背景。1956 年苏共二十大和波匈事件发生后，美国国务卿杜勒斯受到极大鼓舞，他公开宣称美国的政策是促进苏联、东欧和中国等社会主义国家的自由化（即复辟资本主义制度），他断言“共产主义将从内部瓦解”。毛泽东高度警惕美国当局发出的这一重大战略信号。1959 年 11 月 12 日，在与华东各省市委第一书记谈话时，毛泽东第一次明确提出防止和平演变的问题。他说，杜勒斯在一次发言中讲，“决不结束冷战”，“用正义和法律代替武力”，“在这方面极为重要的，是要认识到，在这种情况下放弃使用武力并不意味着维持现状，而是意味着和平的转变”。毛泽东指出：“和平转变谁呢？就是转变我们这些国家，搞颠覆活动，内部转到合乎他的那个思想”，“就是说，他的那个秩序要维持，不要动，要动我们，用和平转变，腐蚀我们。”② 此后，毛泽东多次讲要警惕和防止“和平演变”，他反复强调，杜勒斯搞“和平演变”，在社会主义国家内部是有其一定社会基础的，社会主义国家有被“和平演变”的危险。这样，毛泽东就逐渐把防止党内变质与帝国主义的和平演变战略结合起来进行思考，逐渐推动着毛泽东关于保持党和政权永不变质战略思想的最终形成。

从 1962 年到 1966 年我国国民经济得到比较顺利的恢复和发展，但“左”倾错误在经济工作方面指导思想上并未得到彻底纠正，在政治和思想文化方面还有发展。特别是 1962 年下半年对农村包产到户和分田到户问题，毛泽东与绝大部分中央领导发生的严重分歧，使他更加感到两条道路和阶级斗争形势的严峻。在 1962 年 9 月召开的党的八届十中全会上，毛泽东

---

① 逄先知、金冲及主编：《毛泽东传（1949—1976）》（上），中央文献出版社 2003 年版，第 818 页。

② 逄先知、金冲及主编：《毛泽东传（1949—1976）》（下），中央文献出版社 2003 年版，第 1027 页。

重提阶级斗争，并在会议《公报》中写道："在无产阶级革命和无产阶级专政的整个历史时期，在由资本主义过渡到共产主义的整个历史时期（这个时期需要几十年，甚至更多的时间）存在着无产阶级和资产阶级之间的阶级斗争，存在着社会主义和资本主义这两条道路的斗争。被推翻的反动统治阶级不甘心于灭亡，他们总是企图复辟。同时，社会上还存在着资产阶级的影响和旧社会的习惯势力，存在着一部分小生产者的自发的资本主义倾向，因此，在人民中，还有一些没有受到社会主义改造的人，他们人数不多，只占人口的百分之几，但一有机会，就企图离开社会主义道路，走资本主义道路。在这些情况下，阶级斗争是不可避免的。这是马克思列宁主义早就阐明了的一条历史规律，我们千万不要忘记。这种阶级斗争是错综复杂的、曲折的、时起时伏的，有时甚至是很激烈的。这种阶级斗争，不可避免地要反映到党内来。国外帝国主义的压力和国内资产阶级影响的存在，是党内产生修正主义思想的社会根源。在对国内外阶级敌人进行斗争的同时，我们必须及时警惕和坚决反对党内各种机会主义的思想倾向。"① 《毛泽东传（1949—1976）》在引用上述论述后指出："这一段话，基本形成后来被称之为党在社会主义整个历史时期总路线的完整表述。从此，'反修防修'作为一个基本战略，成为当时全党的一个重要指导思想。以后所发生的一系列重大事件，从中苏论战、社会主义教育运动，直至演变成为'文化大革命'十年内乱，正是这一思路的延伸和发展。"② 笔者认为，此画龙点睛的评述极为重要。

在 1958 年"大跃进"中，毛泽东也曾一度头脑发热，全党、全国曾出现浮夸风、要求取消商品生产等不正常现象，但正是毛泽东最先察觉并开始加以纠正的。为了从根本理论上解决问题，他一方面写信给中央、省市自治区、地、县四级党的委员会委员，建议大家一是读斯大林审定的《苏联政治经济学教科书》，一是读《马恩列斯论共产主义》，要求每人每本读三遍，以纠正上述偏错。另一方面，从 1959 年 12 月上旬直到 1960 年 2 月，他亲自带领陈伯达、胡绳、田家英、邓力群等几位秀才研读《苏联政治经济学教科书》，边读边发议论。他在议论中说，生产关系包括所有制、劳动和劳动生产中人与人之间的相互关系、分配形式三个方面。经过社会主义改造，基本上解决了所有制问题以后，所有制性质具有相对的稳定性，在一定时期内，还是不会有多大变化的；人们在劳动生产中的平等关系，是不会自然出现的，并且是不断变化的。这种变化存在着两种可能：一是沿着社会主义公有制的要求，不断完善和发展人与人在劳动生产中的关系；二是也存在着违背社会主义公有制要求的逆向发展的可能。这两者都会对社会主义公有制的性质产生影响。所以，在所有制问题基本解决以后，管理问题即人与人的关系问题就突出出来了，核心问题是防止管理人员由社会公仆变为社会主人，确保已经建立起来的新的生产关系能够适应和促进生产力的发展，这就要搞整风、下放干部、两参一改、干部参加劳动、破除不适当的规章制度等，破除等级森严、居高临下、脱离群众、不以平等待人、不是靠工作能力吃饭而是靠资格、靠权力，干部之间、上下级之间的猫鼠关系和父子关系，这些东西都必须破除。否则，企业的社会主义性质就有可能受到损害甚至变质。这里虽然是就企业的性质提出问题，实际上是在思考如何防止社会主义国家

① 《建国以来重要文献选编》第 15 册，中央文献出版社 1997 年版，第 653、654 页。

② 逄先知、金冲及主编：《毛泽东传（1949—1976）》（下），中央文献出版社 2003 年版，第 1260 页。

被和平演变的大问题。

为了防止人与人之间关系出现质的变化，毛泽东特别强调干部要联系群众、直接参加生产劳动。在笔者印象中，最为突出的有两次：一是1963年5月9日，毛泽东在对《浙江省七个关于干部参加劳动的好材料》上的批示。他在其中写道："阶级斗争、生产斗争和科学试验，是建设社会主义强大国家的三项伟大革命运动，是使共产党人免除官僚主义、避免修正主义和教条主义，永远立于不败之地的确实保证，是使无产阶级能够和广大劳动群众联合起来，实行民主专政的可靠保证。不然的话，让地、富、反、坏、牛鬼蛇神一齐跑了出来，而我们的干部则不闻不问，有许多人甚至敌我不分，互相勾结，被敌人腐蚀侵袭，分化瓦解，拉出去、打进来，许多工人、农民和知识分子也被敌人软硬兼施，照此办理，那就不要很多时间，少则几年、十几年，多则几十年，就不可避免地要出现全国性的反革命复辟，马列主义的党就一定会变成修正主义的党，变成法西斯党，整个中国就要改变颜色了。请同志们想一想，这是一种多么危险的情景啊！"① 在这则批示中他预言：如果共产党人不能"免除官僚主义，避免修正主义和教条主义"，"少则几年、十几年，多则几十年，就不可避免地要出现全国性的反革命复辟，马列主义的党就一定会变成修正主义的党，变成法西斯的党，整个中国就要改变颜色了。"二是1965年1月15日，毛泽东对当时任农业机械部部长的陈正人关于社教蹲点情况报告上的批注。他写道："官僚主义者阶级与工人阶级和贫下中农是两个尖锐对立的阶级。""管理也是社教。如果管理人员不到车间、小组搞'三同'，拜老师学一门至几门手艺，那就一辈子会同工人阶级处于尖锐的阶级斗争状态中。最后必然要被工人阶级把他们当作资产阶级打倒。"毛泽东在这一批注中，还在薄一波注释为"指那些企业领导人中坚决走资本主义道路的人"的"这些人"旁批注道："这些人是已经变成或者正在变成吸工人血的资产阶级分子，他们怎么会认识足呢？这些人是斗争对象，革命对象。"② 此批注表明，他当时已判定：党内出现了一个与工人阶级和贫下中农尖锐对立的"官僚主义者阶级"，"这些人已经变成或者正在变成吸工人血的资产阶级分子"。这显然是把在一定范围内的阶级斗争严重扩大化了，并为他晚年提出"中央出了修正主义你们怎么办"和"资产阶级就在共产党内"的"无产阶级专政下的继续革命理论"进一步奠定了基础。

回顾毛泽东上述心路历程，我们可以清晰看到，在1962年9月的八届十中全会上，毛泽东把社会主义社会中一定范围内存在的阶级斗争扩大化和绝对化，发展了他在1957年反右派斗争以后提出的无产阶级同资产阶级的矛盾仍然是我国社会主要矛盾的观点，断言在整个社会主义历史阶段资产阶级都将存在和企图复辟，并成为党内产生修正主义的根源。1963—1965年间，在部分农村和少数城市基层开展的社会主义教育运动，对于解决当时的干部作风和经济管理等方面的问题起了一定作用，但由于把这些不同性质的问题都认为是阶级斗争或阶级斗争在党内的反映，并由于其他中央领导的错误认识，在1964年下半年使不少基层干部受到不应有的打击。1965年初，毛泽东又进一步提出运动的重点是整所谓"党内走资本主义道路的当权派"。与此同时，在意识形态领域，对一些文艺作品、学术观点和文艺界、学术

① 《建国以来毛泽东文稿》第10册，中央文献出版社1996年版，第293页。

② 《建国以来毛泽东文稿》第11册，中央文献出版社1996年版，第265—266页。

界的一些代表人物进行了错误的、过火的政治批判，在对待知识分子问题、教育科学文化问题上发生了愈来愈严重的左的偏差，并在后来发展成“文化大革命”的导火线。不过，这些错误在当时还没有达到支配全局的程度。

1965 年后，毛泽东对国内阶级斗争形势估计的越来越严重，愈来愈形成这样一个固定看法：中国会不会资本主义复辟，关键不在基层，而在上层，尤其是中央。如果中国自上而下地出修正主义，其危险比自下而上出修正主义要大得多，改变颜色也快得多。而当时主持中央“一线”工作的领导同志和许多大区、省一级的领导对此或没有作出相应的反应或者很不理解甚至有较大抵触情绪。这就使毛泽东把形势看得更为严峻。

1965 年毛泽东重上井冈山。他阐发井冈山精神说：“在井冈山时，我们摸索了一套好制度、好作风，现在比较提倡的是艰苦奋斗，得到重视的是支部建在连上。忽视的是士兵委员会。支部建在连上，随着我们掌握政权，现在全国各行各业都建有党的组织，成为领导机构。党的力量加强了。但自觉接受群众监督，实行政治民主，保证我们党不脱离群众，比井冈山时士兵委员会就要差多了。全国性的政治民主更没有形成为一种制度，一种有效的方式。井冈山时期士兵委员会是有很大作用的。”① 他还说：当时的“士兵委员会可以监督连长、营长、团长的，它有很大的权利。现在工厂的工会真的可以监督厂长、书记吗？谁又来监督我们的市委书记、省委书记？谁来监督中央的领导，中央出修正主义怎么办？”② “人家资本主义制度发展了几百年，比社会主义制度成熟得多，但中国走资本主义道路走不通。中国的人口多、民族多，封建社会历史长，地域发展不平衡，近代又被帝国主义弱肉强食，搞得民不聊生，实际四分五裂。我们这样的条件搞资本主义，只能是别人的附庸。帝国主义在能源、资金许多方面都有优势，美国对西欧资本主义国家既合作又排挤，怎么可能让落后的中国独立发展，后来居上？过去中国走资本主义道路走不通，今天走资本主义道路，我看还是走不通。要走，我们就要牺牲劳动人民的根本利益，这就违背了共产党的宗旨和井冈山的追求。国内的阶级矛盾、民族矛盾都会激化，搞不好，还会被敌人所利用。四分五裂，危险得很。印度不是分裂了吗？”“我们要摸索出中国的社会主义道路，避免走资本主义道路，防止修正主义，要继承和发扬井冈山的一些好制度、好作风。”毛泽东当时认为，苏联党已经变成为修正主义的党，其根源是实行对少数人的高薪制度，结果在苏联逐渐出现了一个特权阶层。他还说：“在怎样防止特权阶层方面要有一整套好制度，要继承井冈山的好制度、好作风。井冈山精神不仅仅是艰苦奋斗，士兵委员会和支部建在连上一样意义深远。它们是井冈山革命精神的三个支点。”此时的毛泽东，对社会主义初级阶段一定范围内存在的阶级斗争虽有正确认识，但对阶级斗争的全局形势却作出了扩大化和绝对化的错误估计。毛泽东 1965 年重上井冈山，实质上也是他下决心发动“文化大革命”的前奏。

在发动“文化大革命”前夕，毛泽东对身边工作人员说：“我多次提出主要问题，他们接受不了，阻力很大。我的话他们可以不听，这不是为我个人，是为将来这个国家、这个党，将来改变不改变颜色、走不走社会主义道路的问题。我很担心，这个班交给谁我能放心。我

---

① 马社香：《前奏——毛泽东 1965 年重上井冈山》，当代中国出版社 2006 年版，第 174 页。

② 同上书，第 177 页。

现在还活着呢，他们就这样！要是按照他们的做法，我以及许多先烈们毕生付出的精力就付诸东流了。”“我没有私心，我想到中国的老百姓受苦受难，他们是想走社会主义道路的。”“建立新中国死了多少人？有谁认真想过？我是想过这个问题的。”① 这样，在中国大地上，“文化大革命”这场内乱就不可避免地发生了。

## 五　相关思考

1. 一定要高度重视、坚决维护《决议》对毛泽东历史地位和毛泽东思想的科学、准确、正确的评价

正如在本文第一部分所谈，要对毛泽东历史地位和毛泽东思想作出科学、准确、正确的评价，必须反对两种倾向，一是不能因毛泽东晚年犯了错误，就企图否认毛泽东思想的科学价值；二是不能认为凡是毛泽东说过的话都是不可移易的真理，甚至不愿实事求是地承认毛泽东同志晚年犯了错误，并且还企图在新的实践中坚持这些错误。反对这两种倾向，在今天仍然具有现实意义。同时我们也应充分看到，实事求是地正确评价毛泽东历史地位和毛泽东思想在今天的特殊重大意义。《决议》明确指出：“毛泽东同志是伟大的马克思主义者，是伟大的无产阶级革命家、战略家和理论家。他虽然在‘文化大革命’中犯了严重错误，但是就他的一生来看，他对中国革命的功绩远远大于他的过失。他的功绩是第一位的，错误是第二位的。他为我们党和中国人民解放军的创立和发展，为中国各族人民解放事业的胜利，为中华人民共和国的缔造和我国社会主义事业的发展，建立了永远不可磨灭的功勋。他为世界被压迫民族的解放和人类进步事业作出了重大的贡献。”② 实践已经充分证明，《决议》这一对“毛泽东同志的历史地位和毛泽东思想”的评价有无比重大的政治意义和无比深远的历史意义；充分证明邓小平关于“建国以来党的若干历史问题的决议，第一位的任务，是树立毛泽东同志和毛泽东思想的历史地位。这个问题写不好，决议宁可不写”③ 的指示有无比重大的政治意义和无比深远的历史意义；充分证明邓小平关于“没有毛主席，至少我们中国人民还要在黑暗中摸索更长的时间”④ 的结论有无比重大的政治意义和无比深远的历史意义。以邓小平为核心的中国共产党第二代领导集体作出的关于《建国以来党的若干历史问题的决议》，在恰当纠正毛泽东晚年错误的同时，坚定地维护毛泽东和毛泽东思想的历史地位，这是保证我们这三十多年改革开放取得巨大成就的十分根本的政治共识和思想理论基础。对毛泽东历史地位和毛泽东思想如何评价？决不是可以这样也可以那样评价的小问题。从一定意义上讲，这关涉我们党、国家、人民和军队的根本前途。只有实事求是地正确评价毛泽东历史地位和毛泽东思想，我们的党、国家、人民和军队才有光明的前途，否则，就有可能重新步入黑暗。这不是危言耸听。毫无疑问，对于“文化大革命”这一全局性的、长时间的“左”倾严重错误，毛泽东负有主要责任。但是，毛泽东的错误终究是一个伟大的无产阶级革命家所犯的错

① 逄先知、金冲及主编：《毛泽东传（1949—1976）》（下），中央文献出版社 2003 年版，第 1389—1390 页。

② 《三中全会以来重要文献选编》（下），人民出版社 1982 年版，第 325 页。

③ 《邓小平年谱（1975—1997）》（下），中央文献出版社 2003 年版，第 721 页。

④ 《邓小平文选》第 2 卷，人民出版社 1994 年版，第 345 页。

误。我们决不能认为毛泽东在晚年犯了严重错误，就否定毛泽东的历史地位和毛泽东思想的伟大功绩。《决议》作出后，得到了广大工人、农民、知识分子、干部和人民解放军指战员的衷心拥护。但国内外别有用心的人总是寻机对毛泽东进行攻击。国际共产主义运动历史经验反复证明，要搞垮一个社会主义国家，首先就要攻击这个国家执政的共产党；要搞垮这个国家执政的共产党，首先就要丑化这个执政党的主要领袖。这是国内外敌对势力企图西化、分化我们的最有效、最便捷的手段。苏共亡党、苏联解体的根本教训之一，就是苏联国内外的敌对势力投入大量金钱，创办和导引各种媒体恶毒攻击、抹黑、否定斯大林以致列宁。现在，国内外别有用心的人肆意夸大毛泽东晚年的错误，甚至不惜伪造事实，极尽造谣、诽谤、污蔑之能事，恶毒攻击毛泽东，这决不是仅仅涉及毛泽东个人的问题，而是企图全盘否定我们党的光荣历史、否定马克思主义、否定人民民主专政的社会主义制度，其实质是为把社会主义的新中国重新拉向殖民地半殖民地制造思想政治舆论。笔者认为，目前国内外敌对势力在竭力贩卖马克思主义、社会主义和中国共产党的“历史虚无主义”之时，把主要矛头集中放在攻击毛泽东和毛泽东思想上，这是国内外敌对势力企图在近期甚至近几年围剿、演变、颠覆社会主义中国战略部署十分重要的步骤，是其“软实力”、“巧实力”十分重要的内容。尽管这仅是极少数人的行为，但他们能量很大。加上各种资本控制的种种媒体特别是互联网的扩散与扩张作用，对此我们必须高度重视，认真恰当应对。

下面，请允许笔者再用一定篇幅列举几段相关谈话进一步说明其他老一辈无产阶级革命家和当今有关领导同志对毛泽东和毛泽东思想的历史地位的评价。

一是周恩来的一段谈话。20世纪80年代末，薄一波的秘书董宏告诉笔者说：周恩来总理曾对薄老说，一波呀，毛主席下决心要做的事，你可以表示反对，但不要轻易表示反对。在历史上，有几次，我曾认为主席的决策不对，表示反对，但过一段时间都证明他的决策是对的。以后我就谨慎了，不轻易表示反对了。但后来又有一次，我确信主席错了，我坚决表示反对，但实践却又证明是主席对了。因此，对主席的意见和决策，你可以反对，但不要轻易反对。

二是叶剑英的一段谈话。20世纪90年代初，张鼎丞的女儿张延忠告诉笔者：1981年《决议》作出后，几个年轻人对在“文化大革命”中受了那么多磨难的老一辈无产阶级革命家又那么坚定地维护毛主席的历史贡献和历史地位很不理解，便去请教叶剑英元帅。叶帅对他们说，毛、刘、周、朱、陈、林、邓中的除了毛主席的后六位，还有各位老帅等其他人，我叶剑英也算一个，从一定意义上讲，哪一个都不是省油的灯，让我们从心底佩服一个人不容易。但在长期的中国革命斗争中，大家逐渐认识了毛主席。别人也都当过头、掌过舵，但都不行。只有毛主席，把我们这些人拢起来，干成了建立新中国并开始建设社会主义这件大事情。

三是黄克诚的讲话。黄克诚1959年在庐山会议开展的反右斗争中，被撤销了中央书记处书记、军委秘书长兼总参谋长职务，工资降两级，20年没有工作。但1980年11月27日，他却不顾年迈体弱，几乎双目失明，以抱病之躯在中央纪委召开的座谈会上作了四个多小时的报告。在此报告中，他说：“前一段时间，曾经有些同志对这两个问题的态度比较偏激，个别人甚至放肆地诋毁毛泽东思想，丑化毛泽东同志。这种态度使我很忧虑。作为一个老共产党员，对这个问题，我有责任讲讲自己的看法。”“在创建红军时期，毛主席为党和人民建立了不朽功勋。”“毛主席在危机中挽救了革命，领导中国革命从胜利走向胜利。”“如果把建国以来我们党所曾犯的错误都算在毛主席身上，让他一个人承担责任，这样做不符合历史事实。”“比如反右派斗争是必要的，但是扩大化了，错整了很多人，就不能只由毛主席一个人负责。我那时是书记处成员之一，把有些人划为右派，讨论时未加仔细考虑就仓促通过了。自己做错的事情怎么能都推到毛主席身上呢？‘大跃进’中，许多同志作风浮夸，把事实歪曲到惊人的程度，使错误发展到严重的地步，也是有责任的。”“多少年来，举世公认毛主席是我们党和国家的领袖，是中国革命的象征，这是合乎实际的。丑化、歪曲毛主席，只能丑化、歪曲我们的党，丑化歪曲我们的社会主义祖国。那样做，会危害党和国家的根本利益，危害十亿人民的根本利益。现在国内外的敌对力量都希望我们彻底否定毛主席，以便把我国人民的思想搞乱，把我们国家引向资本主义。我国人民内部也有些人受了西方个人主义、自由主义思想的影响，和那些人唱同样的调子；这是很值得警惕的。”“毛泽东思想的基本原理，是我们党和国家的指导思想，这是写在我们党章和《关于党内政治生活的若干准则》上的，是中央一再申明的重大原则。否定和诋毁毛泽东思想的行为，是违反党章党纪的行为。我们这些老共产党员，一切真正为人民的事业而奋斗的共产党员，要同诋毁毛泽东思想，丑化毛主席形象的现象作斗争，以维护党和人民的根本利益。”“毛泽东思想的精髓和基本原则却将永远是我们中国共产党人和革命人民的精神武器，指导我们不断将革命推向前进。”① 黄克诚的报告一结束，全场立刻爆发出热烈的掌声。黄克诚1980年的重要讲话，在今天无疑仍有十分重要的现实意义。

不仅邓小平及其他老一辈无产阶级革命家十分强调要正确评价毛泽东和毛泽东思想的历史地位，江泽民、胡锦涛也同样十分强调要正确评价毛泽东和毛泽东思想的历史地位。在毛泽东诞辰一百周年纪念大会上，江泽民说：“毛泽东同志作为一个伟大的历史人物，属于中国，也属于世界。毛泽东同志永远生活在我们中间，我们要认真学习他的科学著作，从中汲取智慧和力量。中国出了个毛泽东，是我们党的骄傲，是我们国家的骄傲，是中华民族的骄傲。我们对毛泽东同志永远怀着深深的尊敬和爱戴之情！”② 在毛泽东诞辰一百一十周年纪念大会上，胡锦涛说：“毛泽东同志的革命实践和光辉业绩已经载入中华民族的史册。他的名字、他的思想、他的精神，将永远鼓舞着我们继续推动中国社会向前发展。中国共产党和中国各族人民永远敬仰和怀念毛泽东同志！”③ “毛泽东思想是马克思列宁主义在中国的创造性运用和发展，是被实践证明了的关于中国革命和建设的正确的理论原则和经验总结，是中国共产党集体智慧的结晶。在任何时候任何情况下，我们都要始终高举毛泽东思想的伟大旗帜。”④

2011年6月20日，中央政治局委员、上海市委书记俞正声在上海交通大学上了一堂特别的党课。俞正声坦言：“‘文化大革命’是一场灾难，这不光是毛泽东的个人错误，也是党

---

① 黄克诚：《关于对毛主席评价和对毛泽东思想的态度问题》，《解放军报》1981年4月10日。

② 《十四大以来重要文献选编》（上），人民出版社1996年版，第612页。

③ 《十六大以来重要文献选编》（上），中央文献出版社2005年版，第642页。

④ 同上书，第641—642页。

的错误。”他说：“‘文化大革命’期间，我母亲（注：范瑾，曾长期从事新闻及宣传工作，是北京日报报业集团的奠基人，其兄是著名历史学家范文澜，丈夫是曾出任新中国第一任天津市市长和第一机械工业部部长的黄敬）1966 年被打倒，1968 年蹲监狱，1975 年回来，出来之后我就感觉她精神上不正常了，老有被迫害的感觉。一直到前年她去世，都拒绝做任何体检。我的妹妹，‘文革’开始时一个高中生，在学校里被批斗，后来也得了精神分裂症，自杀了。我们亲属在‘文革’中死去的，有六七人。”“那么为什么对毛主席还基本上是一个正面的肯定态度？他有很严重的错误，为什么？我个人认为，第一，他的著作、他的思想影响了许许多多的人，包括我，我对毛主席是非常尊敬的，虽然他犯了这么大的错误。正因为如此，很多人就千方百计地诋毁他，甚至说，毛主席著作大部分是胡乔木写的，胡说八道，胡乔木写不出这种文章来。第二个，我认为他搞‘文化大革命’，是真真切切地感觉到，我们国家不能简单地发展生产，要防止新生资产阶级的出现，防止工人农民重新沦为社会的底层，他的动机是无可厚非的。”俞正声还说，“但是他寻找的道路是错的……现在的很多事情也证明他的担心不是没有理由。但是，不能因为这种担心而寻找一种错误的道路。”① 俞正声这番肺腑之言和坦荡无私的品质与胸怀值得我们学习和深思；俞正声这些论述也进一步说明党的《决议》和邓小平相关思想的正确。

2. 一定要始终坚持“一个中心、两个基本点”的党的基本路线不动摇

1959 年 12 月 10 日至 1960 年 2 月 9 日，毛泽东在读苏联《政治经济学教科书》时曾指出，在政治经济学的研究中，生产力和上层建筑这两方面的研究不能太发展了。生产力的研究太发展了，就成为自然科学、技术科学了；上层建筑的研究太发展了，就成为阶级斗争论、国家论了。应该说，毛泽东在这个时候，在这个问题上，也是比较清醒的。他在指导思想上，还是主张生产力与上层建筑同时进行研究，而不能举此而遗彼。但是，随着国际形势的变化和他对国内阶级斗争形势严重性的错误估计，他越来越多地关注上层建筑，忽视了对生产力的研究，而过多地关注上层建筑的研究，这就逐渐导致了阶级斗争扩大化的错误，提出了“以阶级斗争为纲”的错误指导思想，以至于由于对修正主义没有作出准确的定位，造成了历史曲折，甚至酿成“文化大革命”这样的严重错误。在今后的社会主义革命、建设和改革事业中，若不发生大规模的战争，我们必须始终坚持以经济建设为中心，避免重犯阶级斗争扩大化的错误。但是，阶级斗争依然在一定条件下存在。对这种阶级斗争，决不能扩大，但也决不可熟视无睹。如何既正视阶级斗争的存在，又不搞扩大化，确实有很大难度。1968 年 10 月 13 日，在中共八届扩大的十二中全会开幕式上毛泽东说：“过去我们搞南征北战、解放战争，那种战争好打，容易打。那种战争，敌人清楚，就是那么几个，秋风落叶那么一扫，三年半也差不多。这回这个文化大革命啦，比那个战争困难得多。”“问题就是把思想错误的，同敌我矛盾的，混合在一起，一时搞不清楚。”② “文化大革命”结束后，1980 年，邓小平强调：“有人说，剥削阶级作为阶级消灭了，怎么还会有阶级斗争？现在我们看到，这两方面都是客观事实。目前我们同各种反革命分子、严重破坏分子、严重犯罪分子、严重犯罪

① 徐燕燕：《听俞正声上党课——“执政者的声音”》，《南方周末》2011 年 6 月 23 日。

② 逄先知、金冲及主编：《毛泽东传（1949—1976）》（下），中央文献出版社 2003 年版，第 1531 页。

集团的斗争，虽然不都是阶级斗争，但是包含阶级斗争。”① 斯大林在1937年宣布建成社会主义，认为阶级斗争消失了，是在理论上犯了严重的错误。改革开放以来，邓小平在提出以经济建设为中心和进行改革开放的同时，提出坚持四项基本原则，强调坚持人民民主专政，这是他的无比英明之处。邓小平在对起草《决议》的意见中指出：“三中全会以后，我们就是恢复毛泽东同志的那些正确的东西嘛，就是准确地、完整地学习和运用毛泽东思想嘛。基本点还是那些。从许多方面来说，现在我们还是把毛泽东同志已经提出、但是没有做的事情做起来，把他反对错了的改正过来，把他没有做好的事情做好。”② 邓小平提出的党的基本路线，兼顾了生产力与上层建筑两个方面，就是把毛泽东没有做好的事情做好。什么是中国特色社会主义理论体系和中国特色社会主义道路？从一定意义上讲，就是“一个中心、两个基本点”的党的基本路线。因此，在建设中国特色社会主义伟大事业中，坚持党的基本路线毫不动摇至关重要。在改革开放取得巨大成就的今天，坚持党的基本路线，就要在经济领域，认真贯彻科学发展观，让改革开放的成果由全体人民共享。这就必须坚持在党的领导下走中国特色社会主义道路，坚持公有制为主体、多种所有制经济共同发展的基本经济制度，坚持按劳分配为主体、多种分配方式并存的分配制度，从而在初次分配中努力实现公平，为逐步实现共同富裕创造条件。吴邦国委员长在2011年3月全国人大常委会工作报告中明确重申“不搞多党轮流执政，不搞指导思想多元化，不搞‘三权鼎立’和两院制，不搞联邦制，不搞私有化”，其中最为基础的是不搞私有化。不搞私有化是不搞多党轮流执政，不搞指导思想多元化，不搞“三权鼎立”和两院制，不搞联邦制的根本经济基础和物质条件。只有坚持国家在社会主义初级阶段的基本经济制度和分配制度，才能有效克服收入分配差距过大，有效克服党内和社会上的各种腐败现象，有效防止特权阶层的产生和发展，确保党和政权全心全意为人民服务的性质永不变色，从而也才能有效加强社会管理和实现社会管理的创新，确保国家长治久安、社会和谐稳定。在政治领域，必须始终坚持党的领导、人民当家作主和依法治国有机统一，继续探索我们党在执政的条件下，逐步建立适应不断变化着的世情、国情和党情的党和政权永不变质的创新机制体制。在思想文化领域，必须始终坚持以马克思主义为指导，牢固树立社会主义核心价值观和理想信念，为巩固和完善社会主义经济基础和上层建筑竭诚服务。只有把坚持党的基本路线同保持党和政权永不变质的战略思想贯彻落实在我国的各个领域和工作的方方面面，我们的党和政权才有光辉灿烂的前程。

3. 一定要正确区分永不变质战略思想与“文化大革命”的理论、动机及其实践等

一是要正确区分毛泽东关于保持党和政权永不变质战略思想与毛泽东“文化大革命”的理论。笔者认为，毛泽东关于保持党和政权永不变质的战略思想是毛泽东思想十分重要的内容，是辩证唯物主义与历史唯物主义在中国新民主主义革命和社会主义革命与建设中党、军队、政权建设实践里十分重要的运用，是我们党、军队和政权全心全意为人民服务宗旨的根本体现。1989年我国“六四政治风波”的发生特别是1991年前后的苏东剧变充分说明，毛

① 《邓小平文选》第2卷，人民出版社1994年版，第253页。

② 同上书，第300页。

泽东关于保持党和政权永不变质战略思想是完全正确的，在当今时代更加闪耀着马克思主义的思想光辉。毛泽东是一个伟大的思想家、战略家，他深邃的目光，往往穿透几十甚至上百年的历史风云。对毛泽东关于保持党和政权永不变质战略思想，我们必须高度重视，并结合当今国际国内实践，不断坚持和发展这一理论。如果不是如此，我们党和国家就必然遭遇重大挫折和灾难。我们决不能因为毛泽东晚年犯了错误，就轻率否定毛泽东关于保持党和政权永不变质的战略思想。《决议》指出："毛泽东同志发动'文化大革命'的这些'左'倾错误论点，明显地脱离了作为马克思列宁主义普遍原理和中国革命具体实践相结合的毛泽东思想的轨道，必须把它们同毛泽东思想完全区别开来。"① 按照《决议》这一精神，毛泽东关于保持党和政权永不变质的战略思想，不应包括"文化大革命"理论，必须把毛泽东"文化大革命"的理论与毛泽东关于保持党和政权永不变质的战略思想区别开来。毛泽东晚年"文化大革命"的理论及其实践，"使党、国家和人民遭到建国以来最严重的挫折和损失"②。这是由于他对社会主义初级阶段一定范围存在的阶级斗争作了不符合实际的过分严重的估计，使阶级斗争扩大化的迷误深入到党内，以致党内同志间不同意见的正常争论也被当作所谓修正主义路线或所谓路线斗争的表现，使党内关系日益紧张化，甚至把持有不同意见的各级领导干部视为"走资本主义道路的当权派"，把大量本不属于阶级斗争的问题看成阶级斗争，严重混淆了敌我两种性质根本不同的矛盾和处理方法，加上无政府主义的泛滥，宗派主义和山头主义的助长，不可避免地给一些投机分子、野心分子、阴谋分子以可乘之机，导致了"文化大革命"这一惨痛悲剧和教训。我们要时刻引以为鉴。右倾错误可以葬送社会主义，"左"倾错误同样可以葬送社会主义，在任何时候、任何情况下，我们都要高度重视防止类似"文化大革命"的悲剧再发生。

二是正确区分毛泽东晚年所作的重要贡献与毛泽东"文化大革命"的理论及其实践所犯错误。毛泽东"文化大革命"的理论及其实践，无疑使党、国家和人民遭到新中国成立以来最严重的挫折和损失。我们在看到毛泽东所犯严重错误的同时，也要看到在"文化大革命"期间，毛泽东对党和人民的重要贡献。毛泽东晚年与毛泽东"文化大革命"的理论及其实践是两个既有联系但又不同的概念。毛泽东"文化大革命"的理论是错误的，但对毛泽东晚年所做的全部工作进行全盘否定是不符合辩证法、不符合客观实际的，也是十分有害的。毛泽东晚年在全局上一直坚持"文化大革命"的错误，但也制止和纠正过一些具体错误，保护过一些党的领导干部和党外著名人士，使一些负责同志重新回到重要的领导岗位。他领导了粉碎林彪反革命集团的斗争，对江青、张春桥等人也进行过重要的批评和揭露，不让他们夺取最高领导权的野心得逞。这些都对后来我们党顺利地粉碎"四人帮"起了重要作用。他晚年仍然警觉地注意维护国家安全，顶住了社会帝国主义的压力，把握正确的对外政策，坚决支援各国人民的正义斗争，并且提出了划分"三个世界"的正确外交战略和我国永不称霸的重要思想。在"文化大革命"内乱中，我们党没有被摧毁并且还能维持统一，国务院和人民解放军还能进行许多必要的工作，有各族各界代表人物出席的第四届全国人民代表大会还能召

---

① 《三中全会以来重要文献汇编》(下)，人民出版社 1982 年版，第 809 页。

② 同上书，第 808 页。

开并且确定了以周恩来、邓小平为领导核心的国务院人选，我国社会主义制度的根基仍然存在，社会主义经济建设还在进行并取得了一些重大成就，我们的国家仍然保持统一且在国际上发挥重要影响。这些重要事实都与毛泽东的决策贡献和作用影响分不开。

三是正确区分毛泽东发动“文化大革命”的动机与“文化大革命”的理论及其实践。毛泽东晚年犯了“文化大革命”这一全局性的、长时间的“左”倾严重错误，但包括他提出的理论观点、采取的各种办法与措施，应该说都是为推进保持党和政权永不变质这一重大战略进行曲折探索中的失误。从一定意义上讲，这也是为保持党和政权永不变质的探索和实践中付出的代价，是我们党在探索和实践中交纳的“学费”，是我们党拥有的另一种形式的很可宝贵的“财富”。那种认为“文化大革命”是“权力之争”，是毛泽东“人品问题”的观点是完全站不住脚的。毛泽东在早年就说过：“我觉得吾人唯有主义之争，而无私人之争，主义之争，出于不得不争，所争者主义，非私人也。私人之争，世亦多有，则大概是可以相让的。其原多出于‘占据的冲动’与‘意力之受拂’。”① 笔者认为，毛泽东一生中，有判断和斗争的失误，但都“无私人之争”，而是“主义之争”。毛泽东是人，而不是神，也有感情用事的时候。但作为一个个体来说，毛泽东的伟大让我们世世代代崇敬；毛泽东不是神，但也绝不是普通的人，绝不是常人甚至是一般伟人所能企及的。我们党和毛泽东个人所犯的错误，有的是在探索和认识真理的过程中很难避免的，有的属于我们党特别是毛泽东个人可以避免的失误。对这些错误，我们一方面应引以为鉴、力戒重犯；另一方面，也不应过分苛求于领袖个人。世界上从来没有不犯错误的人；再说，他人难道没有感情用事或犯错误的时候？关于毛泽东发动“文化大革命”的动机，本文前面已引用过邓小平和《决议》的不少论断，并在这里又引用了毛泽东早年的心迹作答，不再赘述。但需要回答的还有以下四个问题。

（1）“文化大革命”中发生的许多意想不到的事情，是和毛泽东的初衷相矛盾的。比如，毛泽东对党内存在的官僚主义长期不满，但他的本意并不想打倒一大批老干部，只是想借用群众运动帮助这些干部改掉他们身上的官僚作风，“把泥菩萨烧成瓷菩萨就可以过河了”。他对刘少奇、邓小平一开始也不是采取完全打倒的态度，曾明确说：“对少奇同志不能一笔抹杀。”“刘、邓二人是搞公开的，不搞秘密的。”对“刘、邓要准许革命，准许改。”② 当时相当多的一批高中级干部对搞“文化大革命”“很不理解，很不认真，很不得力”。所以，毛泽东采用各种方式方法发动群众，甚至提出“来一个放任自流”。但任何有人群的地方都有左中右。随着运动的深入发展，各个方面、各个领域、不同宗派等各种新老矛盾都充分表现出来，特别是“一些大大小小的野心分子更会乘此活跃起来，为所欲为，就像一旦打开潘多拉盒子那样失去控制。它所造成的恶果远远超出毛泽东原来的预料”③。1967年7月，毛泽东在一次谈话中曾设想：“文化大革命”“一年开张；二年看眉目，定下基础；明年结束。”④ 但结果，“文化大革命”整整进行了十年，风浪一个接一个涌来，无法了结。从一定意义上讲，

① 《毛泽东书信选集》，人民出版社1984年版，第17—19页。

② 逄先知、金冲及主编：《毛泽东传（1949—1976）》（下），中央文献出版社2003年版，第1449页。

③ 同上书，第1440页。

④ 同上书，第1490页。

毛泽东一方面把全国一定范围内存在的阶级斗争估计过于严重；另一方面，他对无政府主义泛滥带来的恶果又严重估计不足。大乱并未转化为大治局面，最后甚至出现无法驾驭的局面，这令毛泽东处于无奈境地，以至于他在交代后事时说出“遗产”“怎么交？和平交不成就在动荡中交，搞不好就得‘血雨腥风’了。你们怎么办？只有天知道”[①] 之类十分伤感的话语。这样，毛泽东当初的良好动机与实际结果严重相悖。

（2）在评价毛泽东发动“文化大革命”时，强调其动机是好的，并不是把主观动机作为对历史人物评价的主要依据。马克思主义是主观动机与客观效果相统一论者。一般说来，有什么样的主观动机往往会产生相应的客观效果。但是，有时也往往会出现效果与动机完全相悖的情况。我们常说的好心办坏事就是指这种现象。评价历史人物的功过是非，当然应该坚持实践检验标准，同时也应兼顾历史人物的动机。对其动机中存在的积极因素也要以实事求是的态度进行肯定。与此同时，不仅要把历史人物的实践活动放在当时历史环境里进行考察，同时也应放到历史和时间的长河里，放到更为广阔的时空里加以检验。这样评价一个历史人物特别是一个伟大的历史人物，才是真正彻底的历史唯物主义态度，才能真正反映历史人物真正的历史地位。

（3）毛泽东在晚年已经部分意识到自己所犯的错误并有所纠正。尽管毛泽东在晚年始终坚持认为自己的理论和实践是马克思主义的，是为巩固无产阶级专政所必需的，但他也在一定程度上不断反思与认识自己在“文化大革命”中的错误，并在不同场合以不同形式进行了自我批评。在 1968 年 10 月 13 日的中共八届扩大的十二中全会上，毛泽东在开幕式上即说：“究竟这个文化大革命要搞还是不要搞？搞的中间，是成绩太少了、问题太多了，还是成绩是主要的、错误有？我的意见，错误是有，而错误的主要责任在中央，在我，而不在地方，也不在军队。”[②] 在党的中央全会上，毛泽东承认“文化大革命”中有错误，并由自己承担主要责任，这是第一次。在 1973 年八大军区司令员对调时，他对所谓“杨（成武）、余（立金）、傅（崇碧）事件”作了检讨，他说：“所谓的‘杨、余、傅事件’是林彪搞的，我听了一面之词，所以犯了错误”[③]。1973 年 12 月 21 日，毛泽东在接见中央军委会议成员时说：我“听了林彪的话，整了罗瑞卿呢。有几次听一面之词，就是不好呢，向同志们作点自我批评呢”。1975 年 10 月至 1976 年 2 月，毛泽东在谈到“文化大革命”时明确表示：“对文化大革命，总的看法：基本正确，有所不足。”“三七开，七分成绩，三分错误，看法不见得一致。文化大革命犯了两个错误，1. 打倒一切，2. 全面内战”[④]，等等。

（4）要正确总结认识毛泽东晚年所犯错误的原因。黄克诚在 1980 年对这一问题的看法今天仍然具有很强的现实意义。他说：“毛主席晚年犯错误，原因很多，有深刻的历史原因与社会原因。在我们这样一个贫穷落后、人口众多的大国搞社会主义，又没经验，实在是一件艰巨的事业。直到今天，在我们面前还有很多未被认识的问题，我们仍在不断探索，也还会犯这样那样的错误。这个问题我不多讲。我只想简单地谈一下毛主席犯错误的个人方面的

① 逄先知、金冲及主编：《毛泽东传（1949—1976）》（下），中央文献出版社 2003 年版，第 1782 页。

② 同上书，第 1531 页。

③ 同上书，第 1515 页。

④ 《建国以来毛泽东文稿》第 13 册，中央文献出版社 1998 年版，第 488 页。

原因以及我们应该采取的态度。毛主席在晚年不谨慎了，接触实际、接触群众少了，民主作风差了等等，这些都是他犯错误的原因，也是我们全党所必须引以为戒的教训。”“毛主席晚年的雄心壮志仍然非常之大，想在自己这一生中把本来要几百年才能办到的事情，在几年，几十年之内办到，结果就出了一些乱子。尽管这些乱子给我们党和人民带来了不幸和创伤，但从他的本意来看，他还是想把人民的事情办好，把革命事业推向前进。他为了这个理想操劳了一辈子。毛主席所犯的错误是一个伟大革命家的错误。因此，我们在纠正他所犯的错误、总结经验时，还是应该抱着爱护、尊敬的心情来谅解他老人家。有些同志对毛主席说了许多极端的话，有的人甚至把他说得一无是处。我认为这是不对的，这样做不但根本违反事实，而且对我们的党和人民都非常不利。有些同志，特别是那些受打击、迫害的同志有些愤激情绪是可以理解的。大家知道：在毛主席晚年，我也吃了些苦头。但我觉得，对于这样关系重大的问题，决不能感情用事，意气用事。我们只能从整个党和国家的根本利益、从十亿人民的根本利益出发，从怎样做才有利于我们的子孙后代、有利于社会主义革命事业出发来考虑问题。”①

4. 毛泽东对党和政权有可能改变颜色的担心并非没有道理，我们党在改革开放的实践中也在逐渐加深对此问题的认识

1980 年 1 月 16 日，即改革开放后不久，邓小平就严肃地指出：“特殊化不只是部分高级干部，各级都有，各个部门都有。总之，我们一些干部成了老爷就是了。”② 1982 年 4 月，邓小平强调：“现在是什么形势呢？我们自从实行对外开放和对内搞活经济两个方面的政策以来，不过一两年时间，就有相当多的干部被腐蚀了。卷进经济犯罪活动的人不是小量的，而是大量的。犯罪的严重情况，不是过去‘三反’、‘五反’那个时候能比的。”“要足够估计到这样的形势。这股风来得很猛。如果我们党不严重注意，不坚决刹住这股风，那么，我们的党和国家确实要发生会不会‘改变面貌’的问题。这不是危言耸听。”③ 1985 年 5 月，邓小平指出：“中国在粉碎‘四人帮’以后出现一种思潮，叫资产阶级自由化，崇拜西方资本主义国家的‘民主’、‘自由’，否定社会主义。”“自由化的思想前几年有，现在也有，不仅社会上有，我们共产党内也有。”④ 1989 年 5 月，邓小平又强调：“某些人所谓的改革，应该换个名字，叫作自由化，即资本主义化。他们‘改革’的中心是资本主义化。我们讲的改革与他们不同，这个问题还要继续争论的。”⑤ 1989 年 9 月，他强调：“过去两个总书记都没有站住，并不是选的时候不合格。选的时候没有选错，但后来他们在根本问题上，就是在坚持四项基本原则的问题上犯了错误，栽了跟头。四个坚持中最核心的是党的领导和社会主义。四个坚持的对立面是资产阶级自由化。坚持四项基本原则，反对资产阶级自由化，这些年来每年我都讲多次，但是他们没有执行。”⑥ 1990 年 12 月，邓小平指出：“中国问题的关键在于共

① 黄克诚：《关于对毛主席评价和对毛泽东思想的态度问题》，《解放军报》1981 年 4 月 10 日。

② 《邓小平文选》第 2 卷，人民出版社 1994 年版，第 260 页。

③ 同上书，第 402—403 页。

④ 《邓小平文选》第 3 卷，人民出版社 1993 年版，第 123、124 页。

⑤ 同上书，第 297 页。

⑥ 同上书，第 324 页。

产党要有一个好的政治局，特别是好的政治局常委会。只要这个环节不发生问题，中国就稳如泰山。”[①] 1993年2月，他强调：“中国要出问题，还是出在共产党内部”，“对这个问题要清醒”。“现在还不放心啊！说到底，关键是我们共产党内部要搞好，不出事，就可以放心睡大觉。”[②] 邓小平的相关论述还有很多。江泽民也强调：“反腐败斗争是关系党心民心、关系党和国家前途命运的严重政治斗争”，“这个问题解决不好”，“就有亡党亡国的危险”。[③] 2008年12月18日，胡锦涛在纪念党的十一届三中全会召开30周年大会上的讲话中明确指出：“我们深刻认识到，党的先进性和党的执政地位都不是一劳永逸、一成不变的，过去先进不等于现在先进，现在先进不等于永远先进；过去拥有不等于现在拥有，现在拥有不等于永远拥有。”[④] 这说明，从一定意义上讲，我们党的几代主要领导人，毛泽东、邓小平、江泽民和胡锦涛在关于党执政后党与政权有可能改变其本来的性质甚至亡党亡国这一重大问题上有高度共识。

5. 毛泽东担心社会主义国家党和政权变质并可能导致亡党亡国悲剧的思想已经在苏东得到验证，这提醒我们有必要高度重视抵御西方和平演变的图谋、防止党和政权变质

苏共二十大于1956年2月14日至25日在莫斯科召开，赫鲁晓夫用突然袭击的方式，大反斯大林。其实质是开始脱离、背离马克思列宁主义、科学社会主义和苏联广大人民群众的根本利益。毛泽东敏锐地看到了赫鲁晓夫在斯大林去世后大反斯大林可能导致的严重后果，他说：“我看有两把‘刀子’：一把是列宁，一把是斯大林。现在，斯大林这把刀子，俄国人丢了。”“这把刀子不是借出去的，是丢出去的。”“列宁这把刀子现在是不是也被苏联一些领导人丢掉一些呢？我看也丢掉相当多了。”[⑤] 1959年12月，毛泽东在杭州主持召开中央政治局扩大会议。12月4日晚，毛泽东就国际问题亲笔准备的讲话提纲中写下：“敌人的策略是什么？(1) 和平旗子，大造导弹，大搞基地，准备用战争方法消灭社会主义。这是第一手。(2) 和平旗子，文化往来，人员来往，准备用腐蚀、演变方法消灭社会主义。这是第二手。”而“赫鲁晓夫们很幼稚。他不懂马列主义、易受帝国主义的骗。”“他如果不改正，几年后他将完全破产（八年之后）。”[⑥] 1961年9月，毛泽东在党的八届十中全会的讲话中指出：“社会主义国家也可能出现复辟的情况”，“我们这个国家要好好掌握，要好好认识这个问题，承认阶级同阶级斗争的存在。要好好研究，要提高警惕。”[⑦] 结果，五年后赫鲁晓夫被赶下台，三十多年后苏共亡党、苏联解体。国际共产主义运动发展的历史充分证明了毛泽东深邃的历史洞察力，他对国际上出现修正主义思潮严重后果的估计判断惊人的准确；也充分证明了毛泽东及时提出防止和平演变的战略方针具有重大深远意义，这是保证我们党不变质、国不变色的重要保证。中央文献研究室编写的《毛泽东传》认为：“这一方针在实施过程中，在阶

---

① 《邓小平文选》第3卷，人民出版社1993年版，第365页。

② 同上书，第380、381页。

③ 江泽民：《论党的建设》，中央文献出版社2001年版，第236页。

④ 《人民日报》2008年12月19日。

⑤ 《毛泽东选集》第5卷，人民出版社1977年版，第313—329页。

⑥ 逄先知、金冲及主编：《毛泽东传（1949—1976）》（下），中央文献出版社2003年版，第1032—1034页。

⑦ 同上书，第1251页。

级斗争扩大化的历史背景下，发生了‘左’的偏向，在‘文化大革命’中更是走向了极端。但无论如何，这是毛泽东对国际共产主义运动的重大贡献。历史证明，这是一个极富远见的思想。”① 笔者认为，这一评价，十分中肯、正确，完全经得起历史的检验。毛泽东“文化大革命”的理论在我国的实践使我们党、国家和人民遭受了新中国成立以来最严重的挫折和损失，但20世纪90年代前后我国发生的“六四政治风波”特别是苏联东欧共产党败亡的教训充分表明，毛泽东提出的关于保持党和政权永不变质的战略思想是对国际共产主义运动的重大贡献，迄今仍具有重大的现实意义和深远的历史影响。我们必须高度重视在理论上坚持与发展、实践中认真贯彻落实的同时，继续解放思想，与时俱进，勇于探索，不断总结历史和实践经验，以找到一条确保社会主义国家党和政权永不变质的前进道路。只有这样，我们党才能永葆先进性，才能长期执政，直至最终实现党的奋斗目标和最高理想。

（原载《马克思主义研究》2011年第10期）

① 逄先知、金冲及主编：《毛泽东传（1949—1976）》（下），中央文献出版社2003年版，第1028页。

# 研究国史经验应当注意的几个方法问题

朱佳木

今年是中国共产党成立90周年，也是中国共产党中央委员会《关于建国以来党的若干历史问题的决议》（以下简称《历史决议》）通过30周年。这两个纪念日对于中华人民共和国史研究（以下简称国史研究）都具有非常重要的意义。中华人民共和国史从本质上说，是中国共产党团结带领人民进行社会主义革命、建设和改革的历史，是党把马克思主义普遍真理同新中国具体实际相结合的历史。《历史决议》运用马克思主义的辩证唯物论和历史唯物论，科学总结了新中国32年的重大历史事件，开启了国史研究的进程，并为国史研究的发展指明了正确的理论方向。作为国史研究者，对这两个纪念日的最好纪念，莫过于沿着《历史决议》指明的方向，深入研究以中国共产党的领导为核心内容的新中国历史，特别是加强对这一历史的经验研究。

研究历史经验从来是史学研究的重要内容，也是史学宗旨的具体体现。司马迁说过，他写《史记》的目的，是“究天人之际，通古今之变，成一家之言”。[①] 换成今天的话讲，就是要揭示历史原因，总结历史经验，成为安邦治国的一家之言。朱熹则说：“读史当观大伦理、大机会、大治乱得失”。[②] 意思也是讲，研究历史不要纠缠一些琐碎事件，而应关注重大事件，重视对历史经验的总结。

我们党是一个非常重视总结并善于总结历史经验的党。毛泽东早就指出：“好的政策都是经验之总结”。[③] “一切带原则性的军事规律，或军事理论，都是前人或今人做的关于过去战争经验的总结。这些过去的战争所留给我们的血的教训，应该着重地学习它。这是一件事。然而还有一件事，即是从自己经验中考证这些结论，吸收那些用得着的东西，拒绝那些用不着的东西，增加那些自己所特有的东西。这后一件事是十分重要的，不这样做，我们就不能指导战争。”[④] 邓小平在制定《历史决议》时也指出：“我看应当搞学习运动，认真学习马克思、列宁和毛泽东同志的著作。这个学习必须联系中国革命的历史，这样就能了解党是怎样领导革命的，了解毛泽东同志有哪些功绩，使大家知道中国革命是怎样成功的。”[⑤] 江泽民同

---

① 《汉书》卷62，《司马迁传·报任安书》，中华书局1962年版，第2735页。

② 黎靖德编：《朱子语类》卷11，《学五·读书法下》，中华书局1986年版，第196页。

③ 《毛泽东文集》第2卷，人民出版社1993年版，第417页。

④ 《毛泽东选集》第1卷，人民出版社1991年版，第181页。

⑤ 《邓小平文选》第2卷，人民出版社1994年版，第381页。

志在上世纪90年代中叶谈提高干部队伍素质的问题时强调："以史为鉴，可以知兴替。今天的中国是历史的中国的发展，作为当代中国的领导干部，如果不了解中国的历史，特别是中国的近代史、现代史和我们党的历史，就不可能认识和把握中国社会发展的客观规律，继承和发扬我们党在长期斗争中形成的光荣传统，也就不能胜任领导建设有中国特色社会主义的职责。"① 胡锦涛总书记在本世纪主持中央政治局集体学习时进一步指出："中华民族历来就有治史、学史、用史的传统。我们党在领导革命、建设和改革的过程中，一贯重视对历史经验的借鉴和运用。在新形势下，我们要更加重视学习历史知识，更加注重用中国历史特别是中国革命史来教育党员干部和人民。"② 他们的论述说明，总结历史经验对于我们党的事业、革命的事业、社会主义建设的事业、改革开放的事业的成败，具有多么重要的意义。

国史研究是中国史研究的分支学科，也是党的事业的组成部分。国史研究者研究国史，既要继承和发扬中国史学重在研究历史经验的优良传统，又要继承和发扬我们党重视总结历史经验的优良传统。当然，国史研究者研究历史经验属于学术范畴，与党的领导机关、领导干部总结历史经验之间不完全一样。党的领导机关、领导干部总结历史经验，一般要从当前面临的全局性和紧迫性的问题入手，总结出的经验也往往会直接用于制定政策、指导工作和教育干部群众。国史研究者虽然也要关注具有全局性和紧迫性的问题，但一般会把研究的视野放得更宽；研究成果一般也不会直接用于制定政策，而是为领导机关、领导干部制定政策提供历史依据，为广大干部群众学习、总结历史经验提供参考，就是人们常说的"资政育人"。然而，无论是党的领导机关、领导干部还是国史研究者，总结或研究历史经验，都要站在人民群众根本利益的立场上，都要以马克思主义为指导，都要为中国特色社会主义建设事业服务，在这些方面是没有也不应当有什么区别的。即使在研究的基本方法上，二者大体上也应当是相同或相似的。

下面，谈谈国史研究者在研究国史经验时应当注意掌握的几个基本方法。

第一，既要研究新中国不同时期的经验，又要把各个历史时期的经验联系起来研究。

新中国成立距今已有61年历史，其间根据社会历史条件和党的工作重点等等的变化，可以划分为若干不同阶段。例如，以党的十一届三中全会为界，可以分为改革开放前的29年和改革开放后的32年。在改革开放前的29年里，又可以分为1949—1956年由新民主主义向社会主义过渡的7年和1957—1978年进行社会主义道路探索的22年。在改革开放后的32年里，大体也可分为1978—1992年开创中国特色社会主义道路的14年和1992—2003年确立社会主义市场经济体制的11年，以及2003年以来按照科学发展观转变发展方式的8年。这些不同阶段有着各自不同的特点，因此，研究历史经验时需要把它们分为不同时期来研究。例如，研究在市场经济条件下如何发挥宏观指导作用，在土地承包到户的条件下如何发挥集体经济作用、解决农田水利建设和农村环境污染问题，在农村青壮年劳动力大量涌入城市的情况下如何建设社会主义新农村，在城市化加速推进的条件下如何保护农业用地，在推进互联网发展的同时如何加强对它的监管，在不搞政治运动的条件下如何防止党脱离群众、端正干

① 江泽民：《论党的建设》，中央文献出版社2001年版，第224—225页。

② 胡锦涛：《把握社会历史发展规律　增强推进改革发展的自觉性主动性》，《人民日报》2003年11月26日。

部作风等等经验，就不大适合笼统地放在 61 年中研究，而应当主要放在后 32 年里加以研究。因为，这些问题在前 29 年基本没有产生的条件，因而也不可能有解决这些问题的经验。

然而，新中国 61 年的历史无论划分多少阶段，基本国情都没有根本性的改变。除最初的 7 年外，它们都处在社会主义初级阶段，基本特点都是人口多、耕地少、底子薄、资源缺，主要矛盾都是人民日益增长的物质文化需要同落后的社会生产之间的矛盾。因此，各个阶段虽然有各自的特殊性问题，有的差别还非常大，但都存在不少共性问题。例如，如何把马克思主义基本原理与中国社会主义建设的实际结合好，如何使生产关系和上层建筑更适合生产力和经济基础的实际，如何使国民经济既快速又协调稳定地向前发展，如何处理经济建设与政治、文化、社会领域建设的关系，如何回应人民内部各利益群体的诉求、最大限度地激发社会创造活力，如何保证党不脱离群众、永远同人民保持血肉联系等等。这些问题以及解决这些问题的经验，前 30 年里有，后 30 年里也有。研究解决这些问题的经验，就需要把 61 年里各个阶段的历史联系起来，并通过比较加以考察。这样研究，才会使我们把问题看得更清楚，使研究更加深入。

以“急于求成”为例。这在新中国历史中可以说是带有一定顽固性的问题。如果把改革开放前后大体划分为两个 30 年的话，应当说它的表现程度和后果在这两个 30 年里是不一样的：前 30 年发生范围大，持续时间长，损失程度重；而后 30 年一般来说，范围比较小，持续时间比较短，损失也没那么大。但是，只要把两个 30 年中“急于求成”的问题放在一起比较，我们就不难发现二者确有很多相同或相似的地方。例如，它们的出发点都是希望尽快改变落后面貌，把建设速度搞得快一点，以便缩小和发达国家的差距，把耽误的时间（无论是由于帝国主义侵略还是由于“文化大革命”造成的）夺回来；而失误都在于把主观愿望与客观可能混淆了，过分夸大了主观能动性和主观意志的作用，忽视了客观经济规律和自然规律；而且，其中或多或少都有不正确的政绩观在作怪。因此，我们在研究如何克服“急于求成”问题的历史经验时，需要重点研究如何把领导干部的思想方法搞正确，如何改进干部的考核、评价办法。这些问题不解决，“急于求成”的毛病今后还会反复出现。

再以生产关系和上层建筑领域的变革为例。这种变革在改革开放前后两个 30 年里也都存在，只不过前 30 年往往把变革称为“革命”，如所有制上的社会主义革命，企业里的管理制度革命，意识形态领域的思想革命、文化革命，直至后来搞的“无产阶级文化大革命”等等。且不说这些“革命”的方向是否都正确，是否都合乎客观实际的要求，单就处理“不断革命”与“革命发展阶段”的关系，就有不少值得总结的教训。今天，我们不再搞那些“革命”了，而是要进行经济体制和政治体制的改革，但改革有时也被称为“革命”。邓小平就说过：“我们把改革当作一种革命，当然不是‘文化大革命’那样的革命。”① “改革是中国的第二次革命。”② “改革也可以叫革命性的变革”。③ 因此，研究当年处理“不断革命”与“革命发展阶段”关系上的教训，对于总结 30 年改革的经验，也是不无益处的。

改革开放以来，境内外敌对势力一方面以私有化为标尺，攻击我们经济体制改革不彻底；

---

① 《邓小平文选》第 3 卷，人民出版社 1993 年版，第 82 页。

② 同上书，第 113 页。

③ 同上书，第 135 页。

另一方面以西方政治制度为标尺，攻击我们只搞经济体制改革而不搞政治体制改革，诬蔑我们的政治改革"严重滞后"了。对于这种谬论，《人民日报》署名郑青原的文章给予了有力驳斥，强调社会主义民主政治是一个不断发展、不断完善的过程，需要不断改革。[①] 这无疑是完全正确的，但要使大家真正弄清楚改革究竟是否滞后的问题，还需要研究"不断改革"与"改革发展阶段"的辩证关系，弄清楚改革在不同阶段的区别和任务。毛泽东说过："一切事物总是有'边'的。事物的发展是一个阶段接着一个阶段不断地进行的，每一个阶段也是有'边'的。不承认'边'，就是否认质变或部分质变。"[②] 马克思主义者正是遵循这一客观规律，把"不断革命论"与"革命发展阶段论"相结合。我们党前30年之所以在上层建筑领域变革中犯了一些严重错误，固然有把革命对象、内容、方法搞错的一面，也与片面强调"不断革命"而忽视"革命发展阶段"有关。而20世纪80年代，邓小平论述政治体制改革时，首先明确："我们评价一个国家的政治体制、政治结构和政策是否正确，关键看三条：第一是看国家的政局是否稳定；第二是看能否增进人民的团结，改善人民的生活；第三是看生产力能否得到持续发展。"[③] 然后，他一方面指出："我们政治体制改革总的目标有三条：第一，巩固社会主义制度；第二，发展社会主义社会的生产力；第三，发扬社会主义民主，调动广大人民的积极性。"[④] 另一方面指出当时改革的具体任务也是三条：第一，党政要分开，解决党如何领导的问题；第二，权力要下放，解决中央和地方的关系；第三，要精简机构。[⑤] 他这样讲政治体制改革，既讲明了判断政治体制是否正确的标准，又讲明了政治体制改革的必要性；既明确了改革的总体目标，又明确了改革的阶段性任务，这就把"不断改革"与"改革发展阶段"的辩证关系讲清楚了，也使改革是否滞后的问题有了科学的判断标准。可见，把前后两个30年里生产关系、上层建筑领域变革的历史经验联系起来研究，对于我们更好地从历史中汲取教训，以便牢牢把握改革的正确方向，始终掌握改革的主动权和节奏性，不给敌对势力以可乘之机，都是非常必要的。

第二，既要研究新中国各个领域的历史经验，又要从宏观层面对历史经验作综合的研究。

人们认识事物总要先从个别再到一般，先从局部再到整体。研究国史经验同样应当遵循这样的认识路线。毛泽东在延安时期论述调查研究工作时曾说过：对于近百年的中国史，"应先作经济史、政治史、军事史、文化史几个部门的分析的研究，然后才有可能作综合的研究。"[⑥] 他的这个意见对我们今天加强国史经验研究，仍然具有指导意义。

当前，国史各领域经验中需要研究的问题有很多。例如，在政治史领域，需要研究完善人民代表大会制度、善于使党的主张通过法定程序成为国家意志的历史经验；坚持共产党领导多党合作的政党制度的历史经验；人民政协履行政治协商、民主监督、参政议政职能的历史经验；完善中国特色社会主义法律体系的历史经验；深化政治体制改革的历史经验；加快

① 参见郑青原：《沿着正确政治方向积极稳妥推进政治体制改革》，《人民日报》2010年10月27日。

② 《毛泽东文集》第8卷，人民出版社1999年版，第108页。

③ 《邓小平文选》第3卷，人民出版社1993年版，第213页。

④ 同上书，第178页。

⑤ 参见《邓小平文选》第3卷，人民出版社1993年版，第177页。

⑥ 《毛泽东选集》第3卷，人民出版社1991年版，第802页。

行政管理体制改革的历史经验；调整地方行政建制的历史经验；建立健全各种权力既相互制约又相互协调的权力结构及运行机制的历史经验；完善社会管理，健全基层社会管理体制，加强社会组织建设和管理的历史经验；加强反腐倡廉建设的历史经验；加强国防和人民军队建设的历史经验；巩固和发展平等团结互助和谐的社会主义民族关系的历史经验；发挥宗教界人士和信教群众促进经济社会发展积极作用的历史经验，等等。

在经济史领域，需要研究完善社会主义市场经济体制的历史经验；加快转变经济发展方式的历史经验；推进经济结构调整的历史经验；提高自主创新能力的历史经验；提高经济整体素质和国际竞争力的历史经验；正确处理城乡关系的历史经验；建立合理的收入分配制度，使收入差距维持适当比例的历史经验；物价稳定与社会稳定关系的历史经验；增加粮食生产与经济作物生产的历史经验；提高节能环保水平的历史经验；加强跨行政区域经济协作的历史经验，等等。

在文化史领域，需要研究坚持和加强马克思主义在意识形态领域指导地位的历史经验；建设社会主义核心价值体系的历史经验；加强和改进思想政治工作的历史经验；加强社会主义精神文明建设的历史经验；全面贯彻党的教育方针的历史经验；贯彻“双百”方针，繁荣发展社会主义文化的历史经验；对祖国传统文化取其精华、去其糟粕的历史经验；批判地吸收世界先进文化的历史经验；深化文化体制改革的历史经验；实施文化“走出去”战略、争取国际交流话语权的历史经验；维护意识形态安全、防范敌对势力渗透的历史经验，等等。

在社会史领域，需要研究社会综合治理和维护稳定的历史经验；加强与完善党和政府主导的维护群众权益机制的历史经验；建立覆盖城乡居民的社会保障体系的历史经验；建立基本医疗卫生制度的历史经验；加强与完善流动人口和特殊人群管理和服务的历史经验；坚持和完善计划生育政策的历史经验；加强与完善公共安全体系的历史经验；加强与完善非公有制经济组织、社会组织管理的历史经验，等等。

在外交史领域，需要研究判断时代特征和国际形势，制定国际战略的历史经验；奉行独立自主的和平外交政策的历史经验；坚持在和平共处五项原则基础上发展与不同制度国家关系的历史经验；同发达国家战略对话的历史经验；加强同周边国家睦邻友好和务实合作的历史经验；加强同发展中国家团结合作、提供力所能及援助的历史经验；积极参与多边事务、在国际组织中发挥建设性作用、推动国际秩序向更加公正合理方向发展的历史经验；维护国家主权独立、领土完整的历史经验，等等。

在祖国统一史的领域，需要研究贯彻“一国两制”方针的历史经验；保护港澳长期繁荣稳定的历史经验；促进海峡两岸和平统一的历史经验；反对和遏制“台独”分裂势力的历史经验；反对和遏制“藏独”、“疆独”等民族分裂势力的历史经验，等等。

以上这些需要研究的不同领域的历史经验问题，都是一些很大很重要的问题。但相对于整个国家的全局性、整体性的经验来说，仍然属于局部问题。什么是国家的全局性、整体性经验呢？像《历史决议》对改革开放前 30 年历史总结的十条经验，江泽民同志在党的十六大报告中对十三届四中全会至十六大召开的 13 年历史总结的十条经验，胡锦涛总书记在纪念党的十一届三中全会召开 30 周年大会上的讲话中对改革开放 30 年历史总结的十条经验等等，就属于这种经验。研究国史经验当然要从不同领域的历史经验研究开始，但绝不能忽略对国家全局性、整体性经验的研究。我们说要加强国史经验研究，首先指的就是要加强对这类经验的研究。这是因为，研究各个具体领域经验的目的之一是为着对国家全局性、整体性的经验进行综合研究，因为研究国家全局性、整体性的经验在国史经验研究中更具有决定意义，因为正确总结国家全局性、整体性的经验会更有利于对具体领域经验的研究。

在国家全局性、整体性历史经验的研究方面，可作的题目也很多。例如，党的基本路线与党的基本经验是什么关系；党的执政历史经验与新中国的历史经验，以及改革开放前后两个30年的历史经验之间有哪些相同之处和不同之处；党的基本经验的依据有哪些，核心是什么等等问题，就都值得研究。如果我们只关注具体领域的历史经验，忽视国家全局性、整体性的历史经验，这不仅对于国史经验研究来说是不全面的，并且可能在事关党和国家方向、方针的问题面前由于失去应有的判断力和辨别力而成为错误“经验总结”的俘虏。

就拿总结“以阶级斗争为纲”的历史经验教训来说。《历史决议》说，党的十一届三中全会果断地停止使用了这个不适用于社会主义社会的口号，并没有说这个口号不适用于任何时期，也没有说在社会主义社会不存在阶级斗争。党中央从来没有这样总结过经验，相反，总是说在无产阶级进行革命的时期，在社会主义改造完成之前，阶级矛盾是社会的主要矛盾；总是说在剥削阶级作为阶级消灭以后，“由于国内的因素和国际的影响，阶级斗争还在一定范围内长期存在，在某种条件下还有可能激化。”① 邓小平在党的十一届三中全会不久后指出：“社会主义社会中的阶级斗争是一个客观存在，不应该缩小，也不应该夸大。实践证明，无论缩小或者夸大，两者都要犯严重的错误。”② 江泽民同志也曾指出：“我们与国内外各种敌对势力在渗透与反渗透、颠覆与反颠覆上的斗争将是长期的复杂的。这是阶级斗争在我国一定范围内仍然并将长期存在的主要表现。我们纠正过去一度发生的‘以阶级斗争为纲’的错误是完全正确的。但是这不等于阶级斗争已不存在了，只要阶级斗争还在一定范围内存在，我们就不能丢弃马克思主义的阶级和阶级分析的观点与方法。这种观点与方法始终是我们观察社会主义与各种敌对势力斗争的复杂政治现象的一把钥匙。在坚持改革开放、加强对外经济文化交流的同时，要十分注意警惕和防范敌对势力的渗透、颠覆活动。”③ 如果我们不注意研究领会党中央在“阶级斗争为纲”问题上总结出来的经验，就难以运用这个正确的思想去指导具体领域的研究，更难以识别在这个问题上的种种似是而非的所谓“经验总结”。

与研究阶级斗争问题经验相联系的，还有一个如何总结党内斗争经验的问题。在我们党的历史上，曾发生过滥用“路线”、“路线斗争”、“路线错误”这些词，从而伤害大批同志、破坏党内民主的情况，留下了惨痛教训。正是有鉴于此，胡乔木在主持起草《历史决议》时提出，今后要少用或不用这些术语，更不要把党的历史描绘成党内路线斗争史。但是能不能从中引申出党内从此不再有路线，而且不再有斗争的结论呢？不能。按照胡乔木的看法，“路线”一词从严格的意义上说，是指“总的、根本性的、全局性的方针”。④ 只要回顾一下党的历史就不难看到，这种“总的、根本性、全局性”的方针分歧和斗争，并不是没有出现

① 《中国共产党第十七次全国代表大会文件汇编》，人民出版社2007年版，第60页。

② 《邓小平文选》第2卷，人民出版社1994年版，第182页。

③ 江泽民：《论“三个代表”》，中央文献出版社2001年版，第61—62页。

④ 《胡乔木谈中共党史》，人民出版社1999年版，第140页。

过。总结这方面的经验教训，实质不在于要不要用“路线”、“路线错误”、“路线斗争”这些词，而在于用什么样的标准科学界定党内的思想分歧和思想斗争，以及用什么样的态度和方法来对待这些分歧和斗争，包括“总的、根本性、全局性”的方针分歧和斗争。事实上，我们党至今并没有停止使用“路线”一词，党在社会主义初级阶段“一个中心、两个基本点”的基本路线不就是路线吗？有人至今仍然在反对这条路线，这难道不是客观存在的事实吗？邓小平说过：“自由化的思想前几年有，现在也有，不仅社会上有，我们共产党内也有。”① “在整个四个现代化的过程中都存在一个反对资产阶级自由化的问题。”② 可见，少用或不用“路线”、“路线错误”、“路线斗争”这些词，不等于说从此没有错误思想、思潮了，更不等于说有了错误思想、思潮也只能听之任之，不能批评，不能斗争。那样总结历史经验，不仅不会使错误思想、思潮消失，相反，只会使自己的思想麻痹，丧失警惕，任凭错误思潮泛滥成灾。江泽民同志曾指出：“对于违反以经济建设为中心、违反四项基本原则、违反改革开放政策的错误思想政治观点，对于反马克思主义的挑战和攻击，必须进行积极的思想斗争，不能听之任之。如果面对错误的思想政治观点，不闻不问，不批评，不斗争，听任他们去搞乱人们的思想、搞乱我们的意识形态，那是极其危险的，势必危害整个国家和社会的安定团结。”③ 我们在研究以往党内斗争问题的经验教训时，应当牢记这个指导思想，对思想错误和反对错误思潮的斗争既防止“无限上纲”和“扩大化”的倾向，也要做到坚持原则，该批评的批评，该制止的制止，旗帜鲜明，毫不含糊。

第三，既要研究新中国历史中的成功经验，又要注意对失误和挫折的经验进行研究。

新中国 61 年来取得的进步，是旧中国几千年历史无法比拟的，也是同期发展中国家中最为令人瞩目的，更胜过发达国家相应历史时段的发展。之所以能取得这么大的成就，当然不是偶然的，其中蕴含着丰富的成功经验。例如，在国家基本政治制度的设计上，新中国既没有照搬西方的多党轮流执政制、“三权鼎立”和两院制，也没照搬苏联的联邦制、一党制，而是从自己的国情出发，实行了人民代表大会制，以及共产党领导的多党合作制、民族区域自治制、基层群众自治制。党所制定的政治路线也是从中国的实际情况出发的，如 20 世纪 50 年代初期实行的“一化三改”的向社会主义过渡时期的总路线，20 世纪 70 年代末开始实行的“一个中心、两个基本点”的社会主义初级阶段的基本路线。事实说明，这些基本政治制度和政治路线对于保证我国的政权稳固、国家统一、民族团结、社会安宁和经济建设的高速发展，发挥了至关重要的作用，本身即是新中国 61 年历史的基本成功经验。

新中国 61 年来，在政治、经济、文化、社会等各领域，也积累了不少成功经验。例如，改革开放前提出的社会主义社会存在两类不同性质的矛盾，必须严格区分和正确处理敌我矛盾和人民内部矛盾；解决人民内部矛盾要实行“团结—批评—团结”的公式；在与民主党派的关系上要实行“长期共存、互相监督”的方针；在科学文化工作中要实行“百花齐放、百家争鸣”的方针；在经济工作中要对城乡各阶层统筹安排，兼顾国家、集体、个人三者的利益；要以农业为基础，工农业同时并举，以农轻重为序安排经济工作；要处理好经济建设与

① 《邓小平文选》第 3 卷，人民出版社 1993 年版，第 124 页。

② 同上书，第 208 页。

③ 《江泽民文选》第 3 卷，人民出版社 2006 年版，第 88 页。

国防建设、大型企业与中小型企业、汉族与少数民族、沿海与内地、中央与地方、自力更生与学习外国等关系；要处理好消费与积累的关系，使基本建设与国力相适应；要调动一切积极因素、化消极因素为积极因素等等。再如改革开放后提出的要把坚持四项基本原则同坚持改革开放结合起来、牢牢扭住经济建设这个中心；要把社会主义基本制度同发展市场经济结合起来、发挥社会主义制度的优越性和市场配置资源的有效性；要把发展社会生产力同提高全民族文明素质结合起来、推动物质文明和精神文明协调发展；要把提高效率同促进社会公平结合起来、推动社会主义和谐社会建设；要把坚持自力更生同参与经济全球化结合起来、统筹好国内国际两个大局；要把促进改革发展同保持社会稳定结合起来，坚持改革力度、发展速度和社会可承受程度相统一；要把推进中国特色社会主义伟大事业同推进党的建设的伟大工程结合起来、提高党的领导水平和执政水平等等。所有这些都在社会主义建设事业中发挥了和发挥着重要作用，都是新中国历史的成功经验。

我们常说，新中国历史的主流是成就，既然如此，在研究国史经验时理所当然地要把成功经验作为研究重点，以揭示这些经验成功的奥秘，使更多的人从中受益，使这些经验发挥更大的作用。同时，我们也应当看到，在过去的61年特别是前29年里，除了成就也有过失误和挫折，有的失误甚至给国家造成了灾难性的后果。尽管这些是国史的支流，但同样应当对其中的经验教训加以研究。毛泽东说过："我们有两种经验，错误的经验和正确的经验。正确的经验鼓励了我们，错误的经验教训了我们。"[①] "错误往往是由于经验不足造成的，马克思主义总共只有一百多年的历史。错误是一定会犯的，各个国家的革命和建设都会发生错误。中国将来也一定会犯错误。认真一些，就会少犯错误，少犯全国性的错误，即使犯了全国性的错误也会及早纠正。不犯错误是不可能的，如果我们相信唯物论的话。人的思维不可能完全确切地反映客观实际。人类只能在认识事物的过程中逐渐克服认识的不足，这是没有办法的事。事物是十分错综复杂的，又是在发展变化的，人的思维的反映跟不上客观实际，就一定会犯错误，如果我们相信辩证法的话。"[②] 他还说过："失败是成功之母。失败如果没有什么好处，为什么是成功之母？错误犯得太多了，一定要反过来。这是马克思主义。'物极必反'，错误成了堆，光明就会到来。"[③] "错误常常是正确的先导"。[④] "坏事也算一种经验，也有很大的作用。"[⑤] "犯错误是正确路线形成的必要条件"。[⑥] 因此，失误和挫折的经验教训从一定意义上对于我们更可宝贵，更应当引起我们的重视。

现在，人们对于"文化大革命"的经验教训研究得比较多，也比较深入。例如，《历史决议》从党和国家的工作重点、经济建设的指导思想、所有制结构和经济管理体制、社会主要矛盾、民主与法制、科教文化和知识分子地位、民族与宗教政策等方面，对"文化大革命"总结出了十条教训。正如邓小平所说："过去的成功是我们的财富，过去的错误也是我

① 《毛泽东文集》第8卷，人民出版社1999年版，第338页。
② 《毛泽东文集》第7卷，人民出版社1999年版，第65—66页。
③ 同上书，第136页。
④ 《毛泽东选集》第3卷，人民出版社1999年版，第803页。
⑤ 《毛泽东文集》第7卷，人民出版社1999年版，第91页。
⑥ 同上书，第375页。

们的财富。我们根本否定‘文化大革命’，但应该说‘文化大革命’也有一‘功’，它提供了反面教训。没有‘文化大革命’的教训，就不可能制定十一届三中全会以来的思想、政治、组织路线和一系列政策。三中全会确定将工作重点由以阶级斗争为纲转到以发展生产力、建设四个现代化为中心，受到了全党和全国人民的拥护。为什么呢？就是因为有‘文化大革命’作比较，‘文化大革命’变成了我们的财富。”[①] 今后，对于“文化大革命”的经验教训我们仍然要继续研究，使后人永远不要重犯这样的错误。不过，与总结“文化大革命”的教训相比较，人们对发生在1989年那场政治风波的教训却显得不够重视，以至于那场风波虽然比“文化大革命”距离现在更近，但许多这些年走上领导岗位的年轻干部却已经说不清楚那场风波究竟发生了什么事，其中有哪些值得汲取的教训。这说明，在开展国史经验研究中，对“八九”风波经验教训的研究也应当给予足够的重视。

党的十三届四中全会公报指出：“八九”风波是极少数人利用学潮，在北京和一些地方掀起的“一场有计划、有组织、有预谋的政治动乱，进而在北京发展成了反革命暴乱”[②]。它不仅使首都及部分城市的生活和社会秩序受到严重破坏，而且使社会主义政权一度处于危险边缘。邓小平在风波刚刚平息后就说过：“这次事件爆发出来，很值得我们思索，促使我们很冷静地考虑一下过去，也考虑一下未来。也许这件坏事会使我们改革开放的步子迈得更稳、更好，甚至于更快，使我们的失误纠正得更快，使我们的长处发扬得更好。”[③] 此后，他从多方面深刻论述了那场风波带给我们的教训。重温这些论述，对于我们深入研究这一事件的历史经验，使这件坏事也变成财富，是十分必要和重要的。

从《邓小平文选》和《邓小平年谱》中可以看出，他对“八九”风波的反思，主要集中在坚持四项基本原则，反对资产阶级自由化，惩治腐败，重视维护社会稳定，把国家主权安全放在第一位，贯彻“两手抓、两手都要硬”的方针，防止两极分化，防止党内特别是中央出问题等八个方面。他说：“四个坚持本身没有错，如果说有错误的话，就是坚持四项基本原则还不够一贯……四个坚持、思想政治工作、反对资产阶级自由化、反对精神污染，我们不是没有讲，而是缺乏一贯性，没有行动，甚至讲得都很少。”[④] 他说：“这次出这样的乱子，其中一个原因，是由于腐败现象的滋生，使一部分群众对党和政府丧失了信心。因此，我们首先要清理自己的错误”。[⑤] “不惩治腐败，特别是党内的高层的腐败现象，确实有失败的危险。”[⑥] “腐败现象很严重，这同不坚决反对资产阶级自由化有关系。这次动乱后，大家的头脑清醒了。”[⑦] “这次动乱还使我们更加认识到稳定的重要性。……中国要摆脱贫困，实现四个现代化，最关键的问题是需要稳定。”[⑧] “这次动乱从反面教育了我们。国家的主权、国家的安全要始终放在第一位，对这一点我们比过去更清楚了。西方的一些国家拿什么人权、什

① 《邓小平文选》第3卷，人民出版社1993年版，第272页。

② 《十三大以来重要文献选编》（中），人民出版社1991年版，第543页。

③ 《邓小平文选》第3卷，人民出版社1993年版，第304页。

④ 同上书，第305页。

⑤ 同上书，第300页。

⑥ 同上书，第313页。

⑦ 同上书，第325页。

⑧ 同上书，第348页。

么社会主义制度不合理不合法等做幌子，实际上是要损害我们的国权。"① 他说："十年最大的失误是教育，这里我主要是讲思想政治教育，不单纯是对学校、青年学生，是泛指对人民的教育。"② "今天回头来看，出现了明显的不足，一手比较硬，一手比较软。一硬一软不相称，配合得不好。讲这点，可能对我们以后制定方针政策有好处。"③ 他说："我们讲要防止两极分化，实际上两极分化自然出现……少部分人获得那么多财富，大多数人没有，这样发展下去总有一天会出问题……过去我们讲先发展起来。现在看，发展起来以后的问题不比不发展时少。"④ 他还说："正确的政治路线要靠正确的组织路线来保证。中国的事情能不能办好……从一定意义上说，关键在人。帝国主义搞和平演变，把希望寄托在我们以后的几代人身上。江泽民同志他们这一代可以算是第三代，还有第四代、第五代。我们这些老一辈的人在，有分量，敌对势力知道变不了。但我们这些老人呜呼哀哉后，谁来保险？所以，要把我们的军队教育好，把我们的专政机构教育好，把共产党员教育好，把人民和青年教育好。中国要出问题，还是出在共产党内部。对这个问题要清醒，要注意培养人，要按照'革命化、年轻化、知识化、专业化'的标准，选拔德才兼备的人进班子。"⑤

邓小平在"八九"风波之后的反思，并不限于以上八个方面，但这八个方面无疑是那场政治风波给予我们最为深刻的教训。近些年来，国内外敌对势力一方面歪曲"八九"风波的真相，企图以此攻击共产党的领导和社会主义制度；另一方面，千方百计收集我们党和政府工作中的缺点、不足，企图以此煽动群众把矛头对准共产党的领导和社会主义制度。我们应当高度重视敌对势力的动向，认真研究和记取邓小平对"八九"风波的反思，使新走上领导岗位的年轻干部也能从那场政治风波中汲取教训，不让敌对势力的企图得逞。

第四，既要用今天的眼光研究新中国历史的经验，又要把经验放到特定的历史条件下研究。

毛泽东说过："人对事物的认识，总要经过多少次反复，要有一个积累的过程。"⑥ 他在1960年讲过一段很著名的话，他说："由必然王国到自由王国的飞跃，是在一个长期认识过程中逐步地完成的。对于我国的社会主义革命和建设，我们已经有了十年的经验了，已经懂得了不少的东西了。但是我们对于社会主义时期的革命和建设，还有一个很大的盲目性，还有一个很大的未被认识的必然王国，我们还不深刻地认识它。"⑦ 正因为如此，我们在做任何事情包括研究历史经验时，都要站在最新的认识高度，用最新的思想认识去指导，不能停留在过去的认识水平上。比如，研究计划经济的历史经验，就不能再用计划经济是社会主义本质特征的旧观念，而应当用"计划多一点还是市场多一点，不是社会主义与资本主义的本质区别"，"计划和市场都是经济手段"的新观点作为指导。否则，不仅经验研究不好，还可能

① 《邓小平文选》第3卷，人民出版社1993年版，第348页。
② 同上书，第306页。
③ 同上书，第306页。
④ 《邓小平年谱》（下），中央文献出版社2004年版，第1364页。
⑤ 《邓小平文选》第3卷，人民出版社1993年版，第380页。
⑥ 《毛泽东文集》第8卷，人民出版社1999年版，第389页。
⑦ 同上书，第198页。

得出错误的结论。

但另一方面，研究历史经验也不能用今天的认识去代替当时的客观条件，而要把经验放到特定的历史条件下研究。否则，也不可能正确总结经验，还有可能把本来是成功的经验当成失误而抛弃。同样以计划经济为例。现在有人因为我们国家由计划经济体制转变为社会主义市场经济体制，就把计划经济说得一无是处，指责我们党当年选择计划经济体制、搞统购统销是失误，阻碍了经济发展和人民生活水平的提高。这种观点的毛病，就出在没有把计划经济放在特定历史条件下来分析。江泽民同志曾指出："原有经济体制有它的历史由来，起过重要的积极作用。"① "对计划经济体制曾经起过的历史作用，我们是充分肯定的。"② 什么是它的由来？它所起过的积极的历史作用又是什么？要回答这些问题，只能把计划经济体制放到确立它的20世纪50年代来看。

20世纪50年代新中国成立之初，以毛泽东为核心的第一代中央领导集体，面对国内经济极其落后的局面和国际上以美国为首的帝国主义武装侵略的严重威胁，抓住苏联答应全面援助我国以重工业为重点的"一五"计划建设的历史机遇，改变了原来作出的先重点发展轻工业和农业、待条件成熟时再重点发展重工业的决策，决定提前向社会主义过渡，实行对农业、手工业和资本主义工商业的社会主义改造，并确立了高度集中的计划经济体制。正是这一决策，使我国将有限的资金、物资、人才等各种资源集中用于了大规模工业化建设，从而使1952年至1978年的工业发展速度年均递增11.2%，全民所有制企业的固定资产比旧中国近百年的积累增加了24倍。当然，在此期间，人民生活特别是农民的生活水平提高不快，消费物资短缺。其中原因除了由于缺少经验和主观上急于求成导致工作失误外，基本上属于为给工业化打基础而必须付出的代价。凡事有利必有弊。那段时间，我们的生活与旧中国比变化不如后来明显，但我们毕竟只用了二十几年时间就"在旧中国遗留下来的'一穷二白'的基础上，建立了独立的比较完整的工业体系和国民经济体系"③，从而为改革开放时期的经济腾飞打下了坚实基础。这样分析问题，我们就会看到，当年选择计划经济体制不仅不是什么失误，相反保证了优先发展重工业战略的实施，为我们提供了善于抓住机遇、发展自己的宝贵经验。

肯定当年选择计划经济体制的正确性和它对于我国奠定工业化基础所作出的贡献，不等于说计划经济时期没有缺点、失误和损失，也不等于说当我国工业化基础已经奠定、经济规模成倍扩大后，仍然要坚守高度集中的计划经济体制，更不等于说我们不应当在上世纪90年代初将计划经济体制转变为社会主义市场经济体制。江泽民同志在党的十四大前夕解释为什么要用"社会主义市场经济体制"这个提法来称呼新经济体制时说："有计划的商品经济，也就是有计划的市场经济。社会主义经济从一开始就是有计划的，这在人们的脑子里和认识上一直是清楚的，不会因为提法中不出现'有计划'三个字，就发生是不是取消了计划性的疑问。"④ 可见，社会主义市场经济体制也不是要绝对排斥计划。总之，对于历史经验既要用

---

① 《十四大以来重要文献选编》(上)，人民出版社1996年版，第3页。

② 江泽民：《论社会主义市场经济》，中央文献出版社2006年版，第203页。

③ 《三中全会以来重要文献选编》(上)，人民出版社1982年版，第212页。

④ 江泽民：《论社会主义市场经济》，中央文献出版社2006年版，第6页。

人们今天达到的认识高度来分析，又要按照历史唯物主义的要求，把它放到特定历史条件下来分析。只有这样研究，我们才可能做到实事求是，总结出真正的经验。

研究国史经验的方法还有很多。比如，既要研究本国的历史经验，又要把别国的经验与本国的经验放在一起进行比较研究，等等。上面说的四个方法，只是从一定角度讲的，目的在于引起国史研究者的更大兴趣，提出更多的研究方法，促进国史研究更加深入，拿出更多有价值的研究成果，以便更好地为中国特色社会主义建设事业服务。

（原载《中国社会科学》2011 年第 4 期）

# 马列主义是认识和改造世界的科学方法与指南

程恩富　李　伟

《马克思恩格斯文集》和《列宁专题文集》的出版，是我国思想界、文化界一件可喜可贺的事情。20世纪八九十年代，国际共产主义运动经历了严重挫折，马克思列宁主义在世界的传播遭受了空前的压力。在这样的国际形势下，中国共产党启动并完成了这样一件很有规模的马列著作编辑和出版工程，为马克思列宁主义的传播和发展，为推动陷入低潮的国际共产主义运动复兴，作出了实实在在的努力。

在1954年中华人民共和国第一届全国人民代表大会上，毛泽东在开幕词的讲话里向中国人民，也是向全世界庄严地宣告："指导我们思想的理论基础是马克思列宁主义。"① 这不仅指明了马克思列宁主义与作为中国共产党指导思想的毛泽东思想的关系，也同样阐明了马克思列宁主义与作为当代中国社会主义建设的指导思想的中国特色社会主义理论体系的关系。明确这种关系，无论是在我国的新民主主义革命战争年代，还是在当代社会主义革命和建设时期，对我们科学地认识马克思列宁主义，无疑是至关重要的。显然，如果我们不知道、不懂得党和国家的指导思想的理论基础是什么，那就既不能科学地理解党和国家的指导思想，也不能科学地运用和发展它们。

马列著作是非常丰富的。为了学习马列主义的立场、观点和方法，先读他们的哪些文章和著作呢？《马克思恩格斯文集》和《列宁专题文集》的编辑、出版，为我国人民及其理论工作者深入学习和研究马列主义，又增添了一种文本，是中国人学习和研究马列主义的又一个成果。结合我们的前辈学习马列主义的历史和经验，不断地研读和领会马列主义，回答和解决实践中不断产生的新问题，是中国马克思主义者继往开来的一个不断探索的课题。

## 一　做马克思、列宁那样的革命者和建设者

"马克思首先是一个革命家。他毕生的真正使命，就是以这种或那种方式参加推翻资本主义社会及其所建立的国家设施的事业，参加现代无产阶级的解放事业，正是他第一次使现代无产阶级意识到自身的地位和需要，意识到自身解放的条件。斗争是他的生命要素。很少有人像他那样满腔热情、坚忍不拔和卓有成效地进行斗争……正因为这样，所以马克思是当

① 《毛泽东文集》第6卷，人民出版社1999年版，第350页。

代最遭嫉恨和最受诬蔑的人。各国政府——无论专制政府或共和政府，都驱逐他；资产者——无论保守派或极端民主派，都竞相诽谤他，诅咒他。他对这一切毫不在意，把它们当作蛛丝一样轻轻拂去，只是在万不得已时才给以回敬。现在他逝世了，在整个欧洲和美洲，从西伯利亚矿井到加利福尼亚，千百万革命战友无不对他表示尊敬、爱戴和悼念，而我可以大胆地说：他可能有过许多敌人，但未必有一个私敌。"① 恩格斯在马克思墓前的这番讲话，可以说，不仅是对马克思，也是对列宁等无产阶级革命战士一生所追求的事业及其全部活动和思想的评述。要学习和掌握马列主义，就要做他们那样的人；而只有做马克思、列宁那样的人，才能学会马列主义。

在马克思列宁主义诞生的一百多年里，马列主义一再被许多国家、被来自不同社会阵营的人们反复地思考与争论，被来自马克思主义阵营内外的一大批时髦的思想家一而再、再而三地宣布过时或死亡了。但是，马列主义每一次被宣布过时了、死亡了，就如同昭告它们依然还茁壮地生存和顽强地奋斗着。这种来自反马克思主义、非马克思主义阵营对马列主义的一再打击和否定，难道不正是强烈表现了它那不可遏止的蓬勃的生命力吗？难道不是再鲜明不过地体现了它那穿越时空的巨大影响和极其深刻的现实意义吗？马列主义一再地被引起争论，再清楚不过地表明有人需要它，有人害怕它。这个世界共处和对立的两大阶级、两大阵营——无产阶级和资产阶级、社会主义和资本主义，是可以用对待马列主义的态度来标识和区别的。

苏东剧变后，西方思想界一度流行马列主义"过时论"、"破产论"。但是仅仅过去了十几年，美国就于2008年爆发了金融危机，进而引起全球经济危机，西方思想界不得不重视马克思主义经典作家的著作，尤其是马克思的《资本论》，不得不承认马克思的理论和科学预见对分析当前危机的实际启迪和指导意义。人们现在又戏剧性地听到那个一再发出马克思主义过时论的西方世界，开始流行马克思主义"复兴论"了。马克思主义在西方为什么会得以复兴呢？原因就在于马克思主义是科学的世界观和方法论，具有巨大的认识功能和实践（改造）功能，是革命和建设的学说。马列主义关于"人类的解放"这一经常被谈论的永恒主题，也使它的复兴成为历史的必然。我们学习这两部文集，不能无视马列主义诞生以来发生过的一系列具有深远影响的历史事件，不能无视世界历史进程中发生的新变化新进展。当前，我们尤其需要通过研读体现了马列主义精髓的这两部文集，来提高我们运用马列主义的水平和能力，深刻观察和科学分析目前正在发生的这场西方金融危机和经济危机以及世界的新走向。

研读马列主义，从哪里开始认识它们呢？马克思说过这样的话："共产党人的理论原理，决不是以这个或那个世界改革家所发明或发现的思想、原则为根据的"。② 恩格斯公开申明，马克思主义没有为共产党人准备过"任何一劳永逸的现成方案，我们对未来非资本主义社会区别于现代社会的特征的看法，是从历史事实和发展过程中得出的确切结论，不结合这些事实和过程加以阐明，就没有任何理论价值和实际价值"。③ 无产阶级革命和建设的理论精

① 《马克思恩格斯文集》第3卷，人民出版社2009年版，第602—603页。

② 《马克思恩格斯文集》第2卷，人民出版社2009年版，第44页。

③ 《马克思恩格斯文集》第10卷，人民出版社2009年版，第548页。

髓——马克思主义，绝不是马克思、恩格斯坐在屋子里冥思苦想的结果，而是他们积极进行革命活动的记录和总结，是他们所从事的“无产阶级运动的理论表现”；这个理论的任务，是深入考察现代无产阶级的历史使命——解放人类和世界的事业——的历史条件以及这一事业的性质本身，“从而使负有使命完成这一事业的今天受压迫的阶级认识到自己的行动的条件和性质”。[①] 列宁主义也是这样。

“马克思的学说直接为教育和组织现代社会的先进阶级服务，指出这一阶级的任务，并且证明现代制度由于经济的发展必然要被新的制度所代替，因此这一学说在其生命的途程中每走一步都得经过战斗，也就不足为奇了。”[②] 经过战斗得来的东西，也只有在战斗中才能读懂和应用。我们应当从马克思、列宁所从事的社会活动，来了解和把握他们是怎样思考问题和解决问题的，脱离了他们的社会活动而作单纯的或学术的思想文字来解读，只会离马列主义越来越远。

中国人在学习马列主义的历史上，直到今天也时常听到一种责备某某理论准备不足而做错事情的观点。这种观点是不科学的。因为它经不起这样的追问，即所谓的“理论准备”要准备什么，怎么准备，准备到什么程度就算准备足了？革命斗争史上有理论“准备足”了的案例吗？既然提出了理论准备不足的问题，那么请提出这个观点的人把今后所需要的理论准备出来，能做得到吗？显然是行不通的，是违反生活常识和历史常识的。毛泽东批评过这种情况：“共产党的正确而不动摇的斗争策略，决不是少数人坐在房子里能够产生的，它是要在群众的斗争过程中才能产生的，这就是说要在实际经验中才能产生。”[③] 这样的认识，科学地回答了马克思主义的革命理论是从何而来的问题，说明了马克思主义的理论是怎么“准备”出来的。理论产生于实践，理论的意义在于回答实践所提出的问题，理论与实践紧密结合，是马克思主义生命的源头活水和发展动力。所以，马克思主义创始人一再申明，共产党人的理论原理“是现存的阶级斗争、我们眼前的历史运动的真实关系的一般表述”；“这些原理的实际运用，正如《宣言》中所说的，随时随地都要以当时的历史条件为转移”。[④] 不要用“学理主义和教条主义的态度去对待它，认为只要把它背得烂熟，就足以满足一切需要”，马克思主义不是教条，而是行动的指南。[⑤]

中国和世界关于社会主义和共产主义的革命和建设任务，并没有都完成，相反任重而道远。毫无疑问，如果我们不能像马克思、列宁那样毕生“参加推翻资本主义社会及其所建立的国家设施的事业，参加现代无产阶级的解放事业”，而是脱离替代资本主义的无产阶级革命斗争，脱离广大人民群众为主体的社会主义革命和建设的具体实践，关起门来学习和研究马列主义，那么马列主义就成了毫无生命的古董。不仅如此，这还可能走向它们的反面。

---

① 《马克思恩格斯文集》第3卷，人民出版社2009年版，第567页。

② 《列宁专题文集·论马克思主义》，人民出版社2009年版，第148页。

③ 《毛泽东选集》第1卷，人民出版社1991年版，第115页。

④ 《马克思恩格斯文集》第2卷，人民出版社2009年版，第45、5页。

⑤ 《马克思恩格斯文集》第10卷，人民出版社2009年版，第557页。

## 二　科学的认识工具

人类为摆脱数不尽的剥削和压迫，为摆脱各种苦难，历经千年艰辛，从未停止对“理想国”、“大同世界”的追求。即使是近代资产阶级经济学家和伟大的空想社会主义批评家所作的一切研究，也只是在黑暗中摸索，一直没有发现、没有找到通向理想社会的有效途径。在马克思主义产生之前，无产阶级最好的待遇也不过是被资产阶级学者和空想社会主义批判家看作一个值得同情的受苦最深的阶层，是一些社会慈善家施舍或需要扶助的贫苦人群。即使像英国欧文主义者那样坚韧的合作主义改革家，为改变在他们看来是不合理的生产制度所导致的工人的贫苦状况，建设了诸如理性社、和谐厅、罗契台儿先驱者合作社等新社会试验区，可在告终之日也没有为无产阶级找到迅速摆脱困境的出路。原因在于，他们既没有完全阐明资本主义制度下雇佣奴隶制的本质，又没有完全发现资本主义发展的规律，没有完全找到能够成为新社会的创造者的社会力量。

马克思主义实现了人类思想领域里的彻底革命。他们继承和发展了唯物主义，把它对自然界的认识推广到对人类社会的认识，把唯物主义贯彻到底。他们发现并创立的历史唯物主义，是科学思想的最大成果，使过去在历史观和政治观方面占支配地位的那种混乱的和随意性的理论，被一种极其完整严密的科学理论所代替。① 历史唯物主义揭示和阐明了历来为繁芜丛杂的意识形态所掩盖着的这样一个简单事实，即人们首先必须吃、喝、住、穿，然后才能从事政治、科学、艺术、宗教等等；因而每一历史阶段的直接的物质的生活资料的生产便构成该阶段的社会的基础，人们的国家设施、法的观点、艺术以至宗教观念，就是从这个基础上发展起来的，必须由这个基础来解释。② 马克思、恩格斯运用历史唯物主义的思想方法，研究了人类的全部历史及其社会生活，发现了隐藏在商品生产中的剩余价值，揭示了资本剥削劳动的秘密，从而发现了现代资本主义生产方式和它所产生的资产阶级社会的运动规律，阐明从原始土地公有制解体以来的“全部历史都是阶级斗争的历史，即社会发展各个阶段上被剥削阶级和剥削阶级之间、被统治阶级和统治阶级之间斗争的历史；而这个斗争现在已经达到这样一个阶段，即被剥削被压迫的阶级（无产阶级），如果不同时使整个社会永远摆脱剥削、压迫和阶级斗争，就不再能使自己从剥削它压迫它的那个阶级（资产阶级）下解放出来。”③

1872 年，即巴黎公社失败后的第一年，在资本战胜劳动的强大资本主义世界面前，马克思再版了《资本论》第一卷，公开声明《资本论》是代表一个阶级对资本展开无情的批判，“它能代表的只是这样一个阶级，这个阶级的历史使命是推翻资本主义生产方式和最后消灭阶级。这个阶级就是无产阶级。”④ 从无产阶级的立场出发，马克思、恩格斯从资本主义社会生活隐藏的一个事实里面看到这样一种任何力量也不能阻挡的发展趋势，那就是“无产阶级

---

① 参见《列宁专题文集·论马克思主义》，人民出版社 2009 年版，第 68 页。

② 参见《马克思恩格斯文集》第 3 卷，人民出版社 2009 年版，第 601 页。

③ 《马克思恩格斯文集》第 2 卷，人民出版社 2009 年版，第 9 页。

④ 《马克思恩格斯文集》第 5 卷，人民出版社 2009 年版，第 18 页。

不只是一个受苦的阶级，正是它所处的那种低贱的经济地位，无可遏止地推动它前进，迫使它去争取本身最终解放。而战斗中的无产阶级是能够自己帮助自己的。工人阶级的政治运动必然会使工人认识到，除了社会主义，他们没有别的出路。另一方面，社会主义只有成为工人阶级的政治斗争的目标时，才会成为一种力量。”[①] 所以，当一批社会幻想家，甚至是一些天才人物，站在工人群众运动以外，以为只要说服统治人物和统治阶级相信现代社会制度是不合理的，就很容易在世界上确立真正合乎人性的和平、和谐、自由、民主、公平、正义和福利等制度的时候，当他们幻想不经过斗争就能实现社会主义的时候，是马克思、恩格斯向工人阶级指出，工人阶级本身及其要求是现代经济制度的产物，现代经济制度在造成资产阶级的同时，也必然造成并组织了无产阶级；能使人类摆脱现在所受灾难的，不是个别高尚人物善意的尝试和慈善行为，而是组织起来的无产阶级所进行的阶级斗争；社会主义不是幻想家的臆造，而是现代社会生产力发展的动力、目标和必然结果；到现在为止的全部有记载的历史，都是不断更替地由一些社会阶级统治和战胜另一些社会阶级的历史，这种情形在阶级斗争和阶级统治的基础即私有制及其混乱的社会生产消灭以前，将会继续下去；无产阶级的利益要求消灭私有制，所以有组织的工人自觉进行的阶级斗争，目标就应该对准私有制。[②] 消灭私有制及其私有观念，这是《共产党宣言》强调的共产主义运动同其他社会运动的本质区别。

历史唯物主义和剩余价值学说，是马克思、恩格斯为人类作出的两个划时代的历史贡献。马克思主义的哲学唯物主义世界观使无产阶级摆脱深受资产阶级欺骗的精神奴役，而马克思主义的经济理论为无产阶级阐明了他们在整个资本主义制度中的地位，[③] 从而“教会了工人阶级自我认识和自我意识，用科学代替了幻想。”[④]

马克思列宁主义是中国人民和中国共产党一切指导思想的理论基础，以辩证唯物主义和历史唯物主义构成的完备的唯物主义哲学世界观则是马列主义的理论基础，学好这个理论基础，对掌握马列主义是至关重要和不可或缺的。

20世纪60年代，毛泽东在中宣部编印的一份学术资料上作了这样的批语：“不关心哲学，我们的工作是不能胜利的。”[⑤] ——把关心哲学，把提高哲学的思维和分析的能力与共产党人事业的成功与否结合起来，这在马克思主义思想史上还是第一次。毛泽东作出这样的论断并昭告全党，绝非小题大做，而是从国际共产主义运动和中国革命的历史实践中总结出来的经验和教训。

从19世纪80年代发展起来的第二国际社会主义运动，历经90年代的高潮，走到20世纪初期，遭到了破产。这一历史结果，是从德国社会民主党为首的第二国际理论家篡改和背叛马克思主义的哲学唯物主义世界观开始的。恩格斯逝世后，资产阶级思想家对马克思主义哲学进行了广泛的攻击。那时以巴特尔和齐美尔为代表的资产阶级教授公开出来反对唯物主

① 《列宁专题文集·论马克思主义》，人民出版社2009年版，第55页。
② 同上书，第52页。
③ 同上书，第71页。
④ 同上书，第53页。
⑤ 《建国以来毛泽东文稿》第11册，中央文献出版社1996年版，第148页。

义历史观，在关于社会存在决定社会意识的相互关系问题、社会规律性问题、人民群众和个人在历史上的作用、社会意识（艺术、宗教）的各种形态的本质和相互作用、意识形态发展的相对独立性等一系列问题上，轻视和歪曲马克思主义的历史唯物主义观点。这类马克思主义的公开论敌，得到了第二国际修正主义者的支持。他们把这些敌人的唯心主义世界观、庸俗进化论和“批判”历史唯物主义的方式全盘接受了。修正主义把自己缚在了唯心主义的战车上，企图把任何一种唯心主义学说与马克思主义“调和”起来。以伯恩施坦为代表的一批第二国际理论家，号召回到康德那里，宣称马克思主义应当与康德主义、与“社会达尔文主义”相调和，要求马克思主义与新康德主义、马赫主义相结合。

列宁与第二国际理论家进行了激烈的论战，毫不留情地揭露和批判他们：“在哲学方面，修正主义跟在资产阶级教授的‘科学’的屁股后面跑。”① 哲学战线，是列宁领导的布尔什维克与第二国际机会主义进行激烈斗争的战场之一。正是在这场批判资产阶级唯心主义哲学和捍卫马克思主义唯物主义哲学的斗争中，列宁写下了《马克思主义和修正主义》、《唯物主义和经验批判主义》等哲学著作，清除资产阶级唯心主义哲学的污染，保卫了俄国马克思主义队伍的理论基础。与此相反，“在第二国际内部，修正主义者对马克思主义理论的攻击往往是没有遇到重大的阻力的。革命马克思主义者——拉法格、威廉·李卜克内西、梅林和其他人——对修正主义思潮、尤其是对伯恩施坦反对马克思主义唯物主义斗争的危险性估计不足。拉法格认为伯恩施坦对马克思主义的‘批判’是‘理智的疲劳过度’的结果。威廉·李卜克内西说伯恩施坦主义是智力的发展过程，可以不去理会它。按梅林的意见，修正主义决不是工人运动发展的社会历史条件产生的。‘除了修正主义的情绪外，在德国从来没有存在过修正主义。’”② 如此哲学视野和思想水平，第二国际内部的革命马克思主义者焉能不在修正主义思潮的泛滥中打败仗。第二国际的破产，就是毛泽东所说“不关心哲学，我们的工作是不能胜利的”一个典型案例。列宁与第二国际修正主义在哲学战场上进行尖锐斗争的历史实践和历史经验，是我们中国马克思主义者在学习马列主义时应该反复思考和汲取的。

以毛泽东为代表的中国共产党人，学习和继承了列宁主义保卫马克思主义理论基础的战斗风格和思想遗产，一直把在中国共产党内灌输和普及马克思主义世界观作为党的建设的不可偏废的重要方面。早在20世纪30年代初革命战争的开创时期，毛泽东就为阻止教条主义侵害革命根据地建设而写下了《反对本本主义》一文，有针对性地提出“必须洗刷唯心精神，防止一切机会主义盲动主义错误出现，才能完成争取群众战胜敌人的任务，必须努力作实际调查，才能洗刷唯心精神”，喊出了“没有调查，没有发言权”的口号。③ 在抗日战争即将全面爆发之际，毛泽东精心写下了《实践论》、《矛盾论》，为全党思想转变及制定新的战略策略，铺垫了哲学理论的基石。

重视马克思主义方法方面的学习，是列宁和毛泽东的一个共同特点。列宁强调：“马克思主义者从马克思的理论中，无疑只是借用了宝贵的方法，没有这种方法，就不能阐明社会

① 《列宁专题文集·论马克思主义》，人民出版社2009年版，第150页。

② 《普列汉诺夫哲学著作选》第2卷，生活·读书·新知三联书店1962年版，第5页。

③ 《毛泽东选集》第1卷，人民出版社1991年版，第112、109页。

关系。”① 在毛泽东领导中国共产党革命和建设的艰苦奋斗的年代，尤其重视中国共产党思想方法和工作方法的创新和建设，亲手制定和讨论通过了中国共产党历史上第一个也是唯一一个《中共中央关于工作方法的决定》；撰写了一系列关于政治、经济、军事、社会等方面的方法论著作，《关于纠正党内的错误思想》、《怎样分析农村阶级》、《关心群众生活，注意工作方法》、《中国革命战争的战略问题》、《关于领导方法的若干问题》、《党委会的工作方法》、《工作方法六十条》等等，不胜枚举。毛泽东深知，方法不是个小问题，尤其在哲学中就更不是小问题了，因为方法是任何一个哲学体系的灵魂，在每一个严肃的体系中具有决定性的意义。②

新中国成立后，毛泽东把推动全党和全国人民学习马克思主义哲学提到了社会主义建设和发展的更加重要的地位上。1955年，在社会主义革命和建设全面到来的时候，毛泽东在中国共产党全国代表会议上明确提出了要在全党和全国人民中建立共同语言的问题，鲜明地指出：“我劝同志们要学哲学。有相当多的人，对哲学没有兴趣，他们没有学哲学的习惯。可以先看小册子、短篇文章，从那里引起兴趣，然后再看七八万字的，然后再看那个几十万字一本的书。马克思主义有几门学问：马克思主义的哲学，马克思主义的经济学，马克思主义的社会主义——阶级斗争学说，但基础的东西是马克思主义哲学。这个东西没有学通，我们就没有共同的语言，没有共同的方法，扯了许多皮，还扯不清楚。有了辩证唯物论的思想，就省得许多事，也少犯许多错误。”③ 毛泽东号召全党：“组成这么一支强大的理论队伍，有几百万人读马克思主义的理论基础，即辩证唯物论和历史唯物论，反对各种唯心论和机械唯物论。我们现在有许多做理论工作的干部，但还没有组成理论队伍，尤其是还没有强大的理论队伍。而没有这支队伍，对我们全党的事业，对我国的社会主义工业化、社会主义改造、现代化国防、原子能的研究，是不行的，是不能解决问题的。”④

哲学是民族思想形成和发展的基石，是一个民族理论思维能力的直接体现。人类思想史表明，哲学是人由精神被动转入主动的食粮和推手，没有先进哲学的民族是没有前途的民族。列宁在掌握和运用马克思主义的辩证唯物主义和历史唯物主义思想方法的基础上，继续开辟了科学运用它们的领域，创造了列宁主义，造就了伟大的十月革命的胜利，开启了人类历史发展的新时代。中国曾经沦落为半殖民地的历史，也是中华民族哲学思想和能力衰败的历史。中国本来是个不缺哲学的民族，有过骄人的灿烂和辉煌。但是到20世纪初，已经是“只手难扶唐社稷”，“鼓角灯前老泪多”。⑤ 国家的贫弱，民族的危亡，迫使中国思想界不得不喊出“打倒孔家店”，奋起刨自己的“祖坟”！那个时候，以尊孔读经、提倡旧礼教为代表的中国哲学，早已不是西方资本主义的对手，不但不能引领民族前进，反而与帝国主义“结成文化上的反动同盟”，⑥ 反对新思想、新文化。世界史一再表明，在帝国主义扩张称霸的时代，哲

① 《列宁专题文集·论马克思主义》，人民出版社2009年版，第300页。

② 《普列汉诺夫哲学著作选》第2卷，生活·读书·新知三联书店1962年版，第420页。

③ 《毛泽东文集》第6卷，人民出版社1999年版，第396页。

④ 同上书，第395—396页。

⑤ （清）严遂成：《三垂冈》。转引自《建国以来毛泽东文稿》第10册，中央文献出版社1996年版，第225页。

⑥ 《毛泽东选集》第2卷，人民出版社1991年版，第695页。

学的兴衰与民族的兴衰可谓休戚与共。列宁主义在苏俄的经历，也是苏联的兴亡史。南斯拉夫等国家的悲惨现实，无一不是哲学荣辱史的注脚。

马克思主义发展史、理论史揭示出这样一种思想现象，在理论思想的建设和创新方面，“没有辩证法，没有哲学家头脑的作家，要写出好的经济学著作来是不可能的。马克思能够写出《资本论》，列宁能够写出《帝国主义论》，因为他们同时是哲学家，有哲学家的头脑，有辩证法这个武器。”[①] 只有方法的创新，才是一种哲学思想或哲学体系产生和发展的标志。马克思主义的完备的哲学唯物主义世界观是伟大的认识工具。马克思把这一伟大的认识工具给了人类，特别是给了工人阶级，给他们指明了如何摆脱一切被压迫阶级至今深受其害的精神奴役的出路。马克思列宁主义是人类伟大的认识工具，是无产阶级用来观察世界和改造世界的思想上的望远镜和显微镜。

## 三　关于全世界无产者和被压迫民族联合起来

认真读过《共产党宣言》的人，都不会忘记《宣言》的最后一句话——“全世界无产者，联合起来！”这是1848年马克思、恩格斯和共产主义同盟的战友们“在巴黎革命即无产阶级带着自己的要求参加的第一次革命的前夜向世界上发出这个号召”。[②] 16年后，马克思领导的国际工人协会即第一国际在英国伦敦成立，又亲自起草了《国际工人协会成立宣言》。这份宣言的最后一句话，仍然是当年他在《共产党宣言》里第一次发出的号召：“全世界无产者，联合起来！”自那以后，从马克思、恩格斯始，列宁、斯大林、毛泽东、邓小平，所有坚信马克思主义的无产阶级革命家在出版自己的著作时，都把“全世界无产者，联合起来！”这句口号，庄严地印在自己著作的第1页上。这个相沿已久的举动，已经成为马克思主义革命家的一个传统，一个公开申明自己身份和信念的标记。这个口号是马克思主义的精髓之一，再清楚不过地显示出马克思主义的本质和它那毫不妥协的革命品格。

无产阶级要彻底改变自身被资本剥削、压迫和奴役的社会地位，他们在强大的资本面前，除了联合起来、团结起来共同与资本战斗，没有别的可以选择。无产阶级认识到这一点，完全归功于马克思、恩格斯，归功于马克思主义。

进入20世纪，欧洲自由资本主义发展成垄断资本主义，进一步公开诉诸武力，争霸世界。列宁运用马克思主义的望远镜和显微镜，重新考察和深入分析被垄断资本主义争霸而极大分裂的世界和各个民族，由此发现了导致世界各国经济和政治发展的不平衡已经成为资本主义的普遍现状和发展的绝对规律，确认世界进入到帝国主义和无产阶级革命的时代，冲破第二国际修正主义设置在马克思主义上的重重藩篱，提出了“社会主义可能首先在少数甚至在单独一个资本主义国家内获得胜利”的论断。[③]

我们不在这里讨论划分整个人类历史发展时代的十月革命的各种意义，就学习马克思列宁主义来说，其中最重要和最成功的经验之一，是列宁在坚持马克思的“全世界无产者联合

① 《毛泽东文集》第8卷，人民出版社1999年版，第139页。

② 《马克思恩格斯文集》第2卷，人民出版社2009年版，第21页。

③ 《列宁专题文集·论社会主义》，人民出版社2009年版，第4页。

起来”的口号和纲领的同时，进一步丰富并发展为“全世界无产者和被压迫民族联合起来!”这个伟大的纲领性口号是列宁主义最主要最鲜明的特征之一，也是十月革命所开启的无产阶级社会主义革命时代的最重要、最鲜明的特征之一。

中国人民和中国共产党人历来对“全世界无产者和被压迫民族联合起来”这个口号感到特别的亲切！正是列宁向东方发出的这个号召和动员，把十月革命的光辉照耀到备受帝国主义列强凌辱的中华民族身上，启蒙了有思想的中国人，产生了尊严和勇气，重新规划了民族的未来。中国共产党就是列宁发出的这个震撼当代世界伟大口号的直接产物。

从“全世界无产者联合起来”到“全世界无产者联合起来，全世界无产者和被压迫民族联合起来”，两个口号分别代表着不同的革命年代，显示出革命的范围和革命的力量扩大了，革命的内容和革命的主题深化了。

1848年马克思、恩格斯发出“全世界无产者联合起来”号召的年代，是欧洲资产阶级革命即将走向后期的年代。马克思、恩格斯通过共产主义同盟发出这个号召，一方面着眼于把欧洲各国散乱的无产阶级团结起来，组织起来；另一方面，更主要的用意是把组织起来的无产阶级从长期受资产阶级领导和思想影响的资产阶级革命运动中解放出来、独立出来，作为一支不依附于资产阶级的独立的政治力量与尚能革命的资产阶级联合，共同把反封建的资产阶级革命进行到底。只有这样，无产阶级才能享有他们为之浴血奋斗过的资产阶级革命胜利的果实，并在这一革命成功之日，立刻把资产阶级革命不停顿地发展为无产阶级的社会主义革命，从而完成和实现自身的彻底解放。显然，在那个无产阶级革命刚刚起步，还混淆于资产阶级革命运动的年代，这是一项十分艰巨的任务。“全世界无产者联合起来”这个口号直接反映了19世纪无产阶级革命运动的欧洲范围和马克思、恩格斯为此而制定的战略策略。马克思、恩格斯一方面积极投身欧洲大陆的革命运动；另一方面，又不得不用更多的精力来从事无产阶级革命思想体系和理论纲领的研究、制定和创立，启发、教育和组织年轻的无产阶级。而后一方面，更是那个年代稚嫩的无产阶级及其革命运动所急需的。《资本论》的研究和写作深刻表明，历史决定了他们有限的生命所能完成的任务，就是为后来的无产阶级革命运动打下思想理论和组织机构两方面的基础。

同19世纪相比，列宁生活的时代，无论是资产阶级还是无产阶级都有了翻天覆地的变化。至20世纪初，欧洲自由资本主义发展到垄断资本主义，完全丧失了早期反封建的革命性，成为穷凶极恶的帝国主义。欧洲无产阶级运动经历第一国际和第二国际几十年的锻炼，在各国已经形成有组织的革命政党。其思想纲领的成熟灵活和组织机构的严密有力，首先体现在列宁领导的俄国社会民主工党布尔什维克派别身上。1917年俄国二月资产阶级革命成功不久，列宁就立刻领导布尔什维克率先从思想上“脱掉那件‘穿惯了的’、‘可爱的’脏衬衫”，决意要把党的名称由社会民主党改为共产党，[①] 另起炉灶，彻底实现与第二国际社会民主主义的决裂。同时，紧紧抓住第一次世界大战帝国主义相互厮杀和彼此损伤的机会，把国际战争转变为国内革命，成功地把二月资产阶级革命过渡到无产阶级的十月社会主义革命。列宁坚持和运用马克思主义不断革命的思想和方法，建立共产国际，组成最广泛的革命统一

① 《列宁选集》第3卷，人民出版社1995年版，第68页。

战线，马不停蹄地在全世界开辟无产阶级革命的战场，扩大十月革命的战果，有组织地把革命推广到殖民地半殖民地国家，通过发展十月革命来保卫和扩大十月革命的直接成果——苏维埃无产阶级专政。列宁不愧为能够最大限度地发展革命和扩大革命成果的革命大师。

通过十月革命，列宁领导苏维埃俄国和共产国际在坚持“全世界无产者联合起来”口号的基础上，向世界发出了“全世界无产者和被压迫民族联合起来”的号召和动员，极大地激发和调动了世界被压迫民族和人民争取自身解放的勇气和力量。这个深深地打着时代烙印的口号，雄辩而光辉地体现了集列宁主义之大成的无产阶级革命的战略策略。这个纲领性口号之英明，就在于它紧紧抓住了垄断资本主义和帝国主义时代最重要最基本的经济事实和经济特征：“几个特殊民族的剥削者的幸福建筑在对亚洲和一切殖民地以及小国亿万劳动人民的奴役之上”；[①]“现在全世界已经划分为两部分，一部分是为数众多的被压迫民族，另一部分是少数几个拥有巨量财富和强大军事实力的压迫民族。”[②] 正是这个基本事实及其所体现出来的阶级力量的对比，决定了今后各国无产阶级革命所应采取的与以往时代完全不同的战略和策略，并从这个具体事实出发制订具体的可行的革命政策。在列宁的领导和启发下，共产国际和各国共产党迅速调整了支持落后国家资产阶级民主运动的方针政策，首先在概念和名称上，把“资产阶级民主”运动改提为民族革命运动。[③] 这种对落后国家尤其是殖民地半殖民地资产阶级民族革命运动的重新界定，具有极其重大的实践意义和理论意义。

“全世界无产者和被压迫民族联合起来”这个口号是列宁主义的精髓之一，包含着列宁主义对马克思主义的无产阶级革命理论尤其是农民问题理论的极其重大的发展。首先在实践上，表现为直接影响、发动和掀起了波澜壮阔的世界民族解放运动，这本身就是对无产阶级革命运动和人类社会解放的一个特别重大的贡献。列宁清楚地看到“落后国家的主要居民群众是农民”，[④] 民族解放运动的主体和实质应是工人阶级领导的农民运动。所以，列宁极其重视农民被剥削被压迫的一面，挖掘了、提升了农民长期被忽视、被压抑的革命潜能和无穷力量，把农民视为工人阶级革命的牢固的同盟军。这样，就把曾经长期依附于资产阶级的农民运动接纳到无产阶级革命运动里，解决了无产阶级可以领导农民为主体的资产阶级革命运动的问题。从此，这样的资产阶级民族民主革命运动“就不再是属于旧的世界资产阶级民主主义革命的范畴，而属于新的范畴了；它就不再是旧的资产阶级和资本主义的世界革命的一部分，而是新的世界革命的一部分，即无产阶级社会主义世界革命的一部分了。这种革命的殖民地半殖民地，已经不能当作世界资本主义反革命战线的同盟军，而改变为世界社会主义革命战线的同盟军了。”[⑤]“全世界无产者和被压迫民族联合起来”的伟大口号，直接体现出被剥削被压迫的农民在无产阶级革命运动中成为一个平等的革命主体和一支极其重要、极其巨大的革命力量，从而能够在社会主义革命和建设中形成巩固的工农联盟。正是由于列宁真心地把农民当作无产阶级的极其重要、极其巨大的革命力量而加以依靠，这就不仅在理论上，

---

① 《列宁选集》第3卷，人民出版社1995年版，第387页。

② 《列宁专题文集·论资本主义》，人民出版社2009年版，第278页。

③ 同上。

④ 同上。

⑤ 《毛泽东选集》第2卷，人民出版社1991年版，第668页。

也在实践上终于解决了在此之前恩格斯自己“只是觉得”，包括马克思、恩格斯和整个第一国际、第二国际“没有找到”的“接近农民的正确方法”。①

历史显示，列宁主义领导和影响下的无产阶级革命运动和民族解放运动的紧密结合又互为支撑，开辟了打击和削弱帝国主义的无限广阔的战场。这样的民族解放运动，一方面是支持社会主义的苏联，在20世纪上半叶在帝国主义的围剿中能够坚持下来的巨大力量；另一方面为社会主义的苏联生存和发展，提供了可以纵横捭阖的纵深无比的战略空间。列宁提出了关于农民问题理论的新学说：“胜利了的革命无产阶级对落后民族进行系统的宣传，而各苏维埃政府以其所拥有的一切手段去帮助它们，那么，说落后民族无法避免资本主义发展阶段就不对了。在一切殖民地和落后国家，我们不仅应该组成能够独立进行斗争的基干队伍，即党的组织，不仅应该立即宣传组织农民苏维埃并使这种苏维埃适应资本主义前的条件，而且共产国际还应该指出，还应该从理论上说明，在先进国家无产阶级的帮助下，落后国家可以不经过资本主义发展阶段而过渡到苏维埃制度，然后经过一定的发展阶段过渡到共产主义。”② 这一新学说，把马克思主义的社会主义理论大大地向前推进了。

毫无疑问，列宁主义不仅在理论上，也在实践上，解决了无产阶级革命与资产阶级革命的关系问题，实现了资产阶级革命与无产阶级的社会主义革命的连接和过渡，给了殖民地半殖民地人民一件实现自身解放的强大思想武器，特别是在俄国和中国，实现了恩格斯的这样一种设想，即努力使农民“免于真正沦为无产者，在还是农民时就能被我们争取过来的农民人数越多，社会改造的实现也就会越迅速和越容易”。③ 正是经过列宁主义阶段，马克思主义和列宁主义的农民问题理论在中国这块农民人口广阔的土地上得到了发扬光大，由毛泽东在中国革命和建设的实践中发展成一个成熟的体系，正在广大的第三世界得到传播和运用。

列宁主义关于“全世界无产者和被压迫民族联合起来”的号召和思想，在21世纪的当代世界仍然有着非常重要的现实意义。因为这个伟大口号所反映和依托的世界经济状况和政治格局——“全世界已经划分为两部分，一部分是为数众多的被压迫民族，另一部分是少数几个拥有巨量财富和强大军事实力的压迫民族”——没有根本改变，那么无疑，坚持和贯彻这一纲领性口号及其战略策略，就是当代一切真正的马克思主义政党和马克思主义者的义不容辞的任务。

## 四 关于社会主义就是消灭阶级和剥削

“全世界无产者联合起来”、“全世界无产者和被压迫民族联合起来”干什么呢？就是消除资本主义，建立社会主义。在科学社会主义产生的19世纪40年代，共产主义就是马克思的社会主义。那么什么是社会主义呢？这个曾经是很明确的问题，在当代，因苏联亡党亡国使国际共产主义运动陷入低潮而被搅得模糊起来。我们所从事的是马克思列宁主义指导的科学社会主义事业，而不是别的什么思想影响下的别的什么社会主义。牢牢记住马克思主义经

① 《马克思恩格斯文集》第4卷，人民出版社2009年版，第523页。

② 《列宁专题文集·论资本主义》，人民出版社2009年版，第281页。

③ 《马克思恩格斯文集》第4卷，人民出版社2009年版，第526页。

典作家说过的几条最简明易懂的关于什么是社会主义的观点，就能识别形形色色的冒牌社会主义。

——1846年，恩格斯致布鲁塞尔共产主义通讯委员会的信中说："共产主义究竟是什么呢？……我把共产主义者的宗旨规定如下：（1）实现同资产者利益相反的无产者的利益；（2）用消灭私有制而代之以财产公有的手段来实现这一点；（3）除了进行暴力的民主的革命以外，不承认有实现这些目的的其他手段。"①

——1848年，马克思、恩格斯在《共产党宣言》里说："共产主义的特征并不是要废除一般的所有制，而是要废除资产阶级的所有制。" "共产党人可以把自己的理论概括为一句话：消灭私有制。"②

——1850年，马克思在总结1848年至1850年的法兰西阶级斗争时指出：无产阶级要"团结在革命的社会主义周围，团结在被资产阶级用布朗基来命名的共产主义周围。这种社会主义就是宣布不断革命，就是无产阶级的阶级专政，这种专政是达到消灭一切阶级差别，达到消灭这些差别所由产生的一切生产关系，达到消灭和这些生产关系相适应的一切社会关系，达到改变由这些社会关系产生出来的一切观念的必然的过渡阶段。"③

——1875年，恩格斯批评俄国民粹派时指出："现代社会主义力图实现的变革，简言之，就是无产阶级战胜资产阶级，以及通过消灭任何阶级差别来建立新的社会组织。"④

——1880年，恩格斯在《社会主义从空想到科学的发展》著作里说："社会主义现在已经不再被看作某个天才头脑的偶然发现，而被看作两个历史地产生的阶级即无产阶级和资产阶级之间斗争的必然产物。它的任务不再是构想出一个尽可能完善的社会体系，而是研究必然产生这两个阶级及其相互斗争的那种历史的经济的过程；并在由此造成的经济状况中找出解决冲突的手段。"⑤

——1894年，恩格斯在《法德农民问题》文章里说："社会主义是专门反对剥削雇佣劳动的。"⑥

——1894年，列宁在批判自由主义民粹派时说："要知道，反对剥削劳动者的抗议和斗争，目的在于完全消灭这种剥削的斗争，才叫作社会主义。"⑦

——1905年，列宁在《小资产阶级社会主义和无产阶级社会主义》文章里说："社会主义斗争则是工人反对整个资产阶级的斗争。"⑧

——1916年，列宁在《论"废除武装"的口号》文章里强调："谁指望不通过社会革命和无产阶级专政来实现社会主义，谁就不是社会主义者。"⑨

---

① 《马克思恩格斯文集》第1卷，人民出版社2009年版，第40页。

② 《马克思恩格斯文集》第2卷，人民出版社2009年版，第45页。

③ 同上书，第166页。

④ 《马克思恩格斯文集》第3卷，人民出版社2009年版，第389页。

⑤ 同上书，第545页。

⑥ 《马克思恩格斯文集》第4卷，人民出版社2009年版，第518页。

⑦ 《列宁全集》第1卷，人民出版社1984年版，第237页。

⑧ 《列宁选集》第1卷，人民出版社1995年版，第657页。

⑨ 《列宁专题文集·论社会主义》，人民出版社2009年版，第385页。

——1919年，列宁在《无产阶级专政时代的经济和政治》中说：“社会主义就是消灭阶级。”①

我们对上述言论无须作过多的解释，即使是文化程度不高的工农群众理解起来也不困难。因为他们是从自身的生活来认识和学习社会主义的，如同毛泽东所揭示的那样，“中国有许多专门从书本上讨生活的从事社会科学研究的共产党员，不是一批一批地成了反革命吗？……那些不识字的工人常常能够很好地掌握马克思主义”。②

当代中国人熟悉邓小平的一段话：“社会主义的本质，是解放生产力，发展生产力，消灭剥削，消除两极分化，最终达到共同富裕。”③ 我们说马克思列宁主义、毛泽东思想、邓小平理论是一脉相承的，那么这个“一脉”是什么呢？在哪里呢？我们认为，就是邓小平说的“消灭剥削”。在市面上流行的解说邓小平理论的读本里，人们一眼就能发现，我国思想界往往只谈“解放生产力、发展生产力、共同富裕”三句话，认为这是邓小平社会主义本质观最主要、最本质的东西，而对“消灭剥削，消除两极分化”两句话不作解释，避而不谈。这种认识是极其错误、极其有害的。有这种认识的人，非常有必要学一学关于社会主义的初步知识。

这种错误的认识割裂了邓小平社会主义本质观，泯灭了邓小平社会主义本质观鲜明的党性原则即阶级性和革命性，掩盖了邓小平社会主义本质观的社会指向和革命锋芒，把马克思主义的科学社会主义变成了非马克思主义或反马克思主义可以接受和玩弄的庸俗社会学。为什么呢？道理并不复杂，难道资产阶级就不解放生产力、发展生产力吗？任何关于什么是社会主义的思想观点，如果不把“消灭剥削”看作是最本质的东西，其错误的性质正如美国前驻苏大使马特洛克在《苏联解体亲历记》里一针见血地剖析苏共修正主义纲领所说的：“苏联领导人愿意抛弃这个观念（即阶级斗争的理论——笔者注），那么他们是否继续称他们的指导思想为‘马克思主义’也就无关紧要了。这已是一个别样的社会里实行的别样的‘马克思主义’。这个别样的社会则是我们大家都能认可的社会。”④ 显然，任何关于邓小平社会主义本质观的论述，有意或无意地回避“消灭剥削”即消灭由私有制形成剥削这一内核，就是抹杀了马克思主义的无产阶级社会主义与资产阶级社会主义的本质区别，都是对邓小平社会主义本质观的亵渎。

“解放生产力，发展生产力”，是“消灭剥削，消除两极分化，最终达到共同富裕”的物质基础，而“消灭剥削，消除两极分化”是“解放生产力，发展生产力”和“最终达到共同富裕”的所有制基础，“最终达到共同富裕”是生产力发展和公有制发展共同的目标和结果。邓小平社会主义本质观更深刻的内容在于，既然“社会主义的本质”是“消灭剥削”，那么前提自然是在建立和建设的社会主义进程中还在一定程度、一定范围内存在私有制引发的剥削。由此，对社会主义实践的考察必然产生出一系列十分重大的问题及其思想逻辑，如什么是剥削？是谁在剥削谁？怎么才能“消灭剥削”？靠谁、靠什么来“消灭剥削”，等等。马克

① 《列宁专题文集·论社会主义》，人民出版社2009年版，第158页。

② 《毛泽东选集》第1卷，人民出版社1991年版，第111页。

③ 《邓小平文选》第3卷，人民出版社1991年版，第373页。

④ 《苏联解体亲历记》，世界知识出版社1996年版，第169页。

思主义告诉我们，剥削是个生产方式和生产关系的问题，它发生在阶级之间，因而剥削关系也是个阶级关系问题。

当代世界是资本主义生产方式和生产关系占统治地位的世界，不是别的而是私有资本剥削劳动，是资产阶级剥削工人阶级和其他劳动人民。剥削是怎么实现的？主要是通过商品交换，即通过商品经济实现的。就是说，有私有制基础上的商品经济就存在剥削，因为私有剩余价值就包含在商品之中，并通过商品经济，通过劳动力的买卖和其他商品交换得以实现。而“两极分化”是剥削的必然结果，“两极分化”就是阶级分化，其表现和结果就是无产阶级与资产阶级的矛盾和博弈。消灭剥削和消灭阶级是一回事，是一个问题的两个不可分割的方面。正是基于此，列宁讲“社会主义就是消灭阶级”，但是“要一下子消灭阶级是办不到的”。① 因为阶级的存在是同生产发展的一定历史阶段相联系的，② 因而消灭剥削即消灭阶级是一个历史的过程，因而社会主义要“消灭剥削”即消灭资本主义就必须实行一套科学的持久的政策和策略。这就是邓小平为什么说“最终达到共同富裕”的原因。“最终”是个时空概念，所表达的内容就是告诉人们，“达到共同富裕”是要经过一个历史的过程，是社会主义社会发展的最终结果。

无疑，在实现“达到共同富裕”的历史进程中，要“消灭剥削”就不可避免地发生阶级之间的矛盾和较量，即无产阶级彻底消灭资产阶级的斗争，而邓小平提出的四项基本原则是无产阶级为“消灭剥削”而彻底消灭资产阶级最有力的武器。因为“社会主义就是由无产阶级专政的社会向无国家的社会的过渡”。③ 邓小平在1992年初即国际共产主义运动刚刚遭受巨大挫折的时候，毅然决然地指明社会主义的本质是“消灭剥削”，就是坚持了马克思主义的阶级斗争和无产阶级专政的学说，就是举起了马克思主义阶级斗争和人民民主专政（无产阶级专政）的社会主义革命旗帜。同时也是告诫我们，苏联共产党的领导集团就是因为放弃了科学社会主义的这个基本原则而导致了亡党亡国。

毋容置疑，马克思主义的科学社会主义的本质和宗旨，“就是阐明了无产阶级作为社会主义社会创造者的世界历史作用”，④ 就是无产阶级反对资产阶级的斗争，就是“无产阶级必须采取政治行动，必须实行无产阶级专政以作为达到废除阶级并和阶级一起废除国家的过渡”，⑤ 因而无产阶级只有解放全人类才能最后解放自己。所以“离开阶级斗争，社会主义就是空话或者幼稚的幻想”，⑥ “只要阶级斗争还在一定范围内存在，我们就不能丢弃马克思主义的阶级和阶级分析的观点与方法。这种观点与方法始终是我们观察社会主义与各种敌对势力斗争的复杂政治现象的一把钥匙。”⑦ 所以马克思主义的科学社会主义是全面建设的社会主义，其中包括经济、政治、文化、社会、生态、国防等领域的建设，包括正确处理人民内部

---

① 《列宁专题文集·论社会主义》，人民出版社2009年版，第161页。

② 《马克思恩格斯文集》第10卷，人民出版社2009年版，第106页。

③ 《斯大林选集》上卷，人民出版社1979年版，第356页。

④ 《列宁专题文集·论马克思主义》，人民出版社2009年版，第61页。

⑤、《马克思恩格斯文集》第3卷，人民出版社2009年版，第310页。

⑥ 《列宁选集》第1卷，人民出版社1995年版，第658页。

⑦ 《十五大以来重要文献选编》（中），人民出版社2001年版，第1338页。

矛盾、敌我矛盾和阶级矛盾等，包括科学发展、改革和开放，包括社会主义的革命、建设和改革等。

## 五 关于党是阶级的领导者和组织者

在马克思、列宁的著作中，关于他们从事党的建设的历史实践和理论思想有丰富的记述，其中既有成功经验的总结，也有对失败教训的分析。当我们学习他们呕心沥血建立工人阶级政党的光辉历史和理论思想的时候，同时必须面对国际共产主义运动中一个又一个曲折的历史结果。一部马克思列宁主义发展史，就是一部既有成功发展又有惨痛失败的无产阶级政党的历史，就是一部无产阶级政党建设的经验和教训的历史教科书。显然，要学好马克思列宁主义关于党的建设的理论思想和基本经验，就必须结合各国无产阶级政党曲折斗争的经历。

从19世纪40年代，也就是国际共产主义运动白手起家的年代始，马克思、恩格斯经过艰苦的宣传和动员，在欧洲一些国家首先开始建立工人阶级的政党组织，组织和发动了无产阶级革命运动。那时，马克思、恩格斯把分散的与个别资本家斗争的工人组织起来，“把许多性质相同的地方性的斗争汇合成全国性的斗争，汇合成阶级斗争”，把“无产者组织成为阶级，从而组织成为政党”。[①] 通过组建工人政党，他们给欧洲工人阶级灌输了这样两点最基本的思想理念：其一，“共产党一分钟也不忽略教育工人尽可能明确地意识到资产阶级和无产阶级的敌对的对立，以便德国工人能够立刻利用资产阶级统治所必然带来的社会的和政治的条件作为反对资产阶级的武器，以便在推翻德国的反动阶级之后立即开始反对资产阶级本身的斗争。”[②] 其二，“认清自己的阶级利益，尽快地采取自己独立政党的立场，一时一刻也不要由于受到民主主义的小资产者花言巧语的诱惑而离开无产阶级政党保持独立组织的道路。他们的战斗口号应该是：‘不断革命’，‘直到无产阶级夺取国家政权’。”[③] 正是由于建立了这样的革命或彻底改革的意识，欧洲工人阶级不断革命，发展出了夺取资产阶级政权的巴黎公社斗争。其后，他们大力支持德国社会民主党的建立，指导德国社会民主党在俾斯麦的“反社会主义者法”高压下，不屈不挠地进行“非法”的半公开的秘密斗争，获得了巨大发展。马克思去世后，恩格斯担起了指导世界无产阶级革命运动的重担，不失时机地以德国社会民主党为核心发起和组建了第二国际，在德国打破了“反社会主义者法”，使德国社会民主党获得了公开活动的权利和条件。

比较后来列宁、毛泽东这样的能够完全掌控本国无产阶级政党的革命家、组织家和理论家，马克思、恩格斯在党的建设的实践方面就显露出很深的历史和时代的局限性。由于马克思深受欧洲各国反动政府的通缉和迫害，不仅在自己的祖国——德国，在其他一些国家也难以安身，被迫流亡在英国。这种已经公开的革命家身份，使他难以非常具体地指导各国的无产阶级政党的实际斗争和发展，主要是从远方和外部，给某一国家的工人政党活动以影响和导引。社会存在决定社会意识。国际共产主义运动的政党史表明，对党的建设具有重大指导

① 《马克思恩格斯文集》第2卷，人民出版社2009年版，第40页。

② 同上书，第66页。

③ 《马克思恩格斯选集》第1卷，人民出版社1972年版，第392、385页。

作用的理论思想、政策策略和基本经验，是经过列宁、毛泽东的发展而系统化并成熟起来的。

列宁领导俄国布尔什维克夺取十月革命的胜利，毛泽东领导中国共产党夺取中国革命的胜利，也是马克思列宁主义关于无产阶级政党建设思想上方法上的成功体现，是无产阶级政党建设取之不尽的思想宝库。

政党是干什么的？政党是近代以来，即资本主义社会建立以来阶级发展的产物和工具。为夺取政权和领导政权而进行的政治活动，是一切政党最基本的任务。谁不了解这一点，不牢牢地把握这一点，谁就不懂得政党是干什么的，也就不懂得党的建设的宗旨、任务和方法到底该怎么确定和实施，也就谈不上共产党的先进性建设、夺权能力建设和执政能力建设。

列宁对马克思主义政党建设的重要发展和贡献，首先体现在组织建设方面，确立了民主集中制的原则。这是列宁与深受第二国际“合法”斗争影响的俄国社会民主工党孟什维克派激烈斗争的产物。其实马克思很早就看出，“革命活动只有在集中的条件下才能发挥全部力量……实行最严格的中央集权制是真正革命党的任务。”① 列宁继承了马克思的这一基本思想，创造性地提出和贯彻了民主集中制的组织原则，从而在资产阶级镇压革命的复杂形势下，把“非法”斗争与“合法”斗争灵活地结合起来，取得了无产阶级革命政党的发展和胜利。而第二国际和俄国社会民主工党的孟什维克派，实行的仍然是来自资产阶级政党的自由主义的党的建设的理念和制度，在资产阶级国家所谓三权分立政体的“合法”的议会政党斗争中，反而被所谓的“合法”和议会民主制改造得面目全非，丧失了工人阶级政党的品格，堕落成欺骗工人的机会主义政党。列宁不仅以民主集中制组建和发展了俄国社会民主工党布尔什维克，还把这个原则推广到十月革命后俄国共产党对无产阶级专政的国家的领导和建设上，旗帜鲜明地强调，必须坚持俄共在国家政权中的领导地位，“国家政权的一切政治经济工作都由工人阶级觉悟的先锋队共产党领导”，② 其他政党必须接受和拥护俄共的领导地位，绝不允许搞什么资产阶级的议会多党制。针对国内外资产阶级和第二国际攻击俄共“独裁”、“一党专政”，列宁针锋相对地回答，如果你们认为坚持共产党的领导就是“一党专政”，那么“我们就说：是的，是一党专政！我们就是坚持一党专政，而且我们决不能离开这个基地”。③ 民主集中制的组织原则是马克思列宁主义指导的无产阶级政党建设的基本原则和基本经验之一。

列宁对马克思主义政党建设的第二个重要贡献是，把俄国社会民主工党更名为俄国共产党。列宁的这个举动是20世纪前期那个年代国际共产主义运动和马克思主义政党史上的一件大事，对后来各国共产党的建立和发展产生了巨大影响。这件事的影响和意义，正如当年列宁阐明的：其一，“‘社会民主党’这个名称在科学上是不正确的……工人在建立了自己的国家之后，就了解到民主制（资产阶级民主制）的概念在我国革命的发展中已经过时了；我们建立了西欧任何地方不曾有过的民主类型”；“实际情况准确说明苏维埃政权是新型国家，是无产阶级专政的形式，说明我们为民主制提出了不同的任务”；其二，真正的无产阶级政党“所要达到的目的，即建立共产主义社会……因此，共产党这个名称在科学上是唯一正确

① 《马克思恩格斯文集》第2卷，人民出版社2009年版，第197页。

② 《列宁全集》第42卷，人民出版社1987年版，第274页。

③ 《列宁全集》第37卷，人民出版社1986年版，第126页。

的”；其三，第一次世界大战时期，“欧洲各先进国家旧的正式的社会党，都没有摆脱使欧洲正式社会主义在这次战争中彻底破产的社会沙文主义和社会爱国主义的乌烟瘴气，因此直到现在，几乎所有正式的社会党都是工人社会主义革命运动真正的障碍，真正的绊脚石”。[①] 俄国共产党的新命名，为酝酿已久的共产国际的成立扫清了道路，推动了后来一个时期国际共产主义运动的大发展。

列宁对马克思主义政党建设的第三个重要贡献是，把农民当作无产阶级的极其重要、极其巨大的革命力量来依靠，解决了马克思、恩格斯和整个第一国际、第二国际“没有找到”的“接近农民的正确方法”，从而扩大了党的组织及其所领导的革命队伍，极大地拓展了无产阶级政党建设的深度和广度。

列宁对马克思主义政党建设的第四个重要贡献是，在思想建设方面反对和摈弃“自发论”，提倡和推行科学的“灌输论”。列宁深入挖掘和论述了这样一个观点，马克思主义即科学社会主义是不能在工人阶级中自发产生的。实践证明，“工人阶级单靠自己本身的力量，只能形成工联主义的意识”及其经济主义；工人阶级的科学社会主义的意识“只能从外面灌输进入”。所以“问题只能是这样，或者是资产阶级的思想体系，或者是社会主义的思想体系，这里中间的东西的是没有的”；因为“在为阶级矛盾所分裂的社会中，任何时候不可能有非阶级的或超阶级的思想体系，因此，对社会主义思想体系的任何轻视和任何脱离，都意味着资产阶级思想体系的加强”；而“工人运动的自发的发展，恰恰导致运动受资产阶级思想体系的支配”。[②] 马克思列宁主义的立场、观点、方法和人类优秀的思想、道德和作风，都需要自觉地、有意识地、长期地去提倡和培养，才能被人们普遍接受并形成起来。这是因为自阶级社会产生以来，占统治地位的剥削阶级对劳动人民几千年的压迫和奴化，使剥削阶级的思想道德深入到社会生活的各个领域，形成了强大的习惯势力。要改变这种情况，只有经过长期不懈的教育。因此，必须有组织地、经常地对全体党员和各界群众进行系统地马克思主义思想道德的教育。

列宁对马克思主义及其政党建设的一些发展和贡献，是在与第二国际机会主义的斗争中取得的，是在反对一切修正主义和机会主义的斗争中产生和发展起来的。

中国共产党是在十月革命和列宁主义建立起来的历史平台上，接受和吸取了世界上最先进的、最成功的俄国共产党的革命经验和建党理论后成立起来的。为了在中国这样一个曾经是极度衰败的半殖民地半封建国家里，在一个有几亿贫穷愚昧的农民、众多小资产阶级而现代工业无产阶级很少的国家里，建立起以马克思列宁主义为指导、有战斗力的、强大的无产阶级政党，以毛泽东为代表的中国共产党人自觉地提出并解决了这样一个问题：“我们今天要怎样建设我们的党？要怎样才能建设一个‘全国范围的、广大群众性的、思想上政治上组织上完全巩固的布尔什维克化的中国共产党’？”“我们现在要建设这样一个党，究竟应该怎样进行呢？”[③] 由此，毛泽东把马克思列宁主义的政党建设及其理论学说发展成一个系统的、完备的科学体系。为什么这样说，根据在哪里呢？根据就是毛泽东发现并阐明了无产阶级政

① 《列宁选集》第 3 卷，人民出版社 1995 年版，第 456、467、457 页。

② 《列宁专题文集 · 论无产阶级政党》，人民出版社 2009 年版，第 76、85 页。

③ 《毛泽东选集》第 2 卷，人民出版社 1991 年版，第 603、613 页。

党建设的一条根本性的原理。

科学产生和发展的历史表明，一种科学体系只有在它的理论形态里含有若干自然的或社会的基本原理的时候才能树立起来，才有了在科学史上独立存在的人类价值。原理不是被人为地制造出来的，而是在长期的生产实践和科学研究中，被人们发现出来的自然的或社会的不可违背的规律。

毛泽东发现的无产阶级政党建设的基本原理是什么呢？1945 年他在中国共产党第七次代表大会的政治报告里总结整风运动，总结中国共产党 24 年党的建设的一条基本经验：“掌握思想教育，是团结全党进行伟大政治斗争的中心环节。如果这个任务不解决，党的一切政治任务是不能完成的。”① 这个原理揭示出，无产阶级政党——共产党，首先是一个专门做政治思想工作的机关。政治思想工作是共产党各级组织和领导首要的工作和任务。党的历史表明，共产党的领导和威信，从而共产党的权力，首先和根本的是通过对广大群众进行持久而深入的政治思想教育，影响他们，把他们团结和争取到马克思主义的、共产党的旗帜下。共产党的领导首先和根本的是体现在“无产阶级思想领导”上。②“思想领导”是必须通过党的政治思想的教育才能实现。毛泽东把思想教育和政治工作，当作“中心环节”，当作“生命线”，足见其多么的重要！如果共产党把“中心环节”和“生命线”这样的工作，这样的事情淡化或忘记了，那将意味着什么呢？就意味着共产党或党的一级组织放弃了，失去了对它所依靠的群众的影响，也就是放弃从根本上领导群众，这无异于一种自杀的行为。党的政治思想教育一旦被忽视或破坏，其结局就是群众和干部如同离群的野马，四散而去，相应的制度就会随之坍塌。制度固然重要，但思想会指导制度的制定和落实。

邓小平在中国共产党第八次代表大会作修改党章报告时指出：“党是阶级组织的最高形式，指出这一点，在今天党已经在国家工作中居于领导地位的时候，特别重要。”③ 无疑，党“是阶级的领导者和组织者”④ 如果不是从无产阶级反对各种非无产阶级，特别是从反对封建主义和资产阶级的方面，自觉思考和从事党的建设及其政治思想工作，那么连党的建设的“门”也进不去。只有明确了、解决了党的建设及其政治思想工作的对象及其问题，党的其他建设才能有的放矢，党的组织才能成为教育人、改造人的学校，党的政治思想工作才能成为实现党的各项任务的强有力的工具。

思想理论教育是党的建设的基础，是中国共产党学习马克思列宁主义而总结出的一条根本经验，为我们党和整个国际共产主义运动正反两方面历史经验和教训的实践所证明。针对 1989 年的政治风波，邓小平一针见血地指出，“这次事件确实把我们的失误也暴露得足够了，我们确实有失误呀！而且失误很不小啊！”⑤ 问题主要在哪里呢？就是我们的“教育和思想政治工作太差”，“缺乏一贯性，没有行动，甚至讲得都很少”，“十年最大的失误是教育，这里

① 《毛泽东选集》第 3 卷，人民出版社 1991 年版，第 1094 页。

② 《毛泽东选集》第 1 卷，人民出版社 1991 年版，第 77 页。

③ 《邓小平文选》第 1 卷，人民出版社 1994 年版，第 236 页。

④ 《列宁专题文集·论无产阶级政党》，人民出版社 2009 年版，第 337 页。

⑤ 《邓小平文选》第 3 卷，人民出版社 1993 年版，第 312 页。

我主要是讲思想政治教育，不单纯是对学校、青年学生，是泛指对人民的教育”。[①] 正是因为“教育和思想政治工作太差”，导致了腐败蔓延，激起了严重的政治动乱，为此邓小平向全党大声疾呼，“这个党该抓了，不抓不行了”![②] 东欧、苏联共产党的垮台，都可以从他们放弃这一无产阶级政党建设的基本原理得到科学的解释。

总之，我们应当看到，《马克思恩格斯文集》和《列宁专题文集》的编辑和出版，是中华民族和中国共产党人勤勉学习、准确传承和科学发展马克思列宁主义的写照。为了推进马列主义及其中国化理论的发展，我们首先就要研读马列主义本身，并弄懂马列主义与中国化马列主义之间的关系。在怎样学习马克思列宁主义这一国际共产主义运动的重要问题上，邓小平从中国共产党人的长期实践中作出的这样一个总结性论断，应当成为一切坚持马克思主义的同志们学习的指针。他说：“马克思主义的思想理论工作是不能离开现实政治的。我在这里所说的政治，是国内外阶级斗争的大局，是中国人民和世界人民在现实斗争中的根本利害。不能设想，离开政治的大局，不研究政治的大局，不估计革命斗争的实际发展，能成为一个马克思主义的思想家、理论家。”[③] 我们要以马列主义及其中国化理论为指导，继续促进中国和世界的不断进步与和谐。

**参考文献**

[1]《马克思恩格斯文集》，人民出版社2009年版。

[2]《列宁专题文集》，人民出版社2009年版。

[3]《毛泽东选集》，人民出版社1991年版。

[4]《邓小平文选》第3卷，人民出版社1993年版。

[5] 程恩富、何干强：《坚持公有制为主体、多种所有制经济共同发展的基本经济制度》，《海派经济学》2008卷第24辑。

[6] 程恩富、胡乐明：《中国马克思主义理论研究60年》，《马克思主义研究》2010年1期。

[7]《江泽民文选》第3卷，人民出版社2006年版。

(原载《马克思主义研究》2011年第1期)

① 《邓小平文选》第3卷，人民出版社1993年版，第305、306页。

② 同上书，第314页。

③ 《邓小平文选》第2卷，人民出版社1994年版，第179页。

# 马克思的意识形态批判与哲学变革

侯惠勤

仔细研究西方各种反共意识形态，会发现一个很值得玩味的现象，就是它们都不约而同地将其攻击矛头指向了马克思主义的历史观。从美国官方意识形态立场出发的布热津斯基认为："共产主义失败的根本原因是在哲学思想方面。马列主义的政策归根到底源于对历史的根本错误的判断和对人性的严重误解。……它没有考虑人对个人自由的基本追求；没有考虑人渴望通过艺术和宗教等方式表现自我；没有考虑在文化普及和宣传媒介具有广泛影响的时代，人们会进而要求政治上的选择权利；没有考虑生产率的提高与发明创造同个人追求物质享受的愿望的有机联系。"① 以自由知识分子的"马克思学"立场讲话的波普尔认为，马克思学说的致命处在于其历史决定论，而历史主义的实质就是"选民说"，"选民说更加明确地设定上帝挑选一个民族作为他意志选中的工具，这个民族将获得尘世"。"特选的人、特选的种族和特选的阶级这些学说的共有特点之一，就是它们最初是作为对某种压迫的反映而出现，并变得重要的。"其中两种最为现代的形式，"一方面（右翼的）种族主义或法西斯主义的历史哲学和另一方面（左翼的）马克思主义历史哲学。"② 而以"经济增长的阶段"作出"非共产党宣言"表态的W. W. 罗斯托更明确提出："马克思属于西方这样一类人物，这一类人以不同的方式反对走向成熟阶段中所发生的社会和人类成本，寻求使社会保持更好和更合乎人道的平衡。"③ 概括起来，他们认为马克思的学说无非是一种浪漫情绪，其要害是无视历史走向成熟所必须付出的社会成本，而支撑马克思错误历史观的则有两大支柱：一是黑格尔的辩证法。"黑格尔和在他之后的马克思，要求代表历史讲话，他们认为，合理的东西要么已经是现实的，要么在无产阶级革命之后变为现实。但是，这是一些错误的预言家。"④ 二是神化近代无产阶级。"革命的幻想把对进步的不可阻挡的进军的信仰与乌托邦的海市蜃楼结合起来。它引诱人们脱离现实的世界，因而在实际上——如果不是有意的话——引导人们离开自由。对于很多人来说，怀抱这种奢望的关键就在于'无产阶级'这个概念。"⑤ 所有这些评论，从学理上说，都涉及两大问题：一是近代以来德国哲学革命的实质和黑格尔辩证法的历

---

① ［美］兹·布热津斯基：《大失败》，军事科学院外国军事研究部译，军事科学出版社1989年版，第285页。

② ［奥地利］波普尔：《开放社会及其敌人》，陆衡等译，中国社会科学出版社1999年版，第27—28页。

③ ［美］W. W. 罗斯托：《经济增长的阶段》，郭熙保、王松茂译，中国社会科学出版社2001年版，第165—166页。

④ ［英］拉尔夫·达仁道夫：《现代社会冲突》，林荣远译，中国社会科学出版社2000年版，第115页。

⑤ 同上书，第101页。

史地位，二是马克思哲学变革的实质及其成就。可见，对于马克思哲学变革的任何解释，本质上都是一种意识形态的言说。

德国古典哲学是近代以来德国哲学变革的重大成果。这一哲学变革不仅是西方哲学传统的重大转折，而且预示着现代意识形态时代的来临，用黑格尔的话说，这将是一个真正“用头脑思考”的时代，即观念创造历史的时代。这样，德意志意识形态就具有了双重“身份”：它既是德国新生的弱小的资产阶级借以跻身“世界历史”的幻想形式，又是现代意识形态的发达形态，提供了解剖现代资产阶级国家的样本。因此，马克思、恩格斯对于德意志意识形态的批判，也就为批判现代意识形态，进而为批判现代资本主义社会奠定了基础。正因为如此，《德意志意识形态》才能成为马克思主义哲学世界观形成的标志性著作。正是在该著作中，他们用批判施蒂纳的一段话，揭示了黑格尔关于观念创造历史这一“意识形态时代”的秘密：“我们已经指出，思想和观念成为独立力量是个人之间的私人关系和联系独立化的结果。我们已经指出思想家和哲学家对这些思想进行专门的系统的研究，也就是使这些思想系统化，乃是分工的结果。”① 当代西方学界对德国古典哲学有个“逆向评价”，即与马克思、恩格斯从康德（经费希特、谢林）到黑格尔、费尔巴哈是“螺旋式上升”的哲学评价相反，把黑格尔视为康德哲学的大倒退。这里的关键还是辩证法问题。恩格斯明确指出：“德国资产阶级的学究们已经把关于德国伟大的哲学家及其创立的辩证法的记忆淹没在一种无聊的折中主义的泥沼里，这甚至使我们不得不援引现代自然科学来证明辩证法在现实中已得到证实，而我们德国社会主义者却以我们不仅继承了圣西门、傅立叶和欧文，而且继承了康德、费希特和黑格尔而感到骄傲。”② 他同时强调，尽管康德哲学已包含许多辩证法思想，但“要向康德学习辩证法，这是一件劳而无功和得不偿失的事情，因为在黑格尔的著作中已经包含了辩证法的一个无所不包的纲要，虽然它是从完全错误的立脚点出发而展开的”③。所以，必须深刻阐明辩证法是德国古典哲学革命的主要成果。

至于马克思的哲学变革，当然可以做多视角的透视，但是首先必须承认，对于黑格尔辩证法的批判改造，是马克思完成哲学伟大变革的关键。正如毛泽东指出的：“直到无产阶级运动的伟大的活动家马克思和恩格斯综合了人类认识史的积极的成果，特别是批判地吸收了黑格尔的辩证法的合理的部分，创造了辩证唯物论和历史唯物论这个伟大的理论，才在人类认识史上起了一个空前的大革命。”④ 无论如何，马克思所实现的人类思想史上的最伟大变革，终究是产生了一种崭新的唯物主义，即列宁所称的“完备的哲学唯物主义”。这是一个无任何理论死角的、彻底的唯物主义哲学。它把世界是物质的存在方式这一唯物主义原则贯彻到底，不仅克服了旧唯物主义在历史观上的唯心主义，而且克服了以往哲学无视人的真实生活和历史生成的弊端，使哲学实现了从“解释世界”到“改变世界”的历史性飞跃。无论人们在今天怎样不断重新评价马克思哲学变革的意义，唯物论和辩证法的有机统一，始终是这一变革的实质。

---

① 《马克思恩格斯全集》第3卷，人民出版社1960年版，第525页。

② 《马克思恩格斯选集》第3卷，人民出版社1995年版，第692页。

③ 《马克思恩格斯选集》第4卷，人民出版社1995年版，第288页。

④ 《毛泽东选集》第1卷，人民出版社1991年版，第303—304页。

## 一　启蒙主义的意识形态变革

启蒙运动是发生于18世纪到19世纪初的资产阶级思想解放运动，涉及政治思想、哲学思想、经济学思想、自然科学等，是一次全面的思想解放运动和深刻的社会风气变革。从意识形态的角度来看，其最重大的变化在于开创了现代意识形态的变革。现代意识形态的特点在于观念变革在先，制度建构在后，所以黑格尔认为从启蒙运动以后我们真正来到了一个“观念创造现实”的时代[①]。在这之前，意识形态作为社会结构的一部分是随着基本制度的建立而为这个制度辩护的，是制度需要和选择的结果，较为被动和滞后。从这个意义上说，近代以来的一切真正的革命都是意识形态革命。这个重大转折，是由启蒙运动完成的。启蒙运动的主旨，提出了人的解放、个性的解放，实际上是要用人权代替神权，用科学理性代替信仰主义和愚昧迷信，相应的价值观就体现在自由平等博爱的口号中。它因此而掀起的思想革命的浪潮和其作为意识形态的强大的渗透力、征服力不言而喻，席卷了全球，影响至今尚在。

毫无疑义，启蒙运动具有非常重大的思想解放的推动作用，是对中世纪的整体性、根本性的颠覆。但是又要看到，启蒙主义和启蒙运动本身存在着内在的不可克服的矛盾。正是这个矛盾使之陷入了困境，引发了后来被称为“意识形态时代”的所有重大“主义之争”。启蒙运动的困境表现如下。

启蒙运动主旨的误区

从主旨上说其追求“人”的解放，而关于这一点最为根本的表达就是“让人学会做自己的主人”，通过自主而自由，通过自主自由而实现人的解放。为此，它将锋芒对准了当时剥夺人们自主的两大力量，即教会和专制政权。但是这一认识本身就有内在矛盾。

第一，如何处理教会和宗教关系？启蒙运动一般是反迷信而不反上帝、反教会而不反宗教。启蒙学者尽管猛烈抨击神学迷信和愚昧，但是并不反对上帝，而且一般都具有宗教信仰，认为保留宗教信仰和实现人的解放并不矛盾。然而事实并非如此。关于宗教和人的解放是否存在不可调和的矛盾的争论，是德国古典哲学变革以及青年黑格尔运动的动因之一。青年黑格尔派思想家大都从批判宗教入手，并作出了宗教异化的判断，借以说明上帝和人处在一种对抗的关系中。例如布鲁诺·鲍威尔提出，人创造了一个上帝，人把自己一切美好的东西都给了上帝，留给自己的就是无法自立、等待拯救的命运。宗教信仰“背离了人的使命，把这一使命移到了天国，使狼狈的、悲惨的个体的自我同真正的普遍的自我，即值得称之为人的个体的自我彻底决裂。”[②]“基督教是向人们许诺最多即许诺了一切而又收回得最多即剥夺了一切的宗教”[③]。上帝是完美的、万能的，而人则是丑陋的、弱势的，所以人只有依靠上帝、信仰上帝才能得救，永远要对上帝顶礼膜拜，这样上帝就确立了一种对人的支配、主宰的作用。根本问题在于上帝是什么？究竟是上帝创造了人，还是人创造了上帝？按照启蒙主义关

---

① ［德］黑格尔：《法哲学原理》，范扬、张企泰译，商务印书馆1961年版，序言，第15页。

② ［德］布鲁诺·鲍威尔：《基督教国家和现代生活》，德文版，第10页。转引自维兹·罗森《布鲁诺·鲍威尔和卡尔·马克思》，王谨等译，中国人民大学出版社1984年版，第109页。

③ 转引自戴维·麦克莱伦《青年黑格尔派与马克思》，夏威仪等译，商务印书馆1982年版，第59页。

于人的自由自主的观念，那么人就应是自我创造、自我生成，而宗教宣称的上帝造人，人在上帝面前是奴仆，上帝是主人，这当然是一种根本的颠倒。因此，批判神学迷信，就理所当然地要否定上帝的神圣地位，必然要导致对于宗教的全面批判，导致向无神论的方向演变。这一演变最终由德国哲学革命完成。黑格尔那里已经有无神论的胚芽，而到鲍威尔、费尔巴哈就合乎逻辑地得出了无神论的结论。

第二，如何看待政治等级和社会等级关系？启蒙运动尽管反对政治等级和门第等级，反对根据血统来决定社会和政治地位，但是它并不反对社会不平等，不反对由金钱、劳动或社会分工而形成的阶级等级、金钱等级，不希冀消灭阶级差别。大家知道，在存在着阶级、金钱等级的情况下，人谈不上做自己的主人，也谈不上自由发展。被剥削者做不了自己的主人姑且不论，即便剥削者也做不了自己的主人。这就是说，对封建社会政治等级的否定，必然要引导到对阶级社会的否定。

总之，从解放的主旨来看，由于启蒙运动回避了上述两大问题，一个涉及精神解放，一个关乎现实的生存；一个是人怎么超越自我，怎么能够真正成为自己解放自己的主体，另一个是人怎么能在现实中得到自由、实现平等，成为社会的主人。正是在这两个问题上，启蒙运动有着不可克服的内在缺陷。

在论证方式上的缺陷

启蒙运动提出了自由平等博爱人权等人类普遍价值，但关键在如何论证人的自由、平等。启蒙主义的论证主要有人权论和人性论两种。

第一，众所周知的“天赋人权”论，即“人生而平等、自由”。许多启蒙学者把人权及其观念看成是天赋的、与生俱来的、不可剥夺的自然权利。但是，这种论证本身就是悖谬的。“生而自由、平等”不可能得到经验的证明，因为经验可以轻而易举地提供相反的证明，即人“生而不平等、自由”。说天赋人权，本身就有愚昧的成分，与启蒙运动的宗旨相悖。人的权利到底从哪里来？其实确如马克思、恩格斯所说，权利不是天赋的，而是历史地形成的。“权利决不能超出社会的经济结构以及由经济结构制约的社会的文化发展”①。启蒙学者缺乏历史感，因而根本无法论证人权的起源，而只能把它看成是无须论证的当然前提。我们需要追问的是，“天赋人权”论的困境在哪里？显然，难点在于那些超越个人经验而又植根于个人内心的普遍观念，如自由平等博爱，它的经验基础在哪里？如果无法说明其经验基础，这一命题本身就是神秘主义的。由于启蒙主义的落脚点在于抽象的个人，当其无力揭示个人的历史形成时，当然也就无法科学地还原普遍观念。要知道，普遍观念恰恰在于它并不是个人经验的产物，而是社会关系的产物，是现实的人及其历史发展的产物。

正是无法科学还原普遍观念，此类观念就变成一种神秘的力量，意识形态的神秘性也因此而产生。它视这种观念为天生的，是自然塞进人们头脑里去的，不可论证也无需论证。这种非常省力但不解决问题的方式，在以卢梭、伏尔泰、狄德罗、孟德斯鸠为代表的法国思想理论界表现得最为突出。但是，卢梭也看到天赋观念本身有矛盾，难以成为启蒙的强大武器。他说“人生而平等，可无往不在枷锁中”，还说“自以为是其他一切主人的人，反而比其他

① 《马克思恩格斯选集》第 3 卷，人民出版社 1995 年版，第 305 页。

一切都更是奴隶"[①]。天赋人权解释不了自由是什么，如何达到自由；平等是什么，怎么实现平等。当时另一著名的实证主义思想家孔狄亚克就犀利地批评了天赋人权论，指出"你卖弄这些普遍的观念来解释现实没有意义，你到处搬弄这些普遍的观念，那么你就可以没有一件事情解释不了。什么都可以用普遍观念来解释，这等于什么都没解释"。他认为这种普遍的观念实际上是找不到现实根据的，而启蒙学者将其视为有相应的实体存在，从而陷入了神学的偏见，产生出荒诞的观念，是不成功的。"故而哲学家们在这个论题上都曾陷入过一种错误，而这种错误已造成了一些严重的后果，这就是他们把他们的一切抽象全部实物化了，或者把这些抽象看做是同事物本身一样，都具有一个真实的不依赖于事物存在的存在体。我想，这就是导致某种荒谬绝伦的观念的原因吧。"[②]

的确，这种普遍的观念没有相应的实体，不能够靠个人感觉还原，但这并不等于以认识不超出个人经验界限的实证主义或经验主义就是正确的。经验主义有两大弱点：其一，经验的特点就是无比丰富、多样，但又极不统一甚至相互冲突，而靠经验本身无法判断真伪、轻重。经验判断事物的方式无非是以感官为根据的直观，然而科学表明，眼见不一定为实，直观中的先后、大小、强弱、动静也不一定为真，所以对于经验进行取舍必须通过理性认识。其二，但凭个人经验主义无法还原一些普遍性的范畴。普遍性的范畴不是个人经验的结果，从时空、因果等认识论范畴到人文社会领域普遍价值观，都不是仅凭个人经验就能够还原的，所以康德把这些普遍性的范畴叫做先验范畴。实际上，普遍观念分为两种：一种是人类亿万次实践、认识积淀下来的逻辑范畴，构成人类认识之网上的"纽结"。比如时空观、必然性、偶然性这些范畴。按照列宁后来的解释，"在人面前是自然之网。本能的人，即野蛮人，没有把自己同自然界区分开来。自觉的人则区分开来了，范畴是区分过程中的梯级，是帮助我们认识和掌握自然现象之网的网上纽结。"[③] 另一种是反映一个时代的统治思想的普遍观念，这要从统治阶级的统治方式上理解。马克思、恩格斯在《德意志意识形态》中讲，任何时代的统治思想，都是统治阶级的思想，"每一个企图取代旧统治阶级的新阶级，为了达到自己的目的不得不把自己的利益说成是社会全体成员的共同利益，就是说，这在观念上的表达就是：赋予自己的思想以普遍性的形式，把它们描绘成唯一合乎理性的、有普遍意义的思想。"[④] 可见，普遍观念的还原，一方面要还原到阶级统治和相应的人与人的社会关系；另一方面要还原到人类实践和相应的人与自然的相互关系，绝对不可能通过抽象的个人来还原。因此，启蒙运动的"天赋人权"论是一个很不成功的论证，或者说根本没有论证。

第二，抽象人性论的论证，即把人的解放归结为普遍人性的诉求，用人性说明历史，以理想代替现实，靠道德变革现状，是人性论历史观的表达。把自由平等看做是人性的一种要求，或者是人作为人的一种要求，关键在于什么是人性。如果人性是一种客观趋势，那就要致力于揭示这一客观趋势形成的内在机理（如从黑格尔到马克思所作的努力那样）；但如果把人性视为一种既有的、理想化的主观价值诉求，那么将其视为历史的根本动力就是肤浅的。

① ［法］卢梭：《社会契约论》，何兆武译，商务印书馆1980年版，第8页。

② ［法］孔狄亚克：《人类知识起源论》，洪洁求、洪丕柱译，商务印书馆1989年版，第111页。

③ 《列宁全集》第55卷，人民出版社1990年版，第78页。

④ 《马克思恩格斯选集》第1卷，人民出版社1995年版，第100页。

比如康德，作为德国最为重要的启蒙主义思想家，对于人为什么是自由的最有特色的论证，就是“意志自由”论。他把人的自由归结为道德意志自由，指认人能够脱离动物本能，打破趋利避害的因果链条，超越有形、有限的物质的界限而达到自由。不难看出，康德的自由意志其实就是一种崇高的道德精神，是一种按照“应该”而不是“利益”去行动的力量。他提出了“你应该因为你可以”这一道德自由律，并把这一律令叫做绝对命令。如果按利益去行动可以表述为“假言判断”的句式的话，那么按道德命令去行动就可以表述为“直言判断”的句式。自由意志之所以对人是一种绝对命令，是因为普遍适用，必须而且可以无条件地去做。道德意志打破了利益的狭隘性，展示了人无比开阔的自由空间。但是，由于康德把自由视为与利益截然对立的纯道德力量，其自由意志就必然软弱无力。

大家知道，人们的历史活动总是从切身利益出发的，起码绝大多数人在绝大多数场合下是如此。正如马克思、恩格斯所指出的，“各个人的出发点总是他们自己，不过当然是处于既有的历史条件和关系范围之内的自己，而不是玄想家们所理解的‘纯粹的’个人。”① 其他暂且不论，怎么能够说明超功利的自由意志就是人性，而追求利益就不是人性，本身就成为无解的难题。康德的自由意志成为实践领域的“物自体”，使之陷入了最深刻的悖论，并导致了一系列的割裂，止步于无法自拔的“二律背反”。他的道德自由意志本来是作为实践理性的体现，但是它恰恰跟实践的本性是相悖的。实践天然具有功利性，实践中的目的性（“善”）不可能完全超脱功利性。实践是生活的本质，而利益则是实践的本性。康德之所以打着实践理性的旗号，走向道德浪漫主义，正如马克思主义的经典作家们所分析的，源于近代德国资产阶级的软弱性，不仅不敢正视社会的公众利益，甚至连自身的利益也不敢明确表达。

马克思在 1844 年底写的《神圣家族》中说“思想一旦离开利益就一定会使自己出丑”②。这种离开利益的纯粹的道德自由意志，不仅没有多少实践的空间，而且理论想象力也苍白。正如列宁指出的，“为什么从实践、行动只向‘善’（das Gute）过渡呢？这是狭隘的，片面的！”③ 实际上人性本身是多重的，既有功利的一面，也有超功利的一面，不可能用单一的人性来说明、解释重大的社会问题。而且人的道德自由意志本身、包括人性在内也在不断地变化。有时候善表现得多一点，有时候恶表现得多一点；有时人性的多重性较为协调，有时人性的多重性尖锐地冲突。比如启蒙主义者都把自由摆在人性追求的第一位，似乎人性自由天经地义，然而自由并不是任何时候都是人性的第一诉求。如弗洛姆指出的那种“逃避自由”的情况，就一再出现在历史的记忆中。恩格斯曾引证过德国农奴在 17 世纪放弃“自由”、寻求领主保护的史实，说明个人意志是历史条件的产物，而不是相反。“甘受奴役的现象在整个中世纪都存在，在德国直到三十年战争后还可以看到。普鲁士在 1806 年和 1807 年战败之后，废除了依附农制，同时还取消了仁慈的领主照顾贫病老弱的依附农的义务，当时农民曾向国王请愿，请求让他们继续处于受奴役的地位——否则在他们遭到不幸的时候谁来照顾他

① 《马克思恩格斯选集》第 1 卷，人民出版社 1995 年版，第 119 页。

② 《马克思恩格斯全集》第 2 卷，人民出版社 1957 年版，第 103 页。

③ 《列宁全集》第 55 卷，人民出版社 1990 年版，第 181 页。

们呢?”①

关于人性有三点需要讨论：其一，人性既然是多重性的复合，那么主导人性变化的因素是什么？我们不能如有的西方学者那样，只停留在人性多重性的判断上，满足于“一半是天使，一半是魔鬼”的感叹。对人性多重性的探索必然突破人性本身，而进入人的社会化过程，进入社会历史视野的分析。其二，人性是既有的、与生俱来的固有力量，还是随着人的自我创造、自我生成而不断积淀、形成的力量？换句话说，人性是不断变化的，还是凝固不变的？如果人性是不断的变化，那么就要找到推动它变化的原因在哪里。其三，人性在历史中到底有多少作用？人性是历史的表象、结果，还是历史深处起第一性决定作用的根本动力？换言之，是人性创造历史，还是历史改变人性？

因此，启蒙学者企图用人性论来说明一切社会现象，这本身就是不成功的。正是由于上述矛盾导致了他们在思想理论上的种种混乱，根子在于他们缺乏一个统一的、真正具有历史感的历史观，缺乏对于人性的科学的说明。所以启蒙运动之后，必然会引起哲学上的大变革。这是启蒙运动提出的历史性课题。这个哲学上的变革是通过德国古典哲学的变革和黑格尔哲学的解体、马克思主义哲学诞生这两个哲学运动实现的。这一哲学变革产生了持久的、深远的历史影响，其中最为重要的就是颠覆了18世纪“原子式的个人”，形成了“现实的人及其历史发展”的新历史观。“被斯密和李嘉图当作出发点的单个的孤立的猎人和渔夫，属于18世纪缺乏想象力的虚构。……这种18世纪的个人，一方面是封建社会形式解体的产物，另一方面是16世纪以来新兴生产力的产物，而在18世纪的预言家看来（斯密和李嘉图还完全以这些预言家为依据），这种个人是曾在过去存在过的理想；在他们看来，这种个人不是历史的结果，而是历史的起点。因为按照他们关于人性的观念，这种合乎自然的个人并不是从历史中产生的，而是由自然造成的。这样的错觉是到现在为止的每个新时代所具有的。”②

## 二　黑格尔的意识形态变革

黑格尔的哲学建树如果用一句话来概括，似可概括为建立了理性主义一元历史观。换言之，黑格尔实际上完成了启蒙学者提出的把理性科学推广到历史领域的任务，使历史领域不再是主观任性的自由空间和现象描述的杂乱领地。其理性主义一元历史观的最大特点在于试图用逻辑来说明历史，从而揭示历史的本质和规律。马克思曾把黑格尔的历史观简要而准确地概括为“人格化的逻辑”，就是把历史逻辑化，把逻辑人格化。黑格尔的理性主义一元历史观的成就和内在缺陷都聚焦于此。

具体说来，黑格尔认为作为理性最高的成就是逻辑概念（其最高表现为“观念”），如同列宁所概括的，“概念还不是最高的概念：更高的还有观念 = 概念和实在的统一。”③显然，如果能够通过逻辑概念将历史还原，那么历史就是理性的、有内在规律的历史，是可以清晰把握和认识的，而不再是不可知的、混乱的一团迷雾。黑格尔因此而首创了历史和逻辑相一

① 《马克思恩格斯选集》第3卷，人民出版社1995年版，第440页。

② 《马克思恩格斯文集》第8卷，人民出版社2009年版，第5—6页。

③ 《列宁全集》第55卷，人民出版社1990年版，第141页。

致的命题。他认为逻辑的历史是现实历史的本质，而现实历史则是逻辑历史的展开，因而历史和逻辑相一致。但是事实上历史和逻辑并不一致：历史是感性的、充满偶然性的（偶然性在历史中往往是很起作用的），是跳跃、“断裂”式发展的，而不是循序渐进的，更重要的是历史呈现出多种多样和无比丰富性。相反，逻辑则是单一的、循序渐进的、环环相扣的，是由必然性来支配的，即一个环节必然推出另一个环节。

1. 历史与逻辑的统一何以可能

历史和逻辑怎么能够统一？黑格尔哲学变革首先要解决的难题，就是怎么用逻辑来再现历史，进一步看，这一问题的关键就是如何用确定的逻辑包容不确定的、无限的历史。因此，问题首先在于什么叫无限？如何使有限和无限相统一？黑格尔的突破就是从解决“无限”开始。

在黑格尔看来有两种无限，一种叫做“恶的无限”，就是纯粹量和空间的扩展，或者是时间的抽象叠加，这种无限不但没有意义，也没有结果，不是“历史”。这种外在的、纯量的扩张的无限，要害是脱离了具体事物，使自身成为纯抽象的无限。“‘恶的无限’是这样一种无限性，它在质上和有限性对立，和有限性没有联系，和有限性隔绝，似乎有限是此岸，而无限是彼岸，似乎无限站在有限之上，在有限之外……”① 而真正的无限，或叫具体发展的无限，则必定是有限事物自身的无限发展，因而必然表现为“自我是自我的原因”，是“圆圈”式的发展。这是真正能够认识、能够把握其规律的无限发展状态，因而构成“历史”。在黑格尔看来，要把握历史的无限，一定要解决好主体和客体、开端和终点的统一，否则，就会陷入“恶的无限”。他把整个历史归结为绝对精神的自我展开，从其“纯存在”出发，通过外化（历史现象）以及外化的扬弃（历史还原）而回归自身。经历了这个“圆圈”，历史就可以完整地展现出来，认识这个圆圈就认识了真正的“历史无限”，即有限中的无限。黑格尔的一元历史观的可能性，就在于其通过辩证法达到了无限和有限的统一，从方法上解决了康德关于有限认识和“物自体”的悖论。“这种方法，用思辨的话来说，就是把实体了解为主体，了解为内部的过程，了解为绝对的人格。这种了解方式就是黑格尔方法的基本特征。”②

黑格尔的贡献在于克服了康德的二元论。康德的二元论表现在两个方面：一是现象和本质（或知识和信仰）的二元。康德承认现象背后可能有物的存在，他把隐藏现象背后的本质叫做“物自体”，或者叫物的本体。现象千变万化，其背后也许有个“一以贯之”的物自体，但是物自体本身是不可能认识的。由于本质深藏在现象背后，而认识必须通过有限的感官，无法把握现象的总体，因而认识只能止于现象及其关系，无法深入到本质。所以，现象后面的本质是什么，本质性规律是什么，“物自体”是什么，我们不能够追问，否则就会陷入一系列的悖论。康德曾反复地论证，我们如果用有限的认识能力去涉及无限的“物自体”的时候，就会陷入一种不可自拔的悖论，徘徊于一连串的“二律背反”。总之，关于“物自体”我们可以猜想它存在，但不能证明，因而这不是知识范围内的问题，只能靠信仰解决。二是

① 《列宁全集》第 55 卷，人民出版社 1990 年版，第 95 页。

② 《马克思恩格斯全集》第 2 卷，人民出版社 1957 年版，第 75 页。

自由意志和实践功利的二元。如前所说，社会生活本质上是实践的，而实践天然是功利的。人在现实生活中道德意志、自由意志怎么和人的功利性实践相结合，这个问题康德始终没有解决。所以他的道德意志始终是彼岸的东西，不存在于此岸（现实），因而不能算是真正的“实践理性”，只能是浪漫的道德理想。对于康德的二元论的消解，存在两种选择：一是反“本质主义”的选择，即从根本上取消“物自体”、取消“实践理性”，实际上就是根本否认历史的客观规律性；二就是历史辩证法的选择，解决历史和逻辑相一致的问题，这一选择由黑格尔开了头。

2. 黑格尔对历史与逻辑统一问题的解决

黑格尔为了解决逻辑把握历史的难题，做了两个设定：一是设定站在历史的终点即历史发展的最高点上再现历史，所以其逻辑是对已经实现的历史的再现。“历史的最后阶段就是我们的世界、我们的时代”①。弗兰西斯·福山在《历史的终结》中说，黑格尔和马克思有一个共同点，即都承认历史有终点。站在这个终点上，历史的逻辑性就显现出来了。如果不是在终点上，而是在过程中，历史显现的是多样性而不是单一性，就难以用逻辑再现历史。这个终点就是精神能够回归到自身，也是思想圆圈能够大致形成的条件。只有以此为前提，才能通过概念把历史再现出来。所以黑格尔一直强调哲学是一种反思性的学问，它是对历史的“回溯式”沉思，是历史真实的思想结晶。哲学不参与创造世界，只是把世界的整体再现出来。黑格尔对于哲学的定位是：“哲学作为有关世界的思想，要直到现实结束其形成过程并完成其自身之后，才会出现。概念所教导的也必然就是历史所呈示的。”因此，哲学不改变世界，不指导实践，“对灰色绘成灰色，不能使生活形态变得年青，而只能作为认识的对象。密纳发的猫头鹰要等黄昏到来，才会起飞。”② 这既表明黑格尔哲学保守的一面，也表明黑格尔哲学机智的一面。众所周知，当我们设定了历史的终点的时候，就限制了历史的无限性，而许多未知性就变成了可知。设定终点就把历史的无限可能性转化为现实的必然性，就可能通过逻辑去把握。这样的历史尽管依然事件很多，感性材料很丰富，但是在其现实的大的历史趋势中，还是基本上有一个脉络可循。黑格尔用逻辑把这个历史脉络把握住，就大体上做到了历史和逻辑相一致，取得了无法否认的成就。这是在评价黑格尔哲学时应当注意的。

黑格尔在历史和逻辑相一致的另一设定是创立了概念辩证法。黑格尔把矛盾引进概念，把矛盾转化引进逻辑，实际上使逻辑成为活生生的现实历史的表现方式。因此黑格尔的概念不是单一的、纯形式的思维工具，而是异质性的、包含着具体内容的辩证法。换言之，黑格尔的概念是包含着不同性质事物的统一体，也就是矛盾的对立统一，因而成为自我运动、自我发展的源泉，黑格尔将之称作“差别的内在发生”。列宁高度评价了这一思想，指出：“非常重要!! ……‘差别的内在发生’，是差别、两极性的演进和斗争的内部客观逻辑。”③ 列宁还特别强调不能将此简单地理解为差别、外在关联，而要从转化过渡、整体联系和内在否定上去把握。这样概念的矛盾才反映了现实的矛盾转化和历史变化的过程。“注意（1）普通的表象抓到的是差别和矛盾，但不是一个向另一个的过渡，而这却是最重要的东西。（2）机智

① ［德］黑格尔：《历史哲学》，王造时译，上海书店出版社2006年版，第436页。

② ［德］黑格尔：《法哲学原理》，范扬、张企泰译，商务印书馆1961年版，序言第13—14页。

③ 《列宁全集》第55卷，人民出版社1990年版，第82页。

和智慧。机智抓到矛盾，表达矛盾，使事物彼此发生关系，使‘概念透过矛盾映现出来’，但没有表达事物及其关系的概念。(3) 思维的理性（智慧）使有差别的东西的已经钝化的差别尖锐化、使表象的简单的多样性尖锐化，以达到本质的差别，达到对立。只有那上升到矛盾顶峰的多样性在相互关系中才成为活跃的（regsam）和有机的——才能获得那作为自己运动和生命力的内部搏动的否定性。”① 总之，概念辩证法的创立，是黑格尔能够完成理性主义一元历史观非常重要的变革。

黑格尔的逻辑学、历史哲学、法哲学都是按照概念辩证法来构造的体系，从一个概念向另一个概念转化。从“主观精神”、“客观精神”和“绝对精神”，到“东方世界”、“希腊罗马世界”和“日耳曼世界”，再到“抽象法”、“道德”和“伦理”（含家庭、市民社会和国家三环节），以至国家内部“王权”、“行政权”和“立法权”，都包含着一系列概念的差异、内在的矛盾对立以及范畴间转化的必然性，因而曲折地反映了历史的进程，这是黑格尔所开创的一个思想变革。“机智而且聪明！对通常看起来似乎是僵死的概念，黑格尔作了分析并指出：它们之中有运动。”② 但是黑格尔的变革也有根本缺陷，即颠倒了概念辩证法和历史辩证法的关系，或者说是颠倒了观念和现实的关系。事实上，范畴不过是现实历史和人类实践活动的思想概括，生活是“原本”，而概念是“摹本”。黑格尔最大的问题就是颠倒了“摹本”和“原本”的关系，把本来是从现实生活抽象出来的逻辑关系、逻辑概念的演变，变为创造历史的第一性的、真实的存在，而把生活本身变成了派生的。所以就不可避免地会出现历史“溢出”逻辑的情况，其逻辑总是要不断地被现实历史打破，也就是说黑格尔的逻辑包容不了现实。这是黑格尔历史哲学遇到的第一个挑战。

此外，黑格尔的历史哲学把历史逻辑化，把全部历史现象都纳入理性的逻辑范畴，包括宗教、艺术在内。他用逻辑去解读宗教，认为哲学和宗教都是绝对精神最高的自我认识的形态，表达的都是无限的、绝对的真理，只是方式有所不同，哲学以逻辑方式，而宗教以象征方式。换言之，在宗教和哲学里，精神不仅扬弃了各种低级形式的主观性和外在性，而且扬弃了伦理世界那种“分裂成此岸与彼岸的那个世界”，真正在对象性存在中返回了自身。黑格尔在叙述理性的发展过程时，特别强调从理性到精神的转折，指出“当理性之确信其自身即是一切实在这一确定性已上升为真理性，亦即理性已意识到它的自身即是它的世界、它的世界即是它的自身时，理性就成了精神。”③ 因此精神是理性的绝对实在的本质，其表达形式分别为艺术、宗教和哲学。绝对精神在其精神发展阶段中依次经历艺术、宗教、哲学等不同层次逐步上升，先后采取了直观、表象和概念等不同的表现形式，但它们之间的差别只是绝对精神表达形式的差别，它们都体现了绝对精神那主体和实体、自身和世界的同一。艺术、宗教是绝对精神通过直观或表象对自身的认识，哲学则是绝对精神通过概念而认识自身，它们是同一的。因此，哲学和宗教研究的对象是同一的，都是客观存在着的绝对真理即神。所以，哲学与宗教相通，哲学在解释宗教时就是在解释自己，而哲学在解释自己时也就是在解释宗教。宗教观念通过相应形象的象征意义，表达了哲学概念的内在规定性；而哲学概念则

① 《列宁全集》第 55 卷，人民出版社 1990 年版，第 119 页。

② 同上书，第 91 页。

③ ［德］黑格尔：《精神现象学》（下），贺麟、王玖兴译，商务印书馆 1979 年版，第 1 页。

通过其自身的多种规定性的统一，表达了宗教观念的天启和神圣。宗教中的所谓圣父、圣子、圣灵“三位一体”，象征着绝对精神的存在方式，因而在哲学中就表现为普遍性、特殊性和个别性的逻辑展开。在宗教中，绝对精神被称为神，以“圣父”（上帝）为象征；在哲学中，神被称为绝对精神，以“绝对理念”为根本。在宗教中，“圣子”（基督）是人与神结合的产物；在哲学中，精神和自然界结合的产物是“具体概念”。在宗教中，“圣灵”是理念通过教会、教团从信仰向知识转化的象征；在哲学中，“精神”是理念通过国家、法律从个别性向普遍性转化的环节。这也就表明，哲学高于宗教，因为逻辑思维的形式高于表象思维的形式。这就是说，尽管他认为哲学和宗教都是绝对精神自我意识的最高形式，他们的对象都是无限，都是神，认识的都是绝对的普遍的东西．但是由于宗教的方式比较粗陋，其象征、隐喻、形象等形式，没有摆脱感性的粗糙，思维还不纯净，而哲学则完全用的是概念，它脱离了事物的原型，用普遍的概念来表达精神的自我意识。从这点来说，他虽然要调和宗教和哲学，认为这两者都是以绝对真理、以无限作为认识对象，但是哲学比宗教要更高一筹。

3. 黑格尔宗教、哲学观受到的批判

黑格尔宗教哲学观的两重性必然受到两方面的批评。一方面，正统的神学家不满意黑格尔对宗教的理性主义解释，攻击黑格尔是“逻辑泛神论”，坚决要求维护正统神学的绝对统治地位。他们认为信仰高于理性，宗教不仅不能、也不需要用理性来论证，相反，只有上帝的启示才能通向绝对真理。例如，施莱尔马赫尔就认为，不是在费希特的“自我的逻辑演绎”或黑格尔的“客观知识”中，一切对立面只有在直觉和情感中才能被超越，使人体验到无限与永恒，直觉和情感的经验是一个无法为知识所进入的永恒的即绝对的领域。另一方面，真正的哲学理性推崇者也不满黑格尔，反对用理性来为信仰作论证，竭力要从黑格尔哲学中得出彻底的无神论结论，他们中有的人如费尔巴哈看到了黑格尔本身的悖谬，于是开始批判他[①]。他们认为宗教本质上是非理性的，比如说“耶稣复活”一类的神话，就不可能将其纳入理性的范畴，否则，就是对人类理性的亵渎。因此，青年黑格尔派打响批评黑格尔第一炮的大卫·施特劳斯，就是从宗教与哲学关系突破。他写了《耶稣传》挑战黑格尔的宗教观点，认为事实证明构成宗教根基的神话是没有历史真实性的传说，不能把它作为真实的历史。他写《耶稣传》的目的是用世俗的眼光解读耶稣，宗教中的耶稣和现实中的耶稣是两个人，他要用真正的理性的观点来复原耶稣作为普通传教士的历史真实。用神圣的观点看，耶稣是没有传的，只有凡人才有传。因此，施特劳斯想以此说明不是所有历史都能够进入逻辑，而在逻辑之外，还有非逻辑的历史。这就是青年黑格尔派反攻黑格尔的一个由头，应该说抓住了其软肋。

黑格尔的另一软肋是如何界定历史的终点问题，他对此是矛盾的。比如黑格尔认为现代国家的方向是向国家概念的回归，即理想化国家的不断实现。他认为所有的现实事物都是概念的不断实现，因为所有事物都有一个向最佳状态进化的方向，他把这个最佳状态规定为概念，所以一切事物的运动都是概念的自我回归。人的发展方向就是越来越像“人”，

① 参见孙伯鍨《探索者道路的探索》，南京大学出版社2002年版，第23—24页。

前者是指现实的人，后者是指理想的、完全实现了自身的人，所以人的全部发展就是向人回归，是概念的自我回归。这一终点的矛盾就在于：一方面黑格尔认为概念的理想状态不能轻易地和现实中的某种事物直接等同；但是另一方面他的人的概念、国家的概念，甚至其他理想化的概念的现实立足点基本上还是德国，这就是他的局限性。所以人们可以从各个方面来对他的哲学进行批判，包括他的国家哲学。但是必须明确，不能简单否定、要努力拯救其中的辩证法（如马克思那样），否则批判黑格尔就可能导致向实证主义、相对主义以致浪漫主义回归，使得一元历史观成为一种不可能的事。要知道，在社会历史领域复活多元主义历史观、相对主义真理观和经验主义、实证主义方法论的主宰，只能是一种倒退。

4. 费尔巴哈对黑格尔的批判

费尔巴哈不是简单地回到经验主义或者实证主义。费尔巴哈确有实证主义的倾向，他强调用经验的、感性的人来批判黑格尔的绝对精神，但也需注意，他的感性人并不是纯粹经验个人，而是作为“类存在的个人”。原因在于当费尔巴哈从感性的人出发，提出要对黑格尔哲学进行颠倒，在认识论领域还比较有成效。费尔巴哈说我们只要把黑格尔哲学中的主宾颠倒过来，就能得到纯净的、确定无疑的真理的光辉。比如黑格尔说绝对精神创造了人，把它颠倒过来就是人创造了绝对精神；宗教说是上帝创造了人，颠倒过来是人创造了上帝。“我们只要经常将宾词当作主词，将主体当作客体和原则，就是说，只要将思辨哲学颠倒过来，就能得到毫无掩饰的、纯粹的、显明的真理。”① 但是费尔巴哈的这个主宾颠倒原则用到社会领域就遇到很大的难题，在国家主权问题上尖锐地表现出来。黑格尔之所以要保留王权，理由就是国家主权的整体性必须体现在普遍、特殊和单一这三个环节上，缺一不可。“国家人格只有作为一个人，作为君主才是现实的。”“因此，整体的这一绝对决定性的环节就不是一般的个体性，而是一个个人，即君主。”② 从有限的、感性的个人出发，不仅无法驳倒黑格尔的法哲学，更不能说明历史活动的真实主体及其发展规律，甚至不能真正放眼看历史。因此费尔巴哈又提出了克服人的异化的原则。

人的异化是指脱离了人的本质的存在状态。人虽然是个体，但其不是单一、有限的个体，而是多重组合的复合体、是具有“类本质”的个体。“新哲学的基础，本身就不是别的东西，只是提高了感觉实体——新哲学只是在理性中和用理性来肯定每一个人——现实的人——在心中承认的东西。”③

其一，个体是理智和情感的统一。费尔巴哈最早提出真正的哲学不仅要面向思维而且要面向情感，把情感作为哲学的原则其功不可没。他还首创了“德法联盟”的思想，认为德法两国思想家联盟才能产生一种新的哲学。其所以如此，就在于他认为德国人代表了思维原则，而理性思维代表了男性的原则；法国人则体现了情感的原则，而情感代表了女性的原则。“心情，是女性的原则，是对于有限事物的官能，是唯物主义的所在地——这是法国式的想法；头脑，是男性的原则，是唯心主义的所在地——这是德国式的想法。心情是革命的，头

① 《费尔巴哈哲学著作选集》（上），生活·读书·新知三联书店1959年版，第102页。

② ［德］黑格尔：《法哲学原理》，范扬、张企泰译，商务印书馆1961年版，第296页。

③ 《费尔巴哈哲学著作选集》（上），生活·读书·新知三联书店1984年版，第168页。

脑是改良的；头脑使事物成立，心情使事物运动。”因此，“真正的、与生活、与人同一的哲学家，必须有法国人和德国人的混合血统。”① 所以他提出，正如完整的人应该是男性和女性的有机统一体，真正的哲学也应该是情感和理性的统一，才能克服旧哲学的片面性，产生新的哲学。“把人分割为身体和灵魂，感性和非感性的本质，只不过是一种理论上的分割；在实践中，在生活中，我们否认这种分割。”② 青年马克思曾积极筹办《德法年鉴》，他明确讲这是实践费尔巴哈的思想，因为费尔巴哈最早提出要把德国思想家和法国思想家结合起来，才能产生真正的新哲学。所以在费尔巴哈看来真正的哲学家，必然是理性和情感的完美结合，综合了男性和女性的优良素质。

其二，个体又是认识和行动，或者说是主体和客体的统一。每个人不仅是认识的主体，而且是最重要的认识对象。所以费尔巴哈讲，人最重要的认识对象是人，人要认识自己，要通过他人来认识自己。人不仅是认识的主体，也是认识的客体，还是行动的主体。不能轻率地讲费尔巴哈不懂实践，不能简单地把他视为机械唯物主义。费尔巴哈在 19 世纪 40 年代影响了包括马克思、恩格斯等在内的一大批哲学精英，引领了德国这样一个哲学思维发达国家的哲学潮流，其产生的影响力更是无法估量。费尔巴哈反对把实践作为真理认识的标准，主要源于其无法将实践的功利性和真理性认识的客观性统一起来。他提出了在人的实践能够创造（改变）对象的前提下，怎么认识事物的本来面貌，怎么获得对事物的真理性认识这一难题。可见，他绝不是一概反对在动态中认识对象，而仅把认识视为纯消极直观的静态结果。此外，费尔巴哈也不是不讲利益，他的确没有明确区分出生产关系层面上的物质利益及其哲学意义，但是，唯物主义的感觉论原则决定其必然要承认利益、欲望、需求等的哲学意义。他的独特性还在于，为了防止对唯物主义作粗俗的解释、把对利益的承认引向肉欲主义和享乐主义，他以“个体和类相统一”为尺度严格区分合理的利己主义和极端的利己主义、合乎人性的利益和违反人性的利益。应该说，这一努力表达了他力图超越自由个人主义的集体功利主义的价值取向。

其三，个体还是个体和类的统一。每个个人不仅仅限于你的肉身，而且每个人身上还有一种类的本质。“对于费尔巴哈来说，一切知识都是人作为人的类的一员而得来的，而且在人作为人的类的一员而活动时，他的活动在性质上是不同的，他的人类同伴使他意识到自己是一个人，他们造就他的意识，乃至真理的标准。”③ 费尔巴哈讲单个人的本质不是有限性而是无限性，个人的本质的无限性就在于人类的无限性。他把人的类本质概括为三类：首先，人能够认识、有理性，这是认识之光。理性和知识的积累是无限的，所以人是无限的。其次，人有情欲、有感情，这是爱欲之光。爱是无限的，爱必须有超越自我以外的对象，体现了个人超越自我的内在需要。最后，人有意志、能行动、能创造一个对象世界，这是实践之光。这些都是普遍性的力量，所以人的本质不是有限性而是无限性，人有一种超越自我的固有的本性。他认为人是相互需要的、相互依赖的存在，破坏了人的交往需要，人就异化了。所以费尔巴哈把人的孤独化视为人的异化，其实质是把人的社会交往阻断了。这也是他极力批判

① 《费尔巴哈哲学著作选集》（上），生活·读书·新知三联书店 1984 年版，第 111—112 页。

② 同上书，第 209 页。

③ ［美］戴维·麦克莱伦：《青年黑格尔派与马克思》，夏威仪等译，商务印书馆 1982 年版，第 95 页。

宗教的原因，因为人是相互需要、喜欢交往的动物，当这一需要不能被满足时，人就需要宗教，因为宗教虚幻地满足了人对人的依赖感，这就是宗教存在的原因。但是，人对于宗教的需要，掩盖了他们相互之间的需要，人似乎获得了一种“社会”生活，而实际上仍处在自我封闭、孤立化的状态。只有批判宗教，才能恢复人和人的真正交往，实现人的类本质。费尔巴哈甚至由此出发提出，要消除宗教唯一的出路是社会主义，因为实现了社会主义，人过上了真正的社会化生活，恢复了人和人的真实交往，人真正成了自己的上帝，宗教也就没有存在的必要了。

但费尔巴哈最大的问题在于，人和人相互需要、相互交往依靠的现实基础在哪里？现实纽带在哪里？他甚至没有提出，更没有解决这一问题。他始终把人和人的相互交往、相互依靠看做是情感的需要和心理的依赖。所以他不能进一步提出社会主义怎么才能立足、怎么才能实现的问题，他的个体人就没有真正的超出人自身，最后还是回到了孤立的、自我封闭的个人。因为他把人的类本质看成是每个人身上固有的自然情感和心理状态，没有真正涉及现实的人和人的社会关系，没有涉及人和人的社会关系赖以建立的生产活动。没有这个牢固的基础，其类本质就没有真正现实的社会历史内容。

所以费尔巴哈的“人”是没有历史性的人。马克思批判说，在费尔巴哈那里没有“自然的历史”和“历史的自然”。所谓“没有自然的历史”就是没有一种客观发展的历史，在费尔巴哈那里只有宗教史、人的思想和心理活动史，而没有生产史、没有劳动史，也没有社会变迁史，这点他比不上黑格尔。而所谓“没有历史的自然”是指在费尔巴哈那里，自然界是从来如此、一成不变的，这个僵死的自然当然不能成为唯物主义历史观的基础。实际上自然界不仅自身在不断变化，更有在人的实践活动中不断形成的“人化自然”。费尔巴哈的失误，归结起来就是唯物主义和历史主义的对立、科学原则和人道原则的背离，或者说，是唯物主义和理想主义的二元论。诚如马克思所反复阐明的那样，当费尔巴哈是唯物主义者的时候，历史在他的视野之外，而当他关注历史变化时，就绝不是唯物主义者；当他站在人道主义立场，出于对穷苦人的同情而批判现实时，并没有面对现实的科学态度，而当他试图面对现实时，却又陷入了替现实辩护、让穷人认命的保守立场①。这种理想和科学的二元论，虽然是费尔巴哈的悲剧，却绝不仅仅是其个人的过失。说到底，这是个时代的难题，是至今仍困扰着人们的“理论怪圈”。因此费尔巴哈不能够完成对黑格尔的辩证法的整体的颠倒，而只能在倒洗澡水时也倒掉了辩证法。

## 三　马克思对黑格尔哲学的整体性颠倒

“辩证法在黑格尔手中神秘化了，但这决没有妨碍他第一个全面地有意识地叙述了辩证法的一般运动形式。在他那里，辩证法是倒立着的。为了发现神秘外壳中的合理内核，必须把它倒过来。”② 但是，辩证法的颠倒并非一般哲学意义上的主客体置换，或因果倒置，而是

① 参见《马克思恩格斯全集》第 3、42 卷所收入的《德意志意识形态》手稿中有关费尔巴哈的段落。

② 《马克思恩格斯选集》第 2 卷，人民出版社 1995 年版，第 112 页。

对于世界及其变化发展的再认识。这里有一系列重大变革，主要有以下方面。

1. 通过方法论的变革，解决辩证法向实践开放问题

马克思的哲学方法论，从根本上说，是唯物辩证法和历史辩证法的方法论，实际上就是认识和解决现实矛盾的方法论。但是怎么认识矛盾和解决现实矛盾，如何突破黑格尔的概念辩证法。首先要面向实践，打破黑格尔概念辩证法的封闭性。就历史观而言，马克思把黑格尔逻辑人格化的历史观变成以物质生产活动为基础的实践的唯物主义历史观，这是重大的认识飞跃。从方法论上说，马克思始终贯穿了一个基本原则，就是从批判旧世界中发现新世界，以解决实践的未来指向问题。马克思的哲学以改变世界为追求，因而必然是开放的、面向未来的，从而根本区别于黑格尔哲学。哲学要改变世界、面向未来、面向实践，怎么避免陷入主观臆测，怎么做到客观真实，马克思的基本原则就是“从批判旧世界中发现新世界”，即从批判旧世界的基本矛盾及其走向中发现新世界的胚芽，从而发现社会发展的客观规律。马克思的这个原则体现在三个方面。

一是整体性原则或者总体性原则。对旧世界的批判不能针对个别现象，从旧世界的个别现象中发现不了社会发展的趋势，因而必须从旧世界的整体着眼。就时空范围来说，它必须是资本主义发展比较成熟的所有国家，马克思至少考察了英、法、德、美这些当时资本主义发展程度最高的国家；而从普遍联系上看，则致力于揭示旧世界的基本矛盾及其走向，发现了生产力和生产关系的矛盾运动规律。可见，马克思主义是国际和时代的产物，而不是德国一国的产物，它分析批判的对象是资本主义的总体。

二是必然性的原则。马克思对于旧世界的批判，着眼点是旧世界必然产生的历史根据，这是马克思和空想社会主义及道德批判家最大的区别。他不把资本主义视为偶然产生的、因而凭借天才的头脑就可以避免的历史现象，而是将其看成人类社会发展必然要经过的一个历史阶段，寻找它必然产生的原因，从而也就奠定其必然灭亡的历史根据。在《共产党宣言》中，马克思、恩格斯一再强调资本主义之所以能够迅速发展并向全球扩展，就在于“资产阶级在它的不到一百年的阶级统治中所创造的生产力，比过去一切世代创造的全部生产力还要多，还要大”①。能够促进生产力的发展，这是资本主义必然产生的原因，而成为生产力发展的桎梏，这又是资本主义灭亡的必然根据。这是马克思从必然性上批判旧世界的一个基本原则。

三是内在否定的原则。从辩证法来看，一切事物的灭亡都是自己否定自己，不是纯粹外力作用的结果。外力作用是偶然性，必然性本身就包含着内在否定。恩格斯讲内在的否定就是事物自我发展的普遍方式，从一个环节必然进入另一个环节，因此必然性原则就包含着内在否定原则。马克思深入研究了资本的内在否定性，不断探寻其自我发展的极限。资本是资本存在的根据，也是资本自我否定的动力。马克思发现资本的力量在于为了获取剩余价值而具有无限扩张的趋势，所以资本有活力。但是资本的本性也给自己设定了自我否定的界限。资本总要革新技术，总要节约成本，总要开拓新的市场，只有这样才能获得超额的利润。但是资本的界限也就在这里，由于其本性的驱使，它无限制地打压生产成本，尤其是劳动力成

① 《马克思恩格斯选集》第1卷，人民出版社1995年版，第277页。

本，因而必然造成市场萎缩。周期性的经济危机、生产过剩就是市场萎缩的结果，而不是因为人民没有需求。此外资本要不断地扩展，需要推出新产品、新技术，需要充满创造力的人，而充满创造力的人又来自全面发展的人。但资本在它的过程中，不断造成人的异化、造成人孤立化、片面化、物欲化，限制了人的发展，也就限制了人的创造力。这是由资本自己设定的自我发展的极限。所以资本主义不可能万岁，而其超出这个界限被否定则是历史的必然。马克思的这个批判原则在今天没有过时，仍然是我们考察资本主义最重要的方法之一。资本是资本主义自我毁灭的根据，资本创造了它自己无法克服的矛盾，只有以结束资本的统治而告终。

2. 解决辩证法的历史根据问题

马克思哲学变革的又一重要方面，就是奠立普遍性观念的历史根据，即寻求普遍观念的实践基础或社会基础。马克思认为，关于人自身的普遍观念乍看来是人类共有的，但实际上是历史的、阶级的要求，因此，必须从历史发展的阶级基础上对其进行还原。比如说在资本主义社会强调的是自由、平等、人权等观念，但它绝非从来就是占据人们头脑的最重要的观念，而主要是满足了资本的要求。在封建社会最重要的观念就不是自由，而是荣誉、血统、出身。每个时代都有一些普遍观念，这些被普遍接受的观念背后是统治阶级，因此一切时代的统治思想都是统治阶级的思想。但是难题在于阶级性和全民性是怎么统一的，或者说统治阶级的东西为什么会得到大多数人的认可，这就是人们容易把普遍观念看作超阶级、超历史的人类观念的重要原因。

马克思破解这一难题的重要历史根据就是革命阶级。历史上的革命阶级在其革命时所提出的一些口号，虽然从根本上表达了本阶级的阶级意志，但是同时也表达了当时大多数人的一种普遍愿望。换言之，革命阶级的阶级利益和全人类的利益在一定的历史“节点”上有一定程度的吻合，这就是普遍观念能够得到普遍接受的社会历史根据。马克思认为，资产阶级在它革命的时候提出的一些口号之所以有感召力，就因为当时资产阶级的阶级利益还没有从第三等级分化出来，他们的口号也代表了当时大多数的人的普遍要求。但是等资产阶级掌握了政权，形成了既得利益，这些口号就带有越来越多的欺骗性。这样的一个变化，后来被曼海姆概括为“乌托邦”和“意识形态”的区别，他认为革命阶级在革命的时候提出的口号叫乌托邦，体现了共同的利益、共同的追求，具有普遍观念的作用。如同马克思、恩格斯指出的：“每一个企图取代旧统治阶级的新阶级，为了达到自己的目的不得不把自己的利益说成是社会全体成员的共同利益，就是说，这在观念上的表达就是：赋予自己的思想以普遍性的形式，把它们描绘成唯一合乎理性的、有普遍意义的思想。”① 但是在其掌权以后，就变成了“意识形态”。意识形态就是用普遍性的口号掩盖其阶级利益的实质，变成了虚假的观念。实际上乌托邦也是一种意识形态。马克思通过对于历史尤其是近代以来的欧洲史的充分考察，发现了普遍观念的阶级性、历史性依据，即主要以革命阶级所领导的革命运动为依托、以期间所形成的普遍利益为基础。所以普遍观念不是无根的，也不是如意识形态家们所认为的那样是天生的，它本身是有历史起源的。

① 《马克思恩格斯选集》第 1 卷，人民出版社 1995 年版，第 100 页。

3. 解决辩证法的现实基础问题

马克思要颠倒黑格尔的辩证法，第一不能回归个人本位，即把观念视为个人经验的产物；第二不能走唯理论的道路，即把观念看成是先验的、既有的。马克思的贡献在于把普遍观念还原为革命阶级的阶级实践，归结为以革命领导阶级为基础的社会普遍利益。但历史上的革命阶级的阶级利益最终总要转化为既得利益，那么建立一种真正的科学的意识形态的可能性在哪里？1843 年底，马克思就充满豪情地宣告："哲学把无产阶级当作自己的物质武器，同样，无产阶级也把哲学当作自己的精神武器；思想的闪电一旦彻底击中这块素朴的人民园地，德国人就会解放成为人。""这个解放的头脑是哲学，它的心脏是无产阶级。"① 所以在马克思看来，真正的改造世界的哲学，必定是跟先进阶级相结合的哲学。在这方面，马克思的重大发现就是对于现代无产者的发现，从而奠定了其哲学革命变革的前提。他在《关于费尔巴哈的提纲》中提出旧唯物主义的立脚点是市民社会，新唯物主义的立脚点是人类社会或者社会化的人类，强调的就是新唯物主义具有与旧唯物主义不同的阶级基础。

需要对旧唯物主义的立脚点是市民社会作点辨析。对市民社会通常有两种解释，一是把市民社会理解为资产阶级社会，这种解释用在这里说不通，因为新唯物主义也是在资本主义社会产生的；二是把市民社会理解为资产阶级本身，这个解释也难以说通，因为有的旧唯物主义者其立场已经不是资产阶级的立场，而是不自觉地代表了早期的无产者的立场，其代表的不是资产阶级的利益。空想社会主义者中取旧唯物主义立场的为数不少，其中许多是经验论者，用感觉论的方式来看问题，但是他们是反资本主义的。包括费尔巴哈在内的众多人道主义者，不是完全拥护资本主义的。因此，旧唯物主义以市民社会为立脚点唯一可能的解释，是指资本主义社会条件下形成的"抽象的个人"。这种"人"成为旧唯物主义哲学的社会基础，其习惯于两极思维：一是感性直观，一是抽象思辨。"抽象的个人"代表了资本主义社会的狭隘眼界，表明从抽象的人向现实的人的转变确实是空前艰难的革命变革。

关于新唯物主义的立脚点是"人类社会"，尽管可以将其解释为未来的共产主义社会，但由于这一社会还远未成为现实，因此唯一可能的解释就是指以共产主义为追求的无产阶级实践。马克思讲的新唯物主义的立脚点是人类社会或者社会化的人类，指的就是现代无产者的实践运动。在马克思看来，它体现了人类社会发展的未来，虽然它是存在于资本主义社会的现实因素，但它体现的却是未来社会的要素。从这点来说，马克思甚至认为现代无产者就是存在于资本主义社会的、共产主义社会的胚芽，是阶级社会解体的象征，因此称之为"非市民社会阶级的市民社会阶级"。马克思关于现代无产阶级分析的基本方法论，就是要突破主观性评价，即不仅不以其他阶级、阶层和个人的评价为依据，甚至也不以无产者当下的自我感受为依据，而是从人类历史发展的客观过程中来定位现代无产阶级，从资本主义社会的矛盾体系中来客观地确定无产阶级的历史地位。因此，马克思关于现代无产阶级的分析是一个重大的理论发现。

4. 马克思对于黑格尔辩证法的唯物主义颠倒的形式是意识形态批判

马克思之所以采取"德意志意识形态批判"这样的方式来完成其哲学变革，有很深的道

① 《马克思恩格斯选集》第 1 卷，人民出版社 1995 年版，第 15—16 页。

理：一方面黑格尔哲学、德国古典哲学曾经是马克思的哲学信仰，所以批判德意志意识形态也是清算自己过去的信仰。另一方面，以黑格尔为代表的德国古典哲学是最接近马克思主义哲学的哲学流派，或者说黑格尔的理性主义一元历史观是最接近辩证唯物主义一元历史观的，所以通过这种批判可以清晰透彻地说明马克思主义哲学的来源和其哲学变革的实质。从今天的情况看，由于德意志意识形态问题的核心是世界的统一性和历史的规律性问题，亦即一元世界观、历史观的合法性问题，及其所派生的两大形而上关系：理性与欲望、幻象与实在问题，因而具有特殊重要的意义。对于科学意识形态之可能的彻底否定，不仅导致对于批判和超越资本主义的彻底否定，而且导致对于世界和历史整体性把握之可能的彻底否定，其结果只能是经过相对主义而走向虚无主义和形形色色的主观主义。对于意识形态的彻底洗刷，不仅会导致理性的毁灭，也将导致欲望的虚化；不仅会导致幻象的破灭，也将导致实在消解。这一状况表明，并非如一些人所想象的那样，唯物唯心的划分在今天已是没有任何意义的、十分陈旧过时的哲学问题。意识形态问题上的混乱，再次把马克思、恩格斯为何及如何通过“意识形态批判”实现了最伟大的哲学变革问题摆到了我们的面前。

马克思进行理论探索的最初动因是为苦难的德国寻找出路，可是如果没有对于人类历史的正确了解，就不能正确提出和解决德国的问题。随着探索的深入，他越来越发现近代德国落后于现代人类文明的发展，那么，其改变现状的实际可能性在哪里？马克思在其世界观创立的关键性转折时形成了这样的认识：“我们是当代的哲学同时代人，而不是当代的历史同时代人。德国的哲学是德国历史在观念上的延续。因此，当我们不去批判我们现实历史的未完成的著作［oeuvres incomplètes］，而来批判我们观念历史的遗著［oeuvres posthumes］——哲学的时候，我们的批判恰恰接触到了当代所谓的问题之所在［that is the question］的那些问题的中心。在先进国家，是同现代国家制度实际分裂，在甚至不存在这种制度的德国，却首先是同这种制度的哲学反映批判地分裂。”① 这里表达了马克思这样一些相互连贯的思想：由于近代以来德国的发展落后于世界先进水平，因而从德国自身出发无法解决德国问题、甚至无法真正面对现实（承认德国落后的现实）；必须站在世界历史发展的制高点，面对发达国家的矛盾，才能找到德国的出路；而在德国进入世界历史的唯一通道就是批判和超越德国古典哲学。这就是从《黑格尔法哲学批判》到《德意志意识形态》的内在逻辑和思想历程。虽然德国哲学是颠倒的近代世界史，但它毕竟以颠倒的方式接触到了现代世界的矛盾。

马克思的意识形态批判之旨趣，一是从德国史进入世界史，二是从幻象中获得真相。由于近代德国在经济和社会发展上落后于英法这些当时的发达民族，因而马克思这一目标可能实现的前提是，近代德国能作为同时代先进民族的思想同行者而存在，也就是说，德国凭借其哲学思想而成为先进民族的同时代人。其根据在于：第一，一般地说，精神现象一旦产生，就会具有与社会经济发展不同步的相对独立性，因此，“经济上落后的国家在哲学上仍然能够演奏第一小提琴：18 世纪的法国对英国（而英国哲学是法国人引为依据的）来说是如此，后来的德国对英法两国来说也是如此。”② 特殊地说，资本主义基本矛盾的国际化，使得一国

① 《马克思恩格斯选集》第 1 卷，人民出版社 1995 年版，第 7 页。

② 《马克思恩格斯选集》第 4 卷，人民出版社 1995 年版，第 704 页。

社会矛盾尖锐化的根源不限于该国本身，从而造成经济相对落后的国家也可能爆发经济发达国家才有的社会矛盾。这就是说，“不一定非要等到这种矛盾在某一国家发展到极端尖锐的地步，才导致这个国家内发生冲突。由广泛的国际交往所引起的同工业比较发达的国家的竞争，就足以使工业比较不发达的国家内产生类似的矛盾（例如，英国工业的竞争使德国潜在的无产阶级显露出来了）。”① 上述表明，当时经济发展还相对落后的德国，完全可能成为发达资本主义国家的精神上的同步者，成为研究现代社会矛盾的典型观测点。

第二，一般地说，统一性问题是世界观的根本问题，也是世界观意义上真理性认识的前提。正因为如此，整个德国古典哲学的变革实际上就是要克服康德的“物自体”，其最大成果就是开辟了辩证法、认识论和逻辑相一致的道路。也就是说，只有通过辩证法的普遍联系和对立统一，才可能再现历史的真实和社会存在的真实，才能真实地认识和把握世界。特殊地说，资本主义发展造成的最大悖论，就是在促成人的解放的同时造成了人的物化，在促成人的独立的同时造成了人的孤立。“原子化”、“碎片化”成为现存社会的基础。正如马克思指出的：“尽管竞争把各个人汇集在一起，它却使各个人，不仅使资产者，而且更使无产者彼此孤立起来。”② 这种孤立的个人只能感受这颠倒的现存，而无法改变现存去开拓未来；只能直观以致屈从现实，或在道德愤慨和幻想中超越现实，无法真正面对现实去改造世界。上述表明，认识资本主义社会的真实，靠经验式的感性还原即回归感性个人行不通，而只能通过世界观的整体变革之路，从黑格尔辩证法的唯物主义颠倒入手。

尤其重要的是，当今西方哲学主流呈现碎片化、多元化态势，我们面临着相对主义、多元主义、“碎片化”占着主导地位的精神氛围。现在重温马克思的意识形态批判有很强的现实意义。不难发现，当下时尚的后现代情绪、非意识形态化思潮、消解“宏大叙事”、“思想淡出、突显学术”、“少谈主义、多研究问题”的氛围，无不指向一元化的世界观，这是目前非常重要的动向。所以今天研究马克思主义的意识形态批判，最根本的目的就是坚持辩证唯物主义和历史唯物主义一元世界观、一元历史观，这是我们坚持马克思主义主导地位的世界观基础。

**参考文献**

[1]［英］拉尔夫·达仁道夫：《现代社会冲突》，林荣远译，中国社会科学出版社2000年版。

[2]［法］孔狄亚克：《人类知识起源论》，洪洁求、洪丕柱译，商务印书馆1989年版。

[3]［德］黑格尔：《法哲学原理》，范扬、张企泰译，商务印书馆1961年版。

[4] 参见孙伯鍨《探索者道路的探索》，南京大学出版社2002年版。

[5]［美］戴维·麦克莱伦：《青年黑格尔派与马克思》，夏威仪等译，商务印书馆1982年版。

（原载《马克思主义研究》2011年第12期）

① 《马克思恩格斯选集》第1卷，人民出版社1995年版，第115—116页。

② 同上书，第116页。

# 驳“恩格斯宣布放弃共产主义理论”谬说

靳辉明

1842年11月—1844年8月，恩格斯在英国曼彻斯特期间，为了研究英国社会关系和政治关系，考察英国工人阶级的生活、劳动和斗争情况，遍访曼彻斯特工人和工人居住区，获得了大量“亲身观察的可靠材料”。在此基础上，恩格斯将这里的工人阶级状况作为研究专题，写成《英国工人阶级状况》。这部著作于1845年在德国莱比锡出版。

前不久，有人在一个座谈会上讲了许多令人惊讶之论。他说：“从《共产党宣言》起到《哥达纲领批判》，马克思恩格斯是宣传共产主义的。马克思于1883年去世。到了1886年，恩格斯宣布放弃共产主义理论。他在《英国工人阶级状况》美国版附录中写下了一段令他的追随者们目瞪口呆的话：共产主义不是一种单纯的工人阶级的党派性学说，而是一种目的在于把连同资本家阶级在内的整个社会从现存关系的狭小范围中解放出来的理论。这在抽象的意义上是正确的，然而在实践中却是绝对无益的，有时还要更坏。”这位同志接着说：“一切马克思主义的信奉者，实践者和研究者，都不可轻视或忽略这93个字，没读过或没读懂这93个字，就没有弄通马克思主义。上了西天，没取得真经。如果在这以前你读过许多篇马克思和恩格斯的著作，读过《共产党宣言》、《法兰西内战》和《哥达纲领批判》这些名篇，你就更要记牢这93个字，因为这93个字把这三大名篇否定了，把关于无产阶级革命和无产阶级专政的理论否定了，把整个共产主义理论体系否定了。”这位同志的所谓“真经”就是，恩格斯1886年写的这一段话，完全否定了马克思、恩格斯以前的著作，以及在其中所阐发的“整个共产主义理论体系”。事实果真如此吗？当然不是。只要对《英国工人阶级状况》的美国版附录和1887年序言稍作分析，就可以戳穿其伪造恩格斯观点的实质和拙劣手法。

为了解恩格斯观点的本意，我们把恩格斯这段话完整地引述如下。恩格斯在讲了马克思和他的社会主义思想形成和发展过程后写道：“我这本书只是它的胚胎发展的一个阶段。正如人的胚胎在其发展的最初阶段还要再现出我们的祖先鱼类的鳃弧一样，在本书中到处都可以发现现代社会主义从它的祖先之一即德国哲学起源的痕迹。例如，本书很强调这样一个论点：共产主义不是一种单纯的工人阶级的党派性学说，而是一种目的在于把连同资本家阶级在内的整个社会从现存关系的狭小范围中解放出来的理论。这在抽象的意义上是正确的，然而在实践中却是绝对无益的，有时还要更坏。既然有产阶级不但自己不感到有任何解放的需要，而且全力反对工人阶级的自我解放，所以工人阶级就应当单独地准备和实现社会革命。”以后恩格斯在《英国工人阶级状况》1892年英文版序言和1892年德文第二版序言中，都把这段话写了进去。这表明，恩格斯是多么看重这段话所反映出来的问题，更表明作为无产阶级理论家的恩格斯是多么严肃认真地反思自己的过去和“修正”自己的错误。这位同志所说的“93个字”，恩格斯恰恰认为是错误的、需要纠正的观点，是旧哲学的“痕迹”，而不是肯定这个说法，更不是用它来否定《共产党宣言》等著作和“整个共产主义理论体系”。不需要多少理论素养，只要有一点阅读能力，都会读懂恩格斯在这里所说的意思。可是，这位同志却伪造恩格斯的观点，来误导群众，这才真令人“目瞪口呆”。下面对这位同志的观点作进一步分析。

第一，用附录的观点否定《英国工人阶级状况》基本思想。《英国工人阶级状况》是恩格斯通过对英国工人阶级经济状况实地考察，阅读了当时能够找到的关于英国工人阶级状况的一切著作和官方文件写成的一部共产主义的重要著作。其中不仅描述了英国工人阶级所遭受的难以想象的苦难，而且揭示了这种苦难的根源在于资本主义制度；不仅说明了工人阶级是一个备受苦难的阶级，而且还阐明了正是由于这种低贱的经济地位，决定了它在争取本阶级的最终解放中会有何种作为。这些重要思想，进一步阐明了马克思也已经达到的关于无产阶级历史使命的学说。正如列宁在评价《英国工人阶级状况》时所指出的：“恩格斯第一个指出，无产阶级不只是一个受苦的阶级，正是它所处的那种低贱的经济地位，无可遏止地推动它前进，迫使它去争取本身的最终解放。而战斗中的无产阶级是能够自己帮助自己的。工人阶级的政治运动必然会使工人认识到，除了社会主义，他们没有别的出路。另一方面，社会主义只有成为工人阶级的政治斗争的目标时，才会成为一种力量。这就是恩格斯的关于英国工人阶级状况的一书的基本思想。”所以，谈论这部著作，首先必须把握这些重要思想，离开这些思想去任意引申，都不可能正确把握恩格斯的观点。

第二，用恩格斯不成熟的观点否定其成熟的思想。马克思主义创始人的思想发展，经历了一个从唯心主义到唯物主义、从革命民主主义到共产主义的转变过程。在这个基础上创立了自己的理论学说，并且逐渐形成了一个严整的科学体系。由于他们是在德国的精神环境中开始自己理论活动的，而德国又是一个“哲学的民族”，所以，在他们思想发展初期不能不受德国哲学的影响，同时在他们创立自己学说的过程中，也不能不逐步“清算”他们“从前的哲学信仰”。列宁这样概括马克思主义创始人这段思想的发展：“马克思在1844—1847年离开黑格尔走向费尔巴哈，又超过费尔巴哈走向历史（和辩证）唯物主义。”而1844年正是他们“离开黑格尔走向费尔巴哈”的时期，也就是受费尔巴哈人本主义哲学影响的时期。马克思的《1844年经济学哲学手稿》和恩格斯1844年的《英国工人阶级状况》，就是这个时期即“胚胎”阶段的代表作品。恩格斯所说的“德国哲学起源的痕迹”，指的就是费尔巴哈人本主义哲学的影响；那种“企图把两个互相斗争的阶级的利益调和于更高的人道之中的社会主义”，就是马克思、恩格斯在《德意志意识形态》第二卷和《共产党宣言》第三节中批判的以费尔巴哈人本主义为哲学基础的德国的“真正的社会主义”。他们尖锐地指出，“真正的社会主义者”们，用一种抽象的人的观点来理解社会主义，“他们不代表真实的要求，而代表真理的要求，不代表无产者的利益，而代表人的本质的利益，即一般人的利益，这种人不属于任何阶级，根本不存在于现实界，而只存在于云雾弥漫的哲学幻想的太空”。正是针对“真正的社会主义者”格律恩任意剽窃和曲解法国社会主义的文献和论战性著作，马克思引用了海涅骂他的应声虫的一句话:“我播下的是龙种,而收获的却是跳蚤。”《英国工人阶级状况》美国版附录也引用了这句话。

在马克思主义创始人的思想中寻找“差异”,然后制造对立,用不成熟的思想否定其成熟的思想,从而否定整个马克思主义,也不是现在才有的。早在 1932 年德国右翼社会民主党人首次发表马克思的《1844 年经济学哲学手稿》时,在他们写的序言中就把这部早期著作说成是“新的福音书”,是“马克思的中心著作”,是马克思“成就的顶点”,相反,马克思成熟著作《资本论》等却被贬为马克思创作能力的“衰退和减弱”。他们自称是“新的马克思主义”,究竟“新”在什么地方?“新”就新在把早期马克思同晚期马克思对立起来,认为早期马克思是“人道主义者马克思”,晚期马克思是“唯物主义者马克思”。他们不是把马克思主义的形成看作是一个由不成熟到成熟的演进过程,而是认为老年马克思背弃了他年轻时的“初衷”。同样,无独有偶,今天这位同志在论证其民主社会主义时,依然采用了其先辈德国右翼社会民主党人的手法,制造早年恩格斯同晚年恩格斯的对立,说什么马克思逝世以后的恩格斯放弃了他们过去的共产主义理想,发展到民主社会主义。德国右翼社会民主党人的“新的福音书”与所谓“真经”、“新的马克思主义”与“新资本主义”何其相似。

第三,恩格斯晚年否定《共产党宣言》和其中阐发的共产主义理论了吗?当然不会。马克思逝世以后,正是恩格斯捍卫和发展了共产主义思想,这在他的许多著作中看得十分清楚,这里不再赘述。美国版附录原是恩格斯为在美国出版的《英国工人阶级状况》写的序言,后因出版时间推迟,他就又写了一篇新的序言,前者作为附录单独发表了。恩格斯在《英国工人阶级状况》美国版序言中,不仅阐述了《共产党宣言》的基本思想,而且还直接作了引证。他在分析了美国工人运动的各种情况后,引用了《共产党宣言》中所阐述的共产主义原则和策略思想,特别指出,“共产党人”,“这是我们当时采用的、而且在现在也决不想放弃的名称”。在引用了上述思想后,恩格斯最后特别强调说,“这就是现代社会主义伟大创始人卡尔 · 马克思、还有我以及同我们一起工作的各国社会主义者四十多年来所遵循的策略”。这怎么能说晚年恩格斯否定了《共产党宣言》、放弃了共产主义原则呢?这位同志是否读过这篇《英国工人阶级状况》序言的全文,笔者深表怀疑,如果没有读过,又怎么敢于对马克思主义创始人的思想作如此大胆的曲解?怎么敢于说恩格斯 1886 年以后否定了《共产党宣言》等经典著作呢?

这位同志对恩格斯“93 个字”观点的伪造,是一种一定条件下出现的、有明确政治诉求的、企图主导社会舆论的思想政治倾向。在思想上集中攻击马克思主义,“消解”和“疏离”社会主义主流意识形态;在政治上鼓吹颇能迷惑群众的民主社会主义,走资本主义道路;在实践上,抓住当前出现的某些社会问题,或者是过去社会主义实践中出现的某些失误,离开具体环境,无限加以放大,给我国社会主义制度抹黑。

当前一些人的学风存在比较严重的问题,特别是不读马克思主义经典原著,企图走捷径,想仅靠读别人的讲话、文章或辅导材料来学习马克思主义。这样不可靠,还可能在重大理论问题上上当。

(原载《光明日报》2011 年 8 月 29 日)

# 正确认识“两次飞跃”，自觉推进马克思主义中国化

李崇富

中国共产党自1921年7月诞生至今，已经走过了90年艰苦卓绝的奋斗历程。我们党的90年，是中国社会制度根本变革和社会面貌发生历史性变化的90年，是马克思列宁主义普遍真理不断同中国实际相结合的90年。90年来，中国革命、建设和改革的一切成就，都是中国共产党带领全国各族人民团结奋斗的伟大胜利，是不断推进马克思主义中国化的伟大胜利。

我们庆祝党的90诞辰，旨在科学总结党的建设实践及其历史经验，继续推进党和人民的事业。当代中国共产党人，面对当今机遇与挑战并存的国际环境和肩负着的历史责任，必须立足当代、背靠历史、展望未来，使自己真正确立社会主义、共产主义的理想信念，才能拒腐防变；必须认真学习和善于运用马克思主义世界观和方法论，才能清醒坚定；必须完整准确地理解和把握马克思主义中国化的历史进程、优良传统、基本经验和理论成果，才能坚持和发展中国特色社会主义事业。我们认为，其中一个关键性的问题，就是我们要正确地认识和对待马克思主义中国化的“两次历史性飞跃”，自觉地继续推进马克思主义中国化。

## 一　正确认识“两次飞跃”事关中国社会主义的前途命运

中国共产党成立，是“五四”运动思想启蒙的最大政治结果，是我国工人运动同马克思主义相结合的产物，是中国开天辟地的大事变。它标志着我国工人阶级以独立的革命力量登上了政治舞台，是中国新旧民主革命的分水岭，是中华民族由衰转盛的一个历史性的转折点。

中国共产党是中国工人阶级先锋队，是我国无产阶级革命、社会主义现代化建设和体制改革的核心领导力量，是实现中华民族伟大复兴的中流砥柱。我们党在新中国长期居执政地位，是中国人民的选择，是体现历史必然性、社会进步性所赋予的政治合法性。坚持立党为公、执政为民，永葆党的工人阶级先进性和马克思主义理论武装，是我们党永不枯竭的力量源泉。

党的90年奋斗史反复证明，马克思列宁主义及其中国化理论，是我们立党立国之本，是全国各族人民团结奋斗的共同思想基础、根本的精神支柱。任何时候、任何情况下，我们都不容许削弱和动摇它。马克思主义基本原理之所以成为指导我国革命、建设和改革的根本理论基础，就在于：其一，马克思主义是关于世界的“主义”，它关注研究的是世界的前途和

人类的命运，所揭示的是人类社会发展的基本规律和世界历史演进的总趋势；其二，马克思主义是世界各国无产阶级所共有的“主义”，它是无产阶级阶级意识的思想升华，是“无产阶级立场在反对资产阶级的阶级争中的理论表现，是无产阶级解放条件的理论概括”①，从而阐明了无产阶级彻底革命的阶级地位和消灭一切阶级、解放全人类的历史使命；其三，马克思主义是关于整个世界由资本主义过渡共产主义的整个历史时代的“主义”，它揭示了社会主义必将取代资本主义的客观必然性，提出了建设未来新社会（包括共产主义第一阶段及其高级阶段）的原理和原则；等等。因此，尽管马克思主义产生于当年西欧的社会和文化环境，但对包括我国在内的非西方国家而言，马克思主义不能被简单地视为“外来文化”。因为它也是各国工人阶级“自己的”世界观和方法论，是适用于现代各国社会发展进步的普遍真理，是各国工人阶级及其共产党人必须掌握、运用和不断发展的科学思想体系。

马克思主义创始人一再重申，其一般原理的实际运用，“随时随地都要以当时的历史条件为转移”②。其实，这个论断本身也是马克思主义的一条基本原理。正因为马克思主义具有科学性和普适性，所以它必须同各国实际相结合；正因为俄国、中国等东方各国都具有许多不同于西方的特殊性，所以更应该使马克思主义同自己的国情、社会实践和时代特征相结合。只有这样，马克思主义才具有生命力，才能有效地发挥其指导作用。

列宁在世界发展到垄断资本主义的历史条件下，立足国情和革命实践，坚持和运用马克思主义，并使其发展到列宁主义阶段，从而缔造了布尔什维克党，夺取了俄国十月革命的胜利，第一次使社会主义在苏联变为现实。尽管，社会主义苏联在 74 年后被国内外敌对势力搞垮了，但由十月革命所开辟的人类历史新纪元，曾推动过并将继续推动着世界发展的历史进程。“十月革命一声炮响，给我们送来了马克思列宁主义。”③ 中国共产党人在其后 90 年实践探索中，使之同我国实际逐步实现了历史性结合，从而成为我们党和人民改造旧中国、建设新中国的“伟大的认识工具”④。我们党的建立和发展壮大，中国新民主主义革命、社会主义革命的胜利及其建设的初步探索，直至中国特色社会主义道路的开创和发展，都是俄国十月革命、苏联社会主义事业的继续与发展，都是马克思列宁主义同中国实际和时代特征相结合，即马克思主义中国化的理论和实践成果。

马克思主义中国化的实践探索和理论创新，作为贯穿着中国共产党 90 年奋斗史的一条红线和主线，是一脉相承、逐步深化的历史过程。以毛泽东、邓小平同志主要代表的中国共产党人，相继致力于马克思主义中国化理论和实践的艰辛探索，既指导和推进了党和人民的革命事业，又坚持和发展了马克思列宁主义，实现“两次历史性飞跃”。江泽民同志在党的十五大报告中，指出：“马克思列宁主义同中国实际相结合有两次历史性飞跃，产生了两大理论成果。第一次飞跃的理论成果是被实践证明了的关于中国革命和建设的正确的理论原则和经验总结，它的主要创立者是毛泽东，我们党把它称为毛泽东思想。第二次飞跃的理论成果是建设有中国特色社会主义理论，它的主要创立者是邓小平，我们党把它称为邓小平理论。

---

① 《马克思恩格斯文集》第 1 卷，人民出版社 2009 年版，第 672 页。

② 同上书，第 5、15 页。

③ 《毛泽东选集》第 4 卷，人民出版社 1991 年版，第 1471 页。

④ 见《列宁专题文集 · 论马克思主义》，人民出版社 2009 年版，第 68 页。

这两大理论成果都是党和人民实践经验和集体智慧的结晶。"[①] 其后，党中央和江泽民、胡锦涛同志，先后提出了"三个代表"重要思想和科学发展观，坚持和发展了中国特色社会主义理论。党的十七大认为："中国特色社会主义理论体系，是包括邓小平理论、'三个代表'重要思想以及科学发展观等重大战略思想在内的科学理论体系。"[②]。因此，马克思主义中国化的"第二次飞跃"，包括邓小平理论、"三个代表"重要思想以及科学发展观等理论在内的创新成果，是关于新时期社会主义改革开放、现代化建设的历史经验的概括与总结，是对马克思列宁主义、毛泽东思想的坚持和发展。

理论创新源于实践创新。马克思主义中国化发生"两次飞跃"的基础，是我们党领导中国人民进行了"两次革命"。"第一次革命"，是中国的社会制度革命和社会制度创新。其历史性任务，是推翻旧中国"三座大山"（帝国主义、封建主义、官僚资本主义），即压迫和统治中国人民的反动政权及其剥削制度，实行社会主义"制度创新"。这首先是指党和毛泽东同志开创的以农村包围城市、最后夺取城市和全国政权的"井冈山革命道路"，即具有中国特色的无产阶级革命道路。它以人民战争为主要斗争形式，完成了新民主主义革命，建立了工人阶级领导的、以工农联盟为基础的人民民主专政的国家政权；进而，新中国在消灭了封建土地制度以后，又开创了以"一体两翼"（国家工业化为主体，改造资本主义工商业、个体农业和手工业为两翼）为主要内容，以"和平赎买"资产阶级为主要特点，具有中国特色的社会主义改造道路。其实，马克思曾说过，"德国的全部问题将取决于是否有可能由某种再版的农民战争来支持无产阶级革命"[③]；马克思、恩格斯和列宁也曾主张用"和平赎买"办法，以"废除私有制"[④]。但由于受历史条件的限制，他们这两种设想都未能实现。毛泽东在这两大问题上，根据自己国情所开辟的中国革命道路，以及社会主义改造道路，都是坚持和发展马克思列宁主义的成功实践和伟大创新，从而在我国确立了社会主义基本制度，即通过根本变革旧的生产关系和社会形态，大大地解放了我国生产力，并开始进行"四个现代化"的实践探索。

新时期，"改革是中国的第二次革命"[⑤]。这是要"革"过时和僵化的、束缚生产力发展和社会主义优越性充分发挥的旧体制的"命"。即要通过社会主义体制改革和体制创新，进一步解放生产力，使社会主义自我完善和发展，以便找到一条适合国情、能较快实现我国社会主义现代化的建设道路和发展模式。

这"两次革命"和马克思主义中国化的"两次飞跃"，是贯穿党的90年奋斗史，贯穿我国无产阶级革命及其社会主义事业的、同一个历史进程之前后相继的两个发展阶段，也是其相辅相成、密不可分的两个方面。其中，革命实践是现实基础和客观根据；而理论创新则是其经验总结和行动指南。马克思列宁主义及其中国化理论，是中国共产党人的思想旗帜，是

---

① 中央文献研究室编：《改革开放三十年重要文献选编》（下），人民出版社2008年版，第984页。

② 同上书，第1718页。

③ 《马克思恩格斯文集》第10卷，人民出版社2009年版，第131页。

④ 见《马克思恩格斯文集》第1、4卷，人民出版社2009年版，第684、529页；《列宁选集》第4卷，人民出版社1995年版，第497—498页。

⑤ 《邓小平文选》第3卷，人民出版社1993年版，第113页。

我们的党魂、军魂和国魂，是坚持中国特色社会主义道路，推进国家现代化、实现中华民族伟大复兴，巩固发展社会主义事业，并逐步迈向共产主义社会的行动指南。我们必须以实事求是的科学态度、以辩证唯物主义和历史唯物主义的观点，来看待我国的“两次革命”、来看待马克思主义中国化的“两次飞跃”及其理论成果，而能否正确地认识和对待党的 90 年奋斗史，是事关中国社会主义前途命运的大问题。

## 二　必须正确认识和把握“两次飞跃”的历史和辩证联系

马克思主义中国化的“两次飞跃”的历史和辩证联系之基础，根植和统一于我国革命、建设、改革实践的社会历史进程及其客观逻辑的本身。

近 90 年来，马克思主义中国化的“两次飞跃”，同我们党领导和胜利进行的新民主主义革命、社会主义革命及其初期的社会主义建设，尤其是同新时期的改革开放和中国特色社会主义建设，是紧密联系的动态统一体，是一个统一和循序渐进而又分阶段的中国工人阶级革命事业发展的历史过程。而且，我国这种历史发展同人类历史进程一样，都是其思想进程立足和取决于相应的社会实践及其历史进程；后一阶段的理论和实践进程，立足和取决于此前的社会实践及其历史进程。因此，胡锦涛同志指出：“改革开放伟大事业，是以毛泽东同志为核心的党的第一代中央领导集体创立毛泽东思想，带领全党全国各族人民建立新中国、取得社会主义革命和建设的伟大成就以及艰辛探索社会主义建设规律取得宝贵经验的基础上进行的。新民主主义革命的胜利，社会主义制度的建立，为当代中国的一切发展进步奠定了根本政治前提和制度基础。”①

马克思主义中国化的实践和理论，是从其“第一次飞跃”开始的。毛泽东是“马克思主义中国化”的倡导者、践行者和阐发者。马克思主义中国化的“第一次飞跃”，源于以毛泽东为核心的党中央第一代领导集体立足中国国情、以马克思列宁主义为指导的实践探索及其经验总结，并在其发展中体现为党的理论创新和人民革命事业的发展，即毛泽东思想的形成，以及在其指导下先后所取得的新民主主义革命的胜利、新中国的建立、社会主义制度的确立、社会主义建设规律的艰辛探索。马克思主义中国化的“第一次飞跃”及其所造就的事业发展，是新中国一切发展进步的根本的政治前提和制度基础。当然，这是“第二次飞跃”的出发点、理论基础和历史前提。可以说，这个“第一次飞跃”及其所形成的毛泽东思想，不仅是马克思主义中国化的思想源头，而且是马克思主义中国化的典范，即坚持马克思列宁主义普遍真理同中国具体实践、同中国优秀传统文化相结合的典范，从而成为我们党率先进行马克思主义理论创新的典范。正是马克思主义中国化的“第一次飞跃”及其伟大理论成果——毛泽东思想，作为实现“第二次飞跃”最为直接的理论基础，为其后推进马克思主义中国化指明了正确的方向，提供了根本的方法，并提出了实现“第二次结合”的历史性任务。因此，“第一次结合”和“第一次飞跃”是基础和前提。没有“第一次结合”和“第一次飞跃”，就没有“第二次结合”和“第二次飞跃”，但它不能代替“第二次结合”和“第二次

① 中央文献研究室编：《改革开放三十年重要文献选编》(下)，人民出版社 2008 年版，第 1715 页。

飞跃"。

1956年4月4日，毛泽东在中央书记处一次会议上，谈到我们党"把马克思列宁主义基本原理同我国革命和建设的具体实际结合起来"的历史经验时，指出："现在是社会主义革命和建设时期，我们要进行第二次结合，找出在中国进行社会主义革命和建设的道路……应当更加强调从中国国情出发，强调开动脑筋，强调创造性，在结合上下功夫，努力找出在中国这块大地上建设社会主义的具体道路。"① 毛泽东提出了这个任务，并开始进行过有益的探索，但未能获得实质性的突破和进展。所以，我们党实现马克思主义中国化"第二次结合"和"第二次飞跃"的历史重任，就历史地交由十一届三中全会所形成的以邓小平为核心的中央第二代领导集体来承担。

应当承认，马克思主义中国化的"第一次结合"、"第二次结合"及其"两次历史性飞跃"所形成的两大理论成果之间，当然具有其主题的不同和阶段性的区别，但作为其基础和历史起点的，则是它们之间历史联系和本质上的一致性。对此，邓小平在曾说过："三中全会以后，我们就是恢复毛泽东同志的那些正确的东西嘛，就是准确地、完整地学习和应用毛泽东思想嘛。基本点还是那些。从许多方面来说，我们还是把毛泽东同志已经提出、但是还没有做的事情做起来，把他反对错了的改正过来，把他没有做好的事情做好。今后相当长的时期，还是做这件事。当然，我们也有发展，而且还要继续发展。"②

新时期，以社会主义改革开放和现代化建设的实践探索为基础的、马克思主义中国化的"第二次飞跃"，是在新的历史条件下对"第一次飞跃"的继续和深化。其意义非常重大而深远。如果没有邓小平在"第二次飞跃"中倡导和坚持改革开放，开辟中国特色社会主义道路，创立中国特色社会主义理论，那么，"第一次飞跃"所开创的中国社会主义事业，就会逐渐窒息其生机活力，而发生僵化、停滞和曲折，乃至会失败。邓小平在苏联解体、东欧剧变，世界社会主义运动步入低潮，和平与发展成为时代主题的历史条件下，在中国经过十年动乱，社会主义事业面临体制僵化和经济困境的情况下，带领全党解放思想、拨乱反正，恢复和确立了"实事求是"的思想路线和正确的政治路线，在总结国内外社会主义实践的正反两面历史经验的基础上，开创了"以经济建设为中心，坚持四项基本原则，坚持改革开放"为其鲜明特点的中国特色社会主义事业。

1982年9月1日，邓小平在党的十二大开幕词中，高度概括地指出："我们的现代化建设，必须从中国的实际出发。……把马克思主义的普遍真理同我国的具体实际结合起来，走自己的路，建设有中国特色的社会主义，这是我们总结长期历史经验得出的基本结论。"③ 邓小平以此为主题所创立的"邓小平理论"，作为新时期全党全国各族人民改革开放、现代化的实践探索和集体智慧的结晶，为中国特色社会主义理论体系奠定了基本构架；其后，以江泽民、胡锦涛为代表的中国共产党人，继续推进中国特色社会主义的实践探索和理论创新，先后提出"三个代表"重要思想，以及科学发展观，形成了中国特色社会主义理论体系，进一步继续丰富和深化了"第二次飞跃"，坚持和发展了马克思列宁主义、毛泽东思想、邓小

① 参见吴冷西《十年论战1956—1966中苏关系回忆录》（上），中央文献出版社1999年版，第23—24页。

② 《邓小平文选》第2卷，人民出版社1994年版，第300页。

③ 《邓小平文选》第3卷，人民出版社1993年版，第2—3页。

平理论。新时期，我们党所实现的马克思主义中国化“第二次飞跃”及其理论成果，是对“第一次飞跃”及其理论成果的继承、丰富和创新，并集中地体现为科学社会主义中国化的新运用、新发展和新成就。

第一，从推进马克思主义中国化的视角看，中国特色的社会主义理论体系“必须是切合中国实际”[①] 的社会主义，是科学社会主义中国化的新形态。其理论上的创新，是依据现阶段中国实际与时代特征，围绕“什么是社会主义、怎样建设社会主义”这个根本问题，以马克思主义基本原理同当代中国实际相结合，从中提炼出“中国特色社会主义”这个总体性的科学概念，并展开和形成以关于阐述社会主义本质、社会主义初级阶段、社会主义体制改革（包括对外开放）、社会主义市场经济、社会主义法治国家、社会主义小康社会和社会主义的物质文明、政治文明和精神文明，以及生态文明建设等新论断、新观点、新思想为基本构架，而作出了系统性的理论思考、战略规划和顶层设计，开辟了中国特色社会主义道路，形成中国特色社会主义理论体系，从而为经济、文化和科技落后的社会主义中国如何较快地实现现代化，闯出了一条新路。这在科学社会主义发展史上，是继马克思主义、列宁主义、毛泽东思想之后，最为重大的理论和实践创新。

第二，从中国社会主义事业发展的视角看，新时期由邓小平倡导的改革开放，既继承和发展了毛泽东时代的成就，又纠正了毛泽东同志晚年的错误，通过社会主义体制改革和体制创新，使社会主义制度焕发出生机活力，加速了中国现代化和中华民族复兴的历史进程。中国特色社会主义理论和实践，所要重点解决的是社会主义体制问题。列宁、斯大林和毛泽东所完成的历史任务，是先后在俄国和中国，通过领导有其特色的武装斗争和社会主义改造运动，建立了社会主义基本制度，并按照集中统一的计划经济体制模式，也各自进行过社会主义实践与理论探索。其间有过永载史册的辉煌，积累了不少宝贵经验。但其传统的体制模式，都有其一定的历史局限性和某些超阶段的偏颇。尽管，毛泽东在 1956 年就已经意识到苏联体制存在若干问题，并提出中国要“以苏为鉴”、要注意研究“社会主义整个经济体制问题”，并有过类似列宁“新经济政策”[②] 的思想闪光，可并没有一以贯之、付诸行动。新时期，邓小平倡导和推进“中国的第二次革命”，进行体制改革和体制创新，使社会主义趋于完善，进一步解放和发展了社会生产力。邓小平认为：“革命是解放生产力，改革也是解放生产力。……社会主义基本制度确立以后，还要从根本上改变束缚生产力的社会主义经济体制，建立起充满生机和活力的社会主义经济体制，促进生产力的发展，这是改革，所以改革也是解放生产力。”[③] 近 30 多年来，我国通过配套进行和逐步深化体制改革和体制创新，找到了一条适合国情的社会主义道路，使我国生产力大为解放，经济实力和综合国力大为增强，人民群众生活水平在达到总体小康以后，正朝着全面小康迈进，社会主义现代化进程在加快。中国特色社会主义理论和实践的伟大成就，进一步验证和体现了科学社会主义的真理性和生命力。

第三，从世界历史发展进步的视角看，邓小平所开创的中国特色社会主义事业，是在和

---

① 《邓小平文选》第 3 卷，人民出版社 1993 年版，第 63 页。

② 见《毛泽东文集》第 7 卷，人民出版社 1999 年版，第 23、53、170 页。

③ 见《邓小平文选》第 3 卷，人民出版社 1993 年版，第 113、370 页。

平与发展成为时代主题、世界社会主义运动处入低潮的历史条件下，以巨大的理论勇气和非凡的政治智慧，坚决捍卫、巩固和发展了科学社会主义事业。应该说，当年社会主义苏联的兴起，具有划时代意义；而74年后苏联解体和向资本主义倒退，则是国际共运的空前挫折和巨大冲击。正当西方世界为此弹冠相庆，断言世界历史将倒退和“终结”于“资本主义一统天下”之时，邓小平、江泽民和胡锦涛同志相继主政的社会主义中国，砥柱中流、力挽狂澜，在世界社会主义运动低潮中，出现了改革和建设的高潮。中国社会主义“奇迹”，依赖于马克思主义中国化的“第二次飞跃”，依赖于中国特色社会主义道路的开辟和坚持，依赖于中国特色社会主义理论体系的形成和指引。正是马克思主义中国化的“第二次飞跃”及其成果，开辟和引领着中国特色社会主义实践。这才使得中国共产党人和中华民族跃居世界社会主义探索前列、人类社会主潮前列。我们深信，中国特色社会主义事业的成功和兴旺，将是世界社会主义运动走出低谷、迎来高潮的一个关键性因素，并促进人类社会发展进步。

据此可以说，马克思主义中国化的“第二次飞跃”及其理论成果—中国特色社会主义理论体系，对于我国新时期社会主义改革开放、现代化建设和党的全部工作，无疑地具有最直接、最切近、最关键的指导意义。同时，党的90年奋斗史表明：马克思列宁主义、毛泽东思想和中国特色社会主义理论，是一脉相承、与时俱进的统一的科学体系。只有后者以其前者作为基础和出发点时，才具有历史和逻辑的完整性，并作为统一的科学体系发挥其指导作用。所以，我们只有联系马克思列宁主义历史发展及其中国化的全过程，包括从整体上正确认识和把握其“第一次飞跃”和“第二次飞跃”及其成果，把握它们之间的历史和辩证联系，才能完整准确地掌握和实践中国特色社会主义理论体系。如果把马克思列宁主义同中国化的马克思主义、把马克思主义中国化的“两次结合”、“两次飞跃”及其成果，人为地割裂开来、对立起来，就势必会丢掉马克思主义“老祖宗”，就会丧失根本和迷失方向，甚至会走邪路。

## 三　自觉推进马克思主义中国化，引领中国特色社会主义事业发展

科学社会主义是学说、运动和制度的统一。中国化的科学社会主义事业，是空前深刻、艰难和创新性的伟大事业，必须有科学理论的指导、规范和引领，使共产党人带领人民群众走历史必由之路，才能自觉地创造历史。

因此，马克思列宁主义及其科学社会主义中国化，必然会贯串中国特色社会主义事业发展的全过程。我国由于国情所决定，必将长期处于社会主义初级阶段。它至少需要百余年，才能够发展和转变到与之相衔接的社会主义更高阶段。而社会主义完全胜利和资本主义最终被战胜，不仅必须在物质生产上，要“尽快地增加生产力的总量”，逐步“创造出新的高得多的劳动生产率”①；同时，还必须在经济关系和思想观念上，“同传统的所有制关系”、“同传统的观念实行最彻底的决裂”。为此，马克思指出：“这种社会主义就是宣布不断革命，就是无产阶级的阶级专政，这种专政是达到消灭一切阶级差别，达到消灭这些差别所由产生的一切生产关系，达到消灭和这些生产关系相适应的一切社会关系，达到改变由这些社会关系

① 见《列宁专题文集·论社会主义》，人民出版社2009年版，第151页。

产生出来的一切观念的必然的过渡阶段。"[①] 也"就是要造成使资产阶级既不能存在也不能再产生的条件"[②]。其长期性和艰巨性，正如邓小平所说："巩固和发展社会主义制度，还需要一个很长的历史阶段，需要我们几代人、十几代人，甚至几十代人坚持不懈地努力奋斗，决不能掉以轻心。"[③]

中国特色社会主义事业方兴未艾、任重道远。它需要我们党自觉地继续推进马克思主义中国化，更好地指导中国特色社会主义事业发展。而要使之"自觉地继续推进"，就必须认真总结和始终坚持我们党90年来这方面的成功经验，同时借鉴其他无产阶级政党和社会主义国家的经验教训。我认为，从党的思想理论建设的历史经验看，我们党要自觉地继续推进马克思主义中国化的理论和实践探索，就应当坚持和发扬党的优良传统，积极慎重地认识和处理其中几个基本关系：

第一，坚持党的工作重点与指导思想的完整性的统一。我们党在90年奋斗史上，先后有过以人民战争推翻"三座大山"和建立新中国为主要任务的新民主主义革命；以"一化三改"为主要任务的社会主义革命和建设；到新时期，又在以体制改革作为重要动力、以发展生产力作为"根本任务"，致力于"初级阶段的社会主义"[④] 建设。故而，党在现阶段必须以中国特色社会主义理论体系，作为最直接和最切近的指导思想，必须实行社会主义初级阶段的基本制度、基本路线、基本纲领和基本政策，否则就会重蹈过去阶级斗争扩大化和超阶段的错误。同时，还必须明确意识到："这些阶段只不过是导致首要的伟大目的的阶梯"[⑤]，"共产党人为工人阶级的最近的目的和利益而斗争，但是他们在当前的运动中同时代表运动的未来"[⑥]。因此，现行党章规定："中国共产党以马克思列宁主义、毛泽东思想、邓小平理论和'三个代表'重要思想作为自己的行动指南"，"党的最高理想和最终目标是实现共产主义"[⑦]。必须承认，党的指导思想是一个有其逻辑层次、不可分割的有机整体。尽管在无产阶级革命事业发展的不同阶段上，其中某些内容可能具有直接的实践意义，而其他更基础的、目标远大的内容，则发挥着理论支撑和长远的导向作用。在当今中国，我们当然要重点学习和实践中国特色社会主义理论体系及其基本著作；与此同时，一切有条件的共产党员特别是领导干部，还应当认真学习和领会马克思、恩格斯、列宁和毛泽东等经典作家的基本著作，力求系统掌握马克思主义基本原理。只有这样坚持党的工作重点与指导思想完整性的统一，我们才能够懂得马克思主义的来龙去脉和精神实质，才能够完整准确地理解中国特色社会主义理论体系，才能够自觉地继续推进马克思主义中国化。否则就难以成为坚定自觉的共产党人，就不可能真正掌握和运用马克思主义世界观和方法论，不可能确立社会主义、共产主义理想信念。邓小平在改革中告诫全党："没有这样的信念，就没有一切。"[⑧]

---

① 见《马克思恩格斯文集》第2卷，人民出版社2009年版，第52、166页。

② 《列宁专题文集·论社会主义》，人民出版社2009年版，第85页。

③ 《邓小平文选》第3卷，人民出版社1993年版，第379—380页。

④ 见中央文献研究室编《改革开放三十年重要文献选编》(下)，人民出版社2008年版，第896、898页。

⑤ 《马克思恩格斯文集》第4卷，人民出版社2009年版，第470页。

⑥ 《马克思恩格斯文集》第2卷，人民出版社2009年版，第65页。

⑦ 中央文献研究室编《改革开放三十年重要文献选编》(下)，人民出版社2008年版，第1743页。

⑧ 《邓小平文选》第3卷，人民出版社1993年版，第190页。

第二，坚持社会实践的基础性与科学理论的导向性的统一。任何理论，都源于实践、服务实践，都要由实践来验证，由实践推动其发展。所以，社会实践是理论的基础。实践观点，是马克思主义认识论的首要和基本观点。同时，有利于社会进步的实践，也离不开正确的理论导向。没有革命的理论，就没有革命的实践。没有马克思列宁主义及其中国化理论，就没有新中国，就没有中国社会主义事业，就没有中国现代化。党的理论工作和理论创新，当然要为经济建设和社会全面进步服务，要与社会主义市场经济的发展要求相适应。这是从本质联系上看问题。而理论和实践的机制性联系，则包含着更为复杂的双向依赖关系。

列宁认为："工人阶级单靠自己本身的力量"和"自发的工人运动"，"只能形成工联主义的意识"，不可能产生"现代社会主义意识"①。何况市场经济的逐利机制，更不会自发地趋向社会主义。我国市场调节具有积极和消极的二重效应，必须要由社会主义基本制度、马克思主义指导的社会主义意识形态及其核心价值观，对其加以规范、引导和矫正。所以，我们既要反对轻视实践、脱离国情和照抄照搬的教条主义倾向；也要防止轻视理论、迷信局部经验、只讲眼前实惠的经验主义和实用主义倾向。在理论创新中，要尊重社会实践，以实践为根据为标准。同时要看到"实践标准"既有确定性，又有不确定性。因此，社会实践对新旧理论的证实或证伪，不能仅凭一时一事，就轻易作结论，而必须要有一个较长和反复验证的认识过程。坚持社会实践的基础性和科学理论的能动性和导向性的统一，是一条基本经验和原则。

第三，坚持理论创新的时代性与原理体系的相对稳定性的统一。实践在不断发展，时代在不断演进。因此，只有以反映时代变化、实践发展和社会进步为其本质要求的马克思主义，才能够把握时代脉搏、富于时代气息、引领社会潮流。故而，马克思列宁主义及其中国化理论，必须面向实践、与时俱进，在继承和坚持中，不断发展和创新，不断实现其基本原理同当代中国实际的结合。马克思主义的生命力，就在于它体现了人民群众现实利益和长远利益的统一、反映了世界发展的一般规律和总趋势，就在于它会随着实践、时代和科学的发展而不断深化、丰富和发展。然而，一般说来，对于马克思主义基本原理，我们要慎重对待，不能轻言"突破"和放弃。这是因为其基本原理及其科学体系，具有相对的稳定性。而这种"相对的稳定性"，根源它所研究的客观对象，即资本主义社会及其对立物——社会主义社会，各自都具有其社会性质上的相对稳定性，以及该社会基本矛盾的相对稳定性。只要资本主义生产方式及其基本矛盾依然存在，只要工人阶级没有完成自己的历史使命，只要社会主义没有取得完全胜利，马克思主义的基本原理及其科学体系，就不会过时。但是，它们必须随时随地同社会实践相结合，并在实践应用中不断地深化和发展。江泽民同志在阐发"科学对待马克思主义"时，所作出的两个"坚定不移、不能含糊"② 的重要论断，就体现了中国共产党人关于坚持和发展马克思主义之辩证统一的深度思考与科学理解。

第四，坚持基本原理的普遍性与我国国情的特殊性的统一。这种统一，在中国特色社会主义理论体系中，得到了生动而充分的体现。就"中国特色社会主义"这个总体性的概念而

① 见《列宁选集》第1卷，人民出版社1995年版，第317、326页。

② 见《江泽民文选》第3卷，人民出版社1996年版，第335页。

言，其中的“中国特色”，就是主要用以表征和体现中国国情的特殊性；而“社会主义”，则是主要用以反映各个社会主义国家所具有的共同本质、所必须坚持的基本原则，即主要表征其普遍性。

包括社会主义制度在内一切客观事物，都是个性与共性、特殊性与普遍性的有机统一。首先，万事万物都是以各别特殊的具体形态，而存在着和发展着。这是我们认识它们的现实基础和客观的立足点。但同时，一切具体和特殊的事物，都包含有不同范围、不同层次的共性或普遍性。普遍性只是一种科学抽象，它体现了同类事物在质上的规定性及其共同的本质特征。因此，中国特色社会主义的理论和实践，是科学社会主义基本原则与中国特殊国情和具体实践的历史统一。

对此，胡锦涛同志概括为：“中国特色社会主义道路之所以完全正确、之所以能够引领中国社会发展进步，关键在于我们既坚持了科学社会主义的基本原则，又根据我国实际和时代特征赋予其鲜明的中国特色。”[①] 邓小平更是坚持这种统一的典范。他在十一届三中全会以后倡导改革开放，要求全党：“解放思想，独立思考，从自己的实际出发，制定政策。……我们要建设的是具有中国自己特色的社会主义。”[②] 在改革开放中，他认为“看准了的，就大胆地试，大胆地闯”，否则“就走不出一条好路，走不出一条新路，就干不出新的事业”[③]。另外，在改革开放之初，他就概括和提出“坚持四项基本原则”，认为“这是实现四个现代化的根本前提”[④]，必须一以贯之地加以坚持和落实。他指出：“一个公有制占主体，一个共同富裕，这是我们所必须坚持的社会主义的根本原则。我们就是要坚持和实现这些社会主义的原则。从长远说，最终是过渡到共产主义。”[⑤] 从哲学高度看，坚持这种统一，具有普遍性的方法论意义。因为，如果离开我国国情的特殊性，仅仅强调社会主义普遍原则，使之绝对化，就会重犯“左”的教条主义和超阶段的错误；而如果借口国情的特殊性，而否定四项基本原则，即从根本上违背社会主义的根本原则和共同本质，就会犯右的、脱离社会主义方向的错误。如果在全局上犯“左”的或右的错误，并顽固地坚持而不改，都可能葬送社会主义事业，更谈不上推进马克思主义、科学社会主义中国化。所以在哲学上，我们必须始终坚持马克思主义基本原理的普遍性与我国国情的特殊性的统一。

总之，我们回顾、总结和坚持我们党 90 年建设中成功的历史经验，就必须始终坚持党的工作重点与指导思想的完整性的统一，坚持社会实践的基础性与科学理论的导向性的统一，坚持理论创新的时代性与原理体系的相对稳定性的统一，坚持基本原理的普遍性同我国国情的特殊性的具体和历史的统一，才能自觉地继续推进马克思主义中国化，以便加快转变我国经济社会的发展方式，引领中国特色社会主义事业顺利推进和发展。

（原载《重庆邮电大学学报》2011 年第 5 期）

---

① 中央文献研究室编：《改革开放三十年重要文献选编》（下），人民出版社 2008 年版，第 1717 页。

② 《邓小平文选》第 3 卷，人民出版社 1993 年版，第 260—261 页。

③ 同上书，第 372 页。

④ 《邓小平文选》第 2 卷，人民出版社 1994 年版，第 164 页。

⑤ 《邓小平文选》第 3 卷，人民出版社 1993 年版，第 379、111 页。

# 历史唯物主义的史学功能

## ——论历史事实·历史现象·历史规律

陈先达

唯物主义历史观是我们观察当代一切问题的立场、观点、方法，也是我们研究历史的基本理论和方法论。在当代，如果对任何国际和国内问题的分析，没有坚持历史唯物主义的观点就很难得出正确结论，对历史问题的研究同样如此。一个人，如果不具备分析现实问题的能力，也很难期待他在历史研究中有重大建树。因为一个学者对眼前发生的现实问题都缺少判断力和分析力，怎么能期待他对几百年、几千年前已经湮没的不可直接接触的历史事件和人物发表中肯的评论和见解呢？不可能。有些人对历史之所以敢于胡说，就是因为他们认为历史反正是已经过去了的事，死无对证。如果这样对待历史研究，那除了戏说和虚构外，不可能有严肃认真的科学研究。一个不理解现实的人也不可能理解历史。历史观之所以重要，就在于它确立了对待历史的态度。不同历史观不能改变历史既成事实，但它能决定如何书写历史，即把客观历史事实转变为完全不同的历史著作。不同历史观下的历史书写肯定不一样。这就是我们倡导重视历史唯物主义的原因。也是笔者之所以在“历史唯物主义与当代中国”为主题的论坛上，没有把发言放在现实问题上，而放在史学功能问题上的原因。因为近些年来，随着唯物主义历史观被边缘化，历史事件和历史人物的翻案之风盛行，凸显了历史观的混乱。

历史唯物主义不是历史学，它不可能提供任何具体的历史知识，但这并不说明它对历史没有认识价值。任何哲学都不能提供具体知识，但哲学并不因此而失去它的重要作用。沃尔什在《历史哲学导论》中论及自然哲学时说，“即使哲学家不能以任何方式增加我们对于自然界知识的总量，或者增加我们对自然过程的理解，他还是科学思维的特点和前提，对于科学观念的确切分析和科学的某一分支与另一分支的关系，可以说出某种有用的东西，他对逻辑技巧的掌握可想而知是会有助于澄清科学工作中的实际困难的”。[①] 这个论断同样适用于历史唯物主义。历史唯物主义既包括对历史过程的本质的认识，即我们通常说的历史本体论问题；也包括我们如何认识历史，即历史认识论、历史方法论和历史价值论问题。二者在历史唯物主义中是统一的，不存在西方的思辨历史学与批判历史学对立的问题。

我不可能全面讨论历史理论中的全部问题，仅就其中一个问题，即历史事实、历史现象

---

① W. H. 沃尔什：《历史哲学导论》，何兆武、张文杰译，北京大学出版社2008年版，第15页。

和历史规律的问题谈点看法。根据历史唯物主义观点，可以概括地说，历史事实具有一次性、历史现象具有相似性、历史规律具有重复性。不能正确理解历史事实、历史现象和历史规律各自的特点及其内在关联性，就不能确立正确的史学理论。

## 一　历史事实的一次性

历史事实的本质是人类的实践活动，它突出地表现为重大历史事件和历史人物。历史事实的最大特点是不可重复性，它构成一个国家和民族的独特的历史。希腊有伯罗奔尼撒战争，中国没有；中国有赤壁之战，希腊罗马没有。他们有苏格拉底、柏拉图、亚里士多德，我们没有；我们有孔孟老庄，他们没有，诸如此类。你有的历史事件和人物我没有，我有的你也没有。这叫历史事件和人物的不可重复性。不仅不同国家、不同民族历史事件和人物不可重复，就是同一国家、同一民族的不同时期也是不可重复的，都是一次性的。中国绝不会有两次相同的赤壁之战，两个毛泽东，两次井冈山斗争。时间和空间是历史运动的客观因素。任何历史都是特定空间和时间发生的事件。无怪苏轼的《念奴娇 · 赤壁怀古》，开头就是，“大江东去，浪淘尽，千古风流人物。”足见中国古代诗词中的怀古之作感叹相同。时间的一度性和空间的具体性，决定历史事件和人物的不可重复性。

什么是历史事实？历史有事实吗？有的哲学家和历史学家说，历史事实都是历史学家眼中的事实，是过滤过的经过筛选的所谓事实，而不是客观历史自身的事实。历史自身的事实是无法知道的，知道的都是进入历史学家眼中的事实，这些事实只能说是历史学家的事实。也就是说，历史事实是经历史学家书写以后才成为事实。人类历史上有多少人和事湮没无闻，不成为历史事实。如果没有《三国志》的记载，曹操、刘备、孙权以及赤壁之战能成为历史事实吗？历史上的人和事，只有通过历史学家的书写才成为历史事实。因此结论是历史根本不存在本来面目的问题。正如世界没有本来面目而只能是人眼中的世界一样，历史事实也只能是历史学家眼中的事实。这种说法只强调历史书写的主体性，而忽视历史事实的客观性。

其实，历史事实以两种不同方式存在：一种是人类历史的全部客观过程。这是尚未被全部发现或被书写的历史事实，是一个有待不断发掘和永远研究的领域。另一种是被书写的历史事实。被书写的历史事实我们可以称之为历史史实。历史史实不能仅仅是某一历史学家眼中的所谓事实，仅仅是某一学者眼中的所谓史实并不能就认为是历史事实。历史书写中的历史史实不能仅仅是个人的，而必须是具有共识和确切证据的历史事实。这一点，沃尔什也承认。他说：“一个历史学家所引证的事实如果确切可信的话，就在任何意义上都不是他个人的所有物，倒不如说是每一个有理智的人如果进行调查的话，都必定要同意的那种东西。法国革命爆发于 1789 年，并非对于与英国人相对立的法国人才是真实的，或者对于那些拥护法国革命的人才是真实的，而对那些厌恶它的人就不真实了；它只不过是一桩事实而已，无论我们喜欢不喜欢它。”①

E. H. 卡尔也反对那种完全否认历史事实，片面强调解释决定事实的观点。他说：“不能

---

① W. H. 沃尔什：《历史哲学导论》，何兆武、张文杰译，北京大学出版社 2008 年版，第 176 页。

因为从不同角度去看，山会呈现出不同的形状，就推论出山在客观上是没有形状或有许多形状。并不能因为解释在建构历史事实中起着必要的作用，也不能因为现有的解释不是完全客观的，就推论出这一解释同另一解释同样好，就推论出历史事实在原则上没有服从客观解释的义务。”① 这些看法比起克罗齐、柯林武德的观点，应该说更客观一些。

当然，客观的历史事实必须经过历史学家的发掘和整理才能为人所知，但书写的历史史实应该包含历史事实的真实性。我们不可能完全做到这一点，但历史研究应该以此为立足点。历史事实应该具有客观性、共同性，它对所有历史学家都应该是事实。但历史学家的共识只能是其条件之一，而不是历史客观性的唯一标准。如果存在历史事实的真伪之辨，在确证之前不能称之为历史事实，而只能称之为历史书写中假定的所谓历史史实。这种事实不见得是历史事实。

历史学中的伪造、歪曲、无中生有的所谓历史史实并不罕见。我们只要看看当前流行的关于毛泽东历史著作中的所谓揭秘，其中有多少是历史事实，有多少是一些人捕风捉影甚至蓄意伪造的所谓历史事实，我们应该注意分辨历史事实和历史书写中的所谓历史史实。应该追求历史书写中的史实尽量接近、比较真实地反映历史客体，即历史事实。

从历史唯物主义的认识论来看，历史史实与历史事实应该具有同一性。根本没有历史事实根据的所谓历史史实，是不足信的。这种书写的历史，不可能是信史。但并不是所有历史上发生过的历史事实都会成为史学中的历史史实。只要它成为历史学中的历史史实，肯定有它的重要之处，因为历史学不是有闻必录。例如下雨，是最常见的自然现象，并不是都具有历史认识价值。可雨在秦末陈胜吴广起义中成为大事。这当然是由于延误戍期当斩的秦朝苛法，成为陈胜吴广被迫起义的诱因，因而遇雨延期被司马迁写入《陈涉世家》，成为重要的历史事件。如果没有遇雨延期当斩的秦朝苛法，雨不成为加速陈胜起义的诱因，就不会成为司马迁所记载的历史史实。杨玉环因白居易的《长恨歌》而著名。后宫佳丽三千留名者只此一人，当然是由于记载，可是如果杨贵妃不是唐玄宗因安禄山造反奔蜀、她成为平息马嵬坡六军爆发兵变的牺牲品，也不可能为历史所记载。自古以来有多少后宫佳丽，无名无姓者比比皆是。但是如果马嵬坡兵变、杨玉环被绞杀根本不是历史事实，也不可能成为历史史实。由于有事实而被记载，由于被记载而彰显事实，因此历史事实并不是单纯因记载而成为历史史实，而应该确有其事实才成为史学事实。

有人说，历史事实确有其事只能是假说，历史事实如康德的物自体一样永远无法知道，知道的只能是书写中的历史史实。这种说法是不对的。被书写的历史史实不能是某一个人主观认定的，它必须有文献资料根据，有考证学甚至考古学的根据。尽管考古发掘也可能有争论，例如关于河南安阳安丰乡高穴村曹操高陵墓的真伪就有争论，但只要发掘的实物与历史文献中的记载吻合，就可能是真实的。孔子重视文献作为历史史实根据的价值。他说过：“夏礼吾能言之，杞不足徵也；殷礼吾能言之，宋不足徵也。足，则吾能徵之矣。”当然，对某些历史事实的真实性会存在争论，这可以通过举证和其他多种历史研究方法来解决。怀疑、存疑，不能成为把历史事实归为历史物自体的哲学根据。如果以怀疑论眼光观察一切，昨天

① E. H. 卡尔：《历史是什么?》，陈恒译，商务印书馆2007年版，第112页。

的自然界是否存在也可以怀疑，因为昨天已经过去，昨天的存在状态已无法验证。当然，史学中的历史事实不应该也不可能是客观历史的全部。如果追求事无巨细、完备无遗的真实，历史学永远不能成为科学。因为历史中的一枝一叶、详细的细节是无法知道的，也不一定要知道。

对历史学来说，历史的真实性有两个层次：一个是事实的真实性，一个是规律的真实性。在第一个层次上，我们不可能达到完全真实，历史事实会不断消失在历史自身的发展进程中。我们不是当事人，我们根据史料、文献、文物、档案来重构过去。如果我们追求绝对真实性，必然会争论不休。在这个层次上，我们要求的是具有重大历史价值的事件和人物的真实性，而不是全部细节的真实性。是不是有“七月七日长生殿，夜半无人私语时”，让文学家去想象、去构造，它不是历史学的工作，但安史之乱、玄宗奔蜀、马嵬兵变和杨玉环成为平息兵变的牺牲品，则应该是历史事实。第二个层次的历史真实性是规律的真实性。历史学不是单纯事实的叙述，而应该同时是对事实的解释，是对事实相互间关系的理解。解释不仅仅问“是什么?”而要问“为什么?”解释“为什么”就是探索原因，必须进入因果关系领域；必须从事情发展的多种可能性，研究为什么可能性是这样实现，而不是那样实现？必须分析可能与现实、必然性与偶然性及其相互关系，这就进入对历史规律发掘的深层次探索。规律是在历史事实发展过程和动因的深处，历史学应该在事实真实的基础上做出规律性的解释。历史学并不是单纯研究历史规律的学科，它是历史学而不是历史哲学，但它离不开历史规律。要使历史史实的选择、过滤与安排中包含的解释具有合理性和可理解性，就必须包含对历史事件和历史过程的因果性、必然与偶然、根据与条件、可能与现实、历史人物的作用与局限等历史原因和发展的合理解释。许多戏说之类的电影之所以不真实，不仅在重大事实上不真实，在规律这个层次上显然更不真实。皇权至上的封建社会，不可能有康熙、乾隆如此微服私访，亲民、怜民、爱民的帝王。这种构建在影视范围内一定程度上允许，但它不是正史，所以绝不能也不应该充当历史知识的传播者。必须使观众明白这是戏，而不是史，以免误导。

历史学本质上不同于文学。尽管历史的书写可以具有高度的文学色彩，特别是中国文史哲高度结合的传统更使史学具有文学特色。但史学不同于文学。史学追求的是历史真实，而文学追求的是艺术真实。历史真实不能虚构，因为它的真实是合乎历史事实的，而艺术真实可以想象，艺术的真实是合乎情理，即合情合理的。如果历史艺术化、文学化，就会失去史学的功能与价值，它至多是文学的变种。确实，凡是持这种主张的学者都把历史与文学归为一类，历史不是科学也不可能是科学，它只能是学者对所谓事实的主体描述和艺术创造。史学家创造历史就是最具代表性的说法。其实，历史学中的史实，在多大程度上反映客观历史事实，是衡量一本历史著作科学水平的尺度。一部根本违背历史事实的所谓历史书，只能称之为对历史的伪造或戏说。可以肯定，对历史真相的追求不容易，但历史最起码应该尊重事实，尽量不歪曲事实。如果历史违背事实，其他一切都免谈。就这一点说，在历史科学中，历史事实与在自然科学中的事实同样重要，只是更难把握而已。只有忠实于事实才能忠实于真理。没有事实就没有任何科学，历史要成为科学同样如此。

我们并不否认，由于历史的特点，它是已经过去的甚至非常久远的年代。由于时空间隔，历史科学就其被书写的历史来说不可能把握全部事实。客观历史是无数历史事件，包括重要和不重要的、决定性和不具有决定性的事件和人物。历史科学不可能详尽无遗地包括全部历史的客观过程。这不可能，也无必要。如果要求历史书无所不包，那就不是历史书，而是客观历史本身。可历史本身不经过研究、不经过书写是不可能为人所知的。我们所知道的历史都是书写后的历史。历史应该经过书写，但书写的历史应该力求符合历史事实。这是历史科学中的困难之处，也是科学历史观之所以重要的原因。

历史学追求的是被书写的历史事实的客观性，而不是全部历史的客观性。自然科学也不例外。任何一门自然科学都只能有限地把握对象而不能全部囊括对象。天上的星星无穷无数，真正被天文学发现并命名的只是无限宇宙中星体的极少的一部分，难道天文学中的星星只是天文学家眼中的星星，而不是客观的星体吗？任何科学包括自然科学都是科学家对事实的过滤、选择，剔除一些、留下一些。为什么？因为科学研究的是问题，是发现问题、提出问题、解决问题，不是无穷的细节。关键是支撑提出和解决问题的事实是不是真实的，而不在于它是否经过选择和过滤。科学不是举例，必须概括、归纳、提升，这样它必然有所取舍，而不是事无巨细、有文必录。历史学更是如此，它对材料会选择、会过滤，会按照自己个人的意图使用这些材料，但材料的使用不能是主观的、随意的。列宁说过："在社会现象领域，没有哪种方法比胡乱抽出一些个别事实和玩弄实例更普遍、更站不住脚的了。挑选任何例子是毫不费劲的，但这没有任何意义，或者有纯粹消极的意义，因为问题完全在于，每一个别情况都有其具体的历史环境。如果从事实的整体上、从它们的联系中去掌握事实，那么，事实不仅是'顽强的东西'，而且是绝对确凿的证据……如果事实是零碎的和随意挑出来的，那么它们就只能是一种儿戏，或者连儿戏都不如。"①

实证主义史学家强调让事实说话，有一定合理性，但也有片面性。事实不会说话，让事实说话的是史学家。但史学家说话也不能是自说自话，如果没有事实根据，就是胡说。我们不仅要尊重历史事实，而且要善于理解事实，理解事实之间的内在联系。这同样要求科学的历史观。

在历史学中，历史事实和价值判断是结合的，因此有学者认为，史学中没有事实，而只有对历史的价值判断。这种说法不对。历史有事实，因为历史的本质是人的追求目的性的活动。人的活动，无论是经济活动、政治活动或文化活动都是群众性的、真实的、客观的、为人们经验能观察到的、具有可见性的活动。历史事件或历史人物就是历史活动中的事件和人物。只要承认历史是人的活动，活动必然有过程有结果。过程和结果，就是历史实实在在的内容和事实。如果作为人类活动成果的历史不是事实，同理，当前人的活动也不会是事实。因为我们现在的活动，就是明天的历史，而我们今天称之为历史的东西，就是昨天的现实。一切都是过程，一切都会成为历史。如果历史不可信，那就等于现实也不可信。否定历史的客观性就是否定现实的真实性。

毫无疑问，历史学中的历史事实往往容易与历史的价值判断纠缠在一起。在自然科学的研究中，自然科学家同样有自己的理想追求、有热情、有欲望，甚至功利心。自然科学研究会有既成的理论框架、思维模式、科学认识。在自然科学研究中，科学家的价值观可以成为

① 《列宁全集》第28卷，人民出版社1990年版，第364页。

助跑的动力，但不能进入研究的结论之中。自然科学的结论的真理性必须具有可证性、实验具有可重复性、被证明为真理的原理具有公共性，而且可以通过技术转化获得实践的有效性。

历史价值观不同于自然科学的价值观。历史价值观影响对历史资料的选择和安排，并最终影响对历史事件的解释和结论。当客观历史变为历史叙述时，不同的历史学家可以有多种写法、多种观点和多种结论。我们必须强调书写可以多方式、多角度，但其依据的历史事实必须是真实的。如果以历史的书写代替历史的事实，只能重新坠入以历史的叙述取代历史事实的实用主义历史观。

任何历史学的记载或对历史事实的叙述，都会包含某种价值倾向，价值判断中可以有事实，而且事实叙述中也会有价值评价。我们应该学会区分而且可以区分哪些属价值判断，哪些属事实叙说。E. H. 卡尔在《历史是什么?》中，虽然承认历史事实的客观性，但还是更偏重价值对事实选择作用的过滤性。他批评那种认为“历史学家可以在文献、铭刻等等诸如此类的东西那里获得事实，就像在鱼贩子的案板上获得鱼一样”，强调“相信历史事实的硬核客观独立于历史学家的解释之外的信念是一种可笑的谬论，但也是一种难以根除的谬论”。[①]历史事实是客观的，是不以研究者的意志为转移的；而历史事实变为历史史实当然要经过历史学家的选择。历史学家的价值选择只与自己书写的历史史实相关，而与历史事实的客观性无关。历史是以往人类活动的既成事实，是任何历史学家无法改变的。能篡改伪造的是被书写的历史史实，而不是历史事实。不同的价值评价属于历史学，而不是属于客观历史本身。历史事实即使一时被遮蔽终究会被揭示。

历史价值评价具有主体性、多元性，但任何具有科学性的评价不能是单纯的一己之见，不能是个人的主观认定，它必须具有事实依据。南京大屠杀是历史事实，有争论的是人数的多少而不是事件的有无和事件的性质。人数多少属于量的规定性，而屠杀属于质的规定性，是对整个南京大屠杀性质正确把握的基础。南京大屠杀是经过“远东国际军事法庭的调查报告”以及“远东国际军事法庭”确认的，并对大屠杀的元凶、甲级战犯“松井石根处绞刑，谷寿夫被引渡给中国政府处死”。多少年来，日本军国主义残余侵略势力一直在大造翻案“舆论”，声称“南京大屠杀”是“中国人捏造的谎言”。历史事实并不会因为价值判断不同而不同。日本少数右翼历史学家可以把自己价值观主导下的所谓事实编入教科书，但终究不能改变历史事实。

不能因为存在不同评价而认为历史无事实，只是一连串的价值判断。我们之所以能分清戏说和正史就是基于历史有事实。历史与现代的关系是多义的。从历史进程看，即从客观历史发展看，现代是历史的继续和延伸。没有历史就没有现在。现在中国的许多问题，能从中国历史传统中得到某种历史说明。历史的时间向度是由过去到现在。可从历史学的角度，即从历史书写的角度，却是从现在到过去。因为历史的书写都是后代对前代历史的书写，它们的视角、兴趣、观点，都会受到所处时代的制约。克罗齐说“所谓一切真正的历史都是当代史”，只有在这个意义上才具有某些合理性。因为历史学家总是在自己时代下书写历史，因而历史书写具有时代特征，但这不是指历史事实可以不断改写（除非是发现原有历史史实的

---

① E. H. 卡尔：《历史是什么?》，陈恒译，商务印书馆2007年版，第90、93页。

错误和发现新的历史材料)，而是指对历史事实的评价可以提出具有时代特征的新的看法。历史学家站在当代评述过去，尽管价值评价可以有变化，但必须尊重历史事实，而且对事实的叙述必须有历史意识和历史感，即把历史事件、历史人物，放在特定历史条件下来认识，尽量通过新的评价更真实地显现历史具有的真实情况，而不是以作者的当代意识代替历史事实。我们反对影射史学和史学中的实用主义。如果以当代代替历史，按当代来重构历史，这就叫没有历史意识和历史感。即使像有些学者主张的那样把历史看成历史学家与历史的不断对话，这种对话也应该是愈来愈接近真实，接近真理，而不是与事实渐行渐远。历史唯物主义的科学性与价值性的统一要解决的正是这个矛盾，它把历史事实的真实性和历史评价的可变性合理地结合在一起，力求评价越来越接近现实，而不是无视事实的任意翻案。

当然，完全可以有很多事实不清的悬案，但经过不断的发掘、考证、研究，可以逐步达到对事实的一定的把握。历史之谜，正是历史科学要研究的。追求破解历史之谜，就是寻找历史事实。至于发现新事实，纠正前人的失误的重写，不能成为否定历史真实性的根据，恰好证明史学应该尊重事实，否则无必要正误。纠正历史史实中的错误，是从反面证明历史应该尊重事实。

中国历史著作有个好的传统，就是在史学著作中事实与评价有适当区分。陈寿《三国志》在重要人物的传记后都写一段“评曰”，表达作者的观点。作者对曹操父子的评论显然不同于拥刘反曹正统史观的小说《三国演义》。史学不同于文学。史学追求信史，这是中国史学的一个好传统。《史记》有太史公曰，《资治通鉴》有臣光曰，都是着重把事实与评论分开的，并不以评论代替事实。古代史书的纪传篇，叙事和议论是分开的。某些编年体史书和郡志也有这种体例。当然，由于中国儒家的伦理特色，受儒家思想主导的历史评价，往往着重人物或事件的道德评价，因而对历史事件和人物的作用和地位的正确认识，往往为道德的瑕疵所掩盖。毫无疑问，道德可以作为评价历史人物行为的一种尺度，但不是主要的更不是唯一的尺度。道德评价往往着重历史事件人物的道德教训，而不是放在整个历史进程中考察它的作用和地位，这种评价有其“唯道德论”的局限性。

历史人物的价值评价，特别是杰出人物的评价往往受政治因素的左右。斯大林逝世后，从赫鲁晓夫直到叶利钦对斯大林的评价，为了标榜自己开辟不同于斯大林的新时代，都极力贬低斯大林，甚至恶毒谩骂斯大林。相反，斯大林的原来对手反而对斯大林怀着比较客观和公正的评价。丘吉尔可说是最坚定的反苏反共的领袖性人物，可是他称赞斯大林“是个卓越的人物，令我们残酷的时代敬仰，他在其中奉献了自己的一生”。还说，斯大林是“在经受岁月艰难考验时领导俄罗斯的是位天才，是不屈不挠的统帅 И. В. 斯大林……他接手的是用犁耕地的俄罗斯，留下的是原子武器装备的俄罗斯。不，无论是我们说他什么，历史和人民不会忘记这样的人的。”连被俄罗斯共产党赶下台的临时政府总理克伦斯基都说：“斯大林使俄罗斯从灰烬中振兴起来，使它成为一个伟大的强国，粉碎了希特勒，救了俄罗斯和人类。”[①] 斯大林似乎已经预料会发生这种事，他说“我知道，在我死后有人会把一堆垃圾放到

① 尤·瓦·叶梅利亚诺夫：《斯大林：未经修改的档案——在权力的顶峰》，石国雄、袁玉德译，译林出版社2006年版，第610页。

我的坟墓上，但历史之风会无情地刮走它的！”① 在敌人包围下一个领导第一个社会主义国家建设社会主义的领导者，专横甚至专权都是可能的，错误也不会少。对斯大林有不同评价可以理解，但历史人物的评价必须有历史感，即把他放在他所处的历史条件下来进行评价。任何超越历史的评价都是非历史的。

在历史评价中排除事实只有所谓价值判断，是一切历史虚无主义的理论依据。历史虚无主义就是否认历史事实的客观性和共有性，把一切历史的论断转变为价值判断。而价值判断又完全可以是与事实无关的主观认定。在这种历史观下，各种否认历史的虚无主义就可以乘虚而入。我们在中国当代所见到的否定一百多年来中国革命运动、否定中国共产党、否定领袖性人物历史功绩的现象，都是以所谓重写历史为幌子。所谓重写并不是由于发现新的史料，更科学地更实事求是地书写历史，而是以价值重估为号召恣意歪曲历史。这种所谓重估，往往作的是翻案文章，具有极强的政治意图和意识形态性质。金无足赤，人无完人。任何历史事件和历史人物都会具有不足之处。问题是本质是什么？主流是什么？它在历史中处于何种地位？如果采用以管窥天的思维方式，攻其一点，不及其余，任何杰出的历史人物和伟大历史事件都会被弄得面目全非。这种历史观只能导致历史虚无主义。

## 二　历史现象的相似性

历史现象不同于历史事件。历史事件不可重复，但历史现象可以具有相似性。尽管历史事件不可脱离它产生的历史条件，但不同历史条件下的历史现象可以有相似之处。中国没有亚历山大大帝，但有秦始皇；没有列宁，但有毛泽东；没有波拿巴第三政变，但有袁世凯和张勋之流的复辟闹剧。这说明只要时代需要，不同时代都会有自己的历史人物和事件。这就是历史现象的相似性。

每个民族都有过战争、有过革命，都会有或大或小的思想家，他们不是苏格拉底，不是孔子，也不一定有他们那么大的贡献，但各民族都会有自己的文化和文化代表人物。每个民族的发展都经过原始时期，有过母系社会、父系社会，有过杂婚，没有一个社会是一步到位的；人类进入阶级社会都存在阶级斗争，《共产党宣言》一开始，就通过列举从奴隶社会到资本主义社会的阶级斗争表明了阶级社会阶级斗争的相似性。总之，各民族和国家的历史事件是独特的，这样才有多样性，但历史现象会有相似性。历史现象的相似性是普遍存在的。从这个意义上说历史事件具有不可重复性，但历史现象具有相似性。马克思说过：“人体解剖对于猴体解剖是一把钥匙。反过来说，低等动物身上表露的高等动物的征兆，只有在高等动物本身已被认识之后才能理解。”这讲的就是资本主义经济关系与前资本主义社会经济关系存在某种相似性，“因此，资产阶级经济为古代经济等等提供了钥匙。”② 资本主义关系的分析之所以有助于理解前资本主义社会，就是因为不同社会形态中的现象有某些相似性。

历史现象相似性的根据是什么？有人说是由于人性的普遍性。例如，因为人性贪婪，因

① 尤·瓦·叶梅利亚诺夫：《斯大林：未经修改的档案——在权力的顶峰》，石国雄、袁玉德译，译林出版社 2006 年版，第 617 页。

② 《马克思恩格斯选集》第 2 卷，人民出版社 1995 年版，第 23 页。

此贪污腐败为各朝各代各国所共有，根本不可能消灭。其实，在历史唯物主义看来，个人主义、贪污腐败的相似性，根源于私有财产制度的相似性。不管是哪种私有制度，生产资料和财富的积蓄属于私人这一点是共同的。以各种方式积累财富是私有制社会生产的目的，也是一种生存状态和生活方式。

经济、政治、道德各个领域中之所以存在某些相似性，不是人性共同性的表现。用人性的共同性解释社会现象的相似性是不对的。人性不能解释历史的相似性，相反人性要由历史来解释。人性所表现出来的某种共性，恰好要由社会的共性来解释。只要有私有制，就会出现阶级、出现剥削，就会出现贪污腐败；只要有社会作为社会存在而不是孤立的个体，在政治上就会有社会组织、社会制度，否则社会就不能运转，要运转就会有大大小小的头头，有最高头头。不管名称是酋长、是法老、是皇帝、是总统，都无所谓，总之有社会就有组织，有组织就有大大小小的头头，就有总头。只要是社会就会有人与人的各种关系，从一般人际关系，到夫妇关系与亲属血缘关系，就会有调节这些关系的伦理和道德规范。诸如此类的相似性，只能从社会本性及其历史发展得到合理的解释。

对历史现象相似性的认识就比对单一历史事件的认识进了一步。有相似性才可以从相似性中发现规律。从历史现象相似性中发现规律是历史唯物主义的重要方法。马克思强调历史有相似性，但在强调相似性时，同时反对简单的历史类比，强调历史相似性的原因在不同历史条件下会出现不同的结果。所以马克思在强调资产阶级经济关系与前资本主义经济的某些相似性时，又深刻指出，“决不是像那些抹杀一切历史差别、把一切社会形式都看成资产阶级社会形式的经济学家所理解的那样。人们认识了地租，就能理解代役租、什一税等等。但是不应当把它们等同起来。”① 马克思同时强调对这种相似性加以研究、加以比较，并注意它们的差异性，从相似和差异中，就能发现理解这种相似性及其不同结果的钥匙，即发现规律性。如果历史现象根本没有相似性，彼此毫无任何共同之处，规律便无从谈起，发现规律也无从谈起。对社会现象相似性和差异性的分析，是走向发现历史规律的必经之门。因为社会历史规律都是长时段规律，它不是支配个别历史事件，而是存在于历史过程中。

## 三 历史规律的重复性

历史规律又不同于历史现象，它不是相似性，而是历史现象之间的本质联系，是可重复性，而且是不断的重复性。为什么不同民族都在母系、父系社会后，随着私有制产生才会产生阶级，才能进入文明社会。而这一切都与生产力的发展、生产工具的改进不可分。没有一个社会能够不生产自己需要的生活资料就可以生存，因此生产成为一个社会存在和发展的基础，这是普遍的、每时每刻重复的，这就是规律。为什么历史上有杰出人物，有组织者、领导者，因为任何社会要正常运转，就不能是无政府状态，即没有任何社会组织。社会将来可以没有国家、没有君主、没有总统，但绝不会没有组织者、领导者和管理者，否则，社会就不能存在。至于它们如何产生，决定于不同的历史条件。如果世界上有一个国家或民族，从

① 《马克思恩格斯选集》第2卷，人民出版社1995年版，第23页。

来没有私有制、没有阶级、没有过战争，也没有剥削，这表明它仍然处在原始社会阶段，没有进入文明社会。规律就是历史现象之间的本质联系或称为重复性。

历史规律论与历史决定论有内在联系。因此承认历史规律论，往往导致历史决定论与非决定论之争。有些学者害怕使用历史决定论，似乎承认决定论原则就是目的论、宿命论和机械论。其实，否定决定论的理论和实践的错误导致的唯意志论后果一点也不比承认决定论的错误少。历史唯物主义不是在决定论与非决定论的对立中思维，它是在历史的必然性和偶然性、历史规律的客观性和人的活动选择性活动中思考决定论问题。因此，历史唯物主义是历史决定论者，但它是辩证决定论，因为它把社会作为一个整体，从必然性与偶然性、规律与人的活动相关联中考察历史决定论问题。

有人说，既然是从必然性与偶然性相联系中考察历史决定论，那就不能承认历史决定论。这种说法是不对的。因为历史受众多偶然性的影响，历史发展会显出曲折性、多样性和出现各种具有个性的历史人物与各具特色的历史事件。这是真实的历史。可是，所有偶然性对历史的作用，都不可能超过一定时期的生产方式和经济发展水平对社会总体状态的制约作用。恩格斯形象地把生产方式称为历史波动的中轴线。全部偶然因素的作用都是以它为中心上下摆动。大量偶然性的存在使必然性的实现更为丰满和多样，因此历史的色彩从来是丰富的斑斓多样的。但这不会改变社会生产方式起最终决定作用的原则。历史周期越长，生产方式最终的决定作用越明显。在历史唯物主义中，决定论的本质是承认在影响社会的多种因素中，有一种因素是起最终决定作用的主导因素，这就是物质资料生产方式。

人与规律关系是一个争论不休的难题。有些论者说，历史既然是人们自己的活动，是人们自己创造的，就不能强调历史必然性，而应该强调人的自由选择，这样人才不会成为必然性的奴隶，才能真正说历史是人们自己创造的。他们还特别强调，既然历史是人创造的，因而历史研究应该研究人的特别是个人的动机。没有个人动机的历史是不可想象的。毫无疑问，历史人物的心理动机，甚至情感、脾气、性格、精神状况乃至年岁、身体健康状况都能成为影响历史进程的因素。但这些对历史的影响作用是暂时的并非恒定的、永久作用的因素。它可以延缓或加速历史进程，但不能根本改变历史的方向。如果由于这些而发生历史方向的改变，那肯定有一个更大的力量在起作用。无论是赫鲁晓夫、戈尔巴乔夫或叶利钦的个人性格或其他专属个人因素，都不是足以解释苏联解体和资本主义复辟的决定性原因。

历史人物的内心动机，是很难捉摸的。对历史人物来说最现实最重要的是他们的行为，而支配行为的是动机。没有无缘无故的动机，也没有不表现为行为的动机。研究心理动机，就必须研究产生动机的原因及其在行为中的表现。因此对伟大历史人物进行心理研究，与其说是研究他的主观心理动机，不如说是研究推动他们行动的动因。恩格斯曾经专门谈如何研究历史人物的动机问题。他说："如果要去探究那些隐藏在——自觉地或不自觉地，而且往往是不自觉地——历史人物的动机背后并且构成历史的真正的最后动力的动力，那么问题涉及的，与其说是个别人物、即使是非常杰出的人物的动机，不如说是使广大群众、使整个整个的民族，并且在每一民族中间又是使整个整个阶级行动起来的动机。"并且指出，研究这些动机"是能够引导我们去探索那些在整个历史中以及个别时期和个别国家的历史中起支配作用的规律的唯一途径”。[1] 所谓整个阶级的动机即群众性的动机，实际上就是社会思潮。社会思潮往往比个别历史人物的所谓内心心理动机重要得多。社会思潮往往是推动整个阶级而不是个人行动的动机，而社会思潮的产生肯定有其原因，因而对一个时期社会思潮的研究，就有可能探索到当时历史人物的动机，因为杰出人物的动机往往以浓缩的、鲜明的、突出的形式反映社会思潮。透过对一个处于变革时期社会思潮的原因的分析，就能引导走向发现历史的规律。如果只停留在历史人物个人纯主观动机特别是所谓内心心理，是不可能真正解释历史的。列宁曾批判过旧历史理论的两个缺点，其中一个就是“以往的历史理论至多只是考察了人们历史活动的思想动机，而没有研究产生这些动机的原因，没有探索社会关系体系发展的客观规律性，没有把物质生产的发展程度看作这些关系的根源”。[2] 心理史学是研究历史的一个角度，但如果把历史学变为心理学，就无法走出唯心主义历史观动机论的困境。

历史是人创造的与历史的规律性如何能不陷入悖论呢？我们是否只能选择其中之一：要不承认规律否认历史是人的自我创造，要不承认人的自我创造否认历史的规律？其实，这种所谓悖论是学者思维方式自身的矛盾，而不是历史自身的矛盾。客观历史就是这样的，人既创造历史，成为历史的剧作者，又是演员，成为历史舞台中的角色。

人怎么可能既是剧作者又是演员呢？这可以从两个不同层面来理解。第一，从代际关系说，历史是一个过程。历史是人创造的，人是剧作者，可是任何一代人都不是在自己选择的条件下进行活动的，而是在先辈留下的生产力和文化传统条件下进行的。也就是说，人的自主创造活动的结果成为下一代人的活动的出发点。这种条件对于后代来说是既成的、给予的，具有某种制约作用。这是每个时代的传统与当代问题。从这个意义上说，人在总体上既是剧作者又是演员。马克思在《路易·波拿巴的雾月十八日》中对拿破仑三世作为政变角色以及对传统作用的分析就贯穿这个原则。第二，从同时代说，可以比喻性地把历史看成一个大舞台。人都是自己时代历史活动的参与者，都是能动的剧作者，可是由众多合力形成的条件和规律，又成为任何个人活动的限制，人成为不能超越自己社会关系决定的演员。这说明，从一个时代来说，人既是剧作者又是演员。

当然，剧作者和演员具有形象的比喻意义。人在社会领域中并不是不能更改台词变换角色的演员。每代人受制约于传统又以自己的活动改变传统并创造新的传统；每个人既受制于合力又以自己的活动参与形成新的合力。这就是主体的选择性活动。人面对历史传统和社会条件，可以在多种可能性中进行选择。例如，19世纪下半叶的中国逐渐形成三种可能性：一是仿效日本明治维新走西方资本主义道路；二是走清王朝为挽救大厦倾倒而口头许诺的君主立宪道路；三是走苏联十月革命道路。前两种可能性行不通。尽管有些人主张全盘西化，但没真正西化过，因为西方资本主义阻止中国发展自己的资本主义，而中国又没有比较强大的民族资产阶级承担起在中国发展资本主义的任务；第二条路也走不通，因为清政府不可能真正推行君主立宪。它要维护的是清王朝的专制体制，仍然维护中国社会的封建社会本质，因此维新运动被镇压，洋务运动也成效甚微；结果只有第三条路。第三条路不是无主体的历史

① 《马克思恩格斯选集》第4卷，人民出版社1995年版，第249页。

② 《列宁选集》第2卷，人民出版社1995年版，第425页。

必然性的自我实现，而是经过中国共产党人几十年浴血奋斗，牺牲了无数先烈得到的。历史提供的永远是可能性，必然性的实现总是要通过由可能性变为现实的过程。可能性是历史条件决定的，而可能性的实现和以何种方式向现实转化，决定于人的能动性的发挥和正确的抉择。

人的创造性与历史规律性是不是绝对对立的？认为既然人是历史的创造者，一切决定于人，历史发展就不可能也不应该有规律。这种说法是不对的。人的活动与历史规律并不是直接的创造与被创造关系。规律的载体不是人的实践活动，而是在实践中形成的不以人的意志为转移的社会关系。社会规律是社会运行的规律，社会关系在人的实践活动中一旦被创造出来，就具有不依赖于任何个人的特性。私有财产制度当然是人创造的，它不是自然界原来就有的，可私有财产制度一旦产生并成为社会的经济基础，它的运行就会按照私有制度特有的规律运行。只要有私有财产制度，就不可能阻止与它相关的阶级存在，阻止维护私有制度的国家存在，阻止贫富对立、阻止两极分化。再如纸币是印币厂印出来的，可只要投放市场，它就受货币流动规律支配，当纸币发行超过需求，就会通货膨胀。大量发行纸币又想企求物价稳定，两者得兼是不可能的。国民党当年在大陆发行金圆券，一麻袋钱买盒火柴就是如此。机关枪大炮也阻止不了社会规律起作用。社会历史规律同样是不以人的意志为转移的，意志支配的是人的活动，而人类活动的创造物一旦产生出来就按它自身的规律运行。人的活动是创造性的，可这种创造物运行的规律并不取决于创造者，而是取决于被创造物自身本性及其相互关系。这就是为什么人创造了制度又会成为自己创造的制度的被奴役者的秘密所在。

历史事件、历史现象、历史规律三者紧密相连。没有历史事件，就没有历史事件的相似性，没有历史事件的相似性，就没有规律的重复性。重复性存在于相似性中，相似性存在于单个不可重复的事件中。历史事件和历史人物的产生都具有某种偶然性；而历史相似性表明，这种偶然性中存在某种必然性，否则不会有历史的相似性。正是从历史相似性中发现历史规律，发现历史的重复性。马克思在《给〈祖国纪事〉杂志编辑部的信》中对相似性与规律性的关系作过深刻论述。他说，“极为相似的事变发生在不同的历史环境中就引起了完全不同的结果。如果把这些演变中的每一个都分别加以研究，然后再把它们加以比较，我们就会很容易地找到理解这种现象的钥匙”。[①] 历史事件即历史事实是最根本的；相似性是它们之间的共同点，而规律是从共同点分析中发现的。一个个孤立的历史事实不可能理解，它只有在相似性中才能理解；而相似性和差异性的原因，则从规律中才能得到合理的解释。

历史唯物主义关于历史事实的客观性、历史现象的相似性和历史规律的重复性观点，能为我们在当代思辨历史哲学和批判历史哲学的对立中，确立一个正确对待历史研究的科学视角。史学功能不应成为历史唯物主义理论工作者遗忘的角落。我们既要重视现实，也要重视历史。

（原载《中国社会科学》2011 年第 2 期）

---

① 《马克思恩格斯选集》第 3 卷，人民出版社 1995 年版，第 342 页。

# 世界范围内“模式”问题的四次论争及其启示

徐崇温

我国学术界目前正在就“中国模式”问题展开热烈的讨论和争论。其实，在世界范围内，有关“模式”问题的论争早在一百多年前就曾进行过，而且一直绵绵不绝，特别是第二次世界大战以后发生的几次，既有关于社会主义模式的，也有关于资本主义模式的，还有西方国家关于中国模式的论争。这些论争虽然内容各不相同，但共同的一点是，在每个这样的场合，都有一种模式先验唯心主义地把自己奉为普世价值，或者强加于人，或者否定与自身相异的别的模式的客观存在，歪曲其性质和意义。这实际上正是引发争论的根源，同时又反映了争论的实质。下面是其中影响较大的四次论争及其启示，希望对于我们正在进行的讨论和争论能够提供一些借鉴和参考。

## 一　恩格斯的《反杜林论》批判杜林的世界模式论

第一次论争是恩格斯在其《反杜林论》中，对杜林的世界模式论所展开的批判。

杜林（1833—1921），是德国的一位哲学家、庸俗经济学家、小资产阶级社会主义者。在19世纪70年代以后，他以社会主义的改革家自居，在1871年发表《国民经济学和社会主义批判史》，1873年发表《国民经济学和社会经济学教程》，1875年发表《哲学教程》，声称要对哲学、政治经济学和社会主义理论进行“全面的改革”，并提出了一个小资产阶级改造世界的方案。方案中，未来社会的基本经济单位是“经济公社”，它仍然保留着旧式分工和原有生产方式，只是在分配方面实行改革，使每个人得到其劳动的全部价值，并可自由支配其所得。这个方案的实质是掩盖资本主义社会基本矛盾的激烈对抗性，鼓吹在不推翻资本主义制度的前提下，改变分配关系以实现社会主义。杜林的这种社会改良主义观点在刚成立不久的德国社会主义工人党内有很大影响。1875年，以莫斯特、伯恩施坦为代表，在党内建立了一个拥护杜林的宗派组织，再加上党的某些领导人也对杜林的观点认识不清，这就使恩格斯不得不暂时搁置正在进行的《自然辩证法》的研究和写作，于1878年出版了《反杜林论》一书，对杜林的观点进行全面的分析批判，同时对马克思主义的基本理论进行全面、系统的正面论述。

恩格斯在《反杜林论》中所批判的杜林的“世界模式论”，认为先有模式、原则、范畴，然后，由人把它应用于自然界和人类历史，构成现实世界。恩格斯的批判，就主要从哲学的高度上揭露这种理论是一种先验唯心主义，以及它对黑格尔的抄袭：先是揭露杜林“所谓的原则，就是从思维而不是从外部世界得来的那些形式的原则，这些原则应当被运用于自然界和人类，因而自然界和人类都应当适应这些原则”。接着展开批判说：“这样一来，全部关系都颠倒了：原则不是研究的出发点，而是它的最终结果；这些原则不是被应用于自然界和人类历史，而是从它们中间抽象出来的；不是自然界和人类去适应原则，而是原则只有在符合自然界和历史的情况下才是正确的。”随后，恩格斯又揭露了作为杜林的哲学基础的世界模式论，是对黑格尔《逻辑学》的抄袭。恩格斯指出，杜林“把事物完全头足倒置了，从思想中，从世界形成之前就久远地存在于某个地方的模式、方案或范畴中，来构造现实世界，这完全像一个叫作黑格尔的人的做法”；“在杜林先生那里首先是一般的世界模式论，这在黑格尔那里称为逻辑学；其次，他们两人把这种模式或者说逻辑范畴应用于自然界，就是自然哲学；而最后，把它们应用于人类，就是黑格尔叫作精神哲学的东西。这样，杜林这套序列的‘内在逻辑次序’就‘自然而然地’引导我们回到了黑格尔的《全书》。”①

## 二　是把苏联模式强加于兄弟党、兄弟国家，还是坚持社会主义发展道路的多样性?

关于“模式”问题的第二次大的论争，主要发生在第二次世界大战以后。那时在欧亚出现了一系列社会主义国家，这就产生了这些国家建设社会主义道路同苏联和苏联模式的关系。斯大林推行大党大国主义，把苏联的经验凝固化、绝对化和神圣化，把苏联模式强加于兄弟党、兄弟国家，而把这些国家独立自主、自力更生，以及根据本国本民族的特点去建设社会主义的努力，当作反共的民族主义来加以批判和斥责，根本否认社会主义发展道路的多样性。1952年，斯大林亲自指导把苏联的社会主义建设经验写进《政治经济学教科书》，并规定这是全世界的共产党人所“必读的教科书”②。尽管社会主义国家共产党和工人党代表会议在1957年通过的《莫斯科宣言》已经明确宣告“为生活经验所检验过的社会主义建设共同规律的创造性运用，各国社会主义建设形式和方法的多样化，是对于马克思列宁主义理论的具体贡献”，但直到1957年，苏联科学院副院长、著名的苏共理论家费多谢也夫在由他主编的《马克思列宁主义关于社会主义的学说与现时代》一书中，还蓄意把社会主义发展道路的多样性同社会主义模式多元论混淆起来，说什么“右倾修正主义者附和反共分子”“断定社会主义有苏联的、中国的和古巴的等等模式。深入分析一下他们的‘社会主义模式’多元论的概念就不难看出，他们实质上是企图针对现实的社会主义而设计一种与科学社会主义理论和实践毫不相容的‘模式’”③。甚至到了1982年，苏联《科学共产主义》杂志还在发表题为《社会主义多种“模式”的理论是站不住脚的》文章。

在实践中，斯大林的大党大国主义同社会主义国家坚持社会主义发展道路多样性的矛盾，首先在苏南矛盾中表现出来。斯大林把以铁托为代表的南共领导人主张“把马克思主

① 《马克思恩格斯选集》(第3卷)，人民出版社1995版，第373—374页。

② 《斯大林选集》(下卷)，人民出版社1979年版，第573页。

③ [苏] 费多谢也夫主编：《马克思列宁主义关于社会主义的学说与现时代》，杜肖译，中国人民大学出版社1983年版，第101页。

义科学应用于一定的特定场合”，“使它与存在于我国的特殊条件尽可能密切地融合在一起”的独立自主的发展道路，斥责为反苏、反共、反社会主义的民族主义。波兰党的总书记哥穆尔卡支持铁托的观点，强调波兰要建设波兰特色的社会主义，提出过波兰自己的发展道路问题。

结果在苏联的压力之下，也被扣上“右倾民族主义”的帽子，被撤销总书记职务并判刑3年。而另一方面，有些东欧国家却又因照搬苏联模式，破坏了自己国家原有的经济结构，造成国民经济偏向重工业的畸形发展，人民生活水平提高缓慢，引起人民群众的广泛不满，引发了多次经济政治危机，如1953年的“东柏林事件”，1956年的“波兰匈牙利事件”，1968年的“捷克布拉格之春”，1970年的波兰危机，1980年的波兰“团结工会”……匈牙利党的领袖卡达尔·亚诺什后来回顾说：“关于苏联和东欧社会主义各国的关系，在初期我们没有适当考虑这些不同的特点，我们错误地认为苏联建设社会主义的经验可以原封不动地机械地搬到匈牙利和其他国家，结果每个国家都付出了沉重的代价。”①

实际上，早在第二次世界大战以前，斯大林推行的大党大国主义就在把苏联模式强加于兄弟党。中国共产党也吃够了“左”倾教条主义者照抄照搬苏联经验、苏联模式的苦头，因而早在20世纪30年代末，毛泽东就提出了要把马克思主义中国化的主张。把马克思主义中国化就是要把马克思主义的普遍真理和中国革命的具体实际相结合，反对把马克思主义教条化和把共产国际决议与苏联经验神圣化。在我们党的历史上，正是这种教条化错误曾使中国革命几乎陷入绝境。20世纪50年代中期，在赫鲁晓夫的秘密报告引发了西方世界的反苏反共高潮、苏联的大党大国主义又引发了社会主义国家的危机时，我们党在1956年12月29日的《人民日报》上发表了《再论无产阶级专政的历史经验》一文，进一步阐述我们关于社会主义发展道路多样性的观点，文中说：只有善于根据自己的民族特点运用马克思列宁主义的普遍真理，各国无产阶级的事业才能取得成功。因为“马克思列宁主义的普遍真理只有通过一定的民族特点，才能在现实生活中具体表现出来和发生作用”，“但这决不是说，各国的共产主义运动可以没有基本的共同点，可以离开马克思列宁主义的普遍真理”。

东欧剧变、苏联解体以后，邓小平又在进一步总结历史经验的基础上，明确阐明了我们党在社会主义发展道路问题上，也是在党际关系上的指导思想：

1. “我们历来主张世界各国共产党根据自己的特点去继承和发展马克思主义，离开自己国家的实际谈马克思主义，没有意义”，② “只有结合中国实际的马克思主义，才是我们所需要的真正的马克思主义”，③ 我们所要坚持的也“必须是同中国实际相结合的马克思主义”，“必须是切合中国实际的有中国特色的社会主义”。④

2. “各国共产党应该根据自己国家的情况，找出自己的革命道路”。⑤ “无论是革命还是

① 《共运资料选辑》（第1辑），人民出版社1985年版，第2页。
② 《邓小平文选》（第3卷），人民出版社1993年版，第191页。
③ 同上书，第213页。
④ 同上书，第63页。
⑤ 同上书，第27页。

建设，都要注意学习和借鉴外国经验。但是照抄照搬别国经验、别国模式，从来不能取得成功”，[①]“过去我们搬用别国的模式，结果阻碍了生产力的发展，在思想上导致僵化，妨碍人民和基层积极性的发挥”[②]、“带来很多问题”、“吃了很大苦头”[③]。

3. “在革命胜利后，各国必须根据自己的条件建设社会主义，固定的模式是没有的，也不可能有”。[④]“中国革命就没有按照俄国十月革命的模式去进行，而是从中国的实际情况出发，农村包围城市，武装夺取政权。既然中国革命胜利靠的是马克思主义普遍真理同本国具体实际相结合，我们就不应该要求其他发展中国家都按照中国的模式去进行革命，更不能要求发达的资本主义国家也采取中国的模式，当然，也不能要求这些国家都采取俄国的模式”；[⑤]“世界上的问题不可能都用一个模式解决。中国有中国自己的模式，莫桑比克也应该有莫桑比克自己的模式”。[⑥]

4. “任何国家的革命道路问题，都要由本国的共产党人自己去思考和解决，别国的人对情况不熟悉，指手画脚，是要犯错误的”，[⑦]“我们认为国际共产主义运动没有中心，不可能有中心。我们也不赞成搞什么‘大家庭’，独立自主才真正体现了马克思主义”，[⑧]“任何大党或老党都不能以最高发言人自居”。[⑨]

5. “各国党的国内方针、路线是对还是错”，“不应该由别人来判断，不应该由别人写文章来肯定或否定，而只能由那里的党、那里的人民，归根到底由他们的实践做出回答”[⑩]，“如果他们犯了错误，由他们自己去纠正”。[⑪]

## 三　当代资本主义模式的多样性，“华盛顿共识”祸害拉丁美洲、俄罗斯和东南亚

### （一）关于当代资本主义不同模式的讨论

当代资本主义国家的不同模式早就存在，但在过去，人们的关注却往往集中在社会主义与资本主义的竞争和竞赛上面。冷战结束以后，当日裔美籍学者福山叫嚷着“历史的终结”、似乎美国的制度将要被全世界所采纳的时候，有些西方学者挺身而出，指出资本主义不同模式之间的竞争早就展开，其结果将左右资本主义的命运，而且随着有些发达资本主义国家同美国竞相把自己特殊的资本主义模式向转型国家和发展中的资本主义国家兜售时，关于当代资本主义不同模式的讨论，就更成为西方学术界的一个热门话题：

---

① 《邓小平文选》（第 3 卷），人民出版社 1993 年版，第 2 页。
② 同上书，第 237 页。
③ 同上书，第 261 页。
④ 同上书，第 292 页。
⑤ 《邓小平文选》（第 2 卷），人民出版社 1994 年版，第 318 页。
⑥ 《邓小平文选》（第 3 卷），人民出版社 1993 年版，第 261 页。
⑦ 同上书，第 27 页。
⑧ 同上书，第 191 页。
⑨ 同上书，第 27 页。
⑩ 《邓小平文选》（第 2 卷），人民出版社 1994 年版，第 318—319 页。
⑪ 《邓小平文选》（第 3 卷），人民出版社 1993 年版，第 236 页。

1. 在1989—1991年苏东剧变、冷战结束以后，首先著书立说论述当代资本主义有不同模式的，是法国最大的保险公司——法兰西保险业公司的总裁、法国伦理政治科学院院士米歇尔·阿尔贝尔，他在1991年出版（1998年再版）了《资本主义对资本主义：美国对个人成就和短期利润的迷恋怎样使它走向崩溃的边缘》一书。这本书针对那种把美国当作资本主义唯一模式的论调，强调在不同的国家中存在着真实的各种资本主义，它们对重大的社会问题不会提供单一的答案、不会提供一条最美好的道路。与此相反，资本主义像生活一样，是多种多样的，"首要目标是要指出，除了新美国经济模式之外，其他一些模式可能在经济上更有效，在社会上更公正"。

具体地说，阿尔贝尔把当代资本主义划分为两种模式：一种是新美国模式，即在美国、英国、加拿大、澳大利亚等国家实行的资本主义；一种是莱茵模式，即在法国、瑞典、荷兰、瑞士实行的资本主义，日本实行的也是这种模式，只是稍作修改。阿尔贝尔认为，莱茵模式的资本主义比较亲切、柔和却更有效率，它在公司的权利和责任之间提供适当的平衡，并为工人提供了较大的安全。反之，新美国模式的资本主义则是明显劣等的资本主义：在这种模式下，经理目光短浅，迷恋利润，薪酬特高。由于金融市场使经理得不到实施长期战略所必须的各种时间长、见效慢的资源和资金，因而他们就把精力从经营企业转到应对大股东以突然袭击的方式对公司进行的敌意收购上面，以此来保护自己，更严重的是这种模式对利润的盲目追求。遗憾的是，贪婪正在把全世界大部分国家推向这种模式的资本主义。

1999年，阿尔贝尔来中国参加该书中文版的首发式时，又发表讲演，简要地指出新美国模式与莱茵模式在三个方面的区别：在宏观经济上，美国的赋税水平（占其GNP的30%）低于欧洲（占其GNP的40%）；在中观经济上，对于企业的投资，美国模式主要是通过股票市场和金融市场，而莱茵模式则主要借助于银行；在微观经济上，美国企业由股东领导，可随意聘用、解聘劳动者，而在欧洲，利润不是唯一的目标，企业首先要满足客户、供应商和环境的要求，承担对社会的责任。总之，莱茵模式注重社会价值，更适合于如汽车制造那样的稳定性、持续性行业；新美国模式则关注个性的发展，更适合于如电脑和信息产业、软件程序开发那样的灵活性和鼓励创新的企业。

2. 1992年，美国麻省理工学院经济学教授、斯隆管理学院院长莱斯特·瑟罗发表《头对头——行将到来的日欧美经济战》一书，他在论述冷战结束以后日美欧之间的经济竞争时，展开了日、美、欧三种模式的资本主义比较研究。他用个人主义和集体主义来划分这几种不同模式：盎格鲁·撒克逊式英美资本主义鼓吹个人主义价值观，在这种模式下个人要拥有自己经济上成功的战略，企业要拥有反映其股东愿望的战略，雇员、顾客只是实现为股东谋取较高利润这一目的的手段。为此，企业总是尽量把社会性开支和员工工资压到最低程度，在这种模式下，实行悬殊的工资差距，个人承担培养自己技能的责任，解雇和辞职都容易。它推行利润最大化原则以及对公司、企业的敌意收购。反之，德国和日本模式的资本主义则鼓吹集体主义价值观、工商业企业组成集团、由社会承担工人技能的培训责任、集体工作方式、个人的成败同公司的成败紧密联系在一起、员工对公司的忠诚、共同的行业策略和促进经济增长的积极的产业政策，如此等等。杰弗里·戈登1992年在纽约出版的《冷和平：美国、日本、德国和争夺优势的斗争》一书也作了类似的论述。

3. 1995 年，法国社会科学高等研究院研究员罗贝尔 · 博维在接受采访时，又提出目前有四种模式的资本主义并存。他认为，20 世纪是资本主义同社会主义展开竞争的时代，而 21 世纪将进入不同类型的资本主义展开竞争的时代。博维用另一种坐标系来划分当代资本主义的不同模式：第一种是市场引导型资本主义，即英国和美国的资本主义。第二种是以法国为典型的资本主义，这是国家官僚发挥作用的资本主义，政府控制着强有力的财政部和中央银行，铁路、通信和水电部门都由国营公司负责。由于国家的介入，这种资本主义在消除贫困和失业上有长处，而在竞争、经济增长和革新方面则存在弊病。第三种是斯堪的纳维亚式资本主义，即瑞典、丹麦、挪威、芬兰和奥地利等国家的资本主义。这种资本主义具有社会民主主义的性质，工人有很大的发言权，关于工资和职业训练，工人可以站在差不多平等的立场上同经营者进行谈判；然而，以瑞典为例，社会不平等现象虽然很少，但难以提高人们的工作热情，因此，出现了优秀人才外流到可以获得更高收入的国家去的问题。第四种是日本的资本主义，其特点之一是“合作体制”。政府与企业形成一体，就工资和生产问题交换想法，这是适合于赶超别人的类型；而在企业内部，则以长期就业制度为前提，工人的流动性不大，工人的生存以企业为中心。

4. 1999 年 4 月，英国《经济学家》周刊又发表文章评述七种模式资本主义的优劣。除美、日两种模式之外，他着重评述了其他五种资本主义模式：第三种是东亚模式的资本主义。一些经济学家把东亚的快速经济增长看作是对于低税、弹性很强的劳动力市场、开放贸易等。

政策优越性的证明，另一些经济学家则争辩说，韩国的产业政策证明有选择的政府干预带来可能收益。实际情况是并没有单一的东亚模式，在这里经济政策的差别很大，既有较为开明的中国香港地区，又有严加干预的韩国；既有印尼普遍的政府腐败，也有极为廉洁的新加坡。东亚的共同点是对外贸易的开放和储蓄力超过其他新兴经济体。第四种是德国社会市场模式的资本主义。其优点是，出色的教育和培训，慷慨的福利和工资差距较小培育了社会的和谐，公司和银行之间的密切关系助长了高投资；缺点是权力过大的工会、高税收、过分慷慨的失业救济和对劳动力市场及产品市场的广泛限制导致失业率居高不下。第五种是瑞典模式的资本主义。这种曾经被当作资本主义、社会主义之间的第三条道路来广为宣扬的资本主义模式，其优点是较为开放的市场，全面的福利国家，很小的工资差别，使失业者重新工作的就业计划。缺点是，不断上涨的通货膨胀率和经济衰退使预算赤字增大，随着失业率上升，对耗资巨大的就业计划不堪重负；个人所得税过高，损伤了人们的工作积极性。第六种是新西兰模式的资本主义。20 世纪 80 年代的彻底改革，把富裕国家中管制最严、最为封闭的这个经济体，改造成了最积极地奉行自由市场政策的国家之一，其税率很低，私有化很普及，其缺点是贫富差距急剧拉大。第七种是荷兰模式的资本主义。曾有一度它被视为欧洲僵化症的一个极端实例，现在却被看作是欧洲其他国家学习的一种模式。在这里，工人们以工资增长较低去换取工作岗位的增加；这种模式放宽了对兼职和临时工作的规章制度；降低了社会保险税，结果是失业率引人注目地下降到 3.6%。荷兰资本主义成了一种减少失业而又不大幅度削减福利，也不造成报酬巨大差异的模式，但在另一方面，则有 1/3 的工人只在部分时间里有活干，又有很多人领取丧失劳动能力或患病救济金，因而未统计入失业者中。

尽管还有许多西方学者就当代资本主义的不同模式发表过许多意见，但严格地说，如果要仔细地划分的话，每个资本主义国家都有自己的不同于其他资本主义国家的特点，都有自己的模式。

（二）新自由主义的“华盛顿共识”祸害拉丁美洲、俄罗斯和东南亚

尽管资本主义国家因为国情不同而具有不同的模式，但美国还是要把自己的新自由主义模式包装成所谓的“华盛顿共识”，以作为普世价值而强加于别的国家。

“华盛顿共识”这一概念的出现，最初同美国在拉丁美洲国家推销新自由主义模式有密切关系。进入20世纪80年代，经济全球化对发展中国家工业化的负面影响开始显露，拉丁美洲国家普遍爆发了债务危机和经济危机，1985年，美国以解决拉丁美洲国家的债务危机为由，提出了以新自由主义为内容的“贝克计划”，要求拉丁美洲的负债国家实行企业私有化，减少政府对经济的干预，进一步开放资本和证券市场，放松投资限制，为本国和外国投资者创造更好的投资环境，实行贸易自由化和进口管制合理化，改革税收体系和劳动力市场，改正价格扭曲现象，以此作为债务谈判的条件。1989年，美国政府进而提出“布雷迪计划”，以拉丁美洲债务国家进行新自由主义发展模式的改革为条件，减免它们所欠债务本金，国际货币基金组织、世界银行和美国政府一起，利用货币的附加条件，强制拉丁美洲国家进行新自由主义的经济改革。国际经济学研究所的高级研究员约翰·威廉姆森把新自由主义经济改革的这些主张概括为“华盛顿共识”的十条政策建议，这就是：财政自律；调整公开支出优先程序；税制改革；利率自由化；实行有竞争力的汇率；贸易自由化；引进外资的自由化；国有企业的私有化；保护私有财产权。“华盛顿共识”的核心思想是自由化、市场化、私有化以及财政和物价的稳定化。

不久，阿根廷、墨西哥等重债国分别与美国就实施“布雷迪计划”达成协议，并按其要求加大了结构性改革的力度。虽然按此办事的拉丁美洲国家在最初取得了一定的成效，但它更带来一系列严重问题：一是国有企业私有化，使一些产业向私人资本和外国资本集中，失业问题更为严重；二是收入分配不公的问题日益突出，两极分化和贫困化十分严重；三是民族企业陷入困境；四是国家职能被明显削弱，社会发展问题被严重忽视；五是金融自由化导致金融危机频发。总的来说，“华盛顿共识”在拉丁美洲国家搞的结构性调整，使这些国家成为经济重灾区：阿根廷、乌拉圭的新自由主义改革以失败告终，阿根廷更引发了由外债引起的“阿根廷金融危机”；墨西哥无力偿还到期100亿美元外债，引发了债务危机；巴西1999年的债务利息占其出口收入的69.3%。

冷战刚刚结束，“华盛顿共识”又以“休克疗法”的面孔出现在剧变解体以后的原苏联东欧国家：作为教师爷的美国哈佛大学经济学家杰弗里·萨克斯要它们按照他根据“华盛顿共识”提出的“休克疗法”，用急速私有化和大幅度削减公共开支的办法去推进原苏联经济的转轨。结果，这些国家重演了拉丁美洲国家的悲剧，经济衰退，失业剧增，人民生活水平下降。以俄罗斯为例，1990—1997年GDP的年均增长率为-7.7%，1998年为-4.9%，2000年的GDP相当于1989年的2/3，贫困人口达到历史最高峰，约占总人口的一半。1989年俄罗斯的GDP为中国的两倍多，10年以后仅为中国的1/3。

1997—1998年在东南亚国家爆发亚洲金融危机时，国际货币基金组织为这些危机国家开出的应对方案还是“华盛顿共识”：要求这些国家按照全面市场经济的要求去改革经济，否

则就拒绝向它们提供贷款，结果使这些国家的危机雪上加霜。美国经济学家斯蒂格利茨指出，国际货币基金组织的这种政策不仅加剧了这些危机国家的经济衰退，而且对此事端负有部分责任。

## 四　西方国家关于是否存在、已否形成中国模式的论争

党的十一届三中全会以来，我国的改革开放和社会主义现代化建设取得了举世瞩目的伟大成就，在这个过程中形成和发展起来的中国模式，日益受到世人的关注。2004 年，美国高盛公司顾问、清华大学教授雷默把中国模式概括为与“华盛顿共识”相对立意义上的“北京共识”，拉开了国际舆论高度关注中国模式的序幕。而自我国经济在国际金融危机中率先复苏以来，中国模式就受到国内外舆论越来越密集的关注和讨论，甚至在美国知识界也出现了暗示中国的经济模式可以替代美国模式的声音。如 2010 年 8 月 30 日，美国《华盛顿邮报》网站发表的一篇文章就称：“正如斯蒂芬 · 哈珀和伊恩 · 布雷默及其他学者所指出的，知识界的流行趋势是暗示中国的经济模式——即所谓的‘北京共识’——可以代替美国模式，尤其是在全球金融危机发生之后。”

但在另一方面，西方国家又有一些人在千方百计地否认中国模式的客观存在，否认中国模式已经形成。

例如，德国杜伊斯堡—埃森大学政治学研究所、东亚学研究所所长托马斯 · 海贝勒在《中国是否可视为一种发展模式？——七个假设》（载俞可平、黄平编《中国模式与“北京共识”》，社会科学文献出版社 2006 年版）中说，由于中国正处于从计划经济向市场经济的转型期，因此“我认为所谓的‘中国模式’并不存在，中国的这一转型期将伴随着急剧的社会变革和政治变革，这一过程是渐进的、增量的，在这样的条件下，我们谈论‘中国模式’还为时过早”。

美国的迈克尔 · 舒曼在 2010 年 3 月 1 日美国《时代》周刊网站上发表的《中国：新的经济模式？资本主义》一文中，把中国模式归结为资本主义。他说，中国用与亚洲其他国家一样的政策实现了快速增长。基本的战略看来是这样的：通过投资于低薪劳动力为西方消费者生产廉价的出口商品来启动增长。利用全球化——自由贸易、资本国际流动——来提高国内收入。依靠巨大的国内储蓄，利用重商政策来刺激高度的投资。日本、韩国、新加坡、中国台湾和其他经济体都做过同样的事情，中国并不是在做什么特别的事情。贸易、投资、出口、民营企业——这些是中国和亚洲其他国家增长的基本组成部分，用一个词来描述，就是“资本主义”。

2009 年 4 月 17—19 日，在美国纽约佩斯召开的 2009 全球左翼论坛上，也有人认为中国特色社会主义的发展方向是对世界资本主义的趋附。①

英国的里奥 · 霍恩在 2008 年 7 月 9 日的英国《金融时报》上发表《中国模式背后的真相》一文，根本反对提中国模式，因为他认为中国之所以成功，恰恰是因为没有“模式”。

---

① 李百玲：《资本主义危机与世界历史的转折点》，《国外理论动态》2009 年第 12 期。

“中国模式”这一概念反而掩盖了中国经济成功最重要的因素：把握机会。如果真有一条经验，那就是对改革持开放和实事求是的态度。

美国俄勒冈大学教授、中国问题专家阿里夫·德里克完全否定“中国模式”这一概念。他认为“中国模式”只是一个想法，而不是一个概念或思想，因为它与概念和思想没有多少密切联系，相互间或者共同的认识累加在一起，并不一定就是共识。

2010 年 3 月 5 日，德国《法兰克福汇报》发表《没有“中国模式”》一文说，中国媒体为中国重新富强而欢呼雀跃，在报刊上可以读到“中国模式的优势”这类标题，但闭口不谈中国尚未找到模式来应对内部挑战。在改革开放 30 年之后，他们仍根据“摸着石头过河”的原则驾驭国家。例如，他们在 20 世纪 80 年代末摧毁了而不是改革了社会主义的社会保障体系，现在，他们不得不建立新的社会保障体系；贫富差距的日益悬殊；环境问题尤其严重，其恶果抵消了很大一部分发展成绩。

以上几个否认中国模式客观存在和已经形成的实例，虽然其视角和理由各不相同，却有一个共同点，就是它们都把中国模式是否客观存在的问题悄悄地变换成了从价值观上看该不该、要不要有中国模式的问题了。针对这种做法，新加坡学者郑永年 2010 年 5 月 4 日在新加坡《联合早报》上发表《为什么要提“中国模式”?》一文，指出：和“捧杀派”与“威胁派”不同，西方很多人并不承认中国模式的存在，可以称作是“中国模式不定论”。这些人大都看到中国发展所包含的种种问题和制约因素，不认为中国已经形成一种可称之为“模式”的东西，也不相信中国的发展模式可以持续，也有一些人在意识形态上敌视中国，他们希望中国解体和崩溃。在这些人看来，中国根本不配产生一种模式。然而，理性而言，“中国模式”是客观存在的，就像是盖房子，房子盖好了，肯定有个模式。问题在于如何看待和评价这幢房子？这里既可以用比较科学的客观的方法，也可以用“审美”的角度看待这幢房子。如果是后者，那么，政治化和道德化等倾向就变得不可避免。到目前为止，人们对“中国模式”问题大都是从“审美”角度进行的，对客观存在的中国模式并没有什么认识，对其“审美”的评价倒是不计其数。有些人不承认或者贬低“中国模式”，是因为他们把模式看作一个非常理想的东西，这也不符合历史观。在社会领域，任何一个模式都有其优势，也有其不足，根本就不存在一个百分之百的理想模式，任何模式都有其历史性。重要的是，要把客观存在的“中国模式”和对这一模式的“审美”趣味区别开来，过分“审美”就会导致过分的政治化和道德化。

那么，这种不是用科学的客观的方法，而是从“审美”的角度去观察模式问题，得出否定中国模式的客观存在、否认已经形成中国模式的结论，其认识根源又在哪里呢？对此，2009 年 9 月 14 日的西班牙《中国政策观察》网站发表的《全球经济掀起中国热》一文曾经进行过分析。文章指出：很久以前，西方世界就开始推行自身的发展模式，认为这是唯一正确并具有普世价值的方式。西方模式的核心是政治民主化和经济自由化，一贯主张首先要实现民主政治，才能实现并保障经济的发展。但中国没有采取西方的发展模式，而是开辟了一条符合其自身国情的新道路并取得了辉煌的成就。西方国家认为中国道路违背了它们的教条，因而感到迷惑甚至疑心重重。

而把西方有些人之所以会否定中国模式的认识根源展开得更加详细的，则是英国《卫报》在 2009 年 6 月 23 日发表的《在中国迈向全球巅峰之际，西方统治地位的寿数将尽了吗?》一文。这是一篇记录着马丁 · 雅克和威尔 · 赫顿就中国模式与西方的关系问题展开的辩论的文章。马丁 · 雅克是《当中国统治世界时：中国的崛起与西方世界的终结》一书的作者，威尔 · 赫顿则是《不祥之兆：21 世纪的中国与西方》一书的作者。以下是他们两人在辩论中提出的主要观点：

雅克：我认为不存在中国成为“西方化”国家的可能性。中国的崛起将伴随着新价值观念的上升，这些新价值观念不会被西方的价值观念所压倒。

赫顿：我认为所有非西方国家迟早都必须采纳西方的制度和价值观，否则就会失败。中国虽然取得了非凡的成就，但经济模式和制度必将随着经济的发展而变化。

雅克：西方根深蒂固地认为，发展中国家最终将成为而且应该成为西方现代化的克隆体。换言之，世界上只有一种现代化，那就是西方的现代化，这是一种谬论。如同技术和市场一样，现代化也是文化和历史的产物，其中一个核心问题涉及中国，即中国最终会跟我们一样，抑或会跟我们完全不一样，它最终将从根本上改变这个世界吗？或许有人会认为西方的行为规范是成功实现现代化的一个放之四海而皆准的先决条件，这是一种极度偏执、傲慢的思维方式。世界是由许许多多不同的历史和文化组成的，欧洲（以及其派生出来的美国）碰巧在两个世纪的短暂时期内主宰着世界。如今这个时代即将终结，我们正在进入一个彼此竞争的现代化时代，而不再是一个西方适用于一切的时代。所以，认为现代性只有西方这唯一一种形式，我们是唯一可以提供借鉴的人，所有非西方国家迟早都必须采纳西方的制度、做法和价值观，否则就会失败。这种将一切智慧都归于西方的看法和做法，是西方极度傲慢自大的表现。

赫顿：我认为，[中国的] 这种经济发展是不能持久的，至少在实行政治改革之前是不能持久的。选举是民主的制高点，但民主还受到其他许多东西的支持和保护，这些都是相互依存的“启蒙运动”制度，它们一荣俱荣，一损俱损，亚洲正在开始一场反映人类根本欲望的启蒙运动，当这些欲望受到阻碍时，就会产生经济和社会功能失常。中国的经济社会模式严重不平衡，还缺乏创新。这个系统的不经济，被巨额储蓄掩盖了。社会当然各有各的特点，但人类对自我表现、尊严和公正的渴望是共同的，各国特有的民主制度可以让他们尽情展现自我，并释放出巨大的活力。在《不祥之兆》一书中，我承认中国在过去 30 年间取得的成就，但我注意到了缺陷，并认定这些缺陷必将加重，经济模式和制度必须随着经济的发展而变化。

雅克：归根到底，你似乎认为西方的主宰地位是永恒的。事实上，它相对而言将是短暂的。它大约始于 18 世纪末，将渐行渐弱，但人类的情况就是这样：不同的文明彼此消长，盛衰起伏。你的观点是这次将有所不同：各国如果不在本质上与西方相似就会失败。和你一样，我承认有一些价值观念是永恒的，但中国其实还有印度的崛起，将伴随着新价值观念的上升，这些新价值观念不会被西方的价值观念所压倒，而且肯定会与西方的某些价值观念发生冲突。在你看来，我们的价值观念总是更优秀的，我的立场是区别对待，我们有一些价值观念很宝贵而且值得珍视，有一些则不然，如奉行扩张主义和开拓殖民地的西方优越论。我对中国的文化以及其他事物也是区别对待的，有一些价值观念值得尊重，有一些则不然。

## 五　从“模式”问题的四次论争中得到的启示

从世界范围内“模式”问题的四次论争中，可以引出五点启示：

第一，世界文明的多样性、各国各民族发展道路、发展模式的多样性必须得到尊重。无论是在人类文明的发展史上，还是在社会主义的发展史或资本主义的发展史上，都可以看到，多样性是世界存在的本质特征。人类社会共同进步的追求，只能通过不同的文明来表达，各国人民的美好生活理想，也要通过各国不同的发展道路来实现。各种文明的各种发展道路、发展模式，应该和谐共存，在竞争比较中取长补短，在求同存异中共同进步。各种文明、各种道路、各种模式的交流和借鉴，是人类进步的动力。这种多样性源于世界各种文明和国家的千差万别性。邓小平指出：“各国的情况千差万别，人民觉悟有高有低，国内阶级关系的状况、阶级力量的对比又很不一样，用固定的公式去硬套怎么行呢？”① 世界上没有放之四海而皆准的发展道路和发展模式。

第二，把一国的发展道路、发展模式奉为“普世价值”而强加于人，或者认为凡是不符合这种“普世价值”的，就不构成为模式或不能持久存在，这在世界观上是一种先验唯心主义，在文化上表现出狂妄自大的种族优越感，在政治上则是霸权主义和强权政治。之所以说它在世界观上是先验唯心主义，是因为它并不是从客观存在的事实出发，证明自己的发展道路和模式确实具有也适合于别国的普适性，确实是一种“普世价值”，而是以狂妄自大的种族优越感为文化背景，把自己的发展道路和模式当作具有“普世价值”的原则强加于别人，像杜林的先验的世界模式论那样去构建现实世界。而从政治上说，这种为达到自己的目的，把自己的发展道路和模式当作“普世价值”强加于人，或以此为评判标准去否定别国的发展道路和模式并歪曲其性质和作用，毫无疑问，只能是一种霸权主义和强权政治，它在任何场合最终都只能遭到破产的结果。然而，强调各国发展道路和模式的多样性，并不意味着否认在人类社会中存在有共同的基本规律，或否定马克思主义的普遍真理，而是阐明了人类社会共同的基本规律是通过表现各国、各民族千差万别特点的不同发展道路和模式来实现的。马克思主义的普遍真理也要适应于这些千差万别的特点，同当时当地各国各民族的具体实际相结合才能实现。所以列宁在《共产主义运动中的“左派”幼稚病》一书中，特别强调要把握民族特点和特征，使共产主义的基本原则正确地适用于民族国家的差别。

第三，各国应当牢牢抓住“符合自己实际情况”这个基本点来构建自己的发展道路和模式。无论是在革命、建设还是在改革的过程中，各国都要学习和借鉴外国的经验，但学习、借鉴，绝不是照抄照搬，而是要从自己的实际出发，使别国的经验为己所用。在这方面，我国积累有正反两个方面的丰富经验。十月革命一声炮响，给我们送来了马克思列宁主义，中国革命是十月革命的继续，但中国革命之所以成功，却并不是因为我们按照十月革命的模式去推进中国革命，反倒是因为我们从中国的实际情况出发，开创了农村包围城市、武装夺取政权这种不同于十月革命的中国革命模式，就是说，我们是用不同于十月革命的具体模式走

① 《邓小平文选》（第2卷），人民出版社1994年版，第318页。

了十月革命所开辟的以社会主义取代资本主义的道路。而当我们党在“左”倾路线主政期间，机械地照搬苏联模式来搞中国革命的时候，中国革命遭到了严重的挫折，从来没有取得过成功。在社会主义建设中同样如此。所以毛泽东在 1956 年党的八大的开幕词中，强调“把马克思列宁主义的理论和中国革命的实践密切地联系起来，这是我们党一贯的思想原则”。邓小平在 1982 年党的十二大的开幕词中，强调“把马克思主义的普遍真理同我国的具体实际结合起来，走自己的路，建设有中国特色的社会主义，这就是我们总结长期历史经验得出的基本结论”。

第四，强调不能照抄照搬别国的经验和发展模式，这并不意味着否认像十月革命、中国的社会主义现代化建设等这样一些有划时代重大意义的事件的国际意义。这种国际意义并不在于它们可以供其他国家按葫芦画瓢地照样复制，而在于给人们提供了解决本国问题的思索依据：怎样在相同或者相似的国际大环境下，从本国的实际出发，去成就在别国已经实现的事情。俄国科学院院士季塔连科在 2009 年 9 月 16 日的《光明日报》上发表《中国找到了一条符合国情的发展道路》一文，文中指出：“中国的成就具有巨大的国际意义，让人们有信心去解决本国问题”，“中国的实践证明，经过 30 年的改革开放，中国不仅解决了本国的问题，也为世界树立了榜样。许多不赞成社会主义学说的西方学者也对中国的改革开放实践给予了充分的肯定。他们说，中国取得了理论和实践的双突破。中国共产党在坚持马克思列宁主义的同时，坚持走社会主义道路，使无限美好的‘乌托邦’变成了现实的科学。在这方面，中国共产党对新形势下的理论创新作出了巨大的贡献”。

第五，各国的发展道路和模式，包含优势，也包含不足和所面对的挑战与问题，不应以别国的价值标准去评判其是非。各国的发展道路和模式，既然是从本国的实际出发，为解决本国所面临的问题而建构的，那就不应以别国的价值观为标准去评判，独立自主才真正体现了马克思主义。同时，各国的发展道路和模式，既然是在特定条件下为应对自己所面对的问题而设计和建构的，那么，随着客观条件的发展变化、所要解决的问题的发展变化，这种发展道路和模式也必定要发生相应的发展变化，世界上并没有固定的、一成不变的发展道路和模式，因此，因为某种发展道路和模式在发展过程中发生了某种变化，就否定其客观存在，或者从某个视角出发放大、扭曲这种变化，说它还没有形成，这些都是不正确的。且以瑞典模式为例，从 20 世纪 30 年代开始到 80 年代的半个多世纪里，瑞典模式经历了三个发展阶段的发展变化：第一阶段是“福利社会主义”，它把社会主义说成是福利，有了福利就有了社会主义，而全然不顾全国 95% 的生产资料掌握在 100 个资产阶级家族的手里，仅占人口总数 5% 的富翁得到全部财富的 1/2 以上的事实；第二阶段叫“职能社会主义”，为应对群众对于瑞典模式唯福利是问而不管生产资料所有制情况的不满，它从所有制的角度去重新概括瑞典模式，把“福利社会主义”说成是在对所有制的职能一步步地实行社会化；第三阶段是“基金社会主义”，这时的瑞典模式打算通过在企业的超额利润中逐年抽出一部分来建立“雇员投资基金”，使劳动者通过赢得参与决定企业事务的权利、参与企业资金建设，为在瑞典建立集体所有制打开大门。但其结果是，在议会通过了这个法案以后，瑞典的资产阶级联合起来进行集体反抗，把执政的瑞典社会民主党推下台，使上述法案宣告作废。尽管在这里包含有瑞典模式的巨大变化，从刻意避开生产资料所有制，到企图在资本主义社会中建立劳动群众集体所有制，却从来没有人因此而否定过瑞典模式的客观存在。

**参考文献**

[1]《马克思恩格斯选集》（第 3 卷），人民出版社 1995 年版。

[2]《斯大林选集》（下卷），人民出版社 1979 年版。

[3]［苏］费多谢也夫主编：《马克思列宁主义关于社会主义的学说与现时代》，杜肖译，中国人民大学出版社 1983 年版。

[4]《共运资料选辑》（第 1 辑），人民出版社 1985 年版。

[5]《邓小平文选》（第 3 卷），人民出版社 1993 年版。

[6]《邓小平文选》（第 2 卷），人民出版社 1994 年版。

[7] 李百玲：《资本主义危机与世界历史的转折点》，《国外理论动态》2009 年第 12 期。

（原载《毛泽东邓小平理论研究》2011 年第 1 期）

# 马克思社会形态理论的四次论说及历史哲学意义

庞卓恒

马克思多次提出过社会形态依次更迭的论说，每次论说的时代背景、语境、历史指向和列举的社会形态名目和更迭顺序都不相同，但有一个共同点，就是列举那些形态和更迭顺序都只是作为“大体上”讲的历史例证，用以说明人类社会形态有一个从低级向高级发展的普遍规律，绝不是要认定其中每个形态和更迭顺序都是各个民族“普遍必经”的阶段，绝不是要描绘那样一个“一般发展道路”的公式。他始终强调的是，各个民族的社会形态从低级向高级发展的规律是共同的，但具体的发展道路和模式是千差万别的。这是马克思社会形态理论的核心内容。他在不同场合举出不同的历史例证，都是为了揭示和阐明这个核心内容。本文试从马克思有关社会形态的四次论说体察他的社会形态理论的核心内容及其发展。

## 一　马克思社会形态理论的四大文本及核心内容

第一次论说是在《德意志意识形态》中表述的。马克思和恩格斯根据他们当时掌握的西欧历史知识，把西欧资本主义以前的所有制形式的更迭顺序归纳为：“第一种所有制形式是部落［Stamm］所有制”；“第二种所有制形式是古典古代的公社所有制和国家所有制”；“第三种形式是封建的或等级的所有制”。[①] 有的学者认为那是马克思、恩格斯对全人类历史一般都要经历的原始公社制、奴隶制和封建制这三个阶段的最初的、还不够完善的表述。这是误解。首先需要看到马克思、恩格斯做此论说的历史背景和语境是，他们当时主要是为了驳斥以鲍威尔等人为代表的青年黑格尔派的唯心史观和费尔巴哈从机械唯物论转轨的唯心史观，指出历史并不是他们想象的观念演化史，而是人们的生产力及其决定的分工和包括所有制在内的“交往方式”（这个概念有些接近于他们后来所说的“生产关系”、“生产方式”和“社会形态”）从低级向高级发展的历史。他们由此提出“分工的各个不同发展阶段，同时也就是所有制的各种不同形式”。[②] 接着他们举出“第一种所有制形式……”“第二种所有制形式……”“第三种形式……”作为证明原理或规律的历史例证。凭什么说那只是以西欧历史为例证呢？第一，文中所说“古典古代的公社所有制和国家所有制”的具体内容全是就古希

① 《马克思恩格斯文集》第1卷，人民出版社2009年版，第521—522页。

② 同上书，第521页。

腊、罗马的城邦公社或城邦国家而言的，未曾涉及任何非西方民族的历史。第二，文中所说的“封建的或等级的所有制”也是特指西欧封建制的。他们始终认为非西欧国家未曾有过西欧那种“罗马—日耳曼封建制”。[①] 第三，马克思在那个时期对历史的考察范围主要集中在欧美历史。他在1843年6月至10月期间撰写的《克洛茨纳赫笔记》是他在那个时期考察历史的珍贵记录，其中包括《历史—政治笔记》5册、《法兰西历史笔记》1册、《英国历史笔记》3册、《法兰西、德意志、英国、瑞典历史笔记》4册、《德意志和美国历史笔记和国家、宪法著作摘要》5册。没有涉及欧美以外的历史。[②]

第二次论说，是马克思在《政治经济学批判（1857—1858年草稿）》中提出“三大社会形式”或“三大阶段”的论说。他说道：“人的依赖关系（起初完全是自然发生的），是最初的社会形态，在这种形态下，人的生产能力只是在狭窄的范围内和孤立的地点上发展着。以物的依赖性为基础的人的独立性，是第二大形态，在这种形态下，才形成普遍的社会物质变换，全面的关系，多方面的需求以及全面的能力的体系。建立在个人全面发展和他们共同的社会生产能力成为他们的社会财富这一基础上的自由个性，是第三个阶段。第二个阶段为第三个阶段创造条件。因此，家长制的，古代的（以及封建的）状态随着商业、奢侈、货币、交换价值的发展而没落下去，现代社会则随着这些东西一道发展起来”。[③] 把这一论说同《德意志意识形态》中的论说相比较，可以看到一个突出的不同点，就是他把“家长制的，古代的（以及封建的）状态”合并在一起，总称为以“人的依赖关系”为特征的“最初的社会形式”或第一大阶段；而且其中的“家长制”形态（patriarchy，有的译为宗法制或宗法封建制）显然就是他在同一文稿中多次提到的“亚细亚的”或“东方的”形态。这是我们第一次看到马克思把“亚细亚”或“东方社会”纳入他的社会形态理论视野之内。这是马克思的社会形态理论的一次重大发展。促成这一发展的一个重要历史背景是，亚洲几个大国在19世纪50年代相继出现反侵略、反封建的人民大起义，如1848—1852年的伊朗巴布教徒起义、1851—1864年的中国太平天国起义和1857—1858年的印度民族大起义，这一系列起义引起了马克思的深切关注，他从中看到了东方各国人民的反抗斗争与西方国家的无产阶级革命运动互相推动的可能性，从而加强了对东方国家的研究。而且，他不是仅仅从那些事件的现实意

---

① 有的论者由此认定中国未曾有过封建社会。其实马克思只是肯定包括中国在内的非西方国家未曾有过西欧那种“罗马—日耳曼封建制”，并未断言它们不可能经历与西欧封建制本质相同而形态不同的社会。他在《资本论》第3卷中论述封建地租和人身依附形态的多样性时对此说得十分清楚。他说：“在直接劳动者仍然是他自己的生存资料生产所必需的生产资料和劳动条件的‘占有者’的一切形式内，……在这里，国家就是最高的地主。在这里，主权就是在全国范围内集中的土地所有权。但因此在这种情况下也就没有私有土地的所有权，虽然存在着对土地的私人的和共同的占有权和用益权。”（《马克思恩格斯文集》第7卷，人民出版社2009年版，第893—894页）这里清楚地表明，马克思认为西欧中世纪那种“罗马—日耳曼封建制”同印度的、乃至“亚洲的”（也就是他所说的“亚细亚的”所有制形式，只是中译文用词不同）小农依附形态具有共同的本质：都是在小生产和自然经济占主导地位的物质经济基础上的、以人身依附关系为特征的社会。（参见拙文：《封建社会本质特征的共同性及其具体形态的多样性》，中国社会科学院历史研究所编：《封建名实问题讨论文集》，江苏人民出版社2008年版，第87—109页）

② 聂锦芳：《清理与超越——重读马克思文本的意旨、基础与方法》，北京大学出版社2008年版，第60页；参见拙文：《从多样性探寻规律——马克思〈历史学笔记〉的启示》，《历史研究》1994年第2期。

③ 《马克思恩格斯全集》第46卷（上），人民出版社1979年版，第104页。

义上研究。他是“一个从历史起源和发展条件来考察每一件事物的人”。[①] 这促使他从东方国家现实事态的研究进而追溯到对它们的历史文化起源和演进的探索，而且把这一探索纳入他对整个人类历史发展的进程和规律的探索视野之内。正因为把“东方社会”纳入了探索视野，促使马克思把人类历史发展规律的共同性和各民族发展道路的多样性的思考升华到了一个新的高度。这突出表现在这部文稿的“［III. 资本章］”标题为“资本主义生产以前的各种形式”那一节中。在那里，马克思根据他当时掌握的历史资料认为，人类社会最早出现的所有制形式，是“亚细亚公社所有制”。那是土地完全公有的、最原始的公社。需要注意的是，马克思虽然称之为“亚细亚公社所有制”，只是因为西方学者首先在印度发现并且报道了它的存在，后来发现那种完全公有的公社在别的地方也存在过，而且马克思认为那种类型的公社在“一切文明民族的历史初期”[②] 都存在过，因此，在完全的、最原始的公有制这个含义上，马克思把“亚细亚公社所有制”作为一个“类型”的名称而不是特定的地域性名称来使用。这是马克思笔下的“亚细亚所有制形式”或“亚细亚生产方式”的第一层含义。关于这一层含义，他在同一时期撰写的《政治经济学批判》的一个注释里表达得十分清楚。他在那里写道：“近来流传着一种可笑的偏见，认为原始的公社所有制是斯拉夫族特有的形式，甚至只是俄罗斯的形式。这种原始形式我们在罗马人、日耳曼人、赛尔特人那里都可以见到，直到现在我们还能在印度遇到这种形式的一整套图样，虽然其中一部分只留下残迹了。仔细研究一下亚细亚的，尤其是印度的公社所有制形式，就会得到证明，从原始的公社所有制的不同形式中，怎样产生出它的解体的各种形式。例如，罗马和日耳曼的私人所有制的各种原型，就可以从印度的公社所有制的各种形式中推出来。”[③] 基于这样的认识，他按照历史和逻辑相结合的顺序，认为“第二种形式”是“罗马的、希腊的（简言之，古典古代的）形式，在那里，公有制和私有制是并存的，而且从中产生了奴隶制。他认为，更晚出现的第三种形式是“日尔曼所有制”，在那里个体私有制占了主导地位，只是不种庄稼的林木草地作为公社成员放牧采樵的公用地。农奴制就在这个基础上产生出来，然后，从农奴制产生出近代西方的资本主义私有制。马克思认为，古希腊、罗马那种公私并存的所有制和个体私有占主导地位的日耳曼所有制，都是作为完全的原始公有制类型的“亚细亚公社所有制”解体的产物；但是，这种原始公有制在亚洲或“东方”许多国家由于“共同劳动”或协作生产的需要而长期保存下来；但也逐渐发生蜕变，突出表现是，“在大多数亚细亚的基本形式中，凌驾于所有这一切小的共同体之上的总合的统一体表现为更高的所有者或唯一的所有者，实际的公社却只不过表现为世袭的占有者。……而在这些单个的共同体中，每一个单个的人在事实上失去了财产，或者说，……对这单个的人来说是间接的财产，因为这种财产，是由作为这许多共同体之父的专制君主所体现的统一总体，通过这些单个的公社而赐予他的。”[④] 这就是马克思笔下的“亚细亚所有制形式”或“亚细亚生产方式”的第二层含义。在第二层含义上，它主要表达进入阶级社会以后的“东方社会”或“亚洲社会”的基本特征，其中包括：

---

① 梅林：《马克思传》，罗稷南译，人民出版社 1965 年版，第 639 页。

② 《马克思恩格斯全集》第 13 卷，人民出版社 1962 年版，第 21—22 页。

③ 同上书，第 22 页。

④ 《马克思恩格斯全集》第 46 卷（上），人民出版社 1979 年版，第 473 页。

作为公社成员的“每一个单个的人在事实上失去了财产”，因此在他们中间就不会发生贫富分化，因此也就不会产生古希腊、罗马那样的奴隶制和中世纪西欧那样的农奴制。因此，马克思在谈到奴隶制、农奴制时指出，“这不适用于例如东方的普遍奴隶制；这只是从欧洲的观点来看的”；①还因为凌驾于各个小共同体之上的“专制君主”具有“许多共同体之父”的身份，马克思又把它简称为“家长制的关系”，在他归纳的“三大形式”或“三大阶段”中，把它同西欧“古代的（以及封建的）状态”合在一起，总称为以“人的依赖关系”②为特征的“最初的社会形式”或第一大阶段。从这里，我们看到马克思的“三大阶段”论说中包含着一个发展规律相同而具体道路相异的人类社会形态演进图景：各民族的社会形态都要随着生产能力的发展从低级向高级推进，经过以“人的依附关系”为特征的第一大阶段，进入以“物的依赖基础上的人的独立性”为特征的第二大阶段，再进入第三大阶段，其特征是“个人全面发展和他们的共同的社会生产能力成为他们的社会财富这一基础上的自由个性”的普遍化，也就是《共产党宣言》说的“每个人的自由发展是一切人的自由发展的条件”那样一个联合体——共产主义社会。这是普遍的、共同的规律，但是各民族进入这三大阶段的道路和模式却是多种多样的。古希腊人和罗马人在原始公有制的公社解体后形成了“古典古代的所有制形式”，从中产生出奴隶制；日耳曼人的原始公有制解体后形成了“日耳曼所有制形式”，从中产生出“罗马—日耳曼”式的农奴制为基础的封建制；在亚洲或“东方”，“亚细亚”式的原始公有制逐渐蜕变为“专制君主”统辖之下的“普遍奴隶制”，又称“许多小共同体之父”统辖之下的“家长制”。它们都属于第一大阶段上的社会形态，其中唯有西欧一些民族首先从第一大阶段转入了第二大阶段，亚洲或“东方”许多民族长期滞留在第一大阶段上，大都遭到西方殖民主义的侵略和统治。那么，东方民族会怎样进入第二大阶段呢？马克思的严谨科学态度使他不愿去做毫无现实依据的猜测，不过，他对英国在印度进行殖民统治的现实状况和演变趋势的分析中，谈到“英国的干涉……破坏了这种小小的半野蛮半文明的公社，因为这摧毁了它们的经济基础；结果，就在亚洲造成了一场前所未闻的最大的、老实说也是唯一的一次社会革命”；“英国不管犯下多少罪行，它造成这个革命毕竟是充当了历史的不自觉的工具。”③从这些论述来看，马克思当时似乎认为像印度这样的“东方社会”沦为殖民地以后，不得不在资本主义殖民统治的苦难中发展资本主义工商业，使新的生产力和新的阶级力量发展起来，然后摆脱殖民枷锁，同西方无产阶级一起，通过推翻资本主义统治的社会革命，才能建设不再有剥削和压迫的新世界。不过总的看来，马克思对“东方社会”怎样向前发展还没有形成比较系统的看法。他显然意识到，他对人类社会形态从低级向高级演进的规律的认识还有待进一步深化。这从他后来的研究指向可以证明。

下面我们看马克思有关社会形态演进规律的第三次论说，也就是《〈政治经济学批判〉序言》的论说。他在那里说道：“大体说来，亚细亚的、古希腊罗马的、封建的和现代资产

① 《马克思恩格斯文集》第8卷，人民出版社2009年版，第147页。

② 这里译文中的“人的依赖关系”也就是前面引用马克思《资本论》中论述封建地租多样性那段译文中的“人的依附关系”，都是讲的personal dependency，只是中文版的译文用词有差别。

③ 《马克思恩格斯文集》第2卷，人民出版社2009年版，第682、683页。

阶级的生产方式可以看做是经济的社会形态演进的几个时代。”① 不少论者认为这是马克思对人类社会形态演进历程最完整的定论。这是严重的误解。我们需要仔细了解马克思写作那篇序言的历史背景和语境，才能比较准确地理解那些论说的含义。那篇序言是为马克思即将出版的《政治经济学批判 · 第一分册》写的序言，而那个第一分册本是从前面提到的《政治经济学批判（1857—1858 年草稿）》中抽出的一部分扩充而成的。因此，要理解该序言中简略地提及的那几个社会形态名称的具体含义，就必须从草稿的有关部分，特别从其中被标为“资本主义生产以前的各种形式”那一节去寻求答案。这样我们就能理解到，序言说的“古希腊罗马的”和“封建的”生产方式，全是就“欧洲”而言的。其中“古希腊罗马的”一词，过去一直被译成“古代的”，按字面上说没有译错，可是这样就很自然地被理解为泛指一切民族古代时期的生产方式，而这是背离马克思本意的。对于马克思在那部草稿中阐述“古代的所有制”的具体内容时所指出的“罗马的、希腊的（简言之，古典古代的）形式”② 的译文，中央编译局在最新出版的《马克思恩格斯文集》中把它改译为“古希腊罗马的”，这准确地表达了马克思的本意。至于序言中说的“亚细亚的”生产方式，显然是就我们前面已经说明的该词的第一层含义，即“原始公有制”的含义而言的，不可能具有它在亚洲或“东方”蜕变成为“普遍奴隶制”或“家长制”的第二层含义。这样我们就可以看出，序言中所列举的四种生产方式的演进序列全是就欧洲，特别是西欧历史而言的。我们同时也能看到，这一演进序列所包含的从低级向高级推进的核心内容，同前述第一、第二次论说也是完全一致的。

最后我们再来看马克思涉及社会形态演进理论的第四次论说，也就是马克思在 1877 年 10—11 月写的《给〈祖国纪事〉杂志编辑部的信》和 1881 年 2—3 月写的《给维 · 伊 · 查苏利奇的复信》和那封信的初稿、二稿、三稿中提出的论说。这些论说包含着马克思的社会形态理论的重要发展的内容。我认为其中最重要的发展主要是在两个方面：其一，申明他在《资本论》中对资本主义产生过程的概述是“明确地把这一运动的‘历史必然性’限制在西欧各国的范围内”③ 的，断然反对把他“关于西欧资本主义起源的历史概述彻底变成一般发展道路的历史哲学理论”。④ 其二，第一次明确指出像俄国那样具有“东方社会”特征——“一种或多或少集权的专制制度凌驾于公社之上”⑤ 的国家，可能“不经过资本主义制度的卡夫丁峡谷”而建立社会主义社会。把这两个方面的内容结合起来，再把这第四次论说同前面三次论说联系起来，使我们对马克思的社会形态理论有了一种全新的理解。

究竟是什么因素促使马克思对自己的社会形态理论做出如此重大的发展呢？答案是：俄国剧烈的社会变革现实中出现了走资本主义道路还是社会主义道路的激烈论争，促使马克思再一次系统地深入思考人类社会形态演进规律的问题。

19 世纪中叶以后，俄国的社会变革问题逐渐成为马克思关注的焦点之一。当时，一批革

① 《马克思恩格斯文集》第 2 卷，人民出版社 2009 年版，第 592 页。

② 《马克思恩格斯全集》第 46 卷（上），人民出版社 1979 年版，第 478 页。

③ 《马克思恩格斯文集》第 3 卷，人民出版社 2009 年版，第 570 页。

④ 同上书，第 466 页。

⑤ 同上书，第 575 页。

命民主主义知识分子投入为改变俄国现状而斗争的行列，反对沙皇专制制度的革命浪潮日渐高涨。俄国知识界就俄国社会前途问题展开了激烈争论，焦点就是赫尔岑提到的那个“永远令人不安的和新的问题，即俄国必须经过欧洲发展的一切阶段呢．还是俄国的生活要依着别的法则来前进呢？”① 具体些说，就是在俄国应该促进农村公社的毁灭而走西欧式的资本主义道路，还是应该在保存公社的基础上走社会主义道路这个问题。各家争论当中牵扯到是否应该把马克思先前关于印度农村公社的毁灭和西欧资本主义产生和发展的“历史必然性”理解为一切民族都必然要经历的普遍规律的问题。这一系列事态很快进入了马克思锐敏的视野，他决定对俄国的现状和历史，特别是俄国和世界其他国家农村公社的历史，做一番系统的研究。为此，马克思以极大毅力学习并掌握俄文，查阅了大量有关的俄文资料和专著，包括伊·德·别利亚耶夫的《俄罗斯的农民》、瓦·伊·谢尔盖也维奇的《市民会议和公爵》、费·斯卡尔金的《在穷乡僻壤和在首都》、康·阿·涅沃林的《俄罗斯民法史》、尼·卡拉乔夫的《古代和当代俄国的劳动组合》、赫列尼科夫的《蒙古入侵前俄国历史上的社会和国家》等著作，并作了摘记。因为俄国问题的争论直接涉及了社会主义是否会有不同的道路以及一切国家是否都必然或必须经过西方式的资本主义道路问题。面对着这些涉及社会主义事业的命运和唯物史观的根本观点的问题，马克思当然不能沉默。正是在这样的背景下，他于1877年写了《给〈祖国纪事〉杂志编辑部的信》，针对俄国自由主义民粹派思想家米海洛夫斯基对唯物史观和《资本论》的曲解，严正地指出：“他一定要把我关于西欧资本主义起源的历史概述彻底变成一般发展道路的历史哲学理论，一切民族，不管它们所处的历史环境如何，都注定要走这条道路，——以便最后都达到在保证社会劳动生产力极高度发展的同时又保证每个生产者个人最全面的发展的这样一种经济形态。但是我要请他原谅。（他这样做，会给我过多的荣誉，同时也会给我过多的侮辱。）”②

本来，早在19世纪40年代，马克思和恩格斯在《德意志意识形态》、《共产党宣言》等著作中就十分明晰地从独特的历史环境论证了西欧社会形态演进的独特性。例如，在谈到希腊、罗马的“古典古代的公社所有制和国家所有制”时，他和恩格斯指出：“这种所有制首先是由于几个部落通过契约或征服联合为一个城市而产生的”；③ 在谈到西欧封建制度的起源时，他们提出：“封建制度决不是现成地从德国搬去的，④ 它起源于征服者在进行征服时军队的战时组织，而且这种组织只是在征服之后，由于在被征服国家内遇到的生产力的影响才发展为真正的封建制度的”，⑤ “趋于衰落的罗马帝国的最后几个世纪和蛮族对它的征服本身，使得生产力遭到了极大的破坏……这些情况以及受其制约的进行征服的组织方式，在日耳曼人的军事制度的影响下，发展了封建所有制”；⑥ 在谈到西欧资本主义的起源时，他们认为西

① 参见《普列汉诺夫哲学著作选集》第1卷，生活·读书·新知三联书店1959年版，第143页。

② 《马克思恩格斯文集》第3卷，人民出版社2009年版，第466页。

③ 《马克思恩格斯文集》第1卷，人民出版社2009年版，第452页。这句译文中“德国”一词（Germany）字面上看没译错。但是西欧封建制产生时，德国还不存在。似应将“德国”改译为“日耳曼”。

④ 这句译文中“德国”一词（Germany）字面上看没译错。但是西欧封建制产生时，德国还不存在。似应将“德国”改译为“日耳曼”。

⑤ 《马克思恩格斯文集》第1卷，人民出版社2009年版，第578页。

⑥ 同上书，第522页。

欧的资本主义和资产阶级正是从农奴制中萌生出来的。如他们指出："不要忘记，单是维持农奴生存的必要性和大经济的不可能性（包括把小块土地分给农奴），很快就使农奴向封建主缴纳的贡赋降低到各种代役租和徭役地租的平均水平，这样就使农奴有可能积累一些动产，便于逃出自己领主的领地，并使他有希望上升为市民，同时还引起了农奴的分化。可见逃亡农奴已经是半市民了"；[①] "从中世纪的农奴中产生了初期城市的城关市民；从这个市民等级中发展出最初的资产阶级分子。"[②] 这就意味着，没有西欧那样的历史环境，就不可能产生西欧那样的以农奴制为基础的封建制度和资本主义制度。到19世纪50年代，马克思比较系统地研究了"东方"国家的历史和现状以后，更加坚信西欧和"东方"社会的发展道路和模式是各不相同的。由此看来，马克思在《给〈祖国纪事〉杂志编辑部的信》中申明他关于资本主义产生和发展的必然性的历史概述只限于西欧各国，同他一贯坚持的看法并无区别。但是需要看到，针对一些人把他的历史概述曲解为"一般发展道路的历史哲学"，并由此认定他认为一切民族都不可避免地要经过资本主义的发展阶段，而马克思对此加以断然否定，这里就有了新的含义，那就是由此必然导出非西方民族完全可能沿着不同于西方资本主义的道路发展下去。而这正是马克思当时系统地重新审视他提出的唯物史观和社会形态理论所要解决的一个核心问题。

## 二 两大系列笔记的目的及其主导思路

这里涉及了怎样理解马克思晚年研读大量有关东西方两千多年的经济、社会和政治历史的著作、并写下两大系列的人类学笔记和《历史学笔记》的目的、动机及其主导思路的问题。

人类学笔记写作时间为1879年至1881年。《历史学笔记》写作于1879年至1882年。也就是说，这两大系列笔记的写作时间，同马克思1877年10—11月写的《给〈祖国纪事〉杂志编辑部的信》之后不久到1881年2—3月写作《给维·伊·查苏利奇的复信》和那封信的初稿、二稿、三稿，在时间跨度上基本吻合。这意味着两者之间的思想内容势必有一定的联系。而且，我们仔细查阅一下《给维·伊·查苏利奇的复信》的初稿、二稿、三稿中涉及农村公社的内容，就能发现其中有不少与人类学笔记吻合之处。这使我们有理由推测，马克思晚年写作那两大系列笔记的动机和目的，是要在面对包括俄国在内的"东方国家"持续不断的社会变革浪潮形势下，试图对"东方"国家可能有的变革道路和发展方向作一番系统的探索，进而对唯物史观的整个理论体系，包括社会形态从低级向高级发展的理论体系，做一番系统的检验和充实、升华的工作。

初看起来，人类学笔记和《历史学笔记》的内容似乎互不相干，实际上却是互相衔接的姊妹篇：前者着重于经济和社会制度史方面的内容，后者主要是政治和国家历史方面的内容。这两个方面的内容对于整体性的历史研究是互补的，而且在两个系列的笔记中也是常有交叉

① 《马克思恩格斯文集》第1卷，人民出版社2009年版，第572—573页。

② 《马克思恩格斯文集》第2卷，人民出版社2009年版，第32页。

的。从涉及的空间范围来看，前者主要涉及非欧洲国家，后者则主要涉及欧洲国家。出现这一差别的原因主要是：在经济和社会制度史方面，马克思显然感到自己最欠缺的是非欧洲国家的有关材料，而当时又正好有这方面的大量著作问世，自然要着力探讨；在政治和国家历史方面，马克思显然也很需要非欧洲国家的有关资料，但他当时能够读到的史书，恰恰缺少这方面的材料，只能在有限范围尽量搜求。

但要看到，马克思当时的动机和思绪，不只限于要回答俄国是否能够走上社会主义的道路和农村公社的命运问题。《历史学笔记》和人类学笔记探讨的内容都远超出了俄国问题的范围。把这两个系列的笔记的内容联系起来解读，就可以看到，马克思当时实际上是要从世界通史的广阔视野，对人类社会历史发展的普遍规律的统一性与不同时代、不同国家的具体发展道路的多样性关系，进行一次总体性的再探索，而这种探索的目的，是为了进一步检验和升华唯物史观揭示的历史发展规律的理论体系，为全人类的解放提供科学的理论指南。

人类学笔记的内容可以分为两类。一类是有关原始公有制社会及其怎样向阶级社会过渡方面的研读笔记。《路易斯·亨·摩尔根〈古代社会〉一书摘要》、《亨利·萨姆纳·梅恩〈古代法制史讲演录〉一书摘要》和《约·拉伯克〈文明的起源和人的原始状态〉一书摘要》这三部笔记属于这一类。这显然是马克思为了充实他的社会形态理论中先前比较薄弱的原始社会这个环节。另一类是关于“东方”国家农村公社历史的研读笔记。《马·柯瓦列夫斯基〈公社土地占有制，其解体的原因、进程和结果〉一书摘要》和《约翰·菲尔爵士〈印度和锡兰的雅利安人村社〉一书摘要》属于这一类。这两部笔记都是马克思研读刚刚面世的两部新著写下的摘要，并在一些关键之处加了自己的评论。其中最引人注目的是马克思对柯瓦列夫斯基和菲尔把印度的土地关系类比于西欧的封建土地关系予以断然否定的评论。有的论者把马克思这几段评论当作马克思确立的判断是不是封建社会的标准，并由此认定按照那个标准，中、印等国都不能说存在过封建社会，只能说那是“皇权专制主义”或“集权专制主义”社会。这是离开马克思写作那几段评论的历史背景和具体语境而误作判断的一个典型。如前所述，马克思写作人类学笔记的一个重要历史背景是，俄国知识界就俄国是否能够在保存公社的基础上建立社会主义而避免走资本主义道路的问题发生了激烈争论，而且主张走资本主义道路那一派，也就是马克思指称的“资本主义制度的俄国崇拜者”，① 硬说马克思认定资本主义必兴、农村公社必亡，以此来否定对方的主张。马克思为了对此作出严正的回答，着手系统地研究东西方各国农村公社的历史及其不同的演变历史过程。1876 年 5—6 月，他把毛勒的关于日耳曼公社史的著作作了详细的摘要。同年 12 月，马克思阅读了格·汉森、弗·德默里奇、奥·乌提舍诺维奇、弗·卡尔德纳斯关于公社制度在塞尔维亚、西班牙和其他国家的演变情况的著作。他还研究了与俄国农村公社有关的大量俄文资料。这些研究构成了他撰写《给〈祖国纪事〉杂志编辑部的信》的科学基础。但是俄国的争论还在继续。马克思也显然感到自己的研究还需要进一步深化。因此，柯瓦列夫斯基和菲尔的著作刚一面世，他就立刻仔细研读，不但做出大篇幅的摘要，还写下多条含义深刻的评论和批注。了解了这样的背景和语境，大概谁也不会去推测马克思要在那里去论证一个辨别什么是封建社会的判

① 《马克思恩格斯文集》第 3 卷，人民出版社 2009 年版，第 571 页。

断标准，更不会像有的论者想象的那样，马克思断然否定印度社会与西欧封建社会的相似性表明马克思也像西方中心论者那样认为西欧那样的封建社会优于印度和整个“东方”的所谓“集权专制社会”。联系到写作的背景和语境，再来看他是怎样否定两者的相似性，就可以比较清楚地看到那些用语承载的实际含义。他说：“由于在印度有‘采邑制’、‘公职承包制’（后者根本不是封建主义的，罗马就是证明）和荫庇制，所以柯瓦列夫斯基就认为这是西欧意义上的封建主义。别的不说，柯瓦列夫斯基忘记了农奴制，这种制度并不存在于印度，而且它是一个基本因素。”这段话中的黑体字是马克思亲手画过着重线的。其中最需注意的是“忘记了农奴制”这句话。它意味着农奴制是西欧封建制最主要的特征，没有西欧那样的农奴制，就不可能有西欧那样的封建制。马克思为什么那么看重西欧的农奴制呢？原因并不是他认为西欧的农奴制优于“东方”的农村公社或“集权专制主义”之类的制度，而是他认为正是从西欧的农奴制中萌生了西欧的资本主义和最早的一批资产阶级分子。所以，以农奴制为基础的“罗马—日耳曼”封建制和资本主义制度都是西欧特有的社会形态，而印度、俄罗斯等“东方”国家按其自身的发展逻辑，是不大可能同西欧走同一条道路的。基于这样的认识，马克思认为印度的农村公社同俄罗斯的农村公社属于同一类型，如果没有被英国殖民统治者摧毁，也可能成为促进印度发展的积极力量。因此，他在笔记中对柯瓦列夫斯基有关印度农村公社的积极作用的描述予以充分肯定，而对英国殖民统治者摧毁农村公社的举措大加谴责。如笔记写道：“英国‘笨蛋们’任意歪曲公社所有制的性质，造成了有害的后果。把公社土地按区分割，削弱了互相帮助和互相支持的原则，这是公社一氏族团体的生命攸关的原则。‘笨蛋们’自己也说，地广人多的公社，特别有能力减轻旱灾、瘟疫和地方所遭受的其他临时灾害造成的后果，往往还能完全消除这些后果。他们由血缘关系、比邻而居和由此产生的利害一致结合在一起，能够抗御各种变故。”① 马克思还紧接在资本家的侵入使公社遭到破坏的记述后面加上以下的评语：“一切人反对一切人的战争开始了。”② 在《约翰·菲尔爵士〈印度和锡兰的雅利安人村社〉一书摘要》中，马克思也做了类似的评论和批注。

这些历史记录表明，人类学笔记同《给〈祖国纪事〉杂志编辑部的信》和《给维·伊·查苏利奇的复信》及其初稿、二稿、三稿的思路是互相衔接而且完全一致的。而且，只有把它们以及《历史学笔记》联系起来，才能比较充分地理解马克思在生命的最后几年为进一步发展、充实他提出的历史发展规律和社会形态理论体系所做工作的科学的历史哲学意义。

## 三　社会形态理论的历史哲学意义

就我的认识来说，其中一个突出的科学的历史哲学意义在于，马克思通过对俄罗斯这样一个具有所谓“东方”特色的国家可能走上一条跨越资本主义卡夫丁峡谷而建立社会主义道路的论证，把历史发展规律的统一性和各民族发展道路的多样性的科学理性，把历史发展规律设定的客观条件的限定性与历史活动主体能动的选择性的关系的科学理性，升华到了一个

① 《马克思恩格斯全集》第 45 卷，人民出版社 1985 年版，第 298 页。

② 同上书，第 304 页。

新的高度。其中包括：

（一）历史必然性不是抽象的、宿命论式的必然性，而是具备了必要而且充分的历史条件下的必然性

西欧在特定历史条件下形成了“罗马—日耳曼”型的农奴制和以那种农奴制为基础的西欧封建制，它给私有财产的积累、竞争和贫富分化留下了较大的空间，生产力在这个比较宽松空间里发展到一定程度，就形成了要求打破发展私有制和自由竞争的生产生活方式的障碍的阶级力量，而且它逐渐超过了试图阻挡它前进的其他阶级力量，从而就形成了产生和发展资本主义的必要而充分的条件。在人们还缺乏选择发展道路的自觉意识的情况下，只有西欧具备了那样的必要而充分的条件，因此原生型的资本主义产生和发展的历史必然性只能限于西欧各国。非西欧国家的发展道路历史上就与西欧不同，现在和未来也可能会有别于西欧。

（二）唯物史观揭示的人类历史发展规律包含着历史活动主体的能动的选择性

选择意识来源于人们的实际生活体验。不同的阶级实际生活体验不同，选择倾向也就不同。在19世纪中叶的俄国，“资本主义在俄国的崇拜者”要选择资本主义道路；革命民主主义者和一些民粹派知识分子反对走资本主义道路，主张在保存农村公社基础上建立社会主义社会。两者都有获胜可能，但是究竟谁能获胜，最终取决于它在多大程度上赢得普通大众的拥护或沉默的容忍。

（三）把革命民主主义者选择成功的可能性变成现实必须具备的条件

第一，通过“革命”“挽救俄国公社”。[①]

第二，必须“把资本主义制度所创造的一切积极的成果用到公社中来”。那么“资本主义制度所创造的一切积极的成果”包括哪些内容呢？马克思讲道，“如果资本主义制度的俄国崇拜者要否认这种进化的理论上的可能性，那我要向他们提出这样的问题：俄国为了采用机器、轮船、铁路等等，是不是一定要像西方那样先经过一段很长的机器工业的孕育期呢？同时也请他们给我说明：他们怎么能够把西方需要几个世纪才建立起来的一整套交换机构（银行、信用公司等等）一下子就引进到自己这里来呢？”[②] 可见，需要引进的积极成果不但包括机器、轮船、铁路等等，还包括“一整套交换机构（银行、信用公司等等）”。由此看来，马克思设想的“不经过资本主义卡夫丁峡谷”的社会主义社会可能要经过一段实行市场经济交换的时期。第三，马克思设想，要建立“不经过资本主义卡夫丁峡谷”的社会主义社会，除了要吸收资本主义的一切积极成果外，还需消除旧公社“与世隔绝”的孤立性，因为“在有这一特征的地方，这种与世隔绝的小天地就使一种或多或少集权的专制制度凌驾于公社之上”。马克思设想，“在今天，这个障碍是很容易消除的。也许只要用各公社自己选出的农民代表会议代替乡这一政府机关就行了，这种会议将成为维护它们利益的经济机关和行政机关。”[③] 第四，马克思虽然肯定俄国革命民主主义者有可能利用当时有利的历史条件通过革命建立“不经过资本主义的卡夫丁峡谷”的社会主义社会，但同时指出还有另外一种可能性，那就是：“如果俄国继续走它在1861年所开始走的道路，那它将会失去当时历史所能提

---

① 《马克思恩格斯文集》第3卷，人民出版社2009年版，第582页。

② 同上书，第571页。

③ 同上书，第575页。

供给一个民族的最好的机会，而遭受资本主义制度所带来的一切灾难性的波折。”①

把马克思对此所作的一系列有关论证联系起来，就能看到，马克思的社会形态理论充分肯定历史活动主体对社会形态的选择的能动性，它不但肯定人们在不同历史条件下必然会做出不同的选择，在相同的历史条件下不同阶级的人们也会做出不同的选择。但是，任何个人或阶级对社会形态的选择，只有获得劳动大众拥护，或者至少是勉强默认，才可能成为占主导地位的社会形态。实际上，每一个占主导地位的社会形态或生产方式的选择，都是统治阶级和被统治阶级通过无声或有声的斗争达成的结果。有时是统治阶级把自己的选择意志强加于劳动大众，但只有劳动大众在别无选择而不得不容忍的情况下，统治阶级的选择意志才能得逞。

“东方”国家的公社制度及其演变，也是在特定的自然和人文环境条件下，直接生产者和统治者各自不同的选择意愿互相斗争或“博弈”的结果。马克思在人类学笔记中提到，有的地方完全公有的原始公社长期保存下来；更多的地方转变成公有私有两重性并存的农村公社；而公私两重性并存的农村公社中，有的公有因素占主导地位而长期保存下来，有的则是私有成分逐渐占据主导地位，最终导致完全被私有制取代而彻底解体。其中每一种结果都首先有直接生产者的选择。直接生产者如果体验到唯有共同劳动共同分配才能保证他们的生存和发展，极力坚持那种生产生活方式，使当地统治者不得不承认现实，那里的原始公有制就可能长期保存下去。如马克思在《马 · 柯瓦列夫斯基〈公社土地占有制，其解体的原因、进程和结果〉一书摘要》中作了如下的摘记：“（保存到现在的）远古的形式：氏族公社，其成员共同生活，共同耕地，并用共同的（公共的）收益满足自己的需要。……这种公社土地占有形式只在印度北部和西北部的某些地区保存下来，而其形式是土地只由最近的亲属即不分居家庭（这是梅恩给这种形式的氏族公社所起的名称）的成员共同所有（совместное владение）并共同经营。”② 其中的黑体字都是马克思亲手画过着重线的。在另一些情况下，劳动者既要求独自生产和经营，又需要公社成员之间互相协作共济，就形成了公有和私有并存的所有制形式，而且如果没有发生严重的贫富分化，这种所有制形式也可能长期保存下来。但是，如果贫富分化达到了一定程度，比较富有那部分公社成员就会倾向于要求完全的私有化，而与要求保存公有成分的公社成员可能处于势均力敌的地位。这时如果有某个有权有势的外来力量向着要求完全私有化的公社成员一边稍加倾斜，完全私有化的要求就可能很快实现，公社也就随之解体了。马克思在他的笔记中十分仔细地记下了发生在印度的这样的事例：“在一个以伊塔瓦为活动中心的办理土地登记的专员的 1818 年报告［《西北各省税收档案选编》第 1 卷］中说：‘有些村，迄今为止还没有土地所有者。使我们极感惊异的是：我们竟然找不到柴明达尔或诸如此类的所有者存在的任何迹象。在许多村中，土地占有权还成了两派争执的对象，而两派中却没有一方能够提出任何有利于自己的重要证据’……如果这两派中一方是公社所有者，另一方是地方当局或是有钱有势的居民，那么，专员们在大多数情况下都站在后一派方面，他们这样做所持的理由是：‘公社所有者的权利从来没有严格而确切

① 《马克思恩格斯文集》第 3 卷，人民出版社 2009 年版，第 464 页。

② 《马克思恩格斯全集》第 45 卷，人民出版社 1985 年版，第 231—232 页。

地确定过，因此，对于他们是否有任何土地权的问题也就不可能给以明确的回答。'……关于土地属于某个家庭的问题，常常凭办理土地登记的专员的任意武断和被咨询的伊斯兰教官员的偏私证词来决定。这样一来，土地所有权大都集中在仅仅持有假文契的人手中；……在许多自古以来除了公社土地所有制以外不知有其他所有制形式的村庄中，终于确立了大土地所有者和小土地所有者，前者是柴明达尔和泰鲁克达尔，亦即从整个区及其分区收税的人，后者是村长（朗伯尔达尔）；这两种情况都对大多数居民极为不利，他们不管是否愿意，都被迫变成了依附于地主的佃户阶级。"① 引文中的黑体字也都是马克思亲手加过着重线的。

把马克思所有这些论说和笔记联系起来解读，使我们确信，马克思晚年的确有一个心愿：要通过对世界历史的再次审读，对他提出的历史发展规律，特别是社会形态从低级向高级演进的规律的共同性和发展道路的多样性理论体系做一番系统的检验和升华。然而，使我们永远痛惜的是，他还没有来得及实现这个心愿就停止了呼吸。

但是，谋求人类争取自由解放的科学事业和革命实践的事业自有后来人。

如今，中国共产党人提出的社会主义初级阶段理论和建设有中国特色的社会主义理论，就是对马克思的社会形态理论、特别是建立“不经过资本主义的卡夫丁峡谷”的社会主义社会的理论的最新发展。中国共产党领导中国人民在实践这一理论中取得的举世瞩目的成就，证明马克思关于社会形态从低级向高级演进的理论是科学，绝不是空想。

（原载《中国社会科学》2011 年第 1 期）

① 《马克思恩格斯全集》第 45 卷，人民出版社 1985 年版，第 294—295 页。

# 新中国成立以来的世界社会主义研究

中央编译局世界所课题组*

## 一　60年来世界社会主义研究的简要回顾

早在1871年巴黎公社革命以后，中国人就开始了对国际工人运动和社会主义学说的最初零星介绍和接触。1949年10月1日，社会主义新中国宣告成立，我国世界社会主义研究由此翻开了新的篇章。60年来，我国世界社会主义研究经历了一个不平凡的艰辛历程，既取得了丰硕的成果，也有宝贵的经验教训值得认真总结。[①] 我国世界社会主义研究60年来的经历大致可以划分为五个阶段。

第一个阶段是从1949年新中国成立到1956年苏共二十大召开，这个时期是世界社会主义研究的初步时期。

新中国成立之初，正是社会主义国家阵营形成时期，中国的社会主义建设以苏联为榜样，与此相适应，学习和宣传苏联经验特别是苏联模式的优越性，论述和评析中苏友好互助同盟条约的内容、必要性、重要性和巨大作用，歌颂斯大林的丰功伟绩特别是在帮助中国革命和建设、维护世界和平、推动殖民地半殖民地民族解放运动等方面的贡献，讴歌中苏友好，介绍和颂扬社会主义国家的成就和友谊，成为理论工作的重点。理论研究基本上照搬苏联的研究，受《联共（布）党史简明教程》和斯大林《论列宁主义基础》等权威书籍的影响较大，联共（布）党史是研究的重点，很多成果是对列宁、斯大林有关论述的诠释。在高校和党校教学中，《联共（布）党史简明教程》是一门重要的马克思主义理论教学课程。

第二个阶段是1956年苏共二十大召开到1966年中国“文化大革命”开始，这是世界社会主义研究有一定进展且相对独立探索但又有倾向性的时期。

1956年苏共二十大召开，提出了“三和两全”路线。中国共产党在正面肯定苏共二十大的同时，也与苏共领导人在社会主义与资本主义相互关系、如何评价斯大林等问题上发生了

---

* 本文系中央编译局世界所课题组承担的中央编译局委托课题“马克思主义在中国六十年（1949—2009）”的成果，课题负责人张文成，执笔人季正矩。

① 需要说明的是，在我国，中国社会主义是世界社会主义的重要组成部分，中国世界社会主义研究包括中国社会主义研究。但是如同“世界史”在我国是指除中国以外的世界的历史，其实就是“外国史”一样，我国世界社会主义研究主要研究国外社会主义。因此，我们的研究报告主要谈国外社会主义研究。

分歧。特别是在《论无产阶级专政的历史经验》、《再论无产阶级专政的历史经验》以及中共中央针对苏共中央“公开信”而写的九篇评论中，就苏联模式、如何评价斯大林、和平共处等问题提出了不同于苏共的观点。

这一时期由于国际和国内形势的需要，中央很重视对世界社会主义的研究。高校和党校开设了国际共运史和科学社会主义课程，研究队伍不断壮大。1960 年，中央编译局组建了国际共运史资料室，负责收集和编译有关马克思主义发展的史料和有关机会主义、修正主义的史料。这一时期出版了大量的著作和论文。中国人民大学历史系马列主义教研室编辑出版了从《科学共产主义的诞生》到《战后国际共运的发展》共 13 本一套的“国际共产主义运动史资料汇编”。三联书店出版了《第一国际第二国际历史资料》两册和贝拉·库恩编的《共产国际文件汇编》三册，世界知识出版社出版了珍妮·德格拉斯编的《共产国际文件》第一、二卷，商务印书馆出版了《巴黎公社会议记录》和《巴黎公社史料辑》等。中国人民大学马列主义基础系编写了我国最早的《国际共产主义运动史》教材。李卜克内西、倍倍尔等许多国际共产主义运动活动家的著作也得以出版。

但是，受“左”倾思想的影响，这一时期的世界社会主义研究中带有不少的片面性。例如，对南斯拉夫自治社会主义的批判。从 60 年代初起，为了配合反对“现代修正主义”的斗争，选编的有关机会主义、修正主义的资料带有较大的片面性和扩大化倾向，出版的马恩列斯论国际共运各有关专题的资料不少是断章取义、寻章摘句，不恰当地为“左”倾错误提供依据。

第三个阶段是从 1966 年“文化大革命”至 1978 年，这个阶段是世界社会主义研究出现停顿、倒退甚至被扭曲的时期。

受“左”倾思潮的影响，这一时期的世界社会主义研究实际上已陷于运用有关知识为领袖的言论作注释或为极“左”政策辩护，研究中突出强调马克思主义与机会主义、修正主义的路线斗争，把暴力革命学说绝对化，神化领袖人物，妖魔化一些历史人物。研究中，大兴“影射史学”和“比附史学”，甚至不加具体分析地予以扣帽式的批判。

第四个阶段是从 1978 年十一届三中全会至 1989 年，这是我国世界社会主义研究蓬勃发展的繁荣时期。

1978 年党的十一届三中全会胜利召开使我国的世界社会主义研究进入一个空前繁荣和大发展的阶段。在这一时期，研究机构、研究力量迅速壮大，研究成果丰富，学术活动频繁，而且在研究中逐步克服了“左”的流毒，正本清源。

首先，研究力量得到充实。中国人民大学、北京大学、中央党校、山东大学、华中师范大学等各高等院校和党校都设有专门的国际共运史和科学社会主义教研室或者研究所。中央编译局 1979 年成立了国际共运史研究室（后改为研究所），重点研究第一、第二、第三国际。中国社会科学院世界史研究所于 1982 年成立了社会主义史研究室。1984 年，中国社会科学院马列主义毛泽东思想研究所成立了国际共运史研究室。全国总工会恢复了国际工运研究室的活动。各省、市、自治区的社科院也都有相应的研究机构和研究人员。

其次，学术活动增多。全国及各地的国际共运史学会纷纷成立。1982 年中国国际共运史学会成立，1983 年中国科学社会主义学会成立，1984 年又在中国科学社会主义学会之下成立了国外社会主义研究会。这些群众性学术团体的成立有力地推动了我国的世界社会主义研究。这些学会基本上每年召开一次学术会议，学术活动十分活跃。此外，其他各种专题性的学术活动、培训研究班也不断举行。

第三，取得了丰富的研究成果。全国各地出版的国际共运史、国际工运史、科学社会主义教材达上百种，例如，高原主编的《科学社会主义》教材、高放等主编的《国际共产主义运动》教材、张汉青等主编的《国际共产主义运动》教材在高校中广泛被使用。还有多种通俗读物以及一批工具书。例如，高放的《社会主义的过去、现在和未来》。这一阶段还出版了大量国际共运史方面的资料，如高放、曹德成、张心绪主编的《国际共产主义运动文献史料选编》五卷本，由中国国际共运史学会发起组织、多家单位参加的《国际共产主义运动史文献》计划出版 60 卷。中央编译局等单位还翻译出版了拉法格、卢森堡、葛兰西、布哈林、普列汉诺夫、拉萨尔、巴枯宁等国际共运活动家的著作以及国外学者的研究专著。这一时期发表的学术论文达数千篇之多。

第四，国际共运专业刊物增多。例如，中央编译局国际共运研究所主办的丛刊《国际共运史研究资料》，北京市国际共运史学会、中国人民大学创办的《国际共运教研参考》，中联部于 1981 年创办的《共运资料选译》月刊，山东大学 1984 年 6 月创办的《当代国外社会主义问题》，山东省聊城师院 1985 年创办的《共产国际研究资料》，上海华东师大苏东所主办的《今日苏联东欧》，中国社会科学院苏东所主办的《苏联东欧问题》和《苏联东欧译丛》，中央党校创办的《科学社会主义》，华中师范大学创办的《社会主义研究》等。

第五，学科建设快速推进。不少高校把国际共运史和科学社会主义课程设立为相关专业的必修课程或者公共课，高校中马列、科社、党史、政教、苏东等系所都从不同的角度对世界社会主义进行研究。北京大学、中国人民大学、中央党校、山东大学、北京师范大学、华中师范大学、华东师范大学等几十家单位招收国际共运史、科学社会主义专业研究生。山东大学设立了科学社会主义系招收本科生。

第五个阶段是 1989 年至今，我国世界社会主义研究进入了一个新的、不断调整和完善的历史时期。

苏东剧变使世界社会主义运动遭受重大挫折。这一客观形势为我国的世界社会主义研究提出了一系列亟待解决的重大课题，总结苏东剧变的经验和教训、跟踪国外社会主义发展、研究世界资本主义的新变化成为这一时期研究的重点。

中央有关部门曾调集本学科的一批专家学者组成专门的班子对苏东局势进行跟踪研究，向中央提供咨询材料和对策建议。国务院发展研究中心组建了世界社会主义研究所，并创办了两份内部刊物《世界社会主义研究》和《世界社会主义动态》。北京大学、中国人民大学、中国社会科学院、中央编译局、华中师范大学、山东大学、聊城大学等设有研究世界社会主义的研究所（中心或研究基地）。中国社会科学院设立了国际共运研究部。

各地还多次举办座谈会、报告会和学术研讨会，集中力量总结苏东剧变的原因和教训，探讨世界社会主义的现状和前景，研究有中国特色的社会主义及其世界意义。近些年来，我国世界社会主义研究者关注的热点问题主要有：原苏联东欧共产党兴衰成败经验教训研究，原苏联东欧地区社会主义思想及运动研究，世界社会主义运动跟踪研究，全球化、信息化、科技革命与世界社会主义研究，社会党与民主社会主义研究，拉美左翼力量研究，国外共产党研究，布哈林、托洛茨基、伯恩施坦、考茨基、卢森堡等重要人物研究。在深入研究的基础上，出版了一批有水平的专著和文集以及大量的学术论文，还编译出版了大量的相关资料。中央编译局与中央电视台合作拍摄了纪念《共产党宣言》发表100年的专题片。

近年来，中央实施马克思主义理论研究和建设工程，已经组织力量编写《国际共运史》和《科学社会主义》等专业教材。

当然，世界社会主义运动的低潮也对我国的世界社会主义研究造成了不小的冲击。90年代以来，我国的世界社会主义研究进入了一个调整期。不少研究和教学单位中一些世界社会主义和国际共运史的研究机构或撤销或合并或改名，不少人员改行从事国际政治、政治学、行政管理等其他领域的研究和教学，本科生不再开设国际共运史和科学社会主义专业课程，科学社会主义研究生专业和国际共运史研究生专业合而为一，各省的国际共运史学会也纷纷更改名称，且学术活动大大减少。

## 二　世界社会主义理论问题研究概况

（一）世界社会主义基本理论问题研究

1. 关于社会主义道路

改革开放以前占主流地位的观点认为，暴力革命是无产阶级革命的普遍规律。改革开放后，越来越多的学者认为，马克思、恩格斯从来没有把暴力革命绝对化，一切取决于具体的国情和革命形势。恩格斯晚年对发达国家的无产阶级革命性质、进程和策略有不少新的认识。

2. 关于历史时代的判断

很长一段时间，学术界一直坚持列宁的帝国主义与无产阶级革命的理论，对时代的性质没有展开争论。随着我国改革开放的深入，学术界围绕邓小平的“和平与发展是带有全球性、战略性的两大问题”的思想，对和平与战争的内涵与外延、现实与未来、理论与实践的理解进行了研讨。学术界主要有以下几种观点：资本主义向社会主义过渡的时代说、和平与发展时代说、大小时代结合说（仍然处于一个从资本主义向社会主义过渡的大时代，当然，大时代阶段性主题变了，由过去的战争与革命的小时代进入了一个新的即和平与发展的小时代）、两制并存时代说、国际垄断资本主义时代说、“冷战后时代说”、大调整时代说、全球化时代说、信息化时代说。多数学者认为，和平与发展两大主题已经并仍将作为世界发展的主流长期发挥作用。

3. 关于社会主义与资本主义的关系

传统观点认为，社会主义与资本主义在本质和基本制度上是绝对的对立关系，没有任何调和的余地。现在主流的观点认为，在相当长的一个时期内，社会主义与资本主义将长期并存共处，在竞争比较中取长补短，在求同存异中共同发展，因为当代资本主义还有较强的生命力，社会主义代替资本主义的历史任务不可能在短期内完成。个别人持“趋同论”：社会发展的趋势是社会主义与资本主义共同的、相近的结构成分日益增多和强化，各自的弱点将不断克服并相互影响，使两种社会制度之间的差别逐渐缩小，以至于完全消失，最终发展为本质上同一类型的工业社会。

4. 关于社会主义模式

总的来说，以前我国所认识的社会主义就是苏联模式，认为社会主义的基本原则应当是公有制、计划经济、按劳分配。十一届三中全会以后，学术界在所有制形式上，把“三个有利于”作为判断和取舍的根本标准，突破了单纯依据公有化程度的“制度”标准，在公有制经济与非公有制经济的相互关系上，完成了从“对立论”到“有益补充论”再到“共同发展论”的飞跃，从而形成了公有制为主体与多种所有制经济共同发展的理论和政策。在社会主义本质问题上，绝大多数学者赞同邓小平关于社会主义本质论的论述，并展开研究。

认为社会主义本质在现阶段的体现只是初步的、很不充分的，社会主义本质的实现有赖于社会主义实践的不断发展和主体对社会主义本质认识的日益深化，社会主义本质的实现是一个质的积累过程。中国特色社会主义是对苏联模式的扬弃。

5. 世界社会主义在 21 世纪的发展特点与发展趋势

由苏东剧变所引发的世界社会主义的大动荡，其“振荡期”已基本结束。从总体上看，世界社会主义在低潮中有复兴，在挫折中有发展，在外延缩小的同时，有内涵的深化和质量上的提高，开始由紧急应付转入探索发展的新阶段。

21 世纪社会主义运动将争取在资本主义力量占优势的世界环境中使社会主义力量逐步积蓄起来；社会主义在总体上尚处于不成熟阶段，社会主义力量将在曲折中发展；社会主义力量将建立统一战线。20 世纪社会主义的历史经验，特别是苏东剧变的惨痛教训，会促使全世界的马克思主义者和社会主义者更加坚定地探索寻求更符合时代特点、各国国情的社会主义道路和模式。

科学技术的发展，所有制形式、阶级结构、生产管理方式的变化等使当代资本主义出现了一些新发展、新变化，这给社会主义革命的理论与实践带来了新的挑战与课题。在这个问题上，国内学者达成普遍共识，较为一致的意见是，全球化对于社会主义的影响犹如一把双刃剑，既是机遇也是挑战。

世界社会主义在新的历史条件下将继续向前发展，但由于整个世界形势和时代特征已发生变化，其发展和复兴将是一个长期曲折的过程，而且会呈现出许多不同于冷战时期的新特点。(1) 未来社会主义的发展不会是过去那种“一条道路、一种模式、一个中心、一个阶段”的发展，而将进一步走多样化、各具特色的民族化发展的道路。(2) 未来世界社会主义、共产主义运动的发展，至少在相当长时期内难以出现那种轰轰烈烈的革命运动。(3) 未来世界社会主义运动会变得更加成熟，社会主义各流派、思潮、理论、运动呈多样化发展态势。(4) 未来世界社会主义、共产主义运动的发展，在相当长时间内主要不表现在社会主义国家数量的增加，而主要表现在“点”的繁荣和“质”的提高，即中国等现存的社会主义国家把自己的事情办好，用自己成功的实例来证明社会主义优于资本主义，以推动社会主义在世界范围内的复兴。共产党和社会党这两大类政党也许会结束过去的“长期对抗”，从各自需要出发，求同存异，谋求合作，实行“大左翼”不拘形式的联系。

(二) 苏联社会主义问题研究

1. 十月革命道路问题

我国大部分学者从十月革命前的社会状况出发，以事实来说明十月革命的选择是一种历史的选择。对于苏联解体后出现的否定十月革命的声音，我国多数学者认为不能把苏联解体归于十月革命，归于十月革命道路走错了。

2. 列宁建设社会主义的思想

1958 年中央编译局就翻译出版了《列宁全集》第一版，后来又出版了《列宁全集》第二版，为研究列宁思想奠定了重要的基础。除一些基础性的汇编、解读工作，不少研究偏重于列宁在社会主义革命、无产阶级专政、联共党史等方面的内容。

改革开放后，列宁思想的研究领域得以大大拓展，列宁关于社会主义建设的理论和实践得到前所未有的重视，有关列宁关于落后国家建设社会主义的思想、列宁新经济政策的理论与实践、列宁关于执政党建设的论述等陆续产生了一系列有影响的研究成果。例如，杨承训的《市场经济理论典鉴——列宁商品经济理论系统研究》、俞良早的《列宁思想研究》、刘彦章的《列宁的社会主义思想》等。

3. 关于斯大林模式问题的研究

十一届三中全会后，我国学者逐步摆脱了《联共（布）党史简明教程》作为研究苏联历史和研究斯大林模式的主要依据。代表性成果是李宗禹主编的《国外学者论斯大林模式》，其中收录了 20 世纪 70 年代中期以来一些西方学者，特别是 80 年代末以来苏联一些学者对斯大林问题的评论，涉及斯大林的理论与马克思主义和列宁主义的关系、斯大林的社会主义概念、斯大林体制的特点及其形成的社会历史背景、斯大林模式对东欧各国的影响等，所有这些都关乎如何评价斯大林创建的苏联社会主义模式的问题。李宗禹等著的《斯大林模式研究》是中国学者对这一问题深入研究的典型成果。

学者们认为，以一党高度集权为主要特征的斯大林政治经济模式曾经在苏联历史上发挥过重大的作用，使苏联在较短的时间内实现了工业化和农业集体化，人民的物质生活水平有了显著的提高，为反法西斯战争的胜利提供了物质保障，但是该模式所固有的弊端从一开始就影响着苏联社会主义的发展，一定程度上遏制了人民群众的生产积极性以及主动性和创造性的发挥，妨碍了社会生产力的整体发展，影响了人民生活水平的提高和生活质量的改善，致使人民群众对苏联现实社会主义的社会认同度越来越低。与此同时，随着斯大林模式在其他社会主义各国的移植和推广，斯大林模式的弊端也不同程度地对这些国家造成了影响。

4. 苏联解体的原因

关于苏联解体问题的研究一直是学术界的热点，出版了《苏联兴亡史》、《苏联兴亡史论》、《苏联兴亡史纲》、《苏联剧变新探》等大量的研究成果。总结十几年来的研究成果，对苏联解体原因的解读主要有以下几个层面：

第一，外部原因。一些学者认为，西方国家的和平演变策略是导致苏联解体、苏共垮台的主要原因。也有许多学者提出，和平演变战略对苏联剧变起着推波助澜的作用，但只有当苏联国内出现政治、社会危机和动荡的时候，外因才能发挥作用。

第二，个人因素。一些学者认为，戈尔巴乔夫的“民主化”和“新思维”把苏共的“改革”变成了“改向”，最终导致了苏联解体。也有学者认为，以叶利钦为首的俄罗斯激进民主派的夺权斗争直接导致了苏联解体。

第三，体制原因。斯大林模式的社会体制既不是科学社会主义，又与 20 世纪国际社会的政治民主化格格不入，苏联模式的弊端根深蒂固，积重难返。苏联在 30 年代建立起了一整套临战型政治经济体制，二战后又将临战型体制永久化，使苏联失掉了历史上最佳的改革良机。

第四，民族矛盾。苏联时期特别是斯大林时期执行的民族政策导致的民族宿怨、领土争执、社会发展不平衡等，导致民族矛盾分外尖锐且在戈尔巴乔夫“民主化”和“公开性”改革中集中爆发，加之苏联宪法给予各民族的自决权和退出联盟的权利，这些成为苏联解体的主要原因。

第五，苏共执政危机。苏共衰败是苏联剧变的前兆，苏联解体是苏共垮台不可避免的结果。苏共执政机制、自身建设问题以及思想文化和改革策略等方面都有严重问题。也有学者认为，苏共特权阶层导致了党衰国亡。

第六，经济危机。粗放型经济发展战略、超重型经济结构、高度集中的计划经济体制和封闭的对外经济关系，制约了经济发展，最终导致苏联解体。

不少学者持历史合力说，强调要全面分析内部原因和外部原因、直接原因和间接原因、个人原因和体制原因、远因和近因、历史原因和现实原因、经济基础和上层建筑、内政和外交问题、民族和宗教问题、意识形态和党的建设等方面的关系，认为长期积累的政治、经济、社会、文化、外交、民族等各种矛盾和危机在外力的作用下爆发出来，而错误的路线、方针、政策最终导致苏共下台、苏联解体。

5. 关于苏共垮台的教训

河北人民出版社出版的《苏共丧失执政能力原因名家访谈》、中国社会科学院编辑的《居安思危——苏共亡党的历史教训》DVD 教育参考片等从苏共兴衰的历史轨迹、苏共的基本理论及指导方针、意识形态工作、党风、特权阶层、组织路线、领导集团以及苏共对西方世界西化、分化战略的应对八个方面，对苏共内部问题的产生、发展和变化展开剖析，并深刻阐述苏共内部的问题与苏联剧变的必然联系。

在对苏共执政、苏共垮台教训的各种研究讨论中，主要有以下几种观点。

第一，苏共作为执政党的执政教训。缺乏监督的一党制；苏共没有完成革命政党向执政党的转变；没有实现党的民主化。党政不分、以党代政和高度集中的个人专制，削弱了社会主义民主。

第二，苏共在执政党自身建设问题上的教训。党的干部制度没有从任命制转向选举制，形成了特权阶层。最高领导人的产生没有正常的机制，也没有任期制，领导人的个人素质影响很大。民主集中制蜕化成了个人集权制，缺乏监督机制，而没有监督的权力必然造成腐败。

第三，苏共在思想文化和改革策略上的教训。在思想文化建设上搞思想文化专制，压制理论创新，使苏共没能成为先进文化的代表者。历史上一再错失改革时机，戈尔巴乔夫改革出现严重失误。经济建设没有搞好，导致人民对苏共产生信任危机，动摇了苏共执政的合法性。

第四，苏共在改革政策上的教训。苏共党内思想上的分歧和组织上的松散，片面强调公开性和民主化，致使苏共改革过程中党内的思想、政治和组织危机不断加深，最终导致信任危机。

6. 俄罗斯社会主义思潮的发展

苏联解体后，国内学术界如中央编译局、中国社会科学院等单位的专家对俄罗斯的各种左翼政治思潮，如共产主义、社会主义、社会民主主义和其他左翼政党组织给予了及时的跟踪研究。如李慎明主编的世界社会主义黄皮书《世界社会主义跟踪研究报告》。

另外，理论界还就苏联农业集体化、肃反扩大化、苏共二十大、中苏两党论战等问题进行了研究。

（三）东欧社会主义研究

十一届三中全会以后，中国开始较为全面并相对客观地研究东欧各国社会主义建设的理论和实践问题。东欧剧变后，分析和研究东欧剧变的原因、总结东欧社会主义国家执政的共产党丧失政权的教训成为东欧研究的主要内容，出现了一批有影响的专著、文集和学术论文，还编译出版了大量相关资料。其中较有代表性的著作有：姜琦、张月明的《东欧三十五年》，刘祖熙的《东欧剧变的根源与教训》，阚思静、刘邦义主编的《东欧演变的历史思考》，陆南泉、姜长斌主编的《苏联剧变深层次原因研究》，薛君度主编的《转轨中的中东欧》等。对东欧社会主义国家的研究主要集中于以下几个问题：

1. 对东欧各国社会主义改革道路的研究

与中国自身改革前后的形势相吻合，我国学者对南斯拉夫社会主义自治制度的态度也经历了一个从批判其为现代修正主义到视其为对一条独特的社会主义发展道路的探索的转变，认为社会自治道路在马克思主义史上具有十分重要的地位。

我国学界对1956年匈牙利事件和1968年捷克“布拉格之春”的原因、性质、历史影响进行了重新评价，由此认识到事件实际上是苏联模式矛盾长期积累爆发的结果。另外，我国学界还对波兰团结工会的兴衰与波兰政局的变迁进行了分析。

2. 对东欧各国剧变原因的研究

我国学者对东欧剧变原因的分析基本围绕两方面展开：国内矛盾的结果和外部环境的影响。

经济崩溃、政治体制僵化、共产党衰败、民族和宗教冲突激化、历史矛盾复杂、民族性格崇尚自由独立以及社会民主主义政治思潮等是东欧剧变的重要内因；苏联的压制、“新思维”的冲击、西方的和平演变战略等是基本外因。

东欧国家亦步亦趋照搬并不符合它们本国国情的斯大林模式，优先发展重工业的经济体制传统模式，加上经济改革中出现失误而受阻，致使贻误了改革的时机，从而抑制了国民经济的发展，带来经济形势的急剧恶化，导致严重的经济危机，最终成为东欧剧变的深刻经济动因，这是我国学界普遍承认的造成东欧剧变的经济基础性原因。政治体制方面，普遍观点认为，东欧国家普遍采用苏联高度集中的政治体制，东欧各国执政的共产党自身出现了许多致命问题，而党又在思想上奉行“左”倾教条主义，缺乏必要的内部监督和理论创新，社会主义民主遭践踏，社会主义法制遭破坏，制造了一大批冤假错案，以致失去了民心、加剧了社会矛盾。严重的政治危机成为导致东欧剧变的关键因素。在处理民族问题上，东欧国家采用的民族一体化政策或民族多元化政策都存在不符合民族实际状况的简单化倾向，导致国内各民族之间凝聚力不强、离心力增加，以致民族矛盾尖锐，有的甚至成为政治动乱的导火索。我国研究者大多认为，东欧国家内如此严重的民族问题是导致东欧剧变的重要内部动因。此外，还有学者从历史文化的角度分析东欧剧变的深层次原因，其中有民族渊源与宗教文化因素、历史遗留的东欧各国之间的不睦与隔阂、东欧人民历来具有的爱国主义和自由主义的民主传统、社会民主主义政治思潮的影响等。近年来，也有学者从执政党的理论认识角度和社会道德层面分析剧变的原因，拓宽了研究的理论视野。

关于外部环境对东欧剧变的影响，我国学者从苏联的全面压制和西方的和平演变两方面进行了研究。东欧国家在共产党执政地位确立、社会主义发展模式以及党和国家关系等问题上受制于苏联，给东欧各国的发展造成巨大危害，也埋下了隐患；加之戈尔巴乔夫“新思维”的冲击以及与反对派妥协的态度，导致共产党失去了政权。可谓成也苏联、败也苏联。此外，学术界普遍认为，西方国家以东欧为重点，不断推行其“和平演变”战略确是促发东欧剧变的一个重要外部因素。

3. 东欧各国剧变的教训

我国学者提出了社会主义中国应当从中汲取的教训：在经济落后的国家坚持社会主义，必须以经济建设为中心，大力发展社会生产力；建设社会主义必须从本国实际情况出发，探索符合本国特色的社会主义模式，绝不能超越历史发展阶段；改革开放是解放和发展生产力的唯一途径，经济改革的目标是建立社会主义市场经济；社会主义建设和改革必须坚持共产党的领导和马克思列宁主义的政治路线，必须坚持民主集中制和保持同工人阶级和劳动人民的密切联系。

4. 剧变后东欧各国社会主义运动的新变化研究

东欧剧变后，我国一些研究者开始关注实行了多党议会民主制的东欧国家中的社会主义力量状况，包括民主社会主义的复兴、共产党的社会民主党化、左翼政党的分化组合和执政现状等问题，跟踪观察“左翼复兴”的政治进程，并对其从概念范围、过程特点到根源、趋势和影响进行了多角度的客观评析。在此基础上，一些学者对东欧国家左翼政党的发展态势进行了持续关注。

（四）苏东剧变后越、朝、老、古社会主义研究

改革开放之前，基本上侧重于关于这些国家相关情况的介绍和宣传，谈不上学术意义上的研究，而且文献数量较少，内容范围较窄，并且翻译文献占很大比例。

改革开放之后，中国理论界注意关于越南、老挝、朝鲜社会主义建设和改革的经验教训进行研究，介绍这些国家改革开放的背景、进程、取得的成效、存在的问题以及发展趋势。关于越南、古巴的研究文章比较多，而关于朝鲜、老挝的研究文章相对较少。比较有代表性的成果主要有古小松的《越南的社会主义》、周新城主编的《越南、古巴社会主义现状与前景》、肖枫主编的《社会主义向何处去》、周必文主编的《当代国外社会主义研究》、高放主编的《当代世界社会主义新论》等。

（五）没有执政的发达国家和发展中国家共产党研究

1. 关于欧洲共产主义

20世纪80年代初，国内学术界对欧洲共产主义问题的研究具有较为客观、科学的态度，

进行了一些实事求是的分析和评价。相关的研究涉及欧洲共产主义名称的由来和含义、产生的历史条件、基本理论主张、失败的原因以及它对苏东演变的影响等方面的问题。总的说来，人们肯定欧洲共产主义的产生顺应了欧洲社会发展的潮流，顺应了自主探索的发展愿望，顺应了二战后西欧资本主义国家政治、经济发展，社会和阶级结构变化以及当代国际共运发展。

2. 关于法共、美共、意共、日共等发达国家共产党的研究

理论界从国内社会经济和阶级结构的变化、资产阶级政府的歧视政策、社会党的竞争、国际共运的低潮、自身战略和策略的失误的影响等主客观因素对发达国家共产党的兴衰进行了研究。同时，介绍了这些党近年来的理论探索和创新。

（六）社会民主主义和社会党研究

1978 年以前，社会民主主义和社会民主党主要被看作是一种非马克思主义的修正主义批判对象。不过，出于批判目的而翻译的一些有关社会民主主义和社会民主党的译著客观上为后来全面深入的社会民主主义研究积累了宝贵的素材。

进入 20 世纪 80 年代后，严格意义上的社会民主主义研究的一些文章和著作陆续面世。中央编译局、中央对外联络部、北京大学、中央党校等单位出版和翻译了大量成果，如殷叙彝的《社会民主主义研究》等。20 世纪 80 年代末 90 年代初，戈尔巴乔夫提出的民主的人道的社会主义以及苏东的变化引发了国内对民主社会主义的热烈讨论，主要围绕民主社会主义的概念、起源和性质展开。进入 90 年代中期以后，围绕欧洲各国社会民主党在政治上的重新崛起和布莱尔的“第三条道路”，国内学者围绕社会民主主义和社会民主党的转型进行了广泛深入的讨论。进入 21 世纪后，有关社会民主主义和社会民主党的研究进一步深化，出现了多学科的研究并进的现象。2007 年前后，谢韬的《民主社会主义模式与中国前途》一文再次引发了一场有关民主社会主义的大讨论。

总的来看，研究的问题主要集中在：

第一，社会民主主义的概念、性质以及其与科学社会主义和其他思想流派的关系。这方面，除少数人依然坚持以批判的立场看待社会民主主义和社会民主党外，越来越多的人把社会民主主义看作一种非马克思主义的改良主义的社会主义流派或思想体系，强调其多元性的思想特点以及概念和内涵的变化。

第二，肯定社会民主党是适应资本主义社会变化的一支重要激进政治力量。不断深化对社会民主党的价值观、意识形态、政党组织、执政政策尤其是福利国家等各个方面的研究。

第三，对 70 年代以来欧洲社会民主党转型的经验教训的深入讨论和研究。既有人肯定社会民主党的成功转型，也有人强调这一过程意味着社会民主主义日益远离了传统的社会主义议程，转向与新自由主义的融合。

第四，对不同社会民主主义模式的概括和讨论。强调社会民主主义不只是一种模式。在多种模式中，德国社会民主党、瑞典社会民主党以及英国工党尤其成为讨论的重点。

第五，对社会民主主义与中国的关系的认识。尽管有部分人推崇并试图把欧洲社会民主主义的方式移植到中国，但该领域的大多数学者对社会民主主义抱一种理性的态度，在肯定它在西欧国家的成功经验的同时，强调它不是一种普适性的模式，中国必须坚持走有中国特

色的社会主义道路。

（七）亚非拉国家的民族社会主义研究

民族社会主义是亚非拉民族主义政党和国家提倡和奉行的各种社会主义的统称和泛指。代表性成果有：1982 年上海社科院情报所国际政治室编译的《当代亚非拉社会主义思潮资料选译》，苏绍智、蔡声宁主编的《社会主义在第三世界》等。

国内学术界对“民族社会主义”这一概念的内涵及其思想渊源、运动勃兴、思想理论特征、实践及其走向低落等问题进行了研究。学者们认为，作为一种思潮，它不是一个统一的概念，其中包括各种各样的流派，如村社社会主义、宗教社会主义、合作社会主义及军事社会主义等。

二战后民族社会主义流派以及亚非拉社会主义运动的勃兴有着深刻的社会历史根源，既是这些国家内部各种社会矛盾发展的结果，同时也有国际环境等外部因素的影响。

民族社会主义的思想理论特征表现为思想来源的多样性、学说理论的复杂性、核心思想的同一性。民族主义始终是这些民族社会主义的“内核”或“基因”，并占据突出的主导地位。它的基本特征就是对社会主义施以民族主义的改造，以自己的民族传统阐释社会主义。在实践中又存在实用性、改良性的特点。从理论上看，民族社会主义与科学社会主义在目标、性质、任务、价值取向上的确有原则区别，但两者在反帝、反殖、反霸的许多方面都有相通之处；从实践上看，在冷战时期，民族社会主义的存在对加强社会主义阵营的力量、平衡世界政治格局，起过极为重要的作用。

（八）托派社会主义研究

1. 托洛茨基研究

很长一段时间，对托洛茨基的评价基本上是极端负面的。1958 年出版的两卷本《苏联托洛茨基布哈林反革命派的言论选集》，60 年代翻译出版的一批托洛茨基的重要著作《俄国局势真相》、《列宁以后的共产国际》、《不断革命论》、《被背叛的革命》、《斯大林评传》等，都是供内部参考批判用的。

改革开放后，随着思想的解放，一些学者鉴于托洛茨基一生的重要性和复杂性，提出对托洛茨基的政治生涯应分段评价，应运用历史唯物主义观点，根据历史本来面目，区分他的功过是非。例如，李显荣撰写了新中国成立以来第一部托洛茨基的传记著作《托洛茨基评传》。

90 年代以后，托洛茨基的著作以及关于托洛茨基的研究著作纷纷公开翻译出版。例如，1991 年社会科学文献出版社出版了《托洛茨基回忆录》，1992 年外国文学出版社出版了《文学与革命》的全译本，1998 年中央编译出版社出版了伊萨克·多伊彻的《先知三部曲》，2007 年上海人民出版社出版了《我的生平》，2008 年中央编译出版社出版了郑异凡编《托洛茨基读本》等，为托洛茨基研究提供了良好的条件。

2. 托洛茨基主义研究

改革开放前，托洛茨基主义作为一种极“左”思潮在我国长期被揭露和批判。80 年代后，学界开始承认它在当代的影响，报刊中也出现了某些比较系统、扎实的研究。从 80 年代初起，便经常可以在报刊中看到研究托氏的论文或译作，较客观、全面地介绍了托洛茨基主义的理论和政治主张以及它在当代的发展情况。代表性成果有：潘培新、易克信的《关于现代托洛茨基主义问题》，姜崎、张月明的《托洛茨基"不断革命"论评析》，阎志民的《当代世界社会主义极左派——托派第四国际》，商务印书馆出版的皮埃尔·弗朗克的《第四国际》，人民出版社出版的米·伊·巴斯马诺夫的《三十至七十年代的托洛茨基主义》，马忠行的《托洛茨基主义》，黑龙江人民出版社出版的曼德尔的《晚期资本主义》等。

总的看来，国内对托洛茨基和托派运动的评价渐趋温和，批判的色彩越来越淡，甚至有不少文章认为托洛茨基的理论具有一定的积极意义。

（九）宗教社会主义、市场社会主义、生态社会主义的研究

1. 生态社会主义

80年代，国内学者开始将生态社会主义介绍到中国，并将生态社会主义与生态马克思主义并列为两种思潮，翻译和出版了一系列研究生态社会主义的著作。例如，刘仁胜的《生态马克思主义概论》、徐燕梅的《生态学马克思主义研究》、曾文婷的《"生态学马克思主义"研究》、郭剑仁的《生态地批判：福斯特的生态学马克思主义思想研究》、王雨辰的《生态批判与绿色乌托邦：生态学马克思主义理论研究》等。学者们总结了生态社会主义的四大理论原则，即生态平衡、社会正义、基层民主和非暴力。

2. 市场社会主义

90年代后，国内学者逐渐关注市场社会主义，一些译著和论著陆续出版。例如，约翰·E. 罗默的《论市场社会主义》，戴维·施韦卡特的《反对资本主义》，伯特尔·奥尔曼的《市场社会主义：社会主义者之间的争论》，克里斯托弗·皮尔森的《新市场社会主义：对社会主义命运和前途的探索》，埃斯特林、格兰德的《市场社会主义》，景维民、田卫民的《经济转型中的市场社会主义：国外马克思主义的分析与实践检验》，余文烈、姜辉的《市场社会主义：历史、理论与模式》，张志忠的《当代西方市场社会主义思潮：模式、理论与评价》，吕薇洲的《市场社会主义与社会主义市场经济：模式·比较·借鉴》和《市场社会主义论》、王文臣、曹明贵的《市场社会主义与人本社会主义研究》，吴宇晖的《市场社会主义：世纪之交的回眸》，纪军的《匈牙利市场社会主义之路》，张宇的《市场社会主义反思》等。人们强调了市场社会主义主要的三大特征：主张把资源配置形式和社会制度分离开来；主张实行生产资料公有制，反对生产资料私有制；坚持市场作为资源配置的主要手段。介绍了市场社会主义两种主要模式，即米勒的"合作制的市场社会主义"和施威卡特的"经济民主的市场社会主义"。

3. 宗教社会主义

国内学者已有专门论述基督教社会主义和论述伊斯兰教和佛教与社会主义相适应问题的论文。另外，高放编著的《社会主义思想史》和徐觉哉编著的《社会主义流派史》等著作也对宗教社会主义作过介绍。

（十）国际组织研究

1. 第一国际研究

我国学者对第一国际的研究从20世纪50年代逐渐展开，经历波折和低谷，到80年代走向繁荣和成熟。1979—1989年，有关第一国际的研究成果纷纷涌现，这一时期可以称得上是

第一国际研究的全面发展和繁荣时期，在翻译引进一些国外资料和研究成果的同时，国内学者撰写了一批高质量的学术论文。此后，由于人们关注的焦点越来越集中到改革开放中出现的具体困难和问题，而这些问题在对第一国际的研究中找不到答案，所以对它的研究也相应降温，学术刊物上刊登的相关论文越来越少。代表作有张汉清的《马克思恩格斯和第一国际》，该书以翔实的材料系统论述了马克思和恩格斯在第一国际中的活动和作用。

有关第一国际的研究主要集中在以下问题上：第一国际的成立背景和前提，国际的性质，组织结构和原则，主要任务和活动，分期，第一国际的分裂，马克思、恩格斯在其中的作用，国际的历史功绩等。不过，迄今还没有一部全面反映第一国际活动的第一国际史。

2. 第二国际研究

总的说来，建国后对第二国际的研究经历了从介绍和批判到客观分析和独立、深入探讨的过程。

1956年后，国际共运史走进了大学课程，作为国际共运的一个重要时期和修正主义的典型，第二国际成为国际共运史研究的一个重点。1958年出版的国内第一本国际共运史教材将第二国际分为前后两个时期进行介绍，前期以恩格斯逝世前马克思主义者反对右倾机会主义和无政府主义、议会主义的斗争为主线，后期以列宁反对第二国际修正主义的斗争为主线。一些文献资料和国外论著也被翻译引进，包括三联书店1958年出版的伯恩施坦的《社会主义的前提和社会民主党的任务》。

“文化大革命”时期，第二国际的研究被进一步扭曲。1972年，商务印书馆出版了国内第一本研究第二国际的专著，即张友伦的《第二国际》。

1978年以后，学者们解放思想，开始对第二国际进行重新评价，逐渐恢复了第二国际的历史地位。1979—1989年，有关第二国际的研究成果纷纷涌现。中央编译局的学者率先提出肯定第二国际作为国际共产主义运动中的一个重要时期的历史意义，质疑斯大林对第二国际的评价。同时，第二国际的文献资料得到系统、全面的翻译和出版，尤其是《国际共产主义运动史文献》编辑委员会编译、中国人民大学出版社开始出版的第二国际代表大会的文件集。国内学者的相关著作也不断出现，例如周海乐的《第二国际研究》。1985年、1988年和1989年三次召开的全国性的第二国际学术讨论会促进了该领域的研究。1989年第二国际诞生百年纪念活动中的一系列纪念性和探讨性文章将此项研究进一步推向深入。

1989年后，第二国际的研究有所降温，但20世纪90年代后仍有一些重要成果。其中，中央编译出版社1998年出版的殷叙彝、李兴耕等著的《第二国际研究》一书，在丰富的第一手材料的基础上系统地分析了第二国际的诸多重要问题，全面地总结和评价了第二国际的活动，成为国内迄今为止对第二国际研究最为全面、系统和深入的专著，展现了我国对第二国际研究的新水平。

有关第二国际的研究主要集中在以下问题上：成立背景、性质、组织原则、主要任务和活动、分期、策略问题、历史功绩以及它在世界社会主义总进程中的影响等方面。其中，在性质判断上，学者们大多认为第二国际从总体上讲是一个以马克思主义为指导思想、以无产阶级夺取政权和建立社会主义制度为奋斗目标的无产阶级国际组织，是各国群众性的社会主义工人政党和团体的联盟，是第一国际所开创的事业及其所取得的成就的直接继承者。对其历史功绩也予以了充分肯定。而在社会主义革命是否是第二国际的主要任务、机会主义是否占据过统治地位、第二国际的分期、第二国际的策略等问题上，人们有不同的观点。也有学者指出了第二国际研究中存在的宣传和解说马克思主义时的简单化、机械化和教条化倾向。此外，殷叙彝、徐觉哉等一些学者提出了重新评价伯恩施坦、考茨基等第二国际重要人物的问题。

3. 第三国际研究

长期以来，共产国际一直被划为研究禁区。十一届三中全会后，理论界开始研究共产国际与中国革命的关系问题。80 年代中期以后成为国内研究的热点。为加强共产国际研究，山东聊城师范学院成立了共产国际研究所。中央编译局国际共运史研究所翻译了大量资料。学术界对共产国际的成立背景、历史分歧、策略和战略调整、组织原则、历史功过进行了研究，在指出共产国际在指导各国革命运动特别是共产党的成立、推动建立反法西斯统一战线等贡献的同时，也指出了共产国际在指导思想上的教条主义、组织制度上的高度集中、组织路线上的宗派主义和关门主义、策略方针上的盲动主义和冒险主义所产生的消极影响。代表性研究成果有程玉海等的《共产国际研究》、宋洪训和孟全生主编的《共产国际专题系列研究》、陈再凡的《共产国际与中国革命》等。

4. 共产党和工人党情报局研究

关于这一问题，20 世纪四五十年代出版了情报局机关报《争取持久和平争取人民民主》中文版，五六十年代翻译了共产党和工人党情报局文件集，如 1950 年出版的《几个共产党情报局会议文件集》等。国内研究的主要侧重点是共产党和工人党情报局建立的目标、功过与经验教训，以及情报局与各国共产党的关系，其中特别关注到苏南冲突中苏联的大国主义和大党主义问题。代表性成果主要有：孙耀文的《共产党情报局：一个特殊的国际机构》、林建华等人的《国际性工人组织史纲》、王建新的《分道扬镳：苏南冲突始末》、沈志华的《斯大林与铁托：苏南冲突的起因及其结果》、郝承敦的《苏南冲突研究》等。

5. 社会党国际

我国关于社会党国际问题的研究大致始于 20 世纪 80 年代初，随着改革开放进程的深入，中国共产党与国外各类政党的交往不断扩大并深化，社会党国际问题至今仍是许多学者关注的重点之一。代表性的成果有林建华的《社会党国际论纲》、中联部编译的《社会党国际重要文件选编》、龚加成的《全球化背景下的新探索：冷战结束后社会党国际理论纲领和政策的演变》等。这些研究大致集中在以下问题上：社会党国际的发展阶段、基本主张、对外政策、理论和政策上的调整、中国共产党和社会党国际之间的关系等。

## 三　60 年世界社会主义研究的几点经验和体会

60 年来特别是改革开放 30 多年来，我国世界社会主义研究取得了丰硕成果，为全面了解、认识和把握世界社会主义的历史与现实、理论与制度，丰富对马克思主义、社会主义和共产党以及资本主义的认识，深化对社会主义发展规律的认识，坚定共产主义理想和信念，总结社会主义革命、建设和改革的经验教训，推动中国特色社会主义发展发挥了重要作用。

在新形势下，我国的世界社会主义研究要进一步解放思想，进一步提高研究水平，为中国特色社会主义发展作出更大的贡献。

1. 必须坚持正确的方向，用马克思主义的立场、观点、方法分析和研究问题

马克思主义是我们分析和研究问题的最根本的指南。离开了正确思想的指导，就会迷失方向，得出错误的甚至南辕北辙的结论。在研究中，要坚持马克思主义学风，反对几种错误的倾向。一是反对教条主义。教条主义不从历史和事实出发，而是从本本出发，把经典作家和权威人物的个别论述和论断绝对化和普遍化，照搬照抄、墨守成规，没有独立的思考和研究，动辄对不同意见贴标签、扣帽子。二是反对历史虚无主义。有的人坚持只见树木、不见森林，攻其一点、不及其余和夸大其词的思维方式，不是站在无产阶级根本利益的立场上，而是把世界社会主义运动的辉煌历史和伟大成就予以歪曲、否定，甚至描写得一团漆黑。三是反对庸俗主义和实用主义。有的人打着还原历史和真实的幌子，热衷于挖掘秘闻和小道消息，随意取舍，断章取义，剪裁历史和歪曲历史，生搬硬套，牵强附会，搞一些哗众取宠和道听途说的研究，甚至散布一些无事生非的所谓“新发现”和“创新”。四是反对悲观主义和无所作为主义。苏联东欧剧变后，个别人的思想信念发生了动摇，对社会主义的发展前景持悲观态度。

2. 必须把握时代脉搏，紧扣主题，贴近现实，为中国特色社会主义发展服务

在我国，世界社会主义研究从一开始就是同中华民族的复兴、中国社会发展道路的选择以及中国共产党领导中国人民建立和建设社会主义的奋斗历程联系在一起的。因此，要搞好世界社会主义研究，必须以中国的发展、中国特色社会主义的发展为研究的落脚点，服务于改革开放和中华民族的伟大复兴。要紧扣什么是社会主义、怎么建设社会主义，怎样建设党、建设一个什么样的党，什么是科学发展、如何科学发展的主线，坚持结合历史研究现实、结合资本主义研究社会主义、结合世界研究中国、结合世界社会主义研究中国特色社会主义，贴近中国社会主义发展的要求和需要，贴近经济全球化时代国际形势的新变化，贴近世界社会主义运动的脉搏，以世界视野和比较眼光研究世界社会主义问题，为我国的社会主义发展服务。

3. 必须实事求是，防“左”反右，正确处理学术和政治的关系

世界社会主义研究是一门政治性和学术性都很强的学科。不讲政治，会失去方向；没有学术，会失去可信性和说服力。政治性和学术性是我国世界社会主义研究必须注意的两个重要方面。历史证明，“左”、右两种倾向对世界社会主义研究都具有消极作用，要搞好世界社会主义研究，必须坚持解放思想、实事求是，防止两种倾向，正确处理学术与政治的关系，做到用学术研究为政治服务，用政治服务促进学术研究，把服务大局、服务长远同推进社会主义具体实践结合起来，把政治宣传、政治教化同文明积累、文明传承结合起来。

4. 必须把握学科特点，坚持跨学科研究，不断提高研究水平

世界社会主义研究是一门综合性很强的交叉学科，涉及哲学、政治学、经济学、社会学、历史学等众多学科。搞好世界社会主义研究，必须坚持马克思主义的一般原理与各国社会主义具体实践相结合的原则，同时吸收其他先进理论和先进方法，不断丰富和完善自己的研究方法。要在深入研究世界社会主义发展的新情况、新问题，特别是研究对社会主义发展具有

重要影响的科技、经济、政治、社会新变化的同时，深化对世界社会主义传统问题的研究。除了继续进行系统的基础性研究和独立性研究外，还要加强跟踪性、对策性和实证性研究，发挥思想库的作用。坚持"百花齐放、百家争鸣"的方针，鼓励专家学者们大胆探索和创新。

5. 进一步加强学科建设，培养一批高水平的专家队伍

当前，世界社会主义研究队伍还面临着队伍老化、青黄不接等不少困难，要紧紧抓住中央实施马克思主义理论研究和建设工程的大好机遇，科学论证和筹划世界社会主义的研究，从学科布局、研究经费、课题申报、成果出版、专业和学科点的设置、人才培养等方面加大力度，为学术造诣精湛的老专家和年富力强的研究骨干创造更好的研究条件，为有很好的研究潜质、有志于世界社会主义研究事业的学者的脱颖而出提供更好的环境，为造就一大批热爱世界社会主义研究和教育事业队伍的不断壮大营造良好的氛围。

（原载《当代世界与社会主义》（双月刊）2011 年第 1 期）

# 对“整体性”的批判性反思

## ——关于马克思主义理论的整体性研究的一个方法论问题

叶险明

人们对以往关于马克思主义理论的不正确的、模糊的认识的批判，是引起重新反思马克思理论学说的整体性的直接导因，而决定这一导因出现的，恰恰是人们满足其现实的社会生活需要及其知识结构发展需要的程度和方式的变化。进而言之，当代全球化发展所越来越凸显的解决“全球问题”的复杂性，当代中国社会主义改革实践越来越凸显的系统性，以及当代人类知识结构所越来越凸显的高度“离散化”和高度“综合化”并存的倾向，均要求我们再一次反思马克思理论学说的整体性。马克思理论学说是马克思主义理论的始源，故反思马克思理论学说的整体性，就是在逻辑上反思由马克思和恩格斯开创的马克思主义理论的整体性。如果对马克思主义理论的整体性的研究不能深入，则包括马克思主义哲学在内的马克思主义理论的各个学科和研究领域就难以有实质性的发展。应该看到，由于种种众所周知的原因，目前我国学界关于马克思主义理论的整体性的研究在总体上还流于一般性的议论。虽然这种议论的视角比较多，但缺乏对这一问题的深入的“元思考”，即没有对马克思主义理论的整体性这一概念本身进行深入的方法论上的批判性思考，从而这种议论难以超越以往的水平。

### 一 拒斥“为整体而整体”的思维定式

笔者以为，当把马克思理论学说的整体性作为研究对象时，应在方法论上区分这一研究对象的两种规定，即本体论规定和认识论规定。所谓“本体论规定”，是指马克思理论学说本身所具有的整体性；所谓“认识论规定”，是指人们思维中的马克思理论学说的整体性。当然，这两者间的内在联系毋庸置疑。不过，目前学界不少人往往忽略这两者间的区别，把自以为的马克思理论学说的整体性强加在马克思理论学说本身的整体性上，故产生了种种模糊的甚至不科学的认识。人们认识任何问题，往往从某种既定的认识构架、范式和逻辑前提出发。如果这种既定的认识构架、范式和逻辑前提存在着偏颇，那么认识的过程和结论必定是“存疑”的。这一点也适用于对马克思理论学说的整体性的认识。因此，为了保证我们的相关认识越来越接近于本体论意义上的马克思理论学说的整体性，本文侧重从认识论视域展开对马克思理论学说的整体性的批判性反思。而这种批判性反思所应涉及的首要前提就是：全面、正确地把握马克思理论学说的整体性，必须拒斥“为整体而整体”的思维定式。

在人类思想发展史上，具有整体性理论学说的大师不独有马克思。仅就西方而言，亚里士多德、康德和黑格尔等人的理论学说都具有整体性，特别是黑格尔的理论学说把“整体性”发挥到了极致，但这种极致的“整体性”最终窒息了黑格尔理论学说的革命性。这也说明，对理论学说的整体性要加以批判性思考。笔者强调马克思和恩格斯所开创的马克思主义理论是一个有机的整体，绝不是推崇马克思主义理论多么“完美无瑕”，在体系上如何尽美尽善，而是表示：马克思主义理论的科学性是通过其整体性表现出来的，马克思主义理论只有作为具有整体性的科学，才能实现其指导人们改造世界的功能。从这个意义上说，认识作为整体的马克思主义理论，就是认识马克思主义理论的科学性。然而，我们不能用“为整体而整体”的思维定式去认识马克思主义理论的整体性，否则就会走向其反面。“为整体而整体”的思维定式的特点在于：把“整体”视为学说的目的本身，把制造尽可能完美的、能够解释一切的体系视为主旨（在这里，“整体”和“体系”是同义词）。如果用这种思维定式去诠释马克思主义理论的整体性，就必然会极大地扭曲马克思主义理论的整体性，从而扭曲作为整体的马克思理论学说。

应当承认，整体或体系对于理论学说的构建是不可或缺的。康德说：“任何一种学说，如果它可以成为一个系统，即成为一个按照原则而整理好的知识整体的话，就叫做科学……只有那些其确定性是无可置辩的科学才能成为本义上的科学；仅仅只是具有经验的确定性的知识只能在非本义上称之为学问（Wissen）。那种成系统的知识总体正因为成系统，就可以叫做科学了。”[①] 黑格尔也明确地意识到了这一点：“哲学若没有体系就不能成为科学。没有体系的哲学理论，只能表示个人主观的特殊心情，它的内容必定是带偶然性的。哲学的内容，只有作为全体中的有机环节，才能得到正确的证明，否则便只能是无根据的假设或个人主观的确信而已。”[②] 马克思当然也看到了这一点，但与康德特别是黑格尔不同的是，他仅仅把整体和体系视为构建科学理论的手段，而黑格尔则把整体和体系视为目的本身。也就是说，黑格尔把“整体和体系”对理论学说构建的必要性转换为理论学说构建的目的，所以，他为了保证理论学说的整体和体系的完整性，不得不制造出人为的、牵强附会的结构。正如恩格斯所说：“由于‘体系’的需要，他（指黑格尔——引注）在这里常常不得不求救于强制性的结构”，但“这样一来，革命的方面就被过分茂密的保守的方面所窒息”。[③] 可见，“为整体而整体”不仅会导致在方法论上生造整体和体系，而且也必然会导致整个理论学说的保守性。马克思和恩格斯始终反对以制造体系为目的来构建理论学说。他们的理论学说的整体性只是在哲学批判、社会主义批判特别是政治经济学批判中才展示出来。

从方法论上看，“为整体而整体”的思维定式归根结底是由仅仅作为解释世界而存在的理论学说的本性决定的。马克思说：“哲学家们只是用不同的方式解释世界，而问题在于改

① 康德：《自然科学的形而上学基础》，邓晓芝，三联书店1988年版，第2—3页。

② 黑格尔：《小逻辑》，贺麟译，商务印书馆1980年版，第56页。

③ 《马克思恩格斯选集》第4卷，人民出版社1995年版，第219页。

变世界。"① 笔者以为，马克思这里所讲的"解释世界"不是人们通常所理解的认识世界（认识世界毕竟是以世界为前提的），而是指脱离社会实践活动的抽象的、非历史的理解世界。这种脱离改造世界的"解释世界"仅停留于纯粹思辨的阶段，其主旨就是把整个世界和人的发展纳入构造出来的各种体系即"不同的方式"中去。当世界和人的现实发展与理论体系发生矛盾的时候，为了保证体系的完整性，"牺牲"的必定是后者。马克思理论学说的整体性则是以改造世界为主旨的整体性。正是"问题在于改变世界"这一点，将科学的社会历史认识和非科学的社会历史认识区别开来。由马克思和恩格斯创立的马克思主义理论的整体性是以改造现实世界的实践为基础和目的的。它在世界观和方法论上扬弃了"为整体而整体"的思维定式。改造现实世界是一个系统，涉及方方面面，这反映到马克思的理论思维中就形成了理论学说及其发展的整体性。所以，马克思理论学说的整体性总是在对现实的重大社会历史问题的研究中，以及在对各种歪曲现实的观点的批判中形成和表现出来的。马克思思想发展史的事实也的确如此：马克思从未脱离开对现实的重大社会历史问题的研究以及对各种歪曲现实的观点和思潮的批判，来单独地阐释自己理论学说的整体性。

据上所述，强调马克思主义理论的整体性并不是为了把马克思主义理论抬高到能够说明一切的地位，而是为了要确认这样一点，即：把握马克思主义理论的整体性，归根结底是为了把握改造现实世界的系统性。马克思理论学说的整体性的形成过程也充分地印证了这一点。马克思理论学说的整体性的形成，既是马克思系统把握现实世界的需要，更是改造现实世界的系统性对他的要求。因此，在马克思理论学说的整体性中所展示的，并不是按我们今天所理解的学科意义上的哲学、政治经济学、科学社会主义学说之间的联系，而是我们今天还不能完全或充分理解的哲学批判、政治经济学批判和社会主义批判之间的联系。如果我们不能对改造现实世界的系统性有全面的把握，特别是对当代中国社会主义改革的系统性有全面的把握，同时也不熟悉马克思的哲学批判、政治经济学批判和社会主义批判及其相互关系，那就不可能正确认识马克思理论学说的整体性。

## 二 "科学性"是"整体性"的基础和目的

如上所述，理论学说的"科学性"一定表现为"整体性"，因为"科学性"必然是通过"整体性"来展现的。故认识理论学说的科学性就要认识其整体性，但并非任何作为整体的理论学说都具有"科学性"。理论学说的"整体性"与"科学性"不能相互等同。理论学说的"整体性"是其"科学性"的重要属性，而绝不是相反。对马克思主义理论来说，"科学性"与"整体性"的关系就在于：一方面，"科学性"要求"整体性"，"整体性"是"科学性"的必要条件。整体是指由若干对象（或由单个客体的若干成分）按照一定的结构形式构成的有机统一体。任何规律及其作用形态都是通过整体及其运动表现出来的，故只有通过一定的方法在理论思维中再现这一整体，才有科学的产生。在这一"语境"内，黑格尔所说的"真理就是全体"是有道理的。

① 《马克思恩格斯选集》第1卷，人民出版社1995年版，第61页。

另一方面，“整体性”又不等于“科学性”。从现实来看，整体是规律及其表现形态的结构，而不是规律本身；从观念来看，理论学说的“整体性”是理论学说的科学性的不可或缺的重要属性，但又不等于理论学说的科学性。理论学说的整体是思维中具有丰富规定的具体，而科学是符合现实世界规律的整体。不过，理论思维中的整体毕竟是第二性的，思维中整体的构建过程不同于客观对象整体的形成过程。正如马克思所说：“整体，当它在头脑中作为思想整体而出现时，是思维着的头脑的产物，这个头脑用它所专有的方式掌握世界。”[①] 也正因为如此，思维中的整体有脱离现实中整体的可能，故马克思又强调：这种整体“决不是处于直观和表象之外或驾于其上而思维着的、自我产生着的概念的产物，而是把直观和表象加工成概念这一过程的产物”。[②] 这就是说，不能把再现客观对象整体的思维中的整体视为“自我综合、自我深化、自我运动的思维的结果”。

对马克思来说，“科学性”是“整体性”的基础和目的。这就要求我们在认识和把握马克思理论学说的整体性时，必须注意这样一点，即：与“科学性”紧密相连的“整体性”，其最根本的特点就是“整体性”从属和服从于“科学性”。如果说马克思的理论学说是整体性和科学性的统一，那么这种统一只能是以“整体性”从属和服从于“科学性”为基础的统一。或许正因为如此，马克思和恩格斯向来反对建立或构造所谓“体系”特别是哲学体系。当然，在他们那里，这种“体系”是那种撇开科学性的体系，即试图一劳永逸地解决人类或人类某个领域所有问题的体系。

从真理的相对性和绝对性的关系角度看，“科学性”最重要的一个特点就是理论学说适用范围的界限不断精确化。所以，我们研究马克思理论学说的整体性时，如果最终得出了类似于“无所不包”、能够说明一切的结论，那就会走向马克思理论学说的整体性的反面。笔者以为，我们认识和把握马克思理论学说的整体性，其主旨不仅是为了避免片面地理解马克思的理论，更重要的是为了从动态上正确把握作为整体的马克思理论学说的发展动力[③]（这种动力既表现在该理论与实践的关系上，也表现在该理论整体的各个构成要素间的关系上）。这种动力的内在动力源就是马克思理论学说的科学性和革命性，其主体表现就是马克思对科学性和改造现实世界系统性的持之以恒的追求。既然马克思是为了科学性和革命性而构建其具有整体性的理论学说，那么这一理论学说的整体就必然始终处于一个不断修正和调整的“流”之中，在不断确定各个层次的原理的适用范围的过程中获得丰富和发展[④]。而全面、准确地认识和把握这种“不断确定各个层次的原理的适用范围的过程”，对于我们科学认识马克思理论学说的整体性至关重要。从方法论上看，如果缺乏对这方面问题的充分认识，我们在对马克思理论学说的研究中就难免不产生种种模糊的，甚至是不科学的看法。例如，马克

① 《马克思恩格斯选集》第2卷，人民出版社1995年版，第19页。

② 同上书，第19页。

③ 笔者这里所说的“作为整体的马克思主义理论的内在发展动力”是指：由基于改造现实世界系统性的实践精神的全面性所决定的、作为整体的马克思主义理论的内在结构所产生的趋向于现实世界发展的动能。

④ “不断确定适用范围”的过程是科学的动态本质，当然也是作为广义的“历史科学”的马克思主义理论的动态本质。从主体的角度看，“不断确定适用范围”的过程一方面指人们对既有科学理论之精确性的正确把握的过程；另一方面也指人们对既有科学理论发展的环节和趋向的正确把握的过程。笔者以为，对马克思主义理论的整体性的把握也应作如是观。

思在晚年把其在《资本论》“原始积累”一章中关于“资本主义起源”的必然性论述明确地“限于西欧各国”，这本来是马克思理论学说的整体性发展的一个重要标志：在哲学方面进一步强调历史唯物主义与作为那种替代对具体的社会环境进行科学分析的“历史哲学”间的区别；在经济学方面进一步确认了西欧资本主义起源的特点；在科学社会主义方面指出了在特定的世界历史条件下俄国农村公社作为“共产主义发展的起点”的可能性。但是，国内外学界不少人却因此而误认为：马克思不仅把资本主义的起源和发展限于西欧，而且把历史唯物主义的方法论意义也限于西欧，并构建了与资本主义及其发展无关的“东方社会发展道路说”。这就与马克思理论学说的整体性发展的事实和本质大相径庭了。

上述“不断确定各个层次的原理的适用范围的过程”，也从一个侧面说明了马克思理论学说的整体性是一个不间断的生成过程。例如，作为马克思主义理论百科全书的《资本论》，其写作结构大的调整就有两次，小的调整就更多了，而在观点表述、材料使用等方面的调整则恐怕难以计算。马克思生前未完成《资本论》的写作（甚至连《资本论》第 1 卷第 3 版的出版也未来得及完成）有多种原因，其中最为重要的一个原因就是马克思试图不断地把理论研究的新成果和关于现实的世界历史变化的新材料纳入《资本论》的写作计划。在《资本论》第 1 卷第 3 版序中，恩格斯在讲到为什么马克思生前没有完成《资本论》第 1 卷第 3 版出版的原因时说道：“马克思原想把第一卷原文大部分改写一下，把某些论点表达得更明确一些，把新的论点增添进去，把直到最近时期的历史材料和统计材料补充进去。”① “不间断的生成过程”这一点在马克思晚年的“人类学笔记”和“历史学笔记”中进一步得到确认。关于这两部笔记的写作的目的、动机及其在作为整体的马克思理论学说发展中的地位问题，学界一直见仁见智。不过，笔者在这里并不打算评述这方面的问题，而仅想指出：这两部笔记（也包括《资本论》）标示着在作为整体的马克思理论学说的内部，自始至终地预留着为满足革命实践和现实的世界历史发展要求的空间。这种“预留空间”也就是马克思理论学说的整体性不断生成的空间。这种“预留空间”并不是马克思预设的，而是由作为整体的马克思理论学说的科学本性决定的。马克思理论学说的整体性自始至终呈现为一种不断生成的状态，这也是马克思理论学说的活力之所在。当然，这种不断生成的状态，在马克思思想发展的不同时期和他在不同时期所涉猎的不同研究领域，其具体形式和内容是不一样的。因此，对马克思理论学说的整体性的把握，与其说是对一个静态“思想体”的把握，毋宁说是对一个“不间断的生成过程”的把握。

笔者的以上观点并没有否定作为整体的马克思理论学说具有相对稳定的一面的意思，而是旨在强调：马克思理论学说的科学本性要求我们不能把这一学说的整体的静态绝对化。② 进而言之，我们把握马克思理论学说的整体性绝非是指把这一学说的各个组成部分视为一个整体即可了事。从最终的价值意义上看，马克思理论学说的整体性不是也不可能是一个最终完成了的理论学说的整体性。因此，对马克思主义理论学说的整体性的全面把握，不是一个

① 《马克思恩格斯全集》第 23 卷，人民出版社 1972 年版，第 30 页。

② 这里所说的“静态”是指：仅从马克思理论学说发展的最终的逻辑结果（即原则和结论）来把握马克思理论学说的整体性，即为了使世人便于了解马克思理论学说的整体性，简单地将这一学说分为若干组成部分或若干个层次，并对它们间的关系作一般性的阐释。这种“静态”对于宣传作为整体的马克思主义理论有一定的意义，但不能绝对化。

或几个人的事情，也不是一代人的事情，而是几代人的事情，甚至是一个无止境的过程。在这一过程中，认识、把握与构建马克思主义理论的整体性是有机统一的。抑或说，全面把握马克思主义理论学说的整体性既是我们不断追求的科学目标，也是我们不断追求的价值目标。只要我们立足于世界，从系统改造当代中国社会的现实出发，真正汲取体现在作为整体的马克思理论学说中的实践精神的全面性，就能不断地在把握马克思主义理论的整体性的过程中，丰富和发展马克思主义理论。

## 三　“整体性”存在和展现于“运用过程”中

这一问题与上述问题属于同一系列的问题。从过程和动态上把握马克思理论学说的整体性这一论断有三层相互联系的含义：一是从“不断确定各个层次的原理的适用范围的过程”来把握马克思理论学说的整体性；二是从“不间断的生成过程”来把握马克思理论学说的整体性；三是从“运用过程”来把握马克思理论学说的整体性。为了叙述逻辑上的方便，笔者在上一节“‘科学性’是‘整体性’的基础和目的”的题目下阐释了该论断的前两层含义，这里阐释该论断的第三层含义。

对马克思来说，“科学性”也是得出正确的方法、原则、结论的过程或运用正确的方法和原则的过程。这一“过程”是展现马克思理论学说的整体性的重要“场域”。脱离了这一“场域”，方法、原则和结论就会变为毫无意义的教条。在《资本论》法文版序言中，马克思在谈到莫里斯·拉沙特关于分册出版《资本论》译本的想法时曾透露出一种担忧，他说：这种想法好的一面是这本书“更容易到达工人阶级的手里”，“但也有坏的一面：我所使用的分析方法至今还没有人在经济问题上运用过，这就使前几章读起来相当困难。法国人总是急于追求结论，渴望知道一般原则同他们直接关心的问题的联系，因此我很担心，他们会因为一开始就不能继续读下去而气馁。这是一种不利，对此我没有别的办法，只有事先向追求真理的读者指出这一点，并提醒他们。在科学上没有平坦的大道，只有不畏劳苦沿着陡峭山路攀登的人，才有希望达到光辉的顶点。”① 笔者以为，可以从马克思的上述担忧逻辑地延伸出下面三个相互联系的推断：

其一，由包括唯物史观在内的科学方法论系统运用于政治经济学批判过程中所呈现出来的马克思理论学说的各个逻辑环节，才真正构成并展现了马克思理论学说的整体。这就在方法论上要求我们在把握作为整体的马克思理论学说时，必须从其“运用过程”入手，即从“运用过程”来把握马克思理论学说的整体性。绝不能只从静态上将其分为若干组成部分，然后找出几条关键性的原理加以一般性的综合，就自以为把握住这一整体了。对这一整体把握的关键是“运用过程”。不能把握“运用过程”，不仅会导致对马克思的科学方法论系统的狭隘的教条式理解，而且对马克思理论学说各个原理及其相互关系的认识也必然是片面的、模糊的、不科学的。但“运用过程”是最难把握的。恩格斯在其晚年也非常强调这一点，他说：“我们在反驳我们的论敌时，常常不得不强调被他们否认的主要原则，并且不是始终都

① 《马克思恩格斯全集》第23卷，人民出版社1972年版，第26页。

有时间、地点和机会来给其他参预交互作用的因素以应有的重视。但是，只要问题一关系到描述某个历史时期，即关系到实际的应用，那情况就不同了，这里就不容许有任何错误了。”① “实际的应用”即“运用过程”不同于对理论学说的方法、原则和结论作一般性的表述。在“实际的应用”过程中，理论学说必须要满足现实的历史的整体性的要求，否则现实的历史就会使理论学说很“难堪”。因此，恩格斯坚决反对把历史唯物主义作为不研究历史的借口，厌恶那种“只是用历史唯物主义的套语来把自己的相当贫乏的历史知识尽速构成体系”的做法，强调要在“经济学、经济学史、商业史、工业史、农业史和社会形态发展史”的研究中去把握和发展包括历史唯物主义在内的马克思的理论学说。②

其二，对马克思理论学说的方法、原则和结论及其相互间联系的一般性表述虽然相对明了、简单，从字面上也不难理解，但脱离开“运用过程”，它又是最容易被曲解和滥用的。因为，只有“运用过程”才能彰显马克思理论学说的方法、原则和结论的丰富内涵及其适用范围。而这些是从对方法、原则和结论及其相互联系的一般性表述本身得不到的。简言之，对真理和科学的基本原则的表述是简单明了的，但把握真理和科学的运用过程却是艰难、复杂的。只有把握了真理和科学的运用过程，才是真正把握了真理和科学本身。对于马克思理论学说的整体性的认识也是如此。

其三，那种脱离“运用过程”而把原则或结论直接与人们自己关心的现实问题联系起来的“经济”方法，阻碍了对马克思理论学说的科学性的认识，从而也阻碍了对马克思理论学说的整体性的认识。

实际上，马克思的上述担忧在他和恩格斯创立历史唯物主义之初就已隐约存在。他说：“对现实的描述会使独立的哲学失去生存的环境，能够取而代之的充其量不过是从对人类历史发展的观察中抽象出来的最一般的结果的综合。这些抽象本身离开了现实的历史就没有任何价值。”③ 马克思这里所说的“这些抽象”，就是指他在《德意志意识形态》第一章中所集中阐释的由一系列“原则和结论”构成的历史唯物主义的基本理论。马克思强调“这些抽象本身离开了现实的历史就没有任何价值”，其中就隐含着上述这种担忧。后来，恩格斯道明了这种担忧的一个重要原因，就是当时他们的政治经济学批判所达到的程度还不足以全面阐明这些抽象怎样才能不脱离现实的历史。④ 直到随着马克思的经济学革命大体上完成，马克思才令人信服地表明“这些抽象”怎样才能不脱离现实的历史。这同时也说明，只有在政治经济学批判的过程中，马克思理论学说的整体性才得以全面形成并得到了充分的展现。马克思也正是在这个意义上才认可他的理论学说是一个整体，他说：“不论我的著作（指《资本论》——引者注）有什么缺点，它们却有一个长处，即它们是一个艺术的整体。”⑤

① 《马克思恩格斯全集》第 37 卷，人民出版社 1971 年，第 462—463 页。

② 同上书，第 33 页。

③ 《马克思恩格斯全集》第 3 卷，人民出版社 1960 年，第 31 页。

④ 恩格斯在写于 1888 年 2 月 21 日的《“路德维希 · 费尔巴哈和德国古典哲学的终结”一书序言》中说道：在《德意志意识形态》一书中“关于费尔巴哈的一章没有写完。已写好的部分是解释唯物主义历史观的；这种解释只是表明当时我们在经济史方面的知识还多么不够”。（《马克思恩格斯全集》第 21 卷，人民出版社 1965 年版，第 412 页）

⑤ 《马克思恩格斯全集》第 31 卷，人民出版社 1972 年版，第 135 页。

## 四　整体的主要构成部分蕴含着整体的基本特征

传统系统论认为，整体决定部分，整体具有不同于其构成部分的特性，因此，整体的发展不同于其各个构成部分的发展。这一认识对简单的整体来说是正确的，但是对复杂的整体则不能这样说了。试图超越整体论和还原论对立的现代复杂性科学的研究成果表明，复杂的整体不同于简单的整体，即：整体的发展不等于其构成部分，但整体的发展始于其构成部分；整体的主要构成部分具有整体的基本特征；整体与其构成部分的相互作用决定整体的发展。所以，对于复杂的整体来说，就整体而整体是不可能认识整体及其发展的，必须从构成整体的主要构成部分及其相互关系中来把握整体，才可能达到对整体及其发展的科学认识。作为整体的马克思理论学说当然也是复杂的整体。基于当代复杂性科学研究的成果，笔者以为，在把握作为整体的马克思理论学说与其各个构成部分间的关系时，应特别注意两个方面的方法论问题：一是，对作为整体的马克思理论学说与其各个构成部分间的关系要作具体分析，不能一概而论；二是，作为整体的马克思理论学说，其主要构成部分蕴含着这一理论学说整体的基本特征。这里侧重讲后一方面的问题。

谈到这方面的问题，首先必须在方法论上界定马克思理论学说的整体特征。学界关于这方面的界定繁多，尚未统一过，但无论何种界定，其中都包含这样的内容，即：马克思理论学说是关于人类社会发展规律、资本发展逻辑和人与社会彻底解放的科学学说。这里姑且以这些相对统一的内容作为对马克思理论学说的整体特征的界定。可以说，至少从学理上看，马克思理论学说的各个主要构成部分，都从不同的层面体现了马克思理论学说的这种整体特征。所谓“主要构成部分”是指一个整体不可或缺的部分，即缺少了该构成部分，整体就不成其为整体。马克思的哲学批判、政治经济学批判和社会主义批判就是这样的构成部分，[①] 它们各自都蕴含着马克思理论学说整体的基本特征。当然，其表现形式是有所不同的。就现实的批判功能而言，“关于人类社会发展规律、资本发展逻辑和人与社会彻底解放的科学学说”这一整体特征，在马克思的哲学批判中，表现为对人类社会发展规律、资本发展逻辑和人与社会彻底解放的相关前提性和价值性问题的方法论追思；在马克思的政治经济学批判中，表现为对人类社会发展规律、资本发展逻辑以及人与社会彻底解放的现实基础和根据的考量；而在马克思的社会主义批判中，则表现为对人类社会发展规律、资本发展逻辑以及人与社会彻底解放的制度和道路的探索。据此，笔者以为，强调马克思理论学说的整体性并不是要否定把马克思的哲学批判、政治经济学批判和社会主义

---

① 马克思的哲学批判、政治经济学批判和社会主义批判都不是传统学科意义上的。抑或说，我们所理解的学科意义上的哲学、政治经济学和科学社会主义学说，与马克思的哲学批判、政治经济学批判和社会主义批判研究是不同的。这三种批判都是超越学科意义上的科学研究，具有跨学科的性质。因此，把哲学批判、政治经济学批判和社会主义批判视为马克思理论学说的主要构成部分，有助于在方法论上避免把对马克思理论学说的整体性的认识简单化的倾向。此其一。其二，也是更重要的，这三种批判无论从词义上看还是从内容上看，都直接预示着理论本身随着认识和改造现实世界的需要的“发展”。在马克思那里，“批判”就在于基于现实世界来批判现实、改造现实和超越现实。因此，“批判”本身的发展至关重要，没有“发展”就无所谓批判。

批判作为相对独立的研究对象的合理性，而是表示：只有从马克思理论学说的整体出发去研究马克思的哲学批判、政治经济学批判和社会主义批判，揭示马克思理论学说的整体性在这些主要构成部分中的具体体现及其相互关系，才能最终达到对马克思理论学说的整体性的具体的深刻的把握。当然，这三种批判在马克思那里是融为一体的，为了研究的需要我们才将它们区别开来，而作这种区别的主旨正是为了把握马克思理论学说的整体性。此外，这三种批判在整个马克思理论学说中所处的地位是不尽相同的，其中政治经济学批判居主导地位。关于这一点，恩格斯说：德国无产阶级政党的“全部理论内容是从研究政治经济学产生的（指政治经济学批判，而不是我们今天所理解的学科意义上的政治经济学研究——引注）”。①

这里以对马克思哲学批判的研究为例。既然政治经济学批判在马克思的全部理论学说中处于主导地位，那么只有把马克思的哲学批判置于其政治经济学批判的话语系统中来考察，才能全面、正确地认识和把握其所体现的马克思理论学说的整体性。② 显而易见，离开了“马克思政治经济学批判的话语系统”，我们就会把马克思对人类社会发展规律、资本发展逻辑和人与社会彻底解放的相关前提性和价值性问题的方法论追思变为毫无根基的纯思辨。这无疑会直接影响对马克思理论学说的整体性的正确认识。

目前学界有学者从绝对整体论（或整体主义）出发，提出要建构什么专门适用于马克思理论学说的整体研究的话语，我以为这是大可不必的。作为马克思主义创始人的马克思在学术上集哲学大师、经济学大师、历史学大师和政治学大师于一身。在他的理论学说中虽然没有后人按学科视域划分的哲学、政治经济学和科学社会主义学说，但的确存在着哲学批判、政治经济学批判和社会主义批判这三个主要构成部分。这也说明，从知识结构看，只有至少精通哲学、经济学、历史学和政治学的学者才有可能在实际的研究中，真正把马克思所具有的超越学科意义上的哲学批判、政治经济学批判和社会主义批判作为相对独立的对象来把握。然而，我们不能因为现在缺少具有上述知识结构的学者，因为从单一的学科视域难以实现对马克思理论学说的这三个主要构成部分的全面研究，就试图撇开马克思的哲学批判、政治经济学批判和社会主义批判，而搞什么超越这三者及其相互关系之上的研究。这样做很可能使我们陷入一种尴尬境地：非但不能提高对作为整体的马克思理论学说的研究水准，反而会使对马克思的哲学批判、政治经济学批判和社会主义批判的研究水准倒退。当然，笔者这样说丝毫没有否定对马克思理论学说展开整体性研究的必要性的意思，而只是认为：目前最为重要的应该是深入研究马克思理论学说的整体性在马克思的哲学批判、政治经济学批判和社会主义批判中的具体表现及其相互间的内在逻辑联系，从马克思理论学说的整体与这三种批判间的互动关系来把握马克思理论学说的整体性及其发展，因为这是迄今为止我们关于马克思理论学说的整体性的研究中最为薄弱的环节。

---

① 《马克思恩格斯全集》第 13 卷，人民出版社 1962 年版，第 525 页。

② 笔者以为，“马克思政治经济学批判的话语系统”的内容大体可归为三个相互联系的方面：政治经济学方法系统的构建及其发展；政治经济学理论体系的构建及其发展；政治经济学批判逻辑的形成及其发展。其中每一方面的内容又都包含着若干重要问题域。

**参考文献**

［1］黑格尔：《小逻辑》，贺麟译，商务印书馆 1980 年版。

［2］康德：《自然科学的形而上学基础》，邓晓芝译，三联书店 1988 年版。

［3］《马克思恩格斯全集》，人民出版社 1960 年、1962 年、1965 年、1971 年、1972 年版。

［4］《马克思恩格斯选集》，人民出版社 1995 年版。

（原载《哲学研究》2011 年第 9 期）

# 《资本论》与历史唯物主义微观基础

## ——以马克思的生产力理论为例

王峰明

### 一 问题的提出

经过新中国几代学人的不懈努力，我们在历史唯物主义研究方面取得的成绩是有目共睹的。我们的历史唯物主义研究不仅在一个极为广阔的层面上展开，对历史唯物主义的诸多重要问题都有所触及和探讨，而且在一些重大问题上有突破性进展①，研究的方法日趋科学、合理，对理论内容的把握不断走向深入。面对国外同仁，我们应该有起码的自信，大可不必妄自菲薄。但也不能否认这样一个事实，即就总体而言，国内的历史唯物主义研究乃至整个马克思主义哲学研究的特点是：宏观层面的框架性建构有余，微观层面的细节性分析不足；逻辑意义上的推论和演绎有余，立足于具体历史事件和历史过程的实证分析不足；思辨性阐释有余，面向鲜活事例和问题的现实分析不足。这就不可避免地使我们的历史唯物主义研究带有以下与生俱来的缺陷。

其一，从对文本的解读来看，我们的历史唯物主义研究，至多是达到了《德意志意识形态》的程度，尚不足以达到《资本论》及其手稿的水平。② 这当然不是说我们对《资本论》及其手稿的历史唯物主义思想没有研究，而是说：我们的研究始终是一种“纯哲学”的，只是停留在哲学的基地上讨论历史唯物主义问题，难以进入《资本论》及其手稿的经济学问题中去，难以在商品价值和剩余价值运动的经济（学）的层面认识和把握历史唯物主义。换言之，我们的历史唯物主义研究与马克思的经济学是两张皮，彼此分离、相互脱节，体现不出两者水乳交融的内在统一性，更难以体会和把握马克思的经济学研究与历史唯物主义理论建构之间的本质性关联。

---

① 标志性的成果如对历史唯物主义定位问题的研究，见孙正聿《历史的唯物主义与马克思主义的新世界观》，《哲学研究》2007 年第 3 期；李荣海《历史唯物主义的解释原则及其世界观意义——与孙正聿先生商榷》，《哲学研究》2007 年第 8 期；孙正聿《历史唯物主义的真实意义》，《哲学研究》2007 年第 9 期；段忠桥《什么是马克思恩格斯创建的历史唯物主义？——与孙正聿教授商榷》，《哲学研究》2008 年第 1 期。

② 参见聂锦芳《近年来国内马克思文本研究的回顾与省思》，《云南大学学报》（社会科学版）2008 年第 6 期。

其二，从对问题的把握来看，由于不能实现马克思哲学与经济学研究的一体化，致使我们对历史唯物主义的一些问题甚至是一些根本问题，虽然研究得不可谓不用力，但是理解和把握得却总是不到位，讲得不深、谈得也不透。

例如：物质生产的确切含义是什么？具体体现又是什么？如何看待物质生产与精神生产之间的关系？物质生产力的确切含义是什么？具体体现又是什么？如何看待物质生产力与精神生产力之间的关系？

又如：为什么说物质生产是社会存在的基础？确认物质生产的基础性地位和作用的逻辑的和历史的依据是什么？为什么说物质生产力是推动历史向前发展的根本动力？确认物质生产力的动力性地位和作用的逻辑的和历史的依据又是什么？

再如：历史唯物主义的生产力决定论是否是一种抹杀了人作为主体的存在和能动作用的"还原论"或"机械决定论"？如何理解物质生产和生产力的决定性与人的能动性之间的关系？又如何理解历史规律的客观性与人的主观能动性之间的关系？等等。

其三，从对文字的翻译来看，与上述两方面的缺陷相联系的是，我们对历史唯物主义经典文献的翻译，在一些关键的地方难以体现专业水准和素养，甚至有回避问题之嫌。一个典型的例子是：《德意志意识形态》中有这样一段话："在过去一切历史阶段上受生产力制约同时又制约生产力的交往形式，就是市民社会。"① 这段话的原文是："Die durch die auf allen bisherigen geschichtlichen Stufen vorhandenen Produktionskräfte bedingte und sie wiederum bedingende Verkehrsform ist die bürgerliche Gesellschaft"。② 其中的德语词"bedingte"和"bedingende"，在此处均被译为"制约"，而在其他一些地方则被译为"决定"。对此，中文译者没有作任何解释。一种可能的解释就是：为了维护历史唯物主义的"一元论"，只能讲生产力决定交往形式，而不能反过来说交往形式也决定生产力。这就无法消除从原始文献中引出的种种疑问：或者历史唯物主义在理论的核心部位是自相矛盾的，或者历史唯物主义并不承认生产力的单向度决定作用。

更为严重的是，由于以上种种缺陷的存在，使一些人的历史唯物主义立场（学术意义上的）极为脆弱，经不起推敲和追问，经不起时间的考验。当面对各种非历史唯物主义或反历史唯物主义思潮的时候，当置身于具体的历史事变和历史场景的时候，当受困于各种棘手的现实问题的时候，其思想往往被冲击、搅扰得东倒西歪、七零八落，最终走上与历史唯物主义相背离的认识轨道。例如：有种观点认为，在当代，"一切精神生产活动，不论是生产物质产品（如日常生活用品与工艺品）过程中的精神生产活动，还是单纯形态的精神的生产活动（如文学、艺术、哲学、宗教）"，在社会生产力发展中的作用越来越大。"现代先进生产力结构……是物质生产力与精神生产力的统一体"，而且，"这个统一体的无限发展将必然以精神生产力的发展为主体"。所以，不能再把"精神生产"和"精神生产力"排除在"社会劳动"和"社会生产力"之外了，"真正的创造历史的"是"人类脑力活动"即"精神生

① 《马克斯恩格斯选集》第1卷，人民出版社1995年版，第87—88页。

② 广松涉编注：《文献学语境中的〈德意志意识形态〉》，彭曦译，南京大学出版社2005年版，第212页。

产”和“文化生产”，而不是“物质生产”。[①] 照此逻辑，精神生产与物质生产、精神生产力与物质生产力岂不成了同一层次的范畴？唯物史观岂不成了精神生产与物质生产、精神生产力与物质生产力共同决定论？显然，这在任何意义上都不是对唯物史观的“理论建构”，而是自觉或不自觉的消解、背弃和否定。

这就提醒我们，必须对既往的历史唯物主义研究进行反思和总结，寻找推进历史唯物主义研究的新的方法和路径。本文的思路是：在《德意志意识形态》研究成果的基础上，充分重视和切实加强对《资本论》及其手稿的研究，以此构建历史唯物主义的微观基础，使宏观层面的阐释和结论获得微观层面的经验事实和实证材料的支撑，把历史唯物主义研究提升到一个新的高度和水平。

## 二　在《德意志意识形态》与《资本论》之间

提出以《资本论》及其手稿为依托，构建历史唯物主义的微观基础，是由这一文本在马克思主义哲学发展史上不同于《德意志意识形态》的地位和作用所决定的。

《德意志意识形态》无疑是唯物史观的奠基之作，历史唯物主义的基本观点和立场在其中得到了原则性阐释。这就是：“从直接生活的物质生产出发阐述现实的生产过程，把同这种生产方式相联系的、它所产生的交往形式即各个不同阶段上的市民社会理解为整个历史的基础，从市民社会作为国家的活动描述市民社会，同时从市民社会出发阐明意识的所有各种不同理论的产物和形式，如宗教、哲学、道德等等，而且追溯它们产生的过程。”[②] 可以说，这一原则在马克思、恩格斯后来的研究中得以贯彻。但是，也正是这种原则性阐释的特点，使《德意志意识形态》从其诞生之日起，就只能作为历史唯物主义的奠基之作，要建立起历史唯物主义的理论大厦尚待时日；也只能作为研究历史唯物主义的初始文本，要全面而深入地理解和把握历史唯物主义的理论内容同样需要时日。

第一，《德意志意识形态》中的历史唯物主义仅仅是一个“理论假设”。

列宁曾经指出：“自从《资本论》问世以来，唯物主义历史观已经不是假设，而是科学地证明了的原理。”[③] 循此思路，当历史唯物主义为《德意志意识形态》所承载的时候，它充其量只是一个理论假设。这个假设固然不是马克思和恩格斯凭空想象的产物，而是他们分别从政治经济学研究和实地调查的不同途径中达成的理论共识；但是，同任何理论假设一样，它需要进一步的事实根据，需要更为广泛的经验材料的支撑，需要以此为学理基础“对某一社会形态作出严格的科学解释并给以生动描绘”[④]。而这一切恰恰是在《资本论》及其手稿中

---

① 鲁品越：《剩余劳动与唯物史观理论建构——走向统一的马克思主义理论体系》，《哲学研究》2005 年第 10 期。需要进一步指出的是：如何合理估价思想、意识、观念和精神在社会结构和历史发展中的地位和作用的问题，至今困扰着历史唯物主义研究者的头脑，因而不断地被提起并加以探讨。最近的研究成果如魏小萍《关于唯物史观理论的再认识——根据对〈德意志意识形态〉（MEGA2 试行版）的重新解读》，《哲学研究》2009 年第 3 期。

② 《马克思恩格斯选集》第 1 卷，人民出版社 1995 年版，第 92 页。

③ 《列宁选集》第 1 卷，人民出版社 1995 年版，第 10 页。

④ 同上书，第 10 页。

完成的。《资本论》把资本主义生产方式作为一个活的“人体”进行社会“生理学”的解剖，旨在揭示资本主义经济制度的本质规定、历史起源和发展趋势。在其中，马克思把历史唯物主义的基本原理，具体展开和贯彻在政治经济学的价值和剩余价值运动之微观的和实证的层面上，从而完成了从理论假设向科学原理的转化。

在此，列宁准确地捕捉到了历史唯物主义与《资本论》经济学研究之间的内在关联。这种关联同样为卢卡奇所关注，他说：“经典形式的历史唯物主义……意味着资本主义社会的自我认识”，“正是资本主义社会制度成了运用历史唯物主义的典型基础。”① 道理讲得已经很清楚了：“经典形式”的历史唯物主义不是《德意志意识形态》，而是《资本论》；因为，资本主义社会是运用历史唯物主义的典型基础，而历史唯物主义则是资本主义社会的自我认识，在《资本论》及其手稿中，历史唯物主义的运用与资本主义社会的自我认识获得了高度统一。

第二，《德意志意识形态》中的历史唯物主义仅仅是一种“思维抽象”。

从研究过程来看，思维抽象阶段的历史唯物主义，“充其量不过是从对人类历史发展的考察中抽象出来的最一般的结果的概括”，它是理论研究的“结果”，而不是出发点；其作用在于也仅仅在于，“对整理历史资料提供某些方便，指出历史资料的各个层次的顺序”；“这些抽象本身”不能离开现实的历史，否则“就没有任何价值”；它们也“绝不提供可以适用于各个历史时代的药方或公式”，否则就不是科学抽象，而是“关于意识的空话”。②

从叙述过程来看，按照马克思说的“从抽象上升到具体”的方法③，思维抽象阶段的历史唯物主义是理论叙述的起点，作为对事物的本质和规律的认识，也是我们理解和把握现实历史的前提和基础。但是，绝不能停留在这种抽象认识的基础上，否则，就不可能弄清任何一个历史发展阶段上的现实事物。要真正获得对现实历史的理解和把握，就必须在对一般本质和规律的认识的基础上，实现从“思维抽象”到“思维具体”的升华。这就要求“对每个时代的个人的现实生活过程和活动”加以具体的历史的“研究”④，从中发现事物的一般本质和规律在各种“中介环节”和“中介过程”的影响和作用下所发生的变形。作为抽象原则的历史唯物主义是“死”的，只有当它上升为思维具体的时候，它才会在现实的社会存在和历史发展中“活生生”地流动起来。

在《德意志意识形态》中，马克思曾经讲：“在思辨终止的地方，在现实生活面前，正是描述人们实践活动和实际发展过程的真正的实证科学开始的地方。关于意识的空话将终止，它们一定会被真正的知识所代替。”⑤ 能够称得上是“真正的实证科学”和“真正的知识”的，是《资本论》中的而不是《德意志意识形态》中的历史唯物主义，后者充其量是朝着作为真正的知识和实证科学的历史唯物主义方向迈出的第一步。

第三，不攀至《资本论》的高度，就不足以看清《德意志意识形态》。

---

① 卢卡奇：《历史与阶级意识》，杜章智等译，商务印书馆 1992 年版，第 312、316 页。

② 《马克思恩格斯选集》第 1 卷，人民出版社 1995 年版，第 73—74、74、73 页。

③ 《马克思恩格斯选集》第 2 卷，人民出版社 1995 年版，第 19 页。

④ 《马克思恩格斯选集》第 1 卷，人民出版社 1995 年版，第 74 页。

⑤ 同上书，第 73 页。

在谈到对社会历史的科学认识时，马克思指出："对人类生活形式的思索，从而对这些形式的科学分析，总是采取同实际发展相反的道路。这种思索是从事后开始的，就是说，是从发展过程的完成的结果开始的。"[①] 这是因为，"人体解剖对于猴体解剖是一把钥匙。反过来说，低等动物身上表露的高等动物的征兆，只有在高等动物本身已被认识之后才能理解。"[②] 当我们把历史唯物主义作为研究对象的时候，这一认识论方法和原则同样是适用的。《资本论》当然不能说是历史唯物主义发展过程的完成的结果，因为历史唯物主义作为对人类历史的认识是不断发展的；但完全可以说，比之于《德意志意识形态》，《资本论》中的历史唯物主义思想得到了进一步的发展，在前者那里以抽象的和简单的形式存在的概念和原理，在后者则得到了多方面的具体展现和生动描述；在前者那里难以确切把握的思想，在后者则被给予清晰的界说和规定。虽不能说《德意志意识形态》是历史唯物主义思想的"低级形式"，而《资本论》才是历史唯物主义发展的"高级形式"；但完全可以说，《资本论》为理解和把握《德意志意识形态》的历史唯物主义思想提供了钥匙，一如"资产阶级经济为古代经济等等提供了钥匙。……人们认识了地租，就能理解代役租、什一税等等。"[③] 因此，如果说《德意志意识形态》是历史唯物主义思想的第一座高峰，那么，集马克思40年理论研究之大成的《资本论》就是历史唯物主义思想发展的第二座高峰。只有站在《资本论》的峰头上，《德意志意识形态》中的历史唯物主义思想才能被一览无遗。

下面以马克思的生产力理论为个案进行具体分析和说明。

## 三 微观分析之一：物质生产和生产力

什么是"物质生产"？在《德意志意识形态》中，马克思并没有给以专门界定，只是随着理论叙述的铺开，出现了"人改造自然"和"人与自然的'斗争'"[④] 这样的句子，以此提示着关于物质生产的信息。

《资本论》则不然。马克思在"劳动过程"的意义上对物质生产作了专门界定："劳动首先是人和自然之间的过程，是人以自身的活动来中介、调整和控制人和自然之间的物质变换的过程。人自身作为一种自然力与自然物质相对立。为了在对自身生活有用的形式上占有自然物质，人就使他身上的自然力——臂和腿、头和手运动起来。"[⑤]

不仅如此，马克思还对物质生产过程的内在要素作了总结和归纳。在他看来，"就劳动过程只是人和自然之间的单纯过程来说，劳动过程的简单要素是这个过程的一切社会发展形

① 马克思：《资本论》第1卷，人民出版社2004年版，第93页。

② 《马克思恩格斯选集》第2卷，人民出版社1995年版，第23页。

③ 同上书，第23页。

④ 《马克思恩格斯选集》第1卷，人民出版社1995年版，第88、77页。

⑤ 马克思：《资本论》第1卷，人民出版社2004年版，第207—208页。对物质生产在相同意义上的界说还有："劳动过程……是制造使用价值的有目的的活动，是为了人类的需要而对自然物的占有，是人和自然之间的物质变换的一般条件，是人类生活的永恒的自然条件，因此，它不以人类生活的任何形式为转移，倒不如说，它为人类生活的一切社会形式所共有。"见本卷，第215页。

式所共有的。”[①] 从这一标准出发来分析物质生产的要素问题，既可以说它是由“两要素”构成的，也可以说它是由“三要素”构成的。对于构成物质生产的“两要素”，马克思有不同的表述：“劳动过程，就我们……把它描述为它的简单的、抽象的要素来说，……我们不必来叙述一个劳动者与其他劳动者的关系。一边是人及其劳动，另一边是自然及其物质，这就够了。”“劳动过程所需要的一切因素：物的因素和人的因素，即生产资料和劳动力。”[②] 构成物质生产的两个要素，一个是“人及其劳动”或者说“劳动力”，这是“人”的要素，另一个就是“自然及其物质”或者说“生产资料”，这是“物”的要素。马克思还将“人”的要素叫做“主观”或“主体”要素，把“物”的要素叫做“客观”或“客体”要素。[③] 构成物质生产的所谓“三要素”，就是马克思讲的：“劳动过程的简单要素是：有目的的活动或劳动本身，劳动对象和劳动资料。”其中，劳动资料作为“劳动者直接掌握的东西”，“是劳动者置于自己和劳动对象之间、用来把自己的活动传导到劳动对象上去的物或物的综合体。”[④]

从物质生产的具体形式来看，在《德意志意识形态》中，马克思曾经在民族内部的分工及其发展的意义上讲到“工商业劳动同农业劳动的分离”，“商业劳动同工业劳动的分离”[⑤]。但是，第一，这只是一种“历时态”的分析，对于工业、农业与商业之间的“共时态”联系则语焉不详。第二，这里的“农业”，指的是为现代工业所排挤和淘汰掉的“传统”农业即自给自足的“小农业”，作为基础性产业和商品经济重要组成部分的现代“大农业”，则不在马克思的视野之内。第三，就马克思所一再提到的“工业”而言，虽然偶尔也具体化为“采掘工业”，但总的来说是一个十分笼统和含糊的概念。

《资本论》则不然。第一，马克思极为详尽地分析了现代工业的各种具体形式，广泛涉及采矿业（Bergbau）、制造业（Manufaktur）或加工工业以及运输工业（Transportindustrie）和建筑工业（Baugeschäft）等等。[⑥] 而且，马克思对现代农业劳动（agrikolen Arbeit）的各种具体形式也作了区分，主要包括单纯采集（sammelnde）、狩猎（jagende）、捕鱼（fischende）、畜牧（Vieh züchtende）等。[⑦] 第二，在资本主义生产方式中，农业作为一种基础性产业并没有被消灭，而是发生了从“传统”向“现代”的转型。马克思把它作为资本主义商品经济的一个重要部分，结合资本主义地租问题做了专门分析。第三，对工业、农业与商业之间的关系，马克思在商品价值和剩余价值运动的层面，从生产价值与实现价值的劳动分工的角度做了系统阐释。具体内容将在下一部分进行介绍。

对于物质生产力，《德意志意识形态》的界定是：人们在“物质生产”过程中形成的一

① 马克思：《资本论》第3卷，人民出版社2004年版，第1000页。

② 马克思：《资本论》第1卷，人民出版社2004年版，第215页。

③ 同上书，第243、718页。《马克思恩格斯全集》第30卷，人民出版社1995年版，第26页。

④ 马克思：《资本论》第1卷，人民出版社2004年版，第208、209页。

⑤ 《马克思恩格斯选集》第1卷，人民出版社1995年版，第68页。

⑥ 参见马克思《资本论》第3卷，人民出版社2004年版，第360、636页。Karl Marx-Friedrich Engels-Werke, Band 25, “Das Kapital”, Bd. III, Berlin/DDR: Dietz Verlag, 1983, S. 335、577.

⑦ 参见马克思《资本论》第3卷，人民出版社2004年版，第713页。Karl Marx-Friedrich Engels-Werke, Band 25, “Das Kapital”, Bd. III, Berlin/DDR: Dietz Verlag, 1983, S. 645.

种“生产的力量”，而非“破坏的力量”；是一种“物质结果”和“物质力量”，而非“精神结果”和“精神力量”。[①]《资本论》则从“质”的规定和“量”的规定两个方面作了分析。在肯定生产力是一种物质力量的前提下，马克思提出：“劳动生产力的提高，……一般是指劳动过程中的这样一种变化，这种变化能缩短生产某种商品的社会必需的劳动时间，从而使较小量的劳动获得生产较大量使用价值的能力。”[②] 这样，生产单位使用价值所需要耗费的社会必需的劳动时间，或者说在单位劳动时间内生产的社会需要的使用价值的数量，就成为衡量劳动生产力的“量”的标准。在量的规定的意义上，马克思把劳动生产力叫做“劳动生产率”。

耐人寻味的是：在《德意志意识形态》中，“生产力”的前面一般没有限定词，即便有也多是“物质”、“社会”、“民族”这种限定词。然而在《资本论》中，马克思在生产力前面往往要加上限定词“劳动”。这极易使我们想起《1844年经济学哲学手稿》时期的马克思，那时的生产力也被冠之以“劳动”生产力。这是马克思思想发展中的一种“回归”吗？不是！因为《1844年经济学哲学手稿》中的生产力理论，并不属于马克思，而是属于古典政治经济学。这是一种偶然的或随意的遣词造句上的变化吗？也不是！因为，从抽象层面的“生产力”到具体层面的“劳动生产力”的变化，标志着马克思的生产力理论在分析层次上的转化，即从“思维抽象”向“思维具体”的跃进。这是一个否定之否定的过程，经此锤炼，劳动生产力从一个单纯的经济学概念转化为一个历史唯物主义的哲学范畴，而且，作为一个哲学范畴，它又不同于思维抽象阶段的生产力，而是获得了多方面的表现和多种形式的存在。

据不完全统计，在《资本论》中，马克思给予生产力的称谓有：“生产力”、“物质生产力”、“社会生产力”、“劳动生产力”、“劳动的生产力”、“劳动的社会生产力”、“劳动社会生产力”、“社会劳动生产力”、“社会劳动的生产力”、“社会的劳动生产力”、“主体生产力”、“主观的生产力”、“客观的生产力”、“一般生产力”、“特殊的生产力”、“特殊生产力”、“个别生产力”、“人的生产力”、“个人生产力”、“活劳动的生产力”、“死的生产力”、“精神生产力”、“精神的生产力”、“物质的生产力”、“自然生产力”、“自然本身的生产力”、“劳动的自然生产力”、“资本生产力”、“资本的生产力”、“直接的生产力”、“潜在生产力”、“超额生产力”、“运输业的生产力”、“自然国民生产力”等等。

笔者曾提出：可以借鉴现代“系统论”的方法，对以不同形式存在的生产力进行分辨和甄别。[③] 这样就会看到，上述不同称谓的生产力，有的处于物质生产的系统内部，或者是作为“要素”而存在，或者是作为“结构”或“序”而存在；有的则处于物质生产的系统外部，作为“环境”和“条件”而存在。“主观的生产力”与“客观的生产力”、“活劳动的生产力”与“死的生产力”等，就是站在物质生产的系统内部，分别就构成物质生产的不同要

---

① 《马克思恩格斯选集》第1卷，人民出版社1995年版，第90、92、118页。

② 马克思：《资本论》第1卷，人民出版社2004年版，第366页。

③ 参见王峰明《生产力："是什么"与"什么是"——从"系统论"看马克思的"生产力"理论》，《上海财经大学学报》2009年第6期。

素来论述生产力。所谓物质生产的结构或序，就是其内部各个要素之间发生的一定“关系”。其中，由作为生产要素的人与人之间发生的“分工”和“协作”的“劳动关系”[①]，是极为重要的结构或序。马克思用“劳动的社会生产力”、“劳动社会生产力”、“社会劳动的生产力”和“社会的劳动生产力”等概念，来表述作为结构或序的生产力规定。“资本的生产力”和“精神生产力”等则是马克思从物质生产的系统外部对生产力所作的规定。最后，这些处于“具体”层面的生产力，虽然具体地指明了物质生产的内部要素与生产力、物质生产的内部结构或与生产力、物质生产的外部环境和条件与生产力之间的关系，但都不同于处于“一般”层面作为一种“系统质”存在的生产力。绝不能把这些处于具体层面的生产力与生产力本身的一般存在混为一谈，更不能用前者中的任何一种含义和规定来取代后者的含义和规定。[②]

## 四　微观分析之二：物质生产和生产力的决定性[③]

在《〈政治经济学批判〉序言》中，马克思对历史唯物主义作了同《德意志意识形态》如出一辙的原则性阐释：“人们在自己生活的社会生产中发生一定的、必然的、不以他们的意志为转移的关系，即同他们的物质生产力的一定发展阶段相适合的生产关系。这些生产关系的总和构成社会的经济结构，即有法律的和政治的上层建筑竖立其上并有一定的社会意识形式与之相适应的现实基础。物质生活的生产方式制约着整个社会生活、政治生活和精神生活的过程。不是人们的意识决定人们的存在，相反，是人们的社会存在决定人们的意识。社会的物质生产力发展到一定阶段，便同它们一直在其中运动的现存生产关系或财产关系（这只是生产关系的法律用语）发生矛盾。于是这些关系便由生产力的发展形式变成生产力的桎梏。那时社会革命的时代就到来了。随着经济基础的变更，全部庞大的上层建筑也或慢或快地发生变革。”[④]

据此，我们可以把物质生产和生产力的决定性的含义概括为：第一，生产关系必须同物质生产力“相适合”，必须是生产力发展的“形式”而不是“桎梏”；第二，生产关系如果不能适合于物质生产力的发展，就会被新的更高阶段上的生产关系所取代；第三，随着物质生产力的发展，任何一种生产关系都会由生产力发展的形式蜕变为桎梏，因而迟早会退出历史的舞台。

结合《德意志意识形态》的内容来看，确认物质生产和生产力的决定性的依据有两个。

---

① 对物质生产过程中人与人之间的“劳动关系”和“权力关系”的区分，是分析的马克思主义学者的一大贡献。详细情况见 G. A. 科恩《卡尔·马克思的历史理论——一种辩护》，段忠桥译，高等教育出版社 2008 年版，第 135—138 页；威廉姆·肖《马克思的历史理论》，阮仁惠等译，重庆出版社 2007 年版，第 31—45 页。

② 威廉姆肖把生产力直接定义或还原为物质生产的要素。他说：“生产力就是生产过程中那些既是基本的，又是本质的要素”，“生产力不过是那种在直接生产过程中被运用（或至少是适于运用）的要素。”见威廉姆·肖《马克思的历史理论》，阮仁惠等译，重庆出版社 2007 年版，第 10、14 页。

③ 生产力的决定性，也即科恩所说的“生产力的首要性”。详见 G. A. 科恩《卡尔·马克思的历史理论——一种辩护》，段忠桥译，高等教育出版社 2008 年版，第六章。

④ 《马克思恩格斯选集》第 2 卷，人民出版社 1995 年版，第 32—33 页。

其一，物质生产和生产力是社会存在的“基础”。因为，生产满足人们“吃喝住穿”等需要的资料，即“生产物质生活本身”的“劳动”，是人们的“第一个历史活动”。同时，“这种活动、这种连续不断的感性劳动和创造、这种生产，正是整个现存的感性世界的基础，它哪怕只中断一年，费尔巴哈就会看到，不仅在自然界将发生巨大的变化，而且整个人类世界以及他自己的直观能力，甚至他本身的存在也会很快就没有了。”[①] 其二，物质生产和生产力是推动历史向前发展的“动力”。因为，历史在“冲突”中前行，而“一切历史冲突都根源于生产力和交往形式之间的矛盾”。推动历史向前发展的根本力量，便是物质生产和生产力。如：真正的封建制度是从日耳曼人的军队在进行征服时的“战时组织”转化而来的，而推动这一转化的正是“在被征服国家内遇到的生产力的影响”。又如：“在工业发展的一定阶段上必然会产生私有制”，同样，“只有随着大工业的发展才有可能消灭私有制”。[②] 私有制从产生到消亡的整个发展进程都离不开工业的推动。

这里，且不说私有制是工业发展到一定阶段的产物的论断是否科学，马克思和恩格斯对物质生产和生产力的决定性所做的说明，或者是一种非常抽象的叙述，或者是一种经验层面的描述。这与《资本论》中的情况形成鲜明对照。

为什么说物质生产和生产力是社会存在的基础？在《资本论》中，马克思深入到商品价值和剩余价值运动的层面做了详细阐释。第一，商品价值和剩余价值是物质生产劳动“创造”的，也只有物质生产劳动才创造价值和剩余价值。价值的生产和创造，实际上就是以活的劳动的耗费为代价，完成人与自然之间的物质和能量变换。第二，流通领域中的商业活动或交换活动，既不创造价值，也不创造剩余价值。马克思说：“在流通过程中，任何价值也没有生产出来，因而任何剩余价值也没有生产出来。在这个过程中，只是同一价值量发生了形式变化。事实上不过是发生了商品的形态变化，这种形态变化本身同价值创造或价值变化毫无关系。”[③] 商业活动的职能在于完成价值的单纯形式变换，也即使商品的价值和剩余价值得以“实现”。商品价值的实现，实际上就是以交换的形式完成商品的分配，从而完成人与人之间的物质变换。第三，人类的一切其他活动，如精神活动、政治活动、宗教活动等，都不属于商品生产范畴。原因一如精神文化产品所显示的那样：商品的使用价值具有“排己性”，是“社会的使用价值”[④]，也即只能满足他人和社会的需要，而不能同时满足自己的需要。精神文化产品则不具有这种“排己性”。商品的价值量是由“社会必要劳动时间”决定的，生产商品的“劳动”存在着一个“必要”的“时间”边界。精神文化产品则不存在这样的边界，也就不存在所谓的“社会必要劳动时间”。概而言之，在简单商品经济和资本主义商品经济条件下，物质生产劳动创造价值和剩余价值，商业活动实现价值和剩余价值，而社会的其他活动则既不创造价值和剩余价值，也不实现价值和剩余价值，属于消费商品的活动。没有商品的生产和创造，就没有商品的流通和交换，也就没有商品的消费。在商品价值和剩余价值运动的“链条”上，物质生产劳动显然处于“基础”地位。正是物质生产劳动者，提

---

① 《马克思恩格斯选集》第 1 卷，人民出版社 1995 年版，第 79、128、77 页。

② 同上书，第 115、126、104 页。

③ 马克思：《资本论》第 3 卷，人民出版社 2004 年版，第 311 页。

④ 马克思：《资本论》第 1 卷，人民出版社 2004 年版，第 54 页。

供了其他社会活动赖以开展的“物质基础”。对这个物质基础的确认，对奠立这个基础的物质生产劳动者的确认，既是马克思劳动价值论和剩余价值学说的根本意旨，也是历史唯物主义的根本意旨。

为什么说物质生产和生产力是历史发展的动力？在《资本论》中，马克思借助于对资本主义生产方式的解剖，对此也做了详细阐释。

一方面，从资本主义生产关系来看，对于资本主义存在和发展具有决定性作用和意义的，一是“劳动时间”，二是“活的劳动”。这是因为，资本主义生产关系在本质上是一种雇佣劳动关系，或者说，是“死劳动”对“活劳动”的单向度的和不平等的支配关系。马克思说：“资本关系——一定的社会关系，在这种社会关系中，过去劳动独立地同活劳动相对立，并支配着活劳动。”[①] 这种生产关系决定了资本主义生产的目的，是“抽象财富”的增长或“价值增值”，也即把雇佣工人在剩余劳动时间里创造的剩余价值，无偿地拿来装进资本家的腰包里。为此，活的劳动必须作为“生产要素”投入到生产过程中去，劳动时间则成为资本主义财富的衡量尺度。

另一方面，从物质生产力来看，马克思不仅以大量的实证材料和统计数据展示了劳动生产力在资本主义条件下的迅猛发展，还详细考察了生产力发展的不同阶段和发展生产力的各种不同的方式方法。[②] 引起马克思高度重视的是，劳动生产力的发展给资本主义生产赖以立足的两个基础——“劳动时间”和“活的劳动”——造成巨大冲击。这是因为，劳动生产力的发展表现为：一方面，社会生产过程赖以进行的物质资料，无论是在物质数量上还是在价值数量上，都在增加；另一方面，为实现这些物质资料的再生产所需要的活的劳动，与这些物质资料相比，无论是在物质数量上还是在价值数量上，都在减少。从资本主义商品生产来看，劳动生产力的发展，不仅表现为“单个资本”有机构成的提高，而且也表现为“社会资本”有机构成的提高。前者意味着资本的个别利润率的下降，后者则意味着资本的“一般利润率”或“平均利润率”的下降。[③] 这种下降表明：可变资本价值量同不变资本价值量从而同总资本的价值量相比在不断减少，生产过程中所使用的工人人数同所使用的机器、原材料和辅助材料的物质数量相比在不断减少。

一般利润率趋向下降的规律，暴露了资本主义生产关系与物质生产力发展之间的矛盾和冲突，这种矛盾在资本主义生产方式内部逐步展开。

面对利润率不断下降的总的趋势，资本家一方面会采取各种措施来阻挡利润率的下降，延缓这个总的趋势；另一方面还可以通过增加雇佣工人人数或剩余劳动量，从而增加剩余价值或利润的“绝对量”来得到补偿。后者也就是“资本积累”。

---

① 马克思：《资本论》第3卷，人民出版社2004年版，第449页。

② 参阅马克思《资本论》第1卷第四篇，人民出版社2004年版。

③ 围绕马克思关于资本利润率随着生产力的发展趋向下降的理论，学术界争议颇多。但耐人寻味的是，无论提出什么样的反驳的观点，都会出现针对这种反驳进行正面论证的观点。最切近的例子如：英国著名左翼学者克里斯·哈曼在《国际社会主义》2007年夏季号发表的题为《利润率和世界的今天》的文章，对这一问题既进行了理论分析，也作了经验描述。（中译文见《利润率和当前世界经济危机》，丁为民、崔丽娟译，《国外理论动态》2008年第10期）此处旨在呈现马克思剖析资本运行轨迹的内在理路，故不拟对相关讨论进行述评。

但是，不断增加资本总量和扩大生产规模，只是对于那些“大资本”来说才是现实的和可能的，对于大量分散的“小资本”则既不可能也不现实。这样，就会有越来越多的小资本，由于利润率的下降不能通过利润量的增加来补偿或抵消而被排挤出生产领域，从而形成“资本过剩”。这些过剩的资本要维持其作为资本的存在，就不得不走上一条冒险的道路，去进行各种投机（如股票投机）和信用欺诈。其结果，就是引发信用危机、金融危机乃至经济危机。返回来看那些大资本，即便可以凭借不断增加资本总量、扩大生产规模来增加剩余价值或利润的绝对量，但由此会引起资本的不断“积聚”，而“这种不断增长的积聚，达到一定程度，又引起利润率重新下降”。① 由此就形成资本积累与利润率下降之间的恶性循环。

不仅如此，生产规模的扩大，资本积累和积聚，会形成同“有效需求”不足之间的尖锐矛盾。一方面，资本最大限度地从雇佣工人身上吸收剩余劳动。因此，随着表现为利润率下降的过程的发展，生产出来的剩余价值的总量会惊人地膨胀起来。另一方面，资本又最大限度地压缩雇佣工人的消费水平，使之保持在一个极其狭小的范围内和极为有限的水平上，根本无力消化已经生产出来的商品量。剩余价值“生产”的条件与“实现”的条件之间的这种矛盾，会随着资本积累和积聚、生产规模和市场的不断扩大而日益增长，在增长的一定点上，就会爆发周期性的经济危机。

对一种“常态”或“合理”的需求来说，生产满足这种需求的一定使用价值量所需要的“劳动时间”和劳动力的绝对数量，会随着社会劳动生产力的提高而不断减少。这种情况首先出现在农业中，随后会逐步扩展到其他物质生产部门；首先出现在资本主义“中心”国家，随后会逐步扩展到其他“半外围”和“外围”国家；最终的结果，便是在所有国家的物质生产部门都出现劳动时间和劳动力的绝对数量不断减少的局面。在此情况下，不仅通过扩大生产规模求得资本主义内在矛盾得以解决的机会没有了，而且通过经济危机求得资本主义各种经济关系暂时恢复平衡的机会也没有了。这就表明，要发展生产力，就不能保证资本的价值增值，而这无异于宣判了资本主义生产方式的死刑；反之，要阻止利润率的下降和利润总量的绝对减少，从而保证资本的自行增值，就必须制止生产力的发展，而这又是历史向前发展所不答应的。所以，“资本不可遏止地追求的普遍性，在资本本身的性质上遇到了限制，这些限制在资本发展到一定阶段时，会使人们认识到资本本身就是这种趋势的最大限制，因而驱使人们利用资本本身来消灭资本。”② 资本主义的这种历史宿命，难道不是对唯物史观的生产力决定性原理的最好诠释吗？③

最后，鉴于物质生产力存在的不同形式和这些形式所处的不同层次，需要强调的是：在历史规律意义上具有决定性作用的，是作为“总的结果”的一般生产力，而不是这种生产力的任何一种具体形式。所以，在《德意志意识形态》中，马克思和恩格斯多次提到“生产力的总和”，并且认为“人们所达到的生产力的总和决定着社会状况”。④ 以此来看文章开头指

① 马克思：《资本论》第3卷，人民出版社2004年版，第279页。

② 《马克思恩格斯全集》第30卷，人民出版社1995年版，第390—391页。

③ 对此的详细阐释，请参阅王峰明《资本的囚徒困境与资本主义的终结》，《马克思主义与现实》2010年第3期。

④ 《马克思恩格斯选集》第1卷，人民出版社1995年版，第128、80页。

出的那个翻译问题，如果说作为总和的生产力的决定作用是一元的；那么，就其不同形式的具体存在而言，它们与交往形式和生产关系之间则存在着“相互决定”的关系。马克思指出：“某一个地域创造出来的生产力，特别是发明，在往后的发展中是否会失传，完全取决于交往扩展的情况。当交往只限于毗邻地区的时候，每一种发明在每一个地域都必须单另进行；一些纯粹偶然的事件，例如蛮族的入侵，甚至是通常的战争，都足以使一个具有发达生产力和有高度需求的国家处于一切都必须从头开始的境地。”[①] 在此意义上，交往形式对“发明”这种生产力就起着决定性作用。由此也就不难理解，有的人从物质生产力的某种具体形式出发，审查经济的社会形态的嬗演，并以前者无法对后者做出规律性解释为由，对历史唯物主义提出质疑和批评，其偏颇和片面是不言而喻的。[②]

## 五　微观分析之三：生产力的决定性与人的能动性

长期以来，在处理生产力的决定性与人的主体能动性之间的关系方面，历史唯物主义备受诟病，其决定论的立场似乎只能置人于被动挨打的境地。如何走出困境？假若踯躅于《德意志意识形态》的思想内容，那么，无论做怎样的努力，恐怕都很难找到解决问题的有效途径。因为，从马克思和恩格斯思想发展的进程看，这一文本担负的使命，恰恰在于阐明物质对精神的决定性，生活对意识的决定性，实践对观念的决定性、现实的历史前提对人的决定性。

那么，《资本论》为我们提供了什么样的解释思路呢？

从上面的分析来看，把资本主义送上历史断头台的，是社会生产力的发展，资本主义灭亡的历史命运为社会生产力的发展所决定。而进一步考察会发现，这种客观趋势并非由其他的外在力量强加给资本主义，相反，它正是资本家阶级积极主动的历史行为所促成的。

具体来说，商品的“现实价值”不是它的“个别价值”，而是它的“社会价值”。前者是指用生产者在个别场合生产商品“所实际花费的劳动时间来计量”的价值，或者说是由生产商品的“个别劳动时间”所决定的价值；后者则是“用生产它所必需的社会劳动时间来计量”的价值，或者说是由生产商品的“社会必要劳动时间”所决定的价值。[③] 在社会生产发展的一定阶段上，用超过该生产阶段平均水平的更有生产效率的劳动方法作为例外生产出来的那个商品的个别价值，低于这个商品的一般的或社会的价值。如果哪个资本家或资本主义企业率先采用新的生产方法，把本企业的个别劳动生产力提高到社会平均劳动生产力水平以上，从而把生产商品的个别劳动时间降低到社会必要劳动时间以下，他在竞争中就能处于相对有利的位置。因为，其商品能够以低于同类商品的社会价值而高于它的个别价值出售，也就是说，按一种不把它的个别价值和它的普遍价值之间的差别拉平的价值出售。这里，包含

---

① 《马克思恩格斯选集》第1卷，人民出版社1995年版，第107页。

② 例如：有种观点认为，以唯物史观为指导，把中国古代社会划分为“奴隶社会”和“封建社会”是缺乏历史根据的，因为，从生产工具上无法找出这两种社会形态在生产力方面的“质”的区别。参见王和《再论历史规律——兼谈唯物史观的发展问题》，《清华大学学报》（哲学社会科学版）2008年第1期。

③ 马克思：《资本论》第1卷，人民出版社2004年版，第369页。

在商品中的劳动和通常生产它的平均劳动相比成了当时较高级的劳动。但是，生产这种商品所使用的工人的劳动能力并没有因此而得到较高的报酬，“这一差额因而落入资本家的腰包并形成他的剩余价值”①。这就是所谓的超额剩余价值或超额利润。

现实中，正是为了获得超额剩余价值或超额利润，每一个资本家和资本主义企业才都尽其所能地发展科学、改进技术、采用新机器和新的生产方法。但吊诡的是，资本主义竞争“会使他的生产方法普遍化并使它服从一般规律”②。这是因为，虽然每个资本家或资本主义企业都在争先恐后、想方设法地提高自己的个别劳动生产力，但最终结果必然是社会劳动生产力的普遍提高。在此情况下，以前旧的生产发展阶段和生产力水平上的超额剩余价值或超额利润就会消失，生产商品的社会必要劳动时间就会减少，商品的社会价值就会降低。无论哪个资本家或资本主义企业，要想在竞争中占据有利位置并获得超额剩余价值或超额利润，就必须把本企业的“个别劳动生产力”重新提高到“社会劳动生产力”水平之上。如此形式的运动，就像热带雨林中竞相出头的植物所表现的那样，周而复始地进行着，资本家竞相发展科学、改进技术、采用新机器和新的生产方法，由此就促成了社会生产力的不断的和普遍的发展趋势。马克思讲得好：“商品价值由生产商品的社会必要劳动时间决定这一规律，促使个别资本家为了能够高于商品的社会价值出售自己的商品，而去通过分工、采用机器等等缩短他自己的必要劳动时间，……一旦实际上得到证明，这些商品可以更便宜地生产出来，那么在旧的生产条件下进行生产的资本家们就不得不低于价值出售这些商品，因为他们生产这些商品所需要的劳动时间现在已经大于生产这些商品的社会必要劳动时间。一句话，——这也表现为竞争的作用，——他们也必须采用新的生产方式，在这种新的生产方式下，可变资本对预付资本总额的比例下降。”③ 随着新的生产方法的采用，可变资本对预付资本总额的比例即平均利润率在不断下降，这再一次证明了它“是完全不以资本家的意志为转移的规律”④。

提高劳动生产力，对于个别资本家和资本主义企业是有利的，但是对于整个资本家阶级和资本主义生产方式则是不利的。这是一种典型的“囚徒困境”。⑤ 从中，我们可以清晰地看到，历史的规律性、由社会生产力的发展所决定的资本主义灭亡的历史必然性，是如何在作为当事人的资本家阶级积极主动、自觉自愿的历史活动中促成的。从资本家和资本主义企业的个别情况看，其劳动生产力能否得到提高，能在多大程度上得到提高，又如何实现这种提高等等，无疑都充满了偶然性和不确定性，是一个需要充分地发挥人的主体能动性的过程⑥；而从资本主义生产方式的整个运动轨迹来看，则要受到社会历史发展的客观规律的决定和制约。平均利润率在总体上不断下降的趋势，资本主义生产方式不断走向灭亡的趋势，是一个

① 《马克思恩格斯全集》第 48 卷，人民出版社 1985 年版，第 23 页。

② 马克思：《资本论》第 3 卷，人民出版社 2004 年版，第 294 页。

③ 《马克思恩格斯全集》第 48 卷，人民出版社 1985 年版，第 342—343 页。

④ 同上书，第 342 页。

⑤ 乔纳森·沃尔夫：《当今为什么还要研读马克思》，段忠桥译，高等教育出版社 2006 年版，第 59 页。

⑥ 这其中始终穿插着资本家阶级与雇佣劳动者阶级之间的博弈和较量，历史主体的能动性当然也包含这部分内容。限于篇幅，本文不拟展开。

不以任何个人的意志为转移的客观的必然的规律。

在这一问题上，我们应当力避“二元论”的思维方式，即把物质生产和生产力的决定性同人的能动性一分为二，似乎在决定性与能动性、必然性与偶然性、规律性与主体性之间，永远隔着一条不可逾越的界线。这种思维方式与历史唯物主义格格不入。通过对资本主义经济关系和经济运动的研究，马克思揭示了历史的规律性和必然性，同时，这种必然性又离不开历史过程中的偶然性，毋宁说，它就存在于各种偶然关系和因素的作用中，并通过这种偶然性为自己开辟道路。历史必然性是历史过程的内在本质和规律，偶然性则是历史的本质和规律的外在实现方式或表现形式。历史的本质和规律具有抽象性、单一性、单向性和一般性，而作为历史本质和规律的不同的表现形式和实现方式，历史现象则具有具体性、多样性、多向性和特殊性。这种多样性的特点在不同“中介环节”或“中介过程”的影响和作用下形成，并充分地展示着历史进程中的偶然性和不确定性。这就是说，在历史的实际运动中，历史的客观本质和规律究竟以一种什么样的形式表现出来，以一种什么样的方式得以实现，这要取决于具体的历史的条件和环境，取决于具体的中介环节和中介过程，取决于具体的偶然性关系和因素的作用。

在谈到商品的价值与价格关系时，马克思指出：“商品的价值完全如同劳动能力的价值一样，实际上表现为商品的平均价格，时跌时涨的市场价格在平均价格中拉平，因而商品的价值在市场价格本身的波动中实现、确立。”① “价值”只有在市场价格的“波动”中才能“实现”，才能得以“确立”，离开市场价格的波动，就不存在任何意义上的商品价值。因此，在马克思的劳动价值论中，价值与价格并不是可以彼此分离的两张“皮”，而是一个辩证统一的整体，价值不是处于价格之外的某种“圣物”，价值就在价格之中。价格的个别决定，为人的能动性的尽情挥洒提供了广阔天地，以至于不正当的“骗术”都可以影响和决定商品的价格。但是，伴随商品价格个别决定中的随机变化和跳动，同时会形成一个“平均数”，一个“总的趋势”，这就是作为本质和规律在起作用的商品的价值。在此，历史规律的决定性与人的能动性之间的辩证关系被刻画、表达得淋漓尽致！②

## 六　结束语

《资本论》及其手稿蕴藏着无尽的思想宝藏。但是，对于国内马克思主义哲学界来说，由于种种原因，这座思想宝库至今没有得到很好的开发。历史唯物主义乃至整个马克思主义哲学研究要站在一个新的起点上，就必须把马克思的这一珍贵文本放在重要位置上，通过深入而持久的研究，使历史唯物主义的基本范畴、核心原理、思想脉络和精神实质在更

---

① 《马克思恩格斯全集》第32卷，人民出版社1998年版，第49页。同样的思想参见《马克思恩格斯全集》第30卷，人民出版社1995年版，第84—88页。

② 以此来看，波普尔等人完全曲解了历史唯物主义。他们认为，马克思把商品的“价值”和“价格”、事物的“本质”和“现象”绝对地分割开来，崇尚价值和本质的实在性，贬抑价格和现象的虚幻性，从而犯了方法论上“本质主义与唯名主义”的错误。参见卡尔·波普尔《开放社会及其敌人》（第2卷），郑一明等译，中国社会科学出版社1999年版，第197、273页。《历史决定论的贫困》，杜汝楫、邱仁宗译，华夏出版社1987年版，第20页。

为微观和实证的层面上得到挖掘、透视和整理。实现这一目标，笔者以为下列两个条件不可或缺。

其一，必须着力打通马克思主义哲学、政治经济学和科学社会主义之间的联系。从马克思主义哲学与政治经济学的关系来看，一方面，马克思借助于批判德国古典哲学的理论成果，完成了对英国古典政治经济学的清理和超越；另一方面，又借助于批判英国古典政治经济学的理论成果，完成了对德国古典哲学的清理和超越。在马克思的思想体系中，经济学概念如“商品”、“货币”和“资本”，往往具有某种哲学的意蕴；反过来，哲学范畴如“生产力”、“生产关系”和“生产方式”，又总是具有某种经济学的内涵。由此就形成了马克思主义哲学与政治经济学在理论内容上的彼此交融和相互渗透。其实，早就有人指出：“政治经济学是原初的社会科学。亚当·斯密、约翰·斯图亚特·穆勒、卡尔·马克思等人均是以广阔的视野研究社会体系。直到19世纪下半叶，政治经济学才开始裂变为经济学、政治学、社会学、社会史、社会心理学以及社会哲学等学科。”① 而今，已经没有谁再无视马克思主义作为一整块钢的特点。但是，要真正地在各自的研究中落实马克思主义哲学、政治经济学和科学社会主义的整合，恐怕还有一段很长的路要走。

其二，必须注重对《资本论》及其手稿的文献学和文本学研究。对原始文献和文本的严格考证，乃是学术研究的基础性工作。吸收和借鉴国际文献学和文本学研究方面的既有成果，并密切关注其发展动向，是保证马克思主义哲学研究包括历史唯物主义研究的合法性和科学性的前提。否则，就会流于“拍脑门式”的研究，经不起追问和深究。然而，长期以来，由于对马克思主义哲学文献学和文本学研究的重视程度不够——不仅至今缺乏这个方向上的专业设置，在一些会议上也鲜有以此为主题的讨论，就是明证——致使文献学和文本学研究成了马克思主义哲学研究的一大软肋，甚至可以说是一片空白。除了上面提到的学科分割的原因，这可以说是导致历史唯物主义研究无法向微观层面深化的又一个主要原因。这种局面必须加以改变。特别是，正如《德意志意识形态》“第一卷第一章”的情况一样，《资本论》除了第一卷在马克思生前整理和出版过，其余的第二卷、第三卷和第四卷的绝大多数内容，都只是一些未经马克思推敲、加工和整理的“手稿”。这决定了文献学和文本学对于《资本论》研究具有特殊重要的意义。令人欣喜的是，在“MEGA2编辑委员会”的努力下，这些手稿的编辑和整理工作业已完成，正式的版本也已陆续面世。以《资本论》及其手稿为依托的历史唯物主义微观研究的根基正在于此。

**参考文献**

[1] 保罗·斯威齐:《资本主义发展论——马克思主义政治经济学原理》，陈观烈、秦亚男译，商务印书馆1997年版。

[2] 段忠桥:《重释历史唯物主义》，凤凰出版传媒集团、江苏人民出版社2009年版。

[3] 理查德·贝洛菲尔、罗伯特·芬奇主编:《重读马克思——历史考证版之后的新视野》，徐素华译，东方出版社2010年版。

① 巴里·克拉克:《政治经济学——比较的视点》，王询译，经济科学出版社2001年版，导言第1页。

［4］路易·阿尔都塞、艾蒂安·巴里巴尔：《读〈资本论〉》，李其庆、冯文光译，中央编译出版社2008年版。

［5］乔恩·埃尔斯特：《理解马克思》，何怀远等译，中国人民大学出版社2008年版。

［6］望月清司：《马克思历史理论的研究》，韩立新译，北京师范大学出版社2009年版。

（原载《马克思主义研究》2011年第11期）

# 当前形势下进一步加强改进思想政治工作的对策建议

张耀灿

在庆祝中国共产党成立90周年之际，我们要认真总结党的思想政治工作的历史经验，发扬党的优良传统，把新形势下的思想政治工作做得更好。为此，对当前形势下进一步加强和改进思想政治工作提出如下对策建议。

## 一　坚持用马克思主义中国化理论创新成果武装干部群众，为实现新任务新目标保驾护航

要用唯物史观分析国内外形势，认清面临的新情况、新问题，把握中国特色社会主义事业提出的新任务、新要求，深刻认识新形势下加强改进思想政治工作的重大意义。当前我国进入了新的发展阶段，这既是一个发展战略机遇期，又是社会矛盾凸显期。从国际上看，西方敌对势力西化分化我国的战略从未改变，通过各种渠道加紧思想文化渗透，煽动群体事件，图谋“颜色革命”。从国内看，思想文化领域日趋多样、多元、多变，积极的与消极的彼此交织。随着工业化、信息化、城市化进程加快，农民工在各类企业中已成为职工队伍的主体。党政机关、学校、国有企业、国资控股企业思想政治工作尚属正常、健全，而非公经济领域和城乡社区则情况复杂，思想政治工作较为薄弱，甚至存在空白点。

为此，必须加强社会主义核心价值体系的学习教育，坚定干部群众对中国特色社会主义的信念。要把社会主义核心价值体系的学习教育贯穿到思想政治工作各个方面。坚持不懈地开展中国特色社会主义理论体系宣传普及活动，深入学习实践科学发展观，使马克思主义中国化最新成果深入人心；开展理想信念教育，引导干部群众牢固树立中国特色社会主义共同理想和正确的世界观、人生观、价值观；开展以爱国主义为核心的民族精神教育、以改革创新为核心的时代精神教育，增强人们的国家意识、公民意识；开展社会主义荣辱观的宣传教育，弘扬中华民族的传统美德。

## 二　把思想政治工作渗透到职业生活、文化建设、改善民生和社会管理各个方面，推进思想政治工作的全员化、全程化

要把思想政治工作渗透到职业生活中去，开展职业理想、职业技能、职业纪律、职业道

德教育。引导人们立足岗位成才，把职业理想融入中国特色社会主义理想；推进职业生涯规划指导的本土化，有机进行就业观、择业观、创业观教育；结合专业教育、职业培训，开展建设学习型社会、创新型国家和科教兴国、人才强国战略教育，培育知识型新农民、高技能新工人、创新人才，为中国特色社会主义建设提供高素质的人力资源；注重职业纪律、职业道德教育，强化安全意识、保密意识、公平竞争和诚信意识，反对违规操作，反对假冒伪劣、坑蒙拐骗。

要把思想政治工作渗透到改善民生中去，不断增进人们的幸福感。要立足于满足人民群众对幸福生活的新期待，结合以改善民生为重点的社会建设，把思想政治工作同解决实际问题有机结合。把解决入园难、上学难、就业难、看病贵、买房贵、物价涨等群众关注的热点问题作为大事来抓，既宣传党和国家关于社会建设的规划措施和对人民利益的统筹安排，又结合解决民生问题的进程开展贯彻科学发展观和构建社会主义和谐社会的教育。在促进公共服务均等化、促进社会结构向“纺锤形”发展的过程中，一方面要注重对干部进行全心全意为人民服务的宗旨教育和公仆意识教育，另一方面又要注重对干部群众开展正确的幸福观教育和艰苦奋斗教育。

要以社会主义核心价值体系引领文化建设，把企业文化、校园文化、社区文化、村镇文化、家庭文化和节庆文化作为思想政治工作的良好载体。进一步开发利用各种文化资源，更好地弘扬民族精神和时代精神。精心组织、策划免费开放图书馆、博物馆、纪念馆的建设、参观、主题活动以及“请进来”“走出去”的教育互动活动；深入发掘、阐释中国传统节日清明、端午、中秋的文化内涵，搞好影视文学作品创作，以群众喜闻乐见的方式纪念节日，缅怀先人、先贤、先烈，传承民族文化；等等。

要把思想政治工作渗透到社会管理中去，促进社会和谐稳定。思想政治工作与社会管理各有侧重又高度一致，实质上都是做人的工作、群众工作，结合社会管理做好思想政治工作势所必然。在维护群众权益过程中，要关注民生，扶助弱势群体，以党和国家的有关政策、法律为武器，结合实际的社会矛盾问题有的放矢加强普法宣传教育。既要增强干部依法行政的意识和能力，又要在全社会树立法治理念、弘扬法治精神，形成学法、遵法、守法、用法的良好法治环境。结合完善行政调解制度和信访制度，引导人们理性表达内心诉求、合理协调利益关系、依法化解社会矛盾。

## 三　加强网络思想政治工作机制建设，推进思想政治工作现代化发展

要适应社会信息化迅猛发展的新形势新要求，抓紧建好、用好、管好信息网络，使之成为既提高工作效率又抵制负面影响的新平台、新阵地。要突破思想政治工作传统方式，大力开发网络思想政治工作资源。建立和办好网上党校、团校、心理热线、就业指导网、志愿服务网等，充分利用新华网、人民网、光明网等网站，将博物馆、纪念馆等优质教育资源组织上网，共享信息资源，大力宣传科学真理，传播先进文化，倡导时代精神，塑造美好心灵，弘扬社会正气，发挥这些网站滋润心灵、陶冶情操、愉悦身心的作用。

要充分发挥网络的互动特点和优势，健全网上舆论反馈引导机制。搞好网上信息的汇集、

分析、整理、反馈工作，对网上信息分类处理，一方面为思想政治工作和相关部门主动改进工作及时提供可靠依据，另一方面分清轻重缓急引导舆情，把问题解决在萌芽状态以防患于未然。要配备专人经常在网上与群众对话、沟通、交流，及时跟帖，回复群众关注的问题，或组织网上讨论，澄清事实，释疑解惑。防止对网上群众意见、建议反应滞后和失语导致的舆论放大或炒作而使个别负面情绪蔓延为群体情绪。发展各级领导者与人民群众网上的思想互动，这不仅是信息公开的高层次沟通交流，而且能吸引多方广泛参与，既提高思想政治工作的覆盖面和效率，又能达到最佳的教育引导效果。

要健全网络他律机制和自律机制。一方面完善并实施网络管理的法规、政策，建立并倡导实施网络道德，建立健全网络建设管理的评估督察制度，另一方面建立不同群体的网络自律协会、各类网络社团组织，引导网民强化自律意识和科技创新意识，实现文明上网、绿色上网、健康上网。揭露西方“互联网自由”的双重标准和推销资本主义政治制度与价值观的实质，提高网民的政治敏锐感和政治辨别力。建设一支讲政治、懂技术、肯钻研的以专职为骨干、专兼结合的网络思想政治工作队伍，为网络思想政治工作管理、舆论引导、技术研发提供人力物力保障，形成网络思想政治工作可持续发展的长效机制。

## 四　加强党的领导，构建思想政治工作科学发展的长效机制

要加强党对思想政治工作的领导，形成“大政工”格局。各级党委和政府要加强对新形势下思想政治工作的领导，把思想政治工作列入重要议事日程，定期进行专题研究，提出指导性意见；党政领导干部要经常深入实际开展调查研究，探讨做好新形势下思想政治工作的新思路。要建立健全目标明确、责权分明、运转协调、渠道畅通的思想政治工作领导体制和工作机制。要把思想政治工作同经济业务、后勤保障、人力资源开发、文化建设、管理服务等领域的工作紧密结合，形成党委统一领导，党政共同负责，党政工团齐抓共管，以专兼职政工干部队伍为骨干，以社会各界和人民群众广泛参与为特色的“大政工”格局。

要强化各级政权、各企事业单位党委（党组）在思想政治工作中的领导职责。各级政权、企事业单位中的党委（党组）要对思想政治工作负总责，党委（党组）书记是思想政治工作的第一责任人。各级领导班子和领导干部要讲党性、重品行、做表率，模范践行社会主义核心价值体系，自觉遵守廉洁自律各项规定，以实际行动赢得人民群众的信赖。要积极组织开展学习型党组织建设和创先争优活动，提高党组织建设科学化水平，促进思想政治工作的开展，把党的政治优势和组织优势转化为增强本地区本行业核心竞争力的重要实践。逐步建立健全思想政治工作机制，探索思想政治工作新特点，扩大思想政治工作覆盖面，消除空白点。

要充分调动基层党组织做好思想政治工作的积极性创造性。要逐步在城乡社区建立和完善思想政治工作体系，抓住人力、物力、财力更多地投向社区，加强社区管理的新机遇，搞好社区文化设施建设，打造社区思想政治工作新平台，以适应“单位人”向“社会人”转变和城镇化发展、新农村建设的新形势。要有效发挥基层党组织教育群众和服务群众的重要作用，认真坚持支部大会、支委会、党小组会和党课等制度，大力推广“党员责任区”、“党员

先锋岗”、“党员联系户”等做法，找准思想政治工作与人民群众迫切需求的契合点，“一把钥匙开一把锁”，真正把工作做到人民群众的心坎上。

要大力推行行政领导“一岗双责”的思想政治工作责任制。行政领导要强化思想政治工作意识，在抓好业务工作的同时，自觉做好思想政治工作，使二者有机结合，相互促进。要把思想政治工作纳入目标管理考核体系，把职业精神、职业道德融入岗位职责和工作标准，把解决好群众的思想、工作、生活等方面的问题放在与经济业务工作同等重要的位置上来抓。要积极参与思想政治工作的决策酝酿、计划制订与制度完善，带头执行并推动落实有关规章制度，支持政工部门并督促行政业务部门开展思想政治工作，将人员、物资、场所、经费等方面的条件需求纳入计划和预算切实给予保障。

要积极发挥群众组织在开展思想政治工作方面的重要作用。工会组织要依法履行职能，按照促进企业发展、维护职工权益的原则，组织职工参加民主管理和民主监督，与企业行政方面建立协商制度，及时就涉及职工利益的重大事项决策、重要规章制度的制定征求意见、提出建议，畅通职工利益表达诉求渠道。共青团组织要根据青年特点做好各项工作，深入开展“我与祖国共奋进”、“做新时代知识型新农民”、“建功立业、岗位成才”等各种主题教育活动，组织团员青年学习党的理论路线方针政策，学习科技文化知识，团结带领青年在各自业务实践中发挥生力军作用。妇女联合会、女职工委员会要组织开展巾帼建功活动，教育引导广大妇女增强自尊、自信、自立、自强精神，全面提高素质，为改革发展作出应有贡献。

要加强政工队伍建设。党政机关、企事业单位、学校和社区都要根据实际需要和行业特点配备一定数量的专职政工干部；牢固树立政工干部是专门人才的理念，按照稳定队伍、优化结构、提高素质的要求，实施思想政治工作队伍人才培养工程，采取措施吸引和选拔政治素质好、知识层次高、既具有所在行业专业知识又掌握思想政治工作理论和规律的中青年干部和优秀高校毕业生到政工岗位上工作。

要充分发挥思想政治工作研究会在咨询决策研究中的重要作用。各级各类思想政治工作研究会要根据工作发展需要采取多种形式开展调查研究，在注重将基础研究、应用研究与咨询决策研究有机结合的基础上，重点抓好应用研究和咨询决策研究。要深入开展舆情调查，跟踪思想动态，及时发现热点难点问题，探索新形势下思想政治工作的特点和规律，提出加强和改进工作的对策建议，为上级主管部门的科学决策提供服务。

（原载《思想政治工作研究》2011年第7期）

# 思想政治教育学科发展的回顾与思考

杨业华

思想政治教育学科是改革开放之初开始形成和发展起来的一门应用性学科。它作为一门新兴的独立学科建立以来，经历了时间的考验，伴随着我国社会的迅速发展而不断丰富和完善，为中国特色社会主义现代化建设培养了一大批高素质的思想政治教育专门人才。思想政治教育学科建立以来，学科建设也取得了很大的成绩。回顾和探讨思想政治教育学科形成、发展走过的历程，总结其经验和教训，清醒地认识其不足和问题，进一步明确未来发展的方向，对于思想政治教育学科发展具有十分重要的意义。

## 一　思想政治教育学科发展的历程

思想政治教育学科发展经历了三个发展阶段。

（一）起始阶段（1979—1989 年）

1979—1989 年是思想政治教育学科发展的起始阶段，主要表现在以下几方面：

第一，这一阶段，叶剑英等党和国家领导人不仅在讲话中明确指出“思想政治教育是一门科学”，而且理论工作者纷纷发表论文、出版专著论述思想政治教育是一门科学。党的十一届三中全会以来，全党工作重心转移到社会主义现代化建设上来。在新的历史时期，我国出现了许多新情况、新问题。为了使思想政治教育适应新情况，解决新问题，就必须对思想政治教育的一系列理论问题进行深入研究。1978 年，叶剑英在全军政治工作会议的讲话中明确指出：“毛主席关于革命军队政治工作的学说，是无产阶级军事科学的一个重要组成部分，是马克思主义军事学说的重大发展。它是前无古人，举世无双的。我们一定要完整准确地学习毛主席关于政治工作的理论和指示，全面系统地把它继承下来，并在新的历史条件下加以运用和发展。[①] 这就明确地把有关政治工作的学说看作是一门科学。1980 年 4 月 18—30 日，全军政治工作会议在北京召开。中共中央政治局委员、中国人民解放军总政治部主任韦国清在讲话中再一次指出：“政治工作也是一门科学，有其专门的知识。”“每个政治干部都要朝着政治工作专家这个目标，奋发努力。”[②] 1980 年 5 月，在原第一机械工业部和全国机械工会

---

① 《人民日报》1978 年 6 月 5 日。

② 《人民日报》1980 年 5 月 9 日。

联合召开的思想政治工作座谈会上，与会者提出了“思想政治工作要成为一门科学”的新命题，并对此进行了讨论，提出了一些研究设想。原一机部副部长孙友余在“把社会主义企业中发挥人的积极性的工作建成为一门现代科学”为题的长篇发言中说，“我曾提议，把社会主义制度下研究发挥人的积极性的这门科学叫做思想政治工作学。”并强调，建立思想政治工作学“要以我为主，认真总结我们固有的成功经验，使之系统化、理论化，吸收国外科学的、具有普遍规律性的东西，形成带有我们自己社会和民族特点的做人的思想工作的新学科”①。随后，一场关于思想政治教育科学化的讨论在全国范围内热烈开展起来。这次讨论中的部分优秀论文收入1981年由《光明日报》理论部编辑出版的《论思想政治工作科学化》一书中。1983年，由张蔚萍、张俊南合著，陕西人民出版社出版的《思想政治工作概论》一书，则表现了理论工作者将思想政治工作理论系统化、规范化的努力。

第二，这一阶段，党中央进一步加强了对思想政治工作的指导，教育部不仅召开了政工专业论证会，确立了思想政治教育学科的学科名称和专业名称，而且开始本科生、硕士生招生。1983年1月，召开了新中国成立以来的首次全国职工思想政治工作会议，明确提出思想政治工作是一门治党、治国的科学，有其特点和规律性。1983年7月1日中共中央批转的《国营企业职工思想政治工作纲要（试行）》，对现代化建设中企业职工思想政治工作的一些重要问题，作了较全面的论述。并且要求“中央和地方要筹办以培养思想政治工作的领导干部为目标的政治院校。现有的全国综合性大学、文科院校，各部、委、总局所属的大专院校，有条件的都要增设政治工作专业”，在全国逐步建立起初级、中级、高级思想政治工作人才正规化的教育训练体系，“造就一大批思想政治工作能手，一大批精通思想政治工作的专家。”② 为了落实这一精神，教育部召开了政工专业论证会，确定学科名称为“思想政治教育学”，专业名称为“思想政治教育专业”，初步议定了专业的课程设置，并决定1984年开始招生。经教育部审批，第一批开办思想政治教育专业的高校有南开大学、复旦大学、武汉大学、东北师范大学、陕西师范大学、华东师范大学、华中师范学院、西南师范学院、清华大学、北京钢铁学院、上海交通大学、大连工学院12所，并确定了思想政治教育专业必修课程参考目录。③ 1984年6月9日教育部批准清华大学、北京钢铁学院、北京师范大学、北京师范学院、大连工学院、西安交通大学、浙江大学六所高校开办思想政治教育专业第二学士学位班。④ 1987年9月20日，国家教育委员会印发《关于思想政治教育专业培养硕士研究生的实施意见》的通知，决定1988年由复旦大学、南开大学、武汉大学、清华大学、西安交通大学、浙江大学、华东师范大学、华中师范大学、大连工学院、北京钢铁学院十所高校首批招收硕士研究生。⑤ 从此，思想政治教育学科建设走上了系统建设和规范发展的阶段。

第三，这一阶段，不仅成立了中国职工思想政治工作研究会和高校思想政治教育研究会，

---

① 孙友余等著：《论思想政治工作科学化》，山西人民出版社1981年版，第30—31页。

② 《十二大以来重要文献选编》（上），人民出版社1986年版，第380—381页。

③ 教育部思想政治工作司主编：《加强和改进大学生思想政治教育重要文献选编（1978—2008）》，中国人民大学出版社2008年版，第33—35页。

④ 同上书，第36—37页。

⑤ 同上书，第120—121页。

创办了思想政治教育理论刊物，而且教育部委托并组织有关高校的专家编写了思想政治教育学科教学急需的主干教材。为了更好地推动思想政治教育学科发展，1981年10月，中国社科院有关单位在昆明召开了大学生思想政治教育科学研究规划会，为高校思想政治教育研究会成立准备了条件。1983年1月，中国职工思想政治工作研究会在北京成立。1984年12月，中国高等学校思想政治教育研究会在上海成立。这两个全国性研究会的成立，有力地推动了思想政治教育学科的发展。1983年8月，中国职工思想政治工作研究会创办了会刊《思想政治工作研究》，随后，湖北创办了《学校思想教育》杂志。1984年全国高校思想政治教育研究会创办了会刊《思想教育研究》。1985年，上海高校思想政治教育研究会创办了《思想理论教育》杂志。为了解决专业教学中的教材问题，武汉大学王玄武等教授受教育部的委托，主持编写了《思想政治教育方法论》一书，于1985年由武汉大学出版社出版，确立了至今仍具有权威性的思想政治教育方法论体系。复旦大学陆庆壬教授受托主持编写了《思想政治教育学原理》一书，于1986年由复旦大学出版社出版。这两本教材的修订本先后被评为国家教委优秀教材一等奖。华中师范大学张耀灿教授主持编写了《思想政治教育学原理?》一书，于1988年由华中师范大学出版社出版。该书率先将“思想政治教育环境”作为一章写进了思想政治教育专业教材，并提出了思想政治教育过程的“四体结构论”，即思想政治教育过程由教育主体、教育客体、教育介体（包括教育目的、教育内容、教育方法）、教育环体（即环境）四要素构成。这是对思想政治教育理论研究的一种突破。华东师范大学邱伟光教授编写了《思想政治教育学概论》一书，于1988年由天津人民出版社出版。

这一阶段以创办思想政治教育专业和编写教材为核心任务，学术论文数量较少，理论水平不高。无论是专业建设、教材建设，还是学术研究均处于起始阶段。

（二）发展阶段（1990—2004年）

1990—2004年是思想政治教育学科的发展阶段，主要表现在以下几方面：

第一，这一阶段，思想政治教育引起了社会的广泛关注，党中央也进一步加大了对思想政治教育的领导力度，并出台了一系列文件和措施推动思想政治教育学科发展。1990年1月，国家教育委员会印发了《关于加强高等学校专职思想政治工作者正规培训的通知》。1997年，全国高校学科专业调整，本科政治教育专业和思想政治教育专业合并，统称思想政治教育专业。研究生层次马克思主义理论教育和思想政治教育专业合并，统称马克思主义理论与思想政治教育专业。1999年9月，中共中央颁发《关于加强和改进思想政治工作的若干意见》，这是党中央有关思想政治工作的第一个文件，给思想政治教育学科建设以巨大推动。1999年，教育部委托高等教育出版社创办了马克思主义理论和思想政治教育指导性刊物《思想理论教育导刊》。2000年6月，党中央召开了新中国成立以来的首次中央思想政治工作会议。这次会议的目的是，进一步认清党的思想政治工作面临的形势，进一步明确思想政治工作在党和国家全局工作中的地位，进一步总结思想政治工作的经验，提出适应新形势新任务加强和改进思想政治工作的要求和措施，动员全党把思想政治工作做得更加有声有色、切实有效。2004年8月，《中共中央国务院关于进一步加强和改进大学生思想政治教育的意见》颁发，这一文件成为新世纪大学生思想政治教育的纲领性文件。上述这些文件和措施极大推动了思想政治教育学科的发展。

第二，这一阶段，思想政治教育学科发展加快，不仅开始招收博士研究，而且中国人民大学、武汉大学、中山大学三所高校马克思主义理论与思想政治教育学科被教育部确定为国家重点学科。1996年，马克思主义与思想政治教育学科设立第一批博士点，武汉大学、中国人民大学、清华大学三所高校通过评审，获得马克思主义理论与思想政治教育专业博士学位授权点。1998年东北师范大学、中山大学、南京师范大学获得马克思主义理论与思想政治教育专业博士学位授权点。2000年北京师范大学、浙江大学、南京解放军政治学院、华南师范大学获得博士学位授权点。2003年南开大学、山东大学、南京大学等13所高校获得博士学位授权点。吉林大学、中央党校两所学校获政治学一级学科博士点，也获得了该学科博士授权点。到2005年以前，共有28所高校获得马克思主义理论与思想政治教育博士学位授权点。2002年中国人民大学、武汉大学、中山大学三所高校“马克思主义理论与思想政治教育学科”被教育部确定为国家重点学科。

第三，这一阶段，不仅教材质量、论文数量和质量有了较快的发展，而且出版了一批水平较高的学术专著。1990年中国职工思想政治工作研究会组织编写了“新时期思想政治工作丛书”，该丛书的出版不仅得到了中央领导同志的重视和关怀，而且先后出版了16种，推进了思想政治教育学术研究。由李传华主编的《中国思想政治工作全书》，于1990年由中国人民大学出版社出版。由张耀灿、郑永廷等著的《现代思想政治教育学》一书2001年由人民出版社出版，该书吸收了党的十一届三中全会以来的思想政治教育学科研究成果，在坚持继承性与时代性的、理论性与应用性的统一等方面，作出了新的努力，实现了突破性的进展。教育部学位管理与研究生教育司于2005年下文决定将此书作为向全国推荐的“研究生教学用书”。武汉大学沈壮海博士的学位论文《思想政治教育有效性研究》和骆郁廷的博士学位论文《精神动力论》入选武汉大学学术丛书，分别于2001年和2003年由武汉大学出版社出版。戴钢书博士的学位论文《德育环境研究》2002年由人民出版社出版。武汉大学2003年出版了马克思主义理论与思想政治教育学科“博士文库”，第一批“博士文库”共六本。包括项久雨博士的论文《思想政治教育价值论》、李斌雄博士的论文《中国共产党的价值观研究》等。华中师范大学2003年也出版了《现代思想政治教育丛书》。包括张耀灿、徐志远的《现代思想政治教育学科论》、秦在东教授的《思想政治教育管理论》、陈万柏的《思想政治教育载体论》、王敏博士的《思想政治教育接受论》等。中山大学、东北师范大学等高校也先后出版了马克思主义理论与思想政治教育学科“博士文库”。一些专家学者们纷纷著书立说，阐述自己的学术见解。陈秉公教授的《思想政治教育学原理》一书，1992年由吉林大学出版社出版。由郑永廷教授主编、武汉大学出版社1993年出版的《毛泽东思想政治教育的理论与实践》一书，对毛泽东思想政治教育理论进行了较为深入系统的研究，深化了思想政治教育学理论基础。罗洪铁的《思想政治教育学专题研究》1997年由西南大学出版社出版。陈立思主编的《当代世界思想政治教育》一书，1999年由中国人民大学出版社出版，该著作不仅对当代思想政治教育的研究对象与研究意义、历史发展、特征和趋势、理论研究状况、组织状况进行了探讨，而且重点对美国、英国、法国、德国、原苏联、俄罗斯、日本、韩国、新加坡以及中国香港、澳门、台湾地区的思想政治教育进行了研究。郑永廷的《现代思想道德教育理论与方法》一书，2000年由广东高等教育出版社出版。吴潜涛、刘建军的《新时期思想政治教育史论》一书，2004年由安徽人民出版社出版，该书对新时期思想政治教育的定位、目标模式的新构建、内容拓展、原则的新运用、方法的新探索、机制的新构建等问题进行了深入研究。仓道来主编的《思想政治教育学》一书，2004年由北京大学出版社出版。祖嘉合的《思想政治教育方法论教程》2004年由北京大学出版社出版。

1991年国家教委思想政治工作司组织有关高校专家编写出版思想政治教育专业系列教材，共计12本。1994年国家教委组建了思想政治教育专业课程教材编写委员会，启动第二套教材编写，共计12本。由张耀灿教授主编、高等教育出版社1999年出版的《中国共产党思想政治工作史论》被评为“九五”国家教委重点教材和“面向21世纪课程教材”。由邱伟光、张耀灿主编，高等教育出版社1999年出版的《思想政治教育学原理》也被评为“面向21世纪课程教材”。由张耀灿、陈万柏主编，高等教育出版社2001年出版的《思想政治教育学原理》同样被评为“面向21世纪课程教材”。由王玄武等著、武汉大学出版社2000年出版的《比较德育学》，被教育部研究生工作办公室确定为向全国推荐的“研究教学用书”，并于2003年9月再版。另外，这一阶段，有部分思想政治教育研究课题列入国家社会科学基金项目。

这一阶段无论是学科点的建设还是学术研究和教材建设都明显超过了起始阶段。思想政治教育硕士学科点、博士点大幅度增加；华中师范大学、武汉大学、中山大学、东北师范大学等高校推出了思想政治教育研究丛书；不少教材入选教育部重点教材和“面向21世纪课程教材”；有部分思想政治教育研究课题列入国家社会科学基金项目；这一时期的研究成果更规范，也更具有学术性，水平明显提高，思想政治教育学科在全国影响越来越大。

（三）深化阶段（2005年至今）

2005年至今是思想政治教育学科建设的深化阶段，主要表现在以下几方面：

第一，党中央、国务院更加重视思想政治教育学科建设，把它纳入到了马克思主义理论研究和建设工程之中加以建设。2005年12月，国务院学位委员会、教育部联合下发文件，将马克思主义理论确立为一级学科，把思想政治教育确立为马克思主义理论一级学科下的二级学科。文件对思想政治教育学科的培养目标、学科研究的范围和课程的设置作出了明确的要求，提出了“拓宽学科领域、丰富学科内涵、增强学科特色、提高学科水平”的建设任务。思想政治教育学科建设引起了更加广泛的重视，思想政治教育学科发展进一步深化。

第二，思想政治教育学科博士点、硕士点和国家重点学科大幅度增加。这一阶段全国思想政治教育学科博士点增至66个，硕士学科点增至253个。2007年，新一轮国家重点学科评选中，中国人民大学的马克思主义理论学科被评为国家重点一级学科，中山大学、东北师范大学的思想政治教育学科被评为国家重点二级学科。这标志着思想政治教育的学科建设进入了一个新的发展阶段。

第三，学术研究和教材建设进一步深化，研究成果数量不断增多，质量不断提高。为了适应新形势、新要求，张耀灿、郑永廷、吴潜涛、骆郁廷等对《现代思想政治教育学》进行了与时俱进的修订，2006年人民出版社年出版了第二版，该书被列入“十一五”规划国家级重点教材和教育部学位管理与研究生教育司推荐的“研究生教学用书”。沈壮海的《思想政治教育文化视野》一书，2005年由人民出版社出版，该书从文化视野对思想政治教育运行中所涉及的一些带规律性问题进行了探讨。张耀灿等的《思想政治教育学前沿》2006年由人民出版社出版。华中师范大学在2003年推出“现代思想政治教育丛书”后，2006年又推出了“华中师范大学思想政治教育博士文库”。刘建军、曹一建的《思想理论教育原理新探》一书，2006年由高等教育出版社出版。刘新庚教授的《现代思想政治教育方法论》一书，2006年由人民出版社出版。余仰涛教授的《思想政治工作学研究方法论》2006年由武汉大学出版社出版。2008年人民出版社出版了郑永廷等主编的“当代高校德育研究丛书”《主导德育论》《开放德育论》《人本德育论》《素质德育论》《信息德育论》等系列著作。为了进一步提高高校辅导员队伍的素质，2009年高等教育出版社出版了《大学生思想政治教育理论与实践》《思想政治教育原理与方法》《大学生思想政治教育与管理比较研究》等“高校辅导员培训与研修”系列教材。这一时期，众多专家学者的学术专著、论文以及本专业的博士论文也陆续出版。思想政治教育理论研究的领域不断扩大，教材建设不断深化。

第四，学科队伍进一步优化，一大批有关思想政治教育研究的课题获得国家社会科学基金资助。经过多年建设，思想政治教育学科已形成了一支以学术带头人为核心，老中青结合的结构比较合理、发展前景广阔的学科队伍。目前，全国思想政治教育专业博士生导师已达200多人。一批思想政治教育学科专家参与了马克思主义理论研究和建设工程。有多项课题被列入教育部哲学社会科学重大攻关项目、国家社会科学基金项目、教育部社科基金项目以及省、市、教育厅社科基金项目。顾海良教授主持了教育部哲学社会科学重大攻关项目“高校思想政治教育课程建设研究”，出版了《高校思想政治教育导论》等系列著作；黄蓉生教授主持了教育部哲学社会科学重大攻关项目《当代大学生诚信制度及加强大学生思想政治工作研究》，出版了《基于当代大学生诚信制度的思想政治工作研究》等系列著作。周贵生的《社会主义核心价值体系与新疆高校大学生思想政治教育研究》获2007年国家社会科学基金一般项目资助。傅安洲的课题《德国政治教育及其对当代中国思想政治工作的借鉴价值研究》和徐志远的课题《现代思想政治教育学范畴研究》获2006年国家社会科学基金一般项目资助；朱桂莲的课题《新时期我国中小学爱国主义教育创新研究》获2007年国家社科基金青年项目资助；杨业华的课题《社会主义核心价值体系与思想政治教育创新研究》，申来斌的课题《列宁的灌输理论及其当代价值》获2008年国家社科基金一般项目资助。杨威的课题《思想政治教育发生问题研究》、黄永宜的《网络思想政治教育原理研究》获2009年国家社科基金青年项目资助等等。

## 二 思想政治教育学科建设的若干思考

### （一）学科建设的基本经验

#### 1. 坚持中国特色社会主义理论指导学科建设

思想政治教育不仅是我们党的优良传统，而且是马克思主义理论一级学科下的一个二级学科。思想政治教育学科的理论基础是马克思主义、毛泽东思想和中国特色社会主义理论，思想政治教育学科建设必须以马克思主义理论，特别是中国特色社会主义理论为指导。这是思想政治教育学科建设经验的总结。改革开放30多年来思想政治教育学科之所以能够抓住机遇，快速发展，就在于始终坚持了学科发展中的马克思主义指导，不仅重视对马克思主义思想政治教育理论的研究，而且善于运用马克思主义的立场、观点和方法来指导思想政治教育学科发展，自觉地抵制淡化思想政治教育学科“去政治化”的不良倾向。

2. 思想解放、敢于创新

思想政治教育学是一门产生于改革开放初期而且政治性非常强的新兴的学科。由于受“文化大革命”极左思想的影响，思想政治教育走向了“泛政治化”的极端，极大地败坏了思想政治教育的声誉。在以经济建设为中心的改革开放初期，不少人对思想政治教育有误解，一提思想政治教育就感到反感。在这样的历史条件下重视思想政治教育学科建设并抓住机遇扎扎实实地开展思想政治教育研究，没有思想解放的精神是根本不行的。思想政治教育学科的开拓者们正是在这样的历史条件下，积极投身于思想政治教育学科建设，抓住一切有利于学科发展的机遇，实现了思想政治教育学科快速发展。思想政治教育学科的建设者们不仅思想解放，而且敢于创新，善于发挥集体的智慧克难攻坚。思想政治教育学科建设之初，既没有师资，又没有教材。思想政治教育学科的开拓者们不畏艰难，敢于创新，不仅出色地完成了教育部委托编写的《思想政治教育学原理》《思想政治教育方法论》教材的写作任务，而且编写出了《中国共产党思想政治教育史论》、《现代思想政治教育学》、《比较德育学》、《政治观通论》等具有较强创新性的学术著作和教材，而且这些著作和教材都是集体攻关的结晶。通过修订再版后，仍是当前思想政治教育学科的骨干教材。

3. 重视学科基础理论研究

基础理论研究构成了思想政治教育学科理论的基本骨架，对思想政治教育学的发展至关重要。正是因为改革开放以来，思想政治教育重视其学科的基础理论研究，在思想政治学原理、思想政治教育方法论、思想政治教育史、比较思想政治教育等基础理论研究方面作出了重要贡献，由此确立了思想政治教育学科的地位。在基础理论研究中形成了一批在全国具有一定影响的思想政治教育学科团队。诞生了一批在全国具有一定影响的思想政治教育学科的领军人物。出现了一批在全国具有一定影响的中青年学者。

4. 重视为高校思想政治理论课程建设服务

思想政治教育理论学科建设是基础性的理论建设，必须进行系统、全面的科学研究。但这种科学研究不是孤立的，而要同高校思想政治理论课程建设紧密地联系在一起，为课程建设和教学服务。改革开放以来，思想政治教育学科建设十分重视为高校思想政治理论课程建设服务，为课程建设提供理论支撑。不仅发表了一大批研究高校思想政治理论课程建设的研究论文，而且出版了多本研究著作。2003 年中国社会科学出版社出版了由佘双好撰写的《现代德育课程论》一书，对德育课程思想的历史发展进行了回顾，对现代德育课程的理论基础、特征、结构和功能、课程的设计、课程的实施、课程的评价进行了系统研究。2004 年武汉大学出版社出版了由石云霞主编的《“两课”教学法研究》一书，对高校思想政治理论教学方法进行了深入的理论探讨。2005 年安徽人民出版社出版了房玫的《思想政治理论教育教学导论》一书。2005 年，中央开始实施马克思主义理论研究和建设工程以后，思想政治教育学科更加重视为高校思想政治理论课程建设服务。

5. 重视加强学科队伍建设

思想政治教育学科的进步，离不开一批有志于思想政治教育研究的高素质的研究者的推动。改革开放以来，思想政治教育学科非常重视加强学科队伍建设，已形成一支基本的研究队伍，正是这支队伍的坚持不懈努力，推动了思想政治教育学科的发展。改革开放以来，思想政治教育学科特别善于运用集体力量承担各类课题和集体编写教材，锻造学科领军人物，培养学术新锐，形成学术团队。此外还善于运用博士点这个学科平台培养人才，留住人才。改革开放以来，思想政治教育学科留住了一大批本学科的博士生、硕士生。一些年青教师也通过读博，进一步提高了自身的素质，凝炼了学术方向，提高了学术水平。

（二）学科发展存在的主要问题

改革开放以来，思想政治教育学科建设取得了很大的成绩，获得了丰富的经验，这是该学科继续发展的宝贵财富。但由于思想政治教育学科是一门新兴学科，建立的时间短，学科建设还存在一些亟待解决的问题。

第一，学科理论研究需要进一步拓展和深化。改革开放以来，思想政治教育虽然非常重视学科基础理论研究，也取得了较大的成绩。但学科基础研究大都处于奠基阶段，对该学科基础理论的绝大多数问题研究不深不透，多是宏观的观照，缺少微观的深入探讨。还有不少理论问题无人深入地专题探讨。例如思想政治教育时间问题、思想政治教育预测问题、思想政治教育语言学等等。在研究方向上，基础研究多，应用研究和比较研究较少。在研究方法上，实证研究、实验研究比较缺乏。思想政治教育是一门综合性很强的应用学科，目前，缺少多学科的探讨。思想政治教育哲学、思想政治教育心理学、思想政治教育社会学、思想政治教育经济学、思想政治教育文化学、思想政治教育生态学、思想政治教育管理学、思想政治教育组织学等分支学科尚未建立。理论研究与实践相脱节，一些思想政治教育理论研究者过于学者化、专家化，他们虽有较高的学历层次、较好的马克思主义思想政治教育理论素养，但长期生活在高等院校和科研院所内，缺乏思想政治教育的实践经验，他们中的很多人只是在书本上、书斋里与思想政治教育的实践相关联，没有走出书斋、走向实践，没有在真实的思想政治教育实践的场景中为实践的发展而思考和行动。而广大第一线的思想政治教育工作者，虽有较为丰富的思想政治教育实践经验和感性材料，但由于学历层次低，理论素养不足，难以承担起对十分丰富的感性材料进行分析综合、去粗取精、去伪存真，由此及彼、由表及里，使之上升为思想政治教育理论的重任。

第二，学科点之间交流有待进一步加强。全国现有思想政治教育学科博士点 66 个，硕士点 253 个。众多的硕士点和博士点之间缺少学术交流的平台，高校思想政治教育研究会多限于思想政治理论课教学方面的交流，学科博士点和硕士点的专业教师极少参加。由于学科点较多，目前学科交流仅限于思想政治教育学科博士点等实力较强的学科点之间的交流。这样使众多没有博士点的学科不了解学科发展的信息，不清楚学科发展的趋势，进入不了学科建设和学术研究的前沿。

第三，生源质量需要提高。全国思想政治教育专业本科层次的招生面临第一志愿报考思想政治教育专业的生源不足，绝大多数学生是从其他专业调剂到思想政治教育专业中来的，进校后，学生专业思想不稳固。硕士研究生的招生，优质生源集中在少数思想政治教育专业实力较强的名校，一般院校生源不足，影响了人才培养质量。

第四，师资队伍建设不平衡。思想政治教育学科的优质师资主要集中在思想政治教育学科实力较强的高校，一般院校，该学科的师资较为薄弱，出现了“拉郎配”和“借船出海”的现象。有一些硕士点和博士点上的导师并不真正从事思想政治教育专业的学术研究，也并不真正培养这方面的人才，但却在这一学位点上招生并指导学生。由于师资队伍建设的不平衡，导致了该学科培养出的人才质量参差不齐。

第五，对学科建设认识不足，重视不够。思想政治教育学科属于人文社会科学学科，且是人文社会科学中的新兴学科。目前，在这个功利主义盛行、人文精神衰弱的时代，不仅在社会而且在高校校园，重理轻文是普遍现象，因此，思想政治教育学科不怎么被人们所重视。甚至有些高校、有些领导、有些教师，对思想政治教育学科存有偏见，拒不承认该学科的地位。

第六，学科经费不足。首先是学科投入不足。由于思想政治教育是一门新兴学科等多种因素，大多数高校思想政治教育学科很难成为各级各类重点学科，由此，得不到学科经费的投入。其次，在各级各类社科基金申报中，思想政治教育学科与其他学科相比较明显处于劣势，获得各级各类社会科学基金资助得很少。

第七，学术成果难以刊发。思想政治教育学科的专业杂志较少，而且刊物档次不高，使得思想政治教育学科的研究成果发表非常困难，特别是在权威期刊发表就更加困难。由此影响到思想政治教育学科教师职称评定、科研成果奖的获得等切身利益，以及学术水平的提高。

（三）几点思考

针对上述思想政治教育学科发展取得的成绩和经验以及存在的问题，对思想政治教育学科的发展作以下思考，以求推动思想政治教育学科的发展。

1. 进一步提高对学科建设的认识

思想政治教育是我们党的优良传统和政治优势。在过去的革命战争年代和社会主义建设时期，思想政治教育都发挥了巨大的作用。今天，我们全面建设小康社会、构建社会主义和谐社会，仍然需要发挥思想政治教育的作用。在改革开放的新时期，思想政治教育如何适应变化了的客观环境的需要，为社会主义市场经济的建立和完善，为全面建设小康社会、构建社会主义的和谐、实现中华民族崛起与振兴提供动力和保证，这是摆在当前思想政治教育者面前的一项十分艰巨的课题。要解决这些新的时代课题，都离不开对思想政治教育的研究，离不开对新的历史条件下思想政治教育特点和规律的把握。在新的历史条件下，各级领导、各高校、人文社会科学战线的工作者，要进一步提高对思想政治教育学科建设的认识，把它作为全面建设小康社会、构建社会主义的和谐、实现中华民族崛起和振兴的重要内容来抓，采取切实有效措施促进思想政治教育学科的发展。广大思想政治教育理论工作者要认识到思想政治教育学科在社会主义意识形态宣传教育、巩固党的执政地位中的特殊重要性，自觉增强从事思想政治教育理论研究的光荣感和使命感。

2. 完善学科交流的平台

要进一步加强学术团体、学术刊物和学术论坛建设，进一步完善学科交流平台。就目前而言，我认为应以各省、市高校思想政治教育研究会为基础搭建思想政治教育学科交流的平台，拓展高校思想政治教育研究会的学术功能。全国高校思想政治教育研究会要把思想政治教育学科建设作为今后工作的重中之重，通过课题立项、优秀成果评选、组织学术论坛等方式凝聚学科队伍，提高学科建设质量。现在各省、市高校思想政治教育研究会的活动过分地局限在高校思想政治理论课程的教学与研究的交流上，忽视了思想政治教育理论的研讨和交流，致使研究会的活动处在教学与研究这样一个较低的层面上徘徊，缺乏学术品位，也使一些学科的专家学者不能也不愿参加。我认为各省、市高校思想政治教育研究会应在高校思想政治理论课教学与研究的交流的基础上，进一步拓展其学术交流的功能，重视思想政治教育学科的交流与理论研讨，使思想政治教育学科建设与高校思想政治理论课程建设紧密地结合起来，促进二者的良性循环。这也是党中央国务院 2005 年决定设立马克思主义理论一级学科，思想政治教育成为该学科下独立的二级学科的要求。要进一步提高思想政治教育学科刊物的质量，提升刊物水平和档次，要多刊发一些学科建设领域具有原创性、建设性和指导性的学术成果。思想政治教育属于马克思主义理论一级学科下的一个二级学科，马克思主义理论学科档次与质量高、影响大的刊物要进一步解放思想、转变观念，应开辟专栏，多刊发一些思想政治教育学科的优秀研究成果。要多举办一些思想政治教育学科学术论坛，在学术研讨与交流中凝聚队伍，提高研究质量。

3. 提升学科建设质量

质量是思想政治教育学科建设的生命。要提升思想政治教育学科建设的质量，首先，要强化队伍建设，改变思想政治教育学科队伍发展不平衡的状况。思想政治教育学科实力较强的高校要通过各种途径帮助力量较弱的高校提高学科教师队伍素质。要针对本学科队伍的现实状况，充分发挥各学科点带头人的作用，进一步实现学科教师的专业化、学科化。学术带头人要有带队伍的自觉意识，形成传帮带的良好作风，努力造就一批在哲学社会科学领域有话语权的领军人物。其次，思想政治教育理论研究要与实践相结合，进一步提高研究质量。思想政治教育理论研究者要走出书斋，走向实践，以饱满的热情关注思想政治教育的实践活动，思考思想政治教育实践问题，走向工厂、农村、社区及学校教育的现场，为第一线的思想政治教育者献计献策。只有这样，思想政治教育理论研究才能走上繁荣之路。再次，要切实提高人才培养质量。要进一步加大学科宣传的力度，扩大思想政治教育学科的社会正面影响，教育和引导学生积极填报思想政治教育学科，提高生源质量。对在校的本科、硕士、博士生要进一步加强专业教育，使他们认识到思想政治教育专业的重要意义，要引导他们培养专业兴趣，鼓励他们为学科发展作出自己的贡献。

**参考文献**

［1］孙友余等著：《论思想政治工作科学化》，山西人民出版社 1981 年版。

［2］《十二大以来重要文献选编》（上），人民出版社 1986 年版。

［3］张耀灿、徐志远：《现代思想政治教育学科论》，湖北人民出版社 2003 年版。

［4］罗洪铁主编：《思想政治教育专题研究》，中央文献出版社 2007 年版。

［5］陈万柏、张耀灿主编：《思想政治教育学原理》（第 2 版），高等教育出版社 2007 年版。

[6] 吴潜涛、刘建军著:《新时期思想政治教育史论》,安徽人民出版社 2004 年版。

[7] 教育部思想政治工作司编:《加强和改进大学生思想政治教育重要文献选编 (1978—2008)》,中国人民大学出版社 2008 年版。

[8] 刘建军:《思想政治教育学科建设》,《思想理论教育》2007 年第 7—8 期。

[9] 白显良:《思想政治教育学科建设研究综述》,《思想理论教育导刊》2007 年第 4 期。

# 共产党员不能信仰宗教

朱维群

近年来，随着社会上信仰宗教的人增多和对宗教认识的日益多样，一个值得注意的现象是，共产党员参与宗教活动、与宗教界人士建立密切私人关系的现象逐渐增多，有的党员实际上成为宗教信徒。与此同时，社会上乃至党内出现一种声音，认为应该“开禁”，允许党员信教，还罗列出党员可以信教的种种理由以及党员信教的诸多“好处”，甚至指责不允许党员信教与宪法保障公民宗教信仰自由的精神相违背。事实上，我们党关于党员不能信仰宗教的原则立场是一贯的，从未有过丝毫动摇。这一原则是党的马克思主义辩证唯物主义世界观决定的。党的各级组织和广大党员应保持清醒认识，任何情况下都必须毫不动摇坚持这一原则。

## 一 共产党员不能信仰宗教是我们党的一贯原则

马克思主义的世界观是辩证唯物主义，而宗教的世界观无一例外属于唯心主义范畴。在哲学上，唯物主义和唯心主义之间的分野是根本性的，无论对个人还是政党而言都无法调和与兼容。马克思主义创始人从一开始就在共产主义与宗教之间划出了明确的界限，不仅指出宗教赖以产生的物质的、现实社会的根源，而且指出无产阶级为了求得解放，必须从宗教中解放出来。马克思指出，“共产主义是径直从无神论开始的”。列宁把马克思主义宗教观运用于工人阶级政党的革命实践，指出，“我们的党纲完全是建立在科学的而且是唯物主义的世界观上的。因此，要说明我们的党纲，就必须同时说明产生宗教迷雾的真正的历史根源和经济根源。我们的宣传也必须包括对无神论的宣传……”同时列宁强调，要慎重对待宗教问题，在革命实践中争取、团结和教育信教群众。

中国共产党坚持以马克思主义作为自己的行动指南，党的全部理论、思想和行动都是建立在辩证唯物主义世界观基础之上的。只有在这个基础上，才谈得上掌握马克思主义理论体系，才谈得上用马克思主义指导中国革命和建设的实践。由此，也就决定了党员不能赞同唯心主义、不能信仰宗教成为中国共产党一项基本的思想和组织原则，而这一原则在不同历史时期都为我们党所强调，并明确写在党的重要文件中。

这里仅按不同历史时期列举几条。1940 年，毛泽东同志在《新民主主义论》中指出：“共产党员可以和某些唯心论者甚至宗教徒建立在政治行动上的反帝反封建的统一战线，但是决不能赞同他们的唯心论或宗教教义。”1982 年，在邓小平同志领导下制定的中共中央文件《关于我国社会主义时期宗教问题的基本观点和基本政策》指出：“我们党宣布和实行宗教信仰自由的政策，这当然不是说共产党员可以自由信奉宗教。党的宗教信仰自由的政策，是对我国公民来说的，并不适用于共产党员。一个共产党员，不同于一般公民，而是马克思主义政党的成员，毫无疑问地应当是无神论者，而不应当是有神论者。我们党曾经多次作出明确规定：共产党员不得信仰宗教，不得参加宗教活动，长期坚持不改的要劝其退党。这个规定是完全正确的，就全党来说，今后仍然应当坚决贯彻执行。”1990 年，江泽民同志在与全国宗教工作会议代表座谈时指出：“宗教世界观与马克思主义世界观是根本对立的。共产党人是无神论者，共产党人的世界观应该是马克思主义的世界观。共产党员不但不能信仰宗教，而且必须要向人民群众宣传无神论、宣传科学的世界观。”2002 年，《中共中央、国务院关于加强宗教工作的决定》指出：“共产党员不得信仰宗教，要教育党员、干部坚定共产主义信念，防止宗教的侵蚀。对笃信宗教丧失党员条件、利用职权助长宗教狂热的要严肃处理。”2006 年，胡锦涛同志在全国统战工作会议上的讲话中指出：“我们中国共产党人是无神论者，不信仰任何宗教。”在 2010 年第五次西藏工作座谈会和 2010 年新疆工作座谈会上，胡锦涛同志都重申要坚持共产党员不能信教。

正是在马克思主义世界观的指引下，我们党才能领导人民依靠自己的力量推动社会的革命、进步和发展，而不是去追求虚幻的天国和来世；才能在中国革命、建设、改革的实践中不断深化对客观世界的认识，用科学的理论指引亿万人民新的实践；才能实现全党在思想、理论、组织上的高度统一，保持和提高党的创造力、凝聚力、战斗力。

至于不允许党员信教违背了宗教信仰自由之说，是完全站不住脚的。这种说法实质上是假冒“公民权利”的名义取代对党员保持思想先进性的要求和履行党员义务的责任。当一个公民志愿加入中国共产党的时候，就意味着他无条件地接受马克思主义的辩证唯物主义世界观，也就意味着他根据公民所享有的宗教信仰自由权利自愿选择了不信仰任何宗教。根据同一项自由权利，他当然可以重新选择信仰宗教，但这就表示他中止了、逆转了“思想入党”的进程，仅余形式上的“组织入党”，而这对于他本人和党组织都不再具有实际的意义，相反对党组织保持思想、组织上的统一是有害的。如果一个党员积极参与宗教团体生活和传教，甚至利用党员身份保护、推动非法的宗教活动，党组织就应及时采取措施，使其退出党员队伍。这既不是“歧视宗教”，也不是“强制不信仰宗教”，只是一个政党对不再赞同其指导思想的个别党员给予必要的组织处理而已，从宪法和党章的角度都无任何可指摘之处。

## 二　辩证唯物主义世界观是我们党制定和贯彻宗教信仰自由政策的基础

我们党从建党开始就实行宗教信仰自由政策。1931 年《中华苏维埃共和国宪法大纲》规定：“中国苏维埃政权以保障工农劳苦民众有真正的信教自由的实际为目的。”毛泽东同志 1945 年在《论联合政府》中指出：“根据信教自由的原则，中国解放区容许各派宗教存在。不论是基督教、天主教、回教、佛教及其他宗教，只要教徒们遵守人民政府法律，人民政府就给以保护。信教的和不信教的各有他们的自由，不许加以强迫或歧视。”新中国建立后，宗教信仰自由成为宪法赋予公民的一项基本权利，党的宗教信仰自由政策上升为国家意志并在社会主义法制体系中得到确定。

共产党人是唯物论者，不信仰宗教，为什么要制定和贯彻宗教信仰自由政策呢？就理论而言，马克思主义宗教观揭示了宗教产生、发展和消亡的客观规律，认为宗教的产生和存在具有自然根源、社会根源和认识根源，只有宗教赖以存在的外部根源全部消失后，宗教才可能消亡。而要达到这样的状态，需要相当漫长的历史过程，在此之前，正如列宁所言，以行政力量消灭宗教的企图，只能提高人们对宗教的兴趣，反而会妨碍宗教真正的消亡。可以说，宗教走向最终消亡可能比阶级、国家的消亡还要久远。基于这样的科学认识，我们党主张既不能用行政力量发展宗教，也不能用行政力量消灭宗教，而必须根据党在各个历史时期的根本任务，通过宗教信仰自由政策妥善处理宗教问题。就党的任务和宗旨而言，我们党代表最广大人民群众的根本利益，当然也包括代表信教群众的利益。而代表信教群众的根本利益，除了代表他们的政治利益、经济利益，也包括要尊重他们精神上信仰宗教的自由权利。中国革命和建设的历史都充分证明，我们同信教群众在根本利益上的一致性是主要的，而在宗教信仰问题上的差异性是次要的，因此在正确方针政策指引下，完全可以做到“政治上团结合作，信仰上互相尊重”，共同致力于革命和建设各个时期的大目标。同时，我们党始终坚持依靠最广大人民群众的力量，而这其中当然也包括广大信教群众。所以，宗教信仰自由政策是我们团结、凝聚广大信教群众，巩固和发展同宗教界的爱国政治联盟所必需的。

一些西方人士说，只有信仰宗教的人执政，才会真正实行宗教信仰自由。其实，历史和现实证明，在某种宗教占据统治地位的国家或者朝代，人们宗教信仰自由的权利往往不能实现或者要打很大折扣。比如，在天主教占统治地位的中世纪欧洲，对“异教徒”的迫害、对亚洲北非地区的“十字军”东征；奥斯曼帝国用武力强迫被征服地区民众改信伊斯兰教；近代一些西方国家在对非洲、拉丁美洲殖民过程中，一手举剑，一手举圣经，杀其人民，占其土地，掠其财富，哪里有什么宗教信仰自由可言？而恰恰在多数人口不信仰宗教的中国，没有发生过类似的宗教迫害和宗教战争。

我们党实行和坚持宗教信仰自由政策，是因为这一政策符合宗教现象发展规律，符合人民和国家的根本利益，而不是说我们可以赞成唯心主义，可以在唯物主义和唯心主义之间持中立态度，可以放弃在人民特别是青少年中进行唯物主义、无神论教育，放弃对宗教活动的管理和引导责任。《中华人民共和国宪法》规定，国家在人民中“进行辩证唯物主义和历史唯物主义的教育”。作为执政党，我们应抵制种种无所作为的怪论，自觉主动地把宪法责任承担起来。当前治理社会上存在的宗教热、宗教活动乱的现象，可以很快就付诸实施的事至少包括：不允许使用行政力量推行、助长某种宗教；不允许宗教干预属于政府的各项职权；对宗教事务实行有效管理，促进、帮助宗教团体建立健全内部管理制度；在媒体和各级各类学校教育（宗教院校除外）中宣传辩证唯物主义和历史唯物主义；团结爱国宗教团体，把境外利用宗教进行的种种渗透坚决顶回去。这些措施不仅与宗教信仰自由政策完全不矛盾，而且是宗教保持正常秩序，走与社会主义社会相适应道路必不可少的保证。

## 三 允许党员信教将侵蚀涣散党的肌体

如果我们党允许某些人希望的那样对党员信教“开禁”，不仅这些人所许诺的种种“好处”虚无缥缈，相反其带来的恶果却显而易见。

第一，如果允许党员信教，那么就是允许党内唯心主义与唯物主义两种世界观并存，有神论与无神论并存，这势必造成马克思主义指导地位的动摇和丧失，在思想上、理论上造成党的分裂。

第二，如果允许党员信教，就等于允许一些党员既接受党组织的领导，又可以皈依于不同宗教人士的门下，接受各类宗教组织领导，五大宗教及其他宗教在党内各成体系，这势必在组织上造成党的分裂。在当前境内外敌对势力极力利用宗教在一些民族地区从事分裂主义活动的情况下，允许党员信教将极大削弱党的组织在反分裂斗争中的战斗力。恰恰是在西藏和新疆这两个反分裂斗争极为尖锐的地方，自治区党委都鲜明坚持党员不能信教，这不是偶然的。

第三，如果党员信教，则势必成为某一种宗教势力的代言人，一些地方将出现宗教徒管党的宗教工作的现象，利用政府资源助长宗教热，也不可能平等地对待每一个宗教，党的宗教工作将从根本上动摇。当前有的地方党政领导把宗教作为获取经济利益和提高本地知名度的工具，视为工作“业绩”，争相滥修大佛和寺庙，热衷大规模宗教活动，人为助长宗教热，而对宗教事务依法管理、对宗教团体的教育引导根本不当回事，导致混乱现象蔓延。这种现象的出现，与一些党员干部放弃辩证唯物主义世界观甚至成为事实上的宗教徒是密不可分的。

总之，如果允许党员信教，将使我们党从思想上、组织上自我解除武装，从一个马克思主义政党蜕变为一个非马克思主义政党，也就根本谈不上继续领导中国特色社会主义伟大事业。

中国历史上有过形形色色的宗教，但中国并不是一个宗教国家。中国有着悠久的无神论传统，影响中国人思想观念的中国传统哲学具有强烈的人本主义倾向，强调人对客观世界的认知和改造能力，这与西方传统哲学的神本主义有很大区别。中国儒学传统精神影响大，中国老百姓大多数不信教或不持某种固定的宗教信仰，宗教始终不能成为中国人意识形态的主流，同时中国宗教自身也具有强烈的现实品格。这样的国情背景是我们党作为一个唯物主义、无神论的政党而能够如此自然地从人民中孕育生长，得到人民广泛认同、支持的重要原因。如果允许党员信教，完全违背中国国情，不仅党能否取得信仰不同宗教的教徒的一致支持成为问题，而且能否继续获得占人口大多数的不信教群众的支持将成为更大的问题。

## 四 在全党加强马克思主义宗教观和无神论教育

针对党内一些同志在宗教问题上的模糊认识，有必要把加强马克思主义宗教观和无神论的宣传教育作为一项重要任务，帮助广大党员在思想上划清唯物主义与唯心主义的界限，在实践中划清群众有宗教信仰自由权利和党员不得信仰宗教的界限。应当鼓励和支持党校、相关高校和科研单位加强对马克思主义宗教观和无神论的研究，取得更多高水平又易于向社会普及的学术研究成果。在各级党校、行政学院的教育培训和各级党、团组织的理论学习中，应进一步强化相关的学习内容。

根据党中央的一贯精神，对参加宗教活动和有宗教意识的党员要立足于教育，耐心地帮助他们回到马克思主义的立场上来，坚定共产主义信念，而不是一味迁就。对利用职权助长宗教狂热，支持滥建寺观教堂的，要严肃地进行批评教育；经教育仍不悔改的，要按照《中国共产党纪律处分条例》和相关党内文件的规定给予处分。党的宗教工作干部尤其不能信仰宗教，对这部分党员干部的教育和管理尤其要严格。

改革开放以来党组织的快速发展，客观上对党的思想建设提出了更高要求。当前，年龄不满35周岁的青年党员约占党员总数的1/4，许多青年人仍处于世界观的形成时期，应当鼓励他们自觉加强马克思主义宗教观和无神论的学习。对于离退休党员，党组织除了关心他们的物质生活，也要关心他们的精神生活，防止他们因参加党的组织生活减少，受社会宗教环境的影响而在思想上逐渐滑向宗教。我国一些民族地区往往也是传统宗教影响比较大的地区，广大少数民族党员在维护民族团结、保持边疆稳定等方面发挥着重要作用，也应当是宣传教育的重点。在一些多数人口信教的少数民族中，可以允许党员对一些从宗教转化来的民族习俗、礼仪采取灵活态度，以避免脱离群众，但思想上的要求不能降低。

共产党员不能把自己混同于一般群众，在思想上、政治上和行动上要自觉按照党章标准严格要求自己，不但不能信仰宗教，而且应当积极宣传辩证唯物主义和历史唯物主义，尽到一个共产党员引导群众崇尚科学文明、追求社会进步的责任。

（原载《求是》2011年12月15日）

# 关于认真落实“国家实行教育与宗教相分离”立法的呼吁

## ——在“两科座谈”上的发言提要

杜继文

同志们，朋友们：请让我介绍一下有关“教育与宗教相分离”的立法和当前实行的情况。分四点：

### 一 立法文件

1995 年全国人大通过并经国家主席令公布了《中华人民共和国教育法》，其第八条规定：“教育活动必须符合国家和社会公共利益。国家实行教育与宗教相分离。任何组织和个人不得利用宗教进行妨碍国家教育制度的活动。”这个规定的依据是《宪法》“第三十六条 中华人民共和国公民有宗教信仰自由”。内容大家可以自行参见。所谓“国家教育制度”，就体现在我国已经公布的《教育法》《高等教育法》《义务教育法》《职业教育法》以至《民办教育促进法》等国家法规中。

### 二 立法简史

关于“教育与宗教相分离”的立法，西方国家早在百年之前已经完成了，现在基本上已不再作为一个重大问题出现。我国历史上不存在西方那类宗教问题，所以直到清末西方列强通过基督教文化侵略制造血案，并有计划地向我国国民教育系统传播时才作为一个原则问题提出来的。

1. 清光绪二十九年（1903），张之洞等为国家制定的《学务纲要》规定：

“外国教员不得讲宗教 此时开办学堂，教员乏人。初办之师范学堂及普通中学堂以上，势不能不聘用西师。如所聘西师系教士出身，须于合同内订：凡讲授科学，不得借词宣讲涉及宗教之语，违者应即辞退。”

张之洞是近代提倡“教育救国”的祖师。他在《劝学篇》中说，“自强生于力，力生于智，智生于学。”只有“学”才能够使国家独立自强，民族振兴。为了解决办学设施的匮乏，他主张将“祠堂之费”改用于建造学堂，将部分“佛道寺观”直接改为学堂，他把发展教育看得比维护宗教一时的利益重要得多。

2. 蔡元培是民国第一任教育总长和北京大学校长，1922 年 3 月他发表《教育独立议》，其中确定：

“大学中不必设神学科，但于哲学科中设宗教史、比较宗教学等。

各学校中，均不得有宣传教义的课程，不得举行祈祷式。

以传教为业的人，不必参与教育事业。”

这三项主张，就是西方启蒙运动带来的教育与宗教相分离的主要内容，沿袭至今。

3. 蔡元培的《教育独立议》是在西方侵略势力要把中国变为基督教国家的一系列疯狂举动之际发表的。

1922 年春，“世界基督教学生同盟”计划在清华学校（清华大学前身）召开 11 届大会，消息传出，立即引发全国性的抗议浪潮，上海成立“非基督教学生同盟”、北京成立《非宗教大同盟》，由此掀起影响深远的“非基督教运动”（或“非宗教运动”）。蔡元培在“北京非宗教大同盟讲演大会”上的演说——《非宗教运动》中，重申了他的上述三项主张，并再次表示，他“绝对的不愿以宗教参与教育”，因为宗教“完全是用外力侵入个人的精神界，可算是侵犯人权的”。他的“人权”观值得我们今天一切谈论人权者的参照。

4. 19 世纪下半叶西方教会就开始直接在中国办学，且享有一系列特权。

1924 年春，属基督教的广州“圣三一学校”学生会为反抗校方的无理处罚，发表宣言，呼吁争回教育权；同年 10 月，全国教育联合会第 10 届年会一致通过《学校内不得传布宗教案》。次年 2 月，《中化教育界》出版“收回教育权运动专号”，与会者提出：

“信教自由是近代各国宪法上的一个通则。保障这个通则的根本办法，是要教育独立于各宗教势力之外，即无论何种宗教，不得借教育做宣传的工具；无论何级学校，不得含有宗教的臭味、设有宗教的课程、举行宗教仪式，才能办到。”

也曾任过北京大学校长的胡适 1925 年于燕京大学——中国影响最大的教会大学——教职员聚餐会上的讲话表示：

“教育是为儿童的幸福的，不是为上帝的光荣的。学校是发展人才的地方，不是为一宗一派收徒弟的地方。用学校传教，利用幼稚男女的简单头脑来传教，实行传教的事业，这种行为等于诈欺取利，是不道德的行为。”

5. 新中国建立后宗教回归它的本质。

对于教会学校，民国政府早自 1917 年起，屡屡颁布教会学校必须向国家立案的法令，1930 年更发布了“整顿教会学校令”，力促其贯彻“教育与宗教相分离”这一世界性原则，尽管收到一定效果，但没有根本性触动。新中国的建立，教育权完全收归国有，教会学校的世俗教育部分被合并于各级公立学校；而相关的宗教教育则归各级教会建立的宗教学校承担。应该讲，宗教回归了它的私人信仰世界，不再受到社会其他力量的左右，宗教信仰自由也就变得干干净净，而教育科研领域也可以专心致志地从事自己的业务。也就是说，宗教不再成为文化教育领域中的一个什么大问题。

## 三 立法的背景和当前的状况

"文革"是个转折点。宗教界与党政界、文化界和教育界等所有领域同样地受到冲击，但也同样地经过落实政策，本来没有什么特殊的地方，但后来却被某种舆论将宗教神圣化起来，似乎文革是专对宗教发动的，所以只要对这种舆论持不同意见，就会被扣以"文革遗绪"，"极左回潮"等可怕的政治帽子，于是炒作"宗教问题"对某些"专家"来说就由"险学"变为"显学"，对另一些学人言，则从拥有"言论自由"变得几乎缺失话语权的境地。"宗教信仰自由"因此而失去了它的本意，成了无政府或反政府的口实；而文化教育和社科研究部门则成了有规模地入侵的首要目标。我个人估计，大约就是这样的背景，才促使"教育与宗教相分离"史无前例地从国家立法的高度作出规定。这应该是中国教育史上的一件大事。

但迄今我还没有见到立法部门关于这一立法的背景说明。这里我想根据自己个人的感知罗列一些现象，供大家参考：

第一，近十多年来，各方面对在校大学生（包括研究生）信教的调查报告很多，难计其数，可见受到关切的程度之高。其中，结论是一致的：大学生信教是大陆高等院校出现的"新现象"，特征是，一普遍化（没见到例外的调研报告）；二数量在持续增加。但对这一现象的态度则完全相反：一方是喊好：以基督教为主体的"宗教学"专家将这一现象当作宗教具有"普世性"的证明，相关的海外势力则既惊喜又满意，因为在他们的国度，学校是绝对不许宗教活动的。另一方则表示忧虑，认为这不是教育界的常态，所以探索如何扭转这一现象的途径。

第二，现象反映在大学生身上，但问题恐怕出在教育行政当局上。这里举几位有代表性的大学校长或副校长为例：

就在今年，北京某大学的校长邀请台湾的大和尚给学校主讲"禅人生"，并聘之为该校的"荣誉教授"；

某科技大学前校长确认藏传佛教为"认知学"，近来又以佛教"缘起性空"贬斥和比附"弦论"；

北京某大学设立宗教文化高级研究院，邀请佛教和道教协会的两位副会长担任副院长。

某大学以"哲学翻译系列"名义首批推出由美籍华人专业传教士推荐的"北美宗教文化专集"四种。它的哲学系副主任与香港汉语基督教文化研究所联合主编和出版神学图书六种。

某大学为美籍宣教士在它那里举办兜售"宗教市场论"的培训班，并以课题形式搜集和调研国内宗教状况，而它的党员副教授则是基督教私设聚会点的长老。

公安系统的某大学也请这个二道贩子去作报告——而宗教市场论的基调，是鼓吹宗教无政府和基督教的排他性，以及从制造社会冲突中扩大势力。

据网上材料，曾做过军队大学政委的一位将军宣称："宗教决定了文化，文化决定了民族的性格，民族的性格决定了民族的命运"，而他召唤的"宗教"，恰巧是"中国人心中没有"的那位基督教信仰的"永恒的神"。

其实，从中共党校系统中也时有鼓吹宗教的声音传出，而对无神论的抵制和憎恨尤其令人惊诧。

第三，然而最突出的现象，当是以“基督教文化研究”和构建“学术神学”名义在高等院校和科研机构的传教布道活动。这个活动的发起和参与者的中坚号称“文化基督徒”；以其活动的有目的性和不断扩展的态势，自称“汉语基督教神学运动”；它在大陆的主要基地是少数大学和科研机构等关系宗教的学科，影响则遍及全国各类有关宗教教学和研究单位。它的核心人物，基本上掌控着“宗教学”领域，从行政到学术，从教学到科研，从科研经费到职称评定，从社会调研到形势评估，从群众团体到专业机构的领导权和话语权。他们大都是出身国外的神学院或有过接受神学教育经历的高级文化人，外语好，论著多，活动能力强，与党政有关机关的关系良好，是当前在文化教育领域最有权势的宗教—基督教的传播者群体。

第四，宗教之向文化教育领域扩展，海外势力是重要的因素。略述数点：（1）美国对外实施的《国际宗教自由法案》，正成为我国一些基督教教派和神学文人的行动指针。它把宗教自由宣布为“首要自由”，放置在国家宪法和国家主权之上，造就了一股股宗教无政府之风；在其历年公布的《国际宗教自由报告》中，中国是首要的攻击目标，要害就在激励宗教无政府或反政府活动。（2）北美设有专门训练高级别传教骨干的基督教高等院校，欧洲一些国家的基督教教学和研究机构，以及香港的某些专对大陆文化人布道洗脑的基督教文化组织，都是基督教神学通向内地的桥梁，也是内地相关大学和科研机构输送学生和学者进行基督教培训洗脑的基地。（3）美欧的各类扶植基督教扩展的基金会，对开拓大陆市场起着重大作用。例如，由美国加尔文神学院和基督教哲学研究会等操作的约翰—邓普顿基金会，目标就是为在中国大陆发展基督教“训练学者，强化对中国大学生的教育，并维持和深化在中国的调研”。（4）在学校秘密传教和发展教徒的力量有两股，一股是通过外籍教员授课的方便，课上贩卖私货，课下偷偷聚会；另一股是韩国人以不同身份的秘密传教，令人尤为厌恶。韩国基督徒的对外传教，包括进入伊斯兰国家，非常猖獗，中国更是它的传教重地。据报道，在其本国，一些基督教教派已经酝酿组织政党，直接挑战它们的国家宪政。（5）需要指出，西方帝国主义力图将中国基督教化，或曰“中华归主”，从不间断地制造“教案”以至八国联军血洗北京至今，没有改变过；但方式有了更新，那就是从“大炮”上下来，将重点转移到抓文化，抓意识形态方面。早在1887年传教士韦廉臣在上海创办“同文学会”（基督教出版机构），就在一封信中说：“设立这个组织的动机，是要在思想上‘解除中国人的武装，使他们俯伏在我们的脚下’。”此人死后，李提摩太继任总干事，更名为“广学会”，1899年他也在一封信中说：“我认为十分重要的课题是重新考虑我们如何控制中国舆论，如何对中国的主要高等教育学府取得更多的管理权——掌握了这些机关和中国宗教界领袖，我们就抓住了中国的脑袋和脊背。”至1949年1月，司徒雷登给美国国务院的电报还说：“现在有思想的中国人都受到新主义的影响——因此，基督教的圣经如果能广泛推销，必能有不可预测的价值。”同年3月，美国“世界基督教协进会”会长穆德说：“圣经不但继续在引人归主上起着重大作用，而且现在又增加了一种政治作用，那就是它可以作为一个堡垒来对抗一种行将席卷全球而基于无神论的人生观。”占据文化教育领域，特别是高等院校和科研机构，就是抓住了中国的脑袋和脊骨，解除中国人的武装并使之俯伏于美国脚下的上上策。

## 四 几点建议

第一，我国在解决“邪教”向国民教育系统渗透中，有个很鲜明的口号：“校园拒绝邪教”；用什么拒绝？我们曾提出一个补充意见：用“科学”拒绝。现在我们同样提出一个口号：“教育拒绝宗教”——这个“拒绝”的是宗教传教和宗教活动，不是宗教研究。在我国历史上，提议把宗教作为党和国家重要研究对象，并在中国科学院体制内建立宗教研究机构的是毛泽东。他有个很著名的批示，基调是“研究宗教”、“批判神学”。当前的情况，宗教研究不是多了，而是被“传教”误导到信仰范畴而失去它的客观科学性了；“神学”没有受到批判，反而以“教外神学”名义在文化教育领域成为“显学”。吃教、佞教、媚教很普遍；非宗教的科学理性和唯物论无神论，失去应用的学术地位和话语机会。解决之道，就是彻头彻尾地实施“国家实行教育与宗教相分离”。就积极方面设想，是创建科学无神论学科，有利于全面准确些地认识人类的文明发展史。当前能否认真执法守法，则是衡量国家所有公职人员的起码准绳。

第二，宗教的基础职能是满足教徒的信仰需要。一些舆论给予宗教种种功能，甚或把宗教当作“文化”的唯一载体，将文化与宗教等同起来，将宗教问题与民族问题、宗教职能与政治职能等同起来，都背离宗教的信仰本义。其所以出现此类误解，是把作为社会物质力量的宗教团体与宗教之作为精神层面的存在混为一谈，将信仰宗教的群众与群众的人民、国民、公民以及不同的职业的身份混为一谈，以至把宗教抽象化为一般文化和道德的载体，更不问是哪类宗教、信仰何方神祇、去向哪方彼岸——要“超越”到哪里去。应该强调，“宗教信仰自由”立法的关键，是保障个人在宗教信仰上拥有充分自由选择的权利，而不是要宗教信仰去发挥其它的社会功能。作为社会团体的宗教机构体系，那是另一类问题。

教育的任务是教书育人。国家教育体系是为培养国家栋梁之才，为民族的未来准备人才而建立的，为全国每个家庭、每个人服务，绝对不能成为宗教私家布道的场所。世界有三大宗教，而且还在持续地产生新的宗教；中国有多神主义传统，当前也有多种宗教形态，在“宗教信仰自由”的立法保护下，各有定位，各有活动途径和空间；把公共事业转让给宗教任何派系都是侵犯公共利益。一切从事教育事业的行政人员和教职员工，都必须承担起“国家实行教育与宗教相分离”的职责来，并接受社会公众的监督，而不能依凭几位“宗教学”专家的话语打转。我们短缺教育家，尤其是教育思想家。时代和使命都在呼唤和盼望他们的出现。

第三，从国家有关各类教育的立法看，当前教育的主要任务是“实施科教兴国战略”，“提高全民族的素质”——这对所谓“转型期”的现状而言，具有特别强烈的现实意义。中华民族能否真正的复兴，国家是否能实际上独立，关键在于能否实现科技上的“创新”和发挥教育在“人才强国”中的作用，而捍卫和落实“国家实行教育与宗教相分离”则是必要和必需的步骤与前提。事关大局，匹夫有责。希望我们社会科学和自然科学工作者，结合自己的专业做出应有的贡献。

（原载《科学与无神论》2011年第6期）

# 第 三 篇

# 学科建设

# 第一章　马克思主义基本原理

## 一　研究概况

2011 年，学界在总结马克思主义基本原理学科设立 6 年来成绩的基础上，深刻反思当前学科建设、理论研究存在的不足，并就本学科应如何更好地发展等问题进行了深度思考，取得了重要进展。

（一）学科规范化建设进一步完善

加强学科规范化建设是当前马克思主义基本原理学科建设的重要任务，也是当务之急。2011 年，各个学科点在组织机构、管理制度、学术规范等方面，按照规范化的要求不断调整和提高，取得明显成效。在资金保障方面，各学科点不断增加学科建设经费，资助重点学科科研人员科研项目的申请和完成、学术专著的出版、高质量学术论文的发表等等，同时，在数据库建设、计算机、图书购买等硬件设施建设方面亦有较大投入，以保障学科建设高效进展。在人才队伍建设方面，各学科点或通过整合各个方面资源吸纳、聚拢人才，或通过各种形式的培训、深造等提高现有人员的科研素质和能力，或通过承担教学、课题研究等任务，在实践中培养人才。2011 年，基本原理学科人才队伍规模、整体素质提升等已有显著成效，各学科点研究队伍日趋整齐完善，学位层次不断提高，梯队日益合理得当。

（二）高校马克思主义基本原理课教研推向深入

研究马克思主义理论教育规律和方法是国务院学位委员会、教育部对马克思主义基本原理学科业务范围的基本要求。为了上好马克思主义基本原理概论课，高校的原理课教师们不断探索新模式、创新教学方法。2011 年，学者们提出了一系列新的教学模式和教学理念，如有学者提出了联系社会现实的生活化的教学理念，即从学生的生活经验出发，教授学生如何运用马克思主义基本原理解决生活问题和社会问题；有学者提出，在教学中最大限度地彰显马克思主义的科学性，要让学生体会到马克思主义基本原理的魅力和生命力，要用马克思主义基本原理的科学精神和内在力量来吸引学生，避免说教。此外，还有学者提出，在教学中，要根据马克思主义原理的理论本性，从知识的符号表征进入到逻辑形式，进入马克思主义的意义世界，把马克思主义真理观与价值观结合起来，既培育学生的知识能力，更要培育学生有立场的价值观，等等。这是一方面。另一方面，要更好地完成基本原理课的教学任务，教师的能力提高也是一个重要方面。2011 年，学者们就教师必须认真研读课本内容，理清教材基本线索，合理安排教学步骤，精心组织课堂教学，妥善处理课时少和内容多的矛盾，以及拓展知识结构，理解和把握国情等等方面，进行了互相探讨、交流和学习。此外，2011年，学界出版了一些讨论如何上好《马克思主义基本原理概论》的指导手册、教学经验总结、课件配套教案、教学辅导、教学改革研究等成果，从教材体系如何转化为教学体系、教育教学理念、教学方法多样化与教学实效性、探究式教学、案例教学、专题教学、实践教学、多媒体课件设计等诸多方面，到《马克思主义基本原理概论》的每一章、第一节如何讲授等细节问题，都进行了广泛的探讨和交流。相信经过各方面的不断努力，马克思主义基本原理概论课一定会成为学生受益终身的精彩一课。①

（三）研究生教育质量不断提升

马克思主义基本原理学科是一个新设立的学科，经过几年的努力，目前基本原理学科博士点有54个，硕士点有258个。各个学位点按照科学性、整体性、实践性和创新性的要求，结合自身的科研优势和学术传统，确定自己的主要研究方向，培养各具特色的研究生人才。2011年，基本原理各个学位点在研究生教育方面已经形成了比较系统、完整的体系。在研究方向上，尽管各个学位点各具特色，但总体上都根据国务院学位委员会、教育部的基本要求，即“旨在研究马克思主义主要经典著作和基本原理，从整体上研究和把握马克思主义科学体系”，表现为如下特点：一是重视文本研究，重视经典作家和经典著作的研读，力争全面准确地掌握马克思主义理论体系；二是注重整体性，既注重马克思主义基本原理理论整体性研究，又运用整体性方法进行学科建设、教学研究、教材设计等；三是渗透时代性，保持时代自觉意识，寻求马克思主义基本原理研究的新视角，保持马克思主义基本原理的生命力。此外，在教学制度方面，进一步完善了研究生培养计划，规范教学管理，实行导师负责制，严格要求学生，切实保证研究生的培养质量等，按照规范化、制度化要求不断完善。

（四）学术活动与交流频繁丰富

2011年，基本原理学科各类学术会议、交流活动频繁，对学科建设起到了直接推动作用。如，2011年3月26—27日，在贵州召开的全国马克思主义理论学科研究会第八次学科论坛，会议主题即是“马克思主义基本原理体系研究”，学者们围绕马克思主义基本原理科学体系、学科体系、课程体系等展开广泛讨论和交流，深化了学科建设和发展。再如，2011年5月27—29日，世界政治经济学学会第6届论坛在美国麻省大学阿姆赫斯特分校隆重举行，与会者围绕“对资本主义危机的应对：新自由主义与超越”这一主题，运用马克思主义政治

---

① 张晓燕：《论〈马克思主义基本原理概论〉课教学中的互动式教学法》，《经济师》2011年第5期。侯淑芳：《关于提高〈马克思主义基本原理概论〉课教学质量的思考》，《民族教育研究》2011年第1期。王锁明：《〈马克思主义基本原理〉绪论教学的路径探析》，《高教论坛》2011年第2期。刘丽杰：《马克思主义基本原理概论课的总体性方法应用研究》，《淮海工学院学报》2011年第6期。王素玲：《知识能力培育与价值观培育：以〈马克思主义基本原理概论〉课为例》，《思想政治教育研究》2011年第2期。周咏梅：《〈马克思主义基本原理〉课研究性教学思路探索》，《广西师范学院学报》2011年第3期。严耕：《〈马克思主义基本原理概论〉实践教学指导手册》，北京出版社2011年版。安建萍等著：《〈马克思主义基本原理概论〉精彩课件配套教案》，河北大学出版社2011年版。吕艳、范丽、王永伟主编：《马克思主义基本原理概论学习与实践》，人民日报出版社2011年版。张金鹏主编：《圣火的光辉：“马克思主义基本原理概论”专题讲演》，江苏人民出版社2011年版。杨慧民、胡光主编：《“马克思主义基本原理概论”课全程导学》，大连理工大学出版社2011年版。秦书生主编：《“马克思主义基本原理概论”课教学改革研究》，东北大学出版社2011年版。熊晓琳主编：《马克思主义基本原理概论教学用书》，北京师范大学出版社2011年版。

经济学原理，对资本主义危机的历史、当前资本主义危机的分析、后危机时代的应对、在资本主义危机中发展社会主义所面临的问题和机遇等进行了深入探讨，产生了广泛影响。2011年9月6日在新疆大学和新疆师范大学召开的“全国马克思主义理论创新高层论坛”，会议围绕“马克思主义理论创新”这一主题，从如何理解马克思主义理论创新到怎样进行创新，从对马克思主义的体系创新到对马克思主义的具体理论和方法创新，从对马克思主义宏观分析到微观研究进行了广泛深入的探讨和交流，此次论坛集中体现了当前我国马克思主义理论创新研究的理论成果，对当代马克思主义研究具有一定的启示意义。此外，2011年4月24日至25日，在扬州大学举办的“全国高校马克思主义理论学科研究会第九次学科论坛”，2011年9月16日在北京召开的“国企理论与政策——中国经济社会发展智库第5届高层论坛”，等等，各类相关学术会议和学术活动在促进学科理论交流、推动学科发展等方面都起到了重要作用。

（五）理论研究进一步深化

2011年，世界经济危机乃至社会危机促使各国学者加快、加深了对马克思主义基本原理的研究，出现了一批研究马克思恩格斯著作和思想的成果。从国外学界研究情况看，由于马克思对资本主义经济危机有着富有洞见的深刻思考，学者们运用马克思危机理论深入分析当前资本主义危机的原因，把批判的矛头指向了新自由主义，最终指向了资本主义制度本身。马克思主义学者强调，要克服资本主义危机，必须彻底改造资本主义体系，正如英国《历史唯物主义》杂志第六届年会所提出的口号“另一个世界是必要的”。2011年，受到普遍关注的研究成果如特里·伊格尔顿的《马克思为什么是对的》，其英文版于2011年4月由耶鲁大学出版社出版后，立即引起了西方社会的普遍关注和争议，在这本书中，作者指出，马克思主义理论对于当今社会的重大意义不仅在于其对资本主义制度全面彻底的揭露，还在于其辩证唯物主义和历史唯物主义的研究方法对当今社会同样适用。[①] 国外学者对马克思主义基本原理的研究，有些观点和研究视角与目前国内学者不同，需要我们在把握马克思主义基本原理根本精神的基础上辩证地分析，但他们的研究至少为国内读者和研究者提供了新的思路，展现了新的空间，具有一定借鉴意义。

从国内理论界看，马克思主义基本原理研究在6年积累的基础上，2011年研究成果量多质优，成果内容涉及方方面面，对重要原理、热点问题的研究较为突出。从期刊、报纸等发表的论文成果看：在中国知网主题输入“马克思主义”，检索结果约有17903条，其中“马克思主义基本原理”，检索结果约有1000条；主题输入“马克思”，检索结果约有17710条；主题输入“历史唯物主义”和“唯物史观”，检索结果约有2706条，等等，这些论文成果数量和质量上均超过往年。从专著和学位论文成果看，在中国国家数字图书馆搜索栏，主题输入“马克思主义”，检索结果约有361条，其中专著约有215条，涉及马克思主义基本原理学科内容的专著近百部，这些专著和学位论文成果数量多于往年，质量好过往年。从研究内容上看：2011年，学界全面总结了马克思主义基本原理学科设立6年来理论研究方面的成果，深刻反思当前学科理论研究存在的问题，特别是当前马克思主义基本原理整体性研究的不足，

① ［英］特里·伊格尔顿：《马克思为什么是对的》，李扬、任文科、郑义译，新星出版社2011年版。

并对进一步推进基本原理研究提出了许多创建性意见。2011 年马克思主义基本原理研究表现出不同以往的特点在于，从注重概括、提炼若干条马克思主义基本原理向注重建构马克思主义基本原理科学体系转变；从表面上、机械地谈论马克思主义基本原理整体性问题向“拿出体现整体性研究的理论成果”的思路上转变；在深入理解整体性研究和构建马克思主义基本原理理论体系方面取得了初步成绩。

总体来说，2011 年，马克思主义经典作家和经典著作研究进一步加强，整体性研究进入到一个新的发展阶段，马克思主义基本原理理论体系构建成为研究重点，马克思主义哲学体系创新研究取得了重要成果。同时，对马克思主义重要原理如历史唯物主义（唯物史观）的研究和对马克思主义价值观、自由观、人的解放等的研究均有重要进展，马克思主义辩证唯物主义与实践唯物主义的争论继续深化。学界普遍认为，深化马克思主义基本原理研究，必须深入研究马克思主义经典著作，系统研究马克思主义发展史，综合研究当代中国重大的理论问题和实践问题，比较研究国外马克思主义。同时，要深化对马克思主义基本概念、基本范畴的研究，重视研究它们之间的联系与转化，注意探寻从理论内容和理论形式方面丰富和发展马克思主义基本原理的新的生长点。

## 二　重大问题研究进展

下面从基础理论研究、重要原理研究、重大现实问题研究三个方面介绍 2011 年马克思主义基本原理重大、前沿问题的研究进展情况。

（一）基础理论研究

2011 年，马克思主义基本原理基础性研究进一步加强，在经典著作、文本研究及整体性研究、理论体系构建等方面均有重要进展，取得了重要成绩。

1. 经典著作研究

马克思主义经典著作蕴含和集中体现着马克思主义基本原理，是马克思主义理论的本源和基础，是马克思主义基本原理研究的立足点和根基。研读经典是解读马克思主义的最基本的途径。2011 年，学界在进一步阐明当前复杂局势下研读经典著作的必要性和意义的同时，密切结合当前社会现实需要，深入挖掘经典著作的原理及其当代意义。这主要表现在，本年度学界在经典著作选编和解读、导读方面成果斐然。2011 年是中国共产党 90 年华诞，政界、学界着眼于推动马克思主义学习型政党建设和继续提高广大党员干部的马克思主义理论素养，着眼于促进新时期人们学习马克思主义经典著作、深化对马克思主义基本原理的认识、理解和掌握等，专门组织力量编写出版了一批马克思主义经典著作读本及导读系列，推出了研究马克思、恩格斯、列宁等经典作家思想的大批成果。如由中共中央组织部、中共中央宣传部、中共中央编译局组织编写的《马列主义经典著作选编（党员干部读本）》和《马列主义经典著作选编学习导读》，前者重点遴选了马克思、恩格斯、列宁具有代表性的著作 25 篇，还附有 6 个方面的专题论述摘编，内容涵盖了马克思主义哲学、政治经济学和科学社会主义等；而《学习导读》则是对《经典著作选编》所选篇目的基本介绍和当代解读，逐篇介绍了写作背景、写作目的、撰写过程、基本内容、主要观点及理论价值和现实意义，为人们更好地学习经典著作提供了有利条件。除此之外，2011 年，面向学者、青年学生、普通群众等不同群体而组织编写的选编和导读成果亦有很多，如侯少文等编著的《马克思主义经典著作选导读》（红旗出版社 2011 年版），欧祝平、彭栋梁主编的《马克思主义经典著作精选与导读》（湖南教育出版社 2011 年版），王平主编的《马克思主义经典著作导读》（中国人民大学出版社 2011 年版），王文棣、周晓涛主编的《马克思主义基本原理导读》（中共党史出版社 2011 年版），李建萍、刘艳君、马成昌主编的《马克思主义经典著作选编与导读》（哈尔滨工程大学出版社 2011 年版），等等，数量之多，质量之精，影响之大，为多年来少有，显示了学习马克思主义经典作家和经典著作新高潮的到来。

2011 年，关于经典作家著作和思想的研究，受关注最大的依然是《资本论》，其内容已不仅仅局限于分析资本主义经济危机，而是站在世界历史发展的角度，以资本为背景分析人类未来发展。其次受关注的著作是《共产党宣言》，以及《德意志意识形态》、《1844 年经济学哲学手稿》、《关于费尔巴哈的提纲》等等。研究者们结合当前社会面临的紧迫问题，重读经典著作，站在马克思主义立场上，运用马克思主义基本原理来分析社会热点问题，发表和出版了一系列高水平的研究成果，无论在思想深度还是现实价值等方面均达到较高水平。①

2. 整体性研究

整体性研究是马克思主义基本原理学科设立以来的一个重要课题，是近几年马克思主义基本原理研究的热点和核心问题。学者们从不同角度就马克思主义基本原理整体性问题的提出、内涵、本质、研究路径等进行了全面深入的分析，围绕什么是马克思主义基本原理整体性、整体性研究包括哪些内容、整体性研究的价值和意义、如何进行整体性研究等方面展开了热烈讨论。2011 年，学界深入总结了学科设立以来整体性研究所取得的成绩和存在的不足，在此基础上，对马克思主义基本原理整体性研究的未来发展提出了富有建设性的意见和建议。

关于整体性研究取得的成绩，学界一般认为：经过努力，大家普遍认同整体性是马克思主义的根本属性，“整体性”是理解、界定和研究马克思主义的一个基本范畴，必须从整体性视角出发来认识、理解和把握马克思主义理论。进而，重点讨论了马克思主义整体性的本质内涵，着力阐明马克思主义整体性的层级内涵，从三个组成部分之间的内在联系和科学性与革命性相统一的角度理解和把握马克思主义，探寻马克思主义整体性内涵的基本维度或路径。尽管上述问题争论很多，但正是这些问题的讨论和不断推进，极大深化了马克思主义基本原理研究。

关于当前马克思主义整体性研究存在的不足，正如有学者所说：“就总体而言，马克思主义理论整体性研究所取得的成果并不理想，并没有出现得到大家基本认可的实实在在的真正体现整体性的研究成果。现在大家所研究的问题，是如何进行整体性研究，而不是拿出体

① 中共中央组织部、中共中央宣传部、中共中央编译局编：《马列主义经典著作选编：党员干部读本》、《马列主义经典著作选编学习导读》，党建读物出版社 2011 年。梅荣政、姚锡长：《每个觉醒工人必读的书籍——恩格斯〈反杜林论〉对唯物主义历史观的科学论述》，《高校理论战线》2011 年第 4 期。李景田：《学习马克思主义经典著作是领导干部的必修课》，《人民日报》2011 年 7 月 28 日第 8 版。胡治艳：《重读〈论住宅问题〉——恩格斯的住房观及其启示》，《马克思主义研究》2011 年第 9 期。

现整体性研究的理论成果。"[①] 有学者指出,"目前我国学界关于马克思主义理论的整体性的研究在总体上还流于一般性的议论。虽然这种议论的视角比较多,但缺乏对这一问题的深入的'元思考',即没有对马克思主义理论的整体性这一概念本身进行深入的方法论上的批判性思考,从而这种议论难以超越以往的水平。"[②] 之所以有这样的认识,主要是因为人们从超越"三分法"来理解马克思主义整体性研究。马克思主义整体性是一个丰富概念,不是所有学者都主张把马克思主义整体性内涵仅看成是三个组成部分的内在联系,不同学者已经从不视角、不同层面进行了全面揭示。但是,从马克思主义整体性问题的兴起原因来看,确实是直接源自于人们对马克思主义"三分法"模式存在的缺陷的深刻反思。学术界普遍认为,传统的"三分法"不能全面系统地涵盖马克思主义理论的整体,不符合马克思恩格斯等经典作家的理论创建的本意,整体性研究是科学认识和发展马克思主义的内在要求。因此,尽管人们对马克思主义整体性的具体内涵理解不同,但人们一般认为,加强马克思主义整体性研究就是要超越以往"三分法"为我们设置的学科界限,更多地从揭示三个组成部分内在联系的角度研究马克思主义。但是,从5年多的研究实践看,人们关于"三个组成部分辩证统一"的研究仍停留在表面,难以深入下去,难以有真正体现三者辩证统一的研究成果。因此,很多学者认为,直至今日,"这种改革也没有真正完全解决马克思主义理论尤其是它的基本原理的整体性问题",整体性研究"不是把哲学、政治经济学、科学社会主义三大组成部分简单地综合在一起。"因此,今后的马克思主义整体性研究需要调整思路。[③]

3. 马克思主义基本原理理论体系构建

2011年,学界关于马克思主义基本原理整体性研究的一个重要课题就是建构马克思主义基本原理理论体系。马克思主义基本原理的体系与马克思主义基本原理的理论体系是两个不同的概念,马克思主义基本原理的体系包括马克思主义基本原理的学科体系、教材体系、教学体系、方法体系、理论体系等等,其中理论体系是马克思主义基本原理体系的根本和核心。正如有学者指出的:马克思主义基本原理是理论体系,"它是围绕研究对象而形成的逻辑严密、结构合理的知识系统,它是由一系列相互关联的概念、命题经过严密论证和推理而构成的,反映的是理论观点的逻辑架构。""我们一旦从学科的建构、教材的框架、教学的循序推进上来认识马克思主义基本原理的体系,就会形成马克思主义基本原理的学科体系、教材体系、教学体系",在这众多体系中,马克思主义基本原理理论体系是最根本的,它奠定了向学科体系、教材体系、教学体系、课程体系转化的基础。可以说,马克思主义基本原理理论体系是马克思主义基本原理体系的一个基础的核心的部分,"只有将理论体系研究透了,教材的改进才有希望,教材体系向教学体系、向认知体系和信仰体系的转化也才能真正完

① 顾钰民:《关于马克思主义理论整体性研究的思考》,《思想理论教育导刊》2011年第6期。

② 叶险明:《对整体性的批判性反思——关于马克思主义理论的整体性研究的一个方法论问题》,《哲学研究》2011年第9期。

③ 傅国强:《论国内马克思主义整体性研究的思想成就》,《前沿》2011年7期。袁银传:《整体性与马克思主义基本原理的科学体系》,《思想理论教育导刊》2011年第8期。《"马克思主义基本原理体系研究"笔谈》,《思想理论教育导刊》2011年第6期。李昆明:《马克思主义基本原理研究报告》,人民出版社2011年版。

成。"①因此，学界一般认为，从理论根源或理论基础上来论证马克思主义具有整体性，是马克思主义整体性问题中最根本的问题。

关于"马克思主义基本原理理论体系"概念的提出表明，马克思主义基本原理不是一个或者几个具体原理，不是几个具体原理的简单相加，而是一个内在相连的原理体系，是这些具体原理辩证统一的整体。构建马克思主义基本原理的理论体系，揭示其内在关系，是当前深化马克思主义整体性研究的内在要求和必然趋势。

关于如何构建马克思主义基本原理理论体系，是2011年学界集中讨论的重要课题。从目前研究看，学者们的观点各有所执，没有形成比较一致的意见。其中，有很多学者都主张从马克思主义哲学、政治经济学、科学社会主义三个部分有机统一的角度来把握，但三者究竟应该如何综合起来，当前学界的研究还有待深入，有很多学者主张从分层次角度来把握，基本原理分为最核心层次、第二层次或次核心层次等，但是对最核心层次的内容表述并不相同，有人认为是马克思主义基本立场、观点和方法，有人认为是唯物史观的内容等等。其次，有一些学者主张从马克思主义基本原理总体性范畴和其内在的逻辑主线或中心线索的角度来构建，但对具体范畴或主线的理解很不相同，有学者认为马克思主义基本原理有两个总体性范畴，即实践和人类解放，这两个范畴同时也是马克思主义基本原理理论体系的逻辑主线或中心线索；而有学者认为，探究人的解放和自由全面发展是马克思主义的逻辑主线，以此主线来构建整体性意义上的马克思主义理论体系，符合马克思主义理论的内在逻辑，能够反映马克思主义的整体性；有学者认为，实践范畴是马克思主义的总体性范畴，也是马克思主义理论的逻辑基点，由此，劳动范畴是实践范畴内在规定由马克思主义哲学领域向马克思主义政治经济学领域展开的逻辑中介，无产阶级革命范畴则是实践范畴内在规定由马克思主义政治经济学领域向科学社会主义领域展开的逻辑中介；还有学者认为，以无产阶级和人类解放为核心，以客观世界的发展规律和人的自由全面发展为起点和终点，以此为基础，可以构建马克思主义基本原理体系的整体性框架；最后，还有学者主张根据"立场、观点、方法"这样三个相互关联、缺一不可的"内在维度"角度来构建，认为马克思主义基本原理是人本立场、实践观点和辩证方法三者相互联系、不可分割的高度统一的"总体"，应当以这三个维度为理论逻辑建构马克思主义基本原理体系。此外，还有一些学者主张从真理观与价值观统一的角度来构建马克思主义基本原理的理论体系，等等。②

总之，关于如何科学构建马克思主义基本原理理论体系的讨论并没有形成定论，这个问题也将是今后马克思主义基本原理研究的一个重要课题。

---

① 张雷声：《整体性与马克思主义基本原理体系》，《思想理论教育导刊》2011年第6期。

② 唐昆雄：《马克思主义基本原理的研究现状和进一步深入研究的思考》，《思想理论教育导刊》2011年第2期。《"马克思主义基本原理体系研究"笔谈》，《思想理论教育导刊》2011年第6期。李昆明，许恒兵：《马克思主义学说的内在维度和基本原理科学体系的建构》，《南京政治学院学报》2011年第3期。李昆明：《马克思主义基本原理研究报告》，人民出版社2011年版。曾长秋、李邦铭：《构建马克思主义整体性的范畴体系》，《中共南京市委学校学报》2011年第3期。牛先锋：《马克思主义整体性的逻辑生成和逻辑体系》，《中共中央党校学报》2011年第6期。郭小香：《基于实践范畴的马克思主义整体性解读》，《理论探索》2011年第2期。

4. 马克思主义哲学体系创新

马克思主义哲学研究是马克思主义基本原理研究的基础。马克思主义哲学体系创新问题已经提出多年，2011年，是马克思主义哲学创新研究成果丰收的一年，学界就马克思主义哲学体系创新研究的成因、创新马克思主义哲学体系的途径和方法及创新研究的内容等问题进行了深入系统的研究，取得了重要成果，主要代表成果是黄枬森主持的国家重点课题结项成果《马克思主义哲学创新研究》的4部著作。《马克思主义哲学创新》是一部带有理论突破价值的学术著作，融会了对马克思主义哲学体系的坚持、发展与创新的统一。①

针对为什么要研究马克思主义哲学体系及其创新问题，《马克思主义哲学创新研究》指出，思想体系是任何一门科学都不能缺少的东西，哲学也不例外。在人类科学史上，一门新科学的诞生至少需要具备三个条件：明确的对象、真实的内容和合理的思想体系。这三个条件是互相联系的。合理的思想体系不可少，没有它，对象明确不起来，内容的整体真实性也无法保证。苏联思想家们构建的辩证唯物主义和历史唯物主义是马克思主义哲学的科学思想体系，但是它也不是无懈可击，存在诸多不合理之处，因此，只能说基本上是一个科学的思想体系。我们今天要更加自觉地构建一个更加科学的，即更加真实、更加完整、更加严密的马克思主义哲学思想体系。

针对如何创新马克思主义哲学体系，《马克思主义哲学创新研究》指出，真正的哲学是时代精神的精华，如果没有新颖的科学内容，仅仅在形式上做文章是无济于事的。新颖的科学内容只能从时代的变化发展中，从自然科学和社会科学的进展中，从西方哲学、东方哲学和中国哲学的研究和创新中去取得新的借鉴、启迪、素材、因素、观点、方法等等，借以构建更加科学的思想体系。沿着这样的思路，《时代精神与马克思主义哲学创新》以理论思维的哲学高度，对时代走向、时代主题、时代潮流、时代精神，作出宏观鸟瞰，通过分析改变世界面貌的三大时代潮头、决定经济全球化命运的三个基本矛盾、新型文明难产期的六大危机，以及当代国际危机暴露的全球资本主义普遍危机等，提出了马克思主义哲学创新之道。《现代科学技术与马克思主义哲学创新》，概括了一幅现代科学技术与马克思主义哲学创新的总图景：现代科学技术扩展了人的视野，革新了宇宙观和世界观，推动人类社会走向知识社会，等等，进而探讨了一系列科技哲学问题，包括：追求物质世界统一性、系统性、非线性和复杂性，人类智能与认知过程，生命科学，纳米科技，生态环境等。《中西哲学的当代研究与马克思主义哲学创新》从中国哲学与西方哲学当代研究的角度，探讨了马克思主义哲学创新的基本内容和实现路径。从中国传统哲学角度分析了马克思主义哲学世界观、唯物辩证法、价值论、认识论等基本问题，又从西方哲学角度分析了马克思主义哲学显性和隐性的来源，为马克思主义哲学创新发展提供了丰富思想资料。《马克思主义哲学体系的当代构建》提出了1个整体、5个部门哲学的架构，一个整体即辩证唯物主义世界观，5个部门哲学即辩证唯物主义历史观、辩证唯物主义人学、辩证唯物主义认识论、辩证唯物主义价值论和辩证

---

① “马克思主义哲学创新研究”成果4部：黄枬森主编：《马克思主义哲学体系的当代构建》(上、下)，人民出版社2011年版。王东主编：《时代精神与马克思主义哲学创新》，人民出版社2011年版。赵敦华、孙熙国主编：《中西哲学的当代研究与马克思主义哲学创新》，人民出版社2011年版。曾国屏：《现代科学技术与马克思主义哲学创新》，人民出版社2011年版。

唯物主义方法论，6个部分按照从抽象到具体、从简单到复杂的顺序安排。

总之，作为2011年最新成果，《马克思主义哲学体系创新研究》代表了目前关于马克思主义哲学体系创新研究的较高水平，推动了马克思主义基本原理研究的深入发展。

（二）重要原理研究

马克思主义基本原理中重要原理有很多，下面选择一些本年度学界关注度高、有重要进展的研究成果来介绍。

1. 历史唯物主义研究

作为马克思主义最重要的原理之一，每年都有大批学者涉入历史唯物主义（唯物史观）的研究之中，每年都有大量成果涌现出来。2011年，历史唯物主义研究的进展表现在：在继续探讨这一原理本身内在本质和规律、解读方式等的同时，一方面，注重将对重大理论与现实问题的解读融入到历史唯物主义的视野之中，以求获得正确认识。基于历史唯物主义基本原理，学者们广泛考察现代性、历史学、政治经济学以及生态建设、财富问题、民生问题、社会建设、科技创新等等问题。如有学者运用唯物主义历史观研究历史学，指出，历史唯物主义既包括对历史过程的本质的认识，也包括我们如何认识历史，二者在历史唯物主义中是统一的，不存在对立问题。“根据历史唯物主义观点，可以概括地说，历史事实具有一次性、历史现象具有相似性、历史规律具有重复性。不能正确理解历史事实、历史现象和历史规律各自的特点及其内在关联性，就不能确立正确的史学理论。”① 再如，2011年有很多学者运用唯物史观研究民生问题，有学者认为，唯物史观的本真精神是最广大人民群众的根本利益，这种“本真精神”的“在场形式”在唯物史观创立时是“阶级利益”，而在现时代则是“民生”。唯物史观对民生的关注不是停留在人道主义的阐释，而是诉诸于实践。在马克思看来，民生体现的是人民群众的实践活动，是关于人的生存与发展问题，民生的实现过程是人满足生活需要，争取解放、实现自由与全面发展的历史过程。民生幸福是个不断实现的过程，保障和改善民生必须走共同富裕之路，要坚持以公有制为主体和按劳分配为主体，扩大就业，搞好收入分配调控，完善覆盖城乡的基本公共服务体系，等等。②

另一方面，2011年历史唯物主义（唯物史观）研究也注重将历史唯物主义理论置于世界历史和当代社会历史现实的宏大视野中加以丰富、完善和发展。正如有学者指出的，当今时代社会的内在结构和运行方式都发生了重大变化，需要我们以多样化的微观解读和微观叙事来补充完善历史唯物主义的宏观理论范式，这样才能使这一基本原理同今天的社会现实建立起真实的关系。由此，有学者提出，马克思对资本主义社会的研究包括纵的和横的两个维度，既唯物主义地说明了社会各因素之间的关系，又唯物主义地说明了这些因素的历史发展。以往我们对唯物史观的纵的维度重视不够，对其历史性缺乏深度挖掘。考察马克思在政治经济学研究中对唯物史观的运用是全面理解其唯物史观思想的重要途径。有学者认为，唯物史观

① 陈先达：《历史唯物主义的史学功能——论历史事实·历史现象·历史规律》，《中国社会科学》2011年第2期。

② 干成俊：《解读唯物史观的四重视域》，《哲学研究》2011年6期。陈先达：《历史唯物主义视野中的财富观》《哲学研究》2010年第10期。仰海峰：《历史唯物主义的双重逻辑》，《哲学研究》2010年第11期。张晓东：《关注什么样的“民生”——基于唯物史观的实践理性省察》，《学术研究》2011年第12期。朱有志、邹智贤：《唯物史观视阈中的民生问题》，《求索》2011年第1期。

理论创新的逻辑在于从一般的抽象论证和思辨中解脱出来，深入现时代的内部和历史表象的背后把握其特殊的时代逻辑，捕捉其潜藏于历史主体的历史活动之中并起主导作用的“特殊原则”。把握时代的“特殊逻辑”，是发展和创新唯物史观的根本路径。有学者则是从物质生产逻辑和资本逻辑角度来谈历史唯物主义的创新发展问题，认为，在前资本主义社会，可以用物质生产逻辑来加以说明，而在资本主义社会，生产逻辑只有在资本逻辑的基础上才能得到说明，对这一问题深入探讨有助于推进历史唯物主义研究。也有学者从当今时代信息科技前沿来研究唯物史观的新变化，认为互联网具有数字化、虚拟化、智能化、时空压缩化、去中心化、开放性、互动性等特点，与整个信息科技革命一道，变革着社会的经济、政治、法律和文化，变革着人们的生活方式、行为方式和思维方式。立足当代社会的信息化进程，可以大致归纳出信息社会的若干特征——这其中包含着唯物史观的诸多新变化，包括技术基础：信息科技“再结构”社会；实践基础：虚拟实践冲击传统实践观；经济基础：信息成为最重要资源；组织结构：网络型分权式管理结构渐成，等等。①

2. 科学社会主义基本理论研究

科学社会主义有狭义和广义之分，这里主要指狭义的科学社会主义即作为马克思主义的三大主要组成部分之一的科学社会主义。作为马克思主义重要原理之一，2011 年研究进展表现在：一方面，学界对科学社会主义的基本问题包括科学社会主义的基本观点、基本原则、研究对象、科学性质等问题提出了各自不同视角的新思考。关于社会主义基本原则，个别学者认为，传统科学社会主义观念中的基本原则，诸如消灭“私有制”的社会主义、越“公”越是社会主义、阶级斗争的社会主义等的理解，透视着由古典政治经济学产生的各种小资产阶级社会主义的痕迹，而科学社会主义原则的创新探索在对市场经济正面作用的新认识中，突破了对市场经济等形而上学观念的理解。② 关于科学社会主义的研究对象，有学者认为，科学社会主义理论也应有自己的研究边界以与马克思主义哲学、政治经济学的边界区别开来。科学社会主义主要是研究无产阶级解放运动发展规律的科学，其研究对象应主要包括：无产阶级历史使命、无产阶级政党、无产阶级革命、无产阶级专政、无产阶级战略策略、社会主义建设、社会主义民主、社会主义文化和精神文明等等。③ 对于科学社会主义的科学性质，有学者认为，马克思的科学社会主义，作为一种真正科学的社会理论所能发现的至多是经济与历史发展的一般轮廓以及推动这一发展的逻辑，它的社会理论的优越性乃在于这样一个事实，即它代表未来的潮流。④

另一方面，学界加深了对科学社会主义历史命运的再思考。当前，在世界范围内，科学社会主义思想和运动处于低潮的状况因为资本主义世界的金融危机、债务危机不断加重而重燃希望，但是“占领华尔街”等运动仍不能从根本上撼动资本主义世界体系的现状，引发了

① 安启念：《马克思唯物史观思想的两个维度——从〈1857—1858 年经济学手稿〉谈起》，《中国人民大学学报》2011 年第 2 期。左亚文：《把握时代的“特殊逻辑”：唯物史观的逻辑创新》，《江汉论坛》2011 年第 5 期。孙伟平：《信息时代唯物史观出现新变化》，《社会科学报》2011 年 2 月 10 日第 005 版。

② 冯景源：《科学社会主义及其理论创新规律研究》，《东南学术》2011 年第 1 期。

③ 常樵：《科学社会主义理论前沿问题》，《社会科学战线》2011 年第 6 期。

④ 李滨：《对“科学社会主义”概念的哲学反思》，《学术交流》2011 年第 3 期。

人们对科学社会主义历史命运的再思考。有学者认为，当代世界社会主义运动已发生全面而深刻的重大变化，实现了新的“转型”，即它已经从过去由一个国际中心领导、走唯一革命道路、建设统一社会主义模式的世界社会主义运动，转变成为由各国共产党独立自主领导，走符合本国国情的革命发展道路，建设具有本国特色社会主义的世界社会主义运动。当代世界社会主义运动转型的主要特征是：它已经从处在资本主义体制之外的运动，转变成为处在资本主义体制之内的运动；从通过无产阶级革命推翻资本主义的运动，转变成通过和平民主方式对资本主义实行革命性变革的运动；从先进社会阶层参加的为多数人谋利益的运动，发展成为多数人参加的为多数人谋利益的运动。当代世界社会主义运动的本质未变，但却发生了部分质变。[①] 有学者认为，社会主义的兴起是世界性的现象，社会主义代替资本主义是世界性的历史进程，应当用世界历史的眼光站在人类历史发展的高度，来认识和把握社会主义产生和发展的规律，把握社会主义代替资本主义的历史趋势。一方面，社会主义代替资本主义是历史发展的必然趋势。另一方面，这个趋势的最终实现和完成又是一个长期曲折的过程。[②]

总体来说，学界一般认为，当代世界，不仅是资本主义世界体系，而且世界社会主义运动都发生了重大变化是毋庸置疑的，这对资本主义和社会主义两大体系、两大社会发展模式都带来了深刻的互动和影响。资本主义在促进世界市场的扩展与繁荣上取得巨大成果，但同时，资本的贪婪和金融霸权的形成又进一步制约了生产力的发展和社会平等的实现，因此不得不吸收社会主义的许多新因素来缓解其社会矛盾。但由于资本本身的运作逻辑并没有根本上消除，因此资本主义社会的基本矛盾就无法根本消除，所能做到的只是缓解矛盾。但也正因为资本主义对社会主义新因素的吸收和社会矛盾的不断缓解，而使社会主义代替资本主义的历史趋势成为一个长期的复杂曲折的过程。

3. 实践唯物主义的争论

实践观点是马克思主义的一个非常重要的基本观点，这是毋庸置疑的。有些学者主张，把马克思主义哲学世界观称为实践唯物主义，认为实践的观点是马克思主义哲学的首要和基本的观点，并以此构建马克思主义哲学体系。这种观点受到各方的质疑和批判。马克思主义哲学世界观是实践唯物主义，还是辩证唯物主义，还是辩证唯物主义和历史唯物主义？这是学界几番争论的问题。2011 年，这个问题再次引起很多学者关注，引起新一轮讨论。

主张实践唯物主义世界观的学者认为，“辩证唯物主义世界观”不是马克思的，是不科学的，也不符合历史事实。马克思称自己是实践唯物主义者，但从来没有把自己称为“辩证唯物主义者”。称马克思哲学世界观为“辩证唯物主义者”，是有人“采用这种瞒天过海的手法，把辩证唯物主义世界观栽到马克思哲学世界观的头上。”[③] 有学者强调，把马克思哲学核心概括为辩证唯物主义宇宙观，实践论就失去了核心地位，这与马克思创立的以改变世界为宗旨的实践论的世界观是不同构的，马克思的世界观是包括自然界在内的实践论的世界观。

① 聂运麟：《当代世界社会主义运动已发生重大变化》，《中国社会科学报》2011 年 8 月 30 日。

② 闫志民：《准确把握和科学对待马克思恩格斯的社会主义思想》，《科学社会主义》2011 年第 1 期。

③ 周树智《论马克思的实践唯物主义新世界观——六评黄楠森先生的“辩证唯物主义世界观”》（上、下），《文化学刊》2011 年第 3、4 期。

马克思主义的世界观、认识论、历史学、价值论、辩证法均是实践论的，实践论贯穿其间，使马克思哲学成为一个自洽的系统。[①] 总之，马克思哲学根本不可能把传统哲学的基本问题——思维与存在的关系视为自己的基本问题，而是把“人与物的关系、人与人的”关系视为自己的基本问题，这双重关系正好统一在人的生存实践活动中。[②]

主张辩证唯物主义世界观的学者认为，马克思主义哲学的最确切的名称是辩证唯物主义，称之为辩证唯物主义和历史唯物主义也能恰当地表达其主要内容。尽管这一称呼不是无懈可击，但是，哲学的核心是世界观，用“辩证”来描摹马克思主义唯物主义确实是十分确切的。恩格斯在《反杜林论》中提出了辩证唯物主义思想体系，马克思虽然没有提过这个名称，但确实有辩证唯物主义思想。用实践唯物主义取代辩证唯物主义实际上就是取消马克思主义哲学的核心——辩证唯物主义世界观，就是要否定现实世界及其规律的客观存在。[③] 有学者强调，以马克思没有使用过“辩证唯物主义”为据来否定辩证唯物主义，是没有道理的。强调实践在马克思主义哲学变革中的意义，本来无可争论，马克思和恩格斯所说的“实践唯物主义者”和“实践活动的唯物主义”，丝毫不包含任何一点反对世界物质性和世界辩证运动的观点，而是不可分的，相得益彰，并非两种哲学。坚持实践唯物主义，并不是要在否定辩证唯物主义的意义上阐述“实践唯物主义”。辩证唯物主义世界观之所以是必须的，是因为既然是实践，是认识世界和改造世界，那么它的理论基础必须以世界自身的客观性和规律性为据。任何离开世界自身的状态谈论认识世界和改造世界，只能是天方夜谭。[④]

面对二者的激烈争论，有学者指出：在迄今为止的辩证唯物主义与实践唯物主义争论中，给人留下的一个突出印象，就是两者是相互矛盾甚至冲突的。实际上，它们在马克思那里是完全统一的，任何矛盾都没有。马克思是革命家，毕生的宗旨是为人类的解放而奋斗，这决定了他把全部理论兴趣都集中在对人和人类社会及其发展的研究中，进而决定了他高度重视实践活动的意义，决定了他虽然承认自然辩证法和辩证唯物主义的思想，但是创造性地研究、提出并运用的，成为他独特的、有代表性的哲学思想的，是实践唯物主义。这样的角度是马克思哲学研究的特点。但是，一旦超出了马克思观察世界的特殊角度，把实践唯物主义作为

具有普遍意义的世界观，就会带来问题。例如，遇到“人类出现以前自然界是否存在”这样的“致命”问题。[⑤]

事实上，对马克思主义理论核心的理解不能局限于具体原理本身，因为，马克思主义理论核心是一个理论体系，反映的是马克思主义基本原理中具体原理之间的内在联系。重要的问题在于深入探索马克思主义物质观、实践观和价值观之间的内在关系，阐明它们是如何统一起来、构成马克思主义理论核心的，而不是用所谓实践本体论取代物质本体论，用所谓实

① 陆剑杰：《为“实践唯物主义”再辩护——兼论它同三种版本的“历史唯物主义”的关系》，《哲学原理》2011 年第 4 期。

② 俞吾金：《论财富问题在马克思哲学中的地位和作用》，《哲学研究》2011 年第 2 期。

③ 黄枬森主编：《马克思主义哲学体系的当代构建》，人民出版社 2011 年版，第 6—10 页。

④ 本刊记者：《正确认识实践唯物主义 牢固树立辩证唯物主义和历史唯物主义世界观——访中国人民大学哲学院陈先达教授》，《马克思主义研究》2011 年第 8 期。

⑤ 安启念：《辩证唯物主义还是实践唯物主义——再读马克思》，《学术月刊》2011 年第 3 期。

践唯物主义取代辩证唯物主义。

4. 马克思主义社会形态理论研究

马克思主义社会形态理论曾是20世纪我国理论界热烈讨论的重大问题，近两年这个问题再次受到人们的关注，主要源于当前关于“中国模式”、“中国道路”的深入思考。如何看待我国改革开放和中国特色社会主义道路的历史独特性？如何判断当前中国社会的历史性质及未来发展方向？对这些问题的学理分析必然集中到马克思主义社会形态理论研究上。

2011年学界关于社会形态理论研究进展表现在：一是深入挖掘马克思社会形态理论的形成和主要内容。学者们普遍认为，社会形态理论是马克思考察了整个世界历史，研究了大量资料，经过长年刻苦研究而得出的科学结论。虽然这是一个从低级到高级的普遍规律，但是绝对不是要认定其中每个形态和更迭顺序都是各个民族“普遍必经”的阶段，绝不是要描绘那样一个“一般发展道路”的公式。马克思始终强调，各个民族的社会形态从低级向高级发展的规律是共同的，但具体道路是千差万别的，因而是一个客观规律性与历史选择性、普遍性与特殊性、渐进性与跳跃性、统一性与多样性的辩证统一。马克思社会形态理论最核心最根本的要旨在于说明，人类社会发展是囿于生产力与生产关系的矛盾运动所致，由不同的历史阶段构成，表现为不同的社会形态演进，资本主义社会同其他社会形态一样，只是人类社会历经的一个历史阶段，资本主义社会必然由兴盛走向灭亡，人类社会必将驰入一个全新的进程。二是进一步探讨马克思主义东方社会理论。有学者阐明了关于马克思主义东方社会演进态势，关于东方社会曲折前进，东方社会主义社会“标准”等理论。有学者指出，马克思东方落后国家跨越资本主义“卡夫丁峡谷”的理论是马克思主义的重要组成部分，对东方后发展国家在当代的发展问题的探索上具有重要指导意义。三是学者们进一步探讨了当前我国社会主义发展问题，认为中国特色社会主义理论把马克思东方社会理论的“吸取资本主义的一切肯定成果”的社会主义命题由抽象上升到具体。①

5. 劳动价值论及相关问题研究

劳动价值论是马克思主义经济学的理论基础。近年来，学术界对劳动价值论的一些基本命题展开了深入研究和讨论。2011年，对劳动价值论的研究集中在下面几个方面。

一是关于商品价值量与劳动生产率关系的争论。商品价值量与劳动生产率的关系问题是近年来引起学术界热烈争论的一个理论问题。2011年，众多学者从不同视角推进了这一问题的研究。他们的观点大体分为三派：一派主张劳动生产率与单位时间创造的价值量成正比；另一派则主张劳动生产率与单位时间创造的价值量成反比；第三派则认为商品价值量与劳动生产率的关系存在多种可能性。主张“成正比”观点的学者中，有人总结和评论了20世纪60年代以来我国学术界围绕“成正比”观点的各种讨论和争鸣，并提出“成正比”理论的3个核心观点：第一，在商品按价值出售的前提下，把生产率进步带来的超额剩余价值归因于

① 王伟光、靳辉明、庞卓恒：《“社会形态理论与历史价值观”笔谈》，《中国社会科学》2011年第1期。杨文圣、焦存朝：《社会形态嬗变与人的发展进程研究》，首都经济贸易大学出版社2011年版。张凌云：《马克思的历史唯物主义与中国特色社会主义》，中国出版集团2011年版。俞良早：《马克思主义东方学》，人民出版社2011年版。单继刚：《新民主主义社会：从“社会形态”到“过渡时期”——兼评杨献珍与艾思奇关于过渡时期经济基础的争论》，《哲学动态》2011年期。

单位时间创造了更多价值；第二，成正比规律与成反比规律并不矛盾，成正比是以成反比为前提的，两者是由同一原因带来了同时并存的规律；第三，成正比规律不仅存在于个别企业的层面，还可在一定条件下推广到部门和国民经济的层次。① 该学者在另一篇文章中，放宽了劳动复杂程度不变的假设，允许劳动复杂程度伴随着生产率的进步而提高，由此得出随着劳动生产率的提高，单位时间内的劳动可以创造出更多价值的结论。② 有人对马克思经典的“成反比”理论中的劳动因素作了重新假定，即假定在科技进步的条件下，伴随着劳动客观因素的变化，劳动主观因素也发生同方向的变化，并假定劳动主观条件的变化幅度大于劳动客观条件的变化幅度，这样就可以获得劳动生产率与商品价值量之间呈正方向变化的结论。③ 还有学者从劳动的有用性出发，认为抽象劳动量是以同一社会标准的有用劳动为依托的，相同的劳动时间内，生产率高的劳动含有的社会标准的有用劳动程度高，其包含的抽象劳动量就多，从而创造的社会价值就多。④

与第一派观点相反，一些学者坚持传统的“成反比”观点。有学者运用数理方法研究了由劳动的客观条件的变化引起的劳动生产率的变化和由劳动的主观条件的变化引起的劳动生产率的变化两种情况，得出的结论是：无论从单个商品来看，还是从商品价值总量来看，商品价值量都随劳动生产率的提高而反向变动。考察劳动生产率与劳动复杂程度同时提高发现，商品价值量与劳动生产率仍然“成反比”，而与劳动复杂程度“成正比”。商品价值总量的增加只能用社会分工的发展来解释。⑤ 还有学者针对“成正比”派否定马克思“一定长度的工作日总是表现为相同的价值产品”命题的观点提出反驳。他们认为，马克思所说的同一劳动是针对不同部门的劳动而不是同一部门生产相同产品的劳动而言的，不同部门劳动的复杂程度和生产力水平是难以直接比较的。生产力高的劳动未必就是复杂劳动，用劳动的复杂性来解释生产力提高会导致“成正比”的结果就是不充分的。⑥

与上述两派不同，有的学者通过对商品价值量在不同场合的含义（个别价值量、社会价值量以及产出价值量）的界定，并通过构建商品价值的“差异性”（包括期差性、域差性以及业差性）概念而得出劳动生产率与商品价值量成正比、商品价值量与体现在商品中的劳动量成正比，与该劳动的生产率成反比这三个看似互为悖论的命题在一定条件下能够同时成立的结论。⑦ 还有学者运用数理分析方法证明了程恩富、马艳提出的“商品价值量与劳动生产率的关系存在多种可能性”观点的正确性。⑧

二是关于劳动价值论的其他理论。有学者从马克思主义整体观的角度提出劳动价值论的

---

① 孟捷：《劳动生产率与单位时间创造的价值量成正比的理论：一个简史》，《经济学动态》2011 年第 6 期。

② 孟捷：《劳动与资本在价值创造中的正和关系研究》，《经济研究》2011 年第 4 期。

③ 马艳：《劳动生产率与商品价值量变动关系的理论界定及探索》，《教学与研究》2011 年第 7 期。

④ 何干强：《也谈劳动生产率同价值创造的关系》，《教学与研究》2011 年第 7 期。

⑤ 张衔：《劳动生产率与商品价值量关系的思考》，《教学与研究》2011 年第 7 期。

⑥ 沈尤佳、余斌：《论一定长度的工作日表现为相同的价值产品——回应“成正比”争议的第 1 个命题》，《教学与研究》2001 年第 11 期。

⑦ 张忠任：《劳动生产率与价值量关系的微观法则和宏观特征》，《政治经济学评论》2011 年第 2 期。

⑧ 朱殊洋：《单位商品价值量与劳动生产率的关系——对程恩富、马艳理论的数理分析与评述》，《马克思主义研究》2001 年第 5 期。

基本构图。[①] 还有学者介绍了国外马克思主义经济学界关于劳动价值论的“新解释”及相关争论并作了评论。[②] 有学者追溯了马克思劳动二重性学说的思想源泉，认为该学说源自古典经济学和黑格尔关于劳动的思想，并以此为基础实现了哲学上的超越。马克思劳动二重性理论的超越性在于既超越了古典经济学所依赖的经验论哲学，又超越了黑格尔哲学中的唯心主义。[③] 有学者对冯金华“价值转形是一个伪命题”的观点提出质疑，认为冯的研究忽视了价值范畴与生产价格的规定性上的本质区别，造成其方法和结论的错误。[④] 有学者针对学术界关于马克思抽象劳动概念的争议，提出必须从商品价值的角度出发才能准确理解抽象劳动。[⑤] 有些学者研究了斯蒂德曼提出的联合生产中负剩余价值和正利润率并存的现象，指出问题的关键在于斯蒂德曼根据自然时间，而不是社会必要劳动时间确定创造价值的劳动。[⑥]

6. 马克思主义经济学的发展和现代化的深入研究

马克思主义经济学的创新发展和现代化问题是近年来的一个学术热点。也是2011年马克思主义经济学界的一个重点论题。很多学者对此发表自己的看法。《政治经济学评论》2011年第1期刊登了一组相关论文。有学者认为，当代政治经济学的历史使命是：第一，揭示和平与发展成为时代两大主要问题和经济全球化条件下人类经济社会发展的规律和趋势，为促进我国和世界经济的发展做出应有的贡献。第二，揭示我国改革开放和现代化建设的规律和趋势，为改革开放和现代化建设提供理论支持和指导。第三，为所有经济学科的繁荣和发展提供理论基础。中国政治经济学要不负历史使命，实现新的创新与发展：一要紧紧跟上时代和实践发展的步伐，发挥我国实践的独特优势，创新经济理论。二要继承发挥马克思主义政治经济学方法论的独特优势，创新经济理论。三要扩大开放，广泛吸取人类文明一切有益成果，兼容并蓄，实现创新和发展。[⑦] 有学者认为马克思政治经济学博大精深，其中关于人类经济社会发展基本规律、生产资料所有制、商品价值、企业经营、社会再生产、金融、地租、生产劳动和非生产劳动、剩余产品和自由时间以及对未来社会的设想这十个方面的理论是西方经济学中所没有的。马克思政治经济学还包含了经济建设的指导理论，因此，学习、运用和创新马克思主义经济学必须紧密结合中国的经济实践。[⑧] 有学者认为，经济学发展需要继承和发展马克思主义经济理论，需要兼收并蓄，吸收其他经济理论的合理成分，但是，对其合理成分的吸收要建立在用马克思经济理论给予改造的基础上；经济学的发展还需要从现实经济生活中吸收自然科学发展的成果，充实和更新经济理论的自然科学基础；经济学的发展还要遵循科学发展的客观规律，这一规律表现为两条道路——一条是基本范畴的分解和深入，

① 许光伟：《劳动价值论的构图——一种马克思主义的整体解读观》，《经济评论》2011年第1期。

② 孟捷：《劳动价值论的“新解释”及其相关争论评述》，《中国人民大学学报》2011年第3期。

③ 刘乃勇：《马克思劳动二重性学说的理论来源》，《教学与研究》2011年第9期。

④ 裴宏：《价值转形是伪命题吗？——与冯金华教授商榷及一点评论》，《经济评论》2011年第1期。

⑤ 胡爽平：《正确理解马克思“抽象劳动”的涵义》，《当代经济研究》2011年第6期。

⑥ 冯金华、侯和宏：《负剩余价值和正利润可以同时存在吗？——破解斯蒂德曼的联合生产之谜》，《中国人民大学学报》2011年第3期。

⑦ 逄锦聚：《政治经济学的当代使命和创新发展》，《政治经济学评论》2011年第1期。

⑧ 王国刚：《马克思的政治经济学与中国经济实践》，《政治经济学评论》2011年第1期。

另一条是理论从特殊向一般的演进。[①] 还有学者分析了中国现有经济发展理论存在的不足，指出创立中国特色发展经济学是中国发展的需要，并提出了中国特色发展经济学的体系结构、基本内容、主要特点、困难问题和发展前景。[②]

《学术月刊》2011 年第 7 期发表了一组讨论马克思主义经济学现代化的论文。有学者著文指出，马克思主义经济学的现代化应瞄准四个方向：国际化、应用化、数学化和学派化，认为“国际化”的中心思想是实现“以我（国）为主”的双向交流；“应用化”不仅包括理论为社会实践服务，而且包括其渗透到其他社会科学的学科中去；“数学化”要把数学分析与现代马克思主义政治经济学前提假设和理论基础结合起来；“学派化”可以体现研究成果的特色，形成争鸣，有利于政治经济学的传承和壮大。[③] 有学者认为，在现时代发展马克思主义政治经济学必须注重其应用性、中国化和具体化问题，不断研究和解决随着时代的前进和实践的发展所提出的新情况、新问题，加强马克思主义政治经济学的解释力和实践性。[④] 有些学者把马克思主义政治经济学在现时代理论创新与发展的基本路径划分为有机统一的三个层面，即内容创新、数理分析和实证分析，并进一步提出了理论创新与发展的基本原则。[⑤] 有学者从历史的角度分析了马克思主义政治经济学的与时俱进的创新发展过程，在充分肯定了马克思主义政治经济学在社会主义革命与建设中所起到的作用、成就和贡献之后，总结了马克思主义政治经济学的诸多进展，并提出了马克思主义政治经济学在指导中国未来发展的几点展望。[⑥]

此外，有些学者追溯了中国马克思主义经济学从传统主流向当代主流的嬗变，认为其背后的历史逻辑是发展模式的变迁引起理论范式的相应变化。[⑦] 有学者研究认为，马克思经济学方法论研究中借鉴当代西方异端经济学方法论既是可能的，也是必要的。[⑧] 有些学者认为，当代马克思主义经济学的发展创新，应借鉴国外马克思主义经济理论研究的优秀成果和合理取向，规避其“解构”马克思主义经济学的消极取向。[⑨] 还有学者总结了经典作家和国内外学者对于构建广义政治经济学的研究，提出构建马克思主义广义政治经济学体系的基本设想。[⑩]

7. 现代马克思主义经济学的基本假设的深入研究

近年来，有学者提出，为了使马克思主义经济学走向现代化，实现与西方经济理论的对等论辩，马克思主义经济学应建立自己的前提假设。《华南师范大学学报》（社会科学版）2011 年第 2 期刊登了一组学术论文，集中研究现代马克思主义经济学的基本假设并对

---

① 白暴力：《发展中国经济学的思路》，《政治经济学评论》2011 年第 1 期。
② 简新华：《发展经济学的最新发展：中国特色发展经济学》，《政治经济学评论》2011 年第 1 期。
③ 程恩富：《政治经济学现代化的四个方向》，《学术月刊》2011 年第 7 期。
④ 林岗：《通过解决重大现实问题来发展马克思主义经济学》，《学术月刊》2011 年第 7 期。
⑤ 马艳、李韵：《现代马克思主义政治经济学理论创新的基本路径》，《学术月刊》2011 年第 7 期。
⑥ ［美］大卫 · 科兹：《马克思主义政治经济学的历史及未来展望》，《学术月刊》2011 年第 7 期。
⑦ 李萍、盘宇章：《中国马克思主义经济学主流地位的嬗变：比较的视角》，《学术月刊》2011 年第 1 期。
⑧ 马国旺：《马克思经济学方法论创新探析——批判实在论视域中的异端经济学启示》，《经济学家》2011 年第 4 期。
⑨ 胡乐明：《当代国外马克思主义经济理论研究的新取向》，《当代经济研究》2011 年第 9 期。
⑩ 于金富：《构建马克思主义广义政治经济学体系探索》，《马克思主义研究》2011 年第 9 期。

异议观点提出了反驳。有学者研究了马克思主义经济学中理论假设的两种情况：一是在种种假设前提下提出某些经济理论，这些经济理论是不能不加任何限制条件就将其称为“普遍原理”的；二是马克思在分析经济本质时，通过从具体到抽象的过程所提出的某些经济理论，如果没有完成从抽象到具体的过程或历史环境发生变化，也是理论假设。基于运用马克思的经济理论必须考虑具体的历史环境，将马克思的经济理论称为理论假设或假说，有利于科学地研究现实的经济问题。① 有学者研究了新的活劳动创造价值假设，认为新的活劳动创造价值假设把直接为劳动力商品的生产和再生产服务的劳动定为创造价值的劳动，是对马克思关于活劳动创造价值假设的继承和发展。一代人的劳动力生产全过程包括成长时期和就业时期。劳动力价值由成长时期消耗的养育费和就业时期需要的生活费构成，通过测算社会平均养育费和社会平均生活费可以计量劳动力价值。当劳动力作为商品被用于生产其他商品时，它的价值会转移给新产品，这实质上就是生产劳动力所必要的劳动时间，转化为生产以它为要素的其他商品所必要的劳动时间的组成部分。在劳动力商品化条件下，一般产品价值由生产资料转移的价值、劳动力转移的价值和活劳动创造的新价值构成。劳动力价值还会发生代际转移。② 有些学者研究了现代马克思主义经济学中的利己和利他经济人假设，认为利己和利他经济人假设不仅是对传统马克思主义政治经济学的创新，也是对西方经济理论的超越。③ 还有学者研究了现代马克思主义经济学的“资源与需要双约束”假说，认为资源与人的需要并不是相互独立的概念范畴，在任何时期两者之间存在相互的规定性，都处于有限状态，并对经济活动产生双重约束；在长期中，由于科学的发展和技术的进步，资源和需要的范畴同时得以扩展而在理论上处于无限状态。正是人类的创新活动不断突破资源与需要的双重约束，才使得社会经济不断向前发展。④ 也有学者研究了现代马克思主义经济学的“公有制高绩效”假说，认为无论是在计划经济还是在市场经济条件下，公有制都能达到社会绩效最大化。公有制能达到社会绩效最大化体现在，相对于私有制它更有利于宏观经济效率的提升以及注重社会公平等。公有制要达到社会绩效最大化需要具备一定的前提条件。⑤ 有学者研究了公平与效率互促同向变动假说，认为公平与效率间存在“互促同向变动”的内在关联。这一内在关联性之所以存在，从基本逻辑来看，是由于公平与效率都服务于人类发展和福利最大化这一终极目标，二者具有逻辑上的一致性和统一性。更为严谨的经济理论模型论证也表明，二者在内在关联性上的确属于“互促同向变动”性质。⑥

---

① 方兴起：《理论假设：发展马克思主义经济学的探讨——兼与陈文通教授商榷》，《华南师范大学学报》（社会科学版）2011 年第 2 期。

② 郑志国：《劳动力价值的形成和转移及其代际关系——新的活劳动创造价值假设中的若干难点探析》，《华南师范大学学报》2011 年第 2 期。

③ 李福增、袁溥：《论现代马克思主义政治经济学利己和利他经济人假设》，《华南师范大学学报》（社会科学版）2011 年第 2 期。

④ 陈奇斌：《现代马克思主义经济学的“资源与需要双约束”假说》，《华南师范大学学报》（社会科学版）2011 年第 2 期。

⑤ 张球：《论公有制高绩效假设》，《华南师范大学学报》（社会科学版）2011 年第 2 期。

⑥ 刘佑铭：《论公平与效率“互促同向变动”的内在关联性》，《华南师范大学学报》（社会科学版）2011 年第 2 期。

（三）重大现实问题研究

2011年度，马克思主义基本原理研究的一个突出特点，就是学界加宽、加深了马克思主义基本原理的应用研究，出现了一批运用马克思主义基本原理解释和解决社会现实问题和具体问题的成果。如，有学者运用马克思主义经济学原理分析财富的创造与分配问题，就如何防范和控制金融风险，提出了"市场+时间"的"金锁制"主张，有学者运用马克思主义基本原理研究社会主义法治问题，认为只要坚持把马克思主义基本原理和中国实际相结合的科学原理，运用马克思主义基本原理建设社会主义法治，人类社会的法治进步就会被注入新的有生力量。有学者运用马克思主义基本原理研究提升国家软实力问题，有学者研究住房问题，等等，内容涉及社会经济、政治、文化等方方面面。①

1. 公有制经济和国有企业问题

关于公有制经济的地位和作用。有学者认为，公有制的主体地位主要体现在公有资产在社会总资产中占优势，这种优势更重要的是表现为质的优势，即公有资产在关键性的涉及国民经济命脉、战略全局和发展方向的生产资料上占优势；是在先进的具有导向性、控制性的生产资料上占优势，并且不断提高进步发展壮大。这样，公有制经济才能控制国民经济命脉，对国民经济发展起主导作用，具有强大的控制力、影响力和带动力。国有经济的作用，一是帮助政府调控经济，二是为保证社会公平提供经济基础。发展公有制经济有利于防止两极分化。② 有学者认为，从本质上说，搞社会主义，搞公有制或公有制为主体，其目的和任务就是解放和发展生产力，消灭剥削、消除两极分化，最终达到共同富裕。而公有制正是实现社会主义本质的制度安排和必要条件。国有经济在社会主义制度中的地位和作用表现在：它是社会主义经济制度的内在构成要素；它是社会主义国家对经济运行更为有效地实行宏观调控的经济手段；它是我国先进生产力的代表，是国民经济的支柱；它是保证我国经济独立自主和国家安全、应对国际竞争和突发事件、保障国家安全的重要支柱；它是共产党执政的经济基础和物质手段。③ 有些学者认为，以国有经济为主导的公有制，是我国经济社会发展的主要推进力量，是国家高效调控经济的主要产权基础，是国家实现经济自主发展和参与国际高端竞争的重要经济条件，是实现科学发展的重要保障。取消公有制不是中国特色社会主义的发展方向。④ 也有学者认为，在社会主义制度下，发展国有经济不是弥补市场失灵，而是因为在社会化大生产条件下，公有制优于私有制，能促进社会生产力更快发展。我们发展国有经济就是着眼于它最能推动经济快速发展、巩固社会主义制度和保证全体人民生活水平不断

---

① 陈先达：《历史唯物主义的史学功能——论历史事实·历史现象·历史规律》，《中国社会科学》2011年第2期。张彦：《论财富的创造与分配》，《哲学研究》2011年第2期。李春敏：《马克思恩格斯对城市居住空间的研究及启示》，陈文彬：《运用马克思主义基本原理建设社会主义法治》，《中国司法》2011年第2期。徐晨光、黄象品：《中国共产党强党兴国的根本大道——党不断推进马克思主义基本原理同中国具体实际相结合科学化的思考》，《湖南社会科学》2011年第2期。周新城：《中国特色社会主义与马克思主义基本原理的关系——兼论关于我国社会主义初级阶段基本经济制度的若干认识问题》，《中国延安干部学院学报》2011年3月。

② 刘国光：《深化对公有制经济地位和作用的认识》，《人民日报》2011年6月21日。

③ 卫兴华：《夯实中国特色社会主义的经济基础》，《光明日报》2011年8月15日。

④ 程恩富、侯为民：《准确认识社会主义初级阶段基本经济制度》，《光明日报》2011年9月28日。

提高。[①] 还有学者指出，现代经济层次性、社会性、虚拟化的基本特征为公有制的建立和加强提供了现实基础。公有制的功能定位应从生产力和生产关系两个方面界定。[②] 有学者分析了当前私有化思潮的若干观点，指出了它的实质和危害，并对其攻击公有制和国有经济的一些观点进行了批驳。[③] 有学者从国有经济的历史使命角度研究表明，现代市场经济条件下，社会主义国有经济肩负的历史使命在本质上没有改变，但在表现形式和实现方式上有所调整。现阶段应保证我国国有经营性资产在全社会经营性资产中居优势地位，并注重从生产力和生产关系两个层面提高国有经济的发展质量、发挥其主导作用。[④]

关于国有企业是否存在低效率问题以及如何深化国有企业改革。有些学者运用层次分析法（AHP）构建了一个关于我国国有企业效率的综合评价指标体系，从经济效率和社会效率两个层面对我国国有企业效率进行科学全面的评判。实证分析表明，我国国有企业整体效率并不比私营企业低，无论在经济效率还是社会效率上都占有一定的优势，并且近年来是不断提高的。[⑤]

有些学者指出，必须继续遵循经济规律，深化国有企业改革，进一步做强做优国有企业。应遵循市场运行规律，有序推进国有企业管理体制改革，进一步理顺国有资产监管体制、运营体制与政府行政管理体制之间的关系，避免政出多门及决策与执行相混淆，奠定确保国有资产保值增值的体制基础。应遵循产业发展规律，不断优化国有企业布局结构。继续建立和完善推动国有经济布局结构调整的国有资产运营平台和推动产业升级换代的产业投资平台，着力打破地区封锁和行业壁垒，消除制约国有企业按照市场化原则实行跨地区、跨行业兼并重组的体制障碍，积极探索国有资产监管运营机构直接持有上市国有企业股权，鼓励国有企业之间的重组和企业内部的重组。应遵循企业发展规律，持续提升国有企业内部管理水平。继续完善公司治理结构，使董事会的运作制度化、规范化、程序化，建立更加完善的科学决策体制和内部制衡机制。持续推进企业内部三项制度改革，更好地实现人事、用工和分配制度与市场接轨，科学调整国有企业内部收入差距，建立激励规范、约束有力的国有企业领导人员薪酬制度和奖惩制度。应遵循国际竞争规律，着力培育国有企业国际竞争能力。进一步完善支持国有企业自主创新的考核政策和中长期激励制度，加大国有资本预算对自主创新的支持，科学设置国有企业科研投入和研究开发经费占销售收入比重的增长数量目标。[⑥]

2. 关于转变经济发展方式的进一步讨论

一是关于转变经济发展方式的理论基础的研究。有些学者以马克思主义经济学为分析框架，探究转变经济发展方式的根本指向，由此形成了三个命题，即生产的指向：大众消费；

---

① 本刊记者：《客观、公正地看待社会主义制度下国有经济的地位和作用——访中国人民大学经济学院教授胡钧》，《马克思主义研究》2011 年第 2 期。

② 柳泽民：《公有制的现实基础与社会功能——兼评陈志武教授私有化论调》，《马克思主义研究》2011 年第 3 期。

③ 查朱和：《关于我国经济私有化思潮的思考》，《马克思主义研究》2011 年第 4 期。

④ 王佳菲：《现代市场经济条件下我国国有经济历史使命的再认识》，《马克思主义研究》2011 年第 9 期。

⑤ 陈波、张益锋：《我国国有企业高效率论——基于层次分析法（AHP）的分析》，《马克思主义研究》2011 年第 5 期。

⑥ 程恩富、胡乐明：《遵循经济规律 做强做优国有企业》，《人民日报》2011 年 11 月 16 日。

发展生产力的指向：满足人的需要；技术进步的指向：人的解放和全面发展。[①] 还有些学者认为，目前人类正处于由自觉人—工业文明—集约式—金钱至上高碳市场经济的经济模式向自由人—生态文明—循环式—以人为本低碳循环经济的经济模式转变的历史时期，这为中国经济转型提供了历史机遇。[②]

二是关于转变经济发展方式的途径。有些学者针对当前中国经济的发展状况，提出转变对外经济发展方式的“新开放策论”。[③] 有学者指出，当前我国转变经济发展方式面临的难点是：转变经济发展方式同当前的政绩观相矛盾；转变经济发展方式缺乏应有的经济体制基础；转变经济发展方式的科技基础薄弱。[④] 有学者认为，要使转变经济发展方式取得实质性进展，关键要创造有利于转变经济发展方式的基本条件，具体包括市场条件、体制条件和政策条件三大方面。[⑤] 有学者指出，中国跨越“中等收入陷阱”的关键是，改变经济增长对外生条件比较优势的过于依赖，以开放创新为基础，分别以自主创新、产业转型、加大创新投入以及战略性贸易政策为基础，着力提升长期竞争优势、国际分工位势、发展战略性新兴产业以及突破体制机制障碍，加快对内对外经济发展方式转变，为中国经济发展寻求新的持续发展空间。[⑥]

3. 关于当前社会主义核心价值观研究

价值问题是马克思主义基本原理研究的一个重要问题。近些年，随着国家社会主义核心价值体系建设的提出和实施，关于社会主义核心价值观及建设问题成为学界普遍关注的问题，2011年，马克思主义基本原理学科的学者运用基本原理，对什么是社会主义核心价值观及其内容概括，如何建设社会主义核心价值体系等问题，进行了深入探讨。

首先，关于什么是社会主义核心价值观及其内容概括，学者们从不同角度、不同层面进行了广泛而深入的探讨。有学者认为，社会主义核心价值观凝练应体现“世情为鉴、国情为据，马学为体、西学为用、国学为根，综合创新”的科学精神，可以细化为“自由集体观、民主集中观、文明进步观、和谐仁信观、富强和平观”，并可进一步浓缩为“自由、民主、文明、和谐、富强”五个词。有学者认为，社会价值体系是作为追求什么价值和怎样追求价值根据的内在价值原则系统，由目的、手段、规则和控制四个子系统构成，这四个子系统的基本原则就构成了价值体系的核心理念。在当代中国，要以幸福作为社会的终极目的，以普遍幸福作为社会价值体系的终极目的原则和理念。有学者认为，社会主义核心价值理念的提炼，必须以马克思主义，特别是中国特色社会主义理论为指导，立足于实践，借鉴人类一切优秀文化成果，其主要内容：人本、公正、民主。有学者认为，社会主义的价值观的科学内涵，可以概括为“以人为本，民主公正”。以人为本，侧重于社会主义性质和本质的层面，

---

① 鲁保林、赵磊：《转变经济发展方式：三个命题》，《马克思主义研究》2011年第1期。

② 程言君、王鑫：《论加快转变经济发展方式的规律基础和历史使命——基于人的发展和人力产权实现的视角》，《马克思主义研究》2011年第1期。

③ 程恩富、侯为民：《转变对外经济发展方式的“新开放策论”》，《当代经济研究》2011年第4、5期。

④ 杨圣明：《我国转变经济发展方式的难点与对策》，《河北经贸大学学报》2011年第1期。

⑤ 顾钰民：《论加快转变经济发展方式的三大条件》，《毛泽东邓小平理论研究》2011年第1期。

⑥ 陈亮：《中国跨越“中等收入陷阱”的开放创新——从比较优势向竞争优势转变》，《马克思主义研究》2011年第3期。

民主公正，则侧重于政治关系和社会关系变革的层面。有学者认为，社会主义核心价值观存在于马克思主义理论、社会主义实践和亿万人民的头脑中，其内容是：以人为本、实事求是、独立自主。①

其次，在如何建设社会主义核心价值观问题上，角度和层面不同，学者们的观点各不相同。有学者从经济学的视角对科学社会主义的价值观进行了解读，认为当前市场经济的一些负面影响带到社会生活中来，成为影响价值观的重要因素，因此，要在全社会范围内统一思想认识，让科学、健康、规范的社会价值观念引导全民的意识形态、行为模式，构建和谐社会。有学者认为，推进社会主义核心价值体系大众化，是维护国家意识形态安全的战略需要，它对抵御西方意识渗透和排除错误思潮干扰、重塑国民理想信仰和道德精神以及提升国家文化软实力具有重大意义。实现社会主义核心价值体系大众化，要以社会主义核心价值体系的通俗化、具象化和普及化推进其为大众认知理解；要以增强社会主义核心价值体系的说服力、公信力和合法性推进其为大众认同内化；要以社会主义核心价值体系的制度化、政策化和规范化推进其为大众实践外化。有学者基于马克思主义意识形态观来理解社会主义核心价值体系问题，认为，社会主义核心价值体系认同元问题存在复杂性，即人类基本价值是人民群众对社会主义核心价值体系进行认同的原本基础，而社会主义核心价值体系认同的目标实际上是增进人民群众对马克思主义意识形态的认同，因此，构建社会主义核心价值要从人的内在需求出发，追寻意识形态与人类基本价值的辩证统一，否则再精致的语言，再巧妙的宣传都会丧失意义。②

综上所述，当前无论关于社会主义核心价值观的内容概括，还是如何建设社会主义核心价值体系，学界争论很激烈；通过争论，人们对社会主义核心价值观的理解也会日益深化。

## 三　简要评论

2011年马克思主义基本原理学科建设在各方面都有了重要进展，取得了重要成绩，但同时，由于学科设立时间较短，学科建设特别是理论研究方面还存在一些不足，这也是今后学科建设需要努力的方向。

1. 努力从当今时代科技发展最新成果中深刻理解、认识和丰富马克思主义基本原理

生产力是人类实践发展的最终的决定性因素，科学技术是生产力最核心内容，科技进步对人类实践发展具有革命性意义。科学技术发展到什么水平，人类实践就达到什么水平，人

① 马俊峰：《富裕、民主、公正、和谐：中国特色社会主义的核心价值理念》，《湖北大学学报》2011年第3期。江畅：《幸福：当代社会价值体系的核心理念》，《湖北大学学报》2011年第3期。孙伟平：《论中国特色社会主义核心价值理念》，《湖北大学学报》2011年第3期。包心鉴：《以人为本、民主公正：社会主义核心价值的科学内涵》，《理论学刊》2011年第1期。田心铭：《中国社会主义核心价值观：以人为本，实事求是，独立自主》，《马克思主义研究》2011年第11期。

② 周玉：《论社会主义核心价值体系大众化的科学内涵及其实现路径》，《重庆大学学报》2011年第17期。银燕：《从经济学的视角科学把握社会主义核心价值观》，《科学社会主义》2011年第1期。陆树程、崔昆：《论社会主义核心价值体系认同的元问题——基于对马克思主义意识形态观的一种理解》，《马克思主义研究》2011年第8期。

类社会经济、政治、思想文化等总体状况也就随之达到什么状态。马克思主义基本原理不是经院哲学，而是认识世界、改造世界的思想武器，它时刻需要关注人类实践和科学技术发展最新成果，在解释和解决人类实践提出的新情况新问题的同时，丰富和完善自身。因此，“哲学作为世界观绝不能离开自然科学，以自然科学的成果来支撑世界观，丰富和发展世界观，就成为不能回避的难题。”①

回顾以往研究可以看出，一方面，当前我国理论界关于马克思主义基本原理研究大多单纯从理论角度来理解和把握，缺乏对人类实践和科学技术最新成就的概括和提炼。从纯理论角度研究当然是必要的，但是，缺乏科学技术角度的研究会造成对马克思主义基本原理认识的表面化和肤浅化，只是从理论上知道应该如此，但并不太了解何以如是。科学技术不同于纯粹理论，科技成果是人类主体在自觉认识、改造自然过程中，主体与客体相互作用的结果，是认识、理解和完善马克思主义基本原理的根基和关键。从自然科学成果角度解读马克思主义基本原理是我们更深刻、更内在地理解马克思主义的关键。

另一方面，从目前已有的从科学技术角度研究马克思主义基本原理的成果来看，存在很多缺点，结果难以令人满意，表现在：第一，缺乏对最新的特别是新世纪以来的科学技术前沿的概括和提炼，在讨论科学技术与马克思主义的关系的时候，主要依据的还是传统自然科学，如 20 世纪的相对论、量子力学、量子场论、重整化及复杂系统、生命科学及控制论、突变论、协同学、耗散结构理论等一系列自然科学理论，所揭示和印证的主要是马克思主义辩证唯物主义世界观，如关于世界的物质图景问题、宇宙有限还是无限问题、物质结构是否无限可分问题等等。事实上，近十几年来，以信息技术为引导、互联网的普及，人类的科学技术和实践都发生了翻天覆地的变化，它对马克思主义理论的意义不再局限于辩证唯物主义世界观，而是更直接深入到马克思主义价值观及人的生活、社会关系等更广阔的领域，因而也更具深远意义和价值。我们需要的是从这些最新成果中去观察、思考马克思主义基本理论。第二，泛泛而谈，没有抓住当今时代科学技术的核心理论，因而关于科学技术与马克思主义基本原理内在关系的研究也往往停留在表面，难以深入。目前人们研究较多的如人工智能与人的身心关系，人类基因组研究及克隆技术对社会伦理的挑战，转基因技术、纳米技术与生命伦理的思考，等等，这些科技成果确实都对人类社会的生产和生活产生了重大影响，但是我们需要研究的是这些科技成果中最核心的、起引领带动作用的成果，是对人类生产方式、生活方式和思维方式等都发生全面而深刻改变的科技成果，是对人类世界历史具有根本性变革意义的科技成果。无疑，在最前沿科学技术成果中，信息技术、互联网的普及应用是其他科技成果无法相比的，互联网对人类生活的影响最核心的内容就是信息的自由创作、瞬间传播和人人共享，信息革命对人类生产方式、生活方式、思维方式等的深度影响是前所未有的。我们应该通过对信息技术和互联网的价值及其普遍应用对人类的影响的研究，去回应马克思主义基本原理的历史超越性和穿透力，并运用马克思主义基本原理解释和解决信息时代、互联网时代出现的新情况新问题，彰显马克思主义基本原理的生命力，并在这一过程中，丰富、充实和完善马克思主义基本原理。

---

① 黄枬森主编：《马克思主义哲学体系的当代构建》（序），人民出版社 2011 年版，第 8 页。

2. 努力把马克思主义哲学研究与马克思主义基本原理研究融合起来

马克思主义哲学研究是马克思主义基本原理研究的基础和核心部分，在马克思主义基本原理学科设立之前，基本原理研究主要是在马克思主义哲学原理学科之中。习近平在中央党校2011年春季学期第二批入学学员开学典礼上强调认真学习马克思主义经典著作时，特别强调要着重学习马克思主义哲学："领导干部学习马克思主义经典著作，尤其要注意学习马克思主义哲学。哲学是人类的智慧之学。在马克思主义三个组成部分中，哲学是基础。掌握马克思主义哲学，是掌握马克思主义完整科学体系的重要前提。今天，我们的领导干部要正确判断形势，在错综复杂的形势变化面前保持头脑清醒，坚定理想信念，科学分析我国发展面临的机遇和挑战，全面看待前进道路上的主流和支流、出现的矛盾和问题，都离不开马克思主义哲学的指导，离不开辩证唯物主义和历史唯物主义的思想方法。学好马克思主义哲学，把思想方法搞正确，增强工作中的科学性和全面性，才能不断开创各项工作的新局面。"[①] 哲学是基础，只有在马克思主义哲学研究上狠下工夫，才能吃透马克思主义基本原理及其根本精神，从而才能正确判断形势，保持头脑清醒，创造出卓然超群的高水平成果。

从当前理论界现状看，马克思主义哲学原理研究与马克思主义基本原理好像是两块相关不大的领域，从事马克思主义哲学研究的学者，很少从学科角度来思考马克思主义基本原理问题，而从事马克思主义基本原理研究的学者，也很少从马克思主义哲学研究的最新成果中汲取有价值的东西充实基本原理研究。在人们的一般印象中，哲学是研究形而上学的，对于现实问题的解释和解决迂远不切实际，而基本原理学科研究是从整体上研究马克思主义的，主要的是把马克思主义哲学、政治经济和科学社会主义辩证统一起来。表面上看是这样，但实际上并非如此。如果没有马克思主义哲学研究的深度和穿透力，要把马克思主义哲学、政治经济学和科学社会主义辩证统一起来，是难以想象的，最终会因缺少实质性内容而难有令人满意的成果。同样，马克思主义哲学研究如果缺少马克思主义基本原理整体性的视野和空间，也容易越研究路越狭窄，最终真的进入抽象空洞的经院哲学境地。

马克思主义基本原理研究要充实内容，深入发展，必须要与马克思主义哲学原理研究融合起来，吸纳哲学原理研究的新成果，学习哲学原理研究的方法。

3. 努力在直面现实问题研究中提升马克思主义基本原理生命力和价值

马克思主义基本原理不是经院哲学，它是用来解释和解决现实问题的，马克思主义基本原理只有在解释和解决现实问题中才显示出其理论魅力和价值，同时，马克思主义基本原理也只有在解释和解决现实问题中才能获得生生不息的发展源泉。马克思主义基本原理研究必须要在直面现实问题中彰显马克思主义的生命力，突出马克思主义的深刻性。

从当前马克思主义基本原理学科界现状看，一方面，马克思主义基本原理研究偏重在理论研究层面，理论研究和现实研究难以做到有效衔接，这突出表现在马克思主义经济学理论研究方面，很多人局限于马克思主义经典作家的论述，难以适应当代社会发展的需要，运用马克思主义理论解读现实问题、提出重大政策主张的能力不足，导致马克思主义的社会影响

① 《习近平在中央党校春季学期第二批入学学员开学典礼上强调认真学习马克思主义经典著作 不断推进中国特色社会主义事业》，《人民日报》，2011年5月14日。

力下降。另一方面，马克思主义学者对重大现实问题发表意见或提出政策主张往往缺少充分的理论支撑，政策、建议缺乏系统性和连贯性，常常令人感到困惑。这种状况实际上反映出当代马克思主义发展的一个困境。这个困境的症结就在于，不能正确区分马克思主义基本原理中不变的根本原则与可变的具体结论之间的界线。马克思主义基本原理理论体系、马克思主义的根本原则是马克思主义的最核心部分，它不是一个或几个具体原理，而一个原理体系，是涵盖马克思主义辩证唯物主义世界观、价值观、实践论及其内在联系的辩证统一体，它的核心内容是不变的，但是会随着时代发展而像滚雪球一样不断充实、不断丰富。马克思主义基本原理研究需要深刻揭示这一原理体系的内在关系，把握基本原理的核心思想和根本精神，在此基础上，运用这一根本思想去解释和解决各个时代人类实践出现的新情况新问题，得出具体结论，再用以指导具体实践。因此，用以指导社会的经济、政治等发展中出现的具体问题的具体理论，是随着时代的发展和实践的需要而不断创新的，与人们的生活密切相连的政治、经济理论研究更是如此。

用以指导具体实践的马克思主义政治、经济理论的创新研究之所以是必需的，是因为当今时代，资本主义和社会主义的现实与马克思恩格斯生活的那个时代已经出现很大差别，马克思和恩格斯基于他们生活的那个时代、根据他们所提出的基本原理和根本原则分析当时的经济社会状况而得出的某些具体结论，已经不适应当前的社会经济发展现实，如果固守马克思恩格斯当年得出的一些具体结论，来分析当前复杂多变的社会经济现实，就属于教条主义、本本主义，既不会得到正确的结论，还会被人嘲笑。因此，当前马克思主义政治、经济理论研究，一方面要下工夫学习、理解和掌握马克思主义基本原理理论核心和根本原则，深刻领会其根本精神；另一方面要切实调查研究，搞清楚实践中遇到的问题的实质，再运用马克思主义基本原理分析，得出具体结论，反过来再用这一具体结论去指导实践，即从抽象上升到具体，再从具体上升到抽象；从理论到实践，再从实践到理论，第一个抽象和理论是马克思主义基本原理理论核心和根本原则，第二个抽象和理论就是用以指导实践的具体结论。用以指导具体实践的马克思主义政治、经济理论只有与时俱进，适应时代需要而有重大突破和创新，才可以真正成为我国改革和发展的指导思想。真正的马克思主义者即真正掌握了马克思主义根本原则和根本精神的人，敢于直面现实，在正确解释和解决现实问题的过程中彰显马克思主义的生命力。

（供稿人：张建云　彭五堂　孙应帅　刘志明）

# 第二章　马克思主义中国化

马克思主义中国化，是马克思主义同中国革命、建设和改革发展的具体实践相结合的过程。作为马克思主义研究中实践性最强的学科之一，“马克思主义中国化研究”学科既关注马克思主义中国化的历史进程、基本经验和基本规律，也关注马克思主义中国化的主要理论成果以及马克思主义视野下当代中国的重大理论与现实问题。不断推进马克思主义中国化研究学科建设，对于推进马克思主义理论研究和建设工程，对于繁荣我国哲学社会科学具有重要意义。

## 一　研究概况

### （一）全国“马克思主义中国化研究”学科建设概况

“马克思主义中国化研究”学科自设立以来，其建设和研究以马克思主义中国化为主线，以中国化的马克思主义为主题，以中国特色社会主义的理论和实践为重点，密切结合中国共产党领导人民在中国特色的新民主主义革命道路、社会主义革命道路和社会主义建设道路的探索中所进行的艰苦实践和理论总结，深入研究马克思主义中国化的历史进程和基本经验，系统掌握马克思主义中国化的两大理论成果的主要内容和精神实质，深刻揭示马克思主义中国化和中国化的马克思主义不断发展的基本规律。2011 年，马克思主义中国化研究学科建设在广度和深度上都有所拓展，研究成果颇丰。

1. 学科建设稳步推进

“马克思主义中国化研究”作为马克思主义理论一级学科下设的二级学科，其设立时间不过 6 年，可谓是一个新学科。但是，作为一个理论研究和学术领域，对于马克思主义中国化的研究早已有之。学科设立之前，就有一些高校和研究机构在“中共党史”、“科学社会主义”等二级学科下增设了“马克思主义中国化”或“中国化的马克思主义”等研究方向，也有相当一部分研究生撰写了这些方面的学位论文。

随着马克思主义中国化研究自身的发展和国家对马克思主义中国化研究学科建设的重视，越来越多的研究机构和高等院校，在马克思主义理论一级学科下设立了“马克思主义中国化研究”二级学科。目前，马克思主义中国化研究学科拥有 50 个左右的博士学位点，积累了一定的人才培养和队伍建设的经验。

同时，作为一个年轻的学科，马克思主义中国化研究本身在学科内涵与特点、研究方向与内容、人才培养与队伍建设、课程设置等一系列学科建设的问题上还需要进一步研究和探讨。2011 年度，学术界继续围绕以上问题展开了深入研究。

关于马克思主义中国化研究学科内涵的界定，学术界存在两种不同的思路。一种是把“马克思主义中国化研究”学科与“马克思主义中国化”概念等同，认为马克思主义中国化研究的学科内涵就是“相结合”，包括马克思主义理论同中国的实践相结合、马克思主义理论同中国的历史传统相结合、马克思主义理论同中国的民族文化相结合。另一种是以马克思主义理论一级学科及所属二级学科的划分为依据诠释学科内涵。关于马克思主义中国化研究的任务，学术界认为，主要是通过对马克思主义中国化的历程及其基本规律、基本经验的研究，通过对中国化的马克思主义理论成果的研究，通过运用包括中国化的马克思主义在内的马克思主义的立场、观点和方法对当代中国和世界的现实问题的研究，为中国共产党的理论创新和形成新的创新成果提供思想材料。[①]

关于马克思主义中国化研究的学科发展方向，学术界一致认为，加强马克思主义中国化研究，推进马克思主义中国化研究向学科化方向发展，是必然选择。北京大学、清华大学、人民大学、中国社会科学院研究生院等高校和科研单位将马克思主义中国化与中国化马克思主义形成发展的历史进程及其规律、毛泽东思想研究、中国特色社会主义理论与实践研究、马克思主义在中国的传播史等内容设为学科研究方向。也有学者强调，当前在整体上推进马克思主义中国化研究向学科化方向发展的同时，要特别注重加强马克思主义中国化学科建设的应用性研究。[②] 可以说，2011 年度，马克思主义中国化研究学科建设和研究工作在已有基础上稳步推进。

2011 年 6 月 20 日，习近平在中共中央组织部、全国党建研究会召开的纪念中国共产党成立 90 周年党建研讨会上提出了推进马克思主义中国化研究的“四个一定要”，即推进马克思主义中国化，一定要以科学态度对待马克思主义，正确处理坚持和发展、一脉相承和与时俱进的辩证统一关系；一定要胸怀共产主义远大理想，坚持以我们正在做的事情为中心，充分尊重人民群众的伟大实践和创造；一定要以宽广的眼光密切观察世界局势的发展变化，积极借鉴吸收人类文明一切优秀成果；一定要坚持不懈地用党的理论创新成果武装党员干部头脑，不断提高全党的思想理论水平。“四个一定要”为马克思主义中国化研究学科建设和研究工作指明了方向、明确了目标、提出了要求。

2. 理论研究不断深入

从 2011 年发表的文献资料来看，以中国期刊全文数据库、中国博士学位论文全文数据库、中国优秀硕士学位论文全文数据库、中国重要会议论文全文数据库、中国重要报纸全文数据库等数据库为文献检索基础，题名中分别以含有“马克思主义中国化”、“中国化马克思主义”、“中国马克思主义”为关键词，检索到的文献分别为 616 篇、52 篇、164 篇；题名中含有“毛泽东”这一关键词的文献 1590 篇，其中含有“毛泽东思想”的 166 篇；题名中含有“中国特色社会主义”为关键词的文献 1122 篇，其中含有“中国特色社会主义理论体系”的 241 篇；题名中含有“邓小平”这一关键词的文献 571 篇，其中含有“邓小平理论”的 33

① 罗本琦：《马克思主义中国化研究学科建设》，《光明日报》2011 年 1 月 31 日第 11 版。

② 张俊鸿：《加强马克思主义中国化学科建设的应用性研究》，《学习月刊》2011 年第 1 期。

篇；题名中含有“江泽民”的文献92篇，题名中含有“‘三个代表’重要思想”的17篇；题名中含有“科学发展观”的文献1723篇。如果将其他各个具体学术领域包含的相关研究考虑进去，则实际内容会更加丰富，文献数量也会更多。

根据对中国国家图书馆中文普通图书的检索，2011年出版的正题中含有“马克思主义中国化”这一关键词的著作为21种；含有“毛泽东”这一关键词的119种，其中“毛泽东思想”的39种；含有“中国特色社会主义”关键词的63种，其中“中国特色社会主义理论体系”的38种；含有“科学发展观”这一关键词的有27种。

2011年度国家社科基金资助项目中，课题名称中含有“马克思主义中国化”、“毛泽东”、“中国特色社会主义”的项目分别有8项、5项和12项。

马克思主义中国化研究学科中理论研究之深入和成果之丰硕可见一斑。

2011年，马克思主义中国化研究学科的理论研究不断深入，同时也展现了新的趋势和特点。

第一，马克思主义中国化的内涵即关于马克思主义中国化的历史进程、基本经验和基本规律以及马克思主义中国化的主要理论成果等内容，以及“中国模式”、马克思主义中国化研究的学术史、马克思主义中国化的传播史、马克思主义中国化与传统文化、中国共产党的历代领导人对马克思主义中国化的历史贡献以及关于马克思主义中国化、时代化、大众化的整体性研究，仍然是研究和关注的焦点。在众多研究成果中，不乏大作和力作。如包心鉴主持的国家社科基金项目“马克思主义中国化的基本规律和当代走向”的最终研究成果，经同行专家鉴定以优秀等级结项，并由人民出版社出版。

第二，以中国共产党建党90周年为契机，理论界更加关注马克思主义中国化的主体这一问题。有学者甚至强调中国共产党才是推动马克思主义中国化的唯一主体，应将马克思主义中国化的历程与中国共产党的历史结合起来。在众多研究成果中，也展现了对于中国共产党早期人物如李大钊、瞿秋白、陈独秀等以及党的历代领导集体中以往不太受学术界关注的领导人对马克思主义中国化的历史贡献的越来越浓厚的研究兴趣。

第三，对于马克思主义中国化的研究更加系统、细致和具体。除了马克思主义中国化的必然性、可能性等问题之外，学术界更多关注马克思主义中国化的动力机制、实现机制、历史路径等问题。有学者指出，在中国共产党90年的发展历程中，马克思主义中国化所形成的丰硕创新成果具体展现为四种存在形态：一是中国化的理论体系，这就是毛泽东思想和中国特色社会主义理论体系；二是中国化的实践道路，这就是以“农村包围城市、武装夺取政权”为核心的中国新民主主义革命道路、适合中国特点的社会主义改造道路、中国特色社会主义道路；三是中国化的政策体系，这就是党在革命、建设和改革不同时期提出的一系列行之有效的方针政策；四是中国化的民族风格，这就是把马克思主义基本原理同中国的具体实践、文化传统和民族特点相结合，形成的中国特色、中国风格、中国气派的马克思主义。[①]

第四，海外马克思主义中国化研究方兴未艾。马克思主义中国化是一个长期的历史过程，从90多年前就已经开始的这一历程，现在仍在持续。这本身就说明马克思主义的真理性和强

① 金民卿：《马克思主义中国化的历史路径》，《深圳特区报》2011年4月26日。

大生命力。国外学者对马克思主义中国化的关注和研究早已有之，尽管他们关于马克思主义中国化的研究并不一定冠以“马克思主义中国化”的标题。伴随着中国共产党所领导的中国革命、改革和发展的历程，国外学者也在寻求中国种种变革背后的巨大力量和原因所在。有些国外学者试图从中国共产党的一代代功勋卓著的领导人身上寻求答案，因此他们更倾向于以研究毛泽东、邓小平、江泽民、胡锦涛等中国共产党的代表人物，通过探寻代表人物在中国社会变革中的言行来阐释自己的观点和看法。2011 年，伴随着席卷世界的经济危机的蔓延，国外更多的学者将探求的目光转向希望所系的中国。马克思主义中国化这一问题成为探寻中国力量、中国责任和“中国模式”过程中不可回避的一个重要问题。

3. 学术活动异彩纷呈

2011 年，国内学术界结合纪念中国共产党成立 90 周年等主题，举办了多次理论研讨会等学术活动，整合、交流和宣传马克思主义中国化的最新研究成果，推动了马克思主义中国化理论研究与宣传的深入进行。其中代表性的有：

——1 月 5 日，中国社会科学院马克思主义研究院马克思主义中国化研究部举行了“马克思主义中国化论坛”开坛仪式暨“中国特色社会主义与科学社会主义”学术研讨会，将“马克思主义中国化论坛”网站这一网络交流平台、网络传播阵地同现实交流研讨结合起来，实现了网上网下两个论坛的有效互动。

——4 月 10 日，由中国社会科学院马克思主义研究院特别指导，受求是理论网特别支持，由《文化纵横》杂志社与复旦大学思想史研究中心主办的“中国模式与马克思主义中国化”的学术论坛召开。与会专家围绕“中国模式与马克思主义中国化”视角下的意识形态创新、执政思路演进、市场经济实践和社会文化建设等重要问题展开了热烈研讨。

——7 月，由中共北京市委宣传部、北京市中国特色社会主义理论体系研究中心、北京市社科联、北京大学、清华大学、中国人民大学、北京师范大学联合举办的庆祝中国共产党成立 90 周年——“马克思主义中国化论坛 · 2011”在中国人民大学举行。专家们指出，中国共产党的 90 年，是为实现中华民族独立和人民解放、国家富强与人民幸福不懈奋斗的 90 年，是不断推进马克思主义中国化并取得重大理论成就的 90 年。学习和研究党的历史，特别是教育青年大学生学习和研究马克思主义中国化的历史，才能更好教育青年们立足国情，把握世情，不断开创马克思主义中国化的新境界。

——9 月 15 日，由中国社会科学院中国特色社会主义理论体系研究中心主办、陕西省社会科学院承办的“全国社会科学院系统中国特色社会主义理论体系研究中心第十六届年会暨学术研讨会”在西安召开。本届会议以“党的领导与中国特色社会主义”为主题，以中国特色社会主义理论体系与社会发展阶段、坚持以人为本与转变发展方式、党的建设与区域协调发展为专题，并从党的领导与中国特色社会主义发展阶段、科学发展观与中国特色社会主义理论体系、以人为本与社会主义本质、以人为本与转变发展方式、党的领导与学习型党组织建设、区域协调发展与新一轮西部大开发战略实施等 6 个方面，对中国特色社会主义的重大理论和实践问题展开了深入研讨。

——10 月，由中央党校马克思主义理论教研部与中共广西自治区委党校联合主办的第三届“中国特色社会主义论坛”在广西南宁召开。论坛的主题是“90 年来马克思主义中国化的历史经验”。与会者围绕马克思主义中国化、时代化、大众化的内涵和相互关系、90年来马克思主义中国化的历史经验、中国道路的开创和基本特征、如何深化中国特色社会主义理论体系研究等问题进行了研讨。

——11月21日至22日，由中国中共文献研究会毛泽东思想生平研究分会和广州大学共同主办的“毛泽东与马克思主义中国化”学术研讨会暨中国中共文献研究会毛泽东思想生平研究分会2011年年会在广州召开。来自中共中央文献研究室、中共中央党校、中央档案馆、中国社会科学院等单位及北京大学、中山大学、广州大学等高校的专家学者100余人出席了会议。与会学者围绕毛泽东对马克思主义中国化的历史贡献、毛泽东与马克思主义中国化的基本经验、马克思主义中国化两大理论成果的相互关系及时代价值等问题进行了深入研讨和交流，一致认为，毛泽东把马克思主义普遍真理与中国革命和建设的具体实际相结合，为马克思主义中国化开辟了道路，实现了马克思主义中国化的第一次历史性飞跃。毛泽东倡导和推进马克思主义中国化的历史性贡献和基本经验，是我们党的宝贵财富。

——12月17日，由全国毛泽东哲学思想研究会、广西民族大学政治学与国际关系学院主办的第十八次全国毛泽东哲学思想学术研讨会在广西民族大学召开。与会专家围绕“毛泽东哲学思想与中国共产党的理论创新”这一主题展开研讨。

——以中国共产党建党90周年为契机，围绕“马克思主义基本原理与中国具体实际相结合”这条主线，由人民出版社主办、全国24家地方人民出版社等单位协办、“中国共产党思想理论资源数据库”承办的“日出东方——马克思主义中国化90年大型电子图书展”，为马克思主义中国化研究提供强有力的文献支撑和资料平台。这次展览分“马克思主义在中国的早期传播”、“第一次历史性飞跃——毛泽东思想形成”、“第二次飞跃——中国特色社会主义理论体系形成”3个虚拟展厅、28个部分，展出了建党90年来各个历史时期出版的有代表性的1万余本马列著作、领袖著作、中央文件文献等图书，展现了党的思想理论观点的形成发展，独特地再现了马克思主义基本原理如何实现与中国具体实际相结合，产生了两大理论成果。展览揭示了一个深刻的道理：坚持马克思主义和马克思主义中国化，乃党之魂、国之根，乃中华民族安身立命、实现伟大复兴之本。

（二）中国社会科学院“马克思主义中国化研究”重点学科建设情况

中国社会科学院马克思主义中国化研究学科的前身是“中国特色社会主义理论”学科。作为马克思主义研究中实践性较强的学科，马克思主义中国化学科建设一直把“有明显优势，有自己特色，有发展后劲，在全国处于本学科发展前列，并有一批学术水平和社会影响的优秀科研成果”作为发展目标。自“马克思主义中国化研究”学科启动以来，在学科带头人李崇富教授和赵智奎研究员的带领下，学科成员积极参与学科建设，推动学科建设工作平稳有序地进行。学科始终注重人才队伍的培养、学术精品力作的打造以及学科优势和特色的形成。目前，学科承担国家社科基金课题4项（贺新元主持的“边疆民族地区年轻干部队伍建设战略研究”、贾可卿主持的“分配正义论”、王佳菲主持的“当代资本主义经济危机背景下的中国特色社会主义道路研究”、彭海红主持的“中国农村集体经济道路研究”），参与国家社会科学基金重大课题1项（王宜秋参与的“中国特色社会主义妇女理论初探”），主持中国社会科学院重大课题2项（赵智奎主持的“改革开放30年思想史研究”、“马克思主义中国化的基本经验及规律性认识"）；出版学术专著 14 部（赵智奎著《邓小平理论前沿问题研究》，赵智奎主编《"三个代表"与中国共产党执政规律》、《浙江经验与中国发展（党建卷）》、《改革开放 30 年思想史》、《中国社会主义六十年》，郑萍著《早期毛泽东的教育思想》、译著《资本主义为什么会自我崩溃——新自由主义者的忏悔》，贺新元著《环境问题与第三世界》，贾可卿著《分配正义论纲》、《人民共和国的雏形》，陈亚联著《道路：中国特色革命道路的开辟》，王佳菲著《揭开经济危机的底牌》，李建国著《军队：中国工农红军的创建》，彭海红著《中国农村集体经济道路研究》）；学科创办了"马克思主义系列报告会"，学科成员每年在马克思主义研究院轮流作一次学术报告，并就报告内容形成一套马克思主义中国化研究系列丛书，目前已经出版了《马克思主义中国化报告集 NO. 1》、《马克思主义中国化报告集 NO. 2》），在学界和社会上产生了强烈反响；在国内重要媒体和学术刊物上发表理论文章上百篇，多部著作获得国家和省部级奖项。当前，以毛泽东思想研究室、中国特色社会主义理论体系研究室为主要依托的马克思主义中国化学科学术优势和学科特色凸显。2011 年，该学科在学术研究、科研队伍建设和人才培养等方面取得良好成绩。

举办大型学术活动的能力明显提升。2011 年 1 月 5 日，由马克思主义中国化研究部主任、"马克思主义中国化论坛"（网站）执行主席赵智奎研究员主持的"马克思主义中国化论坛开坛仪式暨中国特色社会主义与科学社会主义"学术研讨会召开。9 月 7 日，由马克思主义中国化部副主任（主持工作）金民卿研究员主持的"第一届中日社会主义学者论坛"在中国社会科学院举行。两次大型学术活动引起了广泛的社会影响，《人民日报》、《光明日报》、《中国社会科学报》、人民网和中国社会科学网等媒体以及《前线》、《马克思主义研究》、《马克思主义文摘》等期刊作了相关报道。

充分利用各种平台，为人才成长和培养提供有利条件。鼓励青年学者积极参与各种课题研究、学术报告以及学术研讨会发言。2011 年，贺新元参加了"纪念西藏和平解放 60 周年学术座谈会"，并接受西藏电视台的访谈与节目录制。学科成员就"七一"讲话和十七届六中全会多次接受人民网、北京人民广播电台、中国社会科学网等重要媒体的采访，积极参加"中国社会科学院纪念中国共产党成立 90 周年理论研讨会"、"北京马克思主义经济学青年论坛"等重要学术研讨会，并在会议上精彩发言。通过独立主持国家级课题、积极参加重要学术研讨会、开展个人学术报告、接受媒体采访等载体和活动，不仅使学科成员锻炼了能力、开阔了视野，而且扩大了马克思主义中国化学科的社会影响。

继续贯彻执行"深进去"、"走下去"、"走出去"的学科发展战略。学科带头人赵智奎研究员带头表率，多次赴黑龙江省哈尔滨、齐齐哈尔、甘南县兴十四村和广西、河南、中国银监会等地区和部门调研、讲课，并出席在美国麻省大学阿姆赫斯特分校举行的"世界政治经济学学会第 6 届论坛"和在越南海防市举行的"第二届中越马克思主义论坛"。学科成员贺新元、戴立兴、于晓雷受越南社会科学院中国研究所邀请赴越南访问，参加由该所举办的"中越理论创新、革新实践、党的建设方面的经验与教训"座谈会。学科成员积极参与各种调研，并与河南刘庄村、黑龙江兴十四村、天津毛家峪村、河北邢台富岗集团等调研基地保持密切联系，进行长期跟踪调研。

学科队伍建设成效明显。学科目前有成员 12 人，其中学部委员、教授 1 位，研究员 1

位，副研究员7位，助理研究员3位；具有博士学位者9位，硕士学位者3位。学科形成了“老、中、青”优势互补的学术梯队。马克思主义研究学部委员李崇富教授与学科带头人赵智奎研究员作为全国知名学者，为学科建设掌舵导航；毛泽东思想研究室主任王宜秋副研究员、中国特色社会主义理论体系研究室主任贺新元副研究员作为学科骨干，具备较强的科研攻关和科研组织能力；郑萍、于晓雷、王永浩、陈亚联、贾可卿、王佳菲、李建国、彭海红等青年学者在毛泽东思想研究、中国特色社会主义理论与实践、社会主义经济理论与实践、马克思主义文化理论与社会发展、农村集体经济等领域形成了独自的科研方向，具备独立和较强科研能力。“科研能力强、学术后劲足、团队意识浓”的学科发展优势初见端倪。2011年，学科成员出版学术专著1部（彭海红著《中国农村集体经济道路研究》，中央民族大学出版社2011年11月）、主编论文集1部（《马克思主义中国化研究报告NO2》，金民卿、李建国主编，社会科学文献出版社2011年11月），发表多篇高质量、有影响的学术著作。

马克思主义中国化重点学科建设虽取得一些成绩，但与中国社会科学院“三个定位”的要求还存在不小的差距，与研究部提出的“深进去”、“走出去”、“走下去”三个方面的要求还存在很大差距，需要在今后发展中加以重点克服和推进。一是在“深进去”方面，学科成员在原著研读文献学习上还要进一步加强；二是在“走出去”方面，受语言文化、资料来源、研究领域等因素影响，就马克思主义中国化问题或中国特色社会主义问题与海外学者交流不够，对海外马克思主义中国化研究的再研究不够；三是在“走下去”方面，把马克思主义中国化的最新理论成果与中国特色社会主义伟大实践结合得不够，等等。这些问题在一定程度上影响了学科更好地发展。

## 二　重大问题研究进展

### （一）马克思主义中国化的整体性研究

本年度，国内理论界继续从整体上推进关于马克思主义中国化的理论研究，从多个维度解析马克思主义中国化的内涵和精髓，同时，以纪念中国共产党建党90周年为契机，系统总结马克思主义中国化进程中的内在规律和历史经验，并在马克思主义“三化”的理论与实践问题上进行了深入探讨。

#### 1. 马克思主义中国化的多重内涵与理论精髓

庄福龄通过重温《共产党宣言》，阐释了对马克思主义中国化的理解，他指出：《共产党宣言》以中文译本传入中国，大体上是与中国共产党的建立同期问世。90年的历史表明，中国共产党是非常重视理论指导和理论传统的党，尤其是重视《共产党宣言》的一般原理以及在发展的形势下运用理论的党。不仅因为中国有了共产党，有了马克思列宁主义，更重要的是有了结合中国实际创新马克思主义的理论成果，形成了马克思主义中国化的两次历史性飞跃，形成了两大思想理论体系，一是关于中国革命与建设的正确的理论原则和经验总结，即毛泽东思想的科学体系；二是关于改革开放和社会主义现代化建设的一系列方针和决策，即中国特色社会主义理论体系。两次历史性飞跃，都是在一个党内形成和发展的，时间还不到一百年，其成效举世公认，使亿万人民受惠，这在马克思主义发展史和国际共产主义运动史上均属罕见而突出的典型事例。可以说，这是科学的马克思主义观的胜利，是实事求是的国情观的胜利，是我党坚持与时俱进、不断创新的胜利成果。①

陈先达强调，中国共产党在革命、建设和改革的三个30年中，始终坚持马克思主义中国化的理论和实践，坚持实事求是的思想路线，坚持科学世界观的思维方法。他特别指出，历史往往有相似之处，但任何简单化的类比都是反历史唯物主义的。例如有人说，斯大林逝世后，赫鲁晓夫反对对斯大林的个人迷信，中国在毛泽东逝世后开始反对个人崇拜；苏联接着是解冻文学，中国是伤痕文学；苏联是回归东正教，中国是复兴中国传统民族文化；苏联是市场化和私有化，中国是实行市场经济和大力发展资本主义经济，如此等等。陈先达认为，这种类比是一种缺乏辩证法的形而上学方法，是不看本质的表面的肤浅的比较。中国改革与苏联的所谓“改革”走的是两条不同的路，后者是全面复辟资本主义的道路，而中国走的是中国特色社会主义道路。中国是批评毛泽东的某些错误，但充分肯定毛泽东的伟大功绩、肯定毛泽东思想，始终高举毛泽东思想旗帜；我们倡导学习中国传统文化，是以坚持马克思主义在意识形态的指导地位为前提的，是提倡以马克思主义为指导，吸收中国传统文化的优秀成果和西方文化中的积极成果，创造具有中国特色、中国气派、中国风格的中国化的马克思主义为目的，并不是简单回归传统、回归封建社会的尊孔读经；中国发展市场经济是坚持公有制为主体、为前提，最终要消灭私有制和两极分化，以共同富裕为目的。②

汪信砚认为，马克思主义中国化就是把马克思主义与中国的具体实际相结合。由于把马克思主义与中国的具体实际相结合包含着、关涉着许多不同的方面，所以马克思主义中国化有着极其丰富的内涵：首先，作为一种历史过程，马克思主义中国化可区分为马克思主义中国化理论与马克思主义中国化实践；其次，作为对马克思主义中国化理论的实践，马克思主义中国化又可以区分为理论层面上的马克思主义中国化与实践层面上的马克思主义中国化；再次，仅就理论层面上的马克思主义中国化而言，它又有狭义与广义之分。要理解马克思主义中国化的丰富内涵，就必须完整地把握以上各个方面。③

张琳提出，马克思主义中国化问题是中国哲学社会科学研究的核心之所在，是中国马克思主义哲学研究的重大问题之一，并从三个方面总结和归纳了学界近10年来对马克思主义中国化内涵的认识和探讨；一是从不同内容和角度来认知马克思主义中国化；二是从互动关系、过程和形态来把握马克思主义中国化；三是从不同层面和意义来理解马克思主义中国化。④

学者们还围绕马克思主义中国化理论创新的整体性、理论精髓、基本特征、生成逻辑、必要性及可能性等问题展开了探讨。李春江认为，整体性是马克思主义的基本属性与特征，中国化的马克思主义是一个相对的、统一的、开放的、动态的整体性的理论体系。马克思主义中国化的整体性研究，要从两个维度去展开：第一，对马克思主义中国化的理论成果应坚持从整体上去把握；第二，对马克思主义中国化历史进程的考察应坚持理论和实践相统一的

① 庄福龄：《从〈共产党宣言〉看马克思主义中国化》，《新湘评论》2011年第2期。

② 陈先达：《马克思主义中国化的伟大胜利》，《中国特色社会主义研究》2011年第4期。

③ 汪信砚：《马克思主义中国化的丰富内涵》，《江汉论坛》2011年第4期。

④ 张琳：《马克思主义中国化内涵的多维解析》，《理论视野》2011年第12期。

整体性原则。[①] 沧南、彭臻提出，两次历史性飞跃有一个共同的灵魂，即实事求是。这要求必须吃透两头：一头是马克思列宁主义、毛泽东思想、邓小平理论、“三个代表”重要思想和科学发展观，一头是客观实际。一要具体地分析矛盾产生的具体条件；二要具体地分析具体矛盾；三要具体地分析矛盾双方的具体地位；四要具体地分析矛盾双方具体的相互关系。这样就是具体问题具体分析，也就是实事求是。[②] 王海军系统总结了建党以来马克思主义中国化理论创新的基本特征：一是一脉相承的继承性，毛泽东思想和中国特色社会主义理论体系，与马克思主义是一脉相承的，在思想基础、价值趋向、社会理想、理论品质等方面具有高度统一性。二是与时俱进的时代性，建党以来形成的理论创新成果紧扣时代脉搏，其鲜明的时代性特征是马克思主义理论本身发展的内在要求。三是价值趋向的民本性，理论创新的根本出发点，就是为最广大人民群众服务。四是机理方法的一致性，中国共产党在领导革命和现代化建设历程中坚持把马克思主义同中国实际和时代特征相结合，相继创立了关于中国革命和社会主义建设的许多重大理论成果，对中国社会发展发挥了重要指导作用。五是时代课题的统一性，毛泽东主要回答了“在半封建半殖民地的中国如何进行新民主主义革命”的时代课题，进入改革开放新时期，在“和平与发展”时代主题下，我们党历届中央领导集体围绕建设和发展中国特色社会主义这一时代主题，系统回答了“什么是马克思主义、怎样对待马克思主义”，“什么是社会主义、怎样建设社会主义”，“建设什么样的党、怎样建设党”及“实现什么样的发展、怎样发展”等重大理论问题。六是理论总结的经验性，善于总结经验，是我党推进马克思主义基本原理同中国具体实际相合、实现理论创新的一条重要途径。[③]

郑国瑞提出，马克思主义中国化进程中形成的新民主主义理论和实践模式与中国特色社会主义理论体系和实践模式，既是马克思主义理论与中国革命和建设实践紧密结合的过程，又是摆脱教条化理论和实践模式的过程。马克思主义中国化理论和实践模式的生成逻辑就是在这两个历史过程中形成的。[④] 黄群芬分析了马克思主义中国化的必然性、可能性：必然性问题，就是指马克思主义适不适合中国，有没有必要中国化的问题。我们今天坚持马克思主义中国化是必然的，并不是几个文人躲在书房搞学问思考的结果，而是无数仁人志士艰苦探索的结果，他们在经历了多次的碰壁和牺牲后才最终认识到中国要独立自强必须坚持马克思主义。可能性问题，一批学者对马克思主义的宣传和介绍使马克思主义中国化成为可能，广泛学习西方先进文化的氛围促进了马克思主义中国化的发生，中国的革命形势为马克思主义中国化提供了机会，马克思主义同中国传统文化的相同点是马克思主义中国化的又一条件，中国共产党的正确领导是马克思主义中国化的有力支持。[⑤]

2. 建党 90 年来马克思主义中国化的历史经验及规律性问题

王伟光指出，马克思主义中国化的历史进程，是随着中国革命、建设和改革的实践步伐

① 李春江：《马克思主义中国化整体性研究的两个维度》，《理论界》2011 年第 4 期。

② 沧南、彭臻：《中国共产党的 90 年是马克思主义中国化的 90 年——纪念中国共产党成立 90 周年》，《湘潭大学学报》（哲学社会科学版）第 35 卷第 3 期（2011 年 5 月）。

③ 王海军：《马克思主义中国化理论创新基本特征探析》，《理论学刊》2011 年第 4 期。

④ 郑国瑞：《马克思主义中国化理论和实践模式的生成逻辑》，《科学社会主义》2011 年第 5 期。

⑤ 黄群芬：《马克思主义中国化的必然性、可能性及其重要意义》，《学习月刊》2011 年第 5 期下半月。

而推进，随着马克思主义在中国的传播并与中国具体实际相结合而开启的。中国共产党人把马克思主义基本原理同中国具体实际相结合，不断创生新的理论成果，从而不断丰富和发展马克思主义。马克思主义中国化的历史经验体现在：不断推进马克思主义中国化，必须坚持马克思主义的理论指导，必须坚持马克思主义的理论武装，必须坚持马克思主义的理论创新，必须坚持马克思主义的优良学风。总结马克思主义中国化的历史经验，目的就在于把马克思主义中国化的伟大事业不断推向前进，为中国特色社会主义事业的发展提供思想指南和理论支撑。①

金民卿认为，在马克思主义中国化的历史进程中，有成功的经验也有挫折的教训，不论是经验还是教训都构成了当代理论创新的宝贵财富。全面准确地理解马克思主义的科学体系和基本原理，是马克思主义中国化的理论前提，任何教条主义的做法都会在实践和理论上造成严重后果；实事求是地把握中国革命、建设和改革的时代任务，是马克思主义中国化的实践基础，任何照搬照抄别国经验模式的做法都不可能真正形成实践和理论的成果；用马克思主义基本原理分析和解决中国革命、建设和改革实践中的问题，是马克思主义中国化的理论生长点，任何主观主义的空谈和盲动都是有百害而无一利的；在同各种错误思想的交锋中展开理论创新，是马克思主义中国化的发展规律和基本路径，任何放纵和“宽容”错误思想的做法都将给党的理论创新造成混乱。②

张博颖等概括了中国共产党成立90年来不断推进马克思主义大众化的历史经验：坚持在理论创新中不断推进马克思主义大众化；坚持把对人民群众进行马克思主义宣传教育与解决人民群众的实际问题相结合；准确把握党员群众的思想状况和理论需求；坚持灌输与其他多样化宣传教育方式有机结合；充分发挥马克思主义理论队伍的重要作用；高度重视用马克思主义教育和武装青年；充分利用中国优秀传统文化资源推进马克思主义大众化；不断创新和完善马克思主义宣传教育的体制、机制。③ 张凤华总结了马克思主义时代化的基本经验：科学把握时代主题，实现马克思主义与时俱进；紧密结合社会实际，为马克思主义增添时代内容；及时总结人民群众的新鲜实践经验，创新马克思主义；马克思主义理论推动时代变迁，引领时代发展。④ 黄家茂将党的十六大以来马克思主义中国化理论创新的基本经验总结为：始终坚持党的以实事求是为核心的思想路线、建设和发展中国特色社会主义的理论主题、解放和发展生产力的工作中心、以人为本的价值取向、不断推进马克思主义中国化与实现中国现代化的互动结合、实施马克思主义理论研究和建设的生命工程。⑤

顾海良提出，马克思主义中国化的“历史路标”展示的是中国化马克思主义形成和发展的历史过程、历史阶段及其规律性。通过对这一“历史路标”的探索，能够更为全面地认识马克思主义中国化的历史发展与社会现实的关系，深刻把握中国化马克思主义的国情基础和

① 王伟光：《总结马克思主义中国化的历史经验　推进马克思主义中国化的不断创新》，《中共云南省委党校学报》第12卷第1期（2011年1月）。

② 金民卿：《马克思主义中国化的历史路径》，《深圳特区报》2011年4月26日。

③ 张博颖等：《中国共产党推进马克思主义大众化的历史经验》，《毛泽东邓小平理论研究》2011年第4期。

④ 张凤华：《马克思主义时代化的基本经验》，《社会主义研究》2011年第3期。

⑤ 黄家茂：《党的十六大以来马克思主义中国化理论创新的基本经验》，《中国井冈山干部学院学报》2011年第1期。

时代蕴意；认识马克思主义基本原理与中国具体实际结合的路径与脉络，深刻领悟中国化马克思主义的精神实质和主要特征；认识马克思主义中国化第二次历史性飞跃的战略思想，深刻把握中国特色社会主义理论体系的重大理论问题和主要理论形态的内在逻辑和基本内涵；认识马克思主义中国化的历史发展与理论创新的关系，深刻理解马克思主义中国化、时代化、大众化的显著特性和根本要求。他认为，马克思主义中国化、时代化、大众化，是马克思主义在当代中国发展的显著特性，是马克思主义中国化“历史路标”的显著标识。对马克思主义中国化的“历史路标”的探索还表明，马克思主义的“中国化”和“时代化”、“大众化”是并行的，这是百年来马克思主义在中国发展的重要特征，也是新世纪马克思主义在中国发展的崭新要求。①

3. 马克思主义中国化、时代化、大众化的整体推进

党的十七届四中全会首次提出“马克思主义时代化”的重大命题，将“时代化”与“中国化”、“大众化”并列纳入马克思主义实践形式和发展形态的范畴. 这是中国共产党在意识形态与思想理论建设领域面临的一个具有总体性、根本性和战略性的重大课题。2011 年理论界进一步研究马克思主义“三化”问题，取得了一批理论成果。

韩庆祥认为，要深化对马克思主义“三化”的重大意义、精神实质和发展规律的研究，必须从马克思主义“三化”所解决的问题出发，从整体上来研究马克思主义“三化”的理论、历史和实践。从理论层面理解马克思主义中国化、时代化、大众化，首先，需要揭示马克思主义“三化”的实质，马克思主义“三化”的实质蕴涵于所解决的问题中：它针对一般性的马克思主义无法完全解答当代中国的问题，而强调创立中国化的马克思主义，要用中国化的马克思主义解决中国的问题、指导当代中国的实践；它针对把马克思主义教条化的倾向而强调马克思主义要与时俱进，要通过“中国化、时代化、大众化”三种根本途径推进马克思主义的创新与发展，增强其生命力，通过时代化和大众化两种基本路径增强马克思主义尤其是当代中国马克思主义的影响力，用发展着的马克思主义指导当代中国实践。其次，应揭示马克思主义“三化”的内涵。马克思主义中国化，就是马克思主义基本原理要与中国具体实际相结合，其内涵就是“立足中国国情”、“总结中国经验”、“汲取中国传统优秀文化”、“反映当代中国实践”和“解决中国问题”，它集中体现为“中国风格”。最后，深入思考马克思主义“三化”之间的关系。马克思主义“三化”是同一主题的三个不同层面，都是解决马克思主义在中国的功用问题，解决马克思主义在中国的创新与发展的基本路径及其生命力、创造力和感召力问题，解决马克思主义尤其是当代中国马克思主义的理论成果之影响力的基本路径和实现方式问题，解决人民大众对马克思主义包括当代中国马克思主义的信仰问题。从实践层面理解马克思主义中国化、时代化、大众化，就当前情况看，马克思主义中国化实现中的问题，集中体现在如何实现当代中国马克思主义的大众化上。把当代中国马克思主义基本理论转化为大众改造世界的巨大物质力量，是当代中国马克思主义大众化的最终目的，其实质就是要求当代中国马克思主义的精神产品与接受主体的需求相结合，真正面向大众

① 顾海良：《马克思主义中国化“历史路标”的探索》，《思想理论教育导刊》2011 年第 6 期。

群体。[①]

郭建宁具体分析了马克思主义中国化、时代化、大众化的内涵、路径和方法，他强调，大力推进马克思主义中国化、时代化、大众化，是一个整体，要在整体上考虑和把握、推进和实施。因此，首先要有整体的理念、视野和构架，在论述马克思主义中国化、时代化、大众化的关系时要特别注意防止直接的、间接的、潜在的把这个整体割裂的趋向与可能。他重申，马克思主义中国化、时代化、大众化，是一个整体，不是三分天下，三足鼎立；在这个整体里，中国化是主题，不是平分秋色，没有主次。[②]

卫兴华认为，马克思主义中国化、时代化都是对马克思主义的发展。马克思主义中国化的重要成果就是中国特色社会主义道路及其理论；马克思主义时代化的空间很大，问题很多；马克思主义大众化就是用马克思主义武装群众，使其变成群众的精神和物质力量。要推动马克思主义的中国化、时代化和大众化，首先要认真学习、研究、弄懂、掌握马克思主义的基本原理和方法，既要防止有人借错解和歪曲马克思主义为私有化提供理论支持，又要破除教条主义、本本主义的僵化观点。[③]

张雷声认为，在推进马克思主义中国化、时代化、大众化的过程中，多视角地研究马克思主义中国化具有重要的理论意义和现实意义。从时代化角度研究马克思主义中国化，可以在对“时代化”的解读中，领略马克思主义在当代中国的生命价值；从整体性角度研究马克思主义中国化，可以在对“整体性”的解读中，把握马克思主义与马克思主义中国化的关系以及毛泽东思想与中国特色社会主义理论体系的关系；从大众化角度研究马克思主义中国化，可以在对“大众化”的解读中，进一步拓宽马克思主义中国化研究的视野。[④]

石云霞认为，大力推进马克思主义中国化、时代化、大众化，必须努力做到以下“八个结合”：第一，既要不丢“老祖宗”，又敢于“讲新话”，努力做到坚持与发展相结合；第二，既要反对思想僵化，又反对自由化，努力做到反“左”与反右相结合；第三，既要敢于突破陈规，又要勇于创立新说，努力做到破旧与立新相结合；第四，既要坚持古为今用，又要坚持洋为中用，努力做到批判与借鉴相结合；第五，既要坚持科学精神，又要体现人文关怀，努力做到真理与价值相结合；第六，既要立足中国实际，又要坚持世界眼光，努力做到民族与世界相结合。第七，既要依靠集体智慧，又要尊重群众创造，努力做到领导与群众相结合。第八，既要反对“空洞的理论”，又要反对“盲目的实践”，努力做到理论与实际相结合。[⑤]

马晓在研究了马克思主义中国化、时代化、大众化的逻辑关系之后指出，马克思主义中国化、时代化、大众化是个有机整体，马克思主义中国化是时代化和大众化的逻辑前提，时代化实质贯穿中国化和大众化的全过程，大众化是中国化的实现路径。中国化、时代化、大众化的逻辑关系体现了历史唯物主义的基本观点，理论与实践的辩证关系，人民群众作为历

① 韩庆祥：《整体上深化理解马克思主义中国化时代化大众化》，《深圳特区报》2011年7月12日。

② 郭建宁：《大力推进马克思主义中国化时代化大众化》，《理论视野》2011年第7期。

③ 卫兴华：《关于马克思主义中国化、时代化与大众化的一点思考》，《山西高等学校社会科学学报》第23卷第10期（2011年10月）。

④ 张雷声：《马克思主义中国化的多重研究视角》，《马克思主义研究》2011年第7期。

⑤ 石云霞：《大力推进马克思主义中国化时代化大众化》，《学习月刊》2011年第8期上半月。

史实践主体的主观能动作用，是对马克思主义在中国发展的科学总结，是推进中国社会进步的必然要求，是开拓党的事业新发展的基本前提。①

吴建伟认为，时代化和中国化是马克思主义在中国具体运用的两个维度两个方面，时代化是马克思主义在中国具体运用的前提，中国化则是马克思主义在中国具体运用的落脚点。马克思主义中国化与马克思主义时代化在以马克思主义指导中国革命、建设和改革的实践中实现契合。马克思主义中国化和马克思主义时代化是辩证的统一，二者的统一集中表现为中国化马克思主义的与时俱进。②

（二）马克思主义中国化的两次历史性飞跃及其理论成果

1. 毛泽东思想研究

作为马克思主义中国化第一次历史性飞跃的理论成果，毛泽东思想是马克思主义中国化理论研究和学科建设的重要内容，也是理论界长期关注的研究热点。

在中共中央召开的庆祝中国共产党成立 90 周年大会上，胡锦涛讲话指出，我们党 90 年来紧紧依靠人民完成了新民主主义革命，实现了民族独立、人民解放；完成了社会主义革命，确立了社会主义基本制度；进行了改革开放新的伟大革命，开创、坚持、发展了中国特色社会主义等三件大事。胡锦涛在讲话中所说这三件大事，其中前两件大事都是在以毛泽东同志为核心的党的第一代中央领导集体的领导下完成的，这也为当代中国一切发展进步奠定了根本政治前提和制度基础。胡锦涛在讲话中还高度评价了毛泽东等老一辈无产阶级革命家，为中国革命、建设、改革，为中国共产党建立、巩固、发展所作出的重大贡献。这些论述，对于否定毛泽东思想、贬低毛泽东历史地位的错误言论和倾向，是有力的驳斥和回应，同时也为今后毛泽东思想的研究和学科建设指明了方向。

2011 年，国内出版了一批与毛泽东思想研究相关的历史文献和学术专著。这些文献著作的出版发行，对于拓宽毛泽东思想研究的范围和领域，为进一步深化毛泽东思想的研究和推进今后的学科建设，提供了十分宝贵的文献资料，奠定了理论基础。其中较为重要的有：

——由中共中央文献研究室、中国人民解放军军事科学院编辑的《建国以来毛泽东军事文稿》上、中、下三卷，约 110 万字，收入毛泽东有关军事理论、军事战略、国防和军队现代化建设、反侵略战争准备以及抗美援朝战争等方面的电报、批示、讲话、谈话、书信、题词等 821 篇，其中 91 篇为首次公开发表，全面反映了新中国成立以后毛泽东的国防现代化思想和军队建设思想。

——由中共中央文献研究室编辑的《毛泽东思想形成与发展大事记》和《毛泽东思想年编（一九二一——一九七五）》，全面反映了毛泽东同志在新民主主义革命、社会主义革命和社会主义建设、人民军队建设和军事战略、政策和策略、思想政治工作和文化工作、党的建设等方面的重要论述和理论观点，记述了毛泽东思想形成与发展的过程。

——由中央文献研究室与中央档案馆共同编辑的《建党以来重要文献选编（一九二一——一九四九）》（全书共 26 册），收入各类文献 3600 多篇，其中 300 余篇为第一次公开

① 马晓：《马克思主义中国化、时代化、大众化的逻辑关系》，《求索》2011 年第 3 期。

② 吴建伟：《马克思主义时代化与马克思主义中国化》，《理论与改革》2011 年第 1 期。

发表，比较全面地反映了我们党领导人民进行新民主主义革命、创建中华人民共和国，推进马克思主义中国化、形成和发展毛泽东思想的历史进程及基本经验。

——庄福龄、杨瑞森、余品华主编的《毛泽东哲学思想史》，全书以毛泽东哲学思想的形成与发展脉络为核心，深入系统地论述了毛泽东哲学思想的基本理论特征、毛泽东哲学思想产生的社会历史条件以及毛泽东哲学思想科学体系的形成、丰富和发展，并结合我国社会主义建设实际，探讨在当前形势下研究和贯彻毛泽东哲学思想的重要意义。

与此同时，一大批深入研究毛泽东思想的文章陆续发表，反映了对毛泽东思想研究的最新进展。

秦刚指出，中国共产党在运用马克思主义解答中国问题的过程中，不断推进马克思主义中国化的理论创造，相继形成了毛泽东思想和中国特色社会主义理论体系这两大理论成果。毛泽东思想解答的首要问题，就是在中国这样一个经济文化比较落后的国家，怎样进行革命才能使中国走向社会主义的问题；新民主主义革命胜利以后，毛泽东思想随着中国革命事业的发展而继续发展，并科学地解答了在中国怎样实现社会主义的问题；社会主义制度建立以后，中国问题集中体现在怎样走出一条适合中国国情的社会主义建设道路上。由于历史条件和认识上的局限，毛泽东在领导我们党探索和解答中国社会主义建设问题过程中，没有摆脱计划经济思维，在观察和思考国内外形势的时候，一直沿用阶级斗争观念。开创一条适合中国国情的社会主义建设道路，形成指导中国社会主义发展的科学理论，这是毛泽东时期我们党没有完成的任务，也是毛泽东思想没有解答完的历史课题，中国特色社会主义理论体系继续探索解答了毛泽东思想没有解答完的历史课题。①

赵曜指出，在中国新民主主义革命时期，毛泽东领导中国共产党人坚持马克思主义理论指导，并善于将马克思主义理论与中国实际紧密结合，用中国化的马克思主义指导中国革命实践，取得了新民主主义革命的胜利，实现了马克思主义中国化的第一次历史性飞跃，创立了伟大的毛泽东思想，由此开启了马克思主义中国化的历史进程，对以后中国的发展和进步产生了广泛而深远的影响，提供了许多可资借鉴的历史经验。尤其值得大书特书的是，20世纪上半叶，是中国新旧两种思潮、两种势力生死搏斗的时期，在这个大变动、大变革年代英雄辈出，其中大多数在中国共产党内，涌现了像毛泽东那样的大政治家、军事家、理论家、战略家和世纪伟人，这是中华民族和中国共产党的骄傲。②

李慎明梳理了毛泽东关于保持党和政权永不变质战略思想产生的渊源、发展脉络及其实践，并对毛泽东晚年的探索与失误做出实事求是的评价。他认为，“文化大革命”的严重教训值得我们永远记取，绝不能重犯。苏联东欧共产党败亡的实践充分证明，毛泽东关于防止党和政权永不变质战略思想至今具有重大的现实意义和深远的历史意义。我们一定要正确区分毛泽东关于党和政权永不变质战略思想与毛泽东“文化大革命”的理论、毛泽东晚年所作贡献与毛泽东“文化大革命”的理论及其实践所犯错误、毛泽东发动“文化大革命”动机与

① 秦刚：《马克思主义中国化的理论创造与中国前途命运问题的解答》，《科学社会主义》2011年第2期。

② 赵曜：《毛泽东开启了马克思主义中国化的历史进程》，《中国延安干部学院学报》第4卷第5期（2011年9月）。

“文化大革命”的理论及其实践的不同。[①]

雍涛指出，毛泽东运用马克思主义的立场、观点、方法对中国传统哲学的一系列范畴，如“实事求是”、“知与行”、“矛盾”、“中庸”、“民本思想”等进行了批判改造，实现了马克思主义哲学中国化的第一次历史性飞跃；对改造旧的哲学体系提出过许多宝贵意见，如突出“哲学就是认识论”的思想，实现“辩证法规律一元化”，“要搞实际的哲学”，哲学要通俗化、大众化等，对于建构有中国特色的马克思主义哲学新体系有重要的指导作用。[②]

河北省社会科学基金项目课题组的研究指出，抗日战争时期，为了坚持抗日民族统一战线，争取抗战最后胜利，以毛泽东为代表的中国共产党人提出大力加强根据地文化建设，以文化发展繁荣促进根据地政治、经济、军事建设，为保障抗战胜利以及新民主主义革命胜利指引了前进方向，凝聚起伟大力量，也为我们今天促进社会主义文化大发展大繁荣提供了成功借鉴和重要指导。[③]

梁柱分析了毛泽东的预见性，他认为，苏共二十大后，毛泽东对赫鲁晓夫全盘否定斯大林可能导致的严重后果的判断；对国际上出现现代修正主义思潮的判断；关于苏联党和国家政权中特权阶层的存在是社会主义国家蜕化变质的一个重要原因的判断；关于要警惕和防止西方帝国主义对社会主义国家实行和平演变战略的警示；等等，具有深邃的历史洞察力。苏联解体的历史教训证明了毛泽东上述预见的科学性。毛泽东的科学预见和苏联解体的历史教训，对于我们今天坚持社会主义的发展方向具有重要的警示意义。[④]

为了加强对毛泽东的研究和宣传，中国中共文献研究会于2009年9月在长沙成立了毛泽东思想生平研究分会。2011年2月，中国中共文献研究会毛泽东思想生平研究分会召开会议，决定由分会协办期刊《毛泽东邓小平理论研究》和《毛泽东思想研究》，并将《毛泽东邓小平理论研究》作为分会会刊。这不仅促进了毛泽东思想的研究和学科建设，同时也为加强毛泽东思想的研究提供了很好的科研平台。

2. 中国特色社会主义理论体系的整体性研究

中国特色社会主义理论体系是包括邓小平理论、“三个代表”重要思想和科学发展观等重大战略思想在内的比较完善的理论体系。2011年，中国特色社会主义理论体系学科建设与理论研究在广度和深度上都有所拓展。

国内涌现了一批以中国特色社会主义理论体系与实践道路为主题的著作，据不完全统计达数十部，除了高校教辅材料外，学术专著包括《中国特色社会主义理论体系研究》（徐崇温著，重庆出版社）、《中国特色社会主义理论体系研究》（聂运麟等主编，人民出版社）、《中国特色社会主义理论体系核心观点解读》（陈俊宏著，中共中央党校出版社）、《马克思的历史唯物主义与中国特色社会主义》（张凌云著，东方出版中心）、《中国特色社会主义理论

---

① 李慎明：《毛泽东关于保持党和政权永不变质战略思想产生的渊源、发展脉络及相关思考——纪念中国共产党成立90周年》，《马克思主义研究》2011年第10期。

② 雍涛：《毛泽东论范畴体系的改造——马克思主义哲学中国化研究中的一个重要问题》，《毛泽东邓小平理论研究》2011年第11期。

③ 吴继轩：《抗日战争时期毛泽东文化建设思想略论》，《光明日报》2011年12月14日。

④ 梁柱：《毛泽东的预见与苏联解体的历史教训》，《思想理论教育导刊》2011年第1期。

体系基本问题研究》(方燕著,暨南大学出版社)、《中国特色社会主义道路研究》(辛向阳主编,河北人民出版社)、《中国特色社会主义实践形式探索》(袁秉达著,东方出版中心)、《世界视阈中的中国特色社会主义道路研究》(姜淑兰著,光明日报出版社)、《中国特色社会主义民主政治发展道路研究》(王民朴、万远英、钟兴明著,人民出版社)、《中国特色社会主义理论体系基本问题解析》(王国敏、高中伟主编,巴蜀书社)、《科学发展观理论体系研究》(周卫东著,人民出版社)、《理论的内核——科学发展观理论与实践研究》(林明主编,北京师范大学出版社)等。

本年度,关于中国特色社会主义理论体系的理论探讨取得新的进展。学界以往曾广泛地探讨过中国特色社会主义理论体系的发展进程及所形成的理论表现形态,近来,在对这一体系的进一步的整体性研究中,学者们开始深入讨论这一理论体系的方法论基础、所涵盖的基本问题、形成逻辑及历史地位等问题。

关于中国特色社会主义理论体系的方法论基础,汝信指出,中国特色社会主义理论体系就是创造性地运用唯物辩证法的光辉典范。我们党以马克思主义辩证法为指导,重新确立了解放思想、实事求是的思想路线,从中国实际出发,抓住社会主要矛盾,制定出一整套的路线方针政策,开辟了中国特色社会主义新道路,形成了中国特色社会主义理论体系。[①] 关于中国特色社会主义理论体系的立论基础,辛向阳引用了中宣部理论局2009年编写的《中国特色社会主义理论体系学习读本》明确指出:科学判断和始终立足社会主义初级阶段的基本国情,是中国特色社会主义理论体系的立论基础,并且进行了深入论析,认为中国特色社会主义理论体系的形成与发展始终以社会主义初级阶段的基本国情为基础,不断探索和把握社会主义初级阶段基本国情的深刻内涵,立足于社会主义初级阶段的基本国情推动经济社会发展,要求一切都要从这个实际出发,根据这个实际来制订规划。[②]

庄福龄指出了中国特色社会主义理论体系同毛泽东哲学思想之间既继承又发展的关系。毛泽东要求用唯物论和辩证法看待苏联经验,看待中国实际;邓小平在关于如何建设社会主义方面反复强调必须实施改革开放的战略决策,是在继承毛泽东思想基础上独立思考的结果;邓小平在认识中国、寻求中国特色的发展和创新过程中开创的中国特色社会主义理论体系是坚持和发展毛泽东思想的必然结果。[③] 侯惠勤强调了中国特色社会主义旗帜与共产主义旗帜的关系,他指出,我们必须坚定不移高举的"中国特色社会主义"旗帜,具有双重意义:其一,它是在今天唯一能够"发展中国、发展社会主义、发展马克思主义"的思想指导,因而是全中国各族人民的共同理想,也是真正有别于资本主义的另一种现代化类型;其二,它又是共产主义思想旗帜的同义语,高举中国特色社会主义旗帜也就是高举共产主义旗帜,因为中国特色社会主义就是马克思主义基本原理和中国具体国情及时代特征相结合的产物,而"马克思主义的另一个名词就是共产主义。我们多年奋斗就是为了共产主义,我们的信念理

① 汝信:《马克思主义辩证法在中国的伟大胜利——学习胡锦涛总书记在庆祝中国共产党成立90周年大会上的讲话》,《光明日报》2011年7月9日。

② 辛向阳:《中国特色社会主义理论体系的立论基础论析》,《学习论坛》第27卷第5期(2011年5月)。

③ 庄福龄:《简论毛泽东哲学思想和中国特色社会主义理论体系的形成与发展》,《毛泽东思想研究》2011年3月第28卷第2期。

想就是要搞共产主义”。[①]

关于中国特色社会主义理论体系的性质与内涵，李崇富强调，中国特色社会主义根本不属于所谓“民主社会主义”，而只属于科学社会主义范畴。科学社会主义是中国特色社会主义最直接的理论基础，而中国特色社会主义，则是马克思主义及其科学社会主义在中国的运用、发展和创新，是科学社会主义中国化的新形态，它具有理论和实践上的特殊性和创新性。这种新形态就“新”在，它是中国化的科学社会主义，它主要是初级阶段的社会主义，是处在人类历史前沿和具有活力的社会主义。[②] 程恩富认为，中国模式作为一种社会发展模式，是一种社会主义的发展模式，是一种当代中国的社会主义发展模式，其成功是中国特色社会主义的成功，其经验即党的十七大所总结概括并被总书记反复强调的“十个结合”。继续深入研究中国模式及其国际比较，对于细化和丰富中国道路与经验，推进马克思主义中国化、时代化、大众化，进而推进中国特色社会主义事业，提升中国在国际上的话语权和软实力，均具有十分重要的意义。[③] 秦刚指出，中国特色社会主义理论体系对当代中国问题的探索和解答，本身包含着对社会主义认识的不断深化。把社会主义发展与实际问题的解决联系在一起，与人类文明的进步联系在一起，与民族复兴的历史任务联系在一起，与尊重人民的主体地位联系在一起，与时代的潮流联系在一起，与执政党建设联系在一起，集中体现着中国特色社会主义理论体系对社会主义的坚持和发展。[④] 刘君栩强调，解读中国特色社会主义理论体系要搞清楚这个理论与马列主义“老祖宗”、毛泽东思想一脉相承的关系，要搞清楚时代背景和中国的基本国情，要搞清楚这个理论要解决的主要问题，要搞清楚其中的理论发展脉络，要搞清楚其中包含的基本理论和思想内容。[⑤]

关于中国特色社会主义理论体系的形成逻辑，赵智奎以恩格斯的《社会主义从空想到科学的发展》为例，阐述了马克思主义时代化、大众化和中国化问题。文中提出，马克思主义欧洲化、中国化、世界化是历史发展的必然。马克思主义欧洲化、俄国化、中国化，是马克思主义发展史的不同历史阶段，而马克思主义的世界化，则是一个历史总趋势。无论是欧洲化、俄国化还是中国化，把马克思主义与本地区、本国家的具体情况相结合，通过一定的民族形式，来实现其“民族化”、“具体化”，这才是“化”的要义所在。[⑥] 宋福范从立论基础、中心课题、逻辑演进三大方面分析了中国特色社会主义理论体系形成的基本逻辑，为从整体上理解和把握其科学内涵提供了一个角度。[⑦]

关于深化中国特色社会主义理论体系研究的路径问题，梁树发从四个方面加以阐述：一是从两个层面（一个层面是其三种具体理论形态，另一个层面是这一理论体系整体）理解中国特色社会主义理论体系的创新意义；二是把握中国特色社会主义理论体系的定位，强化用

---

① 侯惠勤：《关于举旗问题的理论思考》，《安徽大学学报》（哲学社会科学版）2011 年第 1 期。

② 李崇富：《论中国特色社会主义是科学社会主义的新形态》，《北京联合大学学报》（人文社会科学版）2011 年 2 月（第 9 卷第 1 期总第 31 期）

③ 程恩富：《中国模式：社会主义本质的中国实现形式》，《中国社会科学报》2011 年 1 月 11 日。

④ 秦刚：《中国特色社会主义理论体系对社会主义的坚持和发展》，《社会主义研究》2011 年第 2 期。

⑤ 刘君栩：《浅论中国特色社会主义理论体系的学科支撑》，《科学社会主义》2011 年第 4 期。

⑥ 赵智奎：《马克思恩格斯的科学社会主义学说及其当代启示》，《马克思主义研究》2011 年第 1 期。

⑦ 宋福范：《从整体上把握中国特色社会主义理论体系的形成逻辑》，《东岳论丛》2011 年 6 月（第 32 卷/第 6 期）。

中国特色社会主义理论体系指导实践的自觉性和坚定性；三是探索中国特色社会主义理论体系特有概念、范畴和基本理论，着力建构中国特色社会主义理论体系的独立逻辑体系；四是双向度地（既在马克思主义具体化的意义上，又在马克思主义普遍化的意义上）理解马克思主义发展的实现形式，致力于马克思主义中国化最新成果的理论提升。①

改革开放以来，西方左翼学者关于中国特色社会主义性质的讨论就没有停止过。范春燕梳理了近年来西方左翼学者关于中国特色社会主义的争论，指出，进入新世纪以来，随着改革的进一步深入，西方左翼学者对中国特色社会主义的认识也发生了一些变化。其中的一些左翼学者看到了私有经济的不断增多和贫富差距的不断扩大，对中国的社会主义性质和走向越来越持怀疑的态度；而另一些学者则从中国的改革中看到了中国市场经济形成过程和资本主义发展过程之间存在的本质差别，因而对中国、对市场社会主义更具信心。②

3. 中国特色社会主义理论体系内各个具体理论形态的研究进展

2011 年度，国内学界对中国特色社会主义理论体系目前存在的三种具体理论形态——邓小平理论、“三个代表”重要思想和科学发展观，分别进行了进一步理论阐释与探究。

（1）邓小平理论研究进展

回顾邓小平作为一位无产阶级革命家、理论家所做出的巨大贡献，刘金田指出，邓小平站在全局的高度，领导了第二个“历史决议”起草的全过程，他率先批评“两个凡是”，提出正确对待毛泽东思想，支持关于真理标准问题的讨论，为起草决议提供了正确指南；指导国庆 30 周年讲话稿的起草，为起草决议奠定了基调；确定了起草决议的指导思想，并对决议的大体框架作了设计。他站在历史的高度，强调全面正确看待新中国成立以来 30 年的历史，强调要充分肯定毛泽东的伟大历史功绩，科学分析其晚年错误，坚持毛泽东思想。邓小平领导起草决议的过程，展现了一个无产阶级革命家的高超智慧和坦荡胸襟。③ 汪汉忠则对邓小平晚年的理论贡献进行了梳理，指出他在视察南方发表谈话后继续探索中国特色社会主义，对社会主义本质论、社会主义市场经济论、农村改革和发展理论以及党内民主和社会主义民主理论都有新的思考，这构成了邓小平理论的新篇章，对新时期新阶段乃至更长时期中国特色社会主义发展和探索具有长远的指导意义。④

龙平平认为，邓小平理论是中国特色社会主义理论体系的本源理论，架构了这个体系的整体框架；“三个代表”重要思想和科学发展观是这个理论体系的递进理论。三大理论成果是在同一命题下相互衔接、层层递进的关系，都是中国特色社会主义理论在不同阶段的表现形态。要着眼于中国今天的实践研究邓小平理论，其中，邓小平共同富裕理论、关于市场经济与社会主义制度结合起来的理论以及小康社会理论等，是当前需要加强和深入研究的重大课题。⑤

卫兴华认为，邓小平的社会主义本质论和三条判断标准论，从实质上回答了什么是社会

① 梁树发：《深化中国特色社会主义理论体系研究的路径问题》，《理论视野》2011 年第 2 期。

② 范春燕：《近年来西方左翼学者关于中国特色社会主义的争论及其启示》，《国外理论动态》2011 年第 7 期。

③ 刘金田：《邓小平领导起草第二个“历史决议”的历史贡献及其启示》，《党的文献》2011 年第 3 期。

④ 汪汉忠：《邓小平在南方谈话后对中国特色社会主义的新思考》，《唯实》2011 年第 3 期。

⑤ 龙平平：《邓小平理论与中国特色社会主义理论体系研究的几个问题》，《党的文献》2011 年第 4 期。

主义和怎样建设社会主义的重大理论和实践问题。社会主义本质论解决了应建设什么样的社会主义问题，而三条判断标准论解决了按照什么标准即怎样建设社会主义的问题。[①] 张嘉友、徐云峰认为，共同富裕思想是邓小平理论的一个重要组成部分，有着丰富的内涵，主要包括：共同富裕是社会主义制度的本质特征；共同富裕包括物质和精神两个方面的发展；共同富裕是一个动态的渐进发展过程。理解邓小平共同富裕思想的丰富内涵，有助于我们深化对科学社会主义的认识，推进全面建设小康社会的进程。[②]

贺新元对邓小平发展思想提出一些新的思考，他认为，邓小平发展思想是建设中国特色社会主义的代数学。辩证法是革命的代数学，其实，辩证法也是发展的代数学。就中国革命与建设来说，每当中国革命到了转折时期，我党总是能应用辩证法来分析与解决当时的矛盾，引导革命和建设走向胜利。"文革"结束后，邓小平更是依循着这一优良传统，面对如何建设社会主义这一主题而出现的诸多新矛盾新问题，坚持运用辩证法，开创了建设有中国特色社会主义的新局面，构筑出了一个内在统一的、纵横相交兼具宏观与微观的立体式发展思想体系，一个可以概括为多层次多方面的发展战略框架及发展策略体系，其外延涉及政治、经济、文化、社会、教育、科技、农林、文艺、金融、旅游、环保、民族发展等方面。[③]

阎树群、蓝文权对邓小平改革理论作了国际比较，他们指出，在国际社会主义运动发展史上，邓小平和戈尔巴乔夫都提出和论证过"改革是革命"的命题，然而，中国的改革取得了举世公认的巨大成功，苏联的改革则偏离了社会主义道路。究其原因，在于邓小平与戈尔巴乔夫的改革理论存在诸多不同。探讨这些区别，对于正确理解邓小平的改革理论，完整把握我国改革的性质，科学总结改革开放的基本经验，具有重要的理论意义和实践价值。[④]

（2）"三个代表"重要思想研究进展

2011 年度，学界着重从江泽民对中国特色社会主义理论体系的历史贡献以及他的党建思想、外交思想、经济建设理念等多个角度展开研究。

陈述以"承前启后、继往开来的引路人"来形容江泽民作为国家领导人作出的贡献，认为像这样一些深深嵌入历史的标志性符号：社会主义市场经济，社会主义法治国家，初级阶段的基本纲领，经济发展新"三步走"战略，可持续发展战略，科教兴国战略，西部大开发战略，新时期国防军事战略，依法治国方略，"走出去"战略，加入 WTO，维护世界和平、促进共同发展的外交宗旨，党的建设新的伟大工程，"三个代表"重要思想，等等，客观地展现了历史发展过程中以江泽民同志为代表的中国共产党引领中国人民的伟大创造。[⑤] 许玲英提出，处于世纪之交的江泽民同志，面对动荡不安的国际社会和经济全球化发展，正确处理了中国经济发展与世界政局的关系，中国经济发展与世界经济的关系，中国社会主义与其他社会制度国家的关系，中国经济发展与提高党的执政能力、水平的关系。在处理这些关系中，形成的新思想、新观点、新论断，极大地丰富和发展了建设有中国特色社会主义理论，

① 卫兴华：《邓小平的社会主义本质论和三条判断标准论的重要意义》，《高校理论战线》2011 年第 8 期。
② 张嘉友、徐云峰：《试论邓小平共同富裕思想及其意义》，《思想理论教育导刊》2011 年第 1 期。
③ 贺新元：《邓小平发展思想论纲》，《中国人口资源与环境》2011 年第 10 期。
④ 阎树群、蓝文权：《邓小平改革理论的国际比较》，《当代世界与社会主义》（双月刊）2011 年第 3 期。
⑤ 陈述：《江泽民：承前启后、继往开来的引路人》，《中国党政干部论坛》2011 年第 5 期。

推动了中国经济的重大发展。①

赵铁锁、丁咚指出，作为党的第三代领导集体核心的江泽民，按照从严治党的方针，毫不动摇地加强党的领导和改善党的建设，为全面推动党的建设科学化作出了重大贡献。主要贡献有：提倡“以科学的理论武装人”；号召全党“加强理论的学习，提高党的工作的科学性”；民主集中制是“实现决策科学化、民主化必不可少的制度保证”；党的作风关系党的生命；注重在实际工作中掌握党的群众路线的科学方法；培养造就高素质的跨世纪的干部队伍；反腐败斗争是关系党的生死存亡的重大问题；高度重视制度建设，要求建立一整套科学严密的规章制度；加强党的执政能力建设是党的建设科学化的关键，等等。②

袁恩桢提出，社会主义市场经济体制启自邓小平，成在江泽民；江泽民认为社会主义市场经济范畴中的“社会主义”几字不能丢；认为国有企业必须成为市场经济中的自主主体，强调国有经济的控制力作用，提倡中国企业“走出去”；强调要防止拜金主义影响，坚持改革的社会主义方向。③

李红指出，在纷繁复杂的外交实践中，江泽民作为中国第三代中央领导集体的核心，创造性地继承和发展了前人的外交思想，站在时代发展的前列，放眼世界和未来，提出了一系列外交方针和政策，开拓了中国外交理论的新境界。13 年间，中国的国际地位空前提高，中国的国际形象为世人瞩目和赞赏。以大国外交为关键、以周边外交为依托、以发展中国家外交为基础、以多边外交为舞台的跨世纪全方位外交新格局基本形成。江泽民外交思想的理论渊源来自多个方面，其中，崇尚和平的中国传统文化哲学是重要源泉之一。④

（3）科学发展观研究进展

2011 年，学术理论界在科学发展观的重要贡献、科学发展观对以往发展理论的超越与成就、如何贯彻落实科学发展观等多个维度上同时展开研究。

回顾四年来科学发展观的新发展，严书翰从以人为本的执政理念、加快转变经济发展方式、把社会建设摆在更加突出的地位和以改革创新精神加强党的建设四个主要方面，对党的十七大以来科学发展观的新发展作了梳理和总结。⑤

在科学发展观的历史地位及理论贡献方面，冯刚指出，科学发展观是马克思主义中国化的最新成果，是我们党推进理论创新的标志性成果。它奠基于马克思主义哲学基础和理论基石之上，科学总结与深刻把握中国特色社会主义建设实践和建设规律，开拓出中国化马克思主义理论的新阶段和新境界；它彰显出宽广的全球视野和世界眼光，强调要善于吸收和借鉴人类文明的一切优秀成果，同时要以自己的发展成果为社会主义开辟光明前景；它实现了全面的价值建构和多样价值的协调，并凸显对经济社会发展多样价值的协调；它指引、规划着

① 许玲英：《江泽民同志论建设有中国特色社会主义理论的世界视野》，《毛泽东思想研究》2011 年 5 月第 28 卷第 3 期。

② 赵铁锁、丁咚：《江泽民对党的建设科学化的历史贡献》，《理论学刊》2011 年第 8 期。

③ 袁恩桢：《江泽民和社会主义市场经济理论》，《毛泽东邓小平理论研究》2011 年第 3 期。

④ 李红：《“和合”理念：江泽民外交思想的重要源泉》，《中国党政干部论坛》2011 年第 10 期。

⑤ 严书翰：《党的十七大以来科学发展观的新发展研究》，《毛泽东邓小平理论研究》2011 年第 4 期。

我国新的历史时期的发展道路和战略布局，对于转变发展方式、提升发展境界具有重要意义。[①] 赵笑蕾认为，科学发展观是适应中国这样经济文化落后国家，在改革开放和实行社会主义市场经济的条件下，如何推动经济社会又好又快发展这一时代性课题应运而生的，是我国社会主义现代化建设实践经验的结晶和升华。科学发展观是对我们党关于发展问题的理论创新，实现了发展思想史上的一次飞跃，赋予社会主义发展理论新的时代内容和逻辑体系，丰富和发展了科学社会主义的理论宝库，是中国特色社会主义理论体系的重要创新成果。[②]

陈志刚从科学发展观与现代性的角度指出，科学发展观是在反思和总结我国改革开放以及国外发展经验教训的基础上提出的重大战略思想，它凝聚着改革开放的新共识。科学发展观的提出，意味着改革开放已经不是“摸着石头过河”，而是对改革的目标和路径都有了更加清晰的认识，找到了一条科学发展的新路，开创了社会主义现代性探索的新模式。无论在工业化道路上，还是在发展的逻辑、整体目标上，科学发展观都是对西方的经典现代性模式和新自由主义模式的超越和替代。[③]

任政、冯颜利认为，从社会公正的视野来看，科学发展观是一种公正性的发展观。科学发展观倡导的科学发展也是一种公正的发展。公正性发展是科学发展的内在要求和必然体现。坚持科学发展观的过程也就是实现社会公正的过程。科学发展观发展的公正性主要体现在：发展主体的公正性、发展过程的公正性和发展结果的公正性。[④] 王锦辉认为，科学发展观是以人和人的发展为中心的价值观，它把全面协调可持续发展与以人为本统一起来，把实现经济社会又好又快发展与实现社会和谐统一起来。坚持科学发展观就是要坚持“以人为本”的价值主题，就是要坚持社会和谐的价值目标，就是要坚持全面、协调、可继续发展的价值路径。[⑤] 刘富胜提出，科学发展观是马克思主义中国化的最新成果，全面理解和把握科学发展观的内在意蕴是我们深入学习实践科学发展观的前提。他通过对科学发展观的依据、要求、方法、核心、理想等方面的分析，总结出科学发展观的求真意蕴、求善意蕴和求美意蕴。[⑥]

庞元正、董振华提出，深入贯彻落实科学发展观，需找准着力点和突破口：第一，必须充分认识贯彻落实科学发展观所取得的巨大成就和我国当前所面临的严峻挑战，增强贯彻落实科学发展观的自觉性和坚定性；第二，必须以经济结构调整为主攻方向，加快推进经济发展方式转变的基本路径；第三，必须把民生问题提高到战略高度来认识，以民生建设为重点推进经济社会协调发展；第四，必须重视不同社会群体之间的利益博弈关系，以利益关系的调整为突破口，大力推进体制机制的改革创新；第五，必须在破解发展难题的实践中推进理论创新，构建科学发展观的理论体系，为夺取中国特色社会主义事业的新胜利提供强大的思想武器。[⑦]

---

① 冯刚：《科学发展观：坚持和发展马克思主义的标志性成果》，《马克思主义研究》2011 年第 7 期。

② 赵笑蕾：《科学发展观对社会主义理论和实践的新探索》，《当代世界与社会主义》（双月刊）2011 年第 2 期。

③ 陈志刚：《科学发展观与现代性》，《重庆社会科学》2011 年第 3 期总第 196 期。

④ 任政、冯颜利：《试论科学发展观发展的公正性》，《求实》2011 年第 5 期。

⑤ 王锦辉：《论科学发展观的三个价值向度》，《中国特色社会主义研究》2011 年第 3 期。

⑥ 刘富胜：《浅析科学发展观的三重意蕴》，《毛泽东思想研究》2011 年 3 月（第 28 卷第 2 期）。

⑦ 庞元正、董振华：《深入贯彻落实科学发展观》，《毛泽东邓小平理论研究》2011 年第 5 期。

（三）深入研究曾对马克思主义中国化作出重要贡献的领袖人物

国内理论界一向重视中国共产党的领袖人物对马克思主义中国化的贡献，但往往侧重在毛泽东、邓小平、江泽民、胡锦涛等核心领导人物的理论贡献。近几年来，中国共产党早期领导人为马克思主义中国化所做的开创性探索日益得到学术界的重视，学者们开始关注李大钊、陈独秀、瞿秋白、周恩来等早期马克思主义者在马克思主义中国化过程中的重要作用，并进行了较为深入的研究。2011 年度曾介绍了对陈独秀、陈云的研究概况，这里选取李大钊、周恩来两位代表人物，介绍相应的研究进展。

1. 对李大钊思想的研究

李大钊思想研究虽然起步较早，但研究工作的普遍开展却是自改革开放以后开始的。80 多年来，有关李大钊思想的研究始终不绝如缕，并呈现出选题范围日渐宽泛的特点。在现有研究成果中，既有对李大钊的哲学、历史学、经济学、军事学、文学、美学、教育学等学术领域的深究细研，又有对其社会主义思想、民主思想等政治领域的审慎考辨，成果丰硕。

近几年来，李大钊文集资料整理取得了新进展，一批文集资料、传记年谱、专题论著面世。例如，由中国李大钊研究会编注、人民出版社 2006 年 3 月出版的《李大钊全集》最新注释本，在河北教育出版社 1999 年 10 月版的基础上增补佚文 78 篇，包括李大钊担任中共北方区委书记期间（1925—1927 年）有关中国革命策略的重要文字 20 余篇约 5 万字，弥补了以往这一重要时期有关李大钊的活动文献不足的缺憾，有重要价值。李继华著《新版〈李大钊全集〉注释疏证》（中央文献出版社 2008 年版）对该书部分注释提出疑问并订正补充意见 90 余条。朱成甲的《李大钊传》（上）（中国社会科学出版社 2009 年版）细致考察了李大钊 1918 年进入北京大学以前的生平思想，包括李大钊在清末立宪运动、辛亥革命、“二次革命”、反袁护国、反段护法等重大历史事件中的表现与重要作用；深入剖析李大钊与主要社会思潮及人物间的复杂关系，突出论述他的“新爱国主义”和探寻“救国真理”的主要思想成果，将李大钊早期生平的记述研究推向新高度。朱文通主编的《李大钊传》（天津古籍出版社 2005 年版）利用与传主同乡的优势，审慎使用一些田野调查资料，简捷朴实地记述了李大钊的童年生活、求学经历、革命活动、思想发展，为进一步全面了解李大钊出身、家庭、亲属关系、求学及在直隶的革命活动提供了有价值的资料。朱文通主编的《李大钊年谱长编》（中国社会科学出版社 2009 年版）借鉴新成果，补充了新资料，尝试创新体例，介绍未定论问题的不同观点，提供了迄今最完整的年谱资料。朱志敏的《李大钊传》2009 年修订再版。

专题研究方面，张文生著《李大钊史学思想研究》（中国社会科学出版社 2006 年版）从历史论、史学论、历史认识论和史学方法论 4 个方面，围绕李大钊史学思想的形成、内容及其地位和影响做了具体深入的研究。王浩主编的《北京李大钊故居》（文物出版社 2009 年版）和《李大钊北京十年（交往篇）》（中央编译出版社 2010 年版）以较新视阈展现了李大钊生平及作为知名学者、教授和极为活跃的社会活动家与新文化知识精英、志士仁人、青年学生之间的往来踪迹。此外，中国李大钊研究会编的《李大钊研究论文选集（1979—2008）》（云南教育出版社 2009 年版）选辑近 30 年来有关李大钊生平、思想、学说、政治活动和有关研究中辨析释疑的代表性成果，并附录部分新发现的李大钊信件或材料，以及王海编著的

《纪念李大钊》（中央文献出版社2008年版）、北京李大钊故居研究室编《李大钊研究资料索引（1927—2008）》（文物出版社2009年版）等，都对深入研究有所裨益。①

2011年4月28日，河北省委宣传部、河北省社会科学院等单位举办的“李大钊与中国共产党——河北省纪念建党90周年座谈会”，与会代表对李大钊的丰功伟绩作了科学的全面探讨，认为应将此次会议作为学习李大钊、研究李大钊、宣传李大钊、弘扬大钊精神的新的起点，继续加强对李大钊的研究与宣传。

本年度国内发表了一批学术论文，着重探讨了李大钊对马克思主义中国化的开创性贡献。张小平指出，李大钊是中国马克思主义的先驱者，他在研究和传播马克思主义的过程中，始终面临着这样一个问题：马克思主义理论是否真正适用于中国的情况。李大钊运用唯物史观研究中国的特殊国情，指导中国的革命运动，在与各种非马克思主义思潮的论战中始终坚持理论与实践相结合的正确方向，开马克思主义中国化之先河。②

孙熙国指出，李大钊用马克思主义的基本理论分析中国社会历史的进程，提出了“精神解放”、“妇女解放”、“解放运动”等概念，初步阐释了马克思主义的人的解放理论；认为世界是群众的世界、平民的世界，历史是“平民的新历史”，提出了无产阶级领导权的问题，主张知识分子应该走与工农相结合的道路，“做民众的先驱，民众做知识阶级的后盾”；提出了“中国的社会主义”的表述，初步阐述了作为“共性”的社会主义与作为“个性”的各国实际之间的关系，认为主义“会因时、因所、因事的性质情形产生一种适应环境的变化”，

社会主义会是“共性与特性结合的一种新制度”。③

王东、纳雪沙指出，马克思主义基本原理与中国实际相结合是马克思主义中国化的基本原则，李大钊虽然没有像后来毛泽东、邓小平那样做出如此简明的理论概括，但他在许多场合下都提出了这一原则做了初步探索。例如，他不仅阐发了主义与问题、社会革命与社会改良的辩证关系，而且阐发了理论与实践统一的马克思主义根本原则，新唯物主义实践论的哲学精髓，他借问题与主义之争，提出了理论与实践、马克思主义基本理论与解决具体问题的实践运动有机统一的根本原则，并且用“并行不悖”、“交相为用”这两个提法，描述这一基本原则。④

谭春玲的研究结论也说明，尽管李大钊没有明确概括出“马克思主义中国化”这个命题，但其理论思想对马克思主义中国化具有重要意义，比如李大钊提出：马克思主义是“世界改造原动的学说”；马克思主义与中国实际“息息相关，脉脉相通”；运用马克思主义必须“务求其适合者行之”；信仰马克思主义必须“本着主义作实际的运动”。⑤

2. 对周恩来思想的研究

周恩来是功勋卓著、品德高尚的无产阶级革命家、政治家、外交家和军事家，他不但是

---

① 王利民：《八十年来李大钊思想研究的主要进展与思考》，《河北大学学报》（哲学社会科学版）第36卷第1期（2011年2月）。

② 张小平：《李大钊对马克思主义中国化的开创性贡献》，《宁夏社会科学》2011年第4期。

③ 孙熙国：《李大钊对马克思主义中国化理论的贡献》，《思想政治教育研究》2011年2月第27卷第1期。

④ 王东、纳雪沙：《李大钊对马克思主义与中国实际相结合的基本原则的初步探索》，《理论学刊》2011年第11期。

⑤ 谭春玲：《李大钊的马克思主义中国化思想》，《理论探索》2011年第6期。

我们党和国家的卓越领导人，为新民主主义革命、社会主义革命和建设事业立下了丰功伟绩，而且还是人民政协的创始人和领导人之一。自周恩来逝世至今 30 多年来，全国各地的专家学者在周恩来研究和宣传方面已取得了斐然的成绩。据不完全统计，30 余年来全国出版关于周恩来的各类图书（包括专著、论文集、资料集、回忆录、传记、年谱、纪念册、画册等）已有上千部，发表各种论文和纪念文章数万篇。

有学者提出，目前关于周恩来的研究仍存在着研究视角不够开阔、研究领域尚显狭窄、研究内容有待深入等问题，认为今后应进一步拓宽研究领域，在充分利用现有资料的同时挖掘新的史料，研究的重点可以向新中国成立后转移，增加横向对比分析，积极采用新的科技手段和研究方法。例如，以往的研究中笼统地论述周恩来思想和业绩的多，而深入探讨周恩来在某一领域某一具体问题中的具体作用，特别是将他放在 20 世纪特殊历史背景下进行横向对比研究较少。今后的研究可以从不同视角展开，既可以研究一些宏观问题，如周恩来在中共党史上、在近代中国历史上的地位和作用，周恩来与中华人民共和国政治体制、经济体制的建立等；又可以探讨一些中观问题，如周恩来与新中国的外交事业、国防建设、周恩来与新中国三大政治制度中某一个制度的确立和发展等（特别是周恩来与人民政协的创立和发展）；更应该研究一些微观问题。仅从周恩来与中国共产党和当代中国政治方向思考，今后拟拓宽的研究选题就可包括：周恩来与中国共产党的创建、周恩来与党风廉政建设、周恩来与中国各民主党派的关系、周恩来与共产党领导下的多党合作制度、周恩来与中国人民政治协商会议、周恩来与新中国的现代化设想、周恩来的各民族一律平等的思想与我国民族区域自治制度的确立、周恩来的行政管理思想与实践、周恩来与我国政治经济体制的调整、周恩来依法治国的理念与实践、周恩来的民主意识与民主作风、周恩来的爱国主义精神和国际主义精神、周恩来与政党外交等等。①

胡相峰等研究了周恩来的社会主义建设思想，认为他的思想以对马克思主义的深刻理解、中国传统文化的深切领悟和共产主义运动实践的理性思考为基础；周恩来的社会主义建设思想对社会主义现代化建设具有重要的历史贡献和当代价值，突出地表现为，它强化了第一代中央领导集体，特别是毛泽东关于社会主义建设思想中的积极成分对现代化建设实践的指导作用，为中国的改革开放作了重要铺垫，对改革开放以来的社会主义现代化建设仍具有重要的指导作用。②

宋正研究了新中国成立初期周恩来的工业化思想及实践，他认为，周恩来对新中国成立初期的工业化建设提出了一系列正确的思想主张，领导制定了众多切实可行的政策措施，积极推动了新中国的工业化建设，使“一五”计划顺利完成，为我国打下了一个工业化的初步基础。周恩来为寻求适合中国国情的工业化道路进行了不懈的努力，提出了许多重要思想：优先发展重工业的工业化道路；自力更生为主、争取外援为辅的工业化道路；依靠科技的工业化道路。③

① 徐行：《进一步深化周恩来研究的几点思考》，《重庆社会主义学院学报》2011 年第 2 期。

② 胡相峰、徐贵权、赵国付：《周恩来的社会主义建设思想及其时代价值》，《毛泽东邓小平理论研究》2011 年第 9 期。

③ 宋正：《新中国成立初期周恩来的工业化思想及实践》，《辽宁经济管理干部学院学报》2011 年第 6 期。

王磊认为，周恩来公仆精神是中华传统美德与马克思主义公仆观相结合的产物，其内涵十分丰富，主要表现在鞠躬尽瘁、甘当公仆，实事求是、为公为民，清正廉洁、克己奉公，大爱无疆、心系人民等方面。周恩来公仆精神对当前党员干部深入落实立党为公、执政为民，科学发展、以人为本，廉洁自律、清正为民，甘当公仆、一心为民的执政理念具有重要的指导意义。①

李潇提出，周恩来的党群关系思想有着十分丰富的内涵，他不仅对党密切联系群众的理论依据和实践意义进行深刻分析，而且对如何保持和增进党群间的血肉联系进行了可贵的探索。周恩来认为，“中国共产党已经与中国人民的生活和斗争形成了不可分离的联系”，并且多方探索密切党群关系的方法和途径：加强思想作风建设，团结广大群众一道前进；探索民主管理体制，建立沟通渠道和监督机制；处理好其他关系，如党政关系、内外关系、上下关系、城乡关系、劳资关系、公私关系等，促进党群关系和谐发展。②

（四）马克思主义中国化研究学科建设的相关研讨

2005年，原有的“马克思主义理论与思想政治教育”学科上升为马克思主义理论一级学科，在马克思主义理论一级学科之下形成了包括“马克思主义中国化研究”在内的五个二级学科，2008年又增设了“中国近现代史基本问题研究”二级学科。马克思主义中国化研究二级学科的形成，突出了马克思主义文本与当代现实的结合，学科建设问题也日益引起理论界的关注和思考。

关于“马克思主义中国化研究”学科的重点，张雷声认为，就是要研究马克思主义中国化的历史进程、基本经验和基本规律，研究中国化的马克思主义，也就是马克思主义中国化的主要理论成果。她强调，加强马克思主义理论学科建设，必须从把握学科特征、理论研究、师资队伍、人才培养、学术交流与合作等方面展开。③

不少学者在探讨马克思主义理论一级学科建设的过程中，也思考了作为二级学科的马克思主义中国化研究学科建设的有关问题。逄锦聚指出，马克思主义理论学科的科学研究要以时代和实践发展需求为导向，加强对时代特征和时代发展进程中提出的重大问题、马克思主义创新发展过程中特别是中国特色社会主义事业发展中提出的重大问题等进行战略性、前瞻性、全局性的研究，并在研究中妥善处理马克思主义理论学科与其他学科的关系以及马克思主义理论学科内部的关系，基础理论研究、应用研究和政策研究的关系，坚持党性、阶级性与学术性的关系，中国化马克思主义与国外马克思主义的关系、继承与创新的关系等，为马克思主义的发展和现代化建设做有益的贡献。④

陈秉公认为，马克思主义理论学科建设对国家经济社会发展做出了巨大贡献，其主要表现之一在于，高举马克思主义中国化旗帜，巩固马克思主义在意识形态领域的指导地位。改革开放以来，马克思主义理论学科高举马克思主义中国化旗帜，积极参与中央马克思主义理论研究与建设工程，承担国家关于意识形态建设的重大研究项目，发表有影响力的研究成果，

① 王磊：《论周恩来公仆精神及其时代价值》，《江汉大学学报》（社会科学版）第28卷第4期（2011年8月）。

② 李潇：《周恩来党群关系思想探析》，《天津行政学院学报》第13卷第6期（2011年11月）。

③ 张雷声：《马克思主义理论学科体系建构与建设》，《学校党建与思想教育》2011年第8期。

④ 逄锦聚：《关于加强马克思主义理论学科科学研究的一些思考》，《思想理论教育导刊》2011年第3期。

抵制和批判反动腐朽社会思潮，在引领我国哲学社会科学，巩固马克思主义在高等学校和意识形态领域的指导地位，发挥了巨大的无可替代的作用。本学科坚持面向实际，积极宣传和解释党和政府的重大方针政策，为建设富强民主文明和谐的现代社会服务；以中国经济社会发展中的重大现实问题和理论问题为研究方向，创造出一系列具有全局性、战略性和前瞻性的理论成果；自觉参与中央和地方的各项建设事业，积极为中央和地方政府的重大决策咨询服务；依据我国经济文化发展需要，均衡分布马克思主义理论学科硕士点和博士点，有力支援了各地的经济政治和文化建设。当前，需要增强马克思主义理论学科的学科意识，重视学科建设的科学性，严格地按照马克思主义理论学科的研究对象研究学问，整体研究和揭示本学科的研究对象、基本范畴、基本原理，基本规律、基本方法、基本知识和历史发展，建构本学科的科学知识体系，尤其要防止和克服学科建设和科学研究中的随意性与盲目性。①

中国社会科学院在 2011 年 3 月 16 日举行的“马克思主义理论学科建设与理论研究会议”上提出，构建本院马克思主义理论学科群。中国社会科学院制订了 5 年加强马克思主义理论学科建设与理论研究实施方案，并围绕构建马克思主义理论学科群展开了全面工作。在 14 个研究机构中新设立了 16 个马克思主义理论类别的研究室，如马克思主义政治学研究室、马克思主义世界政治经济理论研究室、马克思主义哲学中国化研究室，以及党建党史研究室等；新成立了 5 个研究中心，如马克思主义经济社会发展研究中心、当代理论思潮研究中心等；先后资助 28 个《马克思主义经典作家专题摘编》。在 31 个学术期刊中开设了马克思主义研究栏目，不断推出新研究成果。②

## 三　简要评论

“马克思主义中国化研究”学科建设的主要任务应该是理论学术研究和研究成果转化，共同服务于中国特色社会主义。在理论学术研究方面，自十七届四中全会强调要大力推进马克思主义中国化、时代化与大众化以来，学术理论界对马克思主义中国化和中国化马克思主义的研究进入到一个新阶段。据对中国知网和国家图书馆的资料调查显示，2011 年学术理论界在马克思主义中国化研究内容上不断地挖掘出了一些新的论题，在研究方法论上也有所创新，并取得了量多质优的科研成果。这在前面的马克思主义中国化重大问题研究进展部分多有体现。在研究成果转化方面，依然没有取得突破性的进展，任重而道远。

综观 2011 年国内对“马克思主义中国化”整体研究和学科建设情况来看，今后需要进一步加强的地方主要在：

第一，研究的重大问题主要还是集中在马克思主义中国化的思想源流、历史进程、基本经验、内在规律及其重要代表人物，马克思主义中国化、时代化与大众化，社会主义核心价值体系，毛泽东思想与中国特色社会主义理论体系，中国模式等方面，马克思主义中国化研究的视野还有待进一步打开。

① 陈秉公：《高校马克思主义理论学科建设的基本经验与前瞻》，《中国高等教育》2011 年第 12 期。

② 李瑞英：《社科院构建马克思主义理论学科群》，《光明日报》2011 年 3 月 17 日。

第二，在研究中曾经出现的把马克思主义中国化研究的学术与政治两个层面割裂开来的现象依然严重。强调“政治淡出，学术凸显”，试图通过规避政治和现实来强化马克思主义中国化研究的观点和学者大有人在；认为马克思主义只有政治功能而没有学术价值，试图取消马克思主义在哲学社会科学研究中的指导地位的观点和学者也大有人在，这些都严重影响到“马克思主义中国化研究”的学科建设。马克思主义既有其内存的学术价值，又具有强大的政治功能，这是不可否认与置疑的。既然马克思主义兼具政治功能与学术价值，那么研究中国革命、建设和改革发展中的成就与问题，吸取中国传统文化中的优秀思想，就是马克思主义中国化题中的应有之义。否则，马克思主义中国化和中国化马克思主义研究会面临合法性危机，更遑论什么加强“马克思主义中国化研究”的学科建设和建立具有中国特色、中国气派、中国风格的马克思主义理论。

第三，“马克思主义中国化研究”服务于马克思主义中国化和中国特色社会主义不够。“马克思主义中国化研究”的根本任务和目标，就是如何自觉地坚持把马克思主义与中国具体实际相结合而创新中国化的马克思主义，就是用中国化马克思主义科学地指导中国特色社会主义发展。如何实现这一根本任务和目标，如何探求实现这两者的互动与互动机制，才是“马克思主义中国化研究”学科建设的核心与价值所在。

第四，马克思主义中国化的比较研究还有待进一步展开。近年来，已经开始重视把马克思主义中国化与中国传统文化的比较研究。通过这种思想文化的比较研究，找出马克思主义在中国化进程中与中国传统思想文化之间的共性与差异，进而揭示出马克思主义中国化的内在发展规律，取得了一些初步成果。比较范围可以从以下几个方面着手：一是可以加强马克思主义中国化的微观个案研究及相互对比研究，比如，对马克思主义中国化进程不同历史阶段的代表人物以及同一历史阶段不同代表人物之间的比较研究；二是可以把马克思主义中国化与其他国外文化中国化进行对比研究，比如，对马克思主义中国化与佛教中国化加以比较研究，对马克思主义中国化与西方重要思潮本土化加以比较研究，这种比较研究可以使我们弄清马克思主义中国化与外域文化本土化发展的一般条件和机制，有助于我们揭示和深刻理解马克思主义中国化的内在规律，有助于我们更好地去反击国外一些反马克思主义的思潮在中国的传播。三是应加强马克思主义中国化与历史上和现实中的其他马克思主义民族化之间的比较研究，比如，苏联马克思主义、东欧马克思主义、现代西方马克思主义、朝鲜马克思主义、越南马克思主义、古巴马克思主义、老挝马克思主义等，从中研究出它们之间的共同或相似之处和差异或分歧之处，为我们进一步深刻揭示和理解马克思主义中国化的规律提供外部参照，并且弄清哪些是马克思主义中国化的特殊规律、哪些是马克思主义民族化的普遍规律。

第五，自党的十七届四中全会首次提出“马克思主义时代化”的重大命题，并将“时代化”与“中国化”、“大众化”并列纳入马克思主义实践形式和发展形态的范畴以来，学术理论界多侧重于对马克思主义“三化”的整体性研究和对马克思主义中国化、大众化的研究，单就马克思主义时代化的研究显得较为薄弱。在研究马克思主义大众化方面，对建党 90 年来马克思主义大众化的文献梳理与研究工作有待深入挖掘。在研究马克思主义大众化时，除了要注重贴近实际，贴近群众，贴近生活外，还必须注意以下几个问题：一是把握马克思主义大众化的发展逻辑和规律，防止庸俗化；二是紧密结合时代特征和社会现实，防止经验化；三是提升马克思主义大众化的学术含量，防止低水平化。这种现象已经在学术理论界出现了苗头。

第六，进一步强化马克思主义基本理论与中国实践相结合过程中经过的两次历史性飞跃所产生的两大理论成果之间的关联性研究。这可通过研究毛泽东的社会主义建设思想与中国特色社会主义理论体系之间的关系，来厘清毛泽东思想与中国特色社会主义理论体系之间的一脉相承。①

当然，为了推进“马克思主义中国化研究”学科建设，除进一步发挥马克思主义理论研究和建设工程通过编写教材和通俗读物这一重要途径外，学术理论界应该积极去探索更多更好的路径与方法，寻求更多更好的理论生长点。

（供稿人：贺新元、王佳菲、彭海红）

① 参见郭建宁《十七大以来马克思主义中国化研究的总体态势与前沿问题》，《大连干部学刊》第27卷第3期。

# 第三章　马克思主义发展史

## 一　研究概况

（一）2011 年“马克思主义发展史”理论研究与学科建设的主要特点

2011 年，是国家“十二五”规划开局之年，同时也是重大历史事件纪念活动比较密集的年度。以纪念重大历史事件为契机，“马克思主义发展史”重点学科建设在继续推进马克思主义基础理论研究的同时，关注重大理论和现实问题，并以马克思主义发展史的独特视角将研究推向深入，取得了丰硕的研究成果。概括起来，2011 年的“马克思主义发展史”重点学科建设呈现出以下特点：

1. 注重马克思主义发展的历史、理论与现实研究相结合

自 2005 年设立马克思主义发展史重点学科以来，我国学术界对马克思主义发展史的研究对象、研究方法、研究特点、研究领域的认识越来越清晰，在很多问题上都达成了共识。2011 年的马克思主义发展史重点学科建设，在遵循既有的文献考证、理论阐释和现实引导三种研究路径的基础上，更加注重研究方法的“三结合”，力求多角度展现马克思主义发展的历史。在突出马克思主义发展史学科建设历史性的同时，做到史论结合，总结马克思主义发展的内在逻辑和本质规律。“三结合”的研究方法成为本年度学科建设的一个特点。

本年度的马克思主义专题史专著《马克思主义哲学中国化的理论与历史研究》，涉及马克思主义哲学中国化研究的方法论问题，中共早期领导人哲学思想研究，李达、艾思奇哲学思想研究，毛泽东邓小平哲学思想研究，中国特色社会主义理论体系研究等内容。作者既对早期的文献进行梳理，同时总结内含其中的理论逻辑，在历史与逻辑相统一中阐述中国马克思主义哲学的普遍性问题、中国马克思主义哲学大众化的问题、中国专业马克思主义哲学家对马克思主义哲学中国化的贡献问题，以期了解当今马克思主义哲学发展的全貌，推进马克思主义哲学中国化的历史进程。文献考证、理论阐释、现实引导的“三结合”特点比较突出。专著《马克思主义发展史上的论争》围绕马克思主义发展史上“什么是马克思主义”的提问，在梳理相关文献的基础上，弄清楚判断马克思主义与非马克思主义的标准，解决如何对待马克思主义的问题，揭示马克思主义的本质和发展规律，研究目的指向如何坚持和发展马克思主义的当代性课题。研究中同样体现了研究方法的“三结合”原则。对马克思主义发展史重大问题、基本问题的深化研究，文献考证、理论阐释、现实引导的方法也始终贯穿其中，有机统一、互相印证，同样体现了研究方法“三结合”的研究特点。

可见，在马克思主义发展史研究中，理论阐释、文献考证、现实引导三种方法必须互补、整合，做到综合运用、有机统一，才能克服单一研究方法的片面性、独断性，达到对马克思主义发展史研究的理论和实践、历史和逻辑、文献考证与理论阐释的内在统一。

2. 结合对重大历史事件的纪念和反思，思考马克思主义的历史命运

2011年有太多的历史事件值得我们纪念，巴黎公社140周年、辛亥革命胜利100周年、中国共产党建党90周年、苏联亡党亡国20周年……，这些重大历史事件深刻地改变了世界和中国的历史进程，对世界和中国的社会主义实践产生了重大影响。然而，回顾历史不是为了发思古之幽情，而是为了更好地展望未来。2011年度的马克思主义发展史学科建设，以纪念重大历史事件为契机，对马克思主义发展史上的一些重大问题进行了反思，思考在新的历史条件下如何坚持和发展马克思主义、如何继承和创新马克思主义、如何保持马克思主义的生机和活力、如何加强马克思主义的解释力和说服力等关涉马克思主义未来历史命运的重大问题。比较突出的是围绕纪念中国共产党成立90周年，苏联解体、苏共亡党20周年展开的理论研讨和取得的学术成果。马克思主义发展史和马克思主义理论学科的其他二级学科一样，关注这些重大历史问题。但是关注的角度不同，马克思主义发展史是侧重于研究马克思主义的产生、发展的历史过程和本质规律的科学。研究对象的不同决定了马克思主义发展史在纪念这些重大历史事件、阐述重大理论问题时，更注重从中总结马克思主义发展的经验，提炼马克思主义发展的本质和规律，进而思考马克思主义发展的未来走向。这是马克思主义发展史研究的最终旨归。2011年围绕纪念中国共产党成立90周年开展的一系列学术研讨会和取得的理论成果，在回顾中国共产党的历史、阐发中国共产党的历史使命和主流与本质等问题时，都必然涉及马克思主义中国化的历史，必然引发人们对马克思主义未来走向的思考。围绕纪念苏联亡党亡国20周年开展的一系列学术研讨会和取得的理论成果，除了再一次掀起反思这场历史灾难的原因和影响之外，人们重又陷入了关于社会主义如何发展、如何坚持和发展马克思主义的深思之中。

3. 在观点争鸣、理论交锋中，深化马克思主义发展史研究

马克思主义发展的历史本身就是斗争史，马克思主义正是在与各种敌对思潮、错误倾向作斗争的过程中，变得“愈加巩固、愈加坚强、愈加生气勃勃”（列宁语）。关于马克思主义发展历史的研究也并非只有一种观点、一种声音，基于同样的马克思主义经典文本甚至会得出截然相反的结论。马克思主义发展史的研究领域不乏观点争鸣、理论交锋。2011年的马克思主义发展史研究围绕马克思的《1857—1858年经济学手稿》、唯物史观的理论性质、苏联解体的原因分析、“恩格斯宣布放弃共产主义理论”的论断是否正确、社会主义核心价值观的凝练等问题出现了观点争鸣。关于这些问题的争鸣，有的是对马克思主义经典文本的不同解读，如关于《1857—1858年经济学手稿》的争论；有的是立足不同的立场、观点针对苏联解体等重大历史事件展开的激烈交锋；有的是针对理论界某些关于恩格斯论著的歪曲和误读进行的批判和澄清，如对“恩格斯宣布放弃共产主义理论”论断的驳斥；有的是对马克思主义发展史重大理论和现实问题的争鸣，如关于唯物史观究竟是历史科学、实证科学还是哲学的争论；关于社会主义核心价值观凝练的不同表述则表明当前我国加强意识形态建设和社会主义核心价值体系建设的紧迫性。

观点争鸣和理论交锋一方面有利于澄清错误思想，避免对马克思主义的思想进行片段式解读；一方面引发人们对一些重大问题的再思考，进一步深化和拓展马克思主义发展史研究。这些观点争鸣和理论交锋不仅事关马克思主义理论研究，更关系到如何认识马克思主义和中国的前途命运。

4. 重视研究中国特色社会主义的最新成果在马克思主义发展史中的地位

毛泽东思想和中国特色社会主义理论体系是马克思主义中国化的两次理论飞跃，也是马克思主义发展史上的重大理论创新和重要组成部分。2010 年，我国马克思主义理论界围绕毛泽东思想和中国特色社会主义理论体系之间的关系展开研讨，取得了一些成果。2011 年理论界又侧重于对中国特色社会主义理论体系本身进行研究，阐发邓小平理论、“三个代表”重要思想、科学发展观等重大战略思想的内涵、实质、意义以及它们之间的一脉相承和与时俱进关系，取得了许多新成果。与此同时，理论界也重视从马克思主义发展史的角度研究中国特色社会主义理论体系。

胡锦涛同志在庆祝中国共产党成立 90 周年大会上的讲话中指出，党和人民必须倍加珍惜、长期坚持、不断发展的成就是：中国特色社会主义道路、中国特色社会主义理论体系和中国特色社会主义制度。其中，中国特色社会主义制度首次被提出和阐述。“三大成就”包含实践成就、理论成就、制度成就，是对中国特色社会主义的最新概括。除了对中国特色社会主义实践、理论、制度本身进行研究，突出其创新性，理论界也十分重视立足宏大的马克思主义发展视野，通过总结马克思主义发展的经验、规律，阐发中国特色社会主义最新成果在马克思主义发展史上的地位，推进马克思主义发展史学科建设的纵深发展。

（二）2011 年“马克思主义发展史”理论研究与学科建设的重要学术活动

2011 年，为纪念中国共产党成立 90 年，总结马克思主义中国化的历史经验和基本规律，马克思主义理论界举行了一系列学术会议，下面简单介绍相关学术会议的概况和主要研讨议题。

1. 2011 年 4 月 2 日，由中国人民大学哲学院与中国高等教育学会马克思主义研究会联合举办的“中国共产党 90 年与马克思主义中国化理论研讨会”在中国人民大学召开。中国人民大学、北京大学、清华大学、中国社会科学院等高校和科研机构的学者参会。学者们围绕“马克思主义中国化的内涵、科学依据和价值诉求”，“如何正确理解中国化的马克思主义”，以及“加强党史研究在深化马克思主义中国化理论研究中的意义”等理论问题进行了研讨，以纪念中国共产党建党 90 周年，总结马克思主义中国化进程中的内在规律和历史经验。①

2. 2011 年 4 月 16 日至 19 日，由中国马克思主义哲学史学会、全国当代国外马克思主义研究会、全国毛泽东思想研究会、全国邓小平理论研究会、全国“三个代表”重要思想研究会联合主办，河南科技大学马克思主义学院承办的“中外比较视域中的马克思主义研究”全国理论研讨会在河南洛阳召开。来自全国党校系统、高等院校和科研院所等单位的 120 余名专家学者出席了会议。学者们围绕“国外马克思主义研究与中国马克思主义研究的对话”、

① 路向峰：《“中国共产党建党 90 周年与马克思主义中国化理论研讨会”会议纪要》，《思想理论教育导刊》2011 年第 5 期。

“当代中国语境中的马克思主义发展史研究”、“当代中国语境中的国外马克思主义研究”、“中外语境中的中国马克思主义研究”四个议题展开研讨。①

3. 2011 年 5 月 20 至 21 日，由中国社会科学杂志社与南京政治学院联合举办的第十一届马克思哲学论坛在南京隆重召开，来自全国高校和科研单位的 150 余位专家学者参加了会议。会议围绕“马克思主义哲学与中国共产党 90 年”这一主题，就马克思主义哲学文本的编译和解读，马克思主义哲学中国化、大众化，中国模式、中国道路与马克思主义哲学创新等问题展开热烈讨论。②

4. 2011 年 6 月 9 日至 10 日，由中共重庆市委宣传部、中国历史唯物主义学会联合主办，重庆邮电大学承办的中国历史唯物主义学会 2011 年年会在重庆邮电大学召开，此次年会的主题是“马克思主义中国化与中国共产党的建设理论”。来自全国各地的近 150 位学者与会。学者们围绕马克思主义中国化等课题进行了深入研讨。③

5. 2011 年 6 月 11 日，由中国辩证唯物主义研究会、中共中央党校哲学教研部、国防大学中国特色社会主义理论体系研究中心联合主办的“马克思主义哲学与中国共产党 90 年理论研讨会”在国防大学召开。中国社会科学院常务副院长王伟光做了题为《马克思主义在中国的伟大胜利》的主题报告。与会者认真总结了 90 年来马克思主义哲学中国化、时代化、大众化的基本历程、基本成就、基本经验，深入分析了当前我国马克思主义哲学研究的重大理论和前沿问题，探讨了在新形势下推进马克思主义哲学创新的一系列问题。④

6. 2011 年 6 月 17 日，由中国马克思主义哲学史学会、人民出版社“中国共产党思想理论资源数据库”网站主办，嘉兴学院承办的“中国共产党 90 年与马克思主义哲学创新理论研讨会暨中国马克思主义哲学史学会 2011 年年会”在嘉兴学院召开。来自全国党校系统、高等院校和科研院所的 130 多位专家学者出席了会议。与会同志围绕“中国共产党 90 周年与马克思主义哲学创新”、“马克思主义哲学和马克思主义中国化的进程、经验与规律”、“90 年来中国的马克思主义哲学史研究”、“新历史起点上中国马克思主义哲学发展”等议题进行深入研讨。⑤

（三）研究热点与学术成果

2011 年，马克思主义发展史理论研究和学科建设围绕一些基本问题和重大理论、现实问题集中展开研究，取得了丰硕的研究成果：

第一，关于马克思主义发展史的基本问题研究。

2011 年度马克思主义发展史继续围绕历史唯物主义的理论性质和功能问题展开研究。2009 年和 2010 年，针对历史唯物主义是哲学还是实证科学的问题，俞吾金教授和段忠桥教

① 郗戈：《“中外比较视域中的马克思主义研究”理论研讨会综述》，《现代哲学》2011 年第 3 期。

② 王远龙：《马克思主义哲学与中国共产党 90 年——第十一届马克思哲学论坛综述》，《南京政治学院学报》2011 年第 4 期。

③ 闵绪国、代金平：《“马克思主义中国化与中国共产党的建设理论研讨会”综述》，《光明日报》2011 年 7 月 4 日。

④ 王一儒：《“马克思主义哲学与中国共产党 90 年理论研讨会”综述》，《哲学动态》2011 年第 7 期。

⑤ 《“中国共产党 90 年与马克思主义哲学创新”理论研讨会暨中国马克思主义哲学史学会 2011 年会在浙江嘉兴举行》，《光明日报》2011 年 7 月 4 日。

授之间展开了学术讨论。俞吾金教授认为，历史唯物主义是哲学理论，不是实证科学知识，因为实证科学以存在者为研究对象，哲学以存在为研究对象，而历史唯物主义以存在尤其是社会存在为自己的研究对象（《历史唯物主义是哲学而不是实证科学——兼答段忠桥教授》，《学术月刊》2009 年第 10 期）。段忠桥教授指出，在《德意志意识形态》的相关论述中，表明马克思和恩格斯认为历史唯物主义不是哲学而是真正的实证科学（《历史唯物主义：哲学还是“真正的实证科学”——答俞吾金教授》，《学术月刊》2010 年第 2 期）。陈先达教授则撰文阐发了历史唯物主义是哲学而不是实证科学或史学的观点（《历史唯物主义：是什么 为什么 怎么用》，《马克思主义研究》2010 年第 7 期）。2011 年，王晓升教授重申历史唯物主义是一种历史哲学的观点（《哲学或实证科学——历史唯物主义理论性质热讨论之后的冷思考》，《哲学动态》2011 年第 6 期）。

在阐明历史唯物主义是哲学而不是实证科学或史学的观点之后，2011 年，陈先达教授又撰文（《历史唯物主义的史学功能——论历史事实 · 历史现象 · 历史规律》，《中国社会科学》2011 年第 2 期），进一步阐述了作为哲学的历史唯物主义所具有的史学功能。文章指出，唯物主义历史观是我们观察当代现实问题的立场、观点、方法，也是我们研究历史的基本理论和方法论。历史唯物主义既包括对历史过程的本质的认识，即我们通常说的历史本体论问题；也包括我们如何认识历史，即历史认识论、历史方法论和历史价值论问题。二者在历史唯物主义中是统一的，不存在对立的问题。根据历史唯物主义观点，可以概括地说，历史事实具有一次性、历史现象具有相似性、历史规律具有重复性。不能正确理解历史事实、历史现象和历史规律各自的特点及其内在关联性，就不能确立正确的史学理论。

第二，关于马克思主义发展史上重大理论和现实问题的争论。

关于马克思的社会形态理论，近年来随着中国道路、中国模式研究的兴起成为理论的关注点。因为对中国道路、中国模式的研究无法脱离改革开放和中国特色社会主义的伟大实践，无法脱离中国特色社会主义的独特性。现实层面的探讨需要深层的学理依据，马克思的社会形态理论为人们深入思考中国特色社会主义的理论和现实问题提供了理论依据和科学方法。为将研究引向深入，《中国社会科学》2011 年第 1 期刊载了主题为“社会形态理论与历史价值观”的笔谈，王伟光、靳辉明、庞卓恒三位专家学者分别撰文《深入研究中国发展道路和发展经验 丰富和发展马克思主义社会形态理论》、《所有制关系在马克思社会形态理论形成中的基础意义》、《马克思社会形态理论的四次论说及历史哲学意义》，从不同角度对马克思的社会形态理论进行阐述，将马克思主义发展史上的相关研究向前推进了一步，为研究中国特色社会主义问题提供了学理依据。

关于恩格斯晚年“是否宣布放弃共产主义理论、主张走民主社会主义道路”的争论。2011 年，有人提出恩格斯“晚年放弃了推翻资本主义制度、实现共产主义的伟大理想，主张改良资本主义制度，和平进入社会主义，走民主社会主义道路，这是事实，是有历史文献可考的事实”。针对这一观点，靳辉明教授、吴雄丞教授、汪亭友教授都撰文进行了批判，强调一定要全面、完整地理解恩格斯的相关论述，不能断章取义、以偏概全，曲解马克思恩格斯等经典作家的文本。（靳辉明：《驳“恩格斯宣布放弃共产主义理论”谬说》，《光明日报》2011 年 8 月 29 日；吴雄丞：《恩格斯晚年对科学社会主义的坚守》，《光明日报》2011 年 10

月 24 日；汪亭友：《如何理解恩格斯的“93 个字”论述》，《光明日报》2011 年 8 月 29 日。）他们指出，对这一谬论进行批判不仅仅是一个历史文献和学术问题，而是关系到如何认识马克思主义和中国特色社会主义前途命运的重大是非问题。

关于马克思《1857—1858 年经济学手稿》的争论。《1857—1858 年经济学手稿》（以下简称《手稿》）是马克思主义发展史上的重要著作。2011 年，围绕《1857—1858 年经济学手稿》的文本考据和不同解释，《哲学动态》第 9 期刊载了关于望月清司的专题。望月清司撰文《马克思的市民社会理论》、村上俊介撰文《望月清司市民社会理论的形成》、王南湜撰文《与望月清司“历史理论”的相遇》，围绕《手稿》中的“市民社会理论”展开了讨论。除了关于“市民社会理论”的讨论，安启念教授还从《手稿》出发，阐述了马克思唯物史观思想的两个维度及如何评价苏联教科书体系等问题。（安启念：《马克思唯物史观思想的两个维度——从〈1857—1858 年经济学手稿〉谈起》，《中国人民大学学报》2011 年第 2 期。）

关于马克思和恩格斯“社会意识思想”的争论。2010 年，何丽野教授曾撰写《从文本考证看马克思和恩格斯关于社会意识的思想——与魏小萍研究员商榷》一文（《哲学动态》2010 年第 10 期），从社会意识这一特定专题入手，与魏小萍研究员《关于唯物史观的再认识》（《哲学研究》2009 年第 3 期）一文进行商榷。2011 年，魏小萍研究员又撰文《再论唯物史观理论中的意识概念——兼答何丽野教授的商榷》（《哲学动态》2011 年第 4 期），从唯物史观的基本问题、马克思与德国古典哲学的关系、马克思与恩格斯的关系三方面就唯物史观理论中的“意识”概念作出了进一步的分析和讨论。

第三，关于马克思主义发展史的主要著作的研究。

2011 年关于马克思主义发展史的学术著作既有专题史、国别史方面的著作，也有从马克思主义发展史角度阐述某一问题的著作，还有比较宏观地研究关涉马克思主义重大问题的著作。下面对几部有代表性的著作进行介绍，以反映学科 2011 年的著述情况：《新中国意识形态史论》（侯惠勤、姜迎春、吴波著，安徽人民出版社 2011 年版）运用唯物主义历史观梳理新中国意识形态的历史，是围绕新中国意识形态建设的基本经验展开的专题史著作；《马克思主义哲学中国化的理论与历史研究》（陶德麟、何萍主编，北京师范大学出版社 2011 年版）在对什么是“真正的”马克思主义哲学的分析基础上，论证中国马克思主义哲学的普遍性和大众化问题，阐述了马克思主义中国化研究应当遵循的历史与逻辑相统一的方法论原则和历史主义原则，是一部研究中国马克思主义哲学的性质和探寻马克思主义哲学中国化规律的国别史著作；《马克思主义发展史上的论争》（孙继红著，知识产权出版社 2011 年版）对马克思主义发展史上关于“什么是马克思主义”的提问作了梳理，力求找到判断马克思主义与非马克思主义的标准、揭示马克思主义的本质和发展规律，是带有马克思主义通史性质的著作；《马克思主义若干重大问题研究》（靳辉明、李崇富主编，社会科学文献出版社 2011 年版）全面深入地阐述了马克思主义基本原理和重大理论与现实问题，是带有专题研究性质的著作；《以自由看发展——马克思自由发展观视阈中的人类发展指数扩展研究》（朱成全著，人民出版社 2011 年版）用马克思的自由发展观扩展了人类发展指数，从哲学层面修正人类发展指数的不足，建立了独具中国特色的“四个文明耦合”发展模型，是一部运用马克思主义理论研究现实问题的著作。

## 二 重大问题研究进展

2011年，马克思主义发展史围绕一些重大问题进行研究，这些问题既涉及本学科的基础理论问题，也涉及现实问题；既涉及对马克思主义经典文本的解释和考证，也涉及马克思主义在当代的创新和发展。议题丰富、交锋激烈，推进了马克思主义相关研究的纵深发展。

1. 关于唯物史观研究的深化与拓展

近年来，唯物史观研究又成为学界的热点问题。2011年，马克思主义发展史围绕唯物史观与历史唯物主义的关系、唯物史观中“物”的现代形态等具体问题，唯物史观与当代社会发展、唯物史观与启蒙等重大问题展开探讨，进一步深化和拓展了对相关问题的认识和研究。

关于唯物史观与历史唯物主义的关系问题。长期以来，我国学界并没有对唯物史观与历史唯物主义作严格区分，哲学辞典和哲学教科书中唯物史观和历史唯物主义使用的也是同一个词条。张奎良教授撰文①对唯物史观与历史唯物主义的概念作了辨析。文章认为，无论从提出的时间、背景、初衷、内涵，还是从实际的运用方面，唯物史观与历史唯物主义都不尽相同。非常有必要对二者作出分辨，而不是将二者简单等同。文章追溯了唯物史观与历史唯物主义概念的提出及其历史沿革，指出在接近半个世纪的时间内，恩格斯与马克思一样，只是用唯物主义历史观概念，而没有用历史唯物主义概念。恩格斯直到晚年才开始启用历史唯物主义概念。而由于斯大林的《辩证唯物主义与历史唯物主义》小册子的巨大影响，除了在马克思主义哲学史等特定领域中还出现唯物史观的表述外，在一般场合中历史唯物主义已经有取代唯物史观的趋势。文章对二者之间的区别作了详细说明：

首先，唯物史观和历史唯物主义的内容指向不同。唯物史观的底蕴是历史观，是与唯心主义相对立的唯物主义的历史理念；历史唯物主义的底蕴则是唯物主义，是历史领域的唯物主义，与它相对应的还有辩证唯物主义、实践唯物主义、直观唯物主义、纯粹的唯物主义、经济唯物主义等；唯物史观属于科学范畴，历史唯物主义属于哲学范畴，二者有着不同的研究范式和方法，它们的区别在于：一个是描述人类历史演进的实证科学，一个是概括社会历史发展及其规律的历史哲学，二者之间有内容的交叉。其次，唯物史观与历史唯物主义确立的前提不同。物质资料生产是唯物史观确立的前提。历史唯物主义确立的前提则是辩证唯物主义及其在社会历史领域的推广和运用。最后，唯物史观与历史唯物主义的基本问题不同。物质实践与观念的关系问题是唯物史观的基本问题，社会意识和社会存在的关系问题是历史唯物主义的基本问题。

文章从唯物史观与历史唯物主义的总体倾向与适用域角度对二者的区别作了进一步辨析，指出：首先，唯物史观是在唯物主义指导下观察和总结人类社会历史所形成的总的观点。唯物史观的这种定位决定了它主要是关照过去，面向历史，格外重视人类历史的发生、演进的源头、机制、道路、条件、动力、方式等。与之相比，历史唯物主义虽然也关注人类历史的发展及其规律，但它更多的是面向现实，注重当下发生的事件，是从已知确定的对象出发探

① 张奎良：《唯物史观与历史唯物主义的概念辨析》，《哲学研究》2011年第2期。

索未知的原因、本质和规律的学问。具体性、现实性、意识形态性是它的突出特点。其次，从写作的时间上也能区分出唯物史观与历史唯物主义的各自特征。唯物史观主要阐发于马克思思想发展的早期、晚期，是与实践唯物主义的提出和唯物史观的自身完善密切相关的。历史唯物主义作为辩证唯物主义的推广和应用，其生成的时间表现出较为复杂的情况。

关于唯物史观中“物”的现代形态问题的深化研究。学界一直关注如何对待唯物史观中“物”的问题。晏辉教授撰文①指出，唯物史观之“物”，其具体形态是变化的，不变的是它的基本理念。唯物史观不是简单的教条，也不是直接的信念，而是活的理念。活的理念只有通过把握唯物史观之“物”的流动性和连续性才能体现它的生命力。关注我们之前的“物”，更关注我们时代的“物”才是我们坚持和发展唯物史观的根本道路。文章认为，要站在变与不变的立场上对待唯物史观，就“物”在人类社会历史中的作用而言，也不是单一的和绝对的，尚有人类的精神及其外化形式渗透其中。人类社会的构成方式和维系过程是极为复杂的，绝非单一的质料与精神所能决定的。即便在对“物”的研究上，也应该把分析的规定与规范的要求结合起来，在“是”与“应当”之间寻找其相互过渡的内在逻辑，把事实逻辑与价值逻辑结合起来。既然“物”是流动的，那就要深入而全面地分析现代性语境中的“物”及其流动形态。总之，要在变与不变之间（态度）、“心”与“物”之间（原则）、分析与规范之间（方法）和现代与后现代之间（语境）看待、对待和引领流动的“物”和唯物史观。

关于唯物史观与当代社会发展问题的探讨。衣俊卿教授撰文②指出，马克思主义社会历史理论同当前社会历史现实的关系问题，应当成为当今时代深化马克思主义社会历史理论研究特别的着力点。马克思学说具有强烈的实践本性，历史唯物主义是一种革命的和实践的社会历史理论，它不仅致力于揭示人类社会历史运动的一般性规律，更注重在直面社会历史现实中彰显自己的创造力和价值。今天的人类社会历史现实同马克思恩格斯创立社会历史理论的时代相比，在内在结构、运行方式、发展内涵和问题困境方面都发生了重大变化。这要求历史唯物主义自觉地完善、丰富或者转换自己的研究视角、研究方式和理论范式，以更加积极有效地面对和应对今天的社会历史现实。在社会现实的内在结构和运行方式发生了重大变化的语境中，如果不以多样化的微观解读和微观叙事来补充完善历史唯物主义的宏观理论范式，那么，这一社会理论就很难同今天的社会现实建立起真实的关系。

孙伟平研究员则撰文③阐述了唯物史观在信息时代出现的新变化。文章指出，当前我们所处的时代与马克思等经典作家所处的时代已经有了巨大的差别，人类正迈入信息时代，唯物史观出现诸多新变化：信息科技“再结构”社会；虚拟实践冲击传统实践观；信息成为最重要资源；网络型分权式管理结构渐成；新信息主义精神正在形成；人的发展在不断生成新“自我”。必须深入研究信息时代、网络社会的新特点，确立人是目的的信息社会建构原则，探索与之相适应的人的自由全面发展的新规律、新路径。

关于唯物史观与启蒙问题。近年来，探讨唯物史观与欧洲思想传统的关系成为学界拓展

---

① 晏辉：《论唯物史观之“物”的现代形态》，《山东社会科学》2011 年第 6 期。

② 衣俊卿：《历史唯物主义与当代社会历史现实》，《中国社会科学》2011 年第 3 期。

③ 孙伟平：《信息时代唯物史观出现新变化》，《社会科学报》2011 年 2 月 10 日。

唯物史观研究的重要方向。2008 年，邹诗鹏教授曾撰文[①]阐述如何历史地理解马克思新唯物主义与唯物史观的内在相通性。文章认为，作为现代哲学形态，马克思的新唯物主义实际上是通过表达为唯物史观而巩固和完成的。应当从旧唯物主义尤其是德国古典哲学所从属的启蒙思想背景中，把握唯物史观的哲学变革意义及其当代性。2011 年，邹诗鹏教授再次围绕唯物史观与启蒙问题撰文[②]，阐述唯物史观对启蒙的超越与扬弃。文章认为，马克思对启蒙的超越和扬弃经历了一个过程。青年马克思从知性进化论及浪漫主义、激进民主主义到新唯物主义及唯物史观的转变过程，是一条从启蒙到唯物史观的转变历程。唯物史观在超越和扬弃启蒙的过程中，强化了革命逻辑、物质与经济逻辑、历史进步论的辨析与巩固、启蒙有关无神论思想的彻底化、社会主义的价值关怀与理念五重逻辑或观念。

为了进一步贯彻唯物史观对启蒙的超越与扬弃，开启唯物史观的当代性，邹诗鹏教授又撰文[③]，认为当代视域的唯物史观应包含三个维度：由一系列政治经济范畴及其关系构成的结构维度，构成唯物史观的一般话语系统；由政治经济学批判构成的批判的或方法的维度，构成唯物史观的理论硬核并发挥理论定向功能，表达为政治理论与社会哲学话语；由哲学人类学主导的人学或历史学的维度，构成唯物史观的目的，表达为文化及历史学话语。它们散见于马克思恩格斯有关唯物史观的诸种表述，我们必须合理地把握其侧重。西方马克思主义的兴起强化了人学维度，阿尔都塞及后马克思主义则强调了结构维度。历史唯物主义的诸种重构努力，一直存在着对经典层面的政治经济学批判的无视和否定，显示了目前西方激进左翼界的理论困境。当代西方哲学家的诸种批判和重构历史唯物主义的努力，看起来依然是在诉诸于唯物史观所扬弃的启蒙逻辑，而不是把唯物史观真正置于复杂的当代境遇之上，所以，历史唯物主义的当代重构依然是一项未竟的课题。

2.《1857—1858 年经济学手稿》研究新进展

近年来，国内外学者对马克思著作的研究兴趣开始复苏，马克思的《1857—1858 年经济学手稿》，尤其是其主体部分《政治经济学批判大纲》（简称《大纲》），受到了重大关注。《大纲》的完整版（德文）于 1939 年首次发表，我国和日本是最早出版《大纲》全译本的国家。1968 年，《大纲》的重要意义由罗斯多尔斯基等权威学者阐明，对施密特等马克思主义研究者产生了重要影响。20 世纪 70 年代，《大纲》开始在东西方国家获得广泛深入讨论。我国于 20 世纪 80 年代出版了《大纲》的首批详尽研究著作。近几年，我国学者翻译介绍了英美和日本学者研究《大纲》的专著和论文，例如美国哲学家古尔德的专著《马克思的社会本体论：马克思社会实在理论中的个性和共同体》[④]、日本新马克思主义的代表人物望月清司的代表作《马克思历史理论的研究》[⑤]、意大利学者马塞罗·莫斯托的《马克思的〈大纲〉：

---

① 邹诗鹏：《唯物史观对启蒙的超越与转化》，《哲学研究》2008 年第 6 期。

② 邹诗鹏：《再论唯物史观与启蒙》，《哲学研究》2011 年第 3 期。

③ 邹诗鹏：《唯物史观的三个维度》，《天津社会科学》2011 年第 5 期。

④ ［美］古尔德：《马克思的社会本体论：马克思社会实在理论中的个性和共同体》，王虎学译，北京师范大学出版社 2009 年版。

⑤ ［日］望月清司：《马克思历史理论的研究》，韩立新译，北京师范大学出版社 2009 年版。

〈政治经济学批判大纲〉150年》[①]、奈格里的《〈大纲〉: 超越马克思的马克思》[②] 等，产生了一定的影响。

2011年，国内学者不仅追踪《大纲》的研究动态，也提出了一些新见解。《马克思主义与现实》翻译了国外学者对关于《大纲》的论文，其中莫斯托的文章介绍了《大纲》问世的艰难历程以及各国学者对《大纲》的评价和研究状况;[③] 诺曼·莱文的论文讨论方法论问题;[④] 特雷尔·卡弗的文章讨论异化概念。[⑤]《马克思历史理论的研究》的译者韩立新提出，将"中国的发展道路"的解释框架从马克思的"晚年构想"转到《资本主义生产以前的各种形式》上来。[⑥] 安启念从《大纲》着手，指出经典表述对唯物史观的理解最大的问题是，局限于对人类社会的"结构"分析，忽视了"历史"维度。[⑦] 王东论证马克思危机理论的雏形就在《1857—1858年经济学手稿》中。[⑧] 对《大纲》的争论主要围绕以下几个问题展开:

第一,《大纲》与《资本论》的关系。一种思路将《大纲》看做《资本论》准备材料的手稿，另一种思路将它看做一般概念体系完整的独立著作。前者的代表作是罗斯多尔斯基的《马克思〈资本论〉的形成》(1968)，我国20世纪80年代的研究著作几乎都支持这一观点，至今仍深入人心。例如，安启念认为《大纲》是"《资本论》的最初手稿"，王东将它看做《资本论》第一手稿。但我国也有学者支持后者。例如，张一兵认为《大纲》中的《导言》"不是《资本论》的导言，而是一个更大的政治经济学理论体系的未完成的讨论性的引言"。[⑨]

第二，马克思早期与晚期思想的连续性。阿尔都塞将马克思的思想划分为早期的人文的和晚期的科学的，莫斯托认为他忽视了《大纲》的内容和意义。卡弗将《大纲》与《1844年经济学哲学手稿》和《资本论》对比，论证马克思的思想并没有发生"断裂"。莱文立足《大纲》及相关文本研究，驳斥了阿尔都塞所主张的马克思与黑格尔之间存在认识论上的断裂，论证马克思继承了黑格尔的方法。古尔德也认为马克思的思想是连续的，《大纲》起了联系马克思早期的"人道主义"和后期的政治经济学著作的"桥梁"作用。[⑩]

第三，对苏联历史唯物主义的评价。新左翼利用《大纲》颠覆马列主义对马克思的阐释。望月清司依据《大纲》，将"市民社会"概念提取出来，旨在批判"教义体系"，提出回

---

① [意]马塞罗·默斯托:《马克思的〈大纲〉:〈政治经济学批判大纲〉150年》，闫月梅等译，中国人民大学出版社2010年版。

② [意]奈格里:《〈大纲〉: 超越马克思的马克思》，张梧等译，北京师范大学出版社2011年版。

③ [意]马塞罗·莫斯托、李楠:《〈大纲〉在世界上的传播与接受》,《马克思主义与现实》2011年第1期。

④ [美]诺曼·莱文、李旸:《阿尔都塞对〈大纲〉的曲解》,《马克思主义与现实》2011年第1期。

⑤ [英]特雷尔·卡弗、孙寿涛:《马克思〈大纲〉中的异化概念》,《马克思主义与现实》2011年第1期。

⑥ 韩立新:《中国的"日耳曼"式发展道路(上)——马克思〈资本主义生产以前的各种形式〉的研究》,《教学与研究》2011年第1期。

⑦ 安启念:《马克思唯物史观思想的两个维度——从〈1857—1858年经济学手稿〉谈起》,《中国人民大学学报》2011年第2期。

⑧ 王东:《马克思危机理论的雏形——〈资本论〉第一手稿的理论意义新开掘》,《江汉论坛》2011年第7期。

⑨ 张一兵:《从抽象到具体的方法与历史唯物主义——〈1857—1858年手稿(导言)〉解读》,《马克思主义研究》1999年第2期。

⑩ [美]古尔德:《马克思的社会本体论: 马克思社会实在理论中的个性和共同体》，王虎学译，北京师范大学出版社2009年版。

归马克思的原像。围绕对苏联唯物史观评价的分歧，安启念认为，马克思的“唯物史观思想包含我们所说的‘经典表述’，但又是这一表述远远不能完全涵盖的”。[①] 他指出，长期以来我们理解的唯物史观没有重视“历史”的维度，是不完整的。

第四，依据《大纲》阐发市民社会理论。望月清司的《马克思历史理论的研究》中译本出版以来，引起了国内学者的争论。望月清司认为，马克思的市民社会理论发端于《1844 年经济学哲学手稿》和《穆勒评注》，完成于《大纲》。他认为唯物史观的中心是说明市民社会的产生和发展过程。望月清司以“劳动和所有的同一性”和“城市和农村的分工”为历史进步标准，以异化、分工、共同体和市民社会这四大核心概念为线索，认为马克思将世界历史进程描述成“共同体—市民社会—社会主义”三个阶段，并论证本源共同体的三种类型中，只有日耳曼世界才能产生本来意义的市民社会。韩立新评价道，望月清司准确把握了马克思历史理论的特点，即“不是要解释和整理过去，而是要预见未来”。他依据对《资本主义生产以前的各种形式》的分析，指出“马克思的分析重心的确是共同体所有和私人所有在本源共同体三种形式当中的力量对比关系”。[②] 而姚顺良驳斥了望月清司：望月清司抹煞了本源共同体和市民社会的质的区别，其“人格依赖关系发展的三阶段”论曲解了马克思“三阶段”论的实质内容；“劳动和所有同一”不是马克思批判的出发点，而是批判对象，望月做出“劳动和所有同一”贯穿历史的结论，其目的是论证等价交换的市民社会原理是马克思历史理论的核心，是马克思社会主义的根本纲领；望月对“异化统治论”的拒斥无法理解马克思关于自由人联合体理想的精髓。[③] 2011 年 5 月，望月清司到南京大学进行学术访问，与姚顺良等国内学者面对面地讨论。《哲学动态》做了一个关于望月清司的专题，发表了望月清司、村上俊介和我国学者王南湜等的文章，围绕对《大纲》的文本考据和解释展开讨论。[④]

此外，《大纲》启发了马克思哲学研究的新角度。早在 1978 年，古尔德在《大纲》的基础上重建马克思的社会本体论，提出社会的基本实体是社会关系中的个人，社会不是一个基本的实体。[⑤] 她的工作被看做重构马克思主义哲学的一次尝试。俞吾金评价说，古尔德把马克思的哲学理解为社会本体论，与卢卡奇的社会存在本体论有不少共同之处，为我们跳出“辩证唯物主义与历史唯物主义”的二元论的教科书体系提供了重要的启发；但是，由于她仅以《大纲》为依据，未能阐明马克思的社会本体论是如何产生并发展起来的。[⑥] 2011 年，一些青年学者对《大纲》进行政治哲学解读：有的提出马克思对权力的批判彰显于对资本权

---

① 安启念：《马克思唯物史观思想的两个维度——从〈1857—1858 年经济学手稿〉谈起》，《中国人民大学学报》2011 年第 2 期。

② 韩立新：《中国的“日耳曼”式发展道路（上）——马克思〈资本主义生产以前的各种形式〉的研究》，《教学与研究》2011 年第 1 期。

③ 姚顺良：《马克思“三大社会形式”理论的原像——析望月清司对〈大纲〉解读的两个“贯穿”和一个“拒斥”》，《现代哲学》2011 年第 1 期。

④ 参见望月清司《马克思的市民社会理论》，村上俊介《望月清司市民社会理论的形成》，王南湜《与望月清司“历史理论”的相遇》，《哲学动态》2011 年第 9 期。

⑤ 古尔德：《马克思的社会本体论：马克思社会实在理论中的个性和共同体》，王虎学译，北京师范大学出版社 2009 年版。

⑥ 俞吾金：《古尔德〈马克思的社会本体论〉评析》，《马克思主义与现实》1995 年第 1 期。

力的批判中，是现代主义到后现代主义一个必经的思想桥梁；① 有的认为马克思的政治哲学出发点是“社会的个人”。②

3. 关于马克思主义信仰问题的现实关切和理论探讨

自党的十六届六中全会提出建设社会主义核心价值体系的战略任务以来，全国掀起了学习和践行社会主义核心价值体系的热潮。而什么是实践社会主义核心价值体系的关键所在？对于这个问题，学界进行了广泛的讨论，其中，信仰问题成为了理论焦点，学界普遍认为，实践社会主义核心价值体系关键在于坚定对马克思主义理想信念的信仰，而如何坚定和践行马克思主义理想信念，成为马克思主义理论发展的一个现实关切点。

据中国社会科学院马克思主义研究院承担的国情调研项目“今年社会主义核心价值体系建设情况的调查研究报告”显示，在社会主义价值体系建设取得巨大成就的同时，也存在着不少问题，除了部分人对民族精神和时代精神的科学内涵把握不准与对社会主义荣辱观认知模糊之外，更重要的是在新形势下，存在马克思主义被“弱化”、“淡化”的现象，马克思主义的指导地位受到挑战。同时，部分人的理想信念淡薄，中国特色社会主义共同理想遭到冲击。③

社会主义共同理想遭受国际敌对势力和国内“左”、右两方面的冲击、歪曲，导致部分人丧失对社会主义事业的信心，特别是大学生往往将视野和思维局限于个人眼前利益得失，丧失了年轻人应有的“位卑未敢忘忧国”的社会道德理想。然而，理论上的困惑和思想上的混乱才是理想信念缺失的最严重的问题。

侯惠勤教授主张，在当代中国，“信仰失落”问题主要不是个人缺乏惩恶扬善、追求不朽的内在动力，而是共同理想的淡漠、历史方向感的丧失。④ 其核心是搞不清楚什么是共产主义信仰。

然而什么是对共产主义的信仰呢？学者们进行了诸多论述，例如有学者写道，马克思主义信仰是指无产阶级和进步人士对马克思主义理论的极度信服、对共产主义远大理想的坚定执著的追求，并以此作为自己的精神支柱和行动指南。其基本内涵包括对马克思主义理论真理性和价值性的坚信不疑、对共产主义远大理想的向往追求、对社会主义的坚定信念、对无产阶级政党的无比信任，以及对全心全意为人民服务的坚定执著。⑤ 这种定义，使信仰超越了意识领域，而延伸到实践层面，将马克思主义信仰与我们社会主义事业的建设和实践紧密相连，而如何让人们将对马克思主义信仰这一科学的信念自觉转化为科学的实践，成为了我们马克思主义理论工作者迫切的工作与任务。

对于上述问题，侯惠勤在文章中提出了可行的建议。在《不应迷失的信仰》一文中，他

① 陆寒：《论马克思以人的关系性批判为导向的资本权力批判——〈1857—1858年经济学手稿〉政治哲学解读》，《江汉论坛》2011年第7期。

② 王志刚、张云翔：《政治经济学分析范式与资本主义社会正义批判——〈1857—1858年经济学手稿〉政治哲学解读》，《江汉论坛》2011年第1期。

③ 程恩富、郑一明、冯颜利：《近年社会主义核心价值体系建设情况的调查研究报告》，《毛泽东邓小平理论研究》2011年第2期。

④ 侯惠勤：《不应迷失的信仰》，《光明日报》2011年1月10日。

⑤ 薄明华：《论马克思主义信仰的科学内涵》，《广西社会科学》2011年第9期。

将个人的理想信念和社会的共同理想紧密联系在一起。中国特色社会主义共同理想（其前途是共产主义）不仅是全体人民共同的政治基础，而且是全社会保持健康精神追求的思想源泉；还要看到，历史观决定价值观，价值观的主动权来源于历史观的力量，拥有道德制高点的关键是拥有历史制高点。以上两点说明，共同理想高于并决定了个人信仰的走向。他提出，解决信仰问题的关键，是促成共同理想和个人信仰相协调，培育个人需要和社会需要相结合的新机制，要通过培育一种利益机制，有效地把利益的“个人计算”和“社会计算”有机结合起来。第一，从超越自我、体现生命无限价值的角度提出每个人，尤其是领导干部不可回避的信仰问题；第二，从党和国家高度认同的角度建立健全党和国家的荣誉制度；第三，从“大利益”的高度建立正反典型的、动态的、形式多样的宣传教育平台，让利益的“社会计算”和“个人计算”能够充分沟通、相互转化，防止利益计算中的个人利己主义回潮。

也有学者从教育的角度谈到如何在大众中培育和繁衍对马克思主义的信仰。马克思主义信仰虽然是一种根植于心的坚定的相信，但这种相信并不是与生俱来的，也并非一朝一夕就可完成的，所以，如何对大众，尤其是青年人进行马克思主义信仰的教育，也成为马克思主义理论研究的一个重要战略步骤。有学者提出几个中肯的要点：（1）信仰教育的根本在于加强理论基础教育。由于信仰的基础在于意识，在于“知”，如何正确认识马克思主义信仰的科学内涵，是开展教育的第一步。（2）信仰教育要体现层次性。信仰由意识转化为实践，要体现个体与社会关系中的层次性，要合理地将个人行为、利益和社会大行为、大利益有机结合，体现一种良性互动。（3）信仰教育要注重实践环节。这一观点重申了信仰的实践性，要通过主体的实践行为来实现其所信仰的真理。①

中国特色社会主义之所以取得巨大成就，一个重要的原因就在于我们是以科学的态度对待马克思主义，我们强调在社会主义建设的实践中坚持和发展马克思主义。我们的信仰教育也应该坚持引导人们在社会实践中体验信仰马克思主义的价值，以增强人们实践信仰马克思主义的信心。

从党的共产主义信仰的历史演进中提出如何在当今复杂多变的社会环境中坚定社会主义共同理想信仰，也是2011年研究信仰问题的一种思路，是在建党90周年和辛亥革命胜利100周年这样一个历史大环境下的必然思考。此种观点从鸦片战争的历史背景开始到改革开放的今天，总结出马克思主义信仰的一种发展历程，即对马克思主义的信仰由个别先觉分子到革命阶级的发展，到“文化大革命”期间的盲目“信仰主义”，再到理性化的反思，直至到现在被边缘化的危险，提出要自觉追求和有序构建共同理想和信仰。②

对马克思主义的信仰在中国经历了由少数先进分子的坚定信仰到人民大众的普遍信仰进而转化为革命和建设的强大物质力量的充满曲折的过程，它不仅是一个由对马克思主义经典作者的观点的简单因循到创造性应用和应用性创造的发展的曲折过程，即信仰客体的曲折完善过程；它还是一个信仰主体不断实现理性自觉和智慧创造的曲折过程。中国共产党对马克思主义的信仰是在信仰客体与信仰主体互动发展的复杂过程中自觉实现的。

---

① 宋翰雪：《加强马克思主义信仰教育 应对马克思主义信仰危机》，《科教导刊》2011年2月（上）。

② 黄明理、陈悦：《中国共产党马克思主义信仰的历史演进及其启示》，《华东师范大学学报》（哲学社会科学版）2011年第2期。

4. 以苏为鉴，正确对待马克思主义

2011 年是苏联解体 20 年，也是苏共亡党 20 年，对苏联解体、苏共亡党的原因、经验和教训的研究，不可避免地在今年成为了理论界探讨的焦点。

20 年前在社会主义阵营发生的重大事件，不仅是世界政治史上的一件大事，同时也是马克思主义思想发展历史上的一次重大挫折，思想与实践的结合发生了严重的断裂。在某种程度上讲，1991 年的苏联解体、苏共亡党，不仅使世界社会主义运动进入了一个低潮，同时也提供给我们一个反思马克思主义思想发展的契机。在 20 年间，有无数的文章和书籍对此作出了思考和讨论，为这个问题的沉淀提供了很好的素材与资料。而在 20 年后的今天，同时也是中国共产党成立 90 周年的生日里，深入思考苏共亡党的原因和教训，对我们进一步加强党的建设，深入把握马克思主义作为党的思想建设中指导力量这一重大命题，有着深刻的意义。为此，理论界开展了一系列的理论探讨活动，如 2011 年 3 月 1 日，由中国社会科学院世界社会主义研究中心、社会科学文献出版社召开的专著《居安思危——苏共亡党二十年的思考》一书的出版研讨会。会议邀请社会各界学者专家就苏联剧变的原因，理论结合实际进行多角度剖析。还如 2011 年 4 月 23 日，由中国社会科学院主办，中国社会科学院世界社会主义研究中心、马克思主义研究院、俄罗斯东欧中亚研究所、世界历史研究所、政治学研究所、中国社会科学杂志社、文献信息研究中心和中央党校国际战略研究所、北京大学中国与世界研究中心、中国人民大学马克思主义学院、当代世界杂志社、红旗文稿杂志社等 12 家单位联合承办的“中国社会科学论坛——苏联解体 20 周年国际学术研讨会”在北京举行。与会的中国、俄罗斯、越南、美国、德国、保加利亚、加拿大、澳大利亚、墨西哥和日本等国家的学者对苏联解体、苏共亡党原因展开了热烈的讨论。

通过对这些重大理论学术会议的追踪和 2011 年发表相关文献的整理，不难看出，对于苏联解体、苏共亡党原因的分析，国内比较主流的观点是，对苏联这个泱泱大国的解体来说，尽管有“经济没有搞好说”、“斯大林模式僵化说”、“民族矛盾决定说”、“军备竞赛拖垮说”、“戈氏叛徒葬送说”、“外部因素说”等解读，但根本点还在于：“要出问题，还是出在共产党内部”，在于苏联共产党的蜕化变质。[①] 而蜕变的关键，还在于错误地理解和对待马克思主义在党内的指导地位。

此种观点认为，尽管外部环境的恶劣加速了苏联解体和苏共蜕化的进程，然而，根本问题还在于苏联国家和苏联共产党内部建设出现了严重的变质与腐化。无论是领导个人的生活方式、个人崇拜、浮夸，还是整个共产党严重脱离群众，背离民主集中制的组织作风，都集中体现了这一点。[②] 党从上到下，从组织到作风上的蜕化变质，其实质是全党逐渐的偏离、背离直至背叛马克思主义，从而一手摧毁了原有的社会主义制度，背离了马克思主义旗帜，

---

① 李慎明：《苏共的蜕化变质是苏联解体的根本原因》，《科学社会主义》2011 年第 4 期。陈之骅：《苏联解体的根本原因在于苏共的蜕化变质》，《光明日报》2011 年 4 月 1 日。

② 张全景：《对苏联亡党亡国的现实思考》，摘自郭光明《总结国际共运历史经验坚持中国特色社会主义道路》，《决策与信息》2011 年第 6 期。

放弃了社会主义道路。[①]

有学者分析如下三大原因：一是思想原因，过度否定斯大林和西方和平演变战略引发了长期思想混乱，而僵化的思想理论和传统宣传教育体制和机制又难以及时有效地予以消除；二是组织原因，苏共逐步提拔和重用了大批非马克思主义干部，而存在严重弊端的组织体制和机制又难以及时有效地予以消除；三是政治原因，苏共领导集团背叛马克思主义和社会主义，而高度集权和缺乏约束的传统政治体制和机制又难以及时有效地予以消除。进而得出：基于高度集权和僵化的传统社会主义体制和模式，在苏联剧变和解体的三大主要原因或根本原因中，长期的思想理论混乱是基础性原因，长期的组织政策失误是关键性原因，而实行"改革新思维"的政治上的背叛是直接的致命性原因和首要原因。[②]

有学者特别提出对"斯大林模式"的评价问题。事实上，认为苏联的根本制度和体制，即斯大林模式的政治、经济制度本身有着结构性的问题，必然导致苏联的解体是国际上较为流行的一种观点。对此，有学者提出，评价斯大林模式历史地位的唯一实践标准，就是看它能否度过改变旧俄国尽快实现国家工业化和现代化，反抗法西斯入侵保卫国家主权这两个生死关。其次，要充分尊重俄罗斯人的意见。中国社会科学院俄罗斯东欧中亚研究所所长吴恩远介绍说，2001 年俄罗斯科学院综合社会研究所就"苏联解体主要原因"进行的民意调查表明，有 44% 的人认为戈尔巴乔夫和叶利钦应对苏联解体承担主要责任；而认为是由于"苏联社会经济危机"的人占 17.2%；认为是"共产主义体系的危机"的人占 11.2%。[③] 另有学者在此基础上，进一步指出要肃清此前认为是"斯大林模式"导致苏联解体的原因的错误与危害。该观点认为，以"斯大林模式"来概称苏联社会主义政治制度和管理制度，不仅抹煞了苏联早期在此种模式下取得的社会主义建设的辉煌胜利，其实质更是要借此从源头上否定苏联的社会主义道路。[④]

还有学者着重从意识形态领域角度，结合中国的现实与挑战，正面历史，放眼未来，总结苏联解体的历史经验教训。此观点认为，苏共放弃马克思主义对意识形态领域的一元化指导地位，放任意识形态多元化，导致非马克思主义和反马克思主义的思想甚嚣尘上，这是苏联解体的一个十分重要的原因。从赫鲁晓夫到戈尔巴乔夫在意识形态领域的放松，使各种错误思潮愈演愈烈。这些错误思潮表现为哲学领域"人道主义"趋向，经济学领域的"自由主义倾向"，政治学领域的"民主社会主义倾向"，文学领域的"解冻文学"倾向和史学领域的"历史虚无主义"倾向。[⑤] 而种种倾向，逐渐在意识形态领域松动了马克思主义的一元指导地位。同时，学者们指出，苏联意识形态具体发生变化始于赫鲁晓夫上台之后对斯大林不恰当的评价。赫鲁晓夫对斯大林的歪曲甚至于污蔑，引发了整个苏联从上到下，从理论界到社会

① 郑科扬：《拒腐防变 加强党的执政能力建设》，摘自郭光明《总结国际共运历史经验坚持中国特色社会主义道路》，《决策与信息》2011 年第 6 期。

② 程恩富、丁军：《苏联剧变主要原因的系统分析》，《中国社会科学》2011 年第 6 期。

③ 该观点为吴恩远持有，参见栾文莲《苏联解体 20 年后的思考——"苏联解体 20 周年国际学术研讨会"综述》，《国外社会科学》2011 年第 4 期。

④ 李慎明：《苏共的蜕化变质是苏联解体的根本原因》，《科学社会主义》2011 年第 4 期。

⑤ 曹长盛：《苏联解体进程中意识形态的作用及其教训》，《山东社会科学》2011 年第 7 期。

心理、媒体舆论上对共产党和共产主义不信任的思潮[①]，而这种意识形态领域微妙的变化结合西方和平演变的渗透图谋，在戈尔巴乔夫散布“新思维”的时候，愈演愈烈。再到叶利钦在装甲车上振臂一挥时，就出现了根本性的转变。马克思主义政党自觉地放弃马克思主义的信仰，就必然失去人心，必然导致意识形态防线的崩溃。[②]

当然，针对上述观点，也有学者提出不同的看法，即苏联解体的原因不能简单地从赫鲁晓夫集团到戈尔巴乔夫集团逐渐脱离、背离乃至最终背叛马克思主义、社会主义和最广大人民群众根本利益所致。而应该追溯到斯大林时代，而对于思想上右的错误要深究之外，还要注重对“左”的分析，即是否仅仅只是“脱离、背离乃至最终背叛马克思主义”的问题，即是右的问题，而根本就不存在思想僵化和“左”的教条主义问题？该观点提出，与其说是苏共背叛背离马克思主义，还不如说是教条主义太盛，思想太僵化，没有与时俱进地发展马克思主义主义。[③]

另外，有不少学者另辟蹊径，从外围来解释苏共亡党的原因，虽然并不能从总体上对该问题做出完整深刻的评价，却丰富了我们认识该问题的角度，也增加了应对现实风险的对策性选择。比如，就有学者从意识形态领域延伸到传媒领域，以苏共对传媒领导的失败引出对整个社会价值体系建立的失败。该观点认为，从内部而言，苏联国内的各反对派在不方便采取政治联合的情况下，以新闻媒介为载体，进行传媒上的联合，在日常的新闻媒介的宣传中，从思想上瓦解马克思主义一元指导地位，从组织上获得了有力的群众支持，动摇了苏共在群众中的威信。而从外部来讲，西方反共势力通过支持苏联反共传媒和自己掌控的传媒，对社会主义展开了全面的进攻，造成了苏共威信急剧下降，社会主义形象败坏，广大党员、人民群众思想混乱，精神迷茫。因此，在此种情况下，西方的和平演变才能够如此顺利地“不战而胜”。该观点提出，从苏共消亡的全过程看，党内党外反共势力同传媒有机结合，形成了小力量、大势能，小组织、大影响的效果。传媒是以主动、复杂的方式，将工具性和价值性融为一体，参与摧毁苏共的活动。[④] 虽然不能将传媒看做苏联解体的根本原因，但无疑为我们 20 年来研究苏联解体问题和更好地面对中国内外部的现实挑战，提供了一个有益的视角。

值得注意的是，在对这一问题的追踪中，可以看出，和中国学者不同的是，西方左翼学者更强调在政治制度设计中，精英和大众之间的对立。如美国马萨诸塞大学教授大卫 · 科茨提出，苏联解体在经济层面的原因是利益分配体系设计缺陷，即利益在劳动人民和进行政治、经济统治的小部分精英之间分配不均，使人民在经济领域失去了主权的同时，也丧失了在政治和国家管理领域的主权地位。而保加利亚科学院教授科伊乔 · 佩德罗夫则认为苏联的政治体制出现了裂痕，表现为共产党和工会之间的继承关系的断裂。而加拿大西蒙 · 弗雷泽大学

---

① 德国《共产主义工人报》记者克勒尔将赫鲁晓夫对斯大林的歪曲归结为苏共领导层用一种修正主义的态度来解释世界上的矛盾与对立，从而在意识形态领域出现了敌友不分的混乱局面，最终导致苏联的解体。参见张飞岸《苏联解体与社会主义的未来——“苏联解体 20 周年国际学术研讨会”综述》，《马克思主义研究》2011 年第 5 期。

② 张国祚：《为什么前苏联会不攻自破?》，摘自郭光明《总结国际共运历史经验坚持中国特色社会主义道路》，《决策与信息》2011 年第 6 期。

③ 肖枫：《如何看待苏共变质?》（上），《学习时报》2011 年 8 月 29 日。

④ 李宏：《苏联亡党的传媒因素》，《红旗文稿》2011 年第 8 期。

经济学教授迈克尔·莱博维茨更将精英和大众的关系概括为“苏联社会契约”，他认为在苏联社会特有的契约中，中央高层向工人承诺提供有保障的工作，提高生活水平，而作为回报，工人认可其在工厂、社会组织中的决策权。在20世纪80年代，这两种关系的相互作用——社会契约所表征的高层人士和工人之间关系以及高层官僚和企业管理层的关系，由于管理层追求收入最大化的资本主义目标，这两种关系所遵从的逻辑不一致，出现一系列扭曲现象。这些矛盾积重难返，当苏共党内的主导势力更多地趋向于遵从资本主义逻辑时，苏联的社会契约走向终结。①

从马克思主义发展史角度追踪苏联解体原因和教训的学术发展，一方面深入实践了史论结合的研究方向，另一方面也拓宽了马克思主义作为一种指导思想在历史领域内的研究视野，值得我们在今后的学术追踪中很好地延续。

5. 对中国特色社会主义制度的理论研究进一步深化

中国特色社会主义制度一直是理论界研究和关注的重点。胡锦涛同志在“七一”重要讲话中鲜明地提出中国特色社会主义制度这个范畴，在充分肯定我国社会主义制度自我完善和发展取得巨大成就的同时，要求全党坚持和完善中国特色社会主义制度，这对于我们坚持和发展马克思主义具有十分重要的意义。理论界在学习胡锦涛同志在“七一”重要讲话精神的同时，对中国特色社会主义的内涵、中国特色社会主义制度的认识、中国特色社会主义与马克思主义的关系进行了阐述和研究。

丰富了中国特色社会主义的内涵。胡锦涛同志“七一”重要讲话在总结党领导中国人民经过90年奋斗所创造和积累的成就时指出，“开辟了中国特色社会主义道路，形成了中国特色社会主义理论体系，确立了中国特色社会主义制度。”对于所取得的前两项奋斗成就，党的十七大作了深刻论述，而中国特色社会主义制度则是新的理论概括。严书翰认为，党的十七大在阐述中国特色社会主义方面实现了两大理论整合：一是用中国特色社会主义整合中国特色社会主义的旗帜、道路和理论体系。二是用中国特色社会主义理论体系整合邓小平理论、“三个代表”重要思想和科学发展观等重大战略思想（简称“三大理论成果”）。十七大以来，我国理论界形成了不少以这两大理论整合为思路的中国特色社会主义研究成果。因此，在当代中国化马克思主义的理论研究中实际上形成了中国特色社会主义的大小概念。大概念是指包括了旗帜、道路和理论体系在内的中国特色社会主义。小概念是指包括了“三大理论成果”在内的中国特色社会主义理论体系。② 李忠杰认为，我们把中国特色社会主义称作是“旗帜”，从外延上具体展开，至少包含六个方面的内容，或统属于“旗帜”但又相互并列的六种事物：中国特色社会主义是一种事业；中国特色社会主义是一种实践；中国特色社会主义是一种理论；中国特色社会主义是一种道路；中国特色社会主义是一种制度体系；中国特色社会主义是一种历史进程。辛鸣认为，对于中国特色社会主义事业来说，“道路”与“理论体系”绘就了美好蓝图，有了“制度”才可谓渐入佳境。道路、理论、制度三足鼎立，共

① 参见栾文莲《苏联解体20年后的思考——“苏联解体20周年国际学术研讨会”综述》，《国外社会科学》2011年第4期。

② 严书翰：《坚持和完善中国特色社会主义制度的思考》，《党建研究》2011年第9期。

同支撑起中国特色社会主义伟大事业。[①] 中国特色社会主义从实践中的“中国道路”到理论上的“中国特色社会主义理论体系”再发展到中国特色社会主义制度，表明我国改革开放已经从“摸着石头过河”，深入到总结经验、把握规律的阶段。[②] 秦刚认为，中国特色社会主义理论体系对当代中国问题的探索和解答，本身也包含着对社会主义认识的不断深化。把社会主义发展与实际问题的解决联系在一起，与人类文明的进步联系在一起，与民族复兴的历史任务联系在一起，与尊重人民的主体地位联系在一起，与时代的潮流联系在一起，与执政党建设联系在一起，集中体现着中国特色社会主义理论体系对社会主义的坚持和发展。[③]

深化了中国特色社会主义制度的认识。胡锦涛同志“七一”重要讲话对中国特色社会主义制度作出了全新的阐述和概括。首先，指出了中国特色社会主义制度是当代中国发展进步的根本制度保障，集中体现了中国特色社会主义的特点和优势。“七一”重要讲话还用五个“有利于”来阐述中国特色社会主义制度的独特优势，即“有利于保持党和国家活力、调动广大人民群众和社会各方面的积极性、主动性、创造性，有利于解放和发展社会生产力、推动经济社会全面发展，有利于维护和促进社会公平正义、实现全体人民共同富裕，有利于集中力量办大事、有效应对前进道路上的各种风险挑战，有利于维护民族团结、社会稳定、国家统一”。其次，概括了中国特色社会主义制度所包含的三个层次的制度范畴。一是根本制度范畴，如人民代表大会制度这一根本政治制度。二是基本制度范畴，如中国共产党领导的多党合作制度和政治协商制度、民族区域自治制度以及基层群众自治制度等基本政治制度，中国特色社会主义法律体系，公有制为主体、多种所有制经济共同发展的基本经济制度。三是具体制度范畴，如建立在根本制度和基本制度基础上的经济体制、政治体制、文化体制、社会体制等。李忠杰认为，经过90年的积累，经过改革开放的伟大实践，中国特色社会主义事业至少取得了三大成果：一是开辟了道路，二是形成了理论体系，再一个就是确立了制度。中国特色社会主义制度包括：一个根本政治制度，三个基本政治制度，一个法律体系，一个基本经济制度，以及一系列体制等各项具体制度。[④] 卞雯认为，中国特色社会主义制度，是当代中国发展进步的根本制度，是我们党团结和带领人民经过长期艰苦探索而确立的适合我国国情、顺应时代潮流的制度体系，集中体现了中国特色社会主义的特点和优势。[⑤] 辛鸣认为，中国特色社会主义制度集中体现了中国特色社会主义的特点和优势：在制度立场上，中国特色社会主义制度始终站在最广大人民群众的立场上；在制度价值上，中国特色社会主义制度始终指向公平正义与共同富裕；在制度绩效上，中国特色社会主义制度可以集中力量办大事；在制度包容上，中国特色社会主义制度可以调动一切积极因素。[⑥] 辛向阳认为，中国特色社会主义的鲜明特点和优势就是中国共产党紧紧依靠人民，把马克思主义基本原理与中国国情相结合，走自己的路，解放和发展社会生产力，巩固和完善社会主义制度，建设社会

① 辛鸣：《论“中国特色社会主义制度”》，《北京日报》2011年7月25日。
② 郑云天：《中国特色社会主义制度研究评析》，《中国特色社会主义》2011年第6期。
③ 秦刚：《中国特色社会主义理论体系对社会主义的坚持和发展》，《社会主义研究》2011年第2期。
④ 李忠杰：《坚持和完善中国特色社会主义制度体系》，《前线》2011年第8期。
⑤ 卞雯：《坚持和完善中国特色社会主义制度》，《党建研究》2011年第10期。
⑥ 辛鸣：《论“中国特色社会主义制度”》，《北京日报》2011年7月25日。

主义市场经济、社会主义民主政治、社会主义先进文化、社会主义和谐社会，推动社会主义现代化建设取得举世瞩目的伟大成就。这些鲜明特点和成就的制度化就是中国特色社会主义制度。中国特色社会主义制度以其制度的稳定性与活力性的有机结合，以其制度的公平性与效率性的有机结合，以其制度的统一性与多样性的有机结合，为当代中国的发展进步提供了可靠的制度支撑。中国特色社会主义制度，是社会主义制度的自我完善和发展。[①] 肖贵清认为，中国特色社会主义制度最独特的价值是"突破了苏联模式的束缚，把马克思主义与中国实际和时代特征相结合，引领中国走上了经济发展、政治民主、文化繁荣、社会和谐的道路"，使当代中国在世界社会主义运动处于低潮的背景下焕发出勃勃生机，既为走社会主义道路提供坚实的制度支撑，也彰显出中国特色社会主义的制度优势。[②]

中国特色社会主义制度与马克思主义的关系。王存福认为，中国共产党自成立以来，就致力于探索中国社会主义革命与实践问题。在社会主义改革开放的伟大历程中，中国共产党人第一次提出了中国特色社会主义的命题。在中国特色社会主义建设过程中，中国共产党人坚持把马克思主义普遍原理与中国实际相结合，不断实现理论创新，形成了邓小平理论、"三个代表"重要思想和科学发展观等马克思主义中国化的理论创新成果，拓展与丰富了社会主义的内涵，并推动中国特色社会主义实践取得了辉煌成就。[③] 严书翰认为，中国特色社会主义是马克思主义与中国实际和时代特征相结合的产物，是马克思主义中国化最新成果，是中国共产党和中国人民面向21世纪的科学社会主义，它为我们党领导人民经受各种考验、战胜各种艰难险阻、取得一个又一个胜利提供了根本思想保证。将中国特色社会主义制度纳入中国特色社会主义这个大概念，使党对什么是马克思主义、怎样对待马克思主义，建设什么样的社会主义、怎样建设社会主义，建设什么样的党、怎样建设党，实现什么样的发展、怎样发展，这四个建设中国特色社会主义的基本问题的认识和回答更全面。这是我们党对认识和把握共产党执政规律、社会主义建设规律和人类社会发展规律方面作出的重大贡献。[④] 黄晓波认为，中国特色社会主义制度是中国共产党和中国人民的创造，是马克思主义基本原理与中国社会主义建设、改革的具体实际和时代特征相结合的产物，既遵循了科学社会主义的基本原理，又是基于我国国情作出的最佳选择；既符合历史发展规律，是历史选择的结果，又顺应时代潮流，是时代发展的诉求。[⑤]

科学对待马克思主义要求我们在坚持马克思主义中发展马克思主义，在发展马克思主义中坚持马克思主义。李忠杰认为，胡锦涛总书记的"七一"讲话，正式使用了"中国特色社会主义制度"及"制度体系"的范畴。这是一个极其重要的亮点。它表明了，在未来中国特色社会主义不断推进的征程中，我们要着力从事和完成的一项重大任务，就是要坚持和完善

① 辛向阳：《当代中国发展的制度基石——论中国特色社会主义制度体系》，《中国青年报》2011年7月25日第2版。

② 肖贵清：《论中国模式研究的马克思主义话语体系》，《南京大学学报》（哲学人文科学社会科学版）2011年第1期。

③ 王存福：《中国共产党与中国特色社会主义理论体系的创新发展》，《中共青岛市委党校·青岛行政学院学报》2011年第5期。

④ 严书翰：《坚持和完善中国特色社会主义制度的思考》，《党建研究》2011年第9期。

⑤ 黄晓波：《中国特色社会主义制度：构成、特点与完善》，《马克思主义研究》2011年第9期。

中国特色社会主义制度体系。[①] 郭海宏、卢宁认为，在当代中国，不断创新中国特色的社会主义制度，是巩固马克思主义意识形态指导地位的支撑力量；坚持以马克思主义意识形态为导向，是中国特色社会主义制度创新的科学指南。[②] 卞雯认为，坚持和完善中国特色社会主义制度，必须坚定不移地坚持党的领导，必须毫不动摇地坚持改革开放，必须坚定不移地依靠人民群众，必须积极大胆地探索创新。[③]

6. 中国共产党的历史经验与马克思主义的创新发展研究

2011 年是建党 90 周年，从中央到地方，各地、各部门以及理论界在隆重纪念中国共产党建党 90 周年的同时，也对中国共产党的历史、党的理论创新的历史与经验、党对马克思主义政党先进性的发展、马克思主义的创新发展等问题进行理论分析和研究。

关于党的历史与马克思主义。高放认为，中国共产党成立 90 年来，领导中国人民实现了中国社会的三次巨变：从半殖民地半封建社会转变为新民主主义社会（1921—1949）；从新民主主义社会转变为社会主义社会（1949—1978）；从原来的社会主义转变为中国特色社会主义（1978 年至今）。实现中国社会的这三次巨变是中国共产党对马克思主义中国化的艰辛探索和重大创新，是中国社会的三次大进步，是中国人民解放程度的三次大提高。[④] 欧阳淞认为，90 年来，围绕实现近代以来的民族独立、人民解放和国家繁荣富强、人民共同富裕这两大历史任务，中国共产党进行了不懈奋斗、艰辛探索和成功的自身建设。党的不懈奋斗史、理论探索史和自身建设史，构成了党的历史发展的主流，体现了党的历史发展的本质，反映了作为历史创造者的人民的呼唤和要求。中国共产党 90 年的历史，是党坚持把马克思主义基本原理同中国实际相结合、不断推进马克思主义中国化的历史。在党的探索中，马克思主义基本原理同中国实际相结合发生了两次历史性飞跃，产生了两大理论成果：一个是毛泽东思想，另一个是包括邓小平理论、"三个代表"重要思想以及科学发展观等重大战略思想在内的中国特色社会主义理论体系。[⑤] 徐光春认为，中国共产党的历史，就是马克思主义在中国的发展史，是在学习传播中认识并确立马克思主义，在革命实践中坚持并发展马克思主义，在推进建设中创新并丰富马克思主义。我们党领导全国人民取得民族独立、人民解放和进入小康、走向繁荣的历史轨迹，每一步都深深地留下了中国共产党创造性地运用和发展马克思主义的时代烙印。马克思主义是科学的世界观和方法论，实事求是、一切从实际出发、理论联系实际是马克思主义的基本原则。只有把马克思主义与中国具体实际相结合，在马克思主义基本原理的指导下提出具有中国特色的理论、路线、方针、政策，才能有效地解决中国的现实问题。坚定不移地推进马克思主义中国化、时代化、大众化，已经成为中国共产党的宝贵经验和精神财富。[⑥]

---

① 李忠杰：《坚持和完善中国特色社会主义制度体系》，《前线》2011 年第 8 期。

② 郭海宏、卢宁：《马克思主义意识形态与创新中国特色社会主义制度论》，《湖南社会科学》2011 年第 3 期。

③ 卞雯：《坚持和完善中国特色社会主义制度》，《党建研究》2011 年第 10 期。

④ 高放：《中国共产党领导人民实现当代中国社会的三次巨变——纪念中国共产党成立 90 周年》，《中共宁波市委党校学报》2011 年第 3 期。

⑤ 欧阳淞：《肩负着人民的希望——中国共产党 90 年历程的回顾与思考》，《党建研究》2011 年第 7 期。

⑥ 徐光春：《中国共产党与马克思主义在中国的传播、实践和发展》，《人民日报》2011 年第 514 期，第 7 页。

关于马克思主义政党先进性的创新发展。姚桓认为，先进性是马克思主义政党的本质属性，是党的生命所系、力量所在。党在90年奋斗历程中，艰难而又成功地把马克思列宁主义党的学说同中国实际相结合，坚持发展了马克思主义政党的先进性，领导革命、建设和改革事业不断取得胜利。首先，把思想理论建设放在党的建设的首位，坚持理论创新，以思想理论建设引领各方面建设，创造性地解决了在中国特殊条件下建设先进的无产阶级政党的问题。其次，提出党是工人阶级的先锋队，同时是中国人民和中华民族的先锋队，把阶级性、先进性与代表性、群众性结合起来，把巩固党的阶级基础同扩大群众基础统一起来，使中国共产党成为中国最先进的政治力量。再次，把发展党的先进性与回答时代挑战紧密结合起来，在解放、发展生产力，实现民族独立、人民解放和社会主义现代化建设的历史进程中体现党的先进性。最后，把执政能力建设和先进性建设作为党的建设主线，形成党的建设的明确目标和总体布局，采取有效措施保证党的先进性。①

关于马克思主义政党建设科学化问题。胡祖凤认为，中国共产党90余年波澜壮阔的辉煌发展史，从某种意义上讲，就是不断探索和深刻揭示政党执政规律、逐步实现党的建设科学化的曲折历史。我们可以初步总结出中国共产党推进党的建设科学化的以下八条基本经验：选择并确立科学的指导思想是推进党的建设科学化的前提；加强党的各项制度建设是推进党的建设科学化的保障；解放思想、实事求是、与时俱进是推进党的建设科学化的要求；准确把握党的历史方位是推进党的建设科学化的关键；选择合理的方式方法是推进党的建设科学化的重点；总结、吸纳国外主流政党的建设经验是推进党的建设科学化的必然选择；相信群众、依靠群众，坚持夯实群众基础是推进党的建设科学化的力量源泉；紧密围绕党的中心任务来开展党建工作，这是推进党的建设科学化的出发点与落脚点。② 李新生撰文对古田会议在中国共产党建设科学化的历史作用进行了研究，文章认为，中国共产党的建设科学化思想的形成有其深刻的历史发展轨迹与理论演进渊源。1929年12月在福建省上杭古田召开的中国共产党红军第四军第九次代表大会（即古田会议）上，毛泽东同志明确提出“党员教育、党内生活要政治化、科学化”的著名论断，由此开启了中国共产党建设科学化的历史先河。文章认为，古田会议是中国共产党建设科学化的历史起点，奠定了中国共产党建设科学化的雏形，为中国共产党建设科学化提供了丰富的精神财富。③

关于党的理论形态的创新发展。徐明善撰文分析了建党90年来党的指导理论建设的创新发展，文章认为，在中国共产党90年的理论发展进程中，伴随党的指导理论实现的“两次伟大历史性飞跃”，其理论形态也随之发生了“四次重大转变”——如果说党的第一代领导核心毛泽东实现了社会主义革命理论从“世界形态”即“国际无产阶级革命理论形态”，到“中国形态”即“中国新民主主义革命理论形态”的转变，那么邓小平则实现了中国社会主义建设理论从“革命形态”即“以阶级斗争为纲的理论形态”，到“建设形态”即“以经济建设为中心的理论形态”的历史性转变，江泽民、胡锦涛又把这一历史性转变继续推向前进，进一步实现了从“计划经济理论形态”到“社会主义市场经济理论形态”，从“粗放型

① 姚桓：《中国共产党怎样坚持、发展了马克思主义政党的先进性》，《党建研究》2011年第7期。

② 胡祖凤：《建党90年来党的建设科学化的历程与基本经验研究》，《党政干部学刊》2011年第11期。

③ 李新生：《古田会议开启中国共产党建设科学化的历史征程》，《党建研究》2011年第7期。

经济增长模式及其理论形态”到“集约型经济发展模式及其理论形态”的历史性跨越，并取得了新的重大理论和实践成就。中国特色社会主义理论体系的创立和发展，就是这一历史性转变和飞跃在当代的光辉思想结晶。[①]

关于党的理论创新的历史经验。中国共产党在 90 年的发展历程中，坚持把马克思主义与中国实际相结合，成功地实现了马克思主义中国化，形成了毛泽东思想和中国特色社会主义理论体系两大重要理论成果，在中国化马克思主义理论指导下，中国革命、建设和改革取得了巨大的成就。吴东华认为，坚持马克思主义基本原理是理论创新的立足点，马克思主义基本原理包括两个层面，第一个层面是马克思主义的立场、观点和方法，这是马克思主义基本原理的精髓，也是中国共产党进行理论创新坚持的核心。第二个层面是马克思主义经典作家们提出、经过实践证明其正确性的一些重要理论、观点和结论。文章指出，解放思想与实事求是的统一是理论创新的基本原则，实践是理论创新的根本动力，马克思主义中国化、时代化、大众化是理论创新的题中应有之意。[②] 庄福龄撰文指出，以毛泽东为代表的中国共产党人为中国社会主义事业的开创、奠基、探索和振兴作出了一系列有中国特色的独创性贡献。新中国成立 60 年来，虽然在不同的时期党的方针政策各有特点，但社会主义事业却长盛不衰，代有传承，一脉相承的是马克思主义的根本观点和根本方法，是马克思主义的“精髓”，是毛泽东思想和邓小平理论反复强调的实事求是的传统。这是新中国长期保持稳定的奥秘所在。中国特色社会主义理论是马克思主义中国化的最新成果，是战胜一切敌对势力最有生气、最有活力的根本保证，是马克思主义史上既一脉相承又与时俱进的光辉范例。[③]

理论创新具有认识世界、改造世界的巨大价值和伟大意义。一部中国共产党的发展史，就是一部理论创新的历史。王炳权认为，90 年来，中国共产党不断从人民群众的创造性经验中汲取力量，进行理论创新，始终注重正确把握事关全局的四大原则，即理论与实践相统一的原则，真理与价值相统一的原则，一元与多样性相统一的原则，坚持与发展相统一的原则。[④] 敬志伟认为，通过理论创新，破除传统马克思主义和社会主义理论的束缚，从而推动我国的革命、建设和改革开放实践，实现社会进步和发展，是中国共产党 90 年来的一条基本经验。关于中国共产党理论创新的基本经验，他认为，理论创新必须坚持马克思主义的基本原理；必须坚持党的解放思想、实事求是、与时俱进的思想路线；必须坚持党的群众路线，尊重广大人民群众的首创精神；必须坚持勇于和善于总结实践经验；必须坚持在不断改造客观世界的同时，不断改造主观世界。[⑤] 王海军认为，我们党进行理论创新的基本经验主要包括六个方面：一是坚持马克思主义，发展马克思主义，以科学态度对待马克思主义；二是理论创新不仅要看理论自身的发展，更要看理论对实践的指导作用；三是理论创新是集体智慧

---

① 徐明善：《论党的理论形态的重大转变及其价值——建党 90 年来党的指导理论建设的创新发展》，《青岛大学师范学院学报》2011 年第 2 期。

② 吴东华：《论中国共产党理论创新的历史经验》，《中国地质大学学报》（社会科学版）2011 年第 3 期。

③ 庄福龄：《马克思主义史上既一脉相承又与时俱进的成功范例》，《中国人民大学学报》2011 年第 3 期。

④ 王炳权：《中国共产党理论创新的四大原则》，《前线》2011 年第 6 期。

⑤ 敬志伟：《理论创新：中国共产党光辉实践的重要经验》，《中共珠海市委党校 · 珠海市行政学院学报》2011 年第 3 期。

的结晶，要造就理论创新的良好氛围和科学机制；四是正确处理马克思主义理论创新主体之间的关系；五是开展正确思想斗争，在批判错误理论倾向中推进马克思主义理论创新；六是高度重视哲学社会科学在理论创新中的战略地位。①

欧阳淞认为，中国共产党90年的历史，不仅展现了中国历史上从未有过的辉煌，也蕴涵着十分丰富而又弥足珍贵的启示。必须始终坚持解放思想、实事求是、与时俱进，始终坚持马克思主义基本原理同中国实际相结合，为党和人民事业胜利发展提供强大思想保证。必须坚持党的群众路线，坚持党的领导。② 肖贵清认为，中国共产党引领当代中国发展进步的原因在于科学判断时代发展的主题，中国共产党具有独特的政治优势，党对执政规律的科学把握，选择符合中国实际的发展路径，当代中国发展道路具有深厚的民族文化底蕴。③ 包心鉴认为，中国特色社会主义道路，是中国共产党人的全新创造，是实现中华民族伟大复兴的唯一正确的道路。中国特色社会主义道路集中展示了中国共产党人解放思想、实事求是、与时俱进的宝贵品格和不懈追求。在当代中国，坚持中国特色社会主义道路，就是真正坚持社会主义，就是真正坚持马克思主义。④

7. 关于共同富裕问题研究的最新进展

邓小平提出的共同富裕的构想是这样的：一部分地区有条件先发展起来，一部分地区发展慢点，先发展起来的地区带动后发展的地区，最终达到共同富裕。针对“什么时候、在什么基础上”提出和解决这个问题，邓小平明确提出，20世纪末达到小康水平的时候，“就要突出地提出和解决这个问题”。在改革开放30多年和建党90周年之际，社会主义社会的共同富裕问题逐步成为理论界和社会重要的关注点。围绕共同富裕思想和战略构想、如何实现共同富裕、共富观和共享论、共同富裕的历史进程等问题，学术界展开了探讨。

关于共同富裕思想的发展脉络。青连斌指出，共同富裕是人类进入文明时代以来就一直存在的千古向往。西方“空想社会主义”思想直接源自于对资本主义财富占有和社会产品分配极度不公的批判，主张“伦理公平”，即全体社会成员在经济、政治、社会地位上普遍公平，人们需要进行劳动，并取得财富。马克思、恩格斯创立科学社会主义理论的基本出发点，就是要“剥夺剥夺者”，消灭资本主义剥削制度，使生产力得到解放和发展，使全体社会成员都能过上富裕的生活，实现社会成员的共同富裕。毛泽东最早使用了“共同富裕”的提法。1955年7月，毛泽东在《关于农业合作化问题》的报告中，在谈到农业的社会主义改造时提出要“使全体农村人民共同富裕起来”。10月，毛泽东进一步阐述了这个思想。他说：“我们还是一个农业国。在农业国的基础上，是谈不上什么强的，也谈不上什么富的。但是，现在我们实行这么一种制度，这么一种计划，是可以一年一年走向更富更强的，一年一年可以看到更富更强些。而这个富，是共同富裕，这个强，是共同的强，大家都有份，也包括地主阶级。”邓小平在探索“什么是社会主义、怎样建设社会主义”的过程中，在总结历史经验的基础上，深刻揭示了社会主义的本质，提出要解放生产力、发展生产力，消灭剥削、消

① 王海军：《试论建党以来中国共产党理论创新的基本经验》，《中州学刊》2011年第3期。
② 欧阳淞：《肩负着人民的希望——中国共产党90年历程的回顾与思考》，《党建研究》2011年第7期。
③ 肖贵清：《中国共产党与当代中国发展道路》，《江海学刊》2011年第4期。
④ 包心鉴：《中国共产党与中国特色社会主义道路》，《中共天津市委党校学报》2011年第3期。

除两极分化，最终实现共同富裕。[①]

关于共同富裕的战略构想。中国社会科学院于 2011 年 6 月 23 日—25 日在重庆举办“共同富裕理论研讨会”,《人民论坛》刊登了部分专家学者的发言稿。王伟光指出，中国共产党执政主要有两个任务，一是发展生产力，做大“蛋糕”。发展就是硬道理，这是共产党执政的第一要务。二是必须把蛋糕分好，解决好分配问题。共同富裕是中国特色社会主义最基本的原则。共同富裕是邓小平提出的第二个战略问题。中国解决好共同富裕的问题就是解决根本的问题，有助于中国应对来自西方国家的和平演变。共同富裕的问题已经非常急迫地摆在全党和全国人民面前。应站在重庆层面考虑全国的共同富裕问题。重庆在解决邓小平所提出的第二个重大战略问题，即分配问题，应该说是开了一个很好的头。重庆的贫富差距是在缩小了，扩大的趋势遏制住了。[②] 李慎明指出，在邓小平对社会主义的战略构想中，“社会主义初级阶段”是理论定位，“社会主义市场经济”是经济政策定位，“共同富裕”（即“让一部分人、一部分地区先富起来，然后逐步地最终实现共同富裕”）是目标定位。中国当前正处于战略构想的第二阶段。中国社会主义市场经济机制已经基本健全，让一部分人、一部分地区先富起来的任务已经超额完成。中国应即刻筹划逐步缩小收入差距。[③] 李崇富认为，实现共同富裕要找准两个参照系，即社会领域和经济领域的基本要求。社会领域要求很多，但从经济领域来看，主要是将共同富裕作为根本的出发点和落脚点，使生产力的发展成果归人民所有。因此，“十二五”规划中提出的收入分配目标，不是对收入差距的一般扭转，而是形成系统的氛围。他提出，共同富裕必须加快推进。邓小平早已指出，在 20 世纪末达到小康水平的时候，就要突出地提出和解决共同富裕的问题。现在，时间又过去了 10 年，如果我们真正拥护邓小平理论，就应该把共同富裕作为一个突出的问题提出来，有不足的及时加以解决。[④]

关于共同富裕问题的争论。青连斌撰文对我国的贫困人口数量、中等收入者规模、城乡居民收入水平进行了具体的比较和分析，文章指出，我国的贫困人口在减少，中等收入人口在大幅度增加，城乡居民收入水平不断提高，这是我们有目共睹的事实。我们的目标是共同富裕，我们正在朝着这一目标坚定地前进。但是，当前我国收入分配差距仍然在持续扩大，这又是一个客观事实。[⑤] 刘方域撰文批驳了共同富裕是策略性提法的错误观点，文章指出，实现社会共同富裕，这是邓小平经济理论中最为重要的关键词，是社会主义者为之奋斗的崇高目标和崇高理想。有一种看法认为，“共同富裕”原是邓小平同志的一种策略提法，在“利益驱动”和中国人“自扫门前雪”的劣根性面前，共同富裕只能是乌托邦的空想，所以共同富裕是个“假命题”。这是一种不正确的武断认识，很值得商榷。在构建和谐社会的科学发展观中，“做大”蛋糕和“分好”蛋糕，是统一链条里两个不同的，但又衔接在一起的环节。公平分配只有在发展生产的基础上才能实现，并显示出自身的价值。反过来，只有把

---

① 青连斌：《社会主义必须坚持共同富裕的价值理念》,《科学社会主义》2011 年第 6 期。

② 王伟光：《共同富裕是第二个战略问题》,《人民论坛》2011 年 8 月（上）。

③ 李慎明：《实现共同富裕目标的“桥”和“船”》,《人民论坛》2011 年 8 月（上）。

④ 李崇富：《实现共同富裕要找准两个参照系》,《人民论坛》2011 年 8 月（上）。

⑤ 青连斌：《社会主义必须坚持共同富裕的价值理念》,《科学社会主义》2011 年第 6 期。

蛋糕“分好”，做蛋糕才具有可持续性。[①] 李崇富指出，重庆实践体现了马克思主义的辩证原理。马克思主义认为生产决定分配，所有权决定收益权。但与此同时，分配好坏回过头来又影响生产，影响生产力发展。重庆提出了“分好蛋糕”才能“做大蛋糕”的口号并加以实践，这既坚持了历史唯物论，又坚持了历史辩证法，特别是抓住目前一个最紧迫的问题、老百姓最关心的问题，也是建设和谐社会的一个基础性问题——分配问题。全国应好好学习重庆，把收入分配这篇文章做好。[②]

关于如何实现共同富裕。李慎明指出，资本主义不能救中国，只有社会主义才能救中国。只有坚持宪法规定的以公有制为主体的所有制结构，才能实现共同富裕。只有坚持以公有制为主体的基本原则，才能在初次分配中实现公平。如果不讲所有制，就不可能在初次分配中实现公平，就不能实现共同富裕。共同富裕与所有制不能脱钩，否则，共同富裕就是“乌托邦”。共同富裕的实现必须依靠人民。共同富裕的完成关键在党、在党的各级领导干部。[③] 裴小革认为，实现共同富裕需要不断完善中国特色社会主义的基本经济制度和经济体制，因为要实现共同富裕，必须不断消灭贫穷和贫富分化，促进经济社会科学发展。而这必须以中国特色社会主义基本经济制度作为保证；实现共同富裕需要不断巩固和发展中国特色社会主义政治制度，中国特色社会主义政治制度有利于保障实现共同富裕的实现。[④] 青连斌认为，在我国现阶段，收入差距持续扩大，在很大程度上讲是因为第一次分配差距过大导致的。因此，必须理顺第一次分配关系，努力缩小第一次分配产生的过大差距。再分配要更加注重公平，发挥政府对收入分配的调节职能。政府对收入分配进行调节的方式和手段是多种多样的。从当前来讲，尤其要重视三个方面的调节作用：第一，充分利用税收杠杆进行宏观调节，实现收入的再分配。第二，健全覆盖城乡居民的社会保障体系。第三，通过财政转移支付手段对国民收入进行再分配。强力推进基本公共服务均等化，可以有效地缩小城乡居民之间、不同地区居民之间，以及不同社会群体之间、不同社会成员之间生活水平的差距，从而缩小当前过大的贫富差距。[⑤]

关于共富观和共享论的关系。曾令超对共富观和共享论的关系进行了阐述。他认为，共富观即共同富裕思想是邓小平理论的重要组成部分，也是我国改革开放和现代化建设的重要理论基础。而共享论即关于发展为了人民、发展依靠人民、发展成果由人民共享的思想，就是在新的历史条件下对邓小平共同富裕观的具体化、深入化，是对邓小平共同富裕思想的继承与发展，是科学发展观的重要内容。因此就二者之间进行比较分析，对于进一步走共同富裕道路，促进人的全面发展，推进社会和谐，具有特别重要的理论意义和实践价值。[⑥]

① 刘方域：《共同富裕并非策略性提法》，《人民论坛》2011年9月（上）。

② 李崇富：《实现共同富裕要找准两个参照系》，《人民论坛》2011年8月（上）。

③ 李慎明：《实现共同富裕目标的“桥”和“船”》，《人民论坛》2011年8月（上）。

④ 中国社会科学院中国特色社会主义理论体系研究中心：《共同富裕是建设中国特色社会主义的必由之路》，《红旗文稿》2011年第20期。

⑤ 青连斌：《社会主义必须坚持共同富裕的价值理念》，《科学社会主义》2011年第6期。

⑥ 曾令超：《共富观与共享论的理论内涵分析》，《三明学院学报》2011年第3期。

## 三 简要评论

通过对 2011 年马克思主义发展史的学科概况和重大问题研究进展进行梳理总结，可以看出，经过近 6 年的学科建设，马克思主义发展史在研究对象的界定、研究方法的运用等方面日益清晰、规范，学科的科研队伍日益壮大、学术成果丰硕、学术气氛活跃，呈现出稳步发展的良好态势。综观 2011 年马克思主义发展史理论研究与学科建设，与马克思主义理论的其他二级学科相比，其历史性、整体性、实践性的研究特点仍然非常突出。历史性、整体性、实践性的研究特点充分体现在研究方法的综合运用、研究议题的广泛性、研究角度有所侧重等方面。

第一，研究方法的综合运用。研究马克思主义发展史主要运用文献考证、理论阐释、现实引导三种方法。文献考证法是马克思主义文本研究的基本方法，是深度阐发马克思主义理论问题、解决现实问题的基础。但如果过度关注文本细节问题，容易陷入琐碎的文献考证中，忽视对马克思思想的阐释和评价；理论阐释法注重马克思主义理论的内在一致性和逻辑性，但如果缺乏扎实的马克思主义文献阅读积累，容易断章取义，歪曲、误解马克思本人的真实思想；现实引导法最符合马克思主义立足实践、指导实践的精神实质，然而如果离开了正确的文献考证和科学的理论阐释，容易导致实用主义地解读经典著作。三种研究方法的有机整合、综合运用是马克思主义发展史研究需要遵循的方法论原则。从 2011 年马克思主义发展史讨论的热点和公开发表的成果来看，三种方法的“结合”特点比较突出。本年度学科关注的重大问题以及引起争论的学术热点，有许多都需要综合运用三种研究方法才能阐释清楚，比如围绕社会形态问题、恩格斯晚年思想、唯物史观的理论性质等问题展开的争论，不仅需要有扎实的文献积累，还需要把握马克思主义理论发展的内在逻辑性，如此才能最大限度地“回到马克思”。而且，对这些重大问题的争论和探讨无一例外都关涉现实，在与现实的结合中实现马克思主义的创新和发展。

第二，研究议题的广泛性。通过对 2011 年马克思主义发展史的重大问题、热点聚焦、论文荟萃、主要论著进行汇总梳理，可以看出，马克思主义发展史涉及的研究议题非常广泛，不仅涉及马克思主义发展史的基本问题，如关于唯物史观的相关问题、社会形态理论的新探讨、辩证法的争论等，还涉及许多现实问题，如马克思主义信仰问题、共同富裕问题、凝练社会主义核心价值观等，而且，这些问题似乎已经超出了马克思主义发展史学科的研究领域，存在“越界”的嫌疑。其实，马克思主义发展史涉及的研究议题涵盖政治、经济、文化、社会各个方面，甚至与马克思主义理论其他二级学科的议题存在重合、交叉现象，一方面是由马克思主义的理论本性决定的；另一方面则是由马克思主义发展史的历史性、整体性、实践性的研究特点决定的。这种特点决定马克思主义发展史的研究议题必然是广泛的，既有对理论问题的历史追溯，又有对现实问题的理论解答。马克思主义发展史以整体性的宏大历史视野将广泛的研究议题统摄在一起，使其研究内容宽而不泛、杂而不乱，呈现出历史性、整体性、实践性的有机融合。

第三，研究角度有所侧重。尽管马克思主义发展史关注的议题具有广泛性，但是其研究角度有所侧重。由于马克思主义发展史首先是一门研究马克思主义产生、发展的历史过程及其本质规律的科学，所以本学科涉及的研究议题都被统摄在马克思主义发展历史的宏大视野中，从马克思主义发展的历史脉络中阐述涉及的研究议题。比如，关于中国共产党成立90周年，苏联解体、苏共亡党20周年，中国特色社会主义制度等议题，都内含着对如何坚持和发展马克思主义、马克思主义的历史命运的思考。这些思考与世界社会主义运动和中国特色社会主义的未来发展息息相关，实践性特征内蕴其中。同时，这些议题与其他二级学科之间的关系密切，甚至直接就属于其他二级学科的研究范围，马克思主义发展史需要借鉴、吸收既有的研究成果，重视与各学科的交流与融通，呈现整体性特点。

2011年，以纪念重大历史事件为契机，围绕马克思主义发展的基本问题、重大理论和现实问题，马克思主义发展史理论研究和学科建设取得了丰硕的成果。中国历史唯物主义学会、中国辩证唯物主义研究会、中国马克思主义哲学史学会等学术团体和组织举办了一系列学术活动，将马克思主义的相关理论研究推向深入。总体来说，2011年度本学科的发展取得了不小进展，但尚有许多问题需要继续探讨：

其一，关于学科研究方法的综合运用问题。尽管学术界已经充分认识到文献考证、理论阐释、现实引导三种研究方法各有千秋，需要综合运用，但是在具体研究上，难以避免以某一种研究方法为主，各种方法之间的“界限”依然存在。研究中需要有意识地克服，才能避免陷入纠缠细节、断章取义、实用主义的误区，提高研究的科学性和理论说服力。

其二，关于学科研究范围的界定问题。经过几年的探索，学科的研究对象、研究范围日益明确。但是由于马克思主义的整体性特征，使得各学科的研究边界很难一刀划切，越界、交叉研究不可避免。尽管2011年本学科努力突出马克思主义发展史的研究特点，但是历史的厚重未得到充分体现，以现实问题为抓手深度挖掘经典文献，阐述马克思主义在某一问题上的发展脉络，才能真正展现马克思主义在坚持中发展，在继承中创新的生存本质。

研究的薄弱环节为学科发展预示了理论生长空间，在老一辈马克思主义理论家的“传、帮、带”下，随着青年科研人员的不断成熟，马克思主义发展史学科建设一定会实现又好又快发展！

（供稿人：罗文东、桁林、任洁、唐芳芳、刘志昌、夏一璞）

# 第四章　国外马克思主义

## 一　研究概况

（一）国外共产党研究概况

国外学界对共产党的研究自苏东剧变后相对低迷。近年来，伴随国际金融危机的蔓延与深入，国外共产党表现相对活跃，相关研究呈现一定程度的复苏态势。2011 年国外学界的共产党研究有两个较为突出的热点：一是以苏东剧变 20 周年为契机，苏东地区尤其是俄罗斯对苏共的研究有所深入。俄罗斯大百科全书出版社围绕苏共相关历史问题已经陆续出版了上百本学术专著，2011 年又出版著作约 20 本，该系列被称为《斯大林主义史》，今后几年拟共出版 200 本相关苏共历史研究的专著。[①] 二是伴随着世界经济的持续低迷以及局部地区政治动荡，国外共产党的党报、党刊和网站发表了大量党内知识分子关于金融和债务危机、中东和北非问题的研究文章。世界社会主义网站（http：//www. wsws. org）刊发了不少相关共产党的情况介绍和分析文章，如《印度毛派宣布支持右翼国会》、《尼泊尔毛派领导人当选总理》、《西班牙机会主义的联合左翼组建“广泛阵线”》、《法国共产党推选 2012 年总统候选人》等。国际视点网站（http：//www. internationalviewpoint. org）刊发了《丹麦红绿联盟》、《法国马克思主义的危机》、《欧洲工人运动：危险与挑战》等等。资本主义经济危机发生后，国外一些左翼学者把目光重新投向激进左翼。英国爱丁堡大学卢克·马驰（Luke March）博士的专著《欧洲激进左翼政党》（Routledge，December 19，2011），对苏东剧变后欧洲激进左翼政党的应对、改革进行了系统分析和总结，认为包括共产党在内的当代欧洲激进左翼政党现在成为欧洲政党政治中一种愈益显著的现象。该书指出，目前激进左翼政党仍然为关于“社会主义”性质的现实危机所折磨，共产党的未来尤其面临严峻危险。最为成功的左翼政党不再是极端主义政党，而是那些对社民党所抛弃的原则和政策展现出捍卫姿态的政党，它们关注实用性而非意识形态，愈益转向政府。法国丹尼尔·本赛德（Daniel Bensaid）等学者的新著《左翼的新政党：欧洲的经历》（IMG Publications，July 1，2011），是对法国、丹麦、英国、德国、意大利和葡萄牙激进左翼的跨国研究。该书认为，欧洲的社会民主主义已经完全转向右翼，转向完全支持新自由主义，从而为激进左翼开启了政治空间。

国外共产党理论研究是国外马克思主义研究传统学科的一个重要组成部分，目前国内学

---

① 《斯大林主义史》丛书系列的相关介绍参见《国外书刊信息》2011 年 4 月刊，第 18—19 页；5—6 月刊，第 21—28 页。

界在这一研究领域既拥有丰富的学术资源，又形成了稳定、成熟的研究队伍。研究的范围囊括了西方发达国家，苏联东欧地区各个国家，社会主义国家，拉美、南亚等其他国家的共产党和工人党的理论和实践。2011年，国内学界对国外共产党的研究取得了可喜的成绩。一是对苏联共产党的研究。2011年是苏联解体20周年，国内学界发表了上百篇研究苏联共产党的学术论文，很多学术研讨会也将这个选题作为会议主题，从多个视角反思苏联共产党亡党的历史教训，以期为中国特色社会主义建设提供理论与实践思考。中国社会科学院世界社会主义研究中心在中国社会科学院哲学社会科学创新工程的支持下，派出专家组赶赴俄罗斯，拍摄了六集专题电视教育片《居安思危》之三《苏联亡党亡国二十年祭——俄罗斯人在诉说》。有关苏联共产党的相关研究成果在我国社会各界产生了深刻的影响。二是对国外共产党的整体研究。2011年人民出版社出版了由沈云锁、潘强恩主编的3卷本6册的《共产党通史》，系国内乃至世界范围内第一部客观、全面、系统、深刻展示世界共产党发生、发展历程的重要著作，为进一步探索共产党执政规律、社会主义建设规律和人类社会发展规律提供了有益的启示，可以说是一部共产党的“治党通鉴”。[①] 此外，一些在国内具有较大影响的社科类杂志如《当代世界与社会主义》、《国外理论动态》、《科学社会主义》、《当代世界社会主义问题》、《国外社会科学》，以及省部级内刊内参如《世界社会主义研究动态》、《世界社会主义研究》等，发表了数十篇国外共产党研究的相关成果。2011年，围绕苏共党建经验教训、现实社会主义国家执政共产党的变革和调整、国外共产党发展变化的新动态、具体国家共产党的理论和实践新进展以及各共产党的国际联合斗争情况等，刊发了一批较有影响的研究成果。

（二）西方马克思主义研究概况

2011年的英语出版图书中，许多学者都关注西方马克思主义的政治哲学、美学以及宗教方面的研究。比较有代表性的论著有：丹尼尔米勒的《模仿与理性：哈贝马斯的政治哲学》，卢卡斯·斯塔（Lukasz Stanek）的《列斐伏尔论空间》，Bruno Bosteels、Stanley Eugene Fish、Fredric Jameson的《巴迪欧与政治学》，Tony Judt的《马克思主义与法国左翼：对1830—1981年法国劳动与政治的研究》以及迈克尔·J. 汤普森（Michael J. Thompson）的《对卢卡奇的再思考》，约翰·朗德尔（John Rundell）的《美学与现代性：赫勒的论文》，尼克·休利特（Nick Hewlett）的《巴迪欧、巴里巴尔、兰塞尔：重思解放》，齐泽克的《生活在末世》等等。

在国内，当代最具国际声誉的西方新马克思主义研究学者特里·伊格尔顿的新作《马克思为什么是对的》中译本的出版成为近几年金融危机催生的“马克思热”“《资本论》热”之后的又一看点。在经济全球化背景下，资本主义内部的各种痼疾纷纷显露，从城乡差距、贫富不均到经济掠夺问题，加上西方霸权在金融海啸中显露的腐败，种种迹象显示，让整个世界重新认识、反思马克思主义的契机正在显现。作为一位坚定的马克思主义者，作者特里·伊格尔顿希望厘清人们对马克思主义的错误认识。该书通过大量实证内容反驳了世人对马克思主义的错误认识，进一步阐明了在马克思主义理论指导下运作市场经济体系的可行性，

① 吴雄丞：《一部共产党的“治党通鉴”——评介〈共产党通史〉》，《思想理论教育导刊》2011年第7期。

同时还为马克思主义与可持续发展观找到了一个契合点，对当下的经济建设工作有一定启发意义。

（三）国外左翼思想研究概况

2011 年国外左翼思想研究涉及的内容非常广泛。特别值得一提的是，每年一辑的世界社会主义研究报告，以其众多解密的第一手资料、崭新的视角与深入的研究，廓清了许多理论上的迷雾，让许多“挑剔”的读者对社会主义有了新认识。特别是将世界范围内流行的各种社会主义思潮、全球左翼的重大活动收入其中，详细介绍了世界社会主义发展的新动向和国内外世界社会主义研究的新成果，对于人们坚定社会主义在全球范围内走出低谷、走向高潮具有积极作用。① 《居安思危：苏共亡党二十年的思考》从理论与实际的结合上，层层剖析了苏联解体的原因和教训。② 《历史在这里沉思——苏联解体 20 周年祭》对深入了解苏联解体的原因及后果，准确把握世界社会主义运动发展的现状及趋势，坚定走中国特色社会主义道路的信心，具有一定的启发意义。③

2011 年国外左翼思潮的研究，还有一个重要突破就是提出了划界意识。2011 年 4 月 13 日是格奥尔格·卢卡奇诞辰 126 周年，为了纪念这位著名哲学家、美学家、文学评论家和西方马克思主义的重要创始人，中央编译局举办的“深化国外马克思主义研究：纪念卢卡奇诞辰 126 周年小型学术研讨会”，对“反思国外马克思主义研究现状”、“以卢卡奇为主要开创者的经典西方马克思主义思潮的发生与发展”、“卢卡奇思想研究以及卢卡奇再评价”进行了研讨。此次研讨会还有一重要成果，就是中央编译局局长衣俊卿教授以《关于国外马克思主义研究现状的审思》为题反思了我国目前国外马克思主义研究的状况，提出在本领域研究中需要具有一种“划界意识”。（1）基础性“划界意识”：即应当对国外马克思主义研究所涉及的各种流派、人物和观点的客观的学术影响力和现实影响力做出切实而恰当的评估，从而在该研究领域突出重点和核心层。（2）深层面的“划界意识”：在对国外马克思主义研究对象的学术影响力和现实影响力作出评估的基础上，进一步对每一具体研究对象的价值取向、基本观点，特别是其同马克思思想的真实关系作出具体的区分性评价，以便突出国外马克思主义研究学科对马克思主义的强调。（3）“现实诉求”：回答为什么要研究国外马克思主义的问题，即明确该领域研究所要达到的目标，所期待的理论成果。段忠桥教授认为研究者个体应当自觉对研究对象进行选择：第一，研究应当与社会主义的价值取向一致；第二，研究对象应当与经典马克思主义作家的学说有继承关系，肯定唯物史观和社会主义；第三，研究应当关注影响力大的人物和理论，应当能够对原有问题有所超越，能够推进和解释新问题；第四，研究应当对中国现实有指导意义，有助于理解当代中国所面临的问题。④

2011 年 10 月 16 日还召开了第六届国外马克思主义研究论坛，其主题为：创新·发展·幸福。内容包括，马克思主义经典文本与国外马克思主义阐释路径、国外马克思主义基础理

① 李慎明主编《世界社会主义黄皮书：世界社会主义跟踪研究报告》，社科文献出版社 2011 年 3 月版。

② 李慎明主编《居安思危：苏共亡党二十年的思考》，社会科学文献出版社 2011 年版。

③ 李慎明主编《历史在这里沉思——苏联解体 20 周年祭》，社会科学文献出版社 2011 年版。

④ 郑能：《深化国外马克思主义研究——纪念卢卡奇诞辰 126 周年学术研讨会综述》，《社会主义与现实》2011 年第 3 期。

论与前沿问题、英美马克思主义流派、人物、著作研究、启蒙概念与《启蒙辩证法》研究等。

## 二　重大问题研究进展

（一）国外共产党研究重大问题研究进展

1. 苏联共产党的建设经验与亡党教训

2011年是苏共亡党、苏联解体20周年。国内学术界重点围绕苏联共产党的建设经验和亡党教训进行了研讨。产生了较大社会影响的包括：4月23日—25日在中国社会科学院召开的“苏联解体20周年国际学术研讨会”。在这次研讨会上，中外学者对苏联共产党亡党的教训进行了深入探讨和全面交流。从政治、经济、文化、民族、党建、国际环境、制度等多个角度对苏联共产党的败亡进行了研究。9月24日—25日，中国科学社会主义学会当代世界社会主义专业委员会在山东威海召开年会，会议主题为“苏联剧变20年与当代世界社会主义”。与会学者围绕苏联共产党亡党问题展开了热烈的研讨。10月13日—17日，国际共产主义运动史学会在南京召开年会，会议主题是“当代世界与社会主义的历史进程”，其中“苏联东欧社会主义历史经验与教训”是学者们关注和研讨的重点。

苏东剧变迄今已经20年了。研究苏联共产党亡党教训，探讨无产阶级执政党应该汲取的历史经验，有利于不断提高我们党自身建设的科学化水平。在对苏联共产党兴衰成败的经验教训进行总结的过程中，国内学界出现了对立的两种观点：一种观点认为，苏联建立的社会主义体制并不符合马克思主义的精神实质，在马克思、恩格斯设想的社会主义社会里，人民享有比资本主义更多的物质财富，具有比资本主义更多的民主权利以制约国家权力机关，防止其变成压迫民众的工具，苏联的体制却与此背道而驰。因此，苏联剧变的根本原因是其体制背离了人类社会的发展潮流，背离了民众的需要。如果苏共策略选择得当，本可以对此进行改革，使之更符合民众的需要和社会主义的本质，但是，戈尔巴乔夫等苏共领导人犯了一系列错误，不但没有把社会主义改好，反而加速了苏联的解体。① “苏联剧变的根本原因在于斯大林—苏联模式的社会主义制度本身。”② “用‘叛徒论’（指戈尔巴乔夫——编者注）来解释苏联这样一个大国的解体，一个老党的灭亡，虽然简单方便，也符合某些人的心意，但不能说明任何问题，更不能解决问题。像恩格斯所说的，从经历了动荡的国家的总的社会状况和生活条件中去寻找，这才是根本的办法，当然，这样做要困难得多，然而舍此别无他途。”③

另外一种观点认为，“苏联解体的根本原因，在于从赫鲁晓夫集团到戈尔巴乔夫集团逐渐脱离、背离最终背叛了马克思主义、社会主义和最广大人民群众的根本利益”。④ 有学者指出，不否认苏联体制历史上存在的严重弊端，甚至可以把它视为苏联剧变的深层次因素之一。

---

① 左凤荣：《苏联解体20年：对苏联剧变原因的探究》，《俄罗斯学刊》2011年第2期。

② 陆南泉：《苏联剧变的根本原因和中国应吸取的教训》，《当代世界社会主义问题》2011年第3期。

③ 郑异凡：《苏联剧变：违背历史规律的结局》，《探索与争鸣》2011年第10期。

④ 李慎明：《苏共的蜕化变质是苏联解体的根本原因》，《山东社会科学》2011年第7期。

但相较于历史因素，现实是更为主要的原因，戈尔巴乔夫及其同伙上台后奉行“人道的民主的社会主义”路线，全盘否定苏联社会主义体制和社会主义历史，造成政治、经济、社会和民族关系的混乱，最终导致苏联解体。戈尔巴乔夫削弱乃至放弃了共产党的领导。他在修改苏联宪法时，废除了关于作为政体核心的苏共的领导作用的《宪法》第六条，实行“多党制原则”。这不仅意味着削弱了苏共的领导，同时削弱了国家政权，因为“苏共本身也是苏联国家管理机构的基础”；在经济方面，深受新自由主义影响，正如俄罗斯新版历史教师参考书指出：戈尔巴乔夫没有连续性的、深思熟虑的经济政策，不但没有实现社会经济的加速发展，反而导致生产下降、国民生活水平降低、群众对党的领导人不满；他全盘否定苏联历史和苏共领导人，导致历史虚无主义泛滥和人民思想的混乱，社会失去了精神的支柱。[①]《中国社会科学》2011 年第 6 期刊发了反思苏联剧变系列文章，其中程恩富、丁军的《苏联剧变主要原因的系统分析》，陈之骅的《苏联剧变历史之再思考》和安启念的《戈尔巴乔夫改革与弗罗洛夫哲学》都认为苏联解体“致命的政治性根本原因是以戈尔巴乔夫为首的苏共领导集团背叛了马克思主义和科学社会主义”[②]。“戈尔巴乔夫改革的方向性错误、其对马克思主义基本原理和广大人民群众利益的背叛，既是苏联剧变的直接的，也是根本的原因。”[③]

2. 社会主义国家执政共产党的现状与理论变革

2011 年，对越南、朝鲜、老挝、古巴四个社会主义国家执政的共产党的现状与理论变革研究是国内学界关注的焦点。现实社会主义国家在坚持公有制为主体的前提下，不同程度地进行了经济改革和对外开放。2011 年，除朝鲜外，其他三个国家的执政党先后召开了具有历史风向标意义的全国党代会，从而进一步坚定了本国社会主义建设的方向与决心，明晰了改革思路与步骤。[④]

越南共产党对当前自身所处历史阶段的界定是处于“向社会主义过渡时期的初级阶段”。有学者指出，越南共产党对社会主义市场经济的认识经历了一个从否定商品经济，到形成初步认识，再到明确提出建立社会主义市场经济体制这样一个过程，最终形成了具有越南特色的社会主义市场经济理论。[⑤] 越南政治革新已经进行了 20 多年，在加强执政党自身民主化建设的同时，不断调整和完善宪法，并逐步推进国会改革，加强对公共权力的监督制约，取得了很大的成就。但同时，也存在着诸多不可忽视的矛盾和问题。[⑥] 越南共产党第十一次全国代表大会于 2011 年 1 月 12 日—19 日在首都河内举行。代表大会继承了六大以来的革新开放路线，确立了新的经济社会发展目标，选举产生了新一届中央领导集体，在保持工人阶级政党属性的同时，扩大了党的群众基础，同时全方位、多元化的外交政策得到继续贯彻。此外，新一届领导集体也面临着通货膨胀、经济效率低下、腐败严重等一系列重大挑战。如何抓住

---

① 吴恩远：《苏联“无可救药”的各种争论》，《人民论坛》2011 年第 19 期。

② 程恩富、丁军：《苏联剧变主要原因的系统性分析》，《中国社会科学》2011 年第 6 期。

③ 陈之骅：《苏联剧变历史之再考察》，《中国社会科学》2011 年第 6 期。

④ 中国社会科学院马克思主义研究院当代世界社会主义研究室：《变革中的社会主义四国——2010—2011 年越南、古巴、老挝、朝鲜四国社会主义研究报告》，《当代世界与社会主义》2011 年第 5 期。

⑤ 盛文颖：《浅析越南社会主义定向市场经济理论》，《吉林工程技术师范学院学报》2011 年第 3 期。

⑥ 门晓红：《越南政治革新的成就与局限》，《当代世界与社会主义》2011 年第 5 期。

机遇，迎接挑战，继续推进越南革新开放事业向前发展，将是新一届领导集体的战略目标。①

从20世纪90年代开始，朝鲜劳动党一直把“核战略”作为对外战略中最重要的一环。有学者指出，“核牌”是朝鲜劳动党外交战略中最重要的手段，其目的绝不仅仅在于核武器本身，而主要基于其战略考虑：第一，“核战略”能够在政治上和军事上起到战略威慑作用，并增加了谈判筹码；第二，“核战略”能够付诸实施，将有利于推动朝鲜国内的经济增长；第三，通过实施上述计划迫使国际社会重视自己，并通过“弃核”以赢得包括美、日在内的国家对朝鲜的“尊重”。② 近年来，朝鲜劳动党逐渐将政策重心转移到国内经济建设和对外经贸合作上。一系列经济政策措施表明，朝鲜正在探索朝鲜式的经济发展方式。例如，在不触及朝鲜现有体制的前提下，不断提高科技发展水平，改善产业结构，扩大对外经济合作，通过体制外改革，建立新的经济发展体系，探索实现强盛大国战略目标的路径和方式，等等。③有学者指出，朝鲜近期出现了加快经济改革的新动向。朝鲜以往的经济改革具有表面性及摇摆性。朝鲜经济改革的障碍因素很多，主要是对政治稳定的担心、经济状况的制约以及缺少领军人物与舆论准备，还有国际势力的干扰。但朝鲜经济改革具有必然性，这是摆脱经济困境的唯一出路、实现政治稳定的必然选择、融入国际社会的必要条件。对朝鲜经济改革的曲折性、不确定性也应有充分的认识。④

随着冷战的结束、国际及地区形势的变化，老挝人民革命党逐步摒弃了“一边倒”的外交观念，在20世纪80年代中期确立了全方位外交方针和政策。经过20多年的实践，老挝全方位对外交往活跃，在深化与传统友好国家关系的同时，与世界各国建立了广泛联系，老挝与中国的关系也获得了长足发展和较大突破，并成为老挝发展全方位务实外交关系中的重要关系。⑤ 2011年3月，老挝人民革命党召开了第九次全国代表大会。该会总结了过去5年取得的成绩、经验及存在的问题，提出未来5年总任务及奋斗目标。有学者指出，今后老挝外交政策将围绕政治独立、经济发展、安全维护、地位提升等方面展开，以实现国家利益最大化。⑥

苏东剧变前，古巴依靠苏东国家的支援，政治经济稳定发展。苏东剧变后，古巴失去了苏东国家的经济支持，陷入空前困境，古共随即宣布进入和平年代的特殊时期，调整了内外政策，稳定了局势。在建设过程中，古巴共产党实施全民社保、免费医疗、免费教育等立足底层民众、具有鲜明社会主义特色的社会政策。⑦ 2006年7月劳尔主政后，提出更新社会主义发展模式的主张。2011年4月，古共六大通过了《党和革命的经济与社会政策纲要》，把解决经济问题放在首位。有学者指出：“古巴的这次改革目标准确，取得了党内外多数人的支持，但问题和困难也不少。”⑧ 也有学者指出，古巴改革的目标短期看是为发展经济，改善

---

① 赵磊：《越南共产党第十一次全国代表大会开启越南革新开放新时期》，《东南亚纵横》2011年第2期。

② 金祥波：《评析朝鲜的核战略》，《东疆学刊》2011年第4期。

③ 张慧智：《朝鲜经济发展方式探析》，《东北亚论坛》2011年第6期。

④ 朱辽野、许永根：《朝鲜经济改革前景探析》，《辽东学院学报》2011年第5期。

⑤ 方芸：《老挝全方位外交政策与老中关系》，《东南亚南亚研究》2011年第2期。

⑥ 黄勇：《冷战后老挝外交政策的特点及走向》，《东南亚纵横》2011年第4期。

⑦ 张丽、李雅杰：《试论古巴共产党政权保持长久活力的根源》，《群文天地》2011年第12期。

⑧ 毛相麟、杨建民：《苏联剧变与古巴改革》，《当代世界社会主义问题》2011年第3期。

人民生活水平，长远看将“不可避免地触及所有制结构、经济结构和发展模式的深层体制”①。

3. 发达资本主义国家共产党现状与理论政策研究

本年度学界对发达资本主义国家共产党的研究主要包括以下几个方面内容：

第一，总结发达国家共产党理论变革的经验和教训。自20世纪90年代以来，国外共产党大都依据政治、经济、社会环境的变化进行了理论政策的变革和调整。从世界各国看，这些理论政策的变化对一些共产党的发展产生了积极的推动作用，但对于有些党而言，理论政策调整不当却成为其由盛转衰的重要根源。有学者认为，法国共产党就是具有代表性的一个例证，并通过对法国共产党近40年发展历程进行纵向梳理，得出了当今现存的众多共产党需要借鉴的一些教训，如政党改革需结合党情国情稳步推进；理论纲领和政策主张需保持相对稳定性；加强党内团结；重视群众工作等等。②

第二，分析发达国家共产党的政治现状与地位。苏东剧变后，在世界社会主义运动的低潮中，国外共产党的发展陷入长期低迷。有学者运用实证分析方法，以选票数、议席数和党员人数作为参数，通过对欧洲地区的法国共产党、意大利共产党、英国共产党、西班牙共产党、葡萄牙共产党、希腊共产党、比利时共产党等进行具体分析，指出欧洲共产党目前已经边缘化。虽然不排斥在经济持续下滑、社会动荡的情况下，欧洲共产党会获得一定的发展空间。但是，就目前而言，客观数据说明欧洲共产党已经边缘化。而欧洲共产党只有认真总结其经验教训，找出一条适合自己的发展道路才能实现艰难的复兴。③

第三，探讨共产党的危机理论与政策。有学者对债务危机下希腊、葡萄牙、西班牙、意大利等南欧四国共产党的斗争与理论政策进行了研究，指出危机下这些党的活动相对活跃，主要从政策分析和制度批判两个维度对欧洲债务危机的原因和性质进行了探讨，并提出了现阶段继续深化社会和群众性反抗斗争；大力加强党组织建设；进一步强化思想战线的斗争；推动左翼联合斗争或建立斗争的阶级联盟等斗争策略。④

第四，对发达国家共产党现状与理论政策的国别研究。日本共产党在发达国家共产党中成员人数最多，达到40余万。日本共产党组织结构清晰明确，纪律严明，对马克思主义基本理论的研究和阐释相对深刻。有学者指出，在经济不景气的背景下，日本共产党代言弱势群体、监督政府、维护和平宪法、牵制右翼势力。⑤ 当前，有越来越多的青年加入日本共产党，并期望“改变现行政治制度”。⑥ 日本共产党虽然有了好的发展势头，由于其政治主张的暧昧，行为的疲软，并不能从根本上解决日本社会现存的各种弊端，所以日本共产党在日本的影响是有限的。面对国际社会的种种压力，经济全球化和技术革命带来的巨大挑战及日本社

① 孙岩锋：《古巴社会主义进入新阶段》，《世界知识》2011年第10期。

② 蒲国良、章德彪：《法国共产党90年兴衰启示》，《人民论坛》2011年6月下。李週：《法共困境：革新与挑战》，《人民论坛》2011年6月下。

③ 向文华：《西欧国家共产党的边缘化：数据分析》，《当代世界社会主义问题》2011年第1期。

④ 于海青：《债务危机下南欧四国共产党的发展动态》，《党建》2011年第1期。

⑤ 《赤旗表扬：日本共产党的过去与现在》，《21世纪经济导报》2011年6月27日。

⑥ 《日共89年发展路：越来越多的青年加入日共》，《广州日报》2011年6月30日。

会主义运动的现状，日本共产党想要有突破性发展的可能性不大，不做出改变，很难摸索出一条适合日本国情的社会主义发展道路。①

美国共产党也较受学界的关注。2011 年，既有介绍美共现状的文章，也有阐释美共理论的文章。有学者撰文介绍了美共第二十九次全国代表大会的情况。代表大会指出，2008 年爆发的金融危机严重影响了美国经济，恶化了劳动人民的生存状况。此外，资本追逐剩余价值的本性导致投资者和资本家不断降低劳动人民的生活水平，减少他们的社会福利，以期榨取尽可能多的剩余价值。而改变这些状况的办法就是实行新的政治经济管理模式。② 有学者研究了美国共产党对美国社会主义进行的新探索，总结了美共对社会主义的基本认识，指出美共在资产阶级力量处于强势、共产党力量相对弱小的条件下，根据时代特征和美国国情，对美国特色社会主义进行了初步探索，提出了很多有价值的思想。尽管远未在理论上达到完备和成熟的程度，但对于美国等发达资本主义国家的社会主义运动仍然具有重要的意义。③ 就美共自身的政党建设而言，要有面对未来的开拓性眼光，这样才有可能在争取和建设未来的社会主义进程中取得成功。④

第五，对重要理论争论的总结与评析。2011 年 2 月 3 日，美国共产党《政治事务》网站发表了一篇美共主席萨姆·韦伯撰写的文章，题为《21 世纪的社会主义政党应该是什么样的?》。韦伯在文中提出他所设想的 21 世纪社会主义政党应该具有的 29 项特征，其中包括以“马克思主义”代替“马克思列宁主义”作为党的指导思想等一些颇具争议的观点。该文一经刊发，引发了美共党内外激烈的辩论，其中希腊共产党的批判尤为引人注目。有学者从梳理希腊共产党与韦伯之间的辩论入手，总结了造成二者分歧的时代背景，并对争论中的一些重要理论问题，如列宁主义与马克思主义、激进革命与渐进改革、传统阶级斗争与新社会运动之间的关系进行分析，指出社会主义阵营内部往往在资本主义陷入危机时出现较大分歧。当年第二国际内部的分歧演变成了分裂。今天世界社会主义阵营应该在允许保留分歧的情况下，加强团结，避免第二国际的前车之鉴。⑤

4. 原苏联地区共产党的发展现状与理论调整

20 世纪 90 年代中期，随着民众对西方民主、自由的政治经济建设模式预期的落空，原苏联地区的各国共产党经过恢复、重建和发展，在各国议会选举中得票率迅速上升，大多成为解体后各国议会中的第一大党团。摩尔多瓦共和国共产党人党甚至还通过议会选举成功上台执政，并且连续执政两届。目前苏联地区 15 个国家总计有 26 个共产党，影响较大的有俄罗斯联邦共产党、乌克兰共产党、摩尔多瓦共产党、白俄罗斯共产党。这些党组织机构健全，成员人数多，在国际、国内政治生活中都有一定的影响。⑥

---

① 辛绍军、刘思宇：《日本共产党在日本意识形态中的影响和作用》，《吉林师范大学学报》2011 年第 1 期。

② 杨成果：《美国共产党“二十九大”的政策主张》，《国外社会科学》2011 年第 1 期。

③ 刘保国、胡光玲：《美国共产党对美国特色社会主义的若干思考》，《廊坊师范学院学报》（社会科学版）2011 年第 4 期。

④ 余维海：《美共主席对二十一世纪社会主义政党的诠释》，《中国社会科学报》2011 年 6 月 30 日。

⑤ 陈硕颖：《当前世界社会主义运动内部的分歧——以希共与美共主席萨姆·韦伯之间的辩论为例》，《科学社会主义》2011 年第 5 期。

⑥ 陈爱茹：《原苏联地区 15 国共产党现状》，《世界社会主义研究动态》（内刊）2011 年。

俄罗斯联邦共产党是苏联共产党的继承者，苏联解体后一度成为俄罗斯政坛影响力最大的政党。但是随着社会的发展，俄罗斯联邦共产党的影响力开始逐渐减弱，党内纷争不断，党的建设面临新时代的考验。为此，2008年俄罗斯联邦共产党制订了新党纲，对党的建设、发展方向等作了重大调整。有学者认为，从2008年重新修改的《纲领》来看，俄共依然以积极的姿态面对新的社会形势，力图扩大社会基础，加强党的建设，通过和平途径再次实现社会主义，甚至实现苏联地区的社会主义联盟。只要认清历史，把握现实方位，坚持不懈，相信俄罗斯联邦共产党仍将有光明的发展前途。① 但也有学者指出，俄共党员人数不断下降，内部斗争激烈，已深陷组织危机。②

白俄罗斯共产党是目前唯一不对当局的政策持反对立场的政党。白俄罗斯共产党现有党员2万多人。塔季扬娜·根纳季耶夫娜·戈卢别娃任白俄罗斯共产党中央委员会第一书记。该党在国民议会中有自己的党团，与共和国领导人配合默契，积极支持白俄罗斯共和国总统卢卡申科的内外政策。③

摩尔多瓦共产党人党是原苏联地区唯一曾上台执政的共产主义政党。20世纪以来，该党连续执政7年，党主席弗拉基米尔·尼古拉耶维奇·沃罗宁曾出任该国总统。目前，该党共有成员2万多人。摩尔多瓦的情况极其复杂，国内外都有主张与罗马尼亚统一的强大势力。同时，摩尔多瓦德涅斯特河左岸问题仍悬而未决。在国际上没有获得承认的德涅斯特河左岸摩尔多瓦共和国具有国家的所有属性，已存在多年。德涅斯特河左岸摩尔多瓦共和国共产党非常活跃，党中央主席奥列格·奥列格维奇·霍尔然2010年被选为议会议员。德涅斯特河左岸共产党对国内现行统治制度持坚决的反对立场。该党有1200名党员。④

在乌克兰政治生活中共产党人也发挥着积极的作用。乌克兰共产党约有党员10万人。乌克兰共产党中央委员会第一书记是彼得·尼古拉耶维奇·西蒙年科，他也是乌克兰最高拉达中的共产党党团的领导人。该党对国内现行统治制度持不可调和的反对派立场。⑤

此外，波罗的海沿岸各国共产党、中亚各国共产党、外高加索共产党尽管影响力不如以上提到的几个党，但也都积极在国内外展开斗争活动，深入对马克思列宁主义理论的研究，代言低层民众，对社会主义必将代替资本主义充满信心。

俄罗斯联邦共产党同苏联解体后出现的所有共产党都密切合作，实际上起到苏联地区各国共产党的精神领袖作用。在俄共倡议下组建的共产党联盟——苏联共产党协调各个党的活动。参加共产党联盟——苏联共产党的有17个党。这些党有各个共和国的共产党，包括南奥塞梯和阿布哈兹，但是没有塔吉克斯坦的共产党和纳戈尔诺—卡拉巴赫的共产党。2011年5月14日，共产党联盟—苏联共产党召开了委员会全会。⑥

---

① 朱元元、钱娟：《俄罗斯联邦共产党的兴衰及其当前政策走向分析》，《党史文苑》2011年第4期。

② 李兴耕：《2007年以来俄共的党内斗争评析》，《当代世界与社会主义》2011年第4期；《俄共深陷组织危机》，《社会观察》2011年第6期。

③ ［俄］德·格·诺维科夫：《现阶段苏联地区的共产主义运动》，陈爱茹译，《当代世界与社会主义》2011年第4期。

④ 同上。

⑤ 同上。

⑥ 同上。

5. 发展中国家共产党的变化

在发展中国家，印度和尼泊尔的共产党组织发展迅速，影响较大，颇受学界关注。

有学者指出，印度的三个共产党组织，即印共、印共（马）和印共（毛），在国际金融危机爆发后都获得了巨大发展。印共和印共（马）主张通过议会合法斗争和平掌握政权，逐步过渡到社会主义，各有60万和80万党员，这两个党目前在印度议会中共有48名议员，印共（马）还在西孟加拉邦、喀拉拉邦和特立普拉邦执政达30年之久。但是，2011年5月，在印度西孟加拉邦的选举中，印共（马）丧失了根据地，遭到惨败。印共（马）失利的原因来自内部，一方面，其执政方式简单粗暴；另一方面，其在处理农民关系问题时选择的策略不得当。此外，反对派乘虚而入，也是其选举失利的一个重要因素。[①] 主张暴力革命的印共（毛）是由印度最主要的两个纳萨尔组织在2004年合并而成，国际金融危机爆发后的革命活动以“惊人的速度”增加。印度12个邦的125个地区都不同程度地受到纳萨尔派活动的影响，其活跃区域相当于印度国土面积的40%。处于其影响下的人口更是多达1.8亿，[②] 有学者指出，毛派问题在印度“不仅是军事问题，更是一个社会问题”[③]。印度国内的尖锐矛盾，是印共（毛）生存的基础。印度政府靠军事手段难以根本解决毛派问题。

尼泊尔活跃着十多个共产党组织。在这些共产党组织中，以尼共（毛）和尼共（联合马列）的实力为最强。2006年，尼共（毛）结束十年战争，转为议会斗争。这被指责为投降主义和修正主义，在尼共（毛）内部展开了路线斗争，国际毛派也纷纷质疑。和平协议签署5年以来，尼泊尔政局发生重大变化，然而，尼共（毛）一直是这个国家具有真正实力的政治力量，她坚持不放弃真正的实力——人民解放军和走群众路线。2011年1月，尼共（毛）中央委员会为应对当前的政治危机达成决议。出于防止共产主义思想在南亚蔓延和遏制中国的需要，美印两国源源不断向尼政府军输送军援，并在政治上打压尼共（毛），尼泊尔人民革命的真正障碍来自美国和印度的军事和政治干涉。[④] 尼共（联合马列）则坚持“议会斗争为主，街头政治为辅”的斗争方针和策略，更多强调议会的“合法斗争”，主张通过多党民主制度发展“革命民主”和“社会主义民主”。自美国次贷危机开始的国际金融危机爆发以来，两党都曾执掌过国家政权。在2008年4月尼泊尔的制宪会议选举中，尼共（毛）赢得多数席位，并被授权组织尼泊尔联邦民主共和国第一届政府，普拉昌达成为总理，尼共（毛）处于执政地位。2009年5月23日，尼制宪议会选举尼共（联合马列）前总书记马达夫·库马尔·内帕尔为新一届联合政府总理，尼共（联合马列）得以再次执政。2011年2月3日，尼共（联合马列）主席卡纳尔在尼制宪会议举行的总理选举中以多数票胜出，当选为新一任尼泊尔总理。[⑤] 统一尼共（毛）领导人普拉昌达在尼泊尔总理选举中落败。总的来看，这是不利于尼共（毛）的因素内外交织、相互作用的结果。具体说，是几个主要政党联合抵制的结

① 王耀东：《印共（马）忽视民生丢了“根据地”》，《文汇报》2011年5月20日。

② 刘志明：《国际金融危机后世界共产党获得重大发展》，《马克思主义研究》2011年第9期。

③ 廖坚：《印共（毛）的崛起及其发展前景》，《当代世界》2010年第10期。王晓东：《浅析印共（毛）的发展前景》，《南亚研究》2011年第1期。

④ 王静：《尼联共（毛）的发展及其面对的挑战》，《马克思主义研究》2011年第8期。

⑤ 刘志明：《国际金融危机后世界共产党获得重大发展》，《马克思主义研究》2011年第9期。

果，而选举制度的缺陷为大党联合抵制提供了可能，根本上说源于政党所代表的阶级利益存在不可调和的矛盾。此外，印度的干涉也是重要外因。[①]

6. 经济危机下国外共产党的联合斗争

2011年，国际金融危机继续深化，欧洲主权债务危机不断扩散。在资本主义经济危机形势下，国外共产党表现非常活跃。国内相关研究文章较多关注国外共产党在新形势下的斗争及其对当前危机的认识和分析。多数文章认为，虽然当前世界社会主义运动还处于低潮和困难时期，但危机也为共产党的斗争提供了难得的历史机遇。每年召开一次的世界各国共产党和工人党代表大会为各国共产党进行交流和联合提供了舞台。近3年来，各国共产党在世界各国共产党和工人党代表大会上围绕资本主义经济危机、党的建设和发展、共产党的国际联合等方面的问题进行了广泛的交流和探讨。他们一致认为，当前的资本主义经济危机虽然由帝国主义国家金融市场的崩溃所首先引发，但是并不意味着这是一场纯粹的“金融危机”，而是资本主义的系统性危机，是资本主义内在矛盾运动的必然结果，是资本主义制度所固有的危机。各国共产党和工人党认为，这次危机“影响世界经济并由此导致了经济衰退”，“这场危机是资本主义的制度性危机，是资本主义内在矛盾运动的必然结果”[②]。各国共产党和工人党积极探寻社会主义发展前景。在危机条件下，各国共产党和工人党纷纷表示要联合左翼力量，为争取社会主义取代资本主义而斗争。当前世界社会主义运动还处于低潮和困难时期，但要抓住危机赋予的难得历史机遇，积极推动社会主义运动的复兴，努力探索走向社会主义的新道路。

（二）西方马克思主义研究重大问题进展

1. 对西方马克思主义各学派的研究继续深入

在西方马克思主义创始人的研究方面，《一位伟大思者孤绝心灵的文化守望——布达佩斯学派成员视野中的卢卡奇》指出，卢卡奇的理论影响力一方面表现在《历史和阶级意识》以物化、总体性、阶级意识、主客体统一的辩证法等建构的西方人本主义马克思主义的理论范式，另一方面则与他后期思想的转折所引发的争论密切相关。这两个方面在当今国内外思想界中依旧是理论家们关注的热门话题。尤其需要指出的是，在不同思想家所经历的前后期思想转变中，卢卡奇后期的“思想转折”极其复杂，不仅牵涉到人们对理论观点的不同理解和不同评价，而且牵涉到他本人的曲折经历和自己对这一问题的明确表态。深入研究卢卡奇不同时期的思想变化，不仅有助于对他本人的思想理解，而且对于深刻理解西方马克思主义，乃至20世纪世界马克思主义研究的复杂格局，都具有特别的意义。衣俊卿通过对卢卡奇学术生涯的总体考察，细致地分析了其一以贯之的对文化家园的执著追求以及这种追求在不同时期的演变。《早期西方马克思主义社会历史观》探讨了卢卡奇阶级意识理论及主体性哲学、柯尔施的马克思主义哲学观、葛兰西的政治思想、布洛赫的社会历史哲学等。

在批判理论的研究方面，代表性的是从德国《批判理论杂志》（Zeitschrift fur kritische

① 汪亭友等：《马拉松式的尼泊尔总理选举——兼析统一尼共（毛）领导人落选的原因》，《科学社会主义》2011年第5期。

② 刘卫卫：《世界共产党和工人党如何看待当前经济危机和社会主义前景——2008年金融危机爆发以来第10、11、12次世界共产党和工人党国际会议述评》，《科学社会主义》2011年第3期。

Theorie）论文中精选翻译编纂的《多元视角与社会批判：今日批判理论》一书，其中上卷编译有阿多诺与霍克海默研究，包括市民传统与批判的社会理论，霍克海默、阿多诺与20世纪的解构性，霍克海默心目中的基本统治形式，阿多诺论启蒙教育、音乐哲学、心理分析式文化批判与深层解释学、非同一物概念、道德疑难、主体性辩证法；马尔库塞研究，包括马尔库塞与现代性审美批判，海德格尔与马尔库塞：启蒙的堕落与救赎，再论乌托邦的终结；本雅明研究，包括本雅明《单行道》旁注，瓦尔特·本雅明与彼得·魏斯的“文字—图像星丛”，《论暴力批判》的政治问题，本雅明在《论波德莱尔的若干主题》中对自己的大众美学的修正。其中下卷编译有自然与技术研究，包括自然批判理论、批判理论与应用生物医学提出的人类学挑战、对当今技术的社会哲学批判、数字模拟的理论基础与历史基础、对抗性社会及与自然的关系；艺术、社会、文化工业研究，包括流行文化批判与社会——文化工业之后的若干问题、论诙谐、幽默与认识的关系、文化工业的辩证法、建筑中的文化工业、“高雅”文化与“低俗”文化；意识形态与乌托邦研究，包括对意识形态概念的女性主义思考、自然艺术作为一种乌托邦一般更美好的存在的显现、现代性的回归及其意识形态；全球化研究，包括极权主义的经验和理性的现实政治、全球社会化的批判理论观点、在后工业全球化时代追忆批判理论。

《弗罗姆与马克思的批判理论》阐释了弗罗姆以其社会心理学思想——社会性格学、社会无意识以及人性理论作为批判武器，揭露了当代资本主义社会现实的矛盾和危机，认为弗罗姆的社会心理学在一定意义上丰富了历史唯物主义的内涵。

在世界体系的马克思主义研究方面，专著《世界体系的马克思主义研究》以沃勒斯坦的学说为切入点，对“世界体系的马克思主义”的内涵进行了系统的研究。

在生态学马克思主义理论研究方面，《生态学社会主义核心命题的局限——评詹姆斯·奥康纳“生产性正义”思想》指出，奥康纳探讨的生态学社会主义思想是对“正义性社会”的一种憧憬。奥康纳认为，在生产社会化已高度发展的今天，“分配性正义”根本不可能实现，人们应该从对“分配性正义”的迷恋中挣脱出来，转而追求“生产性正义”，进而提出了生态学社会主义的两个核心命题：“正义之唯一可行的形式就是生产性正义”、“生产性正义的唯一可行的途径就是生态学社会主义。”但是，人们对正义的诉求从来都是多视角、多领域的，这就决定了“生产性正义”不可能是“正义之唯一可行的形式”，从“分配性正义”转向“生产性正义”不能否定“分配性正义”的诉求；从社会主义理论与实践的多样性看，“生态学社会主义”也不可能是“生产性正义的唯一可行的途径”。

专著《英国生态学马克思主义研究》考察了英国生态学马克思主义在实现红绿政治联盟的理论基础上有两种不同的方向选择，形成了以本顿为代表的生态中心论的生态学马克思主义和以佩珀、格仑德曼为代表的人类中心论的生态学马克思主义两大理论阵营。这两个阵营围绕着历史唯物主义与生态学的相关性，支配自然还是适应自然，历史唯物主义是否承认自然极限，生态政治战略上如何构建未来绿色社会等问题展开了激烈的理论交锋，并建构起来一种实现红绿政治联盟的生态政治哲学。《生态马克思主义和历史唯物主义》一书对生态马克思主义对历史唯物主义的重构进行了系统与多维的分析，包括重构历史唯物主义自然观、重构历史唯物主义的社会矛盾理论、重构历史唯物主义的革命主体理论、重构马克思的殖民理论（生态殖民主义），以及重构社会主义模式理论（生态社会主义代替传统社会主义），并分析了生态马克思主义的理论意义与局限性。由英国学者蒙克所著的《马克思在 21 世纪——晚期马克思主义的视角》一书系统地探索了马克思主义中的生态思想，反击了马克思主义不能恰当地解决环境问题这一广泛持有的观点。本书回应了环保理论家对马克思的历史理论的批评，解释和重建了马克思的基本概念，特别是指出“按需分配”的共产主义原则与生态上可行的生产发展并不冲突。

论文《马克思危机理论研究述评》总结了生态马克思主义对资本主义危机问题的理论贡献，认为可以从以下两个视角认识其贡献：一个视角就是以马克思主义为指导审视生态危机问题：《生态危机的根源及其解决方法：马克思主义经济学的视角》指出，马克思主义经济学在分析环境问题产生的根源和寻找根本的解决方法方面具有独特的价值；《马克思自然力危机思想研究》认为，马克思在揭示资本榨取剩余价值的论证中，蕴涵着资本对自然力疯狂役使导致自然力危机的思想。另外一个就是生态学马克思主义思想家给我们提供的视角：《我们今天如何开展消除生态危机的斗争？——生态马克思主义者 J. B. 福斯特给予的启示》认为，福斯特认定造成当今世界陷入生态危机的最终祸根是资本主义制度的思想产生了很大的影响；《生态危机与社会主义的构建——生态学马克思主义的视域分析》指出，生态学马克思主义通过考察生态危机与社会主义构建之间的关系，指出了生态危机是未来社会主义的构建动因，稳态经济是未来社会主义的构建目标，马克思主义与美国民粹主义的结合是未来社会主义的构建途径；《论当代资本主义生态环境危机的政治维护机制——一种生态马克思主义视角的理论考察》认为，应该利用生态马克思主义对资本主义政治制度反生态性的批判理论，从马克思主义政治哲学的高度指认当代资本主义的反生态性本质；《从生态危机论到双重危机论——生态学马克思主义的资本主义危机理论评析》指出，前期生态学马克思主义者主要沿袭西方人道主义马克思主义传统，而后期生态学马克思主义者则力图把这种分析建立在重建的历史唯物主义基础之上。

2011 年度生态学马克思主义研究中一个突出的特点就是：生态学马克思主义研究更加注重与中外实践相结合，力求在与国外著名学者的商榷中发出中国学者的声音，这表现在三个方面：第一，在认同、介绍国外生态学马克思主义思想的同时，在研究的基础上商榷其局限性命题；第二，将生态学马克思主义理论研究与西方发达国家绿党政治实践相结合；第三，将生态学马克思主义理论研究与中国生态文明建设相结合。包括许多学者对生态马克思主义与和谐社会建设、可持续发展问题结合起来进行研究，在此不一一列举。

在分析的马克思主义研究方面，《分析马克思主义的正义论研究》以“马克思是赞成还是反对正义”、“马克思缘何批判资本主义”、“平等是社会主义的价值目标吗”这三个问题为主题，系统地梳理了分析马克思主义的正义理论，此书认为，尽管分析马克思主义离马克思主义还有很大一段距离，但其对马克思主义正义论的探讨在当代仍然具有一定的积极意义。

在国家自主性理论方面，结构主义者提出的国家相对自主性理论一直饱受争议——一方面被西方左翼的正统派指责为对马克思主义的背离，另一方面又被新左派视为一种本质主义的马克思主义的最后堡垒。《国家自主性理论的逻辑——关于马克思、波朗查斯与密里本德的比较分析》一书，有助于我们正确理解国家自主性理论从经典马克思主义到西方马克思主义的发展脉络，而且有助于我们完整准确地理解马克思的国家理论。此外《中国语境中的西方马克思主义哲学研究》集中讨论了西方马克思主义研究的方法问题。

2. 关于西方马克思主义的概念讨论渐趋明晰化

关于西方马克思主义的概念问题曾是2010年西方马克思主义研究领域的一个热点问题，在2011年度，此热点讨论继续为学界所关注，而且讨论渐趋明晰化。

《西方马克思主义概念之争的回顾与思考》一文认为，在西方马克思主义概念的界定问题上存在加引号的"西方马克思主义"、西方马克思主义和新马克思主义三种基本观点，同时不应舍弃有特定内涵和外延的加引号的"西方马克思主义"和西方马克思主义这两个概念。

《"西方马克思主义"的逻辑终结与西方"马克思学"的神话破灭》则以东欧人道主义马克思主义理论家莱斯采克·科拉科夫斯基的学术发展历程——苏东正统马克思主义、东欧"新马克思主义"、西方"马克思学"三个不同的阶段为切入点，认为从这个案例中可以瞥见20世纪欧洲马克思主义理论发展的曲折历史之一斑。为了弄清西方马克思主义与正统马克思主义、东欧"新马克思主义"、国外马克思学，以及西方马克思主义与后马克思主义、英美马克思主义的关系，《国外马克思主义研究的四路径》认为有必要澄清"国外马克思主义研究"的四条不同阐释路径，即"正统马克思主义"阐释路径、东欧"新马克思主义"阐释路径、"西方马克思主义"阐释路径、"国外马克思学"阐释路径，这在一定程度上有助于使西方马克思主义的界定清晰化。《"西方马克思主义"论域的历史构形与逻辑边界》提出了四种不同的、但又可以共存的狭义和广义的"西方马克思主义"概念，并且认为即使概念范围再广，西方马克思主义的时间下限也已经于1985年终结了。

3. 对西方马克思主义的意识形态理论研究较有特色

《论西方马克思主义意识形态理论的存在论转向》一文认为，意识形态在马克思、恩格斯的著作具有"虚假意识"与"观念上层建筑"的双重内涵，早期卢卡奇与法兰克福学派继承并发展了"虚假意识"的内涵，提出了社会批判理论，完成了西方马克思主义意识形态研究的认识论转向，而阿尔都塞、齐泽克与詹明信则继承并发挥了"观念上层建筑"的内涵，着力于意识形态与社会现实关系问题的研究与分析，完成了西方马克思主义意识形态的存在论转向。此文认为，马克思、恩格斯的意识形态应该是科学性、存在性与革命性的内在统一。尽管西方马克思主义者程度不同地发展了马克思主义意识形态理论，但由于缺乏对资本主义发展的宏观把握和对马克思、恩格斯经典文本的系统研究，因而他们无法完成意识形态批判工作。《深化马克思主义意识形态理论研究应该注意的两个问题》更为明确地指出，虽然一些西方马克思主义者对当代西方社会微观意识形态的分析是有积极意义的，但由于他们未能深入理解宏观意识形态与微观意识形态的关系，混同了意识形态与意识形态功能，并带有明显的泛意识形态倾向，因而在一定程度上助长了意识形态终结论思潮。《西方马克思主义意识形态理论嬗变的文化向度》一文认为，西方马克思主义的意识形态理论经历了一个从早期争夺文化领导权，到法兰克福学派以文化批判为中心建立其意识形态批判理论，再到阿尔都塞把文化作为意识形态来分析的理论嬗变的过程。《大众传媒·意识形态·人的存在——马克思主义媒介批判理论的当代解读》一文探讨了在网络时代对人与世界的关系的重塑背景下，西方马克思主义的媒介批判理论分析了消费社会语境下大众传媒所承载的构建意识形态景观的功能，其隐性地将消费主义、享乐主义作为一种普适化的价值观，植入了人们对于日常世界的生存体验，从而界定、支配着新的文化领导权。

这些对西方马克思主义意识形态理论的研究，或者是在经典马克思主义理论的指导下进行的理论反思或者是在新的时代情境下对西方马克思主义意识形态理论的运用，在理论上不仅深化了马克思主义的意识形态理论研究，而且也在实践上给我们当代的文化建设以启迪。

4. 后马克思主义研究持续升温

在后马克思主义的研究方面，西姆所著《后马克思主义思想史》一书由江苏人民出版社出版了中译本，此书追溯了后马克思主义作为一种特殊理论立场的形成过程，分析了后结构主义、后现代主义和第二波女权主义在后马克思主义发展过程中的作用。描述了马克思主义传统内部从卢森堡经由法兰克福学派到巴里 · 辛德斯、保罗 · 赫斯特、鲁道夫 · 巴霍、厄内斯特 · 拉克劳和尚塔尔 · 墨菲等理论的异议倾向，探讨了后马克思主义的未来前景。专著《后马克思主义非暴力革命理论研究》分析了后马克思主义产生的背景、特征、核心概念及基本结论、前景对其所倡导的“非暴力”革命理论的影响，成为国内研究此领域的力作。

尽管后马克思主义成为国内西方马克思主义研究领域一个日益被关注的主题，但是仍有学者断然指出，后马克思主义不是西方马克思主义发展的新形态，它在根本上是一种反马克思主义的思潮，它试图解构马克思主义的所有概念和范畴；在政治立场上，后马克思主义与西方的政治自由主义有一种内在联姻，它是资本主义制度的维护者而非颠覆者；在现实行动上，后马克思主义是一种远离政治斗争的“精神社会主义”（见《“后马克思主义”是一种什么主义》）。其实，如果深入研读后马克思主义思想家比如拉克劳的文本，我们就会知道此论点失于偏颇。在深入研究文本方面，论文《后马克思主义“激进民主”的价值诉求与理论困境》对后马克思主义的价值诉求与理论困境进行了系统研究。还有一些学者比较客观地指出了后马克思主义面临的现实困境，比如《评阶级分析范式在西方马克思主义史中的理论延异》指出，后马克思主义运用后现代主义、后分析哲学和后结构主义手法对马克思的阶级政治哲学作了断裂性解构，强调后现代的“非本质主义、非决定论、偶然性逻辑”及社会的多元性、差异性、个体性，它强调身份主体和认同政治，否定人的社会历史本质，模糊主体间关系的阶级边界，使资本主义社会的根本性政治冲突降低到了一般性公民社会冲突的层面。《后马克思主义：时代背景与理论策略》指出，尽管后马克思主义在理论运作上有许多独到之处，但是西方左翼思潮数十年来的痼疾并未在后马理论中得到根本解决，问题的症结仍在于左翼经济理论如何建构的问题。说到底，后马克思主义一再宣扬的政治至上论在现实社会实践中难以实现，而后马克思主义所一再抨击的“经济决定论”仍然毫不留情地在扮演着关键的角色。这是后马克思主义的尴尬，同时也是现时代的全球化背景下资本主义与社会主义理论都须认真思考的重要问题。

5. 东欧新马克思主义、日本马克思主义研究中的一些译著有重要意义

《日常生活》是 20 世纪兴起的生活世界理论和日常生活批判理论的重要代表著作之一，也是东欧新马克思主义的代表赫勒的代表作之一，中文版由重庆出版社 2011 年出版，该书对于研究东欧新马克思主义，尤其是赫勒的思想具有重要意义。除此之外，还有黑龙江大学出

版的东欧新马克思主义译丛：赫勒的《激进哲学》、马尔科维奇的《当代的马克思——论人道主义共产主义》等。在日本马克思主义研究方面，北京师范大学出版社出版了山之内靖的著作《受苦者的目光——早期马克思的复兴》。江苏人民出版社还出版了当代国外学者研究马克思主义的系列丛书：《马克思主义与科学社会主义——从恩格斯到阿尔都塞》、《20世纪的马克思主义——全球导论》、《马克思与马克思主义》、《现代性之后的马克思主义——政治、技术与社会变革》等。

6. 西方学者关于马克思经典文本的研究（其中包括马克思学的内容）深化了经典马克思主义研究

150多年前，马克思发表了《政治经济学批判大纲》。马克思清醒地分析了资本主义在世界范围的发展，认识到了全球化国际经济的产生是内在于资本主义生产方式的。他预言这个过程不但将促成自由主义理论家所吹嘘的成长和繁荣，也会催生暴力冲突、经济危机和广泛的社会不平等。最近几年的国际金融危机更是证明了《政治经济学批判大纲》对资本主义的批判的重要意义。意大利著名学者奈格里的《〈大纲〉：马克思的自我超越》认为，马克思主义理论的基本框架在《大纲》中被提出而在《资本论》中进一步发展，提出了无产阶级的核心概念和构成以及其主体性和行动的能力。阅读作为马克思政治批判基础的《大纲》，将会远远超越经典马克思本身。如果想要继续讨论马克思主义，那就应该在那些马克思已有的回答以及批判性的发展之外，去寻求马克思主义新发现的潜在可能性。因此《大纲》不仅仅是一本经典性的著作，而根本上是一本展望性的著作。而由意大利学者默斯托主编的《马克思的〈大纲〉——〈政治经济学批判大纲〉150年》则汇集了若干篇国内外知名学者关于《政治经济学批判大纲》的研究和《大纲》在世界上的传播的重要文章，以期重新点燃人们对人类解放事业的信念和希望。由于MEGA2的工作，促使一些研究马克思的学者对马克思的原著进行重新解读，由理查德·贝洛菲尔与罗伯特·芬奇主编的《重读马克思——历史考证版之后的新视野》就是这方面的代表作，对这些问题的探讨无疑会推进经典马克思主义的研究工作。

“马克思学”的一个重要论题就是马克思、恩格斯的关系，国内学界关注此问题也由来已久。2011年度这个问题也成为比较集中的一个关注点。《同一与差异：马克思恩格斯哲学观比较研究》一文既不赞同马克思恩格斯“对立论”，也不赞成“同质论”，而是主张“差异论”。而《马克思恩格斯关系研究方法辨析》则认为，正如可以对“统一论”发生怀疑一样，我们也可以对“差异论”、“对立论”表示怀疑。我们将对此问题的讨论继续进行关注。

（三）西方左翼思想研究重大问题进展

1. 俄罗斯左翼思想的阐述

有学者关注了俄罗斯左翼思想的状况，撰写了《23年后俄罗斯媒体重提“我不能放弃原则”》。在苏联解体20周年时，俄罗斯各界展开了许多讨论，其中之一是如何看待当年轰动全国的安德烈耶娃的信《我不能放弃原则》。1988年3月13日，该信在《苏维埃俄罗斯报》发表后，苏联各地报纸转载了937次。安德烈耶娃收到了来自全国各地、社会各阶层人士成千上万的信件，80%的来信充分肯定作者的意见。大量的信件还寄到了《真理报》，支持作者的也超过80%。但戈尔巴乔夫等改革派们却将此信定性为“反对改革的纲领和信条”并严厉批判。苏联解体以来，俄罗斯没有忘记安德烈耶娃和她的《我不能放弃原则》，每逢与苏联解体有关的重要日子，都有媒体重新刊登这封来信，采访作者。2006 年 7 月 1 日，《苏维埃俄罗斯报》在其 50 周年发行庆典上，就将来信作为其 50 年以来发表的最好文章之一再次全文刊登。① 苏联解体后，俄罗斯在过去 20 年里发生了本质变化，已然面临着比以往完全不同的问题和挑战。这些变化不仅涉及经济和政治，而且影响到了主要阶层居民的生活方式及其对现实环境的感知。当代俄罗斯社会的价值基调也有明显改变，各种社会价值观念形形色色，没有形成一种社会共识，甚至在基本价值观方面都有明显分化。当代俄罗斯社会价值基调上呈现的是“意识形态的杂陈”还是新思想的探索？目前虽不能定论，但概括起来，可以形成这样几个特点：一是政治和意识形态影响乏力、趋同的社会理想没有现实性，二是关键价值取向“分化”同时又显某种逻辑和理性层次，三是在国家、民主等观念上持矛盾心理，四是对自由公正等基础价值概念的理解多义、分化而无定势。②

有学者对俄罗斯当代社会民主主义左翼理论——鲍·斯拉文新社会主义思想进行了诠释。苏联解体后，鲍·斯拉文反思“旧”社会主义模式，分析自由资本主义主导下的俄罗斯，探究社会主义未来发展道路。他综合了人道主义和民主主义，中和了资本主义和社会主义，并在此基础上阐释了他的新社会主义思想。鲍·斯拉文的新社会主义属于批判马克思主义学派和当代社会民主党左翼理论，其实质是当代社会民主主义左翼理论。③

2. 世界共产党对国际金融危机的评析

有学者跟踪关注了第十一、十二次国际共产党工人党会议。国际共产党工人党会议始创于 1998 年，首次会议在亚洲举办。2009 年 11 月 20 日至 22 日，国际共产党和工人党第十一次国际会议在印度新德里举行，会议以 2008 年以来的国际经济危机为背景，围绕危机产生的根源、性质、后果和影响，结合各国情况，对共产主义运动和工人运动的形势、社会主义的前景等问题进行了热烈讨论，认为国际经济危机是资本主义制度的危机，表明了资本主义的历史局限性和运用革命手段来推翻资本主义制度的必要性。会议号召，各国共产党和工人党要加强斗争、扩大团结，为早日实现社会主义对资本主义的替代而努力，并坚信，“社会主义是人类未来唯一的出路，未来是属于我们的”。④ 2010 年 12 月 3 日至 5 日，在南非约翰内斯堡又召开了由南非共产党主办的第十二次国际共产党工人党会议。会议的主题是：“不断加深的资本主义整体危机。共产党人在争取和平、进步和社会主义的斗争中保卫主权、加强社会联盟及反帝阵线的任务”，会后发表了《茨瓦内宣言》。来自世界各大洲 43 个国家、51 个参会党的 102 位代表出席了会议。澳大利亚共产党、巴基斯坦共产党、巴西共产党、比利时工人党、俄罗斯共产主义工人党—革命的共产党人党（CWP-RPC）、芬兰共产党、卢森堡共产党、新荷兰共产党、墨西哥人民社会党、南非共产党、葡萄牙人共产党、苏联共产党、

① 李瑞琴：《23 年后俄罗斯媒体重提“我不能放弃原则”》，《世界社会主义研究动态》2011 年第 65 期。

② 李瑞琴：《现代俄罗斯的社会价值：描述与分析》，《国外社会科学》2011 年第 5 期。

③ 马桂萍、张东亮：《俄罗斯当代社会民主主义左翼理论——鲍·斯拉文新社会主义思想诠释》，《国外社会科学》2011 年第 1 期。

④ 宋丽丹：《第十一次国际共产党工人党会议概况》，《世界社会主义跟踪研究报告（2010—2011）》，社会科学文献出版社 2011 年版。

斯里兰卡共产党、西班牙人民共产党、希腊共产党、匈牙利共产主义工人党、塞浦路斯劳动人民进步党和意大利重建共产党等在大会上发言，不能到会的墨西哥共产党和菲律宾共产党等则向大会提交了书面发言稿。①

日本马克思主义在国际金融危机期间也表现出了自己对时局分析的特点。日本不仅是全球主要经济体中的发达资本主义国家，也是世界马克思主义经济学研究的重要国家。日本马克思主义经济学研究不仅在东亚最早，曾是我国马克思主义经济学研究的“先生”，而且研究深入广泛且成果丰硕，涌现出众多的马克思主义经济学家，他们不仅一度使马克思主义经济学成为日本经济学界的主流，而且将其研究成果积极应用于战后日本经济发展的实践，使得日本经济得以迅速腾飞。此外，他们独特的传承方式和宣传方法，以及近期对我国经济发展的关注与研究等都应该引起我国马克思主义经济学界的高度重视。②

3. 生态学马克思主义研究

有文章认为，21世纪以来的西方绿色左翼政治理论，对当代资本主义的政治生态学批判，已经从“资本主义的内在矛盾”扩展到现实世界中资本主义经济全球化所带来的全球性生态危机和资本主义“绿化处方”的全球性失效或无能。同时对未来生态社会主义的制度想象与设计，已经从马克思恩格斯等经典作家关于共产主义或科学社会主义的设想扩展到对生态社会变革及其转型必然涉及的诸多问题的具体分析。③ 有文章介绍了美国生态学马克思主义理论家詹姆斯·奥康纳的《自然的理由：生态学马克思主义研究》，介绍该著作主要从“历史与自然”、“资本主义与自然”、“社会主义与自然”三个方面具体揭示了马克思理论的生态意蕴。奥康纳认为，马克思的经济理论和政治理论的当代价值是不言而喻的，但有不少人却否认马克思理论的生态意蕴，把马克思说成是一个“反生态”的思想家。为此，奥康纳着重指出了马克思主义与生态学之间的内在联系，揭示了马克思理论中的生态价值。④ 另有学者对阿格尔的生态学马克思主义进行了理论评析。指出，阿格尔的生态学马克思主义是生态危机下“人的解放”理论，阿格尔将充分反映当代资本主义现实的生态危机模式与马克思的异化理论、资本主义“内在矛盾”理论统一起来，希冀马克思主义在当代西方社会能够重新发挥政治功能，此外，他还将充分反映时代特征的“自然的解放”概念纳入马克思主义“人的解放”的传统视阈，探寻人与自然双重解放的社会主义变革道路。但由于其理论本身的不彻底性，阿格尔提出的“期望破灭了的辩证法”并不可能真正奏效，同样，“零增长”的稳态经济模式也只能是一个无法实现的美好愿望而已。⑤

约翰·贝拉米·福斯特是当今世界“最有影响、最有创见的生态马克思主义理论家”，是“马克思主义生态学复兴的主要建筑师”。中国社会科学出版社2011年8月出版了《批判、构建、启思：福斯特生态马克思主义思想研究》，该书指出，福斯特的生态思想最显著的特点是：他以对马克思生态学的发掘、构建为基础，以对资本主义积累逻辑和全球生态环

① 宋丽丹：《第十二次国际共产党工人党会议综述》，《马克思主义研究》2011年第3期。

② 谭晓军：《研究日本马克思主义经济学的意义》，《马克思主义研究》2011年第6期。

③ 郇庆治：《21世纪以来的西方绿色左翼政治理论》，《马克思主义与现实》2011年第3期。

④ 陈学明：《论奥康纳对马克思主义与生态理论内在联系的揭示》，《马克思主义与现实》2011年第3期。

⑤ 赵卯生：《生态危机下人的解放——阿格尔生态学马克思主义理论评析》，《国外社会科学》2011年第1期。

境破坏的现实批判为中轴，以纵向资本主义环境破坏史的考察和纵横双向生态帝国主义全球扩张的批判为两翼，以实现社会生态可持续的社会主义社会为目标，构成了自己的以批判和构建为特征的思想体系。无论是其对资本主义的生态批判，还是对马克思生态思想的阐发，特别是他对马克思新陈代谢断裂理论的建构，不仅彰显了马克思主义对现代资本主义的批判功能，而且对解决当代生态危机包括中国的环境与发展问题极具价值启思，具有重要现实意义，同时也为马克思主义生态理论的时代化作出了重要贡献。①

4. 当代国外左翼理论研究

斯拉沃热 · 齐泽克是西方左翼理论家中的重要人物，有文章对齐泽克的学术成果中的最新动态进行了理论性的探讨和评价，分析了他的最新著作中的“革命”观。作者认为，对齐泽克著作的讨论的根本价值在于：第一，它揭示出在那些自称革命者的人之间缺乏革命行动；第二，它示范了一种行动，这种行动至少就其意图和潜力而言是真正革命性的；第三，他试图表达一种社会主义文化的可能性，这种社会主义文化植根于社会主义商品经济中，而这种商品经济污染并迷惑了我们的革命意识。② 有文章考察了后马克思主义产生的时代背景与其理论策略，认为，尽管后马克思主义在理论运作上有许多独到之处，但是西方左翼思潮数十年来的痼疾并未在后马克思主义理论中得到根本解决，问题的症结看来在于左翼经济理论何以建构的问题。③ 英国的文化马克思主义以一种开放和包容性的视野，对 20 世纪 50 年代以来资本主义的种种新问题和新现象进行了独特的分析和研究。其中，作为文化马克思主义旗帜的雷蒙德 · 威廉斯在对文化以及文化主体的思考中，深入考察并提出了有代表意义的“文化唯物主义”思想，极大地丰富了马克思主义思想的研究。④ 有文章基于詹姆逊的意识形态理论，针对意识形态批判中的二元论、阶层论、人的原子化、意识形态与乌托邦关系的割裂，强调通过历史性、集体性、阶级性以及目的（乌托邦）与功能（意识形态）辩证统一的批判维度，重新恢复马克思主义意识形态理论的批判本性。⑤

有文章比较了马克思与吉登斯的现代性思想，认为，“现代性”问题是自 20 世纪以来西方思想界最重要的问题之一。马克思与吉登斯的现代性思想非常丰富，理论非常深刻，比较他们对现代性的分析和批判，对于如何摆脱现代性所面临的困境，如何建构当代中国新现代性具有重要启示。⑥ 有文章对中东欧左翼政党与理论格局现状进行了探析。苏东剧变以来，中东欧形成了左、右二分或左、中、右三分的政治理论格局，对应着“人道主义的马克思主义”的三种转向。在三种理论格局中，左翼处于弱势地位。左翼力量的壮大必须要有左翼理论的创新。左翼理论应该具有先导性，而不是滞后于民众的需求。中东欧左翼理论的创新离不开马克思主义批判传统。如何实现马克思主义批判传统的创新并与之相结合是左翼批判理

---

① 康瑞华：《批判 构建 启思：福斯特生态马克思主义思想研究》，中国社会科学出版社 2011 年 8 月版。

② ［美］约瑟夫 · 格里高利 · 马奥尼：《论齐泽克的革命观》，武锡申译，《马克思主义与现实》2011 年 4 月。

③ 高远：《后马克思主义：时代背景与理论策略》，《马克思主义与现实》2011 年第 4 期。

④ 薛稷：《雷蒙德 · 威廉斯的文化人道主义思想探析》，《马克思主义与现实》2011 年第 1 期。

⑤ 包立峰：《詹姆逊与马克思主义意识形态理论批判本性的回归》，《马克思主义与现实》2011 年第 3 期。

⑥ 冯颜利、杨炯：《马克思与吉登斯现代性思想比较》，《马克思主义与现实》2011 年第 3 期。

论创新的关键点。中国的马克思主义创新值得中东欧左翼政党借鉴。[①]

有学者认为，目前很难在国外马克思主义研究动态中归纳出一个统一的发展趋势。但总体上，大致可以区分为“超越”与回归两种趋势。分析的马克思主义，结构主义与解构主义、后结构主义的马克思主义，法兰克福学派的文化批判理论都可以归入“超越”的发展趋势，因为这些学派不再固守马克思主义的基本理论，并且对马克思主义的问题域进行了转换。但是严格说来，他们都坚守着马克思主义的人类社会进步、平等、解放的基本精神。重读马克思的文本学派，可以归入回归马克思的发展趋势，该学派尝试借助于历史考证版提供的原始资料，对马克思的政治经济学理论进行重新解读，对马克思的价值与货币理论、价值—价格转换理论、利润率不断下降理论等都作出了自己的解读。随着2008年金融危机的爆发与蔓延，这一学派对《资本论》及其手稿的研究更加为人们所关注。[②]

另有学者对鲍德里亚哲学和萨特的辩证法思想给予了关注并指出，科学技术突飞猛进与人文精神面临困境是当今时代的一大特征，契合时代特征的鲍德里亚哲学之影响也不断增强。20世纪80年代以来，中国学者也对鲍德里亚的研究经历了一个从喧嚣到相对沉寂的过程，但总的来看，迄今为止的鲍德里亚研究缺乏辩证思维，尚未触及鲍德里亚的理论内核。因此，必须重新理解鲍德里亚，并结合新物理学的时间观和系统论，在更加抽象的思维层面深入论证鲍德里亚的辩证法及其人文意义。[③] 萨特后期认同并接受了马克思哲学的辩证法，但他认为这种辩证法存在一些问题，尤其是发展到斯大林模式的辩证法后，更需要予以反思和纠正，否则它是不合法的。萨特在《辩证理性批判》中提出了辩证法的合法化（可理解性）问题，就是针对斯大林模式的辩证法的反思：“批判经验在我们的历史中，在斯大林式的唯心主义僵化认识论和实践之前，是不可能发生的。它只能在整体世界（oneworld）作为后斯大林时期、作为整顿思想的理论反思而发生。”[④]

有学者注意到，当今国外心理学研究中出现了各种马克思主义流派，除了精神分析马克思主义、人本心理学马克思主义和辩证法心理学等思潮之外，还涌现出了实证主义的马克思主义、女性主义心理学的马克思主义和批判心理学的马克思主义新取向。它们从不同方面对心理学的发展做出了积极的贡献，体现了马克思主义的生命活力和创新精神。随着国际政治局势的变化，马克思主义的心理学研究也遇到了巨大的阻抗。认识和运用国外马克思主义的心理学理论资源，推动心理学的研究，是中国心理学界需要研究和解决的重大问题之一。[⑤] 也有学者认为，随着现代性的变革及其所带来的社会问题日益凸显，如何理解马克思社会理论的思想特质及其当代价值，已经成为当代社会理论发展不得不加以认真审视和反思的重要课题。在比较视阈下，重新检视作为社会理论传统奠基者之一的马克思所关注的问题，探讨马克思社会理论的思想特质，把握马克思社会理论的当代效应，是我们理解现时代的生存境遇，推进当代社会理论发展的重要路径。有鉴于此，有必要对马克思社会理论的思想传统与

① 赵司空：《中东欧左翼政党与理论格局现状探析》，《马克思主义与现实》2011年第4期。

② 魏小萍：《国外马克思主义研究的新动态新趋势》，《中国社会科学报》2010年11月3日。

③ 陈慧平：《鲍德里亚的辩证法及其人文意义》，《马克思主义与现实》2011年第4期。

④ 陈慧平：《辩证法的合法化努力及其问题——论萨特的“辩证理性”》，《哲学研究》2011年第10期。

⑤ 魏萍、霍涌泉：《国外马克思主义心理学研究的新特点与贡献》，《安徽师范大学学报》2011年第4期。

当代效应加以研讨，以期为在当代语境下重新理解与发掘马克思社会理论的思想遗产做出必要的理论努力。①

2011年10月16日召开了第六届全国国外马克思主义研究论坛，主题为：创新·发展·幸福。内容包括，马克思主义经典文本与国外马克思主义阐释路径，国外马克思主义基础理论与前沿问题，英美马克思主义流派、人物、著作研究，启蒙概念与《启蒙辩证法》研究等。②

## 三 简要评论

### (一) 国外共产党理论研究方面

从整体上说，2011年国外共产党研究取得了相对较好的成绩，一方面是研究的范围更加广泛，除了对当今具有较大影响的各国共产党进行跟踪研究外，对一些小国的共产党、在国际上影响力相对有限的共产党也开始有学者跟踪研究并介绍给国内学界，这有利于我们把握国外共产党的总体状况；另一方面是研究更有深度，除关注国外共产党的状况外，更加重视国外共产党所进行的理论创新和实践探索。今后为进一步推进国外共产党研究和学科建设，需要使用大量一手材料，需要与国外共产党相关组织机构和人员建立紧密联系，并立足中国国情，深化问题的研究，以服务于中国特色社会主义建设实践。

尽管2011年的国外共产党研究取得了较好的成绩，但是在学科研究内容、研究的深度和广度、研究人员和研究队伍的培养等方面，仍有待进一步加强。

首先，综合2011年的国外共产党研究成果，可以发现，大多数涉及国外共产党研究的文章，多囿于介绍国外共产党自身的状况及其理论变化，而没有将国外共产党放在各国政治舞台上，放在国际政治舞台上去分析和介绍，这就导致对国外共产党的研究以“研究点”的形式呈现出来，导致对国外共产党的研究具体但不全面，今后应将国外共产党的研究放在国内、国际政治的大舞台上，以点带面，加强国外共产党研究的全面性、系统性。

其次，对国外共产党的理论创新和实践探索跟踪滞后是国外共产党研究的一个不容忽视的问题。作为资本主义制度内最重要的左翼力量，绝大多数共产党都在积极进行理论创新和实践探索。它们在社会主义革命、社会主义建设模式、党的建设等一系列问题上提出了许多积极的见解。同时，在反对资本主义的实践斗争中，在捍卫社会正义、维护中下层社会群体利益的过程中，它们也提出了许多有价值的认识和主张。在这些方面，国内相关研究跟踪不够及时，研究深度也不够。深入研究国外共产党的这些理论观点和主张，对于世界社会主义发展低潮中的社会主义理论创新，对于丰富和发展科学社会主义，对于推进中国特色社会主义建设具有重要的理论和现实意义。今后国外共产党研究应加大这方面研究的力度。

再次，国外共产党研究的覆盖面过小。全世界共有近130个共产党组织，而国内每年跟踪研究的共产党不过区区几十个，发表的有关国外共产党的学术论文也不足50篇，这表明国外共产党的研究无论在广度上还是深度上，都还有很大的拓展空间。

此外，尽管围绕国外共产党研究形成了我国学界比较有影响的三大中心——中国社会科

① 王艳华：《马克思与鲍德里亚：两种现代性社会批判理论的差异与关联》，《东北师大学报》（哲学社会科学版）2011年第5期。

② 王燕君：《第六届国外马克思主义研究论坛在太原市召开》，2011年10月16日中国新闻网。

学院马克思主义研究院、中联部和华中师范大学，但从事国外共产党研究的人员仍然相对匮乏。打造一支政治强、业务精，在“国外共产党理论”研究领域有独特专长的科研队伍是目前国外共产党研究学科的一项紧迫任务。

（二）西方马克思主义研究方面

近年来西方马克思主义研究总体上有以下几个特点：第一，注重对西方马克思主义经济学方向的研究，以弥补“没有经济学的西方马克思主义”之缺陷。第二，关注海外中国特色社会主义研究。随着中国改革开放的推进和国际地位的提升，海外学者围绕中国特色社会主义的研究和争论也越来越多。第三，对西方马克思主义研究原来只注重各理论流派的学院式研究，现在开始将马克思主义原理、西方马克思主义理论家的进步思想与现代资本主义、国际共产主义运动、工人阶级运动及全球范围内的弱势阶层的反抗运动进行理论与实践的有机结合起来，将西方马克思主义的研究视域扩展至当前时代的全球化语境之中，这不仅有利于赋予西方马克思主义研究以鲜活的生命力，同时也更符合马克思主义的本来精神，因为马克思主义自创始以来就绝不是那种书斋里的学问，它不仅要解释世界更要改造世界。第四，在关注时代问题的同时，依然没有放松对西方马克思主义基本理论的研究。

当然在西方马克思主义研究方面还有很多不足，仍然面临着许多困难，比如学术队伍建设力度尚需加强，研究力量比较分散、不够集中等，需要逐步加以解决。

（三）左翼思想研究方面

总体看来，学界对国外左翼思想研究的领域比较宽，如西方左翼、俄罗斯社会思潮、南亚共产党动态、日本马克思主义等都有涉及，世界主要左翼思想阵地基本能够顾及。未来国外左翼思想研究应着力形成整体优势与独立研究相结合的学术发展思路。既能够对世界左翼思想、思潮、运动做整体的研究与推动，也能够针对具体国家的左翼思潮进行深入、跟踪研究，以形成学科的规模优势。

就国外左翼思想研究的对象而言：首先，2011年左翼思想研究突出的特点是涵盖面广，例如，对现代性问题、对当代社会民主主义左翼理论问题、对西方红绿政治理论的研究等。“红绿”政治理论对当代资本主义的政治生态学批判，已经从“资本主义的内在矛盾”扩展到现实世界中资本主义经济全球化所带来的全球性生态危机（尤其在广大发展中国家）和资本主义“绿化处方”的全球性失效或无能（比如可持续增长和消费或反增长）。其次，反思后马克思主义理论成为左翼研究的一个主要方面。学者们认为，尽管20世纪80年代中期出现的后马克思主义在解构传统马克思主义的基础上，提出了新的社会主义策略，力图突破西方左翼思潮长期面临的理论困境。但是西方左翼思潮数十年来的痼疾并未在后马克思主义理论中得到根本解决，问题的症结看来在于左翼经济理论何以建构的问题。最后，从地域性着眼，英国的马克思主义研究影响不断扩大。如学者们关注到汤普森对马克思的“基础—上层建筑”模式进行了改造，构筑了“基础—经验—上层建筑”辩证运动的新模式。这些新观点的提出都服务于一个终极理论目标：历史进程当中人的主体性地位的重新确认。

就国外左翼思想的研究的主体来说：首先，马克思主义理论上升为一级学科时间很短，作为国外马克思主义研究二级学科的国外左翼思想研究，学科建设的任务非常重，许多方面都有待于思考和解决。需要根据国际国内形势的变化、国内外理论研究和发展状况，完善和丰富其建设；需要进一步开拓学术视野，将研究置于国际国内的大环境大背景下，努力用马克思主义的基本理论说明当代纷繁复杂的社会思潮与人类社会发展大趋势的本质关系，努力研究新情况、新问题，为中国特色社会主义事业服务。这是国外左翼思想研究长期面临的问题和重要任务。其次，国外左翼思想研究应立足于长远目标思考学科建设的未来远景。即按照马克思主义学科的设置要着眼于中国人的视野、立场、目标、要求，不仅把马克思主义理论作为学术，而且还要赋予其鲜明的时代特征。鲜明的特色和内涵，决定了马克思主义研究一定是高瞻远瞩的、超越性的。要面向世界，面向实践，从中国出发研究马克思主义，从马克思主义出发研究中国。由此，国外左翼思想研究的未来发展也必须立足于马克思主义理论学科设置的根本目的，根据一级学科定位和总体战略思考来把握国外左翼思想研究室的发展方向和前景，不断与时俱进，符合世界发展和时代要求。最后，在学科建设中不断锻炼队伍，拓宽学术视野，增长年轻学者的才干。按照学科调整与体系创新的设想和规划，积极稳妥地推进学科体系创新，形成具有特色、布局合理、优势突出、适应国家发展需要的学科体系。

（供稿人：冯颜利、李瑞琴、谭扬芳、于海青、陈慧平、张剑、陈爱茹、范春燕）

# 第五章　国际共产主义运动

## 一　研究概况

2011 年是国际共产主义运动发展史上不寻常的一年，也是国际共产主义运动学科取得较大成果的一年。一方面，2011 年恰逢苏共亡党、苏联解体 20 周年，国内外各界围绕国际共产主义运动史上这一重大历史事件进行了深入的总结和探讨。另一方面，进入 2011 年，随着国际金融危机的不断深化和欧债危机的继续蔓延，大规模的工人运动和社会运动在西方资本主义国家屡屡发生，从年初的英国骚乱到 9 月份的“占领华尔街”运动，再到欧洲诸多国家相继爆发的大范围的罢工和游行活动，发生在欧美资本主义国家的社会运动引起了国内外各界对当代资本主义制度的反思和批判。此外，2011 年越南、古巴、老挝等现有社会主义国家相继召开了党的代表大会，朝鲜也于 2011 年年初发表了“国家经济开发十年战略计划”，这一切都推动了国内外各界对现有社会主义国家建设成就和经验以及发展方向和前景的探讨。

一年来，国际共产主义运动学科以国际共产主义运动重大历史与现实问题为主线，对国际共产主义运动历史上的重要人物和重大事件、对当代世界社会主义运动的理论与实践、对当代资本主义危机的深化及其对世界社会主义运动发展趋势的影响等问题，进行了深入研究和认真思考，推出了一系列重要著述，提出了许多有价值的思想观点，使国际共产主义运动无论是在学科建设还是在理论研究方面，都取得了比较大的进展。

（一）学科建设在稳步推进中呈现出新特点

2011 年国际共产主义运动学科在关注本学科热点问题的过程中，既延续了该学科史论结合的优良学风，又依据世界政治经济格局和国际国内形势的发展变化进行调整，在研究中呈现出以下一些新特点。

一是国际共产主义运动史作为马克思主义哲学社会科学的重要学科，其重要地位和学科价值被重新关注。比如，吴克明在《国际共产主义运动史：学科价值、研究对象和学习方法》一文中详细阐述了这一问题。文章指出，国际共产主义运动史的学科价值在于该学科有利于深化对人类社会发展规律的认识，坚定对马克思主义的信仰和社会主义的信念；有利于总结国际共产主义运动中的经验教训，作为当代中国特色社会主义建设的借鉴；有利于树立共产主义世界观、人生观和价值观。国际共产主义运动史以研究共产主义运动的进程为对象，研究对象的重点要突出“运动”性，要从总体上总结整个国际共产主义运动的历史经验，并上升为历史规律。文章进一步指出我们必须掌握好学习国际共产主义运动史的方法。首先，马克思主义辩证唯物主义和历史唯物主义，为我们学习国际共产主义运动史提供了科学的根本方法。其次，理论联系实际作为马克思主义学风的一般要求，也是我们研究国际共产主义运动史的重要方法。再次，研究国际共产主义运动史，还应懂得运用利益分析法、比较法等具体方法。① 总体来看，2011 年国际共产主义运动学科在研究方法上大都能坚持从共性与个性、现象与本质、历史与现实、理论与实践相结合的角度来研究问题。

二是该学科的研究内容和范围更加广泛，注重从历史中反观现实，在现实中探寻未来。这一特点集中体现在如下几个方面：（1）不仅研究国际共产主义运动的重大历史事件，而且注重从历史中总结规律，探寻国际共产主义运动和社会主义的发展规律；（2）不仅关注资本主义世界金融危机、欧洲债务危机的最新进展情况，也注重研究危机对世界社会主义运动的影响以及资本主义与社会主义相互关系的新变化；（3）不仅进一步反思苏联解体的原因和性质及其与社会主义发展前景之间的关系，也注重研究西方国家工会与工人运动的新发展和各社会主义国家的新变化；（4）不仅关注世界政治经济格局的新变化，也注重研究这一新变化与世界社会主义运动的发展趋势之间的关系，等等。对这些历史和现实问题的深入研究，既提高了国际共产主义运动学科的整体地位和重要性，又密切了它与其他学科之间的联系。

三是诸多学会、学术机构以及左翼国际组织等都积极参与到对国际共产主义运动学科热点问题的探讨中来，通过举办一系列学术研讨会，深刻探究变化中的资本主义与社会主义的关系等重大现实问题。(1) 围绕苏联解体这一重大事件对国际共运和世界历史的影响，学术界举办了多场学术研讨会。主要包括：2011 年 4 月 23 日，中国社会科学院主办了“中国社会科学论坛——苏联解体 20 周年国际学术研讨会”，来自中国、越南、俄罗斯、德国和美国等十几个国家的 260 余位学者参会；2011 年 9 月 24 日—25 日，中国科学社会主义学会当代世界社会主义专业委员会和山东大学共同举办了“苏东剧变 20 年与当代世界社会主义”学术研讨会暨当代世界社会主义专业委员会 2011 年年会，会议涵盖了苏东剧变的原因、原苏东地区“后社会主义”研究等广泛的议题；2011 年 10 月 14 日—16 日，中国国际共运史学会和南京师范大学共同举办了“当代世界与社会主义的历史进程”学术研讨会，会议对苏联解体的原因及未来社会主义运动的走向进行了深入细致的讨论。(2) 围绕资本主义对于社会主义的影响，2011 年 12 月 9 日—11 日在希腊雅典举行了第十三次共产党和工人党国际会议，会议以“社会主义才是未来!”为主题，就苏联解体 20 年来的国际形势和共产党人的经验；在资本主义危机、帝国主义战争和当前的人民斗争和起义中推动阶级斗争发展，争取工人阶级和人民的权利，加强无产阶级国际主义和反帝国主义阵线，争取推翻资本主义和建设社会主义的任务等诸多议题进行交流，达成了“社会主义才是未来!”的共识并发表了《雅典宣言》。(3) 围绕如何应对资本主义危机，世界政治经济学学会于 2011 年 5 月 27 日—29 日在美国麻省理工大学阿姆赫斯特分校召开了主题为“对资本主义危机的应对：新自由主义与超越”的第 6 届论坛。(4) 围绕社会主义发展模式，2011 年 4 月中国社会科学院马克思主义研究院与越南社会科学院哲学所在越南海防市联合主办了主题为“社会主义发展模式：理论与实践”的第二届中越马克思主义论坛。从这一系列研讨会的主题可以看出，国际共产主义运动

① 吴克明：《国际共产主义运动史：学科价值、研究对象和学习方法》，《当代教育理论与实践》2011 年第 11 期。

的历史话题再次成为当代共产党人、左翼学者，尤其是国际共运学界关注的重点，人们从多领域、多视角的探索，无疑有助于推动世界社会主义理论的创新和世界社会主义运动的复兴。

（二）理论研究热点突出、硕果纷呈

2011 年，国际共产主义运动学科围绕国际共产主义运动中的重大历史、理论和现实问题进行深入研究，并在研究中取得了丰硕成果。概括起来，2011 年本学科关注的热点问题主要集中在以下几个方面。

1. 不断深化对资本主义结构性危机及其对共产主义运动影响的研究

2011 年，随着欧债危机的持续蔓延和中东北非的不断动荡，资本主义如何摆脱危机、世界将何去何从等问题再度摆到国际共产主义运动学科专家学者的面前。围绕上述问题，国内外学者发表了大量有影响力的文章，内容涉及国际金融危机和欧债危机的本质、根源及应对措施，新自由主义、金融化与资本主义新变化，资本主义发展模式和欧洲社会民主主义的困境，新形势下资本主义与社会主义关系的新变化，金融危机中各国共产党的理论与策略，各国工会与工人运动的新变化等各个方面。比如温尼·莫利纳的《从国际金融危机看不断深化的资本主义制度性危机——以澳大利亚为例》、刘刚的《再论全球金融危机的根源》、刘海霞编译的《世界体系的结构性危机：我们将何去何从》、周宏的《后金融危机时代资本主义社会的新变化》、刘玉杰的《浅析当代资本主义的新变化及其实质》、胡连生的《论当代资本主义社会主流生活方式的转变》、陈志昂等的《危机是怎样炼成的，从夹层效应看欧洲债务危机》、应霄燕的《主权债务危机是金融资本主义的主要危机形态》、沈耕的《从“无限经济”到“有限经济”——金融危机后资本主义发展理念的调整》、吕薇洲的《金融危机后西方思想理论界对社会民主主义的新认识》、肖枫的《如何看待金融危机以来“两个主义”关系的新形势》、安德列亚斯·比勒尔的《欧洲工会和社会运动联合反对新自由主义》等。此外，还有大量的中外书籍出版，例如张夏准的《资本主义的真相》、彼得·诺兰的《十字路口：疯狂资本主义的终结和人类的未来》、李慎明主编的《国际金融危机与当代资本主义——低潮中的世界社会主义与理论》、《世界社会主义跟踪研究报告：且听低谷新潮声（2011）》等。这些成果从不同角度揭示了随着危机的深化，世界格局和国际力量平衡正在发生的新变化，工人运动呈现新的发展势头，国外共产党工人党从防御转向进攻，新兴国家，尤其是社会主义中国面临的机遇与挑战等多方面的丰富内容。

2. 敏锐把握国际共运史和世界社会主义研究中的新动态

2011 年，世界格局的变化带来世界社会主义运动在低潮中奋进的新形势，国际共产主义运动史的研究也随之出现了新的复苏迹象，学界发表了很多力作。其中，王伟光主编的八卷本《社会主义通史》、李慎明的《科学社会主义理论的基本内涵和精神实质》、中央编译局世界所课题组的《新中国成立以来的世界社会主义研究》、李明斌的《中苏论战对国际共产主义运动的影响与启示》、索特尼科娃的《共产国际与中国共产主义运动的开端》等著述，从不同角度追述了世界社会主义和国际共产主义运动的发展历程，总结了国际共产主义运动的历史经验与教训。聂运麟的《当代世界社会主义运动已发生重大变化》、刘淑春的《全球金融危机背景下的美国工会运动和美国共产党》、向文华的《西欧国家共产党的边缘化：数据分析》、赵小燕、吴月编写的《日本共产党：未知的命运》等文章则介绍了当代世界社会主义运动的最新进展情况。国际共产主义运动史研究方面，本年度学界除了对伯恩斯坦、考茨基、卢森堡和葛兰西等共运史重要人物偶有研究并有作品发表外，更多的著述集中关注第三国际与中国共产党、中国革命关系的研究。还有学者（童建挺）系统梳理了新中国成立60年来国内对于第一国际和第二国际研究的情况。苏联解体的原因、影响和教训成为了学界关注的另一个重点。一年来，围绕苏联解体的原因教训及其对国际共运和世界历史的影响，学术界发表了大量相关著述，李慎明主编的《历史在这里沉思——苏联解体20周年祭》和《居安思危——苏共亡党二十年的思考》以及肖枫的《苏联解体二十周年》等从不同侧面对苏联解体问题进行了深入的探讨。概而言之，学界主要从体制弊端说和领导层背叛说两个角度论述苏联解体的原因，并深刻评论了苏联解体对于世界力量对比、世界格局、世界社会主义运动以及人类社会发展等方面造成的后果。此外，在国家有关部门的资助下，中断了20多年的《国际共产主义运动史文献》的编辑出版工作也重新上马。这套文献计划出版60卷，将汇集三个国际及共产党情报局历次代表大会文件及相关资料，是国际共运史研究的基础工程。

3. 跟踪研究当代国外社会主义国家的新变化

继2010年9月朝鲜劳动党召开党代表大会之后，2011年越南、古巴、老挝均召开了新一届党的代表大会，总结了各国社会主义建设的成就、经验与教训，修订了党纲和党章，提出了本国今后的发展方向和路径，选举了新的领导机构，实现了最高领导层的顺利交接。国内外学者针对上述社会主义国家新的发展战略和措施及其对世界社会主义运动的影响展开了深入的探讨。反映这一领域的主要成果有：潘金娥主编的《中越两党马克思主义理论创新比较》、越共中央理论委员会主编的《当前形势下的理论与实践新问题》、中国社会科学院马克思主义研究院国际共运部当代世界社会主义研究室的《变革中的社会主义四国——2010—2011年越南老挝古巴朝鲜社会主义研究动态》、潘金娥的《越共十一大：探索越南社会主义新标准》、李嘉图·托雷斯·佩雷兹的《古巴经济模式的更新：延续与断裂》、胡里奥·迪亚兹的《古巴是否适用中国模式与越南模式?》、王承就的《古巴“更新经济模式”析评》、徐世澄的《古共“六大”与古巴经济模式的“更新”》、坎培·班玛莱通的《思想突破的理论思路在于发展》、王晖的《解读朝鲜“国家经济开发十年战略计划”》等。学界关注的主要热点有：越共十一大和越南的民主化改革；古巴经济与社会模式的创新与调整；朝鲜的社会主义经济改革。

综上可知，随着全球金融危机的演化，越来越多的人开始从社会主义中寻找解决金融危机的出路，从而为进一步研究国际共产主义社会主义创造了良好的条件。

## 二 重大问题研究进展

2011年，国际共产主义运动学科着重围绕下列六个重大问题进行了深入研究和广泛探讨，并取得了比较大的研究进展。

（一）苏联解体的原因、影响和教训研究

2011年，国内外各界对于苏共亡党、苏联解体这一国际共产主义运动史上的重大历史事件给予了高度关注并进行了深入思考。

1. 苏联解体的原因

2011 年，国内外学术界都对苏共垮台和苏联解体的原因做了分析，可谓观点各异。譬如“经济没有搞好说”、“斯大林模式僵化说”、“民族矛盾决定说”、“军备竞赛拖垮说”、“戈氏叛徒葬送说”、“外部因素说”等。

学术界普遍认为，苏联解体的原因是错综复杂的，是多重因素综合作用的结果，即是一种“合力”的结果。学者们从经济、政治、文化、党建等不同角度，分析了苏联解体的具体原因。譬如：有学者指出，苏联解体很大程度上是“经济学西化”造成的。苏联经济学界存在背离历史唯物主义的严重倾向，其占主流地位的观点，先是把社会主义经济与商品货币关系对立起来，后来则转向另一个极端，用市场经济否定公有制经济。苏联启用经济学界的“西化精英”为改革出谋划策，让西化“改革派”进入苏共领导核心，打击、压制了马克思主义力量。[①] 苏联解体不是人民革命的结果，它是被国家领导从上面破坏掉，由苏联共产党中央委员会中的亲西方派系破坏掉的。[②] 另有学者从意识形态视角分析了苏联解体的原因。认为苏联从赫鲁晓夫时期开始，就放松并逐步放弃了马克思列宁主义在意识形态领域的指导地位。戈尔巴乔夫时期竟公然主张在意识形态领域搞自由主义的多元化，各种错误思潮在意识形态领域呈现出来，进而导致党和国家失去了科学理论的指导和正确的舆论支撑。与此同时，多元思潮也扰乱了人们的思想，导致苏联革命和建设成就遭否定，人们对社会主义事业也失去信心，结果只能是导致社会主义苏联的覆灭。[③] 还有长期从事党建工作的领导从苏共组织路线上的错误反思了苏联解体的原因，认为苏共背叛了马克思主义建党原则，改变了党的性质和作用，违背并最后抛弃了马克思主义政党的民主集中制原则，背离了马克思主义政党的干部路线，背离了马克思主义政党的群众路线。[④]

在国内外学者对苏联解体原因的探讨中，也不乏争论，尤其是在苏联解体的根本原因上一直存在着明显的分歧。

一种观点认为，苏联解体的根本原因在于苏共逐步蜕化变质，在于从赫鲁晓夫集团到戈尔巴乔夫集团逐渐脱离、背离乃至最终背叛马克思主义、社会主义和最广大人民群众的根本利益[⑤]。有学者指出，在苏共亡党、苏联解体中起决定作用的是内因和近因。就“近因”而言，由于戈尔巴乔夫在政治体制、经济体制、意识形态、民族关系以及党建等领域的“改革”中实施错误的导向，使改革背离了“完善社会主义”的宗旨，偏离了社会主义方向，最

① 何干强：《经济学“西化”：苏联解体的一个重要原因——由“500 天纲领”引发的思考》，参见李慎明主编《历史在这里沉思——苏联解体 20 周年祭》，社会科学文献出版社 2011 年版，第 60—67 页。

② ［德］埃贡·克伦茨《苏维埃社会主义共和国联盟和德意志民主共和国被系于同一个命运共同体》，参见李慎明主编《历史在这里沉思——苏联解体 20 周年祭》，社会科学文献出版社 2011 年版，第 547—549 页。

③ 曹长盛：《苏联解体进程中意识形态的作用及其教训》，参见李慎明主编《历史在这里沉思——苏联解体 20 周年祭》，社会科学文献出版社 2011 年版，第 285—290 页。

④ 张全景：《组织路线上的严重错误是苏共失败的一个重要原因》，参见李慎明主编《历史在这里沉思——苏联解体 20 周年祭》，社会科学文献出版社 2011 年版，第 15—18 页。

⑤ 李慎明：《苏共的蜕化变质是苏联解体的根本原因》，《科学社会主义》2011 年第 4 期。

终摧毁了社会主义制度。就“内因”而言，苏共的蜕化变质和领导集团的背叛在苏联解体中起了至关重要的作用。苏共变质主要体现在特权阶层的形成和共产主义理想信念的丧失。这是一个渐变的过程，到了 20 世纪 80 年代，党的领导干部一部分人在社会上组建了新党，一部分在企业私有化过程中中饱私囊；而苏共右翼领导集团逐步蜕化成民主社会主义者，宣扬马克思主义是“新宗教”，解散共产党，污蔑社会主义是“新乌托邦”。所以“在摧毁苏共和苏联方面，身居党和国家权力顶峰的背叛者们起了西方政治家起不到的作用”①。另有学者指出，苏联解体同赫鲁晓夫过分反对斯大林、西方和平演变战略引发的思想混乱以及苏共提拔的大批非马克思主义干部之间有着深层关联，但直接原因和主要原因还是戈尔巴乔夫为首的领导集团的背叛。②

另一种观点将苏联解体的主要原因归咎于斯大林模式。有学者指出，苏联剧变的根本原因在于斯大林—苏联模式的社会主义制度本身，“弊病太多，已经走不下去了，已走入了死胡同，失去了动力机制……无论从政治上还是经济上来看，斯大林—苏联模式的社会主义与马克思主义经典作家的设想都相去甚远，在其主要方面并不反映科学社会主义的本质内容，这一模式的失败并不意味着科学社会主义的失败”③。

还有一种观点认为，苏联解体的根本原因在于苏联的官僚管理体制。如有国外学者指出，苏联解体的根本原因在于苏联所宣称的社会主义原则与其建立的体制之间存在着根本的矛盾。在他看来，苏联社会主义制度是一种为将利益给予劳动人民而设计的体系，然而随着时间的推移，苏联大部分的党与国家的高层官员从致力于社会主义事业的革命家转变为追求政治和物质利益特权的官僚。这些党政精英发展到一定程度，势必想方设法用资本主义取代社会主义，因为这样做不仅能够保住他们的特权地位，而且还能通过将有价值的国家资产占为己有，而不再作为为了人民的利益而管理这些资产的公仆来巩固其特权地位。戈尔巴乔夫的改革为苏联政权中由叶利钦为首的倾向于资本主义的力量提供了机会。这些人借机将党政精英中倾向于资本主义的人集结起来，伺机而动，终于在 1991 年推翻了社会主义，解散了苏维埃共和国。④ 这一观点实际上认为，苏联社会主义制度是好的，但体制有问题，揭示了党政精英蜕变倒逼制度改变的逻辑。

还有一种观点认为执政党的问题和制度体制问题都是苏共亡党、苏联解体的根本原因。持这种观点的人认为，“共产党是社会主义国家的领导力量，执政党出问题，是全局性、致命的。党是一切问题的总根源”。同时，“制度体制问题也是全局性、根本性的”。“执政党的问题本身也是整个体制问题的重要组成部分，不能只强调党的问题而否定体制问题的根本性”，因为“执政党本身的问题归根到底也要从体制和制度上去找原因。”⑤ 可见，这种观点看似认为两个方面同等重要，但实际上强调的还是体制制度问题。

---

① 赵曜：《苏联剧变和解体是内部出了问题》，《科学社会主义》2011 年第 4 期。

② 程恩富、丁军：《苏联剧变主要原因的系统分析》，《中国社会科学》2011 年第 6 期。

③ 陆南泉：《苏联剧变的根本原因和中国应吸取的教训》，《当代世界社会主义问题》2011 年第 3 期。

④ ［美］大卫 · 科茨：《苏联解体与当今国际社会主义运动》，参见李慎明主编《历史在这里沉思——苏联解体 20 周年祭》，社会科学文献出版社 2011 年版，第 541—542 页。

⑤ 肖枫：《苏联解体二十周年》，《当代世界社会主义问题》2011 年第 3 期。

2. 苏联解体的影响

围绕苏联解体对世界社会主义运动造成的影响，学界也展开了大量研究和分析。

国内外学者大都认为，苏联解体是人类社会发展史上的巨大灾难。有学者指出，苏联解体是世界社会主义运动和人类历史的大逆转：一是给原苏东地区人民带来极大的灾难，二是给世界社会主义运动造成极大的灾难，三是给广大发展中国家和发达国家的人民造成巨大灾难。[①] 也有国外学者指出，苏联社会主义制度的瓦解引起全世界的政治震动，导致世界社会主义陷入低潮，国际共产主义和工人运动陷入危机。还有学者认为，1991 年苏联的解体打破了地缘政治力量的平衡，社会主义运动由此丧失了第一个也是历时最长的具有替代资本主义性质的制度模式。这一事件的结果，使人们广泛接受了公有制和计划经济无法长期有效运作的观点。这使得许多社会主义者放弃了替代资本主义的社会主义观念。[②]

另有些学者分析了苏联解体对世界格局的影响。有学者指出，苏联解体使世界走到了美国单边霸权主义的阴影之下，原先两极体制对立掩盖下的民族、领土、宗教、资源等争端激化，传统安全问题依然存在的同时，非传统安全问题如恐怖主义、毒品走私等日益突出；也有学者指出，苏联解体使世界意识形态单一化，西方社会的所有政治元素——多党制议会民主、言论自由、信息开放、市场经济等，成为所有苏联解体后独立的国家乃至所谓“转型”国家效仿的对象。还有国外学者结合本国实际，揭示了苏联解体的严重后果：第一，苏联解体是一场世界政治悲剧，给全球带来了严重后果。苏联解体使得苏联在“二战”中取得的胜利成果被葬送了，帝国主义的力量得到了增强；第二，苏联与德意志民主共和国祸福系于一体。民主德国的终结与苏联的解体有着直接的因果关系，而民主德国的消失也成了欧洲历史的转折点，社会主义模式在那里被毁灭了。[③]

综上所述，苏联解体是一场世界政治的悲剧，带来了沉重的全球后果。它不但是 20 世纪地缘政治的一场浩劫，而且这些后果时至今日还在持续。苏联解体造成的阵痛仍然折磨着独联体国家以及广大发展中国家和发达国家的人民。我们应从国内外学术界对苏联解体原因的反思中接受历史教训，必须坚持马克思主义的指导地位，必须坚持社会主义道路。

3. 苏联解体的教训

对于苏联解体的教训，学界也进行了广泛而深入的探讨，从不同视角思考了苏联解体的教训。

在国外，学界从未来社会主义事业发展的角度思考了苏联解体的教训。譬如，保加利亚社会党战略研究中心主任亚历山大·利洛夫教授指出，未来的社会主义事业需要从苏东剧变中吸取三个教训。第一，任何一种社会制度，包括社会主义制度在内，如果没有内部的自我发展，就注定会停滞、僵化、衰退和崩溃。但是，社会主义社会自我发展的首要条件是，在相应的历史时期对正在发生的决定性进程和趋势做出正确的选择。第二，社会主义现代化不是一个自发的过程。它既需要牢固的、持久的理论和政治战略，又需要强有力的伟大历史人

① 李慎明：《苏共的蜕化变质是苏联解体的根本原因》，《科学社会主义》2011 年第 4 期。

② ［美］大卫·科茨：《苏联解体与当今国际社会主义运动》，参见李慎明主编《历史在这里沉思——苏联解体 20 周年祭》，社会科学文献出版社 2011 年版，第 541—542 页。

③ 参见李慎明主编《历史在这里沉思——苏联解体 20 周年祭》，社会科学文献出版社 2011 年版。

物来实现这种战略，为此，选拔正确的领导者非常关键。第三，永远不应忘记内乱是苏联解体的根本原因，因此社会主义社会及其执政党应该坚持自己的原则、传统和价值，防止其腐化变质。[①]

我国学界多从我国社会主义建设的需要出发总结苏联解体的教训。北京大学梁柱教授认为，我们需要从苏联解体中吸取的教训是：第一，对社会主义历史的否定，将会导致现实的社会主义制度被颠覆；第二，警惕党内特别是党的高层领导出现修正主义，是防止资本主义制度复辟的重要手段；第三，警惕特权阶级的形成，防止社会公仆向“社会主人”蜕变的危险，是防止社会主义国家蜕化变质的一个重要原因；第四，要时刻警惕西方帝国主义对社会主义国家的“和平演变”战略。中国文化软实力研究中心张国祚教授指出，对于肩负着复兴世界社会主义重任的中国而言，从苏联解体中需要引以为戒的有三点：第一，必须坚持和发展科学的治党治国理论；第二，必须牢牢把握意识形态主导权和正确的舆论导向；第三，必须始终善于实现好、维护好、发展好最大多数人的根本利益。中联部肖枫研究员认为，我们党应从苏联解体中吸取的教训有四：第一，搞社会主义必须有“政治前提”，必须要有“苏维埃政权”；第二，党必须掌握改革的领导权和主动权，绝不能造成社会无序、政局失控，执政党要处理好改革、发展、稳定的辩证统一关系；第三，搞好经济，改善人民生活，坚定人民对社会主义的信念；第四，重视并应对好西方“西化分化”社会主义的图谋；第五，发展国家硬实力的同时，大力增强自己的“软实力”，包括“文化力量”和“人文力量”，增大我们的话语权[②]。

（二）国际金融危机对资本主义的影响与社会主义的发展前景

国际金融危机的爆发，不仅沉重打击了资本主义制度，使人们更加清楚地认识到资本主义的本质及马克思主义的科学性，也使人们更加关注如何改变发达资本主义国家主导的世界经济政治格局。在这一历史背景下，国内外学者围绕危机对资本主义的影响及社会主义的发展前景等问题，进行了深入探讨和研究。

1. 危机对资本主义的影响

金融危机重创了资本主义发展模式和价值体系，促使人们对资本主义的发展理念进行反思和调整，并更加清楚地认识到资本主义贪婪的本性。国内外学者在对金融危机进行分析的基础上指出，危机使人们对资本主义的本质、资本主义的经济和政治模式等都有了更清楚的认识。

（1）危机加深了人们对资本主义本质的认识。学者们一致认为，此次危机不仅是一场经济危机，同时也导致了资本主义的制度与观念危机。“它的危害性使人们越来越认识到资本主义制度的缺陷。‘资本主义向何处去’的疑问在资本主义国家不断蔓延。”[③] 美国学者比伦特·格卡伊和达雷尔·惠特曼指出，“此次次贷危机的根源在于资本集中的历史过程和资本

① 参见李慎明主编《历史在这里沉思——苏联解体 20 周年祭》，社会科学文献出版社 2011 年版。

② 肖枫：《苏联解体二十周年》，《当代世界社会主义问题》2011 年第 3 期。

③ 刘刚：《再论全球金融危机的根源——基于资本主义内在危机视角》，《当代经济研究》2011 年第 7 期。

追逐利润最大化的特性”[①]。我国学者谢雪华也指出，危机发生后，作为垄断资产阶级代理人的发达资本主义国家政府在国内利用危机干预市场，使社会财富朝着有利于垄断资本利益集团的方向集中，而让全社会成员承担挽救危机的成本；在国际范围内向广大发展中国家转嫁危机。这些都“使广大民众进一步看清了发达国家资本家的贪婪本性”，也深刻意识到，“制度问题才是造成资本主义固有危机的根源之所在”[②]。

（2）危机重创了资本主义的发展模式，冲击了资本主义的发展理念。在经济模式上，学界普遍认为，金融危机和欧债危机不仅标志着新自由主义市场经济模式的破产，也使欧洲经济发展模式的弊端日益显现。有学者指出，新自由主义模式是金融风险扩大与加深的根源所在，而对于备受赞誉的欧洲经济发展模式，其隐藏着的深层次矛盾，如金融市场不够灵活、应对非对称性外部冲击的能力较为薄弱等，也越来越暴露无遗并遭诟病。这些都表明，在资本主义制度下，“无论哪种资本主义市场经济模式，都无非是资本主义生产关系的一种调节模式而已。随着社会生产力的迅速发展，资本主义生产关系越来越难以容纳高度发展的社会生产力，仅仅局限在资本主义生产关系范围内的调节空间已经变得越来越小，资本主义金融危机或经济危机也会日益频繁，这是资本主义经济制度的局限性所导致的必然结果。”[③] 在政治模式上，学界一致认为，经济危机动摇了世界对西方民主制度的信心，政府合法性遭受挑战。譬如，应霄燕指出，“资本主义代议选举民主制和资本主义的私有产权制度相结合，不仅容易造成政府财政赤字和债务的增长，而且还容易造成政府的‘软性’政治腐败。”[④] 刘刚、刘凤义等学者也都指出，很多西方国家政府的支持率都在下滑，民众对现存政治结构的信任正在消失，西方民主制度的弊端如效率低下、寡头政治、运转不良、代价昂贵、缺乏道德等都日益受到批判。

（3）危机对当前世界政治经济格局形成了挑战。学者们普遍认为，国际金融危机的爆发，加速了全球经济治理机制的变革。出于共同应对危机的需要，世界各主要经济体加强了合作，世界经济治理机制变革初现端倪。譬如，埃及学者萨米尔·阿明指出，打破目前的僵局就要解构现行的机构和条约体系。[⑤] 中国社会科学院马克思主义研究院院长程恩富教授认为，资本主义危机将大大加快世界经济的分化、重组和重建的进程，世界格局和世界秩序“一超独霸”的时代也将一去不返。他认为未来世界格局将发生三个“超越”：一是在经济发展上将超越新自由主义和凯恩斯主义的理论枷锁，构建公正的经济全球化、地区化和集团化机制；二是在政治发展上超越“一超”主导的世界政治力量版图，摆脱频频干涉别国内政和人权进步的状态，构建民主的政治多极化和国防自卫化机制；三是在文化发展上将超越资本主义的单一价值观，确认各国和各民族文化的差异性，构建丰富的文化多样化和

---

① ［美］比伦特·格卡伊、达雷尔·惠特曼：《战后国际金融体系演变三个阶段和全球经济危机》，房广顺、车艳秋译，《国外理论动态》2011 年第 1 期。

② 谢雪华：《从世界金融危机看发达资本主义国家的社会主义前景》，《湖湘论坛》2011 年第 1 期。

③ 刘凤义：《新自由主义、金融危机与资本主义模式的调整——美国模式、日本模式和瑞典模式的比较》，《经济学家》2011 年第 4 期。

④ 应霄燕：《主权债务危机是金融资本主义的主要危机形态》，《马克思主义研究》2011 年第 7 期。

⑤ 周思成译：《萨米尔·阿明论国际金融危机后的世界发展道路》，《国外理论动态》2011 年第 6 期。

交互化机制。[①] 美国学者罗伯特·斯基德尔斯基和维杰·乔希则针对当今的国际货币体系提出了改革建议，他们认为，凯恩斯的《清算联盟建议》对全球货币体系的改革具有启示作用。[②] 周宏、杨鲁慧、刘志明等学者也都指出，金融危机进一步凸显了西方发达国家主导的国际政治经济秩序的不合理、不公正，重建国际经济政治新秩序越来越成为世界各国人民的心声与舆论主题。总之，学界普遍认为，当前，在国际治理机制上已出现了一些变革，国际货币基金组织和世界银行增加了发展中国家的话语权和决策权，各大国也纷纷调整国家安全战略，大国关系呈现出稳中有进态势，缓和、协调、合作成为大国的主流关系模式。同时，也有不少学者指出，这种协调合作关系并不意味着竞争因素的减弱和对抗思维的消失，众多固有的结构性矛盾依然存在。

2. 金融危机背景下社会主义的发展前景

此次金融危机严重打击了资本主义制度，也使人们对马克思主义的当代价值与社会主义的发展前景进行了重新审视。

（1）资本主义的各种调控措施无法解决资本主义的基本矛盾，资本主义制度最终必将被社会主义所取代。应霄燕指出，资本主义经济危机和国家反危机的历程显示，无论是推行凯恩斯主义还是新自由主义，无论是采取国家干预还是自由放任都只能缓解经济危机而无法根除危机，而每一次反经济危机的策略措施只能加重资本主义固有的基本矛盾。[③] 徐鹏庆认为，当前的经济危机揭示了新自由主义的系统性危机，这不可能通过有限的干预政策来发展，而应该由其他制度来代替。澳大利亚学者温尼·莫利纳也鲜明地提出，“只有建立一个新型的为人民服务的政府，才能实现真正的变革”[④]。吕薇洲指出，此次危机并不是单纯的金融危机，而是以金融危机为其突出表现的周期性的资本主义经济危机。危机爆发后，尽管资本主义国家采取了一系列救市措施，但这些措施并没有触及危机的根源。要从根本上摆脱危机，必须消灭资本主义制度。当前已经持续三年有余的国际金融危机，再次雄辩地证明了马克思主义、社会主义的旺盛生命力，再次彰显了马克思主义关于资本主义向社会主义过渡必然性理论的当代价值。[⑤]

（2）金融危机显示了马克思主义理论的科学性和社会主义制度的优越性。刘淑春认为，全球经济危机打破了“历史终结论”和“资本主义免于危机”的神话，昭示了马克思主义的真理性，彰显了社会主义制度的优越性和“中国模式”的成功，引燃了世界社会主义运动复兴的希望之火，给社会主义带来了机遇。[⑥] 谢雪华、吴玉敏、刘刚等学者也指出，这场金融

---

① 丁晓钦、尹兴：《对资本主义危机的应对：新自由主义与超越——“世界政治经济学学会第6届论坛”综述》，《马克思主义研究》2011年第7期。

② ［美］罗伯特·斯基德尔斯基、维杰·乔希：《凯恩斯、全球失衡与当今国际货币体系改革》，温爱莲译，《国外理论动态》2011年第2期。

③ 应霄燕：《主权债务危机是金融资本主义的主要危机形态》，《马克思主义研究》2011年第7期。

④ ［澳］温尼·莫利纳：《从国际金融危机看不断深化的资本主义制度性危机——以澳大利亚为例》，杨成果译，《马克思主义研究》2011年第4期。

⑤ 吕薇洲：《马克思主义“必然性理论”及其当代价值》，《理论学刊》2011年第6期。

⑥ 丁晓钦、尹兴：《对资本主义危机的应对：新自由主义与超越——“世界政治经济学学会第6届论坛”综述》，《马克思主义研究》2011年第7期。

危机沉重打击了资本主义世界，从理论上使马克思主义理论的价值再次得到印证，从实践上使中国为代表的社会主义的优势与价值得到了令人信服的彰显，显示了社会主义和共产主义的超强生命力。这无疑有助于处于低潮的世界社会主义运动向前奋进。

（3）尽管金融危机削弱了资本主义的力量，但社会主义取代资本主义的道路依然漫长。

学者们普遍认为，尽管金融危机对发达资本主义国家造成了重大损失，但现在谈论资本主义的全面危机显然为时尚早。譬如，沈耕提出：目前世界范围内“资强社弱”的格局短时间内不会发生根本改变。只是金融危机打断了自 1989 年以来资本主义进攻的强劲势头，社会主义的价值和理念重新受到重视，两大意识形态的历史性竞争将呈现出新的局面。① 刘淑春、吴玉敏等学者都指出，金融危机既为社会主义透现出光明的前景，又表现出发展道路的困难与曲折。社会主义仍然面临着许多挑战，如社会主义的理论创新、力量整合和社会主义国家如何赢得国际发展空间等，因而社会主义代替资本主义的征途依然漫长。

（三）资本主义国家社会运动和工人运动的现状研究

金融危机爆发后，资本主义国家相继发生了多次大规模的抗议集会和罢工运动，尤其是进入 2011 年后，资本主义国家有组织的全国性总罢工时有发生，造成企业生产和服务行业的停顿。美国更是在 2011 年 9 月 17 日爆发了“占领华尔街”的大规模抗议活动，持续时间将近两个月，并蔓延至 82 个国家的多个城市，在全世界产生了重要影响。新一波的罢工运动规模之大、范围之广，实属近二三十年来所罕见。在这一背景下，国内外许多学者都对工人运动非常关注，并提出了许多理论见解。

1. 当前资本主义国家社会运动和工人运动高涨的原因

学者们普遍认为，当前资本主义国家社会运动和工人运动的蓬勃发展，是资本主义制度性矛盾在社会层面的体现，其直接原因是金融危机严重损害了广大劳动群众的利益。澳大利亚学者温尼·莫利纳指出，现在资本主义国家的工人阶级被要求为政府的大规模救助计划和刺激计划买单，而且资产阶级还通过攻击工会、限制其他民主权利来镇压人民的斗争。② 宋鸿兵认为，华尔街的资本在掠夺着美国人民的一切，这就是美国人民占领华尔街的主因。中国国际问题研究所所长曲星也指出，“占领华尔街”是美国经济危机在美国国内政治上的集中反映，是美国难以克服的内在制度性矛盾在社会层面的体现。③ 美共副主席贾维斯·泰纳则结合美国的现实指出，危机导致社会贫困化日趋严重，5000 万人处于生活保障线下，1800 万年龄在 18—25 岁的青年人待业，53% 的大学毕业生离校后一年之内找不到工作。④ 第十三次共产党和工人党国际会议也指出，垄断资本的加强和集中正激化经济和政治力量的反动属性。面对危机，资本主义体制除了大规模破坏生产力和资源、大规模裁员、关闭工厂、全面

① 沈耕：《从“无限经济”到“有限经济”——金融危机后资本主义发展理念的调整》，《当代世界》2011 年第 4 期。

② ［澳］温尼·莫利纳：《从国际金融危机看不断深化的资本主义制度性危机——以澳大利亚为例》，《马克思主义研究》2011 年第 4 期。

③ 《“占领华尔街”凸显美国制度性矛盾——访中国国际问题研究所所长曲星》，《光明日报》2011 年 10 月 6 日。

④ 刘淑春：《全球金融危机背景下的美国工会运动和美国共产党》，《马克思主义研究》2011 年第 9 期。

侵害工人和工会权利、削减工资以外，一无所能。

2. 当前资本主义国家各种社会运动和工人运动难以撼动资本主义根基的原因

学者们普遍认为，目前在资本主义国家此起彼伏、连绵不断的社会运动和工人运动尽管产生了重要影响，但并未动摇资本主义制度的根基，全球工人阶级尚处于“自在”状态，还没有形成具有明确目标和行动纲领、对资本主义制度造成致命冲击力的力量。同时，对于社会运动和工人运动未能冲击资本主义制度的原因，学界也进行了比较深入的分析，并形成了如下观点。

（1）经济和社会的变化使工人阶级的阶级意识下降。学者们普遍认为，自第二次世界大战以后至今，在西方资本主义发展的“黄金时代”，随着资本主义发展和统治方式的调整变化，工人阶级在一定程度上逐渐丧失了阶级意识，这是工人运动难以对资本主义制度形成巨大冲击的重要原因。之所以会出现这一现象，是由几种因素造成的：第一，科技革命的发展促成了资本主义生产力的发展，为资本主义提供了劳资协调的伸缩空间，工人阶级和劳动人民的处境相对有所改善，劳资矛盾得到缓解；第二，20 世纪 80 年代和 90 年代工人阶级斗争的失败使工人对集体行动和解决问题的办法失去了信心，导致人们的思想总体后退①；第三，工人阶级自身失去了早期工人运动的明确目标，演变成资本主义制度体系内争取较为有利的社会再分配条件的一般角色；第四，已取得革命胜利的一些社会主义国家在建设过程中由于体制等方面发生了一些重大失误，不仅未能使社会主义制度的优越性得到充分发挥，反而落后于同时期资本主义国家的发展；同时苏东剧变使世界社会主义运动遭受空前和巨大的挫折，在客观上也削弱了社会主义的吸引力和令人信服向往并为之奋斗的内驱力。② 这些因素都导致了在国际资本统治的全球化时期，虽然跨国资本的剥削更加直接和严酷，贫富差距和各种不平等现象更加严重，全球范围内劳资对立和冲突更加明显，但各国工人阶级尚未充分认识到自己的阶级地位和阶级利益，特别是没有形成作为全球工人阶级的意识，缺失对抗全球资本统治的主体性和自觉性，仍然处于“自在阶级”状态。

（2）经济全球化条件下资本“强势”与劳动“弱势”的力量对比不均衡更加突出。学界认为，全球化背景下“资强劳弱”的局面也是当前各种社会运动和工人运动难以发挥其应有作用的原因。有学者指出，在经济全球化条件下，资本通过国际贸易和对外直接投资等方式，形成全球性自由流动。跨国公司在全球范围内整合资源，包括各国各地区的劳动力资源，越来越摆脱民族国家的政府、工会等的限制，打破了 20 世纪六七十年代曾经制度化的资方、政府和工会之间的集体谈判这一“缓冲层”的制约，不断强化对劳动力的自由选择和直接控制；而各国工人越来越失去政府、工会的保护，对全球资本进攻无法形成有效的抵制和抗争力量。③

（3）各国工人之间的矛盾和冲突增多。学者们普遍认为，面对全球资本的联合，全球的工人却处于分散状态，为了各自的利益相互竞争排斥，难以形成统一力量。同时，在金融危机来临之际，跨国资本为摆脱困境，在双边贸易、汇率等问题上造谣惑众，挑拨发达国家工

① ［英］菲尔 · 赫斯：《全球化与工人阶级主体危机》，徐孝千译，《国外理论动态》2011 年第 5 期。

② 吴金平：《发达资本主义国家工人运动现状与发展趋势》，《国外社会科学》2011 年第 1 期。

③ 姜辉：《论当代资本主义的阶级问题》，《中国社会科学》2011 年第 4 期。

人对发展中国家工人的仇恨，引起世界工人之间的竞争，导致发达国家的工人迁怒于中国等新兴国家的工人。①

（4）缺少有力的工会组织和工人阶级政党的领导。当前资本主义各国频繁爆发的各种集会和罢工运动缺乏有力的工会组织和工人阶级政党的领导，也是其影响难以充分发挥的原因。姜辉指出，在新自由主义经济社会政策下，工会力量遭到极大破坏，至今孱弱无力，各自为战，缺少走出困境的战略策略，难以组织起工人阶级进行大规模的经济政治斗争。而包括共产党和社会民主党在内的左翼政党，在历史上曾经是代表工人阶级的政党组织，而今大多声称不再是一个阶级的政党，或者变成为议会选举目的而争取各阶层的支持，其纲领和政见与资产阶级政党趋同，或者沦为无足轻重的政治边缘化党派，尽管言辞激进但实际影响力微小。韩国学者辛匡容指出，工会在多数情况下能为会员保住工作岗位并增加工资，但在关心社会问题上却退缩了，他们往往只顾把自己圈在公司里面。

（5）新自由主义和经济全球化导致劳动的非正式化。学者们指出，新自由主义劳动力市场改革伤害了工会组织，而经济全球化则削弱了已组织起来的工人力量并将工人阶级分解为规范就业的正式工人和非规范就业的非正式工两大群体，这都削弱了工会的力量和工人的组织性。

3. 资本主义国家社会运动和工人运动的发展前景

尽管现阶段的工人运动还未能动摇资本主义制度的根基，但学者们仍一致认为，只有工人阶级才是推翻资本主义、实现社会主义的主体，因此推动工人运动仍将是社会主义战略和策略的中心任务。

学界结合当代工人运动的发展状况，探讨了其未来的发展策略。第十三次共产党和工人党国际会议强调指出，当前形势要求加紧进行阶级斗争、意识形态斗争、政治和群众斗争，以阻止反人民措施的执行并扩大满足当今人民需求的斗争的成果；当前的形势也要求工人组织起来对垄断和帝国主义进行反攻，推翻资本主义体制并结束人对人的剥削。在这种斗争中，必须增强共产党的实力及领导作用，如果失去了共产党和工人党以及工人阶级的领导作用，人民将极易被代表垄断、金融资本和帝国主义的政治力量迷惑、同化、控制。澳大利亚学者温尼·莫利纳也指出，工人运动的事实证明，在工人阶级及其政党拥有重大影响和发挥领导作用的地方，这种斗争是更为有效的。因此，各国共产党人一定要继续发挥自己的作用，把世界各地许多反对资本主义的斗争汇集在一起，指明人类真正的敌人，并带领人民走向社会主义。②

对于左翼在未来工人运动中的作用学界也进行了分析，学者们普遍认为，左翼不能采取观望态度，指望工人阶级运动会自发地出现高潮，指望一支广泛的左翼力量会奇迹般地出现。譬如，萨米尔·阿明就指出，只有当激进的左派敢于在政治上采取主动并建立一个反垄断寡头的替代组织时，危机才能得到克服。③

---

① 刘淑春：《全球金融危机背景下的美国工会运动和美国共产党》，《马克思主义研究》2011 年第 9 期。

② ［澳］温尼·莫利纳：《从国际金融危机看不断深化的资本主义制度性危机——以澳大利亚为例》，杨成果译，《马克思主义研究》2011 年第 4 期。

③ 周思成：《萨米尔·阿明论国际金融危机后的世界发展道路》，《国外理论动态》2011 年第 6 期。

（四）当代世界社会主义运动研究

针对 2011 年世界社会主义运动的现状，国内外学界着重围绕如下两大问题开展研究：当前社会主义运动的发展主要面临哪些困境？如何摆脱这些困境？

1. 当前社会主义运动面临的主要困境

2011 年美国居高不下的失业率引爆了“占领华尔街运动”等示威活动。在欧洲，欧债危机愈演愈烈，南欧人民的抗议之声此起彼伏。希腊自金融危机以来总共发生了 23 次总罢工和数十次对政府大楼的占领，包括法国、英国、爱尔兰、西班牙、葡萄牙等在内的其他国家也发生了多次总罢工和群众抗议运动，以捍卫劳动者的权益，反对资本转嫁危机。然而，社会主义重获新生的迹象并不明显，各国共产党仍然被边缘化，工人运动仍然处在比较虚弱和不稳定的状态。在这一背景下，国内外各界对世界社会主义运动存在的困境和问题进行了深入分析，并形成了如下观点。

（1）运动主体不明确，运动诉求分散。第十三次共产党和工人党国际会议发表的《雅典宣言》指出，统治阶级正在以各种非政府组织为载体，将人们对现存政治体制的不满引向各类非政治斗争性质的运动，其中一些运动甚至带有反动的性质。[①] 陶文钊认为尽管“占领华尔街”运动是美国近年来影响最大的社会运动，但是运动参与者的诉求十分复杂，对于政府应采取何种对策也没有明确答案。换句话说，该运动既无领袖，也无纲领，更无最终目标。[②] 刘玉安认为，以后福特制生产方式为主的当代资本主义事实上已经肢解了昔日社会主义运动的主体——工人阶级。同时，资本在全球畅行无阻，而社会民主主义对资本的反抗和限制通常却只能在民族国家的范围内实施，导致社会民主党人即使取得国家政权也对资本毫无办法。如果社会民主党人要对资本加以控制或者发起挑战，那就只会把他赶到别的国家，而西欧各国的选民显然非常清楚：他们的生计、他们的福利必须依赖于资本主义的繁荣，因此他们不会轻易地把选票投给社会民主党。这也是即使在这次严重的金融危机之后，欧洲社会民主主义运动并没有高涨的原因。[③]

（2）国外共产党仍然难以摆脱边缘地位。学界认为，国外共产党之所以难以摆脱边缘地位，主要是两个方面的原因。一是面临增强自身吸引力、扩大党员规模的问题。刘淑春指出：尽管在经济持续下滑、社会动荡的情况下，发达国家共产党会获得一定的发展空间（例如美国共产党党员人数在危机前一度降至 1500 人，在危机爆发后的两年间吸收新党员 1500 人，党员总数达到 3000 人），但短期内仍然难以摆脱边缘地位。[④] 谢礼圣认为，有的共产党的选举力量分布在那些高失业率、高犯罪率和低人口密度的地区，难以找到对政府不满的新选民和增强自身吸引力的新主题。二是面临生存问题。规模相对较大的国外共产党其领导人面临的选择是提升党的地位和重要性，还是保证党的政治生存的问题。赵小燕等人指出，日共在政党制度方面受到执政党和主要在野党的持续挤压，自民党和民主党两大多数党希望减少日

---

① Final Statement of The 13th International Meeting of Communist and Workers' Parties. http://www.solidnet.org/13-international-meeting/2289-13-imcwp-final-statement-en.

② 陶文钊：《“占领华尔街”运动剑指美国社会不公》，《中国社会科学报》2011 年 10 月 20 日刊。

③ 刘玉安：《后福特制：西欧社会民主主义的滑铁卢?》，《当代世界社会主义问题》2011 年第 2 期。

④ 刘淑春：《全球金融危机背景下的美国工会运动和美国共产党》，《马克思主义研究》2011 年第 9 期。

共在参众两院的席位，这对日共的政治生存构成了严峻的挑战。同时，持续的教条形象使日共失去了对“浮动选民”的吸引力，因而选举成绩持续停滞不前乃至缓慢下降，使日共在众议院和地方议会中失去了提出法案和法令的能力。[①]

（3）世界社会主义阵营内部的思想不统一。世界社会主义阵营内部思想不统一既是世界社会主义运动现实发展状况，也是世界社会主义运动难以走出困境的原因。学界对这一问题也进行了研究。譬如，陈硕颖以希共与美共之间的辩论为例，分析了当前世界社会主义运动内部的分歧：2011 年 2 月 3 日美共《政治事务》网站上发表了一篇由美共主席萨姆·韦伯撰写的文章，题为《21 世纪的社会主义政党应该是什么样的?》，其中包括用马克思主义代替马列主义作为党的指导思想等颇具争议的观点。这篇文章一经刊发，便引发了美共党内外激烈的辩论。希共中央委员会国际关系部和德共领导汉斯·彼得·布伦纳分别 4 月和 7 月专门撰文驳斥韦伯的观点，他们认为韦伯的很多提法都是机会主义的翻版。希共与美共主席萨姆·韦伯之间的辩论折射出当前世界社会主义运动阵营内部在一些重大问题上的分歧。[②] 苏东剧变后，未来的社会主义在哪里？在世界各国共产主义者、社会主义者中普遍出现思想迷茫状态。正如法国著名经济学家托尼·安德烈阿尼指出，一些党关于社会主义的思想非常含糊，缺少清晰的纲领。萨米尔·阿明认为，这具体表现为当代马克思主义学者抛弃“改造世界”，拘囿于“学术”研究，缺乏政治影响。这些学者只是想象建立一种毫无实现可能的所谓具有“人道面孔”的“另类资本主义”。其不可避免的结果是造成了各种“后”话语（后现代主义、后马克思主义等）偏好。[③] 因此，在当今时代，如何坚持和运用科学社会主义原理，选择正确的向社会主义过渡和建设社会主义的途径，仍是各国共产党人的共同难题，他们在探索中产生争论，不足为怪。

2. 社会主义运动摆脱困境的出路和对策

国内外各界对于当前世界社会主义运动摆脱困境的出路和对策也进行了深入研究，并在如下一些观点上达成了共识。

（1）加强共产党和工会组织对运动的领导。各国出现的反抗资本主义的运动再次引发学界关于革命应该是自上而下、还是自下而上的讨论。历史就像一面镜子，从今天希共与美共主席萨姆·韦伯之间的辩论中依稀可以看到 20 世纪初第二国际内部无政府主义、布朗基主义和马克思主义之间相关分歧的影子。英国学者保罗·布莱克利奇撰文写道，马克思主义超越了无政府主义和布朗基主义之间的差别：像前者一样，它根植于自下而上的真实运动，但是又像后者一样，它意识到社会主义领导权在推翻旧国家上的关键作用。要点在于，社会主义者的领导权必须扎根于现实运动中。[④] 的确，从当前反资本主义运动主题分散、无法形成合力的状态看，社会主义政党或组织自上而下的领导对于将反资本主义运动引向社会主义是非

---

① 赵小燕、吴月编写：《日本共产党：未知的命运》，《国外理论动态》2011 年第 6 期。

② 陈硕颖：《当前世界社会主义运动内部的分歧——以希共与美共主席萨姆·韦伯之间的辩论为例》，《科学社会主义》2011 年第 5 期。

③ ［埃及］萨米尔·阿明：《历史资本主义的发展轨迹与 21 世纪马克思主义在三大洲的使命》，于海青译，《马克思主义研究》2011 年第 8 期。

④ ［英］保罗·布莱克利奇：《马克思主义与无政府主义》，金建译，《国外理论动态》2011 年第 3 期。

常重要的。因此，社会主义者至少要为运动中的领导权作出两方面的斗争：其一是社会主义在工人阶级中的领导权，其二是工人阶级在更广泛的社会运动中的领导权。因此，第十三次共产党和工人党国际会议再次强调，如果没有工人阶级先锋队的领导、没有工人阶级的组织——共产党和工人党的领导，那么人们就很容易被垄断资本、金融资本和帝国主义的政治代表所蛊惑。由于资产阶级控制的媒体舆论混淆视听，人们时常感到困惑，不少人被资产阶级意识形态同化，成为资产阶级权力运作的工具。① 只有通过加强共产党和工会组织对社会运动的领导，世界人民才能够成功地应付资本主义的野蛮进攻，并使运动向社会主义的方向迈进。

（2）掌握信息和知识领域的意识形态工具。资本主义的意识形态宣传渗透各个领域，尤其是娱乐业和广告业，它们宣扬和吹捧的就是资本主义的价值观和生活方式。社会主义只能通过创造自己的表达和宣传工具才能冲破这种障碍。为了有效地进行思想斗争，宣传自己的立场，世界左翼力量不仅要有思想库，还应该有工具库。例如俄共就为了扩大自身的宣传能力成立了电视片工作室，围绕有现实意义的主题拍摄电影纪录片和时事纪录片。②

（3）将人民革命、民族解放和国家独立有机结合起来。萨米尔 · 阿明认为，21 世纪外围地区的第二波独立自主浪潮的起始条件较之于 20 世纪的第一波独立自主浪潮而言并不有利，甚至更加困难。鉴于此，他借用毛泽东提出的人民革命、民族解放和国家独立之间的有机联系，指出只有将这三个层面紧密结合起来，社会主义才可能有未来。阿明认为，把抽象概念的“人民”作为唯一关注的实体，把“运动”视为不必夺取政权就能改造世界的能力，这些完全是天真幼稚的想法。这表现为当下欧美，特别是美国的社会运动比较零散，没有统一的纲领和严密的组织，无法有力影响政界。当然，脱离人民也会导致灾难性的后果，苏联解体就是惨痛的例证。要将人民、民族、国家衔接起来就必须让大众阶级参与国家纲要的实施过程③。托尼 · 安德烈阿尼认为社会主义应对资产阶级力量威胁的唯一办法就是要依靠广大人民群众，发动广大人民群众，重新明确社会主义纲领。新的社会主义纲领的核心在于建设一种“经济民主”，主要包括以下三个维度：政治民主在经济中应用；社会公平；经济内部民主，即企业内部的民主。④

（4）强化社会运动与工会运动的联合。韩国学者辛匡容指出，目前非正式工运动蓬勃兴起，已成为挑战新自由主义的新草根运动。被新自由主义经济全球化边缘化了的工人，在得不到现有工会有力支援的境况下，举行了持久性的罢工斗争。非正式工的罢工同社会运动团体的结盟是可供选择的另一种劳工运动，它有别于传统的大企业工会组成的以经济斗争为导向的工会运动。他把非正式工运动的特点概括为：第一，由于缺乏资源和话语权，非正式工

---

① Final Statement of The 13th International Meeting of Communist and Workers' Parties. http：//www. solidnet. org/13 – international-meeting/2289 – 13 – imcwp-final-statement-en.

② ［俄］德 · 格 · 诺威科夫：《现阶段苏联地区的共产主义运动》，陈爱茹编译，《当代世界和社会主义》2011 年第 4 期。

③ ［埃及］萨米尔 · 阿明：《历史资本主义的发展轨迹与 21 世纪马克思主义在三大洲的使命》，于海青译，《马克思主义研究》2011 年第 8 期。

④ ［法］托尼 · 安德烈阿尼：《社会主义的现实与未来》，张春颖编译，《当代世界与社会主义》2011 年第 2 期。

运动的主要目的在于引起公众的关注，而不是寻求大工会的支持。非正式工人的主要诉求是就业安全而不是增加工资。第二，由于非正式工斗争的地点在大公司外面，所以非正式工运动便于社会运动积极分子参加他们的罢工和游行。非正式工人数的不断增长，使得非正式工的工作无保障和工资微薄的问题，使得同非正式工相关的问题既是劳工问题，也是社会问题。于是社会运动团体、公民和工人面临新自由主义全球化的挑战有了共同关心的题目，虽然这种共同的关切一时还不能改造大企业里正式工的工会，但可以促成一种越出公司围墙的社会运动型工会运动。[①] 英国学者安德列亚斯·比勒尔也认为，由于新自由主义全球化将剥削扩大到社会再生产领域，因此参加斗争反对社会再生产领域中多种形式剥削的，既有进步的环保运动和社会运动，也有反动的民族主义团体。在这个意义上，工会代表各个部门的工人阶级，而社会运动组织了那些反抗在社会再生产领域实施新自由主义改革的进步力量。各国工会运动与社会运动联合行动的趋势是工会运动复兴的征兆和发展方向。[②] 英国学者费尔·赫斯提出，社会主义者要将社区斗争与地方的劳工运动结合起来，首先要与有关的工会结合起来。建立包括工会在内的联盟能在更广泛的社区内促进工会运动的开展。此外，劳工运动与政治运动相结合，会使政治运动得到加强，也会使劳工运动更加政治化，变得更加激进。[③]

（五）现有社会主义国家研究

2011 年越南、古巴、老挝都召开了新一届执政党的代表大会，总结了社会主义建设的成就与经验教训，提出了接下来的发展方向和路径。朝鲜则于 2011 年 1 月发表“国家经济开发十年战略计划”。对四国的研究，2011 年主要围绕内容来进行。

1. 学界对越南社会主义的研究不断深化

2011 年 1 月召开的越共十一大通过了主题为“继续提高党的领导能力和战斗力，发挥全民族力量，大力全面推进革新事业，为到 2020 年我国基本成为面向现代化的工业国奠定基础”的政治报告、《社会主义过渡时期国家建设纲领》（2011 年增补）、《2011—2020 经济社会发展战略》以及党章修订案。大会还选举产生了以阮富仲为总书记的越共中央新一届领导班子。《2011—2020 经济社会发展战略》提出了越南未来 5—10 年经济社会发展的三个重点突破方向[④]。新修订的越南《社会主义过渡时期国家建设纲领》（2011 年增补）总结了过去 20 年来越南共产党的五点经验，还重新概括了越南社会主义的八个特征[⑤]。其中，最值得关注的是，新纲领把“主要生产资料以公有制为主体”从越南社会主义的特征中去掉，代之以“现代生产力和与之相适应的进步的生产关系”，这一变化在越南理论界引起了强烈的争议。例如越共总书记阮富仲就认为应该保持“主要生产资料以公有制为主体”，而经济学家黎登

---

① ［韩］辛匡容：《全球化与劳动的非正式化——韩国工会运动与社会运动》，郭懋安译，《国外理论动态》2011 年第 5 期

② ［英］安德列亚斯·比勒尔：《欧洲工会和社会运动联合反对新自由主义》，工力译，《国外理论动态》2011 年第 5 期

③ ［英］费尔·赫斯：《全球化与工人阶级主体危机》，徐孝千译，《国外理论动态》2011 年第 5 期。

④ 潘金娥：《越南政治经济与中越关系前沿》，社会科学文献出版社 2011 年版，第 231—232 页。

⑤ 同上书，第 213 页。

营则认为这是越共十一大最重要的突破点和创新。

在我国学者中，有观点对越南的改革完全肯定，也有观点相对谨慎。于向东认为，越共十一大关于越南社会主义的个别具体提法有所调整，但原则上仍延续了越共十大的理论总结，再次确认该国正在实行的走向现代化发展模式①。潘金娥认为，越南政治体制改革的取向，符合越南民主政治发展的方向，但诸多客观因素无疑也将削弱越共的主动权。因此，今后能否继续稳固执政地位和把握国家的社会主义方向，将成为越共未来面临的重要挑战②。

我国学者对越南社会主义发展模式的研究不断深化，逐步从经济领域，扩展到政治、外交、文化和教育等各方面，并出现了对越南发展总体模式的探讨。其中潘金娥撰写的专著《越南政治经济与中越关系前沿》从理论和热点问题入手，通过深入分析越共各次党代会文件精神，对越南政治、经济和对外关系进行了全面剖析，并着重分析了越共十一大新提出的有关社会主义的观点。郑一明和潘金娥主编的《中越两党马克思主义理论创新比较》集合了众多中越学者的最新研究成果，为我国学者研究越南社会主义提供了很多有价值的参考资料。广西社会科学院主编的年度《越南国情报告》，则对越南政治、经济、外交、文化与社会等各个方面的最新进展进行了介绍。

此外，陈明凡和凌锐燕对广受媒体关注的越南民主改革和党的建设进行了研究；盛文颖对越南经济体制方面进行了跟踪研究；陈立和毛殊凡、谢春红等学者分别对越南高等教育发展历程和越南高校思想政治教育的革新特色进行了研究。齐欢则从发展模式视角对越南的现代化模式进行了考察。

2. 古巴社会主义经济体制改革成为 2011 年国内外学者的关注的焦点

2011 年 4 月，古巴共产党召开了第六次全国代表大会。会议重点立足于经济领域，旨在研究古巴经济与社会模式的创新与调整。大会通过的《党和革命的经济与社会政策纲要》指出，古巴将坚持社会主义方向，不断完善和“更新”经济与社会模式，发展国民经济，改善人民生活水平；古巴未来仍将坚持以计划经济为主导，并适当考虑市场因素的作用；在坚持以公有制为主的前提下，削减国有部门岗位，赋予国有企业更多自主权，鼓励更多私营经济，扩大个体户、承包、租赁、合作社、外资等所有制形式；古巴将继续实行全民免费医疗和全面免费教育，重视发展农业；逐步取消购货本制度，削减不必要的社会开支和政府补贴。会议选举产生了以劳尔 · 卡斯特罗为第一书记的新一届中央委员会。

古巴学者对古巴第六次党代会与《党和革命的经济与社会政策纲要》（以下简称《纲要》）发表了看法。哈瓦那大学古巴经济研究中心教授李嘉图 · 托雷斯 · 佩雷兹认为，古巴厚重的历史遗存从一定程度上制约着古巴今天的改革路径与成效，指望一个文件就能同时解决所有问题的期待是不现实的，但《纲要》的提出确实向前迈进了一大步。作者认为《纲要》的实施将是一个巨大的挑战，因此要保持必要的灵活性。古巴历史学家弗朗西斯科 · 洛佩兹 · 塞格拉归纳了古巴新经济模式的主要特征，并指出古巴要着力在中短期内解决牵绊古

① 于向东：《越共“十一大”：坚持社会主义与发展对华关系》，《东南亚纵横》2011 年第 9 期。

② 潘金娥：《越共十一大：探索越南社会主义新标准》，《中国社会科学报》2011 年 3 月 3 日。

巴经济的两大顽疾：双重货币体制和居民收入水平低下[①]。哈瓦那大学教授胡里奥·迪亚兹[②]比较了古、中、越三国发展模式，强调古巴不能照搬中越模式，在经济全球化时代，古巴唯有抱以更加开放的姿态，才能促增长、谋发展。

我国学者对古巴的经济改革持肯定态度，但认为其面临的困难不少。王承就在《古巴"更新经济模式"析评》一文中提出：古巴"更新经济模式"是自上而下独立自主地开展的一场具有古巴特色的不向市场让步的经济变革，既坚持社会公平，又追求效率，经济变革与观念变革相互交融[③]。徐世澄提出：古共"六大"的召开和《党和革命的经济和社会政策纲要》将对古巴经济和社会模式的"更新"起指导和推动作用[④]。孙岩峰对古巴改革的最新进展进行了介绍，并指出从长远看，改革将不可避免地触及所有制结构和发展模式的深层体制[⑤]。

3. 老挝人民革命党提出未来五年发展目标和改革方向，学者对此还有待深入研究

2011 年 3 月 17 日至 21 日，老挝人民革命党召开了第九次全国代表大会，本次大会的主题是"加强全国各族人民的凝聚力和党内统一，发扬党的职能和领导能力，在贯彻执行革新开放政策中迈出突破性的步伐，为带领老挝在 2020 年摆脱最不发达国家行列和不断迈向社会主义创造坚实的基础"。本次大会通过了九大政治报告和决议、老挝经济社会发展"七五"计划重要任务路线报告和党章修改草案等重要文件，指明了 2011 年至 2015 年的奋斗目标、方针和任务。在未来的总体任务上提出了"四个突破"，即（1）在思想方面的突破，要解放思想，打破各种教条、守旧、僵化、懒惰、极"左"、极右的思想；（2）在发展人力资源方面的突破；（3）在解决各种妨碍生产、经营和服务发展的行政管理制度方面有所突破；（4）在扶贫问题上做出突破[⑥]。

由于老挝的社会科学研究刚刚起步，因而对老挝社会主义的主要研究成果并不多。主要有：老挝中央政治局委员，老挝社会科学院院长坎培·班玛莱通在 2011 年 3 月 21 日老挝人民报上发表了题为《思想突破的理论思路在于发展》[⑦] 的文章。该文着重阐释了"四个突破"中的第一个突破的理论和实践意义。作者认为，思想突破的提出是国家稳步、持续发展的重要保障。在理论上，思想突破意味着解放思想、开辟新思路、迈出新的发展脚步；在实践上，思想的突破是要着眼于实践，并最终运用到社会主义建设事业中去，具体要做到听取多方意见、民主协商讨论社会主义革新开放事业的各项重大问题。最后，作者还特别强调思想突破的同时要时刻保持警惕，突破是为了更好地建设社会主义，而不是掉转矛头攻击社会主义。此外，坎培·班玛莱通博士在九大会议期间的发言中，对

---

① ［古巴］弗朗西斯科·洛佩兹·塞格拉：《古巴革命：建议、背景与替代选择》，http：//www. temas. cult. cu/catalejo/economia/Francisco_ Lopez_ Segrera. pdf。

② ［古巴］胡里奥·迪亚兹：《古巴是否适用中国模式与越南模式?》http：//www. temas. cult. cu/catalejo/economia/Julio_ Diaz_ Vazquez2. pdf。

③ 王承就：《古巴"更新经济模式"析评》，《社会主义研究》2011 年第 3 期。

④ 徐世澄：《古共"六大"与古巴经济模式的"更新"》，《拉丁美洲研究》2011 年 6 月。

⑤ 孙岩峰：《古巴社会主义进入新阶段》，《世界知识》2011 年第 10 期。

⑥ 《老挝人民革命党第九次全国代表大会政治报告（精简版）》，《党建杂志》2011 年 3 月刊，总第 113 期。

⑦ ［老挝］坎培·班玛莱通：《思想突破的理论思路在于发展》，2011 年 3 月 21 日老挝人民报网。

社会主义的特性提出了自己的理解，对“社会主义是什么?”作出了回答。他认为，社会主义具备以下几个特征：(1) 人民当家作主；(2) 具备先进的经济基础，生产力的发展与先进的生产关系相适应；(3) 老挝人民从各种枷锁中解放出来并得到全面的发展；(4) 具备先进的文化基础并富有浓厚的本民族特质；(5) 各阶层、各民族人民平等互助、团结友爱、共同进步；(6) 具备由人民组成的、为了人民的、法治的人民政府；(7) 在外交上奉行平等、和平、合作和发展①。我国学者对老挝人民革命党九大的研究成果目前还未能检索到。

4. 朝鲜颁布国家经济开发十年战略计划，学者开始关注朝鲜的经济体制改革

2011年1月，朝鲜发表“国家经济开发十年战略计划”，确定了基础设施建设、农业、电力、煤炭、石油、金属等基础工业以及地区开发的国家经济开发的战略目标，制定了在2012年打开“强盛大国之门”的框架，并“展示了在2020年达到发达国家水平的前景”。这是朝鲜在20世纪80年代末90年代初实施“第三个七年计划”后时隔约20年首次发布长期的经济发展战略计划。

与此相关的研究成果主要有：韩国学者李武哲在《社会主义体制转换与北韩的发展战略》一文中，通过与其他社会主义国家进行比较，对朝鲜的发展战略和体制转换可能性进行了分析。他认为，现在朝鲜追求的发展战略可以称之为“先军中心的实利社会主义”，但朝鲜所处的条件决定了这一发展战略并不容易实现。尽管如此，如果朝鲜能不被外部力量瓦解，继续维持现在的面貌，并且实现了朝鲜统治精英希望的通过与美国改善关系而获得国际社会对其体制保障和经济再建的支援，那么，朝鲜可能会在采取“党—国家主导型”的渐进方式进行体制转换②。王晖在《解读朝鲜“国家经济开发十年战略计划”》一文中，对朝鲜的“国家经济开发十年战略计划”进行了解读，认为这一计划的发布和新经济机构的设立表明，朝鲜的经济改革正在从上层建筑方面得到确认，朝鲜已经将经济开发上升为国家战略。他还指出，目前朝鲜面临着如何平衡改革、发展和稳定三者关系的难题。关于这一战略计划的具体内容，虽然朝鲜并未发布，但王晖分析认为，能源、轻工业、科学技术和吸引外资应是重中之重③。邓聿文在《朝鲜会改革开放吗?》一文中，对朝鲜改革开放的可能性进行了分析，认为在内外压力下，朝鲜不排除会选择某个点试探性地进行对外开放，开放的对象主要是中俄以及西方国家中对朝鲜不那么刻薄的国家，其中又主要面向中国，但朝鲜不可能像30年前的中国一样，把改革尤其是开放上升为国家的根本国策，其根源在于，时易势移，朝鲜已丧失了中国当年决定推行改革开放的内外环境和条件。一旦朝鲜实行改革开放，很难不引起大规模的社会抗争和社会运动。不开启这个转轨进程，是朝鲜现政权最保险的做法④。

(六) 国际共运史学科发展现状、趋势及对策研究

近两年，学界还围绕国际共运史学科的发展现状、发展趋势等问题进行了有益探索。学

---

① 《老挝中央政治局委员、老挝社会科学院院长坎培·班玛莱通的发言》，2011年3月21日老挝人民报网。

② [韩] 李武哲：《社会主义体制转换与北韩的发展战略》，《韩国政治外交史论丛》第33辑第1号2011年8月。

③ 王晖：《解读朝鲜“国家经济开发十年战略计划”》，《世界知识》2011年第7期。

④ 邓聿文：《朝鲜会改革开放吗?》，《理论导报》2011年第6期。

界普遍认为，国际共产主义运动史作为马克思主义科学社会主义理论同各国工人运动、无产阶级革命运动和各国社会主义建设实践相结合的历史，作为一门具有鲜明阶级性和党性原则、高度的政治理论性的历史科学，是随着国际共产主义运动的兴起和发展并适应无产阶级解放运动的需要而产生和发展起来的。在我国，国际共运史作为一门学科研究在20世纪50年代中后期形成，较其他学科而言，该学科尚显年轻。自1997年国家学科专业调整后，国际共运史与科学社会主义合并，列入“科学社会主义与国际共产主义运动”二级学科，归属于“政治学”一级学科。目前，该学科尚处在恢复阶段，呈现出逐步向前发展的趋势，但不可否认的是，其在发展中仍存在不少问题。

1. 国际共运史学科的发展现状

目前，国际共运史学科建设处于恢复阶段，在该学科的建设中存在诸多困难。以前学者指出的该学科缺少科学的、相对稳定的基本理论体系和研究队伍青黄不接、后继乏人的问题改观不大。尤其在高校，国际共运史的研究与教学严重衰落，几近边缘化。

有研究者以我国长期以来高校国际共运史教学与研究为切入点，将国际共运史课程的教学与研究同变化了的国际国内形势之间存在的脱节现象归纳为以下几个方面：一是存在过分突出领袖个人、突出经典著作、突出几个大党、突出路线斗争的倾向，尤其在“文革”期间这一现象更是被推向了极端；二是存在理论滞后问题，对马克思主义关于阶级和阶级斗争、暴力革命、无产阶级专政等学说研究得比较充分，而对当代共运以及新的理论和实践问题的研究比较薄弱，影响了理论与当前现实的结合；三是过分注重马克思主义和共产主义运动一条线，忽视了国际政治、资产阶级思想体系、资本主义经济发展和世界多种政治运动和思潮对国际共运的作用和影响，只承认历史发展的一种动力而否认多动力；四是过分强调马克思主义同各种非马克思主义社会主义思潮的斗争和无产阶级同资产阶级的斗争，忽视了它们还有相互补充、渗透、妥协与合作的一面。[①] 毋庸置疑，这些问题的存在都有碍于国际共运史的恢复与发展。学界对这些问题产生的原因进行了分析，认为在国际共产主义世界社会主义运动虽然有所奋进但仍处于低潮的情况下，国际共运史学科建设中存在的上述问题，有历史的原因，也有现实的原因。

同时，学界也对国际共产主义运动史学科取得的成绩以及目前所呈现出的发展迹象予以了充分肯定。譬如，学界普遍认识到，从教学和研究机构看，目前国内在保持一批国际共产主义和世界社会主义教学和研究机构的同时，也在某些领域开辟了一些新的阵地；从学术团体看，该学科在全国范围设有中国国际共产主义运动史学会和中国科学社会主义学会世界社会主义专业委员会。这两个团体组织健全，每年都围绕本年度的理论热点召开年会，组织相关领域的学者进行学术交流，活动成效显著。此外，国际共运史的研究领域也在日益拓展，呈现出新的发展趋势。

2. 国际共运史学科的发展趋势

进入21世纪以来，国际共产主义运动史学科在恢复中有所发展和创新，呈现出以下发展趋势：

① 田保国：《国际共运史课程改革刍议》，《聊城大学学报》（社会科学版）2011年第1期。

（1）对重大历史事件的研究将继续深入。认真总结国际共产主义和世界社会主义运动曲折发展的历史经验教训，是国际共运史学科的重要任务之一。随着各国历史档案的不断解密以及国际间学术交流的日益频繁，该学科的研究者对国际共运史上的一些重要时期、重大事件、重要人物的研究也有了新的进展。研究者们不仅关注于自马克思主义诞生以来至十月革命这一历史时期的重大历史事件，对于十月革命后国际共运史上的重大历史问题的关注也在不断加强和深入。例如，苏共亡党、苏联解体这一国际共产主义运动史上的重大历史事件，20 年来一直是国内外的理论界、学术界、政治界的研究对象和关注热点。

（2）与热点问题研究紧密结合，现实意义凸显。进入 21 世纪，国际共产主义运动史学科的研究不再单纯地借助对历史文本的考据，取而代之的是日益与现实问题的结合，注重对当代社会主义国家历史和现状的研究，注重对世界各国共产党的活动状况以及各个左翼政党的发展状况的研究。例如：中国国际共运史学会就以“当代世界与社会主义的历史进程”为主题召开了 2011 年年会暨学术研讨会，与会学者围绕“中国共产党与中国特色社会主义、苏联东欧社会主义历史经验与教训、发达资本主义国家社会主义运动理论与实践、现实社会主义国家社会主义道路的探索和比较、其他发展中国家的社会主义运动与实践、巴黎公社历史经验再认识”等问题展开了深入的研究与讨论，这不仅有助于人们对这些重大理论与历史事件研究的深化，也有助于理论与实践相结合、历史与现实相结合，从历史中吸收和借鉴经验与教训，更好地处理现实问题。

（3）与相关学科不断融合。一方面，由于近年来国际共运史研究的领域日益拓展，国际共运史学科的研究日益与世界社会主义特别是与当代世界社会主义研究相融合，与当代资本主义以及国外共产党的研究相结合。另一方面，随着改革开放后中国的不断崛起，中国特色社会主义的理论与实践越来越引起世界各国理论界的关注，与此相适应，国际共运史的研究也日益与中国特色社会主义结合起来，以便能更好地探讨中国特色社会主义的理论与实践，探讨中国特色社会主义与世界社会主义之间相互影响的关系。

3. 国际共运史学科的发展对策

目前，处在恢复期的国际共运史学科建设既存在着问题，又呈现出了新的发展趋势。为了促进该学科的恢复发展，研究者们积极献计献策。比如有学者联系国际共运史教学和研究实际，提出深化课程内容和体系改革的一些建议：（1）从世界格局的角度把握国际共运史；（2）从资本主义发展的角度考察国际共运史；（3）从国际政治、国际关系的角度研究国际共运史。[①]

可喜的是，中央实施马克思主义理论研究和建设工程，组织力量编写《国际共运史》和《科学社会主义》等专业教材，这对国际共运史学科建设大有裨益，有助于国际共运史基础知识的普及和研究的深化。我们应紧紧抓住这一大好机遇，充分把握运用国际共运史的学科特点，科学论证和筹划，促使国际共运史这一学科重新焕发活力。

---

① 田保国：《国际共运史课程改革刍议》，《聊城大学学报》（社会科学版）2011 年第 1 期。

## 三 简要评论

2011 年，由于金融危机的继续和欧债危机的蔓延使得资本主义世界经济复苏乏力，引起了美国和欧洲多个国家形式多样的大规模抗议活动，从而引发了人们对资本主义的进一步反思。在这种背景下，世界社会主义—共产主义运动从实践到理论都呈现出了一定的复苏迹象，相应地，国际共产主义运动学科建设也取得了比较明显的成效。一年来，学界既能跟踪研究一些重大现实问题，又能深入探讨一些重要理论问题，基本上能够做到立足中国国情，具有国际视野，理论联系实际，服务中国特色社会主义建设实践。这一点从前述研究概况和重大问题研究进展中都可以得到印证。另外，作为目前唯一一个以“国际共产主义运动”命名的研究机构，中国社会科学院马克思主义研究院国际共产主义运动研究部经过调整，现已形成一支知识结构合理（涵盖马克思主义、经济学、哲学、科社与共运、国际政治、语言等学科专业），外语语种齐全（掌握俄语、英语、法语、意大利语、西班牙语、越南语、鲜语、老挝语等专业语言）的人才队伍。该部近年承办中俄论坛（举行了两次，在中俄轮流举行），“中越马克思主义论坛”（每年一次，在中越轮流举行），并承担了“中国社科论坛——苏联解体 20 周年国际学术研讨会”等国际学术会议，为中国社会科学院马克思主义研究院实施“走出去”战略作出了贡献。2009 年国际共产主义运动重点学科正式获批建立后，国际共产主义运动研究部主要围绕国际共产主义运动重要问题和热点问题进行研究，并取得了比较丰硕的研究成果。2011 年出版文集 1 部，专著 3 部，发表论文 50 篇，研究报告 6 份，译文 5 篇，其中有 3 项成果获得院级奖励。一些研究成果在国内同行中位于前列，学科在社会科学院乃至全国的影响开始逐步显现。

（一）学科发展中存在的问题

尽管国际共产主义运动学科在 2011 年取得了比较大的成效，但是，该学科建设在学科研究视角、理论深度、研究成果、研究队伍培养、研究力量整合等方面，仍有待进一步加强。概而言之，国际共产主义运动学科目前存在的问题突出表现在如下几个方面。

1. 研究视角不够开阔，理论研究深度有待提高

虽然在国际共产主义运动的研究中，也不乏跨学科、运用比较研究方法的成果，但是将国际共运史和世界社会主义运动，尤其是与中国特色社会主义相结合的研究还不是很多，将金融危机和欧债危机背景下资本主义的新变化与世界社会主义运动相结合的研究还有待进一步提高理论深度。很多学者在对当代世界社会主义运动的研究中，没有很好地区分理论研究与政治宣传的界限，自觉运用经典作家的立场、观点、方法来指导研究的能力还有待提高，研究不够深入，更多的流于时政化的介绍层面，尤其缺乏对研究对象的实地考察以及依据一手资料的分析判断。比如对“占领华尔街”运动的原因与实质以及对当前西方工人运动的现状与前景的研究就不够深入，分析透彻的凤毛麟角。

2. 研究成果不够厚重，研究队伍梯队建设后继乏人

就研究成果而言，虽然 2011 年学界围绕国际共产主义运动学科三大研究领域，即国际共产主义运动史、当代世界社会主义、当代世界资本主义出版了大量专著，发表了大量论文，

但是具有久远价值的、值得称道的拳头作品并不多见。

就学科设置来看，“科学社会主义”和“国际共产主义运动”合并为一个二级学科后，国际共运学科更缺乏独立性，在高校和研究机构的机构设置、研究生招生方向等方面，国际共运史和当代世界社会主义明显弱于科学社会主义。从后备力量来看，各高校都不再招收国际共产主义运动专业的本科生，研究生课程设置也逐渐转向世界政治经济与国际关系等方向，这就造成从事本学科教学科研工作的人员整体素质下降，后备力量不足。而且，现在还有消息称要把国际共运学科从政治学下面的二级学科“科学社会主义与国际共产主义运动”中砍掉，如若这样，势必进一步危及该学科的发展甚至生存。

3. 研究力量的整合仍亟待加强

目前，从事国际共产主义运动学科研究的现有教学机构和研究中心以及学术团体虽然各具特色、各有所长，但是，各部门之间缺乏必要的交流与合作，缺乏跨地区、跨单位的分工合作。由于缺少科学的组织和协调，学科发展缺乏整体规划，研究力量缺乏整合机制，研究工作缺乏深入，研究成果往往低水平重复。

（二）学科发展需进一步改进的措施

针对国际共产主义运动学科发展中存在的上述问题，学科在发展中亟待从以下几个方面进行改进和加强。

1. 对国际共产主义运动的研究应更加注重“两个结合”。一是注重将世界社会主义与中国特色社会主义结合起来进行研究，以此探讨中国特色社会主义与世界社会主义的相互影响、相互关系，参考借鉴国外社会主义的理论创新和实践经验；二是进一步将资本主义与国际共运和世界社会主义结合起来进行研究，从研究资本主义的发展历程、基本规律、基本矛盾及其新变化、新问题入手，从资本主义发展史中总结共产主义运动史的发生及发展变化的规律，从资本主义的新变化中把握当代世界社会主义运动面临的挑战和发展趋势，把握社会主义与资本主义的相互关系，探索社会主义在新条件下的实现形式和发展前景。

2. 加强国际共运学科人才队伍建设和后备力量的培养。一方面要提高现有研究人员的科研能力，鼓励研究人员在国内国外深造，加强马克思主义经典著作的学习，加强马克思主义发展史、社会主义思想史和国际共产主义运动史等学科知识的学习，夯实研究队伍的理论功底，提高科研人员的研究能力。同时，还要培养或招收一批具有马克思主义理论素养，具有国际共产主义运动理论功底，具有一定外语水平和科研能力的青年学者，以“传帮带”等多种形式，尽快提高国际共产主义运动学科研究队伍的整体学科素养和科研水平。

3. 加强与国内外相关研究机构和学者的交流。要充分发挥中央编译局、中国社会科学院世界社会主义研究中心、国内其他“科学社会主义与国际共产主义运动”重点学科，以及中国国际共产主义运动史学会和中国科学社会主义学会世界社会主义专业委员会等专业团体的作用，整合各高校相关研究力量，扩大国际共运学科在社会上的整体影响。同时，中国社会科学院马克思主义研究院国际共运部作为本学科一个专业研究队伍，要充分发挥学科研究人员外语水平较高、语种齐全的特点和优势，力争在跟踪研究国外共产党和世界社会主义运动的最新动态及理论成果方面达到国内领先水平，并将这一领域的研究推向深入。同时，还要放眼世界，积极参与世界社会主义论坛、中越马克思主义论坛的工作，努力加强与国外相关研究机构和学者的交流，想尽办法“走出去”，在实地考察中了解世界社会主义发展态势，把书本研究与实践考察相结合，推动国际共产主义运动事业的发展，力争把本学科建成在国内外有影响力的研究基地。

（供稿人：刘海霞、邢文增、潘西华、潘金娥、陈硕颖、吕薇洲）

# 第六章　中国近现代史基本问题

## 一　研究概况

2011年是中国共产党成立90周年，也是“十二五”规划实施的第一年。在建党90周年之际，党建党史学界积极落实十七届四中全会精神，以及2010年中央党史工作会议和习近平同志在党史工作会议上的讲话精神，从各个方面对中国共产党在90年来取得的辉煌成就和宝贵经验进行总结和研究，使本年度的党史党建学科发展呈现出新气象。

2011年7月1日，中共中央在北京举办了纪念建党90周年庆祝大会。胡锦涛总书记在会上发表了重要讲话，高屋建瓴地总结了党的90年历史，总结了党的经验和成就。胡锦涛指出，中国共产党的诞生，是近现代中国历史发展的必然产物，是中国人民在救亡图存斗争中顽强求索的必然产物。从此，中国革命有了正确前进方向，中国人民有了强大精神力量，中国命运有了光明发展前景。90年来中国共产党团结带领人民在中国这片古老的土地上，书写了人类发展史上惊天地、泣鬼神的壮丽史诗，集中体现为完成和推进了三件大事：第一件大事，紧紧依靠人民完成了新民主主义革命，实现了民族独立、人民解放；第二件大事，紧紧依靠人民完成了社会主义革命，确立了社会主义基本制度；第三件大事，紧紧依靠人民进行了改革开放新的伟大革命，开创、坚持、发展了中国特色社会主义。中国共产党90年取得的成就是：开辟了中国特色社会主义道路，形成了中国特色社会主义理论体系，确立了中国特色社会主义制度。胡锦涛强调，在世情、国情、党情发生深刻变化的新形势下，加强党的执政能力建设和先进性建设，面临许多前所未有的新情况新问题新挑战，执政考验、改革开放考验、市场经济考验、外部环境考验是长期的、复杂的、严峻的。精神懈怠的危险，能力不足的危险，脱离群众的危险，消极腐败的危险，更加尖锐地摆在全党面前，落实党要管党、从严治党的任务比以往任何时候都更为繁重、更为紧迫。为此，必须全面推进党的建设新的伟大工程，不断提高党的建设科学化水平。坚持解放思想、实事求是、与时俱进，大力推进马克思主义中国化时代化大众化，提高全党思想政治水平；坚持五湖四海、任人唯贤，坚持德才兼备、以德为先用人标准，把各方面优秀人才集聚到党和国家事业中来；坚持以人为本、执政为民理念，牢固树立马克思主义群众观点、自觉贯彻党的群众路线，始终保持党同人民群众的血肉联系；坚持标本兼治、综合治理、惩防并举、注重预防的方针，深入开展党风廉政建设和反腐败斗争，始终保持马克思主义政党的先进性和纯洁性；坚持用制度管权管事管人，健全民主集中制，不断推进党的建设制度化、规范化、程序化。胡锦涛总书记的讲话，是中共党史研究和党建研究的重大成果，为中共党史研究和党建研究的进一步发展指明了方向。

（一）党史学科

围绕建党90周年，学术界进行了深入研究，出版了一批有分量的成果。

在文献资料上，2011年中央文献出版社出版了中共中央文献研究室、中央档案馆编辑的《建党以来重要文献选编（1921—1949）》。该书收录了中国共产党成立以后至新中国成立以前各个历史时期形成的重要文献，包括中国共产党全国代表大会、中央全会等重要会议的文件，中共中央的重要决议、决定、宣言、通知、通告、指示，中央领导人的重要报告、讲话、文章、电报、书信等。它的出版，为广大党员干部和理论工作者、有关专业人员学习、研究和总结中国共产党在新民主主义革命时期的历史提供了丰富的文献资料。

在研究著作上，中共中央党史研究室修订出版了《中国共产党历史》第一卷（1921—1949），推出了《中国共产党历史》第二卷（1949—1978）（中共党史出版社2011年版）。这是党史研究方面的重要成果。特别是《中国共产党历史》第二卷（1949—1978），是全面反映中国共产党从1949年10月中华人民共和国成立到1978年12月党的十一届三中全会召开这段历史的重要著作。中共中央文献研究室编辑出版了《毛泽东思想年编（一九二一——一九七五）》、《邓小平思想年编（一九七五——一九九七）》、《江泽民思想年编》和《毛泽东思想形成与发展大事记》、《中国特色社会主义理论体系形成与发展大事记（一九七八——二〇一一）》。这些著作是研究中国共产党指导思想发展史的重要著作。中央国家机关工委组织国务院各部门全面总结了90年党领导各领域走过的光辉历程、辉煌成就和宝贵经验，出版了《辉煌90年》一书。其中收录了中国社会科学院党组撰写的《中国共产党90年领导哲学社会科学的辉煌成就与基本经验》。中国社会科学院马克思主义研究学部编写出版了《36位著名学者纵论中国共产党建党90周年》（中国社会科学出版社2011年7月版）。书中36位著名学者以马克思主义的深邃目光、学者的独特视角，从党的指导思想建设、经济理论与实践、政党与文化建设、历史经验总结四个方面，把中国共产党90年历程中的建设成就与实践经验进行了理论概括。

在党史宣传教育方面成效很大。《苦难辉煌》（华艺出版社2009年版）、《中国共产党为什么能》（新世界出版社2011年版）等书在正确宣传普及党的历史方面获得很大成功，为宣传普及党的历史创造了新经验。

总结"十一五"学科发展研究状况，预测学科发展趋势。由沙健孙、李捷、王顺生组成的全国哲学社会科学规划办中共党史党建学科规划组发表了《"十一五"期间中共党史研究工作的状况和"十二五"期间党史学科的发展趋势》（《中共党史研究》2011年第4期）。该报告包括四个部分：第一部分，总结了"十一五"期间中共党史研究工作取得的进展：党中央高度重视和关心中共党史研究工作，指导思想进一步明确；历史文献、档案资料、回忆录、年谱、传记等大量编辑出版，进一步夯实了开展中共党史研究的基础；继续推出一批中共党史研究成果，拓展出中共党史研究的若干新视角、新领域，理论思维有所提高，研究方法有所创新；稳步推进中共党史研究成果的宣传普及工作，充分发挥中共党史研究"资政育人"的社会作用；中共党史学科得到进一步加强，研究队伍进一步壮大。第二部分，分析了"十一五”期间中共党史研究工作存在的主要问题和薄弱环节：对中共党史研究的指导思想和科学方法，有进一步重申、明确、深化的必要；如何应对来自思想领域的多方面挑战，特别是历史虚无主义思潮，还面临着复杂而严峻的情况；中共党史研究领域还有相当多的薄弱环节，研究方法陈旧，文风也有进一步改进；中共党史研究的学科建设和队伍建设，存在若干亟待解决的问题，在一定程度上制约着自身的发展。第三部分，展望了“十二五”时期的学术前沿和发展趋势：深入学习和贯彻中共中央关于党史工作的指示精神，进一步明确中共党史研究工作的重要性；中共党史研究要准确把握党的历史发展的本质和主流，用历史的观点、实践的观点，科学总结党的历史经验；坚持党性和科学性、政治性与学术性相同样的原则，进一步推进中共党史研究；瞄准学术前沿，夯实基础，全面推进中共党史研究；加强中共党史研究成果的宣传与普及工作，有针对性地回应某些丑化党的历史、党的领导人的出版物；加强中共党史学科建设。第四，提出了“十二五”时期需要进一步深化和拓展的重点领域、方向和范围：中国共产党历史的分时期综合性研究；中国共产党专题史；中国共产党重大决策与事件、重要会议与人物研究；中共党史资料的收集、整理与研究；中共党史学科建设与发展研究。

（二）党建学科

实践性强是党建学科研究的最大特点。当前党执政面临的主要问题是：存在着社会矛盾激化，党群、干群关系紧张，公平正义以及转变经济增长方式等问题；存在着如何提高干部执政能力、有效扼制腐败、稳步推进民主的问题；存在着利益多元化、个人诉求多样化、信息网络化、信息传播快等新情况新问题。针对这些问题，党建学科研究着眼于探索新的历史条件下党的建设规律，着眼于提高党的建设科学化水平，着眼于推进各个领域党的建设实践和理论创新。

2011 年全国党建学科研究最新动态的特点是：

首先，重视 90 年党建经验研究。作为成立 90 年、执政 60 多年、改革开放 30 多年的中国共产党，在党的领导发展进程中，党的领导理念、领导体制和工作机制与时俱进、锐意创新，取得了丰富的认识成果、制度成果、理论成果。

其次，重视党的建设科学化研究。提高党的建设科学化水平这一重大命题和重大任务，无论在理论上还是在实践上都具有极为重要的意义。加强和改进新形势下党的建设，要坚持以科学理论指导党的建设，要坚持以科学方法推进党的建设，要以科学的制度保障党的建设。

再次，重视新形势下执政党建设重大问题研究。主要包括：科学发展观与执政党建设的理论研究、创先争优与党的先进性建设研究、马克思主义学习型政党研究、改革开放和长期执政条件下密切党和人民群众联系问题研究等。

最后，重视国外政党的经验教训研究。在党的建设方法上，一些政党在自身管理和活动中运用网络信息技术的经验；在健全党内管理制度上，一些政党着力完善党内决策机制和程序、利用新媒体完善舆论监督机制等，都值得借鉴。

围绕以上问题，全国党建研究会曾于年初确定了 2011 年的四个重点研究课题，这几个重大课题对全国范围党建学界的研究起到了较好引领作用。其中，2011 年 7 月，“创先争优与党的先进性建设研究”课题协调会在营口召开，8 月下旬在西宁召开了课题成果交流会，该课题对创先争优与党的先进性建设的内在联系、党组织先进和党员优秀在新的历史条件下的具体表现和实现形式、创先争优活动取得的成效和经验，以及如何以党内创先争优带动全社会创先争优等问题，有了新的认识成果，并对如何形成创先争优的长效机制提出了建议。2011 年 9 月，“科学发展观与执政党建设理论研究”课题协调会在济南召开，10 月中旬在天津召开了成果交流会，该课题总结概括了党的先进性建设、执政能力建设以及思想建设、组织建设、作风建设、制度建设和反腐倡廉建设的理论和实践创新，特别是在科学发展观对执政党提出的新要求和对执政党建设理论作出的重要贡献方面深化了认识。2011 年 10 月，“地方党政领导班子推动经济发展方式转变案例研究”课题成果交流研讨会在许昌召开，该课题在地方党政领导班子如何转变发展理念、改革完善领导体制和工作机制、如何推进经济结构战略性调整、科技进步与创新、建设资源节约型和环境友好型社会、加强和创新社会管理等方面取得了新的认识。2011 年 9 月，“改革开放和长期执政条件下密切党同人民群众联系问题研究”课题成果交流会在武汉举行，课题总结了党在不同历史时期密切联系群众的经验，深入分析新形势下党同人民群众关系的现状，着力研究当前党群关系存在的主要问题及原因，并就新形势下如何进一步密切党同人民群众的血肉联系提出了对策措施。经过一年的努力，四个重点课题共形成 101 篇调研报告，自选课题形成调研报告 256 篇。11 月中旬，全国党建研究会成立课题评审委员会，评出一等奖 38 篇、二等奖 71 篇、三等奖 106 篇、优秀奖 77 篇。

2011 年，党建研究领域的最大活动是，全国党建研究会会同中央组织部于 6 月 20 日成功举办了纪念中国共产党成立 90 周年党建研讨会，习近平、李源潮同志到会并做重要讲话。这次会议全面总结我们党 90 年的宝贵经验，共收到论文 307 篇，有 237 篇论文在会上交流，与会同志围绕“中国共产党 90 年来指导思想和基本理论的与时俱进及历史启示”、“90 年来党的组织工作的成就与经验”进行了认真讨论，并就“建党 90 年来党的建设成就与经验”等专题进行了深入研讨。11 月底，由中共和越共有关部门共同举办的第七次“中越两党理论研讨会”在常州举行，主题是“新形势下做好群众工作的经验”。此外，全国范围的党建研讨交流活动不断举行，比较大的活动有：“纪念中国共产党成立 90 周年党建理论与实践重庆研讨会”、“区域化党建与基层社会管理创新”、“中国农村党建论坛”等，这些活动有力地推动了各领域党建的研究创新和实践发展。

## 二 重大问题研究进展

2011 年以来，学术界围绕纪念中国共产党成立 90 周年、辛亥革命 100 周年，以及学习胡锦涛总书记在庆祝中国共产党成立 90 周年大会和纪念辛亥革命 100 周年大会上的重要讲话，对中国共产党 90 年的辉煌历程和宝贵经验进行了全面的总结，对辛亥革命的意义和历史启示进行了深入的研究。

### （一）辛亥革命研究

2011 年是辛亥革命爆发 100 年。纪念辛亥革命 100 年，成为今年中国政界和学术界的一个热点话题。围绕辛亥革命的研究和宣传，出现了一大批成果。

2011 年 11 月 9 日，中共中央在北京召开纪念大会，胡锦涛总书记发表重要讲话，高度评价了辛亥革命的重大意义。胡锦涛总书记在讲话中指出，辛亥革命的爆发，是当时中国人民争取民族独立、振兴中华深切愿望的集中反映，也是当时中国人民为救亡图存而前赴后继顽强斗争的集中体现。辛亥革命推翻了清王朝统治，结束了统治中国几千年的君主专制制度，传播了民主共和的理念，以巨大的震撼力和深刻的影响力推动了近代中国社会变革。虽然由于历史进程和社会条件的制约，辛亥革命没有改变旧中国半殖民地半封建的社会性质，没有改变中国人民的悲惨境遇，没有完成实现民族独立、人民解放的历史任务，但它开创了完全意义上的近代民族民主革命，极大推动了中华民族的思想解放，打开了中国进步潮流的闸门，为中华民族发展进步探索了道路，开启了中国前所未有的社会变革。辛亥革命永远是中华民族伟大复兴征程上一座巍然屹立的里程碑！胡锦涛总书记的讲话，揭示了辛亥革命爆发的根源，阐述了辛亥革命的重大意义，对推进和深化辛亥革命研究具有重要指导意义。

辛亥革命史研究再次成为 2011 年学术界的热点。学术界围绕辛亥革命举办了一系列活动，出版了众多带有总结性、前瞻性的成果，深化了辛亥革命研究，并对百年辛亥革命研究进行了总结。与以往侧重于将辛亥革命作为一个革命运动研究其发生、发展、取得胜利、遭受挫折的过程不同，今天的学者更着眼于整个清末民初时期的社会、经济、政治、文化、对外关系等各种社会力量的表现和变化以及辛亥革命发生的原因，即从侧重单个革命到着眼于整个社会的研究。这也是学者们不约而同地提出要以整体史观、长程视野结合历史重大问题来考察辛亥本身及其前后历史的原因。2011 年的辛亥革命史研究提出要盘点“三个一百年”，即一百年革命的历史背景、一百年革命历史本身与未来一百年的展望。其中，最引人注目的论题为三个：辛亥革命历史记忆史的研究；对中国大一统国家体制在辛亥革命之后延续与再造的历史反思；辛亥革命性质判定的新一轮讨论。值得重视的是，虽然各位学者对辛亥革命性质判定的讨论在总体上仍坚持既有观点，但又都对其中一些观点如“资产阶级革命说”、“近代民族民主革命说”、“民主共和革命说”等的理论依据作出了更详细有力的证明，为学界更全面、深入地研究辛亥革命提供了扎实的基础。估量一场伟大革命的意义，有如观山，要保持适当的距离，才能看得清它的轮廓。百年之后看辛亥革命，人们发现其意义确实非同寻常。盘点“三个一百年”、反思中国大一统国家体制的延续与再造，都是对辛亥革命意义的追寻。任何对历史事件的阐释，都带有阐释者所处时代的印痕，都隐含着阐释者所关心的时代问题。对于辛亥革命与清末新政关系的讨论，对于辛亥革命民族民主革命性质的讨论，对于辛亥革命为何成功很快、代价很小问题的讨论，都带有鲜明的时代特点，也将辛亥革命史研究带入了新的境界。

在学术会议方面，2011 年 10 月 12—15 日，由中国社会科学院和湖北省政府联合主办，中国史学会、中国社会科学院近代史研究所和湖北省社会科学界联合会、武昌辛亥革命研究中心联合承办的“纪念辛亥革命 100 周年”国际学术研讨会是最有代表性的一次会议。此次会议的主题为“辛亥革命与百年中国”。参加开幕式的中外学者共有 180 余人，其中，中国大陆学者 130 余人，中国香港、澳门、台湾地区学者 20 人，来自新加坡、日本、韩国、蒙古、澳大利亚、法国、俄罗斯及美国的学者计 30 人。研讨会分四个小组展开了讨论，分组讨论会历时三天，共有 36 场之多。与会专家学者对辛亥革命前后的政治、经济、思想、文化等方面的重要问题，辛亥革命涉外问题与国际社会，孙中山先生及其他相关历史人物，中国社会自辛亥革命以来的进步与发展，辛亥革命百年来的学术史研究等专题展开了深入研讨。

在学术成果方面，主要有：

中国社会科学院近代史研究所历时40年主持编纂、国家出版基金资助、中华书局出版的《中华民国史》。全书共36册，以展现中华民国（1912—1949）的重大历史进程、重要人物活动和大事备览为主体，是整体反映中华民国历史全貌的一部民国通史。该书继承了中国古代修史的传统，以纪、传、编年为主要形式，分为三个部分：《中华民国史》（全16册），《中华民国大事记》（全12册），《中华民国史人物传》（全8册）。

华中师范大学中国近代史研究所与广东社会院孙中山研究所共同策划出版的大型丛书《辛亥革命百年纪念文库》。此套丛书由中国国家出版资金资助、华中师范大学出版社出版，共收录有关辛亥革命研究著作30种共34分册，总字数近1400万。该文库内容涉及辛亥革命的百年记忆与诠释，辛亥革命与近代中国社会、政治、经济发展研究，辛亥革命时期的商人、商团和商会研究，辛亥革命时期精英文化研究，辛亥革命前期清政府的经济政策与改革措施研究，辛亥革命前后的官绅商学关系研究等，以及张难先、吴禄贞、经元善、刘揆一、马君武、卢作孚、周学熙、雷铁厓、田桐、殷子衡、张纯一、宗仰上人等辛亥人物文集。

由于学术资料的丰富，特别是研究视角的创新，在学术观点方面，围绕辛亥革命研究，学术界提出了一些不同以往的观点。

关于辛亥革命性质的争论。针对有的学者提出的“把辛亥革命定性为资本主义革命是不正确的”这一认识，有学者认为，不能因为当时孙中山主张中国实行社会主义，主张由分权制向集权制、多党制向一党制、地方自治向中央集权转变，主张解决农民土地问题而否定辛亥革命的资产阶级性质。把辛亥革命定性为资产阶级民主革命，一点也没有贬低其伟大意义的意思，相反，这是很崇高、伟大、光彩的。因为在无产阶级登上历史舞台前，资产阶级的民主共和思想是当时最进步、革命的思想，是推动中国社会前进的动力。而杨天石则认为，辛亥革命是资产阶级革命，这个看法未必准确。因为辛亥革命的目的是推翻满洲贵族的统治，最要紧的任务是救亡，而不是为了发展资本主义。同时，西方资产阶级革命后会马上和工人阶级产生矛盾冲突，而孙中山特别讲到，要让中国的工人阶级避免受剥削的痛苦。辛亥革命的性质应是民主共和革命，领导力量是“共和知识分子”或“平民知识分子”。[①] 还有学者认为，各方对辛亥革命性质的讨论，基本都是从领导者性质入手，但从政体转型角度来看，辛亥革命的一个基本面是共和制和君主制的较量。

关于辛亥革命的动力和历史必然性。李文海认为，辛亥革命的发生并非偶然，既不是由于“西方思想的影响”激起的“骚动和不安”，也不是在少数人“极端感情”或“革命狂热”煽动下的“幼稚与疯狂”，而是社会矛盾运动的产物，有着深刻的历史和社会根源。[②] 还有学者认为，辛亥革命的发生受到多种因素影响，革命运动是原动力，立宪运动是助推手，清末新政是催化剂。同时认为，过多强调立宪运动、清末新政的改良性质和责难革命的破坏

① 任思蕴：《“共和知识分子”领导了辛亥革命》，《文汇报》2011年10月10日。

② 李文海：《辛亥百年的历史思考》，《人民日报》2011年9月20日。

作用，不利于研究的深入。

关于辛亥革命的历史功绩与意义。金冲及认为，过去很长时间，人们对辛亥革命认识不够，讲消极和失败的方面较多，讲历史意义和对中国历史的推动作用较少。现在已经过去一百年，我们自然可以对辛亥革命的历史功绩做出更冷静、更全面、更客观的评价。① 中国社会科学院近代史所马勇给予辛亥革命较高评价，认为是参与各方共同努力相互让步的结果，是历史上从未有过的“不战而屈人之兵”的成功案例，是中国智慧的最高体现。② 杨天石认为，辛亥革命为“振兴中华”这篇大文章开了个好头，写好了第一段。李文海认为，辛亥革命的意义并不仅仅在于赶跑皇帝，推翻封建君主专制制度，更在于在两个重大政治原则问题上对传统思想作了根本性颠覆。一是曾被认为至高无上、神圣不可侵犯的专制独裁政治，被宣布是罪恶和黑暗的，“不是平等自由的国民所堪受的”，公开声称“敢有帝制自为者，天下共击之!”这是对以往政治是非的一个根本颠覆。二是过去被认为是卑贱的、可以任意生杀予夺的“愚民”、“草民”，被宣布为国家的主人。这是又一个根本颠覆。这两条虽然在现实政治生活中没有立即实现，但至少在法律、观念上得到了认可，成为绝大多数人的共识。③

关于辛亥革命的遗产。章开沅认为，应该正确对待辛亥革命遗产中的正面和负面因素，不可只讲一面，回避另一面，还应努力讲够讲透。例如，“共和国观念从此深入人心”之类话语就存在讲够但未讲透的问题。同时，他还主张放大眼界，将海峡两岸作为一个整体来研究辛亥革命以来的中国民主进程，这样可以获得更多真知灼见。④ 姜义华认为，辛亥革命在形式上打破了王朝体系，但贯穿于王朝体系运行中的各项基本原则，并没有随之湮灭，在很大程度上仍然影响着20世纪中国的政治生活，这是一份不可回避的历史遗产。诸如，大一统国家体系之类的基本原则，我们应将其与现代化紧密结合，与每个人自由而全面的发展紧密结合，方能继续保持其旺盛的生命力。⑤ 民间学者傅国涌认为，辛亥革命给予我们最大的遗产，就是尽量避免走弯路，少付出一些沉重代价，以节制、渐进的却是坚定的方式走出一条新路，建立起一个能充分保障公民基本权利，让每个中国人都活得既富足又有尊严的制度。⑥

关于辛亥革命与中国现代化。有学者认为，以辛亥革命为分水岭，之前中国的现代化模式主要是接受、理解外来的现代化理念，以此颠覆不利于实现现代化的传统因素，而革命后自然转变为更多考虑中国现代化的实际条件，规划符合中国革命自身需要的现实方案。吴剑杰认为，混乱和无序是大变革的常态。但无序也是一种序，并且是走向新的有序的必经阶段。民国即使变成一块空招牌，但有与没有也不大一样，因为民主共和的观念已深入人心，不管道路如何曲折，想要砸掉这块招牌的人无一例外都身败名裂。辛亥革命真正意义上开启了中国近代政治民主化、现代化的进程，后来孙中山发动的国民革命、中国共产党进行的新民主主义革命，实际上都是在不同时代条件下以不同方式延续和推进这一进程。这是不可逆转的

---

① 金冲及：《辛亥革命对推动中国社会进步的重大历史意义》，《红旗文稿》2011年第19期。

② 马勇：《一个王朝的隐退》，《南风窗》2011年第11期。

③ 李文海：《辛亥百年的历史思考》，《人民日报》2011年9月20日。

④ 章开沅：《反思与纪念：辛亥要谈三个一百年》，《同舟共进》2011年第10期。

⑤ 姜义华：《辛亥革命后大一统国家体制的延续和再造》，《理论视野》2011年第10期。

⑥ 傅国涌：《百年辛亥，我们往哪里去?》，《辛亥革命网》2011年1月13日。

时代潮流。辛亥革命带给人们社会生活、价值理念以及思想文化、教育科技等方面的进步，都是现代化因素的不断积累。关于辛亥革命是否促进了经济现代化，有学者认为，将转变中国传统经济思想的功劳算到辛亥革命头上不太恰当，辛亥革命的突出之处只是在于政府比较彻底地放弃了对经济的干预，使资本主义的自由主义经济思想得以延续、加强。有学者通过分析1895—1926年宏观经济数据，则认为辛亥革命确实在一定程度上促进了中国经济、特别是实业经济的发展，同时推动了教育的进步，并认为辛亥革命振兴实业、教育革新的理念对未来中国产生了积极导向作用。

关于辛亥革命与中国政治发展。有学者认为，辛亥革命对于当代中国政治发展的意义，在于开启了中国现代民主政治发展的新篇章，重构了中国社会的阶级阶层结构，开始了根除封建专制主义消极影响的进程，是新民主主义革命和社会主义革命的总预演和必要过渡阶段。关于辛亥革命后为什么民主政治没能实行的问题，许耀桐认为，关键在于在工业化浪潮下，当时中国的执政者或者执政党没有进行民主实践的意愿和决心，以及作为民主政治赖以生存的经济基础——经济市场化也较为欠缺。[①] 王先明认为，无论从革命主体还是从革命话语而言，辛亥革命都是20世纪的革命之源。孙中山"不断革命"的遗嘱成为一种历史正当性的标志。但民国之后，革命话语日渐"普泛化"，其真实本义却常常被淡化或者异化。有学者认为，辛亥革命发生前后，人们所接受的"共和"观念远非现代意义上的"共和"。对"共和"词义理解的含混与类型化，使国人较为广泛地将其与民主等同，与革命相连，视立宪法、开议会为标志。在革命的各个阶段，这些理解起到了截然不同甚至相反的作用。高瑞泉认为，辛亥革命第一次在国家根本大法层面上肯定了"平等"的价值，并承诺将其转变为社会政治法律方面的制度安排。但孙中山主张机会平等，反对实质平等或结果平等，其经济平等的诉求远比政治平等的要求激进，同时主张依赖"全能政府"来实现平等。[②]

关于孙中山思想的价值。林家有认为，对于孙中山的评价不应仅停留在革命先行者的层面，真实的孙中山还是中国近代化事业建设的先驱。刘学照认为，孙中山是20世纪中国第一位具有"百年发展思想"、提出全面建设现代中国方略的革命家，也是中国第一位自觉出于历史实践需要用现代科学思想重新诠释传统知行话语的思想家。今日重新解读其"行易知难"说，应该据历史、凭事实，重新焕发其"学问革命"的历史本义与尚理想、重实行的人文主义精神。宋志明认为，孙中山以现代视角和开放心态看待并转化传统，使之适应中国社会发展的需要，预见到了儒学的现代价值，在厘清儒学范畴、构想现代儒者人格方面均有重要建树，对于现代新儒学思潮的兴起具有前导和先驱的作用。[③] 章开沅认为，孙中山及其后继者设计的多种具体方案很难解决当前社会的深层次复杂问题，但"一手抓土地流转（平均地权），一手抓投资调控（节制资本）"的思路仍有启发作用。他晚年对世界主义，特别是世界主义与民族主义之间关系的思考，在经济全球化的今天，仍发人深省。当前，"全球地方关系"或"全球地方化"等理念，与孙中山的思路正相呼应。[④]

---

① 许耀桐：《辛亥革命百年与推进民主政治》，《理论探索》2011年第2期。

② 参见王为衡《建党90周年、辛亥百年研究之新论》，《北京日报》2011年12月27日。

③ 同上。

④ 章开沅：《反思与纪念：辛亥要谈三个一百年》，《同舟共进》2011年第10期。

关于孙中山思想的内在矛盾。张海鹏认为，孙中山思想的内在矛盾已为学术界注意，其民生主义思想的内在矛盾就较为明显。例如，呼唤社会主义，又极力预防社会主义革命的发生；高度评价马克思主义，却又明确反对马克思主义的唯物史观、剩余价值理论和阶级斗争学说，极力反对用阶级斗争的手段达到社会主义的目的；有时说共产主义是民生主义的最高理想，但有时又把社会主义、共产主义放在民生主义之内；同情劳工阶级，但又反对无产阶级成为未来社会主义国家的领导阶级。从世界观角度看，孙中山的民生主义确有同唯物史观相抗衡的一面，但在现实政治中，又与唯物史观、科学社会主义有相亲近的一面。①

关于辛亥革命与中国共产党的创建。金冲及认为，辛亥革命推翻君主专制制度，为中国共产党诞生创造了适宜的社会条件。同时，辛亥革命没有明确科学的革命纲领，没有充分地依靠最广大的人民群众，没有一个坚强的革命核心力量，所以，中国共产党能够建立起来也正是吸取了辛亥革命的教训。② 李文海认为，辛亥革命导致的思想解放，为包括马克思主义在内的各种政治和社会学说的传播提供了环境和条件；辛亥革命追求资产阶级共和国梦想的破灭，促使人们在怀疑和失望中另觅新路，为选择社会主义打下了思想基础；辛亥革命后民族资本主义的发展，壮大了无产阶级的力量，为中国共产党成立准备了阶级基础；同时，辛亥革命还为中国共产党成立准备了干部条件。③ 有学者认为，正是因为辛亥革命既成功又失败了，中国社会既前进又更加混乱了，人民开始觉醒但生活又未得到根本改善，所以才出现了辛亥革命爆发十年后就产生了中国共产党的历史现象。这是辛亥革命后特殊的历史环境给予了创建中国共产党的特殊历史契机。

针对近些年和纪念辛亥革命 100 周年出现的一些不正确观点，为了引导学术界坚持以马克思主义为指导研究和评价辛亥革命，中国社会科学院马克思主义研究院《马克思主义研究》编辑部组织了两次专访，采访了中国社会科学院副院长、当代中国研究所所长朱佳木研究员和中国史学会会长、中国社会科学院学部委员张海鹏研究员，在第 9 期和第 10 期分别以《实事求是地评价和研究辛亥革命》、《把辛亥革命开辟的中华民族复兴大业进行到底》为题予以发表。两次长篇访谈，驳斥了那种认为辛亥革命爆发是偶然的、辛亥革命是妥协的产物、辛亥革命搞糟了、中国共产党不是辛亥革命的真正继承者等错误观点，认为只有以马克思主义为指导，坚持阶级分析法，才能还原辛亥革命的本来历史面目，正确评价辛亥革命。

在纪念辛亥革命 100 年中，各种媒体在传播辛亥革命知识方面发挥了重要作用。中共中央文献研究室原常务副主任、历史学会原会长金冲及认为，天津市委宣传部、天津电视台拍摄的 41 集电视剧《辛亥革命》是最好的一部。这部电视剧真正抓住了中国近代无数志士仁人，为了中华民族的伟大复兴不惜牺牲一切而努力奋斗的精神，应该说是紧紧抓住了中华魂。④

学术界围绕纪念辛亥革命 100 年，取得了一系列带有总结性的成果，大量资料被整理出

---

① 李义天、冯雷：《辛亥革命与百年中国的复兴之路——中国史学会会长张海鹏教授访谈》，《马克思主义与现实》2011 年第 5 期。

② 金冲及：《从辛亥革命到中国共产党的建立》，《党的文献》2011 年第 4 期。

③ 李文海：《辛亥革命与中国共产党》，《光明日报》2011 年 9 月 19 日。

④ 金冲及：《〈辛亥革命〉是一部体现中华魂的好作品》，《今晚报》2011 年 10 月 10 日。

版，研究视野更开阔，结论更加平实，逐步还原辛亥革命的历史面貌。同时，也应该看到，辛亥革命研究中出现了一些偏离马克思主义的苗头，研究更加碎化，缺乏宏观的整体性的研究。一些成果貌似新，实际上是炒现饭，为求新而求新，存在哗众取宠之嫌。如何推进辛亥革命研究，应该在坚持马克思主义唯物史观为指导的前提下，像著名历史学家章开沅教授提出的，纪念辛亥革命要看三个“一百年”，即辛亥革命前的一百年、辛亥革命后的一百年和未来的一百年。他认为，“必须以更为超越的心态、广博的胸怀，把中华民族作为一个整体，并真正置于世界之中，作百年以上长时段的宏观考察与分析，才可以谈得上史学的创新”。①

（二）中国共产党90年的历史经验总结

中国共产党的90年，取得了辉煌的成就，书写了人类发展史上惊天地、泣鬼神的壮丽史诗。围绕着评价中国共产党在90年中的历史作用、地位、进程，及其所取得的成就，并总结历史的宝贵经验，学术界从多个角度多个方面进行了探讨。

1. 关于中国共产党的历史地位和领导作用

沙健孙分析指出，近代以来，中国面临着争取民族独立、人民解放和实现国家的繁荣富强即现代化这样两项根本性的历史任务。只有能够把这两项历史任务自觉地担当起来并带领人民为此而进行胜利斗争的政治力量，才能成为中国人民的合格的领导者。党的这种领导地位不是自封的，而是在带领人民为独立和富强进行的长期斗争实践中逐步形成的，是中国人民经过反复检验、比较之后作出的历史性选择。沙健孙总结说，中国共产党之所以能够领导人民为中国的独立和富强进行胜利的斗争，主要有四个原因。一是因为中国共产党的先进性，不仅代表工人阶级的利益，而且代表整个中华民族和广大人民的利益。二是因为先进理论的指导，中国共产党坚持马克思主义和中国实际相结合的思想路线，为中国的革命和建设制定出切合实际的正确的路线、方针和政策，为人民的斗争指明方向。三是因为其群众路线，中国共产党的坚持从群众中来到群众去，把人民群众团结起来、组织起来，成为一支不可战胜的力量。四是因为党不断加强自身建设，努力保持和发展党的先进性，从而经受了各种考验，使自己所领导的事业不断发展壮大。②

总体来说，中国共产党的地位不是自封的，是人民群众选择的结果，是历史选择的结果。90年来，我们党取得的所有成就都是依靠人民共同奋斗的结果，人民是真正的英雄。90年来党的发展历程告诉我们，来自人民、植根人民、服务人民，是我们党永远立于不败之地的根本。

2. 关于中国共产党在90年的奋斗历程所取得的丰功伟绩

对中国共产党90年所取得的辉煌成就，胡锦涛同志在庆祝中国共产党成立90周年的大会上曾言简意赅地指出，90年来，我们党的辉煌成就集中体现为完成和推进了三件大事：我们党紧紧依靠人民完成了新民主主义革命，实现了民族独立、人民解放；我们党紧紧依靠人民完成了社会主义革命，确立了社会主义基本制度；我们党紧紧依靠人民进行了改革开放新的伟大革命，开创、坚持、发展了中国特色社会主义。这三件大事，从根本上改变了中国人

① 章开沅：《反思与纪念：辛亥要谈三个一百年》，《同舟共进》2011年第10期。

② 沙健孙：《中国共产党：历史和人民的选择》，《光明日报》2011年7月6日第11版。

民和中华民族的前途命运，不可逆转地结束了近代以后中国内忧外患、积贫积弱的悲惨命运，不可逆转地开启了中华民族不断发展壮大、走向伟大复兴的历史进军，使具有 5000 多年文明历史的中国面貌焕然一新，中华民族伟大复兴展现出前所未有的光明前景。经过 90 年的奋斗、创造、积累，党和人民必须倍加珍惜、长期坚持、不断发展的成就是：开辟了中国特色社会主义道路，形成了中国特色社会主义理论体系，确立了中国特色社会主义制度。

学术界也从各个方面进行了高度评价。赵曜以“两次革命”、“两次飞跃”来概括。第一次革命是新民主主义革命和社会主义革命，第二次革命是改革开放。第一次理论飞跃是在新民主主义革命中产生了毛泽东思想，第二次飞跃是在改革开放中形成了中国特色社会主义理论体系。[①] 陈述则更为具体地指出，有六个方面的伟大成就：其一，建立新中国，开辟中国历史新纪元；其二，建设社会主义现代化中国，全面推进中华民族实现伟大复兴；其三，创新中华文明，形成了以人为本、与时俱进、社会和谐、和平发展为特征的中华新文明；其四，开辟“中国道路”，即举世瞩目的具有中国特色的“中国发展道路”；其五，创立了植根于中华文明、立足于中国国情、适应于人类发展规律的新型国家；其六，全面推进党的建设伟大工程和新的伟大工程，锻造了中国特色的新型执政党。[②] 还有的学者从现代性、现代化的角度阐述了中国共产党三个历史阶段的伟大成就和一脉相承：在第一阶段摆脱了资本主义殖民体系，实现民族独立；在第二阶段废除资本逻辑、打破苏联压制，初步探索中国特色现代化道路；在第三阶段超越新自由主义教条，开拓中国特色社会主义和科学发展新路。[③]

也有学者围绕着中国共产党执政以来为中华民族复兴作出的重大贡献进行探索和概括。朱佳木在接受《学习时报》的采访时认为，新中国成立后，中国共产党通过不懈探索发展道路、构建基本制度、营造内外环境以及加强自身建设，使中华民族拥有了有利于伟大复兴的基本条件：一是开辟了中国特色社会主义道路。这条道路完全符合中国的实际，是中华民族复兴最可靠的途径。二是建立了社会主义民主制度和法律体系，为建设富强民主文明和谐的社会主义现代化国家、实现中华民族的伟大复兴提供了强大的法制保障。三是开展了有利于中华民族复兴的一系列社会稳定工作。四是培育了有利于中华民族复兴的民族精神和社会风气。五是坚持了有利于中华民族复兴的不间断的执政党自身建设。党通过整风、组织整顿和思想教育活动等一系列措施，经受住了长期执政、市场经济、对外开放的考验。六是推动建设持久和平、共同繁荣的和谐世界，奉行互利共赢的开放战略，强调走和平发展的道路，推动国际秩序朝着公正合理的方向发展，为中国的发展营造了相对安全和宽松的外部条件。[④]

对于中国共产党执政 60 多年，取得如此辉煌成就的原因，学者们也进行了深刻的分析。谢春涛认为，其根本原因在于四个方面：一是执政后一直领导中国人民探索自己的发展道路，致力于走出一条适合中国国情的社会主义建设道路。党的十一届三中全会后，“走中国特色社会主义道路”的提法成为全党的统一意志，得到了广大群众的普遍支持。二是改革开放改变了中国的命运。三是把改革、发展与稳定结合起来。四是中国共产党认识到“关键是我们

① 赵曜：《中国共产党 90 年的光辉历程和丰功伟绩》，《科学社会主义》2011 年第 3 期。

② 陈述：《论中国共产党 90 年的伟大成就》，《中共中央党校学报》2011 年第 4 期。

③ 陈志刚：《现代性视阈中的中国共产党 90 年的辉煌成就》，《马克思主义研究》2011 年第 7 期。

④ 朱佳木：《中国共产党是中华民族伟大复兴的推动者、领导者和组织者》，《学习时报》2011 年 6 月 9 日。

共产党内部要搞好”。始终把惩治与预防腐败置于关乎党和社会主义历史命运的高度。[①] 金民卿特别强调，中国革命、建设、改革的胜利，是中国共产党的胜利，是社会主义在中国的胜利，是马克思主义在中国的胜利。没有共产主义的信念，没有马克思主义的信仰，这些胜利都是不可能的。[②]

总体来说，对中国共产党90年辉煌成就，学者们更加注重从整体的角度来评价，这和纪念改革开放30周年时一些学者比较重视改革开放的成就、贬抑新中国成立后30年探索的成就相比，有了很大的变化。毋庸置疑，历史是连续的，不可分割的。中国共产党90年所取得的一切成就，是一代一代中国共产党人同人民一道顽强拼搏、持续奋斗的结果。中国要走社会主义道路是早在90年前就已经确定了的，新民主主义革命是走上社会主义道路的前提，第一代中央领导集体领导人民在新中国成立后的探索为中国特色社会主义作了奠基，第二代中央领导集体领导人民开辟了中国特色社会主义道路，第三代中央领导集体领导人民推进了中国特色社会主义道路，十六大以来新的中央领导集体领导人民进一步发展了中国特色社会主义。

3. 关于中国共产党90年的宝贵经验和启示

90年来，中国共产党积累了许多宝贵的历史经验，科学总结这些经验对于我们推进党的建设科学化具有重要的意义。

赵曜归纳了六条：一是坚持了马克思主义中国化；二是坚持了解放思想、实事求是、与时俱进的思想路线；三是在每一个历史阶段都制定了指导各项工作的基本路线；四是不断推进党的建设的伟大工程；五是有成熟的中央领导集体；六是始终坚持群众路线。

欧阳淞则认为，中国共产党的90年历史，不仅展现了中国历史上从未有过的辉煌，也蕴含着十分丰富而又弥足珍贵的启示。必须始终坚持解放思想、实事求是、与时俱进，始终坚持马克思主义基本原理同中国实际相结合，为党和人民事业胜利发展提供强大思想保证。必须坚持独立自主，从实际出发探索适合本国国情的发展道路，领导人民不断开创通往美好未来的康庄大道。必须始终坚持一切为了群众、一切依靠群众，从人民群众的智慧和力量中汲取推动事业发展的不竭动力，不断实现好、维护好、发展好最广大人民的根本利益。必须坚持党的领导，以改革创新精神加强和改进党的建设，不断推进党的建设新的伟大工程。[③]

中国共产党90年的历史经验，十分丰富，需要从各个方面进行总结，而且不但要总结成功的经验，还需要研究失误和挫折的教训，以资借鉴。无疑，在强调中国特色社会主义道路与改革开放的成就的因果联系，以及继续坚定不移地推进改革开放上，学者们基本上达成了肯定性共识，但是在进一步理解中国道路、中国模式、中国经验，在如何推进改革开放，在哪个方向使改革取得新突破，按照什么顺序推进改革开放等问题上，则还存在争论、分歧，还需要加以深入的探讨。

4. 关于正确认识中国共产党90年历程中的曲折和失误

历史活动并不是涅瓦大街的人行道。历史是复杂的、曲折的。在中国共产党90年的伟大

---

① 谢春涛：《中国共产党为什么能取得辉煌的执政成就》，《红旗文稿》2011年第11期。

② 金民卿：《井冈山精神的灵魂及其当代启示》，《人民论坛》2011年第24期。

③ 欧阳淞：《肩负着人民的希望：中国共产党90年历程的回顾与思考》，《党建研究》2011年第7期。

实践中，无论是革命还是社会主义建设，中国共产党都犯过不少错误，甚至犯过几次严重的、长时间的、全局性的错误；她所领导的斗争也经历过许多的曲折，甚至遭受过严重的失败。如何正确看待这 90 年曲折的历史。

沙健孙指出，在党的历史上，错误和挫折只是局部的、暂时的现象，并不是它的本质和主流、主题和主线。中国共产党不但善于从成功的经验中学习，而且也善于从错误中学习，并汲取教训。中国人民并没有因为中国共产党也可能犯错误而与它疏离。即使在党犯错误的时候，由于它的性质和宗旨都没有改变，广大人民群众仍然把它看作是自己根本利益的代表者，仍然对它表示信任并寄予希望，与它同心同德、共渡难关。①

中共中央组织部原部长张全景特别强调，90 年来，我们大都取得了辉煌的成就。在强调改革开放成就的同时，不能否定新中国前 29 年的显著成就，正是这个成就为后来的改革开放和现代化建设奠定了坚实的基础。新中国前 29 年，有正确，有失误，经历了一些挫折甚至是严重失误，这也是事实。要客观地分析前 29 年的成绩和失误，尊重事实，不带偏见。要正确分析产生错误的原因。当时许多失误造成的损失令人痛心，但那时在探索中付出的代价，有的是难以避免的。回顾历史是为了汲取经验教训，把握规律，把后来的事情办好。绝不能以回顾历史为名，歪曲党的历史，玷污党的领袖，否认党的领导。要坚持实事求是，一分为二，全面正确地评价历史，不能情绪化。只有这样，才能把握党的历史发展的主流和本质，得出客观、公正、全面的结论。② 朱佳木也指出，国史研究者在研究国史经验时应当注意掌握几个基本方法。第一，既要研究新中国不同时期的经验，又要把各个历史时期的经验联系起来研究。第二，既要研究新中国各个领域的历史经验，又要从宏观层面对历史经验作综合的研究。第三，既要研究新中国历史中的成功经验，又要注意对失误和挫折的经验进行研究。第四，既要用今天的眼光研究新中国历史的经验，又要把经验放到特定的历史条件下研究。③

总之，历史前进的道路不是直线式的，而是蜿蜒曲折的。每个时代都面临着不同的问题，也都有其时代的局限。中国共产党的 90 年，虽然每一个阶段都有一些挫折和失误，但成就是主要的，是主流。党史研究必须坚持党性和科学性的统一，要牢牢把握党的历史发展的主题和主线、主流和本质，坚决反对任何歪曲和丑化党的历史的错误倾向。

（三）党的建设 90 年的经验总结

中国共产党是一个大党，也是一个老党。长期以来，我们党围绕“建设什么样的党、怎样建设党”的问题进行艰辛探索，积累了成功经验，也有过失误的教训。认真总结和用好党加强自身建设正反两方面经验，并结合新的实践不断丰富和发展，是党建理论研究的重要内容，是不断提高党的建设科学化水平的重要途径。为纪念建党 90 周年，围绕党的建设经验，一些领导、专家和学者撰写了大量总结文章。

关于党取得成功的经验，习近平强调，中国共产党 90 年来所以能够不断发展壮大，所以能够带领人民创造举世瞩目的伟业，一个根本原因，就在于始终坚持科学理论的指导，坚持把马克思主义基本原理同中国革命、建设、改革的具体实际相结合，不断推进马克思主义中

① 沙健孙：《中国共产党：历史和人民的选择》，《光明日报》2011 年 7 月 6 日第 11 版。

② 张全景：《认真学习研究中国共产党的历史》，《中共党史研究》2011 年第 2 期。

③ 朱佳木：《研究中华人民共和国史经验应当注意的几个方法问题》，《中国社会科学》2011 年第 4 期。

国化，实现了党的指导思想和基本理论的与时俱进。[①] 石仲泉认为党取得成功的原因是："党具有代表最广大人民最大利益的先进性，党具有着重思想建设的优良传统性，党的解放思想、实事求是思想路线的正确性，党具有善于学习、与时俱进、开拓创新的创造性，党具有既善于坚持真理又勇于修正错误的对人民、对民族的高度负责性和党具有广泛团结一切可能团结的力量的博大包容性。"[②] 柳建辉教授则认为，始终坚持把马克思主义基本原理同本国国情相结合，坚定不移地走自己的路，是总结党的成功实践得出的一条根本经验；始终坚持实事求是的思想路线，不断推进马克思主义中国化、时代化、大众化，是总结党的成功实践得出的一条基本经验；始终依靠人民群众，诚心诚意为人民谋利益，从人民群众中汲取前进的不竭力量，是总结党的成功实践得出的一条重要经验；始终自觉地加强和改进党的建设，不断增强党的创造力、凝聚力和战斗力，永葆党的生机和活力，是总结党的成功实践得出的一条主要经验。[③] 在"纪念中国共产党成立90周年党建研讨会"上，与会同志一致认为，"中国共产党90年来之所以能够带领人民取得举世瞩目的伟大成就，一个重要原因就在于把党的建设伟大工程与党领导的伟大事业紧密结合起来，在领导革命、建设和改革的过程中不断加强党的自身建设。坚持以中国化的马克思主义为指导，坚持着重从思想上建设党，坚持实事求是的思想路线，坚持全心全意为人民服务的根本宗旨，坚持党的建设的目标、主线和总体布局，坚持把制度建设贯穿于其他各方面建设之中，坚持党要管党、从严治党，坚持突出重点、统筹推进，成为大家研讨交流中对90年党的建设主要经验的共识"。[④] 在由中央党校、全国党建研究会和重庆市委联合主办的"纪念中国共产党成立90周年党建理论与实践研讨会"上，党建专家学者从党的领导地位、理想信念、群众路线、基层党建、反腐倡廉等方面对党的建设成功经验进行了总结。[⑤] 中国社会科学院李伟研究员分析指出，中国共产党在90年的风雨历程中，积累了丰富的党的建设经验，主要有四方面：坚持一个鲜明彻底的马克思列宁主义的党纲；正确处理与资产阶级的关系；重视思想教育；贯彻民主集中制。这四点历史经验，对于新的历史时期的党的建设，有着更为直接的意义。[⑥]

关于党的建设"主线"的经验的研究得到加强。一是，论述了执政能力建设与先进性建设之间的关系。有学者认为，先进性建设是执政能力建设的前提；执政能力建设是先进性建设的内在要求与具体体现。"党的先进性建设与执政能力建设同为党的建设的'主线'，两者之间紧密联系，互为条件，缺一不可。"[⑦] 二是，论述了执政能力建设的经验。有学者在分析科学发展观与执政能力建设之间关系时认为，科学发展观的确立，是加强党的执政能力建设的必然要求。科学发展观是党的执政理念、执政能力的深层次升华；加强党的执政能力建设，是科学发展观的现实实践要求；科学发展观与加强党的执政能力建设是个有机的统一。因此，

---

① 参见习近平《中国共产党90年来指导思想和基本理论的与时俱进及历史启示》，《党建研究》2011年第7期。

② 参见石仲泉《论中国共产党的强大生命力》，《中国井冈山干部学院学报》2011年第3期，第5页。

③ 参见柳建辉《风雨锤炼九十年——论中国共产党的历史经验与启示》，《史学集刊》2011年第3期，第23页。

④ 参见党延文《总结成就经验，推进党的建设》，《人民日报》2011年9月17日第7版。

⑤ 参见李传柱《回顾光辉历程，总结宝贵经验，推进伟大工程——"纪念中国共产党成立90周年党建理论与实践研讨会（重庆）"综述》，《求是》2011年第13期。

⑥ 参见李伟《中国共产党建设的历史经验》，《马克思主义研究》2011年第6期，第16页。

⑦ 刘长江：《执政能力建设与先进性建设的关系》，《重庆社会科学》2011年第2期，第30页。

加强执政能力建设，必须在执政理论上坚持解放思想、实事求是、与时俱进，不断实现理论创新；必须牢固树立立党为公、执政为民的思想，不断强化为民服务的意识；必须不断加强党的先进性建设，并把它看做是取得和巩固执政地位的关键所在；必须在不断加强党的先进性建设的同时，还要始终把发展作为党执政兴国的第一要务。① 三是，论述了先进性建设的经验。学者普遍认为，加强党的先进性建设，必须始终坚持以先进的理论为指导，必须紧紧结合党在各个时期的使命任务，必须不断扩大党的阶级基础和群众基础，必须充分发挥基层党组织战斗堡垒作用，必须把党员的先进性建设作为基础工程抓实抓好。姚桓教授认为我们党保持了先进性的经验是：始终坚持理论创新，以思想理论建设引领各方面建设，创造性地解决了在中国特殊条件下建设先进的无产阶级政党问题；把阶级性、先进性与代表性、群众性结合起来，把巩固党的阶级基础同扩大群众基础统一起来，使中国共产党成为中国最先进的政治力量；把发展党的先进性与回答时代挑战紧密结合起来，在解放、发展生产力，实现民族独立、人民解放和社会主义现代化建设的历史进程中体现党的先进性。②

关于党的“五个方面”建设的经验的研究全面深化。

——在思想建设方面，习近平同志在“纪念中国共产党成立 90 周年党建研讨会”上作了系统论述，他深刻概括了毛泽东思想和邓小平理论、“三个代表”重要思想以及科学发展观等重大战略思想的形成过程、科学内涵、精神实质和历史贡献，总结了党的指导思想和基本理论与时俱进的深刻启示，即推进马克思主义中国化，一定要以科学态度对待马克思主义，正确处理坚持和发展、一脉相承和与时俱进的辩证统一关系；一定要胸怀共产主义远大理想，坚持以我们正在做的事情为中心，充分尊重人民群众的伟大实践和创造；一定要以宽广的眼光密切观察世界局势的发展变化，积极借鉴吸收人类文明一切优秀成果；一定要坚持不懈地用党的理论创新成果武装党员干部头脑，不断提高全党的思想理论水平。③

——在组织建设方面，李源潮同志提出，我们党组织工作取得成功的历史经验是：必须以发展着的中国化马克思主义为指导，始终坚持组织工作的正确方向；必须紧紧围绕党的中心任务推进组织工作，在服务大局中体现组织工作价值；必须把党和人民的根本利益作为组织工作的出发点和落脚点，努力让全党满意、让人民满意；必须坚持解放思想、实事求是、与时俱进，不断推进组织工作改革创新；必须把制度建设贯穿组织工作各个方面，努力提高组织工作的科学化、民主化、制度化水平。④

——在作风建设方面，全国党建研究会顾问尚文认为，90 年加强党的作风建设的基本经验是：必须从党的生死存亡的战略高度重视和加强作风建设；必须围绕党的政治路线和中心任务加强作风建设；必须坚持以科学的思想理论为指导推进作风建设；必须坚持以密切党群关系为核心加强作风建设；必须坚持教育和制度相结合，把制度建设贯穿于作风建设全过程。⑤ 有学者认为，作风建设的核心是密切党与群众的血肉联系，在党的历程中，我们党始

① 参见闫成俭《中国共产党建党 90 年来的执政能力建设思路与经验分析》，《河南社会科学》2011 年第 2 期。
② 参见姚桓《党的先进性建设的基本经验》，《中国组织人事报》2011 年 7 月 1 日。
③ 参见习近平《中国共产党 90 年来指导思想和基本理论的与时俱进及历史启示》，《党建研究》2011 年第 7 期。
④ 参见李源潮《90 年来党的组织工作的主要成就与经验》，《学习时报》2011 年 7 月 4 日。
⑤ 参见尚文全国党建研究会《党建研究通讯》2011 年第 3 期。

终把党群关系建设作为政党建设目标的重要构成，并矢志不渝；始终把党群关系建设作为党的建设整体布局的灵魂内容，作为联结党的各方面建设的枢纽；始终把党群关系建设作为检验党的建设水平和成效的最具价值的核心指标，作为判断真假马克思主义政党的试金石。[①]在“中越两党理论研讨会”上，刘云山回顾总结了中国共产党立党为公执政为民、团结带领人民群众不懈奋斗的实践历程和宝贵经验，阐述了进一步加强和改进群众工作的基本思路和主要举措。强调顺利推进中国特色社会主义伟大事业，要求我们牢固树立群众观点，切实打牢做好群众工作的思想基础；始终站稳群众立场，着力解决人民群众最关心最直接最现实的利益问题；深入贯彻群众路线，不断从人民群众中汲取事业发展的智慧和力量；改进创新方式方法，努力增强群众工作针对性和实效性；建立健全工作制度，有效提高群众工作规范化制度化水平。[②]

——在制度建设方面，李锡炎教授认为，90 年来党在民主集中制的内涵上把民主与集中的主从关系提升到相互依存、相互促进的辩证关系，创造性地继承发展了马克思主义的民主集中制理论。他认为，在民主集中制的内涵上把民主与集中的主从关系提升到相互依存、相互促进的辩证关系，创造性地继承发展了马克思主义的民主集中制理论；在民主集中制的定位上从狭义的组织制度提高到党的根本制度，对加强马克思主义执政党建设提出了新的基本要求；在民主集中制的建设上把理论原则转化为具体的制度规范，推进民主集中制建设的科学化、规范化、具体化；推进民主集中制的理论创新和实践创新，使马克思主义的民主集中制理论实现了飞跃发展。[③]

——在反腐倡廉建设方面，专家学者普遍认为，在新时期党建工作的“五位一体”格局中，反腐倡廉建设处于基础性的关键地位。各种消极腐败现象仍未从根本上得到遏制，给党和人民的利益造成严重损害。要不断深化对反腐倡廉建设规律的认识，不断加强惩治和预防腐败体系建设，提高反腐倡廉建设制度化、法制化和科学化水平。[④]中央纪委邵景均研究员认为，90 年的经验主要有，始终高度重视反腐败斗争，不断加强和改善对反腐败斗争的领导；始终坚持依靠人民，标本兼治反腐败；始终坚持从实际出发，灵活制定反腐败方针政策；始终坚持边实践边总结，注重以发展的科学理论指导反腐败斗争实践。[⑤]这些重要思想，有效地推进了反腐倡廉建设。

## 三　简要评论

总体来看，由于适逢建党 90 周年、辛亥革命 100 周年，2011 年学术界围绕着党建党史以及辛亥革命等重大问题进行了深入、持续的研讨，一些重要文献、大部头著作、丛书争先恐

① 参见周知民《党群关系建设：中国共产党 90 年发展的核心能力》，《长白学刊》2011 年第 3 期，第 5 页。

② 参见刘云山《切实做好新形势下的群众工作》，《求是》2011 年第 24 期。

③ 参见李锡炎《中国共产党对马克思主义民主集中制理论的重大贡献》，《中国浦东干部学院学报》2011 年第 3 期。

④ 参见党延文《总结成就经验，推进党的建设》，《人民日报》2011 年 9 月 17 日第 7 版。

⑤ 邵景均：《中国共产党 90 年反腐败的基本经验》，《中共中央党校学报》2011 年第 3 期，第 62 页。

后献礼，期刊杂志也纷纷设立专栏加以讨论，有重要影响的成果纷至沓来，党史党建学科和党史宣传教育取得了重大成就，为“十二五”党史学科发展开了好头，打下了良好的基础。但是，就党史研究来说，也存在几点需要引起注意的问题：

第一，一定程度上存在“两热两冷”现象：“体制内热、体制外冷”，“党务干部热、党员群众冷”。中国共产党建党90周年是2011年的热点话题。但要看到，关注中国共产党建党90周年的主要是体制内，而体制外的广大群众，包括学术界，兴趣不是很大。因为从上到下各级部门都把纪念建党90周年作为2011年的重大政治任务，所以作为一项重要工作，体制内的干部和学者，给予了高度关注。普通百姓却并没有多大热情和兴趣，相形之下冷清许多。这与建党70年时相比，形成鲜明的对比。学术界除了党史学界，关注点主要在辛亥革命100年。体制内关注纪念建党90周年的主要是各级党务部门和党务干部，广大普通党员对自己的政党过90华诞表现出不应有的冷漠。虽然六部门发文要求学习《党史》第二卷，号召得多，落实得不够，党员的积极性、热情度不高。

第二，热衷于对党的历史上犯过错误的领导人和敏感事件的研究。党成立以来，走过了辉煌的90年。在纪念建党90周年时，如何落实中央领导关于深化“党史的主题和主线、主流和本质”研究，应该成为党史学界的重要任务。因为只有这样才能认识党的伟大，增强对党的认同度，回应社会上对党的一些错误认识。对党的历史上犯过错误的领导人和敏感事件的研究，是党史研究的重要方面。但面对党的丰富历史，许多重大的事件和重要问题迫切需要研究，一味将精力关注在党的历史上犯过错误的领导人和敏感事件，作所谓的“翻案”文章，视为学术“创新”，制造一些轰动效应，忽视政治后果，无疑偏离了党史研究的主要方向，无法更好地总结党的经验，存在哗众取宠之嫌。

第三，热衷于对党的历史的微观研究，回避对党的历史的重大问题的宏观研究。毋庸讳言，目前党史学界对党史研究的内容更丰富了。随着各类文献资料的出版，特别是各类回忆录的出版，对党史的细节进行更深入的研究，可以丰富对党史的认识。但一些党史学者受西方后现代主义史学思潮的影响，沉迷于对党史上细节问题的研究，回避所谓“宏大叙事”，并且用一些细节去颠覆所谓的“传统”观点，当作“创新”，视为学术研究新进展。这类研究导致了党史研究的碎片化，使人们对一些重大问题产生了错误认识。这类研究，虽然有一定学术价值，却忽视了党史研究的政治性。应该看到，当前从事党史研究的主要是体制内的各类党史工作者。党史研究不能仅从个人兴趣出发，更不能从所谓小集团利益出发，应该从党的根本利益出发，“服务中心、围绕大局”，服务于党的事业，有助于推进党的事业和党的建设。研究细节是必要的，但应该围绕一些重大的问题去进行细节研究，更应该将更多精力投入到关系到党的命运和党的事业的重大问题研究，将宏观研究和微观研究有机地结合起来。

第四，忽视用阶级分析法去分析国共之争。相当长一段时间以来，国内学术界对马克思主义的阶级分析法采取了冷漠乃至否定的态度，对马克思主义的阶级斗争理论报以冷热嘲讽的态度。因为现实中否定“以阶级斗争为纲”，所以对历史上国共之争就不愿用阶级分析法去分析，视过去的党史史观是“土匪史观”，认为新中国成立前的国共之争是“兄弟之争”，没有是非，没有正义与非正义之分。这种做法忽视了国共两党的阶级本质的差异，将会使民众产生错误的认识，导致非常严重的政治后果，也无助于国共进行新的合作。

党史学科在中国是一门重要的学科，是加强执政党建设的一个重要领域，需要各方面高度重视。党史学界应该以中央关于党史工作的最新精神为指导，提高马克思主义唯物史观水平，充分占有历史资料，拿出科学性强、社会效益大、群众喜闻乐见的成果，为党的中心工作服务，为增强群众对党的认同度，提高党的国际形象服务。

就党建研究来说，为了庆祝建党90周年，学术界在2011年推出了一批有分量的成果，围绕党的建设科学化、创先争优等问题做了更加深入的研究。但也存在一些问题，主要表现在三方面：一是对创先争优活动的实践总结多，理论提升少；二是对党建科学化研究简单套用新名词多，理论框架、观点创新少；三是对90年党建经验从单个方面建设总结的多，上升到总体性、规律性认识的少。比如，每个时期都有独特的党的建设特点，都有独特的党的建设经验，应当深入挖掘我们党关于革命时期、关于执政时期党的建设的经验。同时，要如党的十七届四中全会那样，将90年党的建设规律、经验高度概括为几条来研究。

2012年，要倍加珍惜和自觉运用党90年的经验，从中汲取营养、智慧和力量，努力把党的建设继续推向前进。第一，紧紧围绕迎接党的十八大和学习贯彻十八大精神开展研究和宣传活动。第二，着重研究新形势下执政党建设重大问题，从理论与实践的结合上深化认识。比如，开展好新形势下防止和消除“四个危险”研究、保持和发展党的先进性研究、党员干部模范践行社会主义核心价值体系研究、坚持和健全民主集中制与加强领导班子思想政治建设研究以及党的建设与加强和创新社会管理研究、创先争优的实践与理论研究，等等。第三，努力探索党的建设规律，对党的建设科学化重大命题要有新认识。党的十七届四中全会提出提高党的建设科学化水平这一重大命题和重大任务，无论在理论上还是在实践上都具有极为重要的意义。加强和改进新形势下党的建设，必须深入研究这个重大命题，认真落实这项重大任务。第四，积极借鉴国外政党的经验教训，扩展党建研究的视野和领域。在党的建设方法上，一些政党在自身管理和活动中运用网络信息技术越来越普遍，运用“媒体公关”来增进党的亲和力和号召力；在健全党内管理制度上，一些政党着力完善党内决策机制和程序，利用新媒体完善舆论监督机制等，都值得我们借鉴。

（供稿人：陈志刚、龚云、戴立兴）

# 第七章　思想政治教育

## 一　研究概括

2011 年思想政治教育学科建设稳步前进。思想政治教育学科在学科点的布局、学科体系的建立、学术队伍的培养和理论研究等方面取得较大成绩。思想政治教育学科专业在全国高校范围内实现了全覆盖，目前共有博士点 66 个、硕士点 253 个、本科点约达 300 个，人才队伍培养质量明显提高。学科建设在组织机构、管理制度等方面进一步完善，逐步走向科学化、规范化、正规化。2011 年举办了各类学术会议和学术交流活动，主要有：7 月 18 日至 19 日，由中国社会科学院马克思主义研究院与内蒙古师范大学联合主办的“2011 年全国思想政治教育学术研讨会”；10 月 15 日至 16 日，由全国高校思想政治教育学术委员会主办、北京大学马克思主义学院承办的“全国思想政治教育前沿论坛”；10 月 21 至 22 日，教育部人文社科百所重点研究基地清华大学高校德育研究中心、清华大学马克思主义学院与中南民族大学马克思主义学联合举办的“全国思想政治教育高层论坛”；12 月 3 日至 4 日，由思想理论教育杂志社、上海市学生德育发展研究中心、上海市教育卫生系统思想政治工作研究会举办的“文化建设视域中的思想政治教育高端论坛”。这些学术会议围绕思想政治教育前沿热点问题、思想政治教育学科的创新与发展、如何提高思想政治教育理论课教学实效性等问题展开了深入的研讨，对于推进学科建设和学术研究起到了积极作用。

2011 年的思想政治教育学术研究，继承以往的研究成果，紧密联系当前思想领域的实际，在理论问题研究与现实问题研究等方面取得了可喜成绩，并呈现出以下几个特点。

（一）继续推进思想政治教育的基础理论研究，思想政治教育科学化问题成为研究重点。2011 年学术界对思想政治教育的基础理论研究继续保持良好的发展势头，在思想政治教育学科建设研究，思想政治教育本质、价值、方法研究，思想政治教育历史发展研究，思想政治教育比较研究等方面取得了一定进展。其中，思想政治教育科学化问题成为重点关注的问题。张耀灿的《在新的历史起点上推进思想政治教育科学化》，刘建军的《论思想政治教育的科学化》，苏振芳的《思想政治教育科学化与理论创新的若干思考》，孙其昂的《论思想政治教育研究的科学化与组织化》，钱广荣的《推进思想政治教育科学化的基本理路》，佘双好的《关于思想政治教育学科科学化的思考》，平章起、李伟的《思想政治教育科学化探析——基于思想政治教育学科建设的思考》等，从思想政治教育科学化的意义、内容、途径等不同角度探讨思想政治教育科学化问题。学界普遍认为，思想政治工作科学化是30年前提出的。近30年来，在思想政治教育活动科学化、专业建设和人才培养科学化、理论建设和学术研究科学化等方面得到了全面推进，取得了巨大成就，实现了许多新的突破。现在，我们站在一个新的历史起点上，重提思想政治教育科学化，具有不同寻常的意义，它使思想政治教育学科建设有了现实抓手。自觉拓展、深化对思想政治教育理论基础的认识，既坚持马克思主义意识形态理论指导，又坚持马克思主义人学指导，定能在思想政治教育及其研究中更好地贯彻落实以以人为本为核心的科学发展观，全面推进思想政治教育的科学化。

（二）深入发掘马克思主义经典著作中的思想政治教育思想成为亮点。近年来，从马克思主义经典文本中研究思想政治教育的基础理论问题，成为思想政治教育学界研究的一个重要特征。2011年，学界注重加强这方面的研究，如张耀灿的《论马克思主义经典作家的思想政治理论教育评价观》，余斌的《试论思想政治教育的目的、本质、原则和方法》，刘建军的《思想政治教育要发挥真理的魅力》，党首兴的《〈关于费尔巴哈的提纲〉对思想政治教育的指导意义》，蔡青的《论思想政治教育的优良环境建构——重读马克思的〈关于费尔巴哈的提纲〉》等。特别是李征的专著《马克思恩格斯思想政治教育理论与实践研究》一书，系统考察了马克思恩格斯关于思想政治教育思想，认为在马克思恩格斯著作和文章中使用了大量关于“宣传”、“宣传工作”、“政治宣传工作”、“鼓动”、“宣传鼓动工作”、“政治鼓动工作”、“政治教育”、“宗教教育”和“理论教育”等提法，这些都是与现代思想政治教育密切相关的基本概念。通过对马列经典原著的研究考察，来探求思想政治教育的本质、目的、原则和方法等基本理论问题，可谓是思想政治教育基础理论研究中创新，也是我国思想政治教育研究的正确方向。

（三）以纪念建党90周年为契机，全面总结中国共产党思想政治工作经验成为年度热点。2011年是中国共产党成立90周年。胡锦涛在纪念中国共产党成立90周年大会上的讲话，将“坚定不移发展社会主义先进文化”列入全面推进中国特色社会主义伟大事业的大政方针，并明确指出：“发展社会主义先进文化，必须把社会主义核心价值体系建设融入国民教育、精神文明建设和党的建设全过程。要坚持用马克思主义中国化最新成果武装全党、教育人民，引导广大干部群众深刻领会党的理论创新成果，坚定理想信念。”90年来党领导中国革命、建设和改革的全部历史证明，思想政治工作是经济工作和其他一切工作的生命线，是中国特色社会主义事业健康发展的根本保证，是加强和巩固党的领导的重要内容，关系到党和国家命运与前途。全面总结建党90年来党在思想政治工作领域中取得的成就和经验，成为思想政治教育界的一个热点。主要成果有：郑永廷的《中国共产党思想政治教育理论的创新与发展——纪念中国共产党建党90周年》，石云霞的《中国共产党90年思想政治工作科学化研究》，申维辰的《中国共产党成立90年来思想政治工作的经验与启示》，王树荫的《论中国共产党90年思想政治教育的基本经验》，谭献民的《党在民主革命时期思想政治工作的主要特点和基本经验》，胡飒、刘建军的《改革开放以来思想政治工作的主要特点与基本经验》，刘玉标、马静的《九十年来中国共产党思想政治工作的人本向度》，王洁敏的《中国共产党三代领导人对思想政治教育理论与实践的主要贡献》，赵志翔等的《中国共产党建党90年来思想政治工作发展的基本历程》等。学者们从不同角度回溯和总结中国共产党建党90年来思想政治工作发展的基本历程、基本经验，丰富和发展了中国共产党思想政治教育史论域的研究。

（四）思想政治教育重大理论的研究进一步深化，社会主义核心价值观凝练问题成为关注的热点。2011 年新年伊始，刘云山在全国宣传思想工作会议上强调，要扎扎实实做好宣传思想文化工作，为“十二五”开好局提供有力思想舆论支持。学界继续深化对马克思主义中国化、大众化、时代化问题，社会主义核心价值体系以及科学发展观等重大理论问题的研究，为思想政治教育提供了深厚的理论底蕴和强有力的理论支持。其中，关于社会主义核心价值观的凝炼与概括问题成为研究热点之一。2011 年春，由《光明日报》发起并推动的“社会主义核心价值观凝练”大讨论中，学界参与广泛、讨论深入，把这一问题的讨论引入高潮。学界对于凝炼与概括社会主义核心价值观的理论基础、基本原则、基本范式、基本路径，以及社会主义核心价值观的具体内容等多重维度切入，进行了较深入的研究探讨。代表成果有：程恩富的《核心价值观凝炼的五个方面》，李德顺的《表述社会主义核心价值观的几点思考》，戴木才的《论社会主义核心价值观与核心价值体系的辩证关系——中国特色社会主义核心价值观探索之一》、《论社会主义核心价值观与核心价值体系的辩证关系——中国特色社会主义核心价值观探索之二》，包心鉴的《以人为本、民主公正：社会主义核心价值的科学内涵》，黄蓉生、白显良的《提炼社会主义核心价值观若干问题的思考》，叶小文的《论提炼“社会主义核心价值观”》，沈壮海的《解开凝练社会主义核心价值观的思维之结》，王虎学的《核心价值观究竟该如何凝练》等。学界一直认为，提炼社会主义核心价值观，要准确把握核心价值观的社会主义属性，以社会主义核心价值体系为逻辑基点，遵循逻辑与历史、理论与现实相统一的原则，要科学揭示社会主义价值本质的要义，要积极承接人类文明的共同成果和价值共识，要汲取世界社会主义实践运动的经验教训并以我国广大人民群众最广泛的价值认同为现实基础，要高度展现中华民族核心价值观的精髓。关于“社会主义核心价值观”的具体表述，有学者统计指出，目前学界共提出了 60 种有关社会主义核心价值观的看法与表述，涉及 90 多个具体范畴（或判断）。比较有代表性的有：“富强、民主、文明、和谐”；“民主、公正、和谐、进取”；“人本、公正、民主、和谐”；“民主、平等、公正、互助”；“共同富裕、公正民主、科学文明、人本和谐”；“劳动优先、共同富裕、公平正义”；“集体主义”；“共享共建”；“人的自由全面发展”，等等。总的来看，理论界关于社会主义核心价值观的表述仍处于讨论、争鸣阶段。但这些讨论和提法必将为进一步凝练出具有广泛社会认同度、经得起历史、实践和人民检验的“社会主义核心价值观”打下了良好基础。

（五）思想政治教育重大现实问题研究更加广泛，国企思想政治工作研究成为年度热议话题。2011 年是我国进入“十二五”时期的开局之年，是加快转变经济发展方式的关键之年。思想政治教育继续围绕当前社会现实进行广泛的研究。在加强和改进未成年人思想道德建设方面，强调要把育人为本、德育为先作为教育工作的根本要求。在高校思想政治教育研究和工作方面，持续推进对心理健康教育、网络思想政治教育、思想政治教育模式建构等热点问题的研究，在加强和改进思想政治理论课教学方法和内容的探究方面也取得较好进展。特别是“志愿精神”研究、“两新组织”、“人群聚集区”的思想政治教育引起重视，思想政治教育理论研究的现实性和针对性进一步增强，为提高思想政治教育实效性研究提供了一个很好的发展方向。其中，加强企业思想政治工作、推进企业文化建设成为重点关注问题之一。2011 年 2 月 28 日，中共中央办公厅、国务院办公厅转发了《中央宣传部、国务院国资委关于加强和改进新形势下国有及国有控股企业思想政治工作的意见》，就新形势下国企思想政治工作的重要性和紧迫性、总体要求和主要任务、机制保证和组织领导等问题作了具体明确的阐述，是指导新形势下国企思想政治工作的纲领性文件。黄丹华的《学习贯彻〈意见〉切实加强和改进新形势下国有企业思想政治工作》，申维辰的《打牢思想文化基础全面提升国有企业软实力》，李春华的《从巩固执政党地位的高度认识加强和改进新形势下国企思想政治工作的重要性和紧迫性》，辛向阳的《新形势下加强和改进国企思想政治工作的现实思考》，王军的《加强思想政治工作构建国有及国有控股企业和谐劳动关系》，王志钦的《思想政治工作中的心智模式修炼》，李志方的《新时期加强企业思想政治工作的三大途径》，王明琴等的《国有企业的人本管理与党建工作》等，从国企思想政治工作的重要性和紧迫性、国有及国有控股企业如何针对新形势、新情况，创造性地加强和改进思想政治工作等问题开展了广泛的讨论。

## 二　重大问题研究进展

### （一）关于思想政治教育学科建设的研究

经过多年的努力，学界对思想政治教育学科建设的研究取得显著成就，对于推进思想政治教育的学术研究和教育教学起到了重要作用。2011 年，学界对思想政治教育学科建设的研究，主要围绕学科定位、学科属性、学科理论体系构建、学科建设的科学化、学科队伍建设等方面展开。

关于思想政治教育学科的定位问题。有研究者总结了 2005 年马克思主义理论一级学科确立以来思想政治教育学科建设的状况，归纳出学界在思想政治教育学科定位上的几种观点，即存在着“三关系说”、“学科依托论”、“三位一体论”和“五位一体论”，认为，学界一致赞同思想政治教育学科是马克思主义理论一级学科下的一个二级学科的基本定位，并从不同视域对思想政治教育学科的定位问题提出了各自不同的理解①。

有学者指出，目前对思想政治教育学科定位探讨大多处于纯理论状态，从学科自身的科学特性出发进行研究的较少；存在学科概念混用现象，在研究过程中把思想教育、思想政治教育、思想政治教育学科三个概念混淆使用；思想政治教育学科建设研究内容重复性大、观点陈旧、雷同度大、缺乏独创性②。有学者具体归纳为三个方面：在学科认知层面上存在着未合理界定学科属性、未厘清学科边界及其与其他学科的关系、未形成强烈的学科意识；在学科理论研究层面上存在着基本理论研究分歧颇多、比较研究薄弱、研究方法欠科学、学术研究队伍和学科基地建设不强；在学科人才培养方面存在着专业特色不鲜明、课程设置不规范、师资队伍不齐整等现象③。也有的学者认为，目前还应进一步转变研究思路与研究范式，

---

① 严春蓉：《2005—2010 年思想政治教育学科建设研究综述》，《宜宾学院学报》2011 年第 8 期。

② 同上。

③ 孙迪亮、李莹：《思想政治教育学科建设中存在的三大问题》，《临沂大学学报》2011 年第 2 期。

深化思想政治教育学科立论研究，要持续深入地回答诸如为什么各个社会、各类群体都有思想政治教育和都需要思想政治教育的问题，也要回答不同社会、不同国家、不同人群为什么有不同的思想政治教育的问题，更要回答思想政治教育的本质和规律是什么的问题，并要持续关注思想政治教育的结构与功能、价值与实现、目标与内容等问题①。

针对学科建设上存在的诸多问题，学界从多方面探讨解决问题的途径。有学者提出，在思想政治教育学科建设问题上，可以引入“专业学术槽”概念以提升思想政治教育的学科意识，突出中国特色的思想政治教育观念。“专业学术槽”是一个学科生存发展的根基。在学科体系的划分中有着重要的作用，用以区分两种不同的学科边界时有着相对的唯一性，有了明确的“专业学术槽”意识，思想政治教育学科才不会继续存在以往的那种现象：耕了别人家的田而不知道，别人耕了自家的田而无所适从；借助于上述概念，思想政治教育学科才能逐步确立自身独有的概念、范畴体系，从而逐步确立自身学科发展规划和道路。在此基础上，需要进一步深化“中国认识”与“认识中国”，并在此基础上拓深、拓展“专业学术槽”，在深化“中国认识”的过程中“认识中国”②。

有学者认为，思想政治教育学科理论发展到今天，是与不断创新思路分不开的，即开展元理论研究，特别是与推进研究范式的人学转向分不开的。今后的发展，要在马克思主义人学范式关照下，重点对“思想政治教育原理”重新审视，拓展和深化对思想政治教育学理论基础的认识、对思想政治教育核心内容和基本方法的认识和对思想政治教育本质的研究，全面落实“思想政治教育原理”理论体系的学科研究对象，在核心概念“思想政治教育”上率先克服单一主体性倾向，加大对思想政治教育的根本价值是实现马克思主义价值的必经途径问题的研究，在思想政治教育学基本范畴研究中开展学术争鸣，并逐步增强运用马克思主义人学辩证法来开展研究③。

针对所存在的学科基本理论研究欠缺、学术共同体及学科共同信念缺乏等不足之处，有研究者从库恩的范式理论来切入问题，认为在范式有效建构视角下，思想政治教育学科应强调自足的学科意识、话语系统、理论体系和学术建制，构筑学科研究的整体意识，塑造并延续思想政治教育的传统及历史观，增强理论联系实际的能力，运用系统的学科方法论解释世界，彰显学科面对实践的解题能力，以强化学科的认同分享为中心，拓展专业化、科学化的方法论工具形成以及专业化研究队伍的培育。以此来彰显思想政治教育内在的理智特性，以有效检验其成长为现代学科的基质④。

关于思想政治教育的科学化问题。有论者认为，当前的思想政治教育科学化问题实际上是20世纪上半叶中国教育学科学化思潮在思想政治教育领域的拓展和延伸。从思想政治教育科学化的五个方面，即研究对象、研究方法、范畴体系、概念表述、实践指导已有研究成果来看，在整体上都存在着从某一个方面来强调思想政治教育的科学化，导致对思想政治教育的整体性考察不足，在论证上基本上是从文本到文本，忽视了对客观基础的现实考察，体现

① 郑永廷：《论思想政治教育学科特点与研究前沿》，《思想政治教育研究》2011年第4期。

② 张澍军：《试论思想政治教育学科前沿的若干重大问题》，《马克思主义研究》2011年第1期。

③ 张耀灿：《对“思想政治教育原理”的重新审视》，《学校党建与思想教育》2011年第10期。

④ 胡晶晶、戴锐：《范式论视角下思想政治教育学科的理论之失与建构之路》，《现代教育管理》2011年第3期。

出逻辑性不足、理论的科学化与实践的科学化界定不清等特征[①]。有学者指出，在新的起点上推进思想政治教育科学化，要解决好一个前提性的问题，即弄清思想政治教育学科定名的缘由；要对思想政治教育科学化中学术研究科学化、人才培养科学化、教育实践科学化三个维度的紧密联系和各自建设目标有一个清晰的认识；要对三个维度科学化建设需正确认识和处理的若干关系予以全面把握、逐步落实[②]。

针对学科建设中的科学化问题，有研究者认为，思想政治教育的科学化，是思想政治教育学科建设的内在要求。思想政治教育不断走向科学化，其基本思路是：坚持学科建设合目的性与合规律性统一，坚持马克思主义指导与马克思主义中国化理论指导的统一，坚持学科建设的综合性与独立性的统一，坚持学科建设的继承性与现代化的统一，坚持学科建设的实践发展与理论创新的统一[③]。有研究者认为，思想政治教育的学科属性是思想政治教育实践特征的反映。从理论系统分析，思想政治教育学科具有知识性、科学性、系统性特征，这是其作为学科存在的必要条件和一般性前提；从价值系统分析，思想政治教育学科具有思想性、政治性、意识形态性，这是其作为这一特定学科存在的内在根据。因此，思想政治教育学科是思想性（政治性）与知识性（科学性）的统一。学科建设的直接目的是要构筑思想政治教育学的知识体系，故知识性与科学性是学科的首要标志。然而在学科建设的过程中，容易出现忽视思想性与政治性的倾向。因而，探索思想政治教育学科建设中思想性与知识性的辩证统一关系及其实现途径，是思想政治教育学科建设健康发展的保证[④]。

也有学者认为，思想政治教育学科建设面临着意识形态性与科学性的双重选择。在前学科建设时代和学科建设初期，意识形态问题一直处于凸显地位。在学科的科学化建设过程中，现代知识论的建构方法和价值取向受到青睐，思想政治教育学科的意识形态属性逐渐被弱化和淡化。而国家设置思想政治教育学科的旨归，决定了本学科建设的科学性要服务和服从于意识形态性，要为社会主义意识形态的合理性和合法性进行论证、辩护[⑤]。进而认为，马克思主义理论和方法的科学性是思想政治教育科学化的基础和前提，实现指导思想、基本理论和实施方式的科学化是思想政治教育科学化的主要内容，其主要旨归在于更为有效地实现其培养人们正确的世界观、人生观和价值观的人生诉求[⑥]。

关于思想政治教育的学科属性问题。学者之间存在着较大差异，传统的教育学科的定位、应用社会科学定位、人学取向的定位、综合取向的定位都各自存在着问题，但也只有多学科的定位才能从更开阔的范围定位思想政治教育现象[⑦]。思想政治教育研究要在新的历史条件下实现理论的发展创新，离不开交叉学科的视野。有论者指出，交叉学科的视野对于思想政治教育研究质量的提升、学科建设的推进和研究者能力的提高都具有非常重要的价值。对于

---

① 张子麟、孙拥军：《思想政治教育科学化研究述评》，《河北学刊》2011年第1期。

② 张耀灿：《在新的历史起点上推进思想政治教育科学化》，《思想理论研究》2011年第11期。

③ 平章起、李伟：《思想政治教育科学化探析——基于思想政治教育学科建设的思考》，《思想教育研究》2011年第11期。

④ 李春华：《论思想政治教育学科建设中思想性与知识性的关系》，《学校党建与思想教育》2011年第4期。

⑤ 王习胜：《论思想政治教育学科建设中的意识形态问题》，《思想教育研究》2011年第2期。

⑥ 王习胜：《思想政治教育科学化内涵探要》，《思想教育研究》2011年第1期。

⑦ 佘双好：《关于思想政治教育学科科学化的思考》，《思想理论教育》2011年第11期。

研究者而言，应该准确把握被教育者思想政治状况之“实然”并科学设定教育之“应然”，为思想政治教育交叉学科的确立提供认识论基础；寻找相关学科和思想政治教育的交叉点，为确立思想政治教育的交叉学科提供充分的依据和科学的路径。基于思想政治教育所存在的问题及原因的广泛性和复杂性，它需要研究者确立一种“学科协同”意识，要有一种学科建设自觉。而就内在要求而言，又要求研究者对其他学科与思想政治教育的交叉点的确定应科学合理，应有充分的依据和理由。如果交叉点过多，将冲淡和削弱思想政治教育学科的主题；如果交叉点过少，则思想政治教育所面对的时代课题将难以得到有效的解决。而只有当这一系列问题得到了有效解决，具有合理性的思想政治教育学科体系的确立才获得了现实的可能性①。

关于当前思想政治教育学科队伍建设问题。有研究者指出，针对当前思想政治教育学科队伍建设面临的学科力量整体不强、专业人才相对缺乏，学术带头人相对匮乏，尤其缺少领军人物，学科队伍结构不够合理、“近亲繁殖”现象较为严重等现象，要以马克思主义理论一级学科发展为背景，借鉴多年来思想政治教育学科队伍建设的成功经验，积极探寻摆脱困境的出路，成为思想政治教育学科建设必要而又紧迫的任务。并指出，首先要注重学术带头人的选拔和培养，造就学科建设的领军人物，这就要建立健全选拔机制，科学选拔学术带头人，要优化管理，重视学术带头人的培养。其次要加强学科梯队的建设，增强学科的可持续发展能力。即要构建合理的学科梯队结构，处理好学科梯队与学科研究方向的关系，注重后备力量的培养和优秀人才的引进。处理好学术带头人与院（系）行政负责人的关系，把思想政治理论课教师作为学科梯队的骨干力量。最后，要提高教师队伍的综合素质，提升学科发展的核心竞争力。要坚定马克思主义信仰，不断提高业务能力，注重提升人格魅力②。

（二）关于思想政治教育本质问题的研究

思想政治教育本质是全部思想政治教育理论的基础和核心，是整个思想政治教育学的立论之本，是关系到整个思想政治教育全局的问题。因此，思想政治教育学界始终对此高度重视，进行了较深入的研究，提出了许多值得关注的观点。有学者将这些观点概括为“一元本质说”和“二元本质说”，也有少数主张“多元本质说”。一元本质说，如“政治性”说、“阶级利益性”说、“转化论”说、“灌输论”说、“人学论”说等；“二元本质说”，如“社会政治属性与经济管理属性”说、“政治属性与非政治属性”说、“政治性与科学性”说等③。也有的从另一个角度将这些观点分为“社会本位说”和“个人本位说”两种④。

“社会本位说”，也被称为“工具性本质论”⑤。这是关于思想政治教育本质的最普遍的观点和看法，认为思想政治教育是指一定的社会或社会群体用一定的思想观念、政治观点、道德规范，对其成员施加有目的、有计划、有组织的影响，使他们形成符合一定的社会、一定

① 刘云林：《交叉学科视野下的思想政治教育研究》，《学校党建与思想教育》2011年第11期。

② 郝潞霞、李伟玲：《思想政治教育学科队伍建设面临的困境与破解研究》，《北京教育》2011年第4期。

③ 石书臣：《思想政治教育的本质规定及其把握》，《马克思主义与现实》2009年第1期。

④ 李月玲、王秀阁：《思想政治教育本质述评》，《学校党建与思想教育》2011年第4期。

⑤ 李净：《思想政治教育本质新论》，《徐州师范大学学报》（教育科学版）2011年第2期。

阶级所需要的思想品德的社会实践活动[①]，是为统治阶级和现行政治所服务的；是使社会成员形成符合一定的社会、一定阶级的统治（治理、管理）所需要的思想品德的重要手段。“灌输论”[②]、“人的社会化”[③]、“政治性”[④]、“意识形态性”[⑤] 等均是这种观点的具体体现。

“个人本位说”，也被称为“目的性本质论”[⑥]。目的性本质则是思想政治教育“属人性”的一面[⑦]。以张耀灿为代表的学者们提出，“思想政治教育研究的人学范式转换和人本主义转移将是该学科发展的趋势。思想政治教育研究应该自觉推进人学范式转换。如果说过去的思想政治教育研究属于社会哲学范式，那么新时期则呼唤思想政治教育研究的人学转换。”[⑧] 有的研究进一步指出，“在马克思主义人学范式下将思想政治教育的本质定义为促进人生存与发展的价值化存在，突出体现的是思想政治教育的目的性本质，强调思想政治教育理论研究与工作实践应该把促进人在社会中的生存与发展当作价值旨趣，实现每一个人在社会中的全面发展。”[⑨]

与上述观点不同的是兼有“社会本位说”和“个人本位说”、“工具性本质”和“目的性本质论”的观点。有研究者认为，“以社会哲学的视野揭示的是思想政治教育的工具性本质，以人学视野揭示的是思想政治教育的目的性本质”[⑩]。有研究者指出，我们“探讨思想政治教育的本质，既要考察其满足阶级与社会需求的一面，更需要回到思想政治教育本身去追寻它的属性，既看到它的工具性本质，也要看到它的目的性本质”[⑪]。有研究者认为，应把思想政治教育本质理解为一种“实践活动”，这样既体现了思想政治教育维护阶级统治、促进社会发展的工具性的一面，又体现了思想政治教育培养人的目的性的一面。因而，认为思想政治教育是“调节个人与社会的思想政治关系，促进个人思想品德与社会意识形态同质发展，以实现个人与社会良性互动的实践活动”[⑫]；是以个人和社会的统一为前提和基础，以个人思想品德和社会要求的差距为出发点，最终实现个人和社会的有机统一、良性互动的过程[⑬]。也有论者认为，思想政治教育本质回答的是“思想政治教育是什么”的问题。对这个问题的不同理解决定了不同的思想政治教育观，影响人们对思想政治教育功能的不同定位和实践路径的选择。澄清对该问题的认识，一方面需要遵循思想政治教育的历史逻辑，寻找出其价值共性；另一方面需要遵循思想政治教育的现实逻辑，揭示其特殊性。依上所言，可以把对思想政治教育本质认识的争论概括为，一元本质和多元本质的分歧、科学属性和价值属

① 邱伟光、张耀灿：《思想政治教育学原理》，高等教育出版社 2010 年版，第 4 页。

② 刘书林、陈立思：《青年思想政治教育学原理》，中国青年出版社 1999 年版。

③ 陈秉公：《思想政治教育学原理》，高等教育出版社 2006 年版。

④ 孙其昂：《关于思想政治教育本质的探讨》，《南京师范大学学报》2002 年第 5 期。

⑤ 石书臣：《思想政治教育的本质规定及其把握》，《马克思主义与现实》2009 年第 1 期。

⑥ 李净：《思想政治教育本质新论》，《徐州师范大学学报（教育科学版）》2011 年第 2 期。

⑦ 李合亮：《思想政治教育探本》，人民出版社 2007 年版，第 120 页。

⑧ 张耀灿：《推进思想政治教育研究范式的人学转换》，《思想教育研究》2010 年第 7 期。

⑨ 钟启东、刘丹：《人学范式下的思想政治教育本质探析》，《改革与开放》2011 年第 6 期。

⑩ 张澍军：《德育哲学引论》，人民出版社 2002 年版。

⑪ 李合亮：《思想政治教育探本》，人民出版社 2007 年版，第 120 页。

⑫ 褚凤英：《思想政治教育本质再认识》，《探索》2010 年第 3 期。

⑬ 李月玲、王秀阁：《思想政治教育本质述评》，《学校党建与思想教育》2011 年第 4 期。

性的分歧、关系论与实践论的分歧。而解决上述分歧，则需要我们进一步澄清本质与属性的区别，化解意识形态和去意识形态的两难困扰①。

但有论者对现有的“思想政治教育本质”观点提出质疑。指出，第一，把思想政治教育定义成“有目的的、具有超越性的实践活动”，把“实践活动”界定为思想政治教育本质，并不能把思想政治教育同其他社会实践活动从根本上区别开来，社会的其他教育活动也同样可以具备目的性、超越性，都可以把人的全面发展当作实践活动目标。第二，灌输作为思想政治教育本质有混淆思想政治教育方式与本质之嫌。第三，强调意识形态性或政治性是思想政治教育的本质，是把思想政治教育本质属性当作思想政治教育本质加以了论述②。

有学者撰文阐述了灌输理论在思想政治教育学中地位问题。他指出，在最初的《思想政治教育学原理》教材中，一般都基于列宁关于灌输的理论，明确指出了思想政治教育这种实践活动的本质就是“灌输”，并把“思想政治教育的本质是灌输”摆在一个突出的地位。但后来有些教材似乎不再提及思想政治教育的本质是“灌输”了，有的教材在“思想政治教育的本质”的标题下，并不直接提灌输，还有一些人虽然也讲“灌输论”，但其作为思想政治教育本质的地位被取消了，把灌输作为思想政治教育者的基本职能之一（灌输、激励、调节、转变)，把“灌输”降低到教育者自身职能和方法的层次，与“填鸭式”的生硬灌输联系起来，这是对“灌输”的歪曲或者误解；还有的学者把“灌输论”作为思想政治教育学的主要理论依据之一，这样的处理，这实际上也是降低了灌输在思想政治教育学中的地位。对此，一方面应该帮助不了解“灌输论”的人从这种误会中解脱出来，另一方面思想政治教育专业的研究者也不应该因为有人误解了这个概念而不敢使用这个概念。正确的态度是坚持列宁提出的思想政治教育的本质是“灌输”的结论，深刻理解列宁这一思想的深刻内涵。他从五个方面重新梳理了列宁在《怎么办》中提出的“灌输论”，认为列宁提出“灌输论”是揭示思想政治教育本质的主要论断，具有十分重要的理论和实践意义。鉴于以上分析，还是运用列宁提出的“灌输论”揭示思想政治教育的本质为好③。

关于“德育非政治化”问题也是与思想政治教育本质直接相关的问题。所谓“德育非政治化”④ 即主张德育只能是道德教育，不能包括政治教育、思想教育的观点。对此，有论者撰文从三个方面进行了分析。第一，关于“德育”及其与“思想政治教育”的关系。在党和国家的重要文献中，“思想政治教育”和“德育”这两个概念是相通的。第二，关于“公民教育”。现实中并不存在某种超越不同国家和社会的一般的“公民教育”。要求用“公民教育”去取代思想政治教育，这是“德育非政治化”主张的又一种表达方式。第三，关于教育方针中“接班人”的提法。有论者以培养社会主义事业接班人是“政治教育”、“政治使命”为由反对教育方针中“接班人”的提法，是“德育非政治化”观点的典型表现。政治性是思想政治教育或德育的本质属性之一。完全脱离政治的“非政治化”的德育是不存在的。在当代国际背景下，要求我国的德育与国际“接轨”，不得以培养社会主义事业的接班人为目标，

① 李辉：《思想政治教育本质认识分歧探源》，《思想教育研究》2011年第7期。

② 钟启东、刘丹：《人学范式下的思想政治教育本质探析》，《改革与开放》2011年第6期。

③ 刘书林、华晔子：《思想政治教育学重要理论问题研究的新进展》，《思想教育研究》2011年第7期。

④ 杜时忠：《德育十论》，黑龙江教育出版社2003年版，第6页。

不得向学生灌输辩证唯物主义和历史唯物主义的世界观、人生观等，这本身就是具有很强的政治性的思想，并未摆脱论者所批判的“德育政治化”的制约。总之，必须全面地理解思想政治教育（或德育），不应把德育仅仅归结为道德教育，同时，只强调政治教育而忽视道德教育的观点也是片面的、不可取的[①]。我们认为，上述观点是值得我们深思的。关于“德育非政治化”的争论，不是一个简单对“德育”属性在认识上的分歧问题，而是一个关系到中国特色社会主义教育全局的重大问题，是涉及思想政治教育的阶级性、党性和为谁服务的问题。因而，是研究思想政治教育本质不能回避的问题。我们认为，从马克思主义基本观点出发，必然承认从来就没有超阶级的、抽象的、一般的“德育”，“德育”的政治性是明显的。企图将德育“非政治化”，本身就是一种阶级性和政治性的反映。

针对上述纷争，有论者提出可以将“思想政治教育”概念优化为：思想政治教育是一定的阶级、社会、组织与其成员，通过多种方式开展思想、情感的交流互动，引导其成员吸纳、认同一定社会的思想观念、政治观点、道德规范，促进其成员知、情、意、信、行均衡协调发展和思想品德自主构建的社会实践活动。这样便会逐步克服“单一主体性”的弊端，体现“交互主体性”的现代理念，体现“以人为本”的原则，体现思想政治教育必须遵循人的思想品德形成发展规律，强调教育的引导、促进性质，落脚到受教育者自教自律和思想品德的自主构建上去[②]。

（三）关于思想政治教育价值问题的研究

对于思想政治教育而言，“价值”与“本质”是同等重要的问题。思想政治教育价值直接关涉思想政治教育存在的必要性和正当性，是思想政治教育安身立命的本源。2011 年，关于思想政治教育价值的研究，主要侧重于社会价值的研究，并集中在经济价值、生态价值、文化价值以及社会稳定价值等的研究。

关于思想政治教育价值转型的研究。有研究者认为，思想政治教育价值考察既是思想政治教育理论现代化的需要，又是思想政治教育科学化的实践诉求。思想政治教育的现代转型伴随着思想政治教育价值转型。从历时态考察，思想政治教育价值要素也在历史发展中实现与时俱进的转型，从共时态考察，思想政治教育价值转型的影响深远广泛。从思想政治教育系统的价值要素转型来看，对其认识存在“万能论”和“无用论”的认识偏差，评价过高，会滑向思想政治教育“万能论”深渊；评价过低，会导致思想政治教育“无用论”，无法发挥思想政治教育的价值力量。因此，要正确认识思想政治教育价值问题，既不能“泛化”，也不能“窄化”，有必要从社会、历史、系统角度来综合考察思想政治教育价值转型问题，这有利于推动思想政治教育学科建设和价值实现，有利于推动思想政治教育系统的现代转型[③]。

关于思想政治教育的社会价值研究。思想政治教育价值按照价值主体来分，可分为个体价值、集体价值和社会价值，其中学界对社会价值研究较为深入。关于思想政治教育社会价

① 田心铭：《简论思想政治教育的目的、培养目标和教育内容》，《思想理论教育导刊》2011 年第 6 期。

② 张耀灿：《对“思想政治教育原理”的重新审视》，《学校党建与思想教育》2011 年第 10 期。

③ 侯勇、孙其昂：《论思想政治教育价值的历史转型与现代发展——基于社会、历史、系统视野的考察》，《理论与改革》2011 年第 2 期。

值的内涵，存在不同的观点。有研究者认为，思想政治教育的社会价值是指思想政治教育活动对整个社会的正常运行和良性发展需要的满足（罗洪铁）[①]。有研究者认为，从社会发展的静态角度分析思想政治教育的社会价值，不利于全面掌握思想政治教育对社会发展的价值。从社会发展的纵向角度来揭示思想政治教育的社会价值才最为贴切，可以从维护社会和谐稳定即扩大政治认同、实现有效管理的角度，从推动社会健康发展即从整合人们精神动力、培育社会发展人才、营造社会发展环境的角度入手[②]。也有论者认为，思想政治教育与社会管理目标具有一致性，即思想政治教育具有沟通、监控和渗透的社会管理目标，从而认为，思想政治教育的目标是对教育所要造就的社会个体在思想品质方面的总的规划和设计，形成符合一定社会、阶级所需要的思想品德的主体[③]。还有论者认为，思想政治教育既不是单纯地具有社会价值，也不是单纯具有个体价值；既不是通过社会价值实现个体价值，也不是通过个体价值实现社会价值，更不是社会价值对个体价值的限制。思想政治教育的个体价值和社会价值是相互同构、相互生成，有机地统一在思想政治教育过程中的[④]。也有论者将思想政治教育对政治、经济、文化和生态等作用中所呈现出的价值称为社会价值，即政治价值、经济价值、文化价值和生态价值（项久雨）。有研究认为，思想政治教育功能是思想政治教育的外在体现和集中表露，是思想政治教育得以存在和发展的重要基础。思想政治教育领域的发展，必然带来思想政治教育功能的发展。可以看出，思想政治教育功能发挥程度如何，直接关系到思想政治教育整体效果的发挥，关系到思想政治教育价值的实现。所以在新时期必须进一步拓展思想政治教育功能，做到与时俱进[⑤]。

关于思想政治教育经济价值研究。有研究者从经济与文化的相互作用、人的素质与经济发展的相互关系等方面论述了思想政治教育经济价值存在的理论依据，并对思想政治教育的经济价值作了概括，指出，思想政治教育经济价值是指思想政治教育劳动所创造的能促进社会经济增长和发展满足人们物质和精神需要的效应[⑥]。有研究者进一步指出，思想政治教育紧紧围绕经济建设为中心，提升经济主体的精神动力、维护市场秩序、促进社会经济持续发展，体现出鲜明的经济价值效用，在宏观层面上表征为思想政治教育为发展生产方式把握演进规律，为宏观经济发展提供价值导航，为全面经济增长营造良好环境，为国家经济安全强化责任意识；在中观层面上表征为思想政治教育为资源合理配置提供伦理向导，为健全市场秩序提供道德支持，为协调组织分工创造合作效益，为塑造企业文化引领核心实力；在微观层面上表征为思想政治教育为市场经济主体增添精神动力，为具体经济活动培育行为素养，为当前经济意识注入生态使命，为未来经济生活引领幸福追求[⑦]。

关于思想政治教育文化价值研究。有研究者认为，意识形态性是思想政治教育的重要性

① 谢鹏：《论思想政治教育的社会价值》，《科教文汇》2011年第7期。

② 同上。

③ 李健：《试论新时期思想政治教育的社会管理价值》，《教育教学论坛》2011年第14期。

④ 李月玲、王秀阁：《思想政治教育价值新解》，《长白学刊》2011年第5期。

⑤ 孙向立、张占民：《浅析新时期思想政治教育功能》，《黑龙江教育学院学报》2011年第2期。

⑥ 杨永红：《浅议思想政治教育的经济价值》，《现代营销》2011年第5期。

⑦ 余树彪：《思想政治教育经济价值的现代表述》，《思想政治教育研究》2011年第4期。

质，文化性是思想政治教育的另一个重要性质，“文化性”与“政治性”须臾不可分离，思想政治教育的文化价值集中体现为思想政治教育作为一种社会实践活动，在促进社会文化建设、发展和创新方面，有维护主流文化、批判异质文化、传承优秀文化、整合多元文化和创造先进文化五方面的效应[①]。有研究者指出，思想政治教育具有文化选择、文化传播、文化渗透与传承功能，思想政治教育通过弘扬先进的文化、伦理和思想，引导学生汲取一切优秀文化成果，从而为自己在政治思想方向的选择和价值取向上打下文化基础和审美基础，最终转变为一种行为自觉与价值追求，促进大学生全面发展，实现自身价值与社会价值的统一[②]。

关于思想政治教育生态价值研究。随着工业时代的到来和市场经济的迅猛发展，经济发展以牺牲资源环境为代价的现象越发明显，生态危机和生态灾难的事件时有发生。对此，有研究者认为，思想政治教育生态价值是在现代人类生存现实境遇、生态理论发展及思想政治教育学科发展需要的背景下提出来的，它具有丰富的内涵及深刻的本质。思想政治教育生态价值的表现形态在于，它可以帮助人们树立起人与自然之间和谐相处的思想、“自然的人化”与“人的自然化”相结合的可持续发展观、服从自然规律的正确的科学观。实现思想政治教育的生态价值，要从生态文明的理论与实践方面加强教育[③]。也有论者指出，思想政治教育的生态价值的功能和作用机制，是从思想政治教育与生态方面的“连接点”入手的，即从发挥思想政治教育在和谐生态环境中的导向功能、发挥思想政治教育在生态意识培养中的双向渗透功能、发挥思想政治教育在生态行为养成中的道德规范作用、发挥思想政治教育在生态人生成中的育人功能。在实现路径上，可以加大教育和自我教育力度，将生态意识内化于心，形成生态认知，增强生态情感，坚定生态信念，锤炼生态意志；加大实践力度，将生态认同外化于行，形成积极的生态行为和良好的生态习惯；加大他律力度，实现思想政治教育生态建设的制度化；社会个体要加大自律力度，自觉提高自己的生态素质[④]。

此外，有研究认为，深化思想政治教育价值研究不仅要注重价值形态的探讨，更要关注思想政治教育价值的生成根源、实现途径、实现规律、评价指标体系等重要问题的研究。人的本质、人的社会性决定了人有接受思想政治教育的需要，这是思想政治教育价值生成的根源。思想政治教育价值的实现不同于物的价值的实现，不仅是客体的主体化，而且是主体的客体化，也就是作为主体的人和社会的需要为思想政治教育所吸纳、所反映。思想政治教育价值的评价应将定性分析与定量分析结合起来，综合运用多种评价方法，坚持在人和社会的发展进程中考察思想政治教育的价值，既看到其现有价值，又看到其潜在价值，使评价的结果更加客观、公正[⑤]。也有研究提出：真善美统一是思想政治教育价值实现规律。认为真善美统一是思想政治教育的根本价值。人所特有的对象性感性活动是真善美价值生成的本体论基础，作为人类实践创造的精神文明的精华部分，思想政治教育真善美价值有其自身独有的内涵和特征。思想政治教育真善美统一价值的实现规律，是思想政治教育系统蕴涵的真善美

---

① 吴艳东：《论思想政治教育的文化价值》，《思想教育研究》2011 年第 9 期。

② 孙秀玲：《现代文化视域下思想政治教育文化育人的价值意蕴》，《新疆社会科学》2011 年第 6 期。

③ 曾雅丽、周艳华：《试论思想政治教育的生态价值》，《思想教育研究》2011 年第 7 期。

④ 张秀玲：《思想政治教育的生态价值探究》，硕士论文，中共山东省委党校，2011 年 5 月。

⑤ 闵绪国、罗洪铁：《深化思想政治教育价值研究的思考》，《思想教育研究》2011 年第 5 期。

价值要素之间通过相互作用和彼此影响的耦合运动，指向培养对象德智美和谐建构的必然趋势①。

有研究对思想政治教育价值的实现条件进行了探讨。认为，思想政治教育价值的形成或实现，必须内在地包含两方面因素：作为价值客体的思想政治教育的“事实”因素和作为价值主体的能动因素（目的、追求、自身素质等要件），两者在现实的具体的思想政治教育活动中及思想政治教育活动对象化基础上发生互动，最终产生思想政治教育的价值。思想政治教育价值实现的“内在条件”包括“理论的条件”和有效的“教育”，即理论本身的说服力和教育的实效性。思想政治教育价值实现的外在条件，包括“人的条件”和“社会的条件”，即这种活动的投入过程中主体作用的有效性和社会政治、经济及文化条件等。思想政治教育价值实现的中介条件，是指由内在条件和外在条件派生出来，内构于思想政治教育主客体中的条件，包括“思想政治教育需求”和“思想政治教育的接受”。思想政治教育价值的实现，是接受主体出于自身需要，在环境作用的影响下通过某些中介对接受客体进行反映、选择、整合、内化、外化、行为多环节构成的、连续的、完整的活动过程②。

（四）关于思想政治教育方法的研究

思想政治教育方法的研究包括两个方面，一是对思想政治教育研究方法的研究，二是对思想政治教育工作方法的研究。

关于思想政治教育研究方法的研究。任何学科和领域都需要有自身独立的理论基础、概念范畴和研究方法，这是一门学科独立和成熟的标志。思想政治教育研究方法论是支撑学科实体理论及学科建设的基石。近年来，多种研究方法在思想政治教育中的研究运用，在一定程度上推进了思想政治教育研究方法的创新与发展。值得一提的是研究者已经开始对跟踪调查、评述研究和对策研究给予应有的重视，调研报告的写作质量得到进一步提升。在2011年，国家重大招标项目“社会主义核心价值之构建与践行研究”课题组的《当代中国社会主义核心价值观公民认同调查》，以及围绕大学生的现实生活状态，有下面若干调研报告值得我们关注：中共北京市委教育工作委员会的《2011年首都大学生思想政治状况的调查与分析》、姜洪友等的《城乡大学生思想现状调查》、姜恩来的《首都大学生生活方式调查与研究》、万欣荣等的《当代大学生对主流意识形态宣传与教育认同状况研究——基于离散选择模型的实证分析》、李林英等的《当前大学生生存方式的现状与思想政治教育探析》等。

有的研究者认为，目前对思想政治教育研究方法、范式的研究明显薄弱于学科其他理论，如思想政治教育价值、目的、内容等理论研究，也薄弱于思想政治教育实践应用方法研究，说明学界对学科研究方法的关注与自觉程度较低。当代科学交叉渗透的特点以及思想政治教育学科综合性的特征，决定了思想政治教育的多学科交叉与多元整合是必然趋势。尽管近年来在这方面取得了一定进展，但与学科发展的需求和期望还相差很远。在总体多样化与多元融合趋势下，目前思辨研究仍占主要地位。学科方法及方法论等基本概念尚未厘清。学科研究方法的学术论争场域尚未形成。但是，具有学科方法论意义的反思意识正在涌现。这种学

① 黄伟先：《真善美统一：思想政治教育价值实现规律》，《学术论坛》2011年第8期。

② 张能云等：《论思想政治教育价值实现的条件》，《教学与管理》2011年第5期。

科方法论反思意识也正说明了思想政治教育研究从方法论“无意识”到“朦胧意识”，再向“自觉意识”的发展趋向，进而向思想政治教育学方法论的独特理论学科发展[①]。

有学者认为，思想政治教育方法论既指这个学科特有的一整套方法与步骤，又指对这一学科的研究方法进行的理论分析和逻辑建构。思想政治教育不是描述性的，而是价值性、规范性的，带有特有的立场和观点，是一定的社会提供的教育方式，是使社会中的个体或群体接受那些能够帮助他们理解政治制度运作的信息、信念、态度、价值，并指导他们自己在这一框架内行动的方式。在这个认识前提下，概念分析与运行逻辑便会成为思想政治教育研究的起点，而理性思维与逻辑推理的方法、个人——共同体相结合的方法、榜样楷模示范的方法，都有可能成为行之有效的方法，也是值得我们深入研究的[②]。

关于思想政治教育工作方法的研究。有学者从思想政治教育方法发展的角度认为，思想政治教育方法经历着一个从说理教育到心理疏导的过程。说理教育是通过摆事实、讲道理来进行思想政治教育的方法，它是与强制、压服相对立的方法，不同于说教和灌输，是党在长期革命和斗争中形成的有效方法，具有长足的优势，但是在当前多元开放环境下，说理教育也存在着一定的局限性；心理疏导是党在新的历史条件下提出的思想政治教育新方法，它通过疏通与引导心理来进行思想政治教育，尽管心理疏导起源于心理学中的心理咨询方法，但在党的思想政治教育话语体系中的心理疏导与心理咨询有着本质的不同。从说理教育到心理疏导既反映了党的思想政治教育方法的内在联系，也增添了思想政治教育方法的一些新元素，反映了思想政治教育方法从单一到多元、从单向到双向、从认知到人格、从理论到实际、从经验到科学的发展趋向[③]。

也有论者根据新时期时代特征及思想政治教育方法发展趋势，针对当前我国发展处于重要战略机遇期、社会矛盾凸显期所涌现的突发事件等现实问题，将思想政治教育方法创新最优路径大体分为提高教育者创新思维能力、社会阶层沟通及矛盾化解、借鉴其他学科方法成果、开拓突发事件未知领域等几种，分别从教育者、受教育者、技巧手段、实践领域维度系统地探讨方法创新，以实现新时期思想政治教育方法创新的科学性和有效性。[④] 也有论者基于耗散结构理论的自催化模型对思想政治教育方法提出了自己的看法，认为根据自催化模型可以构建思想政治教育方法方程，寻求思想政治教育方法的演化发展。思想政治教育方法的发展是自组织和被组织的结合，是主观与客观的结合，同时还要正确认识方法中的各个要素。基于对自组织的认识需要我们一开始就假定教师、学生、环境和方法进入的是一个全新的场景。如果认为思想政治教育方法由一系列各不相同的部分所推动的，它们为人们所驱动，迈向一个预计的、被控制的目标，那么方法就被看成是一种被动的存在。在这种理念下，思想政治教育方法就不能进入思想政治教育的世界，更不能和思想政治教育共享一个世界。思想政治教育方法不是教育者随意制定的，它受到人的思想品德形成发展规律和思想政治教育的规定与制约，必须与一定的教育内容、教育对象和教育环境相适应。也就是说，方法的选择

① 高利伟、郑大俊：《思想政治教育研究方法论研究述要》，《思想理论教育导刊》2011 年第 2 期。

② 高国希：《关于思想政治教育方法的思考》，《思想政治教育研究》2011 年第 3 期。

③ 佘双好：《从说理教育到心理疏导——思想政治教育方法的发展》，《思想理论教育导刊》2011 年第 7 期。

④ 张毅翔：《思想政治教育方法创新最优路径的多维体系建构与实践》，《学校党建与思想教育》2011 年第 12 期。

和运用是以主体对研究对象的确立来决定的。根据主体与对象之间存在的特殊关系，选择那些能进一步深化双方联系的方法，使方法成为扩大主体认识自由和表现自由的中介。方法不是先验存在的，是由从事研究的人，根据特定的对象，从当时迫切需要解决的问题探讨中不断摸索出来的①。

（五）关于思想政治教育的比较研究

思想政治教育比较研究取得明显进展。一方面，持续关注西方发达资本主义国家在公民教育领域中的作法，即重视对全体公民进行潜移默化、影响广泛的思想政治教育，方法包括通过法律和政策支持加大思想政治教育的力度，通过大众媒介宣传营造思想政治教育的氛围，通过政党政治活动扩大思想政治教育的影响，通过发展产业文化渗透思想政治教育的成果，通过民间活动加强思想政治教育的自我体验，通过开展社团活动、组织宗教活动等方式扩大思想政治教育的感召力，通过家庭教育增强思想政治教育的渗透力②。另一方面，也在加大对同处社会主义阵营中的古巴、朝鲜、越南等国家在马克思主义理论教育等方面的比较。即在宏观层面上，致力于提高社会主义核心价值体系的吸引力；从微观层面上，强化马克思主义和社会主义类课程和实践教育，进行价值观灌输。

有研究回顾总结了思想政治教育比较研究过程。比较思想政治教育是一门年轻的学科，始于20世纪80年代中期。经过20多年的发展，逐步形成了学科体系。从1984年至今，比较思想政治教育的形成与发展大致可以分为三个阶段：1984年到1995年时期以区域性研究起步的奠基阶段，1996年到2005年时期以“借鉴”为特征的拓展阶段，2006年至今以“分析”为特征的深化阶段。以区域研究起步，对各国思想政治教育现象进行介绍和借鉴，进而深入比较和分析现象背后的原因和力量，试图以此找到思想政治教育的一般规律和特殊规律、共性和特性③。但思想政治教育比较研究，长期困惑于无法有效地从思想政治教育相关子学科中区分出特殊的研究对象，存在身份问题。研究者必须变革性地转变理念，认识到：思想政治教育比较研究的对象，是在不同结构中呈现出变化的属性，其变化规律正是思想政治教育比较研究的特殊对象。以此为基点，将能更为清晰地展开探讨思想政治教育比较研究的特殊对象、核心价值、发展阶段、未来走向、瓶颈与突破等一系列本研究领域的基本问题④。

关于西方国家核心价值观教育的借鉴研究。有研究者认为，欧美国家推进核心价值观大众化取得成效显著的原因，与它们的政党和民间组织的发起参与、宗教和大众传媒的思想教化、家庭学校社会的教育引导、政策和法律法规的运行保障等做法密切相关。因此，借鉴其经验，对于推进我国社会主义核心价值体系大众化具有一定的启示，即积极动员，壮大核心价值体系大众化的力量；联动对接，打造核心价值体系大众化的平台；建章立制，构建核心价值体系大众化的保障⑤。有学者指出，国外加强社会核心价值观建设的主要做法包括：立足本国传统，吸收时代精华；注重宗教、法治、教育、舆论等手段，即以宗教形式塑造意识

① 蒙健堃：《以自催化模型求解思想政治教育方法的演化发展》，《现代教育管理》2011年第98期。

② 倪素襄：《扩大思想政治教育覆盖面方法的国外借鉴》，《学校党建与思想教育》2011年第7期。

③ 巫阳朔：《我国比较思想政治教育的形成与发展》，《安阳师范学院学报》2011年第1期。

④ 巫阳朔：《思想政治教育比较研究的身份意识及未来走向》，《教育学术月刊》2011年第11期。

⑤ 潘玉腾：《欧美国家推进核心价值观大众化的经验及启示》，《思想理论教育》2011年第3期。

形态、以法律手段规约意识形态、以思想教育引导意识形态、以各种组织推广意识形态；政府主导与民间组织参与相结合，即政府通过掌握信息控制权、直接钦定核心价值等方式参与其中；政党成为各国倡导和建设社会核心价值观的发起者与统领者。从而认为，吸收借鉴国外的先进文明成果必须立足中国文化传统，坚持党对社会核心价值观建设的领导，多管齐下，丰富核心价值体系建设的平台，以建设核心价值观①。

关于西方国家的公民教育借鉴研究。有研究者对卢梭的公民教育观进行研究，认为，卢梭的公民教育观在其道德共同体的政治构想中占据重要位置。卢梭把培养公民对国家的整体道德认同感看成是关乎共同体成败的关键，这一诉诸人类心灵的工程有赖于道德教育。卢梭将“公意”的形成作为国家整体人格构建的前提和基础，通过赋予人民心灵以民族的形式培养公民的爱国情怀，公民宗教在一定程度上将公民对神的崇拜与对国家的崇拜结合在一起，起到法律等政治体制无法替代的政治作用。卢梭的公民教育观对于我国当前的德育工作具有重要的启示作用②。针对经济全球化对西方各国的公民教育提出的新挑战，有学者指出，西方公民教育将会随着时代主题和国际情景的变化而变，其发展将朝着既强调自由民主公民资格的存在，又尊重差异；既要认同民族国家身份，又要培养世界公民；既要营造和平的文化、生存环境，又要以和平的方式解决冲突的方向，在加强爱国主义、公民资格、道德教育等永恒的公民教育主题的基础上，突破国家观念，向培养具有国家、世界双重身份的公民的方向演进。在加强对多元文化的尊重与全球意识教育方面，在加强国际理解教育方面，在加强环境意识教育方面，在注重科技、社会和人文的整合方面要加强教育，其加强以“反色情、反吸毒、反暴力、反艾滋病”为主题的品格教育等方面对我国在新时期进一步加强和改进思想政治工作有一定借鉴意义③。

关于美国思想政治教育借鉴研究。有研究对美国道德教育的转向进行了研究。从 20 世纪 60 年代开始，美国道德教育以价值澄清理论为主导，主张价值中立，让学生在教师非评判的诱导下寻求个体的道德选择。但是，价值澄清理论在理论假设、道德评价标准、教育方式上存在致命弱点。80 年代末至今，美国的道德教育发生重大转向：从价值澄清到品格教育的转向，从主张价值中立到确立核心价值观的转向。这种转向顺应美国社会的时代特征，从多层面、多视角批判地继承传统道德教育的理论和方法，重建新的价值体系，是一次对传统德育上升式、超越式的回归，追求美德的品格教育重又占据主流。美国当代的品格教育无理论假设、无“派性”之别，注重学校、家庭、社区三者共同协作的教育实践，重新确立以尊重与责任为主要内容的价值观④。

关于美国学校道德教育，有研究认为，新世纪美国学校道德教育领域主要存在六种模式，即品格教育模式、文化继承模式、关心团体模式、社会行动模式、道德探究模式以及公正团体模式。这些模式在理论基础和实践策略上各有特色，同时也互相耦合、多元一体，构成了

① 张伟：《国外加强核心价值观建设的做法及启示》，《当代世界与社会主义》2011 年第 2 期。
② 李敬巍、王新：《卢梭的公民教育观及现实启示》，《辽宁师范大学学报》（社会科学版）2011 年第 1 期。
③ 王兆璟、白尚祯：《西方公民教育发展的时代展望》，《社会科学战线》2011 年第 11 期。
④ 易莉：《论美国道德教育的转向》，《教育评论》2011 年第 1 期。

当前美国学校道德教育丰富多彩的图景①。针对美国大学通识教育课程日臻完善的状况，有研究者指出，其课程考核具有考核目的明确、重视考核的反馈功能、考核内容范围比较广泛、考试题型设置比较科学、考核方式多样化、成绩评定较为合理等特点，对于我国高校的思想政治教育课来说，具有如下的借鉴意义：促使我们进一步明确考试目的、进一步拓展考试内容、采取更加多样化的考核方式、不断完善平时成绩的考试、考核制度与方法。并建议，在思想政治理论课的评定上，要贯彻“三结合”的原则，即平时考试成绩与期末考试成绩相结合，提高平时成绩在总成绩中的比例；理论知识成绩与社会实践成绩相结合，加大后者的比例；书面成绩与其他方式考试成绩相结合，以书面成绩为主②。

针对美国的新品格教育的情况，尽管有论者指出其存在着忽视社会制度的改革而只是强调了个人品格的修正，是一种不自由的、强调服从权威的教育等倾向存在，但还是有论者指出，其把培养学生的品格作为道德教育的核心目标，内容定位在核心价值观的培养，采取全社会参与、三方协作、知行统一以及自律他律互相促进等各种方式，使学校道德教育有了切实可行的目标和明确的内容，无论在教育的内容、形式还是方式方法上，对提升美国大学生的道德修养和改善社会风气方面都起到了巨大的推动作用，对我国也有借鉴意义③。

针对网络思想政治教育已经成为美国当下思想政治教育的一种十分普遍的新形态的状况，有论者指出，按照知识体系分类的方法，其内容主要包括公民教育、历史教育、法制教育、宗教教育与信息素养教育等五个方面，呈现出隐蔽的政治性、较强的拓展性与明显的针对性三个主要特点，尽管还存在着内容设计注重趣味性的同时如何体现严肃性，在注重实践性的同时如何提升理论性等问题，但还是认为美国网络思想政治教育内容设计的成功经验值得我们借鉴④。

我国学界对北欧国家思想政治教育研究很少。2011 年，有论者对瑞士思想政治教育特色进行了探析。指出，瑞士联邦是一个多元文化融合体，其思想政治教育在坚持实用和理性原则的基础上，突出“六个意识”即国家意识、民主意识、法律意识、责任意识、公德意识和职业道德意识的培养，并把思想政治教育活动融入到社会生活之中去，形成了社会、学校、家庭和个体“四位一体”的互动模式，有效地提高了思想政治教育的实效性，其诸多特色和经验对我国思想政治教育实践具有重要的启示意义⑤。

有研究者对美国和新加坡思想政治教育进行了比较。美国和新加坡作为西方和东方典型的移民国家，多种族、多宗教和多元文化是其显著特点，文化冲突和碰撞在所难免，但是两国经济发达、政局稳定、社会秩序良好，思想政治教育起着相当关键的作用。美国没有“思想政治教育”这个概念，美国所谓的“公民教育”或者“政治社会化”就是我们通常意义上的思想政治教育。通过公民教育，美国人的公民意识不断增强。以约翰 · 杜威为代表的实用

① 李本友、杨超：《美国道德教育六种模式述评》，《探索》2011 年第 2 期。

② 李楠：《美国大学通识教育课程考核的特点及其对我国思想理论课考试改革的启示》，《思想理论教育导刊》2011 年第 5 期。

③ 郑永安、孙敖：《美国新品格教育评析》，《高校理论战线》2011 年第 9 期。

④ 禹旭才：《美国网络思想政治教育的“五育”与“三性”》，《当代世界与社会主义》2011 年第 5 期。

⑤ 陈宗章、颜素珍：《瑞士思想政治教育特色探析》，《思想政治教育研究》2011 年第 6 期。

主义理论对美国社会有着非常深刻的影响，被称为美国的“官方哲学”。其最大的特点就是着眼于应付环境，推崇主观经验，强调行动的功利与效用。他主张学校的道德教育内容应反映社会生活，让学生在社会生活实践中“形成人格”，在生活中得到道德训练，提高道德能力。新加坡的国民意识教育是以儒家思想为核心的东方价值观为基础，在“我是新加坡人”的口号之下，以培养爱国主义和集体主义为核心内容的共同价值观教育。吸收和借鉴两国思想政治教育的成功经验，对于提高我国思想政治教育的实效性具有积极的促进作用。但从两国的思想政治教育理论基础的比较中，新加坡思想政治教育的内容更能赢得中国的共鸣。因为，中国和新加坡同属于东方价值观的理论派别，新加坡思想政治教育的大部分理论渊源来自中国，尤其是中国的传统儒家文化①。

近年来，对日本思想政治教育研究视角很多。2011 年，有学者从日本大学中的教养教育入手进行研究，对于加强我国大学生思想政治教育也具有一定的参考价值和借鉴作用，即通过专业课教学与其他学科进行渗透的方式、通过校内外环境进行渗透的方式、通过社会实践活动进行渗透的方式、通过心理咨询进行渗透的方式，辅以建立健全管理机构责任制、加强队伍建设并提高教师教育水平、促进大学之间和大学与社会之间的相互协作等方式，并努力做到思想道德教育的目标人性化、内容生活化、途径多样化，对大学生进行教养教育，并达到相对理想的效果②。

关于当代社会主义国家思想政治教育研究。针对同处于社会主义阵营中的古巴来说，如何致力于提高社会主义核心价值体系的吸引力，强化马克思主义和社会主义类课程教学和实践教育，以充分彰显古巴社会主义价值教育的目标，其经验对于我国高校的社会主义核心价值体系教育也有一定的借鉴意义。有论者认为，以古巴哈瓦那大学的思想政治教育实践为例，其在古巴社会主义建设中的社会主义核心价值体系方面的思路及做法就很具有代表性，概括起来，其进行社会主义核心价值体系教育的思路体现在宏观和微观两个层面上：从宏观层面看，伴随着社会发展条件的改善，致力于提高社会主义核心价值体系的吸引力；从微观层面看，强化马克思主义和社会主义类课程和实践教育，进行价值观灌输。在一定程度上可以说，古巴社会主义教育的“最大设计”就是“发展教育的马克思主义取向”，进一步开展社会主义劳动教育③。

作为越南六大以来革新事业的重要环节，作为其思维革新的重要内容和表现形式，越南的高校思想政治教育遵循从革新教育思维原则——社会主义定向的教育，革新教育理论基础——马克思列宁主义、胡志明思想，推演到革新教育主体内容——以胡志明思想为主体的越南特色的高校思想政治教育，活动方式——以理论研究为基础、调高思想工作的质量和效益，乃至整个高校思想政治教育革新的逻辑，突出危机意识，展现了它鲜明的革新特色，作为对比的中越两国高校的思想政治教育，能给予同样作为社会主义国家的我国以启示和

① 娄静静：《美国和新加坡思想政治教育比较研究及其对我国的启示》，《传承》2011 年第 23 期。

② 马志颖：《日本大学的教养教育对我国大学生思想道德教育的启示》，《北京教育》（德育版）2011 年第 9 期。

③ 宇文利：《古巴哈瓦那大学社会主义核心价值体系的教育实践及启示》，《学校党建与思想教育》2011 年第 4 期。

思考[①]。

关于中外马克思主义理论教育的比较研究。有论者指出，总体而言，中外马克思主义理论教育比较研究成果斐然，进展速度快，取得了阶段性重要成果，尤其是海南大学的研究团队在国内处于领先地位，绝大多数开拓性研究成果都出自于此，填补了一些空白，意义和价值重大。但毕竟起步比较晚，研究人员少，研究跨度大，资料收集和甄别难，对比分析难度大，难免存在着不足：一是从研究领域和范围看，主要集中于中国与其他社会主义国家的马克思主义理论教育比较研究。相对而言，对发达国家和发展中国家马克思主义政党的理论教育，由于情况比较复杂，研究还不够深入全面。而发展中国家主要集中在亚洲尤其是柬埔寨、印度和尼泊尔共产党的理论探索和教育实践，发达国家主要集中在美国、日本、意大利、俄罗斯等少数几个国家。虽然它们是典型代表，但不足以代表所有发达国家和发展中国家的理论教育的整体状况。二是从对比研究的具体内容而言，主要集中在对教育内容、方法、途径、特点等方面进行的比较分析，对各国及其政党理论教育的组织管理、社会影响、教育评估、发展趋势等方面的比较研究还要拓宽视野。三是综合性研究成果较少。对不同类型国家的马克思主义理论教育具有宏观指导意义的普遍性的教育规律、本质属性、原则、方法、评估等共性问题的研究比较少。中外比较研究既要进行求异比较，注重多样性，也要探索共性，进行求同比较，注重统一性。这样才能从广度及深度上反映世界马克思主义理论教育的全貌[②]。

（六）关于经典作家著作研读与思想政治教育问题的研究

通过对马列经典原著的研究考察，来探求思想政治教育的本质、目的、原则和方法等基本理论问题，这可谓是思想政治教育基础理论研究中的创新，也是我国思想政治教育研究的正确方向。

有学者认为，在中央组织实施的马克思主义理论研究和建设工程的推动下，我国高校马克思主义理论学科发展很快，成绩显著。但是在发展中也存在一些待解决的问题，突出的是某些学科点忽视马克思列宁主义、毛泽东思想经典著作的教育，严重影响了马克思主义理论人才的培养质量；习近平同志2010年9月27日在中国浦东干部学院座谈会上的讲话精神，强调了把马克思主义经典著作的学习同马克思主义中国化理论成果的学习结合起来，更好地掌握马克思主义立场、观点、方法的必要性、重要性和基本路径，为马克思主义理论学科规范化建设进一步指明了方向；我们应以此为指导和动力，深刻理解学习马克思列宁主义、毛泽东思想经典著作的重要意义，坚持正确的方法，抓好马克思列宁主义、毛泽东思想经典著作的研读和教育[③]。

有学者指出，加强马克思主义经典原著的学习和研究，科学理解和准确把握马克思主义实质和精髓，是搞好思想政治教育的关键。目前，许多教师以及教育工作者具有解答学生困惑和疑难问题的美好愿望，但往往心有余而力不足，其根本原因在于对马克思主义理论的掌

---

① 毛殊凡等：《越南革新时代的高校思想政治教育探析——兼谈社会主义国家高校思想政治教育的发展》，《思想理论教育导刊》2011年第4期。

② 任会芬：《中外马克思主义理论教育的比较研究述评》，《马克思主义研究》2011年第4期。

③ 梅荣政：《抓好马克思列宁主义、毛泽东思想经典著作的研读和教育——马克思主义理论学科建设的一个根本性问题》，《贵州师范大学学报》（社会科学版）2011年第1期。

握还不够。因此，加强马克思主义基本理论的学习和研究，掌握马克思主义立场、观点和方法，提高马克思主义理论水平，是目前亟待解决的问题。马克思早就说过一句真理："只要理论说服人，就能掌握群众；而理论只要彻底，就能说服人。所谓彻底，就是抓住事物的根本。"① 思想政治教育的终极旨归是要使人们弄清一些重大理论问题，用马克思主义占领人们的思想领域，自觉抵制各种错误思潮。马克思主义是一个博大精深的科学理论体系，马克思主义原著是其科学理论的经典文本，是马克思主义理论的原生形态，我们所讲的马克思主义的基本原理都是出自于文本。由于基本原理是一个理论最基本的观点，因此原来在文本中鲜活生动、具体丰富的东西被舍弃了，我们很难在基本原理中了解基本范畴、基本规律、基本观点的原初形态和发展脉络：它是怎样形成的、是在怎样的具体条件下、针对什么问题提出来的。因此，不学习和研究原著，就会对马克思主义知之不深、理解不透、把握不准、运用不当。特别是高校的思想政治理论课教师，一定要学习和研究马克思主义经典原著，了解马克思主义发展的历史逻辑和历史必然性，从马克思主义发展的历史进程中把握马克思主义发展的内在规律，完整准确地理解马克思主义的基本观点和基本理论，特别是搞清楚马克思主义基本原理和个别结论的关系，从而为思想政治教育的研究与教学打下深厚的理论基础②。

2011 年，学界注重加强这方面的研究，如《试论思想政治教育的目的、本质、原则和方法》一文，尝试从马克思主义经典著作研究中全面探讨思想政治教育的本质、目的、原则和方法等基本问题，指出思想政治教育的目的是掌握群众，本质是宣传，原则是说服，方法是灌输③。马克思主义理论体系中包含着丰富的评价思想，其中也包含着鲜明的思想政治理论教育的评价观点④。在《论马克思主义经典作家的思想政治理论教育评价观》一文中，以马克思主义经典作家关于思想政治理论教育的评价思想为研究对象，从他们对思想政治理论教育的价值、目标、主体、方法、效果等方面的评价，发掘概括出了马克思主义经典作家的思想政治理论教育评价观⑤。《〈关于费尔巴哈的提纲〉对思想政治教育的指导意义》一文认为，马克思在《提纲》中所阐述的马克思主义实践观，环境、教育与人的发展相互关系的原理，"人的本质是一切社会关系的总和"的论断和"问题在于改变世界"的思想，对当代中国进一步加强和改进思想政治教育工作具有十分重要的指导意义⑥。《论思想政治教育的优良环境建构——重读马克思的〈关于费尔巴哈的提纲〉》一文认为，今天从思想政治教育的角度重读《关于费尔巴哈的提纲》，认识到其中的重要原理对优化教育生态及建构思想政治教育的优良环境具有直接的指导意义。该文以《关于费尔巴哈的提纲》为依据，阐述了思想政治教育优良环境建构的理论源泉、途径及内容体系，认为应充分发挥人的主观能动性，探求思想政治教育环境优化的途径方式，即树立优化思想政治教育环境的观念、加大对建构良好思想

---

① 《马克思恩格斯全集》第 1 卷，人民出版社 1956 年版，第 460 页。

② 程恩富：《加强马克思主义理论研究　推进思想政治教育理论与实践发展》，《思想政治教育研究论丛》的序言，内蒙古人民出版社 2011 年版。

③ 余斌：《试论思想政治教育的目的、本质、原则和方法》，《中国高等教育》2011 年第 7 期。

④ 陈洪涛、张耀灿：《论马克思主义经典作家的思想政治理论教育评价观》，《社会主义研究》2011 年第 1 期。

⑤ 同上。

⑥ 党首兴：《〈关于费尔巴哈的提纲〉对思想政治教育的指导意义》，《濮阳职业技术学院学报》2011 年第 5 期。

政治教育环境的物质投入、充分发挥社会舆论导向的引导作用[①]。《马克思恩格斯思想政治教育理论与实践研究》一书，则系统考察了马克思恩格斯关于思想政治教育思想，认为在马克思恩格斯著作和文章中使用了大量关于“宣传”、“宣传工作”、“政治宣传工作”、“鼓动”、“宣传鼓动工作”、“政治鼓动工作”、“政治教育”、“宗教教育”和“理论教育”等提法，这些都是与现代思想政治教育密切相关的基本概念[②]。

（七）关于加强当前国有企业思想政治工作的研究

2011年2月28日，中共中央办公厅、国务院办公厅转发《中央宣传部、国务院国资委关于加强和改进新形势下国有及国有控股企业思想政治工作的意见》。学界对此展开了热烈的讨论。

有研究者指出，我们只有从巩固执政党基础的政治的战略高度上，充分认识加强和改进新形势下国企思想政治工作的重要性和紧迫性，才能在探索新形势下国企思想政治工作的内容、形式、方法和机制等一系列问题上有所突破，才能实现以国企思想政治工作的创新推进国企的改革与发展，以国企的进一步强大巩固党执政的物质基础、阶级基础和思想基础[③]。有论者认为，国有企业思想政治工作在长期实践中积累的许多好经验好做法，我们要在新形势下继续坚持和发扬光大。要主动适应深化公司制股份制改革和建立现代企业制度的新要求，主动适应参与国际竞争和扩大对外开放的新特点，主动适应广大干部职工思想观念和利益诉求发生的新变化。要大力推进社会主义核心价值体系的学习教育，着力在加强形势政策教育、企业文化建设、发挥新兴媒体优势等新途径、新方法、新载体上下工夫；要始终贯彻全心全意依靠工人阶级的方针，尊重职工群众主体地位，为职工发挥聪明才智创造条件。要注重人文关怀和心理疏导，引导干部职工用正确方式处理人际关系、表达利益诉求。要着力在健全思想政治工作格局、完善行政领导“一岗双责”责任制等新体制新机制上下工夫，充分发挥国有企业党组织的政治核心作用，科学配置思想政治工作资源，采取党委（党组）成员、董事会成员和经理班子成员“双向进入、交叉任职”、“专兼结合、一岗双责”等任职方式，建立健全目标明确、责权分明、运转协调、渠道畅通的思想政治工作领导体制和机制。要进一步加强企业政工队伍建设，加大企业思想政治工作经费保障和阵地建设力度，为企业思想政治工作提供坚实的制度保障[④]。有研究者进一步指出，该《意见》明确了加强改进新形势下国有企业思想政治工作的总体要求。《意见》回答了新形势下加强改进国有企业思想政治工作“坚持什么方向”、“依靠谁”、“达到什么目标”等重大问题，为加强改进新形势下国有企业思想政治工作提供了总体遵循。《意见》明确指出，要“高举中国特色社会主义伟大旗帜”，“紧紧围绕建设社会主义核心价值体系”开展思想政治工作；要“坚持党的全心全意依靠工人阶级根本方针”；要“坚持以人为本”，“培养和造就有理想、有道德、有文化、有纪

---

① 蔡青：《论思想政治教育的优良环境建构——重读马克思的〈关于费尔巴哈的提纲〉》，《中国电力教育》2011年第29期。

② 李征：《马克思恩格斯关于思想政治教育相关概念的论述》，《思想政治教育研究》2011年第1期。

③ 李春华：《从巩固执政党地位的高度认识加强和改进新形势下国企思想政治工作的重要性和紧迫性》，《理论研究动态》2011年第12期。

④ 黄丹华：《学习贯彻〈意见〉切实加强和改进新形势下国有企业思想政治工作》，《人民日报》2011年3月23日。

律的社会主义劳动者”①。

也有研究者指出，进一步加强和改进企业思想政治工作要做好6个方面的结合工作：把思想政治工作与企业各个领域的每一个环节的工作结合起来；把解决思想观念问题与依法依规按政策解决职工实际利益问题结合起来；把解决思想问题与企业制度建设结合起来，在每一项重要的制度设计中都融入有利于解决职工思想困惑的价值观；把做好思想政治工作与加强企业民主法制宣传教育结合起来；把做好一般性、面上的思想工作与面对面解决个体的具体问题结合起来；把做好职工本人的思想工作与做好职工家属的思想工作结合起来。要不断丰富解决人们思想困惑的手段，特别是要运用现代心理学的心理疏导、人文关怀等方法，使思想政治工作能够直抵人们的心理情感地带。要借助现代教育学的创新理念，把社会的道德诉求自然地融入企业的生产和生活。还要运用好企业文化建设的方法，以企业文化建设带动思想政治工作，这是一个被证明行之有效的方法。首先要培育企业历史文化，企业要树立正确的企业史观；有条件的国有企业要编写自己的企业历史或者企业志一类的著作，以企业史来激励职工。要进一步培育励志文化特别是弘扬劳模精神，充分发挥模范人物的示范带动作用。要依法保障职工权益，形成企业和职工利益共享机制②。

有研究者从加强企业思想政治工作科学化的角度，认为思想政治工作改进创新的目标指向应是科学化，思想政治工作科学化是适应国有企业改革发展的需要、履行国有企业崇高责任的需要、推进国有企业党的建设的需要以及加快建设和谐企业的需要等。思想政治工作的科学化应包含工作理念的科学化、工作内容的科学化、工作方法的科学化和工作机制的科学化，最终要形成“大政工”的工作局面，调动思想政治工作者的积极性和创造性③。

有论者指出，国有及国有控股企业如何针对新形势、新情况，创造性地加强和改进思想政治工作，帮助职工群众提高认识、解除疑惑，如何引导职工群众围绕中心、服务大局，是思想政治工作面临的重要课题，并提出如何加强思想政治工作来构建国有及国有控股企业和谐劳动关系。构建企业和谐劳动关系关键在于确立企业核心价值观，构建企业和谐劳动关系要用思想政治工作培育职工，构建企业和谐劳动关系要用思想工作理顺职工情绪，构建企业和谐劳动关系要用思想政治工作关怀职工④。

也有论者通过调查研究认为，近年来，面对多元化的思维方式和思想状态，特别是社会系统结构的变化，使得企业思想政治工作，特别是国有企业的思想政治工作受到了影响，不同程度地受到了削弱，也使思想政治工作陷入了一个怪圈——用金钱给思想政治工作披上华丽的“外衣”或者是完全脱掉思想政治工作的“外衣”，使其失去了应有的功用。调研发现，思想政治工作能否真正发挥作用，其核心应该是企业心智模式的修炼，应该通过思想政治工作，真正建立起企业的核心价值体系，形成企业的核心竞争力⑤。

也有论者认为，新时期国有企业要处理好党内生活与经营管理的关系，增加吸引力和实

---

① 申维辰：《打牢思想文化基础全面提升国有企业软实力》，《思想政治工作研究》2011年第8期。

② 辛向阳：《新形势下加强和改进国企思想政治工作的现实思考》，《人民日报》2011年3月30日。

③ 杨春权：《国有企业思想政治工作科学化研究》，中共中央党校，博士论文，2011年6月。

④ 王军：《加强思想政治工作构建国有及国有控股企业和谐劳动关系》，《思想政治工作研究》2011年第9期。

⑤ 王志钦：《思想政治工作中的心智模式修炼》，《思想政治工作研究》2011年第5期。

际效果。增强社会责任意识，提升安全思想政治工作新水平；增加政治责任意识，做好“创先争优”活动中的思想政治工作；增强经济责任意识，做好人力资源的思想政治工作[①]。有论者指出，在国有企业的管理实践中，人本管理已得到普遍认可并取得显著成效，但在具体实施中还存在着一些问题。而在国有企业中占据重要地位和发挥重要作用的基层党组织，其自身的建设与完善对企业人本管理意识的落实与提高将产生重大推动和促进作用。国有企业积极依托基层党组织在国有企业中的政治核心地位，发挥其在员工思想政治教育、企业文化建设及制度建设等方面的作用，对于提高企业自身的人本管理意识和整体管理水平，以及实现国有企业的健康发展意义重大[②]。

（八）关于当代社会思潮有关问题的研究

社会思潮与思想政治教育的关系极为密切。思想政治教育的研究无法脱离当代中外各种思潮这一大环境。我们要真正搞清什么是马克思主义、中国特色社会主义、社会主义核心价值体系，就必须要在对各种思潮的比较中间，鉴别出真伪。理论上的清醒是政治上坚定的前提，这是思想政治教育的基础[③]。近年来，伴随着经济全球化、信息化的进程，西方政治、经济、文化、社会等方面的社会思潮大量传入我国，并对我国的思想政治教育产生很大影响。从社会思潮切入研究思想政治教育是一个重要领域。思想政治教育必须研究社会思潮产生的原因和特点以及当代社会思潮对思想政治教育带来的影响及其与思想政治教育的关系，并提出思想政治教育在面对社会思潮影响时的对策。科学地解释这些社会思潮，有助于解决人的思想问题。就目前来看，社会思潮对高知群体，如社会科学研究者、高校人文学科教师和高校学生的影响较大。因此，加强对其引导显得尤为重要。

目前，社会思潮研究的现状并不能让人满意。有研究者指出，近几年来，学术界在西方社会思潮对思想政治教育影响研究方面虽然取得了一定的成果，但仍然不够系统。对于科学主义思潮、民主社会主义思潮、实用主义思潮、性解放思潮等的研究还十分有限，没有全面研究西方各类社会思潮对大学生的影响问题，在引导大学生如何应对西方社会思潮的具体方法上还有很大的创新空间，对大学生深受西方社会思潮影响的原因分析还有待进一步深入。总体上来说，目前该领域的研究存在着下列弊端，即低水平重复研究多、创新性研究少，侧重于后现代主义思潮、消费主义思潮对思想政治教育影响的研究、对西方其他社会思潮的影响研究不够，对西方社会思潮误读的多、准确理解的少，理论研究多但深度不够、实证研究少且不够扎实，研究不够严谨等现象[④]。

关于当代社会思潮的定义与特点及分类问题。有研究认为，社会思潮是指与一定社会意识形态相对应，在某一时期内某一阶层和群体中影响较大、流行较广的一种理论观点和思想潮流。它不是主流的社会意识形态，不同于一般的社会心理，具有理论性、现实干预性、广泛传播性、潜隐性和非主流等特点[⑤]。有研究者指出，当代社会思潮开始显现出更加注重向

① 李志方：《新时期加强企业思想政治工作的三大途径》，《思想政治工作研究》2011年第5期。

② 王明琴等：《国有企业的人本管理与党建工作》，《黑龙江社会科学》2011年第2期。

③ 程恩富：《直面中国七大社会理论思潮》，《思想政治教育研究论丛》，内蒙古人民出版社2011年版，第1页。

④ 陈曦：《21世纪以来西方社会思潮对思想政治教育影响研究的述评》，《中国电力教育》2011年第16期。

⑤ 佘双好：《当代社会思潮的内涵、特征及其研究意义》，《学校党建与思想教育》2011年第7期。

现实利益转向、注重话语权的争夺、体现交互性，更加多元化、常态化、平民化和全球化、复杂化、大众化，也表现出各社会思潮间强弱差异、良莠不齐①。当代社会思潮可谓学派林立、种类繁多，有学者把当前我国社会思潮归纳为七大思潮，即新自由主义、民主社会主义、新左派、复古主义、传统马克思主义、折中马克思主义、创新马克思主义思潮②。也有研究者指出，基于划清“四个重大界限”为分析框架，运用马克思主义基本立场、观点和方法来透视纷繁复杂的反马克思主义思潮及其变种时，便可以清晰发现，它们无外乎是指导思想领域的“意识形态终结”论，经济领域的新自由主义，政治领域的民主社会主义与历史文化领域的历史虚无主义③。

如何去甄别复杂的社会思潮，是思想政治教育视野下的社会思潮研究首先面临的问题，即如何正确对待社会思潮，划清马克思主义与反马克思主义、非马克思主义的界限的问题。首先要求我们正确理解马克思主义④。正确对待马克思主义，就是要坚持其基本观点立场方法，坚持马克思主义在意识形态领域的指导地位，划清马克思主义与反马克思主义的界限，实际上是有一个目标的，那就是坚持马克思主义在意识形态中的指导地位，即不能搞指导思想“多元化”，而必须坚持马克思主义“一元主导”的原则，与此同时，要与时俱进地发展马克思主义⑤。多元化背景下的社会思潮研究，是指如何基于马克思主义的立场、观点和方法去应对社会思潮问题，而不是指以多元化的社会思潮为指导或背景去影响思想政治教育，这首先是立场问题。脱离于此，则马克思主义的一元指导地位无法具体落实。其次是辨别非马克思主义思潮，即既不公开赞成马克思主义，也不公然反对马克思主义的一些“其他”思潮。而反马克思主义，是从根本上敌视和否定马克思主义的思潮⑥。

大多数研究者认为社会思潮对高校思想政治教育的影响消极多于积极。我们应当注意到，社会思潮在动摇师生的马克思主义信仰、中国特色社会主义共同理想方面的消解作用，淡化师生的集体主义和改革创新的新时代意识方面，混淆道德荣辱观念方面的腐蚀作用⑦。有研究者以后现代主义为例，说明社会思潮对思想政治教育的影响不可忽视，具体表现在思想政治教育的主体性消解、对象的理性意识迷失、内容的真理性淡化和目的的确定性模糊等方面。因此，有效地应对后现代主义思潮的影响，需要我们以社会主义核心价值观为指导，以开放的心态，不断创新思想政治教育方式方法，在教育者与教育对象地位上，用“主体间性”弥补“主体性”；在教育方式上，用“对话”弥补“灌输”；在教育内容上，用“开放性”弥补“单一性”；在教育目的上，用“重叠共识”弥补“同一性”⑧。也有论者指出，我们在巩固和拓展引导大学生科学认识社会思潮的途径方面，要巩固高校思想政治理论课的主渠道，

---

① 陆岩、姜国玉：《社会思潮对高校师生核心价值观形成的影响》，《思想政治教育研究》2011 年第 2 期。

② 程恩富：《直面中国七大社会理论思潮》，《思想政治教育研究论丛》，内蒙古人民出版社 2011 年版，第 1 页。

③ 李志军、邓鹏：《当代主要反马克思主义思潮批判——基于划清“四个重大界限”的思考》，《马克思主义研究》2011 年第 8 期

④ 张瀛予：《马克思主义与当代社会思潮》，《改革与开放》2011 年第 6 期。

⑤ 魏庆东：《马克思主义与当代社会思潮的思考》，《长春工程学院学报》（社会科学版）2011 年第 2 期。

⑥ 同上。

⑦ 陆岩、姜国玉：《社会思潮对高校师生核心价值观形成的影响》，《思想政治教育研究》2011 年第 2 期。

⑧ 黄艺羡：《后现代主义思潮对思想政治教育有效性的影响及对策》，《思想教育研究》2011 年第 6 期。

要进一步加强和改进高校宣传教育管理工作，积极拓展高校网络宣传教育阵地，充分发挥校园文化的思想引领作用。更重要的是我们要创新引导大学生科学认识社会思潮的方法，加强对比较鉴别法、探究式教学法、活动式教学法和与权威对话法的运用①。

（九）关于高校思想政治教育问题的研究

高校思想政治教育研究始终是思想政治教育研究的重要领域。2011 年，学界依然从多角度进行研究，但同质化研究现象比较明显。

关于大学生信仰教育研究。针对大学生信仰教育的现状，有论者指出，大学生信仰教育是思想政治教育的核心。目前，大学生信仰教育主流健康积极，但还存在一些诸如内容脱离现实、方法呆板、环境复杂等困境，要解决这个问题，则需要以求是精神统领信仰教育的全过程，坚持科学性和方向性相结合的原则、坚持主导型与多样性相结合的原则、坚持理论与实践相结合的原则，以创新精神构建信仰教育的体系，努力做到信仰教育在内容、方法和模式上的创新，以实践精神营造信仰教育的环境，大力加强宏观环境建设，努力营造良好的微观环境，以发展的眼光建设信仰教育队伍，进一步坚定马克思主义信念、提高理论修养，打造一支具有敬业奉献精神的教师队伍，提高教师自身素质以为人师表②。也有论者基于增强思想政治教育的亲和力和感染力的角度，从和谐教育关系、拓展教育渠道、着眼接受偏好、发挥“双主体”能动性等思维视角，探求思想政治教育方式方法创新，提出思想政治教育同构式方法、渗透式方法、网络式方法、体验式方法等解决方式，以解决目前信仰教育的困境③。也有论者进一步指出，我们可以从关注大学生自我发展和解决实际问题的需要的角度，把理想信念教育看做一个引导大学生成长成才的过程；从关注大学生个人理想和近期目标的确立与实现的角度，把理想信念教育看做一个思想认识与实践相统一的循序渐进的过程；从关注大学生的思想困惑和社会多样价值并存的现实的角度，把理想信念教育看做一个帮助大学生进行正确价值判断和选择的过程，这样才能更好地对大学生进行理想信念教育④。针对新媒体在大学生价值观养成中出现的问题，即“去中心化”影响大学生的价值选择和判断、“超媒体性”削弱了大学生对主导价值观的深度思考、“不对称性”的消逝造成教师话语“霸权”危机等现象，有论者指出，我们在看到新媒体技术保证了社会主义核心价值体系传播的“无障碍性”、增强了社会主义核心价值体系传播的“感染力”、提升了社会主义核心价值体系传播的“针对性”的同时，为使上述情况变为现实，就要培养大学生的媒介素养、增强自我教育能力，加强大学生的价值观教育，树立“尊重为本”的教育理念、改进宣传方式，重视“载体合力”的整合功能、探索新的工作思路，坚持正确的舆论导向、加强对新媒体环境的应用管理⑤。

关于高校思想政治教育评价机制问题。高校思想政治教育评价机制对于高校思想政治工

---

① 彭庆红、邵艳军：《引导大学生科学认识社会思潮的途径与方法》，《思想政治工作研究》2011 年第 3 期。

② 谢成宇、侯欣：《大学生信仰教育的困境与路径论略》，《湖北社会科学》2011 年第 2 期。

③ 叶飞霞、夏玉生：《大学生思想政治教育方式方法创新的思维视角——基于增强亲和力感染力的思考》，《农林大学学报》（哲学社会科学版）2011 年第 1 期。

④ 王易、宋友文：《新形势下大学生理想信念教育的问题与对策》，《思想理论教育导刊》2011 年第 4 期。

⑤ 黄岩、陈伟宏：《新媒体：大学生核心价值观培育的契机与挑战》，《思想政治工作研究》2011 年第 6 期。

作而言具有重要的意义，正确认识和理解高校思想政治教育评价机制有利于促进高校教育事业的发展和进步，建立完善的高校思想政治教育评价机制是高校教育的需要，也是社会发展的需要。在大学生思想政治教育过程中，由于缺乏或者评价机制不完善，部分高校的思想政治教育工作出现了若干瓶颈。针对于此，有论者指出，高校思想政治教育评价机制是针对高校思想政治教育工作展开的全面、系统具有明确目的性的评价，要将思想政治教育的全过程和教育效果作为评价的对象，具有极强的指向性和目的性，评价时要坚持“以人为本”、实事求是和灵活机动的原则，这样才能体现评价的鉴定、诊断功能，引导、调整功能，激发、鼓励功能，促使从制度层面为评价机制提供保障，注重评价主体与客体间的协调发展，并采取科学合理的评价方案①。

关于高校思想政治教育队伍问题研究。有论者指出，加强高校马克思主义理论队伍建设是推进马克思主义中国化、时代化和大众化的基础和保障，高校马克思主义理论队伍建设，首先要求这支队伍具有坚定的政治信仰、明确的政治方向、扎实的理论功底、强烈的创新意识等良好素质，其次要努力从统筹协调、体制创新、机制创新、制度创新、载体创新等方面探索发展路径②。有论者指出，全面提高思想政治理论课教学质量和效果的主体是教师，关键在于教师的能力建设。其间，教学能力建设是基础，即要把提高教学效果作为整个教学设计和实施的指导思想，并放在核心位置来考虑；要把大学生关心的现实问题作为切入点，以问题来聚焦学生的关注点，引出教学的内容，而不是从概念、原理出发进行教学；要把深入的理论分析作为教学的基本途径。科研能力建设是保证，即要解决好对科研的认识问题、制度问题。学科能力建设是支撑，即要把提高教学质量和课程建设提高到学科建设的高度，使教学能力和科研能力进一步上升为学科能力；把思想政治理论课教学发展的要求作为学科建设研究的主要方向，使学科发展切实为教学质量和教学能力的提升提供强有力的支撑③。

有论者指出，高校学生思想政治工作队伍组织价值与性质的界定，不仅直接影响内部成员的价值认同，而且影响组织的社会评价。澄清这一组织的价值与性质是加强和改进大学生思想政治教育工作中的一项重要课题。该队伍建设要以促进大学生成为社会主义现代化建设所需要的全面发展的人才作为其组织的最高价值与使命，它是在高校内主要通过隐性教育方式来专门从事德育工作的兼有政治性与教育性的组织，旨在促进大学生的身心健康以及思想道德、政治素质的提高④。

针对辅导员队伍建设中存在的专职不专、兼职不兼，队伍不稳、流动过快，工作专业水平不高、学科支撑不够，自我评价低、社会认可度不高等问题，有论者提出，辅导员队伍建设应坚持走职业化、专业化的发展道路⑤。从高校辅导员工作执行力的角度来介入论域，认为可以从观念力——辅导员工作执行力的基础，控制力——辅导员工作执行力的核心，协调力——辅导员工作执行力的保障，服务力——辅导员工作执行力的本质，创新力——辅导员

① 董学军：《论高校思想政治教育评价机制》，《沈阳师范大学学报》（社会科学版）2011 年第 3 期。
② 赵君：《高校马克思主义理论队伍建设的素质要求和路径选择》，《高校理论战线》2011 年第 4 期。
③ 顾钰民：《强化思想政治理论课教师的能力建设》，《思想理论教育》2011 年第 10 期。
④ 彭庆红：《论高校学生思想政治工作队伍的组织价值与性质》，《思想教育研究》2011 年第 8 期。
⑤ 方宏建：《关于推进高校辅导员队伍职业化、专业化建设的几点思考》，《高校辅导员》2011 年第 1 期。

工作执行力的关键五大维度来对高校辅导员工作执行力进行建构[①]。有论者进一步指出，当下我们要准确把握高校辅导员职业化建设进程中的深层次问题，进一步完善学科专业培养和培训体系，完善制度保证体系、健全职业化推进机制，优化队伍建设机制和工作模式，建立完善专业协会组织、培育职业文化，加强国际交流、注重形成本国特色，以构建辅导员队伍建设的长效机制[②]。

（十）关于新生代农民工思想政治工作的研究

我们党历来重视对农民的思想教育。新中国成立以来，中国共产党在建设社会主义的实践中，不断推进和完善农民思想政治教育工作，积累了丰富的经验。这些经验主要体现在：准确把握共产党在农民思想政治教育工作中的角色定位；依据环境变化，适时调整农民思想政治教育目标、内容及方式；与农民的实际情况相结合，增强思想政治教育工作的实效性和层次性；促使农民思想政治教育工作向法制化、制度化方向发展[③]。

全国总工会新生代农民工问题课题组将新生代农民工界定为：出生于20世纪80年代之后、年龄在16岁以上、在异地以非农就业为主的农业户籍人口。从人口组成结构和来源上看，新生代农民工主要包括两类。一是出生、成长、受教育在农村，然后进入城市就业的人群，这类人可称为嫁接的新生代农民工。二是随外出打工父母在城市长大并接受城市教育的农民工子女，这类人可称为原生的新生代农民工，他们尽管生长在城市，但却被长久地贴上了“农民工子女”的标签，因而具有十分复杂的心理和人格特征。当前，“新生代农民工”已成为农民工的主体，由此也使得农村劳动力流动发生着由“亦工亦农”向“全职非农”转变，由“城乡双向流动”向“融入城市”转变，由“寻求谋生”向“追求平等”转变[④]。

针对这种状况，有研究者指出了当前对农民工思想政治教育存在的问题，如对农民工思想政治教育的针对性不强，对农民工重技能培训轻思想政治教育，对农民工思想政治教育缺乏长效机制，对农民工进行思想政治教育的队伍不健全，对农民工思想政治教育的目标不明确。[⑤] 为提高农民工思想政治教育的针对性和实效性，扩大农民工思想政治教育的覆盖面，有研究者提出了“加强农民工思想政治教育草根化”这一重要理念。所谓的农民工思想政治教育的草根化，就是要以通俗化的语言形式、简单明了的表达方式，将思想政治教育真正融入广大农民工群体的社会生活，将思想政治教育底层的草根领域转向具体的农民工群体，以提高对广大农民工进行思想政治教育的针对性和实效性。这里的草根性首先表达了对农民工进行思想政治教育的广泛性，即努力使农民工接收思想政治教育的覆盖面达到100%；其次，这里的草根性还表达了在对农民工进行思想政治教育的过程中，对农民工这一弱势群体的深切呵护和关注，真正做到了解农民工群体的真实需求，做到想农民工之所想、急农民工之所

---

① 马洪亮、徐锐：《高校辅导员工作执行力的结构分析》，《高校辅导员学刊》2011年第6期。

② 杜向民：《进一步推进高校辅导员队伍职业化发展路径研究》，《高校理论战线》2011年第3期。

③ 运迪：《建国以来中共农民思想政治教育工作基本经验》，《中国特色社会主义研究》2011年第4期。

④ 全国总工会新生代农民工问题课题组：《关于新生代农民工问题的研究报告》，《工人日报》2010年6月21日第1版。

⑤ 陈卫东、吴泽林：《农民工思想政治教育的现状及对策研究》，《湖湘论坛》2011年第1期。

急、应农民工之所需、办农民工之所期①。

加强对新生代农民工思想状况的认识，明确其思想问题的成因，积极寻找解决对策，成为思想政治教育关注的热点。有研究者对新生代农民工的界定和分类进行了研究。该研究认为，目前对于新生代农民工的界定多是从年龄和代际角度出发，是和老一代农民工相对应而提出的概念。该研究者还分析了新生代农民工的思想问题及原因分析，认为体制制度的滞后导致新生代农民工虽然身处城市，但身份认同混乱，缺乏归属感；人文关怀的缺失导致新生代农民工虽然追求人生目标和理想人格，但道德迷失，责任、亲情意识淡漠；管理组织的缺位导致新生代农民工虽然进入城市、企业，但普遍存在“城市冷漠症”、“企业过客症”，缺乏敬业精神；自身素质的不足导致新生代农民工虽然自我意识增强，但缺乏吃苦耐劳精神，价值观出现矛盾和偏差。对此，作为重点关注的特殊群体，新生代农民工思想政治教育工作必须进一步改进和创新。如进一步建立健全新生代农民工思想政治教育理论体系，全面提升新生代农民工的思想道德素质；建立健全新生代农民工思想政治教育机构，解决新生代农民工思想建设的组织缺位问题；创新工作方法，提升新生代农民工的思想政治教育主体性；增强对新生代农民工的人文关怀，注重心理疏导②。有论者指出，由于新的时代环境的影响，周边存在着一定程度上的劳动异化的现象，对城乡二元体制也有自身的切身体悟，社会支持系统的缺失等因素的影响，新生代产业工人在心理状态上具有动机层次更高、部分群体人生挫折感加深、情感诉求更强、部分群体精神迷茫更多等现象，这就要求我们要更加注重对这个群体的思想政治工作③。

（十一）其他方面的研究

关于军队思想政治工作研究。有论者认为，军队思想政治教育是军队成员特殊需要与其自身结构、功能属性之间矛盾运动的必然产物，是主客体对象性活动在军事实践领域一种特殊的存在方式。军队思想政治教育是否具有价值属性，这是必须给予正确回答的理论问题。军队思想政治教育，本质上是一种基于人的特殊价值活动；而其价值活动的实质，就在于满足官兵思想政治品德社会化需要；以创价活动为关注点，对我军思想政治教育现存问题进行理性反思，有助于把我军思想政治教育创新发展建立在价值理性的基础上④。也有论者指出，紧紧围绕军队中心工作来开展，是我军政治工作的优良传统和职责所在。胡锦涛总书记在“七一”重要讲话中强调指出“以推动国防和军队科学发展为主题，以加快转变战斗力生成模式为主线”，这是以宏阔的战略视野、高远的战略眼光对国防和军队建设带方向性、全局性、根本性的战略问题所作的科学谋划，明确了我军的发展方向和基本路径。军队政治工作必须着眼于贯彻胡主席关于主题主线的重大战略思想，紧紧围绕主题主线推进自身创新发展，为主题主线的贯彻落实更好地发挥服务保证作用⑤。也有论者指出，培育当代革命军人核心

① 黎明艳：《论加强农民工思想政治教育的草根化》，《长春理工大学学报》（社会科学版）2011 年第 2 期。

② 方彬、熊宏俊：《社会转型期新生代农民工思想政治教育初探》，《江西行政学院学报》2011 年第 4 期。

③ 张琦：《新生代产业工人心理特征及思想工作对策》，《思想政治工作研究》2011 年第 5 期。

④ 杨洪江：《论军队思想政治教育的价值属性——一种基于哲学价值论的思考》，《南京政治学院学报》2011 年第 3 期。

⑤ 刘光明：《围绕国防和军队发展的主题主线推进军队政治工作创新发展》，《思想政治工作研究》2011 年第 10 期。

价值观，需要通过扎扎实实的常态化培育来实现。要全面认识当代革命军人核心价值观培育常态化的基本特征、影响的主要因素、基本路径①。

关于社区思想政治工作研究。有论者指出，社区思想政治工作加强人文关怀和心理疏导，是创新思想政治工作的重要内容，是提高思想政治工作科学化水平、开创思想政治工作新局面的重要举措。社区思想政治工作加强人文关怀和心理疏导，离不开对实际生活的解读。一方面，应引导居民从国际国内形势出发来看待问题，正视经济社会发展中出现的各种矛盾和问题，引导人们用和谐的思维方式认识问题，以积极的心态看待热点难点问题。另一方面，应密切联系实际，从居民的现实处境和切身利益出发，切实关注人们的基本权益和需求，为提高群众生活质量鼓与呼，缓解居民的思想矛盾、心理冲突，并力所能及地为居民做实事、做好事，推动中央各项方针政策贯彻落实，使群众切实感受到党和政府的关怀和温暖②。

关于“人群集聚区”思想政治工作研究。“人群集聚区”包括“社区”，但又比社区的范围更广泛更复杂。目前，认为人群集聚区主要有四大类型，即固定型人群集聚区，像社区、楼宇、企业等；组织型人群集聚区，像集会、主题教育和大型会展等；流动型人群集聚区，像公园、市场、公共服务场所等；虚拟型人群集聚区，像网络论坛、QQ 群、微博、手机信息平台等。随着经济社会的迅速发展、改革开放的不断深化，城市建设形态发生了深刻变化，新市民大量汇聚，“两新”组织不断涌现，虚拟社会蓬勃发展，人群集聚逐渐打破以单位、社区为主体的原有模式，呈现多元化的趋势。这些人群集聚区不仅是承载经济、政治、文化活动的主要载体，而且是思想文化信息的集散地、社会舆论的放大器和各种矛盾的集结点。做好这些特殊人群的思想政治工作，引导其健康发展，是提高党的建设科学化水平的一个重大课题，也是推进和谐社会建设的迫切任务③。

## 三 简要评论

2011 年的思想政治教育研究在学科建设与理论研究上都取得了较丰硕的成果。但是，思想政治教育研究中长期存在的问题依然没有得到解决。如学科界线不够明确、学术概念不够精准、研究方式还显陈旧、重复性研究或同质性研究现象突出、研究领域不够平衡、研究队伍不稳定且整体水平尚待提高，等等。今后一个时期，要在继续克服和解决上述问题的同时，着力在以下几方面加强研究。

进一步加强对马克思主义经典著作的研读。目前思想政治教育学科建设与学术研究存在的问题，从深层上反映了加强马克思主义基础理论研究的必要性与紧迫性。这一点，也可以从近年来思想政治教育学界掀起对马克思主义经典著作研读的热潮中得到确证。面对思想政治教育面临的问题，人们开始认识到了必须回到马克思，从马克思主义的基本立场、观点和方法中寻找答案。马克思主义是思想政治教育理论基础和指导思想。在我国，思想政治教育

① 刘强：《培育当代革命军人核心价值观要在常态化上下功夫》，《中国军队政治工作》2011 年第 5 期。

② 申维辰：《改进创新思想政治工作的重要举措——论社区思想政治工作加强人文关怀和心理疏导》，《人民日报》2011 年 10 月 11 日。

③ 胡军：《加强人群集聚区的思想政治工作》，《思想政治工作研究》2011 年第 8 期。

首先就是指马克思主义理论教育。因此，必须提高研究者的马克思主义理论素养，而其最好的途径莫过于直接使其与马克思主义经典著作直接见面，通过研读马克思主义经典著作，把握的实质和精髓，使思想政治教育研究坚持正确的方向、奠定坚实的理论基础。

继续深化对思想政治教育科学化的研究。要解决目前思想政治教育学科建设与学术研究的问题，必须切实把其作为"科学"来对待和建设，减少以致最终避免经验性、随意性、盲目性等非科学因素的影响。实际上，学界已经认识到了目前问题所在，2011 年对"思想政治教育科学化"的研究，已经昭示了学界的觉醒。学界应进一步增强学术责任感，发扬立足实践、崇尚真理、尊重学术、讲求科学的学术精神，树立学术创新意识，力戒浮躁心态，力戒研究中的随意、空泛、庸俗等弊端，研究者要强化诚信意识，避免重复性研究或同质性研究现象，推进思想政治教育的创新发展。

进一步加强对农村、社区、企业以及虚拟人群聚集区等薄弱领域的思想政治教育研究。目前情况下，思想政治工作领域中，高校依旧是研究和实践的重地，党政部门、军队和企业次之，但由于体制原因这些领域还是积累了较多研究和工作资源，使之在这方面的研究虽然深度有欠缺但不乏后劲。目前，思想政治教育薄弱的领域，主要在农村、社区、流动人员以及网络论坛、QQ 群、微博、手机信息等虚拟人群集聚区，这些领域缺乏相对完整的思想政治教育工作机制，学者们关注也甚少，加强和改进对该领域的思想政治教育研究是一个重要任务。

（供稿人：朱亦一、李春华、余斌）

# 第八章　科学无神论

无神论是人类社会文明和思考的结晶。马克思主义无神论是科学无神论发展的高级形态。科学无神论的研究和宣传教育工作，是中国共产党意识形态工作的重要组成部分。随着中国特色社会主义事业的蓬勃发展，随着马克思主义学科建设工程的推进，2011 年科学无神论的学科建设工作，依托马克思主义研究的大平台，已经初见成效。

## 一　研究概况

在中国社会科学院各级领导的支持下，中国无神论学会、《科学与无神论》杂志、中国社会科学院科学与无神论研究中心和马克思主义研究院马克思主义无神论研究室四位一体，形成合力，联合社会各界有识之士，正在推动这个濒危学科逐步复苏。

科学无神论学科的建设肩负着重要的社会责任。马克思主义无神论是抵御境外宗教渗透的有力思想武器。

2011 年 5 月，中央有关部门联合发布文件，强调做好抵御境外利用宗教对高校进行渗透和防范校园传教工作。党中央要求把马克思主义无神论教育作为抵御宗教渗透和防范校园传教的基础性工作，在思想政治理论课和有关专业课中，充实科学无神论的论述。这是前所未有的重要举措。可见，加强科学无神论学科建设，是抵御境外宗教渗透和防范校园传教工作的重要组成部分。

新中国成立以后，中国政府将教会学校的教育权全部收归国有，建立了新型的现代教育制度，宗教完全退出国民教育体系。然而，自改革开放以来，特别是 20 世纪 90 年代中叶以后，随着“宗教热”的逐渐升温，宗教在高等院校的传教活动逐渐由秘密转向公开，特别是“基督教汉语神学运动”更是公然进入大学讲堂和国家研究机构。坚持“教育与宗教相分离”是国家三令五申的重要法规，在大学讲坛上利用公共教育资源传播宗教属于违法行为。抵御境外势力利用宗教对高校进行渗透和防范校园传教是一项重要而紧迫的战略任务。

就全国高校思想政治理论课而言，在全国《马克思主义基本原理概论（2008 年修订版）》中，已经增加了关于科学无神论和宗教的论述，也有部分高校思想政治理论课教师在课堂中进行科学无神论的宣传教育。在极端宗教势力比较活跃的边疆少数民族地区，有关领导部门十分重视科学无神论的教育工作。如 2002 年新疆教育厅就下发文件，在新疆地区高校开设《科学无神论》课程，作为第三门公共政治理论课程，课时数不少于 36 学时。但是总体而言，科学无神论的声音在教育领域还是相当微弱。

目前，在全国高校教育领域中尚未设立科学无神论学科，除了中国社会科学院科学与无神论研究中心和马克思主义研究院马克思主义无神论研究室外，几乎还没有类似的专门研究机构。中国无神论学会和中国社会科学院科学与无神论研究中心，均挂靠在中国社会科学院马克思主义研究院。因此，中国社会科学院马克思主义研究院在科学无神论学科建设领域中具有特殊的作用。

2011 年，科学与无神论研究中心主任习五一申报的中国社会科学院国情重点调研项目“当代大学生信教群体状况调查”课题，获得批准立项。一年来，该课题成员深入北京高等院校进行社会调查，其中包括北京大学、中国人民大学、清华大学、北京师范大学等十余所高校。调查对象包括二百余名大学生宗教信徒、三个基督教聚会点以及一个佛教社团。该课题组成员正在积极探索在校园里抵御宗教渗透的有效对策。

2011 年，中国无神论学会和中国社会科学院科学与无神论研究中心联合举办了一系列学术研讨会和座谈会，研讨当前科学无神论学科建设的热点和难题。1 月 18 日，中国无神论学会、中国社会科学院科学与无神论研究中心和北京师范大学联合举办“宗教在高校渗透应对策略研讨会”。参加者不仅有来自中国无神论学会的专家学者，还有来自教育第一线的北京师范大学党委宣传部、学校办公室、本科生和研究生工作部的教师。5 月 10 日，《科学与无神论》编辑部和中国社会科学院科学与无神论研究中心联合举办讨论会。中国社会科学院国情重点调研项目的课题组成员汇报“北京大学生信教群体状况调研进展”。9 月 13 日，由中国无神论学会和《科学与无神论》杂志联合举办“教育与宗教相分离”座谈会。参会者包括自然科技工作者、社会工作者、教育工作者和媒体记者。10 月 11 日，中国无神论学会和科学与无神论研究中心联合举办座谈会。中国学者与加拿大无神论学者、女王大学教授舒克兰博士（Dr. Schuklenk）等，就当代国际无神论组织和思潮等议题，进行了深入的学术交流。

10 月 29—31 日，中国无神论学会 2011 年学术年会由中国无神论学会、中国社会科学院科学与无神论研究中心、浙江师范大学教师教育学院联合主办，在浙江省金华市召开。来自全国各地的 60 多位专家学者出席。其中包括中国社会科学院马克思主义研究院、中国社会科学院网络中心、世界宗教研究所、中国反邪教协会、教育部社会科学发展研究中心、国家宗教事务局宗教研究中心、中国藏学研究中心、国务院发展研究中心民族发展研究所、中共中央党校《党政干部论坛》、中央社会主义学院、中国国际友谊促进会、中国人民大学、北京师范大学、北京科技大学、上海师范大学、南京大学、陕西师范大学、武汉大学、河北师范大学、华东师范大学、长沙理工大学、杭州师范大学、河海大学、安徽工程大学、河北社会科学院以及浙江师范大学等科研院所和高等学校的专家学者。本次会议的主题是“教育发展与无神论学科建设”。与会学者围绕教育与宗教相分离、大学校园宗教传播的现状与对策、科学无神论的学科建设以及国外宗教渗透的新动向等专题进行了深入的研讨。

在人才队伍建设方面，2011 年，马克思主义无神论研究室向中国社会科学院研究生院马克思主义研究系提出申请，在思想政治教育专业下招收科学无神论方向的硕士研究生。中国社科院马克思主义研究院马克思主义无神论研究室新聘一位博士毕业生，作为科学无神论的专业研究人员。

在学术著作出版方面，与科学无神论的宣传教育相比，学术研究仍处于弱势地位，只有少量著作问世。2011 年，中国出版界有两部重要的科学无神论著作刊行。

一部是牙含章、王友三主编的《中国无神论史》，由中国社会科学出版社 2011 年重印出版。三十年前，这部专著作为“六五”国家社科规划的重点项目，汇集了全国三十多位学者，历经数年，最终撰写并出版了中国历史上第一部《中国无神论史》。此次再版，编者有感于近年来中国无神论学科的迅速降温与“宗教热”的不断升温，呼吁学界对这种冷热不均现象进行深刻反思。编者认为，只有阐明中国无神论思想是整个中国传统文化和中国哲学最精华的表征，才算真正找准了它的位置。由于马克思主义与中国传统文化具有共同的“无神”价值倾向，在中国社会宣传有中国特色的马克思主义无神论思想，最有效的途径和方法就是紧密地与中国传统文化无神的本质特征联系起来。

一部是英国著名物理学家史蒂芬 · 霍金、列纳德 · 蒙洛迪诺著《大设计》的中文版，由吴忠超教授译，湖南科学技术出版社 2011 年出版。这部专著是霍金在《时间简史》之后最重要的著作，它凝结了作者 20 多年来对科学和哲学的思考成果。自 2010 年 8 月首次出版以来，曾连续 8 周以上名列畅销书排行总榜第一名。本书围绕宇宙、万物、生命存在的意义，解读了最新宇宙学研究成果——M 理论，为我们展示了一个不需任何超自然作用的、在物理定律下自然发生的宇宙创生与演化图景，澄清了神学在“存在之谜”上对人的迷惑，有助于人们树立正确的科学无神论世界观，自觉运用科学理性寻找幸福的生活，对社会文化方面产生积极影响。

在学术期刊建设方面，2011 年，由中国无神论学会主办、科学与无神论研究中心协办的《科学与无神论》，继续向专业学术期刊方向发展。

## 二　重大问题研究进展

2011 年的科学无神论研究进展，可以概括为五个方面，即科学无神论和马克思主义宗教观研究；坚持教育与宗教相分离；批判西方基督教学者的“宗教市场论”；中西方无神论思想史研究；破坏性膜拜团体（邪教）研究。

（一）科学无神论和马克思主义宗教观研究

1. 科学无神论和马克思主义无神论

习五一指出，无神论是人类社会文明和思考的结晶，其产生和发展与人类社会的历史进程紧密相连。在中国哲学思想史上，多神主义与无神论思想并存。包含科学无神论的五四精神，成为中国进入近现代的思想标志之一。科学无神论在中国的传播是中国共产党诞生的重要思想前提。西方无神论的思想起源于古希腊。中世纪基督教在上层建筑领域居于绝对统治的地位，无神论几乎不可能公开存在。近代西方的无神论思潮由于其鲜明的反封建主义制度和批判神学政治的性质而被称为“战斗无神论”；因为它吸取近现代自然科学的成果，以科学的精神和科学的方法为武器，又被称为“科学无神论”。20 世纪西方无神论的主要形式是“人本主义”。21 世纪初，面对全球宗教原教旨主义和新基要主义势力的复兴，当代西方新无神论和世俗人文主义思潮再次活跃。马克思主义无神论是科学无神论发展的高级形态。它继承了 17—18 世纪英国和法国唯物主义、19 世纪德国费尔巴哈人本主义等人类优秀思想的成果，通过唯物主义历史观和剩余价值论的发现而展示出来。科学无神论作为马克思主义世界观的出发点和基石，由思想文化领域，进入科学社会主义运动的实践①。

2. 马克思主义宗教观和无神论

有学者指出，坚持彻底的无神论是马克思哲学的内在品格，超越宗教史观是历史唯物主义创立的重要前提。马克思、恩格斯认为，对宗教产生根源的分析比对宗教进行单纯的外在批判更加重要，只要揭示出人类社会的发展规律，找到人的解放的实现路径，宗教最终会自行消亡。因此，马克思哲学主要致力于对宗教赖以产生的社会基础进行深入剖析。马克思哲学展开逻辑的每一环节，都没有把实现人的解放寄托于任何超自然的力量，马克思哲学的形成和发展过程，也就是其无神论思想的展开过程，揭示这一过程，是深刻理解马克思哲学无神论特质的关键②。

美国《新社会主义者》2009 年第 51 期刊登了法国学者米歇尔·罗伊题为《马克思主义和宗教——人民的鸦片?》的文章。米歇尔·罗伊是法国革命共产主义同盟（LCR）成员。作者认为，马克思和恩格斯关于宗教的论述仍然适用于当今的大多数宗教组织和主要宗教派别。“宗教是人民的鸦片”这一表述尽管不是马克思主义者的专利，是“前马克思主义的”，没有任何阶级指向；但是它抓住了宗教“苦难”的矛盾性质。在《德意志意识形态》中，马克思才开始把宗教作为一种社会和历史的现实来研究，即把宗教作为意识形态的诸多形式之一来研究。之后，马克思很少注意作为一种特定的文化/意识形态体系的宗教。恩格斯对马克思主义宗教研究的主要贡献是，他重视分析各种宗教表现与阶级斗争的相互关系。恩格斯作为一个唯物主义者和无神论者，抓住了宗教现象的双重性：宗教既扮演承认现成秩序的合法性角色，又根据社会现实情况，扮演批判、抗议甚至是革命的角色。在欧洲的工人运动中，许多马克思主义者对宗教持激进的敌对态度，但认为无神论反对宗教意识形态的斗争，必须服从于阶级斗争的具体情况。马克思和恩格斯认为宗教的革命性已经成为历史，这一预测也得到历史的证明③。

有学者指出，“宗教是人民的鸦片”，绝不是无明显的褒贬之意，更不是强调“人民对宗教的需要”。它的态度十分鲜明，就是揭露宗教的虚幻性、欺骗性，使人能够“作为摆脱了幻想、具有理性的人来思想和行动”，实现人民现实的幸福。它体现了马克思主义对宗教的基本立场、基本态度和基本观点，但不是马克思主义宗教观的全部内容。马克思主义宗教观中国化需要历史地看“鸦片论”，现实地看我国宗教，辩证地看待宗教与社会主义社会相适应，深刻认识“鸦片论”的启示意义，正确认识“鸦片论”与坚持马克思主义宗教观的关系④。

加润国指出，落实胡锦涛总书记关于“牢固树立马克思主义宗教观”的要求，必须正确认识和对待马克思主义宗教观，为此需要破除“过时论”、“流派论”和“不同论”。正确理解和掌握马克思主义宗教观，应该着重把握三个基本原则：一是坚持唯物论和无神论的基本

① 习五一：《无神论是人类社会文明和思考的结晶》，《科学与无神论》2011 年第 5 期。
② 李成旺：《从马克思哲学的展开逻辑看其无神论特质》，《科学与无神论》2011 年第 1 期。
③ ［法］米歇尔·罗伊：《马克思主义和宗教》，陈文庆译，《国外理论动态》2011 年第 3 期。
④ 张献生：《“鸦片论”与坚持发展马克思主义宗教观》，《中国统一战线》2011 年第 10 期。

原则，二是坚持辩证唯物主义和历史唯物主义的科学态度，三是坚持一脉相承又与时俱进的统一体系①。

3. 马克思主义无神论的中国化

习五一指出，中国的社会基础决定着马克思主义无神论中国化的实践方向。从新民主主义革命时期一直到建设中国特色社会主义时期，中国共产党人将马克思主义无神论同中国社会的实际情况相结合，不断为马克思主义无神论中国化增加新的内涵。马克思主义无神论在中国化进程中形成两条基本原则：第一，保障宗教在信仰层面完全自由。在社会政治和经济层面，宗教必须服从中国人民的总体利益，适应社会发展的历史进程，不允许利用宗教威胁国家安全与民族团结，不允许利用宗教颠覆社会主义制度，这样就将信仰问题与政治问题严格区分开来。第二，宗教有神论的观念是错误的，与科学和唯物论相对立的，但它属于思想问题，不能动用行政手段解决，只能采取说服教育，而且主要通过社会的实际变革，由信仰者自觉决定②。在改革开放时期，党中央实施“科教兴国”的战略，倡导科学无神论思想。进入 21 世纪，中国共产党提出“以人为本”的科学发展观，强调无神论研究和宣传教育是一项长期任务，需纳入科学研究规划和宣传思想工作的总体部署，锲而不舍地进行。在当代中国，马克思主义无神论重要的价值有三点：一是马克思主义无神论是社会主义核心价值的哲学基础，加强科学无神论的研究和宣传教育，是加强社会主义意识形态工作的重要组成部分；二是科学无神论是一种幸福的生活方式，是构建和谐社会的重要途径；三是科学无神论只要彻底，就必然导向合理的社会制度。科学无神论的教育和宣传要制定相应的纲领和策略，纳入整体社会主义革命和建设事业中③。

有学者从政治经济学视角来探讨马克思主义宗教观。认为，不同的立场观点方法，会对宗教问题形成不同的话语形态。首先是意识形态话语。马克思主义宗教观主要是持一种意识形态批判的态度，主要目的是批判宗教赖以产生和存续的社会制度根源。中国最近若干年的社会变迁中，宗教热或宗教乱象得以产生和存续的社会根源，就在于社会经济领域的私有化进程及剥削压迫、阶级分化现象的有增无减。阶级分析法对于认识和处理宗教问题远未过时。世界观领域、意识形态领域“精神污染”的治理成本上升和危害预期加剧，正使得冷寂多年的无神论宣传教育问题呼之欲出。其次是统战话语。统战政策和策略的成功与否很大程度上取决于是否善于对宗教组织及相关人群进行适当的必要的阶级阶层分析。统战对象应当仅限于宗教界上层人士，如果扩大至一般信教群众，则统战成本将会越来越高，以致最终无法承受；我党作为无神论政党，应当最大限度避免“统战者被统战”的现象，始终保持世界观的独立性、意识形态的完整性和足够敏锐的政治鉴别力。第三是法治话语。宗教信仰自由表达的实际上是资产阶级对于各种并未危及其根本利益的宗教信仰的宽容，而无产阶级政党和国家应当致力于弱化以至消除宗教赖以滋生的社会土壤，从人类解放事业的高度把人们从形形色色的迷信和各种妖术中解放出来；在宗教事务管理问题上，应当毫不动摇地坚持国家

① 加润国：《关于牢固树立马克思主义宗教观的思考》，《科学与无神论》2011 年第 2 期。

② 习五一：《无神论是人类社会文明和思考的结晶》，《科学与无神论》2011 年第 5 期。

③ 习五一：《马克思主义无神论的中国化历程》，《马克思主义研究》2011 年第 3 期。

主权原则，解构西方敌对势力的“人权高于主权”的新干涉主义话语霸权①。

有学者论述抗日战争时期中国共产党宗教工作的历史地位。一是推动了抗日战争的胜利进程，即扩大了抗日民族统一战线，巩固了抗日民主根据地，揭露了日本侵略者利用宗教侵华反共的阴谋。二是丰富了党的宗教工作经验，即提高了宗教理论水平，积累了行之有效的工作方法。三是为以后党的宗教工作提供了借鉴，即探索了抗日民主根据地执政条件下的宗教工作思路，明确其涉及党执政的思想基础和群众基础，积极引导了宗教与新民主主义革命相适应。当今的借鉴意义有：首先，宗教工作就是群众工作，只有尊重信教群众的宗教信仰，政治上团结信教群众和宗教界人士，不断实现好、维护好、发展好信教群众的合法权益，才能更好地巩固党执政的群众基础。其次，宗教工作也是思想信仰工作，只有坚持和发展马克思主义，加强和完善辩证唯物主义和历史唯物主义教育，才能更好地巩固党执政的思想基础。最后，宗教本质上是一种有神论的信仰文化②。

4. 科学无神论的宣传教育工作

田心铭撰文回答了一个重大的理论问题，即为什么无神论研究和宣传教育与贯彻党的宗教信仰政策并不矛盾。他认为，无论从法律依据、理论基础、客观根据和根本出发点来说，开展无神论研究和宣传教育同贯彻党的宗教信仰自由政策都是一致的。深入理解这种统一需要弄清宗教与宗教意识形态的关系、宗教意识形态与有神论的关系、无神论与马克思主义无神论的关系。实现二者的统一要经过自觉的努力。开展无神论研究和宣传教育必须自觉遵守党的宗教信仰自由政策。坚持无神论需要克服对宗教信仰自由政策的误读。不能把公民有宗教信仰自由当成共产党员有信仰宗教的自由；不能把尊重和保护宗教信仰自由当成积极发展宗教；理解宗教的群众性不能忘记对不信教群众宣传无神论的责任，理解宗教的长期性不能忘记宗教长期存在过程中的变动性③。

加润国指出，按照科学社会主义的基本原则，国家要实行宗教信仰自由政策，共产党要坚持进行无神论宣传教育，这两者相辅相成，缺一不可。开展无神论宣传教育，要设立专门的研究机构，出版相应的书刊。科学无神论的核心是马克思主义宗教观，应该让它进入中学和大学的教科书④。

有学者指出，加强科学无神论的宣传和教育是意识形态领域的一项重要任务，是建设先进文化、提高全民族思想素质的重要内容和重要环节。党的三代领导集体在革命和建设的实践中，结合中国国情，坚持和发展了科学无神论。主要内容包括：（1）宣传科学无神论，树立马克思主义世界观；（2）科学无神论的宣传必须与科学技术的普及、教育紧密结合；（3）科学无神论宣传要服从无产阶级政党的基本任务；（4）创新科学无神论，引导宗教同社会主义社会相适应。不仅共产党员应该树立科学无神论的世界观，一般群众也应该接受科学无神论的教育⑤。

① 袁朝晖：《马克思主义宗教观研讨会（2011）在京召开》，《世界宗教研究》2011 年第 4 期。

② 刘福军：《抗日战争时期中国共产党宗教工作的历史地位探析》，《科学与无神论》2011 年第 3 期。

③ 田心铭：《试论无神论宣传教育与宗教信仰自由的统一》，《科学与无神论》2011 年第 6 期。

④ 加润国：《关于加强无神论研究宣传教育的思考和建议》，《科学与无神论》2011 年第 1 期。

⑤ 张恒、刘爱莲：《党的三代领导集体的无神论思想探析》，《新乡学院学报》（社会科学版）2011 年第 3 期。

近年来，许多专家学者关注当前我国社会无神论教育宣传弱化，而各种有神论呈现流行趋势的现象。他们指出，宣传科学无神论需要澄清和解决以下几个问题：（1）无神论是马克思主义世界观的思想基础，宣传无神论与贯彻党的宗教信仰自由政策并不矛盾；（2）提倡无神论，是社会和谐的重要基础，宣传无神论不仅不会损害社会和谐，相反能够正确引导妥善处理好社会矛盾；（3）宗教的替代性满足不能解决现实生活中的道德修养和精神安慰问题，共产主义道德和中华传统美德才能真正满足人们无限的精神需求和精神超越。关于如何加强科学无神论的宣传和教育，专家学者的建议有：（1）巩固马克思主义在我国意识形态中的指导地位，必须加强无神论的教育宣传；（2）必须牢固树立并正确落实马克思主义宗教观；（3）加强无神论教育宣传，必须立足实际和面向群众；（4）加强无神论教育宣传，既要讲战斗性，又要讲科学性①。

有学者对在新形势下如何进一步开展党的无神论宣传教育，提出三点建议（1）党的无神论宣传教育要纳入日常工作日程并设定相应的机制加以保证；（2）坚决刹住大学生信仰宗教的风潮；（3）科学无神论的理论形态应该适应党的执政地位和建设社会主义和谐社会的需要②。还有学者对近年社会主义核心价值体系建设情况进行了调查研究，提出对策建议。其中明确指出，西藏等少数民族地区要进一步加强马克思主义世界观、人生观、价值观的教育，落实到祖国观、民族观、宗教观和文化观“四观”和唯物论、无神论“两论”的宣传教育上，自觉抵御各种错误或反动思潮的影响③。这表明，马克思主义研究学界已经开始重视无神论宣传教育在社会主义核心价值体系中的作用。

有学者分析了制约科学无神论在建设社会主义核心价值体系中作用的因素。他们认为，城乡经济发展的非均衡性、社会制度的体制机制设计不健全和不合理、物质文明与精神文明发展非协调性、宣传教育工作的断层性和低效性、党政领导干部行为的失范性、西方社会思潮的渗透性和消解性等方面的因素，影响了科学无神论在建设社会主义核心价值体系中的作用④。

5. 共产党员信教问题

关于共产党员不能信教的问题，有学者专门作了社会调查，结果显示，在这个问题上存在认识不清的情况。如在对“你认为党员能否信仰宗教”问题的调查中，只有 59% 的党员明确表示党员不能信仰宗教，而有 30% 的党员认为可以信仰宗教，另有 11% 的党员表示“说不清”。“说不清”意味着是思想上的“拿不准”，这部分人随时可能成为“党员可以信仰宗教”的支持者。在对“你认为目前党员信仰宗教的人数有多少”的调查中，13% 的党员认为很多，31.7% 的党员认为较少，30% 的党员认为是极个别现象，还有 24% 的党员表示不太清

---

① 杨明伟 · 戚义明：《当前科学无神论面临的难题和专家建议》，《科学与无神论》2011 年第 1 期。

② 徐麟：《关于改革开放以来无神论宣传教育的回顾与前瞻》，《科学与无神论》2011 年第 4 期。

③ 程恩富、郑一明、冯颜利：《近年社会主义核心价值体系建设情况的调查研究报告》，《毛泽东邓小平理论研究》2011 年第 2 期。

④ 林宇晖、刘爱莲：《制约科学无神论在建设社会主义核心价值体系中作用的因素探析》，《湖湘论坛》2011 年第 3 期。

楚。这说明，党员中信仰宗教的人数虽然不是很多，但也不是极个别现象①。

中共中央统战部常务副部长朱维群撰文指出，共产党员不能信仰宗教是我们党的一贯原则，辩证唯物主义世界观是我们党制定和贯彻宗教信仰自由政策的基础。如果允许共产党员信教，将会产生侵蚀涣散党的肌体的种种恶果：（1）允许党内唯心主义与唯物主义两种世界观并存，有神论和无神论并存，势必会造成马克思主义指导地位的动摇和丧失，在思想上、理论上造成党的分裂；（2）等于允许一些党员既接受党组织的领导，又接受各类宗教组织领导，势必会在组织上造成党的分裂；（3）信教的党员势必会成为某一种宗教势力的代言人，一些地方将会出现利用政府资源助长宗教热的现象，他们也不可能平等地对待每一种宗教，党的宗教工作将从根本上动摇。总之，如果允许党员信教，将使我们党从思想上、组织上自我解除武装，从一个马克思主义政党蜕变为一个非马克思主义政党，也就根本谈不上继续领导中国特色社会主义伟大事业。他指出，要在全党加强马克思主义宗教观和无神论教育②。

（二）坚持教育与宗教相分离

1. 文化传教的实质是“抓住中国的脑袋和脊骨”

金宜久指出，从19世纪末以来，西方侵华势力就把基督教作为使中国人俯伏在他们脚下的工具，而将控制中国舆论、占领高等教育学府当作“抓住中国的脑袋和脊骨”的主要举措。目前在我国大学和科研机构中的文化传教，本质上仍然是为上帝的存在、创世论证说教，实际上与传教士的宣教布道无异，是在为有神论的信仰服务、辩护和张目。在传播有神论方面，文化传教更能吸引人、迷惑人，在很多地方，特别是在高等学府，可以起到传教士难以起到的作用。他特别指出，西方基督教界历来把高校视为“领导中国到我们道路上来的主要希望”，这是解放前传教士梦寐以求的事；今天它向大陆渗透的战略意图并未改变。有的高校是否在为传教士向大学渗透自觉不自觉地开启绿灯放行，在思想阵地放弃了“四个坚持”，是人们不得不提出的问题。③。

习五一指出，冷战结束以来，在国际战略格局中，宗教的复兴和宗教的冲突，成为重要的社会现象。仔细分析这些社会现象，主要不是精神层面的有神论在起作用，而是宗教的社会性被人为地抬高和强化。宗教有神论被某些国家和某些利益集团，当作谋取政治实力和经济利益的手段。从科学无神论的视角考察，这种现象是历史文明的倒退，急需我们进行研究，提出对应战略。她认为，当前影响中国国家安全的宗教因素主要有三个：即以达赖集团为首的藏独分裂势力；打着伊斯兰教旗帜的“东突”分裂势力；美国基督教新保守势力对华的扩张战略。在西方遏制中国的战略中，这些宗教因素将成为敌对势力利用的重要资源。她指出，西方宗教右翼势力特别善于利用合法渠道，深入我国文化教育和学术研究阵地，培植力量，宣传他们的世界观、价值观和政治观，与我国主流意识形态对立。所谓“合法渗透”，主要形式是“文化交流”和“学术研究”。对此，我们需要有学术上的应对，应该掌握话语权，培植我们的学术优势④。

---

① 王政堂、黄建明：《增强党员理想信念教育实效性的对策研究》，《湖北行政学院学报》2011年第3期。

② 朱维群：《共产党员不能信仰宗教》，《求是》2011年第24期。

③ 金宜久：《文化传教：“抓住中国的脑袋和脊背”》，《科学与无神论》2011年第5期。

④ 习五一：《简评美国的“信仰外交”与我国文化安全》，《科学与无神论》2011年第1期。

2. 大学生宗教信仰现象调查研究

基督教家庭教会近年来在高校校园的传教十分活跃，家庭教会中大学生信徒不断增多。有课题组以定量调查与定性调查相结合的方式对北京高校的家庭教会大学生信徒进行了调查。结果显示，家庭教会大学生信徒对基督教的信仰更多带有终极追求的成分，对教会活动表现了很高的热忱。他们加入教会的途径多为传教的结果，入教与排遣不良情绪有关。他们的价值观深受基督教的影响，显示了比较多的消极倾向。从差异性的角度看，男生信徒和教育、心理类专业的大学生信徒最值得关注。对于家庭教会的大学生信徒应当有所区别，给予正确的思想引导。①。

有学者对大学生信仰宗教的心理过程进行了剖析，认为他们经历了一个这样的心理过程：在对基督教"不排斥"的基础上产生"好奇心"，在"好奇心"驱使下对基督教团契"生好感"，长期的好感发展为"归属感"，"归属感"在"有共鸣"的基础上发展为"依赖感"，最后在"神圣感"中完全接受有神论。作者在此基础上对高校的无神论教育进行了反思，认为：高校对大学生无神论教育的紧迫性和必要性认识不足、重视不够；无神论教育投入不足，管理机制存在诸多不顺；思想政治理论课教师、课程内容等存在突出问题，学校没能承担起监管责任，等等②。

有学者对大学生宗教信仰问题进行了社会心理学的分析。指出，导致大学生宗教信仰的原因既有西方宗教文化的影响等外部因素，也有大学生好奇心强，需要社会归属感、情感宣泄和心理慰藉，追求自我实现等内部心理因素。高校一方面应尊重大学生的宗教信仰，另一方面应采取加强对大学生的无神论教育等措施引导大学生树立科学的世界观和人生观，弘扬科学精神，打造大学生成长的健康社会环境，加强心理健康教育，提高大学生的心理承受能力，培养健康向上的心态，等等，为社会主义建设事业培养更多的合格人才③。

另有一项在某高校进行的调查表明，该校信教学生占总人数的 7.65%，但大学生参加宗教活动具有随意性，真正意义上的宗教信徒不多；他们信教更多的表现在心理调节的需求，信教的心理目的性、功利性强，不具备完全意义上的宗教信仰的基本特征。作者认为，除了大力开展无神论和科学精神教育，强化大学生的理想信念教育，重视心理疏导，解决困扰学生的实际问题，开设宗教学等有关的选修课程等措施外，还应当加强对校内信教群体的管理。同时应采取有效措施，制止和打击校园内外的各种非法宗教活动④。

3. 坚持教育与宗教相分离

我国宪法与教育法明确规定教育与宗教相分离。近年来，宗教在高校的传教活动愈演愈烈，严重影响着青少年的健康成长，引发家长、教师和社会多方面的忧虑和关切。围绕这一议题，中国无神论学会和中国社科院科学与无神论研究中心专门组织了四次座谈会。

习五一指出，当今世界实行"宗教与教育相分离"是现代化国家的一个普遍共识。然而

① 北京师范大学历史学院调查组：《北京高校大学生家庭教会信徒情况调查》，《科学与无神论》2011 年第 1 期。

② 徐洪业：《大学生信仰宗教的心理过程》，《科学与无神论》2011 年第 3 期。

③ 闫杰，Bingxin Wang，Kenneth M. Greenwood：《大学生宗教信仰的社会心理学分析》，《山东省团校学报》2011 年第 3 期。

④ 苏亚玲、谢晋晓：《大学生宗教信仰现状调查与分析》，《科学与无神论》2011 年第 4 期。

近些年来，随着“宗教热”的逐渐升温，宗教在高等院校的传教活动逐渐由秘密转向公开，特别是“汉语基督教神学运动”更是公然进入大学讲堂和国家研究机构，宣传教义，培养神学和传教人士。坚持“教育与宗教相分离”是国家三令五申的重要法规，在大学讲坛上利用公共教育资源传播宗教属于违法行为。这一现象必须引起我们的高度重视①。

杜继文结合相关立法文件、立法历程等客观情况，阐述了“教育与宗教相分离”的理论意义与现实必要性。他以“汉语基督教神学运动”的大量事实材料为例，介绍了当前文化教育领域中宗教传播的严峻形势。“文化基督徒”以“基督教文化研究”和构建“学术神学”名义在高等院校和科研机构的传教布道活动不断升级，与之相应大学生信教已成为不容忽视的社会问题，这与海外势力的推波助澜有重要关系，而教育行政当局更是难辞其咎。科教兴国战略能够真正贯彻落实，中华民族能够实现真正的复兴，捍卫和落实“教育与宗教相分离”原则是必要的步骤与前提。他指出，基督教向教育领域的入侵，是“西方抓住中国的脑袋和脊背”战略的继续；教育机构的职责是办好教育，教育的任务是实施“科教兴国”战略，也就意味着拒绝“宗教兴国”。科教兴国战略能够真正贯彻落实，中华民族能够实现真正的复兴，捍卫和落实“教育与宗教相分离”原则是必要的步骤与前提②。

金宜久指出，“文化基督徒”在高等学府，可以起到传教士难以起到的作用。表面上，他们往往创造出一种新的说法、理论、概念……似乎是“属于文化传教的范围”；本质上仍然是为上帝的存在、创世论证、说教，实际上与传教士的宣教布道无异，是在为有神论的信仰服务、辩护、张目。那种把宗教视为商品，主张开放宗教市场的论调，无疑是为宗教在国内的无序发展制造舆论。现在居然由有关的高校聘请海外神学家讲授《圣经》，把大学神圣的讲坛拱手让给神学家；让大学出版社接受传教士的推荐，出版“神创论”一类图书，真是令人费解。由此可见，宗教向高校的渗透，已到令人发指的地步。由高校当局出面聘请神学家，即传教士讲课，显然不是一般意义下的单纯的宗教渗透。如果从当前炒热的“宗教市场论”的视角来看，应该归于“招商”（招境外的神学家）、“引资”（引基督教之《圣经》，从而可以大量出售宗教书籍）一类。由于来到高校的神学家，是以“教授”身份、有着讲学的任务，不是偷偷摸摸“渗透”进来的，而是冠冕堂皇、大摇大摆、受聘而来的，这可以视为宗教渗透形式的新发展、新演变③。

2011 年 5 月，中央有关部门联合发布文件，强调做好抵御境外利用宗教对高校进行渗透和防范校园传教工作。党中央要求把马克思主义无神论教育作为抵御渗透和防范校园传教的基础性工作，在思想政治理论课和有关专业课中，充实科学无神论的论述。这是前所未有的重要举措。可见，加强科学无神论学科建设，是抵御境外宗教渗透和防范校园传教工作的重要组成部分。

（三）批判西方基督教学者的“宗教市场论”

美国基督教学者罗德尼·斯达克（Rodney Stark）等撰写的《信仰的法则》一书近来在中国大陆走俏。该书宣扬“宗教市场论”的观点。“宗教市场论”亦名“宗教经济论”，核心

① 《“教育与宗教相分离”座谈会在京举行》，《科学与无神论》2011 年第 1 期。

② 求实：《两科工作者继续联盟 关注现实已尽社会之责》，《科学与无神论》2011 年第 6 期。

③ 金宜久：《文化传教：“抓住中国的脑袋和脊背”》，《科学与无神论》2011 年第 5 期。

是突出“经济利益”在信仰的取向和力度上的决定性作用，作者称其为“宗教的社会科学研究”即“宗教社会学”中的最新创作。该学说深得我国学界某些研究者的推崇，被视为一场“哥白尼式革命”。

有学者深入分析了《信仰的法则》一书中36个定义、99个命题，指出，“宗教市场论”的核心是突出经济利益在信仰的取向和力度上的决定性。“宗教市场论”是为宗教高速扩大势力支招的。它把神灵当作商品，把宗教组织和神职人员当作公司和商人，将信徒和俗众当作需求者，社会和文化领域则是宗教市场或潜在市场。它发现的“信仰法则”是：一神教最具竞争力，多神教软弱无能；“张力”和“排他性”是宗教得以强大的内驱力，宗教冲突特别是担当社会冲突的载体，是吸引教徒“委身”最有力的渠道。它把宗教的经济收益定为最高利益，鼓动社会一切领域都应该对宗教开放，自由竞争，蔑视民主法制，抨击国家主导，属于宗教至上、宗教无政府思潮。其在中国是向依法治国的方针挑战，直接冲击“教育与宗教相分离”的国家立法。该书的指导性观念，是贬斥宗教对社会环境的适应以及与文化环境的融合，教唆宗教从社会动乱中横空出世，在“文明冲突”中寻求宗教振兴的契机。因此，鼓动宗教的排他性，打破既有的社会秩序和文化结构，抗拒国家宪法原则而非市场法则，就成了它的最大特色。它开辟了基督教护教运动的新进路：把神的唯一性扩大为宗教的唯一性，不但给任何以神的名义活动的群体以自由膨胀的生机，同时向发展中国家输出，让这些国家的主权在宗教问题上失效。作者认为，把宗教归结为唯利是图的产物，绝对不是唯物史观，尽管唯物史观也是从社会经济基础考察宗教的。该理论与中国宗教的历史和现实南辕北辙。①

有学者认为，将当前中国大陆基督教“家庭教会”研究推入“高潮”的理论依据主要是斯达克等人的“宗教市场论”。美国普度大学的杨凤岗根据“宗教市场论”的理论，提出中国宗教“三色市场”的理论，即目前中国宗教有红市（官方认同的宗教组织）、黑市（邪教）和灰市（处在合法与非法之间的宗教组织，主要是指基督教家庭教会）三个市场。杨据此提出的“宗教越多元，社会越和谐”是个似是而非的伪命题。开放宗教市场表面上是给各种“宗教”搭建平等竞争的舞台，但是世界基督教在当今世界的强势地位决定了舞台上的角色绝不能真正平等。美国的宗教市场是其特定国情的产物。宗教市场论从“市场”角度诠释宗教现象，客观上为人们全面、理性认识宗教打开了一扇新的窗口。然而，当前某些学者提出的“开放（中国）宗教市场”论不仅无助于解决中国的“宗教问题”，反而会扰乱中国“宗教市场”，其消极作用不容低估。②

我国有许多学者对“宗教市场论”持批评态度。根据张志刚的概括，批评性的论点主要有：首先，这种新理论范式是否具有普遍适用性？“宗教市场论”主要是通过考察欧美国家的宗教现状提出来的，这种实证性研究成果能否解释其他“不以基督教为主流的”国家或社会的宗教现象？其次，“宗教市场论”所依据的数据资料主要来自“以基督教为典型的”制度化宗教组织及其活动，这种研究倾向是否忽视了非制度化的宗教形态及其演变？这是否意味着晚近的欧美宗教社会学具有“基督教中心主义”倾向？再次，作为一种宗教经济理论模

① 沈璋：《也谈“宗教市场论”及其在中国大陆“宗教文化”中的卖点》，《科学与无神论》2011年第3期。

② 秋月：《宗教市场，对谁开放?》，《科学与无神论》2011年第2期。

型，“宗教市场论”把“供应方”视为宗教变化的主要动力，这种解释倾向是否轻视了其他两个制约因素，即信众的需求变化和政府的宗教管理？最后，“宗教市场论”是否过于直接地将经济学原理、特别是市场规律套用于宗教现象研究，以致漠视了宗教传统的“神圣”本性，把原因复杂的宗教信仰归结为“商业化的理性选择”？①

张志刚对宗教市场论在解释中国宗教问题的适应性提出了批评。他认为：该理论有其“解释边界”，斯达克坦承其理论主要用于分析“排他性宗教”，如果把这套理论不假思索地应用于“非排他性宗教”，势必出现“淮桔北而枳”的情形，因为非排他性宗教有自身的逻辑和重点。在微观层次上，“宗教委身”和“改教”一直是西方宗教社会学的研究重点，但在“非排他性宗教”占主流的华人社会，这两个概念可有可无；在中观层次上，“教派—教会理论”可以延伸到中国，但必须注意到，教派在华人社会市场中所占的份额很小，远不及儒道佛和民间宗教，因为中国社会中典型的宗教组织并非教派，而是祭祀圈、庙会和香会等草根组织；在宏观层次上，东西方在宗教管制的动机、形态和后果上存在很大差异，“宗教市场论”忽略了这些丰富性，只是关注政府如何促成了“宗教垄断”。②

（四）中西无神论思想史研究

1. 中国无神论史研究

有学者研究荀子“天人之辨”中的无神论思想，指出，“天人之辨”是先秦时期讨论的重要问题。荀子站在儒家的立场上，将天人关系推向了朴素唯物主义的新阶段。该学者从“天行有常”、“明于天人之分”、“制天命而用之”和“天人相参”四个层面进行分析。这四个层面环环相扣，步步递进，呈现出逻辑发展的内在轨迹，从而揭示出荀子“天人之辨”中无神论思想的深刻内涵。③

有学者认为，张载的鬼神观念，是一种全新的摆脱了世俗迷信信仰的鬼神理论。但是，张载鬼神观念的义理化转向，并非是一种对传统超验意义鬼神的替代，而是立足于传统原始本质的鬼神，并在此基础上赋予了义理化的内涵，从而创立了义理与祭祀相统一的鬼神观念，有力地抨击了传统社会的世俗鬼神迷信信仰，所以他在无神论史上也留下了浓重的一笔。④

有学者依据清初无神论者周召在其《双桥随笔》中所提到的淫祀问题，考察了周召反淫祀思想的无神论要素及其儒教本质。作者指出，这对正确看待儒者反淫祀与无神论的关系具有启示意义。儒教在自身的发展过程中带有无神论思想的萌芽，但中国古代的无神论并未真正突破儒教的基本格局。⑤

有学者认为，鬼神迷信思想是一个民族传统文化的重要组成部分，其存在有着文化深层结构上的原因。通过对儒家的“鬼神观”和“天命观”的探讨，他认为，儒学这种“天人合一思维模式下的二者互相制约”的思维模式，决定了儒家文化在根本上对鬼神迷信思想有着实际的支撑。因此，要想从根本上破除迷信思想的存在，宣传无神论的思想，就需要中国传

① 张志刚：《基于国内外研讨现状的理论与政策探讨》，《北京大学学报》（哲学社会科学版）2011 年第 2 期。

② 同上。

③ 李季：《论荀子天人之辨中的无神论思想》，《宗教学研究》2011 年第 2 期。

④ 周赟：《论张载鬼神观念及其在无神论史上的贡献》，《科学与无神论》2011 年第 2 期。

⑤ 彭栋军：《儒者反淫祀与无神论——以清代周召的叶双桥随笔曳为例》，《科学与无神论》2011 年第 3 期。

统文化向现代化的转变，吸收科学和理性精神进行重新的解构与建构。[①]

有学者研究胡适的无神论思想及其人生观，指出，胡适是一位彻底的无神论者。他的无神论思想从小时候接触《神灭论》时就开始萌发。其后，他在主编《竞业旬报》上积极宣传无神论思想。胡适赴美留学后受到环境的影响，一度成为“耶教信徒”，但是基督教的教义与其强烈的理性精神不符，很快他重回无神论立场，并坚守一生。胡适提出的“社会不朽论”是一种科学的人生观，[②]

2. 西方无神论史研究

BBC（英国广播公司）是英国对全球影响最大的媒体。2003 年，它委托乔纳森·米勒（Jonathan Miller，1934 年～）拍摄一部题为《无神论简史》的片子，并于 2005 年在 BBC 播出。《无神论简史》系列片的内容是讲述宗教信仰是如何消失，无神论是如何产生的。电视片告诉人们，信仰和怀疑的历史比我们想象的要复杂得多。正是由于出现了有关信仰的大量争议，才使很多人站出来明确表明自己不信仰上帝这一立场。制作这一系列片的原因是，目前世界上三大一神教都承载着太多的政治含义，对不相信上帝的人们的指责广泛存在，这将会威胁到人们自由思想的权利。制作者指出，无神论并不是一个宗教分支，也不是另外一种不同形式的宗教信仰。这些不相信上帝的人在人群中占有相当大的比例。片中指出，无神论者是对有神论者的否定，所以要明确什么是有神论者。可是，在书籍中很难理清否定宗教思想的发展脉络。不过，基督教在发展过程中不断更改教义，神学家们不断地搜集着对基督教具有威胁性的怀疑言论，这些都为无神论者积攒了进行反驳的资料。片中指出，信仰宗教或其他事物，是一种总体感觉，是思想和感觉的确定倾向，不是时断时续的一种精神状态。信仰往往在产生争议的时候，决定人们的立场。所以，“信仰”与宗教和政治有着千丝万缕的关系，因为宗教和政治是产生争论的根源。那些相信鬼神的人们之所以相信，并不是基于它们的真实性或权威性，而是源于心理，这种心理可以追溯到人类所共有的某些倾向。人类学家的研究表明，在人们周围存在却又无法感知的事物是大多数宗教中都存在的主题。对潜在危险的防范意识在进化过程中具有选择性优势。所以，在原始部落的环境中没有人可能成为无神论者。制作者认为，在简单的社会结构中，权力和信仰之间的关系是无神论发展过程中遇到的主要障碍。当社会结构发展得更为复杂时，障碍则是宗教爱国主义。在当今西方社会中尤以美国最为明显，美国在战争中宣传的是基督教的爱国主义。[③]

自 2011 年始，《科学与无神论》刊发了英国 BBC 有关无神论者的访谈系列译稿和《无神论简史》电视片的文字稿。目前，本专栏连载了三位受访者的谈话记录。他们分别是英国哲学家科林·麦克吉恩（Colin Mcginn），英国生物学家理查德·道金斯（Richard Dawkins），以及美国物理学家史蒂文·温伯格（Steven Weinberg）。

麦克吉恩谈到，自己在青少年时期信仰基督教，正是通过研究《圣经》，思考宗教问题才使他对哲学产生了兴趣。上大学后，他读了罗素的《我为什么不是基督徒》，很快就确信《圣经》是错的。他当时决定，可以保留《圣经》中道德标准与哲学思考部分，而摒弃其神

① 杨建祥、隋思喜：《从儒家的“鬼神观”和“天命观”看科学和理性精神》，《科学与无神论》2011 年第 4 期。

② 黄金生：《胡适的无神论思想及其人生观》，《科学与无神论》2011 年第 4 期。

③ 乔纳森·米勒：《无神论简史（一）》，张英姗译，《科学与无神论》2011 年第 6 期。

学部分。他认为，自己摆脱神学思想的过程是自然发生的过程。他相信，没有上帝的世界更健康。他从哲学论辩上驳斥了上帝存在论。从哲学上的证据论来说，没有理由相信上帝的存在。没有理由认为在人类社会中人存在的价值依赖于上帝的存在，它们之间没有逻辑关系。他认为，不需要也不能通过上帝来建立我们的道德观。在解释为什么人有信仰的需求问题时，他认为，巨大的孤独感是人们信仰宗教的重要原因。在他看来，应当区分无神论者和反神论者，反神论者是反对神学的。他本人不仅仅是无神论者，而且还是反神论者，因为他相信宗教在人类生活中是有害的。①

道金斯回忆了自己从信徒到无神论者的过程。他 16 岁时在学校学习了达尔文理论之后，就抛弃了宗教。达尔文主义给他带来的喜悦，是一种摆脱了看待世界的旧视角而获得一种新视角的喜悦，是一种因为终于可以令人满意地解释世界所带来的喜悦。他认为，正是由于存在自然选择，才使人们产生了生物是被设计的错觉。如果无法理解某一原理，而用上帝设计论来解释，这是放弃和失败主义的论调，也是一种无效解释。在他看来，科学和宗教不能并存，无神论在科学中非常重要。因为在科学家看来，这个宇宙中不存在超自然的智慧。他指出，与那些沉浸在宗教神秘主义所宣扬的那一套中所产生的神奇感觉相比，科学家们在思考宇宙问题时，或者在思考线粒子的问题时所产生的神奇感觉要壮丽得多。②

温伯格对设计论提出了反驳。他认为，自然界的确有神秘存在，但说这一切都是由设计者所为的说法不能解决问题。在他看来，人们之所以会笃信宗教的原因在于他们知道自己会死。他认为，这才是促使人们求助于宗教的动力，相比而言，对于世界产生的终极原因的哲学思考所产生的动力是微不足道的。科学使得理解自然规律成为可能，宗教解释逐渐退出历史舞台。他的绝大多数同事对宗教毫无兴趣。这种漠然的态度足以使他们成为实际上的无神论者。很多人选择宗教但并无真正的信仰，而是继承一种传统，形式大于内容。他认为，宗教本身给人们带来巨大伤害。这种伤害并不是以宗教的名义，而就是宗教本身所带来的。许多极其虔诚的教徒在他们所信宗教的引导下，犯下了最令人不齿的罪行。将上帝放在人性之上是很危险的。在他看来，美国人并不比欧洲人更相信上帝，而是他们确信宗教对人有好处。宗教徒通常不是用宗教判断什么是道德的，而是用自己的道德观来决定什么是宗教的。他认为，科学的确会侵蚀人们的宗教信仰，这是一件令人欣喜的事。③

3. 自然科学与当代西方新无神论

于祺明研究了英国物理学家霍金的上帝观后，指出，霍金虽然不是宗教信徒，但以往在表达自己的“上帝观”时却比较谨慎、温和。在 2010 年出版的《大设计》一书中，霍金公开否定了“上帝”。他明确提出，自发创造正是宇宙和人类并非凭空而来的原因，没有必要祈求上帝来使宇宙开始运转。他在电视节目中公开宣称，上帝本来应该是自然法则的一种化身，将其人格化是完全错误的；科学愈来愈足以回答过去一向属于宗教领域的问题，神学是没有必要的。于祺明指出，从爱因斯坦私下的直白到霍金的公开否定，显示了科学的社会影

① 张英姗译：《英国 BBC 有关“无神论”的访谈系列之一》，《科学与无神论》2011 年第 1 期。
② 张英姗译：《英国 BBC 有关“无神论”的访谈系列之二》，《科学与无神论》2011 年第 2 期。
③ 张英姗译：《英国 BBC 有关“无神论”的访谈系列之三》，《科学与无神论》2011 年第 3 期。

响日久弥深，杰出科学家对无神论的思想越来越心领神会。[①]

蔡仲批判“智慧设计理论”（Intelligent Design Theory，简称为 ID 理论）。他指出，ID 理论是 20 世纪末创世论的最新版本，它用“智慧”取代“上帝”，试图统一各式各样的创世论，在只有“创世”或“设计”的口号下来对抗他们共同的敌人——进化论。它用“智能”取代“上帝”，目的是想绕开进入大众教育领域的相关法律障碍。他分析了该理论的起源、“楔入”策略及其在法律上与进化论的较量。他指出，通过法律判决，虽然其在“楔入”公立中学教育的企图在制度上宣告破产，但并不意味着该理论与进化论的冲突就此终结。20 世纪爆发的三次科学与宗教的大冲突就根源于创世论想介入或取代进化论的企图。导致这种冲突的原因很多，其中学术界当前弥漫的后现代相对主义的思潮尤其值得我们反思。后现代相对主义脱离科学的具体实践去抽象地谈论科学与宗教的关系，走向另一荒谬的极端。[②]

芬兰基督教神学家黄保罗对西方新无神论持批评态度，但他还是承认这场新无神论运动是对宗教原教旨主义的反驳。它呼吁人们不要信仰任何宗教，因为大部分的信仰最终都会走上原教旨主义的激进道路。新无神论与传统无神论有很多区别，比如：新无神论著作大胆而自豪地公开宣称对上帝和宗教的批评，并且直接而不留情面；新无神论者不是消极地缺乏对上帝的信仰，而是积极地宣称上帝不存在；这些无神论者是“强势无神论者”，甚至是反有神论者；他们积极地通过著作、网络电视等媒体，参与访谈和辩论，宣传无神论；他们认为现代社会宗教信仰的丢失是绝对的好事，在实践中积极地反对和摧毁有神论宗教。[③]

4. 马克思主义宗教心理学

马克思主义宗教心理观是马克思主义宗教观的有机组成部分，科学无神论思想是马克思主义宗教心理观最显著的特征之一。有学者对弗罗姆的人本精神分析宗教心理观进行了分析。他指出，该宗教观具有众多思想来源，其中对其影响最深刻的是弗洛伊德的精神分析学说和马克思早期的异化理论。其基本特点是：从所谓“综合”的折中主义立场出发，试图消除“权威主义宗教”的传统弊端，建立理想化的“人本主义宗教”，以帮助现代人摆脱生存困境，满足现代人在宗教方面的精神需要。其历史贡献在于：克服了弗洛伊德宗教心理观的明显缺陷；使得宗教领域的理性启蒙思想得到弘扬；在宗教类型的具体分析中显示出辩证性。其历史局限性表现在：没有摆脱“泛神论”思想的传统束缚；宗教改良的思路带有“乌托邦”色彩；对宗教本质的理解不符合马克思原意。[④]

有学者介绍在《现代西方宗教心理学理论流派》一书时指出，该书力图体现马克思主义宗教心理观的精神实质，在阐述西方宗教心理学思想形成发展的历史轨迹时，始终注意无神论心理学思想与有神论心理学思想的交织论战主线。该书体现了马克思主义宗教心理观的与时俱进的科学方法，运用的基本理论工具为唯物辩证法和唯物史观。如，对弗洛伊德精神分析宗教心理观的剖析中，既充分肯定其作用和历史价值，也指出其在夸大本能冲突在宗教心

---

① 于祺明：《从爱因斯坦私下的直白到霍金的公开否定——解读霍金的“上帝观”》，《科学与无神论》2011 年第 4 期。

② 蔡仲：《智慧设计理论：创世论的最新版本》，《科学与无神论》2011 年第 2 期。

③ ［芬兰］黄保罗：《西方新无神论于东及其对汉语学界的意义》，《学术月刊》2011 年第 12 期。

④ 陈永胜：《弗罗姆的人本精神分析宗教心理观探析（二）》，《科学与无神论》2011 年第 6 期。

理形成中的作用，用强迫症案例论证宗教心理缺乏科学依据等历史局限性。[①]

（五）破坏性膜拜团体（邪教）研究

2010 年是中国反邪教协会成立十周年。有学者从历史事实和思想文化角度，分析了我国不同时期邪教思想文化的表现形态以及反邪教的思想历史。作者认为，邪教植根于巫文化传统，反邪教有很长的历史；近代巫术表现为“灵学”，而反巫术以“科学与民主”表现出来；改革开放后，传统巫术采用科学进行伪装，出现人体科学、气功大潮直至“法轮功”。当前，基督教膜拜团体有转化为邪教的倾向，汉语基督教神学运动和地下教会盛行，需要科学无神论与法律的积极应对。反邪教需要思想界警惕，思想界担当社会责任。作者认为，就目前反邪教的任务而言，积极的防范远胜于被动的打击。而防范的关键在于社会舆论的导向，主流意识的清醒和理论的正确引导，往往起决定性作用。若总是期望鬼神救国，对科学理性置若罔闻，甚或反感，迷恋“神道设教”，讨好鬼神之说，要从根本上战胜邪教几乎是不可能的。从战略上说，着力普及科学知识和科学精神，用唯物史观和唯物辩证法包括科学无神论去教育人民，尤其是青少年，从而摆脱愚昧迷信，普遍提高民族素质，这是社会稳定、人际和谐之道，也是我们民族之福，每个家庭之福。让人迷信鬼神，用“终极关怀”或“来世”的妄谈去凝聚民心，是误国害民，是精神上的腐朽，是动乱的前兆。[②]

张新鹰指出，国内外历史和现实的情况难以支持“传统宗教受到制约才使邪教乘虚而入”的判断。传统宗教与邪教更多地表现为某种形式的“并生共存”，邪教尤其需要盗用传统宗教的无形资产来装扮和壮大自己。传统多神观念被广泛激活后，在当年的“宗教热”和“气功热”中，都可以找到随之而来的习惯性“寻神”、“造神”需求和适应此种需求的潜流。产生邪教组织的首要条件是，对在世教主的“人神”崇拜的蔓延。传统宗教的有识之士对提高信徒信仰素质充满急切感和责任意识，从根本上说，这要依靠全体社会成员生活素质、文化素质和道德素质的全面提高。[③]

有学者指出，自 20 世纪 90 年代以来，西方学界新兴宗教研究中有三个问题变得日益突出并引发激烈争议。一是“洗脑/精神控制”问题，这个问题一度被认为已经解决，但近年来又重新引起关注，即它到底是意识形态还是科学；二是极端性、破坏性膜拜团体问题，主要涉及对这类团体的界定与预测，如何预知膜拜团体的破坏性；三是针对膜拜团体/新兴宗教的公共政策问题，当前，美国与西欧的不同处理方式引起了普遍关注。大多数学者都承认，当一个新兴宗教组织导致危及他人的健康或安全，或是极大破坏了社会生活的平衡运行时，人们不能以宗教自由来为之辩护，宗教自由的主张必须服从于更广泛的社会福祉。无论是否坚持宗教自由与多元化，现代民主社会都必须努力寻找在宗教自由的主张同更广泛的社会福祉两者之间划定适当边界的方法。作者指出，在全球化背景下，中国在膜拜团体/新兴宗教研究方面亟须汲取各种理论资源，加强相关研究。[④]

---

① 张承芬：《推进马克思主义宗教心理学学科建设的奠基之作——评〈现代西方宗教心理学理论流派〉》，《科学与无神论》2011 年第 2 期。

② 求实：《反邪教是文明之举，思想界需要担当责任》，《科学与无神论》2011 年第 2 期。

③ 张新鹰：《邪教滋生是因为传统宗教受到制约吗?》，《科学与无神论》2011 年第 1 期。

④ ［美］克里斯托弗．M. 森特那：《恐怖主义与邪教的异同》，耿耿译，《科学与无神论》2011 年第 5 期。

有学者研究恐怖主义与邪教的异同。他指出，膜拜组织可以是恐怖组织，恐怖组织也可以是膜拜组织。二者的区别在于策略重点的不同：一个是外向型的，重点着眼于组织对于非成员的所作所为；一个是内向型的，重点着眼于组织对其成员的所作所为。通过对“基地”组织的深入分析，发现其采用和膜拜类似的招募方法，进行恐怖训练和控制，并且存在个人崇拜，“基地”组织是一种自杀性邪教。作者详细列举了恐怖组织和邪教组织的特征，提出七条标志，用于辨识可能向恐怖暴力活动发展的宗教运动。[①]

## 三 简要评论

随着近年来马克思主义理论研究和建设工程的不断推进，科学无神论的声音重新在宗教研究领域出现。比如，中国人民大学书报资料中心编辑的《宗教》2011 年第 1 期第 1 篇全文转载了《当代世界宗教的发展趋势是日益强劲吗？——从新无神论者的视角提出的质疑》[②]。这是近些年来第一次在人大复印报刊资料《宗教》中出现以无神论为主题词的论文。与此同时，以往某些号称研究马克思主义宗教观的领军学者，从绝口不谈无神论到开始重提“研究视域中”无神论的“学术意义”。[③] 值得注意的是，大力倡导汉语基督教神学运动的外国学者也撰文向国内学术界介绍欧美兴起的新无神论运动，尽管他们认为新无神论“在理论上并没有本质的新贡献”。[④]

当前，虽然科学无神论已经成为中国社会科学院马工程重点建设学科，但力量仍然十分薄弱。从学术研究领域来看，国内专业从事科学无神论研究的学者寥寥无几。尽管中国无神论学会努力发掘有志于献身科学无神论研究的青年学者，但数量依然十分有限。由于需要研究的理论和现实问题众多，而各种学术神学流派丛生，因此，目前这少数从事科学无神论研究的学者都忙于应对，努力在学术思想界发出自己的声音。而要想在意识形态领域里正本清源，必须展开系统的学术研究，队伍建设仍是关键的环节。

面对宗教在高等院校的传教活动逐渐由秘密转向公开，特别是“汉语基督教神学运动”公然进入大学讲堂和国家研究机构，宣传教义，培养神学和传教人士。抵御境外势力利用宗教对高校进行渗透和防范校园传教成为一项重要而紧迫的战略任务。

总之，由于目前大学和科研机构没有培养马克思主义无神论专业人才，所以学术人才奇缺仍然是科学无神论学科建设面临的最紧迫的问题。只有在马克思主义研究学科中增设科学无神论专业方向的硕士点和博士点，才能为人才队伍的长期发展提供坚实的学术基础。

（供稿人：习五一、黄艳红）

---

① 黄海波：《当前西方新兴宗教研究中的三大争议性主题》，《新疆社会科学》2011 年第 2 期。

② 习五一：《当代世界宗教的发展趋势是日益强劲吗？——从新无神论者的视角提出的质疑》，中国人民大学书报资料中心编辑的《宗教》2011 年第 1 期。

③ 卓新平：《必须关注如何正确认识宗教的问题》，《西北民族大学学报》2010 年第 4 期。

④ ［芬兰］黄保罗：《西方新无神论于东及其对汉语学界的意义》，《学术月刊》2011 年第 12 期。

# 第四篇

# 热点聚焦

## 一　关于恩格斯晚年是否放弃了共产主义理论，主张走民主社会主义道路的争论

2011年，有人引述恩格斯所谓“93个字”的论述，认为作为共产主义理论创始人的恩格斯“宣布放弃共产主义理论”，把“三大名篇”（《共产党宣言》、《法兰西内战》、《哥达纲领批判》）否定了，马克思和恩格斯“晚年放弃了推翻资本主义制度、实现共产主义的伟大理想，主张改良资本主义制度，和平进入社会主义，走民主社会主义道路”。这“93个字”出自恩格斯1886年2月25日的《“英国工人阶级状况”美国版附录》①。

对此，有学者认为，查阅马克思、恩格斯的选集、全集、文集和相关的历史文献，任何一位读者都可以从中找到大量的事实来证明恩格斯在1883年马克思逝世之后直到1895年8月5日终其一生，都一直坚守着共产主义理论体系，坚守着《共产党宣言》、《法兰西内战》、《哥达纲领批判》中阐发的基本原理，坚守着无产阶级革命和无产阶级专政的学说，从来没有丝毫动摇，更没有放弃或否定过。② 还有学者认为，联系上下文，完整理解“93字”论述不难得出：恩格斯反对脱离工人阶级解放而抽象地谈论全人类的解放；恩格斯坚决反对鼓吹所谓超阶级的民主的社会主义观；恩格斯晚年并没有放弃无产阶级革命原则，放弃共产主义理想；把它看成恩格斯在晚年主张走民主社会主义道路的“文献事实”更是荒谬。③ 有学者指出，恩格斯在晚年的《英国工人阶级状况》美国版序言中，不仅阐述了《共产党宣言》的基本思想，而且还直接作了引证。他在分析了美国工人运动的各种情况后，引用了《共产党宣言》中所阐述的共产主义原则和策略思想，特别指出，“共产党人”，“这是我们当时采用的，而且在现在也绝不想放弃的名称”。在引用了上述思想后，恩格斯最后特别强调说，“这就是现代社会主义伟大创始人卡尔·马克思，还有我以及同我们一起工作的各国社会主义者四十多年来所遵循的策略”。因此，并不能说晚年恩格斯否定了《共产党宣言》或放弃了共产主义原则。④

（供稿人：孙应帅）

## 二　关于当前社会普遍关注的公平、正义等问题的讨论

当今中国财富剧增，但随之而来的却是分配不公、贫富分化，引起社会普遍不满。2011年，学界在深入探讨马克思主义公平观、正义观、财富观等基本思想的基础上，对当前我国社会如何实现公平、正义等问题进行了热烈的讨论。

首先，学者们强调，马克思主义公平观不是抽象的公平、抽象的平等。有学者指出，由“公平”范畴的主观性、利益性、多角度和多标准特点所决定，公平感和公平观难以统一，

① 《马克思恩格斯全集》第21卷，人民出版社1965年，第297页。

② 吴雄丞：《恩格斯晚年对科学社会主义的坚守》，《光明日报》2011年10月24日。

③ 汪亭友：《恩格斯晚年确实主张走民主社会主义道路吗?》，《马克思主义研究》2011年第8期。

④ 靳辉明：《驳“恩格斯宣布放弃共产主义理论”谬说》，《光明日报》2011年8月29日。

客观唯一性的“公平”并不存在，抽象的“公平”口号容易掩盖马克思主义所揭示的社会关系本质和科学社会主义的基本要求，因此马克思主义不把“公平”作为研究范式、研究对象、理论范畴和纲领口号。有学者遵循马克思主义唯物史观和唯物辩证法，从经济基础的变化中寻找公平与效率之争的根源，从具体的社会制度中去考察公平与效率的内在本质联系和制度联系。

其次，关于如何实现社会公正公平，有学者认为，日常生活中公平感、公平观和一定条件下的角度公平、比较公平和有确切内涵的社会公正不能回避，处理公平问题要创造符合群众利益的公平感，遵循符合社会主义价值观的公平观，在可行的情况下首先实现结果平等和财产平等的最大化，然后在可取的情况下推动不同程度的对称性。有学者认为，社会不公、两极分化原因与我们所实施的市场经济模式密切相关，市场经济的公平原则只涉及形式上的公平，要实现事实上的公平就要坚持马克思主义公正观，发挥社会主义制度的优势。有学者从生产制度等客观性方面探讨公平正义的实现，认为只要使得特定正义原则发挥作用的那些客观条件仍然存在，即可以保障社会公平正义实现。

这些研究对人们理性地、清醒地认识当前社会的公平、正义问题具有重要指导意义，对解决当前分配不公以及由此导致的种种社会矛盾问题具重要的启发意义。①

（供稿人：张建云）

### 三 关于毛泽东与党史党建的相关研究引起关注

2011年是中国共产党成立90周年。胡锦涛在庆祝中国共产党成立90周年大会的讲话中指出，我们党90年来紧紧依靠人民完成了新民主主义革命，实现了民族独立、人民解放；完成了社会主义革命，确立了社会主义基本制度；进行了改革开放新的伟大革命，开创、坚持、发展了中国特色社会主义等三件大事，并高度评价了毛泽东等老一辈无产阶级革命家，为中国革命、建设、改革，为中国共产党建立、巩固、发展所作出的重大贡献。这对于充分肯定毛泽东的历史地位和加强毛泽东思想研究具有重要意义，同时又因为适逢党的90华诞，所以关于毛泽东与党史党建的相关研究顺理成章地成为研究的热点之一。

关于毛泽东在中国共产党历史上的地位和作用问题，除了胡锦涛总书记在“七一”讲话中的高度评价和重要论述以外，学者们也进行了研讨。沙健孙在《毛泽东与中国共产党历史上的三件大事》一文中指出，毛泽东是中国共产党的创始人之一和党的早期的重要活动家。从1935年1月遵义会议开始，在将近42年的时间里，他一直是党的第一代中央领导集体的核心。他为党的事业建立了不朽的历史功勋，在中国共产党的历史上具有崇高的、不可动摇

---

① 段忠桥：《马克思恩格斯视野中的正义问题》，《哲学动态》2010年第11期。陈学明：《从马克思的公平观看两极分化之根源》，《江海学刊》2011年第1期。汪盛玉：《马克思公正思想维度下的全球公正问题解析》，《马克思列宁主义研究》2011年第1期。王新生：《马克思是怎样讨论正义问题的?》，《马克思列宁主义研究》2011年第2期。余斌、张国玉：《被交锋——公平与效率的苦斗》，东方出版社2011年。李济广：《马克思主义“公平”观的本来思想》，《东岳论丛》2011年第6期。田家官：《马克思主义平等观的现实意义》，《马克思主义研究》2011年第2期。

的地位。胡锦涛总结的中国共产党90年来团结全国人民所干的三件大事，都是同毛泽东的名字分不开的。党所干的第一、第二件大事，是在毛泽东的直接领导下胜利完成的。第三件大事，也同他有着不可分割的联系。① 许全兴认为，毛泽东是中国共产党、中国人民解放军和中华人民共和国的主要缔造者，伟大的、光荣的、正确的中国共产党，战无不胜的人民军队，巍然屹立于世界东方的中华人民共和国，是毛泽东的不朽丰碑。毛泽东的这种历史地位是早已确定了的，是任何个人、政党和阶级都无法改变的，不论你是如何讨厌他、反对他。一些人非毛，本质上是非共（共产党）、非马（马克思主义）、非社会主义，妄图把社会主义的新中国搞垮。从历史衡量毛泽东，并不是可以无视毛泽东的缺点和错误。毛泽东的错误，绝不可仅仅归结于个人，而同样应站在历史的高度，科学地、冷静地、实事求是地分析其产生的理论的、认识的、历史的、社会的和心理的根源，以免重犯。我们应以历史进步代价论的观点看待毛泽东的错误及所付出的代价。②

关于毛泽东与党的建设思想，郑德荣将毛泽东党建理论的特色概括为“四个统一”，即组织入党与思想入党相统一、党的建设与完成党的中心任务相统一、建设工人阶级先锋队与中华民族先锋队相统一、广泛民主与高度集中相统一。③ 石仲泉从历史的角度，对毛泽东在马克思主义政党建设方面的贡献和失误进行了分析，认为毛泽东对马克思主义政党建设有“四大创造”和“一大失误”。“四大创造”是着重思想建党、坚持实事求是的思想路线、发扬三大作风、提出“民主”新路和两个“务必”；“一大失误”即以阶级斗争为纲和不断开展党内路线斗争。④

还有的学者对毛泽东执政党建设的经验进行了总结，认为毛泽东执政党建设的基本经验可以概括为：把执政党建设与发展社会主义事业紧密结合起来，使党成为执政兴国的坚强领导核心；着眼于党所肩负的历史使命，高度重视提高全党的领导本领；坚持和运用马列主义，高度重视党的思想理论建设；高度重视加强党的基层组织建设，发挥党支部的战斗堡垒作用和党员的先锋模范作用；坚决反对官僚主义，高度重视保持党同人民群众的血肉联系；坚决反对腐败，高度重视加强党风廉政建设等六个主要方面。⑤

（供稿人：王永浩）

## 四　对中国特色社会主义理论体系的研究继续升温

党的十七大报告首次提出“中国特色社会主义理论体系”这一概念，并对其基本内涵、基本特征及历史地位作了重要说明。此后，关于中国特色社会主义理论体系的研究一直是学术界热点。2011年，学术界对关于中国特色社会主义理论体系的研究继续升温，进一步

① 沙健孙：《毛泽东与中国共产党历史上的三件大事》，《中共党史研究》2011年第7期。
② 许全兴：《〈从历史衡量毛泽东〉序》，《湖南科技大学学报》（社会科学版）2011年第3期。
③ 郑德荣：《“四个统一”毛泽东党建理论的突出特色》，《党的文献》2011年第1期。
④ 石仲泉：《毛泽东与马克思主义政党建设》，《马克思主义与现实》2011年第3期。
⑤ 唐洲雁、郝首栋：《毛泽东对执政党建设的艰辛探索和基本经验》，《毛泽东思想研究》2011年第2期。

深化。

关于中国特色社会主义理论体系的形成起点问题，徐崇温认为，中国特色社会主义理论体系的形成，无论在时间上和内容上，都有别于毛泽东从 1956 年开始的对中国社会主义建设规律的探索。毛泽东从 1956 年开始探索中国社会主义建设规律的过程，同中国特色社会主义理论体系形成，这两者在时代背景、历史和现实根据以及理论基础方面，在社会主义观的具体内容方面，都是有所不同的。因此，中国特色社会主义理论体系的历史起点是十一届三中全会，逻辑起点是“什么是社会主义，怎样建设社会主义”问题的提出和解决。① 郑德荣认为，判断体系起始时间的标准应该在于是否在理论和实践上从根本突破了以计划经济为基本特征的苏联模式。中国特色社会主义理论体系的起始时间应该以从党的十一届三中全会到十二大为宜。具体地说，十一届三中全会拉开了中国特色社会主义理论体系起始的序幕，而十二大提出的走中国特色社会主义道路的命题则是中国特色社会主义理论体系起始的标志。②

关于中国特色社会主义理论体系的思想来源、立论基础以及高举中国特色社会主义旗帜等问题，学者们也进行了广泛探讨。顾海良指出，马克思主义中国化第二次历史性飞跃中马克思主义的特征，不仅包含了对马克思列宁主义、毛泽东思想的继承和发展，而且还包含了对马克思恩格斯经典著作中以往未被发现的马克思主义的传承和创新。马克思恩格斯著作（也包括手稿和书信）中的一系列经典的理论观点，成为中国特色社会主义理论体系形成和发展的重要思想来源。③ 辛向阳认为，中国特色社会主义理论体系之所以正确，是因为它有科学的立论基础，这就是科学判断和始终立足于社会主义初级阶段的基本国情。中国特色社会主义理论体系的形成与发展始终以社会主义初级阶段的基本国情为基础，不断探索和把握社会主义初级阶段基本国情的深刻内涵，立足于社会主义初级阶段的基本国情推动经济社会发展，要求一切都要从这个实际出发，根据这个实际来制定规划。④ 侯惠勤结合当前意识形态领域的斗争和面临的挑战，对中国特色社会主义旗帜与共产主义旗帜的关系，以及其与“自由、民主”旗帜的关系问题进行了理论思考。他指出，从共产主义文明必然取代资本主义文明上看，不存在共产党向所谓“现代”政党转型问题；共产主义作为党的最高旗帜，和不同历史阶段的旗帜具有内在一致性，不能割裂；建设马克思主义学习型政党，是坚持和改善党的领导，开创社会主义新型民主的关键之举。我们必须在坚定共产主义信念的基础上高举中国特色社会主义的伟大旗帜，在超越资本主义文明、开创人类文明新形态的高度上推进中国特色社会主义伟大事业。⑤

学者们还从马克思主义中国化时代化大众化的角度，对中国特色社会主义作了研究和分析。赵智奎认为，中国特色社会主义的旗帜、道路、理论体系，是马克思主义时代化的产物。这是因为，中国特色社会主义始终坚持科学社会主义的一般原理，始终坚持社会主义最低纲领和共产主义最高纲领的统一。中国进入社会主义时期以后，特别是经过三十多年改革开放

① 徐崇温：《中国特色社会主义理论体系研究》，重庆出版社 2011 年版，第 17—21 页。

② 郑德荣：《中国特色社会主义理论研究中几个值得探讨的问题》，《科学社会主义》2011 年第 1 期。

③ 顾海良：《马克思恩格斯经典著作与中国特色社会主义的形成》，《教学与研究》2011 年第 6 期。

④ 辛向阳：《中国特色社会主义理论体系的立论基础论析》，《学习论坛》2011 年第 5 期。

⑤ 侯惠勤：《关于举旗问题的理论思考》，《安徽大学学报》（哲学社会科学版）2011 年第 1 期。

的实践、认识，再实践、再认识，我们党在思想认识上又出现了一次飞跃，形成了新的理论体系。这个理论体系，党的十七大定名为“中国特色社会主义理论体系”。这个理论体系科学回答了中国社会主义的发展道路、发展阶段、根本任务、发展动力、外部条件、政治保证、战略步骤、党的领导和依靠力量以及祖国统一等一系列基本问题。[①] 王伟光认为，改革开放新时期以来，我们党立足社会主义初级阶段这一基本国情，紧紧围绕建设和发展中国特色社会主义这一主题，相继推出邓小平理论、“三个代表”重要思想和科学发展观等重大战略思想这三大理论成果，形成一个既一脉相承又与时俱进的系统科学的理论体系——中国特色社会主义理论体系，继承并发展了马克思列宁主义、毛泽东思想，实现了马克思主义中国化的第二次历史飞跃。[②] 李崇富认为，对中国共产党人来说，马克思主义及其科学社会主义基本原理，只有与中国国情、中国优秀的传统文化和中国的具体实践相结合，实现中国化，才能发挥指导作用。中国特色社会主义，是科学社会主义共性、普遍性与我国社会主义个性和特殊性的具体和历史的统一。我们说，“中国特色社会主义”是科学社会主义中国化的新形态，就“新”在它是符合中国国情的社会主义，是“切合中国实际的”社会主义，是有利于中国发展进步和现代化的社会主义。[③]

（供稿人：王永浩）

## 五　关于推动社会主义文化大发展大繁荣的研究方兴未艾

2011 年 10 月召开的党的十七届六中全会审议通过了《中共中央关于深化文化体制改革推动社会主义文化大发展大繁荣若干重大问题的决定》，全面总结了党领导文化建设的成就和经验，深刻分析了文化建设面临的新形势和新任务，阐明了中国特色社会主义文化发展道路，确立了建设社会主义文化强国的宏伟目标，对于推进当前和今后一个时期我国的文化改革和发展具有长远的指导意义。以此为契机，有关文化建设和文化发展的研究方兴未艾，成为当前研究的一个热点。

社会主义核心价值体系是社会主义先进文化的精髓。在文化研究的热潮中，对社会主义核心价值体系的研讨也进一步深化。程恩富认为，社会主义核心价值观凝练应体现“世情为鉴、国情为据，马学为体、西学为用、国学为根，综合创新”的科学精神，可以细化为“自由集体观、民主集中观、文明进步观、和谐仁信观、富强和平观”，并可进一步浓缩为“自由、民主、文明、和谐、富强”五个词。[④] 以程恩富为课题负责人的“关于社会主义核心价值体系建设情况的调查”课题组，还对北京、上海、广州、南昌和山东、河南、湖北、山西等省市的科研机构、大中院校、工厂企业、乡村城镇、城市社区和中介组织进行了走访和调

① 赵智奎：《马克思恩格斯的科学社会主义学说及其当代启示》，《马克思主义研究》2011 年第 1 期。

② 王伟光：《马克思主义在中国的伟大胜利》，《中国社会科学》2011 年第 4 期。

③ 李崇富：《论中国特色社会主义是科学社会主义的新形态》，《北京联合大学学报》（人文社会科学版）2011 年第 1 期。

④ 程恩富：《核心价值观凝练的五个方面》，《光明日报》2011 年 3 月 28 日。

研，结合访谈材料和问卷的数据统计，以马克思主义为指导，本着求真务实的态度，依据第一手资料，理论与实践相结合，对社会主义核心价值体系建设情况进行了较广泛深入的分析，并针对问题提出有效的对策建议，形成了近年社会主义核心价值体系建设情况的调研报告，为党政有关部门和知识界提供了参考。①

坚持中国特色社会主义文化发展道路，是推动社会主义文化大发展大繁荣，建设社会主义文化强国的唯一正确道路。关于中国特色社会主义文化发展道路的研究成为当前研究的一个热点。我们党为什么要提出坚持中国特色社会主义文化发展道路？刘云山指出，坚持中国特色社会主义文化发展道路是由我国社会制度、发展道路和党的性质宗旨决定的；是由中华民族的优秀历史文化传统决定的；是由我国文化发展规律和人民群众根本意愿决定的；是由增强国家文化软实力的现实需要决定的。② 如何更好地坚定不移走中国特色社会主义文化发展道路？李慎明指出，必须坚持以马克思主义为指导；必须坚持社会主义基本政治制度；必须坚持社会主义基本经济制度；必须坚持批判汲取中华传统文化和一切外来文化；必须坚持相信、依靠、为了最广大人民群众。③

为了不断增强中华文化国际影响力，我们党提出了要实施文化走出去战略。那么如何理解文化走出去？文化如何才能走出去？郭建宁在《“走出去”，而不仅仅是“送出去”》一文中指出，在提升文化软实力方面要强调“走出去”，而不仅仅是“送出去”。所谓“送出去”就是以“送”为目的，而不大顾及别人的接受方式和文化习惯，往往是政府买单，组织华人和留学生观看，而对国外主流社会没有什么影响。④ 范玉刚指出，面临激烈的国际竞争环境和复杂的国际市场因素，要求文化“走出去”必须有战略意识和国家意志，并在国家层面做好协调和统筹规划；同时，文化“走出去”要有市场化思维和产业化视野，并以版权输出和高附加值的内容产品为主，拥有版权和高附加值的内容产品的生产是文化“走出去”的核心。⑤

（供稿人：王永浩）

## 六 对马克思的社会形态理论的新探讨

苏东剧变和近年的金融危机和欧债危机激发了人们对社会历史发展规律的再认识，马克思的社会形态理论成为理论界争论的热点。争论的主要问题有：马克思提出过“五种社会形态理论”，还是只提出过“三大社会形态理论”；如何评价马克思的社会形态理论的科学性和意义；如何用社会形态理论分析研究我国社会发展的历史和现状。2011年，围绕这些重大理论问题，学者们提出了一些新见解。《中国社会科学》特约了一组专题论文，王伟光、靳辉

① 程恩富、郑一明、冯颜利等：《近年社会主义核心价值体系建设情况的调查研究报告》，《毛泽东邓小平理论研究》2011年第2期。

② 刘云山：《坚持中国特色社会主义文化发展道路 努力建设社会主义文化强国》，《人民日报》2011年10月28日。

③ 李慎明：《坚持中国特色社会主义文化发展道路》，《光明日报》2011年11月25日。

④ 郭建宁：《“走出去”，而不仅仅是“送出去”》，《人民论坛》2011年第31期。

⑤ 范玉刚：《文化“走出去”要有新思维、新视野》，《中共中央党校学报》2011年第2期。

明、庞卓恒等知名学者对社会形态理论的相关重大理论问题展开讨论。[①] 韩立新等学者也将社会形态理论与中国的发展道路的研究结合起来。

首先，“五种社会形态理论”和“三大社会形态理论”争论的焦点是资本主义是否是人类社会发展的必经阶段。“五种社会形态理论”是由斯大林较早明确概括出来的，主要依据马克思在《政治经济学批判〈序言〉》中的一段著名论述，将其理解为人类社会历史的发展表现，即亚细亚社会、古代社会、封建社会和资本主义社会的依次更替。近十年来，有的学者对流行的“五种社会形态理论”提出质疑。叶文宪认为，斯大林将“五种社会形态”与“五种生产关系”、“五种生产方式”相混淆，把它误当做人类社会发展必经的五个阶段。[②] 段忠桥依据对马克思的《政治经济学批判（1857—1858 年草稿）》（简称《1857—1858 年手稿》）中的论述的分析，指出流行的“五种社会形态理论”的理解与《1857—1858 年手稿》的内容存在明显的矛盾，断言马克思并没提出过“五种社会形态理论”，而只提出过“三大社会形态理论”。[③] 对此，赵家祥依据文本进行反驳，逐一地指出“五种社会形态理论”在马克思和恩格斯的著作中存在的依据。[④] 段忠桥又针锋相对地反驳这些依据。[⑤] 2011 年的文章中，庞卓恒将马克思在《德意志意识形态》、《1857—1858 年手稿》等文本中涉及社会形态演进理论的四次论说和马克思的人类学、历史学笔记联系起来解读，指出马克思关于资本主义产生和发展的必然性的历史概述只限于西欧各国。[⑥] 同时，针对一些人把马克思的历史概述曲解为“一般发展道路的历史哲学”，并由此认定一切民族都不可避免地要经过资本主义的发展阶段，庞卓恒指出，非西方民族完全可能沿着不同于西方资本主义的道路发展下去。靳辉明等的文章从发展史的角度，从马克思的著作和手稿中探索和评价了五种形态理论的形成过程，同时也指出历史发展既遵循一般规律，也会因不同国家、民族的特殊的历史条件而呈现跳跃式的发展。[⑦] 王伟光强调，唯物史观认为，人类社会经历了五种社会形态，讲的只是一种总的历史趋势，或者说总的历史规律，并不等于说每个国家、每个民族都必须完整地经历这五种社会形态。[⑧]

其次，国内外学者从哲学、历史角度评价并进一步阐明社会形态理论的意义。杰纳[⑨]（Ernest Gellner，1972）曾批评马克思对社会形态的划分标准与其理论存在矛盾：马克思将

---

① 参见《中国社会科学》2011 年第 1 期：庞卓恒：《马克思社会形态理论的四次论说及历史哲学意义》，靳辉明、洪光东：《所有制关系在马克思社会形态理论形成中的基础意义》，王伟光：《深入研究中国发展道路和发展经验、丰富和发展马克思主义社会形态理论》。

② 叶文宪：《五种社会形态是五种生产关系五种生产方式五个发展阶段还是五种文化模式》，《浙江学刊》2001 年第 3 期。

③ 段忠桥：《对“五种社会形态理论”一个主要依据的质疑——重释〈政治经济学批判·序言〉》的一段著名论述》，《南京大学学报》（哲学社会科学版）2005 年第 2 期。

④ 赵家祥：《对质疑“五种社会形态理论”的质疑——与段忠桥教授商榷》，《北京大学学报》（哲学社会科学版）2006 年第 2 期。

⑤ 段忠桥：《马克思从未提出过“五种社会形态理论”——答赵家祥教授》，《中国人民大学学报》2006 年第 5 期。

⑥ 庞卓恒：《马克思社会形态理论的四次论说及历史哲学意义》，《中国社会科学》2011 年第 1 期。

⑦ 靳辉明、洪光东：《所有制关系在马克思社会形态理论形成中的基础意义》，《中国社会科学》2011 年第 1 期。

⑧ 王伟光：《深入研究中国发展道路和发展经验、丰富和发展马克思主义社会形态理论》，《中国社会科学》2011 年第 1 期。

⑨ Ernest Gellner. 1972. Thought and Change. 转引自 Cohen GA，Karl Marx's Theory of History：a Defense. *Oxford University Press*，2000。

生产力作为基础，却根据社会形式而不是物质来划分社会。科恩用分析哲学的方法阐明马克思所说的物质、社会的内容和形式，反驳了杰纳的观点，并指出由生产力的划分不能得出社会类型，社会形态的划分标准是经济结构，占主导地位的所有关系地位决定了这个社会的经济结构的特征，而直接生产者对劳动力的关系和他对所使用的生产资料的关系，决定了直接生产者的所有关系地位。[①] 我国学者也对社会形态的划分标准提出自己的见解。靳辉明等认为，社会形态依据生产方式即生产力与生产关系结合的不同而区别开来，其最基本的划分标准是生产关系和所有制关系。从理论上讲，生产关系和所有制关系是生产力发展的结果和测量器，是生产得以进行的物质载体，它具有一种稳定性。社会形态理论的科学价值在于，它基于经济的、客观的事实去分析研究人类历史，而不是从观念中得出结论，从而把人们对社会历史的认识真正建立在科学的基础之上。[②] 庞卓恒指出，马克思的社会形态理论的历史哲学意义在于：历史必然性不是抽象的、宿命论式的必然性，而是具备了必要而且充分的历史条件下的必然性；它充分肯定历史活动主体对社会形态的选择的能动性；但是，任何个人或阶级对社会形态的选择，只有获得劳动大众拥护，或者至少是勉强默认，才可能成为占主导地位的社会形态。[③] 王伟光的文章指出，马克思主义社会形态理论最核心、最根本的要旨在于说明，人类社会发展是囿于生产力与生产关系的矛盾运动所致，由不同的历史阶段构成，表现为不同的社会形态演进，资本主义社会同其他社会形态一样，只是人类社会历经的一个历史阶段，资本主义社会必然由兴盛走向灭亡，人类社会形态必将驰入一个全新的进程。[④]

最后，我国学者结合“中国发展道路”，讨论马克思的社会形态理论。俞吾金指出，马克思的社会形态理论包含着两个维度：一个是欧洲社会形态演化的维度，另一个是东方社会形态演化的维度；马克思东方社会形态演化的理论是中国发展道路的理论依据。[⑤] 韩立新详细分析《1857—1858年手稿》的《资本主义生产以前的各种形式》中的关于本源共同体解体的论述，指出马克思认为只有日耳曼共同体才能进入市民社会；文章概括了日耳曼共同体解体的因素，认为1978年以后中国的发展历程与日耳曼世界进入市民社会的过程有很多相似之处。[⑥] 还有的学者具体地讨论了新民主主义社会形态过早结束的原因。[⑦]

（供稿人：唐芳芳）

---

① Cohen GA, Karl Marx's Theory of History: a Defense. *Oxford University Press*, 2000.

② 靳辉明、洪光东：《所有制关系在马克思社会形态理论形成中的基础意义》，《中国社会科学》2011年第1期。

③ 庞卓恒：《马克思社会形态理论的四次论说及历史哲学意义》，《中国社会科学》2011年第1期。

④ 王伟光：《深入研究中国发展道路和发展经验、丰富和发展马克思主义社会形态理论》，《中国社会科学》2011年第1期。

⑤ 俞吾金：《社会形态理论与中国发展道路》，《上海师范大学学报》（哲学社会科学版）2011年第2期。

⑥ 韩立新：《中国的“日耳曼”式发展道路（上）——马克思〈资本主义生产以前的各种形式〉的研究》，《教学与研究》2011年第1期。

⑦ 郭艳文：《新民主主义社会形态过早结束的原因及得失探析》，《马克思主义与现实》2011年第2期。

## 七　对马克思主义辩证法的论争

20 世纪以来，辩证法一直是国内外马克思主义学者争论最为激烈的领域之一。国外学者争论的焦点是马克思与恩格斯在辩证法上是否“对立”。“对立论”的代表人物是卢卡奇。受卢卡奇的影响，20 世纪 60—70 年代，以马尔科维奇、弗兰尼茨等为代表的东欧新马克思主义的主要流派之一——南斯拉夫实践派提出，马克思的辩证法是人道主义辩证法，不是恩格斯的自然辩证法。[①] 20 世纪 70—80 年代，美国的莱文、卡弗等“马克思学”学者是“对立论”的代表；而伯特尔·奥尔曼运用当代分析哲学的语言分析的方法阐释辩证法，[②] 反驳“对立论”，被誉为“美国马克思主义辩证法研究的领军人物”。[③] 在我国，萧前和高清海是辩证法研究的旗手，萧前对辩证逻辑和认识论真理观的阐述[④]、高清海对矛盾这一辩证法的实质和核心的阐释[⑤]至今仍有很深的影响。关于马克思主义辩证法是“物质辩证法”还是“实践辩证法”的论争，成为近 30 年来哲学研究的一条主线。2011 年，辩证法仍是我国学者关注的热点，王南湜出版了专著《辩证法：从理论逻辑到实践智慧》（武汉大学出版社 2011 年版），俞吾金等学者发表论文系统地阐述“实践辩证法”的观点，一些青年学者也关注辩证法研究。对辩证法的讨论主要有以下特点：

第一，强调辩证法是唯物史观的一部分。俞吾金提出，辩证唯物主义和历史唯物主义的解释框架将辩证法从属于辩证唯物主义，历史唯物主义出现了辩证法空场。他指出马克思社会历史辩证法的载体是实践，具体化为劳动。而恩格斯的自然辩证法把辩证法的载体理解为自然，普列汉诺夫和列宁的辩证唯物主义同样将自然观视为历史观的出发点，不符合马克思的原意。[⑥] 有的学者认为，马克思对资本的内在矛盾、资本与生产的矛盾以及资本总积累的矛盾的分析体现了历史唯物主义和辩证法的统一，只有通过辩证法，马克思才能真正把握资本主义的现实历史。[⑦] 干成俊提出，辩证法是解读马克思唯物史观的最重要的四个理论视域之一。[⑧]

第二，探寻马克思辩证法的源头。贺来讨论马克思辩证法与黑格尔辩证法及康德辩证法的学理渊源，认为康德的实践哲学对理解马克思的辩证法有重要意义。[⑨] 俞吾金指出马克思和黑格尔、费尔巴哈的辩证法的载体不同。他指出，辩证法是黑格尔方法论的一个环节，黑格尔方法论由抽象的知性、辩证的理性（辩证法）和思辨的理性三个环节构成；马

---

① 参见衣俊卿《人的存在与辩证法——论实践派的辩证法观》，《现代哲学》1999 年第 1 期。衣俊卿：《论东欧新马克思主义的理论定位》，《求是学刊》2010 年第 1 期。

② 田辉：《伯特尔·奥尔曼对辩证法的反思及其启示》，《理论探索》2011 年第 4 期。

③ 参见郭强《评奥尔曼关于马克思辩证法的思想》，《哲学动态》2011 年第 5 期。

④ 萧前：《萧前文集》，中国人民大学出版社 2004 年版。

⑤ 高清海：《哲学思维方式变革》，吉林人民出版社 1997 年版。

⑥ 俞吾金：《论马克思的“劳动辩证法”》，《复旦学报》（社会科学版）2011 年第 4 期。

⑦ 王海锋：《历史唯物主义和辩证法的统一——重估〈资本论〉的价值》，《江海学刊》2011 年第 1 期。

⑧ 干成俊：《解读唯物史观的四重视域》，《哲学研究》2011 年第 6 期。

⑨ 贺来：《辩证法研究的两种出发点》，《复旦学报》（社会科学版）2011 年第 1 期。

克思从实践唯物主义的立场出发，改造了黑格尔方法论中的辩证法，用实践取代了绝对精神作为辩证法的载体，并具体化为劳动；而费尔巴哈以自然为方法论（辩证法）的载体。他指出，劳动辩证法是马克思辩证法的基础性部分，通过对象化、外化、异化和物化这四个概念展现出来：物化概念超越黑格尔的“意识辩证法”所蕴涵的“抽象的精神劳动”，“异化劳动”改造了黑格尔和费尔巴哈的异化概念。① 有的学者提出马克思颠倒黑格尔辩证法的关键在于，将黑格尔“思维过程”的概念辩证法变革为现实“生产过程”的资本辩证法。②

第三，强调辩证法的实践性。王南湜的专著从实践哲学的视角，讨论作为实践智慧的辩证法，探讨了中国传统哲学中的这种作为实践智慧的辩证法，讨论当今中国马克思主义哲学研究中与辩证法相关的一些重要问题。③ 相秀丽认为，马克思的辩证法思想颠倒了黑格尔辩证法，也破除了黑格尔辩证法作为纯粹理论的反思性限制，使之成为预示实践行动可能性的社会历史运动法则。较之于黑格尔和马克思，列宁使辩证法作为社会行动技艺用于诊断和处理现实斗争事务。列宁辩证法在实践上突破了马克思恩格斯社会理论的欧洲模式，并对作为社会行动主体的无产阶级的组织化的方式给予高度重视。④ 蒙木佳分析杜娜叶夫斯卡娅对列宁辩证思想的解读，认为她讨论列宁与辩证法问题的中枢是群众这一在历史实践中不断生成的革命主体概念。⑤

第四，依据文本来阐发马克思的辩证法。例如，董必荣依据《哲学的贫困》，分析马克思对蒲鲁东的“伪辩证法”的批评，提出马克思所理解的辩证法包括历史辩证法和逻辑辩证法，后者是前者在思想中的抽象表现。蒲鲁东的伪辩证法表现在对“矛盾”的理解以及仅仅满足于“是”和“否”的区分，而没能达到“是”与“否”的相互转化。⑥ 王海峰依据《资本论》来论证历史唯物主义和辩证法的统一。

（供稿人：唐芳芳）

## 八 围绕列宁“民主集中制”展开的理论探讨

2011 年是中国共产党建党 90 周年，又恰逢苏联解体、苏共亡党 20 周年，如何认识共产党，如何建设共产党，如何保持共产党的先进性，成为今年马克思主义学界热议的话题之一。在对苏共亡党教训的分析中，有一种分析非常值得关注，即苏联共产党从思想上背离了马克思主义信仰，而表现在组织作风上，就是放弃了列宁时代开启的“民主集中制”制度。结合

① 俞吾金：《论马克思的“劳动辩证法”》，《复旦学报》（社会科学版）2011 年第 4 期。

② 胡刘：《从“概念思辨”到“资本批判”——论马克思主义辩证法对传统辩证法的改造及其实质》，《哲学研究》2011 年第 2 期。

③ 王南湜：《辩证法：从理论逻辑到实践智慧》，武汉大学出版社 2011 年版。

④ 相秀丽：《从理论到技艺：论列宁在辩证法发展史上的特殊贡献》，《马克思主义与现实》2011 年第 3 期。

⑤ 蒙木佳：《杜娜叶夫斯卡娅对列宁辩证思想的解读及其评价》，《南京社会科学》2011 年第 2 期。

⑥ 董必荣：《马克思如何理解经济学的哲学贫困》，《哲学动态》2011 年第 5 期。

我党的组织作风建设，如何正确认识、坚持和发扬列宁的“民主集中制”，不仅是一个重大的学术问题，也是一个关乎我们党的建设的重大实践问题。

关于“民主集中制”的发端。对于“民主集中制”的最初提出和来源，学者们对其发明人为列宁没有争议，然而到底该制度是列宁凭空臆造出来的，还是有着深厚的马克思主义发展的渊源，在学者间争论不小。研究表明，早在1948年美国就有人提出，1905年“列宁在他的反对派的攻击下，在巨大的和不可抑制的群众行动的影响下，被迫把自己的学说由赤裸裸的集中主义修正为较为含糊其辞的‘民主集中制’。然而，在我们力求理解列宁掌权后的俄国时，在我们考察共产国际的形成时，我们必须记住列宁的这种片面的概念，因为它带来了一个独裁主义的党并由此建立了一个独裁主义的国家”①。据此观点，所谓的“民主集中制”只不过是列宁在残酷的政治斗争中的权宜之计，其实质是独裁与集中，和马克思恩格斯提倡的民主观点背道而驰。与此相呼应，国内学者从文献学的角度考证，认为马恩在其原始著作中并未具体提出什么是“民主集中制”：“有一种说法，认为民主集中制这个概念源自马克思恩格斯。然而，马克思恩格斯并没有谈过民主集中制，这个概念是苏联时期的理论界制造出来的。苏联出版的《马克思恩格斯全集》第2版（中文第1版）名目索引中单列了一条‘民主集中制’，但没有标出具体的卷次和页码，只是说‘见无产阶级政党——组织原则’。当人们按图索骥，找到‘无产阶级政党’中‘组织原则’，并按其中所指各卷页码查阅时，却始终找不到‘民主集中制’一词，看到的只是马克思恩格斯关于共产主义者同盟和‘第一国际’章程的一些论述，并且那里说的是‘民主制’，而不是‘民主集中制’。”② 针对这种文献学研究，学者们普遍承认其严谨性和基础性，为正确认识马克思主义文本的本来面目提供了可靠的依据。然而，有些批评却流于机械，缺乏对思想整体脉络上的把握。有学者提出，按照思想内涵的传承，不难看出，马恩有非常丰富的民主集中制的思想，而列宁的“民主集中制”思想是建立在马克思主义创始人的思想基础之上的③。这种分析认为，从马恩对无产阶级政党性质的阐发中，不难判断其组织原则必须是以民主为基础的集中制。无论是马克思1871年11月致弗里德里希·波尔特信中谈到的为夺取政权而必须设立的工人阶级的预先组织，还是在马克思1880年口授的《法国工人党纲领导言》中提到的表现为“独立政党的生产者阶级”的“集体占有制”，都表明其对无产阶级政党结构的设想脱离不开集中的因素。也“正是有这种对马克思主义特别是马克思主义政党理论坚持的态度，列宁才能够科学地提出和阐明民主集中制思想”④。

关于列宁的“民主集中制”的内涵和实质。关于这个问题，学术界的争论也较为热烈。首先，从历史上看，马克思主义经典作家就曾经有过对“民主集中制”的批评，代表人物为罗莎·卢森堡。她在1904年发表的《俄国社会民主党的组织问题》一文中将列宁的集中主

---

① 此观点引自贝特兰·D. 沃尔夫在1948年出版的《三个制造了一场革命的人》一书，参见辛向阳《列宁民主集中制理论的思想来源》，《思想理论教育导刊》2011年第2期。

② 郑异凡：《集中制民主集中制工人民主制》，《中共中央党校学报》2009年第5期。

③ 参见宋延平《民主集中制发展历程探渊》，《中共山西省直机关党校学报》2011年第2期。辛向阳：《列宁民主集中制理论的思想来源》，《思想理论教育导刊》2011年第2期。

④ 参见辛向阳《列宁民主集中制理论的思想来源》，《思想理论教育导刊》2011年第2期。

义批评为“极端集中主义”、“无情的集中主义”和“密谋主义”，她认为这样会导致党的战士对中央机关盲目听话和机械服从，从而扼杀党内民主，形成官僚集中制。对于这样的批评，有学者提出要一分为二地看，即一方面承认卢森堡对极端集中主义的分析是正确的，对党内民主有着极坏的影响，但另一方面，又提出要将列宁的民主集中制和极端集中制区别对待，是既有民主又有集中的组织原则，并且列宁通过卢森堡的争论，进一步阐明了“民主集中制”的科学内涵①。

关于民主集中制的基本类型。有的学者认为，列宁和俄共的民主集中制是在集中制的组织体系中加入民主制的部分，集中制是主要部分，而民主制是次要部分，民主集中制的实质是集中。还有学者认为，列宁对马恩的民主观点有着本质上的改造，即马恩强调的是社会民主，而列宁则提倡国家形态的民主②。这种国家形态的民主的表现形式为民主集中制，集中是重心。

与此相对，有学者提出，固然列宁对马恩党建组织原则有着深刻的发展，然而这种发展并未脱离马恩对未来社会的设想，而是如同中共十四大党章中那样表述的，“民主集中制是民主基础上的集中和集中指导下的民主相结合”。这种观点按照辩证唯物主义的两点论和重点论的指导，认为“列宁为党设计的民主集中制，笼统地说是民主制加集中制，具体地说是间接民主制加民主性的集中制”。③ 是一种既不同于专制又不同于绝对民主的，将民主与集中巧妙结合的政权组织形式，表现出列宁在革命实践中高超的政治智慧。

然而，无论哪种观点，都承认列宁提出民主集中制在当时具体的历史条件下的必然性，即俄国严酷的革命斗争环境要求无产阶级政党必须在一定限度内实行民主集中制，不可以把党的秘密机关和公开机关混同起来。所以列宁才说，“必须弄明白，民主集中制一方面同官僚主义集中制，另一方面同无政府主义有多么大的区别”④。

（供稿人：夏一璞）

## 九 人民的主体地位和首创精神成为研讨的重要问题

党的十七大以来，学界对“科学发展观的核心是以人为本”、“尊重人民主体地位”等命题的主要内涵、基本要求、实现途径和重要意义，进行了不同角度和层面的研究和论证。胡锦涛同志在庆祝中国共产党成立 90 周年大会上的讲话中明确提出：“要把人民放在心中最高位置，尊重人民主体地位，尊重人民首创精神。”学者们围绕这一重要论断，进一步探讨和阐述为什么要尊重人民主体地位，如何发挥人民首创精神等重大理论和现实问题。

关于尊重人民主体地位和首创精神的根本依据，学者们从历史唯物主义的高度进行了

① 参见辛向阳《列宁民主集中制理论的思想来源》，《思想理论教育导刊》2011 年第 2 期。张慕良：《列宁设计的民主集中制是啥样？》，《北京日报》2011 年 2 月 28 日。

② 孙力：《社会民主、半国家与民主集中制》，《浙江学刊》2011 年第 2 期。

③ 张慕良：《列宁设计的民主集中制是啥样？》，《北京日报》2011 年 2 月 28 日。

④ 《列宁全集》第 34 卷，人民出版社 1984 年版，第 139 页。

阐述。王伟光认为，唯物史观从社会历史发展主体论出发，肯定人民群众创造历史的决定作用，第一次真正科学地、彻底地、全面地解决了谁是历史创造者的问题。尊重人民主体地位和首创精神，是由我们党的性质和根本宗旨决定的，体现了马克思主义历史唯物论的基本原理，体现了我们党推动经济社会发展的根本目的，也是我们党90年来之所以能够取得举世瞩目的辉煌成就的根本原因①。廖言认为，马克思主义群众观作为马克思主义根本立场的集中体现，是马克思主义先进性的重要标志，是历史唯物主义的理论基石。我们必须从根本上搞清楚马克思主义对人民群众的基本看法和基本观点，深刻认识人民群众是历史的创造者，是生产力中最活跃、最革命的因素；必须从理论和实践的结合上弄明白马克思主义群众观在当代中国的科学继承和与时俱进，切实尊重人民群众在发展中国特色社会主义中的主体地位②。

学界还深入探讨了尊重人民主体地位和首创精神对于党和国家事业发展的重要意义。罗文东认为，能否坚持人民主体思想和党的群众观点、群众路线，直接关系到共产党的生死存亡和党所领导的革命、建设事业的兴衰成败。在全面建设小康社会、加快推进社会主义现代化的新阶段，牢固树立和践行人民主体观，充分发挥人民群众的主体性，切实保障人民各项权益，对于全面推进党的建设新的伟大工程和中国特色社会主义伟大事业，具有十分重要的理论意义和现实意义③。刘忱认为，“人民主体地位”这一命题，是中国共产党在面临新的全球文化交汇震荡、国内社会矛盾的对抗冲突时提出的新命题。中国共产党人深深懂得，必须依靠人民群众的力量，发挥人民群众的聪明才智，才能建立起强大的综合国力，提升国家和民族的民族凝聚力、创造力，才能实现中华民族的伟大复兴，在世界格局中立于不败之地。④王燕、葛笑如认为，人民群众的创造力是我国改革开放的源泉和基础，尊重并充分发挥群众的首创精神是改革开放取得成功的关键。这一经验根植于改革开放以来的深刻变革中，呈现出理论与实践、历史与逻辑的统一。群众的首创精神为党的理论创新提供了深厚基础，是培养和造就社会主义现代化建设主体的有效途径，是中国共产党加强自身执政能力建设的重要动力源泉⑤。

关于如何保障人民主体地位、发挥人民首创精神，学界从不同层面进行了分析和论述。王伟光认为，尊重人民的主体地位和首创精神，必须继承和发扬我们党的优良传统；必须坚持以人为本、执政为民；必须不断推进实践创新和理论创新⑥。徐晨光、陈远章、周敏认为，把尊重人民主体地位落到实处，要求我们牢固树立马克思主义群众观点，自觉坚持马克思主义群众路线，真正把人民当英雄来敬畏、当先生来请教、当主人来尊重、当亲人来对待⑦。贾长喜认为：依法治国基本方略的实施，社会主义法治国家的建设过程中，绝不能忽视人民

① 王伟光：《切实尊重人民的主体地位和首创精神》，《求是》2011年第24期。

② 廖言：《坚持马克思主义群众观，尊重人民主体地位》，《人民日报》2011年12月5日。

③ 罗文东：《牢固树立和践行人民主体观》，《中国社会科学院研究生院学报》2011年第6期。

④ 刘忱：《以满足人民精神文化需求为旨归》，《学习时报》2011年12月26日。

⑤ 王燕、葛笑如：《试论尊重群众的首创精神》，《经济与社会发展》2011年第8期。

⑥ 王伟光：《切实尊重人民的主体地位和首创精神》，《求是》2011年第24期。

⑦ 徐晨光、陈远章、周敏：《把尊重人民主体地位落到实处》，《人民日报》2011年9月2日。

群众的主体地位。认清人民主体地位的含义，并从立法、执法、司法和法制监督等方面来体现和保障人民主体地位，是依法治国、建设社会主义法治国家的重要前提[①]。

（供稿人：罗文东）

## 十 国外左翼思想热点追踪

2011 年所召开的一系列有影响力的左翼会议着重从不同角度解读全球资本主义危机现状、全球背景下的左翼运动和中东阿拉伯地区的抗议运动。具体如下：

2011 年 3 月 18 日至 20 日，左翼论坛在纽约佩斯大学召开。大会吸引了超过 3500 人参加，形成了 300 个讨论小组，有 1000 人发言。本年度讨论的主题是围绕全球工人运动受到削弱背景下探索团结的新形式。大会认为 21 世纪潜在变革的斗争依赖于新的团结链条——穷国和富国工人、农民、消费者、学生、村民、环保主义者、抗议者和工会主义者之间的团结，因此大会就劳工运动，社会主义的可能性，中东地区的抗议运动，新自由主义讨论后的拉美状况，左翼的灾难与危机，马克思主义的团结概念，卢卡奇、卢森堡、列宁等人对马克思主义的解读、美国自由主义的未来以及左翼如何对抗新自由主义的紧缩政策的斗争等议题展开了广泛的讨论。

2011 年 5 月 11 日至 15 日，西方批判理论学派的“哲学与社会科学”年会在捷克布拉格举行。来自 13 个国家的 50 余名学者参加了会议。本次年会围绕 4 个中心主题进行，即权威主义：民主的、非民主的和后民主的；诊断当下：理论和现实维度的新批判观；性政治学；关于“2011 阿拉伯之春”的专题讨论。其中解放概念、跨国正义问题、从批判理论的视角解读中东事态、中国现代化道路、批判理论的女性主义最新发展成为讨论的热点问题。

2011 年 5 月 27 日至 29 日，由美国激进政治经济学学会、美国麻省理工大学阿穆赫斯特分校经济学系、社会和行为科学学院、政治经济学研究中心联合举办的“世界政治经济学学会第 6 届论坛”在美国举行，来自 22 个国家的 150 多名学者出席了本届论坛。与会者围绕主题“应对资本主义：新自由主义及其超越”，分别对资本主义危机史和凯恩斯主义的借鉴及评判、当前资本主义危机与利润率变化、新自由主义和极右势力在各国的发展和影响、后危机时代的应对和社会主义变革方案、货币财政危机与不平等、生态与发展等专题进行了深入讨论。

2011 年 9 月 16 日至 18 日，由布拉格全球研究中心、北美全球研究协会和国际社会学研究委员会共同主办的“全球资本主义与跨国阶级的形成”国际会议在捷克布拉格召开。这是讨论跨国资本主义阶级理论和全球阶级形成的第一个国际会议。跨国资本主义阶级理论近年来已经成为分析全球资本主义的一个重要理论方法。会议开始为研究全球资本主义和跨国阶级分析的学者和积极分子提供分享研究、讨论探索新框架的场所。来自全球 20 个国家的约 60 名学者对在批判研究全球资本主义背景下的广泛议题进行了讨论，包括跨国资本家阶级和

① 贾长喜：《论人民在依法治国中的主体地位》，《法制与社会》2011 年第 21 期。

工人阶级的形成、跨国资本家阶级和国内资本家阶级的关系、精英网络、国内移民与移民国外、全球资本主义、生产网络和商品链、全球金融、民族国家的变化、跨国政府、跨国治理、信息技术与全球化、军事/工业结构与国家等问题。

2011 年 11 月 10 日至 13 日英国历史唯物主义杂志年会在伦敦召开。此次年会的主题是："资本的空间，战斗的时刻"。会议围绕"当代马克思主义政治"和"中东地区的危机和革命"展开，包括马克思主义的货币和金融理论、社会运动的理论与组织、国际共产主义运动、种族与帝国主义等级、世界历史的不平衡的综合发展、反帝斗争与知识分子、马克思主义的积累、抵抗和帝国主义、当代的劳工斗争、东欧转轨、马克思主义与建筑学、阿尔都塞的唯物主义、美帝国主义与阿拉伯之春、历史唯物主义视野中的阿拉伯抗议运动、埃及革命、反革命与海湾国家等问题。

（供稿人：高静宇）

## 十一 西方马克思主义研究热点聚集

2011 年对国外马克思主义经济理论研究方面取得了较大的进展。程恩富主编的《中外马克思主义经济思想简史》以马克思主义经济学科学内涵为主线，系统论述了世界范围内马克思主义经济思想史上主要代表性流派变动演化的背景及脉络，凸显了马克思主义经济思想史上各经典作家、各流派人物间理论思想的继承性和发展性，勾勒出中外马克思主义经济思想史的基本框架和变动趋势。

《"西方马克思主义"与经济学——兼谈我国西方马克思主义研究体系的逐步完善》（《教学与研究》2010 年第 5 期）一文提出，随着我国西方马克思主义研究的深入和"国外马克思主义研究"学科的设立，需要对西方学者提出的"西方马克思主义"及其研究体系进行反思。西方学者认为"西方马克思主义"就是脱离经济学研究和社会实践的哲学理论，后来"西方马克思主义"的研究视野开始转向经济学。我们构建具有我国特点的西方马克思主义研究体系，必须加强西方马克思主义经济学的研究。

《当代经济研究》2011 年第 9 期发表《当代西方马克思主义经济理论研究的新取向》认为，"二战"之后除了欧内斯特·曼德尔、J. B. 福斯特等人坚持经典马克思主义经济学的理论传统的取向之外，另有三种重要取向也值得关注和研究：马克思主义经济学与非马克思主义经济学的"融合"、马克思主义经济学的后现代主义阐释、马克思主义经济学的"泛经济学化"。文章认为，西方马克思主义经济理论研究历来注重从哲学和其他社会科学获取理论支援与创新灵感。但是，必须注意运用马克思的辩证法思想来解读现代性与后现代性，而不是把它们割裂开来并抽象地对立起来。应该肯定，沃勒斯坦等人的马克思主义经济理论研究的综合化与跨学科化取向，有效地实现了在诸种复杂要素之间的集聚和整合，实现了经济学与哲学、社会学、历史学、地理学、生态学甚至女性学、建筑学等学科的交叉融合，凸显出马克思主义分析现代复杂经济社会系统内部矛盾的优势。但是，早期西方马克思主义学术传统统摄之下的当代国外马克思主义经济理论研究的"泛经济学化"，不仅模糊了马克思主义经济学的特定研究对象，从而阻碍了马克思主义经济学的未来发展，而且也贬低了马克思主义经济学的理论地位，从而降低了马克思主义理论体系的科学分析能力。

论文《西方马克思主义研究者对所有制与所有权的辨析》研究了法国结构主义的马克思主义学派的代表人物巴里巴尔和英国分析马克思主义学派的代表人物科恩对马克思主义理论中的所有制和所有权概念的辨析，认为巴里巴尔的研究以资本主义所有制为主要对象，目的在于厘清社会的内部结构；科恩的研究则更为抽象和一般，其目的在于澄清概念间的逻辑关系，二人的研究都有一定的片面性。《西方马克思主义货币理论分析》一文分析了西方马克思主义的货币制度理论、内生货币理论、投资理论、通货膨胀理论与金融危机理论，认为西方马克思主义的理论进展说明，在新的历史背景下，它具有很强的现实解释力与说服力，同时也表明马克思主义经济学仍然具有很强的现代理论价值。

（供稿人：谭扬芳、张剑）

## 十二　国外共产党的社会主义理论讨论

苏东剧变后，各国共产党认真分析变化的世界形势，总结国际共运和世界社会主义发展的经验教训，不断创新社会主义理论，从各国具体情况出发，提出了其所要建设的社会主义的具体目标和方向，涉及“社会主义发展阶段”、“社会主义社会的政权形式”、“社会主义社会的经济形式”等方方面面。这些新的理论分析和概括，反映了处于社会不同发展阶段、面临不同发展环境的国外共产党对社会主义认识的不断深化，同时也对国外共产党新时期新阶段的斗争和实践发挥了重要的指导作用。

对国外共产党社会主义理论的分析和总结，是2011年国外共产党研究的重点问题。在相关国外共产党的研究成果中，学界对各国共产党社会主义理论的变化给予了特别关注。本年度相关国外共产党的社会主义探索等文章，大都从整体和个案层面系统总结和梳理了不同国家共产党对社会主义认识的变化和调整，对不同共产党具有本国本党特点的社会主义理论和发展模式进行了分析和归纳。比如，《土耳其共产党对社会主义的探索》一文分析了土共对未来社会主义社会的新构想，介绍了土共总结的社会主义的四个方面的特征：在国家政权上将实行社会主义民主，工人阶级通过其社会组织掌握各种权力；在社会主义社会里，所有自然资源和主要的生产资料（包括土地）都属于公有财产，社会主义经济的主要目标是促进整个社会的繁荣富强，提高公民的生活水平；人民的演讲自由、宣传自由和组织自由是建立和发展社会主义社会必不可少的条件；创造新个人是建设社会主义的标志、结果和途径。《南非共产党社会主义革命阶段的新策略》一文对比马克思列宁主义“先政治、后经济”的“探索建成社会主义路径”的理论主张，分析了南非共在这一问题上的理论创新，指出南非共的主张是“先经济（文化、道德）、后政治”：在向社会主义（革命）过渡阶段，即社会主义（革命）前中期（包含民主革命即将结束的末尾阶段），先在经济、文化、道德、政治民主化等方面大力进行“社会主义因素”转变，使南非社会主义物质基础、文化基础、思想基础更稳固，在南非建成社会主义必需的各种条件充分具备后，水到渠成地在社会主义（革命）后期取得工人阶级政权，建立社会主义共和国。该文认为，南非共的这一路径的实质为“先基础（巩固）、后政权”。

对国外共产党的社会主义理论进行总结、分析，有利于我们全面了解当代国外共产党理论调整和发展的新动向，同时对于丰富和发展中国特色社会主义理论也具有启发和借鉴意义。

（供稿人：于海青）

## 十三 对苏联解体原因、影响和教训的反思再掀高潮

2011 年适逢苏联解体 20 周年，围绕这一国际共产主义运动史上的重大事件，国内外学术界举办了多场学术研讨会并出版发表了大量相关著述。从不同角度对苏联解体的原因、后果和影响及教训等方面进行了分析，并对世界社会主义运动的前景进行了展望。

对于苏联解体的原因，学界广泛存在着“经济没有搞好说”、“斯大林模式僵化说”、“民族矛盾决定说”、“军备竞赛拖垮说”、“戈氏叛徒葬送说”、“外部因素说”等观点。尽管存在不少争论和分歧，但学界普遍认为，苏联解体的原因是错综复杂的，是多重因素综合作用的结果。学者们从经济、政治、文化、党建等不同角度，分析了苏联解体的具体原因。但在苏联解体的根本原因问题上仍存在不少分歧。大体可归纳为四种观点：一是认为苏联解体的根本原因在于苏共逐步蜕化变质，在于从赫鲁晓夫集团到戈尔巴乔夫集团逐渐脱离、背离乃至最终背叛马克思主义、社会主义和最广大人民群众的根本利益；二是将苏联解体的主要原因归咎于斯大林—苏联模式的社会主义制度弊端；三是认为苏联解体的根本原因在于苏联的官僚管理体制；四是认为执政党的问题和制度体制问题都是苏共亡党、苏联解体的根本原因。

对于苏联解体的后果和影响，虽然国内外各界也有许多不同见解，但大家普遍认为，苏联解体是人类社会发展史上的巨大灾难，是世界社会主义运动和人类历史的大逆转、大灾难。譬如。有学者总结了苏联解体造成的三大后果：一是给俄罗斯人民带来极大的灾难，二是给世界社会主义运动造成极大的灾难，三是给广大发展中国家和发达国家的人民造成巨大灾难。有学者指出，苏联解体使世界走到了美国单边霸权主义的阴影之下，使原先两极体制对立掩盖下的民族、领土、宗教、资源等争端日益突出。还有学者认为，苏联解体使世界意识形态单一化，西方社会的所有政治元素——多党制议会民主、言论自由、信息开放、市场经济等，成为所有苏联解体后独立的国家乃至“转型”国家效仿的对象。

对于苏联解体的教训，国内外各界也从不同角度进行了深入思考和认真总结。在国外，学界从未来社会主义事业发展的角度思考了苏联解体的教训。我国学界多从我国社会主义建设的需要出发总结苏联解体的教训，并形成了如下观点：一是不能否定社会主义的历史；二是必须牢牢把握意识形态主导权和正确的舆论导向；三是必须警惕党内特别是党的高层领导发生蜕变；四是必须掌握改革的领导权和主动权，处理好改革、发展、稳定的辩证统一关系；五是必须搞好经济，改善人民生活，坚定人民对社会主义的信念；六是必须重视并应对好西

方“西化分化”社会主义的图谋

上述分析和研究，有助于我们更加客观地评价苏联解体这一重大的历史事件，对于世界社会主义事业以及无产阶级政党的建设，都具有深远意义和长期的参考价值。

（供稿人：潘西华）

## 十四　越共十一大与越南社会主义新标准成为研究热点

2011年1月越共十一大在河内召开，会议通过了《社会主义过渡时期国家建设纲领》（以下简称《纲领》）（2011年补充和发展）、《2011—2020经济社会发展战略》等重要文件，并对党章进行了修订，对越南社会主义的特征进行了重新概括。在这一背景下，越共十一大与越南社会主义新标准成为了学界的研究热点。

学界指出：越共十一大的创新内容集中体现在以下几点：（1）重新概括了越南社会主义的特征、方向和目标；（2）明确提出“胡志明思想是关于越南革命的基本问题的全面而深刻的系统观点，是创造性地运用和发展马克思列宁主义于我国的具体条件的结果”；（3）确定了未来5—10年越南经济社会的发展战略，把教育和培养人才、基础设施建设和建立社会主义定向的市场经济作为三个重点突破方向；（4）提出了“发展”的理念等。

学界对《社会主义过渡时期国家建设纲领》（2011年增补）的内容进行了介绍：认为该《纲领》重新概括了越南社会主义的八个特征，即“越南正在建设的社会主义社会是：民富、国强、民主、公平、文明的社会；由人民当家作主；有以现代生产力和与之相适应的进步的生产关系为基础的高度发达的经济；有具有浓郁的民族特色的先进文化；人们生活温饱、自由、幸福，并具备了全面发展的条件；全体越南各民族平等、团结、互相尊重互相帮助，共同发展；建立了在共产党领导下的属于人民、来自于人民和为了人民的社会主义法权国家；与世界各国建立了友好与合作关系”。同时，《纲领》还明确提出越南结束社会主义过渡时期的总体目标，即“基本建成社会主义经济基础和与之相符的政治、思想和文化等上层建筑，为我国成为一个日益繁荣和幸福的社会主义国家奠定基础。”此外《纲领》还提出了为成功实现上述目标必须贯彻落实的几个重要任务：（1）大力推进国家的工业化现代化，同时发展知识经济、保护资源和环境；（2）发展社会主义定向的市场经济；（3）建设具有浓郁的民族特色的先进文化，提高人口的素质，提高人民生活水平，实现社会的进步和公平；（4）坚决保证国防安全、国家安全以及社会秩序的安定；（5）实行独立、自主、和平、友好、合作和发展的对外路线，主动而积极地融入国际；（6）建设社会主义民主，实现民族大团结，加强和扩大民族统一阵线，建设属于人民、来自人民和为了人民的社会主义法权国家；（7）建设廉洁、坚强的党。

特别值得强调的是，越南和我国理论界都对《纲领》把“主要生产资料以公有制为主体”从越南社会主义的特征中去掉，代之以“与之相适应的进步的生产关系”给予了高度关注并提出了不同意见。

对于越共十一大以及越南社会主义的新变化，我国多数学者认为，越共十一大取得了突破性的进展[①]；一些报刊文章认为，越南实行的民主是“可控的民主”[②]，实行“大胆的社会主义”。与此同时，也有学者提出：越南社会主义的新变化，有待进一步观察[③]。

（供稿人：潘金娥）

## 十五　金融危机背景下的西方社会运动引起广泛关注

金融危机爆发后，资本主义国家相继发生了多次大规模的社会抗议和工人罢工运动。进入2011年，随着国际金融危机的不断深化和欧债危机的继续蔓延，大规模的社会运动在西方发达资本主义国家更是屡屡发生，英国、比利时、葡萄牙、西班牙、意大利等国家都出现了大范围的罢工和游行活动，美国更是在2011年9月17日爆发了“占领华尔街”的大规模抗议活动，持续时间将近两个月，并蔓延至82个国家的多个城市，在全世界产生了重要影响。在这一背景下，金融危机背景下的西方社会运动引起了国内外各界的广泛关注。学界对西方社会运动频繁爆发的原因和影响等问题进行了深入研究和分析。

关于西方社会运动频繁发生的原因，学者们认为，其直接原因是金融危机严重损害了广大劳动群众的利益，其深层次的根本原因则是资本主义制度性矛盾在社会层面的体现。学者们指出，以“占领华尔街”抗议活动、英国骚乱、大规模的罢工运动为代表的社会运动，是资本主义深层次经济、政治和社会问题的集中爆发。学者们普遍认为，全球金融与经济危机使许多西方国家失业率上扬、社会福利减少、贫富分化加剧、社会矛盾激化，民众不满情绪日益上升，并逐渐演化为对西方式民主制度本身的质疑，最终导致各种抗议活动在欧美国家频繁发生[④]。

2011年西方社会运动的频繁发生凸显了资本主义制度的弊端和危机。学者们指出，这种弊端和危机主要体现在资本主义经济、政治和文化制度等方面。首先，从资本主义经济制度来看，资本主义私有制是社会分配不公的制度根源。在此基础上，新自由主义进一步加剧了资本与劳动的对立、加重了经济运行的无政府状态、造成虚拟经济和实体经济的严重脱离，最终导致严重的社会不平等和两极分化。其次，从政治制度来看，西方社会运动充分暴露了西方民主制度的弊端。学者们认为，西方民主政治已经异化成选举政治，而西方民主也沦为金钱民主，它实际是资产阶级精英统治下的民主。最后，从文化制度来看，西方国家媒体失语和网络管制凸显了其“新闻自由”和“互联网自由”的双重标准。西方国家媒体对发展中国家的类似运动不仅进行铺天盖地的“滚动式”报道，而且会不断以支持态势和渲染性报道挑动民众情绪，但对本国发生的各种社会运动却大多视而不见。

---

① 黄骏：《从越共“十一大”看越南今后改革的走向》，《教学与研究》2011年第8期；陈元中、蒙夺、罗虹：《越南共产党十一大的理论创新》，《当代世界与社会主义》2011年第4期。

② 谢奕秋：《可控的民主》，《在南风窗》2011年第12期。

③ 潘金娥：《越共十一大：探索越南社会主义新标准》，中国社会科学报2011年3月3日；潘金娥：《越南政治经济与中越关系前沿》，社会科学文献出版社2011年版。

④ 曲星：《从当前国际形势看西方社会的深层次结构性矛盾》，《国际问题研究》2011年第5期。

对于社会运动产生的影响，学者们认为，当前的社会运动是草根阶层试图改变政治决策的有益尝试，它具有广泛民众性、国际波及性、持久对抗性等特征[①]，因而扩散速度快，吸附性强，能够把不同诉求的人聚合在一起，从而产生较大的影响。但学者们也指出，应以客观的视角来评论这些社会运动，它们虽然对当政者和执政党会产生一定的冲击，也会促使主要资本主义国家反思体制、加强监管，但是短期内无法动摇资本主义的根基，更不能说这些运动意味着资本主义走向衰落[②]。

（供稿人：邢文增）

## 十六　《党史》二卷的出版和评价

2011 年是中国共产党成立 90 周年。党史成为社会关注的热点。2011 年 1 月，《中国共产党历史》第二卷（1949—1978）一问世就成为社会舆论关注的焦点话题。《党史》第二卷研究的是新中国成立后 29 年的历史。这段历史因为热点话题较多，特别是关系到对新中国成立后毛泽东的评价，更关注到中国改革开放的未来走向，因此讨论热烈，个别问题更是形成交锋。

学术界和社会各界普遍肯定《党史》第二卷的出版具有重大积极作用：

《党史》第二卷是一部反映新中国成立后前 29 年党的历史的信史。这部党史基本著作，以大量历史资料为依据，吸收近 30 年来党史学界重要研究成果，全面记载了 1949 年 10 月中华人民共和国成立至 1978 年 12 月党的十一届三中全会召开这段历史，实事求是地反映了 29 年的历史真实，紧紧把握了这段历史的主题和主线，对新中国成立以来的历次政治运动，重大历史事件，经济、政治、文化等建设，党的路线、方针、政策和思想理论等，作了比较准确的记述、精辟的分析和公正的评价。

《党史》第二卷为全党、全社会学习 1949—1978 年党的历史提供了权威的教材，对于党员干部尤其是高中级领导干部正确认识党的历史，进一步统一思想、提高素质，将发挥重要作用。《党史》第二卷是经中共中央批准的权威党史基本著作，以《关于建国以来党的若干历史问题的决议》的基本精神和基本论断为指导，吸收了多年来党史研究的积极成果，以翔实的材料，大大丰富和充实了《历史决议》的内容。这部党史的出版，对于正确认识和了解这段历史具有十分重要的意义。

《党史》第二卷针对广大群众所关心的一些重大问题进行了阐述，可以解疑释惑。《党史》第二卷向社会展示了真实的历史，并把这段历史与当今中国的发展贯通起来。在当前社会上对这段历史众说纷纭，甚至有人否定、歪曲这段历史的情况下，《党史》第二卷以大量翔实的史料和准确的判断，向社会展示真实的历史，展示对当代中国发展规律的看法，这本身就可以解疑释惑。

《党史》第二卷有助于纠正对新中国最初 29 年的误导和偏见，对丑化领袖人物的现象可

---

① 程恩富、谭扬芳：《从“占领华尔街”反思资本主义制度》，《中国社会科学报》2011 年 10 月 25 日。

② 周琪、王鸿刚、刘卿、董玉洁：《占领华尔街：资本主义的困惑?》，《世界知识》2011 年第 21 期。

以“正本清源”。多年来，境内外出版和发表了大量关于新中国成立后前29年历史的专著和文章。大部分是好的或者基本上是好的，符合或者基本符合历史的真实，对于人们有教育意义。值得注意的是，有不少专著和文章，否定和丑化党的历史，否定和丑化党的领袖人物，刻意渲染和夸大党的缺点和错误，把党的历史说得一团漆黑。他们使用造谣诽谤、无中生有、断章取义、以偏概全、颠倒是非等种种手段，在群众中散布对中国共产党的不信任感。《党史》第二卷的出版，将真实的历史呈现在读者面前，可以纠正对新中国最初29年的误导和偏见，起到澄清事实、正本清源、以正视听的作用。

《党史》第二卷出版后，关于三年自然灾害期间非正常死亡人数、关于“文革”的评价、关于新中国成立后毛泽东的评价、关于华国锋的评价等问题受到舆论界普遍关注。特别在以下两个问题上，社会上出现了一些值得关注的争议和说法。

一是关于三年自然灾害期间非正常死亡人数的争论。围绕《党史》第二卷公布的“1960年全国总人口比上年减少1000万”，在互联网上出现了激烈争论。一些自由化分子为此大做文章，认为《党史》第二卷公布的数字证实了他们过去的判断，认为共产党也不得不正视“历史的真实”，共产党“早晚会让步”。一些极“左”的人极力攻击《党史》第二卷，认为是“造谣”，中了“敌人的奸计”。

二是关于《关于建国以来党的若干历史问题的决议》（以下简称《决议》）的争议。《党史》第二卷遵循的主要是1981年党的十一届六中全会通过的《关于建国以来党的若干历史问题的决议》。《党史》第二卷在一定程度上可以说是《决议》的丰富和展开。今年是《决议》通过30年，《党史》第二卷的出版，引发了对《决议》的争论。一种看法是：《决议》是当时历史条件的产物，对毛泽东的评价是适应当时政治斗争的需要；社会的发展证明，《决议》已经适应不了形势的发展，应该废止《决议》，建议党中央作出新的决议，特别是对毛泽东的评价，认为毛泽东的功过不应该是“三七开”。一种看法认为：《决议》是解决党内若干重大是非问题的决议，不能作为党史编年的提纲；《党史》第二卷按照《决议》拟定的框架，没有反映出新中国成立后前29年成绩是主要的，没有反映出这一时期党史的本质和主流。

（供稿人：龚云）

## 十七　党的建设科学化研究进一步深化

自从党的十七届四中全会提出“党的建设科学化”这个命题以来，引起了学术界对其的高度关注，目前国内学者对党建科学化的研究虽处于起步阶段，但还是取得了一定的研究成果，且研究有持续升温之势。2011年对党的建设科学化的研究内容主要有：

关于党的建设科学化基本内涵。目前学术界主要有以下几种观点：一是规律说，持这种视角的学者注重对党的建设科学化“科学”层面的理解，把科学等同于客观规律。二是联系说，持这种视角的学者把党的建设科学化视作由各种要素、环节、层面所构成的有机整体，侧重于从各种要素的有机联系来把握。三是过程说，持这种视角的学者侧重于对党的建设科学化“化”的解读，把“化”理解为一种过程或机制。四是价值说，持这种视角的学者把党的建设科学化视为一种执政理念、价值与原则。五是综合说，有的学者主张对党的建设科学化进行全面、多维度考量。

关于党的建设科学化的基本特征。有学者总结概括为：合乎规律性、价值导向性、时间检验性和长期渐进性。有学者提出，主要是规律性、人民性、实践性、整体性、制度性、民主性和创新性。也有学者认为，党的建设科学化具有三大特征：一是科学化是一个长期实践的过程，是党的建设不断积累的过程。二是遵循客观规律，在科学理论的指导下去解释和回答党的领导所面临的重点问题、热点问题，从基本理论、制度体制、方式方法上继续推进党的建设新的伟大工程。三是党的建设科学化是一个过程。也有学者认为，党建科学化有着自身鲜明的价值特征，包括内容体系的科学性、目的指向的人民性、继承创新的开放性、政治参与的民主性、实践操作的指导性。

关于提高党的建设科学化水平的路径选择。有的学者认为，一方面，对以往党的建设的方法进行系统的总结、归纳，而不是抽象笼统地讲继承。另一方面，积极探索适合新形势需要的新的方法，体现民主发展要求，符合开放性社会特点。也有学者提出，要把党的建设科学化落实到党的自身建设各方面，即通过建设马克思主义学习型政党，实现党的思想理论建设科学化；巩固党的执政基础，发挥党员和执政骨干的作用，实现党的组织建设科学化；坚持和健全民主集中制，实现党内民主建设科学化；保持党同人民群众的血肉联系，实现党的作风建设科学化；加快推进惩治和预防腐败体系建设，实现反腐倡廉建设科学化。还有学者指出，要按照党的十七届四中全会的部署，认真研究党的建设的新情况新问题，分析党的建设诸多不适应、不符合的因素，抓住影响党建工作成效的关节点，以改革的勇气、创新的精神自觉推进党的建设科学化，等等。

虽然对“党的建设科学化”研究取得了可喜成果，但仍存在不少问题。一是重复研究现象比较严重，二是对一些具体领域的研究理论深度不够，三是研究方法和手段相对单一。今后应加大以下方面的研究：一是加强对三代中央领导集体在推进党的建设科学化方面所作出的贡献的深度研究，深刻把握理论发展的历史脉络。二是应深化学理分析，加强党的建设科学化与党建理论创新、实践创新以及与党的建设现代化之间内在关系的深入探究。三是拓展理论视野，加强对国外政党在推进政党建设科学化方面经验教训的比较研究，合理吸纳其中的有益成分。四是应创新研究范式与方法，综合运用多种研究方法。

（供稿人：戴立兴）

## 十八　对建党 90 年来思想政治教育基本经验的回顾与思考成为焦点

2011 年是中国共产党成立 90 周年。90 年来党领导中国革命、建设和改革的全部历史证明，思想政治工作是经济工作和其他一切工作的生命线，是中国特色社会主义事业健康发展的根本保证，是加强和巩固党的领导的重要内容，关系到党和国家命运与前途。全面总结建党 90 年来党在思想政治工作领域中取得的成就和经验，成为思想政治教育界的一个热点。学者们从不同角度回溯和总结中国共产党建党 90 年来思想政治工作发展的基本历程、基本经验，丰富和发展了中国共产党思想政治教育史论域的研究。

有学者从整体上回顾和总结了党的思想政治工作90年的基本经验，认为，中国共产党在思想政治教育领域积累了许多宝贵经验，形成不少优良传统，从而使之成为党和社会主义国家的政治优势，其中包括：第一，认清基本国情和教育对象，发挥思想政治教育的能动作用；第二，坚持以人为本和围绕中心，体现思想政治教育自身价值；第三，健全组织机构和规章制度，完善思想政治教育保障机制；第四，创新教育内容和方式方法，增强思想政治教育实际效果；第五，坚持以身作则和言传身教，实现思想政治教育育人功能①。

有学者认为建党90年来思想政治工作的历史经验包括：第一，始终为党的中心工作服务，发挥“生命线”的重要作用；第二，坚持马克思主义的指导地位，确保指导思想的科学性；第三，坚持走群众路线，发挥广大人民群众的主体作用；第四，运用社会主义物质利益原则，将解决思想问题与解决实际问题相结合；第五，注重干部队伍建设，提高党员党性修养；第六，深化思想政治工作任务、内容、改进方式方法等方面②。

有学者则将基本经验概括为：第一，坚持高度重视思想政治工作，确保党对思想政治工作的坚强领导；第二，坚持用马克思主义中国化最新成果武装全党，确保思想政治工作的正确方向；第三，坚持围绕中心、突出重点，确保思想政治工作服从服务于全党全国工作大局；第四，坚持党的群众观点和群众路线，确保思想政治工作以人为本、促进人的全面发展；第五，坚持解放思想、实事求是、与时俱进，确保思想政治工作充满生机和活力；第六，坚持先进性要求与广泛性要求相结合，确保思想政治工作富有针对性、增强影响力；第七，坚持解决思想问题与解决实际问题相结合，确保思想政治工作落到实处、收到实效；第八，坚持遵循思想政治工作基本规律，确保思想政治工作科学化水平不断提高③。

有学者将中国共产党90年来的思想政治工作所取得的基本经验具体化为思想政治工作科学化方面所取得的基本经验，概括起来有以下十个方面：第一，坚持以党的基本理论为根本内容，用发展着的马克思主义武装全党、教育人民；第二，坚持从革命、建设和改革的根本需要出发，服从服务于党和国家的大局；第三，坚持以人为本、服务人民，树立思想政治工作的正确价值取向；第四，坚持党的思想路线，解放思想、实事求是、与时俱进，不断推进思想政治工作改革创新；第五，坚持贴近实际、贴近生活、贴近群众，不断增强思想政治工作的感召力和渗透力；第六，坚持区分层次、典型引路，把先进性要求和广泛性要求紧密结合起来；第七，坚持既务虚又务实，把解决思想问题同解决实际问题结合起来；第八，坚持以正面引导为主，按照社会意识运动和发展的基本规律，妥善处理思想理论领域的问题；第九，坚持、加强和改善党的领导，是思想政治工作的根本保证；第十，把实效性放在首位，坚持用科学的标准检验思想政治工作④。

尽管思想政治教育界对建党90年来思想政治教育工作的基本经验的研究取得了很大的成绩有目共睹，但也存在一些问题。有学者认为，目前学术界关于思想政治教育历史经验和优

① 王树荫：《论中国共产党90年思想政治教育的基本经验》，《思想理论教育导刊》2011年第8期。
② 吴琼：《建党90年来思想政治工作的历史经验及其启示》，《学术论坛》2011年第11期。
③ 中国思想政治工作研究会：《90年来思想政治工作的经验与启示》，《求是杂志》2011年第15期。
④ 石云霞：《中国共产党90年思想政治工作科学化研究》，《思想理论教育》2011年第4期。

良传统的研究缺乏整体性、统一性和特殊性，语言也不够精练，较多地存在着思想政治教育基本经验和优良传统的具体内容不确定的问题，未能准确概括和科学表述，不容易为大家所接受，不利于借鉴、继承与发扬光大，以及存在思想政治教育基本经验和优良传统关系未定等问题。这些在研究中存在的问题表明，关于这方面的研究仍整体停留在描述层面，未能深入到挖掘形成基本经验和优良传统的特殊背景和深层原因等层面，从而造成了该项研究在整体上科学性不强、说服力不够等现象①。

针对于此，有学者认为，总结中国共产党思想政治教育历史经验，研究对象是中国共产党思想政治教育史，不是中共党史；中国共产党思想政治教育历史经验是中国共产党历史经验的一部分，应该体现出自身特色。研究中国共产党 90 年思想政治教育基本经验，要以思想政治教育理论为分析框架，不能脱离思想政治教育主线；要以党的思想政治教育历史进程为实践基础，不能离开思想政治教育历史进行概括提炼；要以新时期思想政治教育为价值取向，总结历史经验、服务现实需要②。

（供稿人：朱亦一、李春华、余斌）

## 十九　社会主义核心价值观凝练与概括为热议话题

《学术月刊》编辑部、中国人民大学书报资料中心等机构评选出 2011 年度中国十大学术热点，由光明日报发起和推动的“会主义核心价值观凝练大讨论”列为 2011 年度中国十大学术热点之首。在我国学术界关注和探讨社会主义核心价值观凝练的同时，全国各地各行业各系统和部分企业也在依据自身特点总结提炼、生动践行着自己的核心价值观。如北京、上海、重庆、天津、河南等地已经或正在推动本地精神的凝练和践行活动。关于主义核心价值观凝练与概括成为年度热议话题。

有研究认为，社会主义核心价值观是马克思主义经典作家留给后人的一个世纪性价值难题，也是世界社会主义实践运动和中国特色社会主义伟大实践提出的一个世界性价值难题。社会主义核心价值体系是社会主义核心价值观形成和发展的必要条件、存在基础和重要载体，社会主义核心价值观渗透于社会主义核心价值体系之中，通过社会主义核心价值体系表现出来；社会主义核心价值观是社会主义核心价值体系的内核、高度概括和最高抽象，体现社会主义的价值本质，决定社会主义核心价值体系的根本性质、基本方向和基本特征，引领和主导社会主义核心价值体系的建构，两者是相辅相成、相互依存、辩证统一的有机整体。

关于社会主义核心价值观提炼的逻辑思路和基本原则。深入研究、概括和提炼中国特色社会主义核心价值观，首先要解决的问题是方法论问题。有学者指出，提炼社会主义核心价值观，要准确把握核心价值观的社会主义属性，以社会主义核心价值体系为逻辑基点，遵循逻辑与历史、理论与现实相统一的原则，充分汲取古今中外优秀文化成果的价值资源，按照

① 王树荫：《论中国共产党 90 年思想政治教育的基本经验》，《思想理论教育导刊》2011 年第 8 期。
② 同上。

思想内涵深刻、表达通俗简洁、中国特色鲜明、群众广泛认同的要求进行提炼。有学者认为，中国特色社会主义核心价值观的凝练思路有四：一是其内涵要与现有的社会主义核心价值体系的内涵相衔接；二是要体现“世情为鉴、国情为据，马学（马克思主义学说）为体、西学（西方学说）为用、国学（中国古近代学说）为根，综合创新”的科学精神；三是简洁性与完整性相结合，体现唯物辩证法；四是凝练词的排列要有一定逻辑性。也有学者认为，从方法论的角度看，深入研究、概括和提炼中国特色社会主义核心价值观主要有四个维度：一是要科学揭示社会主义价值本质的要义，二是要积极承接人类文明的共同成果和价值共识，三是要汲取世界社会主义实践运动的经验教训并以我国广大人民群众最广泛的价值认同为现实基础，四是要高度展现中华民族核心价值观的精髓。

也有学者强调，提炼“社会主义核心价值观”，要审时度势，因势利导；把握规律，尊重规律；多方探索，不急不怠；锲而不舍，金石可镂。要正视七对矛盾：作为整个社会的“核心价值观”，要求把先进性和包容性统一起来，把普遍性与特殊性统一起来，把科学清晰与适当抽象统一起来，把革命性和道德性统一起来，要能对症下药、药到病除而不宜“局部生病、全身用药”，要有压力驱使人付出也要有动力诱导人获取，要求社会存在具有凝聚和形成共识的基础。

有研究者指出，对社会主义核心价值观的凝练，应当深入到有机统一着的社会主义理论、运动、制度之中获得其理论与实践的依据，避免仅从某一方面或某些方面出发来确立社会主义核心价值观的凝练依据；应当理直气壮地确立、宣扬马克思主义赋义的有关价值追求，不为“关于自由、平等和民主的笼统词句”及其西方赋义所惑，从而将核心价值观确立在当今时代人类社会价值观的制高点上；应当充分认识社会主义核心价值观追求的丰富性及社会主义核心价值观凝练的开放性，解开“核心性期待”与“全面性期待”的复杂纠缠；应当破除从文本到文本或根据预设的逻辑框架去排定核心价值观的机械思维模式，更加关注社会主义核心价值观在人民大众中生根、发芽、茁壮成长的实践逻辑。

有研究者认为，使社会主义核心价值观能够更加体现时代性，把握规律性，富于创造性，在提炼过程中需要遵循这样几个基本原则：坚持经典性原则，即借鉴、继承并发展毛泽东、邓小平、江泽民、胡锦涛等党的领导人的重要思想和主张，进行科学抽提。体现时代性原则，即必须坚持与时俱进，紧扣时代脉搏，凸显时代要求，富含时代元素，顺应时代潮流。彰显历史性原则，广泛汲取中国传统文化中的文明成果，使社会主义核心价值观体现出浑厚深沉的历史韵味和中国气派。服务大众化原则，要利于在群众中普及推广，利于对人民宣传教育，使社会主义核心价值观更加贴近人民群众，更加生活化、大众化。也有学者指出，构建当代社会主义核心价值观，应当依据以下原则：体现和反映当代中国社会主义的本质特征、体现当代中国社会主义先进文化的基本内容与精神、立足当代中国社会主义建设初级阶段的价值现实、体现并遵循核心价值观形成、发展的内在规律。当代中国社会主义核心价值观构建的多重维度，它是对资本主义价值观的检视与超越、对中国传统社会价值观和对市场经济价值观的检视与超越。

关于社会主义核心价值观提炼的具体内容。有学者指出，在表述社会主义核心价值观时，要立足于开阔的历史视野，对主体有明确的定位，需要特别注意以下几个问题，一是关于表述的对象，需要把握“社会主义”与“中国特色社会主义”的关系，二是关于表述的来源，应该依据历史和实践，而不是凭借一时的意愿；三是关于表述的内容，需要注意两个“核心”之间的关系，即一个以利益关系为基础的社会价值体系和作为其反映的价值观念体系；四是关于表述的导向，要自觉推进而不是疏离人类的共同文明。有学者认为，社会主义核心价值观凝练应体现“世情为鉴、国情为据，马学为体、西学为用、国学为根，综合创新”的科学精神，可以概括为“自由集体观、民主集中观、文明进步观、和谐仁信观、富强和平观”，并可进一步浓缩为“自由、民主、文明、和谐、富强”五个词。也有学者指出，社会主义核心价值观的科学内涵可以概括为“以人为本、民主公正”，以人为本，侧重于社会主义性质和本质的层面界定社会主义的核心价值，即回答了社会主义是一种怎么样的社会形态（价值理念）；民主公正，则侧重于从政治关系和社会关系变革的层面界定社会主义的核心价值，即回答如何完善和发展社会主义社会形态（价值指向、价值标准）。

有学者指出，综合我们党的有关理论和实践，社会主义核心价值观应包括经济、政治、文化、社会建设领域中最核心的价值理念，社会主义核心价值观必须具有以下基本要素：以人为本；共同富裕；公平正义；文明和谐。有学者认为，社会主义核心价值观可凝练为“人本法治，和谐共生”。其内涵是以人为本为价值基点，民主法治为实现途径，和谐共生为价值目标，三者缺一不可，形成一个相互联系不可分割的有机统一体。也有研究者认为，个人价值观、社会价值观、理性价值观和道德价值观四个方面，共同构成了核心价值观的体系。从这四个方面分别提炼社会主义核心价值观，集体主义社会的个人价值观：以人为本；社会主义社会的社会价值观：公平正义；现代社会制度的理性价值观：法治民主；当代中华民族的道德价值观：诚信仁爱。

有研究者认为，能够成为社会主义核心价值观的价值观念，应在社会主义核心价值体系中居于重要地位，能被全社会绝大多数民众普遍认同，它应既具有现实性又具有理想性，还要尽量能够兼容中华民族传统价值观中有积极意义的内容。因此，民主、公正、富裕、仁爱、和谐等价值目标、价值理想应该成为中国特色社会主义核心价值观。有研究者针对近年来关于社会主义核心价值观主要观点进行了梳理，希望通过社会主义核心价值观公民认同度调查，从公民认同角度实证研究得出社会主义核心价值观的基本共识为“发展、富强、和谐、仁爱”。

（供稿人：朱亦一、李春华、余斌）

## 二十　“微博热”成为年度网络思想政治教育的热点

“80后”、“90后”是当代大学生的主体，他们是网络上成长的一代，博客、BBS、QQ等网络交流工具已经成为他们的重要交流手段，微博的迅速发展，“今天你微博了吗?”已经成为当下校园的流行语。

微博，即微博客（microblog），又称为“微型博客”或“一句话博客”，是即时信息的一个变种，属于博客的一种形式，是一个基于用户关系的信息分享、传播以及获取平台。微博内容精而简，书写的文本信息内容通常在140个汉字以内，但是传播内容却相当丰富。可以方便把你看到的、听到的、想到的迅速地通过文字、图片、视频、音乐、表情等形式发布出来，即时与所关注的人一起分享、探讨，具有关注、发布、评论和转发四大基本功能。微博凭借平台的开放性、终端扩展性、内容简洁性和低门槛等特性，在网民中快速渗透，发展成为一个重要的社会化媒体。

与传统互联网传播工具相比，微博在增强思想政治教育传播效果中，在时效性、开放性、传播效益和传播形态多样性等方面具有独特优势。考察微博信息传播过程中的构成要素可以看出，在微博世界中，任何人在任何地方、任何时间都可以对任何信息进行传播①。

随着新媒体的不断出现，这些新媒体正在影响并改变着人们的生活方式和行为方式。就微博在高校思想政治教育中的应用问题，有研究者更具体地指出，我们可以利用微博的"关注"功能来加强教育主客体的沟通，利用微博的"评论"功能来组织学生对热点问题展开讨论，利用微博的"转发"功能来构建思想政治教育信息传播渠道，以注重微博信息的疏堵结合，从而引导正确的舆论导向②。

有研究者认为，所谓微博客的思想政治教育是指思想政治教育者利用网络空间技术平台（微博客），在无限制时间地点的条件下，以平等的生活化视角切入受教育者的日常生活，通过简短精练的辩论式的交流方式探讨具体的时政议题，亦可适用口语化的闲谈方式分享对方的生活琐事，于不经意间解构其偏离主流的世界观、价值观，重构合理的世界观、价值观。微博客作为博客乃至思想政治教育去仪式化的契机不仅在于其具有理想化的公共领域模型，更需要理清技术和去仪式化之间的关系。在利用网络技术进行思想政治教育时切不可走入"技术陷阱"——筑起"网络长城"阻绝"类思想政治教育博客"的侵占。技术化不能代替对话的"真"。仪式化困境根源在于教育主体不明确和双主体间真实辩论关系的缺失，存在于一般化的教育活动和行为中，并不由载体和方式的变化而决定。从"封闭教室"到"网络空间"，要认清思想政治教育仪式化的原因，把握微博客这把"双刃剑"，将"理想公共领域"的微博客转变为思想政治教育突破仪式化的转折点。微博客去仪式化的过程将开启整个思想政治教育体系的去仪式化。在发展"技术化"的思想政治教育微博客之前，必须解决逻辑性的前提性条件，即对话的"真"必须逻辑地先于"技术化"的信息传播③。

有研究者认为，微博的出现，在知识水平相对较高、思想活跃、接受能力强的青年学生群中快速推进，给我们的大学生思想政治工作带来了一定的新问题即微博对思想政治教育的传统方法带来了挑战，通过课堂教育树先进典型的模式受到了冲击，这是网络时代的特征之一④。

也有研究者指出，微博呼唤着诚信，它也克服了互联网匿名使用的弊端，让大学生在进行无障碍交流的同时也不得不时刻关注自己的诚信；微博提供的教育载体，充分地利用了

---

① 朱燕：《试析微博时代高校思想政治工作者素质的更新》，《思想政治教育研究论丛》（2011），2011年版，第269页。

② 方宏建、杜亮：《以微博为载体开展大学生思想政治教育探析》，《国家行政学院学报》2011年第1期。

③ 喻洁、张九海：《微博客——思想政治教育博客去仪式化的新契机》，《思想教育研究》2011年第2期。

④ 张琳：《微博时代的大学生思想政治教育》，《辽宁广播电视大学学报》2011年第2期。

“90 后”大学生的独立性、自主性的特征及其与多元性和无限性之间的天然契合，迎合了大学生使用网络的需求和现状，这使把思想政治教育工作做到学生的心坎里面成为可能，也使和谐校园网络文化建设找到了现实的支点①。

有研究者撰文指出，虽然微博对思想政治教育工作的预见性、传统载体、传统方法和思想政治教育工作者的素质等方面都提出了挑战，但微博同时也为思想政治教育工作带来了机遇，即微博可以打破以往条块分割、各行其是的局面，使教师能即时展开工作、提高效率，也能丰富教育内容、改善教育方法，能降低教育成本，与此同时，也要求我们要建立思想政治教育的“微博”阵地，开展更为具体的思想政治教育工作，提高思想政治教育管理水平。②

有研究者认为，微博带来的挑战来自于网络所带来的难以监管的海量垃圾信息、微博使用者沉迷网络所带来的诸如人际交流方面的新的心理问题和微博导致的高校课堂可能出现的监管盲区③。

就微博作为网络思想政治教育新阵地的价值问题，有研究者撰文认为，微博在网络意识形态发展中的价值有两方面的存在：其一，从社会价值的角度看，微博在网络意识形态领域中的优势是其具有互动方式的灵活随意性、信息传播的便捷即时性、信息内容的原创独特性，这便使微博发挥宣传教育、舆论导向、文化服务和民意反映功能成为可能；其二，互联网的开放性所带来的微博内容的多样性，网民用语言、视频、图片等方式，将其对国家的重要决策、各大会议提议、中国特色社会主义等时政方面的理解和真实看法展示出来，微博平台及其界面所透露出的信息，可以让研究者从侧面看到社会主义核心价值观在受众中接受的现状，而对于这一点，是别的方式方法所不能替代的④。

微博，并非只有这一种面孔。有学者撰文指出，目前，我国大多数微博客主要用于日常交流、信息共享、公共关系和市场开发，大部分微型学习主要应用于在校学生的科目学习或者是英文学习的研发，但是将基于微博客的微型学习应用于研究生思想政治教育这一研究领域的情况并不多见。从理解微博客、微型学习的含义和特点及二者特征的匹配性出发，可以探讨一种研究生思想政治教育的新型的学习方式。

（供稿人：朱亦一、李春华、余斌）

① 郭静红：《微博视角下的大学生思想政治教育观》，《廊坊师范学院学报》（社会科学版）2011 年第 1 期。

② 王荃：《微博时代思想政治教育工作的挑战与应对》，《中国青年研究》2011 年第 12 期。

③ 杨晓峰：《“微博”给大学生思想政治教育工作带来的挑战与机遇》，《华北水利水电学院学报》（社科版）2011 年第 6 期。

④ 谢风华：《微博作为网络思想政治教育新阵地的价值分析》，《科技创新导报》2011 年第 4 期。

# 第五篇

# 论文荟萃

## 一 马克思主义基本原理研究代表性论文

### 1. “马克思主义基本原理体系研究”笔谈

张雷声、顾钰民、陈新夏、钟明华、吴育林，《思想理论教育导刊》2011 年第 6 期

（1）整体性与马克思主义基本原理体系（张雷声）

马克思主义基本原理的理论体系是以不同层次的原理为构成基础的。在构建马克思主义基本原理的理论体系中，必须紧紧抓住“两个围绕”：一是围绕马克思主义基本原理的研究主题，即探索人类社会发展的客观规律；二是围绕马克思主义基本原理形成的思想宗旨，即无产阶级争取自身的解放并最终解放全人类。根据这“两个围绕”，马克思主义基本原理的理论体系可分为三个层次。最核心层次的内容就是唯物史观的内容，它应该包括客观世界的发展、人的发展等基本原理；第二层次的基本原理则应该是核心层次的原理与人类社会发展的普遍的实践结合而产生的新的原理，即涉及人类社会发展的最一般原理，如生产力与生产关系、经济基础与上层建筑、所有制、社会再生产的环节等；第三层次的基本原理则是核心层次的原理、第二层次的原理与人类社会发展不同阶段的实践结合产生的新的原理，它包括与资本主义社会现实结合、社会主义社会现实结合形成的原理，如资本雇佣劳动、资本主义基本矛盾、社会主义本质、社会主义基本矛盾等。从理论体系上看，马克思主义基本原理的这三个层次之间的关系正是围绕其研究主题和思想宗旨而形成的逻辑严密、结构合理的知识系统，是由一系列范畴、概念、命题经过辩证转化和严密论证而构成的反映理论原理的逻辑架构。

（2）关于马克思主义理论整体性研究的思考（顾钰民）

整体性研究的实质是马克思主义立场、观点、方法的统一，不是把哲学、政治经济学、科学社会主义三大组成部分简单地综合在一起。整体性研究是马克思主义理论研究始终坚持的原则，不是在马克思主义理论一级学科建立以后才提出的。整体性研究是指对问题研究得出的理论、观点、结论，不是指一种独立的研究方法。

（3）马克思主义理论的逻辑整体性（钟明华）

马克思主义理论的逻辑整体性，实际由两种逻辑构成：一是理论形成的逻辑（外部逻辑），包含思想演变的逻辑、批判推进的逻辑和实践展开的逻辑；二是理论本身的逻辑（内在逻辑），主要是马克思主义理论重点范畴和理论内涵的逻辑。

通过研究分析可以发现，马克思主义形成过程中思想演变的逻辑、批判推进的逻辑、实践展开的逻辑，实际上表现为一个诸形态交错叠加的逻辑整体；只是在不同的时期，它们此消彼长。因此，可以说，马克思主义理论形成的逻辑存在着细分的三重逻辑。

在逻辑整体性研究方面，如果侧重于思想演变、批判活动、实践活动之间的逻辑关系研究，突出其逻辑之间的整体性关联，那么在马克思主义形成过程中，我们就可以从不同层次和角度梳理出为马克思、恩格斯所共有的一些逻辑和过程：从思辨逻辑到实践逻辑、从批判逻辑到革命逻辑、从宗教批判逻辑到政治批判逻辑、从资产阶级政治解放逻辑到无产阶级人类解放逻辑、从国家改造逻辑到社会关系改造逻辑、从唯心主义世界观到唯物主义世界观、

从唯心主义历史观到唯物主义历史观和从抽象共产主义到科学社会主义。这是根据马克思、恩格斯的学术研究过程、文本写作过程、思想演变过程、社会实践（革命）过程的整体性得出的一些简要的具体的逻辑，属于马克思主义理论逻辑整体性的第一个层面的整体逻辑，亦即“理论形成的逻辑”的整体线索和过程，它随历史时期和社会现实的变化在不断转变，随马克思、恩格斯之间的活动历史的差异而有所变化。

马克思主义学说的逻辑系统是一个“动态”系统。通过判断马克思主义理论内容所包含的若干概念和范畴，以及由此连接在统一体系中的逻辑结构和关系，追溯马克思主义理论的“内在逻辑”和理论旨归，笔者认为马克思主义理论体系的内在逻辑元件可以依据一般逻辑结构划分为：原始基因，基本范畴，初始范畴，本质范畴，终极范畴，中介范畴。在整个内在逻辑的构架中，“为人类的幸福而奋斗”是原始基因；“实践”是基本范畴；“人”是初始范畴；“社会”是本质范畴；“共产主义”是终极范畴；中介范畴：异化劳动、人本主义、无产阶级革命。

马克思主义理论逻辑的整体性在于内外逻辑的结合与统一，而不在于二者中的任何一者。

（4）马克思主义基本原理体系建设的几点思考（陈新夏）

从学科体系和科学体系关系的角度看，马克思主义基本原理学科体系建设有两点值得注意：一是学科体系建设要以科学体系为基础，二是学科体系建设要遵循自身的特点。

马克思主义基本原理学科建设的一个前提性问题，是厘清“马克思主义”的含义。对这一问题可以分两个论域来讨论。一是科学体系的论域。马克思主义的内容应当以哲学、经济学和科学社会主义理论三部分为主体，同时兼顾其他内容。二是学科体系的论域。马克思主义基本原理不应是马克思主义哲学、政治经济学和科学社会主义理论的总汇或简单相加，而应是存在于三者之中共同的立场、观点、方法的统一表达。

最基本的原理应当属于马克思主义的理论内核，包括基本立场、观点和方法，它是整个马克思主义理论的基础部分，是理论大厦的基石。具体而言，其中主要包括价值取向上的内容，如追求人的解放和发展，以及科学认识上的内容，如实事求是原则、实践批判精神、唯物史观的基本原理等。

由于基本原理的划分具有相对性，基本原理的内容不是一成不变的。基本原理外围的内容应当也必须具有动态性，随着时代和实践的发展而不断变化和发展。

（5）把握马克思主义基本原理体系整体性的关键（吴育林）

区分研究、学习的不同主体界域：

第一个界域是专家学者的研究域。他们所理解的体系整体性是多样、开放、流变、争鸣的。只要基于马克思主义的基本原则，每个人都可以根据自己的理解，构建马克思主义基本原理的理论体系，只要其中的各自观点、思想之间逻辑贯通，其体系整体性都可以成立。

第二个界域是大众的学习域。对此，马克思主义基本原理理论体系必须规范和具有较统一稳定的理论框架。

第三个界域是大中学生尤其是大学生的受教育域。显然，每个教师都应该有自己的教学课程体系，但是，不同的教师尽管可以有自己的课程体系，但又必须具有某种统一性，这就是“马克思主义基本原理概论”的教材体系与教师个人理解编纂的教学体系有机结合问题。

确立总体性范畴和厘析逻辑主线：

马克思主义基本原理有两个总体性范畴，即实践和人类解放。这两个范畴同时也是马克思主义基本原理理论体系的逻辑主线或中心线索。

（供稿人：彭五堂）

**2. 整体性与马克思主义基本原理的科学体系**

袁银传，《思想理论教育导刊》2011 年第 8 期

马克思主义基本原理是马克思主义科学体系的基本理论、基本范畴，是其基本立场、观点和方法的理论表达。马克思主义是研究客观世界特别是人类社会的本质及其发展规律的科学。马克思主义基本原理和基本范畴则是关于客观世界特别是人类社会的本质及其发展规律的科学概括和理论提升。马克思、恩格斯在创立唯物史观、揭示人类社会的本质及其发展规律时，就把人类社会作为一个有机统一的系统来把握，反对脱离社会整体孤立地观察、理解和解释个别社会现象。

从马克思主义的理论内容及其历史发展来看，在经典作家那里，马克思主义哲学、马克思主义政治经济学、科学社会主义本身就是一个有机统一的整体。无论从马克思思想的历史发展还是理论逻辑来看，马克思主义本身就是一个统一的整体。马克思主义哲学、政治经济学、科学社会主义的三大组成部分之间相互渗透、相互补充、相互贯通的，共同构成一个有机联系、不可分割的整体的科学体系。

马克思主义的整体性还体现在马克思主义发展的一脉相承性。马克思列宁主义、毛泽东思想、中国特色社会主义理论体系是一脉相承而又与时俱进的科学理论体系。所谓一脉相承性是指马克思列宁主义、毛泽东思想、中国特色社会主义理论体系之间具有内在的、本质上的一致性。这种内在的、本质上的一致性包括它们都具有共同尊奉的文本——马克思列宁主义的文本，共同的世界观和方法论——辩证唯物主义和历史唯物主义，共同的价值理念——全心全意为人民服务，共同的信仰追求——实现人的自由全面发展和共产主义社会等。

（供稿人：彭五堂）

**3. “社会形态理论与历史价值观”笔谈**

王伟光、靳辉明、庞卓恒，《中国社会科学》2011 年第 1 期

（1）深入研究中国发展道路和发展经验，丰富和发展马克思主义社会形态理论（王伟光）

马克思主义社会形态理论最核心、最根本的要旨就在于他揭示了，人类社会发展是囿于生产力与生产关系的矛盾运动所致，由不同的历史阶段构成，表现为不同的社会形态演进，资本主义社会同之前的其他社会形态一样，只是人类社会历经的一个历史阶段，资本主义社会必然由兴盛走向灭亡，人类社会形态必将进入一个全新的阶段。

今天，围绕从理论与实践上深入回答“什么是社会主义，怎样建设社会主义”这一当代最重大的时代课题，学习马克思主义关于社会形态理论和非资本主义道路理论，需要从以下四个方面来加深认识：其一，马克思主义关于非资本主义道路理论，是在承认一般规律的前

提下，对历史发展特殊规律的探索。既要考虑一般社会发展规律，又一定要从本国的特殊发展规律出发，来回答“什么是社会主义，怎样建设社会主义”的问题。其二，马克思主义关于非资本主义道路理论，是在充分估计具体历史条件的前提下，对历史发展道路具体多样性的科学预测。这就告诉我们，各国的具体国情不同，社会主义的具体模式和建设社会主义的具体道路也应当是多样化的，而不能只是一个模式，仅一条道路，一定要在遵从历史发展总体规律的前提下，从历史多样性出发来回答“什么是社会主义，怎样建设社会主义”的问题。其三，马克思关于非资本主义道路的理论，是在肯定社会形态的演进是一个自然历史过程的前提下，注意到作为历史主体的人对历史的选择作用。从中可以认识到，既要坚持社会发展是一个自然历史过程，坚持历史决定论，又要承认人的历史主体能动性，从历史决定论和历史选择论的辩证统一出发，来回答“什么是社会主义，怎样建设社会主义”的问题。其四，马克思主义关于非资本主义道路理论，实际上只是一种审慎的科学设想，只是一种现实可能性的分析，尚需经过社会实践的验证。这表明“什么是社会主义，怎样建设社会主义”既是一个理论问题，更是一个实践问题，只有随着社会主义实践的不断深入，随着不断的实践的检验，对这个首要的基本问题的认识，才能越搞越清楚，才能不断深化。

（2）所有制关系在马克思社会形态理论形成中的基础意义（靳辉明　洪光东）

马克思之所以能够超越前人，完成社会历史观的伟大变革，在于他把握住了两个关键性问题，并从理论上成功地解决了它。其一，他超越了关于“人”的抽象议论，而把自己研究的基点放在探讨“现实的人”和“人的世界”上，从而揭开了长期蒙在人和人类社会之上的神秘面纱。其二，马克思在前人取得的思想成果的基础上，深入地研究现实的社会关系和经济关系，形成了关于生产关系的重要思想。这是马克思超越前人的最具有理论价值和革命意义的思想。

从马克思社会形态理论的形成和成熟的过程来看，这个理论是马克思考察了整个世界历史，研究了大量历史资料、包括人类史前史的资料，经过多年科学研究后而确立起来的。它不是马克思的主观臆断，而是经过长期刻苦研究而得出的科学结论；它不是人的思维规律，而是对社会历史发展客观规律的科学揭示；它不是仅仅适用于欧洲，而是普遍适用于世界历史的发展进程。

五种社会形态区分的标准，我们认为，是依据生产方式即生产力与生产关系结合的不同而区别开来，其最基本的划分标准是生产关系和所有制关系。在马克思思想中，生产关系和所有制关系居于至关重要的地位。从理论上讲，生产关系和所有制关系是生产力发展的结果和测量器，是生产得以进行的物质载体，它具有一种稳定性。它可以把不同性质的社会和社会形态区别开来，是不同社会和社会形态的质的规定性。

由社会形态理论的形成过程可以看出，马克思的研究并不只局限于西欧社会，也涵盖包括东方社会在内的世界诸多民族和地区，它具有普遍意义。但是，并不是说各个国家和民族都必须按照五种社会形态的进程向前发展。历史发展既遵循一般规律，也会因不同国家、民族的特殊的历史条件而呈现跳跃式的发展。要用马克思主义历史辩证方法去把握它。要正确理解马克思社会形态理论，运用这个理论具体分析、研究社会历史的发展，应当处理好以下几种辩证统一关系。

第一，客观规律性与历史选择性的统一。实际上，在探索中，马克思是既从目的性出发，探讨历史发展的客观规律；又从规律性出发，认识历史发展的目的性，并将二者有机结合起来，论证了社会形态演进乃是合规律性与合目的性的辩证统一。只有将这两者统一起来，才能正确地认识社会历史的发展。

第二，普遍性与特殊性的统一。在这里，普遍性是指同一种社会形态在不同国家和民族之间所体现出的共性；而特殊性则是指它们在具有共性的同时又会呈现出差异性，表现出其各自的特点。

第三，渐进性与跳跃性的统一。所谓渐进性发展，是指社会形态在历史发展中总是按照其固有规律逐渐演进，它显示历史发展有着一种客观必然的趋势。而跳跃性则是指在特定条件下，一些国家和民族因各种历史条件和因素的作用，突破常规而呈现一种跳跃式发展，从而实现对历史进程中某种社会形态的跨越。与其他特质一样，渐进性与跳跃性也是统一的，共同体现着历史发展的应有特色。

第四，统一性与多样性的统一。就社会形态的演进来看，所谓统一性是指不同国家和民族在其社会形态演进过程中都会体现出一些共同性、重复性和常规性的特质。而多样性强调的则是不同国家和民族的具体社会形态演进过程的差别性，即社会形态在演进中所体现出的个别性、具体性与偶然性。

(3) 马克思社会形态理论的四次论说及历史哲学意义（庞卓恒）

马克思多次提出过社会形态依次更迭的论说，每次论说的时代背景、语境、历史指向和列举的社会形态名目和更迭顺序都不相同，但有一个共同点，就是列举那些形态和更迭顺序都只是作为“大体上”讲的历史例证，用以说明人类社会形态有一个从低级向高级发展的普遍规律，绝不是要认定其中每个形态和更迭顺序都是各个民族“普遍必经”的阶段，绝不是要描绘那样一个“一般发展道路”的公式。他始终强调的是，各个民族的社会形态从低级向高级发展的规律是共同的，但具体的发展道路和模式是千差万别的。这是马克思社会形态理论的核心内容。

第一次论说是在《德意志意识形态》中表述的。马克思和恩格斯根据他们当时掌握的西欧历史知识，把西欧资本主义以前的所有制形式的更迭顺序归纳为：“第一种所有制形式是部落［Stamm］所有制”；“第二种所有制形式是古典古代的公社所有制和国家所有制”；“第三种形式是封建的或等级的所有制”。

第二次论说，是马克思在《政治经济学批判（1857—1858年草稿）》中提出“三大社会形式”或“三大阶段”的论说。

马克思有关社会形态演进规律的第三次论说，也就是《〈政治经济学批判〉序言》的论说。他在那里说到：“大体说来，亚细亚的、古希腊罗马的、封建的和现代资产阶级的生产方式可以看做是经济的社会形态演进的几个时代。”

马克思涉及社会形态演进理论的第四次论说，也就是马克思在1877年10—11月写的《给〈祖国纪事〉杂志编辑部的信》和1881年2—3月间写的《给维·伊·查苏利奇的复信》和那封信的初稿、二稿、三稿中提出的论说。马克思通过对俄罗斯这样一个具有所谓“东方”特色的国家可能走上一条跨越资本主义卡夫丁峡谷而建立社会主义道路的论证，把历史发展规律的统一性和各民族发展道路的多样性的科学理性，把历史发展规律设定的客观条件的限定性与历史活动主体能动的选择性的关系的科学理性，升华到了一个新的高度。其中包括：

第一，历史必然性不是抽象的、宿命论式的必然性，而是具备了必要而且充分的历史条件下的必然性。

第二，唯物史观揭示的人类历史发展规律包含着历史活动主体的能动的选择性。选择意识来源于人们的实际生活体验。不同的阶级实际生活体验不同，选择倾向也就不同。

第三，马克思认为革命民主主义者的选择有成功的可能，但要把这种可能性变成现实，必须具备以下条件：（1）通过“革命”“挽救俄国公社”。（2）必须“把资本主义制度所创造的一切积极的成果用到公社中来”。

（供稿人：彭五堂）

**4. 恩格斯晚年对科学社会主义的坚守**

吴雄丞，《光明日报》2011 年 10 月 24 日

有人引述晚年恩格斯 1886 年 2 月 25 日的《“英国工人阶级状况”美国版附录》中，“共产主义不是一种单纯的工人阶级的党派性学说，而是一种目的在于把连同资本家阶级在内的整个社会从现存关系的狭小范围中解放出来的理论。这在抽象的意义上是正确的，然而在实践中却是绝对无益的，有时还要更坏”的所谓“93 字”论述，认为作为共产主义理论创始人的恩格斯在晚年思想发生重大变化，否定了《共产党宣言》、《法兰西内战》、《哥达纲领批判》三大名篇的观点，放弃了推翻资本主义制度、实现共产主义的理论和理想，而主张改良资本主义制度，和平进入社会主义，走民主社会主义道路。大量的事实证明，恩格斯在 1883 年马克思逝世之后直到 1895 年 8 月 5 日终其一生，都一直坚守着共产主义理论体系，坚守着《共产党宣言》、《法兰西内战》、《哥达纲领批判》中阐发的基本原理，坚守着无产阶级革命和无产阶级专政的学说，从来没有丝毫动摇，更没有放弃或否定过。

恩格斯在附录中强调放弃的，是他早期不成熟的著作中带有德国古典哲学的痕迹，明确反对抽象地侈谈全人类利益和全人类解放，着重关注和强调工人阶级反对资产阶级的阶级斗争，工人阶级单独地准备和实现社会革命；指明首先应是工人阶级的自我解放（阶级的解放），而后才谈得上全人类的解放，最终实现共产主义。这里无论如何也不能得出有人所说的恩格斯“宣布放弃共产主义理论”的结论，而是恰恰相反。在 1887 年美国版序言中，恩格斯还直接引用了《共产党宣言》所阐述的共产主义原则和策略思想，特别指出：“这就是马克思、还有我以及同我们一起工作的各国社会主义者四十多年来所遵循的策略。结果，这个策略到处都引向胜利。”并强调“‘共产党人’——这是我们当时采用的、而且现在也决不想放弃的名称。”

（供稿人：孙应帅）

**5. 历史唯物主义的政治经济学解读**

仰海峰，《学习与探索》2011 年第 6 期

历史唯物主义的政治经济学解读在传统研究中似乎就已存在，但这种解读与“哲学”无

关。如果将历史唯物主义看作马克思的哲学，那么需要解决的问题就是：这种哲学与政治经济学批判之间存在着何种关系？只有解决了这样的问题，我们的研究才能是真正历史唯物主义的新的理论空间。

马克思的哲学变革不仅仅体现在哲学维度上，而且体现在对经济学的哲学基础的洞察上。这种哲学基础就是经验论与人本学。经验论强调从经验现实中抽象出规律，这既是传统经验论的基础，也是古典经济学的基础。劳动价值论实际上是一种人本学，因为在这里人的自由本质是最为重要的，只不过古典经济学将这种自由的实现定位于市民社会，而费尔巴哈等人的人本学则认为市民社会恰恰是反人的。黑格尔的市民社会理论则处于这两者之间。这两者看起来是对立的，实际上它们之间是一种互补关系。到《关于费尔巴哈的提纲》时，马克思真正看穿了这两者的关系，这时他才能真正地将哲学基础理论的建构与政治经济学批判联系起来。这在《德意志意识形态》特别是在批判蒲鲁东的《哲学的贫困》中得到了初步的体现。

历史唯物主义的创立与发展，并不是简单地通过哲学变革就可以实现的，历史唯物主义的理论深度与政治经济学批判的深度相关联。马克思的资本逻辑批判的理论高度直接影响到历史唯物主义的理论高度。一旦将资本逻辑批判看做历史唯物主义的理论内核，那么，历史唯物主义就具有了双重逻辑，一是适用于一切社会的人类学意义上的历史唯物主义，二是以资本逻辑批判为核心的历史唯物主义。前者是过去研究中被着力关注的问题，而后者如何呈现，至今还未得到系统的探讨。

以一切社会都适用的生产逻辑来论述资本主义社会，最后只能将资本看作一种物化的因素，从而得出不要资本家、但不能废除资本的结论。这也意味着，历史唯物主义与政治经济学批判之间的关系，远比过去所揭示的更为复杂。对资本逻辑的批判直接决定了历史唯物主义的理论高度，而资本逻辑批判则直接与马克思的科学社会主义理论相关，相比于前一逻辑，后者更能体现出历史唯物主义的“微观”维度，更能有助于人们对社会生活作出更为现实的批判分析。要揭示出哲学与古典政治经济学的共同思想基础，这就需要对两者进行透视，这个过程不可能仅依靠哲学就可以实现。因此，资本逻辑批判的深度直接决定了历史唯物主义的理论深度。基于资本逻辑批判的构架，马克思曾提出过诸多的“计划”，但最后完成的只是其中很小的一部分。这种新的理论构架是当前研究中还需要特别关注的问题。

（供稿人：彭五堂）

### 6. 辩证唯物主义还是实践唯物主义——再读马克思

*安启念，《学术月刊》2011 年第 3 期*

马克思有没有辩证唯物主义思想？许多实践唯物主义者的回答是否定的，而且强调马克思主张从人、人的主体性和实践出发观察一切，不可能用与物质自然界的运动解释世界，不可能有辩证唯物主义思想。而辩证唯物主义者对问题作了肯定的回答，但苦于在马克思那里找不到关于辩证唯物主义的直接论述，相关论述都是恩格斯的。实际上，马克思是有辩证唯物主义思想的。这不仅是因为马克思支持恩格斯进行自然辩证法研究，同意恩格斯集中论述辩证唯物主义世界观的《反杜林论》的观点，而且更重要的是马克思自己就有关于辩证唯物主义思想的论述；虽然他和恩格斯一样，也没有使用“辩证唯物主义”这一概念。马克思先依据自然科学说明自然界是自我产生、自我存在的过程，进而说明人类物种人的肉体以及克服了异化因而具有了人的本质的真正的人，也是自然界和人这些自然物的自我生产的产物。这些论述正是对前面所说的“自然界的和人的通过自身的存在”的具体说明。也就是说，马克思事实上是阐述了一个完整的世界观。按照这种世界观，世界上没有造物主，一切都是物质的自我运动；人们面前的自然界和人，都是自然界以及人自身自我运动的产物。应该说，这正是通常所说的辩证唯物主义世界观，虽然它的表述还缺少自己特有的概念，还不够鲜明与准确。

马克思有辩证唯物主义思想，但是用辩证唯物主义概括他的哲学思想并不准确，因为马克思特有的、最有价值的也是他所强调的哲学思想不是辩证唯物主义，而是实践唯物主义。更准确地说，他是实践唯物主义者。关于这一点，最重要的体现在马克思《关于费尔巴哈的提纲》第一条中。马克思的哲学思想与其他唯物主义哲学区别也的确是观察世界的出发点不同，即马克思是从人、人的实践活动出发解释世界，而不是依据作为客观规律的辩证法。

在迄今为止的辩证唯物主义与实践唯物主义争论中，给人留下的一个突出印象，就是两者是相互矛盾甚至冲突的。实际上，它们在马克思那里是完全统一的，任何矛盾都没有。首先必须承认，不论对实践唯物主义作什么样的理解，它都不可能包含和解释辩证唯物主义的内容。诚如辩证唯物主义者所说，一旦按照实践唯物主义的思路只承认人化自然，即被人的实践活动改造过因而被打上人的烙印的自然界的存在，那就无法唯物主义地回答人类出现之前，也即当还不存在人以及人的实践活动的时候，自然界是不是存在以及如何存在的问题。

但是，马克思是革命家，毕生的宗旨是为人类的解放而奋斗。这决定了他把全部理论兴趣都集中在对人和人类社会及其发展的研究中，进而决定了他高度重视实践活动的意义，决定了他虽然承认自然辩证法和辩证唯物主义的思想，但是创造性地研究、提出并运用的，成为他独特的、有代表性的哲学思想的，是实践唯物主义。这样的角度是马克思哲学研究的特点。离开这个角度，他可以接受也必须接受自然辩证法和辩证唯物主义思想。他之所以在《1844 年经济学哲学手稿》中初步提出辩证唯物主义世界观，之所以支持恩格斯从事自然辩证法的研究并认可恩格斯在《反杜林论》中阐述的辩证唯物主义世界观，原因就在这里。实践唯物主义与辩证唯物主义在马克思这里有矛盾吗？没有。

辩证唯物主义和实践唯物主义之所以似乎是矛盾甚至对立的，正是由于人们在阐述实践唯物主义时只看到实践的能动性、主体性，忽视了它的受动性、客体性，对它作了片面的解释。这样的解释当然有唯心主义之嫌，当然与辩证唯物主义是无法统一的。

（供稿人：彭五堂）

### 7. 政治经济学现代化的四个学术方向

*程恩富，《学术月刊》2011 年第 7 期*

政治经济学的现代化应当是在国际化、应用化、数学化和学派化这四个学术方向上持久地开拓创新。

现阶段政治经济学国际化的中心思想是加大双向交流：一方面，中国在世界上的地位越来越重要，中国马克思主义经济理论研究的国际影响也日趋扩大；另一方面，西方金融和经济危机使马克思主义在苏东剧变之后重新得到世人的广泛关注，马克思在《资本论》中对于资本主义市场经济的批评也被西方国家的民众甚至一些政要认可。国外一大批马克思主义经济学家以马克思主义经济学的基本原理与当代世界经济的具体实际的结合为主题，阐述了世界资本主义和社会主义市场经济的一系列新的理论和政策思路，为中国经济学家的理论创新提供了可供借鉴的宝贵思想资源。随着中国经济参与世界经济进程的加深，中国马克思主义经济学的研究除继续关注中国的发展外，也将逐步扩大国际视野，积极参与全球政治经济学和左翼经济学的学术研讨和争论。

现代政治经济学理论应当更多地被运用、拓展到部门经济、应用经济和专题经济的学科中去。以西方经济学为基础理论的国际金融、国际贸易、发展经济学等应用经济学的内在缺陷日益显露，急需运用科学的经济学基础理论来改造这些应用学科。许多问题，如金融衍生产品到底是化解金融风险、促进经济发展的利器，还是国际金融垄断寡头扩大金融风险、掠夺世界人民的工具，其真相到底如何等等，这些都需要根据马克思主义政治经济学原理改造和发展的相关应用经济学来系统诠释。

政治经济学的应用化，还包括其被应用到其他各个学科。正是因为政治经济学揭示了现代社会的经济运动规律和机制，而经济系统与政治、文化和社会等其他系统存在一定的联系和发展的某种共性，因而它对于其他相关学科往往具有渗透和双向借鉴的意义。

重视数学分析，在定性分析的基础上进行必要的定量分析，一直是马克思主义政治经济学的优良传统之一。马克思重视数学方法在经济研究中的作用，但并不迷信数学，而是始终将数学方法建立在正确的分析前提上，即以唯物辩证法为指导，坚持以科学抽象法、逻辑方法和历史方法作为分析的基础。此外，马克思还认为，在纯数学领域内进行的研究，必须通过经济分析进行检查，使它不脱离某一经济现象所固有的经济规律。由于坚持了上述原则，马克思的经济学理论的数学化分析能够增强理论的解释力和科学性。

中国政治经济学的学派化，都应站在劳动阶级和广大人民的整体立场，都应遵循马克思经济学的方法论和理论精神，都应尽可能地全面系统地掌握实际经济情况，在此基础上对马克思主义政治经济学方法、理论及其应用进行深入探讨，并由于认识上的不同或不能完全做到“三个都应”而形成各自的学术流派。

（供稿人：彭五堂）

### 8. 理论假设：发展马克思主义经济学的探讨——兼与陈文通教授商榷

*方兴起，《华南师范大学学报》2011 年第 2 期*

《资本论》是马克思利用种种假设条件研究资本主义经济的经典之作。毋庸置疑，离开相关的一些假设条件，马克思的经济理论是难以成立的。为了弄清问题，有必要对马克思在进行经济分析时所提出的假设条件作一些探讨。

作为一门社会科学，马克思经济学是不能只停留于经济现象的分析的，它必须深入到经济本质，对经济活动的内在联系进行分析。为此，就需要研究构成经济体系的“细胞形式”或“元素形式”，而分析经济的细胞形式，只能借助“抽象力”。所谓抽象力，是指人类抽象思维的能力。它借助一些假设条件，抽象掉具体的、现象的、可感觉的因素，去分析抽象的、本质的、不可感觉的经济的细胞形式。然后，再基于经济的“细胞形式”或“元素形式”的分析，依次放弃一些假设条件，研究具体的、现象的、可感觉的因素。这也是通常所说的从具体到抽象，再从抽象到具体的经济分析过程。显然，从具体到抽象的过程是离不开种种明确和暗含的假设条件的，而从抽象到具体的过程，则是逐渐放弃种种明确和暗含的假设条件的过程。

另外，经济分析涉及两大方面：经济现象分析和经济本质分析。这两种分析既相联系又相区别。一般而言，知道了经济现象，并不等于知道了经济本质，否则科学就没有存在的意义。但是，理解了经济本质，也并不等于理解了经济现象，否则科学将会变成谬误，现象分析也就没有存在的意义。资产阶级古典学派曾利用劳动价值论这一揭示经济本质的经济理论直接解释经济现象，结果却导致了这一学派的解体。在《资本论》中，马克思通过种种假设前提，提出了科学的劳动价值理论，之后并没有用自己的科学的劳动价值理论去直接解释资本主义社会的经济现象，比如等量资本获得等量利润，而是试图在揭示经济本质的劳动价值理论与等量资本获得等量利润的经济现象之间，寻找一些中间环节去加以说明。

综合上述分析，在马克思经济学中，理论假设分为两种情况：一种是，在种种假设前提下提出某些经济理论，显然，这些经济理论是不能不加任何限制条件就将其称为“普遍原理”的。另一种是，马克思在分析经济本质时，通过从具体到抽象的过程，提出了某些经济理论。不过，如果这类理论没有完成从抽象到具体的过程，它们也是一种理论假设。马克思的劳动价值理论就属于这种类型的理论假设。值得指出的是，有关马克思的劳动价值理论是一种理论假设的说法，并非意味着否定或贬低其科学价值。在这方面，我们与那些否定马克思劳动价值论的资产阶级经济学家的根本区别在于：我们认为马克思有关劳动价值理论的假设是现实经济活动的科学抽象，科学地揭示了经济现象的内在联系。

特别值得注意的是，马克思非常强调应用他的理论的历史环境，反对把他的理论变成一把“超历史的”“万能钥匙”。

显然，如果人们真正以现实的经济活动为出发点，注重本质分析和现象分析，那么，就一定会非常关注马克思的研究方法、关注马克思经济理论赖以成立的假设条件和历史环境。相反，如果将马克思的理论变成一把超历史的万能钥匙，并试图打开现实世界中的任何一把锁，则往往不会真正关注马克思的研究方法，不会真正关注马克思理论赖以成立的假设条件和历史环境。

这里不难看出，即使马克思经济学提出了一些规律性的认识，但由于经济现象因区域或国家的不同、因社会发展阶段的不同存在差异，而这种差异不可能不改变规律性认识赖以成立的历史环境。所以马克思非常强调一切皆取决于具体的历史环境。

马克思主义经济学是在科学地批判与利用西方经济学的过程中得到发展的。这两个方面对马克思经济学来说也是缺一不可的。马克思主义经济学的发展史证明：当人们既科学地批判西方经济学，同时又科学地利用西方经济学的时候，马克思主义经济学就能够在理论上得到发展或取得突破；当人们对西方经济学完全采取盲目批判的态度，否定科学地利用西方经济学的必要性的时候，马克思主义经济学在最好的情况下也只能停留在原有的水平上；当人们对西方经济学盲目崇拜，一概肯定，照抄照搬，而完全忘记，甚至否定科学地批判西方经济学的必要性和重要性的时候，马克思主义经济学就面临被西方经济学所取代的危险。

（供稿人：彭五堂）

**9. 劳动生产率与商品价值量变动关系的理论界定及探索**

马艳，《教学与研究》2011 年第 7 期

劳动生产率与单位商品价值量反向变动关系是经典马克思主义劳动价值理论的一个重要命题，然而，马克思这一经典命题是建立在若干约束条件之上的：

（1）马克思在这一命题中对于劳动生产率是有严格限定的，即这里的劳动生产率是社会劳动生产率。（2）马克思这一命题假定劳动生产率是具体劳动的效率，它会影响使用价值量的变动，而影响劳动生产率变化的因素主要有两大因素：一是劳动的客观因素；二是劳动的主观因素。马克思还假定，劳动生产率的变化对商品价值量没有直接影响。在这一命题中，虽然马克思认为劳动生产率会受劳动客观因素和劳动主观因素的影响，但是，在分析劳动生产率与商品价值量之间的关系时，马克思却假定劳动主观因素不变。这也与马克思认为社会必要劳动时间在一定时期总是一定的思想有关。

“成正比”也是经典价值理论中关于劳动生产率与商品价值量变动关系的一个命题，这一命题主要阐述了个别劳动生产率与商品价值量之间的关系。本文所要界定的“成正比”并不是关于个别劳动生产率与商品价值量之间的关系的探讨，而是沿着马克思“劳动生产率与商品价值成反向变动关系”这一经典命题的一个反论。

将马克思经典“成反比”理论中关于劳动因素作一重新假定，即假定在科技进步的条件下，伴随劳动客观因素的变化，劳动主观因素也发生同方面的变化，并假设劳动主观条件的变化幅度大于劳动客观条件的变化幅度，那么，就可以获得劳动生产率与商品价值量之间呈现正向变动趋势的结论，用数理方法表达如下：

假定 1：劳动生产率的变化受劳动客观因素与主观因素的共同作用，即：

$$f=f(k,\ l),\ 且 f_k'>0,\ f_l'>0$$

假定 2：假定劳动主观和客观条件这两变量都受科技进步的影响，即科技进步（$A$）为总会带来劳动客观因素和劳动主观因素的变化，因此，科技进步将通过劳动主客观因素决定劳动生产率的大小，表达为：

$$f=f(k(A),\ l(A))$$

假定 3：假定科技进步带来劳动客观条件变化必然会引起劳动主观条件的同方向变化，并且劳动主观因素增加幅度大于劳动客观因素的增加幅度，表达为：

$$\frac{dl}{dA}>\frac{dk}{dA}>0$$

假定 4：假定商品价值总量与使用价值量分别由劳动主客观因素决定，且在劳动主客观因素的作用下，科技进步所引起的商品价值总量的变化率大于使用价值量的变化率，即：

$$\frac{1}{W}\cdot\frac{dW}{dA}>\frac{1}{Q}\cdot\frac{dQ}{dA}>0$$

由于现在假定劳动主观因素 $l$，进而价值总量 $W$ 也发生了变动，因此，不能用马克思关于劳

动生产率的衡量公式。但是，根据以上四个假定的推理，用数理方法来表达劳动生产率与商品价值量“成正比”的变动关系。由于 $w=W/Q$，可以证明：

$$\frac{dw}{dA}=w\cdot\left(\frac{1}{W}\cdot\frac{dW}{dA}-\frac{1}{Q}\cdot\frac{dQ}{dA}\right)>0$$

而由于 $f=f(k(A),\ l(A))$，且根据上式，可以得出：

$$\frac{dw}{df}=\frac{dw}{dA}\cdot\frac{dA}{df}>0$$

它表示：随着劳动生产率的提高，单位商品的价值量将趋于上升。而且，由于 $W=wQ$，在这种情况下，随着劳动生产率的提高，商品价值总量也是上升的。

上述新假定条件下劳动生产率与商品价值量“成正比”变动理论可以使得马克思主义劳动价值理论以及以此为核心构建的理论框架出现另一种状态，在这一状态下的理论框架可以解释在现代社会背景下经典马克思主义经济学无法解释的一些问题。

（供稿人：彭五堂）

**10. 中国经济模式的政治经济学分析**

张宇、张晨、蔡万焕，《中国社会科学》2011 年第 3 期

中国的经济模式实际上是中国的基本经济制度在现实的改革、发展与开放过程中的展开或实现，其主要特征可以概括为以下方面。

第一，以公有制为主体、多种所有制经济共同发展的基本经济制度。其主要内容可以做如下的具体概括：毫不动摇地巩固和发展公有制经济，毫不动摇地鼓励、支持、引导非公有制经济发展，坚持平等保护物权，形成各种所有制经济平等竞争、相互促进的新格局；深化国有企业改革，形成适应市场经济要求的现代企业制度和企业经营机制；优化国有经济布局和结构，增强国有经济的活力、控制力、影响力；长期稳定并不断完善以家庭承包经营为基础、统分结合的农村双层经营机制；建立归属清晰、权责明确、保护严格、流转顺畅的现代产权制度；以现代产权制度为基础，发展混合所有制经济。

第二，与社会主义基本制度相结合的新型市场经济体制，即社会主义市场经济体制。从中国的实践看，社会主义基本制度与市场经济相结合的途径和方式主要有以下几方面。建立与市场经济相适应的公有制的新形式和新体制，促进多种所有制经济共同发展；坚持公有制的主体地位，发挥国有经济的主导作用，深化国有企业改革；建立以按劳分配为主体、多种分配方式并存以及效率与公平相结合的收入分配制度；形成统一、开放、竞争有序的现代市场体系；建立健全计划引导下以市场为基础的宏观调控体系；建立健全完善的社会保障体系；建立与市场经济相适应的完善的法制体系；建立与市场经济相适应的新型社会管理体制；形成内外联动、互利共赢、安全高效的开放型经济体系；不断提高党和政府驾驭社会主义市场经济的能力。

第三，以新型工业化和体制创新为动力的科学发展道路。从根本上来说，中国经济的持续快速增长是以新型工业化和体制创新的不断深化为动力的。工业化与信息化的相互促进以及经济和社会体制的全面创新，一方面激发了资本、劳动力等资源投入的不断增加和需求的不断扩大，另一方面，推动了资源配置效率的不断提高和经济创新的持续深入。这是一种由

结构性变迁、技术进步和体制创新共同推动的结构性或变革性的经济增长。

第四，独立自主的对外开放战略。中国对外开放的模式有以下主要特点。一是统筹国内国际两个大局，坚持互利共赢的开放战略；“引进来”与“走出去”相结合；充分利用国际国内两个市场，优化资源配置，拓宽发展空间；以开放促改革、促发展。二是明确经济全球化具有二重性，有两种发展趋势。一方面，它促进世界资源的合理配置，促进各国生产力的发展，从而造福各国人民；另一方面，它是资本主义经济关系的全球扩张，进一步加剧世界资源配置和经济发展的不平衡。中国应该选择并推进前一种趋势，警惕并控制后一种趋势。三是把积极参与经济“全球化”同独立自主结合起来。在坚持对外开放的同时，把立足点放在依靠自身力量的基础上，把引进与开放创新、利用外资与自己积累结合起来，注意维护国家的主权和经济安全，注意防范和化解国际风险的冲击，始终保持国家对关键行业和领域的控制力。不断提高自主创新的能力，努力建设创新型国家，形成经济“全球化”条件下参与国际经济合作和竞争的新优势。

第五，以社会主义市场经济为目标的渐进式转型。中国经济改革在实践中探索出了一条有中国特色的渐进式改革道路或改革方式，这种改革方式的主要特点是：（1）自上而下与自下而上相结合，在坚持统一领导的前提下，充分发挥基层单位在制度创新中的积极性和创造性。（2）双轨过渡，增量先行，在保留计划协调的前提下，通过在新增资源中逐步扩大市场调节的比重，稳步向市场经济过渡。（3）整体协调，重点突破，在坚持全国一盘棋的前提下，分部门、分企业、分地区地各个突破，由点到面，实现经济体制的整体转换。（4）兼顾改革、发展与稳定，把改革的力度、发展的速度和社会可承受的程度统一起来，在社会稳定中推进改革和发展，通过改革和发展促进社会的稳定。（5）分步推进，循序渐进，先试验后推广，根据实践的需要和认识的发展不断调整和完善改革的具体目标和具体思路。

（供稿人：彭五堂）

## 二　马克思主义中国化研究代表性论文

### 1. 当代中国化马克思主义研究的几个前沿问题

郭建宁，《理论视野》2011年第2期

第一，关于马克思主义理论学科的整体性问题。现在强调整体性研究特别重要。这是一个基础性问题，如果整体研究没有做好，其他方面也很难有大的进展。整体性大概涉及三个方面：（1）马克思主义理论学科的整体性研究。该学科下面包括六个二级学科，即马克思主义基本原理、马克思主义发展史、马克思主义中国化、国外马克思主义、思想政治教育、中国近现代史基本问题研究等，其整体性如何把握？还有哲学、经济学、科学社会主义整体性研究的问题也并没有真正解决。（2）中国特色社会主义理论体系的整体性研究。现在写的书、讲的课、编写的教材，基本还是分别阐述邓小平理论、“三个代表”重要思想和科学发展观，没有突出整体性。（3）马克思主义中国化、时代化、大众化的整体性研究。这也是一个整体，不是三个各自独立的内容。中国化就内在地包含了时代化和大众化。如果没有时代化、大众化，中国化是什么？只是我们这段时间，更要强调立足时代前沿、要有时代性，更要强调贴近人民大众、要大众化。因此，它还是一个整体。

第二，关于科学发展是主题的问题。改革开放 30 多年，到了“十二五”国民经济发展规划，科学发展为主题是越来越突出的问题。“十二五”规划里的一些重要思想，还要好好领会和把握。如果当前一些很突出的问题能够有所缓解、得到比较好的改善，后面发展的路子就会比较顺畅。否则，科学发展就面临很大的挑战。所以，应该更加关注科学发展的问题。要坚持“科学发展是主题、以人为本是核心、公平正义是基础、利益协调是关键、改善民生是路径、改革开放是动力”的方针。在新的条件下进一步坚持改革开放，推进科学发展，离不开下面几个关键词，即“以人为本、公平正义、民主法治、利益协调、改善民生”。

第三，关于马克思主义中国化的文化内涵问题。马克思主义中国化的过程，在两个维度上展开，一个是实践维度，一个是文化维度；一个是和中国社会实践相结合，一个是和中国文化传统相结合。中国化不仅包括实践诠释，也包括文化解读，既要揭示它的实践意义，也要揭示它的文化意蕴。马克思主义中国化，最后这个“化”能不能化成，毫无疑问实践是主题、主线、主渠道，但是更深厚的内在的文化链接、文化基因还是要找中国传统文化。因此要处理好马克思主义与传统文化的关系，处理好“回到马克思”与“回到孔子”的关系。

第四，关于文化主体性问题。强调文化的主体性，就是在全球的思想文化激荡中，中国人不能失语，要有话语权和原创性。理论界研究的一些问题，都是西方先讲的，我们再慢慢研究，这就缺少现代中国人自己的文化创造，这是一个很重要的问题。还有一个“软实力”中传统文化与现代文化的关系问题。不能一讲“软实力”就是孔子、国学，而缺少现代中国人、现代中国、当代中国的形象。传统文化和“软实力”不能画等号，孔子、国学、儒学当然是传统文化重要的资源、重要的载体、重要的符号、重要的标志，但是两者画等号就没有新文化了，就没有现代中国新的形象了，这是一种悲哀。“软实力”是传统文化和现代文化的统一，现在讲国家形象，说明人们已经意识到了这个问题。

（供稿人：王宜秋、于晓雷）

### 2. 关于马克思主义中国化两大理论成果关系研究述评

*杨瑞森，《思想理论教育导刊》2011 年第 4 期*

第一，深入研究两大理论成果关系的重要性和必要性。马克思主义中国化两大理论成果即毛泽东思想和中国特色社会主义理论体系的关系问题，既是马克思主义发展史、马克思主义哲学史、马克思主义中国化史研究中的重大理论问题，也是当代中国马克思主义即中国特色社会主义理论体系研究中的重大理论问题。中国学界对马克思主义中国化两大理论成果关系问题的讨论和研究在许多问题上并未取得共识，甚至对其中某些重要问题的看法还存在着重大分歧。深入研究这两大理论成果关系的重要性和必要性表现在“三个需要”上：其一，马克思主义理论学科建设自身发展和研究的需要。其二，准确理解和科学阐发中国共产党的文献中许多重要理论论断的需要。其三，澄清理论是非和增进理论共识的需要。

第二，两大理论成果关系中的几个深层次理论问题。(1) 关于毛泽东思想和中国特色社会主义理论体系科学内涵和理论定位的界定问题。这是研究马克思主义中国化两大理论成果关系问题的一个基础性、关键性和根本性的理论问题。(2)关于毛泽东思想和中国特色社会主义理论体系两大理论成果之间在理论内容上的内在联系性问题。马克思主义中国化的伟大事业是一个整体，是一个统一的既相互连接又与时俱进的历史过程，在理论上和实践上有着内在的本质的一致性，马克思主义中国化两大理论成果之间在理论基础、价值取向和哲学依据等方面必然具有内在的联系性和统一性。(3)关于中国特色社会主义理论体系的哲学基础问题。其实质上是中国特色社会主义理论体系同马克思主义哲学和毛泽东哲学思想的关系问题，是当代中国的社会主义现代化建设事业要以什么样的世界观和方法论为指导的问题。(4)关于马克思主义哲学和毛泽东哲学思想在我国社会主义建设新时期的创造性应用和发展问题。要承认毛泽东哲学思想是具有中国共产党人特色的马克思主义的立场、观点和方法。

第三，研究两大理论成果关系的视野和方法。(1)要把毛泽东思想放在马克思主义中国化的历史进程中加以整体性考察，从马克思主义中国化的根本问题、根本经验和历史特点中揭示和阐明毛泽东思想的重要历史地位和当代价值。(2)要认真深入地研究邓小平及《关于建国以来党的若干历史问题的决议》关于科学评价毛泽东和毛泽东思想历史地位的结论和方法，从中深刻把握马克思主义中国化两大理论成果之间内在的和本质的联系。(3)深入学习和领会江泽民、胡锦涛及有关中央文献中关于马克思主义中国化两大理论成果关系的重要论述，把学习中国特色社会主义理论体系同坚持和发展马克思列宁主义、毛泽东思想紧密结合起来。(4)深入了解我国理论界关于毛泽东思想历史地位、科学体系、当代价值研究的历史和现状，准确把握我国学界对马克思主义中国化两大理论成果关系研究的基本观点和普遍共识。

(供稿人：王宜秋、于晓雷)

### 3. 毛泽东论中国共产党“文化领导权”建设

张士海、施秀莉，《马克思主义研究》2011 年第 4 期

毛泽东在对中国共产党文化领导权建设的地位、目标和机制等基本问题思考的过程中，提出了一整套文化领导权建设的战略思想，构建了中国共产党文化领导权，有力地推动了中国革命和建设事业的发展。

第一，“无产阶级思想领导的问题，是一个非常重要的问题”。在新民主主义革命时期，以毛泽东为代表的中国共产党人高举反帝、反封建文化旗帜，形成了以“民族的、科学的、大众的文化”为主要内容的新民主主义文化。新中国成立后，毛泽东从巩固中国共产党的领导地位的目的出发，更加重视中国共产党的文化领导权建设。在毛泽东的领导下，中国共产党文化领导权在全国范围内的建设，主要是通过两方面的工作展开的。一方面，形成马克思主义学习、研究、宣传和教育热潮；另一方面，开展对于非马克思主义特别是反马克思主义意识形态的批判、清除工作。

第二，“马克思列宁主义来到中国之所以发生这样大的作用……因为同中国人民革命的实践发生了联系，是因为被中国人民所掌握了”。在领导中国革命和建设的具体实践中，在中国共产党文化领导权建设问题上，毛泽东一直非常重视推进马克思主义中国化、时代化和大众化。毛泽东把推进马克思主义中国化、时代化和大众化看作是中国共产党文化领导权建

设的主要目标。

第三,"所谓领导权……是以党的正确政策和自己的模范工作,说服和教育党外人士"。文化领导权的真正建立,不仅仅是领导者单方面自上而下的"文化操纵"过程,不能仅仅通过疾风暴雨式的群众阶级斗争方法在短时间内实现对文化的根本改变,而是一个需要在被领导者积极参与的过程中不断获得他们的同意、"认同"的过程。毛泽东重视制定和实行正确的文化方针政策、注重知识分子队伍建设、强调科学方法的运用,这对于发挥文化领导权建设主导与主体的积极性和主动性,推进中共文化领导权建设发挥了重要作用。

第四,余论。当前,中国共产党在重视文化领导权建设、积极推进马克思主义理论创新、通过教育与自觉相结合路径推进当代中国马克思主义大众化的同时,还需要不断地正确解决"什么是马克思主义、怎样对待马克思主义"的问题,引导广大人民群众真正树立科学"马克思主义观"。这对于进一步加强"马克思主义学习型政党"建设、巩固与发展中国共产党文化领导权至关重要。

(供稿人:王宜秋、于晓雷)

**4. 中国特色社会主义理论的概念演进与体系概括**

*田克勤,《思想理论教育导刊》2011 年第 4 期*

中国特色社会主义理论经历了从"中国式现代化的道路"到"建设有中国特色社会主义理论"和"邓小平同志建设有中国特色社会主义理论"、从"邓小平理论和'三个代表'重要思想"、"邓小平理论、'三个代表'重要思想和科学发展观等一系列重大战略思想"再到"中国特色社会主义理论体系"的概念演进过程。其体系概括,则经历了从"邓小平理论体系"框架到"邓小平理论和'三个代表'重要思想理论体系"框架再到"中国特色社会主义理论体系"框架的变化。

第一,中国式的现代化道路。从十一届三中全会到十一届六中全会,中国共产党对社会主义现代化建设道路的最初理论概括,标志着中国特色社会主义道路基本思想的初步形成。

第二,建设有中国特色社会主义。从党的十二大到党的十四大召开前,是建设有中国特色社会主义科学概念提出、内容扩展及对这一理论体系进行初步概括的阶段。1982 年 9 月召开的党的十二大,对建设有中国特色社会主义理论的形成作出了重大的贡献。其中,最突出的一点就是邓小平在开幕词中第一次提出了"建设有中国特色社会主义"这一概念。

第三,邓小平建设有中国特色社会主义理论。从 1992 年春邓小平视察南方发表重要谈话到党的十五大以前,是中国特色社会主义理论进一步丰富发展和对这一理论体系进行集中概括的阶段。1992 年 10 月召开的党的十四大,第一次正式把建设有中国特色社会主义理论与邓小平的名字联系起来,提出了"邓小平同志建设有中国特色社会主义的理论"这一概念。

第四,邓小平理论和"三个代表"重要思想。从 1997 年 2 月邓小平逝世到 1997 年 10 月召开党的十五大,是对邓小平理论历史地位和指导意义深入认识的一个重要阶段。这次大会正式提出了"邓小平理论"的概念,把它与马克思列宁主义、毛泽东思想放在一起,作为党的指导思想写入党章。进入新世纪,以江泽民为核心的党的第三代中央领导集体,坚持以邓小平理论为指导,站在历史发展和时代要求的高度,敏锐把握国际国内形势的发展变化,提出“三个代表”重要思想，深化了对中国特色社会主义的认识。2002 年 11 月，党的十六大把“三个代表”重要思想写入党章，与马克思列宁主义、毛泽东思想和邓小平理论一起，作为党必须长期坚持的指导思想。2003 年 7 月，胡锦涛在“三个代表”重要思想理论研讨会上发表重要讲话，对“三个代表”重要思想做了进一步的归纳和概括。

第五，中国特色社会主义理论体系。从 2002 年党的十六大到 2007 年党的十七大，是贯彻落实科学发展观、构建社会主义和谐社会等重大战略思想相继提出，以及对中国特色社会主义理论体系进行整体概括的阶段。党的十六大以来，以胡锦涛为总书记的党中央领导全党全国各族人民，在推进中国特色社会主义事业的历史进程中形成了科学发展观等重大战略思想，赋予中国特色社会主义理论体系以新的丰富内容。党的十七大深刻论述了科学发展观的科学内涵、精神实质和根本要求，并正式提出了“中国特色社会主义理论体系”这一科学概念。

（供稿人：李建国）

**5. 中国特色社会主义理论体系与马克思主义基本原理是一脉相承的**

*周新城，《思想理论教育导刊》2011 年第 10 期*

中国特色社会主义理论体系是马克思主义基本原理在当代中国条件下的运用，是马克思主义基本原理同当代中国国情和实践相结合的理论结晶，它不是离开马克思主义的另一种马克思主义，而是运用马克思主义基本原理分析、指导当代中国具体实际形成的理论体系。

第一，马克思主义基本原理是统一的，并没有“传统马克思主义”与“现代马克思主义”的区分。改革开放以来，中国理论界有一种把马克思列宁主义、毛泽东思想同中国特色社会主义理论体系割裂开来，甚至对立起来的倾向。如有人提出，有两个马克思主义，一个是传统马克思主义，那就是马克思、恩格斯、列宁和毛泽东的思想，那是“原生态”或“次生态”的东西，它不能回答当代中国面临的问题，不管用了；另一个是现代马克思主义，即中国特色社会主义理论体系（包括邓小平理论、“三个代表”重要思想以及科学发展观等重大战略思想），这是“现生态”的，它才能解决中国的现实问题，才管用。这种说法显然是不对的。

世界上只有一个马克思主义，而没有两个或多个马克思主义。客观上存在马克思主义与非马克思主义、反马克思主义的对立，而不存在几个马克思主义的对立，更不能说一个马克思主义不灵了、不管用了，另一个马克思主义是灵的、管用的。马克思主义是一个完整的理论体系，它的基本原理反映的是人类社会发展的一般规律性，因而不会过时。马克思主义基本原理是统一的，坚持这些基本原理，才叫马克思主义，放弃了这些基本原理，就不能叫马克思主义，就变成别的什么主义了。

“传统马克思主义”和“现代马克思主义”这种提法的根本错误在于否定了马克思主义的统一性，把中国特色社会主义理论体系同马克思列宁主义、毛泽东思想割裂开来、对立起来，当作两种马克思主义了，而且用前者来否定后者。这显然是荒谬的。

第二，不能用否定马克思主义基本原理来论证中国特色社会主义理论体系的正确性。经常可以看到一种怪现象：为了论证中国特色社会主义理论体系的正确，就否定马克思主义基本原理。一段时间里，有的打着“理论创新”的旗号，说马克思这个原理错了，那个原理过时了，仿佛只有挑马克思的错，才是发展马克思主义似的。这也是把中国特色社会主义理论体系同马克思主义基本原理对立起来的一种表现。我们必须在坚持马克思主义基本原理的前提下发展马克思主义，警惕有人打着发展马克思主义的旗号来否定、反对马克思主义。

第三，系统掌握马克思主义基本原理，准确地理解和把握中国特色社会主义理论体系。要理解中国特色社会主义理论体系，首要的前提就是必须准确地掌握马克思主义基本原理。而要理解、把握马克思主义基本原理，最重要的是要认真读马克思主义经典著作。马克思主义经典著作蕴含着和集中体现着马克思主义基本原理。只有认真学习马克思主义经典著作，系统掌握马克思主义基本原理，才能完整准确地理解中国特色社会主义理论体系，才能创造性地运用马克思主义基本原理去分析和解决我们面临的实际问题，不断把中国特色社会主义事业推向前进。

（供稿人：贾可卿）

**6. 正义与社会主义的本质**

贾可卿，《红旗文稿》2011 年第 2 期

在 1992 年初的南方谈话中，邓小平提出了社会主义本质论断。其中，“共同富裕”是核心词语。社会正义的实现与共同富裕的实现是一个统一过程。共同富裕的目标隐含着社会正义的要求。要解放和发展生产力，离不开市场经济体制的建立和健全；要建立和健全市场经济体制，必须在法律制度层面保证人们权利和机会的平等。在此基础上，根据人们劳动贡献的不同，允许一部分人、一部分地区先富起来，这可以提高人们的劳动积极性，为共同富裕提供尽可能充足的物质资源。先富群体和地区则应该以带动其他人、其他地区实现富裕的共同化为其先富的合理依据。社会主义本质论虽未明确提及公平正义，但共同富裕同正义内在紧密相关。

社会主义本质的界定是价值层面的，而非制度层面的。公有制是社会主义在制度层面的根本特征，相对于社会主义在价值层面的本质内容来说，处于手段的地位。邓小平之所以没有把公有制纳入社会主义本质，本来就是为了克服以前只从制度方面界定社会主义的片面性。当然，公有制这一制度层面的要求对于社会主义来说是至关重要的。没有生产资料的公有制，就不可能实现共同富裕。但这与社会主义本质的表述并不矛盾。

进入 21 世纪以来，中共对社会主义本质的认识不断发展。中共十六大报告提出，要发展先进生产力，发展先进文化，实现最广大人民的根本利益，推动社会全面进步，促进人的全面发展，这样就从根本上把握了人民的愿望，把握了社会主义现代化建设的本质。十六届四中全会以后，中央提出构建社会主义和谐社会的主张。其中，“民主法治”和“公平正义”最为基本。2005 年胡锦涛指出：维护和实现社会公平和正义，涉及最广大人民的根本利益，是我们党坚持立党为公、执政为民的必然要求，也是我国社会主义制度的本质要求。中共十六届六中全会指出：公平正义是社会和谐的基本条件，制度是社会公平正义的根本保证。2007 年初，中共中央发表署名文章，指出：巩固和发展社会主义，必须认识和把握好两大任务：一是解放和发展生产力，一是逐步实现社会公平与正义。这两大任务相互联系、相互促

进，是统一的整体。贯彻落实科学发展观，构建社会主义和谐社会，都离不开对社会主义本质的科学认识和全面把握。中共十七大报告多次提到公平正义。概而言之，执政党在新时期的社会主义本质理念可以归纳为："一体两翼"。所谓"一体"即"以人为本"，也就是以人民利益、公民权利为本体，致力于人的自由和全面发展。"两翼"是为"本体"服务的，两翼之一是生产发展，另一翼则是指公平正义。

一切空想的和伦理的社会主义也都把正义作为自己的追求目标。而实践中的社会主义与之最大的不同是：它所主张的分配正义是与生产力的发展结合在一起的，分配正义的实现过程同时也是生产力的发展过程。在制度正义、生产发展的推动下，人们的各种基本权利得以实现，多样化的生活需要得到满足，社会的安定和谐得到保障，人的自由和全面发展逐渐成为可能。"一体两翼"的模式较为完整地体现出了社会主义的本质。当然，随着社会主义实践的不断丰富，人们对社会主义本质属性的认识将会继续深化。

（供稿人：李建国）

**7. 科学发展观：坚持和发展马克思主义的标志性成果**

冯刚，《马克思主义研究》2011 年第 7 期

马克思主义关于发展的世界观和方法论是历史唯物主义和辩证唯物主义，二者为科学发展观奠定了坚实的哲学基础和理论基石。科学发展观的第一要义是发展。这一科学观念是以唯物史观考察社会发展得出的必然结论。坚持人民是历史的推动者和创造者、历史发展的主体，这是历史唯物主义的基本原则。科学发展观是深刻地体现了唯物辩证法的重大战略思想。辩证法要求人们不仅要关注总体中的各个要素，而且还强调关注各要素之间的相互关系。科学发展观关于全面协调的思想、统筹兼顾的思想，是普遍联系原则的生动体现。科学发展观要求积极构建社会主义和谐社会，着力解决人们最关心、最直接、最现实的利益问题。科学发展不是对某种完成状态的静止的描述，而是一种对发展过程自觉符合辩证法规律的动态探索，这个探索是不断推进、没有止境的。

科学发展观彰显出宽广的全球视野和世界眼光。科学发展观坚持把中国的发展与世界的发展变化相联系，强调建设中国特色社会主义不仅要善于吸收和借鉴人类文明的一切优秀成果，在借鉴利用资本主义的过程中发展壮大自己，而且要以自己的发展成果为社会主义开辟光明前景。科学发展观为解决全球性问题、促进全球和谐打开了认识的视野，同时也为人类反思自身发展、探索人的全面发展之路，提供了有益的理论启示。

科学发展观指引、规划着中国新的历史时期的发展道路和战略布局。科学发展观注重更新发展理念，强调发展绝不是仅仅指经济的增长，要把发展社会主义经济、发展社会主义民主政治、发展社会主义先进文化和构建社会主义和谐社会当作社会主义发展进程的统一范畴，形成整体推进、协调并举的发展格局。科学发展观指引着发展思路，更加注重宏观布局，更加注重内在协调，更加注重良性互动。科学发展观强调转变发展方式，强调要由主要依靠增加物质资源消耗向主要依靠科技进步、劳动者素质提高和管理创新转变。科学发展观强调规划发展布局，要大力推进经济建设、政治建设、文化建设和社会建设以及生态文明建设和党的建设。这创新了社会主义建设理论，使"四位一体"建设与生态文明建设和党的建设紧密

联系、融为一体。科学发展观注重提升发展境界，强调为实现人民群众的根本利益谋求发展；在发展的根本动力上，强调依靠人民群众的创造力量促进发展。

科学发展观进一步回答了“什么是社会主义、怎样建设社会主义”和“建设什么样的党、怎样建设党”的问题，创造性地回答了“什么是发展、怎样发展”的问题。保持可持续发展必须注重三种资源要素的可持续性：一是物质资源，即自然、环境等资源；二是人文资源，即知识、信息、思想、道德、文化等资源；三是政治资源，即良好的民主政治、健全的法律体系、稳定的政治局面和坚强的领导核心等资源。科学发展观把这“三种资源”的可持续性与“三大基本问题”紧密相连，从理论和实践上很好地解决了发展三大要素的可持续性问题，把马克思主义中国化推进到一个新阶段。

（供稿人：贾可卿）

### 8. 科学发展观与现代性

陈志刚，《重庆社会科学》2011年第3期

科学发展观凝聚着改革开放的新共识。科学发展观是在反思和总结我国改革开放以及国外发展经验教训的基础上提出的重大战略思想，是立足社会主义初级阶段基本国情并适应新的发展要求提出来的，是马克思主义关于发展的世界观和方法论的集中体现，是对党的三代中央领导集体关于发展的重要思想的继承和发展。科学发展观的提出标志着我们深化了对社会发展规律、共产党执政规律和社会主义建设规律的新认识，意味着中国的改革开放已经不是“摸着石头过河”，意味着在如何进一步推进改革开放上已经总结出了一套新共识，找到了一条科学发展的新路，开创了改革开放的新阶段，开创了社会主义现代性探索的新模式。

科学发展观是对当代中国社会主义现代性模式的新建构。科学发展观开拓了发展的新思路，创建了一个新型的社会主义现代性模式。（1）在发展目标上，坚持以人为本，反对片面追求GDP。强调发展并不是为发展而发展，发展是为了人民、依靠人民，发展成果是为人民共享成果。（2）在发展动力上，坚持把宏观调控同发展市场经济结合起来。既发挥市场在资源配置中的基础性作用，同时又注重加强和完善国家对经济的宏观调控，克服市场自身存在的某些缺陷，从而建立起由资本市场和国家权力双轮驱动、双向制约的科学发展模式。（3）在发展路径上，坚持把独立自主同参与经济“全球化”结合起来。既要学习借鉴人类社会创造的一切文明成果，又要坚持趋利避害，形成经济“全球化”条件下参与国际经济合作和竞争新优势，推动经济“全球化”朝着均衡、普惠、共赢方向发展。（4）在发展原则上，坚持全面协调可持续发展，反对把现代性等同于现代化的单向发展观。主张全面推进经济建设、政治建设、文化建设、社会建设和生态建设，促进现代化建设各个环节、各个方面相协调。（5）在发展方法上，坚持统筹兼顾，否定了片面发展的发展主义。包括统筹城乡发展、区域发展、经济社会发展、人与自然和谐发展、国内发展和对外开放，统筹中央和地方关系，统筹个人利益和集体利益、局部利益和整体利益、当前利益和长远利益，充分调动各方面积极性。

科学发展观超越了经典现代性模式和新自由主义模式。（1）在工业化道路上，科学发展观强调走新型工业化道路。不仅强调人与自然的和谐，而且强调人与人的和谐。既反对帝国

主义的侵略扩张，也反对新殖民主义，坚持和平发展道路，坚持互利共赢的开放战略。(2)在发展逻辑上，科学发展观把以人为本作为核心，超越了资本逻辑。强调发展为了人民，发展依靠人民，发展成果由人民共享，这是把“人”作为发展的根本目标，是对经典现代性模式和新自由主义模式所遵循的资本逻辑的超越。(3) 就整体目标来说，贯彻落实科学发展观是为了构建社会主义和谐社会，实现“民主法治、公平正义、诚信友爱、充满活力、安定有序、人与自然和谐相处”。无论是古典资本主义还是新自由主义主导的资本主义都不能实现真正的社会和谐，只有社会主义、共产主义才能实现真正的和谐。

美国金融危机的爆发宣告了新自由主义的衰落，科学发展观作为一种可供选择的替代模式而备受世人瞩目。当然也必须承认，在当前的中国仍然存在着许多和科学发展观不相适应的发展观念和发展模式，切实践行科学发展观还需要很长的过程，还需要付出艰苦的努力。

（供稿人：贾可卿）

## 三 马克思主义发展史研究代表性论文

### 1. 所有制关系在马克思社会形态理论形成中的基础意义

靳辉明、洪光东，《中国社会科学》2011 年第 1 期

一个时期以来，中国理论界有些学者对马克思的社会形态理论提出不少质疑，否定马克思的社会形态理论的科学性和客观性。有些学者还反对用马克思五种社会形态理论分析研究人类历史，包括中国社会发展史。对于这样一些重大理论问题必须研究清楚，并给予科学的阐明。

马克思的社会形态理论，即五种社会形态理论的形成，是一个逐步发展的过程。第一阶段：马克思社会形态理论的初步形成。马克思之所以能够超越前人，完成社会历史观的伟大变革，在于他把握住了两个关键性问题：他超越了关于“人”的抽象议论，把研究的基点放在探讨“现实的人”和“人的世界”上；马克思深入地研究现实的社会关系和经济关系，形成了关于生产关系的重要思想。所谓社会形态，是一个社会的经济基础、政治机构和观念上层建筑的有机统一而构成的社会有机体。生产关系和所有制关系在其中起着基础性作用。第二阶段：马克思社会形态理论的深化和最初的表述。19 世纪 50 年代后，客观现实引发了马克思对东方问题的关注。马克思在《1857—1858 年经济学手稿》中，探讨了亚细亚的生产方式。在《德意志意识形态》等著作中，主要是用所有制形式和由生产关系总和构成的特定历史阶段的“社会”表示社会形态的思想。马克思首次使用“社会形态”术语来表述人类社会的变更，是在《路易·波拿巴的雾月十八日》中。马克思借用“形态”这个地质学术语来表示人类历史上处于特定阶段的社会总体。正是基于上述思想进展，在《〈政治经济学批判〉序言》中，马克思对唯物主义历史观作了经典性表述。第三阶段：马克思社会形态理论走向成熟和完整表述。19 世纪 60 年代后，在创作巨著《资本论》时期，马克思不仅继续将“亚细亚所有制”看作人类社会的最初阶段，同时，他还通过对亚洲与欧洲古代社会史的研究，继续深化着对社会形态演进的认识。在马克思晚

年，也就是在19世纪70年代下半期和80年代初，他阅读了大量俄文第一手资料，收集了包括摩尔根《古代社会》在内的大量关于人类史前社会与东方社会的史料，集中力量研究了史前社会和东方社会，摘录形成了有着丰富思想内容的《人类学笔记》、《历史学笔记》以及各种书信等一大批理论成果，最终揭开人类史前社会的秘密，阐明了五种社会形态依次演进理论中所蕴涵的丰富的辩证思想。

五种社会形态区分的标准，是依据生产方式即生产力与生产关系结合的不同而区别开来，其最基本的划分标准是生产关系和所有制关系。从理论上讲，生产关系和所有制关系是生产力发展的结果和“测量器”，是生产得以进行的物质载体，它具有一种稳定性。社会形态理论的科学价值就在于，它基于经济的、客观的事实去分析、研究人类历史，从客观事实的分析中，而不是从观念中得出结论，从而把人们对社会历史的认识真正建立在科学的基础之上。由社会形态理论的形成过程可以看出，马克思的研究并不只局限于西欧社会，也涵盖包括东方社会在内的世界诸多民族和地区，它具有普遍意义。

要正确理解马克思社会形态理论，运用这个理论具体分析、研究社会历史的发展，应当处理好以下几种辩证统一关系：客观规律性与历史选择性的统一；普遍性与特殊性的统一；渐进性与跳跃性的统一；统一性与多样性的统一。这要求人们在理解和运用马克思社会形态理论时，决不能将其当作教义。

（供稿人：任洁）

**2. “为人民服务”的命题史考察**

*刘建军，《马克思主义研究》2011年第7期*

“为人民服务”是毛泽东思想的重要内容，是中国共产党和中国人民解放军的根本宗旨，是社会主义道德体系的核心，是社会主义核心价值体系的重要内容。全面深入地研究“为人民服务”这一命题是理论工作者的重要职责。

对“为人民服务”进行命题史考察很有必要。“为人民服务”既是一个命题，也是这个命题所表达的思想。对“为人民服务”既可以进行命题史考察，也可以进行思想史考察。就“为人民服务”来说，命题史考察就是要追溯这种经典表述的形成和发展过程。本文着重从“为人民服务”这种经典表述出发，向前追溯，考察它的起源和演化过程。首先，在这些相关的表述形式中，“为人民服务”是最经典的表述；其次，“为人民服务”这种表述不论是在表达的精准方面还是传播的广泛性方面，都具有不可替代的唯一性。“为人民服务”已成为毛泽东人格和形象的象征，成为共产党人人格的象征，这是任何一种其他表达都无法取代的；最后，“为人民服务”的思想和命题具有强大的生命力，要弄清它在当代的发展变化，也需要追溯历史。

从命题史的角度，考察“为人民服务”这一命题酝酿和形成的历史过程。马克思曾提出“为组织在公社里的人民服务”的论断，恩格斯对“为人民的压迫者服务”的人进行了有力的批判，列宁明确提出要“为千千万万劳动人民服务”，斯大林最早从知识分子的角度明确使用了“为人民服务”的提法。毛泽东在继承经典作家相关思想的基础上，独立提出了“为人民服务”的命题，并使“为人民服务”这一命题成为经典表述。

毛泽东提出“为人民服务”是否受斯大林的影响呢？斯大林曾经在1936年11月、1938年5月和9月以及1939年3月多次明确提出“为人民服务”。但是这不能成为断言毛泽东“为人民服务”的提法直接来自斯大林的充分证据。应该说，毛泽东可能间接地受到了斯大林的影响，也就是说“为人民服务”一语并不是毛泽东直接从斯大林那里搬来的。毛泽东的“为人民服务”与斯大林的“为人民服务”有角度上和范围上的不同，思想深度也不同。毛泽东开始提到“为人民服务”主要也是从知识分子角度出发，但他从《为人民服务》的演讲开始，就明确地把它作为中国共产党及其领导的革命军队的根本性质和宗旨。这不仅是一个范围扩大的问题，更是一种性质和层次上的跃升。而且，通过党的七大将“为人民服务”变成党的根本宗旨和最高宗旨写入党章。此后，不论党章在不同的历史条件下发生过怎样的变化，但“为人民服务”的宗旨从来没有放弃和改变。新中国成立以后，“为人民服务”写入国家宪法，成为国家最高意志。

（供稿人：唐芳芳）

**3. 马克思主义发展史视阈中的中国特色社会主义理论体系**

任洁，《中国社会科学院研究生院学报》2011年第3期

整体性是马克思主义的本质特性。马克思主义的整体性既体现为马克思主义的理论内容是一个整体，同时也体现在马克思主义发展的历史过程中。从一定意义上说，马克思主义整体性的获得与马克思主义的成熟与发展是同一个历史过程。实践性、批判性、反思性内在规定着马克思主义是一个开放的理论体系。开放性的理论特质决定马克思主义的发展是在新的实践基础上，结合新的时代特征和民族国家的国情而不断获得新的理论形态和理论创新成果。这一过程内在蕴含着继承与创新、坚持与发展、批判与吸收的辩证关系。

真正地坚持马克思主义与发展马克思主义是内在一致的。坚持马克思主义是通过发展马克思主义体现出来；发展马克思主义是真正地坚持马克思主义。中国特色社会主义理论体系作为马克思主义中国化最新成果，是马克思主义基本原理、中国具体实际与时代特征三者相结合的理论成果。中国特色社会主义理论体系创造性地探索和回答了什么是马克思主义、怎样对待马克思主义，什么是社会主义、怎样建设社会主义，建设什么样的党、怎样建设党，实现什么样的发展、怎样发展等重大理论和实际问题。

中国特色社会主义理论体系符合马克思主义的发展规律。马克思主义是在同各种错误思潮和倾向的斗争中发展起来的，毛泽东思想和中国特色社会主义理论体系也是在同各种错误思潮、教条主义作斗争中发展形成的；马克思主义是在与各国具体国情和时代特征的结合中发展的。毛泽东思想和中国特色社会主义理论体系就是马克思主义基本原理与中国革命和建设实际，以及与现时代特征相结合产生的新理论形态；马克思主义是在批判地总结和吸收人类优秀文化成果中发展的。毛泽东思想和中国特色社会主义理论体系也是在继承和坚持马克思、恩格斯关于社会主义理论、无产阶级政党建设、无产阶级革命和解放理论的基础上，结合时代特征和本国具体国情，辩证综合历史和同时代的思想成果，实现了对马克思主义的发展和创新。

从马克思主义整体性的角度理解马克思主义发展的各个阶段，也即从马克思主义内在发

展演变的内在逻辑来划分马克思主义发展的各个阶段，比单纯从马克思主义的国别化、阶段化来划分更能体现马克思主义的本质。虽然从民族化、具体化、特殊化的马克思主义发展形态中提取具有普遍性的马克思主义基本原理还是一个艰巨的理论难题，但是马克思主义的普遍原理与时代特征、具体国情结合产生新的马克思主义理论形态的论断却是成立的。中国特色社会主义理论体系就是马克思主义发展史上的崭新理论形态，是马克思主义中国化最新理论成果。阐明中国特色社会主义理论体系在马克思主义发展史上的理论地位有助于廓清国内外对中国特色社会主义理论体系、中国特色社会主义道路“非马克思主义化”、“非社会主义化”的误解和歪曲。

（供稿人：罗文东）

**4. 从理论到技艺：论列宁在辩证法发展史上的特殊贡献**

相秀丽，《马克思主义与现实》2011 年第 3 期

马克思主义的辩证法思想是对黑格尔辩证法的实践性扬弃。马克思的辩证法思想颠倒了黑格尔辩证法，也破除了黑格尔辩证法作为纯粹理论的反思性限制，使之成为预示实践行动可能性的社会历史运动法则。较之于黑格尔和马克思，列宁使辩证法作为技艺用于诊断和处理现实斗争事务，其内容不再是概念的自我演化以及正题反题的最终和解。

在列宁看来，辩证法就是“革命的代数学”，不熟练地掌握和运用，就无法明智正确地判断社会形势和革命趋向。这是列宁辩证法思想的首要特点。列宁辩证法思想的另一个特点是在实践上突破了马克思、恩格斯社会理论的欧洲模式，论证了资本主义世界的不均衡性，从而为在落后的俄国进行社会主义革命提供了理论依据。列宁辩证法思想的第三个特点是，他认为作为社会行动主体的无产阶级必须以高度组织化的方式才能发挥战斗力，履行其历史使命。主要由于这三个方面，列宁的辩证法思想在辩证法发展史上特别是在马克思主义辩证法思想发展史上做出了特殊贡献。

黑格尔的辩证法是为了理解和认识，并不涉及行动。马克思则将辩证法移置现实社会生活的基础之上，用以探讨社会历史变迁及其趋势，提出社会行动的要求和召唤。列宁继承了马克思恩格斯对现实的理论批判，并把这一遗产现实化到俄国的革命运动中，在这种运动的现实进程中实践辩证法。只有仅仅从理论哲学的角度出发，才会把列宁的辩证法理解为一个遗憾——理论的遗憾，但它在实践中却表明是一种有效的“革命代数学”。

列宁确实在对时代形势的理解上与马克思、恩格斯有重要的不同。在马克思、恩格斯眼里，俄国尽管是一个值得重视的特殊案例，但他们对社会历史运动的把握主要还是以西欧为中心的。但是列宁则有自己的看法，他把马克思主义诞生以来的世界历史分为三个时期，俄国的事件成为划分世界历史时期的界标。不仅如此，在第三个时期，土耳其、波斯、中国都被纳入世界历史的进程，这种世界历史景观在马克思、恩格斯那里是尚未存在的。

马克思、恩格斯认定娩出新人类社会的行动主体是无产阶级，并且由于资本主义的历史性革命作用，无产阶级没有祖国，然而“第二国际”的历史和第一次世界大战的实际都表明，各国无产阶级还是受制于自己的“小我”。要让无产阶级真正担负起世界历史性的使命，除了阶级意识的启蒙之外，更重要的是还必须以新的方式组织起来。列宁对无产阶

级的组织问题给予了高度重视，这也是辩证法作为社会行动技艺能够落到实处所不可或缺的环节。

在辩证法技艺化的过程中，历史的意义也会变化。黑格尔曾对东方社会有所讨论，东方社会历史的意义主要在于它有助于完善精神辩证法本身的反思逻辑。马克思也对历史尤其是欧洲历史有极为精深的研究，不过却不再是为了完美的逻辑，而是为了确定更可行的社会改造路径。列宁更是高度重视对历史的具体研究，尤其是俄国历史。

（供稿人：唐芳芳）

### 5. 历史唯物主义与当代社会历史现实

衣俊卿，《中国社会科学》2011 年第 3 期

马克思主义社会历史理论同今天的社会历史现实的关系问题，应当成为当今时代深化马克思主义社会历史理论研究时的特别着力点。历史唯物主义是一种革命的和实践的社会历史理论，它不仅致力于揭示人类社会历史运动的一般性规律，更是注重在直面每一时代的社会历史现实中彰显自己的创造力和价值。今天的人类社会历史现实同马克思、恩格斯创立社会历史理论的时代相比，其内在结构、运行方式、发展内涵和问题困境方面都发生了重大的甚至是根本性的变化。这要求历史唯物主义者们自觉地完善、丰富或者转换自己的研究视角、研究方式和理论范式，以更加积极有效地面对和应对今天的社会历史现实。

对于社会历史理论具有实质性意义的社会历史现实变化至少有以下两个大的方面。（1）从社会结构或构成上来看，由于信息化背景下的文化整合，伴随着工业文明而彼此分化的社会诸领域呈现“再一体化”和相互渗透融合的趋势，从而导致各领域之间界限的模糊，并使社会构成呈现内在差异化和多态化，消解或削弱了主导型领域的统治地位或控制作用。（2）从社会运行和控制机制来看，由于社会诸领域的“再一体化”和相互融合，社会的主导型、中心化的宏观权力逐步分化为非中心化的、弥散的微观权力，从而使社会的控制机制由几种宏观权力的彼此冲突或相互博弈逐步让位给多态化的微观权力的相互制约和差异化共生。

当代哲学社会科学的思维模式也经历了从宏大叙事向微观叙事，从宏观理论范式向微观理论范式的自觉转变。一种宏观视域和微观视域有机统一的社会历史理论范式的基本内涵至少应当包含以下内容：（1）在政治、经济、文化等社会诸领域重新整合和融合的基础上，建立起影响和制约当代社会运行的新的权力谱系。（2）以丰富的微观权力的网络体系为中介，建立起经济基础与上层建筑的宏观结构与个体的微观活动结构之间的有机联系和互动交融关系，走出关于二者关系的外在对立和决定论的宏观理解模式。（3）充分把握政治、经济、文化等社会诸领域通过信息化背景下的文化整合而重新一体化的趋势，对社会结构和运行机制进行宏观的、微观的、多维的、多层面的、多视角的透视，解构单纯宏观权力霸权的宏大叙事，破除外在的决定论历史模式。

对上述尝试进行某种“合法性”论证。（1）在马克思、恩格斯的各种文献中，处处可见的都是这种关于现实的人和具体的社会历史现象与现实的具体的、微观的分析。（2）应当具体分析社会历史理论研究范式同社会历史规律的把握之间的特殊关联问题。加强社会历史理

论的微观视域的建构，绝不会导致否定历史发展规律的结果，相反，这应当是在今天的条件下进一步丰富历史唯物主义的重要途径。

（供稿人：唐芳芳）

### 6. 再论唯物史观与启蒙

邹诗鹏，《哲学研究》2011 年第 3 期

马克思对启蒙的超越和扬弃经历了一个过程。青年马克思从知性进化论及浪漫主义、激进民主主义到新唯物主义及唯物史观的转变过程，是一条从启蒙到唯物史观的转变历程。唯物史观在超越和扬弃启蒙的过程中，强化了革命逻辑、物质与经济逻辑、历史进步论的辨析与巩固、启蒙有关无神论思想的彻底化、社会主义的价值关怀与理念五重逻辑或观念。

唯物史观及科学社会主义对欧洲思想界产生了重大的影响，甚至于使欧洲社会政治思潮由启蒙所主导的古典自由主义转向了唯物史观所主导的世界社会主义运动。但是，唯物史观形成之后，欧洲思想也发生了一些重大变革与调整，并反过来影响了唯物史观的当代视域。

同马克思、恩格斯当年相比，启蒙的当代状况已经发生了很大变化：一是物化及其工具理性日益凸显；二是大众文化以及网络实践对启蒙的消解；三是资本主义精神不断同一化；四是启蒙须面对全球性的民族自觉与民族国家独立问题。启蒙的当代境况再次把唯物史观“悬置”起来，或者是以物化理论规制它，更多的则是把唯物史观看成是面向当代人类实践活动（尤其是乌托邦主义之盛行）进行批判的理论原型。这使得唯物史观进一步被定型为“经济决定论”。问题的关键在于，马克思基于唯物史观所展开的资本主义制度批判，不只是从属于物化批判的外在的和形式的批判，而是要求在正视当代状况的条件下，把物化批判置于资本主义制度批判之上，且强化时代精神的应有高度。这就要求人们对唯物史观的丰富内容有更加全面的把握，而这也是真正开放唯物史观之当代视域的前提。

当代视域的唯物史观应包含以下几个基本方面：（1）唯物史观的概念、范畴以及理论框架，从形式上看还是沿用了古典政治经济学或国民经济学，也即沿用了启蒙传统的概念术语。其基本框架还是经济决定论，也没有呈现出唯物史观对启蒙传统的超越和扬弃。（2）对物的关系的批判必须转化为对人的社会关系的批判，政治经济学批判必须同对资本主义制度的批判关联在一起。（3）历史唯物主义的整个理论建构从属于其终极的哲学人类学关怀。唯物史观的上述三个方面中，大体说来，第三个方面是目的，第二个方面是方法，第一个方面是结构。

当代西方哲学家的诸种批判和重构历史唯物主义的努力，看起来依然是在诉诸于唯物史观所扬弃的启蒙逻辑，而不是把唯物史观真正置于复杂的当代境遇之上，进而贯彻唯物史观对启蒙的超越与扬弃，开启唯物史观的当代性。所以，历史唯物主义的当代“重构”依然是一项未竟的课题。

（供稿人：任洁）

### 7. 信息时代唯物史观出现新变化

孙伟平，《社会科学报》2011年2月10日

当前人们所处的时代与马克思等经典作家所处的时代已经有了巨大的差别，人类正迈入信息时代，社会生产、生活方式发生变化，社会正在被“再结构”。立足当代社会的信息化进程，综合中西方学者们的研究成果，我们可以大致归纳出信息社会的若干特征——这其中包含着唯物史观的诸多新变化。

第一，技术基础：信息科技“再结构”社会。信息社会建立在高度发达的信息科学技术基础之上，是信息科技广泛应用于社会各领域、重建或“再结构”社会的产物。信息科技已经成为社会赖以存在和发展的基本技术支撑，成为社会自我组织、自我结构、自我发展、甚至变革社会的基本动力。

第二，实践基础：虚拟实践冲击传统实践观。虚拟实践与虚拟交往极大地冲击着传统的实践观与交往观。虚拟实践、交往的出现和广泛应用，是人类在“改变世界”方面自由创造的一次飞跃，是人类改变世界的同时也改变自身、从而实现自我超越的一次飞跃，是人类生存方式和活动方式的一次重要变革。

第三，经济基础：信息成为最重要资源。随着信息时代的到来，信息得到普遍地、充分地开发和应用，成为最重要的经济和社会资源，社会生产方式高度信息化、智能化；新的劳动与就业方式开始形成，就业结构发生了显著变化；传统的雇佣方式受到巨大挑战，“全日制工作”方式朝着“弹性工作”方式转变，在家办公、自由职业、兼职等广泛流行，人们工作的自由度加大了，但劳动效能空前提高；同时，信息贫富差距日益加大，“数字鸿沟”日益加深，结构性失业、两极分化、社会排斥等成为新的社会问题。

第四，组织结构：网络型分权式管理结构渐成。在信息时代，组织管理结构正在由传统的“金字塔型”向网络型的分权式管理结构演变，普通大众将在和自己有关的事务的管理与决策中发挥日益重要的作用，特别是“网民”的参政议政、民主监督作用日益凸显。唯物史观认为，经济基础决定上层建筑，或者说，要求、呼唤与之相适应的上层建筑。在信息时代，新的技术、实践和经济基础导致社会组织结构、管理方式面临挑战。

第五，信息文化：新信息主义精神正在形成。基于信息时代的生活实践，思想文化领域也正在发生引人注目的变化，一种新的信息主义精神正在形成。变革一方面体现在其物质基础之上，这是因为思想文化领域的组织形式日益信息化，越来越多地运用信息技术手段。另一方面，变革体现在思想文化的内容变迁之上，工业时代的意识形态和法律法规、传统伦理道德和文化价值观，在信息时代的生活实践中遭受到巨大冲击，面临许多挑战和问题。

第六，人的发展：不断生成新“自我”。知识经济的快速发展，社会生产力的空前提升，日益拓展的“数字化生存”方式，为人与社会的自由全面发展奠定了坚实的物质基础；它极大地提升了劳动生产率，普遍增加了人们自由全面发展所需要的自由时间，为人们的平等、自主、全面发展提供了更大的可能性。在信息时代，人自身也在被这一时代所特有的结构和方式（包括生产方式和生活方式）加以塑造，不断生成新的“自我”、“新的个人”。当然，信息网络技术及其“无批判性”的应用，也对人与社会的自由全面发展提出了新挑战，甚至导致了种种反主体性效应，导致了人的新异化。

必须深入研究信息时代、网络社会的新特点，确立人是目的的信息社会建构原则，探索与之相适应的人的自由全面发展的新规律、新路径。

（供稿人：任洁）

**8. 马克思对黑格尔方法论的改造及其启示**

俞吾金，《复旦学报》（社会科学版）2011 年第 1 期

在传统的阐释者们的视野里，最受到重视的是方法论问题，尤其是马克思和黑格尔在方法论上的关系问题。然而，即使是在这个备受重视的研究领域里，阐释者们的思想仍然是不明晰的，这种不明晰性甚至感染了他们的批判者。有鉴于此，厘清马克思和黑格尔在方法论上的准确关系，恢复马克思辩证法的本真含义，无论是对外国哲学的研究，还是对马克思哲学的研究，都具有不可低估的理论意义。

第一，“黑格尔的辩证法” ≠ “黑格尔的方法论”。黑格尔哲学，尤其是他的方法论对中国理论界的影响是无与伦比的。然而，很少有人在“黑格尔的方法论”与“黑格尔的辩证法”之间做出深入的反思和严格的区分，而晚年恩格斯的一系列著作，尤其是《路德维希·费尔巴哈和德国古典哲学的出路》（1888 年，以下简称《出路》）则进一步“遮蔽”了这种区分。按照恩格斯的看法，在黑格尔哲学中，存在着“体系”和“方法”之间的冲突。当恩格斯使用“辩证方法”这个术语的时候，他把“黑格尔的方法论”和“黑格尔的辩证法”这两个不同的概念完全等同起来了。事实上，这两个概念之间存在着重大的差别。

黑格尔的整个方法论包含三个环节。第一个环节：抽象的知性（正题）；第二个环节：辩证的或否定的理性（反题）；第三个环节：思辨的或肯定的理性（合题）。众所周知，黑格尔经常把上述第二个环节“辩证的或否定的理性”简称为“辩证法”。显然，把第二个环节作为黑格尔整个方法论的标志，并不符合黑格尔的本意。实际上，按照黑格尔“正题—反题—合题”的三段式思路，作为第三个环节的合题“思辨的或肯定理性”（简称为“思辨论”）处于最高的位置上，只有它才有资格成为黑格尔整个方法论的标志。

第二，马克思究竟如何改造黑格尔的辩证法？马克思从黑格尔的整个方法论中抽取出第二个环节——辩证法，加以阐释和发挥。他明白，黑格尔的辩证法在其现有的形态上是无法服务于革命的、批判的目的的，必须对其进行根本性的改造。马克思对黑格尔辩证法的改造主要是沿着以下两条线索展开的。

一条线索是改造黑格尔辩证法的载体。马克思很快就意识到了费尔巴哈的理论失误：“直观的唯物主义，即不是把感性理解为实践活动的唯物主义，至多也只能达到对单个人和市民社会的直观”。也就是说，费尔巴哈的“以自然为基础的现实的人”仍然是抽象的、不现实的，而真正现实的个人是从事实践活动的人。这样一来，马克思就用“实践”取代了黑格尔的“绝对精神”，使之成为辩证法的新的载体。

另一条线索是通过对黑格尔方法论中的第三个环节“思辨的或肯定的理性”，即“思辨论”的批判，完成对其辩证法的祛神秘化和祛颠倒化。马克思对思辨论的批判主要是沿着以下三个方向展开的。第一个方向：批判思辨论的头足倒置；第二个方向：批判思辨论的非批判性；第三个方向：批判思辨论把实体主体化、人格化。

正是通过对黑格尔思辨论的上述三个方面的批判，马克思成功地完成了对黑格尔辩证法的祛神秘化和祛颠倒化的过程，同时，又把辩证法与绝对精神这个载体分离开来，重新安顿在实践、劳动这样的新载体之上。于是，在黑格尔方法论中几乎处于窒息状态的辩证法，在马克思那里获得了新生。

（供稿人：夏一璞）

**9. 马克思“三大社会形式”理论的原像——析望月清司对《政治经济学批判大纲》解读的两个“贯穿”和一个拒斥**

姚顺良，《现代哲学》2011年第1期

日本马克思学者望月清司在其出版于1973年的代表作《马克思历史理论的研究》中认为，马克思的历史理论是将世界史描述为“共同体—市民社会—社会主义”三个阶段，其中心是说明“市民社会”的产生和发展过程。他认为，这一理论发轫于《1844年经济学哲学手稿》和《穆勒评注》，完成于1857—1858年的《政治经济学批判大纲》（以下简称为《大纲》）。为此，望月采取了“剥离马克思和恩格斯的统一关系，将马克思纯粹培养”的策略，对这一过程中的各个文本进行了颇为详尽的解读。望月的这一研究成果，产生了较大的学术影响：不仅在日本成了“市民社会派马克思主义”的经典文本，获得了“望月史学”的美誉，而且近来被中国某些学者称为“在世界马克思学界是罕见的”，对中国马克思主义研究带有“启蒙”意义的成果由于《大纲》完全是马克思一个人的著作，又被望月指认为马克思历史理论的最成熟的表述，是“望月史学”的核心文本依据，本文是对望月的解读进行澄清。

望月对《大纲》解读的第一个结论是马克思的“三大社会形式”理论实际上是“人的依赖关系三阶段”理论，“人的依赖关系”贯穿于整个社会历史。望月抹杀了“共同体”和“社会”之间的质的区别。更为重要的是，望月用人格化和物象化二者关系的转换过程，遮蔽和消解了马克思“三阶段”论的实质内容。

望月对《大纲》解读的第二个结论是“劳动和所有的同一性”原理的历史贯穿性，将“等价交换”的市民社会原理泛化为贯穿三大社会形式的普遍原则。事情真的是这样的吗?答案只能是否定的。首先，“劳动和所有的同一性”即“基于劳动的所有”并不是“马克思不变的世界史认识”，恰恰是市民社会的特殊规律，是资产阶级社会的法权形式和意识形态。再次，所谓“劳动和所有的同一性的历史贯穿性”错误的根源在于混淆了“生产条件所有”和“产品所有”。最后，望月的根本目的在于论证“等价交换”这一“市民社会的原理”是马克思历史理论的核心，是马克思社会主义的根本纲领。

讨论完望月的两个“贯穿”，再来谈谈其对《大纲》解读中的一个“拒斥”，特别是在解读的主旨上对所谓“异化统治论”、“剩余价值论”的否定。离开《大纲》“资本”一章的主体部分和“异化统治论”，就不可能真正把握马克思三大社会形式理论的原像。望月的这一“拒斥”，其目的是要将马克思的三大社会形式理论曲解为“一个社会（即剥离掉资本家社会的市民社会）的非历史表象”，把马克思改塑为亚当·斯密+马克斯·韦伯。马克思由一个资本主义的辩证批判家变成了资本主义的精致的辩护士了！马克思批判“粗陋的”“平均的”共产主义决不是要对“私有财产”顶礼膜拜，而是要上升到“私有财产”之上，即上升到科学的共产主义！

（供稿人：唐芳芳）

**10. 牢固树立和践行人民主体观**

罗文东，《中国社会科学院研究生院学报》2011年第6期

人民群众是历史的创造者和社会主义事业的力量源泉。在长达九十年的奋斗历程中，我们党运用和发展马克思主义关于人民群众是历史创造者的基本原理，始终代表中国最广大人民的根本利益，坚持群众观点和群众路线，发挥人民群众的主体性，不断夺取革命、建设和改革的伟大胜利，中国人民和中国社会的面貌发生了翻天覆地的变化。胡锦涛同志在庆祝中国共产党成立90周年大会上的讲话中指出：“来自人民、植根人民、服务人民，是我们党永远立于不败之地的根本”；“每一个共产党员都要把人民放在心中最高位置，尊重人民主体地位，尊重人民首创精神，拜人民为师，把政治智慧的增长、执政本领的增强深深扎根于人民的创造性实践之中”。在全面建设小康社会、加快推进社会主义现代化的新阶段，牢固树立和践行人民主体观，充分发挥人民群众的主体性，切实保障人民各项权益，对于全面推进党的建设新的伟大工程和中国特色社会主义伟大事业，具有十分重要的理论意义和现实意义。

马克思主义创始人不仅继承了历史上关于人的主体性思想的优秀成果，而且在辩证的、历史的唯物主义和科学社会主义的基础上，进一步揭示了人的主体性的科学内涵、现实条件和正确道路，实现了主体观的根本变革，为无产阶级革命和社会主义建设提供了锐利的理论武器。

以毛泽东为代表的中国共产党人对人民主体思想进行了艰辛的探索。经过28年的艰苦斗争，我们挣脱了帝国主义的奴役，推翻了封建专制主义和官僚资本主义的统治，使无产阶级和广大劳动人民成了国家的主人。这是毛泽东关于人民主体思想、人民战争理论以及党的群众观点、群众路线，指导新民主主义革命所取得的伟大胜利。新中国建立后，中国共产党成了在全国范围内执政、领导国家建设的党。面对新的形势和任务，我们党对树立人民主体思想、坚持群众观点和群众路线的认识在不断深化。毛泽东提出“要把国内外一切积极因素调动起来，为社会主义事业服务”的基本方针，并描绘了一个又有集中又有民主，又有纪律又有自由，又有统一意志，又有个人心情舒畅、生动活泼的中国社会主义建设的美好愿景。

树立和践行人民主体观是发展中国特色社会主义的必然要求。作为对人民群众在一定社会关系和国家生活中的地位、作用、权利和行为方式的自觉认识，人民主体观揭示了人民群众与共产党之间、人民群众和社会主义国家之间内在的、必然的联系，解答了建设中国特色社会主义的出发点和落脚点、力量源泉和主要动力、根本原则和基本方法等一系列重大问题，丰富和发展了马克思主义的世界观、历史观、价值观和方法论。只有牢固树立人民主体观，切实保障人民主体性，社会主义社会才具有无限的生机与活力。

人民主体观既吸收了中华文明的合理内核，又借鉴了时代发展的进步成果，是当代中国共产党人的马克思主义立场、观点、方法的集中体现。中国特色社会主义理论体系中的人民主体观，是在改革开放和现代化建设的长期实践中形成的当代中国共产党人的立场、观点和

方法，它犹如一根红线和精髓，贯穿于邓小平理论、“三个代表”重要思想和科学发展观等重大战略思想的各个组成部分，贯彻于建设中国特色社会主义伟大实践的全过程，是对马克思列宁主义、毛泽东思想的创造性运用和发展。我们说中国特色社会主义理论体系同马克思列宁主义、毛泽东思想是一脉相承的，这个“脉”就包括人民是历史创造者这一马克思主义基本原理和人民主体性这一社会主义根本原则。牢固树立和践行人民主体观，对于发挥社会主义制度的优越性、保持党的先进性、增强经济社会发展的科学性具有决定性的意义。

（供稿人：任洁）

## 四　国外马克思主义研究代表性论文

### 1. 关于国外马克思主义研究现状的审思

*衣俊卿，《马克思主义与现实》2011 年第 5 期*

国外马克思主义研究毫无疑问已经成为目前中国哲学社会科学中最热门的研究领域之一。西方马克思主义研究在 20 世纪 80 年代开始起步并迅速引起学术界的高度关注，于 90 年代初期陷入低迷之后又在 90 年代后期逐步复苏，到 21 世纪头 10 年进入急剧膨胀期。我们在从事国外马克思主义研究时，除了埋头于自己所专注的人物或问题，也需要时常抬头环视一下这一学科的总体研究情况，并思考一些前提性问题，并就不同流派和不同方面研究的“合法性”或“合理性”进行必要的探讨与沟通。检审国外马克思主义研究的现状，在充分肯定近年来所取得的突出成绩的同时，必须看到还存在许多需要我们反思的问题。例如，研究的理论深度问题、思想资源和理论依据问题、不同流派之间的有机联系问题、理论的现实穿透力问题，以及主题散乱、缺乏沟通对话、译介多而理论分析少等问题。

第一，“划界意识”的提出。谈到国外马克思主义研究中的“划界”问题，必须指出的是，研究者所说的划界诉求强调的不是一种“硬划界”，而是一种“软划界”；不是一种“刚性划界”，而是一种“弹性划界”。也就是说，这种划界意识的重点不在于“约束”和“规定”，而在于“提醒”和“启示”。具体言之，它绝不是要做一种区分“谁是马克思主义者”和“谁不是马克思主义者”，或者区分研究者“可以研究什么”和“不可以研究什么”的具体“划界工作”。

第二，基础性的“划界意识”。本文所倡导的国外马克思主义研究的“划界意识”，在基础的层面上可以表述为：应当对国外马克思主义研究所涉及的各种流派、人物和观点的客观的学术影响力和现实影响力做出切实而恰当的评估，从而在国外马克思主义研究领域突出重点和核心层。

第三，深层面的“划界意识”。本文所倡导的国外马克思主义研究的“划界意识”，在深层次上可以表述为：在对国外马克思主义研究对象的学术影响力和现实影响力做出评估的基础上，还要进一步对每一具体研究对象的价值取向、基本观点，特别是其同马克思思想的真实关系做出具体的区分性评价，至少要明确一点：关于国外马克思主义流派的研究同关于马克思思想在当代思想界和社会实践中的影响的研究是有区别的。

第四，国外马克思主义研究的“现实诉求”。(1) 更加全面地理解马克思、恩格斯的思想。(2) 深刻透视20世纪人类历史进程和实践发展的变化和特征。(3) 在全球化视野中透视中国的实践发展和理论创新。

(供稿人：陈慧平)

**2. 生态学社会主义核心命题的局限——评詹姆斯·奥康纳“生产性正义”思想**

冯颜利、周　文、孟献丽，《中国社会科学》2011年第5期

在人类社会发展的思想史上，正义作为一种道德理想、价值追求和崇高境界，人们从没有停止过对它的探讨与追寻。奥康纳（J. O·Connor）探讨的生态学社会主义思想就是对“正义性社会”的一种憧憬。他认为，在生产社会化已高度发展的今天，“分配性正义”根本不可能实现，人们应该从对“分配性正义”的迷恋中挣脱出来，转而追求“生产性正义”，进而提出了生态学社会主义的两个核心命题：“正义之唯一可行的形式就是生产性正义”、“生产性正义的唯一可行的途径就是生态学社会主义”。但是，对正义的诉求从来都是多视角、多领域的，这就决定了“生产性正义”不可能是“正义之唯一可行的形式”；从世界社会主义理论与实践的多样性看，“生态学社会主义”也不可能是“生产性正义的唯一可行的途径”。

第一，从“分配性正义”转向“生产性正义”不能否定“分配性正义”的诉求。“生产性正义”是奥康纳生态学社会主义理论的核心概念，这是他在“重构”历史唯物主义、重点阐释资本主义危机理论的基础上提出来的。但是，众所周知，古今中外人们对正义的诉求是多视角的，既有经济领域的分配正义、生产正义、交换正义与消费正义，也有哲学中的形式正义与实质正义，还有司法中的程序正义等，这样“生产性正义”就不可能是“正义之唯一可行的形式”，从“生产性正义”到“分配性正义”也就不能否定后者的重要性。

第二，“生态学社会主义”不是“生产性正义的唯一可行的途径”。国际共产主义运动的实践已经证明，社会主义道路的多样性是由各国国情的特殊性决定的，强调社会主义道路的单一性，只会扼杀社会主义。在社会主义的发展过程中，出现过各种社会主义道路与理论流派，并在世界社会主义运动中发挥着不同的作用，它们从不同角度、不同侧面反映出世界社会主义的发展趋势和状况。

第三，正义的实现要超越正义本身。无论是在古老的东方还是近代的西方，人们对正义的诉求一刻也没有停止过，这体现了人类憧憬未来、发展进取的本性。尽管现实的阶级社会不可能实现真正的正义，随着全球化进程的不断加快，全球的经济正义问题、政治正义问题、伦理正义问题与环境正义问题等都异常严峻，但人们对正义的诉求比以往任何时候都更加强烈。如果正义的诉求在社会上异常强烈，社会肯定是不正义的。

奥康纳也认识到，“资本”本身就产生了向社会主义过渡转变的某些技术和社会方面的先决条件。但是，“资本”虽然会“驱使人们利用资本本身来消灭资本”，可消灭资本的过程是漫长的；正义的诉求虽然有可能性，可正义之路也是艰难的，正义的实现绝非一朝一夕之功。因此，在当今的现实中，完全“分配性正义”虽然难以达到，“生产性正义”在阶级社会也只能是一种诉求，但在“分配性正义”的基础上提出“生产性正义”的思想却给人们重

要启迪：研究正义不仅要关注分配，也要关注生产，只有将分配与生产结合起来思考，才能找到分配不正义、生产不正义的最根本的原因——私有制——以剩余价值（利润）最大化为目标的私有制。所以说，资本主义私有制才是不公正、不正义的唯一根源，只有消灭资本主义私有制才是正义实现的唯一有效路径。奥康纳在强调"生产性正义"时，根本不提消灭资本、消灭私有制，不提实现公有制。此外，当今是消费决定需求、需求决定市场、市场决定生产，而不是生产决定消费，如果不提消费正义，只强调生产正义，这样的正义诉求，至多是美好的语言、良好的希望，最终是空中楼阁，并有可能混淆资本主义与社会主义的界限。

（供稿人：陈慧平）

**3. 苏联解体后哈萨克斯坦共产党的发展历程和政策主张**

丁军、刘汉玉，《经济社会体制比较》2011 年第 2 期

苏联解体后哈萨克斯坦共产党的发展历程：

"8·19"事件后，哈萨克斯坦共产党迅速瓦解，信奉社会民主主义的哈萨克斯坦共产党党员成立了社会党，坚持共产主义信念的党员则积极活动准备重建共产党组织。通过一些共产党员的不懈努力，1994 年 2 月 28 日哈萨克斯坦共产党获得合法地位，成为该国多元政党格局中一支令人瞩目的力量。2009 年 6 月，哈萨克斯坦共产党、全民族社会主义民主党和未被注册的"阿拉格"党的领袖们在阿拉木图举行了代表会议，在保证各党独立性的前提下，通过了三个党联合成一个新组织的决议，新组织名称为"为了公正的哈萨克斯坦"。

哈萨克斯坦共产党现今拥有党员约五万人，是该国国内较大的政党之一，主要的支持者为中年以上人群和对苏联时期有怀念感情的人，在普通劳动群众中，特别是生活贫困的居民阶层中拥有较高的支持率，其党员也大多属于这一阶层。哈萨克斯坦共产党之所以能在逆境中不断发展，是因为：（1）它的纲领明确；（2）领导层有一定的号召力；（3）该党曾有较雄厚的群众基础，在工人、农民和知识分子中都有支持者；（4）社会党的消失使其部分成员转到共产党队伍中，壮大了共产党的队伍。

哈萨克斯坦共产党纲领及其政策主张

第一，哈萨克斯坦共产党的纲领：哈萨克斯坦共产党的奋斗目标是在科学社会主义的基础上，进一步巩固共产党在人民心目中的地位，利用宪法和法律范围内可以实行的所有形式和方法，为争取劳动人民的政权作斗争，为国家实现社会自由和社会公平创造条件。

哈萨克斯坦共产党关于哈萨克斯坦未来社会主义社会的思想，是认为哈萨克斯坦未来的社会制度不仅要区别于资本主义，还应该区别于苏维埃时期其他社会主义国家实行的社会主义。

第二，哈萨克斯坦共产党的政策主张：2007 年 11 月，哈萨克斯坦共产党中央委员会全体会议通过了名为"哈萨克斯坦主张的新思想"的决议。其基本思想是：为了社会正义作斗争，反对专制、违法和政治暴力。

哈萨克斯坦共产党的政策主张与其纲领是一致的，认为哈萨克斯坦应该实行人民政权，消除政权中的谎言、专制和腐败，使青年能够平等接受教育，劳动者享有平等的就业机会，老年人能够安度晚年，公民享有免费医疗。哈萨克共产党肯定苏维埃时期的成绩并吸取教训，

认为没有社会主义就没有真正的社会公平。哈萨克斯坦共产党致力于为社会正义作斗争，现阶段该党主要是揭露资本主义的弊端，宣传社会主义生产方式的优越性，号召全社会向新世纪的社会主义前进。

（供稿人：于海青）

**4. 法国共产党建立 90 年兴衰启示**

蒲国良、章德彪，《人民论坛》2011 年 6 月（下）

法国共产党成立于 1920 年底，至今已有 90 多年的历史。该党有过辉煌的历史，曾经是法国政坛的第一大政党。然而，自 20 世纪 80 年代以来，法共在国内外政治力量的博弈中由盛转衰，面临严峻考验。

第一，法共何以步步走向衰落。法共由盛及衰，是建立在深刻的客观背景和不可忽视的主观原因综合作用的基础上的。它是国际形势重大演变的结果，也是国内政治斗争较量下的结局。（1）法国经济、社会与阶级结构的深刻变化是导致法国共产党力量与影响力持续下降的重要的客观因素。自第二次世界大战后，特别是七八十年代以来，法国与西欧其他国家一样，出现经济结构的重大调整，产业结构发生许多新的变化，第二产业在国民经济中的比重日益下降，法共赖以生存发展的传统产业工人数量急剧下降。20 世纪 80 年代末 90 年代初所发生的苏东剧变，使法共陷入了自第二次世界大战结束以来空前的政治困境中。正是由于“苏东剧变”使法共从原来一个有较大影响力的政党，逐步萎缩成国内政坛的一个边缘小党。苏共的垮台使法共失去了国际靠山，在软硬实力上遭受难以估量的损失，成为法共衰落的重要外部原因。（2）法共自身在理论政策上调整频繁，并且多变，造成了党内严重的思想混乱，导致该党飘浮不定、自乱阵脚。法共领导层实行的战略忽左忽右、理论政策又缺乏连贯性，因而没有取得预期的调整效果，不仅没有找到该党的自身定位，而且大大损耗了该党原本有限的政治资源，使党陷入政治迷航中。（3）法共同社会党的几次结盟行动结果不彰，反而一次次地被社会党挖了墙角，导致损兵折将。20 世纪 80 年代和 90 年代中后期法共与社会党的两次结盟，最终都导致其力量的明显下降和社会形象的严重受损。（4）法共内部因政策分歧导致的争斗，损害了党内团结，内讧对该党走衰的影响不能低估。法共自上世纪 70 年代放弃“民主集中制”后，允许党内存在不同政治立场的组织和派别，这就为党内内耗与争斗埋下了祸根。特别是上世纪 90 年代以来，由于党内意识形态的分歧和思想上的混乱导致凝聚力的下降，也带来了在组织上的分化与争斗，派别活动公开化，党的战斗力、内外行动能力受到重大损伤。

第二，法共逐渐衰落对现今共产主义政党的警示意义。一个政党的改革应当进行科学的论证，一定要结合党情、国情稳妥实施和推进，切不能搞冒进主义。作为一个共产主义政党，其纲领理论和政策主张不能胸无定数，更不能摇摆太大，否则，党会陷入严重的思想混乱中。作为一个政党尤其是共产党一定要加强党内团结，决不能允许有组织的派别活动存在。作为一个传统政党还一定要善于把握世界大势，积极做群众工作，争取更多的年轻人，成为社会的主流政治力量。

（供稿人：陈慧平）

### 5. 尼联共（毛）的发展及其面对的挑战

王静，《马克思主义研究》2011 年第 8 期

2006 年，尼泊尔共产党（毛主义）（2009 年更名为“尼泊尔联合共产党（毛主义）”，简称“尼联共（毛）”）领导的尼泊尔人民解放军与政府军签订停火协议，尼泊尔 10 年人民战争就此落下帷幕。

第一，尼泊尔目前胶着的政治形势。尼联共（毛）内部存在着“革命派”和“改良派”之间两条路线的斗争。革命派与改良派的观点分歧在于：更侧重建立人民共和国还是民主共和国；更侧重武装起义还是“和平过渡”；更侧重群众性阶级斗争还是上层的改良。而围绕军队的合并与整编，制宪会议各政党展开激烈斗争。

第二，美国和印度破坏尼泊尔人民革命。美国从未放弃对尼联共（毛）的打压和对尼泊尔内部事务的干涉，美国也是迄今为止还将尼联共（毛）列入“恐怖主义”组织的唯一国家。B. 奥巴马政府任命的驻尼大使表示，尼联共（毛）只有满足“放弃具有威胁的武装力量”，“放弃（共产主义）信仰和观念”，“不组织罢工”等条件，美国才考虑将其从恐怖主义名单撤销。

第三，印度政府用各种手段拉拢尼泊尔右派政党合伙排挤尼联共（毛）。据《红星》杂志报道，印度肆意干涉尼泊尔政治，并通过看守政府给尼泊尔军队运送武器。2011 年初有大量杀伤性武器从印度运往尼泊尔。当前的印度政府企图破坏和平进程，将尼泊尔推入长期冲突。

第四，国外毛派对尼联共（毛）的批评及尼联共（毛）的回应。2006 年 6 月，印度共产党（毛主义）中央委员会发言人表示：尼共（毛）与买办资产阶级政党和封建势力（如尼大会党、修正主义的尼共（联）和其他统治阶级政党）共同组成政府是行不通的，因为各方的利益截然相反。

2006 年 7 月，普拉昌达代表尼共（毛）中央答复美国革命共产党的来信，对于回答世界其他国家毛派的质疑具有广泛的代表性。他认为：传统思维方式和对马列毛理论的运用不足以应对新形势带来的新挑战。旧的党与群众的关系是机械式的，提供了官僚资本主义在党内滋生的土壤。多党竞争，在人民行使权利的监督、控制和干预下，党和人民的关系将充满活力。我们的国家夹在中国与印度两大国之间。靠我们拥有的资源和解放军实力，即使包括吸收青少年，也不能击败印度，更何况美帝国主义。

第四，较之尼泊尔其他各政党，尼联共（毛）拥有深厚的民众基础；拥有“人民解放军”、民兵、青年团和工会等强大的武装力量和组织力量；尼联共（毛）从尼泊尔几十个共产党中脱颖而出，历经 10 年战争，是一个在军事和政治上成熟的政党；尼联共（毛）以在南亚适用性很强的毛泽东思想为指导，拥有强大的思想武器。但是尼联共（毛）需要谨防潜在危险：党内两条路线斗争导致内部分裂；国内反动势力纠集国外干涉力量发动政变对尼联共（毛）的突然袭击和大屠杀；印度和美国采用经济、政治和外交手段对尼泊尔的间接干涉，甚至直接出兵占领尼泊尔。

（供稿人：于海青）

**6. 西欧国家共产党的边缘化：数据分析**

向文华，《当代世界社会主义问题》2011年第1期

第二次世界大战结束后，法国共产党成为该国最大的左派政党。然而，法国共产党参加国民议会选举的成绩自1951年开始逐年下降，到20世纪80年代，下降的趋势更加显著，1993—2007年间继续呈持续下降趋势。到2008年，法共党员仅有13.4万人。在法国政坛，法共虽然还能获得少量国民议会议席，但已失去组阁潜力和谈判能力。

意大利共产党曾是西欧共产主义运动中影响最大的共产党组织。但是自1976年开始，该党在历次选举中得票率和议席数不断下降。1991年1月，意大利共产党改名为“意大利左翼民主党”。反对改名决定的少数派共产党人建立了“意大利重建共产党”和“意大利共产党人党”。到2005年，意大利重建共产党和意大利共产党人党党员的总和只有13.1万人。在2008年的意大利议会选举中，意大利重建共产党与意大利共产党人党、绿党、民主左翼党组成“彩虹左翼联盟”议会下院选举得票率为3.1%，未达到议会准入门槛。

英国共产党在经历了第二次世界大战前的缓慢上升并在第二次世界大战期间发展到顶峰之后，就一直在走下坡路。1948年“冷战”开始后，英国工党发起了大规模的反共运动，英共党员人数开始下降。此后，英共在历届大选中均一无所获。至1993年，英共仅有1234名党员，政党功能基本丧失。

西班牙共产党曾是西欧最有影响的共产党之一。从1978年到2010年，该党党员人数总共下降了90%（2010年仅有2万人）。自1996年以来，以西班牙共产党为主体的联合左翼在西班牙大选中的得票率和议席数呈持续下降趋势现在的得票率已经低于4%，并且选票和议席都在持续下降。

葡萄牙共产党曾是欧洲共产主义的重要力量。在1975年，葡共获得12.46%的选票和30个议席，党员人数也猛增到10万人。自1979年开始，葡共的选举成绩就已经开始持续下滑。葡共目前是与绿党结盟竞选，如果把联盟内的选票平均计算，葡共的平均得票率在最近的三次选举中都没有超过4%。葡共是一个老龄化的政党，在不久的将来很快会失去活力。

1956年以来，希腊共产党内不断出现的分裂严重影响了它的发展。1991年后，希共大约失去40%的干部。希共及其联盟1974—2009年间在希腊议会的选举中的得票率在5%—10%的区间波动。

比利时共产党在1946年的全国议会选举中，曾获得12.7%的选票。但是，20世纪50年代以后，比利时共产党的政治地位出现大幅下滑。自1981年后，比利时共产党不但在全国议会的选举中得票率一直下降，最终完全失去议席，成为一个议会外政党，而且在地方议会选举中得票率持续下降。

目前，西欧国家还存在奥地利共产党、荷兰共产党、挪威共产党等边缘化政党。

以上若干指标表明，西欧共产党目前多已经边缘化。不排斥在西欧经济持续下滑、社会动荡的情况下，西欧共产党会获得一定的发展空间。但是，就目前而言，客观数据说明西欧共产党已经边缘化。西欧共产党只有认真总结其经验教训，找出一条适合自己的发展道路才能实现艰难的复兴。

（供稿人：王静）

### 7. 评拉克劳和墨菲对马克思社会结构理论的批判

王晓升，《马克思主义研究》2011 年第 11 期

拉克劳（E. Laclau）和墨菲（C. Mouffe）认为，把社会区分为经济基础和上层建筑是一种社会地形学。这种社会地形学的理论核心是把经济看作是一个完全独立于上层建筑的自主领域，而只有当经济完全独立于上层建筑，经济在整个社会中的基础地位才能被确立起来。而根据他们的分析，经济并不是独立的，经济从一开始就包含了政治。马克思的错误就在于他把生产过程和劳动力的买卖过程混淆起来了，把劳动力的买卖过程等同于生产过程，或者生产过程直接由劳动力的买卖过程所决定。在他们看来，生产过程中包含了斗争，具有政治斗争的特点。

但是，拉克劳与墨菲对马克思的指责却是错误的。他们首先把马克思的思想放在资产阶级的政治经济学的框架中，并按照这一框架来理解马克思的历史观。应该承认，马克思在建构自己的历史唯物主义理论的时候，受到了资产阶级政治经济学和黑格尔哲学的影响，把社会领域区分为市民社会和国家，并进一步把市民社会和国家分别理解为经济基础和上层建筑。但是，马克思的经济基础和上层建筑的概念超越了资产阶级政治经济学的框架。马克思在《德意志意识形态》中不是像黑格尔那样把市民社会理解为资本主义社会的经济关系，而理解为“直接从生产和交往中发展起来的社会组织”，“这种社会组织在一切时代都构成国家的基础”。正如我们前面指出的那样，政治领域和经济领域之间的区分既是资产阶级革命的成果，又是由资产阶级以法律体系所规定下来的，整个资本主义社会制度就是建立在两者之间区分的基础上。如果马克思只是简单地接受了资本主义制度，接受了政治领域和经济领域的分离，那么他的共产主义理论也就无从谈起，他的整个历史唯物主义就只有批判资本主义的外表，而没有批判资本主义的实质。如果人们只是用资产阶级政治经济学来理解马克思的历史观，那么就必然会把市民社会和国家的概念作为一个固定的框架来分析一切社会形式，那么这实际上是把资本主义社会永恒化，而这恰恰是马克思所否定的。关于这一点，马克思在《〈政治经济学批判〉导言》中进行了清晰的说明。拉克劳和墨菲恰恰把马克思所否定的东西强加给马克思，并批判他们所虚构的马克思。由此可以说，不是马克思“虚构”了经济领域的独立性和自主性，而是拉克劳和墨菲虚构了马克思的资本主义生产过程的理论。

马克思在承认工人运动的多样性的同时也指出了各种工人运动之间的内在联系。尽管其斗争的目的千差万别，但是其主旨都在不同程度上涉及这样一点：工人们不满足于资本主义社会所实现的形式平等，而要实现人的个性自由和发展。然而，要实现人的个性自由和发展就必须最终推翻资本主义制度。而拉克劳和墨菲对于工人阶级非同一性的分析，对于现代社会运动新特点的强调就是要用所谓的激进民主来颠覆资本主义社会中的形式平等（同一性逻辑）。虽然拉克劳和墨菲所倡导的激进民主对于颠覆资本主义的形式平等具有一定的意义，但是却并不能从根本上改变资本主义社会中实质的不平等。马克思的工人运动理论，从逻辑上来说，虽然不否定这种激进民主运动的社会意义，但是如果用这种激进民主代替无产阶级推翻资产阶级统治的革命，用工人运动的近期目标代替实现共产主义的长远目标，那么就是错误的。只有推翻资本主义制度，资本主义的形式平等才能真正被颠覆，共产主义所倡导的人的个性自由和全面发展才能得以实现，拉克劳和墨菲所强调的那种差异逻辑才能发挥作用，

而他们所倡导的激进民主恰恰忽视了这个根本点。

（供稿人：冯颜利）

**8. 晚期阿尔都塞对“认识论断裂”的自我突破**

林青，《哲学研究》2011 年第 4 期

在《保卫马克思》中，阿尔都塞（L. Althusser）指出了马克思思想分期的“认识论断裂”，即早期的意识形态阶段和成熟时期的科学阶段。阿尔都塞认为，1845 年之前，青年马克思的思想还停留在黑格尔和费尔巴哈的总问题中，即在一种人本学或“旧人道主义”意义上来谈论现实问题，纯属抽象和幻想，因为它不曾研究真正的社会现实，而是在幻想的对象中，以一种抽象和思辨的方式展开其虚假的论述，属于意识形态阶段。直到 1845 年《德意志意识形态》时，马克思才真正跟黑格尔和费尔巴哈告别，抛弃了旧哲学的范畴，使用生产方式、经济基础、上层建筑、生产力及生产关系等范畴，寻求一整套把握社会现实的新概念，走向了历史唯物主义，进入“科学阶段”。从“意识形态阶段”到“科学阶段”，即阿尔都塞关于马克思思想的“认识论断裂”。但是，晚期的阿尔都塞对此却有新的阐释，并对这种“意识形态与科学”对立的模式进行了深刻的自我批评。他称自己关于“认识论断裂”的判断陷入了知性思维方式，且犯了“理论主义”错误，“按照把科学和意识形态之间进行思辨上区分的方式，按照简单的和一般的方式，把真理和谬误对立了起来”。在晚期阿尔都塞看来，这本身就不是一种历史唯物主义的描述方式。他本意是想通过“认识论断裂”来言明和保护马克思的思想免受资产阶级意识形态的侵蚀，但在这种理论主义的倾向中，“最后还是按照科学和非科学的理性主义思想方法来思考这一‘断裂’和界定这一‘断裂’”。晚期阿尔都塞对“认识论断裂”所犯的“理论主义”错误的反思，目的不仅仅在于澄清自身的一个理论错误，更重要的在于借助这个反思，重启理论与实践的关系问题。在晚期阿尔都塞看来，如果以阶级斗争及社会领导权为纽带，那么科学与意识形态的关系就表现为理论与实践的关系。依据他的看法，青年马克思便是由于政治立场的改变而实现其自身理论的转换的。在此，晚期阿尔都塞以一种重回马克思思想发生的语境，来重提理论与实践的关系问题。19 世纪中后期的思想和政治环境，预示着马克思思想传统正在经历着史无前例的巨大考验。在晚期阿尔都塞看来，要重新使马克思思想具有时代性，无论是追溯马克思思想中的康德因素还是黑格尔因素，都是无济于事的；只有在社会现实的层面来剖析理论所具有的生命力，才能使理论本身获得把握和解决现实问题的能力。

（供稿人：张剑）

**9. 国外马克思主义研究：四条路径及其评价**

王凤才、陈学明，《学术月刊》2011 年第 2 期

“国外马克思主义研究”包括四条不同的阐释路径：即“正统马克思主义”阐释路径；东欧“新马克思主义”阐释路径；“西方马克思主义”阐释路径；“国外马克思学”阐释路径。

关于西方马克思主义与正统马克思主义的异同。本文认为，二者的相同点是：都以马克

思思想为主要思想来源，并以马克思主义为主要研究对象；都具有强烈的批判精神；都具有明确的乌托邦理想。不同点是：（1）前者试图将马克思思想与马克思主义区分开来，或者强调马克思主义的批判性，将马克思主义理解成为人道的马克思主义；或者强调马克思主义的科学性，将马克思主义理解成为科学的马克思主义。后者强调马克思思想与马克思主义的一致性，将马克思主义理解为实践基础上科学性与批判性的统一。（2）前者的批判对象既有资本主义又有现实社会主义，既批判资本主义工业文明又反思人类文明本身；后者的批判对象主要是资本主义和资本主义工业文明。（3）前者的乌托邦理想带有太多的理想主义成分，譬如非压抑性文明社会、理想的交往共同体、法权共同体等；后者的理想很大程度上是现实主义的，譬如自由人的联合体、共产主义等。关于西方马克思主义与国外马克思学的异同，本文认为二者的相同点是：都以马克思思想为主要思想来源，并以马克思主义为主要研究对象。不同点是：前者更侧重于“思想”，或者说，更侧重于理论阐发与现实关注；后者更侧重于“学术”，或者说，更侧重于文献考证与文本解读。后马克思主义则并不是独立于西方马克思主义之外的思潮或运动，而是西方马克思主义思潮内部的一个分支。简言之，后马克思主义不过是借助后结构主义来解构和重建马克思主义的西方马克思主义流派。因而，像其他西方马克思主义流派一样，后马克思主义继承了马克思主义的批判精神，肯定社会主义的价值目标，都是批判资本主义的新左翼思潮。但是，后马克思主义与其他西方马克思主义流派不同之处，在于它对马克思主义的立场、观点、方法的解构，在于它离马克思主义的距离更远。只有拉克劳、墨菲的激进多元民主才是典型的后马克思主义。就此而言，后马克思主义是对马克思主义的继承与超越、解构与重建。尽管拉克劳、墨菲一再强调后马克思主义既不在马克思主义之外，更不是一种反马克思主义，而是重视其他社会斗争形式的马克思主义；但无论如何，后马克思主义作为借助后结构主义来解构和重建马克思主义的西方马克思主义流派，离经典马克思主义已经相去甚远，与后现代主义有某些共同性，乃至表现出某些非马克思主义倾向。“国外马克思主义研究”的四条阐释路径各有特点，不应采取“贴标签”方式简单处理，而应采取实事求是态度进行具体分析。应当避免两种错误倾向：一是将国外马克思主义研究“神圣化”——用国外马克思主义研究否定马克思主义中国化研究；二是将国外马克思主义研究“虚无化”——用虚无主义态度对待国外马克思主义研究。

（供稿人：张剑）

### 10. 社会主义优于资本主义在于它更平等
——科恩对社会主义的道德辩护

段忠桥，《学术月刊》2011 年第 5 期

20 世纪 90 年代以来，随着苏联社会主义制度的最终解体，社会主义的前途命运，特别是发达资本主义国家的前途命运，渐成英国与美国等国家的马克思主义者的研究主题。从他们的相关研究成果来看，虽然都确信社会主义比资本主义更优越并最终会取代资本主义，但由于对社会主义的实现本身存在不同看法，因而在如何动员人民积极参加反对资本主义和创建社会主义的斗争的问题上形成两种截然不同的意见。一种意见以纽约大学的伯特尔·奥尔曼教授为代表，认为社会主义的实现是基于历史的必然性，是资本主义制度自我否定的结果，

它现今就已存在于资本主义社会中，并仍在继续发展，当前很多人看不到这一点，是因为不懂辩证法，因此，当今的社会主义者应加强对辩证法的宣传。另一种意见以牛津大学的科恩教授为代表，认为社会主义的实现要基于人们的意愿，而社会主义优于资本主义的一个重要方面就在于它更平等，但这些在传统的马克思主义中却少有论证，因此，当今的社会主义者应更多地从道德方面为社会主义辩护，以激励人们主动投身实现社会主义的事业。

什么是社会主义？在这一问题上，科恩与传统的马克思主义者一样，也认为社会主义是一种社会经济制度，其特征是公有制。

科恩认为，社会主义是比资本主义更可取的所有制形式，这不存在任何问题，“但它面临的问题不在于可取性方面，而在于可行性方面”。社会主义者现在遇到的主要问题是，人们不知道在所有制问题上如何在全社会范围模仿前边讲的第一种野营旅行。说得更明确一点就是，他们不知道如何在全社会范围内实现生产性资产的共有制。科恩指出，认为社会主义共有制是不可行的人通常提出两个理由：（1）人性是自私的，人们天生就缺乏满足社会主义共有制要求的那种慷慨，即使他们在野营旅行的特殊情况中会足够慷慨。这一理由与人的本性的限制有关。（2）即使人们在适当的环境中会足够慷慨，那我们也不知道如何去利用这种慷慨，即我们不知道如何通过恰当的规则和刺激使慷慨转动社会经济的车轮，而人的自私则不同，人们知道如何很好地利用它。这一理由与社会技术的限制有关。在科恩看来，第一个理由是不能成立的，因为毕竟几乎每一个人都既具有自私的倾向，也具有慷慨的倾向。第二个理由则值得社会主义者重视，因为社会主义者确实缺少恰当的设计社会组织方面的技术，“我们的问题是设计的问题。它也许是一个无法解决的设计的问题，而且它无疑是一个被我们自私的倾向所烦恼的设计的问题，但它却是一个设计的问题，所以我认为，是一个我们已经把握到的问题”。

综上所述，虽然科恩对社会主义的必然性缺乏深刻的认识，但他的从道德方面为社会主义做辩护的思路还是值得借鉴的。尽管社会主义的“最终胜利”说到底是基于客观的历史必然性，但这种必然性的实现离不开人的主观努力，而人的主观努力又是与人们的道德信念分不开的。从道德方面为社会主义作辩护也是人们当前面临的一个新课题。就此而言，是可以从科恩那里学到不少东西的。

（供稿人：冯颜利）

## 五 国际共产主义运动研究代表性论文

### 1. 新中国成立以来的“第一国际”研究

童建挺，《当代世界与社会主义》2011年第1期

新中国成立以来我国学界对“第一国际”的研究状况进行了比较系统的梳理和概括。

60年来，我国社会主义研究工作者对“第一国际”的研究经历了一个从受“左”的思想的影响到“解放思想、实事求是”的过程，从局限于某些方面走向比较全面和深入的研究，取得了丰硕的成果。

从研究的阶段来看。新中国成立后，随着对国际共产主义运动史研究的开展，我国社会主义研究工作者对“第一国际”的研究从20世纪50年代开始，经历波折和低谷，到80年代走向繁荣，并日益深入和成熟。总体看来，“第一国际”研究的兴盛时期是20世纪80年代前期。20世纪90年代后，人们已经比较难见到新的研究成果的出现。

从研究的内容来看。60年来，我国学界对“第一国际”的研究已从建国前的零星知识介绍发展到了今天系统、深入的探讨和分析。例如对于“第一国际”成立背景、性质、组织结构和组织原则，“第一国际”成立后的主要任务、主要活动，“第一国际”的分期，马克思、恩格斯在“第一国际”中的作用，马克思主义在“第一国际”时期的传播和发展以及“第一国际”的历史功绩等主要问题的研究，莫不如此。除了上述问题，学者们对于“第一国际”与各国工人运动和民族解放运动，如“第一国际”与德国社会民主工党、英国工联、法国工人运动、巴黎公社、波兰的民族解放斗争以及“第一国际”的机构，“第一国际”和派别之争及关于某些重大问题的讨论，“第一国际”时期的工人活动家，国外对“第一国际”研究的介绍等问题也进行了大量深入细致的研究，并出版发表了不少相关成果。

总的看来，对于“第一国际”的不少问题，学者们已经形成了一致的看法，但在某些方面还存在争鸣，亦存在许多不足之处。其中一个比较突出的问题就是对“第一国际”中其他流派的作用缺乏研究，另一个问题则是在研究中存在把现代的概念套用在“第一国际”头上的现象，这一做法并不恰当。对于这些有争议的问题，还有待于进一步深入研究，从另一方面来看，这也是“第一国际”研究走向成熟的一种表现。

（供稿人：潘西华）

**2. 苏联剧变主要原因的系统分析**

程恩富、丁军，《中国社会科学》2011年第6期

20世纪最重大的历史事件之一，是苏联和东欧社会主义国家发生剧变。在过去的20年里，中外各界对苏联剧变和解体的原因进行了大量的探讨，提供了丰富的研究成果。但是，在众多原因何者为主要原因的问题上，即使在马克思主义知识界也没有达成共识。很有必要重新审视和客观剖析苏联解体的主要原因。

关于苏联剧变和解体的原因，从大量的外文资料和研究成果中可以筛选出四类因素：一是原苏共领导人的反省；二是“独联体”国家共产党和左翼力量的剖析；三是“独联体”国家学者的分析；四是西方国家和中国学者的研究。综合起来分析可以看出，苏联剧变、解体和苏共丧失执政地位，既有思想原因，又有组织原因，更有政治性的根本原因。

一是思想原因，主要是过度否定斯大林和西方“和平演变”战略引发了长期思想混乱，冲击并扰乱了长期以来苏联人民对社会主义的理想信念，而苏联原有的僵化的思想理论和传统宣传教育体制和机制，又难以及时有效地对这些混乱、错误的思想予以消除；

二是组织原因，长期以来特别是戈尔巴乔夫担任苏共总书记后，苏共逐步提拔和重用了大批非马克思主义干部，腐蚀了党的执政机体，然而，苏共原已存在的有严重弊端的组织体制和机制，对这种现象又难以及时有效地予以消除；

三是政治原因，在苏联剧变和解体前，苏共领导集团已经背叛了马克思主义和社会主义，

但是，由于高度集权和缺乏约束的传统政治体制和机制的存在，苏联内部难以对这种背叛行为加以制约并及时有效地消除，最终使苏联解体，成为 20 世纪末最大的悲剧。

在对苏联剧变和解体主要原因的分析中，还存在着“传统模式必然论”、“戈氏改革失控论”、“人民群众抛弃论”、“军备竞赛拖垮论”、“民族宗教失策论”等一系列见解。这些观点尽管从不同侧面提出了苏联剧变和解体的重要影响因素，但这些因素并不是导致其剧变的主要根源，而是要从属于前述三大原因。

总之，基于高度集权和僵化的传统社会主义体制和模式，在苏联剧变和解体的三大主要原因或根本原因中，长期的思想理论混乱是基础性原因，长期的组织政策失误是关键性原因，而实行“改革新思维”的政治上背叛是直接的致命性原因和首要原因。

（供稿人：侯为民）

**3. “第二国际”研究 60 年**

童建挺，《当代世界与社会主义》2011 年第 4 期

新中国成立 60 多年来，我国对“第二国际”的研究经历了从建国前的零星知识介绍发展到今天系统深入的探讨和分析，逐步走向客观和成熟的过程。

第一阶段：新中国建立后，随着对国际共产主义运动史的研究，我国社会主义研究工作者从 20 世纪 50 年代开始逐渐展开对“第二国际”的研究。1956 年后，由于国际和国内形势的需要和中央的重视，国际共运史研究开始兴起。“第二国际”作为国际共运的一个重要时期和修正主义的典型，成为国际共运史研究的一个重点。这一阶段，我国对“第二国际”的认识深受苏联共产党有关结论的影响，“第二国际”成了改良主义、机会主义的代名词。

第二阶段：20 世纪 50 年代末至 60 年代初，随着中苏交恶及国内“左”倾思想的出现，中国对国际共运史的研究服务于现实政治，开始强调两条路线的斗争，“第二国际”的研究亦如此。不过，为了批判的需要，这一时期还是出版了不少“第二国际”的文献资料和国外有关论著。这些出版物成为了研究“第二国际”的重要参考资料。

第三阶段：1966—1976 年的“文化大革命”给国际共运史的研究带来极大的消极影响，本来已经被扭曲的“第二国际”研究被进一步扭曲。这一时期，除了在 1966 年“文革”开始后中断、从 1972 年起又陆续出版的“灰皮书”以及马克思、恩格斯、列宁、斯大林论国际共运各有关专题的资料外，有关“第二国际”的出版物也不多见。

第四阶段：“文革”结束后，随着中共十一届三中全会在思想上的拨乱反正，中国的社会主义研究工作者开始摆脱“左”的思想的影响，努力对这段历史重新研究，对长期不敢涉足的“禁区”进行了大胆探索，就许多问题进行了激烈的争论，逐渐恢复了“第二国际”的历史地位。

第五阶段：1979—1989 年间，有关“第二国际”的研究成果纷纷涌现。同时，随着高等学校恢复正常招生，“国际共运”作为公共课或专业课在各个高校普遍设立。“第二国际”的文献资料得到系统、全面的翻译和出版。国外有关论著得到翻译出版，国内学者的专著也不断出现。这一时期称得上是“第二国际”研究的全面发展和繁荣时期。总的看来，“第二国际”研究的兴盛时期是 80 年代中后期，之后国际共运史学界的研究重点已经开始由历史向当

代转移。90 年代后，“第二国际”的研究仍然取得了值得关注的成果。

60 年来国内学者主要关注的问题：例如对于“第二国际”成立的背景、性质、组织结构和组织原则、成立后的任务、主要活动、“第二国际”的分期和下限、策略问题、历史功绩、“第二国际”存在的问题以及“第二国际”在世界社会主义总进程中的影响等问题。对于其中不少问题，学者们已经达成了一致，但在某些方面则还存在争鸣。

总的看来，新中国成立 60 年来，我国社会主义研究工作者对“第二国际”的研究经历了从原来的教条主义式的贴标签走向全面深入的研究的过程，逐步还原了它的本来面目。但不可否认的是我国“第二国际”的研究仍存在不足之处。

（供稿人：潘西华）

**4. 共产国际与中国革命**

刘宋斌，《光明日报》2011 年 6 月 28 日

中国共产党在筹备创建和创立过程中，共产国际代表到中国介绍“十月革命”后俄国的情况及苏俄的对华政策，以及国际共产主义运动的状况和经验，对建党工作给予了指导和帮助。中共建立后加入共产国际，成为了共产国际的一个支部。随后，在反对帝国主义、反对封建军阀的革命运动中，共产国际主张和推动第一次“国共合作”，对中国大革命运动的兴起，也起了重要的指导和推动作用，促进了中国大革命高潮的到来。但与此同时也应看到，在大革命时期，共产国际对蒋介石等国民党“新右派”的反共阴谋和活动，采取了妥协退让的政策，这对大革命后期陈独秀右倾机会主义错误的形成和大革命的失败有着不可推卸的责任。接下来，在国内“白色恐怖”十分严重时期，共产国际指导和帮助中国革命从失败走向复兴，但其“左”倾理论又使中国革命再受巨大损失。在此时期，中共在共产国际和联共（布）的帮助下，在莫斯科召开中共第六次全国代表大会。斯大林、布哈林等共产国际和联共（布）领导人对大会亲自给予指导。这次大会基本上统一了中共全党的思想，对实现工作转变和中国革命的复兴，起了积极的作用。但在土地革命战争的初期，特别是中期，共产国际对中国革命的指导出现许多重大失误。随后在抗日战争时期，共产国际支持和推动“抗日民族统一战线”的建立，并最终支持和确立了毛泽东在中共中央的领导地位。20 世纪 30 年代中期，随着法西斯势力在世界范围内日益猖獗，共产国际实行了战略的转变。共产国际七大确定把建立最广泛的世界反法西斯统一战线作为各国共产党的基本策略，并积极支持和推动国内抗日民族统一战线的建立。在此时期，共产国际也大大减少了对中共内部事务的干涉，中国共产党在政治上进一步成熟，在组织上也进一步独立。随后共产国际在国内政治局会议上，进一步统一了中央领导层在重大政治、组织原则方面的认识，维护了以毛泽东为核心的中央的团结一致和统一领导，并进一步确定了毛泽东在全党的领导地位，统一了全党的步调，推动了各项工作的迅速发展。共产国际解散后，中国共产党加速了马克思主义中国化的步骤，并逐步真正走上了完全独立自主地领导中国革命的道路。

（供稿人：潘西华）

### 5. 全球“金融危机”背景下的美国工会运动和美国共产党

刘淑春，《马克思主义研究》2011年第9期

全球金融危机爆发以来美国工会运动和美国共产党都出现了一些新情况。

目前，美国的工会大都是民主党的支持力量，对B. 奥巴马上台曾寄予厚望。但奥巴马执政伊始便与资方合谋实施汽车垄断集团的“破产保护”计划，这为工会所始料不及。为避免整个企业倒闭并造成工人更大的损失，工会被迫在劳资谈判中作出让步，接受了使工人工资、津贴和福利都减半的无奈结果。随着金融和经济危机的深入，不仅美国工业企业雇员的薪水、福利、退休金大幅缩水，公共部门雇员的利益也受到蚕食。这引起工会的反抗。2011年2—3月间，在美国威斯康辛州爆发了由公共部门工会领导并吸引了10多万社会各界群众参加的大规模抗议运动，该运动得到来自全国50个州的声援国的。美国资方和媒体舆论常把美国工人的失业归罪于中国，对此，美国左翼工会人士呼吁美国与中国的工人和工会之间应加强理解与合作，维护国际工人阶级的共同利益。

金融和经济危机在客观上为美共的发展创造了机会。利用这一机遇，美国共产党以各种方式向民众说明危机与资本主义之间的关系，以唤醒民众的阶级意识，积极投身于反对资本主义的社会运动。在威斯康辛州的抗议运动中，美国共产党领导人萨姆·韦伯通过美国共产党网站接连发表文章，表明该党的支持立场。在韦伯看来，数以万计的美国人认识到，资本主义无法运转了，“美国梦”破碎了，需要一种更好的体制。在人们寻求解决问题的方案时，社会主义已开始进入人们的视野。但在今天的美国，社会主义革命尚未提上日程，当前的抗议斗争也不是真正意义上的争取社会主义的斗争，美国共产党本身还不能站在斗争的第一线。但与工会运动联合，与广大社会阶层建立统一战线，开展争取雇佣劳动者民主权利的斗争，就是为争取社会主义的斗争奠定社会基础。美国共产党利用网络等现代化手段和灵活的策略，扩大该党的社会基础和党员队伍，新增党员1500人，各项工作取得新进展。

当前的资本主义危机不仅危及下层劳动者，而且伤及作为西方社会砥柱的中产阶级，这在客观上为新的工人运动和其他社会运动的兴起提供了客观条件。但这种运动目前多以捍卫雇佣劳动者的经济和社会权利为目标，尚未转变为以夺取政权和制度替代为目标的政治革命。近20年来，跨国资本为追逐利润最大化而借经济“全球化”向中国这样劳动力价格相对低廉、投资环境安全的国家转移企业和资本。这一过程不仅导致美国及其他投资国工厂关闭、工人失业，同时也造成中国日益严重的环境污染和中国工人的备受剥削。在金融危机来临之际，跨国资本为摆脱困境，不惜违反“劳动法”来降低各阶层劳动者的福利，同时又在人民币汇率、双边贸易等问题上造谣惑众，挑拨发达国家工人对中国等发展中国家工人的仇恨。因此，加强国际工人队伍内部的阶级意识、消除彼此的误解，是当前各国工会面临的挑战。中国政府、工会应利用各种机会主动做沟通工作，这有利于树立社会主义中国在国际上的良好形象，使中国特色社会主义得到世界劳动人民的理解与支持。世界社会主义的研究也应扩展视角，不仅关注共产主义运动，还要关注工人运动，或许工人运动将是未来世界社会主义复兴的起点。

（供稿人：陈硕颖）

### 6. 变革中的社会主义四国——2010—2011 年越南、古巴、老挝、朝鲜四国社会主义研究报告

中国社会科学院马克思主义研究院当代世界社会主义研究室，《当代世界与社会主义》2011 年第 5 期

2010—2011 年，越南、古巴、老挝、朝鲜四个社会主义国家暂时抵御住了世界经济危机的冲击，纷纷实现经济平稳增长；与此同时，社会主义四国执政党相继召开了代表大会，继续深化对未来改革方向的探讨，以积极寻求适合本国的发展道路。社会主义四国的这一新动向引起了国内外学者的广泛关注。

越南共产党于 2011 年 1 月召开的第十一次代表大会，修改了 1991 年制定的《社会主义过渡时期的国家建设纲领》，进一步明确了越南社会主义的特征和方向。然而，在越共十一大召开前夕，越南各界对越南社会主义今后走向等问题交锋激烈，越共内部亦存在不同声音。越南主要理论家、思想理论部门的领导人阮富仲、苏辉若、阮文之等纷纷发表文章表述自己的观点。越共新近修改后的纲领淡化了传统社会主义特征中所强调的“公有制”、“按劳分配”的基本特征，从而使“越南的社会主义”更加脱离传统定义。对此，我国有学者指出：越共十一大将着力破除发展道路上的理论束缚，并且在政治系统革新方面寻求较大突破；越共的权力会受到越来越多的监督和制约；越南政治体制改革的进展，值得我们关注。

古巴共产党于 2011 年 4 月召开第六次全国代表大会。会议重点立足于经济领域，旨在研究古巴经济与社会模式的创新与调整，通过了《党和革命的经济与社会政策纲要》，选举产生了以劳尔·卡斯特罗为第一书记。古巴驻华大使卡洛斯·米格尔·佩雷拉指出：古巴社会主义必须在“延续”的基础上寻求“变革”。古巴著名学者对古巴的改革重点和难点进行了分析，并将之与中国和越南进行比较，认为古巴更新必须坚持自己的特点。我国学者江时学、袁振东和徐世澄等对古巴的改革也进行了跟踪和分析，认为古巴的改革过程中具有一定的困难，但前景乐观。

老挝人民革命党 2011 年 3 月召开了第九次全国代表大会。大会的主题是“加强全国各族人民的凝聚力和党内统一，发扬党的职能和领导能力，在贯彻执行革新开放政策中迈出突破性的步伐，为带领老挝在 2020 年摆脱最不发达国家行列和不断迈向社会主义创造坚实的基础”。2010 年，老挝学者发文强调要加强对党员干部及各族群众的思想政治教育、加强党的建设，防止西方“和平演变”。我国学者马树洪对老挝建设社会主义的机遇、挑战及前景进行了分析。

朝鲜劳动党 2010 年 9 月 28 日召开的党代表会议，选举产生了最高领导层，并修改了党章。金正日当选为书记局总书记，金正恩被选举为中央军事委员会副委员长。朝鲜国内的研究成果主要发表在《哲学研究》、《经济研究》、《社会科学院学报》、《金日成综合大学学报》等杂志上，主要内容涵盖了对“主体思想”和“先军政治”的阐释、对社会主义建设和劳动党的建设的论述以及对美帝国主义和韩国政治体制的批判等方面。我国学者从朝鲜国家发展战略的角度进行了分析，认为朝鲜的国家战略和发展道路并没有改变。

（供稿人：潘金娥）

### 7. 第十二次共产党和工人党国际会议的政策主张

刘春元,《当代世界社会主义问题》2011年第1期

2010年12月3—5日在南非茨瓦尼召开的第十二次共产党和工人党国际会议以“资本主义制度性危机的不断深化，共产党在为争取和平、进步和社会主义而斗争过程中的任务：捍卫主权、加强社会联盟和巩固反帝阵线”为主题进行了深入讨论，通过了《茨瓦尼宣言》和一系列决议，剖析了不断深化的资本主义制度性危机、国际力量平衡的重大变化与美国遏制中国的战略以及工人阶级和人民力量进行抵抗斗争的必要性和重要性，提出了共产党和工人党在当前阶段的历史性任务和斗争策略，呼吁所有社会团体与共产党人站在一起，为实现社会主义而奋斗，并指出社会主义是人类唯一的解决方案。

《茨瓦尼宣言》指出，这场危机是制度性的，资本主义不能逃脱其内在的、制度性的趋势，即反复经历繁荣和衰退的周期。面对危机，资本家通过加大对养老金的克扣、加强对城市和乡村贫困人群以及广大中间阶层的剥削来维持其资本的利润，并把危机的负担转嫁到工人阶级身上。随着危机的发生，贫困人口的生存情况极大地恶化了。

与持续发生的危机相伴随的是国际力量平衡的重大变化。美国的全球经济霸权在持续衰退；多数发达资本主义国家出现了生产全面停滞现象；世界上产生了新的全球经济大国，尤其是中国。比利时工人党指出，美国表面上好像是在重建与亚洲国家的友谊，实际上其唯一的目标是利用这些亚洲国家来削弱其主要的对手中国，以便稍后更加容易地重新支配和剥削整个亚洲，恢复自己作为“亚洲的天然盟友”的身份。

在过去一年里，对劳工权利、社会保障权和工资进行的反人民的攻击引发了民众斗争的升级，在欧洲尤为如此。第十二次共产党和工人党国际会议强调指出，在今天的现实情况下，当务之急在于共产党和工人党参与并加强人民的这些防御性斗争，并把这种防御性斗争转变为进攻性斗争，以争得更广泛的工人和人民的权利，并废除资本主义。为了推进这一战略议程，在工人阶级及其盟友获取政治权力的斗争中，组织工人阶级和以阶级为导向推进工人运动的斗争具有十分重要的意义。

第十二次共产党和工人党国际会议在深入分析资本主义经济形势和政治形势的基础上，提出了共产党和工人党在现阶段的历史任务与斗争策略，即捍卫、巩固和推进人民的国家主权，加强社会联盟，加强反帝国主义的阵线，争取和平、争取稳定工作的权利、劳工权利以及免费医疗和免费教育等社会权利。

（供稿人：刘淑春）

### 8. 从国际金融危机看不断深化的资本主义制度性危机
——以澳大利亚为例

温尼·莫利纳,《马克思主义研究》2011年第4期

资本主义制度的周期性生产过剩危机和这次国际金融危机已使人类完全失望。面对危机，资产阶级政府采取的措施是拯救金融业，并通过牺牲人民来全额收回在以上过程中积累的国债，使劳动人民背上了无法偿还的社会债务。因此，越来越多的人加入到斗争中，以争取真正的变革和把人类与地球置于私人利润之前的政策。

在危机深重的美国，B. 奥巴马当局不仅不会实行有利于工人阶级利益的任何变革，而且还会不遗余力地向世界施加压力，企图使世界各国共产党人持不同政见的权利非法化。在拉丁美洲，美帝国主义企图阻止其反对新自由主义的变革，在澳大利亚，通过澳美长期的军事同盟关系，美国将澳大利亚军队进一步整合到美国的军事机器中。但尽管美国费尽了心机，却仍然不能阻止那些要求独立于美帝国主义的运动四处蔓延。

在澳大利亚，资本主义制度性危机同样在不断深化。右翼的澳大利亚政府为应对危机采取了一系列刺激经济的措施，但其主要目的是恢复和确保私人利润。而工人则付出了巨大的牺牲，工资在国民生产中的份额已下降到历史最低水平。同时，澳大利亚政府还不断在“气候变化”谈判中发挥阻碍性作用，这很可能会影响澳大利亚人民的生活。

在资本主义制度性危机不断深化的背景下，澳大利亚工会运动面临的一个挑战是恢复其失去的基本权利，捍卫现存的生活条件和权利。在过去30年里，由于右翼社会民主主义者的领导，澳大利亚的工会运动在会员数量和思想领域等方面已被大大削弱了。工人们对加入工会或工人阶级政党的兴趣下降。这是澳大利亚共产党所面临的一大挑战。

随着危机的发展，澳大利亚的政局也发生了变化。工党、自由党和国家党已经完全疏远了他们声称要代表的民众，而进步的绿党已成为第三大党，并赢得了广泛的支持，开辟了一个结束两个主要的资产阶级政党支配澳大利亚政坛的前景。澳大利亚共产党因积极开展竞选活动、捍卫人民的权利和生活水平，也赢得了许多社会人士和一部分工会组织的支持，提高了知名度，并招募了一些新的党员。在澳大利亚共产党看来，只有建立一个新型的“为人民服务”的政府，才能实现真正的变革。为实现这一目标，澳大利亚共产党努力把“左”派和进步力量联合起来，以建立这样的新型政府，制定有利于工人阶级和其他社会阶层的法律。澳大利亚共产党强调，当前最紧迫的任务就是把澳大利亚共产党的影响力恢复到以前，但是在这个过程中，必须改进和提高与其他组织及民众的合作，围绕工人和其他受剥削人民所面临的许多事项与他们联合起来。

（供稿人：邢文增）

### 9. 社会主义的现实与未来

托尼·安德烈阿尼，《当代世界社会主义问题》2011年第2期

在“大萧条”后的半个世纪里，经济自由主义遭遇失败，社会主义似乎逐渐占据上风，这不仅表现为苏联社会主义经济取得了令人瞩目的发展，还表现为社会主义在西方也取得了一些进展，如福利制度的建立和完善、劳动者权利的增加以及“混合”经济的发展。然而，20世纪80年代后，社会主义走向衰落，在资本主义国家，自由主义取代了凯恩斯主义，而苏联及社会主义阵营的瓦解更是为社会主义的希望带来致命打击。

凯恩斯主义被新自由主义取代的原因有以下几个方面：国家阻碍了资本的运动；工人工资不断增长的趋势对大公司的利润增长形成了障碍；跨国公司需要通过兼并和收购才能进一步发展。

尽管新自由主义似乎取得了胜利，但其蕴藏的危机正在显现。从经济层面看，新自由主义主导下的经济增长率要远远低于凯恩斯主义盛行时代，而且，经济的增长呈现出不规则特

征，世界经济多次出现大萧条和大倒退的危险。之所以如此，是因为金融化的资本主义不断加剧社会的不平等，破坏了凯恩斯体制主导下的资本主义社会赖以稳定的社会妥协。从政治层面看，新自由主义主导下的资本主义社会引发了更加严重的民主危机，主要表现为：人们对政治生活变得漠不关心，政党变成了纯粹的竞选机器以及“弃权主义”的兴起和极右派政党的复兴。新自由主义自身包含的这些危机因素为社会主义的发展提供了有利土壤。

然而，社会主义的回归也存在四个方面的障碍：(1) 意识形态的障碍。社会主义思想变得非常含糊，没有与之相应的清晰的纲领；(2) 信息与知识领域的意识形态工具的限制。现今的娱乐业和广告业宣扬和吹捧的是资本主义的生活方式；(3) 政治领域的障碍。集中表现为新兴资产阶级对社会主义的排斥；(4) 经济方面的障碍。其中最主要的有两个：一是“全球化”的挑战。经济“全球化”是推动资本主义集中发展的加速器，如果社会主义国家的企业想要在世界市场上与资本主义的跨国企业对抗，就必须具备强大的竞争力，仅仅简单照搬资本主义大企业的融资模式、管理与组织方法、会计技术甚至是企业目标等则会非常危险。二是国有企业的结构缺陷即权责不明，亦是极大的障碍。但社会主义国家的企业也具有三方面的优势：一是自我融资的优势；二是解决了企业管理层与监管机构之间的“暗箱操作”行为；三是职工的参与。

重新明确社会主义纲领是社会主义回归的重要条件。社会主义纲领的核心在于建设一种“经济民主”，它主要包括三个维度：政治民主在经济中的应用、社会公平和经济内部民主。

那么，社会主义会在哪些国家出现呢？社会主义首先必须具备一定的经济发展水平，还要具备一定的教育、文化、民主和需求水平。在作者看来，欧洲可能会成为“风暴区”，而在其他第三世界国家，如今日的委内瑞拉、玻利维亚和厄瓜多尔已经标志着社会主义某些形式的回归。

（供稿人：邢文增）

**10. 当代世界社会主义运动已发生重大变化（上、下）**

*聂运麟，《中国社会科学报》2011 年 7 月 28 日、8 月 30 日*

当代世界社会主义运动发生了重大变化，主要体现在 9 个方面：(1) 有关世界社会主义运动的目标：各国共产党纷纷提出了建设具有本国特色的社会主义发展目标；(2) 有关对现代资本主义社会的认识：已经走出“资本主义总危机”的理论误区，比过去更加实际而辩证；(3) 有关当代世界社会主义运动的策略：大多数资本主义国家的共产党都主张通过和平、民主的道路走向社会主义，而在经济文化比较落后的国家中，共产党往往分为两派，一派主张走议会民主的道路，另一派则主张走由农村包围城市的武装夺取政权的道路；(4) 有关当代社会主义运动的阶级力量配置：工人阶级是社会主义运动的领导力量；农民、知识分子是社会主义运动的依靠力量；中小资产阶级是社会主义运动需要争取和团结的力量；大垄断资本是社会主义革命的对象；(5) 有关走向社会主义的革命发展阶段：各国共产党对社会主义建设的长期性、复杂性和艰巨性有了新的认识；(6) 有关领导社会主义运动的马克思主义政党：资本主义国家共产党提出了使共产党现代化和建设群众性政党的方针，以适应当前国内外形势发展的需要；(7) 有关指导当代世界社会主义运动的理论基础：从教条式地对待马克思主义转变为创造性地应用马克思主义；（8）有关世界社会主义运动团结与合作的形式：政党与政党之间的双边关系、“共产党工人党国际会议”、“国际共产主义研讨会”以及社会主义学者国际会议成为重要形式；（9）有关世界社会主义运动与其他社会运动的关系：对其他社会进步力量开展的反对资本主义、争取社会主义的运动采取比较宽容的态度。

世界社会主义运动发生重大变化和转型的社会根源有五个方面：（1）高新科技革命和生产力的革命为世界社会主义运动变革和转型提供了物质前提和基础；（2）时代主题的转换是促使世界社会主义运动变革和转型的重要国际环境；（3）资本主义的新变化是世界社会主义运动变革与转型的客观依据；（4）阶级力量对比关系的严重失衡是世界社会主义运动变革与转型的内在要求；（5）马克思主义理论是世界社会主义运动变革与转型的理论依归。

对世界社会主义运动的变革与转型，本文认为一要正视现实，二要正确对待。首先，世界社会主义运动的变革与转型是世界经济、政治和社会发展的产物，是各国共产党为适应生存环境的变化而改变自己；其次，这种变革和转型是工人阶级和广大劳动群众经过几个世纪的斗争所取得的成果，是一种社会的进步；再次，在争取社会主义的斗争中，各国共产党有独立自主地制定自己的理论和策略的权利，人们应该尊重这一基本权利；最后，人类实现社会主义的道路将是艰难、曲折而漫长的，在这个过程中，实践才是检验真理的唯一标准，应该由历史来评价今日世界社会主义运动的是非曲直。

（供稿人：邢文增）

## 六　中国近现代史基本问题研究代表性论文

### 1. 90 年来党的组织工作的主要成就与经验

李源潮，《党建研究》2011 年第 7 期

90 年来党的组织工作的主要成就。一是建立了一支规模宏大、素质优良的党员队伍，为党的事业组织了可靠的先锋力量。党员人数到 2010 年底达到 8026 万名，广泛分布于中国社会各阶层各领域。二是锻造了一茬又一茬忠诚坚定、奋发有为的各级领导层，为党的事业提供了重要的干部保证。截至 2010 年底，全国公务员总数约 689.4 万人，其中县处级以上领导干部 72.5 万人，干部队伍的规模、结构、整体素质能力总体上适应改革开放和社会主义现代化建设的需要。三是构建了覆盖广泛、严密完善的基层组织体系，为党的事业发展奠定了坚实的基层基础。90 年来，党的基层组织不断发展和巩固，2010 年底全国有党的基层组织 389 万个，覆盖经济社会各个领域。四是凝聚了中国社会各方面各层次的优秀分子，为党和人民的事业提供了有力的人才保障。五是造就了一支党性坚强、作风正派、业务过硬、工作出色的优秀组工干部队伍，为贯彻落实党的组织路线提供了坚强的力量支撑。

90 年来党的组织工作积累了宝贵的历史经验：必须以发展着的中国化马克思主义为指导，始终坚持组织工作的正确方向；必须紧紧围绕党的中心任务推进组织工作，在服务大局中体现组织工作价值；必须把党和人民的根本利益作为组织工作的出发点和落脚点，努力让全党满意、让人民满意；必须坚持解放思想、实事求是、与时俱进，不断推进组织工作改革

创新；必须把制度建设贯穿组织工作各个方面，努力提高组织工作的科学化、民主化、制度化水平；必须坚持不懈地抓好组织部门自身建设，努力形成争当先进、争创优秀的组工文化。

在新的历史起点上，组织工作迎来了新的发展机遇，面临着新的严峻挑战。要按照胡锦涛的要求，把改革创新作为新形势下做好组织工作的根本要求，承前启后、继往开来，不断开创组织工作新局面。一要着眼于实现全面建设“小康社会”和基本现代化奋斗目标，更加自觉地服务科学发展大局。二要着眼于党长久执政，努力培养造就忠诚党和人民、有坚定理想信念的高素质干部队伍，确保党的事业后继有人。三要着眼于最广泛地聚集优秀人才，不断健全育才、引才、聚才、用才机制。四要着眼于增强党的生机活力，积极推进干部人事制度改革和组织制度创新。五要着眼于增强党的阶级基础和扩大党的群众基础，坚持不懈地加强党的基层组织和党员队伍建设。

（供稿人：陈志刚、戴立兴）

**2. 90年来党密切党群关系、做好群众工作的基本经验和启示**

李景田，《新湘评论》2011年第15期

党的群众工作是党的基础性、经常性、全局性、根本性工作。密切党群关系、始终保持党同人民群众的血肉联系，是中国共产党做好群众工作的本质要求。

第一，为大多数人谋利益是无产阶级政党也是中国共产党的立党之本。为最广大人民谋利益是无产阶级政党同一切剥削阶级政党的根本区别，是无产阶级政党先进性的显著标志。历史充分证明，无产阶级政党在任何时候都不能脱离人民群众，这是党的立党之本。从毛泽东同志的“人民万岁”、邓小平同志的“我是中国人民的儿子”、江泽民同志的“代表中国最广大人民根本利益”到胡锦涛同志的“群众利益无小事”，无不道出党与人民群众的深情厚谊和对人民群众的赤子情怀。

第二，一切为了群众、一切依靠群众是中国共产党密切党群关系、做好群众工作的基本经验。农民问题是中国革命的中心问题，而农民问题的核心是土地问题。党对农民土地问题的重视和有效努力，使革命战争获得了足以保证夺取胜利的人力、物力。改革开放30多年来，党相信群众、依靠群众，尊重群众的首创精神，动员和领导群众积极投身于社会主义现代化建设实践，创造美好生活。党始终把大力发展生产力、增强综合国力、提高人民生活水平作为根本目标并为之不懈奋斗，取得了举世瞩目的发展成就，使人民群众生活得到显著改善。特别是党的十六大以来，以胡锦涛同志为总书记的党中央坚持权为民所用、情为民所系、利为民所谋，制定出台了一项项体现以人为本理念、注重保障和改善民生的政策措施，使人民群众享受到更多发展成果。这一切充分说明，党是一个时刻把人民群众安危冷暖放在心上、把维护人民群众利益落实在行动上，善于调动全体人民积极性、主动性、创造性的成熟的马克思主义执政党。

第三，中国共产党90年密切党群关系、做好群众工作的启示。中国共产党90年密切党群关系、做好群众工作积累的丰富经验，为实现“十二五”时期经济社会发展的目标任务、不断推进中国特色社会主义事业提供了一系列重要启示：

牢固树立马克思主义群众观点，坚持党的群众路线。群众观点是马克思主义的基本观点。

始终站在最广大人民的立场上，自觉防止和克服凌驾于人民之上的官僚主义、形式主义。群众立场是关系党的性质的根本政治问题。带着深厚的感情做群众工作，坚持深入群众、深入基层。对人民群众的深厚感情是密切联系群众的基础，是做好群众工作的黏合剂。坚持对党负责和对人民负责的一致性，既依靠群众又教育和引导群众。坚持把群众工作做深、做细、做实，不断创新群众工作机制和方法。

（供稿人：陈志刚、戴立兴）

### 3. 中国共产党与中华民族的伟大复兴

朱佳木，《当代中国史研究》2011 年第 3 期

中国共产党为中华民族复兴提供了根本的政治前提。因为中国共产党的主张最合乎中国的实际，最能代表绝大多数中国人的根本利益，最能把中国从灾难深重中解救出来，所以吸引和凝聚了中华民族最优秀的儿女。他们舍身忘己，前赴后继，付出最大牺牲，忠实地实践党的纲领，领导工人阶级，团结和带领广大农民、城市小资产阶级和民族资产阶级，自成立起，经过 28 年艰苦奋斗，终于赶走了帝国主义，推翻了国民党反动派的独裁统治，扫清了挡在中国发展道路上的一个又一个政治障碍，建立了人民当家作主的中华人民共和国，为中华民族伟大复兴提供了政治上的现实可能性。

中国共产党为中华民族复兴抓住了难得的发展机遇。新中国成立后，中国共产党坚持用马克思列宁主义观察分析国际国内形势，高瞻远瞩，审时度势，在中华民族的发展机遇面前，作出了正确的选择，促使中国用较短时间建成了独立的比较完整的工业体系和国民经济体系，为中华民族的复兴打下了坚实的物质基础。果断打开了中美关系的大门，推动了与西方国家关系的改善，为后来实行开放政策作了铺垫。以邓小平为核心的党的第二代中央领导集体抓住这个机遇，实现了党的工作重点的转移，实行了改革开放的总方针，充分发挥市场调节的作用，积极吸引外资。从此，中国经济持续高速增长，综合国力大幅提升，人民生活水平不断提高，使中华民族大踏步地赶上了时代前进的潮流，迎来了伟大复兴的光明前景。以江泽民为核心的党的第三代中央领导集体和以胡锦涛为总书记的党中央，成功实现了由计划经济体制向社会主义市场经济体制的转变，积极加入了世界贸易组织，及时提出并贯彻了科学发展观，让中华民族再次跟上了时代前进的步伐，适应了世界发展的大势。事实充分说明，中国共产党执政后尽管也存在因指导思想犯错误和经验不足而耽误时机的情况，但从根本上把握了世界的潮流，从总体上抓住了发展的机遇。现在，中华民族伟大复兴的曙光在世人面前，已经变得越来越清晰可见了。

中国共产党为中华民族复兴创造了良好的内外条件。（1）开辟了有利于中华民族复兴的发展道路——中国特色社会主义道路。（2）建立了有利于中华民族复兴的社会主义民主制度和法律体系。（3）开展了有利于中华民族复兴的一系列社会稳定工作。（4）培育了有利于中华民族复兴的民族精神和社会风气。（5）坚持了有利于中华民族复兴的不间断的执政党自身建设。（6）构筑了有利于中华民族复兴的国际环境。

在中华民族复兴的道路上，过去有过今后仍然会有各种艰难险阻，但中国共产党是中华民族复兴大业的推动者、领导者和组织者，也是引路人、主心骨和守护神。只要始终坚持中

国共产党的领导，坚定不移地沿着中国特色社会主义道路前进，同心同德，奋力拼搏，就一定能战胜前进道路上的各种困难，在21世纪中叶实现中华民族的伟大复兴。

（供稿人：陈志刚、戴立兴）

**4. 准确把握党的历史的基本内涵**

李忠杰，《人民日报》2011年4月25日第7版

中国共产党已经走过了90年的历程。重温党的历史，一定要抓住历史发展的主题和主线、主流和本质，深刻认识和理解党的历史的基本内涵。

三个历史

中国共产党成立以来90年的历史，如果按基本线索展开，则可以进一步分解为“三个历史”，即奋斗史、探索史、自身建设史。

中国共产党的历史首先是一部奋斗史，即领导全党同志和全国各族人民不断为实现民族独立、人民解放和国家富强、人民幸福而不懈奋斗的历史。这样一部奋斗史，是由中华民族近代以来的基本国情和历史任务决定的。这样一部奋斗史，构成了中国共产党90年历史的主题和主线。

中国共产党的历史同时是一部探索史，即坚持把马克思主义基本原理同中国具体实际相结合、不断探索适合中国国情的革命和建设道路，推进改革开放和社会主义现代化建设、推进马克思主义中国化、推进理论创新的历史。90年来，中国共产党坚持科学的思想路线，深入研究中国国情，不断把马克思主义基本原理同中国具体实际相结合，在实践中探索自己的革命和建设道路。正是因为不断在奋斗中探索、在探索中奋斗，中国社会的发展进步才有了正确方向，中国共产党领导全国各族人民进行的艰辛努力才取得了巨大成功。既然是探索，就难免有磕磕碰碰。所以，中国共产党也摔过跟头、有过失误，但最后都是自己认识和纠正了错误，从而也变得更加聪明和成熟。

中国共产党的历史还是一部自身建设史，即加强和改进自身建设、保持和发展党的先进性、不断经受住各种风险和挑战考验、不断发展壮大的历史。中国共产党历来重视加强自身建设。无论战争年代还是和平时期，党的建设都是党的事业取得胜利的一个法宝。

两次革命

中国共产党90年历史最辉煌之处，镌刻着“革命”两个大字。近一个世纪以来，中国先后发生了三次革命。第一次革命是孙中山先生领导的辛亥革命。这场革命推翻了统治中国几千年的君主专制制度，为中国的进步打开了闸门。中国共产党领导的第一次革命，亦即中国近一个世纪以来的第二次革命，就是新民主主义革命和社会主义革命。这场革命推翻了帝国主义、封建主义、官僚资本主义在中国的统治，成立了中华人民共和国，建立了社会主义的基本制度，从而为当代中国一切发展进步奠定了根本政治前提和制度基础。这次革命实际上包含两个革命，一个是新民主主义革命，一个是社会主义革命。

中国共产党领导的第二次革命，亦即中国近一个世纪以来的第三次革命，是改革开放这场新的伟大革命。改革开放是决定当代中国命运的关键抉择，是发展中国特色社会主义、实现中华民族伟大复兴的必由之路。第二次革命在第一次革命的基础上，引领中国人民走上了

中国特色社会主义的广阔道路，迎来了中华民族伟大复兴的光明前景。

两次革命，对象不同，形式不同，就其性质和任务来说也有很大不同。但它们的基础和原因都是生产力与生产关系在不同历史条件下具有不同特点的矛盾运动，都进一步解放和发展中国社会生产力。都引起了中国整个社会经济、政治、社会、文化、观念等广泛而深刻的变革。因此，它们是中国共产党成立90年历史中两个极其重要的里程碑，也是中国社会近代以来历史发展进程中继辛亥革命之后的第二、第三个里程碑。

三件大事

中国共产党的90年，因这三件大事而分成三个历史时期，大致30年一个时期。每个时期主要干了一件大事，但相互之间也有一定的交叉和重合。第一件大事，是在新民主主义革命时期，经过28年艰苦卓绝的斗争，推翻了帝国主义、封建主义、官僚资本主义的反动统治，实现了民族独立和人民解放，建立了人民当家作主的新中国。第二件大事，是在社会主义革命和建设时期，确立了社会主义基本制度，建立起独立的比较完整的工业体系和国民经济体系，使古老的中国以崭新的姿态屹立在世界的东方。第三件大事，是在改革开放和社会主义现代化建设时期，开创了中国特色社会主义道路，坚持以经济建设为中心、坚持四项基本原则、坚持改革开放，建立社会主义市场经济体制，大幅度提高了我国的综合国力和人民的生活水平，为全面建设“小康社会”、基本实现社会主义现代化开辟了广阔的前景。这三件大事，用三个词概括，可称之为“革命”、“建设”、“改革”。当然，第二个时期的第二件大事也包括社会主义革命，而第三个时期的改革也是在进行建设。

两次飞跃

中国共产党的90年探索，推动马克思主义中国化实现了两次历史性飞跃，形成了两大理论成果。第一次飞跃和成果，是以毛泽东同志为主要代表的中国共产党人，把马克思主义基本原理同中国革命的实践结合起来，创立了毛泽东思想。第二次飞跃发生在改革开放以来，主要成果是形成了包括邓小平理论、“三个代表”重要思想和“科学发展观”等重大战略思想在内的中国特色社会主义理论体系。

两次飞跃及其成果，又是两次革命、三件大事的灵魂。它们在两次革命、三件大事的实践中产生，又反过来赋予两次革命、三件大事以无限的生机和活力，开辟了两次革命、三件大事通向胜利的广阔前景。

（供稿人：陈志刚、戴立兴）

**5. 中国共产党的创建及其历史特点**

*沙健孙，《中直党建》2011年第4期*

中国共产党在1921年的成立，不是偶然的。中国共产党作为工人阶级的政党，是马克思列宁主义与中国工人运动相结合的产物。它在1921年的成立，是由于当时的中国已经具备了建立工人阶级政党的历史条件。

首先，工人阶级的成长、壮大，为建党奠定了阶级基础。在1919年五四运动前夕，据有的专家估算，近代产业工人已经达到260万人。在五四运动中，工人阶级开始作为一支独立的政治力量登上历史舞台，成为推动这场斗争胜利发展的主力军。

其次，“十月革命”以后马克思列宁主义在中国的传播，为建立中国共产党提供了思想条件。在一个相当长的时间里，中国的先进分子曾经努力向西方学习，企图仿照欧美的榜样，在中国建立一个资产阶级的共和国。但是，由于这种努力在实践中不断碰壁。1917年俄国爆发的十月社会主义革命，对推动中国的先进分子把自己的目光从西方转向东方、从资产阶级民主主义转向社会主义，起到十分重要的作用。十月革命昭示人们，资本主义制度并不是永恒的，无产阶级和其他劳动群众一旦觉醒起来、组织起来，完全可以依靠自身的力量创造出维护绝大多数人利益的崭新的社会制度。这样，在十月革命以后、五四运动前后的中国思想界，就产生了一批赞成俄国十月社会主义革命、初步具有共产主义思想的知识分子。社会主义开始在中国形成为一股有相当影响的思想潮流。他们中的一些人，经过对各种社会主义思潮的比较、推求，开始在马克思主义的旗帜下集合起来。如果说，五四以前的新文化运动主要是资产阶级民主主义的新文化反对封建主义的旧文化的斗争，那么，在五四以后的新文化运动中，马克思主义就开始逐步地在思想文化领域中发挥了指导作用。这样，建立工人阶级政党的思想条件也逐步在中国具备了。

再次，五四运动促进了马克思主义与中国工人运动的结合，在思想上和干部上为中国共产党的成立作了准备。五四运动开始时，英勇地出现在斗争前面的是学生群众。从6月5日起，上海六七万工人为声援学生先后自动举行罢工。工人罢工推动了商人罢市、学生罢课。工人阶级显示了伟大的力量，在斗争中发挥了决定性的作用。而先进知识分子与工人群众相结合的过程，也就是马克思主义与中国工人运动相结合的过程。在这个过程中，初步确立了共产主义信念的知识分子，其思想感情进一步转变到工人阶级方面来；同时，一部分工人由于受到马克思列宁主义的教育而提高了阶级觉悟，真正成了工人阶级的先进分子。这样，五四运动就“在思想上和干部上准备了1921年中国共产党的成立”。

中国共产党是在特定的社会历史条件下成立的，它的成立具有重要的历史特点。一方面，它是在半殖民地半封建中国的工人运动的基础上产生的。另一方面，它成立于俄国十月革命取得胜利，“第二国际”社会民主主义、修正主义遭到破产之后。它所接受的，是没有被修正主义阉割的马克思主义的完整的科学世界观和社会革命论，是在帝国主义和无产阶级革命时代发展了的马克思主义即列宁主义，是在斗争中同资产阶级、小资产阶级社会主义划清了界限的科学社会主义。正因为如此，中国共产党一开始就是一个以马克思列宁主义理论为基础的党，是一个区别于“第二国际”旧式社会改良党的新型工人阶级革命政党。

（供稿人：陈志刚、戴立兴）

### 6. 实事求是地研究和评价辛亥革命

*张海鹏，《马克思主义研究》2011年第9期*

客观来说，清末新政比百日维新的力度还要大些。但其前提是皇位永固，所谓大权统于朝廷，保留军机处这一皇权专制的核心机构，这就等于否定了政治改革的方案。社会革命正在如火如荼进行，统治阶级试图从内部进行改良的道路也没有走通，革命的发生是难以避免的。说清末新政期间中国社会欣欣向荣，这是毫无根据的片面的观察。

辛亥革命首先爆发在武昌，主要是湖北革命党人长期扎实的革命工作的结果。武昌起义前的各次起义，多依靠会党，后来转到在新军军营中发动革命，由于未能在新军基层做士兵的工作，起义终究难成。同盟会领导人没能解决的困难，被湖北的革命党所解决。

有些人说辛亥革命是妥协的产物，不是斗争的产物，这种说法不是完全正确的。辛亥革命首先是武装起义，是打出来的。辛亥革命的成功，是革命派和人民群众共同推动的。立宪派也发挥了一定作用。革命派的存在及其活动是关键，是社会变革的主要推动力量。革命派这股政治势力决定了辛亥革命的基本面貌。没有革命派，就不会产生立宪派。因为立宪派是要反对革命才主张君主立宪的。清政府得罪了立宪派，促成了立宪派的态度转变，立宪派的态度转变，使辛亥革命的成功变得更加容易了，成为推动辛亥革命的一股力量。

辛亥革命是中国历史进入20世纪后发生的一次伟大的革命，是20世纪中国第一个最具有历史意义的重大历史事件，还可以说是自秦统一以来中国历史上最伟大的一次历史性转折。推翻皇帝制度，是历史的巨大进步。以共和制代替帝制，也是一次巨大的思想解放运动。辛亥革命是以民族革命为起点的革命，它使民族平等观念深入人心。辛亥革命以来，中华民族这个称呼为全国各民族人民所接受。民族平等和中华民族，是辛亥革命留给现代中国人的珍贵的历史遗产。辛亥革命为近代中国的历史性进步打开了闸门。

辛亥革命的历史意义是值得重视的。但是，辛亥革命又是一次失败了的革命。（1）革命派奋斗的目标未能实现，中华民国的政权为清朝大臣袁世凯所夺取。（2）由于资产阶级革命派的软弱，不敢提出反对帝国主义的战略方针。（3）近代中国的历史使命是两个：一是进行民族民主革命事业，也就是反对帝国主义反对封建主义；另一个是推动中国的现代化。这两个历史任务，辛亥革命都未能完成。（4）辛亥革命是资产阶级性质的革命，其目的是要在中国推进资本主义，是要建立资产阶级的政党政治。国民党曾经试图这样做，宋教仁还为此献出了生命，但是历史事实证明此路不通。

辛亥革命为20世纪中国的历史进步打开了闸门，但是辛亥革命毕竟未能完成历史给中国提出的救国使命，完成这个历史使命的是中国共产党。中国共产党领导全国人民完成了反帝反封建的新民主主义革命，又进行了社会主义革命和建设，实现了走中国特色社会主义道路。

辛亥革命以后的历史发展证明：是近代中国历史的发展选择了马克思主义，选择了中国共产党，选择了社会主义。历史也已经证明，这一选择为当代中国的一切发展进步奠定了根本政治前提和制度基础。今天中国的繁荣昌盛，中华民族的民族复兴伟业，以及中国的国际地位，都是这一选择的必然结果！人们完全可以自豪地说：中国人民、中国共产党是辛亥革命历史遗产的真正继承人，是孙中山理想的真正继承人！

（供稿人：陈志刚、戴立兴）

**7. 从辛亥革命到中国共产党的建立**

*金冲及，《党的文献》2011年第4期*

在过去很长时间里，人们对于辛亥革命的认识是不够的，往往讲它的消极和失败的方面比较多，讲它的历史意义和对中国历史的推动作用比较少。现在，已经过了100年，中国人民已经站立起来并且取得了伟大的胜利，回过头来看，我们可以而且能够对辛亥革命的历史功绩作出更冷静、更全面、更客观的评价。

把辛亥革命看作是20世纪中国的第一次历史性巨变，其主要历史功绩至少体现在三个方面：开创了完全意义上的近代民族民主革命；推翻了统治中国几千年的君主专制制度；带来了民主意识的高涨和思想的大解放。以孙中山为代表的资产阶级革命派也有其弱点和不足。首先，没有一个明确的反帝反封建的革命纲领，对帝国主义和封建主义没有足够的认识，单纯地认为推翻清政府就成功了，结果清朝一倒台就失去了继续前进的共同方向和动力，没有根本解决反帝反封建的问题，没有能改变中国的半殖民地半封建的社会性质。其次，没有广泛地发动群众，特别是占中国人口大多数的工农大众。而没有中国最广大的农民参加和支持，在强大的帝国主义和封建势力面前就觉得自己势单力孤易于妥协，这是它失败的重要根源。再次，同盟会是一个相当松散的组织，成员复杂，当革命取得初步胜利后，内部就四分五裂，无法形成一个把革命推向前进的坚强核心。辛亥革命的胜利和失败，从正反两个方面，为五四运动的兴起，为马克思主义在中国的传播，直到中国共产党的建立，准备了重要的条件。

五四运动是中国近代史上一个转折点，作为旧民主主义革命和新民主主义革命的界限。通过对封建主义旧思想、旧文化、旧礼教的批判，为人们接受马克思主义作了重要的准备。为中国共产党的建立作了思想上和干部上的准备。

经历了伟大的五四爱国运动，许多先进分子奔集到马克思主义的旗帜下，从这里看到了中华民族的新希望；而祖国和人民的悲惨处境又要求他们尽快把志同道合的人集合起来，投入改造中国社会的实际行动。于是，中国共产党的建立已经到了瓜熟蒂落、水到渠成的时候。在中国建立共产党不是偶然的、少数几个人的想法，也不是只靠外来的因素造成的，而是许多中国的先进分子的共同要求，是客观局势发展的产物，具有其历史必然性。

中国共产党自建立之初就有着跟以往中国历史上的政党不曾有过的全新的三个特点：第一，它旗帜鲜明地用科学理论——马克思主义来观察和分析中国的问题。第二，它从成立开始，就下决心深入下层，到占中国人口最大多数的劳苦大众中去做群众工作。第三，就是把党建成一个有共同理想和严格纪律的先进分子组成的坚强有力的革命政党，使它成为领导革命事业的核心力量。

（供稿人：陈志刚、戴立兴）

### 8. 中国共产党建设的历史经验

李伟，《马克思主义研究》2011 年第 6 期

我们党是在复杂的国际国内环境及其曲折奋斗的征途中发展起来的，积累了一系列关于无产阶级政党建设的宝贵历史经验。

坚持一个鲜明彻底的马克思列宁主义党纲。中国共产党发展成为建立起社会主义新中国的当代世界最强大的无产阶级执政党，首先得益于从建党之初就“吸收了世界工人运动中最好的经验”，“就有明确的阶级自觉”，确立了具有马克思主义基本原则和理想信念的纲领，“是一个无产阶级的、马克思列宁主义的完全新式的政党”。持之以恒地以实现共产主义为最高理想和最高纲领，是中国共产党建设的一个历史特点。

正确处理同资产阶级的关系是党的建设的极为重大的课题。我们党建设的全部历史表明，在处理与资产阶级关系的问题上有这样一条极其深刻的历史经验，对今后在党的建设中自觉

地防范发生重大倾向性错误有着十分重大的意义，值得我们给予极大的重视和研究，即：无产阶级政党同资产阶级发生这样或那样的联合时要更多地注意防止出现右的倾向，而在同资产阶级发生这样或那样的分裂或斗争时要注意防止出现“左”的倾向；就党的各级领导机关来说，要开拓新局面，在敢不敢发动和领导群众与敌人、与各种错误思潮、与各种实际困难进行斗争并争取胜利的问题上，应更多地注意防止右的倾向发生；在群众已经发动起来的情况下，党的领导工作应更多地注意防止过火的“左”的倾向发生。

掌握思想教育是团结全党进行革命和建设的中心环节。这条历史经验和基本原理阐明了政治思想工作在党的各项工作中的地位，实际上也是给了党的建设的基本工作一个明确的定位：“首先着重在思想上、政治上进行建设”，“要把思想教育和思想领导放在党的领导的第一位”。党的历史表明，共产党的领导、威信、权力，首先和根本的是通过对广大群众进行持久而深入的政治思想教育，影响他们，把他们争取和团结到马克思主义的、中国共产党的旗帜下。

坚决贯彻民主集中制的组织路线。在当前改革开放中进行政治体制改革时，坚持民主集中制是中国共产党建设的一条宝贵历史经验需要给予高度的重视，作为中国共产党建设 90 年和新中国建设 60 多年实行的一条基本的组织原则和有效方法，只能加强不能削弱。不论国内外敌对势力怎样攻击民主集中制，我们在坚持民主集中制这个问题上绝不能有丝毫的犹豫和动摇。

（供稿人：陈志刚、戴立兴）

### 9. 应对四个危险提高党的建设科学化水平

高新民，《党建》2011 年第 9 期

中国共产党在 90 年的历史中，把一个落后的、长期积贫积弱的、半殖民地半封建的东方大国，建设成为一个令世界瞩目、取得辉煌成就的国家。这样的党，何以还要如此强调“危险”？

第一，这是基于忧患意识而提出的。执政 60 多年的历史，使人们产生懈怠之心。越是历史悠久的大党、政绩突出的政党，越需要有忧患意识、危机意识。没有忧患意识就会产生真正的忧患，没有危机意识就会产生真正的危机。

第二，这是基于党在新的历史条件下保持活力的需要而提出的。党的深厚的历史积淀，并非天赋地、自然而然地就能够使它永葆活力、永葆先进性。保持活力、保持先进性都是有条件的。比如，活力从哪里来？提出四个危险，就在于督促、警示共产党人提振自己对于人民的无限的忠诚与积极性，恪尽职责地完成党的历史使命。

第三，这是基于现实问题而提出的。党在领导改革开放和市场经济的同时，也面临着巨大考验，党内也存在不少与新形势新任务不适应、与党的性质和宗旨不符合的问题。有的党组织能够适应这种要求，但也有领导班子推动科学发展、处理复杂问题的能力不强。再如，从拒腐防变能力来看，确有一些党员干部宗旨意识淡漠，脱离群众，脱离实际，言行不一，弄虚作假；一些领导干部特别是中高级干部中发生的腐败案件影响恶劣，一些领域腐败现象多发易发，而对权力制约、思想道德教育还有一定差距。又如，从党的自身建设来看，也存在不少问题，如思想上理想信念动摇，对中国特色社会主义缺乏信心；对民主集中制贯彻不力，独断专行与软弱涣散同时存在，等等。

第四，这是基于保持党的先进性而提出的。先进性是比较优势。先进是相对于同样类型的事物，比较其优劣而得出的结果。中国共产党作为执政党，其比较优势已经显示出来。但是，世界是不断发展变化的，世界经济格局政治格局都已经发生了重大变化，党能否有能力有智慧善处各种关系，把握好时局，统筹国际、国内两个大局，确属重大考验。

作为综合性解决问题的途径与方法，胡锦涛总书记再次强调提高党的建设科学化水平。党的建设科学化，其根本目的，就是确保党的性质和宗旨符合人民的根本利益，完成党的使命。因此，党的建设科学化，内含着党的思想理论和思想方式的科学性，内含着组织建设、干部工作的科学化。党的建设科学化，不可避免地包含着反腐败、保持肌体健康的内容。党的建设科学化，还需要有科学的制度体系。简言之，一切从人民利益出发，以此为出发点和归宿而不断改革创新，党的建设科学化水平就能够得到提高，就能把危险化为机遇。

（供稿人：陈志刚、戴立兴）

## 七　思想政治教育研究代表性论文

### 1. 近年社会主义核心价值体系建设情况的调查研究报告

程恩富、郑一明、冯颜利等，《毛泽东邓小平理论研究》2011 年第 2 期

近年来，社会主义核心价值体系建设的成绩主要体现在：马克思主义指导思想作为全党、全国人民团结奋斗的共同思想基础，得到了比较普遍的认同；中国特色社会主义共同理想已逐步成为中华民族团结奋斗的精神支柱和精神动力；以爱国主义为核心的民族精神和以改革创新为核心的时代精神已成为全国人民开拓进取、创造崭新业绩的力量源泉；“社会主义荣辱观”得到较为普遍的认同，知荣辱、讲正气、树新风的文明道德风尚正在逐渐形成。

社会主义核心价值体系建设取得成绩的原因有：理论上的科学概括，为社会主义核心价值体系建设提供了理论前提；改革开放的巨大成就为社会主义核心价值体系建设奠定了物质基础和感情基础；不断加强和改进党的自身建设，保持党的先进性，为社会主义核心价值体系建设提供根本保证；建设中国特色社会主义的积极探索，为社会主义核心价值体系建设创造了实践条件；党中央高度重视，为社会主义核心价值体系建设提供了政治保障；通过大众传媒的积极宣传，营造学习践行社会主义核心价值体系的浓厚舆论氛围。

社会主义核心价值体系建设存在的问题主要表现在：新形势下，存在马克思主义被“弱化”、“淡化”现象，马克思主义的指导地位面临挑战；新形势下，部分人社会主义理想信念较淡薄，中国特色社会主义共同理想遭到冲击；部分人对民族精神和时代精神的科学内涵把握不够，对两者之间的关系认识模糊；部分人对社会主义荣辱观的认知存在偏差，认知与践行也存在脱节现象。

社会主义核心价值体系建设存在问题的原因主要有：部分领导干部马克思主义信仰不够坚定，对意识形态领域的形势缺少忧患意识；贫富差距与党内腐败现象造成部分人社会主义

理想信念淡薄，对共产主义缺乏信心；宣传教育形式主义现象比较严重，造成不同程度的知行脱节、远离现实、远离人民群众等问题；随着改革开放的深入，一些错误思潮的泛滥，直接影响了人们对社会主义核心价值的学习和践行；社会矛盾的凸显、热点难点问题的出现造成思想上的困惑和理想上的迷失；世界社会主义运动处于低潮，西强我弱的形势产生了一定的负面效应，部分人对社会主义前途产生怀疑。

进一步加强社会主义核心价值体系建设的对策建议：深化社会主义核心价值体系的理论研究；努力提高党领导社会主义核心价值体系宣传教育工作的能力；从源头上治理党内腐败，增强人民群众对社会主义核心价值体系的感召力和亲和力；逐步缩小财富和收入分配差距，为践行社会主义核心价值体系奠定牢固的经济基础；重点抓好党员领导干部和青少年这两头，积极加强理想信念教育；积极用社会主义核心价值体系引领多样化的社会思潮；把社会主义核心价值体系作为选择和确定先进典型的重要标准。

（供稿人：朱燕）

**2. 当代中国信仰问题的出路是坚定马克思主义信仰**

*侯惠勤，《思想政治工作研究》2011 年第 4 期*

信仰问题在今天既有普遍性，又有特殊性；既有群体性，又有个体性。中国的信仰问题不能脱离中国特色社会主义的大背景，不能离开当代意识形态冲突的大格局，不能将其归结为纯粹的个人事情。

“信仰失落”问题在当代中国，主要地不是个人缺乏扬善惩恶、追求不朽的内在动力，而是共同理想的淡漠、历史方向感的丧失。解决信仰问题的大思路就是必须坚持以培育共同理想作为引领个人信仰的根基。共同理想高于并决定个人信仰的走向。信仰问题之所以突出，就因为在中国共产党内，“一些党员、干部忽视理论学习、学用脱节，理想信念动摇，对马克思主义信仰不坚定，对中国特色社会主义缺乏信心。”这不仅成为党在今天妨碍自己履行历史使命的首要不适应问题，而且显现了当下信仰问题的症结所在。如果不能从超越资本主义的共产主义理想中汲取力量，那就必然承认西方价值观是所谓“普世价值”而加以认同，共产党的宗旨就必然被抛弃，变质就在所难免，理想信念的培育就更是无稽之谈。因此，要“把理想信念教育作为全党学习践行社会主义核心价值体系的重中之重”，“要做共产主义远大理想和中国特色社会主义共同理想的坚定信仰者”。

在当代中国，即使着眼于解决个人信仰问题，其真正的出路也不是回归宗教，而是必须依靠马克思主义信仰的确立。从马克思主义观点看，宗教不可能真正解决人类的信仰需求，随着社会进步和历史发展，人类终究要超越宗教信仰阶段，把信仰真正奠立在自身自由全面发展的基础上。马克思主义不仅是我们立党立国的理论基础，也是解决个人信仰需求的精神动力。共产主义信仰不但具有共同理想和个人信仰的双重意义，而且作为有别于其他信仰的信仰方式，具有其自身特点：（1）马克思主义将个人生命的不朽奠定在历史发展的无限性上。（2）马克思主义认为个人不朽的实现是一个实践超越的问题。（3）马克思主义认为真正的信仰源于社会生活的自觉感悟和实践体验，因此学习成为信仰的核心问题。

促成共同理想和个人信仰相协调，培育个人需要和社会需要相结合的新机制，是当代中国解决信仰问题的关键点。(1) 从超越自我、体现生命无限价值的角度提出每个人，尤其是领导干部不可回避的信仰问题，这就是“身后给人们留下什么”，如何于私上不愧祖宗、下不愧子孙；于公上不愧人民群众、下不愧岗位职责。(2) 从党和国家高度认同的角度建立健全党和国家的荣誉制度，从制度上落实“千杯万杯不如群众的口碑”，从社会地位和认同上落实荣誉是人民和个人的最大共同利益。(3) 从“大利益”的高度建立正反典型的动态的、形式多样的宣传教育平台，让利益的“社会计算”和“个人计算”能够充分沟通、相互转化，防止利益计算中的个人利己主义回潮。

(供稿人：朱燕)

**3. 简论思想政治教育的目的、培养目标和教育内容——兼评“德育非政治化”的观点**

田心铭，《思想理论教育导刊》2011 年第 6 期 (总第 150 期)

思想政治教育已被确立为马克思主义理论一级学科下属的二级学科之一。思想政治教育的目的、培养目标和教育内容，是思想政治教育的理论和实践中的重大问题，也是学科建设中的重大问题。本文围绕这些问题作了初步探讨。

第一，这里所要研究的“思想政治教育”，是我们所从事的即中国共产党领导的中国的思想政治教育，而不是“一般的”思想政治教育。在实践中，可以借鉴外国的和历史上的一切有价值的实践经验和理论成果，但是必须以马克思主义为指导，从当代中国的实际出发，这才是正确的方法论原则。

第二，要从中国实际出发确定思想政治教育的目的和培养目标。教育方针规定了我国教育包括思想政治教育的目的是“为社会主义现代化建设服务，为人民服务”，培养目标是“德智体美全面发展的社会主义建设者和接班人”，这是有充分的理论依据和实践依据的正确方针。

第三，坚持“为社会主义现代化建设服务，为人民服务”的教育目的的原因在于它体现了遵循社会发展客观规律和维护人民根本利益的统一。把“以人为本”片面地理解为以个人为本，以此反对教育为社会主义现代化建设服务、为人民服务的方针，是对“以人为本”的曲解。

第四，坚持“德智体美全面发展的社会主义建设者和接班人”这一培养目标是由教育“为社会主义现代化建设服务，为人民服务”的根本目的决定的。思想政治教育在教育的全局中处于首要地位，教育以育人为本，而育人又要以德育为先。

第五，“社会主义核心价值体系”概括了我国思想政治教育的基本内容。思想政治教育是由全社会通过多种渠道展开的教育。不仅学校应该按照社会主义核心价值体系的要求全面育人、全方位育人、全过程育人，而且社会各方面都应该负起自己的责任，形成全社会的合力。

第六，要把握思想政治教育的核心和灵魂。社会主义核心价值体系是围绕着中国特色社会主义共同理想这一核心构成的。“马克思主义指导思想”是社会主义核心价值体系首要的基本内容，同时又是贯穿在整个体系中的灵魂。

第七，思想政治教育具有强烈的政治性。思想政治教育必须“讲政治”，“德育非政治化”的观点是非常错误的。那些以培养社会主义事业接班人是“政治教育”、“政治使命”为由反对教育方针中“接班人”提法的观点也是站不住脚的。

（供稿人：朱燕）

### 4. 试论思想政治教育学科前沿的若干重大问题

张澍军，《马克思主义研究》2011 年第 1 期

新时期以来，我国思想政治教育学科建设获得了跨越式发展，取得了辉煌成绩，同时又任重道远，还有许多带有根本性的开拓研究空间。那么，思想政治教育学科建设发展的新的生长点是什么，新的突破口在哪里？首先在于一些带有前提性、基础性问题的科学把握与合理解决，因为这些问题不能取得基本共识，就难以推进学科建设发展。目前应重点研究以下前沿性课题。

第一，学科前沿问题，主要呈现为理论与实际的矛盾。一是学科研究的对象范围尚存在历史性局限，从而学科边界不够明晰。二是学科研究对象的历史局限，造成了理论层次不够明晰。三是学科内容规范不够明晰。四是运动形式不够明晰。

第二，“问题”是时代的“呼声”。对思想政治教育学科建设中的“中国认识”与“认识中国”提出了以下三点：一是明确自觉地厘清思想政治教育学科建设中“中国认识”与“认识中国”的必要性，它解决了两种不同“论域”理论阐释的混淆问题；有利于元理论提升出来并重点建构建设；有利于学科体系层次分明、结构完整的科学化、系统化建设。二是自觉建构思想政治教育学科中“中国认识”的可能性。这里也有几点：（1）我国具有丰富的思想政治教育资源。（2）我国已具有创建思想政治教育元理论的理论准备和思想准备。（3）我国已具有创建思想政治教育元理论的队伍准备和人才基础。（4）世情和国情发展，为创建思想政治教育元理论提供了不可多得的历史契机和条件。（5）最重要的是我们有马克思主义的科学世界观和方法论的指导。三是区分和建设“中国认识”与“认识中国”的思想政治教育理论，特别是打造“中国认识”的元理论体系，创造学科理论双维度的国际对话、交流平台，进一步推进思想政治教育学科理论的建设发展。

第三，关于思想政治教育“专业学术槽”的拓深拓展问题。一是探索和创新“思想政治教育观”。它体现为一种“终极性解释追求”，规定和规范着思想政治教育的一系列基本范畴、原理以及学科学理体系。二是厘清论域和理论层次，探索更新学科理论体系。三是进一步谋划、实施中外思想政治教育史研究。四是创新研究中国目前阶段思想政治教育的运动形式。五是进一步规范和更新思想政治教育的最基本范畴。六是应当高度重视思想政治教育学科建设的时代背景条件研究。七是关于历史主义原则与学科建设中的“接着做”问题。历史主义的态度或原则，简要地说，就是具体地、历史地看待问题，把事物放到当时的历史条件下去观察、分析和对待。

（供稿人：朱燕）

### 5. 论中国共产党 90 年思想政治教育的基本经验

王树荫，《思想理论教育导刊》2011 年第 8 期

中国共产党在 90 年革命、建设和改革实践中，思想政治教育积累了宝贵经验，形成了优

良传统，成为党和社会主义国家的政治优势。研究中国共产党 90 年思想政治教育的基本经验，需要坚持正确原则，采取科学方法。归纳、总结思想政治教育历史经验，有利于揭示与展现思想政治教育的本质特点和客观规律；充实和完善思想政治教育的学科体系与理论框架；加强与改进新世纪新阶段的思想政治教育工作。

第一，中国共产党 90 年思想政治教育基本经验的研究现状。1984 年思想政治教育学科（专业）诞生，“思想政治工作是一门科学”的认识也逐步统一。学科建设意义上的思想政治教育理论研究，包括思想政治教育经验总结由此开始。1988 年党的十三届三中全会通过的《中共中央关于加强和改进企业思想政治工作的通知》指出：思想政治工作的优良传统主要有：紧紧围绕党的中心任务的传统，实事求是的传统，群众路线的传统，平等待人的民主传统，干部以身作则的传统，全党做思想政治工作的传统。但到目前为止，有关中国共产党思想政治教育基本经验和优良传统的研究很不深入，学术论文很少，成果水平不高，一些“中国共产党思想政治教育史”方面的著作、教材没有总结历史经验，为数不多的思想政治教育经验概括角度不一致，内容差别很大。目前学术界关于思想政治教育历史经验和优良传统的研究缺乏整体性、统一性和特殊性，语言也不够精练，仍停留在叙述层面，没有深入挖掘形成基本经验和优良传统的特殊背景和深层原因，因而科学性不强，说服力不够。

第二，中国共产党 90 年思想政治教育基本经验的研究思路。总结中国共产党思想政治教育历史经验，研究对象是中国共产党思想政治教育史，不是中共党史；中国共产党思想政治教育历史经验是中国共产党历史经验的一部分，应该体现出自身特色。如马克思主义指导、实事求是、群众路线等是中共党史、毛泽东思想和中国特色社会主义理论体系中的一般，体现在中共党史、毛泽东思想和中国特色社会主义理论体系的方方面面，无疑是中国共产党思想政治教育史和中国共产党思想政治教育历史经验的核心和灵魂。但研究中国共产党 90 年思想政治教育基本经验，要以思想政治教育理论为分析框架，不能脱离思想政治教育主线；要以党的思想政治教育历史进程为实践基础，不能离开思想政治教育历史进行概括提炼；要以新时期思想政治教育为价值取向，总结历史经验、服务现实需要。当然，根据中国共产党的历史发展、思想政治教育的本质属性以及中国共产党思想政治教育史自身的发展规律和内在特点，总结中国共产党 90 年思想政治教育历史经验，可以也应该有多个维度。

第三，中国共产党 90 年思想政治教育的基本经验。中国共产党 90 年思想政治教育实践，积累了丰富经验，形成了优良传统。所谓思想政治教育的优良传统，是经过长期思想政治教育实践形成的正确经验的结晶。思想政治教育基本经验就是思想政治教育优良传统。它反映思想政治教育本质特点，体现思想政治教育客观规律，符合马克思主义基本原则，是思想政治教育理论体系和实践进程中富有生命力的内容。中国共产党 90 年思想政治教育的基本经验和优良传统主要体现在以下五个方面的基本经验主要有：认清基本国情和教育对象，发挥思想政治教育的能动作用；坚持以人为本和围绕中心，体现思想政治教育自身价值；健全组织机构和规章制度，完善思想政治教育保障机制；创新教育内容和方式方法，增强思想政治教育实际效果；坚持以身作则和言传身教，实现思想政治教育育人功能。

（供稿人：朱燕）

### 6. 论思想政治教育的科学化

刘建军，《教学与研究》2011 年第 3 期

科学化是改革开放以来思想政治教育发展的重要诉求和趋势，也是新形势下进一步加强和改进思想政治教育的基本思路。

第一，思想政治教育科学化的含义。所谓思想政治教育的科学化，是指思想政治教育要在马克思主义指导下，高扬科学精神，运用科学的理论和规范去揭示、掌握和运用思想政治教育相关规律，以提高思想政治教育工作的实效性。在这里，关键词是“规律”，根本要求是尊重规律和按规律办事。思想政治教育的规律，如果要做大体的划分，则可分为三个层面：从宏观上看，思想政治教育有其产生和发展的规律；从中观来看，思想政治教育过程中有其工作的规律；从微观来看，思想政治教育对象的思想品质形成发展也有其规律。其中，最应强调的是中观层面的规律，即有效实施思想政治教育工作的规律。

第二，思想政治教育科学化的三个领域。（1）思想政治教育学术研究的科学化。思想政治教育学术研究的任务，就是要揭示思想政治教育的规律。在思想政治教育学术研究科学化方面有两项规范十分重要：一是研究范式，二是学术规范。在学科建设科学化的过程中，不仅要进一步增强关于研究范式的意识，自觉地去进一步探索、把握和驾驭研究范式，使学术研究一步一个脚印地不断前进。同时，所有的学术活动要遵守学术规范。要结合马克思主义理论学科的特点，特别是思想政治教育学科的特点，制定和实施相应的学术研究规范。（2）思想政治教育人才培养的科学化。思想政治教育的某种规律揭示出来之后，并不能自发地成为思想政治教育工作者手中的武器。因为思想政治教育工作者与研究者发生了分离，他们是两个领域中的两支队伍了。思想政治教育工作者要成为受过专门训练、具有专业知识，并掌握相关规律的专业人士。培养思想政治教育工作专门人才，很大程度上是高校思想政治教育专业建设和教育教学的任务。（3）思想政治教育实际工作的科学化。运用思想政治教育的规律实际地去从事思想政治方面的宣传教育活动，帮助人们形成正确的世界观、人生观和价值观，这就是思想政治教育的实际活动。狭义上的思想政治教育科学化，主要指思想政治教育实际工作的科学化。思想政治教育实际工作的科学化，体现在思想政治教育的全过程理念、目标、内容、方式方法、体制机制各个方面。

第三，在思想政治教育科学化方面需要处理好的几种关系。（1）思想政治教育的科学化与经验化的关系，从“经验型”上升为“科学型”，实现规范化和理论化。（2）思想政治教育的科学化与政治化的关系，不能搞脱离马克思主义指导和人民群众立场的所谓纯客观、中性化和去政治化，也不能一厢情愿地只会用僵化的语言来说话，用强势的政治语气来教训人，要善于把科学的价值立场体现在一种客观公正的语言和语气中。（3）思想政治教育的科学化与人性化的关系。追求清晰是必要的，但一味追求所谓清晰也会走向歧途。（4）思想政治教育的科学化与艺术化的关系，思想政治工作的方式方法要巧妙、高明。

在中国，“科学”不仅是一个正面的概念，而且也是一个全面的概念。科学化作为一个大概念，它在扬弃经验化的同时保留经验于自身；在明确自身与政治性的区别的同时，保持与政治性的统一；在借用标准化和精确化的同时，仍然体现人性化和人文关怀；在尊重规律

和实现专业化的同时，追求思想政治教育的艺术性。这就是思想政治教育科学化的完满的含义。

（供稿人：朱燕）

### 7. 试论思想政治教育的目的、本质、原则和方法

余斌，《中国高等教育》2011 年第 7 期

思想政治教育学的基础是明确思想政治教育的目的、本质、原则和方法。只有正确把握思想政治教育的目的、本质、原则和方法，才能够把思想政治教育学科真正建设起来，使得思想政治教育在培养中国特色社会主义合格建设者和接班人的过程中发挥应有的作用。面对苏联解体，我国的思想政治教育使命艰巨。马克思主义在高等学校中面临着诸多挑战的情况，灌输进而思想政治教育本身已经引起了诸多的质疑和争议。为此，有必要重新根据马克思主义经典著作的论述来阐释思想政治教育的目的、本质、原则和方法。

思想政治教育的目的是掌握群众，是使马克思主义理论为群众掌握并转化为改变世界的物质力量。鉴于只有马克思主义才有可能掌握群众并转化为改变世界的物质力量，因而这样确立思想政治教育的目的就能够明显地使思想政治教育与教化和奴化等非马克思主义的一套意识形态教育区别开来。

思想政治教育的本质是宣传，是向广大人民群众宣传马克思主义，使人民群众正确了解人类社会发展的规律，了解自己的历史任务和对于资本主义与社会主义所应采取的态度。

思想政治教育的原则是说服，是以彻底的马克思主义理论说服广大群众。在坚持说服的原则下，以往灌输给思想政治教育所带来的双方地位不平等、枯燥乏味等质疑，以及物性论还是人性论的争议也就都能够逐一化解了。说服的原则也是思想政治教育区别于教化的一个原则。

思想政治教育的方法就是灌输。在这里，灌输的主要作用是使马克思主义理论能够接触广大人民群众。这就要求灌输要有一定的力度和强度，从而尽可能扩大这种接触的范围，并保持这种接触的连续性和接触强度。灌输的重要作用是削弱或排除资产阶级思想体系对人民群众的影响，而灌输的主要内容是同一切巩固非社会主义思想体系的企图作斗争。

（供稿人：朱燕）

### 8. 思想政治教育系统建设的创新实践——以“16 号文件”为例

孙其昂，《思想教育研究》2011 年第 4 期

2004 年，以新世纪呈现出来的大学生思想政治教育中存在的问题为缘起，以中共中央国务院发布的《关于进一步加强和改进大学生思想政治教育的意见》（2004 年）“16 号文件”为标志，思想政治教育工作进入了一个新阶段。由此开始的思想政治教育学科建设、科学研究、课程建设、队伍建设、机构重建、载体建设、制度建设等，取得了一系列重大创新成果。对此，应当从多方面进行理论总结，实现思想政治教育的文化自觉。以系统论为指导，对思想政治教育系统进行思考并继续推进思想政治教育系统建设，应成为不可缺少的视域。

第一，思想政治教育系统的样本分析。文章将“16 号文件”作为一个样本进行思想政治

教育系统分析。"16 号文件"分为理念内容、途径方法、条件保障三个方面。三个方面共同构成高等学校大学生思想政治教育系统整体。三个方面都是大学生思想政治教育系统的子系统，分别是大学生思想政治教育系统的理念内容系统、途径方法系统和条件保障系统。大学生思想政治教育系统是由上述三个子系统共同构成的有机整体。

第二，思想政治教育系统建设的历史性发展。"16 号文件"自颁发六年多来已取得了重大创新成果，实现了思想政治教育系统建设的历史性发展。(1) 思想政治教育系统建设的持续建构。"16 号文件"既是党和国家关于大学生思想政治教育的阶段性成果，也是对大学生思想政治教育系统的新认识新成果。(2) 思想政治教育系统建设的深层突破。其中最重要的是对思想政治教育学科（科学）的认识。思想政治教育学科建设等为思想政治教育系统建设和大学生思想政治教育加强改进提供了有力的学科支撑，其效应必将进一步呈现出来。(3) 思想政治教育系统建设的合力推进。从"16 号文件"的形成到贯彻，大体上有三个社会群体发挥直接作用，一是领导者群体，二是思想政治教育学者群体，三是思想政治教育工作者群体以及社会力量。三方面汇成加强和改进大学生思想政治教育的合力，共同促成了"16 号文件行动"。(4) 思想政治教育系统建设的国家力量。正是在"国家力量"推动下，各高等学校才能够"执行"中央的指示精神，落实了若干加强和改进大学生思想政治教育的制度措施，取得了重要进展，形成了大学生思想政治教育的良好局面。

第三，思想政治教育系统建设的持续推进。现阶段思想政治教育系统的紧张关系并没有消除，应通过持续推进，建立完善思想政治教育系统，优化与现代社会相适应的思想政治教育条件保障，进一步彰显思想政治教育本质。大学生思想政治教育系统建设，应通过三个层次推进。第一个层次，推进大学生思想政治教育相应的社会建设。第二个层次，推进大学生思想政治教育的高等学校社会建设。第三个层次，推进大学生思想政治教育系统建设。

（供稿人：朱燕）

**9. 从说理教育到心理疏导——思想政治教育方法的发展**

*佘双好，《思想理论教育导刊》2011 年第 7 期*

说理教育是通过摆事实讲道理来进行思想政治教育的方法，它是与强制和压服相对立的方法，是一种体现民主要求，符合现代教育基本原则的多样丰富的方法。是党在长期革命和斗争中形成的有效方法，具有长足的优势。说理教育法不等于说教，更不等于灌输法，而且情感因素在说理教育过程中起着重要作用。但是在当前多元开放环境下，说理教育也存在着一定的局限。人文关怀和心理疏导就是党在新的历史条件下提出的思想政治教育的一种新的方法。它通过疏通与引导心理来进行思想政治教育。

心理疏导既是一个医学、心理学概念，但在思想政治教育话语体系中，它又具有特定的含义。对心理疏导的理解就不能仅仅从心理咨询和心理治疗的层面来理解，而应把心理疏导看成是一种思想政治教育方法的发展，把心理疏导看成是一种通过疏导心理层面的问题来达到思想沟通引导作用的一种教育方法。心理咨询是受过专门训练的心理咨询人员处理来求助的来访者的心理和行为问题的方法和艺术。而心理疏导强调在处理来访者心理问题过程中的主导性，强调以科学合理的观念来对来访者进行价值引导。心理咨询与心理疏导的区别主要体现在工作人员所处的角色不同、所处理问题的层面和领域不同、所处理问题的方式和场景不同以及所采取的方法不同。应把心理疏导作为党的思想政治教育方法发展的新概念来认识和处理，这样更能体现党的思想政治教育方法的新发展。

从说理教育到心理疏导反映了党的思想政治教育方法的内在联系。说理教育法和心理疏导作为党的思想政治教育方法的发展，存在着一脉相承的内在联系。首先，它们所涉及的主体关系是相一致的。其次，它们所遵循的原则是相一致的。再次，它们使用的方法都是一种理性的方法。最后，它们都是与强制、压服、说教、灌输、洗脑等相对立的方法，符合现代思想政治教育发展的要求。

心理疏导为思想政治教育方法发展提供了诸多新的内涵，从说理教育到心理疏导体现了思想政治教育的新发展。心理疏导作为一种思想政治教育的新方法，提供了说理教育法没有包含的一些原则和方法，与说理教育法相比呈现出一些新的元素。(1) 心理疏导除了有说理的方法以外，还增加了移情的办法。(2) 心理疏导更加关注教育对象的心理状态，比说理教育法更有针对性。(3) 心理疏导更加关注与疏导对象相互沟通。(4) 心理疏导的方法相对比较丰富和多样。最后，心理疏导比说理教育又增加了方法论的原则因素。

(供稿人：朱燕)

### 10. 当前大学生生存方式的现状与思想政治教育探析

*李林英、张毅翔、任睿，《思想理论教育导刊》2011年第1期*

互联网作为一种新媒体正在改变着人类生活的方方面面，已成为当前大学生衣食住行、知识获取、交友沟通、消费交易的一个重要渠道。本文通过对调查问卷的分析，对数字化环境下大学生生存方式问题及对大学生的价值观影响进行了研究和探讨。

数字化环境下大学生生存方式体现在五个方面。(1) 大学生数字化生活方式。上网已成为大学生课余生活的第一选择，并随着对网络投入时间的增多，已明显导致其他活动时间的减少；手机上网是大学生获取外界信息的重要途径，传统上网方式已不能满足其需要；网上购物受到大学生的一定关注。(2) 大学生数字化休闲娱乐方式。网络逐渐成为大学生释放心理压力、松弛身心、休闲娱乐的有效方式。大学生上网主要活动为消遣、聊天、查阅资料、看新闻和打游戏，网络娱乐消遣显著高于其他网络活动。大学生上网活动随年级增长而变化。网络娱乐消遣对具有不同学科背景的大学生的吸引和影响具有显著差异性。(3) 大学生数字化学习方式。利用网络获取信息成为大学生们答疑解惑的首选途径；由于网络信息丰富多彩，呈现方式多种多样，大学生的网上学习难免在中途被其他信息吸引，从而使网络学习中断，因而在网络环境中难以安心学习。(4) 大学生数字化交往方式。大学生热衷于网络社交工具的使用；大学生进行网络社交但主要人际交往方式仍在现实生活中；手机成为大学生交流的首选工具。(5) 大学生数字化环境下的价值观影响。数字化资源拓宽大学生获取信息、表达信息的渠道，为他们批判性地获取信息、表达信息提供了宽广舞台，但批判如果缺乏正确的思想引导，就可能转变为极端情绪的任意宣泄。大学生思想还未成熟，一些发达国家利用网络传输资产阶级意识形态，实施和平演变战略，在很大程度上模糊了大学生的价值观。

数字化环境下大学生生存方式的特点突出地表现为，网络生存和虚拟存在，通过数字、符号或图形来代表个体人的存在，人们在网络空间获得了一种全新的生活方式。思想政治教育作为一定社会经济政治关系的产物，必将随着客观环境变化进行适当调整。高校应建立数字化环境下思想政治教育的新途径、新方法，增强思想政治教育的辐射力、吸引力和感染力，并给出了以下四点建议：丰富资源，增强高校思想政治教育的吸引力；以人为本，强化情感交流在网络教学中的作用；手机短信，拓展手机媒体思想政治教育新途径；寓教于乐，创新数字化环境下灵活多样的教育方式。

（供稿人：朱燕）

## 八　科学无神论研究代表性论文

### 1. 马克思主义无神论的中国化历程

*习五一，《马克思主义研究》2011 年第 3 期*

马克思主义无神论是科学无神论发展的高级形态。科学无神论作为马克思主义世界观的出发点和基石，由思想文化领域进入科学社会主义运动的实践。中国共产党人承担起马克思主义中国化的历史重任，立足中国社会的现实基础，随着历史的进程不断为马克思主义无神论中国化增加新的内涵。中华民族的文化一直呈现出多元兼容风格，政权始终支配教权，宗教信仰具有强烈的世俗性与功利性。这样的历史文化背景是马克思主义无神论中国化的出发点。据此，中国化的马克思主义无神论形成两条基本原则：（1）政教分离和宗教信仰自由的原则；（2）思想教育要“春风化雨”，意识形态建设要“针锋相对”。

科学无神论在中国的传播，是中国共产党诞生的重要思想前提。在波澜壮阔的战争与革命年代，以毛泽东为代表的共产党人继承五四运动“科学与民主”的精神，将反对神权纳入反封建的政治经济斗争中，确立了实行政教分离、宗教信仰自由、宣传无神论等基本原则。新中国成立后，党中央团结宗教界的爱国人士，反对勾结帝国主义的极少数，逐步将教会变为由中国人自治、自传、自养的宗教事业。同时，党中央决定在少数民族地区陆续开展宗教民主改革工作，使广大信教群众从宗教封建特权和封建剥削制度下得到解放，从而大大地促进了生产力的发展。在指导宗教界民主改革运动的同时，毛泽东提出人民群众的宗教信仰问题应当用“说服教育的方法去解决”，倡导以马克思主义为指导研究宗教。

在改革开放时期，党中央发布文件，强调宗教信仰自由这一基本政策，强调共产党人要树立科学无神论的世界观，不得信仰宗教，要求用马克思主义无神论研究宗教问题，同时提出马克思主义无神论的宣传教育工作应当和风细雨，要服从现阶段党的事业的整体战略目标。在实施“科教兴国”的战略中，社会主义精神文明建设的重要任务之一就是倡导科学精神，包括科学无神论思想，抵制愚昧迷信。为应对新有神论泛滥成灾、“法轮功”等势力成为影响社会稳定发展的现实情况，党中央重申在党的建设工作与宗教工作中要坚持科学无神论的思想，强调国家依法管理宗教事务，坚决抵制境外势力利用宗教进行渗透，积极引导宗教与社会主义社会相适应。跨入 21 世纪新时期，面临新时期中国社会更加复杂的局面，党中央高度重视加强无神论研究和宣传教育，连续作出一系列重要指示，强调无神论研究和宣传教育是一项长期任务，需纳入科学研究规划和宣传思想工作的总体部署，锲而不舍地进行。

马克思主义无神论是社会主义核心价值的哲学基础。作为一种生活方式，科学无神论是构建和谐社会的重要途径，只要彻底，必然导向合理的社会制度。根据不同的国度和社会发展程度，共产党人要制定相应的纲领和策略，将科学无神论的教育和宣传，纳入整体社会主义革命和建设事业中。

（供稿人：杨俊峰）

**2. 也谈“宗教市场论”及其在中国大陆“宗教文化”中的卖点**

沈璋，《科学与无神论》2011年第3期

《信仰的法则——解释宗教之人的方面》（罗·斯达克等著，杨凤岗译，中国人民大学出版社出版）一书近来在中国大陆走俏。该书宣扬“宗教市场论”的观点。“宗教市场论”亦名“宗教经济论”，核心是突出“经济利益”在信仰的取向和力度上的决定性作用。作者称其为“宗教的社会科学研究”即“宗教社会学”中的最新创作，相当充分地表达了美国的实用主义哲学和个人主义价值观，客观上则反映了宗教最重要的一种社会属性：赚钱。从基督教看，“宗教市场论”既可以算作它的传播学——充分运用“神”的唯一性所产生的张力与排他力布道宣教；也可以视为基督教的神学，因为“上帝”的等级及其价值被评为至高无上，并论证了为什么“上帝”最值钱，最值得信仰。

透过该书混乱的逻辑和表达可以看出，神灵乃是宗教组织包括它的神职人员在内的创造物；信徒与神灵间的交换，其实是与宗教组织的交换，钞票不是付给了神灵，而是付给了宗教机构及其神职人员。我们从宗教市场论中得到的重要启发是，一切关于宗教的圣洁描绘原来都是商品市场中的一种叫卖的话语，属于广告词，而实际所作的，则是将信徒的忠诚或生命的灵魂拿到市场去进行交易。该书的指导性观念，是贬斥宗教对社会环境的适应以及与文化环境的融合，教唆宗教从社会动乱中横空出世，在“文明冲突”中寻求宗教振兴的契机。因此，鼓动宗教的排他性，打破既有的社会秩序和文化结构，抗拒国家宪法原则而非市场法则，就成了它的最大特色。它开辟了基督教护教运动的新进路：把神的唯一性扩大为宗教的唯一性，不但给任何以神的名义活动的群体以自由膨胀的生机，同时向发展中国家输出，让这些国家的主权在宗教问题上失效。

就该书的陈述看，它是在倡导宗教至上和宗教无政府，以利益原则为动力，鼓动宗教组织不择手段地无限膨胀。客观上则是推动宗教排他、制造文明冲突和社会动乱。因此，它的信徒也在向世俗国家或国家的现代化叫板，尤其不能容忍国家依法治国、国家主权和国家管理。把宗教归结为唯利是图的产物，绝对不是唯物史观——尽管唯物史观也是从社会经济基础考察宗教的，它的理论也与中国宗教的历史和现实南辕北辙。

（供稿人：杨俊峰）

**3. 文化传教：“抓住中国的脑袋和脊背”**

金宜久，《科学与无神论》2011年第5期

作为社会主义国家创办的大学，它的基本任务是传授各门科学知识。在有条件的大学里，

讲授一般宗教知识，让大学生了解什么是宗教，很有必要。但这毕竟与教会办的学校（神学院校、佛学院校、经学院校等）仍有区别。因为一般高校的任务不是培养宗教从业人员，或者说，不是培养传教士。把宗教视为主观信仰对象抑或是视为客观了解、研究对象，有着本质区别。同时，普及宗教知识与传播神学、培养“职业传教士”也完全是两码事。

“文化基督徒”在高等学府，可以起到传教士难以起到的作用。表面上，他们往往创造出一种新的说法、理论、概念……似乎是“属于文化传教的范围”；本质上仍然是为上帝的存在、创世进行论证、说教，实际上与传教士的宣教布道无异，是在为有神论的信仰服务、辩护、张目。那种把宗教视为商品，主张开放宗教市场的论调，无疑是为宗教在国内的无序发展制造舆论。把宗教归结为商品，到寺院教堂去如同到早市去买豆腐、白菜或是到商场去买衣帽、鞋袜一样，这对虔诚的宗教信仰者而言显然会被认为是在贬损、糟蹋他们的信仰。从历史上来看，宗教都与经济有着密切的关系。用什么“宗教市场论”来说明极其简单的道理，不外乎是让那些有知识、有文化而涉世不深的年轻人，在宗教社会学的名义下，堕入其“市场论”的陷阱，在精神上受其影响，成为它的逻辑的俘虏。

从近现代历史上看，西方侵略者除了用枪炮屠杀中国人民外，用来解除中国人的武装和抓住中国人的脑袋和脊背的唯一的手段就是利用传教士来推销他们的信仰。他们往往把基督教、把《圣经》政治化，撕去其宗教的外衣，赤裸裸地暴露出他们伪善的、卑鄙的政治目的。西方教会在新中国建立前的梦想，未能实现的事，现在居然由有关的高校聘请海外神学家讲授《圣经》予以落实，把大学神圣的讲坛拱手让给神学家；让大学出版社接受传教士的推荐，出版“神创论”一类图书，真是令人费解。由此可见，宗教向高校的渗透，已到何种地步。由高校当局出面聘请神学家，即传教士讲课，显然不是一般意义下的单纯的宗教渗透。如果从当前炒热的“宗教市场论”的视角来看，应该归于“招商”（招境外的神学家）、“引资”（引基督教之《圣经》，从而可以大量出售宗教书籍）一类。由于来到高校的神学家，是以“教授”身份、有着讲学的任务，不是偷偷摸摸“渗透”进来的，而是冠冕堂皇、大摇大摆、受聘而来的，这可以视为宗教渗透形式的新发展、新演变。

西方基督教界对我国的渗透，不是什么新问题。它们有专门的研究机构，从事有关对外渗透从战略到策略方面的研究。对此，我们不能等闲视之。

（供稿人：杨俊峰）

### 4. 试论无神论宣传教育与宗教信仰自由的统一

田心铭，《科学与无神论》2011 年第 6 期

我们党历来重视关于无神论的研究和宣传教育，这与贯彻党的宗教信仰自由政策并不矛盾。

开展无神论研究宣传教育与贯彻党的宗教信仰自由政策，作为党的理论、政策和国家的法律、法规体系中紧密关联的有机构成部分，具有共同的基础，因而是统一的。它们都以我国宪法为根本法律依据，其法律依据是统一的；它们都以马克思主义为指导思想和理论基础，其理论基础是统一的；它们都以物质世界和人类社会的本质和发展规律为依据，体现了实事求是的科学精神，其客观根据是统一的；它们都以中国人民的根本利益为出发点和落脚点，

其政治立场和价值观是统一的。无论从法律依据、理论基础、客观根据和根本出发点来说，无神论研究宣传教育和贯彻党的宗教信仰自由政策都是统一的，并不矛盾。

宗教都是有神论，但有神论并不都是宗教，还有迷信、邪教等其他表现。宗教和它自己的有神论也并不等同。宗教和它的有神论之间的联系和区别可以分两个层次来讨论。首先，宗教和宗教意识形态是两个概念。宗教不仅仅是一种社会意识或文化现象，而是作为一种具有相当广泛的群众性的社会力量出现在社会的经济、政治、文化各个领域，对社会生活发生多方面的影响。宗教与社会、与国家的关系，信教群众与不信教群众的关系，比之有神论与无神论这种思想领域的关系，要宽泛、丰富得多。不能将把宣传无神论、批评有神论这一意识形态方面的工作夸大成对待宗教的全部工作，因而等同于“对宗教作战”，把它同贯彻宗教信仰自由政策对立起来。其次，有神论是宗教意识形态的核心观念，但宗教作为一种意识形态或社会意识，又不能仅仅归结为或简单地等同于有神论。全面地认识宗教的意识形态，评价宗教典籍和各种相关事物，不可忽视包含在其中的丰富的思想文化内容。进行马克思主义的无神论宣传教育，对宗教意识形态也不是全盘否定、简单抛弃，而是在批评有神论的同时，批判地继承其中一切有价值的思想文化。最后，马克思主义坚持无神论，但无神论并不都是马克思主义无神论。只有马克思主义的无神论才是严格意义上的科学无神论，才是真正以科学的态度对待宗教和神学的无神论。因此，只有自觉坚持马克思主义的无神论，才能把无神论的研究宣传教育同贯彻宗教信仰自由政策统一起来。

开展无神论研究和宣传教育与贯彻党的宗教信仰自由政策，两者统一的实现，要靠自觉认识和处理好二者之间的辩证关系。开展无神论的研究和宣传教育，必须认真学习和自觉遵守党的宗教信仰自由政策。同时，要克服对宗教信仰自由政策的误读，加强马克思主义无神论研究和宣传教育。

（供稿人：杨俊峰）

**5. 智慧设计理论：创始论的最近版本**

蔡仲，《科学与无神论》2011年第2期

“智慧设计理论”（Intelligent Design Theory，简称为ID理论）是20世纪末创世论的最新版本。它用“智慧”取代“上帝”，试图统一各式各样的创世论，在只有“创世”或“设计”的口号下来对抗他们共同的敌人——进化论。

智慧设计论在20世纪90年代由美国加利福尼亚州立大学伯克利分校法律学教授菲利普·约翰逊所创立，其研究中心为设立在华盛顿州西雅图的非官方的“发现研究所的科学与文化复兴中心”（Discovery Institute's Center for the Renewal of Science and Culture，简称为CRSC）。它用电视、收音机、录像带、互联网等传播手段来进行大肆渲染，其某些成员已经在大学或学院中获得了重要位置，并领导着攻击进化论的工作。进入高等院校被视为他们获得新起点的标志，这就是创世论介入主流学术界的“楔入”策略，具体包含设立研究项目、制造舆论与文化上的对抗与复兴三个步骤。在一些具有基督教背景的机构的基金赞助下，“楔入”策略在2000年开始实施，并取得了很大的发展。尽管在“楔入”策略的第一阶段——研究阶段没有成功，智慧设计论者却提前开始其第二阶段“制造舆论”与第三阶段

“文化对抗与复兴”的计划。同时，为了进入公立学校的课堂，他们采取了一些企图消除相关法律障碍的行动。随着2005年美国联邦法庭的判决，这一企图在制度上也宣告破产。

智慧设计论的产生无疑具有很复杂的社会与文化背景，但这和科学哲学后期的相对主义的泛滥有着密切的关联。库恩的《科学革命的结构》一书发表后，科学哲学发生了“社会学转向”，即社会建构主义的出现。从20世纪70年代后，当科学家与许多科学哲学家还保持着科学的客观主义的立场时，许多科学的历史学家与几乎所有的科学社会学家都采用了具有建构主义色彩的立场。社会建构主义带有强烈的相对主义色彩，它直接为创世论以科学的名义出现提供了一个契机，并构成了创世科学的理论基础。科学与宗教之争被完全当成一场争夺自由社会中的文化权威之战：不是事实与错误之争，而是基于不同的世界观的社会文化之争。方法论自然主义无法在科学与宗教之间立起一堵坚实的墙，而后现代相对主义却走向了另一荒谬的极端，关键问题在于两者都是脱离科学的具体实践去抽象地谈论科学与宗教的关系。因此要识别创世论的非科学特征，就必须把进化论的实践与创世科学的实践加以对比，才能识别出其非科学的真正面貌，才能真正实现科学与宗教的分界。

（供稿人：杨俊峰）

**6. 反邪教是文明之举，思想界需要担当责任**

求实，《科学与无神论》2011年第2期

从我国历史及其思想文化传承角度看，反邪教是文明之举；就现代社会发展而言，防范邪教滋生无论是对于政治稳定、经济发展、国家安全，还是对于社会和谐、文化进步，都有其实际的意义。思想界应该关注那些容易滋生邪教的思想观点和舆论，承担起推进社会文明进步的社会责任来。

在当代中国，邪教属于法学范畴，是法律直接禁止的对象，与我国合法宗教享有《宪法》规定的宗教信仰自由不是一个概念。作为民族文化的组成部分，中国民间信仰大都能追溯到“巫”的本源上。从先秦开始，对人体的神秘化和对法术的崇拜合二为一，形成一种求仙和成仙的独特法门，在权势和富有阶层中流行；与之并行，质疑和反对这种法门的声音和势力，也从未间断。国家统治集团对巫术大体采取两手：如果不严重影响社会秩序和政权稳定，基本上不闻不问，任其自流；一旦危害社会和政权安全，就会加以取缔和镇压。清末民初国家政体剧烈变化，以“灵学”为名的巫术在知识界兴盛一时。灵学的共性，是仇视科学，复辟帝制，颠覆新建的民国，核心理念是“鬼神救国”。这次灵学以及伴同的会道门活动，在大革命北伐时期受到进步人士的严厉批判。灵学反映着封建余孽的思想情绪和政治倾向，反灵学则蕴含着“科学与民主”精神，与“五四运动”开辟的新文化思潮相衔接。

最新一次巫术的兴盛出现在改革开放初期，与此前不同的是它以国家机构、行政编制的方式在科技系统、体育管理系统以及文化教育系统泛滥，大众媒体几乎一边倒地予以吹嘘。这一“神化气功”运动刚一露头就遭到各界的质疑和很多的学者公开反对。有关党政部门的最初反应也是及时的、鲜明的，但在1982年上半年中宣部“三不”的方针下达之后，情况有了急剧的变化，公开的批评声音反而当真被压制下去了，而“神化气功”之说则迅猛加速，最终导致了1999年的“法轮功”事件。“法轮功”被摧毁，证实了人民群众对邪教的厌弃与警觉以及政府打击邪教的决心与能力，但并没有消除邪教滋生的社会根源和它的思想依据。

在后“法轮功”时期，新的邪教又转向对西方基督教资源的运用。相比于特异功能、神化气功及其向邪教恶变之受到思想界的关切，对于基督教无遮拦的文化传教、地下教会的肆无忌惮及其向恶性突变，那关注的程度和质疑的声音，更加微弱。这类邪教的主要特点在于它们凭借的力量既脱离中国的传统，又与当前的社会体制对立。反邪教的视野需要大幅度开拓，知识体系的应对需要不断更新，一支具有思想的建设性的学术队伍急需培养成长。

（供稿人：杨俊峰）

# 第六篇

# 著作选介

# 马克思主义基本原理

**1. 马克思主义基本原理研究报告**（2006—2009）

李昆明主编，人民出版社2011年版

《马克思主义基本原理研究报告（2006—2009）》采取总报告与分报告相结合的方式，突出分析总结四年间中国学界对马克思主义基本原理研究的总体情况，重点梳理学者们从不同学科视野、不同思维向度、不同研究领域对马克思主义基本原理的研究成果，目的在于呈现国内学界马克思主义基本原理研究阶段性成果的全貌。

全书共分四编。第一编研究报告部分，一篇总报告即马克思主义基本原理研究总报告，其下分为11个分报告，包括马克思主义经典作家研究，马克思主义经典著作研究，马克思主义理论整体性问题研究，当代视野中的历史唯物主义研究，马克思主义视域中的当代资本主义研究，意识形态问题研究，民主社会主义研究，中国特色社会主义理论体系研究，马克思主义中国化、时代化、大众化研究，马克思主义基本原理教学研究。在总报告中，作者首先介绍了学科建设基本状况，包括研究队伍情况、学术活动情况，并指出，经过几年建设，马克思主义基本原理基础性研究得到加强，研究成果大量涌现，重大理论与重大实践问题紧密结合。其次，关于马克思主义基本原理研究方法的思考，作者指出，主要在两个方面展开，一是马克思主义研究范式的当代反思，一是马克思主义文本文献研究的兴起。关于马克思主义基本原理研究的主要内容和基本问题，是本书重点介绍的地方，11个分报告作了详细说明。关于马克思主义基本原理研究的趋势，作者指出，有以下几个方面值得关注：一是文本文献研究将为马克思主义基本原理的深化拓展提供重要的平台，二是马克思主义整体性研究日益成为深化马克思主义基本原理的重要途径，三是马克思主义方法论讨论成为拓展马克思主义基本原理研究的重要前提，四是当代中国经济社会实践为基本原理的创新发展提供了深厚的实践根基。

在第二编中，作者介绍了四年来关于马克思主义基本原理研究的热点问题，包括马克思主义与“普世价值”问题研究，国际金融危机与中国经济发展问题研究，“中国模式”研究：概念、问题与前景，马克思主义收入分配理论的新进展，公平与效率关系问题研究。在第三编中，作者介绍了国内学术动态及评介，主要介绍了2006—2009年间，围绕马克思主义的基本理论、马克思主义中国化、马克思主义理论学科体系建设和马克思主义时代价值等为主题的学术论坛，特别介绍了“全国马克思主义哲学论坛”，“全国马克思主义院长论坛”，“全国马克思主义青年论坛”，“全国高校马克思主义理论学科研究会论坛”等等，并就近几年学界对马克思主义原著文本的编译与研究、对马克思主义基本理论研究和发展的梳理等作了介绍。第四编中，作者介绍了研究资料索引。

（供稿人：张建云）

**2. 马克思主义哲学体系的当代建构**

黄枬森主编，人民出版社2011年版

《马克思主义哲学体系的当代建构》是黄枬森教授主持的国家社科基金重点课题《马克思主义哲学体系的坚持、发展与创新研究》的最终研究成果《马克思主义哲学创新研究》第一部。在这部著作之中，作者首先介绍了一般哲学的基本性质和特点，进而介绍了马克思主义哲学的变革意义与科学形态，表明构建马克思主义哲学科学形态要通过两种努力，一是随着社会实践的发展即时代的发展来构建，二是自觉按照科学构建科学体系的原则来构建，提出了构建马克思主义哲学的科学体系基本原则。依据这一基本原则，作者指出，马克思主义哲学的对象与整个哲学的情况是一致的，它研究的对象首先是整个世界，其次是这个世界的若干局部。其次，哲学研究的历史形成了哲学对象的三个层次，第一是世界整体，第二是在这个世界（自然界）的基础上产生的人类社会，第三是在人类社会基础上产生的精神世界，即人的主观世界。第一层次是世界观的对象，第二、三层次都是部门哲学的对象。由此，马克思主义哲学应该包括六个组成部分，即世界观、历史观、人学、认识论、价值论和方法论。哲学研究的主要是对象是作为整体的世界，因而它的核心组成部分就是世界观。历史观和人学应该属于第二个层次。认识论、价值论和方法论应该属于第三个层次，它们讨论的都是人的活动，都是人类社会的精神现象，是历史观与人学的进一步深化。在辩证唯物主义世界观中，作者指出，辩证唯物主义作为对整个世界的宏观把握，就是对世界的物质性、辩证性及其辩证统一的正确反映，它旨在引导人们按照世界的本来面貌，实事求是地认识事物、解决问题。在辩证唯物主义历史观中，作者指出，历史观的“存在”即实践，实践是人类社会的存在方式，在实践基础上，马克思、恩格斯才揭示了人类社会的基本结构和社会发展的基本规律。在辩证唯物主义人学中，作者指出，人学要回答的是人和世界的关系，一方面是外部世界对人的作用和意义；另一方面是人能否正确认识世界，人应该如何改变世界，以及人应该如何生存和发展自己等问题。在辩证唯物主义认识论中，作者主要论述了人类认识的本质和认识的存在形式，认识与实践的关系，认识的基本规律与围绕它展开的其他若干认识规律，认识真理的关系、真理的性质、真理的检验等问题。在辩证唯物主义价值论中，作者介绍了价值本体论，包括价值与存在、价值基础、价值根据、价值的本质、特性、分类及价值基本范畴等；价值活动论，包括价值认知与评价、价值选择、价值创造、价值实现等；价值意识与价值观念，包括价值心理、价值知识、价值观念等。在辩证唯物主义方法论中，作者阐述了方法的重要性，方法论是以方法为研究对象的一门学问，有三个研究层面，一是各门具体学科的方法论；二是概括研究自然科学研究方法的自然科学方法论和概括研究社会科学研究方法的社会科学方法论；三是从哲学的认识论高度，概括和总结最一般的方法论。马克思主义哲学引入实践概念，使方法论的研究提高到了一个新的境界。

（供稿人：张建云）

**3. 马克思主义基础理论研究**

孙正聿等著，北京师范大学出版社2011年版

《马克思主义基础理论研究》是孙正聿教授主持的国家社会科学基金重大项目的最终成

果。本书共三大部分。在序中，作者提出了把马克思主义作为“一整块钢铁”进行“超学科”研究的指导思想，把关于马克思主义基础理论的研究集中在关于马克思的“两大发现”的研究。在导论中，针对学界关于“什么是马克思主义”的各种观点，集中地探讨了马克思主义研究的若干前提性问题，主要是论述了马克思主义的“称谓”、“学说与学科”、“整体与部分”、“经典与阐释”、“文本与解读”、“理论与实践”等前提性问题，深入地阐述了马克思主义的理论旨趣和理论使命，马克思主义的“理论硬核”和“解释原则”以及马克思主义的当代意义。

本书的主体部分是马克思主义基础理论研究，共有十章。前三章集中探索、阐述了马克思主义的世界观、辩证法和科学观，指出马克思主义是科学的世界观，世界观问题是马克思主义的最根本的基础理论问题。马克思主义辩证法是“马克思主义的活的灵魂”。马克思主义科学观部分阐述了马克思主义科学观的历史形成、基本内容和当代价值，以上为论述马克思主义自然观、社会观、历史观、发展观奠定了世界观和方法论基础。第四至七章在前三章的基础上，以马克思主义发现的人类历史的发展规律为实质内容，分别论述了马克思主义的自然观、社会观、历史观和发展观，指出了马克思主义自然观唯物主义内涵；论述了马克思主义社会观以生产关系为基础，以全部社会关系为实质内容，历史观则阐述了马克思主义“历史”概念的和以历史规律为实质内容思想，发展观阐述的是以人的发展为实质内容的马克思主义发展观，并论述了“以人为本”的科学发展观。这几章均从学术界、理论界讨论的问题出发，特别是从有争议的重要问题出发，以马克思主义的主要著述为依据，从跨学科的视野，集中地阐述了马克思主义所发现的人类历史的发展规律。最后三章，分别论述了马克思的资本主义批判，马克思的科学社会主义和马克思的理论巨著《资本论》。马克思的资本主义批判分别论述了马克思批判资本主义的基本立场以及马克思对资本主义生产体制批判、对资本主义文化体验的批判，并论述了马克思批判资本主义政治规划和伦理思想。“马克思主义的科学社会主义”分别论证了马克思对空想社会主义的批判，科学社会主义理论与马克思主义的哲学和政治经济学的关系。作者论证了马克思的理论巨著《资本论》中理论内容上所实现的存在论、认识论和逻辑学的统一，在理论性质上所实现的存在论、真理论和价值论的统一，从而深入地论证了马克思主义所指出了人类解放的现实道路。全书深入地阐发马克思主义的科学世界观，集中地阐述马克思的“两大发现”的基本内容，针对当今学界正在讨论的重大问题，全面论述了马克思主义基础理论，系统地展现了关于马克思主义基础理论的研究成果。

（供稿人：张建云）

**4. 马克思主义若干重大问题研究**

*靳辉明、李崇富主编，社会科学文献出版社 2011 年版*

本书结合当代新的时代特征和新的实践发展，对马克思主义若干重大理论和现实问题，诸如，马克思主义的时代观与当今的时代特征，科技革命、经济全球化与马克思主义面临的挑战和机遇，从当今的世界金融风暴看国际垄断资本主义形成和发展的世界影响，唯物史观及其社会形态理论、劳动价值学说和剩余价值理论在当代的重大意义，马克思主义阶级理论与现阶段我国阶级状况的新变化，经济文化相对落后国家走向社会主义道路的探索，马克思主义中国化与中国特色社会主义理论体系，苏联社会主义演变的原因与教训，社会主义市场经济的特点和发展规律，社会主义民主与无产阶级专政，马克思主义政党学说与我国的执政党建设，社会主义意识形态建设的形势与对策，科学发展观与构建社会主义和谐社会，人类解放和人的自由而全面发展，马克思主义与人道主义问题，评新自由主义、民主社会主义、历史虚无主义、普世价值，坚持马克思主义在意识形态领域的“一元化”指导地位等 20 余个热点难点问题，进行了深入的专题性分析和研究并作出新的阐发，有力地回击了反社会主义势力对马克思主义的种种曲解、责难和攻击，并通过解决和回答当今时代马克思主义和社会主义遇到的新问题，廓清了马克思主义与各种反马克思主义和非马克思主义的区别，澄清了苏东剧变后人们在思想上存在的种种疑虑和模糊观念，使我们对当代马克思主义若干重大问题有一个全面、系统、深入、正确的认识和把握，使我们在社会主义改革开放的实践中，真正做到正确运用和创造性地发展马克思主义。《马克思主义若干重大问题研究》不仅科学地把握马克思主义最基本的理论观点，而且更多地从现实出发，从意识形态出发，针对历史上和现实中对马克思主义的种种非议和责难，正确阐述马克思主义的基本原理，回应马克思主义在当代面临的各种挑战，具有强烈的现实针对性和重大的理论意义、学术价值。

（供稿人：孙应帅）

**5. 马克思恩格斯论述金融危机与经济危机**

*林振淦，社会科学文献出版社 2011 年版*

该书全面地梳理了马克思、恩格斯关于金融危机与经济危机的思想和论述，阐述了马克思、恩格斯关于资本主义生产方式下普遍生产过剩和由生产过剩导致金融危机和经济危机的原理，金融危机和经济危机的关系，经济危机的周期性及从一国到多国的传播，经济危机的破坏性及对资本主义经济的强制平衡和发展的作用，金融机构、政府、企业应对金融危机和经济危机的举措，以及对于当时经济学家有关经济危机理论的评论与批判。该书还梳理了马克思恩格斯关于社会主义生产方式与商品、市场关系以及商品、市场和经济危机关系的论述，介绍了列宁、斯大林关于社会主义革命后的商品、市场和经济危机问题的论述，毛泽东、邓小平关于社会主义商品、市场经济问题的论述。在理论联系实际的基础上，该书论证了必须从马克思恩格斯的著作中提炼出直接利于当今中国社会主义经济发展的马克思主义理论精髓这一重要问题。

全书分为两篇 18 章。第一篇是马克思、恩格斯论述货币危机和金融危机，共 4 章。第一章阐述了马克思对货币危机和金融危机的表现、实质、发生条件的理论分析；第二章介绍了马克思对亲身经历的两次重大金融危机和工业危机的分析。在马克思看来，货币危机和金融危机的根本原因在于整个危机的基础即生产过剩。第三章介绍了马克思对金融危机与经济危机关系的分析。马克思认为，金融危机是经济危机的预兆、先声、序幕和第一阶段，它们有共同的基础，即普遍生产过剩。第四章介绍了马克思对金融危机的金融调节与政策干预的分析，马克思认为，在资本主义条件下通过政府干预抵御金融危机具有很大的局限性，也不可能消除金融危机。

第二篇是马克思恩格斯论述经济危机。第一章是生产过剩与普遍生产过剩的经济危机，主要介绍了马克思对经济危机的主要原因、实质和基本现象的论述。第二章是生产、市场的盲目性，竞争和投机活动对经济危机的作用，介绍了马克思对资本主义经济危机形成的条件和作用机制的分析。第三章是生产部门之间的不平衡与生产不足引起再生产过程的破坏，介绍了马克思对资本主义经济危机的另一个基础——生产部门之间的不平衡的分析。第四章介绍了马克思对经济危机的第一阶段的货币、金融危机的描述和分析。第五章介绍了马克思对经济危机在资本主义国家间的传播过程以及经济危机的国际同期性的分析。第六章介绍了马克思关于政府经济立法、革命运动、战争等因素对经济危机的影响的分析。第七章介绍了马克思对导致生产过剩和经济危机的其他相关因素的分析。第八章介绍了马克思分析过的历次经济危机，包括经济危机的周期性和工业周期阶段，中间危机和经常萧条。第九章介绍了马克思关于经济危机的破坏性和对资本主义经济的强制平衡与发展的作用的分析。第十章介绍了马克思对经济危机与繁荣对工人的工作和生活、工人运动及当时政局的影响的分析。第十一章介绍了马克思对资产阶级政府、金融机构和企业主应对经济危机的办法和措施的分析和评论，包括对某些社会主义者应对经济危机的试验的评论。第十二章介绍了马克思对资本主义经济危机的本质的分析。马克思指出，经济危机是资本主义制度的矛盾的集中表现，它显示资本主义制度的过渡性质。第十三章介绍了马克思和恩格斯关于社会主义生产方式与经济危机的思想，以及列宁、斯大林、毛泽东、邓小平等人对于社会主义与商品、市场经济及经济危机问题的理论阐述。第十四章介绍了马克思和恩格斯对当时经济学家经济危机理论的评论与批判。

（供稿人：彭五堂）

## 马克思主义中国化

**1. 马克思主义中国化研究报告** No. 2

金民卿、李建国主编，社会科学文献出版社2011年版

本书是在中国社会科学院马克思主义研究院马克思主义中国化研究部学者2010年至2011年度学术报告基础上形成的，是该研究部组织撰写的《马克思主义中国化研究报告》系列丛书的第二辑。

全书由6个部分构成。“学科前沿报告”部分，系统梳理了2010年至2011年度马克思主义中国化学科、党建党史学科、科学无神论学科的发展状况，总结了三个学科的最新成果，分析了存在的问题并提出了进一步做好学科研究的思路。从第二部分开始，围绕马克思主义中国化这个中心问题，根据学术报告的内容，把19篇学术报告分别收入5个部分。

“马克思主义中国化的历史进程与基本经验”部分收录李崇富的《正确认识“两次飞

跃”，自觉推进马克思主义中国化》，文章论述了正确认识和把握马克思主义中国化的“两次飞跃”的实践基础及其理论成果之间的历史和辩证联系，阐述了自觉继续推进马克思主义中国化所必须坚持的基本经验和基本关系。另外收录了金民卿的《马克思主义大众化的逻辑进程分析》，以及关于经济落后国家走向社会主义的实践探索及历史沉思、列宁保护和教育劳动者思想的当代意义等研究论文。“毛泽东思想研究”部分收入王宜秋的《毛泽东与妇女解放》，该文总结了毛泽东对中国妇女解放运动的贡献和理论特点，指出毛泽东的妇女解放理论是对马克思主义妇女观的继承和创新。此外收入的还有毛泽东关于资本主义工商业社会主义改造的政策、早年毛泽东对自我实现的思考、毛泽东的接班人思想等研究论文。“党的历史与党的建设”部分收入李伟的《从苏共亡党我们学到了什么?》，以及反腐倡廉建设中的文化维度和制度维度问题、“创先争优”活动存在的问题及对策、90 年党群关系建设若干重要经验及当代启示、党的三大作风的思想来源考察等方面的研究文章。“中国特色社会主义理论与实践”部分收入赵智奎的《所有制理论与实践的哲学分析》，文章指出，“以公有制为主体”是中国特色社会主义的“底线”，“共同富裕”是中国特色社会主义的“归宿”，解决当前的分配不公问题的关键是要处理好所有制问题。还收录了中国特色社会主义与西藏发展、分配正义与社会保障问题等研究文章。“科学无神论研究”部分收入习五一的《关于少数民族地区党员干部问题的思考》，通过对陈奎元文集的解读，以 20 世纪 90 年代西藏自治区为典型案例，指出中国共产党员必须坚持无神论，并引导人民群众从宗教的束缚中逐步得到解脱。这部分还收录了关于北京地区大学生宗教信仰调查研究以及任继愈的科学无神论思想研究等文章。

本书对相关主题的研究系统、扎实，研究水平和总体质量高，有重要的学术参考价值。且大部分学术报告附加了学术点评的内容，把原汁原味的学术报告和思想交锋呈现在广大读者面前，增加了可读性。

（供稿人：郑萍）

**2. 马克思主义哲学中国化与当代中国哲学建设**

孙麾、汪信砚主编，社会科学文献出版社 2011 年版

马克思主义中国化的历史过程就是中国现代性的生成过程，马克思主义哲学的基本品格所承载的历史使命，要求马克思主义哲学必须为捕捉当代世界和当代中国的问题而提供具有世界观和方法论作用的哲学视角。本书是由中国社会科学杂志社主办的第 8 届“马克思哲学论坛”的会议文集汇集而成，全书 41 万字，集中讨论了马克思主义哲学中国化所面对的种种迫切的问题：一是要确立马克思主义中国化的学术语境，二是在研究中必须恢复马克思的学术传统和问题意识，三是要打破西方学术话语的无形垄断，四是对各种学术思潮及其隐含的政治诉求展开科学的有效的批判，五是从严格的经验事实出发为解决实际问题提供具有方法论意义的思维框架和解释框架，六是通过中国问题的哲学解读赢得中国创造性发展的世界意义，从而真正实现马克思主义哲学中国化学术内涵与现实内涵的科学统一，使马克思主义哲学真正成为中国的文明的活的灵魂。

本书多位学者认为，马克思主义中国化这个概念本来就不是从书本研究中产生的，而是

从中国人民的解放斗争的实践中产生的。这个概念的提出的历史背景和条件，就决定了它的性质和内容，决定了它是一个标志实践目的、实践过程和实践结果的概念。同时也就逻辑地蕴涵了它的检验方式和检验标准。检验马克思主义中国化的成败得失，不能用某个论断与某个文本是否符合为标准，而只能以实践的结果与实践方案的预期目的是否符合为标准，即以实践为标准，而不是以文本为标准。这一论断具有重要的方法论意义。有学者还提出了探索马克思主义中国化研究的新向度问题，认为深化马克思主义中国化研究需要开辟出世界向度，形成世界向度与中国向度紧密结合的学术视野。

同时，在世界文明与传统文化的关系中如何看待马克思主义中国化也是学者们关注的问题。经济全球化趋势与现代性的普及无疑将民族精神的文化之根、将一个古老文明的文化记忆问题凸显出来了，并引发了强烈的文化诉求和文化焦虑。但如何实现传统文化的现代化，传统文化如何跨越社会形态的历史维度，如何与能否超越自中国共产党成立以来90年马克思主义中国化所形成的文化逻辑主线，应该说是一个更深层次的问题。在马克思主义中国化中，如何处理与传统文化的关系，与现实的关系，与世界文明优秀成果的关系问题，需要给予适应时代需要与符合时代特征的科学说明。

该书的成果标志着马克思主义哲学界就这一主题研究的新高度。

（供稿人：郑萍）

### 3. 中国特色社会主义道路研究

辛向阳主编，河北人民出版社2011年版

中国社会科学院马克思主义研究院研究员、博士生导师辛向阳主编的《中国特色社会主义道路研究》，是研究中国特色社会主义道路的初步成果，具有较高学术价值。该书强调，中国特色社会主义道路是由诸多具体道路构成的总道路。全书共分十章，分别对中国特色社会主义道路的形成、科学内涵以及具体构成进行了详细阐述。

该书指出：中国特色社会主义经济发展道路的制度核心，是公有制与市场经济的有机结合，而社会主义市场经济的基本功能内涵，是促进生产力的快速发展和促进全体劳动者不断向着自由全面的方向和目标发展。中国特色社会主义政治发展道路是历史的必然和人民的选择，坚持中国共产党的领导、人民当家作主、依法治国有机统一，与坚持和完善社会主义民主制度的国体，符合我国现阶段的基本国情，具有巨大生命力和优越性。在中国特色社会主义文化建设方面，首先要建设社会主义核心价值体系，坚持一元化的指导思想引领多样化的社会思潮。其次，要积极推进文化体制改革，建立公共文化服务体系保障人民群众基本文化权益，形成新的文化产业格局满足人民群众多层次、多方面、多样性的精神文化需求。最后，要不断提升中国的文化软实力，增强民族凝聚力，主动参与到国际文化竞争中。该书认为，构建社会主义和谐社会，是建设中国特色社会主义的重大战略任务，是建设和发展中国特色社会主义的根本要求。要建立健全和完善各种机制，正确处理新形势下的社会矛盾。此外，中国特色社会主义的生态文明建设道路是立足于自身、走内涵式生态建设的道路；是立足于自然、根本转变发展理念的道路；是立足于发展、促进社会全面进步和人的全面发展的道路。该书还指出，中国的和平发展道路，是在深刻把握“和平与发展”的时代主题基础上，做出的必然的战略选择。在国际战略方面，要树立坚持独立自主与参与经济全球化相结合的战略思路，要倡导建立重建国际政治经济新秩序，推进国际关系民主化，坚持以和平共处五项原则积极构建和谐世界。

此外，该书还将中国特色社会主义道路与拉美的经济改革道路、苏联的政治改革道路以及瑞典的社会民主主义道路进行了比较，指出无论革命、建设还是改革，都要独立自主地走自己的路，照抄照搬别国经验、别国模式从来不能成功；要敢于和善于把马克思主义基本原理同新的实际和时代条件结合起来，坚决走充满生机活力的新路，决不走实践证明是封闭僵化的老路，也决不走那种改旗易帜、放弃共产党领导、放弃社会主义的邪路。

（供稿人：郑萍）

**4. 中国特色社会主义理论体系研究**

徐崇温著，重庆出版社2011年版

该书是中国社会科学院荣誉学部委员徐崇温的最新力作，是“十二五”国家重点出版规划项目，中宣部、新闻出版总署庆祝建党90周年重点出版物，是着力构建社会主义核心话语体系的一本内容厚重的著作。

作者系统阐释了中国特色社会主义道路和理论体系，明确揭示了中国特色社会主义理论体系的灵魂和精髓；全面梳理了中国特色社会主义对于什么是马克思主义、怎样对待马克思主义，什么是社会主义、怎样建设社会主义，建设什么样的党、怎样建设党，实现什么样的发展、怎样发展这些重大问题所作的创造性探索和回答；逐一分析了中国特色社会主义理论体系与马克思主义中国化、中国的和平发展道路、民主社会主义之间的关系；客观论证了马克思主义与中国实际相结合的中国模式的世界意义及影响。

作者认为，邓小平对社会主义建设新道路的开辟同毛泽东对适合中国国情的社会主义建设道路的先行探索一脉相承、与时俱进，毛泽东的先行探索成为中国特色社会主义理论体系的思想来源或给它提供思想启示，但这是两个并不直接连续的过程。作者指出，马克思主义是与时俱进的科学理论，应该学习邓小平对待马克思主义的态度，并划清马克思主义和反马克思主义的界限。对于社会主义的理解，作者认为一切都要从社会主义初级阶段的实际出发，认识到社会和谐是社会主义的本质属性，改革开放是发展中国特色社会主义的必由之路；中国的发展离不开世界，因此要用科学的态度对待资本主义的理论研究；而社会主义市场经济论是对科学社会主义的重大发展，因此要不断推进社会主义市场经济论的理论创新。在党的建设问题上，作者指出，要把党的执政能力建设和先进性建设作为主线，全面推进、建设马克思主义学习型政党，大力推进党的思想理论建设，坚持不懈地推进马克思主义中国化、时代化、大众化。至于发展问题，作者指出，科学发展观推进了人类发展理论的创新发展，要把科学发展观贯穿到改革开放和现代化建设的全过程中，立足于新世纪新阶段的阶段性特征，解放思想、妥善协调各方面的利益关系促进和谐社会建设。作者指出，中国特色社会主义与民主社会主义是两股道上跑的车，科学社会主义与民主社会主义既不“同祖”，也不“同根”，更不是“同义语”；只有社会主义才能救中国，只有中国特色社会主义才能发展中国。中国特色社会主义理论体系是马克思主义中国化的最新成果，科学发展观、和谐社会论的提出和实践，表明中国摸索出了一种将进一步预示社会主义是必由之路、社会主义优于资本主义的可持续发展的模式。

（供稿人：郑萍）

**5. 中国农村集体经济道路研究**

彭海红著，中央民族大学出版社2011年版

该书围绕“中国农村为什么会选择集体经济道路？这到底是一条什么样的道路？怎样更好地坚持和完善这条道路?”等基本问题，对中国农村集体经济道路的理论、历史、现状和发展前景作了深入细致的梳理和分析。

该书正文共包括六章内容：第一章，中国农村集体经济的理论与制度渊源；第二章，中国农村集体经济的产生与发展；第三章，新时期中国农村集体经济制度的改革；第四章，中国农村集体经济的现状；第五章，中国农村集体经济的典型实践形式分析；第六章，中国农村集体经济的广阔发展前景。

作者运用历史的、辩证的观点认识和分析人民公社制度和家庭联产承包责任制。站在最广大农民群众根本利益这一立场上反思农村基本经营制度的改革，作者得出这样几点认识：第一，当前“以家庭承包经营为基础、统分结合的双层经营体制”根本不同于马克思、恩格斯所定义的“小农经济”的概念，但从经营方式上看，确实遗留着小农生产方式的残余；第二，一些发挥集体统一经营优越性的改革政策和措施没有落到实处；第三，土地承包经营权流转制度是一把“双刃剑”，必须打破它在促进农业规模经营中的“神话”；第四，土地私有化绝不是中国农村改革和发展的方向。

该书最大的一个特色是，根据多年对农村集体经济的调研，尝试性地提出了农村集体经济发展的几种实践形式：以河南刘庄为代表的集体经济的经典模式、以浙江湾底村为代表的集体经济的现代模式和以天津毛家峪村为代表的集体经济的现实模式，分析了各种实践形式的特征和发展条件。

集体经济作为公有制经济，是与社会主义制度相伴相随的。集体经济是社会主义新农村建设的制度基础，是实现农民共同富裕的根本保障，也是中国特色农业现代化发展道路的必然要求。改革开放以来，中国农村确立了以家庭承包经营为基础的、统分结合的双层经营体制作为农村的基本经营制度。家庭承包经营制度不可避免地造成土地细碎化分割、农民组织化程度降低，以及由此引起的集体积累薄弱、部分农村基层党组织软弱涣散等问题。农村改革和发展道路问题成为无可回避的问题。作为该书的一个结论，作者认为，集体经济作为中国农村改革和发展总的方向，不仅具有历史必然性，而且具备了一定的现实可能性。在条件具备的地方，中国共产党要善于把握时机，积极领导和引导农民通过多种途径发展壮大农村集体经济，走共同富裕的道路。

（供稿人：郑萍）

# 马克思主义发展史

## 1. 中外马克思主义经济思想简史

程恩富主编，中国出版集团东方出版中心 2011 年版

该书共分五篇，系统而简明地梳理了中外马克思主义经济思想形成、发展和论争的历史轨迹，展示了马克思主义经济思想史的历史全貌，并对当代资本主义和当代社会主义发展出现的新情况和新趋势进行了客观分析。该书第一篇是经典作家篇，对马克思、恩格斯、列宁、斯大林、毛泽东、邓小平等的经济思想进行了总结和提炼；第二篇是中国篇，主要从中国经济学界对马克思主义经济思想发展创新的角度，阐述了旧中国马克思主义经济思想发展史、新中国马克思主义经济思想发展史、中国社会主义经济思想发展史和中国当代资本主义经济思想发展史；第三篇是苏联俄罗斯篇，主要介绍了苏联建国前的俄国、苏联马克思主义经济学家的经济思想，以及当代俄罗斯马克思主义经济思潮；第四篇是欧美篇，主要介绍欧美马克思主义经济思想在与西方主流经济思想的对峙中不断发展起来的各种思想流派；第五篇是日本篇，主要详细介绍了马克思主义经济思想在日本的传播、形成和流派。

该书以马克思主义经济学科学内涵为主线，突出了与时俱进和开放性的研究特征，简明系统论述世界范围内马克思主义经济思想史上主要代表性流派变动演化的背景及脉络，条分缕析、客观论证、公正评价，凸显马克思主义经济思想史上各经典作家、各流派人物间理论思想的继承性和发展性，勾勒出中外马克思主义经济思想史的基本框架和变动趋势。

（供稿人：侯为民）

## 2. 马克思主义发展史上的论争

孙继红，知识产权出版社 2011 年版

该书由前言、五个章节和结论组成。该书指出，什么是马克思主义始终是世界思想界难以回避的强大“磁场”，在马克思主义发展史上，影响较大的关于什么是马克思主义的提问至少有以下五次：第一次是马克思和恩格斯在创立马克思主义和把它初步系统化的过程中的提问；第二次是马克思主义者在反对伯恩施坦修正主义的斗争中的提问；第三次是“第三国际”革命的马克思主义者在同“第二国际”机会主义思潮的斗争中的提问；第四次是战后在科学主义与人本主义两大思潮的对立和资本主义与社会主义两大制度的对抗中的提问；第五次是在关于共产主义和社会主义发展的历史反思中的提问。

该书指出，无论是世界社会主义的发展，还是建设中国特色社会主义的实践，首先要搞清什么是马克思主义。在世界共产主义运动的实践中，每当马克思主义被教条化，社会主义就会遭到挫折，甚至失败，因此要首先搞清什么是马克思主义；马克思列宁主义是中国共产党的指导思想，是中国特色社会主义理论体系的源泉。中国特色社会主义理论体系是马克思列宁主义与中国革命和建设实践相结合的产物。学习中国特色社会主义理论体系，建设中国

特色社会主义也必须首先搞清楚什么是马克思主义。

该书指出，国内外的研究从不同观点、不同视角，运用不同方法对什么是马克思主义进行了探讨。比如，在马克思主义发展史上，经典作家们对什么是马克思主义作了明确回答：恩格斯认为马克思主义是无产阶级斗争的学说，列宁认为马克思主义是马克思的观点和学说的体系，斯大林认为马克思主义就是科学，毛泽东指出马克思主义是门学问，邓小平提出马克思主义就是共产主义；国际上，20 世纪 20 年代在欧洲各国共产党内，出现了一种反对马克思主义但又自称是马克思主义的思潮。在以后的发展过程中，主要有两种不同的趋向：一种是按照黑格尔主义、弗洛伊德主义、存在主义的精神解释和发展马克思主义，被称作黑格尔主义马克思主义、弗洛伊德主义马克思主义和存在主义马克思主义；一种是按照新实证主义、结构主义的精神解释和发展马克思主义，被称作新实证主义马克思主义和结构主义马克思主义。我国的马克思主义研究提出马克思主义是彻底而严整的科学体系，是一门大史学，是关于人的解放的科学，是一个完整的科学的世界观。

该书对马克思主义发展史上关于“什么是马克思主义”的提问作了梳理，厘清了提问产生的背景、提问的性质、争论的焦点等问题，以揭示马克思主义的本质和发展规律，弄清楚什么是马克思主义这一重大问题，探求判断马克思主义与非马克思主义的标准，解决如何对待马克思主义的问题。搞清楚“什么是马克思主义”的问题不是要回到马克思主义理论的原点，而是要解决马克思主义的“当代性”课题，即解决如何坚持和发展马克思主义的问题；并对当代世界社会主义的发展有着重大的理论和现实意义。

（供稿人：任洁）

### 3. 马克思主义哲学中国化的理论与历史研究

陶德麟、何萍主编，北京师范大学出版社 2011 年版

该书是继作者主编的《马克思主义哲学中国化：历史与反思》（2001 年国家社科基金重点项目“马克思主义哲学中国化问题”的结项成果）一书的后续之作。由导言、马克思主义哲学中国化研究的方法论问题、中共早期领导人哲学思想研究、李达、艾思奇哲学思想研究、毛泽东邓小平哲学思想研究、中国特色社会主义理论体系研究五部分组成。

该书重点研究了三个大的问题，即中国马克思主义哲学的普遍性问题、中国马克思主义哲学大众化的问题、中国专业马克思主义哲学家对马克思主义哲学中国化的贡献问题。

该书在《导言》和《马克思主义哲学中国化研究的方法论问题》两编中对什么是“真正的”马克思主义哲学进行了理论剖析。指出马克思是马克思主义哲学的创始人和奠基人，但马克思主义哲学却不是一成不变的教条，它必然随着时代的变化和实践的发展而发展，发展着的马克思主义哲学史不同时代、不同民族的马克思主义者共同创造的精神财富；该书论证了中国的马克思主义哲学具有独特的中国性格和中国形态，同时又遵循了马克思主义哲学的根本原理，是中国化了的马克思主义哲学；该书阐述了马克思主义中国化研究应当遵循的历史与逻辑相统一的方法论原则；论证了马克思主义哲学中国化研究的历史主义原则。

关于中国马克思主义哲学大众化的问题，该书重点探讨了中共早期报刊在马克思主义大众化中的角色，研究了中国马克思主义者在马克思主义大众化事业中的贡献。论述他们的这

些贡献时不限于论述他们的著作通俗易懂的特点，更多的事论述他们的工作对促进马克思主义哲学中国化、时代化的作用。

关于中国专业马克思主义哲学家对马克思主义哲学中国化的贡献问题。该书指出，马克思主义哲学理论的发展不仅仅是无产阶级革命领袖的事业，同时也是信仰马克思主义的知识分子的事业。马克思主义哲学在无产阶级革命领袖和专业哲学家的相互推动下发展起来，并且越是往后发展，马克思主义专业哲学家的队伍越庞大，他们的作用也变得越来越不可忽视，以致若不研究他们的思想，就不可能了解当今马克思主义哲学在中国发展的全貌。

该书同时指出，近年来马克思主义哲学中国化研究中提出的新课题远不限于以上三个，但这三个问题都涉及马克思主义哲学中国化研究的方向和方法，是一些原则性的问题。厘清这些问题，对正确理解中国马克思主义哲学的性质、探寻马克思主义哲学中国化的规律必不可少。

（供稿人：任洁）

**4. 马克思主义若干重大问题研究**

靳辉明、李崇富主编，社会科学文献出版社 2011 年版

该书是 2004 年立项的国家社会科学基金项目重大课题的最终成果，包括序言、二十二章和结束语，共计 79 万字。该书结合当今新的时代特征和实践发展，主要探讨和阐述了马克思主义在当代所处的历史条件和面临的世界形势，着重研究和阐释了马克思主义的基本原理及其当代价值和意义，着力探讨科学社会主义在由理论变为实践的过程中遇到的历史课题，面临的现实挑战以及在当代的创新和发展，深入分析了当前存在的人道主义、新自由主义、民主社会主义、“普世价值”、历史虚无主义等错误思潮，以廓清马克思主义与各种反马克思主义和非马克思主义的界限，消除苏东剧变后人们在思想和实践方面的种种疑虑和模糊认识，推动人们在改革开放和社会主义现代化建设的过程中，真正做到坚持、发展、研究、创新马克思主义，不断推进马克思主义中国化、时代化和大众化。

该书指出：马克思主义自产生以后，所以能够不断发展壮大，能够对人类社会发展发生如此深刻的影响，根本原因在于，它是科学真理，揭示了复杂纷纭的社会现象的本质和人类历史发展的规律，从而对社会未来的发展可以作出科学的预测。马克思主义是颠扑不破的科学真理，但不是一成不变的教条，而是随着社会实践的发展而不断发展的理论。坚持真理，修正错误，随着社会实践的发展不断完善自身，是马克思主义发展的一条重要原则。这样的理论是不会过时，是会常青常新的。一个半世纪以来，马克思主义历经风雨沧桑，遭受内外敌人的攻击和修正，但屡遭挫折而不衰，依然能够不断丰富发展，根本原因就在于此。

该书从历史与逻辑相一致、理论与实践相结合的角度，全面深入地阐述马克思主义基本原理和重大理论与现实问题，带有专题研究性质，但各个专题即各个章节之间又有内在的联系。全书主题突出、观点鲜明、层次清楚、结构严整，是一部比较系统地研究阐发马克思主义的发展历程、基本原理和当代价值的精品力作。

（供稿人：罗文东）

**5. 以自由看发展——马克思自由发展观视阈中的人类发展指数扩展研究**

*朱成全，人民出版社 2011 年版*

马克思的自由发展观和人类发展指数的关系，是值得深入研究的一个重要内容。东北财经大学教授朱成全编著的《以自由看发展——马克思自由发展观视阈中的人类发展指数扩展研究》考察了马克思的自由观对阿马蒂亚·森自由观的事实影响，并比较了两者的自由观。

该书第一章偏重于理论阐述，分量较重。以马克思的人的自由全面发展理论引出阿马蒂亚·森的自由观，将两者的理论底蕴和现实表现进行了详细的比较，分辨了二者的优劣。在该章末尾，由理论进入现实，由人的自由全面发展为"四个文明"提供了理论依据。第二、三章着重从马克思的经济学理论入手，引发科学精神与人文精神之辩，结合中国传统的"义利观"，展开对经济伦理的阐述，提出要从功利回归人本的基本观点。第四到六章将讨论的焦点集中于该书的主旨——确定人类发展的公共政策，扩展人类发展指数。该书的创新点就在于将传统马克思理论中的自由发展观和现实的人类发展相结合，以人类发展指数这一概念为依托，进入到对中国社会发展的公共政策的探讨。第七和第八章具有更加强烈的现实意义，将我国提出的物质、精神、政治和生态"四个文明"发展模型置于自由发展观的基础之上，确立各文明指数及其计算权重和公式，构建科学的指标体系，完成对"四个文明"指数的合成。而这"四个文明"综合指数的合成将极大地促进我国地方区域发展差距的研究。

总而言之，该书的主旨是以马克思的自由观来扩展人类发展指数。本书通过概述人类发展指数的基础、《1844 年经济学哲学手稿》的现代解读、马克思自由发展观指导下的人类发展指数扩展研究及我国"四个文明"发展研究等内容，用马克思的自由发展观，扩展了人类发展指数，从哲学层面修正人类发展指数的不足，建立了独具中国特色的"四个文明耦合"发展模型，对我国的建设提出了参考性的意见，构建了自由发展观视野下的我国幸福指数体系。本书对人类发展指数进行拓展研究，确立新的人类发展指数，可为政府决策提供政策选择，具有较大社会意义。

（供稿人：夏一璞）

**6. 新中国意识形态史论**

*侯惠勤、姜迎春、吴波主编，安徽人民出版社 2011 年版*

该专著是中国社会科学院 2006 年立项的重大课题"马克思主义意识形态史"的系列成果之一，约为 36.5 万字。该书包括导论和十二个章节的内容，以新中国意识形态建设的基本经验为主线，以重大问题的讨论为引导，在给读者一个概览式印象的同时，侧重抓住争论较大、疑惑较多的问题展开叙述和论证。该书采用"总—分—总"的框架，导论和第一章主要是阐述意识形态研究的方法论问题，第二至第五章分别研究社会主义意识形态在不同历史时期的发展，第六章以后对中国成立以来我国意识形态的发展作一系统的总结。全书通过对新中国成立 60 年来我国社会主义意识形态变化过程的研究，使我们更加清楚地把握社会主义意识形态的发展规律，从而为社会主义意识形态的未来发展提供方法论的启迪。

该书认为，许多所谓历史真相的争论，其实都是对立的历史观、意识形态的斗争。因此，用唯物主义历史观梳理意识形态本身就成为准确把握历史的关键。中国共产党是一个高度重视并善于驾驭意识形态的马克思主义政党，围绕党的中心工作一刻也不放松意识形态工作，是新中国 60 年主流意识形态建设的基本实践。从根本上说，新中国意识形态建设与坚持马克思主义的指导地位、建立和不断完善社会主义制度同命运，与马克思主义中国化时代化大众化的历程同步伐，与中国人民和中华民族的精神风貌同呼吸。毫无疑问，新中国辉煌的 60 年也包含了意识形态建设的辉煌，同样，辉煌不等于没有失误和挫折，而能依靠自身的力量改正且不再重犯也不失为一种辉煌。歌颂辉煌和实事求是对于我们来说是一件事，这就是对于成就充分总结以求发扬光大，对于失误分清原因以免重犯。因此需要充分说理。不但能说服自己、说服党内，而且能说服别人、说服大众。

社会主义建设和发展是一项开创性事业，意识形态建设是这一事业的重要组成部分。60 年社会主义事业的发展，在一定意义上也是马克思主义的意识形态获得不断发展、不断完善的过程。对这一过程中的经验教训进行认真的、科学的总结，必将对我国意识形态工作的下一步发展产生重要的、积极的作用。该项目的学术价值主要在于它以全面、辩证的视角研究了新中国成立以来我国意识形态的发展过程、重大问题和经验教训。这一研究在一定程度上弥补了我国意识形态研究的空白。

(供稿人：夏一璞)

# 国外马克思主义

### 1. 欧洲激进左翼政党

[英] 卢克 · 马奇 (Luke March), Routledge, 2011

英国爱丁堡大学政治学博士卢克 · 马奇 (Luke March) 的新著《欧洲激进左翼政党》(Radical Left Parties in Europe)，是一部全面审视苏东剧变后欧洲激进左翼政党发展演变的著作。作者认为，所谓激进左翼政党，是指政治光谱中位于社会民主主义左面的政党，无论过去还是现在，它们一直都在呼吁超越资本主义经济体系。与现有的多数研究不同，该书采取了一种泛欧洲的研究视角：它把整个东西欧作为一个研究整体。既关注这个区域内的共产党，也关注处于社会民主主义左面的其他左翼政党，研究它们的非议会和国际行动，它们的激进主义性质及其意识形态和战略立场，分析了它们当前的发展动态和面临的选举前景。在总体分析激进左翼政党发展近况的基础上，作者选择了一些典型案例进行具体阐述。例如，希腊共产党、意大利重建共产党、法国共产党、波西尼亚和摩拉维亚共产党、摩尔多瓦共产党人党、俄罗斯联邦共产党、芬兰左翼联盟、丹麦社会主义人民党、葡萄牙左翼联盟、德国左翼党、荷兰社会主义党、苏格兰社会主义党。在作者看来，激进左翼政党的逐渐兴起，是当代欧洲政党政治的一个愈益显著的现象。激进左翼政党仍然面临着坚持何种“社会主义”性质的存在性危机，共产党尤其面临着严峻威胁。最成功的左翼政党不再是极端主义政党，而是那些捍卫社会民主主义者所抛弃的价值和政策的政党，它们关注实用主义而非意识形态，愈益转向政府。

该书作者卢克·马奇是爱丁堡大学政治学系高级讲师，长期从事欧洲左翼政党和后苏联政治研究，著述颇丰。该书的特色表现在：(1) 选题独特。作者选取了长期被西方理论界忽视的共产党等激进左翼政党，将其纳入政党政治的研究视野，是西方学术界第一部系统阐述苏东剧变后欧洲激进左翼政党发展轨迹的著作。(2) 概念创新。西方理论界在表述共产党等左翼政党时，习惯使用极左翼（far left）或艰难的左翼（hard left）等术语。正如作者指出的那样，这种说法带有歧视意味，暗含着这些政党必然或已经边缘化的意思。作者在理论界首次使用激进左翼（radical left）这个概念，强调共产党等左翼政党的变化发展以及主张制度变革的基本主题。(3) 内容翔实。著作所使用的材料内容丰富，涉及2007年金融危机后及至2010—2011年的大量最新资料。著作论述分析的许多激进左翼政党，如芬兰左翼联盟、丹麦社会主义人民党、荷兰社会主义党、苏格兰社会主义党等也填补了国内相关领域的研究空白，该书为国内比较政治、政党政治、激进政治等领域的研究提供了重要的参考资料。

（供稿人：于海青）

**2. 共产党通史**

*沈云锁、潘恩强主编，人民出版社2011年版*

《共产党通史》（共3卷6册，由中组部原部长张全景同志担任顾问），是中国人民大学马克思主义学院部分教师共同研究、集体编写的成果，历时8年，几经修改才得以完成，是国内乃至世界范围内第一部全面、系统、深刻反映世界共产党产生、发展历程的著作。张全景同志在序言中称之为“一部共产党的‘治党通鉴’”。一至三卷分别为《在资本主义国家的共产党》、《在社会主义国家的共产党》、《革命、建设与改革中的中国共产党》。在此，我们只介绍前两卷，即国外共产党的内容。

《共产党通史》第1卷（在资本主义国家的共产党）上下册以马克思主义的创立为起点，分别从世界各地共产党组织的创建、“十月革命”之后资本主义国家的共产党、“冷战”结束后的世界各国共产党三个阶段，全面揭示了共产党这一政党组织在资本主义世界发生、发展的历史进程。《共产党通史》第2卷（在社会主义国家的共产党）上下册以布尔什维克党的建立为起点，展示了苏联和东欧共产党产生发展的历史，揭示了在共产党领导下苏联东欧各国的社会主义建设实践，总结了苏联和东欧国家演变的教训。同时，论述和总结了朝鲜、越南、老挝、古巴共产党执政的理论与实践。

全书利用国内外大量文献史料和学术界的研究成果，吸取了国内同行专家的意见和建议。《共产党通史》以1847年马克思和恩格斯创建第一个共产主义政党“共产主义者同盟”为起点，点面结合，系统探究，旨在对世界范围内共产党产生发展的历史、基本理论和成功经验与失败教训等重大理论和实践问题进行系统总结和探讨，帮助读者对世界范围内共产党的历史，社会主义国家共产党的执政理论和实践，苏联解体、东欧剧变的惨痛教训，中国特色社会主义伟大事业的蓬勃发展，共产党执政规律和社会主义建设规律，有一个更为全面和深刻的认识和把握。是一部理论、历史和现实辩证统一的党史著作。

《共产党通史》以鲜明的马克思主义立场、观点和方法，以共产党的产生、发展历史为核心，但又绝不局限于此，而是围绕与共产党密切相关的“什么是马克思主义、怎样对待马克思主义，什么是社会主义、怎样建设社会主义，建设什么样的党、怎样建设党，实现什么样的发展、怎样发展”等重大理论和实践问题，对世界范围内共产党产生和发展的历史、基本理论、成功经验、失败教训等进行了系统的总结和探讨，为我们充分认识和深刻理解共产党的历史提供了一种世界眼光，对于加强和改进共产党的建设、提高对共产党执政规律的认识、探索社会主义发展的规律和道路，都具有重要意义。

（供稿人：王静）

**3. 当代国外马克思主义哲学思潮（上、中、下）**

张一兵主编，江苏人民出版社 2012 年 1 月

本书三卷的基本结构为：上卷除去西方马克思主义发生的历史背景和发展线索之外，主要是早期思想发展和人本学马克思主义的诸种思潮；中卷分别讨论了西方马克思主义的科学主义思潮，以及有特殊思想史地位的法兰克福学派和英国马克思主义；下卷则分别讨论了 20 世纪 60 年代西方马克思主义“逻辑终结”之后重新集结的后马克思主义、晚期马克思主义和后现代的马克思主义思潮。在全书的开篇，作者论述了国外马克思主义哲学史研究中的老问题、新任务以及国外马克思主义哲学研究的历史和现状。在西方马克思主义的早期发展中论述了青年卢卡奇对马克思历史辩证法的重释、柯尔施的批判哲学、葛兰西的实践哲学以及失望而不绝望的恩斯特 · 布洛赫之总体辩证法；在西方马克思主义人本主义思潮部分论述了弗洛伊德主义的马克思主义，其中包括弗洛姆的异化三部曲、马尔库塞的爱欲解放论、赖希的性经济社会学，还有萨特的存在主义马克思主义、列斐伏尔的从日常生活批判到空间生产理论转换、从“隐蔽的上帝”到发生学结构主义的戈德曼以及杜娜叶夫斯卡娅的人本学马克思主义。中央编译局局长衣俊卿认为，虽然西方马克思主义哲学背离了经典马克思主义哲学，但它无论是在主题还是在形式上都提出许多在今天值得深入探讨的问题，对于批判当代资本主义及其意识形态具有重要的参照和启示意义。因此，在总体上梳理这一思潮的历史逻辑，对于当代中国马克思主义哲学的发展具有直接的理论意义。《当代国外马克思主义哲学思潮》以一种总体视角完整地梳理了西方马克思主义哲学的历史，对于这一论题的研究无疑具有积极的推动作用。该书具有规范的学术思路和鲜明的学术特色：其一，分三个时段以内在逻辑准确地再现了西方马克思主义哲学的理论逻辑，这种研究在国内外都有待加强，其出版必然有利于改善当前专题研究的不足；其二，全书紧扣当代资本主义社会物化和意识形态批判，始终坚持马克思主义哲学的理论前提和历史使命来判断西方马克思主义哲学发展的特质和意义，不仅立场正确，而且分析的路径选择可取；其三，全书对西方马克思主义哲学不同思潮进行分析、判断和定位，坚持以第一手文献作为依据，并注重对西方马克思主义哲学文本的解读，全书强调“史论结合”的原则，着力将创新与规范相结合。

（供稿人：陈慧平）

**4. 后马克思主义思想史**

［英］西姆著，江苏人民出版社 2011 年 3 月

《后马克思主义思想史》一书追溯了后马克思主义作为一种特殊理论立场的形成的过程，

分析了后结构主义、后现代主义和第二波女权主义在后马克思主义发展过程中的作用，描述了马克思主义传统内部从卢森堡经由法兰克福学派到巴里·辛德斯、保罗·赫斯特、鲁道夫·巴霍、厄内斯特·拉克劳和尚塔尔·墨菲等理论的异议倾向，探讨了后马克思主义的未来前景。西姆认为，马克思主义作为一种批判理论仍然能够继续存在下去，其条件就是只有当它以一种开放的心态和非教条的方式同其他理论开展对话，就仍然可以作为一种充满生机的马克思主义。此书强调，在后马克思主义与马克思主义的立场之间保持着一种紧张感，西姆认为只有充分利用后马克思主义的洞见——尽管它们常常与经典的马克思主义相冲突——马克思主义理论才能继续发挥重要的影响力。西姆认为，许多研究从经典传统内部为马克思主义辩护，还有一些研究是从后马克思主义立场为马克思主义辩护，尽管它们也许是富有争议的，然而，却很少有研究去追溯后马克思主义的思想历史，或者确定后马克思主义在后现代世界中的位置。西姆认为，《后马克思主义思想史》比他自己主编的《后马克思主义读本》涵盖了更广泛的历史论述，包括了更多的理论思想家。《后马克思主义思想史》的目标是更全面地描述后马克思主义及其产生过程和在21世纪的发展前景。西姆得出结论，认为马克思主义在多元政治的世界秩序之内，如果想要生存下去，就必须适应这样一个世界。有人可能在某些问题上是马克思主义者，但并不是在所有问题上都必然是马克思主义者，这就是利奥塔所谓的“自由漂浮的关系”。正如我们已经看到的那样，有许多著作确立了在以下多个领域中的后马克思主义视角，比如在政治经济学、社会学、美学、政治哲学、人文地理学和国际关系等领域中。后马克思主义的价值也许在于它对协商的信奉，即使协商的对象是那些根本不抱有任何幻想的后—马克思主义群体。人们不仅应当鼓励多元主义，而且还应当鼓励怀疑。

（供稿人：张剑）

**5. 解读《资本论》（第一卷）**

［日］宫川彰著，刘锋译，中央编译出版社2011年10月版

日本马克思主义理论的研究历史悠久，是世界上为数不多的研究马克思主义理论成果斐然的国家之一，而对于《资本论》这部马克思主义经典著作的解读的书也在日本不同的历史阶段，由不同的研究学派推出过多种不同的版本，成为了解不同时期、不同学派日本马克思主义经济学研究成果的一个很好的途径。

作者是日本知名的正统派马克思主义经济学家，其父亲宫川实更是为中国学界所熟悉的马克思主义经济学家。对马克思主义的坚定信仰以及家族传承的优越环境，使得作者不仅立场坚定，而且研究深入、严谨。本书是用他多年面向社会开展《资本论》讲座时的讲义和资料整理形成的。

本书按照马克思《资本论》（第一卷）的结构展开，每一部分在提示马克思的主要论述及理论主张的同时，以更多的篇幅结合现实社会出现的各种问题，深入浅出地进行了分析。比如在讲到拜物教时，书中介绍了日本的“礼品社会”和“名牌现象”，揭示了商品社会中，物质高居人之上，横行于整个世界，人们没有钱就变得寸步难行，人受物质乃至金钱所控制，甚至出现为炫富而抢购名牌的现象。作者深刻地指出名牌商品因为质量的保证和后续服务的

完善而价高，是符合劳动价值论的，但因为商品在市场独行，变成因为贵才好，成为炫耀社会地位和富裕的手段时就是一种颠倒的现象了。可见，本书能够使得被人们认为晦涩难懂的马克思《资本论》变得生动、浅显，更接近日常生活，更能为普通人所理解、所接受，这是本书的一大特色，也是本书可以成为我国高校开设《资本论》课的教师、学生参考书目的优势所在。

此外，由于作者还精通英语和德语，因此书中多处比较了《资本论》第一卷的日语和英语、德语等版本的不同之处，为学者们更为准确地把握《资本论》的原意给予了很好的提示。比如在第一版序言中，马克思谈到《资本论》的研究对象时，中文版的翻译是："我要在本书中研究的，是资本主义生产方式以及和它相适应的生产关系和交换关系。"这也是我国学者经常引用的马克思的重要论断。宫川则在他的著作中指出，比较中文版，日文版中在生产关系和交换关系之前都加有"诸"字，即意指"各种生产关系和各种交换关系"的意思，还确认了英文、德文版的相关论述，以说明加上"各种"的准确性。作为学者很容易看出译成"是资本主义生产方式以及和它相适应的各种生产关系和各种交换关系"与现行版的不同。可见，这本书译成中文，对于我国学者对《资本论》的研究同样会有很大的帮助的。

这是一本日本马克思主义经济学家多年深入研究的优秀成果，它的中文版的出版，对于我国学者研究、大学教学甚至普通人学习《资本论》都提供了很好的资料，也为我国学者了解日本马克思主义研究者的研究方式、研究态度提供了很好的素材。

（供稿人：谭晓军）

# 国际共产主义运动

**1. 社会主义通史（八卷本）**

*王伟光主编，人民出版社2011年版*

《社会主义通史》（八卷本）从立项到问世历经10载，其出版对于社会主义史和科学社会主义理论的研究都大有裨益。主编王伟光指出，编撰《社会主义通史》的目的在于总结社会主义经验教训，探索社会主义发展规律，搞清"什么是社会主义，怎样建设社会主义"这个首要的基本问题，坚持、丰富、发展科学社会主义理论，指导社会主义事业的伟大实践。各卷的撰写皆体现了以下三点宗旨和要求：一是力图运用马克思主义立场、观点和方法，客观、公正、准确地描述和反映社会主义通史涉及的重大事件、代表人物、主要流派和重要观点，并尽可能加以科学的分析和正确的评价；二是对一些争论和分歧比较大的事件、人物、流派和观点，以摆事实、讲道理的科学态度，发表自己的见解，供学术界和理论界参考和讨论；三是力争有助于科学社会主义，特别是中国特色社会主义的研究与宣传。

该丛书各卷既是通史的有机组成部分，是集体研究的成果，又独立成书，体现了相对独立性。其中第1卷主要论述作为社会主义思想初级形态的空想社会主义，着重分四个阶段分别介绍了16—17世纪、18世纪、19世纪初期、19世纪30—40年代的空想社会主义思潮以及相应的思想家；第2卷主要论述社会主义从空想到科学的发展，以及社会主义在19世纪中叶至19世纪末这一历史时期与工人运动相结合的过程；第3卷主要论述了“第二国际”解体时期各种理论思潮的发展以及科学社会主义在东方的传播，其中重点阐述了“第二国际”的解体（1895—1914）、伯恩施坦主义（1895—1914）、列宁主义的产生与发展（1887—1917）、帝国主义问题的论战（1914—1917）、俄国“十月革命”的胜利（1905—1917）等问题；第4卷介绍了“十月革命”胜利到第二次世界大战结束期间的社会主义发展史，重点追述了“十月革命”后世界社会主义运动的发展、苏维埃俄国巩固新生革命政权的斗争、苏俄的“战时共产主义”与“新经济政策”、欧洲共产党人对无产阶级革命运动的理论思考等；第5卷主要阐述了第二次世界大战中的社会主义与共产党、社会主义制度在东欧的确立、战后苏联社会主义建设与“社会主义阵营”的形成、中国革命的胜利与亚洲人民民主国家的诞生、发达资本主义国家的社会主义运动与发展中国家的民族社会主义的崛起等；第6卷详述了20世纪中叶到20世纪70年代社会主义在改革中向多样化发展的历程，重点研究了南斯拉夫社会主义自治道路的探索、苏共20大及其影响、苏联和东欧国家的社会主义改革以及中国、越南、朝鲜、老挝、古巴等国对社会主义建设道路的探索，并介绍了发达国家和发展中国家的社会主义；第7卷展现了自20世纪70年代末至21世纪初世界社会主义跨世纪发展的最新历程，分阶段阐述了从20世纪70年代末到1988年世界上各社会主义国家新一轮改革的情况，从1989年到1991年东欧国家和苏联的政局发生动荡和剧变的过程，从1992年至21世纪初期世界社会主义趋于稳定并探索、开创社会主义发展的新道路、新时期的情况；第8卷是中国特色社会主义理论和实践的专卷，主要论述1978—2005年中国特色社会主义理论的形成、发展和中国特色社会主义建设实践所取得的成就。

（供稿人：刘海霞）

**2. 世界社会主义跟踪研究报告（2010—2011）——且听低谷新潮声**

李慎明主编，社会科学文献出版社2011年版

该书是中国社会科学院世界社会主义研究中心连续出版的《世界社会主义黄皮书》丛书系列的第7本成书。该书主要围绕2010—2011年度世界社会主义研究的新进展这一主题，选取了世界社会主义研究中心在该年度具有权威性、前沿性和代表性的研究成果，对当今世界范围内的社会主义思潮、理论、运动与制度作了大量的、多视角的、深层次的研究和讨论。

全书由总论、理论探讨、国际金融危机跟踪研究、世界社会主义运动新发展以及俄罗斯问题研究等五大板块50篇文章构成。

在总论部分，该书主编、中国社会科学院副院长李慎明研究员以马克思主义的纲领性文件《共产党宣言》为主线，系统梳理了马克思、恩格斯所揭示的科学社会主义理论的10个方面主要内容，明确阐述了科学社会主义理论的基本内涵及精神实质。

理论探讨部分从理论层面着手，对全球化背景下国内外学界的理论热点问题进行了梳理整理，包括对于国际关系理论中一些话语本质内涵的厘清、对于西方经济学的发展现状及动向的分析、对于中国道路与发展模式的探索等。

国际金融危机跟踪研究部分主要包括中外学者对于国际金融危机现状及趋势的深入研究、对经济危机形势下世界经济格局的不确定性及其成因对策的探索、对于新自由主义相关问题的探索等。

世界社会主义运动新发展部分是对世界社会主义运动新发展的分析与预测，包括对于世界范围内社会主义国家改革与实践、资本主义国家共产党的发展现状等问题的研究。

俄罗斯问题研究部分，从史论结合的角度，集中呈现了学界对于俄罗斯在发展中遇到的历史问题、俄罗斯改革及发展的现状、苏联解体等问题的研究。

总体上看，该书以其众多解密的第一手资料、崭新的视角以及扎实的理论功底，廓清了许多理论上的迷雾，能够引导读者对社会主义产生新认识。特别是该书将世界范围内流行的各种社会主义思潮、全球左翼的重大活动收入其中，详细介绍了世界社会主义发展的新动向和国内外世界社会主义研究的新成果，反映了世界社会主义研究领域的最新发展和动态。这些对于人们坚定社会主义思潮、理论、运动、制度在全球范围内走出低谷、走向高潮的信心，具有积极作用。

（供稿人：潘西华）

### 3. 居安思危——苏共亡党二十年的思考

李慎明、陈之骅主编，社会科学文献出版社 2011 年版

2011 年是苏共亡党、苏联解体 20 周年。20 年来理论界对苏联这个泱泱大国解体的原因有着多种不同的解读，该书认为，苏联解体的根本原因在于苏联共产党的蜕化变质，而苏共蜕化变质的根本原因是思想路线背叛了马克思主义的基本思想路线。该书紧紧围绕这一问题逐步展开论述，坚持理论与实际相结合，层层剖析了苏联解体的原因和教训。

该书主体由绪论和八章组成。绪论揭示了统领全书的主题和指导思想，它通过大量资料和数据证明并明确指出，苏共的蜕化变质是苏联解体的根本原因。全书紧紧围绕着绪论中这一主要观点，在几个最重要、最本质的问题上分别研究了苏共逐步演变的过程。首先是苏共的基本理论以及在这个理论指导下的工作指导方针和所产生的实际效果，旨在揭示苏共之所以亡党是其领导集团逐渐背离直至最终背叛马克思主义的结果。第二是苏共的意识形态工作，旨在通过苏共的经验教训证明，党的意识形态工作的领导权必须牢牢掌握在忠诚的马克思主义者手中。第三是苏共的党风。着重研究的是以党的性质和宗旨为核心的大党风，尤其是苏共在坚持党的无产阶级性质和在全心全意为人民服务宗旨以及紧密联系群众、依靠群众的问题。第四是苏共的民主集中制、干部路线和监督机制。这四个方面实际上涵盖了党的思想路线、政治路线和组织路线。随后，该书剖析了苏共历届最高领导人的马克思主义理论素养、社会主义和共产主义政治信仰以及执政能力。最后该书研究了苏共历届领导应对西方世界一贯推行的“和平演变”策略以及种种手法的理论与实践，从而揭示出在苏共亡党和苏联解体问题上外因的重要性，以及外因要通过内因起作用的一般理论。

该书联系当前理论界存在的分歧，对一些重大问题提出了自己鲜明的看法，同时对一些与此相关的历史和现实问题进行了澄清。这主要反映在以下三个方面：一是关于所谓“斯大林模式”，亦即苏联社会主义模式的问题；二是关于苏联亡党和苏联解体的根本原因。三是

关于苏联剧变的必然性。基于上述分析，该书指出，苏共亡党和苏联解体不是必然的。只要苏共领导人坚持和发展马克思主义，顺应不断变化的国内外形势，不断对苏联的体制机制进行正确的改革，苏联剧变是完全可以避免的。

该书是一部以马克思主义为指导，实事求是分析苏共亡党的精品力作。其突出特点就是始终站在最广大人民群众根本利益的立场上来思考和研究问题，始终运用辩证法的思维透过现象看本质，始终抓住问题的主要矛盾和矛盾的主要方面。该书史料扎实、分析透彻、理论系统、论述流畅、结论发人深省，书中涉及的问题和揭示的历史教训，几乎都是值得社会主义国家及其执政的共产党，特别是正在建设具有中国特色社会主义的中国共产党认真思考的。无论对于世界社会主义事业还是无产阶级政党的建设，都具有深远和长期的参考价值。

（供稿人：潘西华）

**4. 十字路口：疯狂资本主义的终结和人类的未来**

［英］彼得·诺兰著，丁莹译，中信出版社2011年版

该书由英国剑桥大学贾吉商学院终身教授、剑桥大学发展研究学科主席彼得·诺兰（Peter Nolan）于2007年年底到2008年年底撰写完成。作者在书中深刻指出，人类正处于十字路口，“放纵资本主义”的时代已经结束，我们最终必须学会跨越国家、文化和发展水平的界限，互相合作，克服威胁人类生存的难题。

全书由前言、正文（包括“全球化是把双刃剑”和“在摸索中前进：冲突还是合作?”两部分内容，共计五章）和结语构成。

前言部分高屋建瓴地指出，美国自20世纪70年代以来一直向全球宣扬的自由市场资本主义体系如今面临了根本挑战，这些挑战对人类的生存造成了威胁。资本主义“全球化”对美国和发展中国家来说都是一把双刃剑，对中国与伊斯兰国家来说尤其如此。如果人类想要顺利走过21世纪，各国就必须团结合作，为了人类的集体利益，监管全球资本主义。

正文第一部分“全球化是把双刃剑”包括两章内容，概述了资本主义在走向“全球化”的过程中所表现出的两面性：既促进了生产力的大发展，又带来了生态危机、贫富不均、金融危机等严重问题。其中第一章“轰轰烈烈的商业革命”介绍了20世纪70年代世界进入资本主义“全球化”时代以来，大型寡头企业采用全新的企业运作模式，促进了科技的飞速发展和个人自由的极大释放。同时，也使金融业变革与风险同在。第二章“资本主义已经病入膏肓了?”深刻阐述了不受约束的、“放纵”的资本主义对人类生存造成的威胁。指出如果人类想要解决这些矛盾，避免迫在眉睫的灾难，就应当建立全球机制，约束全球资本主义，引导其走向正确的方向。

正文第二部分“在摸索中前进：冲突还是合作?”包括三章内容，明确指出建立全球持续发展的监管机制需要各国之间相互合作，美国在其中扮演关键角色，而其主要挑战则在于美国与中国和伊斯兰世界的关系。其中第三章“风光的背后：美国问题出在哪?”分析指出作为全球政治经济中心的美国，同样面临着社会矛盾、暴力犯罪、生态问题、金融问题突出、软实力下降等多方面的全球化的挑战。第四章“美国与中国：最重要的双边关系”预测在21世纪的最初几十年里，美国与中国将是全球政治经济中最为重要的角色，全球可持续发展的

前景取决于这两大国之间的关系。如果美中两国合作，解决资本主义全球化产生的全球问题，共同努力建立全球机制，确保人类的可持续发展，那么两国都将获益匪浅。第五章“美国和伊斯兰世界：文明的冲突?”，作者在论述中另辟蹊径，抛开了普遍认同的“文明冲突论”，认为美国与伊斯兰世界都在这个动荡的资本主义全球化世界里寻找道德支柱，如果美国想要重建全球领导地位，必须重新评估与伊斯兰世界的关系，与穆斯林建立长期的、非意识形态的、建设性的接触。

结语“在疯狂资本主义之后”总结了资本主义全球化的矛盾，分析了民族主义、文化认同和全球化的关系，指出以美国为核心的资本主义全球化在为人类带来巨大利益的同时，也使资本主义的破坏性进一步加剧。由此，作者得出结论：我们处在全人类的十字路口，美国也处在本国历史的十字路口，它的选择将决定人类整体的命运。人类必须集体行动，采取跨国、跨文化合作，才能解决这些矛盾。

(供稿人：刘海霞)

# 中国近现代史基本问题

**1. 毛泽东思想年编（一九二一——一九七五）；邓小平思想年编（一九七五——一九九七）；毛泽东思想形成与发展大事记，中国特色社会主义理论体系形成与发展大事记（一九七八——二〇一一）；建党以来重要文献选编（1921—1949）**

中央文献出版社2011年版

《毛泽东思想年编（一九二一——一九七五）》，全面系统地反映了毛泽东在新民主主义革命、社会主义革命和社会主义建设、人民军队建设和军事战略、政策和策略、思想政治工作和文化工作、党的建设等方面的重要论述和理论观点，展现了毛泽东集中全党智慧、总结人民实践，创立、发展和完善毛泽东思想的历史过程。《邓小平思想年编（一九七五——一九九七）》，全面系统地反映了邓小平关于中国特色社会主义经济、政治、文化、军事、外交以及祖国统一和党的建设等方面的重要论述和理论观点，展现了邓小平理论的形成发展过程。这两部文献，与2010年出版的《江泽民思想年编（一九八九——二〇〇八）》合在一起，形成了党的三代中央领导集体核心的思想年编系列，对于广大干部群众更好地学习掌握毛泽东思想、邓小平理论和“三个代表”重要思想具有重要意义。

《毛泽东思想形成与发展大事记》和《中国特色社会主义理论体系形成与发展大事记（一九七八——二〇一一）》，采用编年体形式，通过翔实的历史文献和当代文献，系统反映了马克思主义中国化两大理论成果形成与发展的过程，记述了以毛泽东、邓小平、江泽民为核心的党的三代中央领导集体和以胡锦涛为总书记的党中央，坚持解放思想、实事求是、与时俱进，为推进马克思主义中国化作出的杰出贡献。这两部文献合在一起，形成了反映党的指导思想形成与发展的大事记系列，对于深入研究马克思主义中国化的历史进程，科学总结党的理论不断创新发展的基本经验，继续解放思想，坚持改革开放，推动科学发展，促进社会和谐，在新的历史起点上把中国特色社会主义伟大事业全面推向前进，具有重要意义。

中共中央文献研究室、中央档案馆编辑的《建党以来重要文献选编（1921—1949）》（中央文献出版社2011年版），收入了中国共产党成立以后至新中国成立以前各个历史时期形成的重要文献，包括中国共产党全国代表大会、中央全会等重要会议的文件，中共中央的重要决议、决定、宣言、通知、通告、指示，中央领导人的重要报告、讲话、文章、电报、书信等。全书共26册，约1350万字，收入各类文献3600多篇，其中300余篇为第一次公开发表。这部重要文献选编，比较全面地反映了我们党领导人民进行新民主主义革命、创建中华人民共和国，推进马克思主义中国化、形成和发展毛泽东思想的历史进程及基本经验。它的出版，为广大中国共产党党员干部和理论工作者、有关专业人员学习、研究和总结我们党在新民主主义革命时期的历史提供了丰富翔实的文献资料。

（供稿人：陈志刚、龚云）

**2. 中国共产党历史（第二卷）**

中共中央党史研究室编，中共党史出版社2011年版

《中国共产党历史》第二卷是凝聚了几代党史工作者心血和智慧，历时16年而完成的力作，共计98.8万字。该书以《中共中央关于建国以来党的若干历史问题的决议》和中央有关重要文献为依据，充分吸收改革开放30多年来党史学界重要研究成果，全面准确地反映了中国共产党从1949年10月中华人民共和国成立到1978年12月党的十一届三中全会召开这29年的不平凡历程。该书既充分肯定这29年取得的伟大成就，强调不能因为犯过错误而否定这段历史，不能用支流否定主流，不能以偏概全，不能搞历史虚无主义；同时又不回避失误，科学分析犯错误原因，对于深入贯彻《中共中央关于加强和改进新形势下党史工作的意见》和全国党史工作会议精神，对于广大党员干部尤其是高中级领导干部正确认识党的历史，进一步统一思想、提高素质，将发挥重要作用。

该书具有以下几个创新特点：

问题意识。改革开放30多年来，对于建国后前29年的一些重大问题人们产生了严重的认识分歧。如何认识、评价社会主义改造，社会主义改造与改革开放的关系，就存在一些错误的认识。在当前社会上对这段历史众说纷纭，甚至有人否定、歪曲这段历史的情况下，《党史》二卷以大量翔实的史料和准确的判断，向社会展示真实的历史，并把这段历史与当今中国的发展贯通起来，回应了一些错误的认识，有助于人们正确认识社会主义改造。

主线明确。本书改变了以往党史偏重于政治史，甚至一度被简化为“两条路线斗争史”的面貌，把新中国成立后党领导人民为实现国家繁荣富强、人民共同富裕而不懈奋斗，作为这段历史的主题和主线。这样做突出了党在这29年的主要任务，淡化了党内斗争色彩，深化了对这段历史的认识。

视角开阔。以往的党史著作对国际和外交方面的问题较少涉及，从世界大势的背景角度写党对国际形势的判断和对国内建设的决策比较薄弱。本书注意从世界大势的背景出发，反

映每一阶段党是怎样联系国际形势和对外关系的发展变化，对国际形势作出判断，确定中国自己的发展道路。

评价客观。本书在写党出现的失误和错误时，没有简单化地判断“是”或“非”，而是实事求是地分析错误发生的原因，对发生错误的历史教训加以总结。书稿指出，“文化大革命”的发生，与毛泽东对社会主义的认识和对国内形势的估计是密切联系在一起的。毛泽东把上世纪60年代前期经济调整中出现的一些事物当成资本主义，把党内与他不同的意见视为修正主义，对当时党和国家的政治状况作了完全错误的估计。书稿在毛泽东的“五七指示”、“无产阶级专政下继续革命的理论”、“斗、批、改”运动和毛泽东关于无产阶级专政理论问题的谈话等处，对毛泽东追求的社会主义目标作了分析，但是，毛泽东“对于什么是社会主义，社会主义同资本主义的本质区别是什么”，存在不少模糊认识。这是他晚年发生失误的一个重要原因。在分析“文化大革命”发动后为什么会得到广泛的社会响应时，本书除了讲到阶级斗争扩大化错误的影响、党和国家的权力过分集中于个人、个人专断和个人崇拜等原因外，还讲到群众“造反”与一些干部的官僚主义作风和特殊化现象引起群众不满、当时社会积累了一些矛盾没有得到及时妥善的解决有关。

该书资料丰富。占有丰富的史料，是一部严肃的史学著作必不可少的。在这部近百万字的书稿中，编写组发掘了一批可靠的文献档案资料，综合了近些年来党史、国史研究的新成果，在把握历史进程、澄清基本史实、分析和评价一些重大历史问题等方面，资料比较丰富。

（供稿人：陈志刚、龚云）

3. **中华民国史（36册）**

中国社会科学院近代史研究所编，中华书局2011年版

全书共36册，以展现中华民国（1912—1949年）的重大历史进程、重要人物活动和大事备览为主体，是整体反映中华民国历史全貌的一部民国通史。该书继承了中国古代修史的传统，以纪、传、编年为主要形式，分为三个部分：《中华民国史》（全16册），《中华民国大事记》（全12册），《中华民国史人物传》（全8册）。该套书充分占有材料，如实记叙历史，尊重历史事实，还原历史本原，评价公允平实，文字力求简练。

《中华民国史》在基于历史事实的基础上，对若干问题的研究有所深入，有所突破。比如对抗日战争时期的国共关系，既肯定两党合作的重要意义，肯定两党面对外敌入侵的危局，能够抛弃前嫌，携手合作，从而为抗日战争的胜利作出了各自的贡献，肯定国民党在抗战时期不少内外政策对于坚持抗战的意义；也指出国民党在国共合作时期还是放不下垄断政治的私心与架子，对共产党还是有疑虑有担心，从而对共产党的发展有限制甚至有武力遏制，这又不利于两党合作共同抗日的大局。再如，该书对于许多具体问题的论述及其看法和结论，无论是北洋时期的政治外交，还是国民党时期的内外关系，都有明显的新意和突破。

对民国时期的若干政治人物的评价更加客观公正。如对蒋介石，该书有较为全面深入的论述。对于蒋介石早年投身孙中山领导的革命，过后领导北伐、推倒北洋军阀，尤其是他在抗日战争中的地位和作用，书中都给予应有的肯定评价。但是，对于蒋介石发动反共政变、

导致国共关系破裂、革命功败垂成，对于蒋介石内外政策的保守性及其个人统治的独裁性，对于蒋介石在抗战胜利以后违背民意、发动内战的责任，等等，书中也予以充分的揭露和批评。总体而言，书中对蒋介石的评价较以往更为全面、立体、多面和平实，肯定其当肯定，否定其当否定，而不是以单一的看法评判蒋介石的复杂作为。

在史料运用方面，无论是早期研究对于清末民初报纸材料的利用，还是晚近研究对于台湾和海外所藏史料的利用，都大大突破了以往民国史研究对于史料利用的不足。

《中华民国史》系列研究论著的出版，将有力推动民国史研究的继续深入发展，有利于海内外学界的学术交流，也有助于社会各界对民国史的正确了解和认知，同时充分说明了改革开放以来学术研究的进步和学术出版的繁荣。

（供稿人：陈志刚、龚云）

**4. 辛亥革命百年纪念文库**

华中师范大学中国近代史研究所、广东社科院孙中山研究所，华中师范大学出版社2011年版

该文库共收录有关辛亥革命研究著作30种、34分册，总字数近1400万。文库所收的书籍主要分为两大系列：一是学术研究著作系列，包括新出版的学术著作，以及部分以前出版经修订的专著；二是以“辛亥人物文集”为主的资料系列，侧重于并不十分著名但却具有重要史料价值的辛亥历史人物文集。另还有近100万字的介绍和摘录辛亥革命时期报刊资料的《辛亥首义与时论思潮详录》一书。

文库内容涉及辛亥革命的百年记忆与诠释，辛亥革命与近代中国社会、政治、经济发展研究，辛亥革命时期的商人、商团和商会研究，辛亥革命时期精英文化研究，辛亥革命前期清政府的经济政策与改革措施研究，辛亥革命前后的官绅商学关系研究等，以及张难先、吴禄贞、经元善、刘揆一、马君武、卢作孚、周学熙、雷铁厓、田桐、殷子衡、张纯一、宗仰上人等辛亥人物文集。

文库将辛亥革命时期的人物、事件放在盘根错节的社会关系和矛盾中通览分析，借助“百年的眼光”，拨开历史风尘，透视百年之前那场掀起中国历史巨变的革命运动，以及不同营垒中不同历史人物，对人们了解与认识辛亥革命大有帮助。

文库较有代表性的新成果是共计4卷200余万字的、研究中国人百年来的“辛亥革命记忆史”的《辛亥革命的百年记忆与诠释》。该成果从历史记忆的不同建构出发，以民国以来各级政府、辛亥革命参与者、民间组织、学术界对辛亥革命的记忆与诠释为研究对象，透过百年来对辛亥革命的记忆与诠释，加深对近现代国家与社会的理解，反映了辛亥革命研究中的许多新成果与新动向，为辛亥革命研究开辟了新视野、拓展了新领域。

文库中10卷本500余万字的《辛亥革命史事长编》，将经过考订的重要资料编纂成册、集中出版，弥补了辛亥革命资料多而分散、不便检索的缺憾。

这套文库的出版，是一项规模较大的学术文化工程，比较集中地展现了多年以来学术界在辛亥革命史研究方面取得的成果，堪称辛亥革命史料与研究的一次集中检阅与集成。文库的出版，不仅是对辛亥革命100周年的良好纪念，而且会推进中国近代史研究，促进中国社

会主义文化大发展大繁荣。

（供稿人：陈志刚、龚云）

**5. 新时期党的建设科学化书系（25 种）**

党建读物出版社 2011 年版

为深入学习贯彻党的十七大和十七届四中、五中、六中全会精神，把科学发展观与党的建设和组织工作紧密结合起来，以改革创新精神全面加强和改进党的建设，党建读物出版社策划出版了由中共中央政治局委员、中央书记处书记、中央组织部部长李源潮作总序，中央组织部常务副部长沈跃跃担任编委会主任，相关领导、专家和学者担任编委会成员的“新时期党的建设科学化书系”。该书系被国家出版基金规划管理办公室列为重点资助项目，并被列为新闻出版总署“十二五”国家重点图书出版规划项目。该书系历时三年打造完成，具有较高的学术性、权威性和可操作性，是从事党建研究和组织工作重要的参考资料。

该书系围绕提高党的建设科学化水平，从科学理论、科学制度、科学方法三个方面，分为三辑，共计 25 种图书。

第一辑“理论研究”系列。围绕党的建设理论科学化、努力做到以科学理论指导党的建设，包括以下 10 种图书：《党的建设科学化研究》（全国党的建设研究会，中共中央组织部党建研究所课题组编著）、《组织工作科学化研究》（中共中央组织部党建研究所课题组编著）、《中国特色社会主义与中国共产党（修订本）》（中共中央组织部党建研究所编著）、《中国特色社会主义理论体系论纲（修订本）》（阮青主编）、《科学发展观与党建理论创新》（卢先福，宋福范主编）、《中国共产党党内民主研究（修订本）》（郑科扬主编）、《马克思主义学习型政党建设研究》（全国党的建设研究会编）、《中国共产党 90 年主要成就与经验》（中共中央组织部党建研究所著）、《改革开放以来党的建设》（全国党的建设研究会，中共中央组织部党建研究所编）、《新中国 60 年党的执政成就与经验》（全国党的建设研究会著）。

第二辑“制度研究”系列。围绕以改革创新精神推进党的制度建设创新，增强制度建设的系统性、协调性、科学性，出版以下 7 种图书：《党的制度建设科学化研究》（王庭大主编）、《学习实践科学发展观长效机制研究》（全国党的建设研究会课题组编）、《加强和改进党的地方代表大会和委员会制度建设问题研究》（中共中央组织部党建研究所课题组编著）、《干部人事制度改革》（中共中央组织部研究室（政策法规局）编著）、《中国特色干部选拔任用制度改革拓展研究》（中共中央组织部党建研究所课题组编著）、《领导班子和领导干部考核评价机制研究》（冯秋婷主编）、《科学制度反腐论》（王明高著）。

第三辑“方法研究”系列。围绕积极探索运用现代科学方法，创造性地研究和解决时代发展、社会变革对党的建设提出的新课题，包括以下 8 种图书：《党的建设科学化方法论研究》（全国党的建设研究会，四川省党的建设研究会编）、《党的建设新布局研究》（商志晓等著）、《推进党内基层民主建设研究》（全国党的建设研究会课题组编）、《基层党建工作新格局（第三版）》（王乃波著）、《中外民意调查方式比较研究》（中共中央组织部党建研究所编著）、《建设世界人才强国》（吴江等著）、《党建大视野——党的十七大以来党的建设和组织工作重大理论与实践问题研究》（高永中主编）、《干部工作民主的科学性和真实性问题研究》

（中共中央组织部党建研究所课题组编著）。

（供稿人：陈志刚、龚云）

# 思想政治教育

## 1. 马克思恩格斯思想政治教育理论与实践研究

李征著，北京大学出版社2011年版

该书对马克思、恩格斯在创立科学理论和从事革命实践的过程中体现出来的与思想政治教育密切相关的理论贡献与实际活动从整体框架上进行了研究。

第一，简要论述马克思、恩格斯奠定了思想政治教育的理论基础。他们所创立的一系列科学概念和理论原则为思想政治教育奠定了坚实的理论基础。其中社会存在和社会意识理论、人的本质和人的全面发展理论、社会发展动力理论、剩余价值学说以及无产阶级的历史使命学说等基本原理则是思想政治教育的直接理论来源。

第二，对马克思、恩格斯与思想政治教育密切相关的思想进行了梳理和提炼。结合现代思想政治教育学科的基本要素，把一些基本论断分别归入“意义”、“内容”、“对象”、“原则”和“方法”，在马克思、恩格斯关于思想政治教育的“基本观点”这一框架下进行研究。

首先，马克思、恩格斯在理论创作和革命实践中使用的“宣传”、“宣传工作”、“政治宣传工作”，“鼓动”、“宣传鼓动工作”、“政治鼓动工作”以及“政治教育”、“宗教教育”、“理论教育”等思想政治教育的相关概念，已经具备了现代思想政治教育的基本内涵，围绕这些概念所进行的重要表述是现代思想政治教育形成、发展和不断完善的理论来源。其次，关于思想政治教育内容，马克思、恩格斯提出一方面要对无产阶级进行理论教育、阶级意识教育，另一方面要努力清除错误思想和观念对无产阶级和人民群众的影响，两方面相辅相成，共同完成提高教育对象思想政治素质和道德水平的要求。关于思想政治教育对象，马克思、恩格斯认为，工人、农民、小资产阶级左翼和青少年，都是无产阶级政党在推动革命发展的进程中，应该教育和争取的对象。再次，马克思、恩格斯在从事理论教育和政治鼓动的实际活动中形成了旗帜鲜明、理论指导、联系实际、物质利益以及与时俱进等思想政治教育的基本原则，以及批评、批判错误思潮、“实质上坚决，形式上温和”、面向群众进行宣传、政治行动、少硬性灌输多亲身实践，运用特殊策略、重视党报、利用议会进行斗争等思想政治教育的方法。

第三，研究了马克思、恩格斯思想政治教育的实践活动。教育和引导无产阶级政党进行思想政治教育、以报纸杂志为阵地宣传中国共产党的理论和主张、深入工人群众宣传无产阶级革命理论的基本观点和基本立场、通过人际交往进行持久深刻的意见沟通和思想交锋，是马克思、恩格斯思想政治教育实践活动的主要内容。

第四，论述了马克思、恩格斯在革命与生活中展现的思想政治教育的人格魅力。他们高尚的道德情操、严谨的治学态度和崇高的人文品格为思想政治教育者和受教育者都树立了光辉的榜样，同时也提出了基本的素质要求。

（供稿人：朱燕）

**2. 中国共产党思想政治教育史**

*何一成、杨湘川主编，湖南大学出版社 2011 年版*

该书试图通过对中国共产党思想政治教育发展历程的阐述，总结中国共产党思想政治教育的历史经验和教训，揭示中国共产党思想政治教育的发展规律。

全书共十章。第一章，中国共产党思想政治教育的理论依据和文化渊源。马克思主义经典作家总结并论述了无产阶级政党思想政治教育的一系列经验和原则，形成了马克思主义思想政治教育的科学理论，成为党的思想政治教育的理论依据；中国传统文化中儒家礼教思想所包含的大量合理因素与教育睿智是党的思想政治教育的主要文化渊源。

第二章至第八章，以若干重大历史事件为标志，将中国共产党思想政治教育史划分为七个阶段。(1) 中国共产党建党到"大革命"失败是党的思想政治教育的创建时期。中国共产党对思想政治教育有了初步认识，并且形成了中共中央及黄埔军校和北伐军中的思想政治教育早期组织和制度。(2) 国民革命运动失败到抗日战争胜利是党的思想政治教育体系的形成时期。中国共产党人在创建人民军队、进行土地革命和开辟农村革命根据地的斗争中形成了独具特色的思想政治教育体系。(3) 解放战争到社会主义改造基本完成是党的思想政治教育的转换时期。经过一系列准备，党的思想政治教育体系实现了从为夺取政权服务到为巩固政权服务、从为新民主主义服务到为社会主义服务、从为革命战争服务到为经济建设服务的三个转换。(4) 社会主义改造基本完成到"文化大革命"结束是党的思想政治教育的曲折时期。由于受到种种冲击和干扰，党的思想政治教育在曲折中进行，并在"文化大革命"中遭受严重挫折。(5) 党的十一届三中全会召开到邓小平"南方谈话"之前是党的思想政治教育的转机时期。党的思想政治教育开创了社会主义精神文明建设的新局面，同时面临着抵制"精神污染"、反对资产阶级自由化的新考验。(6) 邓小平"南方谈话"到党的十三届四中全会召开之前是党的思想政治教育的新探索时期。思想政治教育围绕党的工作大局，在大张旗鼓地宣传建设"有中国特色社会主义"理论和开展各种教育活动中不断进行新的探索。(7) 十三届四中全会至今是中国共产党思想政治教育的创新时期，提出了一系列关于思想政治教育的论述，阐明了思想政治教育在新形势下的地位和作用、任务、途径、方针，总结了思想政治教育的新鲜经验，从不同角度和侧面创新了中国共产党思想政治教育。

第九章提出党的思想政治教育体系的科学化问题，指出思想政治教育体系科学化是构建社会主义和谐社会的必然要求，科学发展观是思想政治教育理论科学化发展的主题，思想政治教育理论体系得到全面提升，思想政治教育学科建设正在逐步完善。

第十章将党的思想政治教育的基本经验总结为坚持马克思主义的指导地位、坚持实事求是和以人为本的原则以及坚持用社会主义核心价值体系引领社会思潮。

（供稿人：朱燕）

### 3. 民族思想政治教育学导论

徐柏才等著，民族出版社 2011 年版

民族思想政治教育是伴随着民族产生而出现的一种客观社会存在。民族思想政治教育是建设和发展和谐民族关系的重要途径，体现着各民族的共同诉求和根本利益。重视民族思想政治教育是我党思想政治工作的优良传统，也是我党在领导人民进行革命和建设的长期实践中形成的政治优势。在新的历史条件下，民族问题面临复杂多变的新情况，国际敏感热点民族问题极易引起国内的反响和回应，国内民族问题也极易引发国际关注和干预。在理论和实践相结合的基础上，创造性地进行民族思想政治教育研究，有针对性地加强民族思想政治教育工作，是新形势下维护民族团结、促进中华民族认同的客观需要，也是时代对民族思想政治工作者的强烈呼唤。该书立足于社会现实的迫切需要提出了“民族思想政治教育学”的命题，彰显出了厚重的历史使命感和民族情怀。从思想政治教育学科领域来讲，关于民族思想政治教育的研究还十分薄弱。该书深入学科前沿，展现出了作者披荆斩棘、勇于探索的理论勇气和浓厚的与时俱进的学术品性。

该书研究视角新颖，学科定位准确，研究对象把握科学，创新性强。“民族思想政治教育学”从民族学的学科视角切入研究思想政治教育领域的现象和问题，是一门新兴的综合性很强的交叉学科，带有鲜明的民族性特征。“民族思想政治教育学”是民族教育学还是思想政治教育学学科领域的分支学科？作者对此进行了科学合理的解答，对它属于思想政治教育学分支学科进行了准确定位和论证。新著依据民族思想政治教育领域内社会成员实际的民族观与社会所要求的民族观之间存在差异这个特殊矛盾，确立了“民族思想政治教育学”独立的研究对象，即研究社会成员民族观形成与发展的规律以及如何对社会成员进行民族观教育的规律。另外，关于“民族思想政治教育联通体”、“民族思想政治教育机理”的概念提出和论证，关于民族思想政治教育内容层次的划分等观点和论述，都具有一定的原创性。

该书对民族思想政治教育学研究的理论体系做出了较为合理的建构。全书注意宏观与微观、理论与实践、历史和现实的结合，从结构上来说分为导语、正文和结束语三大板块。导语论述了建立民族思想政治教育学的现实意义，民族思想政治教育学的科学含义、研究对象、学科性质及其基础理论等问题。正文分为十章，分别论述了民族思想政治教育的价值、内容、结构、过程、环节、机理、资源、载体、方法及其评价。结束语指明了要加强民族思想政治教育学的后续研究，就必须提升民族思想政治教育学研究的高度，拓宽民族思想政治教育学研究的领域，深掘民族思想政治教育学研究的内容，加强民族思想政治教育学综合研究等。可以预见，民族思想政治教育学的建立必将有利于揭示民族思想政治教育的特殊性，完善思想政治教育学分支学科，提升民族思想政治教育实践水平，适时应对民族思想政治教育面临的新情况。

（供稿人：朱燕）

### 4. 现代思想政治教育专业建设研究——以师范类本科专业为对象

宋锡辉等著，人民出版社 2010 年版

思想政治教育专业建设发展问题是一个理论性和实践性都很强的重大课题。需要从多角度、深层次展开学术研究和实践探索。该书涉及到了专业建设的诸多领域，回答了专业建设进程中的诸多问题。该书以师范类本科专业为对象，系统梳理了思想政治教育的历史渊源和发展脉络，明确界定了思想政治教育专业的办学定位和培养目标，科学设计了思想政治教育专业的课程体系与课程设置，全面论述了思想政治教育专业建设中教育与教学、学生与教师、制度与管理等深层次问题，总结介绍了云南师大思想政治教育专业建设的实践经验和生动案例指出思想政治教育专业建设的当代命题是实现科学化，并描绘了思想政治教育专业发展的理想之路。该书抓住目前思想政治教育专业建设中的“症结”，从理论和实践两个层面对思想政治教育专业建设与科学发展问题作了深入探讨，在以下几个方面具有新意和特色。

第一，本书着力于从思想政治教育专业从业人员的角度，特别是探讨“全面发展”这个常用但还不及深思的关键问题，分析目前思想政治教育专业从业者的现状、困境、原因和出路，提出了思想政治教育专业发展与队伍建设相结合的具体方案。

第二，该书作者均为具有多年思想政治教育专业一线教育、教学经验的教师，作者结合自身的工作实践，立足于教育教学研究，运用“研究性教学”理念来考察和研究思想政治教育专业的建设问题，体现了专业建设研究的一种崭新视野，为思想政治教育专业建设提供了更为广阔的学术视野。

第三，在思想政治教育专业建设的制度与管理层面，以专业制度变革为主线，注重从现实入手，图书在实践中建立起适应现代专业发展需求的管理制度，以带动和促进师资队伍建设、课程建设和教学科研工作，在理论模式构建上具有一定的新意。

（供稿人：朱燕）

**5. 思想政治教育目的研究——基于马克思主义人学视角**

曹清燕编著，中国社会科学出版社2011年版

该书根据“以人为本”为核心的科学发展观的要求，针对实践和理论对我国思想政治教育目的不相一致甚至片面的理解，围绕“思想政治教育目的应该是什么”这一主题，着重从人学的角度展开研究。该书鲜明且较为全面而深刻地指出思想政治教育的属人性。认为，从本源意义上看，思想政治教育属于人的一种特殊的精神生产和精神交往实践，是促进人的内在精神力量和素质发展的一种生产，具有属人性；思想政治教育为人所需要、由人所创生、被人所推动，显示其属人性；在其本质、功能、价值中都蕴涵着“建设人本身”的元素，确证其属人性。因此，思想政治教育是属于人的，为了人的。

以马克思主义人学作为理论分析框架，显然有利于开阔视野、深化研究、得到对思想政治教育目的的全方位的认识。比如，从人的存在论维度分析思想政治教育的目的，该书指出思想政治教育是人存在的一个重要方式和向度，思想政治教育目的在于通过思想、观念、意识等方式提升人之存在，促进人之存在形态的协调和存在状态的改善。当前，我国思想政治教育需要结合人之存在的现状，引领经济全球化条件下、社会主义市场经济条件下、网络条件下人的存在，优化人的存在方式、生存方式。从人的本质论维度分析思想政治教育的目的，该书指出思想政治教育是人的本质生成和人性完善的重要推动力量，思想政治教育目的在于通过提供精神动力等方式促进人之本质的生成和人性完善。从人的发展论维度分析思想政治

教育的目的，该书指出思想政治教育是人之发展的重要手段和途径，思想政治教育目的在于着力通过发挥非智力因素的力量促进人的发展，它最终指向每个人的全面自由的发展。当前，我国思想政治教育要在全面而自由发展理念指导下促进“以物的依赖为基础的人的独立性”，一方面以“物的依赖”代替“人的依赖”，另一方面通过全面而自由发展的导向机制克服“物的依赖”的弊病。

该书最终把思想政治教育提升人之存在、推进人对自身本质的占有、促进人的全面而自由发展的目的归结于以思想解放、精神解放的方式对人之解放的促进上，并提出了实现思想政治教育目的需要坚持形上追求与形下操作相结合的原则，坚持以人为本原则，坚持整体性、协调性原则。需要构建社会化的教育合力“场”，优化主体间的“势差”互动，实施生活化的教育关怀，以发展性评价引领思想政治教育评估。

该书还对思想政治教育的本原目的、现实目的、终极目的做出了层次清晰、辩证统一的论述。该书批评了历史上曾经存在的思想政治教育理论与实践对政治性、阶级性的片面强调，指出思想政治教育要凸显出对人的发展的终极关怀，坚持人是个体、群体、类的统合，强调个人的发展是在具体历史条件下的发展，是在与一定社会的政治、经济、文化互动中实现的，因此思想政治教育同样需要提高人的政治素质。该书还批评了目前中国思想政治教育研究中局部存在的抽象地谈论人的发展的弊病，指出个人的发展既包括其个体性的发展，也包括其社会性的发展，社会发展本身是个人发展的一种证明。

（供稿人：朱燕）

**6. 思想政治教育活动研究**

褚凤英　人民出版社 2011 年版

该书是对思想政治教育学元理论研究的一种初步尝试。第一，该书突破了旧有研究视角和方法论的局限，以全新的研究范式，对思想政治教育现象进行了整体性反思。已有的思想政治教育研究注重外在力量对人的思想品德的改变，但对主体的自我创造过程、对人的自觉活动在思想政治教育中的作用研究不够。该书运用马克思主义人学的研究范式，把马克思主义关于人和社会的关系、人和人的关系、人的本质、人的主体性、人的需要、人的价值以及人的权利和义务、人的自由和平等、人的理想和信念等理论，作为思想政治教育理论研究和学科建设的坚实基础，力图将宏大的问题转化为感性的具体问题来研究，从而思想政治教育更贴近生活实际。具体地说，该书从思想政治教育与人的生存和发展的关系出发，探讨思想政治教育作为一种必然的社会现象，本身蕴涵了人的生存和发展的哪些内在要求和一般逻辑。这也是把思想政治教育和那些具有最一般意义的与人有关的哲学理论命题结合加以思考，从而是思想政治教育基本理论研究获得一种高度或升华。

第二，该书将思想政治教育的研究置于马克思主义唯物史观理论基础之上，把思想政治教育看做现实的个人所参与的主体性活动，并具有高效性的价值追求。具体地说，就是把思想政治教育看做人的一种生命活动，看做一种满足人的生存和发展需要的主体性活动，在此基础上对作为主体性活动的思想政治教育的内部结构和过程进行深入细致的研究。该书从主体活动的角度，首次明确区分了思想政治教育中的“教育者的价值引导活动”与“教育对象的思想品德建构活动”，且对这两种活动均作了系统深入的分析，并从一个新的角度即主体之间的交互活动来解释两种活动的关系，从而取得了理论突破，解决了学术界长期以来存在的“单主体说”、“双主体说”等旷日持久的争论。

第三，该书在马克思主义人学范式下，对思想政治教育学的基本理论——思想政治教育的本质、功能、价值、目的等问题——进行了新的思考。该书指出，思想政治教育的本质是调节个人与社会的思想政治关系，促进个人价值取向与社会价值导向同质发展，以实现个人与社会良性互动的活动；思想政治教育的功能在于促进个人思想品德和社会思想文化的发展；思想政治教育的价值是人本价值，即实现人对社会思想文化的适应与超越；思想政治教育的目的是培养思想品德建构活动和社会生活的主体，以实现“教是为了不教”（叶圣陶语）。这些理论观点都具有很强的创新意义。

（供稿人：朱燕）

# 科学无神论

1. **大设计**（The Grand Design）

*［英］史蒂芬·霍金、列纳德·蒙洛迪诺著，吴忠超译，湖南科学技术出版社2011年版*

《大设计》是当代著名物理学家史蒂芬·霍金在《时间简史》之后的最重要的著作。它凝结了霍金20多年来对科学和哲学的思考成果。2010年8月首次出版以来，曾连续8周以上名列亚马逊网站排行榜第一名。

本书的主题是理解生命、万物和宇宙的存在。人类花费了数千年才从神话的朦胧走向理性的澄明。智慧生命逐渐意识到，宇宙整体及其万物是由规律制约的。根据量子论，宇宙不仅具有单独的存在或历史，而且同时存在每种可能的历史。宇宙和万物的演化不只经历一个历史，它们经历所有可能的历史。把这种思想应用于宇宙整体，就对因果概念本身提出疑问。根据霍金描述的“从顶到底”的宇宙学方法，过去没有采取确定的形式这一事实意味着，我们因观察历史而创造历史，而非历史创造我们。这超出了我们传统文化观念和直观经验的理解，也改变了人们常规的思维模式（即从过去走向未来的“从底向顶”的思维方式，转变为从现在推论过去的“从顶到底”的思维方式）。通过诘问和反思传统的实在观念，作者认为实在不过是一套自洽的和观测对应的图景、模型或者理论。判断一种场景是否实在，只在于其间是否有一套完备的自洽的逻辑或定律通行无阻，自在之物在这里是多余的。此即“依赖模型”的实在论。这种新观点使科学和哲学中的许多长期争论的问题成为伪问题。

发展至今的M理论，是人们科学理性不断思考与探索的结果。M理论可以在无边界宇宙的框架中预言众多不同的宇宙及其表观定律，但只有极少数适合人类的存在。这一理论解释了制约人们与宇宙的定律，它还是完备的“万物理论”的目前可行的仅有候选者。宇宙中的凝聚物的能量被引力势能平衡，所以宇宙的总能量为零，由此万物不能无中生有，而宇宙却能。依据 M 理论，宇宙完全是自然而然产生和运转的，完全排除了上帝这一超自然因素。正如作者在书中所说："自发创生是存在实在之物而非一无所有，为什么宇宙存在、为什么我们存在的原因，不必要祈求上帝点燃导火索使宇宙运行。"人类已经如此清晰地理解宇宙和我们的存在，这真正是理性的胜利。

本书围绕宇宙、万物、生命存在的意义，解读了最新宇宙学研究成果——M 理论，为我们展示了一个不需任何超自然作用的、在物理定律下自然发生的宇宙创生与演化图景，澄清了神学在"存在之谜"上对人的迷惑，有助于人们树立正确的科学世界观，自觉运用科学理性寻找幸福的生活，必将对社会文化方面产生积极影响。

（供稿人：杨俊峰）

**2. 中国无神论史**

*牙含章、王友三主编，中国社会科学出版社 2011 年版*

本书是 1992 年版《中国无神论史》的再版。三十年前，《中国无神论史》被立为"六五"国家社科规划重点项目，汇集了全国三十多位无神论史研究的专家学者经过数年攻关，最终完成了中国历史上第一部《中国无神论史》，获得学术界和广大读者的好评。

本书分"先秦编"、"两汉编"、"魏晋南北朝编"、"隋唐编"、"宋元明编"、"清代编"、"近代编"及"少数民族编"八大部分，汇集了散见于经史子集、稗官野史中的各种无神论思想，概括抽象出诸多中国无神论概念、范畴和命题，并对它们加以分析，从更高、更深、更广的角度来重新审视、发掘中国无神论思想的意义和价值，提出了中国无神论思想是整个中国传统文化最精华表征的观点。

编者认为，中国无神论史就是中国历史上的无神论思想与有神论思想的斗争史。古今中外无神论与有神论的斗争，主要是围绕着"天人"关系和"形神"关系两个问题进行，同时也包含与世俗迷信的斗争。中国无神论史这门学科主要有两大方面，一是"天命"与反"天命"的斗争，也就是"天人"关系斗争史；二是"有鬼"与"无鬼"的斗争，也就是"形神"关系斗争史。这两方面的斗争是交织在一起的，不能截然分开。"天人"关系问题有两条线索：一是儒家的线索，另一则是老子的线索。从老子的"道"到张载的"气"，虽然在"天人"关系方面写下了光辉的篇章，但真正在中国无神论史上占统治地位的，还是儒家的"天人相分"思想，即轻"天命"、重"人事"，"人定胜天"的思想。与"天人"关系问题相比，"形神"关系问题在中国无神论史上的地位和影响更为突出，从孔子、公孟子、王充、范缜到陈槼，形成了比较完整、比较系统的思想体系。从春秋战国到"五四"运动，中国无神论已有两千多年的历史，经历了许多朝代，在各个不同朝代，各有其侧重不同的思潮与代表人物。同时，中国是一个多民族国家，中国无神论史必然包括各民族的无神论史。为突出《中国无神论史》是中国各民族的无神论与有神论斗争史这一指导思想，编者特意将中国少数民族无神论史单独列为一编。

编者有感于近年来中国无神论学科的迅速降温与"宗教热"的不断升温，呼吁学界对这种冷热不均现象进行深刻反思。在《再版前言》中，编者提出，以儒道两家为代表的中国传统文化都是从现实而不是从非现实、从此岸而不是从彼岸、从人文而不是从鬼神，总之是从无神的立场上申论着他们的价值取向，因而仅仅指出和承认无神论思想是中国传统文化的一个有机组成部分是远远不够的，只有确证和阐明中国无神论思想是整个中国传统文化和中国哲学最精华的表征，才算真正找准了它的位置。由于马克思主义与中国传统文化具有共同的“无神”价值倾向，在中国社会宣传好有中国特色的马克思主义无神论思想，最有效的途径和方法就是紧密地与中国传统文化无神的本质特征联系起来。

（供稿人：杨俊峰）

# 第七篇

# 课题概览

# 2011年度国家哲学社会科学基金课题简介（部分）

**1.《马克思恩格斯文集》中的生态文明思想研究（重点项目）**

*苏州大学政治与公共管理学院　方世南*

该研究项目以10卷本《马克思恩格斯文集》为主，结合50卷本的《马克思恩格斯全集》，集中挖掘、梳理和深入研究他们的生态文明思想。特别注重研究《1844年经济学哲学手稿》、《英国工人阶级状况》、《德意志意识形态》、《论住宅问题》、《资本论》、《哥达纲领批判》、《政治经济学批判大纲》、《神圣家族》、《反杜林论》、《自然辩证法》、《路德维希·费尔巴哈和德国古典哲学的终结》、《劳动在从猿到人转变过程中的作用》等著作以及书信中的生态文明思想。全面系统地梳理马克思恩格斯是如何通过在对人类与自然关系进行唯物主义分析的过程中概括出辩证唯物主义生态观的，是如何将人与自然关系纳入历史范畴，得出融社会历史观与自然观为一体的历史唯物主义的，是如何从新陈代谢与物质变换原理中得出社会发展基本规律的，是如何从资本主义制度的本质特征中发现经济危机与生态危机不可避免性的，是如何从生态经济学论证可持续发展思想的，是如何从制度变革视角论述生态文明建设主攻方向的，是如何从生态政治学视角阐明自然解放、社会解放和人的解放一致性的，是如何指出生态文明境界，即和谐的社会有机体寓于人与自然以及人与社会的和谐之中，社会是人与自然完成了的本质的有机统一的。通过对《马克思恩格斯文集》中的生态文明思想的研究，努力揭示出唯物史观蕴涵的生态文明思想、辩证唯物主义关于人与自然辩证关系所包含的实践基础上的人化自然观、物质新陈代谢原理揭示的社会历史发展观、生态人口论诠释的“自然—人—社会”的系统关系思想、生态哲学视野内的辩证唯物主义人与自然协调观，生态经济学反映的可持续发展思想、生态政治学说明的自然解放、社会解放与人的解放的内在关联性，为我国加强生态文明建设提供理论指导。

通过研究《马克思恩格斯文集》中的生态文明思想，纠正长期以来西方某些学者所攻击的“只有红色马克思，没有绿色马克思”、“马克思主义只有经济危机理论，没有生态危机理论”等错误指责以及将马克思主义简单等同于阶级斗争和暴力革命学说的片面性。揭示出马克思主义是对资本主义的超越，包含着对工业文明的反思，对不可持续发展的资本主义制度的否定，生态文明思想则是马恩对于资本主义制度导致生态危机的反思和批判的重要理论成果。阐明生态文明思想是马克思主义文明系统理论中的重要组成部分，马恩的“感性世界一切部分的和谐，特别是人与自然的和谐”的思想就是现代意义上的生态文明概念，马恩关于社会有机体通过物质变换新陈代谢而发展的思想、社会有机体和社会全面生产思想、自然异化、劳动异化、商品异化、资本异化与人的异化思想、生态系统与社会系统关联性思想、新陈代谢与物质变换思想、生态人口论、生态经济学、生态政治学理论、人道主义的自然主义与自然主义的人道主义的思想以及人的双重属性“自然属性与社会属性”、人的双重特性“能动性与受动性”、两大和解“人同自然的和解以及人同自身的和解”思想、两大主义“自然主义的人道主义和人道主义的自然主义”等思想，都是需要认真继承和发展的重要思想。揭示出马恩与生态学创立者海克尔（E. Haeckel）、进化论者达尔文（C. R. Darwin）、农业学家李比希（J. V. Libiq）等同代人的理论渊源关系，阐述马恩生态文明思想产生的历史、理论背景以及发生、发展的内在逻辑。注重马克思主义基本原理中的生态文明思想，揭示辩证自然观、生产力和生产关系概念、主体与客体概念、实践概念、科技概念以及现代化概念、世界历史概念、社会主义和共产主义概念、社会发展规律思想、资本主义制度反生态的属性等基本概念中的生态文明思想。通过研究《马克思恩格斯文集》中的生态文明思想，阐明其对于建构人与自然和谐、人与社会和谐以及人与人和谐的和谐社会的重大理论与实践价值，推动我国社会主义生态文明建设的深入进行。

**2. 马克思主义经济学中国化的方法论与中国政治经济学范畴体系研究（重点项目）**

中央民族大学经济学院　刘永佶

马克思主义经济学中国化是中国经济理论界的重要课题，几代经济理论工作者密切结合中国经济发展的实践，经过不断探索，提出了相关思路和设想。近 30 年，随着西方经济学的引进，马克思主义经济学的指导地位下降，在一些高校和研究机构马克思主义经济学被边缘化。造成这一现象的原因是多方面的，其中一个重要原因是马克思主义经济学在新的时代背景下没有很好地和中国实际相结合，没有在中国化上很好地适应时代的要求。近年来随着中国经济矛盾的演化，这一问题进一步为中国经济理论界关注，在马克思主义经济学中国化的方法论研究方面，国内一些学者（如刘国光、程恩富、孟捷、逄锦聚、张宇等）相继提出了自己的观点和主张。课题主持人认为马克思主义经济学中国化的实质，就是在马克思政治经济学理论和方法论的指导下，根据中国经济变革和现代化的需要，建构规定中国经济矛盾的政治经济学范畴体系。中国政治经济学范畴体系的建立和马克思主义经济学中国化是同一个过程，其中，方法论的探讨是基本和关键。

课题研究的主要内容包括：

（1）马克思政治经济学方法论与政治经济学方法史的一般规律；（2）马克思主义经济学中国化的性质和基本内容；（3）马克思主义经济学中国化的方法论；（4）中国政治经济学形成的历史与逻辑必然性；（5）以方法论研究为依据规定中国经济矛盾，探讨中国政治经济学范畴体系。

课题研究的基本思路是，以对马克思经济学理论和方法论的系统研究为前提，以中国经济矛盾为对象和根据，总结近一个世纪以来中国革命及经济变革的历史经验，分析马克思主义经济学一般理论与中国特殊经济矛盾的辩证关系，探寻马克思主义经济学中国化的方法论和路径，明确中国政治经济学的主体、主义、主题、主张，进而规定中国政治经济学的范畴体系。在研究方法上，以马克思主义政治经济学的方法论为前提和原则，以实证为基础，从中国经济矛盾实际出发，辩证处理一般与特殊的关系，以规定主要矛盾的范畴为核心，形成规定中国经济矛盾系统的范畴体系。

本课题研究的创新之处主要体现在以下四个方面：

（1）将马克思主义经济学中国化明确于对中国经济矛盾的系统规定；（2）马克思主义经济学中国化的重要内容是马克思经济学方法论在中国经济矛盾规定中的具体化；（3）政治经

济学方法论的一般性与中国政治经济学特殊性的辩证统一；（4）中国政治经济学范畴体系是对中国经济矛盾系统的规定，是其主体、主义、主题、主张的展开和系统化。

中国经济变革处于关键时期，坚持马克思主义经济学中国化不仅关系中国政治经济学的建设与发展，也关乎中国经济变革成败。

本课题研究旨在：

（1）为马克思主义经济学中国化探讨方法的原则和路径；（2）总结近一个世纪马克思主义经济学在中国变革中的经验；（3）为现实中国经济改革提供必要理论参考；（4）尝试建立中国政治经济学范畴体系。这既是本课题研究的目标，也是其重要意义所在。

**3. 权力、资本、劳动的制度伦理考量（重点项目）**

中共中央党校哲学部　靳凤林

伴随社会主义市场经济的深入发展，利益主体多元化、利益趋向多极化、利益差别显性化已成为当代中国社会的突出特点，以权力、资本、劳动三大阶层利益冲突为代表的深层社会矛盾已成为我国和谐社会建设的主要障碍，如何通过政治、经济、社会领域公平正义的制度伦理建设有效解决上述冲突，以实现我国建构和谐社会的理想目标，依然是社会各界广泛关注的焦点问题。本课题试图从政治伦理学的视角，在马克思主义唯物史观指导下，充分借鉴西方发达国家相关领域的成功经验，广泛吸纳我国学界已有研究成果，提出解决上述社会冲突的制度伦理主张。

1. 主要内容

引言：西方阶层冲突与制度伦理研究之于当代中国；第一章：社会分层理论与当代中国的三大阶层；第二章：权力阶层与资本阶层的利益博弈；第三章：权力阶层与劳动阶层的利益矛盾；第四章：资本阶层与劳动阶层的利益冲突；第五章：民主政治制度伦理与制衡公共权力；第六章：市场经济制度伦理与规范资本运营；第七章：公民社会制度伦理与维护劳动权益；结语：制度正义——建构和谐社会的必由之路。

2. 基本思路

本课题在充分借鉴西方社会冲突和制度伦理研究成果的基础上，对近年来中国学界各种社会分层理论的成就与不足进行深度剖析，认为当代中国已经形成权力、资本、劳动三大社会阶层。以对这三大阶层利益冲突状况的实证研究和理论概括为前提，分别从民主政治制度伦理、市场经济制度伦理、公民社会制度伦理三重视角，提出制衡公共权力、规范资本运营、维护劳动权益的制度性政策措施。主张只有大力加强以公平正义为主旨的上述三个层面的制度伦理建设，才能确保与之相应的权力、资本、劳动三大阶层之间的利益关系维系在动态平衡之中，并最终实现我国建构和谐社会的崇高理想目标。

3. 主要创新点

（1）阶层利益冲突研究的系统化。在国内外社会冲突理论研究成果中，单独从事权力与资本关系（政商关系）、权力与劳动关系（干群关系）或资本与劳动关系（劳资关系）研究的成果不在少数，但本课题研究的特点在于将三者的利益关系置入一个三维互动的理论框架中进行系统化研究，从而避免了单一阶层关系研究的片面性。（2）制度伦理研究的精细化。近年来制度伦理研究的成果迅猛增加，但大都局限在制度价值、制度结构、制度转型等宏观层面，本课题将民主政治制度伦理与制衡公共权力、市场经济制度伦理与规范资本运营、公民社会制度伦理与维护劳动权益有机结合起来，使制度伦理研究具体化和精细化，有效增强其现实可操作性。

**4. 马克思的艺术生产理论与当代文艺（重点项目）**

辽宁大学文学院　罗中起

本课题的研究意义在于：

马克思的艺术生产理论是马克思文艺思想中最具现代性的核心理论，它同艺术审美论、文艺意识形态论共同构成了马克思文艺思想的庞大体系架构。其间的艺术生产论，伴随着世界资本经济和中国社会主义市场经济的发展在改变着文学艺术自身存在与发展的形态的同时，也在改变着人们对文学艺术的理解和观念，因而更加突显出它在马克思文艺思想的现代性建设中的地位和面对当下文艺现实的意义。单一的意识形态论或单一的审美论，乃至合成的审美意识形态论，不仅在经受着当代文艺现实的挑战，也在承受着生产论的挑战。置于上述语境，阐释马克思的艺术生产理论的现代性内涵，探索生产论与意识形态论、审美论的内在关联性，分析马克思艺术生产理论与当代文艺现实的价值对应性，不仅在理论研究上有着可突破的发展空间，而且在回应当代文艺现实的理论诉求中极具思想价值与意义。

中国对艺术生产及其理论的普遍性研究始于 20 世纪 80 年代末。如今，一方面艺术生产及其理论已引起了学界的普遍重视，另一方面对艺术生产实践的问题分析缺少共识，对马克思艺术生产理论的历史内容和人学内涵缺乏必要探讨，常见与马克思文本原意相悖的议论。本课题将马克思艺术生产理论的文本学阐释与当代文艺的价值分析相结合，有益于推进艺术生产及其理论研究的发展。

本课题研究的主要内容包括：

（1）马克思艺术生产理论的现代性阐释。立足于文本批评原则和现代性的历史视域，在全面宏观地理解马克思艺术生产理论的基础上，着重阐释其历史内容和人学内涵。（2）艺术生产理论与当代文艺观念。梳理西方后马克思的艺术生产理论，分析艺术生产理论与关涉艺术本体和艺术功能的重要文艺观念的交互影响，以探讨生产论、审美论、意识形态论的内在关联性。（3）艺术生产理论与当代文艺实践。探讨二者之间的价值对应关系，以揭示艺术生产理论的实践性价值和回应当代文艺实践的理论诉求。（4）艺术生产与当代文化产业。分析确立艺术生产与文化产业的基本关系，在此前提下探讨产业化的艺术生产中的若干问题。

本课题的创新之处在于：

立足于马克思艺术生产理论的现代性阐释和后马克思艺术生产理论的逻辑梳理，并将之与当代文艺实践的价值分析相结合，最终探讨艺术生产理论在马克思主义文艺学的现代性建设中的地位及与当代文艺现实的价值对应关系。突破艺术生产与物质生产的关系的结构性分析，着力于艺术生产理论的人学内涵及其历史内容的价值论阐释，探索马克思主义文艺学现代性建设的理论增长点和评价当代文艺市场化、大众化、世界化的历史性尺度。

**5. 网络视域下的马克思主义大众化研究（重点项目）**

江西理工大学文法学院　刘光峰

近年来，以数字式、多媒体和互联网为代表的传播新技术与新媒介突飞猛进、日新月异、迅速普及，致使信息传播在地球上突破疆界和地域的界限，无远弗届、无孔不入、无处不在、无时不有。面对铺天盖地的信息潮涌，如何在网络信息海洋中推进马克思主义大众化，是当代中国迫切需要解决的新的重大课题。本课题以网络建设的理论与实践为切入点，考察如何通过网络建设来具体落实马克思主义大众化，以及马克思主义本身在网络信息时代如何创新，最终实现马克思主义与中国、与时代、与民族、与大众有机结合这个根本问题。

该课题的研究基础在于：以网络、网络文化、网络大众化为切入点，阐释网络文化的特征、网络大众化的现实要求、马克思主义大众化的具体内涵及网络与马克思主义大众化的关系、网络文化与马克思主义大众化关系、网络大众化与马克思主义大众化的关系等一系列基本理论问题。

该课题的研究核心在于：以问题为中心，以历史演进为纬，以横向体现为经，考察网络的历史演进与发展规律、网络对马克思主义大众化的价值、网络大众化的现实与未来、网络文化对马克思主义大众化的挑战、马克思主义理论内容与形式的创新、网络视域下马克思主义大众化的自我发展及其完善机制。

课题的研究前沿在于：以国外意识形态利用网络的战略与策略的经验教训为镜，考察网络视域下马克思主义大众化对党的本质要求，探究马克思主义大众化存在的主要问题，找寻马克思主义大众化的根本战略与具体策略，构建网络视域下马克思主义大众化的保障机制。

该课题的研究路径在于：坚持马克思主义基本立场和基本精神，以党的十七大报告等为政策依据，以与传统马克思主义大众化观念不同的网络、网络文化、网络大众化为视角，运用历史与逻辑相统一、传统和现代相观照以及比较研究方法，考察一些国家意识形态利用网络的战略与策略的经验及其对马克思主义大众化的启示作用，重点研究网络视域下马克思主义大众化的动态发展要求与自我完善机制，系统阐发网络视域下马克思主义大众化的具体要求、基本经验、路径方法和价值意义等主要内容，紧扣网络时代中如何实现马克思主义抽象理念可操作化、行为实践可持续化这根主线，凸显网络、网络文化、网络大众化在马克思主义大众化中的枢纽桥梁作用。

该课题的创新之处主要体现在：

（1）研究思路上，课题将以“历史视角”和“理论视角”（宏观与微观）的结合为研究的切入点和透视点，集中考察和研究网络文化、网络大众化与马克思主义大众化之间的相互关系，重点揭示网络视域下马克思主义大众化的自身特点、内在逻辑与演进规律，力图超越纵向的描述性的论述，而更加注重理论化阐述。（2）马克思主义与网络文化、网络大众化的具体对策方面，课题将提出一系列创新的理论观点，如网络是马克思主义与中国、与民族、与时代、与大众相结合的重要桥梁；网络是马克思主义中国化、时代化、大众化的一条必由之路；马克思主义大众化需要自身不断创新：内容与形式创新，话语与语境的创新，题材与体裁的创新，等等。

**6. 马克思个人与共同体关系思想研究**

*济南大学政治与公共管理学院　张梅*

该课题的研究对象是马克思的个人与共同体关系思想，旨在把握马克思的个人与共同体关系思想的理论内涵与旨趣，发掘马克思的政治哲学与我国政治文明建设的契合点。

该课题的主要内容：一是厘清马克思的共同体与个人概念。二是阐述马克思关于个体的自我实现与共同体发展之关系的思想。三是研究马克思对个人、共同体与自由关系的论述。四是梳理马克思对个人、共同体与正义之关系的探讨。五是揭示马克思关于个人与共同体关系思想的当代意义。重点是发掘马克思的政治哲学与我国政治文明建设的契合点：个人和共同体之间的张力，政府在现代社会生活中的作用以及道德教育和道德建设在政治民主化进程中的价值等等。难点是既要客观准确地对马克思的共同体与个人概念进行界定，深入分析马克思的个人与共同体的关系，又要对共同体中的自由、权利与正义等核心概念进行阐释，这些问题交织在一起，如何厘清它们中间的逻辑关系成为难点。

该课题的创新之处：

（1）本课题认为马克思对共同体与个人概念有独特的理解，认为马克思对个人和共同体关系的论述超出了以往的政治哲学理论，因为他深刻地指出并分析了一切社会政治问题背后的经济根源和物质基础。马克思个人与共同体关系思想既重个人也重团体，强调对共有价值观的理解，与我国重群体求大同的文化传统颇为相似。（2）本课题认为马克思提出了新的自由观和正义观。马克思对于自由、权利与正义等政治哲学关键词的分析，能够帮助人们解决现代性问题造成的困扰，能够加深人们在“全球化”背景下对人类如何共同生存的理解：要解决现代性造成的个人与共同体关系的疏离，弥合私人生活与公共生活的分裂，必须重构现代公共生活。面对公众的政治冷漠感，培育公共领域将是首要的选择。因此，既要有承认差异的宽容态度，又要在保有个体已经获得的基本权利之基础上重塑公民美德、追求共同体价值，以挽救日益衰败的共同体和濒临分裂的社会生活。（3）本课题力求突破单纯学理探究，以中国传统的政治文化和现实的政治实践为根基进行反思探究，积极寻求我国民主政治发展的合适路径，结合我国政治民主化建设的实践探讨几个问题：批判西方自由主义主张国家应在道德教化中保持中立的观点，探索现代政府在道德宣传和教化中的责任；探索市民社会建设中市民文化和市民精神的培育以及我国非政府组织（NGO）在和谐社会建设中的作用问题。马克思关于个人与共同体关系的思想将为丰富我们的政治文明建设的路径选择和政治行动提供有力的价值支撑。

**7. 马克思主义中国化、时代化、大众化的历史进程、基本态势及未来走势**

北方工业大学思想政治理论教研部　林建华

研究意义

推进马克思主义中国化、时代化、大众化是体现马克思主义与时俱进理论品格的必然要求，是抵御各种错误社会思潮和思想意识的有效途径，是适应人们思想观念、价值取向新变化的迫切需要，是满足人民群众需要诉求、期待愿望的基本前提。加强和深化马克思主义中国化、时代化、大众化研究具有理论和实践双重意义，有助于不断推进马克思主义中国化、时代化、大众化的历史进程，不断开创中国特色社会主义事业的崭新局面，实现中华民族的伟大复兴。

研究内容

探讨、论述马克思主义的基本理论、基本原理，掌握马克思主义的基本立场、基本观点、基本方法，揭示马克思主义对于共产党人的永恒价值；探讨、论述马克思主义经典作家关于马克思主义必须与各国实际、马克思主义与时代、马克思主义与人民群众相结合的重要观点，揭示马克思主义是随着时代、实践和科学的发展而不断发展的科学理论；探讨、论述马克思主义中国化、时代化、大众化的历史进程，揭示百年来马克思主义在中国的传播与仁人志士探寻中国社会发展之路的互动；探讨、论述马克思主义中国化、时代化、大众化的内涵和影响因素，揭示如何推进马克思主义中国化、时代化、大众化的历史行程；探讨论述马克思主义中国化、时代化、大众化的理论成果及历史作用和未来走势，揭示与时俱进的、开放性的中国化马克思主义即毛泽东思想和中国特色社会主义理论体系如何拯救中国、发展中国、引领中国；探讨论述马克思主义中国化、时代化、大众化的历史经验和历史规律，揭示马克思主义中国化、时代化、大众化研究中必须注意克服的不良倾向，诸如照本宣科、语言晦涩、脱离实际等。

创新之处

以史为经，以论为纬，从世界共产主义运动和中国共产主义运动的视角，完整地梳理马克思主义中国化、时代化、大众化的历史进程及基本态势和未来走势，系统地诠释马克思主义中国化、时代化、大众化的内涵、本质、理论成果、经验、规律，致力于回答“什么是马克思主义，怎样对待马克思主义”、“什么是社会主义，怎样建设社会主义”、“建设什么样的党，怎样建设党”、“实现什么样的发展，怎样发展”等问题的内在生成逻辑，在全球化时代，在21世纪关乎中国、中华民族的前途和命运，勾勒一幅马克思主义中国化、时代化、大众化的丰富而多彩的画卷。

**8. 马克思风险社会思想与当前中国社会风险治理研究**

*湖南农业大学人文社会科学学院　王健*

课题研究的理论和实际应用价值

从理论价值上看，对马克思风险社会思想的探讨为深化马克思主义哲学的研究提供了新的理论生长点。当代马克思主义哲学研究领域的学者们最为关心也颇感困惑的问题是：究竟马克思主义哲学与当代世界和当代人类生活的现实结合点在哪里？究竟怎样才能发挥马克思主义哲学应有的批判力量？马克思的风险社会思想研究不仅可以使马克思主义哲学对现代社会特有的批判和解释力量得到最大限度的释放，而且可以丰富马克思主义的内涵，为马克思主义哲学的研究带来新的发展机遇。此外，马克思风险社会思想中蕴含的立场、观点和方法，是深刻洞察西方风险社会理论中的科学因素和局限性的有力工具，为批判地吸收和借鉴西方风险社会理论提供了重要启示。

从实际应用价值上看，社会风险是社会发展中始终存在的问题，既关乎到国家的稳定和繁荣，也关乎到个人的生活和命运。目前中国正处于社会转型时期，已经出现了“风险社会”的症候，面临的风险复杂多样。对马克思的风险社会思想进行系统深入的研究，可以使我们自觉以马克思风险社会思想为指导，从经济、政治、文化、生态等方面，着力治理当前中国社会凸显的风险问题，形成相关的战略思路和政策措施，以期更好的将发展成果惠及广大人民群众，构建社会主义和谐社会。

课题的研究目标

本课题以马克思风险社会思想与当前我国社会风险治理为研究对象，通过深入的理论研究和个案分析，在系统阐述马克思风险社会思想基本观点的基础上，全面揭示马克思风险社会思想对当前我国社会风险治理的启示意义，分析当前中国面临的主要社会风险及其成因，评估中国目前社会风险治理的进展与不足，提出改进和提高中国社会风险治理水平的战略思路和政策措施，以期更好地将发展成果惠及广大人民群众，构建社会主义和谐社会。

课题的研究内容

本课题首先要对风险、风险社会的一般内涵进行界定，把握“风险社会”和“社会风险”的联系与区别；了解马克思风险社会思想形成的经济、政治、文化背景以及马克思风险社会思想的逻辑生成；从风险社会的存在论基础、运作逻辑、实质、根本出路等方面重点研究马克思风险社会思想的基本观点，揭示马克思风险社会思想对中国社会风险治理的启示意义。然后，以马克思的风险社会思想作指导，深入分析当前中国面临的主要社会风险及其成因，科学评价中国目前社会风险治理的进展和不足。最后，站在科学发展、和谐发展、和平发展的战略高度，提出改进和提高中国社会风险治理水平的新思路和新措施。

**9. 马克思主义文化理论发展研究**

复旦大学中文系　陆扬

本课题的主要内容不是广泛考究马克思主义发展史上文学和艺术观念的变迁，而是有意围绕“文化”这个概念本身，给予一个半世纪以来马克思主义文化理论一个比较全面的梳理论述，并就中国本土的马克思主义文化理论发展过程，作一回顾。希望能够说清楚何以葛兰西以来，马克思主义理论家们瞩目文化问题，并且最终显示文化是生产力这个当代马克思主义命题的来龙去脉。有鉴于面面俱到没有可能，且西方马克思主义与后马克思主义所涉及人物多有重叠，本课题拟大体按年代顺序，围绕以下七个板块展开：

马克思的文化观。马克思和恩格斯没有留下系统完整的文化理论，直接论述文化地位、功能的文字亦为少见。课题将探究“文化”一语何以少见马克思本人著述的缘由。

文化与社会。阐述从恩格斯、普列汉诺夫、考茨基到卢森堡及列宁等第一代马克思主义理论家的文化理论。

文化与意识形态。讨论西方马克思主义的文化理论，包括卢卡奇、柯尔施、葛兰西、布洛赫和阿尔都塞等人的有关思想。

文化工业批判理论。主要探讨法兰克福学派的文化工业理论，哈贝马斯的公共领域和交往理论，亦拟纳入此一部分进行探讨。

文化研究。拟以文化主义、结构主义、葛兰西霸权理论、连接理论四种范式，来串联从威廉斯、霍加特、汤普森文化唯物主义思想和对工人阶级文化的关怀，到霍尔以来伯明翰中心历经的符号学和媒体研究转向，以及伊格尔顿对本国文化研究模式的质疑。

后马克思主义。拟以拉克劳和墨菲为标记，前溯后延将列斐伏尔、利奥塔、德勒兹、福柯、布尔迪厄、德里达、波德利亚、詹姆逊、齐泽克和凯尔纳一道纳入这个宽泛的框架。

中国理论。探讨中国本土毛泽东思想、邓小平理论、“三个代表”与“和谐社会”思想这四种主流意识形态中，文化理论的建树和发展历程。本课题的基本思路，是从马克思本人充分强调文化能动作用的文化观开始，叙写一部“生活世界”渐而成形，文化作为启蒙知识、民族精神传承以及生活方式总和如何齐头并进，推动社会进步的马克思主义文化理论发展史。

**10. 利益分化对马克思主义大众化的影响及对策研究**

贵州师范大学马克思主义学院　汪勇

改革开放三十余年来，我国最为突出的变化就是大众在追求自身利益的过程中产生了显著分化，主要表现为各社会阶层、群体中的利益矛盾和利益冲突日益突出，尤其是违背公平正义的不合理利益分配成为我国当前最为突出的重大社会问题，与马克思主义谋求最广大人民群众根本利益的追求不尽一致，从而深刻地影响了广大人民群众对当代中国马克思主义的认同，进而严重地影响了执政党的威信。这就使得推进广大民众对当代中国马克思主义的认同已经成为执政党亟须面对并加以有效解决的重大问题。因此，继十七大提出“推动当代中国马克思主义大众化”后，十七届四中全会再次提出“推进马克思主义大众化”。

利益是马克思主义唯物史观的核心范畴，利益分析的方法是马克思主义透视社会问题的“放大镜”。因此，本课题以利益分化为视角，探讨其对马克思主义大众化的影响并思考富有成效的对策。具体研究内容主要为：

利益及其分化。直接就马克思主义大众化的基础是利益、马克思主义经典作家的利益理论、利益分化的划分及标准、不合理利益分化的提出及其依据、转型期利益分化状况及发展趋势等展开论述。

利益分化对当代中国马克思主义认同的影响。主要论述利益分化有合理利益分化与不合理利益分化之分且影响不同。不合理利益分化对当代中国马克思主义认同的消极影响主要表现为诱发各种社会思潮导致大众思想混乱、影响大众对当代中国马克思主义的认同、影响大众对马克思主义执政党的信任、影响大众对社会主义核心价值观的践行、影响大众对社会主义道路必胜的坚定信念。

正确处理利益关系推进主流意识形态认同的经验及借鉴。主要探讨革命时期正确处理利益关系推进马克思主义认同的经验、社会主义建设探索期限制合理利益追求影响主流意识形态认同的教训、改革开放允许和鼓励合理利益追求但控制不当导致不合理利益分化影响主流意识形态认同的反思、国外处理各种利益关系以推进主流意识形态认同的借鉴。

正确对待利益分化以深入推进当代中国马克思主义认同。主要论述马克思主义大众化必须勇于面对利益分化的不良现实、坚守马克思主义的价值诉求是推进认同的前提、维护限制消除相结合以保障公平正义赢民心、深化政治体制改革以推进民主法治进程形成社会思想共识、强化党风廉政建设以增强执政党的合法性和凝聚力、坚持以人为本以科学推进当代中国马克思主义认同。

**11. 马克思主义意识形态理论与当代中国意识形态建设研究**

贵州师范大学历史与政治学院　伍志燕

本课题以党的十七大及最新文献精神为指导，以马思主义意识形态理论为基石，以当代中国意识形态建设为主题，综合运用马克思主义哲学、政治经济学、社会学、文化学等学科理论和方法，坚持理论与实际相结合，围绕当前意识形态建设的“理论基础→现状→问题→对策”进行全景性、整合性、系统化研究。

本课题研究主要从五个方面展开：

（1）主要阐述马克思主义意识形态理论的历史形成、发展及其地位：从史的角度考察马克思主义意识形态理论产生和形成的历史渊源、时代背景及历史进程，考察马克思主义意识形态在无产阶级革命和实践过程中所经历的马克思主义、列宁主义、毛泽东思想、中国特色社会主义理论体系几个发展阶段及其特点。另外，从历史、理论和现实的结合上、国际和国内政治发展的变化上，论述马克思主义意识形态理论在当前我国意识形态建设中的战略地位和实践价值。

（2）主要阐述马克思主义意识形态理论的基本内容及观点：从逻辑的角度阐述马克思主义意识形态理论中“意识形态”这一概念的产生和演变过程，阐明意识形态的根源、阶级基础、构成、本质及功能，揭示马克思主义意识形态理论不同于旧意识形态理论的特色以及马克思主义对旧意识形态批判的原则及方法。

（3）重点分析当前我国意识形态发展态势及建设现状：首先总结国内外意识形态建设的历史进程、主要经验、基本规律；接着结合国际国内重大局势的变化，准确把握当前我国意识形态领域的主流态势、新情况与新特点及未来走势；然后选择若干地区，通过社会调查和个案访谈等形式，针对不同社会阶层、社会群体的思想状况进行抽样分析，找出当前意识形态建设存在的薄弱环节及不足之处。

（4）着重阐述当前我国意识形态建设所面临的问题及原因：首先，从“全球化”、信息网络化、科技发展等方面分析西方错误思潮和理论对我国意识形态的挑战以及境内外敌对势力对我国的攻击，找出西方“西化”和“分化”我国图谋的新动向；其次，从社会阶层分化、社会与经济发展不平衡、社会文化多元化等方面分析我国意识形态建设出现的新情况、新问题，并找出其原因及症结所在；最后，从不同地区的社会个体、社会群体对我国主流意识形态的理性认知和情感认同的差异性，以及受众的期望值来分析我国意识形态建设所面临的现实问题及原因，等等。

（5）总结归纳当前我国意识形态建设的内容、领域及途径：首先，研究“全球化”进程和改革开放对当前我国意识形态功能和作用及其建设的内容和领域的新要求；其次，阐述当前我国意识形态建设应处理好的关系、遵循的原则、建设的内容及领域；最后，探讨推进当前我国意识形态建设的新思路和新举措。

本课题的学术价值和现实意义体现在：一方面有助于深化对马克思主义意识形态理论的把握，扩展和强化当前我国意识形态建设的理论基础，进一步澄清意识形态领域的一些重大理论是非，有利于促进马克思主义意识形态理论中国化；另一方面也可以有效抵制西方敌对势力对我国的和平演变，有力地抨击意识形态终结论、意识形态趋同论、意识形态多元论及意识形态复归论等错误论调，巩固和加强马克思主义在意识形态领域的指导地位。

**12. 维护国家文化安全的综合研究**

*广州大学广州发展研究院　涂成林*

课题的研究意义

（1）文化安全是国家安全的核心内容，需要引起社会各界的高度重视。开展文化安全的综合研究，建构积极的、与国家地位相称的文化安全观，是中国和平崛起的重要内容之一，对国家、民族的未来发展具有深远意义。（2）开展文化安全综合研究，有助于我们科学、冷静地观察和应对西方发达国家凭借其经济实力和政治影响力给我国文化安全带来的重要挑战，构筑积极的文化安全防御体系。(3) 开展文化安全的综合研究，将推动文化安全方面的学理探讨和学科建设，为建立一门既有理论厚度，又有实践意义且具中国特色的文化安全学做出积极贡献。

课题的主要内容

本课题将通过对西方学界和政界关于文化安全研究的相关成果和文化安全政策的相关条文的整理和分析，通过广泛收集和阅读国内文化安全研究的论著，厘清文化安全的基本概念和相关基础理论问题；通过收集和研究世界不同国家、不同文化群体在重视和加强文化安全方面的措施、经验和教训，为探讨我国构建文化安全体系提供示范和借鉴；对我国文化安全的核心利益和具体领域的文化安全现状、对外文化交流的安全问题进行研究与分析，提出基于国家安全视角的文化安全框架、宏观战略和具体对策建议。

本课题具体包括三部分内容。

(1) 文化安全的思想背景和理论基础研究。主要研究本课题的基本论域、国内外研究状况述评、西方大国文化安全理念和战略以及国际社会中不同文化群体安全政策之比较研究。(2) 中国文化安全的现实紧迫与理论呼唤。主要研究我国文化安全领域的国际挑战、文化安全视角的国内忧患、文化矛盾的纠结呼唤理论回应及中国文化安全利益的理论审视等方面的内容。(3) 维护国家文化安全的机制与对策研究。主要包括：①传统文化保护与弘扬的基本国策；②发展文化产业的安全战略；③对外文化交流的安全系带；④国际技术交易的安检门；⑤宗教文化交流的价值屏障；⑥、民族和谐的文化建设；⑦、网络文化安全的管理体制；⑧文化教育的安全防线；⑨意识形态凝聚力与文化安全的对策；⑩维护国家文化安全的政策总旨。

课题的创新之处

(1) 理念创新：建构综合的、符合我国国情的文化安全理念，并从核心文化安全利益、具体文化领域和对外文化交流等三个维度，构建我国文化安全体系的整体思想；(2) 研究方法创新：坚持国际视野和与国内现实的对接、实证分析与理论推导的并用，学术探讨与对策研究结合的方法，将世界文化群体分为霸权、强势和弱势文化群体等类型，对其文化安全政策进行比较研究，为我所用；同时，选取国内若干文化安全案例进行分析研究，分析典型区域的文化安全挑战和经验，以资理论和政策制定之用；并针对文化发展现状和文化安全挑战，提出一整套积极主动、具有中国特色和可操作性的对策建议。

### 13. 晚年恩格斯重要著作的内在逻辑及其当代意义研究

*中国人民大学哲学院　臧峰宇*

关于晚年恩格斯的学术争鸣是学界多年来的热点问题，对该问题的深入讨论与“回到马克思”的学术努力密切相关，因为若不能在马克思主义理论形成与发展的基本路径方面达成共识，马克思哲学的形象必然呈现各种各样的图景。

国外马克思主义理论家卢卡奇、柯尔施分别在《青年黑格尔》和《马克思主义和哲学》中阐述了晚年恩格斯的思想及其与马克思的学术关系问题；施密特、西格尔、塔克等学者进一步展开探讨，认为晚年恩格斯对辩证唯物主义、历史唯物主义、哲学科学等问题的理解与马克思有显著差别。国外马克思学家吕贝尔、莱文、卡弗分别在《吕贝尔马克思学文选》、《不同的路径：马克思主义与恩格斯主义中的黑格尔》、《马克思与恩格斯：学术思想关系》中以文本考据方式强化了上述观点。对这种差异的著名论证是：晚年恩格斯在整理马克思遗稿的过程中“干涉”了马克思文本；晚年恩格斯的著述与马克思生前的思路有显著差异。这是国外学界围绕晚年恩格斯展开百年论争的焦点。西方学者尽管持之有据，但未能全面把握晚年恩格斯哲学的内在逻辑，更缺乏对晚年恩格斯重要著作的系统研究。

国内学者的相关研究大致有三种方式：第一种研究方式主要表现为对晚年恩格斯文献的译介，比如《马列著作编译资料》等丛书反映了国外恩格斯文献研究概貌。第二种研究方式主要致力于晚年恩格斯文本的个案研究，结合文本创作的时代背景，阐释恩格斯某部著作的理论实质。第三种研究方式力图发掘晚年恩格斯哲学的时代精神及其当代意义，以晚年恩格斯思想活的灵魂观察社会现实，呈现恩格斯哲学与时俱进的现实价值。尚未对晚年恩格斯文本群作系统研究，未在整体上把握晚年恩格斯文本群的内在逻辑及其当代意义。

为此，笔者致力于研究历史唯物主义、唯物辩证法、哲学科学等晚年恩格斯的关键表述，以澄清学界多年来探讨的问题域为中心，综合解读晚年恩格斯文本群的理论语境与价值诉求，探究晚年恩格斯力图推动国际共产主义运动进程与其注重将马克思主义理论系统化、大众化并使工人阶级接受之间的内在联系，进而把握理解马克思恩格斯学术关系的关键。

同时，以晚年恩格斯思想作为学术问题的研究对象，以近年来学界相关研究成果为理论坐标，解读晚年恩格斯重要著作，分析其中蕴含的内在逻辑，探究晚年恩格斯哲学要义。审视一百年来国外学者围绕晚年恩格斯著述展开的论争，解析晚年恩格斯思想与苏联马克思主义教科书的关联，理解东西方马克思主义哲学的流变及其意义。把握马克思主义哲学的经典表述，理解唯物辩证法、历史唯物主义、历史科学等话语的社会功能及其时代精神，探究晚年恩格斯的思路对当代中国马克思主义研究的意义。

**14. 马克思晚年社会发展思想研究**

*中央编译局马克思主义研究部　李百玲*

该课题致力于深入具体地研究马克思晚年笔记、文章著述、书信等晚年文本世界中的社会发展思想。主要内容包括：

（1）马克思晚年社会发展思想的文本研究。在 MEW（《马克思恩格斯全集》德文版）中，可知马克思在晚年留有大量的书信和笔记手稿。随着 $MEGA^2$（《马克思恩格斯全集》历史考证版）的编纂，又披露了一批以前不为人知的马克思晚年文稿。马克思除了对俄国社会进行着重研究之外，还积累了西欧国家、东方古老社会的一系列重大问题研究的大量实证材料。对其进行跟踪研究，有利于廓清晚年马克思的研究着力点。

（2）马克思晚年文献的版本研究。以 $MEGA^2$ 已出版本和《马克思恩格斯全集》中译文第1、2版为基础，从书志学角度选择马克思文献出版史上有代表性的若干种书目志，分析马克思有关文献中的新增、删减、补充等情况，进而对其写作过程、出版情况进行系统性的文献梳理和版本考证。

（3）马克思晚年社会发展思想的系统解读。立足上述文本、版本研究成果深入挖掘马克思晚年社会发展思想的内容和全貌，对于原始社会到文明社会的发展过程、国家与法律制度变迁、交往类型扩展、世界历史形成、东方社会发展道路与“跨越”式发展、未来社会发展等问题进行系统梳理和创新性研究。

(4) 马克思晚年思想的当代意蕴。马克思晚年思想在当代影响深远，焕发了新的生机和活力。在当下语境下，探讨马克思晚年社会发展思想与当代社会主义发展的内在关联性，揭示马克思主义的当代价值与意义。马克思晚年的研究关注了人类社会发展过程及其中的关键要素和发展动力，通过该课题研究力图展现马克思晚年笔记所实现的重大理论创新。

该课题将历史考察与逻辑分析相结合，从文本学角度梳理晚年马克思思想的发展脉络，运用逻辑分析方法，展现马克思社会发展理论的基本观点和内在理论线索。力求回到原文本本身，扩展文本研究范围，对马克思晚年的大量文本进行分类整理、归纳和综合。运用比较研究方法，还原文本发生时的特定语境，并运用当代话语对马克思的晚年思想进行阐释和解读。

该课题通过系统深入的研究，将拓展马克思晚年文本研究的现有范围。将马克思晚年所作的大量笔记手稿纳入课题研究范围，将 $MEGA^2$ 最新出版的第四部分中马克思的摘录和笔记进行比照研究，廓清马克思作品的全新方面，将有效扩展目前学术界关于马克思晚年文本研究的广度与深度。

**15. 资本积累方式变迁与当代帝国主义**

厦门大学马克思主义学院　吴茜

西方国家正在经历的金融和经济危机是资本主义长期矛盾的产物——数十年来用新自由主义解决资本过度积累危机造成的恶果。课题主要从四个方面内容展开研究：

(1) 西方左翼学者关于资本积累与帝国主义的理论述评。马克思的资本原始积累论、资本积累利润率下降规律和世界历史理论、卢森堡的资本积累论和帝国主义论、沃勒斯坦的世界体系论、大卫·科茨的“新自由主义制度结构论”以及戴维·哈维的“剥夺性积累理论”等，为人们认识新老帝国主义的形成机理、经济根源以及国际金融危机爆发的原因，提供了解释框架和理论范式。

(2) 资本积累方式的三次变迁与帝国主义演变历史。自 19 世纪以来，资本主义的资本积累方式经历了私人垄断资本主义阶段的商品输出、资本输出和殖民帝国主义，国家垄断资本主义阶段的福特主义资本积累方式，国际金融垄断资本主义阶段的新自由主义全球积累方式三次变迁。

(3) 国际金融垄断资本主义阶段“新帝国主义”的资本积累方式：本质特征、表现形式、后果和危机趋势。20 世纪 70 年代以来，为解决“滞胀”危机，美英等国家放弃“福特主义”资本积累方式转向新自由主义全球资本积累方式。这种新的资本积累方式是在新自由主义理论和政策主导下，构建的以经济金融化、金融虚拟化和泡沫化、金融资本流动以及金融运作自由化为基本特征的掠夺性金融体制，它把穷人的财富转入富人手中、把发展中国家的财富转入国际金融垄断资本集团手中。随着这种欺骗性、掠夺性金融体制的崩溃，导致了 2008 年以来的国际金融危机，引发了英国街头骚乱、“占领华尔街”抗议活动以及反抗新自由主义及其剥夺性积累的全球左翼激进政治运动。

(4) 新自由主义剥夺性积累对于“新帝国主义”的历史命运以及世界社会主义运动复兴

的影响。国际金融危机宣告了新自由主义神话的全球破产，它对美式资本主义制度和美国“新帝国主义”霸权产生了强烈的冲击，引发了反帝国主义、反新自由主义全球化的斗争浪潮，为世界社会主义运动的复兴准备着社会历史条件。

课题的创新之处在于：

(1) 研究角度的创新。本课题将资本主义全球资本积累方式三次变迁与帝国主义三次历史演变作为研究思路加以扩展，使关于国际金融危机的经济根源与新帝国主义的形成机制的研究有了新的研究视角，并拓展了其在历史和理论上的空间。

(2) 理论观点的创新。从资本积累方式变迁角度对当代资本主义的最新历史发展阶段、发展形态、本质特征及其发展趋势作系统性、总体性的研究，为构建超越列宁帝国主义论的当代帝国主义论作尝试性探索。

(3) 研究方法的创新。突破以往学术界对新自由主义、金融自由化、国际金融垄断资本、新帝国主义、国际金融危机的分散及孤立的研究，而对这些热点现象进行总体性、系统性和长时段的研究，以求发现资本主义现代形态的新理论成果。

**16. 历史唯物主义与近代政治哲学的关系研究**

吉林大学哲学社会学院　张盾

本课题的基本思路是：以西方近代政治哲学史的演进为背景来理解马克思历史唯物主义学说的地位和意义，证明马克思历史唯物主义学说按其本质不仅是西方近代政治哲学史演进的一个必然产物，也是它的一个有机部分；马克思在历史唯物主义理论框架内关注的那些问题，曾是整个近代政治哲学普遍共同关注的问题，这些问题曾主导着英法政治哲学、古典政治经济学乃至德国古典哲学的走向，而且仍然是当代关注的重大问题。这些问题包括：自由与权利、劳动与财产、政治与道德、国家与法、阶级与革命、特殊性与普遍性等等。

基于此，本课题的主要内容拟包括：

(1) 马克思与英法政治哲学的渊源关系研究。霍布斯、洛克最先提出的自由与权利、劳动与财产问题，奠定了近现代政治哲学的基本问题域；卢梭则是第一个对现代性提出批判、对霍布斯—洛克观点提出抗争的人，卢梭对现代文明社会的激烈抨击，对后来马克思批判现代性资本主义产生了决定性的影响。此后又有贡斯当、托克维尔、穆勒等人的重要发展。通过研究马克思与以霍布斯、洛克、卢梭为代表的近代英法政治哲学的关系，可以揭示历史唯物主义论题域的最初起源。

(2) 从政治哲学角度重新理解马克思与古典政治经济学的学术传承关系。马克思称对市民社会的解剖有赖于政治经济学，这启示着：古典政治经济学本质上是近代政治哲学的一部分，本课题将尝试从这一角度探究政治经济学对历史唯物主义的形成所产生的影响。具体涉及：①从政治哲学的自由与权利问题看，斯密的劳动、财产权和“看不见的手”理论如何从洛克学说发展而来？对后来的黑格尔政治哲学、特别是马克思哲学又产生了什么影响？②如何从政治哲学角度理解李嘉图的劳动价值论对马克思的影响？李嘉图的工资和利润理论对马克思的阶级和剥削理论有什么启示？③约翰·穆勒关于资本与劳动阶级关系的理论对马克思政治哲学产生了何种影响？等等。

(3) 从政治哲学角度重新理解马克思与德国古典哲学的理论传承关系。德国古典哲学是对近现代政治哲学的深度“概念式理解”。本课题将专题研究：①康德自由理念与马克思自由观的关系，康德法权论对财产权的先验辩护与马克思对资本的批判之关系等。②费希特《自然法权基础》中的财产权理论对马克思的影响。③最后，以黑格尔法哲学中的需要、劳动、财产权、市民社会与国家理论为枢轴，全面分析马克思在自由与权利、劳动与财产、国家与法、法国革命与市民社会等重大问题上对近现代政治哲学的深刻继承和革命性超越。

**17. 资本内在否定性的当代意蕴**

中国浦东干部学院科研部　沈斐

资本是一面反映人类特定历史存在的镜子。资本的内在否定性，既是当代人生存困境的折射，也是人类全面自由发展的辩证过程。这一内在否定的深刻性体现在由资本的主客二分带来的资本属性的二元对立和资本生产过程的社会异化现实上：由于资本的手段——社会生产力的无条件的发展，与资本增值这唯一目的不断地冲突，其结果必然是：

（1）资本的生产技术过程与资本的社会生产关系之间的经常的矛盾；（2）资本所依托的质料与其存在的形式的背离；（3）资本的拥有者与资本的生产者的对抗；（4）资本无限占有剩余的秉性与被占有对象时空有限性的对立；（5）资本对人性的提升与杀伤。这一内在否定的现实性在于，它不是对如上社会矛盾和冲突的理论批判，而是依靠其对立面——劳动（无产阶级）的自我扬弃，在生产实践中把隐藏在资本内部矛盾与抗争之后的自身统一性呈现出来，化作物质力量与精神力量，化作人们自觉的历史意识与历史进步的总趋势。

进入资本全球化时代后，资本的“脱域性”遮蔽了剩余价值的传统生产范式，使资本的社会形式与资本内在否定性的勾连出现了极为复杂的内在程式。尤其是当资本走进了“后金融时代”，资本意志的疯狂被推向极致，资本的内在否定性愈加演化为当代人类的精神现象学读写，成为一种迫切需要澄明的历史状况。本课题从五个方面阐发当代资本的内在否定性：

（1）资本与权力的交换；（2）资本与他者的对立；（3）资本的理性认知与实践脱域的矛盾；（4）虚拟性资本与实体性资本的对立；（5）资本的人格化与人格化的资本，从而把马克思主义的政治经济批判与社会文化批判结合起来，既对当代资本主义出现的新情况、新问题作出宏观的理论判断，又在日常生活的微观领域对资本拜物教的物质形式与观念形式作出双重视角研究。

以资本的内在否定性作为历史唯物主义的世界观和发展观，可以发现，当代资本主义的危机已经为人们选择社会主义创造了条件。对于既苦于资本之不发展、又苦于资本之发展的当代中国来说，它将如何应对这一机遇和挑战？本课题指出，中国创造历史的可能性正在这两难的现实张力中。只有在这一语境中，科学发展观与中国特色社会主义才能被真正理解并凸显其深远意义。科学发展观提供了超越资本的可能性，使当代中国的实践肩负起走向未来的历史担当，使中国人民不至于全面陷入资本现代性而失去创造历史的意识和机遇。

本课题旨在澄清被当下货币化生存世界所遮蔽的资本内在否定性之本质，破除被物化和异化了的人类对资本认知的种种幻象。

**18. 市民社会批判视域中的马克思历史观及当代价值研究**

北京航空航天大学思想政治理论学院　王代月

马克思市民社会批判理论与历史观的关系问题，是马克思哲学研究中的一个经典老问题。

根据马克思《1859 年政治经济学批判》“序言”中的回顾，市民社会与他的历史观具有内在关联，以市民社会批判为视角研究马克思历史观，在充分吸收已有研究基础上，具有重要的理论价值和现实意义。

（1）市民社会批判再现了马克思历史观的发展历程，彰显了马克思历史观的丰富内涵。历史观是马克思哲学的核心内容之一。然而学界对其内涵、学科性质、经典表述等问题并没有达成共识。除了理论本身的复杂外，当前部分研究在方法论上所存在薄弱之处也是重要原因。一是抽取马克思某个或某些文本阐释其历史观，缺乏总体观点，忽略思想史的内在考察。二是忽略马克思历史观与现实世界的联系，拘泥于知识论立场。

市民社会批判为马克思历史观研究提供了新的视角和方法论。近代市民社会具有经济社会的内涵，对市民社会的分析和批判构成了马克思的理论主题。然而马克思经历了漫长的理论探索过程，直到《资本论》及其手稿才实现对市民社会的逻辑批判与历史分析。通过考察这个过程，我们能够较为完整地把握马克思是如何祛除意识形态遮蔽，回到历史本身，并以经济学对现实市民社会立足的资本家生产方式展开分析，将生产力与生产关系、经济基础与上层建筑由哲学抽象现实化具有丰富历史内涵的具体概念。

此外，市民社会批判兼具经济学、哲学以及政治学内涵，具有一套独特的概念系统，它囊括了生产方式分析范式，然而超越了其单纯经济学维度，为马克思历史观开出新的政治哲学向度，彰显了马克思历史观科学与价值的辩证统一。

（2）市民社会批判构成了马克思历史观的当代在场性。马克思以经济哲学的方法，揭示了市民社会中的拜物教现象，分析了资本对劳动的支配，彰显了劳动者的现实存在与历史主体地位。在资本统治没有终结的当代，马克思市民社会批判理论构成了他的历史观在场性根据，为我们科学地观察和解决现阶段发展中所面临的问题提供了理论资源。

市民社会批判为分析马克思的历史观提供了恰当的分析视角。本课题主要探讨马克思市民社会概念以及历史观的基本内涵；马克思对市民社会的逻辑批判与历史分析；以历史经验与历史现实的差异，以及历史性的存在论根据分析马克思历史观所实现的科学与哲学的统一，客观分析马克思历史观被指责为历史目的论的理论根源与失当之处；评析日本市民社会派马克思主义的马克思历史观；考察马克思历史观的当代价值。其中马克思是如何通过对市民社会的逻辑批判和历史分析回到历史现实，实现历史科学性与价值性的辩证统一是本课题要探讨的重点问题，而马克思市民社会批判与生产方式批判的关系，马克思市民社会理论的内涵则是本课题要解决的理论难点。

**19. 马克思主义中国化视域中的唯物史观研究**

*中国人民解放军国防大学　许志功*

本选题属于马克思主义中国化研究中的重要内容。唯物史观作为马克思主义哲学的主体内容，在马克思主义传入中国和马克思主义中国化的进程，起到了先导作用。中国共产党人对于马克思主义的认识，也是从唯物史观的传入和中国共产党人对唯物史观的理解和运用开始的。离开了唯物史观这一重要的理论领域，马克思主义中国化的研究就无从谈起。

特别是建国 60 年来，中国共产党人在领导中国社会主义革命和建设的实践中，探索出一条中国特色的社会主义发展道路，根本上是以唯物史观为理论指导的。而凡是违背了唯物史观的时候，我们在社会主义建设中就要遭受挫折。随着中国社会主义建设实践发展的需要，在坚持的基础上还需要不断创新发展唯物史观，实现唯物史观理论的中国化。这一过程应当被看作是中国共产党人推进马克思主义中国化的主体过程，也是中国化马克思主义理论在中国社会主义实践中得以实现的主要过程。

当前，国内研究马克思主义中国化问题的学术成果很多，从中国共产党对唯物史观的创新发展角度进行研究的也不在少数。然而，从建国60年的历程集中全面地研究阐述我党对唯物史观理论的创新发展与中国化问题的专题性成果还未见到。本课题正是为弥补这一理论上的缺憾，是当前马克思主义中国化研究与唯物史观研究的深化。

本课题的创新点主要包括：

（1）从多个方面全面研究和阐述建国以来中国共产党对唯物史观理论的创新发展。在每一个问题中，力求用最新的理解阐述其理论创新点。（2）研究当前唯物史观需要回答的主要问题，总体上从基本理论、经济、政治、文化、社会等方面加以研究，每一方面都从现实实践出发，分解成若干理论问题进行较为深入的探讨，并力求给予崭新的理论阐释。

**20. 晚年马克思五个重要笔记新探讨**

北京大学马克思主义学院　林锋

该课题试图在新的时代条件下对晚年马克思（对摩尔根、柯瓦列夫斯基、梅恩、拉伯克、菲尔等5位人类学家的著作所做的）五个重要的读书笔记（我国学界通常称之为“人类学笔记”）进行新的、更为系统和深入的学术研究。在此之前，西方马克思学界、苏联和中国理论界曾先后掀起三次关于上述笔记的研究的高潮，推出了一批具有奠基性、开拓性意义的研究成果，对笔记的研究作出了重大历史贡献。但在该课题研究人员看来，前人的笔记研究尚不够完善或透彻，甚至存在一些重要缺憾或不足，关于笔记的学术研究仍大有加强、深化、完善之必要。

在新的时代条件下对笔记进行新的、更为系统和深入的研究，有重大的理论意义及现实意义。其理论意义除了有助于正确认识笔记的研究性质、主题和历史地位，科学评价晚年马克思的理论探索及其贡献，消除国内外学界长期以来流行的关于笔记的一些片面看法外，还在于：一是有助于推进创建中国特色马克思学的理论工程；二是有助于充实和完善唯物史观的原有教科书体系；三是有助于推进当代学界关于原始社会、文明起源问题的科学研究。

此外，对笔记进行系统研究，还可为今天建设中国特色社会主义提供宝贵的思想资源。笔记是一个博大精深的思想宝库，包含着不少马克思考察东方国家的历史发展、社会状况的方法论思想，这些宝贵思想对建设中国社会主义有重大启发意义和理论价值。

该课题研究的主要内容包括：

（1）对各笔记基本思想的阐释；（2）对笔记与人类学原著、对各笔记的比较研究；（3）对笔记研究性质、主题、历史地位的辨析和界定；（4）对流行的西方、苏联两种笔记解读范式的历史贡献与理论缺憾的剖析和评价；（5）对笔记研究涉及的其他重大学术问题（主要包括笔记的写作动机、晚年马克思的理论探索意图、笔记与人类学、唯物史观、《资本论》及马克思早晚期著作之间的关系、笔记与恩格斯《家庭、私有制和国家的起源》的关系、笔记的命名等）的探讨。

该课题研究的主要创新之处:

(1) 对笔记的研究性质、主题、历史地位作了不同于以往苏联、西方学界流行解读范式的新解释,并对上述解读范式进行了深入反思和剖析。(2) 对“柯瓦列夫斯基笔记”(指《马·柯瓦列夫斯基〈公社土地占有制,其解体的原因、进程和结果〉一书摘要》)的主题作了有说服力的新解释。

(3) 提出了一条关于界定笔记历史地位的新的方法论思路,并作了详细说明。(4) 对笔记的主要思想作了有新意的阐释。(5) 在笔记与人类学原著之间及各笔记之间进行了新的比较研究。

# 2011年度教育部人文社会科学研究课题简介(部分)

**1. 新中国成立以来思想政治教育的历史和经验研究**

北京大学马克思主义学院 祖嘉合

开启中国成立以来思想政治教育的历史经验研究,是对历史进程的一种自觉反思。及时总结和善于总结经验,是我们党不断推进实践、形成科学理论的重要工作方法。新中国成立60多年以来,思想政治教育在社会主义革命、建设和改革中发挥了重要作用,取得了重大成就,积累了丰富的经验。对新中国成立以来思想政治教育的历史和经验进行科学总结的条件目前已经成熟,这对在新的历史条件下推动思想政治教育的发展具有重要的理论价值和实践意义。

首先,对思想政治教育历史经验的研究为新时期思想政治教育的创新提供了基础。新中国成立以来,思想政治教育在实践中发展,在改革中探索,在继承中创新,经历了不平凡的过程,积累了丰富的正反两方面的经验。善于总结经验是思想政治教育理论发展与实践创新的条件和途径,这一研究为新时期思想政治教育不断创新提供了经验启示。其次,新中国成立以来思想政治教育的历史经验研究为进一步提高思想政治教育的实效性提供了有益的借鉴。对历史上重大问题的破解,对提高新时期思想政治教育的效果具有实践意义。再次,认真总结、凝练和汲取新中国成立以来思想政治教育的历史经验,探索和发现思想政治教育的规律,实现思想政治教育的理论和实践、主观和客观、历史和现实的统一,将特殊性的经验认识提升为具有一般意义的规律性阐述,对于丰富和发展思想政治教育学科体系具有理论价值。

课题研究的主旨是:以思想政治教育活动的历史分期为研究起点,以史论结合为研究框架,重点研究经验总结;关注思想政治教育的具体经验和基本经验,重点研究思想政治教育的基本经验,凸现思想政治教育的社会价值和在促进人的自由全面发展中的作用。课题拟对中国共产党执政60余年思想政治教育的经典理论进行系统梳理。毛泽东关于执政初期思想政治教育的理论、邓小平关于改革开放新时期思想政治教育的理论、江泽民关于建立和发展社会主义市场经济的思想政治教育的理论、胡锦涛在全面建设小康社会中的思想政治教育的理论等,这些在科学总结实践经验基础上形成的理论成果,都将纳入本课题研究。

思想政治教育的历史经验，散见于党带领中国人民进行革命、建设和改革的历史实践之中，如何系统全面地把握思想政治教育历史的基本经验和一般规律，需要进行深刻的理论思考。建国以来思想政治教育的历史与经验的研究目前处于微观性描述状态，还没有上升到系统的理论归结，更没有对基本经验形成理论框架，取得理论共识，指导实践。这些不足使本课题具有了巨大的理论研究空间和迫切的实践需求，也是课题研究拟突破的重点和难点。

**2. 斯大林国家利益观研究**

*聊城大学思政与马克思主义学院　秦正为*

课题研究意义：

当前理论界有三个热点或三股热潮，即：随着俄罗斯重评斯大林而掀起的关于斯大林的研究；马克思主义国际关系思想研究；关于“国家利益”的研究。尽管三者均如火如荼，但无论哪一个领域对“斯大林国家利益观”的研究都极其欠缺，甚至还未涉及。因此，进行“斯大林国家利益观”的研究，对于三者而言均是一个全新而有效的视角。特别是通过对斯大林国家利益观及战略的研究，可能会使斯大林在国内外政策方面一些看似矛盾的做法得到合理的解释，能够更为深入地把握其实质，并对更好地理解和建设中国特色社会主义，维护中国国家利益提供一些有益的启示。

研究内容：

（1）斯大林国家利益观的形成，包括斯大林国家利益观的理论来源、时代背景和实践基础、发展脉络。（2）斯大林国家利益观的基本内容是各种利益综合协调但又“二者必居其一”，具体表现为：政治经济文化等利益相互渗透但又强调政治利益，个人利益与公共利益彼此交织但又突出公共利益，阶级利益与民族利益紧密结合但又偏重阶级利益，国家利益与世界利益有机统一但又倾向国家利益，近期利益与长期利益协调会同但又凸显近期利益。其核心思想是“一国建成社会主义”理论，这是其出发点也是落脚点。（3）斯大林实现其国家利益观的基本战略，包括国内战略、国际战略和党际战略，是一个完整的三维体系。斯大林国家利益观的国内战略包括国内政治战略、经济战略、文化战略和社会战略四个方面，四位一体。（4）斯大林国家利益观的综合评析，既包括对与斯大林国家利益观密切相关的斯大林马克思主义观、世界历史观的评析，也包括对斯大林国家利益观及战略的历史地位、对本国影响、对他国影响和历史启示的分析。

重点难点、创新点：

本课题的重点和难点都在于对斯大林国家利益观的主要内容和内外战略，还有其理论来源和历史影响的分析和研究。本课题的重点和难点，实际上也是课题本身的创新，因为对于“斯大林的国家利益观”还未见到有人研究。其中，作为斯大林国家利益观两大来源的马克思列宁主义的国家利益观（主要是列宁）和俄罗斯传统国家利益观，还有斯大林的马克思主义观、斯大林的“两制观”等相关内容，也未见到有人研究。在理论观点上，本研究坚持并希望通过论证得出以下结论：第一，斯大林作为苏联党和国家领导人，既是马克思主义者又是俄罗斯传统的继承者，因而对马克思主义的国家利益观有继承又有背离。第二，斯大林的“国家利益”不仅是相对于外国的“本国”利益，也是相对于个人、社会的“国家”利益。

第三，斯大林国家利益观及战略具有“双重性”（国际主义和大国主义），对苏联和其他党和国家的影响也是“双重”（积极和消极）的。第四，中国特色社会主义国家利益观及战略，应通过对斯大林的国家利益观及战略的扬弃，并结合中国国情和当代国际形势的新变化进行定位和调整。

**3. 马克思主义中国化的初始形态研究**

*南京师范大学马克思主义学院　王刚*

形态是指事物在一定条件下的表现形式。源于欧洲的马克思主义同中国实际相结合，其结果必然以一定的形态表现出来，即马克思主义中国化的形态。马克思主义中国化在不同的发展阶段有不同的形态。本研究中马克思主义中国化的早期形态，是指党的六届六中全会毛泽东提出“马克思主义中国化命题”（马克思主义中国化在此前后于形态上有较大的差异）前的形态。

课题研究的意义：

马克思主义传入中国已有100多年的历史，这一历程充满着曲折。如果以当下的视域来审视马克思主义中国化早期形态细小的差异时，会强烈感到早期形态细小的差异，有时会在未来的实际运用中显示出极大的不同，如同混沌学中的“蝴蝶效应”。从源头上研究马克思主义中国化，尤其是对马克思主义中国化早期形态基本内容和特征的研究，不仅可以拓展马克思主义中国化的研究视域，弥补当前学术界对此研究的不足，而且对推动当下马克思主义中国化、时代化、大众化具有一定的借鉴作用。

课题的研究内容：

马克思主义中国化的前形态。(1) 原生态的马克思主义。一是原生态马克思主义的基本原理；二是马克思主义基本原理何以需要中国化？(2) 次生态的马克思主义—俄国化的马克思主义（列宁主义）。一是以苏解马，俄国人视域中的马克思主义；二是革命感召，次生态的马克思主义对中国先进分子的引力；三是以俄为师，苏俄语境的马克思主义来到中国。

马克思主义中国化的早期形态。马克思主义担负着“认识世界”和“改造世界”的双重使命，它既有理论特征又有实践标志。当马克思主义与中国实际相结合，必然通过理论形态和实践形态表现出来。

马克思主义中国化的早期形态与马克思主义中国化命题的提出。马克思主义中国化的初始形态从四维路向促使马克思主义中国化命题的提出。(1) 新启蒙路向：马克思主义哲学通俗化、大众化→马克思主义哲学现实化、中国化。(2) 延安革命文化运动路向：文化运动中国化→文化运动具体化、中国化。(3) 国际路向：对共产主义运动一般政治领导→把马克思主义应用到各国具体条件中。(4) 毛泽东个人路向：研究中国“地盘内的情形”→马克思主义本本必须同中国实际相结合。

以上四条路向在“马克思主义中国化”上实现相交，从而促使毛泽东在党的六届六中全会上提出马克思主义中国化命题。

四是马克思主义中国化早期形态的基本特征和现实启示。(1) 基本特征。一是理论形态与实践形态并存，以实践形态为主；二是整体形态与部分形态并存，以部分形态为主；三是正常形态与非正常形态并存，并对中国革命产生了不同的影响。(2) 对现实的启示。一是推动马克思主义中国化的理论形态和实践形态双向互动；二是建构马克思主义中国化的整体形态，避免部分形态；三是创新马克思主义中国化的正常形态，力避非正常形态。

课题创新之处：

（1）是把马克思主义与中国实际最初相结合的表现形态作为考察对象，揭示其在理论和实践上的具体表现形式。（2）从四维路向考察马克思主义中国化早期形态与马克思主义中国化命题提出的关联性。（3）通过对马克思主义中国化早期形态基本特征的研究，揭示马克思主义中国化进程的复杂性和艰巨性。

**4. 十六大以来党内民主的新进展及前瞻性思考**

*南开大学马克思主义教育学院　祖金玉*

十六大以来，党的建设的各个方面都取得长足进展，其中党内民主建设的成就尤为显著，形成了党的建设中引人瞩目的新亮点。本课题研究的基本思路围绕十六大以来十年间党内民主的新进展及前瞻性思考展开。新进展方面，从理论创新、实践探索、制度建设三个角度入手，进行全面系统的梳理和总结。前瞻性思考方面，就是在客观全面地总结十六大以来党内民主建设所取得的成就的基础上，深入地思考存在的问题，对其发展趋向提出自己的看法，并给出相应的对策建议。

本课题的主要内容和基本观点：

（1）十六大以来党内民主的创新发展是全方位的，成就相当显著。这在理论、实践、制度三大板块，中央、地方、基层三个层面上，都有突出的表现。

（2）十六大以来党内民主的理论创新取得重要的突破性进展。提出了“党内民主是党的生命”、“尊重党员主体地位”、党内民主“对人民民主具有重要的示范和带动作用”、“以增进党内和谐促进社会和谐”等新命题、新论断，勾画出发展党内民主的基本思路。这些理论创新成果对党内民主的实践探索和制度创新起到了引领作用。

（3）十六大以来党内民主的实践探索，以基层党组织选举制度改革最为引人注目。此外，各级党组织在健全党的集体领导制度、党内选举、党代表大会常任制、党内干部人事制度改革、党务公开等方面有了不少创新之举。

（4）党内民主的制度建设，在党员权利保障、党内监督、党代表任期制、干部人事制度等领域都取得了重大进展。

（5）前瞻性思考之一：党内民主要实现科学发展，必须在思想理论上保持清醒头脑，把握好党内民主建设应有的边界；在实践探索和制度建设中充分重视党内民主建设的系统性，全面协调地推进。

（6）前瞻性思考之二：关于党员权利保障制度。为确立党员的党内主体地位，切实保障党员的民主权利，改变党内事实上存在着组织本位和领导本位，需培养、提高党员的主体意识，克服驯服工具意识和对党内政治生活冷漠两种错误倾向。

（7）前瞻性思考之三：关于党内选举制度。党内民主发展要有根本性和实质性突破，必须着力改革党内选举制度。改革和完善党内选举制度的发展趋向，应该从原来的“少数人从少数人中选”，朝着“多数人从多数人中选”的方向努力。

（8）前瞻性思考之四：关于党的代表大会制度和党委会制度。马克思主义政党应该以党代会作为党的权力中心。为此，除实行党的代表大会常任制外，还应在完善党代会的选举功能、改革党代表的产生方式、提高党代表的参政议政能力、改革党代会的开会方式等方面作出努力。

（9）前瞻性思考之五：关于党内监督制度。今后的党内监督制度建设，重点应放在落实和完善《党内监督条例》等已出台的法规上。要确保“权力在阳光下运行”，必须在党务公开、领导干部个人财产公开等公开制度上取得实质性进展。

**5. 西方左翼论新帝国主义**

*天津财经大学人文学院　闫海潮*

本课题运用马克思主义的立场、观点和方法，尤其是列宁在《帝国主义是资本主义的最高阶段》等经典著作中所创立的基本原理，以全球化问题为切入点对西方左翼的新帝国主义理论进行全方位多角度地综合性研究。探讨20世纪末期以来当代资本主义的新变化，全面深入地研究新帝国主义产生的现实基础和理论语境，并从“资本”、“生态”和“文化”三个层面分析新帝国主义的内涵、性质、发展趋势及其对社会主义国家的影响。

为了呈现西方左翼新帝国主义理论的整体图景，本课题将全面客观地研究20世纪末期以来西方左翼学者关于新帝国主义研究的代表性人物、代表性著作的创新性观点、逻辑结构及研究问题的角度。

（1）重点研究以哈维为代表的资本帝国主义。从文本出发，研究哈维的“内外关系辩证法”、“领土逻辑与资本逻辑的辩证关系”、“剥夺性积累”、“新自由主义霸权”等核心概念，理清资本帝国主义的确切内涵；探讨资本在新世纪对外扩张的方式、特征及其影响，并将其与马克思、列宁、卢森堡关于资本积累的有关论述进行比较研究。

（2）分析以福斯特、德里森为代表的生态帝国主义，尤其是德里森的生态帝国主义思想。如今发达国家提出的生态议题已经附上了意识形态色彩，生态掠夺和剥削已成为了新帝国主义的重要特征。生态批判也成为了西方左翼批判资本主义的一个重要方面。本课题将从资本主义的经济基础、生产方式和政治制度入手，分析新帝国主义如何以“资本”为后盾，以“生态”、“低碳”为借口掠夺财富并限制发展中国家发展的；揭露美国等发达国家在哥本哈根以及波恩联合国气候变化大会上推行生态帝国主义的图谋，反驳他们在“碳排放”等方面所主张的“中国责任论”；对“碳政治”、“碳排放”等概念作出基于中国国情的阐释。

（3）探讨以汤林森为代表的文化帝国主义。从媒介帝国主义、民族国家话语、全球资本主义话语以及现代性话语四个层次来剖析文化帝国主义，并对这四层话语涉及到的现代技术和生产方式、资本主义制度与生活方式、全球化与身份认同、启蒙观念的普适性等一系列现代性问题进行反思；重点考察文化帝国主义批判就是现代性批判的观点，梳理文化帝国论、文明冲突论以及现代化理论之间的关系；批判文化帝国主义内含的文化同质性和权力关系的不均衡性等；探讨文化帝国主义输出文化、价值观的方式方法及其规律；尤其要探索如何构建社会主义核心价值体系抵制文化帝国主义的长效机制；分析在资本主义和社会主义并存的时代背景下，如何提升国家文化软实力等问题。

（4）研究新帝国主义的替代战略与世界社会主义的发展前景。从分析新帝国主义的基本矛盾和历史命运入手，全面阐述西方左翼关于新帝国主义的各种替代战略，并结合当代资本主义的新发展对社会主义的影响，阐述在全球化和信息化的条件下，资本主义向社会主义过渡的历史趋势和当代工人阶级的历史使命。

**6. 互联网条件下维护我国意识形态安全研究**

*南开大学大学马克思主义教育学院　杨永志*

互联网条件下维护我国社会主义意识形态安全的核心，是确保马克思主义在我国社会主义意识形态领域的指导地位。基于这样的理念，该课题把互联网的出现和发展作为时间线索的起点，把网络世界的形成和扩张作为空间维度，对互联网条件下维护我国意识形态安全问题进行系统和深入地研究。

研究的目标：

(1) 探讨网络意识形态或互联网条件下维护我国意识形态安全的新概念，建立相应的理论研究新范畴。(2) 开辟互联网条件下维护我国社会主义意识形态安全研究的新领域，促进我国主流意识形态的健康、平稳发展。(3) 运用科学有效的分析方法研究坚持马克思主义在意识形态领域指导地位的机制和规律问题，从根本上确保我国意识形态安全。(4) 界定并探讨“网络推手”或称“网络水军”这一互联网时代对意识形态安全具有重要影响的新现象，避免错误舆情或网络谣言干扰我国意识形态安全。(5) 提出和设计围绕我国意识形态安全为中心的系列性、有效性建设方案，为有关部门提供决策思路和依据。

研究的内容：

(1) 互联网时代我国意识形态安全面临的机遇与挑战；(2) 互联网条件下维护我国意识形态安全的基本范畴；(3) 互联网条件下维护我国意识形态安全的主要特点；(4) 互联网条件下维护我国意识形态安全的突出问题；(5) 互联网条件下维护我国意识形态安全的影响因素；(6) 互联网条件下影响我国意识形态安全的网络推手；(7) 互联网条件下维护我国意识形态安全的运行机制；

(8) 互联网条件下维护我国意识形态安全的方案选择。研究的着眼点，以坚持马克思主义在意识形态领域指导地位作为核心；其理论基础应是马克思主义的思想文化领域的“阵地论”；其前提是划清社会主义意识形态与封建主义和资产阶级腐朽思想文化的界限；其关键是抵御和化解各种错误思想文化的冲击；其突破口是网络意识形态作用机制的深刻揭示和网络技术功能的充分利用；其内在防御重点是解决网络推手的推波助澜。

研究的思路：

互联网条件下维护我国意识形态安全，应采取“堵与疏”相结合的方式。所谓“堵”，就是在划清社会主义意识形态同封建主义、资本主义腐朽思想文化界限的前提下，吹响马克思主义占领互联网意识形态阵地的“集结号”；所谓“疏”，就是在厘清坚持马克思主义在意识形态领域指导地位各种因素内在联系的基础上，系统地进行网络意识形态的安全机制和规律研究，在互联网上构筑我国社会主义意识形态安全建设的“新平台”。

研究的方法：

本课题研究除了运用马克思主义一般科学方法，还将重点采用以下方法：一是系统性研究的方法；二是非线性分析的方法；三是典型性调研的方法。

### 7.《资本论（含手稿）》的世界历史批判理论及其当代意义研究

上海政法学院　刘会强

在马克思世界历史理论研究中，国内学术界聚焦于《德意志意识形态》、《共产党宣言》，围绕《资本论》（含手稿）（以下称《资本论》）的讨论尚未充分展开。本课题研究旨在逻辑再现《资本论》世界历史批判理论的基本架构，揭示其理论贡献、历史地位和当代意义。

本课题主要内容：

（1）阐明马克思世界历史理论的批判本质与《资本论》世界历史理论的基本定位。马克思研究世界历史，旨在剖析世界历史时代的资本本质，揭示资本的世界历史性生存逻辑及限度。为此，既需要“副本”批判，更须展开“原本”批判——资本的“物质的生活关系”批判。上述工作以《1844 年经济学哲学手稿》为重要起点，经过《德意志意识形态》、《共产党宣言》，到《资本论》达到了科学形态。《资本论》构成马克思世界历史批判理论发展的制高点。

（2）概括《资本论》世界历史批判理论的逻辑架构。《资本论》对世界历史的多维批判，形成了以揭示资本的世界历史性生存逻辑及限度为核心内容、以每个人自由全面发展为价值指向的理论体系。①资本关系是现代社会“普照的光”、世界历史时代的建构原则。追逐剩余价值的本性驱动资本不断以时间消灭空间，建立起以资本增值为中轴的社会发展机制，形成了以西方为中心的从属型的世界经济格局。②资本是一个矛盾体。它“在产生出个人同自己和同别人的普遍异化的同时，也产生出个人关系和个人能力的普遍性和全面性”。可见，资本主导的世界历史并不是历史的终极形态，在自我否定中走向自觉的世界历史时代（共产主义）是历史发展的大趋势。

（3）分析《资本论》世界历史批判理论的当代意义。①当代全球化发展状况今非昔比，但资本主导的本质并未改变。全球化扩展了人类活动的公共空间，国家、民族间的相似性随之增多，但这并不意味着社会发展的同质化。每个民族和国家或早或晚都将成为世界历史整体的一部分，但仍然作为独特的部分而存在，消失的只是民族或地域狭隘性。②西方马克思主义的技术理性批判揭示了高度发达的生产力和科学技术导致人的当代异化。不过，这种批判停留在文化观念领域，并未展开“原本”批判。鲍德里亚的“消费社会”理论有助于认识“消费异化”现象。但他以消费范畴取代生产范畴，割裂了二者的辩证关系，否定了生产的社会本体论地位。③经济全球化标志着作为资本关系总体的世界市场发展到了新阶段，由此引发的危机必然是世界性的，金融风暴即如此。这表明，西方经济制度并非人类最后的选择，福山标榜的自由民主制度也当如是观。

### 8. 马克思主义利益观与构建社会主义和谐社会研究

浙江理工大学马克思主义学院　王继全

马克思说：“人们奋斗所争取的一切，都同他们利益有关。”利益问题是一个重大的现实问题，同时也是一个严肃的哲学理论问题。在 19 世纪，正是由于接触了现实生活中的物质利益问题，才推动马克思和恩格斯转向对现实经济关系的研究，创立了唯物史观。也正是从唯物史观出发，马克思和恩格斯正确地说明了利益的本质、特点及其历史作用，阐述了追求利益是人类一切社会活动的动因；利益纠纷是阶级斗争产生的物质根源；利益冲突具有推动社会发展的动力作用；利益是思想的基础，利益决定思想，决定并支配政治权力和政治活动；物质的生产关系是利益的社会基础和本质等，科学地说明利益范畴，建立了马克思主义关于利益问题的理论。

本课题的研究着重从马克思主义利益观出发，探求构建社会主义和谐社会的理论和方法。而利益分析能揭示社会运动的物质动因，是解开社会历史之谜的一把钥匙。所谓生产关系实质上就是物质利益关系。正如马克思主义创始人所说："每一个社会的经济关系，首先是作为利益表现出来。"利益是社会发展的基础、前提和动力因素。任何社会的变革归根到底都必须重新调整人们的利益关系，以促进和推动社会生产的发展，满足人们的物质文化的利益需要。因此，需要进一步研究、充实和丰富马克思主义的利益理论，指导建设社会主义和谐社会。

利益观是人们处于一定经济关系之中客观需要的反映。正确的利益观应该既要强调整体利益优先的原则，又要充分注重个人利益的实现。必须确立个人与社会、手段与目的、效率与公平、一元与多元、理想与现实的统一的基本原则，促进社会和谐发展。

本课题的研究的主要内容：

（1）进一步充实和丰富马克思主义的利益理论；（2）进一步研究构建社会主义和谐社会理论体系；（3）进一步深化对社会主义和谐社会的本质特征的认识；（4）进一步推动研究构建社会主义和谐社会的利益协调机制；（5）进一步探讨马克思主义利益理论、科学发展观、社会主义核心价值体系与构建社会主义和谐社会的内在逻辑关系，从而进一步揭示马克思主义利益观对构建社会主义和谐社会的内在机制和现实价值。

本课题的研究创新点

（1）从马克思主义利益观的视角研究构建社会主义和谐社会的内在联系和重要价值；（2）进一步深入认识"利益分析能揭示社会运动的物质动因，是解开社会历史之谜的一把钥匙。"（3）从理论和实践相结合的角度探索构建社会主义和谐社会的利益协调机制。

**9. 新时期推进马克思主义中国化前沿问题研究**

*福建师范大学马克思主义方法学研究所　郑又贤*

课题研究的重要意义：

（1）突出"新时期"即党的十七大以来的研究，把总结经验教训和前瞻性探讨结合起来，对推进马克思主义中国化的理论和实践具有承上启下的作用。（2）突出理论与实践的有机结合，既重视马克思主义中国化内在横向逻辑体系的建构，又关注其实践难题的探讨。（3）突出理论和实践"前沿"问题的"系统"研究。

课题研究的基本内容：

绪论：新时期赋予马克思主义中国化以新的机遇和挑战。

上篇：新时期推进马克思主义中国化的实践前沿研究。重点是在推进马克思主义中国化（以下简称"中国化"）实践中正确坚持社会主义；在推进中国化实践中不断优化公私结构；在推进中国化实践中有效惩治腐败现象；在推进中国化实践中合理调整群众利益。

中篇：新时期推进马克思主义中国化的理论前沿研究。重点是坚持马克思主义立场；确立科学发展的理念；科学构建中国化的理论体系；发展地考察中国特色社会主义理论体系的历史地位。

下篇：新时期推进马克思主义中国化的若干关系透视。重点是推进中国化与时代化、大众化的关系；推进中国化与弘扬中国历史文化的关系；推进中国化的历史经验总结与发展规律揭示的关系；推进中国化的理论体系构建和加强学科建设的关系。

课题研究的主要创新之处：研究视角比较新颖，即“系统”研究“新时期”的马克思主义中国化“前沿”问题，重点在以下方面实现理论创新：

（1）在批驳国外所谓“异端论”、“变相资本主义论”等观点中提出坚持中国化的基本原则和要求。（2）公私经济结构要保持一定的张力，但不能突破应有的“度”。（3）民主政治和反腐倡廉建设应着力解决“官”与“民”的权益失衡问题，重新摆正“公仆”和“主人”的位置。（4）系统阐述推进农民工“市民化”的路径和方法。（5）推进中国化要讲求科学发展。（6）坚持科学的思想方法推进中国化理论的新发展。（7）明确理论起点和内在逻辑，从横向上系统构建中国化的理论体系。（8）主张毛泽东开创了中国特色社会主义探索的先河，毛泽东思想是中国特色社会主义理论体系创立的前提和基础。（9）要特别重视及时概括和充分反映平民和理论界对中国化的理论贡献。

**10. 新中国成立以来中国共产党价值观建设的历史经验研究**

*首都师范大学政法学院　韩华*

课题研究意义：

从理论意义的角度来看。新中国成立以来，中国共产党价值观建设的历史经验是中国共产党思想政治教育史学科的重要研究内容和基础性研究工作，它将为中国共产党思想政治教育史学科建设提供历史、实践和学理基础。同时也有助于进一步深入和细化党的思想建设的研究，加深和开拓中共党史学科与思想政治教育学科研究的新领域。

从实践价值的角度来看。研究总结新中国成立以来中国共产党价值观建设的历史经验，不仅可以为新形势下加强和改进党的建设、提高党的建设科学化水平提供历史借鉴，同时对于端正党风和社会风气，促进社会价值观建设，建设社会主义核心价值体系，具有重要的现实意义和深远的战略意义。

课题研究内容：

中国共产党的价值观，是适应中国革命、建设和改革的实践需要，适应中国共产党自身建设的需要形成和发展起来的。其内容十分丰富，可以概括为六个方面：为民、忠诚、务实、公正、清廉、修己。其中，为民是价值核心，忠诚是价值前提，务实是价值基础，公正是价值标准，清廉是价值要求，修己是价值支撑。这六个方面之间的有机联系与统一共同构成了中国共产党人思想和行为的“价值坐标系统”。从上述概念出发，本课题主要包括三个方面的基本内容：

中国共产党价值观建设基本理论的研究。主要从中国共产党自身性质、使命与所处历史方位的角度出发，深入解读中国共产党价值观的思想渊源、实践基础、丰富内涵与基本特征，分析总结中国共产党价值观建设的过程、机制、条件。

中国共产党价值观建设历史进程的研究。具体内容可分为：（1）各个历史时期中国共产党领导集体价值观建设思想的研究。（2）各个历史时期党内主题教育实践活动中价值观建设思想的研究。(4) 各个历史时期党内规章制度中价值观建设思想的研究。(3) 各个历史时期中国共产党自身纪念活动中价值观建设思想的研究。(5) 各个历史时期典型引路中价值观建设思想的研究。

中国共产党价值观建设规律及基本经验的研究。针对新中国成立以来经济社会结构的变化及其产生的挑战，重点总结揭示中国共产党价值观建设历史进程中的特点、规律、成效、经验，为加强和改进中国共产党党内思想政治教育提供有益的借鉴与启示。

课题创新之处：

(1) 在探讨中国共产党价值观的思想渊源、实践基础、丰富内涵与基本特征的基础上，系统梳理中国共产党价值观建设的历史进程和基本线索。(2) 从中国共产党自身性质、使命与所处历史方位相统一的角度，分析总结中国共产党价值观建设的历史经验、优良传统及其规律。

**11. 中国特色社会主义经济理论体系**

武汉大学马克思主义学院　李楠

研究意义：

正如列宁所指出的，马克思的经济学说是马克思主义的主要内容，中国特色社会主义经济理论体系作为马克思主义经济学中国化的最新理论成果，是中国特色社会主义理论体系的主要内容和重要组成部分，本课题有助于深化中国特色社会主义理论体系的研究。中国特色社会主义经济理论体系是马克思主义经济学原理与中国社会主义建设实际相结合的产物，本课题有助于推动对马克思主义经济理论及其中国化的研究，进而有助于马克思主义理论特别是马克思主义中国化研究的学科建设。本课题能帮助人们辩证分析马克思主义经济学与新自由主义等错误思潮的关系，有效避免因西方经济学误导而引起人们的思想混乱和困惑，为统一全党和全国人民的思想、推进中国特色社会主义建设事业作贡献。

研究内容：

(1) 探索中国特色社会主义经济理论体系的思想渊源，挖掘其理论基础和基本原理，着重研究其与马克思主义经济学说特别是与毛泽东经济思想的关系。(2) 辩证分析马克思主义经济理论与新自由主义等错误思潮的关系。(3) 探析中国特色社会主义经济理论体系的实践基础，总结中外社会主义国家经济建设的历史经验。(4) 厘清中国特色社会主义经济理论体系形成和发展的历史进程，界定其形成起点和发展脉络，并探寻其演进规律。(5) 梳理中国特色社会主义经济理论体系的主要范畴和逻辑结构，在提炼其基本范畴和核心范畴的基础上，深入研究这一体系的内部逻辑关系，揭示其框架结构、主题、精髓和基石。(6) 明确中国特色社会主义经济理论体系的主要内容，从社会主义经济本质理论、社会主义初级阶段基本经济制度理论、社会主义分配理论、经济体制改革理论、社会主义市场经济理论、中国特色经济发展理论、对外开放理论以及社会主义新农村建设理论、创新型国家理论等方面对其进行概括。(7) 明晰中国特色社会主义经济理论体系的基本特征，从多个维度来阐释其继承性与创新性相统一、历史性与时代性相统一、民族性与世界性相统一、理论性与实践性相统一、真理性与价值性相统一的特征。(8) 彰显中国特色社会主义经济理论体系的历史地位，明确其在马克思主义中国化进程中的重要地位，突出其在中国特色社会主义理论体系中的基础和核心地位。

创新点:

从马克思主义中国化研究的视角对中国特色社会主义经济理论体系进行新的概括;从理论与现实的双重研究中,梳理、概括中国特色社会主义经济理论体系的基本范畴及其联系和转换;揭示中国特色社会主义经济理论体系在中国化马克思主义经济理论宝库中的重要地位。

**12. 社会主义国家处理宗教问题的经验教训**

*聊城大学 思政与马克思主义学院　孟宪霞*

研究意义:

马克思在1871年就提出过,社会主义的实现过程即宗教的消亡过程。然而,在社会主义制度实践近百年的历史当中,宗教与社会主义国家始终如影随形。以宗教“无神论”思想为指针,在社会主义国家的发展史上,或多或少存在着武断彻底地消灭宗教的倾向,结果造成了大量教民流失了精神家园,教民与政府之间的矛盾加剧,甚至还给各种邪教以许多可乘之机,产生大量新的社会不安定因素。本课题研究和考查的是社会主义国家对于宗教问题的处理,包括伟人的宗教思想、国家的宗教政策和具体的宗教实践三个层面,从而提炼出相关宝贵的成功经验和深刻的失败教训,并对社会主义国家处理宗教问题的理论和实践进行具体而深刻的反思。

通过对社会主义国家处理宗教问题经验教训的深刻总结,在理论方面,首先需要正本清源,对马克思、恩格斯、列宁的宗教思想进行历史的辩证的认知。与此同时,借鉴辩证阐释马克思、恩格斯、列宁宗教思想的理论平台,结合社会主义国家的宗教实践,进一步阐释宗教的本质、宗教的功能、宗教的发展规律、宗教与社会主义的关系,宗教与政治、经济、文化的关系,积极引导宗教与社会主义社会相适应等重大理论问题。使人们进一步全方位认识宗教——这一全人类共同的历史文化财富,认识宗教与社会主义在价值理念与追求方面的共性与差异,全面阐释宗教在我国社会主义社会存在的长期性、群众性及特殊复杂性,为宗教与社会主义社会相适应的理论进一步夯实牢固的理论根基和搭建宏阔的理论架构。

研究内容:

(1)宗教热——社会主义国家处理宗教问题经验教训研究的时代语境;(2)马克思主义宗教观及其方法论意义;(3)苏联处理宗教问题的经验教训;(4)东欧原社会主义各国处理宗教问题的经验教训;(5)中国处理宗教问题的经验教训;(6)越南、老挝、朝鲜、古巴处理宗教问题的经验教训;(7)社会主义国家处理宗教问题的经验教训给中国的启示。

创新之处:

(1)创新“马克思主义宗教观”的“国别”研究,进一步丰富“社会主义宗教论”的研究内涵。(2)通过反思马克思、恩格斯的宗教思想,以及对其后继者的宗教实践进行经验教训的深刻总结,达到对社会主义国家宗教状况以及对社会主义与宗教关系认识的新境界,并为我国宗教政策的新发展提供建设性的建议。(3)进一步丰富宗教与社会主义“无神论”关系的新阐释;寻找宗教与社会主义相容的基础,从而为积极引导“宗教与社会主义社会相适应”提供现实理论依据,构建现代社会主义宗教文明。

# 第八篇

# 教育教学

# 吉林大学马克思主义学院

## 一 机构建制及师资队伍

吉林大学马克思主义学院是承担全校本科生、硕士生、博士生三个层次思想政治理论课教学和本学院博士生、硕士生培养以及马克思主义理论研究等任务的教学科研单位。学院现任院长是博士生导师韩喜平教授，现任党委书记是刘昌松副教授。学院设有马克思主义基本原理、毛泽东思想和中国特色社会主义理论体系概论、中国近现代史纲要、形势与政策、思想道德修养与法律基础、研究生思想政治理论课等6个教研室。吉林省思想政治理论课教师培训基地、吉林大学中国特色社会主义理论体系研究中心和吉林大学农村发展研究中心挂靠在本学院。中国特色社会主义理论体系研究中心主任由学校党委书记陈德文教授兼任，常务副主任由韩喜平教授兼任。

吉林大学马克思主义学院拥有一支年龄学历结构合理、教学水平高、科研能力强的师资队伍。学院现有教职工157人，其中教授40人，副教授45人，已经取得博士学位和正在攻读博士学位的教师92人。博士生导师19人。学院现拥有“中央马克思主义理论研究与建设工程”项目首席专家1人，国务院学位委员会学科评议组成员1人；教育部社会科学委员会委员2人，教育部教学指导分委员会委员1人，教育部新世纪优秀人才2人；全国优秀教师1人，全国优秀思想政治理论课教师1人，全国高校师德标兵1人；吉林省高级专家1人，吉林省“教学名师”1人，吉林省优秀教师1人，吉林省优秀思想政治理论课教师1人，吉林省思想政治理论课教学指导委员会副主任和课程负责人8人，吉林省首批“宣传文化优秀人才”2人；吉林大学“匡亚明特聘教授”1人。

## 二 学科建设及科学研究

吉林大学马克思主义学院早在20世纪80年代就开始招收马克思主义哲学、马克思主义政治经济学、中共党史和科学社会主义专业的硕士研究生。2003年，学院获得马克思主义理论与思想政治教育博士学位授予权。2005年，学院获得马克思主义理论博士点一级学科授予权。2007年，学院获准设立马克思主义理论博士后流动站。学院现设立马克思主义基本原理、马克思主义发展史、马克思主义中国化研究、国外马克思主义研究、思想政治教育、中国近现代史基本问题研究等6个二级学科博士点及中共党史、科学社会主义理论与国际共产主义运动等8个硕士点。学院成为全国高校马克思主义理论研究会副会长单位。

吉林大学马克思主义学院的教师在2009年至2011年共承担省部级以上及企事业单位委托科研课题96项，经费总额565万元，其中，国家社科基金项目10项，教育部重大招标项目1项，教育部社科基金项目17项，吉林省社科基金项目22项；企事业单位委托项目46项。学院教师在《马克思主义研究》、《哲学研究》、《政治学研究》、《教育学研究》、《人民日报》、《光明日报》等期刊报纸上发表论文300余篇，其中多篇被《新华文摘》、《中国社会科学文摘》、《高等学校学术文摘》等转载；出版学术著作和教材27部，最有代表性的著作是《马克思主义理论研究丛书》。科研成果获得国家级和省部级奖励19项。

## 三 学术活动

吉林大学马克思主义学院在2009年至2011年先后主办了“当代中国马克思主义大众化研究理论研讨会”、“中国特色高等教育发展道路研究学术研讨会”、“马克思主义在当代中国的运用与发展研讨会”、“教育部高校‘概论’课教学指导委员会会议”等全国性学术会议；组织开展了国外马克思主义学者论坛、马克思主义理论学科专家学术论坛、吉林大学人文社会科学名家讲座、吉林大学哲学社会科学跨学科论坛、吉林大学校内“双聘”教授学术讲座、马克思主义学院博士生导师前沿学术讲座、马克思主义学院青年学术骨干论坛等形式多样的学术活动。

## 四 研究生培养

吉林大学马克思主义学院每年招收研究生150多名，在校研究生总数达420多名，其中，博士生近100名，硕士生320多名。学院实行二级学科招生、一级学科培养的培养模式改革。同时，学院在学术型研究生中实行了“双聘导师制”，在校内外聘请一些既有很高的理论素养又有丰富社会实践经验的成功人士，担任研究生的实践导师。学院每学期举行研究生论坛。积极鼓励支持博士生参加国内外举办的博士生论坛和各种学术会议。

## 五 青年学术骨干简介

韩喜平，男，1965年8月出生，现为吉林大学马克思主义学院院长，教授，博士生导师，兼任吉林大学“中国特色社会主义理论研究中心”常务副主任、吉林大学“中国新农村研究院”副院长、吉林大学农村发展研究中心主任、教育部思想政治理论课教学指导委员会委员、全国高校马克思主义学科研究会副会长、中国改革研究会副会长等职。出版《中国农户经营系统分析》、《马克思主义发展史》等多部专著与教材。在《马克思主义研究》、《光明日报》、《求是》、《人民日报》等报刊、杂志发表学术论文80余篇，其中多篇被《新华文摘》、《中国社会科学文摘》等转载。主持国家社会科学基金、教育部重大委托课题等多项科研项目研究，目前项目经费达200余万元。获得长春市“五一劳动奖章”、吉林省“师德先进个人”、宝钢优秀教师奖、全国优秀教师、全国优秀思想政治理论课教师，入选教育部“新世纪优秀人才”、吉林省高级专家等。

邵彦敏，女，1967年8月出生，经济学博士，教授，博士生导师，吉林省思想政治理论课教学指导委员会委员。曾得到教育部“新世纪优秀人才”资助，获得吉林省教育厅“新世纪人文社科优秀人才”等荣誉称号。在《马克思主义研究》、《马克思主义与现实》、《江汉论坛》等刊物上发表论文30余篇，其中多篇被《中国社会科学文摘》、《人大报刊复印资料》转载。主持国家社科基金项目、教育部人文社科规划项目、吉林省社会科学基金项目等多项科研项目。出版学术专著2部，主编和副主编教材6部。研究方向是马克思主义发展史和社会主义经济理论。

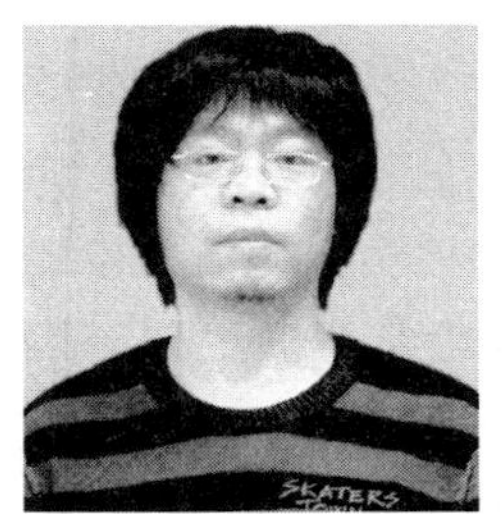

吴宏政，男，1973年4月出生，哲学博士，教授，博士生导师。在《哲学研究》、《自然辩证法研究》等刊物上发表论文40余篇。主持教育部人文社科青年项目1项；吉林省社科项目1项；出版专著1部，参编教材4部。研究方向是马克思主义哲学和德国古典哲学。

陈松友，男，1970年11月出生，法学博士，教授。在《中共党史研究》、《当代世界与社会主义》、《光明日报》、《社会科学战线》、《南京社会科学》等报刊上发表论文60余篇，其中多篇被《新华文摘》、《人大报刊复印资料》转载。主持国家社科基金项目、教育部人文社会科学项目、全国博士后科学基金项目等多项科研项目。研究方向是中共执政史和执政经验。

郭永虎，男，1972年3月出生，历史学博士，副教授，吉林大学历史学博士后流动站研究人员。在《中共党史研究》、《当代中国史研究》、《中国藏学》、《世界历史》、《中国社会科学内部文稿》、《西藏研究》等刊物上发表论文30余篇，其中多篇被《中国社会科学文摘》、《人大报刊复印资料》转载。主持国家社科基金重大委托项目、教育部人文社科基金项目、国家民委年度科研项目、国务院侨办项目等多项科研项目。研究方向是涉藏问题与中共党史。

## 海南师范大学社会科学部

海南师范大学社会科学部是直属学校领导的二级机构，新增博士学位授予建设学科1个——马克思主义理论学科；省级人文社科研究基地1个——海南省中国特色社会主义理论体系研究中心；省级教学团队2个——马克思主义理论教学团队、毛泽东思想和中国特色社会主义理论体系系列课程教学团队。承担的主要任务有：马克思主义理论学科建设、全校思想政治理论课教学、马克思主义理论学科研究生教学、海南省中国特色社会主义理论体系研究中心工作。主任王明初是二级教授，享受国务院政府特殊津贴专家；副主任黄忆军副教授是全国优秀教师、全国优秀思想政治理论课教师。

## 一 学科建设概况

海南师范大学从 1999 年开始马克思主义理论与思想政治教育校重点学科建设，2002 年被批准为海南省第二轮重点建设学科，2003 年获得硕士学位授予权。2009 年，海南师范大学被海南省政府上报国务院学位办批准为新增博士学位授予单位建设，马克思主义中国化研究学科是立项建设的四个重点学科之一。2010 年马克思主义中国化研究被批准为海南省第三轮重点建设学科；同年，根据国务院学位办文件精神，海南师范大学新增博士学位授予单位建设的四个二级学科变更为四个一级学科建设。2011 年 6 月，马克思主义理论学科通过国务院学位办新增博士学位授予单位建设中期检查。

马克思主义理论学科目前设有四个学科研究方向：（1）马克思主义基本原理与现时代研究；（2）当代中国马克思主义理论与实践研究；（3）思想政治教育基础理论与实践研究；（4）中国近现代社会发展道路问题研究。经过 3 年新增博士授予权单位建设，引进博士教授 9 人。目前学科有学术骨干 21 人，其中教授 12 人、副教授 8 人。具有博士学位的 14 人。青年教师中有 3 人攻读在职博士。

## 二 科研成果

2011 年，学科发表 CSSCI 和中文核心期刊论文 26 篇，出版学术著作 8 部。主持完成的科研项目主要有张一平教授国家哲学社会科学基金项目“马克思的世界历史理论与全球史观研究”（批准号：07BSS001）；王明初教授教育部哲学社会科学基金项目“生态文明 新形态 新机遇 新要求”（批准号：08JA7210011）。主持在研国家和省部级科研项目 30 余项，在研纵向研究经费约 200 万元。

2011 年论文代表作：胡长青《党的创办“大特区”思想及其海南实践开拓了我国改革开放的新视野》，入选中共中央纪念中国共产党成立 90 周年理论研讨会；种海峰《如何理解邓小平对社会主义“没有完全搞清楚”的论断》，《南京师范大学学报》2011 年第 3 期，人大报刊复印资料中心《中国特色社会主义》转载；王习明《成都平原农田灌溉制度的演变》，《中国农史》2011 年第 4 期，《中国社会科学文摘》转载；郭根山《推进工业化必须坚持党的领导》，《高校理论战线》2011 年第 3 期。

2011 年专著代表作：郭根山著《马克思主义工业化理论及其中国化进程》，人民出版社；王明初、杨英姿著《社会主义生态文明建设的理论与实践》，人民出版社；种海峰著《时代性与民族性——全球交往格局中的文化冲突问题研究》，中国社会科学出版社；崔德华著《爱育论》，中国社会科学出版社；潘永强著《〈资本论〉与当代中国经济发展研究》，经济科学出版社。此外，王明初主编《马克思主义中国化研究》(2011) 总第2辑，中国社会科学出版社。

## 三　研究生教学

思想政治理论课“05方案”实施以来，海南师范大学把加强教师队伍建设作为进一步改进思想政治理论课工作的着力点，积极打造一支学历、学缘、年龄结构合理，政治坚定、业务精湛、富有朝气、勤于探索、勇于创新、团结和谐的思想政治理论课教师队伍，进一步提升了海南师范大学思想政治理论课和硕士研究生教学教育质量与水平。

第一，用先进的教学理念不断开拓课程建设的新境界。社会科学部牢牢把握教学模式改革这一中心环节，在“整合资源、突出特色、与时俱进、提升品质”的课程建设原则下，构建了一个在省内高校具有较高影响力和较强带动辐射作用的全新教学模式。

第二，有较强的省级教学团队授课团队支撑。马克思主义理论教学团队、毛泽东思想和中国特色社会主义理论体系概论系列课程教学团队，是省级教学团队。教师队伍中有享受国务院政府特殊津贴专家1名，全国优秀教师、全国高校优秀思想政治理论课教师1名，省级“教学名师”和省级“模范教师”3名。

第三，青年教师在海南省及中南五省区的教学比赛中多次获得佳绩。在海南省思想政治理论课青年教师教学竞赛中，囊括了历届一等奖，获得一等奖的青年教师有：黄忆军、郑东艳、丁匡一、戴逢国；2007年，王家忠在教育部教育管理信息中心主办的全国多媒体课件（高等学校组）比赛中，《中国近现代史纲要》课专题“中国人民选择了中国共产党”获优秀奖。2011年，戴逢国在中南5省（区）思想政治理论课青年教师教学竞赛中获一等奖。2010—2011年，兰岚、冯淑兰在中南5省（区）思想政治理论课青年教师教学竞赛中分别获二、三等奖。

第四，教研成果在国内具有较大影响。王明初主编、高等教育出版社出版的《邓小平理论和“三个代表”重要思想概论》、《中国特色社会主义理论体系概论》，是全国师范院校思想政治教育专业主干课程教材，同时也是海南师范大学思想政治理论课教师重要的辅导参考用书；《高师院校邓小平理论和“三个代表”重要思想概论课程建设与改革》2005年获海南省优秀教学成果二等奖，《邓小平理论和“三个代表”重要思想概论》（教材）2009年获海南省优秀教学成果二等奖。2011年，种海峰的《新编马克思主义哲学原理》由高等教育出版社出版。

第五，马克思主义理论学科硕士生培养取得可喜成绩。目前，马克思主义理论学科硕士生每年都能获得海南省教育厅理论创新课题，毕业生大多数担任高校教师，从事高校思想政治课教学和辅导员工作，部分同学考入中国社会科学院马克思主义研究院、华中师范大学政治学研究院、中国石油大学马克思主义学院，攻读博士研究生。

## 四　中国特色社会主义理论体系研究中心工作

海南省中国特色社会主义理论体系研究中心原名海南省邓小平理论和“三个代表”重要

思想研究中心，成立于2007年4月。2009年3月更现名，海南师范大学社会科学部主任王明初同志任主任，与海南师范大学中国特色社会主义理论体系研究中心合为一体。

在省研究中心成立之前，本校马克思主义理论学科就为服务海南经济社会发展，开展了生态文明、新农村建设等重大问题的调查和研究，2006年中共海南省委宣传部下达重点研究课题，出版了结题成果王明初著《社会主义新农村建设与实践》，在全国有较大反响，习近平同志等对该书有较高评价。

省研究中心成立以来，围绕党的中心工作，服务海南改革发展大局，在理论研究方面做出了突出贡献。特别是在2008年纪念海南建省办特区20周年时，王明初、陈为毅、杨英姿等执笔了一组重要理论文章，分别发表在《求是》杂志、《人民日报》、《光明日报》理论版；2009年，为推动海南国际旅游岛建设上升为国家战略，王明初、陈为毅《建设国际旅游岛实现海南绿色崛起》，发表在《求是》2009年第20期；在纪念改革开放30周年、建党90周年时，中心论文分别入选中共中央召开的全国理论研讨会。

省研究中心工作得到了中共海南省委领导的高度重视。中共海南省委主要领导、历任中共海南省委常委、宣传部长多次对中心工作和理论文章作出重要批示，多次到中心视察、参加理论研讨会并作重要指示。由于有了省研究中心这样一个重要的理论平台支撑，更突出了海南师范大学马克思主义理论学科建设在海南省的重要地位，促进了教学理论与实践的有机结合。

## 五 学科带头人简介

王明初，男，1955年生，教授，湖南永州人。湖南师范大学政治教育专业本科毕业、法学学士，原任马克思主义理论博士授予权建设学科带头人、政法学院院长。现任海南师范大学社会科学部主任、海南省中国特色社会主义理论体系研究中心主任、海南省马克思主义中国化研究重点学科带头人，是享受国务院政府特殊津贴专家、海南省有突出贡献优秀专家、海南省委省政府直接联系重点专家、省委政策研究室政策咨询委员会委员、省模范教师和教学名师。《邓小平理论和“三个代表”重要思想概论》、《海南生态立省的理论与实践》，分别获海南省第五届（2007）、第六届（2009）优秀社会科学成果一等奖。

习明，男，1964年生，教授，湖北荆门人，中国人民大学法学硕士（马克思主义理论与思想政治教育专业），华中师范大学法学博士（政治学理论专业）。曾任西南交通大学政治学院思想政治教育专业博士生导师。现为海南师范大学社会科学部教授、马克思主义理论一级学科负责人，兼思想政治教育基础理论与实践研究二级研究方向负责人。主要研究方向为农村公共文化与思想道德建设、城乡统筹发展与基层治理。主持国家级和省部级社科基金课题多项；学术论文被SSCI、CSSCI收录20多篇，被《新华文摘》、《中国社会科学文摘》、人大复印资料全文转载10多篇；科研成果获省部级二、三等奖各2项。

杜明娥，女，1964年生，教授，辽宁丹东人，复旦大学哲学博士、东北师范大学博士生导师。现任海南师范大学副校长，马克思主义基本原理与现时代研究二级学科方向带头人，海南省中国特色社会主义理论体系研究中心副主任，海南省有突出贡献优秀专家。2009年，《现代性及其超越——一种马克思主义的解读》获教育部人文社科优秀成果三等奖；2010年，《马克思主义中国化的哲学思考》获海南省高等学校优秀科研成果专著一等奖；《马克思主义中国化的价值追求》，《科学社会主义》2010年第5期；目前主持教育部规划项目《生态文明与海南生态现代化建设模式研究》等省部级项目3项。

郭根山，男，1963年生，教授，河南汝阳人，毕业于北京大学，获法学硕士、博士学位。2005年在日本上智大学做合作研究。现任海南师范大学教授，中国近现代社会发展道路问题研究二级学科方向带头人，硕士生导师。研究领域为中共党史，毛泽东的生平与思想，中国近现代社会发展。在《政治学研究》、《人民日报》、《光明日报》等重要报刊上发表论文80多篇。出版专著3部。获河南省社科优秀成果奖一等奖1项，二等奖2项，三等奖3项。主持完成国家社科基金项目1项、省级项目多项；主持在研项目3项，其中教育部社科规划项目1项，海南省社科重点项目1项。

种海峰，男，1966年出生，教授，陕西白水人，西安交通大学马克思主义哲学博士，省级教学名师。现为当代中国马克思主义理论与实践研究二级学科方向带头人，个人主要研究方向为马克思主义中国化的哲学基础与中国特色社会主义理论体系。近年来，主持省部级科研课题3项；在《社会主义研究》、《思想理论教育导刊》等学术刊物发表论文40余篇，多篇被人大复印资料《中国特色社会主义》、《哲学原理》全文复印；在高等教育出版社出版教材5部，专著《民族性与时代性——全球交往格局中的文化冲突研究》由中国社会科学出版社2011年出版。

# 华南理工大学思想政治学院

## 一　学院机构建制

华南理工大学思想政治学院成立于2009年4月，是直属学校党委领导的专门从事思想政治理论课教学和进行马克思主义理论研究的二级独立机构。学院设有马克思主义基本原理概论教研室、毛泽东思想和中国特色社会主义理论体系概论教研室、中国近现代史纲要教研室、思想道德修养和法律基础教研室、形势与政策教研室、当代世界经济与政治教研室等6个教研室；设有马克思主义理论研究中心、统战理论政策研究室、政府发展战略与绩效评价研究所等3个校级研究机构和马克思主义中国化研究所、思想政治理论课建设研究所、思想政治教育研究所、哲学研究所、科学技术哲学研究中心、心理测评与应用心理学研究所、思想库发展中心等7个院级研究机构。2010年经广东省教育厅批准，成为广东省高校马克思主义基本原理概论课教学研究基地。2012年3月，广东省高校思想政治教育研究会理事会秘书处设于华南理工大学思想政治学院。

华南理工大学思想政治学院独立建制以后，工作理念清晰，提出“出思想”是第一要务，“讲政治”是立院之本。始终坚持把出学术思想、出教改思想、出理论思想放在核心位置，重视科学研究，提供学术支撑；始终坚持致力于打造与华南理工大学高水平建设的要求相适应、与马克思主义理论和哲学社会科学繁荣发展的时代相呼应、与提升学院品牌和个人精神价值的需要相结合的学术高地、理论阵地和思想库；始终强调“学术无禁区，课堂有纪律”是讲政治，“正人必先正己，育人必先律己”是讲政治，“努力把思想政治理论课建设成为大学生真心喜爱、终身受益、毕生难忘的优秀课程”也是讲政治；始终着眼于营造出“团结、崇德、公正、人文”的氛围，有力促使全院师生员工成长和成功。

学院具有较雄厚的师资力量。现有专任教师60人，其中教授、副教授29人；具有博士学位的教师35人，占教师总数的58%。5位教师入选广东省高等学校“千百十工程”培养对象；9位教师入选广东省宣传思想战线“十百千工程”培养对象；2位教师入选广东省教育厅思想政治理论课“骨干教师”培养对象；2位教师荣获广东省“南粤优秀教师”称号；4位教师荣获广东省“两课优秀教师”称号；1位教师的课堂教学入选教育部思想政治理论课“精彩一课”；1位教师获广东省思想政治理论课名教师称号；2位教师荣获学校“教学名师奖”；3位教师荣获学校教学质量最高奖——“南光奖”；1位教授是学校“百人计划”特聘教授。

学院院长刘社欣，党委书记谭瑶；广东省高校马克思主义基本原理概论课教学研究基地主任霍福广；华南理工大学马克思主义理论研究中心、华南理工大学统战理论政策研究室主任莫岳云。

## 二 科学研究与人才培养

华南理工大学马克思主义理论学科建设和人才培养具有悠久的历史和长期的学术积淀。从1952年学校创立之初，就建立了马列教研室，主要承担马克思主义理论公共课程教学，1977年创建马克思主义基础本科专业，2000年获得了马克思主义理论与思想政治教育二级学科硕士学位授予权，2003年获得了马克思主义哲学和科学技术哲学2个二级学科硕士学位授予权，2006年获得了马克思主义理论和哲学2个一级学科硕士学位授予权以及马克思主义中国化研究二级学科博士学位授予权。

华南理工大学马克思主义理论学科点建设立足当代，着眼思想政治教育，形成了马克思主义中国化研究、马克思主义基本原理研究、思想政治教育研究、马克思主义与科技、社会发展研究、中国近现代史基本问题研究等稳定的学科方向。近年来，马克思主义理论学科按照提升学科的学术影响力、服务中国特色社会主义建设、为思想政治教育提供学科支撑的要求，凸显了对当代中国马克思主义、马克思主义创新理论、马克思主义统战理论与党的统一战线实践、社会主义文化建设、当代中国宗教问题与和谐社会建设、马克思主义理论教育与思想政治教育、心理教育与生涯规划设计、马克思主义与自然科学哲学问题、马克思主义与当代社会发展等领域的研究。2009 年以来，立项的科研课题 140 项，其中教育部哲学社会科学研究重大课题攻关项目 1 项，国家社科基金项目 4 项，省部级项目 23 项；在各类刊物发表论文 255 篇，其中在 CSSCI 来源期刊发表论文 88 篇；出版学术著作 5 部；获得省部级政府奖 2 项。

华南理工大学思想政治学院研究生招生层次为全日制硕士生和博士生。2009 年以来，共招收硕士生 81 人，博士生 27 人。在研究生培养中，坚持以人才培养质量为中心，在培养理念、课程体系、奖助金资助体系等方面进行改革，推行了专家报告会、研究生学术沙龙、社会实践等举措，提高研究生的创新能力和综合素质。

## 三　精品课程建设

思想政治学院为全校本科生讲授“马克思主义基本原理概论”、“毛泽东思想和中国特色社会主义理论体系概论”、“中国近现代史纲要”、“思想道德修养与法律基础”、“形势与政策”等思想政治理论课；为全校硕士生、博士生开设“科学社会主义的理论与实践”、“马克思主义经典著作选读”、“自然辩证法概论”、“中国特色社会主义理论与实践研究”、“现代科学技术革命与马克思主义”、“中国马克思主义与当代”等思想政治理论课；为全校本科生开设“当代世界经济”、“婚姻家庭学”、“心理学与生活”、“社会心理学”、“商务礼仪理论与实务”、“现代心理学”、“朋辈心理咨询”、“大学生心理健康教育”、“现代管理心理学”、“公司法”、“科学技术发展史”、“爱情心理学”等通识课或选修课；为马克思主义理论、政治学等学科硕士生开设多门的专业课或选修课。近五年获得省级精品课程 3 门，省级优质课程 4 门，校级精品课程 3 门。

## 四　教学基本经验

华南理工大学思想政治学院认真贯彻 2004 年中央 16 号文件精神，全面实施“05 方案”，深化教学内容、教学方法和课程体系改革，努力提高思想政治理论课的教学水平和效果。2009 年 11 月学校顺利通过了广东省教育厅组织的“广东省高校思想政治理论课建设评估”，受到了专家组的高度评价。据华南理工大学教学白皮书公布：每百名教师获校级教研项目数量思想政治学院居全校第一，每百名教师获“南光奖”位居全校第二，每百名专任教师获得青年教师课堂教学竞赛一等奖位居全校第二，学院教学质量及获奖情况比较位居全校第一。在广东省教育厅组织的青年教师讲课基本功大赛及粤桂琼三省教学基本功竞赛上，也都取得好的成绩。思想政治理论课建设的主要做法是：

1. 优化教学手段

教学方法上不断改进。《中国近现代史纲要》课程提出了“史论结合，论从史出”的讲授思路，形成了“学、思、行”三位一体的教学模式。《思想道德修养与法律基础》课程尝试互动式开放课堂和点评式自主课堂的改革，突破传统授课模式，受到同学们的欢迎。

考试方式上不断优化。注重全面综合考查学生对所学内容理解、分析问题能力的提高和现实表现情况，力求全面客观地反映学生的马克思主义理论素养和道德品质。“思想道德修养与法律基础”目前正在探索考试方式的改革，加大了过程性考试、实践性考试和主观题考试的力度及分值，并采取随堂开卷的个性化考试。

网络信息技术充分运用。教师普遍采用多媒体、网络等教育技术辅助进行教学。“05方案”五门课程都进行了网站建设，效果显著。不少教师还利用QQ、博客、论坛及电子邮件等形式，与学生进行教学互动、思想交流、疑难解答等，增强教学的针对性和实效性。

原著导读有效实施。“原著导读工程”的教学改革调动了学生的学习积极性，培养了学生的自学能力和独立思考问题的能力；加深了学生对思想政治理论的理解，提高了思想政治觉悟。该成果获得华南理工大学教学成果一等奖、广东省教学成果二等奖。

2. 强化实践教学

学校高度重视实践环节，把实践教学作为巩固思想政治理论课教学成果的重要环节。2011年，学校将思想政治理论课的实践教学纳入了教学计划，2个学分，课程名称为《马克思主义理论与实践》。

3. 活化学术交流

学院重视与国内外同行之间的学术交流，坚持走出去、请进来，积极主办和参加各种高层次的学术会议，选派教师到国内外学习、访问与交流，同时聘请国内外相关专家学者来校讲学，开展学术交流，有力地促进学科的发展和科研的提升，从而带动教学的提高。思想政治学院成立以来，成功举办了“华南人文论坛”20多场讲演，中国社会科学院马克思主义研究院院长程恩富、中共广州市委宣传部副部长汤应武、《中国社会科学》杂志社副总编辑周溯源、《哲学研究》常务副主编朱葆伟等多名国内外知名专家学者应邀先后到校讲学。五年来有95%以上的教师外出进修、考察、培训和参加各种学术会议。2010年以来，成功举办了两次“广东省高校马克思主义基本原理概论课教师高级培训班”和两次全国性的学术研讨会。两次全国性的学术研讨会为：“第五届全国物理学哲学研讨会”和“马克思主义中国化与当代中国全国学术研讨会”。

## 五　“马克思主义中国化与当代中国”全国学术研讨会在华南理工大学召开

2011年月12月24—25日，由马克思主义研究杂志社、中共党史研究杂志社和华南理工大学思想政治学院联合举办的“马克思主义与当代中国”全国学术研讨会在华南理工大学举行。广东省教育厅巡视员李小鲁、华南理工大学党委副书记张振刚、全国高校思想政治教育研究会副会长郑永廷、中国社会科学院马克思主义研究院副院长樊建新、中共党史研究杂志社主编任贵祥出席了研讨会。来自中国社会科学院、中共中央党校、中共中央党史研究室、武汉大学、浙江大学、吉林大学、中南大学、中山大学、华南师范大学、暨南大学等24所科研机构和高校近60多名专家学者参加了研讨会。大会共收到论文或发言提纲40多篇，内容涉及马克思主义中国化学科建设、马克思主义大众化的实现途径、马克思主义中国化与社会主义文化繁荣发展、中国特色社会主义理论体系建设等。与会代表在主题报告会、小组讨论、专题发言等环节围绕大会主题进行了深入探讨。有学者探讨了苏东剧变与马克思主义之间的关系，认为苏东剧变不是马克思主义的失败，而是不坚持马克思主义的悲剧，马克思主义并没有过时；有学者提出马克思主义大众化的主体是哲学社会科学工作者，所以大家要有责任感；有的学者对党的十六大以来网络文化管理问题作了探讨，提出要用社会主义核心价值体系统领网络文化；有学者提出要构建马克思主义的话语权，马克思主义中国化的话语是革命、建设、改革三个关键词；还有学者讨论了马克思主义学科建设、学科体系问题，主要涉及教材编写、课程设置、队伍建设等。会议一致认为，马克思主义在中国经久不衰，而且越来越受到重视；马克思主义中国化的道路是曲折而辉煌的。

## 六　博士生导师简介

莫岳云，1955 年出生，男，历史学博士，教授，华南理工大学马克思主义中国化专业博士生导师。曾任华南理工大学社科系主任、人文社会科学学院院长、政治与公共管理学院院长。现任华南理工大学马克思主义理论研究中心主任。兼任第六届全国中共党史学会理事，第五届中国统一战线理论研究会理事，广东省党史学会副会长等职务。兼任国家哲学社会科学规划基金项目同行评审专家，教育部及广东省哲学社会科学规划基金项目同行评审专家。主要研究领域为马克思主义理论研究、党史党建研究、统一战线理论研究。主持国家课题、省部级课题 12 项；在《民族研究》、《教育研究》、《中共党史研究》、《高校理论战线》、《党建研究》等 20 余家杂志发表论文 90 余篇，多篇论文被“中国人民大学复印报刊资料”转载；出版了《李维汉统战理论与实践》、《台港中共党史中国现代史研究评析》、《毛泽东思想概论》等多部著作与教材；获省部级科研、教学成果奖 5 项；获广东省“马克思主义理论与思想品德课优秀教师”、广东省“南粤优秀教师”等称号。

吴国林，1963 年出生，男，博士，教授，华南理工大学马克思主义中国化研究专业博士生导师。主要从事马克思主义与科技、社会发展、物理学哲学、量子信息哲学、量子现象学、技术哲学、产业哲学、现象学科技哲学等研究。曾任华南理工大学政治与公共管理学院副院长（主持工作），现任华南理工大学思想政治学院副院长、科学技术哲学研究中心主任等。学校学位委员会委员。任中国自然辩证法研究会技术哲学委员会常务委员，中国自然辩证法研究会科学技术与社会（STS）专业委员会常务理事，中国自然辩证法研究会科学方法论委员会常务委员，中国自然辩证法研究会科学技术学专业委员会委员，广东省自然辩证法研究会副秘书长等。任全国工程硕士专业学位研究生教育政治课程建设与教学协作专家组成员。主持国家社会科学基金、省部级人文社科等项目 30 余项，其中作为首席专家主持2011年度教育部哲学社会科学研究重大课题攻关项目《当代技术哲学的发展趋势研究》。在《哲学研究》、《自然辩证法研究》、《哲学动态》等杂志发表论文近130篇。出版《物理学哲学导论》、《量子信息哲学》等专著20余部。《新华文摘》、"中国人民大学报刊复印资料"转载论文20余篇。获国家图书奖提名奖和省部级三等奖。主持多届国内或国际学术会议。

霍福广，1954年出生，男，汉族，山东省青州市人。1993年6月在中国社会科学院获博士学位。现任华南理工大学思想政治学院"马克思主义中国化研究"专业"马克思主义中国化与创新理论"研究方向博士研究生导师。长期从事马克思主义基本原理、马克思主义哲学、企业文化、创新理论等方面的教学与研究，在《哲学研究》、《马克思主义研究》等刊物发表学术论文40多篇，出版专著10部，主持科研项目30项。兼任广东省高校思想政治理论课教学指导委员会副主任委员和"马克思主义基本原理"教学指导委员会主任委员。被广东省教育厅评为"思想政治理论课名教师"，被华南理工大学评为教学名师。

李怡，1958年出生，女，教授，华南理工大学马克思主义中国化专业博士生导师。国家社科基金通讯评委。主要从事马克思主义基本原理、中外思想文化比较研究、中国特色社会主义理论体系等研究和教学工作。主持和参与完成的国家及省部级课题8项；出版个人专著、合著、主编、参编的著作与教材10余部；在《马克思主义研究》、《社会主义研究》、《江汉论坛》等期刊上发表论文30余篇。多篇文章被"中国人民大学报刊复印资料"转载，过半论文被引用推介；主持教育部"九五"规划课题并出版《近代中国无政府主义思潮与中国传统文化》专著作为结项成果，获省级社会科学优秀学术成果著作三等奖；参加的国家社科课题获优秀奖。

李小鲁，1952年出生，男，教授，哲学博士，华南理工大学马克思主义中国化研究专业博士生导师。广东省教育厅副厅长、巡视员，兼任广东省社科联副主席、全国高校思想政治教育研究会常务理事、广东省高校思想政治教育研究会会长、"教育部哲学社会科学研究重大委托项目"专家评审委员、全国高校学生心理健康教育专家委员会专家委员、"教育部思想政治理论课教学指导委员会"专家委员。主要从事马克思主义哲学、思想政治教育理论研究和宣传工作。主持和参与完成国家、省部级课题5项；出版个人专著、主编、参编的著作与教材6部；在《马克思主义研究》、《学术研究》、《中国高等教育》、《现代哲学》等期刊上发表论文40多篇，其中部分著作和论文获得国家"三个一百"原创著作奖、广东省哲学社会科学优秀学术成果著作一等奖、广东省哲学社会科学优秀学术成果论文二等奖、全国中小学思想道德建设优秀成果展评特等奖等。

# 第九篇

# 会议综述

# 经济危机、工人阶级的斗争与反帝阵线的策略

## ——第十二次共产党和工人党国际会议述评

聂运麟　杨成果　刘卫卫

第12次共产党和工人党国际会议于2010年12月3—5日在南非的茨瓦尼召开。来自43个国家、51个共产党和工人党的102名代表，围绕会议主题“不断加深的资本主义经济危机以及共产党的任务——保卫国家主权，深化社会同盟，加强争取和平、进步和社会主义的反帝阵线”展开了热烈的讨论，会议发表了《茨瓦尼宣言》。

### 一　资本主义经济危机的持续和深化，人民群众反抗斗争的持续和强化

自2008年夏天资本主义经济危机爆发以来，经济危机问题就始终是共产党和工人党国际会议关注的焦点。2008年11月召开的圣保罗会议，科学地分析了刚刚发生的经济危机的性质、特点及共产党和工人党应对危机的策略。2009年12月召开的新德里会议，分析了经济危机发展的新态势，明确指出资本主义经济危机远没有过去，并提出了相应的对策。此次召开的茨瓦尼会议再次聚焦资本主义经济危机的问题。

与会的各国共产党和工人党的代表认为，随着经济危机的持续和深化，资产阶级在经济危机爆发原因的问题上加紧了思想政治攻势。他们力图将经济危机爆发的原因从资本主义制度本身转移到一些表象的因素上，以美化资本主义、欺骗人民群众。因此，运用马克思主义的观点来分析经济危机爆发的原因、性质，并取得共识，就具有重要意义，直接关系到“工人阶级的斗争方向和未来”。

希腊共产党中央政治局委员马里诺斯批判了经济危机问题上的错误理论，明确指出：“马列主义强调，经济危机爆发的原因要从资本主义制度的内部去寻找，从资本主义的生产关系、资本主义生产的无政府状态、资本主义发展的不平衡、资本主义日益尖锐的基本矛盾中去寻找。”

与会的各国共产党和工人党的代表一致认为，自2008年资本主义经济危机爆发以来，共产党和工人党国际会议对经济危机所作的分析和判断是正确的。《茨瓦尼宣言》表达了与会各国共产党的共识，强调指出：“目前的危机并不仅仅是由于主观失误和银行家或金融投机者的贪婪而引发的，它仍然是根源于资本主义制度本身的危机”，因而“这场危机

是制度性的”。

大会对危机现阶段发展的态势和特点进行了探讨。南非共产党主席雷泽 · 恩齐曼在主题发言中指出：“今天世界经济发展的特点是危机的持续和不断深化，是资本主义深刻和长期的经济衰退。”许多国家共产党和工人党也表达了相同的观点，有的党还明确提出危机正处在长期萧条的阶段，如希腊共产党的代表马里诺斯认为，“资本主义的经济危机依然在持续，并不断加深”，“2009 年的经济萧条一直持续到今年，而且在许多资本主义国家这一状况还将持续到 2011 年”。加拿大共产党主席米格尔 · 菲格罗亚也认为，“危机进入了成熟期的第二个阶段，这很有可能会比危机开始阶段的时间更为长久，影响也更为严重”。鉴于 20 世纪 30 年代的资本主义经济长期走不出危机的历史教训，《茨瓦尼宣言》对当前资本主义经济危机发展的评估采取了审慎的态度，指出：“资本主义不能逃脱其反复经历繁荣和衰退周期的内在的、系统性的趋势”，“当前全球经济危机突出表现为由资本主义生产过剩所引起的严重的经济衰退”。

经济危机发生已整整三年，但至今“资本主义还没有找到危机的解决之道”，它们采取的是进一步深化危机的办法，从而使自己“陷入了进退维谷的境地”。来自经济危机重灾区的爱尔兰共产党全国执委肖恩 · 爱德华兹指出：“资本主义企图通过拯救大金融资本，通过把银行和投机者不断增长的债务负担社会化，使之转嫁到广大人民群众身上，以及通过把人民大众的财富重新分配给资产阶级政府和全欧洲的银行机构的途径，来解决危机。其结果却与政府的愿望相反，它承担了银行的巨额债务，但未能挽救银行破产的命运，并使整个国家走向了经济的大灾难。”

荷兰新共产党的代表尖锐批评了美国在危机中的损人利己做法，指出：由于美国恢复经济的政策是失败的，世界上其他国家没有选择余地，只能继续资助美国的赤字以防止全球经济体系的崩溃。美国现在解决债务的方法是不停地印刷钞票，使世界各国持有的美元公债和美国国库券贬值，从而进一步加深危机。

由于资产阶级政府的反人民政策造成社会财富两极分化的进一步加剧，“危机社会化，财富私有化”，工人阶级和劳动群众的生存环境日益恶化。印共（马）中央政治局委员西塔拉姆 · 亚秋里用统计数字说明了上述事实。他指出：“在美国的危机中，企业的利润增长了 11.2%，这是自从政府在 60 年前开始跟踪记录以来的最高数字；另一方面，去年美国的贫困率上升至 14.3%，是 50 年来的最高水平。”“在全球范围内，又有 200 人进入了亿万富豪名单，这个数字目前为 1011 人，在危机中他们的总资本增加超过 50%，即增加了 3.6 万亿美元。另一方面，数百万人失去了工作，他们的生计没有着落，加入数十亿贫苦人口的队伍。据国际劳工组织统计，在 2010 年中期，世界上的失业人数达到 2.1 亿，其中，高收入国家的失业人数比危机前高出 70%（不包括欧洲），欧洲的失业人数高出了 30%。最近由国际开发计划署公布的 2010 年千年发展目标报告指出：‘来自世界银行的最新统计表明，与危机前的情况相比，经济危机使 2009 年在全球额外增加了 5000 万极端贫困人口，到 2010 年底大约增加 6400 万贫困人口，主要分布在撒哈拉以南的非洲、东亚和东南亚。’”股神沃伦 · 巴菲特在 2006 年承认，“没错，确实存在阶级的社会福利，但这是属于我们富人阶级的，就这一问题各阶级之间确实存在着争斗，但是我们赢了”。

资产阶级政府的反人民政策不可避免地激起了工人阶级和人民群众日益强烈的反抗。《茨瓦尼宣言》指出："过去一年里，对劳工权利、社会保障权和工资进行的反人民的攻击引发了群众斗争的升级，特别是在欧洲。"与会的西班牙、爱尔兰、葡萄牙和塞浦路斯等南欧国家共产党的代表在发言中指出：成千上万劳动人民起来捍卫自己的权利，工人斗争进一步发展。在欧洲，希腊发生了13次总罢工和数十次对政府大楼的占领，法国发生了7次总罢工，其他国家也发生了多次总罢工和群众斗争，如英国、爱尔兰、西班牙、葡萄牙等。他们认为："欧洲工人运动的兴起表明，工人阶级的传统斗争精神已经被调动起来。希腊和葡萄牙的工人阶级的斗争已经向我们表明了这一点。"

在上述罢工斗争中，共产党和战斗的工会组织起到了重要的作用，它们号召和组织工人阶级与资本主义作斗争，指出只有工人阶级才能够成功地应付资本主义的野蛮进攻。然而，从总体上看，工人运动仍然处在"比较虚弱的和不稳定的发展状态"。正如爱尔兰共产党代表爱德华兹所说："虽然我们提前预测到了这场全球资本主义经济危机，但是总体说来这场危机还是让各国共产党和左翼政党措手不及。不是工人阶级，而是资产阶级，在利用这场危机来满足自身利益。"

因此，《茨瓦尼宣言》要求各国共产党和工人党必须"推进这一斗争的进程"，并强调，"在今天的现实情况下，当务之急在于我们共产党和工人党参与和加强这场人民群众的防御性斗争，并把这种防御性斗争转变为进攻性斗争，以争得更广泛的工人和人民的权利，并最终废除资本主义"。

## 二　美国等发达国家力量的衰退，中国等新兴国家力量的崛起

2008年夏天爆发的经济危机对当前的世界格局产生了深远影响，使国际力量的对比关系出现了新变化。这是会议关注的另一个重要问题。首先，出席共产党和工人党国际会议的代表都强调，当前国际力量对比变化的主要特点是：发达资本主义国家力量的衰退和新兴国家力量的崛起。意大利重建共产党代表弗朗切斯科·马林加认为："新的国际形势存在着矛盾的趋势，一方面，发达资本主义国家正经历着深刻的经济危机，这将在未来几十年深刻改变世界的政治平衡；另一方面，由民主政府、自由主义者或社会主义者领导的非帝国主义经济体和国家正在崛起，将打破美国的单边主义和帝国主义。"

弗朗切斯科·马林加用统计数字证明了自己的观点。他指出，"据美国一些主要银行的研究，即将到来的形势是：目前，七国集团（G7）占世界生产总值的41%左右，金砖四国占26%。到本世纪中叶，七国集团占世界生产总值将下降到25%，金砖四国将上升到50%，几乎多一倍。如果再加上在金砖四国经济影响范围内的国家，其比重将增加到65%（占到2/3）。"他认为，"到2050年，我们可以发现和现在的世界有很大的不同，那时的十大经济体将不同于今天。"

《茨瓦尼宣言》表达了与会各国共产党和工人党的共识："与持续发生的危机相伴随的是国际力量平衡的重大变化。特别是，美国的全球经济霸权相对而言在持续地衰退，多数发达资本主义国家出现了全面生产停滞的现象并出现了新的全球经济大国，尤其是中国。"

其次，出席共产党和工人党国际会议的代表认为，在国际力量平衡出现新变化的情况下，世界上的矛盾和对抗明显加剧，主要是新兴国家与发达资本主义国家的矛盾加剧。葡共中央政治局委员安杰洛 · 阿尔维斯指出："国际关系正在发生变化，表现为主要资本主义国家美国的衰退和新兴经济力量的出现。在此背景下发生的不是两个对立阵营之间的对抗，而是一些处于变革前沿的国家与主要资本主义国家发生了冲突。"就新兴国家方面来说，"他们涉及的是维护自己主权或把社会主义作为进步进程的目标。"关于这种矛盾和对抗的根源和性质，南非共产党总书记雷泽 · 恩齐曼分析指出："这是资本主义的一个新的攻势，资本主义试图维持它在经济上的支配地位，因为一个潜在的替代性经济力量中心正在出现，特别是中国、印度和巴西。"

《茨瓦尼宣言》对矛盾和对抗的情况作了全局性的阐述，指出："危机使得各帝国主义国家之间以及旧的经济力量与新兴经济力量之间的竞争日益加强。其中包括，以美国为首的国家之间的货币战争；作为帝国主义一极的欧盟内部几个主要资本主义国家主导的经济政治一体化进程的不断强化；各帝国主义国家之间争夺市场和原材料的斗争不断白热化；军事的扩张，包括侵略同盟的强化（例如，北约里斯本峰会），频繁的地区紧张和冲突事件（尤其是在中东地区、亚洲和非洲地区），拉丁美洲的军事政变，不断增强的种族冲突和建立非洲司令部来加强非洲军事化的趋势。"

再次，出席会议的各国共产党和工人党的代表还特别指出，由于中国是最大的新兴力量大国，又起着社会主义示范作用，因而它已成为资本主义国家围堵的主要对象。比利时工人党全国主席团成员博杜安 · 德克斯指出："奥巴马明确宣布，他的野心是恢复和加强美国在世界各地的领导地位。他反复强调，美国领导地位面临的真正长期的威胁不是伊拉克、阿富汗和巴基斯坦，不是基地组织，甚至不是伊朗，而是中国。""对奥巴马来说，只要美国在阿富汗、巴基斯坦、伊朗和其他地区的干预能够以这种或那种方式遏制、削弱或威胁中国，就都是合理的。""美国十分关注中国与其邻国的各种可能的矛盾，包括边界冲突和对中国经济政策的抱怨等，目的旨在孤立中国。"

澳大利亚共产党主席温尼 · 莫利纳揭示了澳大利亚政府参与遏制中国的行径，指出："澳大利亚已深深涉入美国的政治和军事战略，其中包括围堵中国，破坏其正在崛起的经济力量。澳大利亚正在向太平洋岛屿国家强加自由贸易协定，并以其他方式干涉它们的内部事务。这些措施旨在确保澳大利亚和美国跨国公司的优势，并防止这些国家与中国发展关系。"

对于美国等发达国家把矛头指向中国的真实原因，博杜安 · 德克斯分析认为，"这不仅是因为这个亚洲大国自身实力的不断壮大，而且由于中国在客观上日益成为亚洲、非洲和拉丁美洲许多国家经济独立性不断加强的一个杠杆。"

最后，与会的共产党和工人党代表警示人们，由于经济危机的持续和深化、国际力量对比的变化和矛盾的加剧，发生地区性战争的危险在增加。希腊共产党中央政治局委员马里诺斯指出："帝国主义国家间竞争的不断加剧以及资本主义在应对危机中所面临的困境，进一步加剧了帝国主义的侵略性，以及在亚洲、非洲、中东地区、朝鲜半岛、高加索地区、巴尔干半岛以及世界其他地区发生新一轮地区冲突的危险。"荷兰新共产党的代表表示了类似的看法。他指出："金融市场和货币市场的混乱状态，将引发自1930年以来最大的经济和社会震荡，并导致贸易保护主义和贸易战争，从而加大全球军事冲突的危险。"澳大利亚共产党主席温尼·莫利纳也指出，"美国和澳大利亚在最近的澳美部长会议中达成的协议，把澳大利亚军方进一步整合到美国的军事机器中。美国将增加它在澳大利亚的军事存在，强化它的进攻性地位。其背景是美国深陷严重的经济危机中，在经济上对中国有很大的依赖性。由于美国的统治地位被削弱，因而它会变得更加绝望，从而加大发生战争的危险。"

与会的共产党和工人党的代表指出，由于地区性战争危险在增加，因此，工人阶级和劳动群众面临着反对战争、争取和平的庄严任务。

## 三　捍卫国家主权，加强社会联盟

第12次共产党和工人党国际会议的一大特色是突出了国家主权问题。会议把国家主权问题作为一个中心议题，并在《茨瓦尼宣言》中设专节论述了该问题。

大会对国家主权问题的重视前所未有，这一方面是因为本次会议在非洲召开。非洲不仅至今还存在少量殖民地（如撒哈拉西部），而且有些虽已摆脱殖民统治的国家，其政治经济的独立并不完整，还面临着争取和捍卫国家主权的任务。正如《茨瓦尼宣言》所指出的，"捍卫、巩固和推进国家主权，对于非洲和其他经历几十年甚至几个世纪殖民地和半殖民地压迫的民族来说尤其重要。""尽管有50年非殖民化的历史，但帝国主义在世界各地的干预却不断增加，垄断资本的支配地位在各国国内资本的协助下进一步巩固。"

大会重视国家主权问题还有另一方面的原因，这就是在经济危机持续和深化的情况下，一些欧洲发达国家也出现了国家主权的危机，欧盟委员会、欧洲中央银行和国际货币基金组织就是国家主权的篡夺者。正如《茨瓦尼宣言》所指出的："在跨国资本加紧进攻的情况下，反对帝国主义对主权的侵犯、反对经济和政治依赖性、捍卫国家主权的斗争日益突出出来。"

来自经济危机重灾区的爱尔兰共产党全国执委肖恩·爱德华兹对国家主权的被剥夺有切身体验，他指出："随着政府虚伪和无能的不断暴露，政府处于垮台的边缘，欧盟委员会、欧洲中央银行以及国际货币基金组织这些幕后的黑手，被迫从幕后走到台前，公开操控爱尔兰的国家经济。这些机构正在对我们国家的经济进行事无巨细的管理，逐月检查我们经济政策的贯彻执行情况。这对爱尔兰人民来说是一个巨大的打击，我们突然看到艰苦赢得的国家独立和自主权利被剥夺了。"他还深刻地指出，"在欧盟内部，资本主义的中心国家在以一种的新殖民主义形式，统治和剥削着外围国家。"

另一位来自经济危机重灾区的葡萄牙共产党中央政治局委员安杰洛·阿尔维斯也谈到自己国家的主权危机。他指出："在葡萄牙加入欧盟之后，我们国家现在成为讹诈和经济殖民化的目标，以服务于国际垄断资本的利益。""葡萄牙政府在葡萄牙总统和右翼政党的支持下，在为银行提供无数金钱之后，加紧了对工人和人民权利的进攻。这使葡萄牙陷入更大的经济依赖性和经济危机之中，把我们国家主权的剩余部分都交出去了。"

印共（马）中央政治局委员西塔拉姆·亚秋里从宏观层面对国家主权破产问题作了专门分析。他指出："国际货币基金组织提倡'紧缩'口袋，在欧洲许多国家开始实行这种政策，导致社会福利预算被大幅度削减。国际货币基金组织已贷款给许多国家，但会强加一些条件，并指示政府遏制财政赤字。它还敦促各国政府不要屈服于要求扭转紧缩措施的抗议活动。此外，它还要求这些国家的年度预算在提交各自议会之前先由它批准。所有这一切，都不过是对各国主权的无耻攻击。未经选举的欧盟委员会在1997年制定了《稳定和增长公约》，国际货币基金组织建议对那些违反《稳定和增长公约》的国家实行制裁，这也是其计划的一部分。”关于主权破产的实质，亚秋里分析指出：“主权破产实际上是资本主义从目前衰退中恢复的一种选择方式。”保守估计，这个所谓的“救市计划”也需要纳税人交纳十万亿以上的美元。然而，“在纳税人遭受痛苦的同时，政府也将破产。”他说，“如果说在2008年企业的破产预示着全球危机和经济衰退，那么，在2010年的主权破产将像滚雪球一样加深危机”。

由此可见，捍卫国家主权已经成为发展中国家和一些发达国家共同面临的紧迫问题，所以，《茨瓦尼宣言》把“捍卫、巩固和发展民族国家的主权”作为现阶段共产党和工人党的一项重要的斗争任务提上了日程，并强调“在这场斗争中，重要的是共产党人要把捍卫国家主权的斗争与争取社会解放和阶级解放的斗争结合起来”。

为了捍卫国家主权，推进争取和平、进步、生态环境的可持续发展和社会主义的斗争，与会的各国共产党和工人党要求加强社会联盟政策，巩固和发展广泛的反帝阵线。《茨瓦尼宣言》分析了当前建立反帝阵线的有利条件，指出：“帝国主义的危机与反攻正在导致那些客观上持有爱国和反帝立场的人民力量的扩大化和多样化。”并指出：“日益加深的资本主义经济危机以及资本主义反人类文明的一系列反动措施，正在为广泛的反帝反垄断的社会同盟的建立创造条件。”因此，《茨瓦尼宣言》号召：“世界各地的共产党员有责任根据不同的国情，扩大和加强反帝国主义的政治阵线和社会阵线以及争取和平、环境可持续发展和进步的斗争，并把它们整合到为实现社会主义而进行的斗争中来。”《茨瓦尼宣言》还强调了巩固和发展反帝阵线的重大政治意义，指出这种阵线（或联盟）将“能够夺取国家政权，促进社会发生深刻的、进步的、根本性的、革命的转变”。

这里应该指出的是，建立反帝反垄断的爱国民主阵线在资本主义各国共产党的理论与实践中早已存在，但作为各国共产党和工人党的共同斗争策略被提出来，这在以往的共产党和工人党的国际会议（已经召开过11次）中还没有过，因而是这次会议的一大特色，具有重要意义。

## 四 加强共产党在争取和平、进步和社会主义的反帝阵线中的作用

共产党是巩固和发展反帝阵线的关键因素。会议讨论了加强共产党在反帝阵线中的作用问题，《茨瓦尼宣言》综合表述了各国共产党和工人党代表的意见。

《茨瓦尼宣言》指出，各国共产党有责任巩固和加强反帝阵线，将争取和平、进步、生态环境可持续发展的斗争整合到为实现社会主义的斗争中来。该《宣言》强调，我们生活在一个从资本主义向社会主义的转变已经成为人类文明的一个迫切要求的历史时代：在不断加深的资本主义经济危机面前，社会主义国家的建设经验充分显示了社会主义制度的优越性；资本主义的全面危机再一次证明，民族的解放离不开社会的解放和阶级的解放。

《茨瓦尼宣言》还要求各国共产党和工人党高度重视思想领域的斗争，坚决反对反共主

义、机会主义、社会民主主义，用科学社会主义思想战胜各种形式的资产阶级思想，强调这一斗争对加强反帝阵线的团结和保证斗争的胜利将起到“关键的作用”。

《茨瓦尼宣言》最后要求各国共产党和工人党在以下五个方面采取共同行动，巩固和发展各国的反帝阵线：

（1）推动工人和人民争取劳工权利和社会权利的斗争，加强工会运动及其阶级导向，加强与农民和其他社会阶层的联盟，要特别关注妇女问题和青年问题。

（2）加强争取和平、反对帝国主义侵略和战争、反对北约制定的新的更具有危险性的战略、反对在国外建立军事基地和要求废除核武器，与所有反抗帝国主义国家的人民和运动紧密团结在一起。

（3）对反共产主义的法律、措施和迫害行为进行坚决的斗争，要求恢复那些被置于非法地位的共产党的合法权利，坚定地捍卫国际共产主义运动的历史以及社会主义对人类文明不可磨灭的贡献。

（4）声援那些从事社会主义建设和为社会主义而奋斗的国家和人民，重申支持古巴的社会主义革命，坚决反对继续封锁古巴。

（5）致力于加强国际反帝国主义的群众组织：世界工会联盟、世界和平理事会、世界民主青年联盟和国际民主妇女联合会。

总体来看，冷静分析资本主义经济危机发展的新态势、确定新的斗争任务和共同的斗争策略，是第12次共产党和工人党国际会议的主要成就。

（《当代世界与社会主义》双月刊2011年第1期）

# 《2010—2011 世界社会主义黄皮书》发布暨学术研讨会综述

谭扬芳

2011 年 3 月 1 日，中国社会科学院世界社会主义研究中心、社会科学文献出版社在北京联合举办“《居安思危——苏共亡党二十年的思考》、《2010—2011 世界社会主义黄皮书》发布暨世界格局的演进与世界思潮的变化”研讨会。上午会议由中国社会科学院马克思主义研究院院长、世界社会主义研究中心副主任程恩富主持，下午会议由中国社会科学院副院长、世界社会主义研究中心主任李慎明主持。中国社会科学院常务副院长王伟光、中组部原部长张全景、原中顾委秘书长李力安、中央政策研究室原副主任郑科扬、中国文化软实力研究中心主任张国祚等同志出席会议并讲话。来自中国社会科学院、中组部、中宣部、中联部、中央政策研究室、中央党校、国防大学、国务院发展研究中心等部委，北京大学、清华大学、中国人民大学、武汉大学、辽宁大学等高校，新华社、人民日报社、光明日报社、中宣部《党建》编辑部、《中直党建》编辑部、《红旗文稿》编辑部、中组部《党建研究》编辑部、中国组织人事报社等新闻报刊单位的负责人、专家学者近 200 人参加会议。专家们高度评价两本书的理论意义和现实意义，一致强调，要居安思危，认真汲取苏联解体和苏共亡党的深刻教训；把握机遇，在世界格局的演进与世界思潮的变化中保持清醒的头脑；永葆党的先进性，进一步深化相关理论研究，坚持和发展马克思主义，奋力推进中国特色社会主义。

## 一　高度评价两本书的理论意义和现实意义

与会者认为，《居安思危——苏共亡党二十年的思考》史料翔实、分析透彻、理论系统、结论发人深省。这是一部导向正确的学术力作，也是一部创新之作，具有重要的理论意义和决策参考价值。对于我们建设马克思主义学习型政党、巩固党的执政地位，坚持中国特色社会主义道路，都有重要的启迪作用。《2010—2011 世界社会主义黄皮书》是世界社会主义研究中心专家学者长期跟踪研究世界社会主义运动发展变化，在国际金融危机大背景下深度透析世界格局演进，总结其中经验教训的最新研究成果，凝聚着广大科研工作者的辛勤汗水和智慧结晶。

王伟光指出，《居安思危——苏共亡党二十年的思考》对苏联垮台的根本原因作了精准的判断，该书提出了一个重要观点：尽管苏联剧变原因种种，但起主导决定作用的因素是作为执政党的苏共本身的蜕化变质，其根本在于指导思想上背叛了马克思主义的基本思想路线。

张全景指出，《居安思危——苏共亡党二十年的思考》是苏共亡党20年的一个很好的总结，分析透彻，发人深省，是一部以马克思主义为指导、实事求是分析苏共亡党的精品力作。该书的突出特点就是始终站在最广大人民群众根本利益的立场上来思考和研究问题，始终运用辩证法的思维透过现象看本质，始终抓住问题的主要矛盾和矛盾的主要方面。书中得出的基本结论是：苏联解体的根本原因在于苏共内部，即苏联共产党的蜕化变质，从思想上、政治上、组织上、作风上的蜕变。

李力安指出，《居安思危——苏共亡党二十周年的思考》的前期成果八集教育参考片《居安思危——苏共亡党的历史教训》，在党内外、在思想理论界，甚至在国外也曾引起较为强烈的反响。今年是苏联解体20周年，现在郑重推出这本书可谓正逢其时，很有意义。

郑科扬指出，《居安思危——苏共亡党二十年的思考》全面、系统、完整地研究了苏共为什么垮台，苏联为什么解体，作者态度严谨，方法科学，保证了该书的权威性。苏共亡党，苏联解体，根本的原因不在于斯大林模式及苏联社会主义模式，而在于从赫鲁晓夫集团到戈尔巴乔夫集团逐渐脱离最终背叛马克思主义、社会主义和最广大人民群众的根本利益。其结论发人深省。

程恩富指出，《2010—2011世界社会主义黄皮书》是世界社会主义跟踪研究报告文集，受到学术界的好评和社会的广泛关注。该书总结了中国道路的成功在于：一方面，坚决拒绝外来干预；另一方面，主动学习世界上所有国家和民族的先进经验；根据本国国情，提出自己的经济体制改革乃至政治体制改革的思路，坚持根据本国的特点决定中国特色社会主义的制度，从而使世界上出现了非西方的成功发展经验。该书阐述了中国既不搞西方的私有化，也不搞纯粹的公有制；既争取和平的国际环境发展自己，又以自主发展促进世界和平，中国不走“国强必霸”的路子。这些分析是颇有见地的。

张国祚指出，《居安思危——苏共亡党二十年的思考》的出版，有比较深远的历史意义。该书反映了作者强烈的政治意识、忧患意识、责任意识和战略意识。在如何看待苏联解体这个重大的历史课题上，在国内外各种相关文章、著作中，《居安思危》是一部当之无愧的力作。

高翔（中国社会科学杂志社总编辑）指出，《居安思危——苏共亡党二十年的思考》是一部令人深思而且学术性、理论性和文学性都很完美地结合在一起的作品。该书对加深全党特别是包括我们整个社会科学界对苏联历史的认识，有深远的意义。

谢寿光（社会科学文献出版社社长）指出，《居安思危——苏共亡党二十年的思考》、《2010—2011世界社会主义黄皮书》充分显示出我国学者在对苏联解体的原因和吸取教训的分析走在世界的前列，这对促进整个世界社会主义研究进一步的深入，有重要的理论意义和现实意义。

梁柱（北京大学原副校长）指出，《居安思危——苏共亡党二十年的思考》的最大意义在于，对苏联解体这样一个重大的历史事件，作出马克思主义的回答，反映了中国共产党内马克思主义的声音。之所以意义重大，原因在于今天在我们党内，从思想上来说主要不是马克思主义和非马克思主义的矛盾，而是马克思主义和反马克思主义的分野。

刘书林（清华大学教授）指出，该书导向正确、论证严密、资料翔实，在国内外的公开发行，对于思想理论界正本清源，深刻地认识和总结苏联垮台的教训，将意义深远。

周新城（中国人民大学教授）认为，该书立场鲜明，方法科学，观点正确，结论有说服力。

## 二 认真汲取苏联解体和苏共亡党的历史教训

与会者认为，2011年是中国共产党成立90周年。认真总结苏共亡党、苏联解体的教训，对于我们党居安思危，进一步加强党的先进性建设和执政能力建设，十分重要和十分必要。

张全景指出，苏联亡党亡国的教训深刻，需要深入探讨，需要很好总结，以便成为我们的鉴戒，重温毛泽东同志关于巩固发展社会主义制度，防止“和平演变”的论述，提高我们的思想理论水平。联系我国的现实，对歪曲篡改马列主义基本原则，否定毛泽东、毛泽东思想和社会主义道路的种种谬论，理直气壮地予以驳斥，以正视听。从而更好地建设中国特色社会主义。

陈之骅（中国社会科学院荣誉学部委员）认为，研究理论、研究历史，并不是为理论而理论，而是为了总结经验教训，为现实服务。《居安思危——苏共亡党二十年的思考》中涉及的问题和揭示的历史教训，几乎都是值得各现实的社会主义国家及其执政的共产党，特别是正在建设具有本国特色社会主义的中国共产党认真思考的。我们党90年来取得的辉煌成就与善于不断总结和汲取各国党的正反两个方面的经验教训分不开的。

李力安指出，我们党作为马克思主义政党，在90年的革命和建设过程中的胜利、挫折、再胜利，都与世界社会主义运动的大潮息息相关，与国内外反动势力在意识形态上采用的各种手段的进攻有关。所以，认真总结苏共亡党的教训，居安思危，进一步加强党的自身建设，抵制“西化”和“分化”的图谋十分必要。

程恩富指出，苏联解体和苏共亡党的首因在于戈尔巴乔夫和叶利钦领导集团主动放弃、背叛马克思主义和社会主义制度。这就使其社会意识形态陷于极端混乱的状态中，导致了其社会主义制度的瓦解。苏共丧权、苏联解体，有体制僵化、经济缺少活力、决策失误、民族矛盾等多方面的原因，但领导集团精神信仰崩溃，导致整个党和人民的思想陷于混乱，是更为深刻的根源。因此，居安思危，汲取苏联解体和苏共亡党的深刻教训，必须认真搞好哲学社会科学的研究、宣传和教育。

张国祚指出，中国这些年来确实发展得很快，社会总体上是稳定的，但也明显存在着一些较严重的社会问题、潜伏着许多可以预见到的和难以预见到的风险，所以我们应当居安思危。苏共灭亡有两个重要的原因，一个是没有给人民群众带来实实在在的利益，二是苏联文化软实力大厦的坍塌，后者更为重要、更为直接。苏联解体最惨痛的，也是最发人警醒的教训是意识形态没搞好。

梁柱指出，我们常说居安要思危，更何况我们今天居的不一定安，更应该思危。居安思危是所谓盛世危言，现在都讲盛世，事实上我们现在居的并不安，外有强敌包围，内有尖锐的社会矛盾。

潘维（北京大学教授）从思想多元化和虚拟时代的现实出发，强调指出，居安思危，汲取苏联解体和苏共亡党的深刻教训，提高意识形态工作者的素质，创新理论系统，以适应新时代要求。

张文木（北京航空航天大学教授）指出，苏联亡党亡国的惨痛教训在于认识论根源上的形而上学。其实质在于脱离了唯物主义和辩证法。因此，居安思危，汲取苏联教训，我们还要尊重实践，尊重实际，不要脱离群众。

李伟（中国社会科学院马克思主义研究院研究员）指出，否定斯大林是苏联亡国的根本开端。汲取苏联教训，我们必须同否定毛泽东的错误思潮作斗争，否则，我国必出大问题。

## 三　在世界格局演进与思潮变化中保持清醒和坚定

与会者认为，国际金融经济危机致使当代国际格局出现了变化，国际思潮也随之发生了相应转变。相对于苏东剧变时的低潮而言，世界左翼和社会主义思潮开始出现复兴，这是我国和平发展的大好机遇之一。但是，美国金融危机引发的世界经济危机远没有结束，还在继续深化并开始改变世界的格局。对此，我们必须保持清醒的头脑。

王伟光指出，世界格局正在加速向均衡化多极化的方向演进，西方占主导地位的世界格局短期内难以根本改变。因此，从根本上改变南北发展严重失衡并进而改变金融危机后世界热衷议论的全球失衡，还有很长的一段路要走。中国仍然是发展中国家的一员。正确观察金融危机后世界格局的演进，积极营造有利于自己长远发展的国际环境，要求我们真正懂得居安思危和将立足点置于西方占主导地位的世界格局短期内难以根本改变的基点上，要求我们不能因为出现了世界格局加速均衡化和多极化的积极因素而忘乎所以、夜郎自大，同时，也要求我们保持清醒头脑，毫不动摇地坚持与自己发展中国家身份相符的立场和观点。

李慎明指出，当前国际金融危机带来的全球经济动荡仍在演进。我国面临着难得的战略机遇期，同时也面临着前所未有的挑战。世界正处在大变革大调整的前沿，变革和调整的根源是国际垄断资本主导的新一轮全球化带来的绝大多数人越来越穷，几乎所有国家越来越穷，而极少数人越来越富的结果。国际金融危机仍在深化，多极化的所有实体，其危机依然是灾难深重，很难在短时间内走出困境。两极分化导致左翼和社会主义思潮开始有所复兴，整个全球性的社会动荡可能还会加剧。就目前而言，西强我弱的局面可能在一个较长时间内不会改变。我们必须清醒地认识到，美国的金融危机不仅证明了马克思当年对资本主义生产方式的批判是正确的，而且证明了马克思当年对资本主义生活方式的批判也是正确的。我们必须坚持一个中心，两个基本点；在以胡锦涛同志为总书记的党中央正确领导下，避免在中国发生大的金融动荡和经济衰退，为人类发展作出贡献。

杨斌（中国社会科学院马克思主义研究院研究员）指出，在国际金融危机大背景下，美国在面临很多不利因素的情况下，会采取特殊的行动防止霸权衰落，这是帝国主义在面临危险的时候，会拼命挣扎、更加疯狂的普遍规律的反应。对此，我们要对美国正处于一种疯狂状态有清醒的认识。

何干强（南京财经大学教授）指出，目前有三种世界思潮值得高度重视。一是新自由主义经济思潮。虽然受到我国学界的深刻批判，但其影响依然存在。特别是对外资自由进出的危害性和人民币升值的问题，我们要保持清醒的认识。二是民主社会主义经济思潮。其经济模式，就是私有化加再分配。认为私有制有效率，出现了问题可以用二次、三次甚至四次再分配来解决。我们一定要敢于深入到所有制层面，对其进行深刻分析。三是体制中性化思潮。在世界上产生了相当大的影响。其危害在于混淆体制和生产资料所有制决定的经济制度。淡化对社会主义经济制度与资本主义经济制度的根本区别，鼓吹只有发达和不发达之分。导致了对社会主义根本制度的贬低，把社会主义国家在管理体制上的某些缺陷，等同于根本制度上的不可克服的缺陷。面对这些思潮，我们要从理论和实践的结合上巩固和维护社会主义基本经济制度，尤其是要大力提倡振兴公有制经济，反对民进国退的思潮，在批判中弘扬马克思主义经济学的科学思想。

## 四　要进一步深化党的先进性理论研究

与会者指出，为了进一步加强党的自身建设，永葆党的先进性，我们必须坚定共产主义信仰和中国特色社会主义信念，必须毫不动摇地坚持以马克思主义为指导，必须正确对待历史，反对历史虚无主义，始终站在人民的立场上想问题、做决策，进一步深化相关理论研究。

李慎明指出，永葆党的先进性，我们必须做到以下几点：一是要坚持高度重视党的思想理论建设，反对各种形式的教条主义和经验主义。二是要高度重视培养无产阶级革命事业接班人。三是要坚持民主集中制，加强党内监督。四是要坚持党的群众路线，一切为了群众。五是要坚持改革开放的正确方向。六要警惕国内外敌对势力的西化、分化阴谋。

郑科扬指出，只要我们这个党从上到下，坚持我们的理论旗帜，坚持我们的前进道路——中国特色的社会主义道路；只要我们能够妥善解决好十五大提出来的共产党面临的两大课题（一是领导能力，执政能力、执政水平；二是增强拒腐防变，抵御风险的能力，注重思想建设、组织建设、作风建设、制度建设等），就没有什么外部力量能够搞垮我们党。

程恩富指出，为了永葆党的先进性，我们必须理论联系实际，澄清当前理论界存在的一些是非分歧。那种认为苏联解体是计划经济的失败的说法，是一种谬误。同样，以苏联为例证明计划经济低效率更是站不住脚的。相反，苏联解体以前，西方的比较经济学、美国中央情报局等各类西方机构都是一致公认：苏联的综合国力是日益上升的，而且日益接近美国。苏联在20世纪70年代经济的平均增长速度大体上在5%，远远高于西方主要国家同期2.5%左右的平均水平。假如理论界不进行实证性研究，澄清这些理论是非，人云亦云地认为苏联的解体是苏联社会主义制度的失败，是计划经济的失败，教条主义地接受“私有制市场经济效率最高”的错误信条，那么，“全盘西化”的威胁就会向我们逼近，改革的方向、共产党的执政地位、劳动人民的切身利益都将受到挑战，我们难免步苏联后尘，犯下历史性的错误。

张国祚指出，为永葆党的先进性，我们理论工作者一是必须始终牢牢把握正确的政治方向。这个正确的政治方向可以用三个不违背来概括，首先，不能有违于中央已经确定的大政方针。其次，不能有违于我们党的基本理论。最后，不能有违于我们中华民族长远的根本利益。惟其如此，方可谈“双百方针”。二是一定要强化问题意识。我们确实存在不少问题，那么如何以苏联解体为前车之鉴，弄清中国究竟存在什么问题，分析其产生的原因，找到解决问题的务实、管用的新招至关重要。三是要明确主攻方向。研究如何巩固我们党的执政地位，提高我们党的执政能力，如何把我们中国特色社会主义这条道路走得更好，这应该是主攻方向。四是要有宽广的世界眼光。善于借鉴他山之石。五是要不断与时俱进，有所创新。永葆理论和政策的生命力。六是要改进文风。提倡生动活泼、简洁明快、通俗易懂、深入浅出、喜闻乐见、适应信息时代的、有利于马克思主义大众化的文风。

梅荣政（武汉大学教授）指出，为永葆党的先进性，我们必须面对阶级斗争客观存在的现实。否则，我们一定会失去主动权。如果要取得主动权，要解放思想，要把四项基本原则坚持到底，我们就要很好地研究这个时期、这个阶段阶级斗争存在的根源，阶级斗争有哪些主要的表现，有哪些主要的基本特征，它的规律性的表现是什么，我们怎样驾驭这个阶段的阶级斗争。这是今后我们要认真深入而且要投入相当的力量进行研究的问题。

高翔指出，为永葆党的先进性，必须深化对以下问题的认识：一是如何看待马克思主义。其科学性究竟体现在哪里，发展马克思主义和坚持马克思主义的关系究竟是怎么样的，唯物史观的基本精神、基本要义、包括阶级和阶级斗争的学说，社会存在决定社会意识等最基本的。ABC 的问题，是不是过时了，还有没有必要坚持。二是如何看待党的建设。我们党需不需要一个统一的意志，共产党员对共产主义的坚定理想、中国特色社会主义坚定信念需不需要坚持。三是如何看待人民群众的历史作用。我们党的阶级基础和群众基础在哪里，需不需要进一步扩大和巩固我们党的阶级基础和群众基础。四是如何看待与时俱进，开拓创新。我们的创新是中国特色社会主义事业的创新，社会主义的基本原则、基本原理、基本教义我们必须一丝不苟地坚持下去。同时，在这个基础上必须立足当前国际国内形势的变化，大胆探索，有所作为，把我们的事业卓有成效地推向前进。

另外，出席会议的专家学者还有金冲及、李秋芳、黄浩涛、杨克、秦天、于祖尧、谷源洋、徐崇温、吴雄丞、吴健、赵曜、田心铭、姜述贤、徐世澄等。

（《马克思主义研究》2011 年第 3 期）

# 构建以公租房为主的“新住房策论”

## ——“中国经济社会发展智库第4届高层论坛”综述

钟卫华

2011年3月2日，中国经济社会发展智库理事会、中国社会科学院经济社会发展研究中心和中国人民大学马克思主义研究院联合主办的“住房理论与政策：中国经济社会发展智库第4届高层论坛”在中国人民大学举行。中国社会科学院副院长李扬，全国人大代表、中国社会科学院马克思主义研究院院长程恩富，住房和城乡建设部原副部长宋春华，全国人大代表、住房和城乡建设部政策研究中心主任陈淮，中国人民大学副校长林岗，全国政协委员、中国社会科学院学部委员李崇富，国务院参事任玉岭，中国社会科学院学部委员、财贸所原所长杨圣明，国务院国资委研究局副局长楚序平，国务院发展研究中心社会发展部原部长丁宁宁，国家信息中心经济预测部副主任步德迎，国家发改委宏观院研究员夏小林等有关领导和著名学者出席论坛并发表演讲。会议分别由中国人民大学马克思主义学院院长秦宣、中国社会科学院马克思主义研究院原理部主任胡乐明等主持。来自中国社会科学院、北京大学、中国人民大学、中央财经大学、浙江大学宁波理工学院及政府部门的300多位专家学者和师生，围绕论坛中心议题——“住房理论与政策”进行了广泛深入的研讨，提出了“以公租房为主、以商品房和私租房为辅”的建设性政策建议。现将会议的主要观点综述如下。

### 一　住房是重要的民生和社会问题

与会者一致认为，住房问题涉及千家万户，既是经济问题，又是一个重要的民生问题。住房问题解决得不好，将影响国家稳定与和谐社会的构建。因此，政府要把解决老百姓住房作为重要的民生问题放在第一位。住房问题解决得不好，可能会引发社会矛盾，造成社会动荡。

林岗指出，住房问题是一个非常重要的民生问题，也是所有人关心的问题。就拿高校刚毕业留校的青年教师来说，没有房子住，买不起房子，不能安心留在学校工作，将影响到学校将来发展的后劲。这个问题在社会上就更为严重，那么多的民工进入城市工作，都住得那么差，或者根本就没有住的地方。打工20年，还买不起一套房子，这都是很严重的社会问题，也是影响社会安定的一个问题。

李崇富指出，人民群众获得基本住房，是最起码的基本生活条件，不能以此作为一般商品，以新自由主义的做法，让扭曲的市场自发地投机炒作。无论房屋出售还是出租，必须让普通住房回归居住功能和民生本性。现在房地产业"绑架"了银行，银行又"绑架"了政府和国民经济。而一旦房地产价格大起大落，使房地产泡沫进一步膨胀和破裂，其后果不堪设想。

住房同时又是重大的政治问题。任玉岭认为，住房是有公益性质和重大政治意义的，它与民生的关系是十分直接的。不仅涉及和谐社会的成功构建，也涉及城市化的快速推进。为此，我们应该把住房问题上升到执政为民的战略高度，将其作为以人为本的科学发展观的重要内容，抓好这项具有公益性、政治性的大事情。

中国社会科学院社会政策研究中心秘书长唐钧也认为，住房问题是个政治问题。从政治的角度谈住房问题，并不是为了上纲上线吓唬人，而是因为公共政策或社会政策本来就是一项政治抉择。现在我们整天讨论"高房价"，这显然是把讨论问题的基本点局限在经济领域，政府的政策也在是否对房地产市场进行干预上反反复复。但"芝麻开花节节高"般的房价说明，这样的应对策略显然不对路。在社会领域，关于住房是公民的基本权利的呼声虽然不断，但仍显微弱，难以与强势的市场喧嚣相匹敌。但是，因此而引发的严重后果却已经在动摇我们的政治基础。

## 二　近年来房价畸高和上涨过快的原因

与会者一致认为，近年来我国房价畸高、而且上涨过快，原因是多种多样的。有住房理论层面混乱的问题，也有非公经济大规模发展的原因，最主要的是住房过度市场化、地方政府"土地财政"主导、政府在执行房改目标时政策软化、既得利益者搞官商联合导致住房改革与管理乏力等原因造成的。

林岗指出，导致今天我国住房问题的原因之一是指导思想出了问题。中国经济问题的解决需要用马克思主义理论来指导，这个原则在很多人中间已达成了共识。但是，在实际经济生活中，很多人并不是站在马克思主义的立场上，而是依据一些其他的理论作指导，这样就导致了政策上的一些矛盾。哪种理论正确？检验的标准是实践，现在实践已经部分地证明了马克思的理论是更高明的。

云南财经大学研究生部主任周文教授认为，中国高房价的根源在于房地产理论认识谬误百出。一是需求理论存在谬误，很多人认为中国城市化进程、刚性需求和投资需求推高房价，实质并非如此。比如说，要是刚性需求能推高房价，那么粮油更存在刚性需求，那为什么粮油不存在高价？二是房地产的支柱产业理论存在谬误论，2003 年以来，房地产支柱产业论逐步成为经济理论界的主流声音，导致的结果就是实践上始终不敢把房价降下来。怕降房价引发严重的就业等社会问题。这些理论的谬误导致了房地产市场制度设计不合理，存在严重的制度缺陷。

没有有效区分住房政策和房地产政策；住房保障制度建设迟缓；基本住房保障严重缺位是推高房价的另一个重要原因。唐钧认为，造成高房价的一个重要原因就是没有分清住房社会政策和房地产市场这样两个概念。自从本世纪之初停止了"福利分房"之后，在很长一段时间内，我们只有房地产政策，根本就没有住房社会政策。所有在住房方面有需求的居民家庭，都被逼上了"华山一条道"，唯一的选择就是找"房产商"买房去。这就造成了房地产市场看起来拥挤不堪，住房需求无穷无尽的假象。

与会者认为，导致目前住房问题产生的最重要的原因，是想所有的问题都让市场来解决，对住房问题依赖于市场来解决过于理想化了。李崇富指出，导致大城市商品房房价畸高的原因，就是由于制度性放纵和过度市场化。过度市场化使住房已经基本丧失了居住功能和民生属性，而异化为少数富人和权势者炒作投机、牟取暴利的工具，从而造成了大量房产资源浪费和严重的贫富分化。丁宁宁也认为，官商勾结，政府老想小政府、大社会，把本应该政府干的事儿，交给房地产开发商去做，这是导致目前住房领域问题百出的重要原因。

中国社会科学院财贸所研究员倪鹏飞指出，住房保障制度残缺不全，纵向财权与事权安排不合理，税收尤其住房税收制度体系不合理，土地制度地方政府高度垄断，开发市场垄断和商品房预售制度便利转嫁风险，住房金融制度结构单一，分配制度不够完善，户籍制度城乡分割，偏颇松弛的绩效考核制度，这些制度的缺失导致了地方政府炒卖地冲动，中央政府刺激增长冲动，开发企业建房冲动，金融机构房地产信贷冲动，购买主体投资投机冲动，土地供给者制度外行为冲动，这些冲动使房价得以推高。

丁宁宁认为，20世纪80年代分权化的财政体制改革，以承包为特征的方式取消了公共预算，导致现在公共服务的责任在地方政府，但是主要财力在中央，而没有规定根据地方公共服务所需要的财力去进行财政转移支付。事权和财权不统一，从而使地方财政出现困难，推动地方政府变着法子卖地皮，陷入土地财政。

程恩富指出，高房价与非公经济的大规模发展以及社会财富、收入的贫富分化有关，这个现象，从马克思主义政治经济学的角度来看是早就预见到的。

河南财经政法大学产业经济研究所所长刘美平指出，正是中央政府房改目标在执行中发生了偏斜才导致今天的房价畸高。具体表现是地方政府和私营垄断开发商之间暗合谋作用、私营垄断开发商之间的明合谋势力、高收入的强势群体的错位购买、银行的非理性过度供给支持和政府管制软化是导致房价虚高的根本原因。并非地价推高房价，相反是高房价推高了地价。

除上述原因之外，步德迎认为，房价过高且持续上涨有六大原因：第一，目前城镇存在二元结构。过去都讲城乡二元结构，其实农村与城市内部也存在着二元结构。第二，宏观政策过于宽松。第三，中国经济和居民收入处于高速增长期，而对于未来住房价格的预期也比较高，因为高速增长，所以房价一般的规律也是随着经济上涨的。加上强烈的通货膨胀预期，居民购买住房存在宜早不宜迟的心理，把大量未来的需求提前实现。第四，人民币升值预期比较强，购买中国房产，可获价格上涨和币值提高双重收益，致使热钱很大部分投入房地产市场。第五，宏观经济对房地产市场依赖程度过大。第六，各种错误信息误导了中央的决策。

## 三 进一步深化住房理论研究

与会者认为，理论是政策的先导，近年来住房领域出现的问题，与我国有关住房领域的理论混乱有很大的关系，因此，解决住房问题必须进一步深化住房领域里的理论研究。要对住房的属性、房地产业的定位、住房对其他产业的影响、税收制度等相关理论开展进一步研究，在此基础上为国家制定住房目标政策提供理论支撑。

马克思主义向来重视住房问题。林岗指出，经典作家恩格斯早在1872—1873年，就写下了著名的《论住宅问题》一书，提出了资产阶级无法解决住房问题的基本观点。恩格斯提到造成当时住房短缺的情况与我国今天出现的情况有惊人的相似之处。因此，恩格斯讲用公有制的办法来解决住房问题，是有道理的，当然并不是照搬。

陈淮认为，理论比政策更重要，政策只是人们的主观意识。出于站在多数人的立场上，出于良好的愿望，出于自以为对客观规律的把握，设计的那些政策，不一定是客观的。住房理论的研究必须站在真正的马克思主义立场上。政策的选择首先是拍板决定政策的人，按照最有利于他的办法来决定的。所以研究规律和理论更符合科学。

李扬认为，住房问题现在是我们国家三大热点之一，同时它也是非常复杂的问题。因为它涉及所谓民生，涉及经济的发展，涉及政治，涉及社会各界的心态。因此，解决住房问题应该综合全面系统研究才能解决问题。如果仅仅从某一个角度去研究就有盲人摸象之嫌，很难解决住房领域的问题。步德迎也赞同这一观点，认为住房是一个综合性的问题，涉及方方面面，目前讨论比较多的是房价的问题，他认为还是必须综合考虑与住房相关的各种因素，至少要考虑这样六个方面：一是住有所居的问题，即有房住的问题；二是城市效率问题；三是生活方便问题；四是资源流动问题；五是环境保护问题；六是杜绝投机问题。

关于房地产业是不是支柱产业的问题，宋春华作了肯定回答。他认为，房地产业是支柱产业是不言而喻的。看一个产业是不是支柱产业主要是看四个方面：一是它必须有一定的总量规模。规模太小，无足轻重，谈何支柱，我国的房地产增加值现在已经占到了GDP的5%，应该讲有了一定的总量。二是它必须有强劲的拉动力。房地产可以拉动几十个相关的行业和产品。三是它必须有比较强的抗波动的能力，因为我们的房地产覆盖面特别大，而且这个产业的惯性强，它具有抗波动的能力。四是要有可持续发展的潜力，不能昙花一现。从这四个方面看，房地产业为支柱产业是不言而喻的。

谈到税收理论问题，中央财经大学税务学院教授汪昊认为，国家对房地产采取了多次调控，在每次调控当中，大家都会注意到税收的手段，比如说转让二手房增加营业税，还有对房地产开发商增加土地增值税等。我们可以看到，增加税收的调控措施不仅没有抑制房价，反而推动房价进一步上涨，为什么？一个简单的理论就是税收是可以转嫁的，它是依据市场的供求情况，无论你这个税是由房地产开发商缴还是由买房人缴，在需求旺盛、需求趋向不正常的情况下，所有在流转环节的税收，都会加入价格当中，由买房人来承担。因此我们的一个基本的判断，就是我们以前通过税收来对房地产进行调控的政策，不仅没有抑制房价，反而推动房价进一步上涨。

## 四　解决目前住房问题的对策

如何改变目前我国住房价格虚高、老百姓难以承受的现状，与会学者进行了热烈的讨论，多数人认为，住房问题单靠市场一条腿走路是难以解决的，需要针对不同的群体采取不同的政策措施。

程恩富强调，要完善住房制度建设，针对不同群体采取不同的政策措施，对不同的人群进行住房的分类供应。对低收入和中等收入的人群提供不同档次（面积、质量和环境）的公租房，高收入者可以自购由市场决定的商品房。借鉴国外有效措施，政府要制定政策促使开发商不租售的空置房和已购的商品房在一年或两年内卖出去或者租出去，否则，政府将对空置房征收略高于当地租费的空置费。同时，政府也应采取措施，能保证开发商售房后有15%左右的利润，实现住房的供求双方互利共赢与社会和谐。

解决住房问题，要正确处理市场与保障方面的关系，加快保障性住房建设。林岗认为，单靠市场解决不了全部住宅问题，重新回到过去一大二公的状态，也是不可能的。住房市场必须有国家的介入。但国家的介入主要不是控制价格，而是要建公租房。世界上很多发达国家，都有公租房的制度，并且做得不错。从这个意义上说，恩格斯讲用公有制的办法来解决住房问题，是有道理的。

李崇富指出，广大市民即一般工薪阶层的基本住房，应当以各级政府为主导通过有限的货币化来解决。完全市场化的商品房企业，依然还应有活动舞台和发展空间。高档商品房可以在政府管理下，依法依规，通过完全的市场机制调节来使高收入者获得一切可能的、合法的和合情理的满足。

倪鹏飞认为，解决住房问题应建立城乡全覆盖的住房保障体系。一是构建三层多级的住房保障体系，使受保障家庭达到全国家庭总数的60%，保障低收入家庭（占20%）的栖居，中下收入家庭（占20%）的安居，中等收入家庭（占20%）的康居。二是坚持“区别保障、封闭运行、过滤使用和动态调整”的基本原则。划分不同的保障对象，建立不同的保障标准，采取不同的保障形式；将保障房与商品房相隔离运行。从微观层面，定期动态调整保障对象；从宏观层面，动态调整保障住房的比例、标准和形式。三是制定《住房保障法》等法律法规，明确规定：住房保障的决策、执行和监督程序与机制；管理机构与开发模式；规划选址、土地供给、资金支持；保障对象与保障房标准；准入、轮候与退出制度。

要保证政策的稳定性和连续性，重构中央与地方分权的制度安排，建立城乡统一的住房制度。宋春华认为，解决目前的住房问题，住房政策要保持稳定性和连续性，调控要有一个清晰的目标。

倪鹏飞认为，要调整中央和地方的事权划分，增加中央政府公共服务的分担份额，建立与事权对称的财税体制，扩大地方政府的财政分成比重。完善转移支付分配制度，调整收入差距。建立规范的中央和地方保障性住房共担制度。住房保障体系属于中央和地方共同承担的公共服务范畴，需要中央和地方共同承担责任。中央政府负责制定全国的住房政策，监督市场运行，同时承担保障性住房的公共服务责任（包括对落后地区提供转移支付）；地方政府负责执行国家的住房政策和规划，接受上级政府的督促和监督，制定本地的住房政策和规划，监督当地住房市场，承担当地保障性住房的公共服务。

楚序平则提出，要按照十七届三中全会关于农村土地改革的意见，在保障土地国家所有和集体所有的前提下，进一步加大农村土地制度改革。在严格保障耕地红线的基础上，使我国农民享有完整的房屋财产权，使农民的住房包括小产权房能够进入市场流转。这会取得三方面的积极作用：一是它将会极大地增加供给，满足城市的需求。二是实行保障农民房屋完整的产权将会造福所有农民，促进城乡的统筹发展。三是有助于缓解当前紧张的社会矛盾。如能够放开小产权房这样的市场，全国的房价立即会下降一半。

取消商品房预售制度。程恩富认为，我国商品房预售制度是一个历史的产物，适应了一个特定历史时期住房市场发展的需要，曾为我国住房市场发展和繁荣作出了积极的贡献，但也留下了许多弊端，越来越成为住房市场健康发展的障碍，顺应历史发展的变化，这项制度已没有存在的必要。

加快制定《住房保障法》和完善税收等相关配置措施。刘美平认为，综合治理房价虚高需要采取五大举措。第一，要设计出科学的、合理的、切合实际的与住房相关的法律制度体系。第二，建立完整的、高效的、规范的土地制度。第三，要抑制房地产业垄断经营，需要增加国有房地产开发商竞争主体数量，增强国有房地产企业竞争实力，改善房地产业市场结构。第四，要细化住房消费政策，区别对待生存性住房消费、储蓄性住房消费和投资性住房消费，优化住房消费结构。第五，要化解银行在房地产领域因金融支持过度产生的累积性风险，从根本上避免“泡沫经济”的发生。

中国人民大学不动产研究中心教授周诚认为，解决住房领域的问题，一是关闭土地二级市场，遏制土地投机；二是实行房产成本公示制，增加房价透明度；三是彻底开放房产市场，解决住宅紧缺难题。

西安交通大学社会工程研究中心教授王宏波认为，收入成为决定人们住房面积、住房套数、有无产权以及产权归属的重要因素。从社会分层视角提出了解决住房问题的四条建议：一是提高居民的收入水平，加大收入分配的改革力度，保障和改善民生；二是抑制住房投资、投机行为，保证住房的有效供应，促进房地产业健康发展；三是针对各种收入群体制定不同的住房政策，明确政策对象和目标，发挥商品房与保障性住房的互补优势；四是加强保障性住房建设，丰富、细化保障性住房的供应层次，严格控制保障性住房的准入资格。

步德迎认为，解决目前的住房问题，要从以下七个方面入手：第一，大幅提高城镇租房比例，建立规范的住房租赁市场秩序。第二，规范经济适用房流转制度，不准经济适用房进入市场流通。第三，尽快全面推出房产税。现在推出房产税的一个困难就是房价征税标地的确定，认为房产税的标地可以按照购买住房当年的价格，购房价和当年的房地产指数来计算，推出住房标地。这样就可以不需要进行重新评估，既便于操作，又可以杜绝评估过程中的腐败。第四，加大保障性住房的建设力度。第五，规范住房租赁市场秩序。第六，颁布《住房法》，通过法律来规范住房市场。第七，城市规划要充分考虑办公区和居住区的合理布局。

中国社会科学院马克思主义研究院原理部研究员余斌认为，要解决目前的高房价，一个重要的办法就是通过征收合理的住房保有税。中国社会科学院马克思主义研究院副研究员王中保则认为，征收保有税不合理，因为有的房子是买来自己住的，应该对住房出让增值部分征收高税率，这样既合理又能控制房价，防止房地产商囤积居奇。

与会者还提出尽快进行一次居民住房全国普查，摸清我国住房的家底。尽可能搞清楚每个人的收入，每个家庭的收入，这样才能在此基础上制定出正确的住房政策和解决目前的住房问题。

## 五　如何借鉴住房领域的国际经验

对如何借鉴住房领域的国际经验问题，与会学者进行了激烈的争论。有学者认为发达国家解决住房问题的成功经验值得我国借鉴学习；相反有的学者认为由于国情的特殊性，不可能单一借鉴某一个国家的成功经验来解决我国的住房问题。有的学者还从反面教训中提出了中国房地产业如何避免重蹈发达国家房地产业发展过程中出现的泡沫之路和政策失误带来的社会问题。

夏小林认为，新加坡解决住房思路明确，给国人稳定的房地产消费预期，让新加坡每个家庭都有真正的资产，有自己的住房，居者有其屋，成为凝聚人民保家卫国的纽带。新加坡建屋局的目标是兴建人民负担得起的住房，此做法值得借鉴。

相反，李扬认为像新加坡的经验对我们国家来说是不足为训的，我们国家是大国，又是穷国，还是一个转型的国家，又是社会主义国家，这些特征结合在一起，就决定了中国不可能单一地借鉴某些国家的经验。如果在廉租房、公租房、公积金等方面都是仿照他们的做法，把这些政策移植到中国，那么实际上都是有问题的。我们国家解决住房问题，需要有一个总体的设计，没有做到基本周全之前，单一的政策慎用，因为它很可能会干扰整个房地产的健康发展。

南京财经大学经济学院副教授赵光瑞认为，日本高速增长时期的公共住房政策适应城市化快速发展的需要，以住房金融公库、公营住房、公团住房、公社住房为主要基础，建立了一个面向中等收入、低收入群体的多方位的住房建设与供应保障体系，满足了日本国民的居住需求。其公平优先的原则以及自建、购买、租用相结合的住房供应体系对我国今后的住房政策改革有借鉴意义。

三明学院政治法律系副教授钟卫华认为，应该吸取日本的经验教训，防止国际游资冲击中国房地产市场。日本房地产泡沫的破裂原因很多，但与大量国际资本进入日本的房地产业，刺激了房价的上涨不无关系。目前西方国家压人民币升值，与当年美国、联邦德国、法国、英国与日本签订的“广场协议”本质上没有什么不同。因此不加强房地产市场的宏观调控将会给我国经济带来严重损害，不利于国民经济的健康发展。

## 六　中国应该建立何种住房目标模式

中国应建立何种住房模式，与会专家进行了热烈的讨论。有的学者认为中国的住房模式应该是“以公租房为主体、以商品房和私租房为辅”的住房目标模式；有的学者认为现有的“住宅私有体制”存在严重弊病，带来了很多社会问题，新住房的目标应该是以公有制为基础的“新住房租赁制”。

程恩富认为，构建和谐的城镇居民住房目标模式应该包括这样几个方面：第一，出于不做“房奴”和预防战争等原因，城镇住房自有率不应过高，目标模式应逐步降低至40%—

50%。瑞士自有率只有30%多，德国只有43%。第二，房价收入比应控制在居民能承受的范围之内。第三，房地产行业利润不能过度超过社会平均利润的水平。未来应构建“以公租房为主体、以商品房和私租房为辅”的住房新目标模式。依据各个城镇的政府实力和居民收入等状况，公租房建设可分为3—5个高中低档次，分别在建筑面积、建设成本和住房环境等方面有所不同。

南京财经大学当代马克思主义中国化研究中心主任何干强则提出了用“新住房租赁制”代替现在的“住宅私有体制”。他认为现有的“住宅私有体制”存在严重弊病。第一，造成私人房地产商暴富；第二，滋生腐败的房地产投机；第三，产生人们土地所有权占用的不平等；第四，造成土地利用的无计划并阻碍可持续发展；第五，引发住房供求结构失衡和产业结构失衡；第六，导致社会资源的无形损耗。新住房的目标应该是以公有制为基础的“新住房租赁制”。“新住房租赁制”，一是适应市场经济条件下的住房新体制；二是能够实现公有制土地供给与住房建设公有制供给的统一；三是有助于实现人民享有土地使用权的平等；四是有助于社会再生产遵循按比例发展的客观规律。

杨圣明认为，住房模式应该是三个1/3，不是百分之百的房子都能买卖。房子问题只依靠市场买卖，这条腿太单一了。应该实行三种办法，即市场化的占1/3，半市场化的占1/3，完全不要市场的、纯出租的、不能买卖的占1/3。

任玉岭则提出建设“可承受性住房”的概念，认为要着力扩大保障性住房建设问题。保障性住房，除了棚户区改造和廉租房供应之外，重点应是“可承受性”住房。第一，家庭收入×5>当地现行平均房价×80平米的，应进入到购买商品房的渠道。第二，家庭收入×5≤当地现行房价×80平米的，应进入到享受可承受性住房序列。第三，家庭收入×10≤当地现行房价×80平米的，应进入到享受廉租房的范围，而且适用于广大新老市民。按照第二点来设计中国的可承受性住房，以保证广大中低收入家庭住有所居是合理的，也是能够做到的。

唐钧提出我国的住房模式，用廉租房来解决低收入以及住房条件差的人的问题；以经济适用房来满足一般老百姓的住房问题；以市场化的商品房来满足社会上的高档需求。经济适用房应该是住房社会政策的重点。中国的城市应该大力发展经济适用房。国家多建廉租房不是好主意，后期的管理成本是无底洞，多建廉租房可能是一个政治陷阱。从城市管理的角度看，人为地将低收入群体聚集到一起居住，恐怕并非理智。目前在发达国家，类似廉租房的政策早已“下课”。

本届论坛通过研讨，认为在认真贯彻落实最近中央关于住房问题的一系列调控政策的基础上，应在住房领域建立“基础—主导”型双重调节机制，实行“以公租房为主体、以商品房和私租房为辅”的城市“新住房策论”，从根本上解决我国住房问题。

（《马克思主义研究》2011年第4期）

# 深入研讨马克思主义理论　认真总结党的历史经验

## ——全国“马克思主义与中国共产党成立九十周年学术研讨会”综述

牛玉峰　朱俊瑞

由中国社会科学院马克思主义研究院和杭州师范大学联合主办、杭州师范大学马克思主义研究中心承办的全国“马克思主义与中国共产党成立九十周年学术研讨会”，于2011年4月16—17日在杭州举行。来自全国22个省、市、自治区的高校、党校、科研、企事业单位专家学者以及杭州新闻媒体的记者、编辑百余人出席了研讨会。

研讨会分别由杭州师范大学副校级巡视员、马克思主义研究中心主任丁东澜研究员和马克思主义研究中心副主任、政治经济学院院长朱俊瑞教授主持。中共杭州市委副书记叶明发来贺信，杭州师范大学党委书记崔鹏飞致欢迎辞，浙江省马克思主义学会会长、浙江大学万斌教授和中共浙江省委宣传部理论处处长陈先春致辞。中国社会科学院马克思主义研究院院长程恩富教授作了题为《“两会精神”中国模式与苏联解体评析》的主题报告，杭州师范大学副校长何俊教授作了《马克思主义的早期传播及其启示——以浙江一师为例》的报告；陈占安、田克勤、林泰、陈锡喜、丁东澜等教授作了专题演讲。现将主要研讨内容综述如下。

### 一　关于中国特色社会主义

关于中国特色社会主义根本制度。程恩富在主题报告中指出，今年“两会”期间吴邦国委员长宣布和阐述了中国特色社会主义法律体系已经建立，其具有重大的意义。中国特色社会主义法律体系始终为特色社会主义事业保持本色提供法制根基，最重要的是坚持正确的政治方向，在涉及国家根本制度的重大原则问题上不动摇。如果动摇了，将会导致三个后果：一是社会主义现代化建设无从谈起；二是已经取得的发展成果都会丧失；三是国家会陷入内乱，诸如出现“颜色革命”等，世界上已经有了失败的教训。目前，我们的根本制度是在经济上确立了公有制为主体、多种所有制经济共同发展的基本经济制度和按劳分配为主体、多种分配方式并存的分配制度。这就强调了根本制度非常重要，同时也是合乎十七大报告的精神。但是也有人否定这样的提法，认为根本制度可有可无。这个观点是严重错误的。

关于中国特色社会主义政治制度的比较优势。林泰认为，中国经济长期快速发展，社会保持和谐稳定的事实证明了中国政治制度符合中国国情，总体上适合经济社会发展要求。当今中国的发展引起了国外对其成功原因的研究，但这些研究回避了政治制度，而中国真正与众不同的特色是有效的政治制度，这才是中国实现经济成功，创造出中国模式的全新现代化制度的真正原因。我国的政治制度具有比较优势。体现在：一是中国的政治制度在于可以制定国家长远的发展规划和保持政策的稳定性，而不受立法不同以及意识形态相应政策更替的影响；二是我国人民民主的政治制度可以避免金钱政治的影响，人民代表大会高于司法和行政，是体现人民当家作主的更好的政治制度，人民代表当选不受财团势力的左右；三是对于挑战和机遇能够作出及时的反应，特别是应对突发事件具有明显优势。我们在体制上虽有弊端需要完善，但总体是优于西方的。

关于中国特色社会主义道路的世界意义。郑彪认为，中国道路的根本意义和影响巨大的根本原因，在于它的颠覆性和开创性。首先，从东西方文化上看，中国道路从理论到实践，从政治、经济、社会、文化、心理等各方面都颠覆了200年来引导人类文明发展的西方道路、西方模式、西方中心论、西方至上等诸如此类的观念。这是因为中国道路有力地证明发展中国家有能力独立自主地在相对短的时间内大面积地摆脱贫困、创造财富，使人民过上有尊严的生活，并使国家走向富强和实现现代化。从这个意义上说中国道路具有革命意义。其次，中国道路代表对正义、公正、进步、道德、真理等人类精神价值的追求，是一种人类自我拯救的巨大力量，具有难以估量的精神意义、道德意义。再次，从国际政治上看，社会主义和资本主义这两种选择孰优孰劣，人类社会的最终命运和出路何在，当此历史关头，对这个20世纪遗留下来的重大问题的最终回答，中国特色社会主义道路的成功将具有重要的政治意义。最后，中国道路包括改革形成的社会主义经济政治体制对广大发展中国家摆脱贫困和“依附”，促进经济社会发展以及由此推动世界地缘政治经济和文化的发展变化，将产生难以估量的影响。

## 二　关于马克思主义中国化、时代化、大众化

关于马克思主义中国化的历史进程。田克勤指出，从宏观上加以考察，从马克思主义中国化自身发展的内在逻辑来说，其历史进程应该划分为两个历史时期、六个发展阶段。第一个历史时期，是把马克思主义基本原理同中国革命和新中国成立初期建设实际相结合的时期，或称“第一次结合”时期，产生了被实践证明是正确的毛泽东思想。这一时期党的理论创新经历了从党的创建到遵义会议前的早期探索、从遵义会议到党的七大的实现突破、从党的七大到党的八大的成功推进等三个发展阶段。第二个历史时期，是把马克思主义基本原理同中国社会主义现代化建设及改革开放实际相结合的时期，或称“第二次结合”时期，产生了被实践证明是正确的中国特色社会主义理论体系。这一时期党的理论创新，也经历了从党的八大到党的十一届三中全会前的早期探索、党的十一届三中全会到党的十五大的实现突破、党的十五大至今（可能要到21世纪中叶）的成功推进等三个发展阶段。其中，20世纪50年代中期毛泽东对中国社会主义建设道路的探索在本质上已不属于“第一次结合”，而理应属于“第二次结合”的范畴。尽管这一探索后来未能坚持下去，然而，这一探索对后来“第二次

结合”的重新启动和成功推进毕竟还是起了很大的作用。因此，有必要把毛泽东对“第二次结合”的探索作为马克思主义中国化的一个特殊阶段。

关于马克思主义在中国的早期传播及其启示。何俊指出，从马克思主义在中国的早期传播以及中国共产党的成立过程，我们可以看到，青年代表着未来，他们的思想代表着中国社会未来的发展方向，但是，青年本身又是需要培养的。在大量的思想共同呈现的过程当中，真正吸引了先进青年的是马克思主义和共产党，而马克思主义和共产党能够吸引青年的根本是马克思主义和共产党所提出的具有理想性的先进的思想和理论。马克思主义理论今天的发展也告诉我们必须保持它的先进性，保持其对于时代的引领作用。这个先进性并不是一个空洞的口号，它必须是有内在的具体的东西，即共产主义、马克思主义者必须真实地面对现实的挑战，并且合乎情理地解决社会的问题。这是保持马克思主义和中国共产党先进性的基本的重要途径。如果没有这样的基本的重要的途径，其先进性就可能会丧失。而一旦丧失先进性，其对青年的吸引力就会降低。因此，这是今天回顾这段历史对我们的最大的启示。

关于马克思主义大众化的实现机制。张渝政指出，在推进当代中国马克思主义大众化的进程中，必须使当代中国马克思主义普及化、通俗化和理论的现实化。能否顺利实施推进当代中国马克思主义大众化这一重大战略，并在这一过程中，如何防止简单化、庸俗化和非科学化的倾向，不仅需要理论工作者的努力，更需要长效的保障机制。

关于中国共产党推进马克思主义时代化的基本经验。张国宏指出，中国共产党在探索和推进马克思主义时代化的历史进程和生动实践中积累了以下丰富的历史经验：在坚持科学对待马克思主义的前提下推进马克思主义的时代化；在坚持准确把握时代主题和时代特征的基础上推进马克思主义的时代化；在坚持中国化、时代化、大众化的有机统一中推进马克思主义的时代化；在坚持理论创新和实践创新的辩证互动中推进马克思主义的时代化；在坚持立足国情和放眼世界的宏阔视野中推进马克思主义的时代化；在坚持总结历史和前瞻未来的双向结合中推进马克思主义的时代化。

## 三 关于中国共产党九十年的历史进程与基本经验

关于党的教育方针的历史发展。丁东澜指出，中国共产党在各个时期的教育方针，有着一脉相传的基本思想和核心内容，也有着不同的时代特征和具体内涵，坚守中有调整，创新中求发展。在其“变”与“不变”的历史演进中，显示出一个马克思主义政党的教育方针的发展逻辑，即教育服务于党和国家中心任务的总方向没有变，同时，又随着中心任务的变化而调整服务的方面或服务的侧重面；教育的人民性没有变，同时，随着人民社会地位的变化和对教育需求的扩大不断提高教育服务人民的能力和水平；教育培养人的根本途径没有变，同时，随着社会生产方式的发展而拓展培养人的具体途径方式；教育培养人的总目标没有变，同时，随着时代的发展和国际政治风云的变幻而改变培养目标的具体要求；贯彻马克思主义关于“人的全面而自由的发展”理论的思想没有变，同时，随着对人的全面素质及其形成过程认识的深入而丰富“全面发展教育”的内涵。用实践检验真理，在教育实践中检验并完善教育方针，这是党的教育方针不断发展的一条重要经验。美育地位的回归就是例证。

关于邓小平对十二大若干重大理论和决策形成的历史性贡献。姜淑萍指出，十二大是党进入改革开放新时期举行的第一次代表大会，形成了一系列具有重大现实意义和深远历史意义的重大理论与决策，而邓小平在其中起到了无可替代的领导作用。邓小平提出了“建设有中国特色的社会主义”理论命题，在其领导和推动下，决定设立中央顾问委员会，修改并通过了新的党章，确定了新的现代化战略任务。这些为全面开创社会主义现代化建设新局面，打通建设中国特色社会主义的新道路，形成有中国特色社会主义理论体系奠定了坚实的基础。

关于中国共产党的治国思想。牛玉峰认为，中国共产党几代领导集体随着时代条件和中国国情的发展变化及治国实践的需要，领导全党全国人民对“建设一个什么样的社会主义国家，怎样治理好这一社会主义国家”的重大历史课题进行了长期而艰辛的探索，形成并不断发展完善了既一脉相承又与时俱进的系统的富有中国特色的治国思想，主要回答了中国共产党“治什么国”、“怎样治国”、“靠谁治国”和“为谁治国”等一系列重大课题。其中，“治什么国”的治国目标具有明显的导向性和战略性，这是治国的主线；“怎样治国”的治国方略的完善和创新是治国的核心；在治国实践中回答“靠谁治国”的问题，必须同时解决治国的领导力量和依靠力量这样密不可分的两个方面的问题，这是治国的关键；“为谁治国”是中国共产党的根本宗旨的具体体现，这是治国的目的。

关于党对执政理念的创新与发展。郑洁指出，党成立90年来不断奋斗的历程，也是其执政理念产生、发展和逐步完善的过程。党在继承马克思主义执政思想的基础上，形成了“全心全意为人民服务”的执政理念、“最终达到共同富裕”的执政理念、“始终代表最广大人民的根本利益”的执政理念、“立党为公、执政为民”的执政理念，这丰富和发展了马克思主义关于执政党建设的思想。

关于党的组织建设科学化水平的提升。任映红指出，要使党的组织建设科学化水平提升，必须坚持服务大局的目标方向，推进固本强基的基础工程；坚持公正平等的价值导向，把握以人为本的核心理念；永葆与时俱进的品格特征，保持开放包容的理性选择；完善民主集中的制度保障，加强资源整合的行动策略。

关于马克思主义学习型政党建设。郑吉伟指出，中国共产党十分重视学习，具有勤于学习、善于学习的优良传统。中国共产党始终强调马克思主义理论学习，强调为了完成党的历史使命和不同阶段的重要任务而学习一切科学的新思想、新知识、新经验，强调理论联系实际的学风。建设马克思主义学习型政党的思想并不是凭空产生的，它具有深刻的理论基础和实践基础。建设马克思主义学习型政党的思想是中国共产党学习观的继承和发展。

谢春红指出，中国传统学习思想源远流长、博大精深。基于“人性”这一逻辑前提和理论基础而构建的中国传统学习思想体系体现了内容博大、思想深邃的特点，为建设学习型政党提供了宏大而丰富的根基性资源，这些根基性资源对当前学习理念的更新有着特别重要的启示意义。

关于党的队伍建设问题。张景荣指出，一是我们的党员和党组织要有一个正确的立场，就是站在中国最广大人民群众的立场上。二是思想道德问题。我们党员队伍中思想混乱程度很是严重，道德状况并不理想。三是执政能力建设问题。中国共产党在1949年成为执政党。改革开放以来，我们党能不能很好地解决执政中遇到的一系列问题，是对党最严峻的考验。

在处理一切问题中，并不是所有党员、党组织都能很好地把握高超的领导艺术。因此，如果要把党建设得更好的话，我们的党员要好、党组织要好，把三个基础性问题，即立场问题、思想道德问题、执政能力建设问题解决好，让广大人民群众感受到党真正代表他们的利益。从思想上讲，我们要坚定以马克思主义理论为指导和信仰；在道德上，做全国人民的表率；在执政方面，比较好地解决所遇到的国内外实际问题。这样群众才能跟我们同心同德，认同党的领导，共同推进社会主义建设事业。

## 四　关于马克思主义理论学科建设与思想政治理论教育教学

与会专家学者围绕马克思主义理论学科建设与思想政治理论教育教学等问题从多视角展开了深入的研讨，提出了许多观点。

关于马克思主义理论学科建设。陈占安指出，马克思主义理论学科建设突出地要抓住三个方面的工作：一是要讲规矩，即要加强马克思主义理论学科规范化的建设，就是各个方面一定要讲规矩。其一，学科要有一个明确的科学定位，我们的课程设置要讲规矩，我们导师的研究方向要讲规矩，我们研究生的毕业论文要讲规矩，培养方式也要讲规矩等。其二，它是突出了马克思主义的整体性、总体性、综合性的这样一个特点。其三，这个学科是与高校思想政治理论课密切相关联的一个学科。不仅是为思想政治理论课的学习，另外也是为了满足培养适合各个行业思想政治工作者队伍建设这样一个大的要求。二是要抓队伍。学科队伍关键问题还是在于导师队伍，导师的研究水准、研究水平和他的工作状态，决定着学科点的工作情况。我们思想政治理论课教师队伍应该是一身二任的。一方面要教思想政治理论课，一方面要搞马克思主义理论学科建设，这两个任务都要承担起来。思想政治理论课教师队伍应该全员树立马克思主义理论学科意识。三是要建机构。这个问题 2008 年 5 号文件已明确提出，后来教育部把这个作为一个重要的任务来对待。但是机构建立并不等于就完事了，建设过程还是需要下气力的。

关于设立马克思主义理论一级学科的意义。陈锡喜指出，一是为巩固马克思主义在意识形态领域的指导地位提供学理支撑；二是为繁荣社会科学提供思想指导；三是为加强思想政治理论课建设提供学科的支撑。在整个哲学社会科学都越来越综合化、越来越交叉化的情况下，学科定位更重要的不是划定它绝对的边界在什么地方，而是要处理好两个关系：一是整个马克思主义研究的内部的关系。就是要在整体上研究马克思主义的基本原理、科学体系以及它的形成、发展、传播的历史，特别是研究马克思主义中国化的理论与实践，同时要将这些研究成果运用到思想政治教育当中去。二是与其他哲学社会科学研究的外部的关系。将其放在中间，即是之内，又是之中，既不是之外，也不是之上，这样我们学科建设的可能性就体现出来了。

关于深化马克思主义理论研究。吴汉全认为，一是从马克思主义发展的历史历程研究马克思主义；二是从社会史、中国化进程研究马克思主义；三是从人文社会科学领域研究马克思主义，进一步丰富其内容，增强文化底蕴；四是从中国特色社会主义政治、经济、文化、社会等实际角度研究马克思主义；五是从多个层面进一步研读马克思主义原著，进一步提高理论研究水平。

贾小立指出，马克思主义中国化需要深入扎实的研究，并且贯彻到各领域各学科之中，真正在实践中发挥思想基础的作用。这样，我们才能不离开中国化的根本。具体来说，“中国化”在概念上要科学化、逻辑上要体系化、内容上要系统化、学科专业上向其他应用学科延伸，在应用上提高运用时的可操作性，避免“假、大、空”现象。在此基础上，不仅为马克思主义学科专业提供多学科的研究平台，也为实践提供基础的理论依据。目前一个很深刻的感触就是进行理论研究和实际运用时，指导思想和理论基础都有“西化”的倾向，好像我们马克思主义理论创新只是作为“大帽子”在戴，其中更多的是西方的思维和理论依据在指导研究。许多应用学科都有越来越玄的问题。这些问题值得我们注意。

关于提高理论教育科学化水平。黄象品指出，理论教育科学化是用马克思主义武装全党、教育人民的内在需要，是党的思想理论建设科学化的客观要求。提高理论教育科学化水平，一是要体现时代性，不断增强其吸引力。时代性是展现马克思主义中国化科学性与先进性的重要标志，也是提高理论教育科学化水平的根本前提。二是要把握民本性，不断增强理论教育的凝聚力。坚持民本性，从内在彰显了马克思主义大众化的党性与人民性，也是理论教育科学化的强大动力。三是要加强针对性，不断增强理论教育的说服力。针对性是马克思主义走进、深入、服务群众的必由之路和推进马克思主义理论教育科学化的根本途径。

关于加强思想政治理论教育教学。程恩富指出，思想政治理论课要想有深度、有说服力，教师在课堂教学中必须敢于面对现实，要坚定马克思主义的立场，坚持马克思主义指导，运用马克思主义的理论观点对于现实问题进行深入分析研究，对有关现象持批评态度，否则会导致理论和实践脱节，失去思想政治理论教育的意义。当前理论教学中对于大学生普遍关心的重大问题一定要讲清楚。要想阐述中国的民主政治做得比美国好，就要拿事实说话。在经济上不讲清楚公有制比私有制好，我们的思想政治理论课就没有针对性，也就难有说服力。

曾红宇指出，思想政治理论教育课程中存在许多问题，面对学生提及的很多相关批判性问题，有的教师采取逃避、堵塞的态度。但是社会存在决定社会意识，学生提及的尖锐问题并非没有依据，作为思想政治教育教师应当对学生的问题运用马克思主义的理论观点进行合理的回答或者正确的引导，接受学生的质疑、挑战；在解决学生思想问题中提高思想政治理论教育的实效性。

（《马克思主义研究》2011 年第 6 期）

# 苏联解体20年后的思考

## ——“苏联解体20周年国际学术研讨会”综述

栾文莲

20年前，世界上第一个无产阶级政党、执政的苏共垮台，世界上第一个社会主义国家苏联解体，这一重大历史事件对世界历史进程、对社会主义与资本主义两种体制，以及对世界格局产生了重大影响。而这一重大事件及其影响是否标志着社会主义制度的失败和终结？世界是否按马克思主义的理论和科学预见发展？20年过去，人们从对苏联解体的分析中初步找到了问题的答案。2011年4月23日，中国社会科学院主办的“中国社会科学论坛——苏联解体20周年国际学术研讨会”召开，为国内外关心苏联解体和社会主义发展命运的专家、学者提供了研究平台。来自中国、美国、俄罗斯、德国、日本、澳大利亚、保加利亚等10个国家的学者阐述了他们多年学术研究的成果。现将会议讨论的内容归纳为苏联解体的原因、苏联解体后果及影响、应当吸取的经验教训，以及对世界发展格局和世界社会主义发展前景的分析和判断等几个问题。

### 一　苏联解体的原因

美国马塞诸塞大学阿姆斯特分校经济系教授大卫·科茨（David Kotz）认为，苏联尽管有不可否认的缺陷，但仍以70多年的实践证明了社会主义代替资本主义的可行性。他对关于苏联解体源于其经济体系的不可行性或劣势的观点提出了质疑。他认为，1928年前，苏联经济发展速度很快。1975—1989年有所放缓，但它的经济增长一直持续到1990年夏天。苏联解体的根本原因在于一种矛盾，这一矛盾存在于将利益给予劳动人民而设计的体系与在这一体系中进行政治和经济统治的小部分精英之间。在1989—1990年间，苏联大部分所谓党与国家的精英消解了社会主义的目标而转为追求他们自己的致富。1933年世界性经济大萧条并没有使苏联社会主义倒下，然而1991年的苏联解体却使社会主义体制不复存在，显然苏联解体不是因为实行社会主义制度的结果，而是由于一些严重缺陷，即劳动人民无法在经济领域或国家事务中实践主权等。他认为，可持续的社会主义应当建立在经济与国家的人民主权之上。应当从苏联解体中吸取社会主义建设正反两方面的经验教训。

保加利亚科学院教授科伊乔·佩德罗夫（Koycho Petrov）分析了苏联解体的政治和意识

形态基础，认为苏联解体的基础因素是“改革”和“公开性”的政策。1986年苏共大会后，伴随戈尔巴乔夫激进改革的鲁莽冒险而导致一系列改革失败。苏联吞食了为新自由主义政治和市场经济撤回到私有化、放松管制等老牌资本主义垃圾而准备的资本主义鱼钩。由于被无知和腐败所诱导，以及受西方宣传和谎言的影响，戈尔巴乔夫的领导集团开始采用一种错误的反社会主义政策，最终导致社会主义体系的全面破坏和一个“寡头、土匪、黑社会的资本主义”死灰复燃。问题在于，为什么不能调动内部的免疫防御系统对戈尔巴乔夫的病毒作出及时反应，并杀死病毒？首先必须研究政治体制的主要结构之间的历史关系，看一看戈氏的“公开性”，每个不带偏见的学者已明白，在其最后几年，媒体比在一个正常的资本主义国家堕落百倍，成为最糟糕的反共宣传。他认为，苏联和东欧解体的主要原因是其政治体制出现了裂痕，即社会主义政治体系中最重要的纽带——共产党和工会之间的继承关系断裂了。

加拿大西蒙·弗雷泽大学经济学教授迈克尔·莱博维茨（Michael Lebowitz）在题为“苏联社会契约的终结”的发言中认为，在苏联社会特有的契约中，中央高层向工人承诺提供有保障的工作，提高生活水平，而作为回报，工人认可其在工厂、社会组织中的决策权。但社会契约还不是造成20世纪80年代苏联经济短缺和危机的直接原因，而是两种关系的相互作用——社会契约所表征的高层人士和工人之间关系以及高层官僚和企业管理层的关系。由于管理层追求收入最大化的资本主义目标，这两种关系所遵从的逻辑不一致，出现一系列扭曲现象。这些矛盾积重难返，当苏共党内的主导势力更多地趋向于遵从资本主义逻辑时，苏联的社会契约走向终结。

中共中央党校教授赵耀认为，苏联剧变与解体的渠道和路径是通过所谓的改革。事实表明，社会主义国家存在着两种不同方向、不同性质、不同结果的改革。戈尔巴乔夫的改革是改向、改制，背离了社会主义自我完善的轨道，有5个方面的错误导向。（1）经济体制改革错误导向。接受新自由主义的“500天计划”，把国民经济搞乱；接着大搞私有化，摧毁了社会主义经济基础。（2）政治体制改革的错误导向。1988年轻率地把改革重点从经济体制转向政治体制，全盘照搬西方模式，错误地提出民主化、公开性的口号，促使反社会主义和民族分裂两种势力急剧发展。（3）意识形态错误导向。放弃马克思主义意识形态的指导地位，对国外敌对势力的和平演变长期放松警惕。（4）党自身改革错误导向。组织涣散，以党代政。戈尔巴乔夫仇视党的领导，歪曲列宁的“一切政权归苏维埃”思想，把权力从党的手中转到政府，修改苏联宪法第六条，取消了党的领导。这是苏联解体的根本原因。（5）民族关系错误导向。对民族分裂势力妥协退让。

中共中央组织部原部长、世界社会主义研究中心顾问张全景指出，苏共在组织路线上的错误是苏共亡党亡国的一个重要原因。它背离了马克思主义政党建设的基本原则，背离了社会主义，背离了苏联人民，把苏联带上一条不归路。第一，苏共背叛了党的路线，政治路线的错误导致组织路线的错误。第二，严重背离马克思主义政党的干部路线。第三，背弃自己的生命线——群众路线。随着统治地位的巩固和社会主义建设取得巨大成就，苏共逐渐把党的路线、党的干部路线和群众路线抛到脑后，因此，组织路线的失误的教训值得马克思主义政党深刻吸取。

中国社会科学院马克思主义研究院院长程恩富指出了苏联剧变和解体的三大深层次原因

和主要原因。(1) 思想原因：赫鲁晓夫过分反对斯大林，西方和平演变战略引发了长期思想混乱。全盘否定斯大林，实质是开始脱离、背叛马克思主义和社会主义，种下苏共亡党、苏联解体的祸根。(2) 组织原因：提拔重用一大批思想混乱、非马克思主义的干部。(3) 关键致命的原因：苏共领导集团背叛马克思主义和社会主义，主要是戈尔巴乔夫，其次是叶利钦。他说，俄罗斯、独联体国家的共产党普遍认同“以戈尔巴乔夫为首的苏共上层领导背叛马克思主义和社会主义是苏联解体、苏共失去执政地位的直接和主要原因”的观点。

中国社会科学院俄罗斯东欧中亚研究所所长吴恩远说，20 年后看苏联解体、苏东剧变，哪些观点经受了历史的检验，哪些观点需要重新认识，还有哪些观点至今仍存在分歧，需要进行梳理。今天对苏联解体根本原因进行争论的焦点是：苏联社会主义制度，也就是具有 70 年历史的“斯大林模式”是导致苏联解体的主要原因；苏联解体的根本原因是体制问题，而否认戈尔巴乔夫应当承担的主要责任。他认为，评价斯大林模式历史地位的唯一实践标准，就是看它能否度过改变旧俄国尽快实现国家工业化和现代化，能否渡过反抗法西斯入侵保卫国家主权这两个生死关。他认为应当尊重俄罗斯人的意见，如怎么看对苏联解体“人民平静地接受”，而从历史的观点看，现在已经不平静了。他介绍说，2001 年俄罗斯科学院综合社会研究所就“苏联解体主要原因”进行的民意调查表明，有 44% 的人认为戈尔巴乔夫和叶利钦应对苏联解体承担主要责任；而认为是由于“苏联社会经济危机”的人占 17.2%；认为是“共产主义体系的危机”的人占 11.2%。

俄罗斯联邦共产党中央主席团成员、中央书记德 · 格 · 诺维科夫（Д. Г. Новиков）介绍了俄罗斯国内关于苏联崩溃原因的争论的若干结论。(1) 建立在计划经济和行政命令管理原则基础上的经济模式导致苏联衰败。确信苏联经济在与西方的竞争中失败，到 20 世纪 80 年代中期耗尽了其发展的潜力。然而，关于社会主义国民经济缺少活力的结论并没有得到客观数据的证实。1928—1987 年间，苏联人均国民生产总值增长了 4 倍。即使在 20 世纪 80 年代，年均增长 3—4% 也是发达国家的水平。(2) 1985—1990 年戈尔巴乔夫实施的改革缺少深思熟虑，推行了混乱的经济和政治改革。如部委改革撤销了 40% 的中央直属机构和 60 万公务员，打乱了部门间的互动。1987—1988 年实行的所谓的国有企业法，结果使投资减少，生产和消费品价格不断上涨，居民收入大幅度下降，经济指标严重下降，财政赤字成倍增长，国家陷入“既没有计划也没有市场的经济困境”。冒进主义的改革使国家经受经济危机。(3) 最为重要的因素是苏联共产党的危机。推行国家“非党化”使党的所有权力转向政府机关。与此同时党内意识形态危机不断加剧，1990 年苏共“二十八大”通过的党内可以建立各种政治派别的决议破坏了党的思想统一，党内出现各种组织，使党从一个充满活力的政治机构变为争论不休的俱乐部。戈尔巴乔夫的摇摆不定加速了分裂进程。1990 年叶利钦发布命令，禁止苏共的活动。自由派利用公开性、民主化，公开抹黑苏联历史，同时广泛宣扬西方，迫使更多人怀疑共产主义的价值，使许多苏联人迷失了方向。(4) 利用民族矛盾是自由派导演的破坏苏联的伎俩。他们把民主的思想与民族主义绑在一起，挑动民族冲突，民族主义势力在苏联解体中起推波助澜的作用。(5) 外国情报系统的破坏作用。战后美国和其他西方国家挑起反苏的“冷战”，并在欧洲、苏联的反共产主义的力量中找到了自己的盟友。

## 二　苏联解体的后果以及影响

中国社会科学院副院长、世界社会主义研究中心主任李慎明指出，苏联解体、苏共亡党是世界社会主义运动的巨大逆流、灾难和反动，是人类历史发生的大曲折、大逆转。（1）苏联解体、苏共亡党给俄罗斯人民带来巨大灾难。经济急剧下降，至今国内生产总值没有恢复到1990年的水平，从现代工业大国变成原材料附庸国。社会领域分化、混乱，犯罪猖獗；国家职能严重退化；国际地位下降，从超级大国沦为二流国家。（2）这一事件给世界社会主义运动造成极大的灾难与低潮。原有的15个社会主义国家中的10个国家改变性质或不复存在。共产党员的总人数由4400多万锐减为1000多万，且多数共产党丧失了执政地位。古巴、朝鲜等社会主义国家经济上遇到极大的困难。（3）这一事件给发展中国家和发达国家的人民带来巨大灾难。从本质上说，新一轮的经济全球化，是以极少数人为代表的国际垄断资本为主导的，使全球范围内极少数富人愈来愈富，绝大多数穷人其中包括中等收入阶层愈来愈穷。由于苏东原社会主义国家实行的全面社会福利体系坍塌，美、法、德等西方发达国家不仅在所有制、分配、政治体制、意识形态方面向右转，就连已建立好的福利体系也在向右转。目前还在深化的国际金融危机，不仅是对美国强权政治和霸权主义特别是其中金融霸权肆意泛滥的报复，是对新自由主义政策和理论的有力清算，更是对美国的所谓“民主制度”的根本挑战。广大发展中国家和发达国家民众对资本主义普遍不满，大规模抗议增多，不少国家政局不稳。其中值得关注的就是马克思主义学说在全球重新得到重视。各国共产党把马克思主义与本国的具体实践相结合，开展对国际金融危机的研究。

大卫·科茨在“苏联解体与当今国际社会主义运动”的发言中认为，苏联解体打破了地缘政治力量的平衡，它导致了新自由主义背景下资本主义国家劳动人民境况的恶化，也对国际社会主义运动造成了破坏。

原德国统一社会党总书记、国务委员会主席埃贡·克伦茨（Egon Krenz）在“民主德国与苏联同系一个命运共同体”的发言中表明两个重要观点。第一，苏联的解体是一场在全球范围内带来严重后果的悲剧，这些后果至今还在持续。主要帝国主义力量得到了增强，苏联对德国法西斯的胜利被修正。欧盟这个从1945年到1990年经历了它新近历史上最长一段和平时期的区域，不得不感受战争又重现踪迹，比如南斯拉夫、伊拉克和阿富汗战争。第二，苏联和民主德国被维系在一个祸福与共的命运共同体系中。民主德国的成立是第二次世界大战和随之而来的“冷战”的结果。若非这些因素就不会有德国的分裂，也就不会有民主德国的存在。尽管民主德国在时间上要比苏联更早从政治版图上消失，民主德国的终结却与苏联解体有着因果关系。

中共中央对外联络部副部长于洪君在“苏联解体悲剧后果再思考”的发言中认为，（1）苏联解体造成的阵痛和阴影仍在俄罗斯和独联体挥之不去。从国际共产主义运动的历史来考虑，党的力量削弱，苏共的继承者俄共党员持续萎缩，人数已经从1993年的50多万下滑到今天的18万人左右，政治影响不断减弱。在其他独联体国家，共产党的声音日益微弱或者根本听不到。从后苏联空间来看，苏联解体给独联体国家内部和彼此间关系留下许多问题。

（2）苏联解体给世界带来了影响。两极格局瓦解后，美国由于发动一系列战争导致一超独霸的地位削弱，但是霸权主义和强权政治依然大行其道，国际安全体系依然严重失衡。“冷战”结束的 20 年里，美国和其他西方国家共发动了 5 次战争。（3）恐怖主义等非传统安全威胁成为国际社会必须共同应对的问题。苏联解体之后，原先掩盖的民族、领土、宗教、资源等争端激化，积聚了世界不稳定因素。（4）发展道路和模式激烈较量，西方鼓吹的价值观和自由市场模式破产，世界各国发展道路的选择更趋多元化。2008 年的经济危机宣布美国发展模式的失败，连“历史终结”论的鼓吹者福山也承认，“危机突显了资本主义制度——甚至像美国这样的先进制度——内在的不稳定性”。

## 三　应当吸取的经验教训

德国《共产主义工人报》记者理查德 · 克勒尔（Richard Corell）在“苏联解体 20 年——社会主义失败原因探究”的发言中认为，苏共“二十大”后，特别是 1960 年工人党、共产党莫斯科会议后，苏共越来越倾向于用修正主义的观点和方法来解释和处理世界上的各种矛盾。（1）帝国主义阵营和共产主义阵营的矛盾。不再把帝国主义当作敌人，而与之和平共处，和平竞争。其结果是德国被从社会主义阵营分裂出去，开启了主要帝国主义国家间重新洗牌的新阶段。（2）资本主义国家内部中产阶级与无产阶级的矛盾。“和平过渡”意味着阶级之间的调和。（3）被压迫国家与帝国主义国家之间的矛盾。苏联认为要优先考虑与这些国家的政府建立联盟，而不是支持这些国家的人民革命力量及其政党。（4）各垄断资本主义集团之间和各帝国主义国家之间的矛盾。把帝国主义简单地等同于美帝国主义，调和策略取代了利用帝国主义矛盾的策略。（5）社会主义阵营内部的矛盾。苏联从孤立中国和阿尔巴尼亚开始，对南斯拉夫采取调和态度，对东欧社会主义国家持支配和控制立场。1968 年的军事干预说明其成为当时避免社会主义阵营分裂的一种方式，这使社会主义内部离心力增强。（6）社会主义内部矛盾。否认社会主义内部存在阶级对立，无产阶级因此失去历史使命和领导地位。苏共对人民隐瞒政府的缺点，而不是动员人民帮助政府克服缺点和不足。对斯大林和无产阶级专政的第一个 10 年的经验教训没有进行系统总结。

莫斯科大学社会学系主任弗 · 伊 · 多博林科夫（В. И. Добреньков）教授指出，苏联的崩溃对俄罗斯自身产生的影响是，俄罗斯迄今为止无法修复自由化改革的后果，至今依旧处在制度危机、意识形态模糊不清的状态。他认为要解决这一问题和确定新的发展前景必须做到，公开承认俄罗斯和西方不是同路人并公开正视自己的敌人；坚决摒弃各种形式的自由主义思想，无论是西方的还是俄式的；只有建立全新的国家意识形态概念及明确具体的政治行动纲领，才能改变自己整个的政治、社会经济和地缘政治发展的轨迹。俄罗斯要拯救自己就应该走自己的发展道路。要防止俄罗斯变成西方的原料附属国，振兴俄罗斯工业实力和保存俄罗斯民族国家、文化、生活方式及其威望。

中国软实力研究中心主任张国祚说，苏联解体有三点教训可引以为戒：（1）必须坚持和发展科学的治党治国的理论。（2）必须牢牢把握意识形态的主导权和正确的舆论导向。（3）必须始终善于实现好、发展好绝大多数人的根本利益。马克思主义只有不断结合新的实践而与时俱进，才能保持它的科学真理性。社会主义只有同各国实际结合，才能生根、开花和结果。苏联解体是社会主义的一大挫折，但不是社会主义历史的终结。任何时候都要把握舆论导向。不苛求历史伟人，不否定自己民族的奋斗历史，否则就会自毁长城。民主应当追求，但要符合国情、循序渐进；不把西方民主当作普世价值，否则必然引起社会动乱，甚至灾难，要居安思危。

南京财经大学教授何干强认为，苏联经济学西化即西方资产阶级化是苏联解体的一个重要原因。（1）500天纲领是经济学西化结出的毒瘤，是苏联自由化势力与国外敌对势力联手瓦解社会主义经济基础的行动纲领，它的问世加剧了苏联解体。（2）经济学西化危害性的主要表现是“经济的非国有化”、“私有化”的改革方针。混淆经济形态的一般性与特殊性，用转向市场经济掩盖转向资本主义经济；要求国家扶植企业家，培植资本家阶级；鼓吹抽象的自由人权，否认劳动者权利的决定性作用；放任外国资本自由进出本国。（3）产生经济学的西化的原因是由于苏共高层领导人推行普世价值观；经济学界存在背离历史唯物主义的严重倾向；高校教学的西化，以及资产阶级经济学的侵蚀；高校淡化马克思主义经济学学科建设。他认为苏联解体深刻的教训就是，当资产阶级经济学作为苏联改革的理论导向时，就会诋毁社会主义经济理论，瓦解社会主义经济基础，导致亡党亡国。因此，不能依靠西方经济学进行改革，不能脱离生产资料所有制关系的市场经济，不能迷信抽象的公平正义或普世价值观，不能认为高校淡化马克思主义经济学只是学科内容的一般变更，要吸取苏联高校培养出500天纲领的炮制者的教训。

北京大学教授曹长胜在“苏联解体中意识形态的作用及其教训”的发言中认为，意识形态的作用是先导，放弃马克思主义对意识形态的领导地位，放任意识形态多元化，导致非马克思主义和反马克思主义甚嚣尘上，是苏联解体的一个十分重要的原因。从赫鲁晓夫时期开始，戈氏便宣扬“全民国家”、“全民党”，以及抽象的人性化。戈尔巴乔夫时期公然主张在意识形态领域搞多元化，使各种错误思潮涌现出来，逐渐放弃马克思列宁主义在意识形态领域的一元化指导地位，使党和国家失去了科学理论的指导和正确的舆论导向支撑。他列举了苏联哲学、经济学、政治学、史学、文学领域放弃马克思列宁主义指导地位的表现。他认为意识形态多元化与西方意识形态的渗透密不可分，并共同在苏联解体中起了重要作用。这些为我们提供了深刻的教训，这就是必须坚持马克思主义对意识形态的指导地位；要高度重视社会意识形态的作用。在这个领域不可避免地存在矛盾和斗争，要正确和妥善处理。必须掌握好舆论工具，必须对西方渗透保持高度警惕并采取有效对策。

中国社会科学院研究员张树华在总结苏联政治改革与民主化的教训时认为，苏联解体是苏共后期蜕化变质的结果，戈尔巴乔夫盲目的政治改组和匆忙的民主化是这一过程的加速器和导火索。应当吸取的经验教训是：（1）政治应改革而不能改向。改革是社会主义的自我完善，而不能变成“信仰放弃、方向背离、主义抛弃”。可以说，戈尔巴乔夫本人不信仰马克思主义和社会主义。而在苏联末期，打着人道、民主旗号的民主社会主义把苏联引入歧途，葬送了苏联社会主义事业。（2）要坚持苏共的领导而非放弃。苏共放弃领导地位先是内部削弱，思想上搞乱，然后自动取消（1990年2月苏共全会通过可取消苏共领导地位的决定），再是瓦解和分裂，最后完全抛弃和葬送苏共的领导地位和作用。（3）宪政应完善而非破坏。苏共领导地位、苏维埃社会主义政权、联盟国家是苏联政治制度的三大根基。而自1988年后的两至三年时间，戈尔巴乔夫激进的政治改革摧毁了苏联国家和宪法的根基，其他的改革也走进了死胡同。戈尔巴乔夫改革失败警示后人，必须坚持正确的方向，政治改革必须有利于国家稳定和民族团结，必须有利于提升政治民主、稳定和效率，必须在党的坚强领导下进行。

保加利亚科学院通讯院士、保加利亚社会党战略研究中心主任亚历山大 · 利洛夫（Alexander Lilov）在谈到苏联解体、苏联社会主义失败的教训时认为有三大教训：第一，任何一种社会制度，包括社会主义制度，如果没有内部的自我发展，就注定会停滞、衰退和崩溃。社会主义社会积极地自我发展的首要条件是，在相当长的历史时期对正在发生的决定性的进程和趋势作出正确的选择。第二，社会主义现代化是它内部自我发展的条件，但这不是一个自发的过程。为使现代化取得成功，需要牢固的、持久的理论和政治战略，需要有强有力的伟大领袖人物来实现这种战略。第三，永远不应忘记苏联和苏联共产党的灭亡不是由于外部的侵略，而是遭到内部的摧毁。极其重要的是，社会主义国家及其执政党应该坚持自己的原则、传统和价值，防止腐化变质。

**四　对世界发展格局和世界社会主义发展前景的判断和分析**

中国社会科学院常务副院长王伟光在致辞中指出，苏联解体没有终结也没有改变世界历史发展的必然趋势。苏联解体是 20 世纪发生的重大历史事件，对世界历史进程产生了重大影响。20 年前福山宣称，20 世纪社会主义制度实践的大规模失败，标志着西方民主制度是人类最后一种政治形式和人类意识形态发展的终点。但 20 年过去了，我们看到，美国爆发的世界金融危机表明，西方资本主义的自由民主制度不但没有解决世界面临的所有重大问题，而且带来了资本主义世界更大的一场灾难，使西方资本主义面临全局性的衰退趋势。20 年的历史，我们眼见了西方资本主义国家所制造的局部战争连绵不断、贫富鸿沟日益增大、各类危机频繁爆发。他指出，今天的世界仍然是资本扩张为主导的，人类利益被迫服从于资本意志的世界。当今世界是符合马克思主义的理论描述和科学预期的世界。资本主义不可克服的矛盾激化，马克思主义经典作家对资本主义发展趋势的预测在今天越发显示其科学的预见性。

李慎明指出，相对于剧变后的世界社会主义低潮而言，当今世界左翼和社会主义思潮在全球范围内有所复兴。各国共产党应进行积极合作，这是世界社会主义发展的机遇。他说，当今世界正处在大变革和大调整中，已经步入历史发展的快车道。近几年内，由于新一轮金融危机可能存在进一步恶化的趋势，新兴国家和发展中国家都有可能面临国际垄断资本新一轮洗劫。在未来 20—30 年，如果各主要大国应对正确，美国霸权从此有可能从顶峰跌落下来，当然极可能要用几十年时间。假若如是，这也是我们衷心希望的。他认为，世界格局的中期发展前景不确定，从一定意义上说，是人们对指导当今世界社会主义运动理论的认识还不成熟，或还是在寻找和形成之中。但可以肯定的是，从 2008 年爆发国际金融危机到 21 世纪前 20—30 年乃至上半个世纪，世界都可能处于激烈动荡甚至跳跃状态，这是世界各种重大矛盾特别是生产社会化、全球化与生产资料私人占有这个基本矛盾长期积累和冲突的结果。我们坚信各国人民将在丰富的社会实践和经验教训中认识与改造世界；到 2050 年前后，将是世界社会主义又一个无比灿烂的艳阳天。

（《国外社会科学》2011 年第 4 期）

# 推进现实社会主义模式的健康发展

## ——第二届“中越马克思主义理论创新论坛”要述

辛向阳

2011年4月25—26日，第二届“中越马克思主义理论创新论坛”在越南海防市举行。此次论坛由越南社会科学院哲学研究所和中国社会科学院马克思主义研究院共同主办。参加此次论坛的越南方面的研究人员有越南社会科学院原副院长陈德强、哲学研究所所长范文德、中国研究所所长杜进森、经济学研究所所长陈廷天、法律与国家研究所所长阮如发，越共中央理论委员会原秘书长杨富协、越南祖国统一阵线原中央委员陈厚等30余人；中国方面的研究人员有中国社会科学院马克思主义研究院党委书记侯惠勤教授等中国社会科学院的专家学者12人，中共中央党校1人，国家新闻出版总署1人，外交部国际问题研究基金会1人；老挝方面参加会议的研究人员有老挝人民革命党中央委员、社会科学院院长坎培，政治学所所长坎蓬。

在开幕式致词中，侯惠勤教授提出，社会主义事业是世界性的事业，需要世界各个社会主义国家相互学习、相互借鉴。中越两国马克思主义学者的交流必定会随着社会主义事业的发展而扩大，我们应当集中全世界马克思主义学者的智慧，共同服务于社会主义事业的发展。范文德教授指出，中越两国的改革开放、革新开放之所以能够取得巨大成果，最根本的原因在于把马克思主义与本国国情结合起来，而任何教条主义和照搬他国经验都是违背马克思主义精神的，都会给革命和建设带来损失。

这次论坛的主题是：“社会主义发展模式：理论与实践”。在两天的研讨中，进行了六场专题讨论，先后有近20位学者作大会发言，有10多位学者作提问发言。讨论的气氛热烈，成果丰富。讨论的内容集中在以下几个方面。

### 一 关于三国各自社会主义特征的概括

中国学者介绍了中国特色社会主义的十大特征：以马克思主义为指导、中国共产党领导的社会主义，初级阶段的社会主义，以公有制为主体、多种所有制共同发展的社会主义，社会主义制度与市场经济体制相结合的社会主义，人民民主制度化、法律化的社会主义，高于资本主义精神文明的社会主义，独立自主、对外开放的社会主义，“一国两制”的社会主义，维护世界和平、反对霸权主义的社会主义，共同富裕的、和谐的社会主义。

越南学者介绍了越共十一大通过的对1991年纲领的补充和发展草案，新的纲领把越南社会主义的八个基本特征表述为：越南正在建设的社会主义社会是一个民富、国强、民主、公平、文明的社会；人民当家作主；具有以现代生产力和与之相适应的生产关系为基础的高度发达的经济；具有浓郁民族特色的先进的文化；人们生活温饱、自由、幸福，并具备了全面发展的条件；全体越南各民族平等、团结、互相尊重互相帮助，共同发展；建立了在共产党的领导下的属于人民、来自于人民和为了人民的社会主义法权国家；与世界各国人民建立了友好与合作关系。

老挝学者介绍了老挝人民革命党九大对社会主义特征的论述：生产力与生产关系相互协调基础上的经济发展，各民族团结发展，有共产党领导的法权国家，实行民主集中的制度，逐步推进革新开放。老挝社会主义在经济上强调政府的宏观调控，在社会方面强调民族团结和睦，重视民生，实行多种形式的福利制度，在政治方面强调人民革命党的一党领导。老挝党九大还对过去5年的经验进行了总结，并提出2011—2015年的奋斗目标，力争在思想、发展力、所有制问题和解决贫困问题等方面取得新的突破。

## 二　关于社会主义特殊与社会主义一般的关系问题

讨论中有越南学者提出，一个问题：中国特色社会主义与社会主义总体之间是普遍与特殊的关系吗？对此，侯惠勤教授回应说，中国共产党一贯明确地认为，中国特色社会主义是马克思主义基本原理与中国实际相结合的产物，社会主义总体与中国特色社会主义的关系是普遍与特殊的关系，也是继承和创新的关系。马克思主义给了我们世界眼光，给了我们超越资本主义的眼界；中国的历史和现实表明，用资本主义方法解决不了中国的问题，只有开辟超越资本主义的道路才能发展中国。在和平与发展成为时代主题的条件下，马克思主义基本原理与中国实际相结合，就产生了中国特色社会主义。

陈厚副教授则谈到，民族独立是越南社会主义的第一个特征，在越南，如果没有取得民族独立就不可能实现社会主义理想。越南的社会主义就是从马克思主义主要原理出发，与国家利益结合起来，与国家的特点联系起来，与国家的历史结合起来。

## 三　关于中国模式的特征问题

侯惠勤教授指出讨论中国模式的方法论前提，就是不能用“普世价值”看待中国模式，否则就会作出许多误判；不能用抽象的数字和公式来看待中国模式，否则会失之偏颇。有中国学者提出，中国模式是一个多面的立体模式，站在不同的角度或不同的时间节点来看待它，会有不同的答案。从巴黎公社成立140周年的角度看，中国模式就是把马克思主义原理与中国实际相结合的模式，在经济上体现为把社会主义与市场经济结合起来，把巴黎公社原则与市场经济规则有机结合起来；从辛亥革命100周年的角度看，中国模式就是走中国特色社会主义政治发展道路的模式，中国特色社会主义政治发展道路是坚持党的领导、人民当家作主、依法治国有机统一的道路；从中国共产党成立 90 周年的角度看，中国模式就是共产党领导下的发展模式；从苏共亡党 20 周年的角度看，中国模式的特点就是人民创造、人民建设、人民享有的模式；从全面建设小康社会 10 周年的角度看，中国模式是有着明确发展目标与实现举措的模式。

## 四 关于中国模式的国际意义问题

有中国学者提出，中国模式的热议彰显经济全球化背景下争夺与维护马克思主义话语权的重要意义，做好中国模式的正确解读与宣传，消除世界对中国的偏见，为中国模式在世界范围内赢得更多理解与发展空间。还有中国学者提出，从理论层面上看，中国模式丰富和发展了科学社会主义，加深了人们对马克思主义的理解；从实践层面上看，中国模式对社会主义国家和后发资本主义国家提供了一些可资借鉴的方法与思路，对世界社会主义运动的发展提供了有力支撑。对于中国学者提出的中国模式的国际意义，越南学者范文德表示赞同。他不同意中国模式完全是中国的说法。他说：有人讲“中国模式，越南学不了，也不应该学”，我们对此不甚赞同。中国模式诚然不可照搬，但确有可供借鉴的地方。

## 五 关于中越、中老社会主义发展阶段和发展模式比较问题

有中国学者比较了中越两国对本国社会主义发展阶段的定位，提出中越两国对本国当前发展阶段的认识既有相同点，又有差异。就共同点而言，中国的社会主义初级阶段和越南的社会主义过渡时期，本质上都属于马克思所指的从资本主义向社会主义的过渡时期；从时间上看，越南的过渡时期到本世纪中叶结束，目标是实现国家的工业化和现代化，而中国的社会主义初级阶段也是到本世纪中叶，基本实现现代化。差别在于：中国的社会主义初级阶段是特指中国在生产力落后、市场经济不发达条件下建设社会主义要经历的特定历史阶段；越南的过渡时期的社会主义则泛指马克思主义经典作家所提出的从资本主义向社会主义过渡的时期。

另有越南学者进一步论述了过渡时期社会主义的内涵，包括：坚持社会主义定向的市场经济，集中力量搞好经济革新，把扩大和发扬民主与遵守纪律、法治结合起来，发挥党对全社会的领导作用等。也有中国学者对中国与老挝的社会主义发展模式进行了比较，指出在发展道路上，中国坚持中国特色社会主义道路，老挝走的是革新道路；从奋斗目标上看，中国的定位是到 2050 年基本实现现代化，老挝是到 2020 年实现人均国民生产总值比 2001 年翻三番；从发展阶段看，中国已处在社会主义初级阶段，老挝则处在社会主义初级阶段的初期。总的来讲，两国的社会主义发展模式大方向是一致的。对于这一比较，有的越南学者提出质疑，问是否符合老挝的实际？老挝是否认为有自己的社会主义模式？中国学者进行了回应。

## 六 关于对各种社会主义模式的认识

有中国学者介绍了历史上存在过的社会主义模式：列宁的新经济政策时期对社会主义的

新认识，斯大林模式，南斯拉夫自治社会主义模式，匈牙利计划与市场结合的社会主义模式。还有中国学者介绍了朝鲜社会主义的特点，认为朝鲜式社会主义是坚持主体思想、坚持朝鲜劳动党领导、先军政治的社会主义。还有中国学者介绍了当代欧美的三大社会主义流派：民主社会主义、市场社会主义、生态社会主义，并深刻揭示了其实质。越南学者对于中国学者的介绍很感兴趣，认为社会主义模式从来没有像现在这样丰富，应当加深对不同模式的研究。

另外，还有中国学者从党的新闻出版工作的角度分析了提高中国共产党在意识形态领域执政能力的主要举措，这引起了越南学者的共鸣。

从此次会议争论的问题看，西方价值观的渗透决不能忽视。在民主问题、公民社会问题、法和党的关系问题上，不同观点的争论还比较激烈。不久前召开的越共十一大重申“反和平演变”并提出防止“自我演变”并不是无的放矢。

此次中越马克思主义论坛由于讨论的问题比较深入，在越南理论界产生了广泛的影响。4月 25 日，越南中央电视台的新闻频道在其黄金时间播出了长达 4 分钟的画面，介绍了这次研讨会的主要内容及观点。会议期间，侯惠勤教授还接受了越南电视台的独家专访，就普世价值、民主、社会主义的出路等有关理论与现实问题回答了记者的提问。中越马克思主义论坛的国际影响力在不断扩展，本次研讨会，老挝社会科学院已经加入，下一届论坛计划于 2012 年在中国举行，预计将会有更多国家的马克思主义学者参与研讨。

（《马克思主义研究》2011 年第 5 期）

# “北京马克思主义经济学青年论坛”第一次研讨会综述

彭五堂　张建刚

为了加强青年马克思主义经济学者之间的学术交流，推动马克思主义经济学的研究和创新，由中国社会科学院马克思主义研究院马克思主义原理研究部和经济社会发展研究中心主办的北京马克思主义经济学青年论坛，于2011年5月4日在北京举行第一次研讨会。来自中国社会科学院、中国人民大学、清华大学、北京大学、北京师范大学、中央财经大学、中央民族大学、北京理工大学、中国政法大学、北京工商大学、中央编译局等10余所在京科研机构和高等院校的马克思主义经济学青年学者共50余人出席了此次研讨会。会议由中国社会科学院马克思主义原理部副主任余斌研究员主持，中国社会科学院马克思主义原理部主任胡乐明教授致开幕词，著名经济学家、中国社会科学院马克思主义研究院院长程恩富教授和中国人民大学卫兴华教授分别发来贺词。程恩富教授对青年马克思主义经济学者寄予厚望，鼓励他们坚定信念，勇于探索。他指出，青年学者是最富有创造性的理论工作者群体，众多学者的主要理论创新工作都是在青年时期完成的，青年学者的理论方向和理论水平对当前的理论研究有重大影响，并在很大程度上决定着未来的理论方向和理论水平。卫兴华教授鼓励青年学者发挥精力旺盛、思维活跃、勇于求真的优势，用马克思主义的立场、观点和方法，研究和解决我国改革与发展中的深层次的问题，推动马克思主义经济学的发展。胡乐明教授指出，当前我国面临对外反对西方资本强权、对内协调经济社会和谐发展的双重任务，需要青年学者运用马克思主义的立场、观点和方法，深刻总结历史经验，承担起时代赋予的重任，实现马克思主义理论的创新与发展。此次研讨会的主题包括中国经济学现代化、国有企业的改革与发展、马克思主义经济学的教学改革等关系到马克思主义经济学的继承、坚持和发展的重大问题。现将会议的主要观点综述如下。

## 一　中国经济学的现代化和运用数学方法的问题

与会者认为，对于中国经济学界来说，经济学研究的现代化一直是各个学派所倡导的时代主题。中国30多年改革开放的实践探索过程，是中国经济学建立和发展的过程，也是中国经济学现代化的过程，中国经济的繁荣发展必将带来中国经济学的繁荣和发展。近些年来，由于西方经济学的一些思潮在理论界、教育界的传播，导致经济学研究出现了一些不正确的方法。如大量使用数学公式、数学模型，使经济研究成为一种模型化、程式化的东西。只有正确合理地使用数学方法才能使经济学更具有科学性。

程恩富教授在致研讨会的贺词中总结了改革开放以来中国经济学现代化的成就。他认为，中国经济学的现代化在5个方面取得了重大的进展：一是对重大现实经济问题进行体现科学发展观的理论和政策探讨；二是对经济学原理的超越性发展；三是对政治经济学理论的数学表达和分析；四是用现代政治经济学引领应用经济学创新；五是注重与国外马克思主义经济学的互动。

余斌研究员认为，中国经济学的现代化，就是中国化马克思主义经济学的现代化，具体包括内容和形式两个方面的现代化。内容上的现代化包括两个方面：一是要参考马克思生前的一些材料，并且还要参考马克思之后这100多年来的新材料，努力完成马克思没有完成的研究工作；二是要结合马克思之后100多年来的新材料，充实马克思已有的研究成果。形式上的现代化包括三个方面：一是通俗化，使之成为马克思主义大众化的主体；二是数学化，但在数学化的过程中要避免重蹈西方经济学的覆辙，科学地利用数学形式；三是外语化，要积极利用国内外创办的外文杂志，使中国经济学的研究成果走向世界。

中央财经大学副研究员林光彬指出，经济学的现代化，仅仅技术化、数理化可能是不够的，需要哲学大思考，需要处理好以下几对关系：一是道与器的关系。经济学研究宜吸收多种营养。中国和西方的研究方法存在较大的差距，语言的表述也不尽相同，必须两边学。器的目的是道。道常新，器无穷。但起码要学到两方面的基本技术和方法；既要了解西方，又要了解东方；既要熟悉马克思主义，又要熟悉新古典主义、新凯恩斯主义、新自由主义；具有国际视野，能在东西方两个学术舞台自由转换、自由行走。二是情与理的关系。经济学研究的起点和终点都是人，并且是人的行为和心理，其出发点和归宿都是改善人民的生活，扩大人民的自由，保障人民的经济生活安全。因此，脱离人文终极关怀的纯客观实证研究与经济学的发展背道而驰。三是古与今、东与西的关系。从经济学研究层面看，工业社会以前的东方和西方是没有多大区别的。东西方经济学研究方法的差异主要缘于现代科学的兴起。我国的经济学研究没有受到西方文艺复兴、工业革命和科技革命的洗礼，研究方法固有独到之处，但相对来说又是较狭窄的、贫乏的。但是，不管是古代还是今天、东方还是西方，经济学主流的主旨——让人民过上美好、富足、自由生活的研究路线一直没有动摇。西方现代经济学家重视我们传统中的农本思想、民本思想、人本思想，仁义思想、和而不同思想，以及富民、理财、轻税、小康、大同等精华和积极部分，这是必然的。如果说东西方不同的生活习惯、生活方式、生产方式和历史背景是中西经济比较中的复杂课题，那么，今天东西方面对同一个世界经济秩序、同一个市场经济体系，研究同一事物不同表象的经济规律，研究方法与技术就存在更多的共享空间。我们必须在扬弃历史传统中发展、创新，用现代形式对现代经济生活的运动规律进行科学反映；用现代形式构建新的研究主题、概念、范畴和理论，说明新现象，回答新问题，揭示新规律。具体来说，中国经济学的现代化必须围绕中国主题，对中国现代经济的运动规律进行解剖：首先，对中国的个人、家庭、企业、市场和国家行为进行理论与实证分析，这构成中国经济学中的基础理论部分或经济科学部分；其次，对中国经济发展方式、风险管理等进行设计的经济工程学；最后，对中国经济主体及其行为以及人口、资源、环境等协调发展进行管理的经济管理学。

## 二　对新自由主义经济学的批判

与会者认为，这一次世界金融危机的爆发，就是新自由主义在世界泛滥的结果。俄罗斯以及拉美和东欧的很多国家，在体现新自由主义精神的“华盛顿共识”的指导下，进行了改革，但实践证明，这些改革是不成功的。我们要认清新自由主义的本质，避免中国经济和中国经济学走弯路。

中央民族大学副教授张春敏指出，要从经济人的哲学基础来揭示新自由主义经济学的本质。经济人假设是资产阶级政治经济学的逻辑前提，其哲学基础是机械唯物主义，是机械唯物主义总体演进过程中，从抽象到具体的环节。自由主义经济学是资本主义意识形态的重要组成部分，其中的原理与其他文化因素交织在一起，不能独立分开。当前，新自由主义经济学已经丢掉了自由主义经济学产生时期的制度辩护性和21世纪下半叶的实用性，而成为资本主导的全球世界体系的文化传播工具。所以，新自由主义经济学的应用主要在垄断资本所控制的落后国家，而不是在发达资本主义国家。在传播过程中、只强调经济学本身的原理，而不涉及其他制度和历史等前提，起到一定的欺骗性作用。这种逻辑，在唯GDP为上等观念中都普遍存在。所以，明确经济人的哲学基础，对于理解新自由主义经济学的本质及其对中国改革开放的制约具有积极意义。张春敏认为，当前我国马克思主义经济学研究过程中有一个不好的倾向，即用西方经济学的方法论述马克思主义经济学的合理性，完全忽视了二者在哲学基础上的根本区别。应当运用马克思主义的总体方法论，而不是用西方经济学的标准来说明马克思主义经济学的合理性和科学性。

中国人民大学副教授黄向阳指出，主流经济学以及19世纪的自由主义经济学具有法西斯气质。这是他经历了大约10年的思考之后得出来的一个结论。他的专业是社会保障制度的精算模型，在2004年写博士论文的时候，他注意到了智利社保改革中的皮诺切特、芝加哥小子和弗里德曼。此前，主流经济学家的道德形象在他心中还是比较正面的，他将他们看作好心办坏事的书呆子。但智利改革的历史让他看到问题不是这么简单，《休克主义：灾难资本主义》一书证实了他的猜测，这让他产生了困惑：这些人为何对社会灾难如此麻木不仁？对历史源流的兴趣将他引到了波兰尼的《大转型》一书，这本书揭示了在1832年中产阶级取得政治胜利后，自由放任已经被催化为一种毫不妥协的残暴行为的动力，自由主义具有好战暴力倾向，并证明自由主义与法西斯主义存在某种关联。进一步印证上述观点的是，米塞斯在《自由与繁荣的国度》一书中对法西斯主义进行了有保留的赞扬，而哈耶克则对希特勒的政治秘书卡尔·斯米特倍加推崇。这表明无论是历史上的自由主义还是当下流行的新自由主义都是为发达国家的资产阶级服务的，具有不折不扣的法西斯式的气质。

## 三　马克思主义经济学在高校的教学现状和改革趋向

与会者认为，马克思主义经济学在高校的教学形势不容乐观，在经济学课堂中，西方经济学占据了主导地位，政治经济学被边缘化的趋势仍然存在。教学改革虽有进展，但成效并不明显。在马克思主义经济学的教学中，关键是教师，要让真正信仰马克思主义、真正懂得马克思主义经济学的人占领教学阵地。

中国人民大学讲师沈尤佳指出，高校马克思主义政治经济学教学现状堪忧，应引起高度重视。从总体上看，近一年内马克思主义政治经济学教学边缘化的趋势并没有得到根本性的扭转，甚至在某些方面出现一定程度的恶化。一是经济学专业课程体系中政治经济学相关课程的比例一降再降，个别高校的理论经济学和应用经济学各专业甚至取消了政治经济学课程。二是编写西方经济学教材或引进西方经济学原版教材“蔚然成风”。三是全国绝大部分高校，包括政治经济学具有传统优势的著名高校在内，理论经济学各专业的硕士研究生入学考试科目《经济学基础》中包含政治经济学，但政治经济学所占比重是1/3或以下，西方经济学所占比重是2/3或以上。四是师资队伍建设热捧甚至强制规定要求“具有海外教育背景”，极端的表现是部分高校选聘不赞成或坚决反对马克思主义经济学的海归院长和学科带头人，甚至是违反国际惯例动用紧缺的国家教育经费，超院士标准也超国际标准地高薪聘任。

但是，我们应该看到，那些具有马克思主义政治经济学传统优势的高校尽管数量不多，但仍然牢牢占领着马克思主义政治经济学这块阵地。它们仍然坚持马克思主义政治经济学的教学，其中有部分高校还作出了积极的教学改革探索。它们为培养经过系统学习和训练、全面了解马克思主义经济学经典文献、具有扎实的马克思主义经济学理论功底、能够运用马克思主义经济学理论研究现实问题的后备人才作出了不懈的努力，以逐步地解决，至少改善马克思主义政治经济学被边缘化的问题。

中国社会科学院马克思主义研究院副研究员谭晓军认为，在高校的马克思主义经济学教学中，要以鲜活生动的马克思主义经济学理论影响学生。她结合自己在高校的《资本论》教学经历以及在日本的留学体验指出，学生并不是真的不喜欢马克思主义经济学，导致马克思主义经济学被边缘化局面出现的一个重要原因，就是我们身为引导者的教师没有真正担负起自己的责任，没能真正站在学生的角度，认真考虑学生的所思所想，导致学生们的厌学，然后又一味地抱怨，将不良的情绪带到教学当中，引起学生的不满，才形成恶性循环。怎样才能上好马克思主义经济学课呢？一是要教给学生一个完整的理论体系。如要讲《资本论》就一定要讲完三卷才算完整，这样才能使学生全面地了解《资本论》的理论体系。二是要积极引导学生与西方经济学进行比较，进而批判。不能只是一味地强调马克思主义经济学如何如何，要敢于面对西方经济学对学生的吸引力，积极引导学生去比较两个经济学理论的不同，相信学生的判断力，让他们在比较中确信马克思主义经济学的科学性，进而引导他们对西方经济学中的错误观点进行批判，对有价值的内容予以吸收。三是要联系实际进行讲解。马克思主义经济学是研究资本主义市场经济的理论经典，我们现今仍处在资本主义市场经济占据主导地位的世界中，诸多问题都是只有马克思主义经济学才能解释和说明的。因此联系现实问题的分析、讲解才能使学生更加信服。

马克思主义经济学教学的关键是教师。首先，教师对学生的影响至关重要。日本是发达资本主义国家，马克思主义经济学的研究却能始终占据经济学研究的重要地位，究其原因，她认为一大批马克思主义经济学的学者注重培养学生是其中不容忽视的一个缘由。其次，教师的信仰又是关键中的关键。教给学生一个理论，希望他们接受这个理论，首先身为教师的人自己要确信。从自己的导师及众多学者身上都可以看到这种对信仰的执著。

中国人民大学副教授郑吉伟指出，斯大林经济思想研究对于发展我国马克思主义经济学具有重要意义。从马克思主义经济思想史来看，推动中国马克思主义经济学的发展有两个动力：一是现实，实践的发展推动马克思主义经济学的发展；二是经典著作研究的深化，也就是“形而上”与“形而下”相结合。中国经济建设和改革推动马克思主义经济学的发展主要体现在我们党在经济理论方面的发展，所以当代马克思主义经济学家要关注党的经济理论的最新发展。这和现实生活中存在的某些“经济学家”研究现实的经济问题不同，而后者正是马克思主义经济学面临困境的重要原因。经典著作的研究长期被看做马克思主义经济思想史的重要研究内容。所以，研究马克思主义经济思想史是中国马克思主义经济学发展的重要源泉。国外斯大林及其经济思想研究是经典著作研究的重要方面。近些年，随着苏联档案的公开，西方出现了斯大林及其经济思想研究的热潮，据不完全统计，英语国家对它的关注度高于恩格斯和列宁。我国对斯大林思想的研究还远远不够。实际上，我国在2000年前并没有一本研究斯大林经济思想的著作。虽然国内在20世纪60年代初和80年代初出版了几本研究《苏联社会主义经济问题》的著作，但我们对斯大林经济思想的整体研究还很不够。我们当前发展马克思主义经济学应该注意研究马克思主义经典著作，应该重视对斯大林经济思想的研究。

## 四　国有企业改革和发展问题

与会者认为，国有企业是社会主义公有制的物质基础，它承担着私人企业无法承担的社会责任，不能简单地以盈利能力来评判国有企业的成败。国有资产改革的目标不能是“私有化”，而应是确立国有资产“为民所有”的产权管理模式，实现“为民所用”的预算监督模式，健全“为民所管”的监管体系。

余斌研究员指出，在马克思主义创始人看来，不断爆发的经济危机暴露出资产阶级无力继续驾驭现代生产力的致命缺陷，资本主义社会的正式代表——国家终究不得不承担起对生产的领导。因此，即便在资本主义国家也会存在国有企业，这是经济上的进步，意味着在由社会本身占有一切生产力方面达到了一个新的准备阶段。因此，否定国有企业即便是在资本主义制度下也是行不通的。有人说，国有企业只能在市场失灵的领域内发挥作用。可是，哪个领域里市场不是失灵的呢？奶粉领域，市场出现了假奶粉；火腿肠领域，市场出现了掺了瘦肉精的火腿肠；美国金融危机导致大量银行破产，不也说明在银行业同样市场失灵吗？还有人要反国有企业的垄断，但是即便在资本主义制度下垄断相对于一盘散沙的自由竞争也是历史的进步。

中国社会科学院马克思主义研究院副研究员王中保指出，国有企业改革和发展要弄清楚三个基本问题：为什么（Why）要建立和发展国有企业？我国目前的国有企业是一个什么样（What）的国有企业？如何（How）改革和发展国有企业？三个问题紧密相关如果不清楚为什么要建立和发展国有企业和目前我国的国有企业的现状谈国有企业改革和发展就会迷失方向。同样，对建立和发展国有企业的原因认识不同，也就导致提出改革和发展国有企业的目标、措施也就截然不同。对国有企业所处的现状方位和存在的问题认识不同，也就会导致提出的应对措施迥然相异。马克思主义经济学从实现微观经济的劳动平等和宏观经济的可持续发展出发，合理论证了作为公有制企业的国有企业的建立和发展的必要性。如何把国有企业办成真正意义上的全民所有制企业，一直是我国国有企业改革和发展所面临的问题。完善全体人民与国有企业之间的委托代理机制、监督机制和利润分享机制是我国国有企业进一步改革和发展的取向。

清华大学助理教授刘震博士指出，“私有化”不是国有资产进一步改革的目标。随着全球经济的复苏，各国在金融危机时期采取的国有化或类国有化政策又开始受到质疑和批评，一波私有化的浪潮又在全球范围内兴起。在国内，对于国有资产“私有化”的改革建议再次趁势而起。关于国有资产的改革，我们不得不再次重申我们的观点，私有化绝不是国有资产进一步改革的目标。国有资产改革的目标在于确立国有资产“为民所有”的产权管理模式，实现“为民所用”的预算监督模式，健全“为民所管”的监管体系。国有资产的存在不是意识形态的产物，而是人类经济社会发展的客观需要。我们最终的目标是建立公有资产体系，实现“生产资料的公共占有”，从而有效地解决私有制和市场经济条件下的问题：第一，调节收入分配，缩小贫富差距，从而在总量水平上提高了社会的最终消费率，在一定程度上遏制了有效需求不足的问题；第二，通过建立公有资产体系，使得政府能够把一部分社会资源掌握在自己手中，通过公共消费和公共投资，来实现需求近似无穷大的公共产品和消费的生产和供给，从而提高边际和最终消费率，真正解决经济可持续发展问题。

中国社会科学院马克思主义研究院助理研究员彭五堂指出，国有企业不同于民营企业的关键之处是国有企业承担着民营企业无法承担的社会责任。因此，不能简单地以盈利能力来评判国有企业的成败，而应该根据它是否具有它应当具备的社会功能来评价国有企业的作用。国有企业的社会功能主要包括以下五个方面：第一，技术进步功能。科研投入大，特别是具有战略意义的重大科研项目具有长期性、不确定性和非营利性，以营利为目的的民营企业无力和不愿投入的，需要国有企业投资进行研究开发。第二，改善民生的功能。如自来水、铁路客运、博物馆、环保等公共产品和公用事业具有很强的正外部效益，这些行业的规划和发展不能只考虑企业自身的盈利，需要以国有企业形式运作。第三，社会稳定功能。国有企业规模大、经济承受能力强，能够缓冲市场波动造成的风险，起到“社会稳定器”的作用。第四，“实验室”功能。很多新技术、新制度首先在国有企业试验，然后推广。第五，改革和社会进步功能。社会变革和进步有相当大部分是国有企业带动或推动的。国有企业的行业分布和数量确定应着眼于社会经济的总体发展，从这个意义上讲，国有企业与民营企业不是替代关系，而是互补关系。不应简单地把国有企业与民营企业对立起来。

中国政法大学副教授陈明生认为，要解决国有企业与市场经济的可兼容性问题，就必须解决企业家的长期激励和经营者选择这两个问题。在拥有成熟市场经济体制和现代企业制度的西方发达国家，公司业绩的信息（包括公司规模信息、盈利信息、股票价格信息等）是公开而充分的，而根据公司业绩来确定经理报酬的方法也比较成熟。相关制度完善后，我们只要借鉴西方的这些方法来确定企业家的报酬，就可以解决长期激励问题。经营者选择问题也是可以解决的。我们可以根据企业家经营企业所获得的收入（流量）来判断其才能，只要经过长期培训，经过优胜劣汰的劳动者就可以成为企业家。

中国社会科学院马克思主义研究院研究员桁林对改革开放以来的国企改革的历程及得失进行了总结：20世纪80年代的改革，是以促进供给、繁荣市场为主题，以激励市场供给、增加地方自主性为政策导向，以开放沿海、鼓励外包和出口为战略。国有企业试行承包制、股份制，但在改革中出现了承包人行为短期化、出资人不到位等弊端，最后以三角债和通胀收尾；20世纪90年代的改革，国企改革进入攻坚阶段，退二进三、重组改制，下岗分流，“国退民进”，实现两个调整、两个根本性转变。这奠定了市场的基本格局；2003年，在国有企业中建立现代企业制度，组建了国资委，以集团化控股为主；目前一些大型集团已开始“走出去”，在全球范围内进行资源配置，但我国国有企业大而不强的特点依然明显。

## 五　其他若干重要的理论与现实问题

与会者还就所有制结构与收入差距拉大的关系、房地产政策的价值取向、实现经济发展方式转变的紧迫性、跨国公司在华流通领域的发展状况、马克思主义货币理论以及美国资本主义发展的新趋势等理论和现实问题进行了深入探讨。

清华大学副教授赵准指出，马克思的货币和资本理论仍然具有强大的理论生命力，是揭示资本主义金融危机实质的锐利武器。她运用马克思经济学的基本概念、分析方法和主要原理，解释了1997年诺贝尔经济学奖获得者斯科尔斯所提出的为什么在金融投资失败中会遇到流动性枯竭这一问题。因此，只要人类不能主动掌握自己创造出来的社会劳动交换关系，不能自觉地保持社会生产所需要的合理的比例关系，而是把社会劳动交换这一重大问题交由货币这个“社会财富的对象化代表”来解决，那么，由货币内在矛盾的发展所推动的金融危机和流动性枯竭问题——其实质是社会劳动交换比例的失衡及其强制性恢复——就不可能得到彻底解决。

北京师范大学副教授曹永栋指出，所有制结构的变迁，是我国改革开放以来行业职工工资收入差距拉大的制度性原因。马克思政治经济学认为产品的分配关系是生产资料所有制关系的一个重要内容或表现形式。1978—2008年间，中国行业间职工工资收入差距拉大的主要制度性原因是在此期间我国所有制结构的变化。国有制成分占比大的行业职工工资性个人收入也应该高于国有制成分占比小的行业。我们用各行业国有单位职工占比代表各行业所有制结构的变化，用各行业职工平均工资变化数据代表行业收入的变化，使用向量误差修正模型的计量检验印证了上述理论分析的正确性。

清华大学副教授朱安东指出，加快转变中国经济发展方式是我国经济社会健康发展的内在要求。我国原有经济发展方式在取得巨大成就的同时，付出了沉重代价并导致当今中国经济发展在人与人、人与自然等方面都陷入相当尖锐的矛盾当中。因此，“加快转变中国经济发展方式”成了我国经济社会健康发展的内在需求。要落实这条主线，我们必须对市场作用和界限、所有制以及外资等进行理论反思，以形成更为符合客观实际的认识。同时，我们还必须形成一个强有力的政府，打击国内外既得利益集团对“加快转变中国经济发展方式”的抵制。而要实现这一点，必须真正落实胡总书记提出的“发展为了人民，发展依靠人民，发展成果由人民共享”。

中国社会科学院马克思主义研究院助理研究员王佳菲指出，抗日时期革命根据地实施的货币政策对于当代的金融稳定政策具有重要启示意义。抗日战争时期，由于不存在一个统一的政权，不同利益集团根据其自身需要进行了一场激烈的货币之战，我们党在根据地发行的本币由小到大，由弱到强，由分散到统一，在根据地内最终取代法币，取得了本币对伪币、法币以及其他杂钞土票的胜利，保持了根据地经济健康发展，为民族解放战争的胜利提供了有力保障。党在根据地制定实施的金融稳定政策为经济发展提供了保障，这些科学的政策与认识在实践中形成，又反过来对实践起到了指导作用。这一时期的经济实践及思想对我们今天深入理解马克思主义货币理论，发展我国社会主义货币金融理论，深入思考世界货币体系格局变动及人民币的发展前景，都提供了宝贵的启示。各国经济思想有其民族传统或民族特色，尤其是像中国这样幅员辽阔和历史悠久的发展中国家，面对各种复杂的经济问题，要将马克思主义普遍原理与中国具体实际相结合，就必须从本土经济思想中汲取科学养分，重视这些经济思想中反映一般经济规律和中国特殊经济国情的精华。

北京理工大学讲师宋宪萍指出，后金融危机时代跨国流通企业在华的迅速发展对中国本土企业的发展形成巨大威胁，这应引起我们高度重视。随着跨国流通企业在全球市场的资源整合和加速扩张，尤其在后金融危机时代，市场结构的不完全竞争性和市场的不确定性明显增强，跨国流通企业在华买方市场势力的非市场化控制行为对本土企业自由竞争形成种种限制，经济缓慢复苏中争夺中国市场的经济战争却快速升温，这使中国的产业组织发展面临更大的压力。因此，在后金融危机时代市场有限及不确定的条件下，必须针对中国这样一个发展中国家来研究跨国流通企业在华买方市场势力，而从马克思主义流通组织理论视角出发来进行研究将是一个有益的尝试。按照马克思主义研究流通企业的思路，对跨国流通企业在华买方市场势力的研究必须联系跨国公司主导的以追求更大弹性为目标的全球生产网络重塑的大背景，将其纳入后福特制生产方式下跨国资本的产业控制体系，采用“生产力—生产方式—生产关系”分析范式，即“技术、市场规模—后福特制生产方式—企业垂直分离”视角，从多个维度进行正反馈和自增强路径分析。具体来说，生产力的分工作用引致信息技术的提升和市场规模的拓展，生产方式目前发展为后福特制生产方式，生产关系的资本属性引致企业垂直分离，通过价值链的整体控制及企业关系重构，实现了买方市场势力的增强，垄断利润得到快速提高，而这又使得反映规模经济、范围经济和垄断利润的当代生产力—生产方式—生产关系系统不断深化。

南开大学副教授刘凤义认为，今天中国房地产市场严重问题的根源，就在于我们的房地产政策的理论基础不是以马克思主义经济学为指导，而是以西方经济学为指导。众所周知，西方经济学研究问题是以抽象的经济人假设为出发点，撇开社会生产关系来研究资源配置问题，他们的工具就是市场中的供给和需求，供求价格论同样适合对土地和住房商品的分析。至于这些商品的供给和需求背后包含怎样的社会关系，完全不在他们的视野范围内。以商品房为例，只要市场上有人买、买得起，就一定能形成社会需求，至于买房的人是谁，买了商品房是投机还是自己住，在他们看来都是无所谓的。大学生、工薪阶层买不起房，那是因为你没本事。这种理论从供给和需求的角度看，符合供给者（开发商）和需求者（投机资本）的利益。

制定房地产政策应以马克思的价值理论为依据。在马克思价值理论中，“需要”概念是连接使用价值和价值的中介概念，这一概念本质上揭示了社会生产的目的就是满足人们的物质文化生活的需要。而市场交换中的“需求”概念则不同，它反映的是市场机制运行层面的交换关系。有购买力，就能形成市场需求，不管你的购买力是来自何种经济关系。就商品房而言，只要有人买，在市场中就形成了“需求”，但这些“需求”可能根本不是真正意义上的“需要”，即不是为了使用价值而购买。他们可能完全是为了投机和炒作，但市场本身的需求状况却无法对此进行甄别。

商品房的基本功能应该是满足“需要”，而不是市场“需求”。我们的房地产政策不是从“需要”，而是从市场需求的角度出发进行调整，让市场来解决住房问题，是很困难的。我们的住房政策如果不把住房看做是劳动者的基本生存条件，而是作为一般商品和奢侈品去认识，就会造成房地产业的畸形发展，更重要的是它会带来一系列的社会问题。

（《管理学刊》2011 年 8 月）

# 第20届国际共产党人研讨会述评

刘春元

2011年5月13—15日，来自44个国家的52个共产党和工人党的代表参加了由比利时工人党在布鲁塞尔主办的第20届国际共产党人研讨会。与会代表围绕着研讨会的主题“在资本主义制度性危机不断深化的时代加强共产党”交流了各自的意见。在此基础上，研讨会通过了一个《总结论》的文件，并发布了8项声援世界人民和共产党人斗争的声明。本届研讨会还确定了下届研讨会的主题，即“共产党人的当前任务与为实现社会主义而斗争之间的关系”。

第20届国际共产党人研讨会对不断深化的资本主义制度性危机进行了深刻的剖析，认为它既给资本主义国家共产党带来了机遇，又带来了挑战。在此基础上，研讨会提出了加强共产党力量的策略。第20届国际共产党人研讨会通过的《总结论》指出，“世界的客观条件对于加强共产党而言是极其有利的。资本主义制度的总危机正在恶化，而紧张局势正在激化，世界各国人民不断站起来反对危机。在此情况下，共产党要在思想、政治和组织等各个方面加强自己。”

## 一　资本主义国家共产党面临的机遇与挑战

在资本主义制度性危机不断深化的情况下，各资产阶级政府所面临的经济问题、世界各地风起云涌的人民抵抗运动和资本主义国家之间矛盾的增多都为加强资本主义国家共产党提供了机遇，但同时各资产阶级政府也加强了政治上的进攻，使资本主义国家共产党面临着重大的挑战。西班牙人民共产党指出：这场危机清楚地显示了资本主义的局限性和缺点，在未来数年将继续激化阶级斗争，特别是资本和劳工之间的矛盾，从而为共产党人扩大在工人阶级中的影响，并与社会民主党、机会主义者和修正主义者争夺在工人阶级中的领导权提供了机会。

1. 资本主义国家共产党面临的机遇

（1）资本主义经济危机远远没有结束。全世界的工人和人民群众面临着资本主义制度和帝国主义的总危机，其根源在于资本和工人之间的矛盾。危机的爆发明显加剧了这一阶级矛盾。失业率的上升、工资和养老金的削减、工人权利的取消和贫穷的增加，使工人们成为危机中最大的受害者。国际金融危机爆发后，各国资产阶级政府展开规模庞大的救市计划，使大资本获得了更多的利润，而将危机的代价转嫁给广大的工人和劳动人民。

今天国际帝国主义机构和媒体强调经济已开始微弱复苏，但是这种复苏是极其脆弱的。一个新的危机浪潮正在酝酿着。其原因在于作为当前危机根源的矛盾根本没有得到解决，其中首先是生产力与有效需求之间的矛盾。俄罗斯联邦共产党指出：俄罗斯当局迅速地宣布俄罗斯的严重经济危机已经结束，但是危机不仅在持续，而且越来越发展成一种社会和政治危机。长期的经济停滞导致大多数人生活水平下降。公用事业和能源的税收无节制地增长、粮食和药品价格的上涨正在使人民难以承受。自今年年初以来，俄罗斯的商品价格增长速度是欧盟的6倍。

大规模的政府干预已达到了极限。在债务缠身的国家里，政府在未来几年的一个重要议事日程是削减社会开支。其中，许多国家削减社会开支的政策已经使工人阶级和贫穷的民众陷入悲惨的境遇中。希腊、爱尔兰和葡萄牙的情况正在恶化。希腊共产党指出，欧盟所有成员国的统治阶级对工人阶级权利发动攻击的主要原因不仅仅是为了管理金融危机和公债。这种攻击的主要目标是加强欧盟企业集团的盈利能力和竞争力。因此，虽然德国等国家已暂时走出危机阶段、债务相对较少，但是他们仍然发动反人民的攻击。他们攻击的主要目标是确保廉价劳动力和推进资本主义的结构改革，企图阻止欧盟大企业平均利润率下降的趋势。因此人民运动必须反对整个资本主义发展道路。此外，石油、原材料和基本食品的价格急剧上涨，其原因在于垄断资本对利润的疯狂追逐、高利贷政策和超级富豪的投机。各种资产阶级政治势力推动的所谓“解决危机的方案”正在带来新的矛盾和新的危机。大规模的国家干预鼓励了资本家和垄断资本的发展，同时也导致工人阶级和人民群众陷入新的困难。

与此形成鲜明对比的是，社会主义国家发挥社会主义制度的优越性，沉着地应对国际金融危机带来的冲击，确保了经济的迅速增长。越南共产党指出：尽管这次危机给社会主义国家带来严重的困难，但是他们仍然获得了较高的经济增长速度，保持了政治稳定，这主要得益于社会主义国家的政府加强了对经济的宏观调控，有效地处理好经济增长与社会平等和进步之间的关系。

（2）人民的抵抗运动风起云涌。在过去的一年中，在资本主义国家的两极分化和贫穷现象不断恶化的情况下，工人和人民群众掀起了反抗大资本的抵抗运动。在中东和几个北非国家里出现了起义的浪潮，突尼斯和埃及人民已经成功地推翻了长期屈从于帝国主义的政府和总统。在欧洲，工人阶级愤怒地抵抗政府削减社会开支的计划，希腊、葡萄牙、法国和其他地方正在进行激烈的罢工斗争。美国威斯康星州的工人和学生们也空前地动员起来。帝国主义与民族解放运动之间的矛盾正在加深，这表现在拉丁美洲、地中海南部和地中海东部地区的人民运动。在发展中国家发生了反对帝国主义列强和本国反动政权的各种抵抗运动，如在印度、孟加拉国、布基纳法索和哥伦比亚等国。除此之外，一些国家的革命势力正在进行武装斗争以实现民族解放，如菲律宾和哥伦比亚。

（3）资本主义国家之间的矛盾越来越多。经济危机正在改变世界的力量平衡，并加剧了帝国主义列强之间的竞争，使其为了控制自然资源和能源运输路线而进行更加激烈的斗争。美国通过加强军事投资和控制亚洲这个地缘战略重点来维持其帝国主义超级大国的地位，但是它正在节节败退。新兴国家的联盟开始争夺自然资源、能源和世界市场。美国、新兴国家、日本与欧盟之间的竞争正在加剧，这可能导致越来越多的贸易保护主义、公开的冲突和金融战争，最终甚至会导致军事冲突。与此同时，欧洲联盟内部在强国与受危机打击最严重的国家之间的帝国主义矛盾正在加剧，而欧元区的分裂将会严重破坏欧洲的建设。卢森堡共产党指出：最大的帝国主义列强之间的矛盾日益尖锐。这越来越明显地表现在帝国主义列强关于最紧迫的国际政策问题、战争与和平问题、参与阿富汗和利比亚的帝国主义战争的问题以及欧盟问题（如它的内部发展、国际关系和欧元危机等问题）产生了日益严重的分歧。

2. 资本主义国家共产党面临的挑战

资产阶级为了防止人民的反抗，加强了对人民民主权利的限制，尤其是工人罢工的权利和其他工会权利，而资产阶级法庭却把自由企业和资本自由流动当作神圣不可侵犯的权利加以维护。这就暴露了资产阶级民主的阶级本质。工人和人民群众不断地与不能够解决问题的资本主义制度作斗争，正在走上革命的道路以建立社会主义社会。为了恐吓工人和人民群众，资产阶级发动了反对共产主义的运动，并大肆否定前社会主义国家的历史成就。同时，资产阶级以打击恐怖主义为借口，加强了对工人和人民群众的监视，全面搜集个人资料，违反了保护隐私的规定，而且他们采取了各种镇压措施。资产阶级的整个国家机器都被用以阻碍人民大众的反抗和阶级斗争。在各帝国主义国家，资产阶级为了转移人民的视线，挑拨人民群众内部的矛盾，支持民族主义政党、民粹主义政党和仇外政党的沉渣泛起，把它们当作反共产主义的屏障。

## 二　资本主义国家共产党的斗争策略

第 20 届国际共产党人研讨会的一大成就是阐明了当前形势下资本主义国家共产党的斗争策略和任务，对于资本主义国家共产党发展壮大和承担其使命具有重要的指导意义。本届研讨会通过的《总结论》指出："当前局势把从资本主义过渡到社会主义的问题置于议事日程之上。共产党可以在组织反抗、为斗争指明方向、揭示根本质疑剥削制度的方法等方面发挥至关重要的作用。"

1. 为未来战斗做好充分的准备

研讨会指出，加强共产党，使他们为迎接未来的战斗做好准备，这是在战斗开始之前的主要任务。共产党必须坚持以马列主义为基础具体分析每个国家的情况，包括阶级状况和力量平衡情况，以制定一个革命的战略和社会联盟的政策。要制定一个为革命战略服务的纲领，它应包括支持劳动人民愿望和需求的直接要求。在组织上，共产党应坚持民主集中制，并不断地改善该方法的应用。

在这个时期，共产党必须与工人阶级建立更加牢固的联系，积极参与工人阶级的各种斗争；力求在工会中创建斗争的中心，捍卫以阶级斗争为导向的工会主义，把工人阶级的愿望和要求与推翻资本主义秩序的政治斗争联系起来，制定一个能够发动工人阶级的革命战略和战术，并使工人阶级从中小农民、个体户和其他人民阶层中集合尽可能多的盟友。西班牙人民共产党指出：西班牙现在存在着用革命手段从资本主义过渡到社会主义和开始建设社会主义的客观条件，但是西班牙革命的主要问题在于主观因素，因为今天革命的立场并不在西班牙无产阶级中处于主流地位，现在的西班牙无产阶级在很大程度上迷信资产阶级思想，无力应付阶级敌人在意识形态上的进攻，从而使他们能够掩盖对大多数工人和人民群众的工作条件和生活条件发动的残酷攻击。为了使无产阶级和劳动群众能够承担消灭资本主义和为社会主义建设开辟道路的任务，必须使革命的立场在无产阶级和劳动群众中占上风，结束改良主义的优势地位，并且必须有一个广泛的社会和政治联盟框架。这又依赖于共产党的决定性的、有纪律的和有计划的干预。

共产党人必须把社会主义制度作为替代方案提出来，在发动群众时宣传社会主义。西班牙人民共产党指出：在工人阶级内部讨论社会主义对于思想斗争至关重要。这种方法可以公开地对抗各种形式的机会主义、改良主义和修正主义，为劳工运动制订一种新战略，以便使西班牙工人阶级的统一取代今天其组织上的分裂状态。比利时工人党指出：为了使党为未来的战斗做好准备，在2011年3月全国委员会为320名干部和激进分子组织了一次全国会议，其目标是加强每个人的责任感，并保证他们忠诚于工人阶级和革命道路；该会议还决定在群众中重新开展关于社会主义必要性的辩论，这也将是2012—2013年比利时工人党第9次大会的主题。

2. 处理好革命道路与议会斗争的关系

共产党的性质取决于其战略目标，即社会主义革命，这意味着要打破资本主义制度。因此，第20届国际共产党人研讨会通过的《总结论》指出："共产党的一个基本任务是摆脱各种形式的机会主义或选票至上主义，揭露改良主义政治力量所谓的'通过渐进的改良来实现解放'的战略。共产党的一大特点在于忠诚于革命道路和阶级斗争的至高地位。"加强共产党和使工人阶级认识其历史使命的途径，在于进行阶级斗争和与资产阶级进行对抗。议会斗争和在资产阶级机构内的工作仅仅是一个宝贵的工具，可以利用它们来更好地对人民群众发表演说和领导群众斗争。

3. 要重视扩大党的队伍

资本主义经济危机打击了各阶层工人，尤其是女工、移民工人、难民和无证工人。而年轻人成为失业增加、削减教育和社会保障、灵活就业和延长工作生涯的受害者。对于共产党而言，这是一个使其队伍年轻化的新机会。通过招募新党员来加强党的建设在群众工作中处于十分重要的地位。积极而全身心地参与阶级斗争是培养新一代干部和党员的极好机会。许多年轻人和经历了1989年以后反共产主义浪潮的那代人，从未经历一场如当前这么严重的危机。现在他们已准备好在未来数十年承担其革命角色。共产党要更新工作方法，以适应电子和即时通信时代的要求，同时要利用好传统的工作方法。

4. 加强各国共产党之间的团结和合作

当务之急是在加强各国共产党在世界和区域层次的国际合作方面取得进展，其途径是双边和多边的会议。各国共产党面对的是相同的敌人，即帝国主义。各国共产党遭受着类似的攻击，拥有相同的忧虑和目标。各国共产党之间存在着许多磋商、合作和相互援助的机会，应充分利用这些机会。保加利亚共产党人认为，在全球范围迅速恢复国际共产主义运动和工人运动的统一不太现实，而在某个国家或地区恢复共产党和工人党的统一则是可能的，例如，在整个欧洲，或者在东欧、巴尔干地区。为了加强合作，保加利亚共产党人建议欧洲的马列主义政党定期举办会议，讨论世界和欧洲的当前形势；为欧洲共产党和工人党建立一个常设的协调机构，以交流经验和协调行动。本届研讨会最后呼吁“全世界工人阶级，团结起来”。

## 三　声援世界人民和共产党人斗争的声明

2010 年 11 月，北约在里斯本推出了新的战略，使它能够在维护安全和打击恐怖主义的名义下干涉全世界，其中包括不属于北约的国家，例如最近他们对利比亚和象牙海岸等国进行干涉。第 20 届国际共产党人研讨会谴责了帝国主义列强干涉主权国家内政、甚至侵略主权国家的行为，要求解散北约，并发布了八个声明，声援世界人民和共产党人的斗争。

1. 声援阿拉伯人民和非洲人民

突尼斯和埃及的人民起义在劳工运动、国内进步力量和共产党人的支持下，成功地推翻了腐败的独裁者，创造了一个更加有利于人民的力量平衡，但是现在他们正面临着反革命势力和帝国主义的干涉。这种人民起义已蔓延到也门。法国、英国和美国等北约强国以所谓种族灭绝的威胁为借口干涉利比亚，并在安理会通过了第 1973 号决议。该决议允许北约及其盟国进行战争，重新控制利比亚，把它作为控制该地区所有国家的跳板。此外，美帝国主义、以色列和该地区其他反动势力还企图颠覆叙利亚，用一个傀儡政权取而代之。在对待巴以冲突问题上，研讨会要求通过严厉制裁的威胁来迫使以色列遵守有关的各项联合国决议，首先是承认巴勒斯坦难民回家和获得补偿的权利，并以耶路撒冷为首都建立一个巴勒斯坦国家。研讨会支持黎巴嫩人民为解放被以色列占领地区、建立一个所有黎巴嫩人完全平等的、非宗教的和民主的政权而进行的斗争。

法国对象牙海岸人民的军事侵略和帝国主义列强否定这个非洲国家拥有主权的做法表明，资本主义制度的危机加剧了帝国主义的侵略性。正如利比亚的战争一样，象牙海岸的战争表明，帝国主义列强为了资本家的利益，宁可在非洲燃起战火，也不愿接受该国获得独立的经济和政治发展。1994 年，法国在卢旺达的行动是帝国主义导致中部非洲处于不稳定状态的一个关键事件。同样地，独角兽行动是导致西非和几内亚湾地区处于不稳定状态的一个事件。在 2011 年 4 月，法国军队在进行一次逮捕巴博总统的闪电战期间，在阿比让屠杀了数以千计的手无寸铁的平民。帝国主义列强关心的并不是人权或民主，而是这一地区的石油和其他宝物。

研讨会要求帝国主义列强及其盟国立即停止对中东和北非地区的各种直接和间接的干涉。它明确地申明，只有人民自己有权在没有外来干涉的情况下决定其制度及其领导人。

2. 声援古巴人民

研讨会再次声援古巴人民和古巴共产党，支持他们在美国的威胁面前为建设社会主义而进行的斗争；要求美国总统奥巴马立即结束长达超过半个世纪的针对古巴的罪恶而不公正的经济、商业和金融封锁，认为这是一个种族灭绝的行为，违反了国际法，侵犯了古巴人民的人权，国际社会通过 18 个联合国决议的方式一再地否决这种行为；要求美国总统释放 5 名古巴反恐战士；要求欧盟取消干涉古巴内政的单方面的《共同立场》，尊重古巴人民选择其政治、经济和社会制度的权利。研讨会对古巴革命给予了高度赞扬，认为它仍然是世界革命力量和进步力量的榜样。

3. 声援朝鲜人民

美国企图加强对东亚的军事控制。2010 年 11 月，在朝鲜半岛周围的严重暴力事件已经表明，美帝国主义者是紧张局势的煽动者和战争的威胁者。参加 2011 年 3 月大规模军事演习“关键决断”和 4 月“鹞鹰”联合军演的有 12800 名美军士兵和里根号航空母舰，这些军事演习包括对朝鲜发动先发制人的核攻击的作战计划。研讨会谴责了美帝国主义者对朝鲜的挑衅和侵略行动，强调为了维护世界和地区的和平必须阻止美国好战的计划；认为只有在消除美国的干扰和威胁的前提下，朝鲜人民才可以实现独立的统一；要求美国从韩国撤出所有的军队和取消基地；要求美国与朝鲜签署一份和平条约。

4. 声援哥伦比亚人民

在 2011 年 4 月 7 日，100 多万人行进在哥伦比亚许多城市的街头，要求结束私有化和工作不稳定现象。5 月 1 日，数以万计的示威者遭到了警察的袭击。这两个例子显示了哥伦比亚人民坚定地与反人民的、黑手党的和亲美的何塞·曼努埃尔·桑托斯政权进行斗争。哥伦比亚的寡头和跨国公司已将一个与欧洲和美国签订的自由贸易协定强加给哥伦比亚。该自由贸易协定将消灭民族农业和民族工业，侵犯哥伦比亚的国家主权，并把自然资源作为礼物送给跨国公司。在哥伦比亚，7500 名政治犯被剥夺了自由。研讨会发表声明强调，支持哥伦比亚人民的英勇斗争，争取政治解决武装冲突和社会冲突；支持哥伦比亚人民争取和平的斗争；支持哥伦比亚人民在国际层面击败自由贸易协定的斗争；要求释放所有政治犯！

5. 声援立陶宛、俄罗斯和美国的共产党人

立陶宛当局开始对社会主义人民阵线发动空前袭击，其手段是起诉社会主义人民阵线主席阿尔吉尔达·帕莱克斯（Algirdas Paleckis）。研讨会声援了社会主义人民阵线，认为它是保卫立陶宛劳动人民的唯一力量；要求立即撤销对帕莱克斯同志的所有指控。

研讨会强烈谴责俄罗斯当局的反共产主义和反苏主义政策。俄罗斯当局反对苏联的符号，企图给苏联的历史和成就抹黑，开始了一个所谓的使俄罗斯非斯大林化的宣传运动。俄罗斯总统办公室的公民社会人权发展委员会的工作组在极端反苏力量的领导下，呼吁重新埋葬列宁，把以革命者和苏联活动家命名的街道和其他地方完全更名，甚至要求解雇公开否认“极权政权的罪行”或为之辩护的各级国家雇员。他们剥夺了许多俄罗斯公民组织工会以捍卫其利益的权利，并剥夺了他们选举和被选举为国家和地方权力机关工作人员的权利。

研讨会还谴责了美国政府镇压参加反战和国际声援运动的自由之路社会主义组织及其盟友的行为。自由之路社会主义组织成员受到攻击，是因为它们支持巴勒斯坦人民和哥伦比亚人民的斗争。

## 四　一点启示

第 20 届国际共产党人研讨会强调国际金融危机的性质是资本主义的制度性危机。危机的根源在于资本家与工人之间的矛盾。资本家解决危机的手段是把危机转嫁给工人阶级和劳动

人民，使资本家获取更多利润，而使工人阶级成为最大的受害者，使他们的收入和生活条件更加恶劣，进一步降低了有效需求，从而使这次国际金融危机的根源即社会生产与有效需求之间的矛盾更加恶化。因此，一些资本主义国家经济的微弱复苏是极其脆弱的，发生新危机的可能性极大。从历史经验来看，资本主义解决危机、使经济逐渐复苏的方法是先破坏生产力，使大量企业倒闭、减少生产，以产生供不应求的市场状况，从而恢复资产阶级的利润率，促进其生产，借以复苏经济。同时，帝国主义列强为了转嫁危机，加强了对发展中国家的争夺、控制和剥削，从而加大了发生战争的危险，使发展中国家人民成为受害者。因此，世界范围内工人阶级和广大劳动人民的斗争此起彼伏。资产阶级为了维护自己的统治，通过限制民主、转移视线、暴力镇压等手段来压制工人阶级和劳动人民的斗争。资本主义制度性危机再次表明资本主义已不适应生产力发展的要求，只有以社会主义取代资本主义才能从根本上解决问题。

资本主义制度性危机的不断深化为振兴国际共产主义运动提供了难得的机遇。资本主义国家共产党应牢牢抓住这次机遇，真正地深入群众，为了维护工人阶级和广大劳动人民的利益而英勇斗争，同时大力宣传以社会主义取代资本主义的根本解决之道。在此过程中，通过招募党员不断地壮大自己，通过创造性应用民主集中制来巩固内部的团结，通过学习其他共产党的成功经验来充实自己，并通过加强各国共产党之间的团结和国际合作来扩大影响。唯有如此，资本主义国家共产党才能肩负起领导工人阶级和广大劳动人民与资本主义作斗争的使命。

第 20 届国际共产党人研讨会的八项声明涵盖了当今世界的焦点和热点问题，不仅声援了发展中国家人民反抗帝国主义干涉和侵略的行动，还声援了社会主义国家古巴和朝鲜，谴责了一些资本主义国家反对共产主义和迫害共产党人的行为。这体现了无产阶级的国际主义精神。在当今的全球化时代，各国工人阶级和劳动人民争取各项权利的斗争应相互支持和联合起来，共同抵抗帝国主义，才能取得最后的胜利。

（《马克思主义研究》2011 年第 9 期）

# 资本主义危机应对：新自由主义、凯恩斯主义与社会主义

## ——世界政治经济学学会第6届论坛综述

丁晓钦　尹　兴

由美国激进政治经济学学会、美国麻省大学阿姆赫斯特分校经济学系、社会和行为科学学院、政治经济学研究中心联合举办的世界政治经济学学会第6届论坛于2011年5月27—29日在美国麻省大学阿姆赫斯特分校隆重举行，来自中国、美国、日本、德国、法国、意大利、英国、爱尔兰、奥地利、瑞典、比利时、葡萄牙、土耳其、加拿大、澳大利亚、南非、巴西、墨西哥、阿根廷、印度、越南、印度尼西亚等22个国家的150多名学者出席了本次论坛。

世界政治经济学会副会长、美国麻省大学经济系教授大卫·科茨（David Kotz）主持开幕式，世界政治经济学会会长、中国社会科学院马克思主义研究院院长程恩富教授致开幕词，麻省大学经济学系主任兼政治经济学研究中心主任杰拉尔德·爱普斯坦（Gerald Epstein）致欢迎词。为了对应并超越西方主流经济学的诺贝尔经济学奖，本次年会颁发了首届“世界马克思经济学奖”，中国社会科学院原副院长刘国光教授获此殊荣。接着大会颁发了第3届“21世纪世界政治经济学杰出成果奖”，十名马克思主义经济学家获此嘉奖，他们分别是：法国国家科学研究院前研究部主任杰拉德·迪梅尼尔（Gerard Dumenil）教授、美国犹他大学艾尔·坎贝尔（Al Campbell）教授、加拿大曼尼托巴大学艾伦·弗里曼（Alan Freeman）教授、爱尔兰国立大学特伦斯·麦克唐纳（Terrence McDonough）教授、中央财经大学李炳炎教授、中国人民大学杨志教授、日本岛根大学张忠任教授、英国伍尔弗汉普顿大学罗杰·赛夫特（Roger Seifert）教授、日本一桥大学吉原直毅（Naoki Yoshihara）教授、上海财经大学马艳教授。

与会者围绕“对资本主义危机的应对：新自由主义与超越”这一主题，在两个主会场、十六个分会场，对资本主义危机史和凯恩斯主义的借鉴和评判、当前资本主义危机与利润率变化、新自由主义和极右翼势力在各国的发展和影响、后危机时代的应对和社会主义变革方案、货币财政危机与不平等问题、生态与发展等专题进行了深入探讨。另外，此次论坛还设置了一个莫斯科分会场，由俄罗斯政治经济学学会会长亚历山大·布茨加林（Alexander Buzgalin）教授以及另外4位俄罗斯马克思主义经济学家通过视屏会议就相关议题和与会专家进

行了远程交流。

## 一 资本主义危机史和凯恩斯主义的借鉴和评判

日本横滨国立大学萩原伸次郎（Shinjiro Hagiwara）教授对大萧条与大衰退进行了比较研究，大萧条时期一直都伴有严重的金融危机是因为金本位制下政府不能采取积极的货币和财政政策，而财政刺激计划是奥巴马政府避免2009年危机变成第二次大萧条的关键。

美国加州州立大学经济学系教授迈克尔·佩雷曼（Michael Perelman）则试图说明，19世纪晚期以来的资本主义危机史，使马克思主义和新古典经济学都意识到，不变资本的相对较快增长引起了竞争性经济的不稳定性和危机。

比利时布鲁塞尔马克思主义研究所亨利·赫本（Henri Houben）提出，凯恩斯的理论可以促进资本主义的经济繁荣，却不能找出危机的原因和药方；经济衰退也并非主要来自投资不足，因为投资中止需要很长的过渡期；大萧条后公共债务的急剧增加也没有避免GDP的下滑；他认为不道德的投机者由于刺激消费恰恰是资本主义系统内所需要的，不能通过消除投机者来消除危机。

美国基恩州立大学玛丽·克里斯汀·杜根（Marie Christine Duggan）教授认为，凯恩斯1941年的国际清算联盟（ICU）提议中对于金融体系最重要的规定之一是减少证券投资，统一的全球货币也会稳定贬值以促进贸易，而现在美元尽管相对欧元、日元等贬值，相对非广场饭店会议国家的货币并没有贬值。

土耳其奥坎大学（Okan University）布伦特·侯卡（Bulent Hoca）教授指出，当前国家参与的增多并非由于凯恩斯主义的复兴。当前没有阶级意识和政治化的工人阶级运动，回到前新自由主义时期是不可能的。国有化并不意味着资本主义国家会成为凯恩斯主义的国家或社会主义国家。

此外，内蒙古大学经济管理学院王岩教授指出总量分析和短期分析是凯恩斯主义经济学应对危机的致命弱点。

程恩富教授总结道，尽管各主要经济体都采取了针对当前危机的各种措施，但资本主义各国经济复苏乏力，用凯恩斯主义政策对新自由主义政策进行修补是无济于事的，资本主义危机的历史也表明，凯恩斯主义不能解决根本问题。

与会学者虽然对危机历史和凯恩斯主义功过的分析角度有所不同，但基本一致认为，当前危机不能依赖凯恩斯主义的回归来解决，必须寻求更彻底的方法。

## 二 当前资本主义危机与利润率变化

大卫·科茨教授认为，2008年的实体产业危机并不主要由银行倒闭所引起的，而是和金融部门危机一起由同一个潜在原因引发，这一原因可在新自由资本主义的整个特征中找到。他通过实证分析，证实过度投资危机引发了最新的实体产业危机，同时美国经济正经历更为广泛的结构危机，危机之后的结构重组很可能需要10到15年。

巴西教皇圣保罗天主教大学（Pontifícia Universidade Católica de S o Paulo）鲁宾斯·萨瓦亚教授和乌贝兰迪亚联邦大学经济研究所（Instituto deEconomia da Universidade Federal de Uberlandia）的乔斯·鲁宾斯·大马士革·雅立普副教授认为，当前的金融危机是全球资本积累进程疲软的一个表现。资本本身的自由化解决方案从20世纪70年代起就被强加来维持利润，同时也为虚拟资本带来了很多机会，并最终在危机中爆发出来。

美国佩斯大学（Pace University）安德鲁·克里曼（Andrew Kliman）教授采用美国官方数据说明，当前经济危机的根源不在于“金融化”和逐渐增长的贷款率，而是70年代危机后利润率从没有复原。积累率下降是因为利润率的下降，而不是以生产性投资为代价的证券投资增加。因此，利润率下降是经济缓慢增长、贷款不断增加以及经济大萧条的一个关键的直接原因。

杰拉德·迪梅尼尔（Gerard Dumenil）教授对此有不同看法，他对利润率的各种衡量方法进行了分析比较和测定并指出，人们通常看到了利润率波动与后来衰退的关联性，但利润率波峰的幅度是“标准的”，利润的波谷比经常看到的要浅一些，这些波动引起主要衰退的假设似乎是可疑的。在大多数衰退情况下，产量收缩开始于住宅投资的下降。但是2008年衰退期间正好相反，是按揭冲击而不是利润率的先前下降打乱了宏观经济的秩序并且引起了信贷危机。

墨西哥Metropolitana-Azcapotzalco大学经济学教授伊斯基耶多·塞尔吉奥·卡马拉（Sergio Camara Izquierdo）也反驳了危机出现前总会有利润率的周期性下滑这一普遍观点，认为这只是有可能而不是必然的，并且与利润率下滑相关的危机都有“劳动力急剧增长”，与凯恩斯时期危机相比，新自由主义时期利润率的变化不足以构成周期性危机的一个特殊特征。

虽然在危机的直接原因上尤其是利润率的波动是否是直接诱因上有所分歧，参会学者一般认为，直接原因可以千差万别，但资本主义的基本矛盾始终是危机的根本原因。

## 三　新自由主义和极右翼势力在各国的发展和影响

印度安得拉邦阿嫩德布尔S. K. 大学阿南达·奈杜（B. Ananda Naidu）教授和纳迦不刹那（M. Nagabhushana）教授对新自由主义给印度人民社会经济和政治生活的方方面面所带来的影响作出批判性的分析，指出自由化对农业和农民造成了很大伤害，相关许可证改革使得政治管理阶层的腐败有机可乘，并加剧了贫富差距问题。

印度西孟加拉邦加尔各答管理学院教授莫瑞迪乔埃·莫汉蒂（Mritiunjoy Mohanty）认为，印度的精英阶层已经被转变，乡村精英在减少，城市资产阶级占支配地位，压制国会中的激进意图。印度比以往都要不平等和缺乏社会流动性。全球化过程和印度与国际金融和产品市场的接轨在这一个转变中起了关键作用。

英国伍尔弗汉普顿大学罗杰·赛夫特（Roger Seifert）教授认为，经济危机成为英国紧急服务（emergency service）部门（包括警察、消防和救护三部门）进行新自由主义改革的借口，改革使得紧急部门的性质和目的发生了不利于工人阶级的偏离，损害了工人阶级的利益。

爱尔兰国立大学特伦斯·麦克唐纳教授和托尼·邓登（Tony Dundon）认为，危机前新自由主义当政时，爱尔兰工会为了避免类英美工会的遭遇，采取了比较温和的“社会伙伴关系”（social partnership）形式，但危机后依然遭到了政府基于市场原教旨主义的骤然废弃。政府牺牲了其他人的利益来补贴投机失败的银行，这种做法是对危机前新自由主义秩序的恢复，对解决危机是毫无帮助的。

奥地利社会论坛（Austrian Social Forum）创始人之一赫尔曼·多扎克（Hermann Dworczak）分析了危机后一些国家极右翼势力兴起的原因，一方面右翼势力为了获取选票尔虞我诈无所不用其极，另一方面传统左翼在政治上严重失败。

美国佛罗里达棕榈滩州立大学大卫·佩纳（David S. Pena）教授认为，随着经济与环境危机的加深，资本家越来越接近法西斯主义。我们必须利用一切有组织地打击早期法西斯主义的方法，在政治经济上加强各国之间的合作，共同反对帝国主义，不能任其发展。我们还需要一个维护和促进现有社会主义发展的战略，进行绿色和平和可持续发展的社会主义运动。

美国圣劳伦斯大学政治经济学系印度教授加内什·特里切认为，新自由主义作为一个70年代以来复兴资本家阶级权力的运动是成功的，但作为复兴美国世界霸权的运动是失败的。

与会者一致认为，各国工人阶级需要联合起来，不能被右翼势力分割分化，成为种族主义、法西斯主义等的牺牲品，社会主义是最终的解决道路。

## 四 后危机时代的应对和社会主义变革方案

程恩富教授首先指出，在资本主义危机下，可以预见未来世界格局将发生三个“超越”：一是在经济发展上将超越新自由主义和凯恩斯主义的理论枷锁；二是在政治发展上超越“一超”主导的世界政治力量版图；三是在文化发展上将超越资本主义的单一价值观。实行社会主义市场经济的中国和越南、实行“市场社会主义”的白俄罗斯以及实行“21世纪社会主义”的委内瑞拉等国家的成功经验表明，各种社会主义特征的新型经济体制模式，比美国等新自由主义和北欧等凯恩斯主义主导下的资本主义经济体制框架更加有效，但仍然面对各种挑战。

艾尔·坎贝尔教授首先介绍了“经济复苏和金融重建计划”和《危机内外》阐述的过渡性的革命要求，然后指出，当前美国金融和经济危机下的经济政策应在遵循健康人性化经济原则的基础上，推动发展下列几个大的目标：（1）充足的食品，教育，医疗，住房和运输；（2）保护环境；（3）充分就业；（4）经济的民主化。

美国霍山学院（Mount Holyoke College）弗瑞德·莫斯利（Fred Moseley）教授对已采取的政府经济政策进行了评估，长久解决方案的一个必要条件就是大幅减小GDP中债务的比例。“去杠杆化”的缓慢可能会导致另一场危机和萧条。避免的唯一办法是经济体制的根本性转变，从牟利的资本主义经济转变为民主的社会主义经济。

美国纽约市立大学大卫·莱伯曼（David Laibman）教授通过一个图解来阐明他对社会主义者道路的概念。这个图解展望了一个双议会（公众议会和核心经济议会）制的立法机构。两议会的主要区别是：公众议会是由基于地域和居民基础的代表的直接选举组成的，而核心经济议会（CEC）是仅由核心企业的工作集体选举出来的。当然，这并不是为未来的机构开出处方，而是要为远离资本主义和自然市场的早期社会主义发展界定好独特的原则。

中国社会科学院马克思主义研究院国际共产主义运动研究部主任刘淑春研究员指出，全球经济危机给社会主义带来了机遇，同时也带来了诸多挑战，如社会主义的理论创新、力量整合和社会主义国家如何赢得国际发展空间等。

美国纽约市立大学费边·巴拉丁尼（Fabian Balardini）教授提出通过建立永久的利润危机来改变石油产业的资本主义性质并使其转变为非资本主义产业的组成部分的策略。

中国社会科学院马克思主义研究院赵智奎教授指出，危机后西方资本主义国家一方面对中国寄予厚望，另一方面又试图压迫中国。中国必须清醒地认识和把握基本形势，抓住战略机会，妥善处理与西方资本主义国家的关系，并坚定不移地走和平发展道路。

李炳炎教授指出，为化解中国后危机时期加大的"滞胀"风险，需要建立社会主义分享经济制度，从调整微观经济机制入手，构建调节经济运行的"自动稳定器"，建立反"滞胀"长效机制。

北京理工大学人文与社会科学学院副院长贾利军副教授指出立足于自主、独立和创新的基础上确立的具有本国特色的制度，是后危机时代发展中国家技术创新模式的基础。

与会者普遍认为，资本主义危机下建立社会主义面临的机遇大于挑战，并迫切需要组织上和理论上的继续创新和突破。

## 五　货币财政危机与不平等问题

德国马克思主义学者科罗尔（R. Corell）和赫茨格（E. Herzog）认为，当前货币危机表面削弱了欧元，实际上是帝国主义国家意图利用金融和经济危机把压力和他们的主导地位转移到希腊、爱尔兰、葡萄牙和西班牙等欧洲小国中去。这对统治阶级而言不是一个简单的游戏，但却是终结旧剥削体系的一个契机，并且为工人阶级打开一扇通往新世界秩序的大门。

美国麻省大学阿默斯特分校彼得·斯科特（Peter Skott）教授认为，"权力导向（power biased）的技术变化"可能是造成20世纪70年代以来收入不平等加剧的原因，而不平等加剧影响了宏观经济和金融动荡。穷人很少有金融类资产，富人大部分的资产投在股票上，这样不平等的加剧将会导致股票需求的增加，使资本增值，并激起泡沫。

美国卡罗拉多州立大学经济学教授（Ramaa Vasudevan）认为，国债管理在帝国主义权力实践中起着关键作用。尽管当前美国失业率仍高达9.6%，银行已重新获取了利润和政治权力，凯恩斯主义政策被中止。要想对金融体系进行任何改革，真正的问题在于，事实上国债管理将国家作为金融家的人质。如果国际金融体系是以某一个国的信用为基础，则该国的国债问题也会和帝国主义政策纠结在一起。

## 六　生态与发展

奥地利维也纳大学东亚研究系约瑟夫·鲍姆（Josef Baum）教授认为，21世纪将会出现生态社会主义或非社会主义，对根本性的资源和排放问题的可靠的解决办法可能只能依赖

“公平”分配和团结。联合生产对合适的社会——生态转变是至关重要的，对投入方（资源）制约及对产出方制约需要一个改进的民主的方案。

韩国政治经济学学会会长、庆北国立大学教授金亨文提出，连带主义（solidaristic）知识政策应该是21世纪人类可持续发展的核心元素，一个人类可持续发展的连带主义知识政策的设计应如下：R&D投资和人力资源开发投资之间的平衡；增加对低工资工人的教育和培训的投资等；扩大知识网络；重视由工会发起的知识谈判。

中国人民大学杨志教授则指出，一些西方主要发达国家经常标榜绿色经济，但一旦遭遇经济危机，就不顾原先减排计划和气候变化危机，而中国在科学发展观指导下，在循环、低碳、绿色经济方面做得多，说得少，可以考虑发展出一个有中国特色的相关话语权系统。

经过两天的热烈研讨，与会专家对相关问题形成了普遍共识。闭幕式上，大卫·科茨教授宣读了世界政治经济学会第6届论坛共识宣言。宣言指出，右翼学术和政治势力正试图将弱势群体和发展中国家作为经济危机的替罪羊，以继续骗取公众支持。现代马克思主义经济学在这场斗争中应发挥如下作用：（1）推动发展国家调控政策和经济计划；（2）批判右翼学术和政治势力的阴谋；（3）推动发展非传统意义的21世纪社会主义；（4）分析新自由资本主义产生这场经济危机的路径和制度根源；（5）禁止将新帝国主义和战争作为解救资本主义危机的手段。从根本上解决当前和今后金融和经济危机的理论和政策，必须超越各种新自由主义和凯恩斯主义，建立全球的社会主义制度。程恩富教授希望全世界的马克思主义经济学家能联合起来，为实现上述价值目标而努力，并对明年的学会工作进行了展望，宣布世界政治经济学学会第7届论坛将于2012年5月25—27日在墨西哥都市自立大学举行，主题为“国家、市场、大众与21世纪人类发展”。世界政治经济学学会副秘书长、哈佛大学亚洲中心研究员、上海财经大学马克思主义研究院丁晓钦副教授宣读了世界政治经济学学会理事会新增成员名单。

（《经济学动态》2011年第7期）

# 推进马克思主义中国化　加强和改善党的领导

## ——“马克思主义中国化与中国共产党的建设理论研讨会”综述

闵绪国　代金平

2011年6月9—10日，在中国共产党诞生90周年与中国历史唯物主义学会成立30周年之际，由中共重庆市委宣传部和中国历史唯物主义学会主办、重庆邮电大学承办的“马克思主义中国化与中国共产党的建设理论研讨会”隆重召开。中共重庆市委、重庆市委教育工委、重庆市委宣传部等部门领导到会祝贺。全国哲学社会科学规划办公室原主任张国祚，中国历史唯物主义学会名誉会长、中国人民大学教授陈先达，中国社会科学院学部委员、中国历史唯物主义学会会长李崇富，中国历史唯物主义学会常务副会长、中国社会科学院马克思主义研究院党委书记侯惠勤，中国历史唯物主义学会副会长、原教育部社科中心主任田心铭，中国历史唯物主义学会副会长、北京大学教授李士坤，以及国内社科界近150名专家学者，围绕马克思主义中国化、党史与唯物史观、党的领导与执政规律等重要问题展开热烈讨论，高度肯定中国共产党成立90年来所取得的伟大成就和马克思主义中国化的理论成果，提出了推进马克思主义中国化、加强和改善党的领导的建议。

### 一　马克思主义中国化

与会同志就马克思主义中国化的意义、何为马克思主义中国化、如何推进马克思主义中国化等问题进行了探讨。

重庆市委领导徐鸣在开幕式上强调，一个国家一个民族，如果没有理论思维，是没有前途的。重庆目前所取得的成绩都是有理论支撑的，是以马克思主义为指导的。马克思主义只有不断地研究、回答重大现实问题，才能体现出强大的生命力，才能使真理之树长青。我们应当加强对中国共产党的价值体系是否适合市场经济、政府主导与市场的资源配置是否相容、程序民主与实质民主、公平与效率等重大问题的研究。

陈先达对比了中国共产党与苏联共产党的不同命运，认为中国共产党的成功经验，归结为一点就是坚持马克思主义中国化。马克思主义中国化，不单纯是马克思主义必须与实际相结合的一条理论原则，而且是必须路线化、政策化和方针化的实践原则。在90年发展历程中，中国共产党始终坚持马克思主义中国化的理论和实践。就苏联来说，尽管马克思主义有较大发展，产生了列宁主义，但是，苏联共产党没有确立马克思主义必须俄国化的理论和实践观念，没有一条与苏联实际情况相结合的社会主义建设路线，虽然在短期内成就巨大，但缺乏后劲。斯大林逝世后，逐步走上了全面复辟资本主义的不归路。

侯惠勤指出，马克思主义中国化的核心，归根到底是如何对待马克思主义。是否坚持马克思主义关系到党的生死存亡，关系到党的事业的兴衰成败。中国共产党90年的历史告诉我们，党的命运是同马克思主义紧密联系的，什么时候正确地坚持马克思主义，什么时候就顺利发展。坚持马克思主义，就必须以不断创新的精神推动马克思主义中国化，把马克思主义基本原理同中国特色社会主义实践相结合，用马克思主义来回答和解决现实中的重大理论和实践问题，推动马克思主义在当代中国的发展。

李士坤对马克思主义中国化作出了新的界定。他认为只强调“马克思主义中国化”是“马克思主义与中国实际相结合”，容易忽略结合的主体，容易把结合的主体仅归结为个人。这就否认了中国共产党在马克思主义中国化进程中的主体地位。中国共产党是马克思主义在中国的传播者、运用者，是马克思主义中国化的唯一主体，是马克思主义在中国的化身。马克思主义中国化不仅有丰硕的物质成就，还具有中国特点、中国气派的思想理论形式。马克思主义中国化，就是指马克思主义特别是马克思主义哲学作为世界观、方法论，被作为主体的中国共产党运用于考察、研究中国的命运和发展的问题，并在理论和实践两个领域所获得的显著成就。北京第二外国语学院杨富斌教授则认为，马克思主义中国化的主体是中华优秀儿女。新乡医学院杨国斌教授认为，人民群众是推动马克思主义中国化的智慧之源和力量之源。南京政治学院上海分院刘芳教授认为，从理论形态上看，马克思主义中国化就是把中国革命建设和改革的实践经验上升为理论，形成中国化的马克思主义理论创新成果。从实践形态上看，马克思主义中国化就是把马克思主义与中国的具体实际相结合，创造性地制定正确的路线、方针和政策，以此解决中国革命、建设和改革的实际问题。

田心铭指出，弄清什么是马克思主义对于推进马克思主义中国化具有特别重要的意义。这就需要把握马克思主义与其他理论体系的区别，把握马克思主义的本质和特征。马克思主义最根本的特征有二：一是理论与实践的统一，二是阶级性与科学性的统一。判断一种理论是不是马克思主义的，不能单纯引经据典。因为马克思主义是不断发展的，马克思恩格斯的思想也有一个发展过程，他们著作中的观点并不全是马克思主义的。同时，他们著作中没有讲的，也不一定就不是马克思主义的。根本的判断标准有两条：一是是否符合客观实际，二是是否代表工人阶级和广大人民的利益。也就是说，关键是看这一理论是不是经过了实践的检验，是不是既符合客观实际，又符合工人阶级和广大人民的利益。

李崇富认为，自觉推进马克思主义中国化，必须始终坚持党的工作重点与指导思想的完整性的统一、坚持社会实践的基础性与科学理论的导向性的统一、坚持理论创新的时代性与原理体系的相对稳定性的统一、坚持基本原理的普遍性与我国具体国情的特殊性的统一。这样，才能明确方向，才能引领我们走向共产主义。

中共上海市委党校高为学教授认为，推进马克思主义中国化，首先必须坚持马克思主义的完整性，反对把中国特色社会主义理论体系同马列主义、毛泽东思想割裂开来、对立起来，用前者取代后者，否定后者。同时，马克思主义具有鲜明的实践性，推进马克思主义中国化，关键是看实际工作是否坚持宪法所确立的社会主义经济制度和政治制度。

四川大学王国敏教授认为，马克思主义必须内化为民族精神，才能焕发出强大的生命力。一要加强马克思主义基础理论研究；二要遵循马克思主义内化为民族精神的基本原则，即学习基本理论与实践应用相统一、继承与发展相统一、内化与外化相统一；三要把马克思主义与中华民族优秀传统文化结合起来。

## 二　党史与唯物史观

会议围绕唯物史观与党的创建和发展、唯物史观与党史研究等问题展开了讨论。

陈先达认为，中国共产党90年的发展史，是在不断总结经验、在自我批评和团结奋斗中前进的历史。中国共产党的历史不是路线斗争史，更不是权力斗争史。其本质和主流是革命、建设和改革的历史。中国共产党的90年，是为中国人民解放和中华民族伟大复兴而斗争的90年。90年中，党内有过分歧，有过错误，但是中国共产党没有采取打倒一切和全盘否定的形而上方法，而是坚持用辩证唯物主义和历史唯物主义的世界观和方法论，正确分析和处理矛盾。每次纠正错误后，都是一次更大的发展。

李崇富在题为《正确认识“两次飞跃”，自觉推进马克思主义中国化》的主题报告中指出，正确认识马克思主义中国化的“两次飞跃”是党史中的一个关键性问题，是关系中国特色社会主义事业前途命运的重大问题，要以历史唯物主义的态度来对待“两次飞跃”。“两次飞跃”以两次革命为基础解决了新民主主义革命道路、社会主义革命道路和社会主义改革道路三个问题。历史唯物主义是一块整钢。“两次飞跃”及其成果要作统一理解，二者的区别在于其阶段性。前者是后者的基础，后者是对前者的发展。相比较而言，第二次飞跃及其成果具有更强的现实性。

田心铭认为，中国共产党90年的历史，是坚持和发展历史唯物主义的历史。历史唯物主义不仅写进了党章，还集中体现在党在各个历史时期的正确的政治路线中。同时，历史唯物主义在党的实践中转化为物质力量，既发挥了改造世界的作用，又经受了实践的检验。

中国历史唯物主义学会顾问、国防大学林建公研究员指出，中国共产党正是在唯物史观的指导下创建的。唯物史观指导中国人遵循人类社会发展规律，从20世纪的世界形势与中国实际出发，充分发挥与工农相结合的先进知识分子的主体性作用，高举马克思列宁主义旗帜，走俄国十月革命的道路，从而创建中国共产党。创建中国共产党是“马克思主义中国化”的历史起点和最初成果，是唯物史观的伟大胜利。坚持唯物史观必须遵循人类社会发展规律、尊重人民群众主体地位、高举马克思列宁主义旗帜。

中共三明市委党校涂大杭教授认为，中国共产党的历史就是唯物史观的实践史。中国共产党在实践中提出了正确处理人民内部矛盾、“三个有利于”标准等理论，丰富和发展了唯物史观。中国人民大学黄志军博士认为，历史唯物主义是指导无产阶级政党建设的科学理论。中国共产党正是以历史唯物主义改造了党内的非无产阶级思想，保持了党的思想统一和纯洁；正是通过对历史唯物主义的“中国阐释”，才得以发展、成熟，并成功实现了角色转型。中国共产党在理论上，要全面阐释和正确运用历史唯物主义，为自身建设提供强大理论武器；在实践上，要继续坚持和不断发展历史唯物主义，以实现自己的历史使命。

厦门大学洪成得教授强调，必须尊重历史，不能故意篡改。正确对待人民领袖，科学评价个人在历史上的作用，是党史研究必须重视的一个问题。新乡医学院杨国斌教授认为，党史研究必须坚持唯物史观，对历史问题要实事求是，有些历史问题不能避而不谈。中央财经大学张世飞副教授认为，马克思主义唯物史观是观察社会问题和历史问题的根本立场、观点和方法。在党史研究中，要坚持社会存在决定社会意识，社会意识反作用于社会存在的观点；坚持生产力决定生产关系、经济基础决定上层建筑，生产关系和上层建筑又具有反作用的观点；坚持阶级和阶级斗争的观点；坚持群众创造历史的观点。

## 三　党的领导与执政规律

会议肯定了坚持党的领导的重要意义，并从重视意识形态斗争、加强思想理论建设、坚持群众路线等角度探讨如何加强和改善党的领导。

侯惠勤指出，作为“先锋队组织”的共产党是由先进分子（“精英”）所组成的，惟其如此，才真正能够成为人民群众自己解放自己的政治形式，开辟出人民群众自我教育、自我管理的当家作主之路，因为这是群众由“自发”转向“自觉”的唯一通道。中国共产党是执政党，同时又是人民群众中最觉悟的部分。这决定了中国特色社会主义事业关键在党。我们必须理直气壮地坚持中国共产党在国家中的领导地位，这样才可能走出一条通过“国家消亡”而实现人民当家作主的新型民主之路。那种“坚持党的领导不等于社会主义”的主张，如果不是对马克思主义的无知，就必然是对马克思主义的蓄意反叛。

陈先达指出，苏联共产党和中国共产党的不同命运证明了党的路线问题，即举什么旗、走什么路是最最重要的问题。同时还证明，坚持马克思主义在意识形态中的指导地位，坚持指导思想的一元化，对于社会主义国家来说，至关重要。任何非意识形态化，或指导思想多元化都贻害无穷。一个社会主义国家，马克思主义在意识形态领域丧失话语权，迟早会变色。一个社会主义国家，只要意识形态领域被撕开一个缺口，种种错误思潮就会像潮水一样不可阻挡，就可能导致整个社会的崩溃。在经济全球化时代，意识形态斗争更加尖锐。一方面，西方国家通过多种途径加强了意识形态渗透；另一方面，经济成分的多样化和利益的多元化，必然导致思想和利益诉求的多样化，如果不加以正确引导，就可能对主流意识形态形成冲击。我们要高度重视意识形态斗争，牢牢掌握舆论阵地，坚持马克思主义在意识形态领域的指导地位。

李崇富也认为，非意识形态化倾向是目前我国意识形态领域的一个“软肋”。一些人无视我国在一定范围内长期存在的阶级斗争，无视当今世界整体上还是阶级社会，大肆宣扬“普世价值”。实际上就是把资本主义的意识形态中性化、普遍化、神圣化、绝对化。我国的舆论工具，必须有正确的政治意识和理想信念，必须讲工人阶级的历史使命和奉献精神等社会主义主流意识形态，而不能鼓吹抽象的“人性”、“博爱”，在阶级社会中，这只不过是人们的一个良好愿望而已。

重庆邮电大学党委书记徐仲伟教授指出，苏联的兴盛是以强大的意识形态为支柱的，“新思维”的推进，导致意识形态逐渐变异，“多元化”的走向摧毁了马克思主义指导思想，“民主化”的实质是推翻社会主义，“自由化”的核心是构建资本主义市场经济体制，最终导致苏联解体。以史为鉴，我党加强意识形态工作，一要正确处理社会主义主导意识与其他社会意识形态的辩证关系；二要不断发展和创新马克思主义指导思想；三要增强社会主义核心价值在意识形态领域的影响力；四要强化意识形态教育的重要地位；五要重视大众传媒在意识形态宣传中的负面作用。

中国人学学会会长、北京大学陈志尚教授在会议论文中指出，十三亿人的信仰问题是头等重大的理论和实践问题，是关系到意识形态领域和思想政治战线全局的根本问题。党组织和党员必须坚持党性原则，在思想上信奉马克思主义世界观、人生观、价值观，坚定共产主义伟大理想。在理论上坚持辩证唯物主义、历史唯物主义和科学社会主义，同唯心主义哲学及各种资本主义思潮划清界限。

侯惠勤强调了思想理论建设的重要意义。认为一个引领现实、开创未来的党，一定是对探索未来、了解未来有着无限热情的党，因而必然是保持着浓厚理论兴趣的党。安徽大学王孝哲教授认为，党的思想理论建设就是要用马克思主义武装全党。部分党员干部的腐败毁坏了马克思主义的形象，因此，党员干部一定要言行一致，起到表率作用，这样，才能维护马克思主义的权威。中共吉林省委党校耿洪彬教授认为，加强思想理论建设必须弘扬马克思主义学风，学以致用，不断推进理论创新。武汉大学梅荣政教授指出，由于党的队伍更新换代，很多党员没有接受过系统的马克思主义基本原理教育。党员应当努力学习马克思主义经典著作，真正弄懂马克思主义基本原理，并将学习马克思主义经典著作同学习邓小平理论、“三个代表”重要思想、科学发展观等结合起来，努力提高理论修养，成为坚定的马克思主义者。

国防大学许志功教授在会议论文中强调，坚持党的领导，必须始终不渝地践行全心全意为人民服务的根本宗旨，正确处理好党群关系。重庆邮电大学代金平教授指出，执政党应以改善民生、服务民众为目标，反映国内大多数人的利益诉求。解放军国际关系学院王西华教授认为，党员干部必须坚持正义优先原则，把公平正义作为自己的行为准则，依法行使权力，坚决抑制和反对党员干部的利益集团化。首都师范大学冯卓然教授认为，群众路线是中国共产党的生命线，能否坚持群众路线，是关系党兴衰胜败的大问题。中国社会科学院马克思主义研究院罗文东研究员指出，做好群众工作，必须在增进群众信任、增强民主法治观念和解决实际问题上下工夫；必须健全服务群众制度、联系群众制度、信访制度，健全党和政府主导的维护群众权益机制以及正确处理人民内部矛盾的工作机制，推动群众工作制度化规范化。

（《重庆邮电大学学报（社会科学版）》2011 年 7 月）

# 中国共产党90年与马克思主义哲学创新

## ——“中国马克思主义哲学史学会2011年年会”综述

胡建成　彭冰冰

2011年6月17日，由中国马克思主义哲学史学会、人民出版社“中国共产党思想理论资源数据库”网站主办，嘉兴学院、复旦大学哲学学院和嘉兴南湖红船精神研究会联合承办的“中国共产党90年与马克思主义哲学创新理论研讨会暨中国马克思主义哲学史学会2011年年会”，在嘉兴学院召开。来自全国党校系统、高等院校和科研院所的130多位专家学者出席了会议，并围绕会议主题从以下四个方面展开了深入讨论。

### 一　马克思主义哲学与中国共产党的建设与发展

与会学者一致认为，中国共产党的建设与发展离不开马克思主义哲学的创新。中国共产党作为最为重要的创新主体推动了马克思主义哲学的大发展、大繁荣，中国共产党90年的发展史就是马克思主义中国化、马克思主义哲学中国化的历史。

第一，中国共产党是一个十分注重马克思主义哲学的学习、研究和运用的党。有学者指出，在建设马克思主义学习型政党的今天，我们应当十分珍惜这一宝贵经验，弘扬重视马克思主义哲学的优良传统。要把我们党重视学哲学的优良传统传下去，关键在干部，尤其是各级担负主要领导职务的干部。能否学好哲学，关键是理论联系实际。学习哲学不是去为现存的东西作辩护和论证，而是为了揭露矛盾、分析矛盾、解决矛盾，从而推动事物的发展。还有学者提出，学习型政党建设是推进马克思主义中国化的重要途径。学习型政党建设的目的，就是要理论联系实际，发扬实事求是的思想路线和思想精髓，在此基础上，不断推进马克思主义中国化，把改造客观世界和主观世界这两大历史任务结合起来。有学者提出，共产党人既要做共产主义者，又要做马克思主义者。是否是马克思主义者，既取决于对马克思主义的理解，更取决于以什么方式对待马克思主义。就过程而言，做马克思主义者的问题实际上是学习做马克思主义者的问题。学习做马克思主义者的基本途径是学习马克思主义经典著作，掌握马克思主义基本原理，并在实践中运用马克思主义。

第二，党的事业的发展和马克思主义哲学创新离不开思想路线的指导。有学者指出，把马克思主义认识论，转化为党的思想路线，是中国共产党人对马克思主义哲学中国化的独特贡献，也为马克思主义中国化的伟大事业提供了坚实的哲学基础。在革命、建设、改革的实践中，中国共产党人紧密结合时代特征和国情的发展变化，不断吸收新鲜经验，丰富和发展党的思想路线。求真务实是对党的思想路线内涵的新拓展。有学者认为，实事求是具有普遍的哲学意义，它是中国马克思主义发展的基本经验和内在逻辑。党的实事求是思想路线的确立为马克思主义中国化奠定了科学的世界观和方法论基础，也为马克思主义中国化的理论创新提供了思想动力。党的思想路线形成、发展和完善过程，是马克思主义中国化不断推进的过程。在新的历史时期，坚持实事求是的思想路线，就是要贯彻落实科学发展观，推进经济社会的科学发展。

第三，“红船精神”就是中国共产党的建党精神。有学者提出，“红船精神”就是走在时代前列的精神，具体表现为：开天辟地、敢为人先的首创精神；坚定理想、百折不挠的奋斗精神；立党为公、忠诚为民的奉献精神。首创、奋斗、奉献这三种精神所组成的“红船精神”是中国共产党革命精神之源。“红船精神”是中华民族精神与马克思主义革命精神相结合的产物，是中国共产党的先进性之源。学者们还探讨了“红船精神”形成的文化渊源和历史背景，认为对“红船精神”的研究具有重要的现实意义和理论意义，并就如何进一步开展“红船精神”研究提出了各自的观点。

## 二　马克思主义和马克思主义哲学中国化的进程、经验与规律

通过回顾马克思主义中国化的历史进程，与会学者深入探讨了马克思主义中国化与马克思主义哲学中国化之间的关系，总结了马克思主义中国化的历史经验和发展规律。

第一，马克思主义中国化和马克思主义哲学中国化的关系。有学者认为，马克思主义中国化主要是一个政治范畴，它首先凸显的是科学社会主义和政治经济学的内容，主要服从于中国革命和建设的现实需要，具有比较强的历史形态性。与此不同，马克思主义哲学的中国化首先属于学术范畴，主要服从于理论建构的需要，学术性更为凸显。从历史发展的角度看，马克思主义中国化与马克思主义哲学中国化之间有一个分与合的关系。在马克思主义中国化的第一次历史飞跃中，毛泽东既进行政治实践又进行哲学创造，因此，马克思主义中国化与马克思主义哲学中国化的过程也是二者相互交织的过程。而在中国特色社会主义理论体系中，马克思主义中国化与马克思主义哲学中国化开始出现了分化。有学者认为，在马克思主义中国化的过程中，科学社会主义中国化取得了中国特色社会主义理论体系的理论形态，马克思主义政治经济学中国化的理论形态体现为社会主义市场经济的建立，但是，马克思主义哲学的中国化还没有确立起来。还有学者指出，马克思主义哲学中国化与马克思主义中国化是两个不同层面的问题，有联系也有差异。在当下，应该凸显马克思主义哲学中国化的研究。我们不仅应该去研究党的大众方针、主导的意识形态叙事，还要发掘马克思主义哲学界内部，马克思主义哲学家们的理论创造，例如李达、艾思奇等人的思想。

有学者指出，马克思主义哲学的中国化是整个马克思主义中国化的前提和重中之重，没有马克思主义哲学的中国化也就不会有马克思主义的中国化，马克思主义中国化首先体现在马克思主义哲学的中国化上。马克思主义哲学中国化其实就是马克思主义哲学的现代性和时

代化，是站在时代的高度对马克思主义哲学的一种提升。马克思主义哲学的现代性和时代化必须与中国传统文化相结合，反映中国思维方式和话语表述的特点，才能为中国老百姓所理解和接受，真正体现出一种中国化的马克思主义哲学。马克思主义中国化、时代化、大众化，既是多年来马克思主义中国化成功经验的总结，也是新时代马克思主义中国化的规范表达。

第二，马克思主义哲学中国化是否可能？有学者认为，哲学作为一种普遍性的学说，不应该有民族的特点。大部分学者则认为，马克思主义哲学中国化是可能的，也是现实的。毛泽东哲学思想是马克思主义哲学中国化的典型形态。有学者从 20 世纪 30 年代马克思主义哲学中国化的三大理论成果出发，把马克思主义哲学中国化划分为三个维度。毛泽东的《矛盾论》、《实践论》代表的是政治化的维度，李达的《社会学大纲》代表的是学院化、学术化和系统化的维度，艾思奇的《大众哲学》代表的是大众化、通俗化的维度。这三个维度是统一的，但是在统一之中包含有具体的差异。

第三，马克思主义哲学中国化研究的方法论。有学者认为，马克思主义哲学中国化首先必须密切关注中国的现实，把实践中的问题提到哲学的高度来思考。同时，还应强调中国传统文化在马克思主义哲学中国化过程中发挥了重要作用。如果没有中国传统文化、传统哲学的积淀，要实现马克思主义哲学中国化是不可能的。还有学者提出研究马克思主义中国化的两种视角：一是对马克思主义中国化的现实运动进行研究，例如对经典著作的翻译、五四运动对建党实践的影响进行研究；二是对核心概念的研究，对马克思主义中国化和马克思主义哲学中国化概念的流变过程进行研究。

第四，马克思主义中国化的问题。有学者提出，马克思主义经典文本的中国化是马克思主义中国化的一个重要前提。马克思主义经典文本的中国化就是马克思主义经典作家的原著从欧洲语言向中国语言的转化，实现这种转换的关键在于准确地领悟经典作家的思想，同时，要辨析中西文化的异同。这种语言转换的过程实际上就是中国人对马克思主义理论的认识不断深化的过程。马克思主义经典著作的翻译和传播对马克思主义中国化具有深远的意义，有力地推动了马克思主义中国化的进程，深刻地影响了人们的思想观念、政治信念和文化理念。当前还需要研究以下问题：（1）经典著作编译事业对于推进马克思主义中国化的意义。（2）经典著作编译事业与当代中国哲学理论建构的相互关系。（3）经典著作译本对中国大众思维方式和现代汉语的影响。（4）经典翻译中的语义辨析和语言哲学问题。（5）如何在学术领域实现文本研究和理论探索的有机结合。（6）中国历史传统和文化心理对马恩著作解读和接受过程的影响。（7）马克思主义经典与中国文化经典之间的关系。（8）《马克思恩格斯全集》历史考证版研究和使用过程中的方法论问题和政治倾向问题。（9）马克思主义哲学创新与经典译文的不断完善之间的相互关系。

第五，有学者探讨了历史唯物主义的中国化问题。认为历史唯物主义不仅能够认识与解释中国现代性的建构，而且还实际参与、塑造中国现代性的建构。“历史唯物主义”与“现代中国”之间持续发生着“相互建构”与“双向生成”的动态过程，使得历史唯物主义能够“融入”现代中国的自我建构，“内在于”现代中国。中国化的历史唯物主义与中国现代性的“相互型塑”与“双向生成”，主要体现在现代中国的历史意识、时代定位与发展方向这三个方面：历史唯物主义将进步的历史意识植入现代中国的文化核心；历史唯物主义引导现代中国的时代定位与时代规划；历史唯物主义为现代中国的发展提供历史向导，塑造现代中国的发展方向。中国特色社会主义理论体系是历史唯物主义中国化与中国现代性建构相互结合的当代典范；中国特色社会主义的发展，同时也是历史唯物主义中国化和中国现代性建构的双重进展。

## 三　90年来中国的马克思主义哲学史研究

通过回顾历史，与会学者把中国的马克思主义哲学史研究划分为大的三阶段和小的三阶段。所谓大的三阶段是指90年可以分为三个30年，第一阶段：中国的马克思主义哲学史研究属于萌芽期，主要是翻译和介绍苏联以及其他国家的马克思主义研究著作；第二阶段：从1949年新中国成立到1978年，主要是对马克思主义的经典著作进行研究；第三阶段：1978年至今，这是学科研究阶段，以马克思主义哲学史学科的建立为标志，这一阶段的重要研究成果是大量的教材和研究专著的出版。其中，第三个阶段又可以以十年为单位分为三个小阶段：第一个小的阶段是开拓阶段，一大批高等院校开始开设马克思主义哲学史课程；第二个小的阶段不仅从总体的逻辑进程上进行马克思主义哲学史研究，而且进行多角度的研究，如断代研究、人物研究、专题研究等，开始利用西方学者的研究成果来完善和推进我们的研究；第三个小的阶段是从进入新世纪开始，马克思主义哲学史研究开始形成以史论结合为特点的独特的学派，形成了各个学校自己的风格、研究思路和观点。

学者们还讨论了马克思主义哲学史的研究范式。有学者指出，我们应该尝试以不同的角度诠释马克思主义哲学史的逻辑进程、马克思主义哲学史的各个阶段的特点以及人物的思想。马克思主义哲学史的研究应该把史、论、著三者有机地结合起来，应该充分利用文献的考据、文本的研究推动马克思主义哲学史的研究。有学者还指出，在马克思主义哲学史研究中，要注意保持理论与实践之间必要的张力，理论到底在怎样的程度上联系实际？理论联系实际的主体到底是谁？理论联系的实际到底是怎样的实际？要推进我们的马克思主义哲学史研究，这些问题是必须首先回答的。

## 四　新的历史起点上中国马克思主义哲学发展的方向、主题与路径

第一，关于如何理解马克思主义哲学。与会学者一致认为，马克思主义哲学是一种实践哲学，一种现实哲学。因此，在新的历史起点上发展马克思主义哲学就需要关注社会现实，要有历史责任感。还有学者指出，文本研究是我们正确理解马克思主义哲学的关键。文本学研究必须坚持客观性维度，要把经典文本研究和当时的历史语境结合起来。同时，又要激活文本，实现一种理论的再创造。有学者认为，联系20世纪80年代以来中国思想变革运动，中国马克思主义哲学观念的变革主要体现在以下三个方面：一是实现了由科学主义的马克思主义哲学传统向人文主义的马克思主义哲学传统的转变；二是实现了由线性的、一元的世界马克思主义哲学发展观到复杂的、多元的世界马克思主义哲学发展观的转变；三是对马克思主义哲学中国化的反思由经验层面提升到理论层面，提出了建构具有中国特色、气派和风格

的马克思主义哲学的任务。

第二，关于如何在当代中国现实语境中发展马克思主义哲学。要发展马克思主义，当然要关注现实。我们的现实究竟是什么？对这个问题学者们意见不一。有学者从马克思的《论犹太人问题》一文出发，探讨了政治解放和人的解放的关系，认为当下中国最大的现实是公民的权利问题。有学者认为，当代社会是“影像时代”，影像全面渗透、参与和控制我们的生活。影像成为对人影响最大的影响源，影像扩展了人们对世界的认识，改变了人的价值观念，同时也造成“影像异化”。还有学者探讨了社会发展的动力机制，从主客体统一的过程角度看，社会发展大体表现为问题→不满→表达→改进四个环节前后相继的周期，然后，由改进再到新的问题→不满→表达→改进。这是一个循环往复、螺旋式上升的过程。这也是社会发展的一种动力机制。这一动力机制最重要的实践启示是：必须切实落实公民表达自由（即思想言论出版自由）的权利，这是推进社会发展的基本条件。

第三，关于如何创新马克思主义哲学。有学者指出，当下，创新这个词的运用出现了某种程度的混乱，往往是为了创新而创新，而不是为了问题而创新。还有学者认为，马克思主义哲学创新应该从文本中寻找理论资源。马克思主义哲学创新在于一个坚持、两个关注，即坚持马克思主义，坚持发展中的马克思主义，关注自然科学的实际和前沿，关注社会科学的实际和前沿。与会学者一致认为，马克思主义哲学的创新要积极面对各种社会思潮，一方面，要坚持包容的、多元的和开放的态度，广泛地汲取它们之中的精华。另一方面，开放性并不意味着立场和原则的丧失，要坚持马克思主义的基本立场、观点和方法，为我所用，以我为主，坚持马克思主义哲学创新的主体性。

（《马克思主义研究》2011年第8期）

# “中国社会科学院纪念中国共产党成立 90 周年理论研讨会”综述

谭扬芳　贾江华

2011 年 6 月 20 日，中国社会科学院纪念中国共产党成立 90 周年理论研讨会在京举行。会议由中国社会科学院党组成员、副院长武寅主持。中国社会科学院党组副书记、常务副院长王伟光发表讲话。

与会者满怀豪情地回顾了中国共产党的光辉历史和丰功伟绩：90 年来，党团结带领全国各族人民前赴后继、顽强拼搏，建立了新中国，进行了社会主义革命和建设，实行改革开放，成功开辟了中国特色社会主义道路，为中华民族伟大复兴打开了前所未有的光明前景；实事求是地总结了马克思主义在中国的伟大胜利的重要经验；探讨了中国共产党在推进马克思主义中国化理论创新的过程中积累的宝贵思想财富；探索了在世界风云变幻和复杂国际国内环境中进一步加强党的建设，永葆党的先进性所面临的形势、任务、机遇和问题。现将研讨会上的发言和《36 位著名学者纵论中国共产党建党 90 周年》（中国社会科学出版社 2011 年 6 月版）一书中中国社会科学院部分学者的重要观点综述如下。

## 一　指导思想：马克思主义在中国的伟大胜利

建党 90 年来，中国共产党始终勇立时代潮头，坚持将马克思主义与中国实际相结合，不断在实践创新进程中推进理论创新，推进马克思主义中国化、时代化、大众化，指导中国革命、建设和改革的正确航向，从根本上改变了中国面貌和中华民族命运，谱写了辉煌的历史篇章。

王伟光指出，90 年前的 1921 年，中国近代史上发生了一起从根本上改变中国人民历史命运的大事件，这就是以马克思主义作为指导思想的中国共产党的诞生。90 年来，党带领人民取得了革命、建设和改革三个伟大成就，从根本上改变了中国的面貌和中华民族的命运。这是中国共产党的伟大胜利，是社会主义在中国的伟大胜利，是马克思主义在中国的伟大胜利。马克思主义传播到中国，为中国人民所接受，在中国的土地上生根、开花、结果，是世界时势和中国国情发展的必然结果。中国人民选择马克思主义作为解救中国的强大思想武器，成为中国工人阶级政党——中国共产党的理论基础和思想指南，马克思主义作为思想武器与中国人民的物质力量结合在一起，转化成巨大的革命的能动力量，改变了中国的历史命运，是中国近代以来历史发展的必然逻辑。

李慎明（中国社会科学院党组副书记、副院长）认为，马克思主义在中国的伟大胜利与中国共产党的中高级领导干部承担着坚持和发展马克思主义理论的最重要的历史责任密切相关。可以说，他们的理论水平是党的执政水平和领导水平的重要体现。党的中高级领导干部要自觉带头学习好马克思主义经典著作，是其在党和国家政治、经济生活中特殊地位与作用的必然要求；是正确把握人类历史发展规律、坚定正确的理想信念的必然要求；是分清理论是非、坚持创新正确理论的必然要求；是贯彻落实科学发展观的必然要求；是改造世界观的必然要求。

程恩富（中国社会科学院马克思主义研究学部主任、马研院院长）认为，马克思主义是立党立国的根本指导思想。马克思主义成为立党立国的根本指导思想，是历史的选择、人民的选择。近代中国，面对空前深重的民族危机和社会危机，中国人民进行了不屈不挠的斗争，无数仁人志士苦苦探索救国救民的真理。各种主义和主张先后出场，有些还颇有声势和影响，但最终都是昙花一现。只有找到了马克思主义这一科学理论和战略思想以后，才从根本上解决了中国的前途和命运问题。

李崇富（中国社会科学院学部委员）认为，党的 90 年奋斗史反复证明，马克思列宁主义及其中国化理论，是我们立党立国之本，是全国各族人民团结奋斗的共同思想基础、根本的精神支柱。任何时候、任何情况下，我们都不容许削弱和动摇它。马克思主义基本原理之所以成为指导我国革命、建设和改革的根本理论基础，原因在于：一是马克思主义不是地域性的，而是关于世界的“主义”，它关注研究的是世界的前途和人类的命运，所揭示的是人类社会发展的基本规律和世界历史演进的总趋势；二是马克思主义不只是德国和西欧的，而是世界各国无产阶级共有的“主义”，它是无产阶级阶级意识的思想升华，是“无产阶级立场在反对资产阶级的阶级斗争中的理论表现，是无产阶级解放条件的理论概括”，从而阐明了无产阶级彻底革命的阶级地位和消灭一切阶级、解放全人类的历史使命；三是马克思主义不只是批判资本主义的、而是关于整个世界由资本主义过渡到共产主义的整个历史时代的“主义”，它揭示了社会主义必将取代资本主义的客观必然性，提出了建设未来新社会（包括共产主义第一阶段及其高级阶段）的原理和原则。

徐崇温（中国社会科学院荣誉学部委员）认为，回顾这 90 年来的发展历程，我们党先是在新民主主义革命中，用不同于十月革命的方法，成功地继续了十月革命所开辟的道路，在中国建立了社会主义制度，使我们党在国际共产主义运动中脱颖而出；接着，又在改革开放和社会主义现代化建设中，开辟出中国特色社会主义新道路，从而在世界社会主义运动因为东欧剧变、苏联解体而处于谷底的时候，我国的社会主义制度不仅巍然屹立，还使我们国家的面貌发生了历史性变化，社会生产力和综合国力大幅度提高，中华民族伟大复兴前景光明。

侯惠勤（中国社会科学院马研院党委书记、副院长）认为，我们党之所以能够不断地开辟引领中国前进的新路，就在于在指导思想上，党始终坚持把马克思主义基本原理运用到中国的具体实际，这就是说，指导思想上的一脉相承和与时俱进相统一，决定了中国道路的成功。从旗帜上看，就是高举马克思主义共产主义的旗帜和高举不同历史时期马克思主义中国化伟大成果旗帜的内在一致性。

## 二　政党建设：中国共产党的伟大胜利

90年的历史证明，中国共产党为中华民族复兴提供了根本的政治前提，抓住了难得的发展机遇，创造了良好的内外环境，继承并发扬光大了辛亥革命的未竟事业，使中华民族伟大复兴正在一步步变成现实。中国的发展方向和中华民族的命运的根本改变是中国共产党的伟大胜利。

王伟光指出，中国共产党波澜壮阔的90年告诉我们，没有中国共产党，就没有中国特色社会主义。以马克思主义为指导、代表工人阶级这一新生先进阶级的中国共产党自成立以来，就勇敢地担负起领导中国革命、建设和改革，建设社会主义强国的伟大使命。中国面貌历经90载焕然一新。

李慎明认为，90年来，中国共产党之所以取得伟大的胜利，关键在于把人民群众视为生命根基。站在什么人的立场上，为什么人、依靠什么人的问题，是一个根本问题、原则问题。一切为了人民、一切依靠人民，是我们党一切工作的根本出发点和落脚点。除了工人阶级和最广大人民的利益，党没有自己特殊的利益。因此，我们要自觉把最广大人民的根本利益作为观察和处理问题的基本准则，想问题、作决策、办事情都要从人民群众的根本利益出发，努力使我们的路线方针政策更好地体现人民群众的根本利益，切实办好顺民意、解民忧、惠民生的实事，不断让人民群众得到实实在在的利益。

朱佳木（中国社会科学院副院长兼当代中国研究所所长）认为，从辛亥革命的爆发和中国共产党诞生的历史事件比较中，更显现出中国共产党的伟大功勋。因为，它们的目的都是为了要救中国于危亡之中，进而使中国独立富强，使中华民族实现复兴。但辛亥革命要走的资本主义道路在中国走不通，这就决定了选择社会主义道路的中国共产党必然要登上历史舞台，而且果然登上了历史舞台，担负起了领导中华民族复兴的大任。近一个世纪的历史证明，由于中国共产党善于把马克思主义普遍真理同中国具体实际相结合，正确回答和解决了中华民族在复兴道路上面对的一系列重大问题，因而继承并发扬光大了辛亥革命的未竟事业，使中华民族的伟大复兴一步步变成为现实。

房宁（中国社会科学院政治学研究所党委书记、所长）认为，建党90年来，中国共产党依靠和发动中国最广大人民群众，成功地走出了一条民主新路。中国特色社会主义民主制度，有利于经济发展、政治稳定、社会和谐。在中国，实现和发展人民民主最根本的就是把共产党领导、人民当家作主和依法治国有机统一起来，这是中国民主政治发展的基本规律。坚持正确的政治方向，不搞多党轮流执政，不搞指导思想多元化，不搞“三权鼎立”和两院制，不搞联邦制，不搞私有化，是继续坚持中国特色社会主义道路的政治保障。

尹韵公（中国社会科学院新闻与传播研究所所长）认为，中国共产党之所以取得伟大的胜利，与运用内参进行治国理政，提高了执政能力有重要关系。我国的内参工作及其机制是我党的一个伟大的创造，它是马克思主义中国化在新闻传播领域的一个丰硕成果。它在中国的环境下诞生，中国国情的养料哺育它成长壮大，具有很强的适应性。它的独特性，正是由于它的不可复制性和不可比拟性。我国的内参工作及其机制是整个新闻传播体制的重要组成部分。同时，它又是我国领导层治党治国治军的重要利器、重要平台和重要渠道。它在我国的政治生活、经济生活、文化生活、社会生活乃至外交生活中，每时每刻都发挥着不可替代的重大甚至巨大作用。

刘国新（中国社会科学院当代中国研究所研究员）认为，中国共产党之所以能够成功，能够长盛不衰，其最重要的原因在于：根据主客观条件和环境的变化，及时地调低或者调高社会主义现代化建设的奋斗目标，使规划更加实事求是。同时，把握改革开放新形势和新世纪新阶段的特点与趋势，使现代化建设目标由以经济为主到经济、政治、文化、社会、生态五位一体全面的综合的指标体系，一步一步接近和最终实现自己的理想，既代表了广大人民复兴中华的意愿，又符合历史发展规律。

## 三　成功经验：自觉推进马克思主义中国化

中国共产党90年的历史经验教训告诉我们，不能照抄马克思主义经典作家的结论，也不能照搬别国的革命模式和建设道路，必须走一条符合中国国情的革命和建设道路，这就迫切需要把马克思主义与中国实际相结合，创立中国化的马克思主义以武装全党，指导实践。中国共产党在领导中国革命和社会主义建设的过程中，在不断发展人民民主、推进人民当家作主的历史进程中，无不证明了马克思主义必须中国化，才具有指导意义，才能发挥巨大的历史作用。

王伟光指出，中国共产党领导中国人民在革命、建设和改革的90年历程中，实现了马克思主义两次历史性飞跃，创造了马克思主义中国化既一脉相承又丰富发展的两个理论形态——毛泽东思想和中国特色社会主义理论体系，取得了中国革命、社会主义建设和社会主义改革开放三个伟大成就，实践创新带动理论创新，理论创新引导实践创新。其成就的取得归根到底是我们党坚持了实事求是的思想路线。其重要启示有：一是马克思主义中国化的实质与精髓就是实事求是思想路线，坚持马克思主义，必须坚持实事求是；二是坚持实事求是思想路线，不断推进马克思主义中国化，最重要的就是坚持理论联系实际的学风和密切联系群众的作风；三是坚持理论联系实际和密切联系群众，必须密切联系不断发展的实践，永不脱离群众，不断推进马克思主义中国化的理论创新。

朱佳木指出，近一个世纪的历史证明，由于中国共产党善于把马克思主义普遍真理同中国具体实际相结合，正确回答和解决了中华民族在复兴道路上面对的一系列重大问题，使中华民族的伟大复兴一步步变成为现实。

程恩富认为，90年来，中国共产党坚持把马克思主义基本原理与中国具体实际相结合，不断取得马克思主义中国化的理论成果，指导中国革命、建设和改革不断走向胜利。新民主主义革命时期，中国共产党经过28年艰苦卓绝的斗争，推翻了“三座大山”，实现了民族独立和人民解放，建立了人民当家作主的新中国。社会主义革命和建设时期，确立了社会主义基本制度，建立起了比较完整的工业体系和国民经济体系，使古老中国以崭新的姿态屹立于世界东方。改革开放新时期，我们开创了中国特色社会主义道路，坚持以经济建设为中心、坚持四项基本原则、坚持改革开放，建立和完善社会主义市场经济体制，大幅度提高了我国的综合国力和人民生活水平，为全面建设小康社会、实现中华民族伟大复兴和繁荣开辟了广阔的前景。假如没有马克思主义的指导，这一切都是不可能的、也是不可想象的。中国革命、建设和改革的光辉历程，充分显示了马克思主义及其中国化理论的正确性和强大威力，从而成为立党立国、治党治国之本，其指导地位任何时候都不能动摇。

李崇富认为，我们党的90年，是中国社会制度根本变革和社会面貌发生历史性变化的90年，是马克思列宁主义普遍真理不断同中国实际相结合的90年。90年来，中国革命、建设和改革的一切成就，都是中国共产党带领全国各族人民团结奋斗的伟大胜利，是不断推进马克思主义中国化的伟大胜利。从历史经验看，我们党要自觉地继续推进马克思主义中国化的理论和实践探索，就应积极和慎重地认识和处理其中几个基本关系：一是坚持党的工作重点与指导思想的完整性的统一；二是坚持社会实践的基础性与科学理论的导向性的统一；三是坚持理论创新的时代性与原理体系的相对稳定性的统一；四是坚持其基本原理的普遍性与我国国情的特殊性的统一。处理好这些基本关系，才能自觉地继续推进马克思主义中国化，促进马克思主义获得新发展，从而指导我国加快转变经济社会发展方式，引领中国特色社会主义继续顺利发展。

徐崇温认为，在人类历史上，90年只是一个短暂的瞬间，我们党之所以能够在这么一个短暂的瞬间成就这样辉煌的业绩，根本的原因在于把马克思主义的基本理论和中国的具体实际紧密结合起来，不断推进着马克思主义中国化。毛泽东在1938年党的六届六中全会上提出"使马克思主义中国化""成为全党亟待了解并亟须解决的问题"，在1956年党的八大开幕词中宣告："把马克思列宁主义的理论和中国革命的实践密切地结合起来，这是我们党的一贯的思想原则。"邓小平1982年在党的十二大开幕词中指出："把马克思主义的普遍真理同我国的具体实际结合起来，走自己的道路，建设有中国特色的社会主义，这就是我们总结长期历史经验得出的基本结论。"江泽民在党的十五大报告中阐述了马克思主义中国化的基本含义："马克思列宁主义、毛泽东思想一定不能丢，丢了就丧失根本。同时一定要以我国改革开放和现代化建设的实际问题、以我们正在做的事情为中心，着眼于马克思主义理论的运用，着眼于对实际问题的理论思考，着眼于新的实践和新的发展。"胡锦涛则在党的十七大报告中，把坚持马克思主义基本原理同推进马克思主义中国化相结合，列为我国改革开放"十个结合"宝贵经验之首。十分明显，不断推进马克思主义中国化，是我国社会主义事业兴旺发达的关键。

## 四　面向未来：继续推进马克思主义中国化的理论创新

90年来，中国共产党的成功经验昭示我们：面向未来，必须不断推进马克思主义中国化的理论创新，才能继续成功指导社会主义建设的实践创新。

王伟光指出，马克思主义不是僵化的教条，而是与时俱进的科学理论。马克思主义中国化是一个开放性的过程，随着实践的发展，它必将获得新的理论生长点，实现新的繁荣和发展。面向未来，只要我们党始终坚持马克思主义和马克思主义中国化，高举中国特色社会主义伟大旗帜，就一定能够实现全面建设小康社会的奋斗目标，迎来中华民族伟大复兴更加光明的前景。

李慎明指出，当前国际政治经济格局继续发生深刻而复杂的变化，我国仍处于重要战略机遇期，同时仍存在许多可以预料和难以预料的严峻风险与挑战，我们要深入贯彻落实科学发展观，加强理想信念教育，不断创新党的建设，加快发展方式转变，在挑战中谋发展，在推进马克思主义中国化的理论创新中破难题。

朱佳木指出，历史告诉我们，中国共产党是中华民族复兴大业的推动者、领导者和组织者，也是引路人、主心骨和守护神。只要我们始终坚持中国共产党的领导，坚定不移地沿着中国特色社会主义道路前进，推进马克思主义中国化的理论创新，同心同德，奋力拼搏，就一定能战胜前进道路上的各种困难，在本世纪中叶实现中华民族的伟大复兴。

李崇富认为，当代中国共产党人，面对当今机遇与挑战并存的国际环境和肩负着的历史责任，必须立足当代、背靠历史、展望未来，真正确立社会主义、共产主义的理想信念，才能拒腐防变；必须认真学习和善于运用马克思主义世界观和方法论，才能清醒坚定；必须完整准确地理解和把握马克思主义中国化的历史进程、基本经验和理论成果，才能坚持和发展中国特色社会主义事业。

程恩富认为，面向未来，推进马克思主义中国化的理论创新，必须积极推进马克思主义的中国化、时代化、大众化。实践和实现这一战略任务，对于建设马克思主义学习型政党，丰富发展中国特色社会主义理论体系，全面推进改革开放和社会主义现代化建设具有深远的战略意义。就马克思主义大众化来说，它是指把马克思主义基本原理和观点通俗化、具体化，使之更好地为人民大众所理解、所接受。从内容上看，其重点应当是中国特色社会主义理论体系。因为它是最贴近中国人民大众的需要、最为人民大众密切关注的。从对象上看，对广大群众，必须深入掌握中国特色社会主义理论体系精髓，善于运用“三贴近”的大众化语言，用发展着的马克思主义，令人信服地回答群众关心的热点和难点问题，用感性的现实生活事例来阐述抽象的理论形态。从效果上看，马克思主义大众化和通俗化应运用有效具体的实例、生动活泼的语言和现代科技形式，将马克思主义基本原理和群众日常生活结合起来，从而使理论更加具体、简洁、生动，让群众通俗地理解马克思主义。为了使广大干部群众真信、真学、真懂、真用马克思主义，马克思主义大众化应注重科学性，要科学地阐述理论本身，科学地理论联系实际，科学地运用现代科技手段。

武寅在大会总结中强调，马克思主义是中国共产党的灵魂。在革命和建设的不同环境下，中国共产党把马克思主义与中国实际相结合，不断推进马克思主义中国化，以指导我们的实际工作。中国社会科学院在推进党的思想理论建设方面，采取了一系列措施，取得了不少的成果。让我们以建党 90 周年为契机，继续推进马克思主义中国化的理论创新，把我院三个定位之一——马克思主义坚强阵地的建设提升到一个新的高度。

总之，正是在中国共产党人的马克思主义中国化的创新理论指导下，中国人民经过艰苦奋斗和不懈努力，创造了中华民族发展史上前所未有的辉煌业绩，谱写了中华民族发展史上最壮丽的篇章。中国共产党将继续在建设大业中进行理论和实践创新，实现新跨越，谱写新辉煌。

(《马克思主义研究》2011 年第 7 期)

# 共同富裕与中国特色社会主义理论研讨会综述

朱继东

在伟大的中国共产党成立90周年前夕，2011年6月24—25日，共同富裕与中国特色社会主义理论研讨会在重庆召开，全国政协副主席、中国社会科学院院长陈奎元出席会议，中国社会科学院常务副院长王伟光和中国社会科学院副院长李慎明先后主持了研讨会。专家们在会议上从重庆的实践和中国的实际出发，围绕如何深化对共同富裕的认识、共同富裕与中国特色社会主义的关系、坚持公有制经济的主体地位对实现共同富裕的意义、怎样进一步实现和发展共同富裕等问题展开讨论，并探讨走共同富裕之路的理论本质、重大意义和实施路径等，期望能早日解决好共同富裕这个世界性难题，为中国特色社会主义建设取得更大胜利贡献力量。

## 一　专家谏言缩小“三个差距”：重庆探索为全国积累经验

收入差距包括个人收入差距、城乡收入差距和地区收入差距，这三种收入差距通常是相互结合在一起的，被称为“三个差距”。在经济高涨的喧嚣中，大量社会财富迅速向少数人手中集聚，日益扩大的贫富差距，预示着当前改革正步入深水区。随着贫富差距悬殊问题越来越突出，如何缩小“三个差距”已成为全社会关注的焦点，也成为这次研讨会的中心话题。与会专家们畅所欲言，会场气氛热烈，说者动情，听者心热。

陈奎元说，多年来，重庆市委、市政府坚持对党员进行马克思主义理论教育，增强党员的理想信念，全面执行党的基本路线，认真践行党的宗旨，并从自身实际出发，创造性地开展工作，建设“五个重庆”，推出“十大民生”举措，出重拳“打黑除恶”，取得了不少好经验。重庆的许多做法是建设中国特色社会主义的具体实践，经验值得社科理论界认真吸收、推广。

李慎明研究员认为，重庆市委、市政府在“十二五”规划中，果断提出要把目前的基尼系数从0.42缩降为0.35，缩减0.07。这可能是各省市在五年规划中第一个明确提出这一目标的。这是对逐步实现共同富裕的量化。这一目标提出的本身，在建设中国特色社会主义中就具有十分重要的战略意义。

中央政策研究室原主任滕文生、国务院新闻办原主任赵启正、中央文献研究室副主任董宏、农业部原常务副部长万宝瑞、中华文化发展促进会副会长辛旗等与会专家认为，在经济快速发展的同时，必须高度重视解决贫富、城乡、区域差距问题，相信这次以共同富裕为主题的“重庆会议”会给我们很好的启示。专家们建议，缩小“三个差距”，要充分发挥国有经济的重要作用，既发展市场经济，又加强宏观调控，让人民共享改革发展的成果；要调整国民收入分配格局，深化收入分配制度改革，逐步提高居民收入在国民收入分配中的比重，提高劳动报酬在初次分配中的比重；要加强财税调节，利用税收杠杆达到“限高补低”的效果，并建立起财政增加对民生投入的长效机制，确保财力向基层倾斜、向民生倾斜；要大力促进就业创业，促进城乡公共服务均衡发展。

北京师范大学收入分配研究所所长李实教授认为，户籍制度在一定程度上限制了农民的自由流动，导致城乡差距越拉越大。另外，过去政府对农村的公共投入不够，包括基础教育、医疗卫生和其他社会福利投入都不足，这也导致很多农村的积累远远低于城市。要缩小城乡差距，就需要修正以前的不足。

对于重庆瞄准缩小“三个差距”，深化收入分配改革，提速共同富裕，专家们纷纷给予高度评价。中国社会科学院马克思主义研究院院长程恩富教授说，全面小康社会的目标是实现共同富裕，而不是两极分化，不能过分强调 GDP 增速和总量。中国经济社会发展已到了必须转变发展方式的转折点，刺激消费、扩大内需，需要建立在老百姓收入提高的基础上。最近几年，重庆全面展开“五个重庆”建设，为老百姓办十件民生大事，投入力度之大前所未有。重庆改善民生的这些举措，就是在切切实实地启动内需，值得其他地方借鉴。重庆关注民生、改善民生，致力于让老百姓共享改革成果，在推动共同富裕方面，重庆做了大量卓有成效的探索，其“在分好蛋糕的过程中做大蛋糕”的思路，完全符合科学发展观的指导方针。

香港中文大学政治与公共行政系主任王绍光教授说，缩小“三个差距”，归根结底就是要让群众享受更平等的生存权益。缩小贫富差距，也不仅仅是缩小收入差距的问题，而是让人民群众享受更加公平的医疗、教育、出行、环境等权利，让每个人都更加公平地成长。调整收入的二次分配十分必要，但还应当注重调整一次分配，不管国有、集体还是民营企业，都应该思考在一次分配上多做文章，把工人的劳动参与纳入一次分配，占有一定利润分配份额。重庆能够率先在缩小“三个差距”上探索，最重要的就是把社会主义的未来和能够看得见摸得着的成果联系起来，关注广大人民群众的呼声。重庆做法也是对走中国特色社会主义道路的积极实践，它的探索也更具有普遍意义。

中国社会科学院政治学所所长房宁教授认为，缩小“三个差距”还得靠经济发展，重庆只要充分抓住这第二波工业化浪潮，实现经济跨越式发展，就能发现在缩小“三个差距”的实践之路上，有多种多样的路径可供选择。共同富裕的前提就是一部分人先富起来，而一部分人先富起来是我们社会发展的动力机制。重庆正在做的，正是一方面继续让更多人富裕起来，一方面更加关注低收入群体。这种两手抓的方式，符合现代社会的要求。清华大学国情研究中心主任胡鞍钢教授也认为，改革开放 30 多年后，如何实现共同富裕，已经成为当今中国的社会问题。如何逐步实现共同富裕？我们在重庆找到了答案，或者说看到了创新的理论和实践，这就是重庆鲜明地提出了缩小“三个差距”的问题。

## 二　高举共同富裕大旗：社会主义的本质特征和必由之路

与会专家认为，改革开放初期，邓小平就提出让一部分人、一部分地区先富起来，然后先富带后富，最终实现共同富裕。缩小“三个差距”是社会主义的本质要求，高举共同富裕大旗是社会主义的本质特征和必由之路，是国民经济稳定协调持续发展的必然要求，是国家长治久安的需要，是维护社会公平正义的需要，也是巩固党的执政地位的需要，是科学发展之路，意义重大深远。

高举共同富裕大旗是社会主义的本质特征和必由之路成为许多与会专家的共识。中国社会科学院马克思主义研究院党委书记侯惠勤教授认为，共同富裕是社会主义的本质特征和具有持久吸引力的价值基础。共同富裕就要逐步消灭剥削、防止两极分化，并最终消灭阶级。社会主义为共同富裕奠定了制度前提，没有社会主义就没有共同富裕。共同富裕不是追逐物质占有的共同发财，更不是物质至上主义，而是在不断消除两极分化的基础上实现全面发展，最终消灭剥削、消灭私有制、促使阶级差别消灭的过程，从而为每一个人的自由全面发展奠定社会条件。可见，共同富裕是建立在社会利益最大化上的价值追求，体现了开阔的眼界和崇高的共产主义追求。

北京大学原副校长梁柱教授也认为，改革开放之初，我国人民普遍贫穷，没有富裕阶层，社会上基本没有贫富差距，所以邓小平当年提出的“先富论”的论述是完全正确的。邓小平也同时提出了“最终实现共同富裕”。今天，我国经济的发展水平进入了新的阶段，国家比过去富裕了，对已经出现的社会贫富差距拉大的问题，现在不但是有必要缩小差距，而且完全有财力、有更多的办法逐步解决。

中国人民大学校长纪宝成教授认为，共同富裕已经成为今天中国的一个“中心课题”，目前讨论收入分配差距和共同富裕问题，对我国今后的发展品质、发展格局和发展走向具有重要的战略意义和价值。房宁教授说，目前人类历史上还没有实现共同富裕的成熟模式。共同富裕对我们而言，是理想、是目标。我们必须为之而努力，这就是在工业化、城市化的过程中，防止经济快速发展的同时社会快速分化。这是我们要考虑的，也是社会主义国家的责任。

中国社会科学院原副院长、学部委员刘国光更是在批评了把“国富”与“民富”对立起来的错误观点后进一步指出，目前，我国收入分配领域最核心的问题，是贫富差距急剧扩大，两极分化趋势明显。中心的问题不是什么“国富”与“民富”的矛盾，而是一部分国民先富、暴富与大部分国民不富或贫穷的矛盾。要克服和扭转贫富差距扩大和两极分化趋势，需要政策的转向，明确宣布“一部分人先富起来”的政策已经完成任务，今后要把这一政策转变为逐步“实现共同富裕”的政策，完成“先富”向“后富”的过渡。

## 三　实现共同富裕的关键：在于坚持公有制经济的主体地位

研讨会上，不少专家认为，实现共同富裕，关键在于坚持公有制经济的主体地位。中国社会科学院学部委员李崇富教授说，小平同志指出，社会主义就是要逐步实现共同富裕。实现共同富裕是社会主义的本质要求，是广大人民的普遍愿望。只有共同富裕了，才谈得上和谐，两极分化不可能实现和谐。共同富裕是和谐社会的重要标志，最能体现社会主义精神以及和谐追求的先决条件就是共同富裕。实现共同富裕，关键还在于坚持公有制经济的主体地位。在公有制基础上实行的按劳分配，本身就是一种“公平分配”。当前要进一步探索公有制的实现形式，进一步完善公有制企业的内部治理结构，使公有制真正成为社会所有的一种所有制形式，防止成为少数人、少数利益群体牟利的工具。要坚定公有制一定能搞好的信心，要确保公有制的主体地位。如果公有制丧失了主体地位，就丧失了社会主义的经济基础。

侯惠勤教授进一步指出，以共同富裕为本质的社会主义制度，必然具有优越性：一是社会主义由于始终具有以公有制为主体、以按劳分配为主要分配方式的制度特征，因而尽管其在不同发展阶段比重大小有所不同，但始终具有公平最大化、剥削等不公平因素最小化的制度约束力，这是社会主义的制度优越性所在；二是在生产力发展的每一水平上，都自觉地、尽可能地做到同一生产力水平上其他社会制度做不到的、最大限度的公平，这是社会主义的现实优越性所在；三是由于其价值目标是消灭阶级，而不是所谓“两头小、中间大”的橄榄形社会，因此其公平的内容主要是防止两极分化，而不是培育中产阶级，这是社会主义的价值优越性所在。

近年来一些地方削弱公有制经济主体地位、盲目市场化等错误做法遭到了专家们的批评。李慎明研究员指出，如何逐步实现共同富裕？就是要真正坚持中国特色社会主义理论体系和中国特色社会主义道路。什么是中国特色社会主义理论体系和中国特色社会主义道路？从一定意义上讲，就是“一个中心、两个基本点”的党的基本路线。因此，在建设中国特色社会主义伟大事业中，坚持党的基本路线毫不动摇至关重要。在改革开放取得巨大成就的今天，坚持党的基本路线，就要在经济领域认真贯彻落实科学发展观，让改革开放的成果由全体人民共享。这就必须坚持以公有制为主体、多种所有制经济共同发展的基本经济制度，坚持以按劳分配为主体、多种分配方式并存的分配制度，从而在初次分配中努力实现公平，为逐步实现共同富裕创造条件。仅靠二次分配，不可能逐步缩小贫富差距。这就需要在生产关系方面做文章。生产关系包括所有制、分配和劳动生产中人与人之间的相互关系这三个方面。我国的《宪法》中明确规定了社会主义初级阶段的基本经济制度和分配制度。现在讲依法治国，但在一些人中，很少讲《宪法》，特别是很少讲《宪法》中的社会主义初级阶段基本经济制度和基本分配制度，这很不正常。

刘国光尖锐地指出，在一些地方，随着所有制结构的“公”降“私”升，随着市场化大潮中“抱资本、疏远劳动”的风气盛行，宪法中规定的“按劳分配为主”，事实上逐渐被“按资本分配为主”所代替。因此劳动者报酬占比不断下降，而资本所得占比不断上升。由于劳动者报酬在居民收入中占最大份额，劳动者报酬在 GDP 中占比的下降，就决定了居民可支配收入在 GNP 中占比的下降。居民可支配收入占比的下降，主要是由于劳动者报酬占比下降和企业利润所得占比上升造成的，主要不是由政府收入上升所造成的。所以，要扭转居民收入占比的下降趋势，核心问题在于提高劳动者报酬和中低收入者的收入，关键在于调整劳动收入与资本所得的比重，而不是在于调整政府收入的比重。调整收入分配关系，仅仅就分配谈分配，仅仅从分配和再分配领域着手，还是远远不够的，不能从根本上扭转贫富收入差距扩大的问题。还需要从所有制结构上直面这一问题，需要从强化公有经济为主体，国有经济为主导着手，扭转生产资料所有制“公”降“私”升和“国”退“民”进的趋势，阻止化公为私的所有制结构转换过程。

王绍光教授也认为，谈共同富裕就是要提高人民群众的幸福感。近年来，许多跟民生相关的东西被市场化了，包括教育、医疗等等。众所周知，医疗、教育跟人的发展有巨大关系。一个小孩子长大，能不能得到全面发展，跟他能否得到良好的教育有巨大关系。如果完全由家长的购买力来决定，穷人的孩子永远也不可能改变命运。跟民生息息相关的领域，完全靠市场和私有化来解决，会带来巨大灾难。如果只顾发展不管差别，社会不稳定因素必然产生。

程恩富教授进一步指出，在社会主义公有制经济中，劳动人民在实质上处于主人翁地位，能够获得经济民主的权益，在公有制的基础上能实现按劳分配的平等关系或公平正义。科学发展观要求效率服从以人为本的原则，并与实现广大人民群众的共同富裕结合起来。就利润率而言，资本所有者如果是私人，利润率提高并不意味着工人利益的增加；资本所有者如果是国家或集体，利润率提高则意味着总体或集体劳动者利益的共同增加。人民共享发展成果的实现程度，归根到底取决于公有制经济的巩固和发展程度，主要取决于由所有制决定的国民收入初次分配状态。而“私有制加公共财政再分配”的制度，不能解决两极分化问题。程恩富教授还建议重庆和全国都应该在坚持公有经济与非公经济共同发展的基础上，进一步提高公有制经济在整个国民经济中所占的比重，达到7∶3的较佳所有制结构，这是实现共同富裕的必然要求。脱离公有制为主体和国民收入初次分配来实现共同富裕是不可能的。

专家们一致认为，普遍要求分享社会进步和经济发展的成果，要求缩小贫富差距，实现绝大多数人民的共同富裕，已经成为当今时代的主流。缩小贫富差距，实现共同富裕，已经成为执政党能否实现政权稳定的重要因素。共同富裕的大旗已经高高举起，历史必将记住有这么一次“重庆会议”，有越来越多的人在为共同富裕呐喊。更令人欣慰的是，走共同富裕之路正在全党、全国范围内达成共识，在共同富裕旗帜下的中国一定会更加繁荣、富强，更加和谐、幸福！

（《马克思主义研究》2011年第9期）

# 深入研讨当前思想领域的新问题　推进思想政治教育理论与实践创新

## ——“2011年全国思想政治教育学术研讨会”综述

梁海峰　刘爱华

为深入探讨新形势下思想政治教育的新特点、新规律和新要求，推进思想政治教育的理论创新与发展，由中国社会科学院马克思主义研究院与内蒙古师范大学联合主办，内蒙古师范大学法政学院承办的“2011年全国思想政治教育学术研讨会”于2011年7月18—19日在内蒙古呼和浩特市举行。来自全国各高等院校、科研机构、企事业单位、期刊杂志社的专家学者以及呼和浩特市有关媒体记者80余人参加了研讨会。内蒙古自治区社会科学联合会主席牛森发来贺信，内蒙古师范大学校长杨一江教授在开幕式上致辞，内蒙古自治区党委宣传部副部长张太平在开幕式上讲话。中国社会科学院马克思主义研究学部主任、马克思主义研究院院长程恩富教授作了题为《当前我国七大社会思潮》的主题报告；我国思想政治教育专业创建人之一、著名思想政治教育专家、华中师范大学张耀灿教授作了题为《思想政治教育学科理论的重新审视》的报告；中国社会科学院马克思主义研究院余斌研究员、清华大学帅松林副教授、上海师范大学石书臣教授、河海大学孙其昂教授、内蒙古高校人文社科重点研究基地——内蒙古师范大学思想政治教育理论与实践研究中心主任陈江教授分别作了专题发言。会议分别由内蒙古师范大学法政学院党委书记张树天和李春晖副院长主持。与会代表围绕新形势下思想政治教育遇到的新问题、思想政治教育学科的创新与发展，以及如何提高思想政治教育理论课教学实效性等问题展开了深入的研讨，对于推进思想政治教育理论与实践创新将起到积极作用。

### 一　关于当前我国主要社会思潮与思想政治教育问题

程恩富教授在报告中指出：近年来，伴随着全球化、市场化、信息化的进程，当代西方政治、经济、文化等社会思潮大量传入我国，并对我国的思想政治教育产生很大影响。因此，必须研究思想政治教育与社会思潮的关系，研究社会思潮产生的原因和特点以及当代西方社会思潮对思想政治教育带来的影响。程恩富教授指出，“主义”与“问题”不可分割，思想政治教育必须紧密联系当前的社会思潮，才能收到好的效果。他指出，中国改革开放30多年取得了很大的成绩，同时也存在很多问题。胡锦涛总书记今年的“七一”讲话中提到了“四个危险”，可见思想领域问题之严重。而这些问题普遍和社会思潮联系在一起，我们在做思想政治教育工作和研究时，首先要分清中国存在哪些社会思潮，我们应该如何评价这些社会思潮。只有科学地解释这些社会思潮，我们才能真正彻底地解决人的思想问题。目前社会上存在的七大社会思潮是：新自由主义、民主社会主义、复古主义、新左派（左翼）思潮、传统马克思主义、折中马克思主义和创新马克思主义。对于这些不同的社会思潮，从思想政治教育的角度来看，必须态度鲜明地予以区别对待。针对新自由主义、民主社会主义、复古主义这些反马克思主义思潮，无论它们是代表国际垄断资产阶级还是小资产阶级的意识形态和政策主张，都是马克思主义的敌人，是我们驳斥的对象。而新左派、传统马克思主义、折中马克思主义、创新马克思主义这些马克思主义同盟军，是我们团结的对象。思想政治教育的最终目标，就是确保马克思主义在中国的指导地位。

## 二　关于中国共产党90年的思想政治教育进程与基本经验

今年正逢中国共产党成立90周年，研讨中国共产党90年思想政治教育的历史经验是本次会议的重要议题。梳理总结我们党90年思想政治教育的基本经验，对于加强与改进新形势下思想政治教育工作具有重要意义。重庆工商大学教授余常德指出，90年来，党的思想政治教育有三次重大的理论创新，“生命线”理论是对思想政治教育地位作用的新论断；“正确处理人民内部矛盾”是思想政治教育主题的深刻揭示；“社会主义核心价值体系”则是思想政治教育内容的新概括。这些与时俱进的创新理论，指引党的思想政治教育一次又一次地达到新的高度，开创新的局面。中国共产党的思想政治工作历经90年的发展历程，不仅形成了让我们继承和发扬光大的优良传统，而且还有很多经验教训，促使我们深思和引以为鉴。中共中央党校副研究员李鉴修概括了中国共产党历史上几次重大的集中教育活动，认为用马克思主义武装全党是党的建设的显著特征。党的集中教育活动就是体现这一特征的综合性、全方位的教育活动，是我们党推进党的建设和党的事业成功的一条基本经验。在新的历史条件下，党的集中教育活动是着眼于实践发展，提高党的执政水平和领导水平的关键环节，是实现马克思主义中国化、时代化、大众化的基础工程。内蒙古财经学院李建军、沈志远则着重谈了高校学习型党组织的建设问题。高校党组织作为建设马克思主义学习型政党的重要组成部分，在整个党的建设中占有十分重要的地位，应着重在树立建设学习型党组织的新理念、发挥领导干部表率作用、设计形式多样的学习载体、建立和完善激励机制等方面下工夫。

## 三　关于思想政治教育学科基础理论问题

党的十七大提出各门哲学社会科学都要“推进学科体系、学术观点、科研方法创新”，这就对哲学社会科学学科基础理论研究提出了更高的要求。思想政治教育基础理论是关于思想政治教育“元问题”或“本体论”的问题，涉及构建思想政治教育学科的基础性和根本性问题。目前思想政治教育的基础理论研究存在哪些问题？今后应该重点突破哪些问题？对此，与会代表展开了热烈探讨。

张耀灿教授在题为“思想政治教育学科理论的重新审视”的主题报告中阐述了思想政治教育“元理论”的重要性。元理论研究包含对理论结构的研究，对理论的分析、解释的研究，诸如研究范式、基本范畴、思想政治教育形态、本质、规律、理论体系和结构、研究方法等问题都属于元问题、元理论。今天研究它不仅有了充分的条件，而且显得十分紧迫。他认为，目前学界多认定思想政治教育的本质是其意识形态性，但有关思想政治教育本质的理论研究还需进一步彻底，研究需要进一步拓展。一是要彻底明确思想政治教育的意识形态性的特殊性何在，及其与哲学、道德、宗教、艺术等的意识形态性的联系和区别；二是要从思想政治教育的本源本质上或从不同社会形态下思想政治教育的共同本质上拓展思想政治教育的本质研究。思想政治教育学应以人们思想政治品德形成的发展规律和思想政治教育规律为研究对象，但在目前的教材、科研内容中，书写人的思想品德结构和思想品德形成发展规律的分量太轻。要看到，研究和掌握思想政治品德形成发展规律，是研究和认识思想政治教育规律的前提、依据和基础，“两个规律”不可分割。研究思想政治教育不可不懂得人的思想品德形成发展规律，而研究思想品德发展规律是为了提高思想政治教育的有效性、引导人们形成良好的思想品德。天津师范大学副教授褚凤英认为，从思想政治教育的基本矛盾的视角来看，思想政治教育的本质则是调节个人与社会的思想政治关系，促进个人思想品德与社会意识形态同质发展，实现个人与社会良性互动的价值引导活动。但思想政治教育调节的是个人与社会的思想关系，这种思想关系当然是由社会经济基础决定的，但不是直接的经济利益关系，而是经济利益关系在思想领域的反映。

针对思想政治教育学科建设问题，程恩富教授指出，思想政治教育既有独立的一面，又有综合性的一面，它和经济学、哲学、政治学、社会学、法学、心理学等很多学科进行交叉。思想政治教育学科要搞好，除了要独立地研究它本身的范畴规律及其理论问题外，更要多学科地加以研究，视野要开阔，角度要有新意。同时，这对于具体从事高校思想政治理论课教学的教师来说，提出了一个更高的要求。只要认真积累内容丰富、覆盖面广的教学素材，思想政治教育理论课非但不空，而且非常具有广阔性。类似思想政治教育这种越宏大的课程就越符合人的高级需求，这也是高校思想政治理论课教师需要努力去实践的方向。孙其昂在发言中进一步提出思想政治教育研究的科学化问题。他认为，首先要明确科学化的行动思路，包括研究视野的系统化、研究方法的科学化、研究主题的内部化、研究队伍的精英化。视野的系统化要求用系统的方法把握思想政治教育研究全局，将其放到社会和科学整体中定位，用全球化的视野科学处理“古今中外”、“左右前后”、“马、中、西”等之间的辩证关系；方法的科学化要求按科学规律开展思想政治教育研究，在坚持正确政治方向的前提下，理论联系实际，用学术的、理论的、理想的观点开展理想与现实的对话；主题的内部化要求用思想政治教育学范式分析和审视外部学科命题，产生出思想政治教育的学术成果；队伍的精英化要求思想政治教育的研究以广大研究人员为基础，同时充分发挥精英在研究事业中的带头作用，而学生也是研究队伍的重要后备力量。

## 四　关于当前思想政治教育的重大理论问题

思想政治教育就是“讲道理”的学问和活动，就是要使人们认同“道理”、澄清模糊认识、自觉抵制各种错误思潮，达到统一思想、凝聚力量、行动一致之目的。而这个“道理”必须是令人信服的真理。深入研究思想政治教育的重大理论问题，是做好思想政治教育的前提和基础。为此，与会代表进行了广泛而深入的研讨。

关于资本主义与社会主义的前途命运。余斌指出，在今天，世界历史进入了一个非常关键的时期。正如20世纪20年代末的那场持续多年的经济危机给世界造成了深重灾难一样，2008年经济危机的影响还远未结束，未来若干年内世界局势必然发生很大的变化。其原因在于，市场的不断扩大是资本主义的生存条件，而当今世界市场无法无限扩大已经昭示资本主义生产方式走到了穷途末路。所以我们有理由相信“资本主义已死，社会主义当立”。

关于马克思主义思想政治教育。东北农业大学副教授许静波认为，思想政治教育的内容至关重要，在任何时候，形式都不能重于内容。思想政治教育必须具备科学和彻底的理论内核，所以，应该在科学的意义上去探求马克思主义与当代中国实际之间内在的和稳定的关联。内蒙古师范大学教授贺瑞认为，思想政治教育理论工作者要反思当前理论研究中存在的不足，要用科学的态度对待马克思主义。同时，理论来源于实践，理论要在实践中进一步提升。西北师范大学教授刘基认为，马克思主义思想政治教育在马克思主义传播中应运而生，与中国共产党的诞生、发展、壮大伴随始终。从思想政治教育产生的实践效果来看，它实现了对中国古代传统思想政治教育（儒家德化教育）的解构、对现代思想政治教育的开创性。江苏科技大学南徐学院讲师周露平着重谈了马克思主义理论教育中灌输论与启发论的关系。他认为，灌输路径的当代效用明显不足，应创新灌输论路径与启发论路径相融合的教育模式。启发论路径根基于灌输论，在个体社会实践中，强化更新教育内容与教育方法、促进个体转识成质、提升其文化熏陶教育。启发论的建设要着重强化社会成员对马克思主义理论指导下的社会主义核心价值观的理解和接受，并自觉运用到自己的社会实践之中。

关于思想政治教育与意识形态问题。海南大学副教授李辽宁认为，当今世界仍然是由以国家名义命名的强权势力和强权势力联盟把持着，国际上意识形态斗争仍然复杂尖锐。我们要加强社会主义意识形态建设，结合时代发展的趋势和中国实际情况，发展马克思主义，促进马克思主义中国化、时代化、大众化，推进社会主义核心价值体系的大众化，确保我国的文化安全。广东仲恺农业工程学院副教授刘涛认为，增强社会主义意识形态凝聚力，必须切实关注民生问题，提高社会发展的推进力；必须切实重视舆论宣传，提高主流舆论的引导力；必须切实推进理论发展，提高马克思主义理论的生命力；必须加强信仰主体建设，提高马克思主义信仰的感召力。

关于当前大学生的信仰教育问题。陕西师范大学副教授李学清认为，思想政治教育理论课教师不仅要通过理论教育学生，同时还要用行动教育和引导学生信仰马克思主义。只有证明马克思主义理论的科学性，才能让大学生有信仰，才能达到思想政治教育的目的。中国社会科学院哲学所博士后研究人员杨德霞认为，把握共产主义信仰的特点是共产主义信仰教育取得成效的前提。我们要辩证把握当代共产主义信仰及其教育，注意情感认同与理性认知的有机结合；集体政治信仰与个体人生信仰的相互交融；胸怀大志与脚踏实地的有机统一；宣传教育与环境治理的双向互动。内蒙古师范大学讲师刘德林认为，随着全球化和现代化进程的推进，中国传统文化在国人心目中逐渐受到外来文化的冲击与涤荡，精神家园与核心价值几乎被冲撞得四分五裂；精神家园重建需要学校、家庭、社会三位一体多方推进，教育、应用与考核三管齐下全面巩固。精神文化建设应借助制度文明的成果加强精神文明建设。

关于世界社会主义形势教育和爱国主义教育。南京政治学院教授卢继元认为，世界社会主义形势教育属于思想政治教育之列，而且是更高层面的具有世界眼光和战略性质的思想政治教育。它影响国民理想信念，决定国家系统安全，事关建设和谐世界。云南红河学院副教授王萍则结合上海世博会展示的志愿精神，谈了增强爱国主义教育实效性问题。认为，应树立理性爱国意识，把爱国主义热情转化为报国行动；重视爱国主义与社会主义的统一，与时俱进地加强爱国主义教育。

关于科学发展观与思想政治理论课的关系。广东警官学院教授杨经录认为，把科学发展观融入到思想政治理论课教育的全过程中，是深入贯彻落实科学发展观的根本要求，也是思想政治理论课健康发展的根本要求。这种融入主要体现为将“以人为本”和“统筹兼顾”融入到思想政治理论课的教学目标、教学内容和教学方法中。

关于马克思主义中国化、大众化以及社会主义核心价值体系建设。承德医学院教授孙凤君认为，马克思主义中国化成果的内容大都体现为政治教育，其路径自始至终都是自上而下的行政行为，缺少民间行为，这影响了马克思主义中国化成果的大众化。马克思主义理应在人的精神家园建设中发挥作用。应将马克思主义中国化成果，由政治报告和学术论文转变为思想杂文和方便大众阅读的思想品文，将政治用语和学术用语转变为温暖百姓思想的话语。提炼马克思主义的文化思想，来影响改造大众的思想观念和思维方式，真正成为大众的思想支撑和精神追求。上海师范大学教授周中之认为，在新的历史方位下，中国马克思主义大众化实现的路径，应着重从以下几方面探索：准确把握不同的社会群体在经济诉求、政治诉求、道德诉求、生活诉求等方面的特点，充分运用中国文化的资源为当代中国马克思主义大众化服务，中华民族文化对当代马克思主义大众化具有最大的可接受性。同时吸收时代新语言，增强当代中国马克思主义大众化的吸引力，从严谨、权威的“专家”和“官方”话语系统向通俗、形象的“大众”和“民间”话语系统转换。东北师范大学的钟立秋也强调，在马克思主义大众化过程中，要把马克思主义的宣传普及工作和人民群众对马克思主义的学习和运用正确地统一起来，克服形式主义、教条主义、经验主义的错误倾向。马克思主义大众化，就是马克思主义为广大群众所理解、所掌握、所运用，变成建设中国特色社会主义的物质力量。

关于社会主义核心价值体系的引领作用。重庆邮电大学教授刘秀伦认为，用社会主义核心价值体系引领大学生的价值观，首先要加强价值观理论教育的研究，挖掘、整理和阐释马克思主义经典价值理论、汲取中国传统文化和西方价值观的精华、加强多样化价值观状态的主导元引导、优化价值观教育环境，充分利用网络载体，加强大学生价值观教育。

## 五 关于如何提高高校思想政治理论课的实效性

当前高校思想政治教育的主要问题在哪里？思想政治理论课如何提高针对性、增强实效性？与会代表围绕着课程建设、教学内容与方法、实践教学等问题展开研讨。中国社会科学院马克思主义研究院副研究员李春华认为，关注现实、密切联系实际，是解决实效性问题的关键。教师在教学中要敢于直面现实挑战，不躲避不回避问题。要坚定马克思主义的立场，对一些现象要敢于批判，否则思想政治理论教育就失去意义。教师首先要对难点热点问题进行深入研究，才能把当前大学生普遍关心的重大问题讲清楚，使教学有深度、有说服力。例如，对于改革开放以来中国取得成就的原因，应讲清楚这是坚持马克思主义和社会主义的结果，是我们党将马克思主义基本原理与中国实际相结合，找到了中国特色社会主义道路的结果。石书臣认为，思想政治理论课是一种互动式的教育活动，而不是一般的宣传、动员工作。要遵循思想政治理论课教育教学的客观规律，在教学方式上要做到：由功能性向价值性提升；在教学内容上，由拼图式向整体式提升；在教学设计上，由统一性向特色性提升；在教学模式上，由教化型向主导型提升；在教师队伍建设上，由独立型向合力型提升；在教学评价上，由满意度向受益度提升。帅松林认为，目前高校思想政治理论课教学过多依靠行政命令和理论灌输，更加拉大了与学生的距离。思想政治理论课教学在形式上要以美感人，在内容上要以情动人，在传授上要以理服人，同时高校的思想政治理论课教师，必须具有强烈的责任心、坚强的批判力、坚定的信仰力，这样才能实现思想政治课教学的目标，即帮助青年学生建立起马克思主义世界观，并最终确立共产主义的伟大理想信念。福建漳州师范学院副教授黄艺羡也对情感激励法在教学中的运用谈了自己的看法，认为情感激励法具有特别的效用，在教学中遵循真诚关爱、平等尊重、知情信任、满足需求的原则，使用赞美的语言鼓励、创设友好的情境激励、寄予合理的期望诱发、运用饱满的激情感染等方法，可以增强课堂感染力、激发学生创造力、提高学生理解力，从而有效提高教学效果。北京信息科技大学教授杨兴林认为，要提高思想政治教育理论课的实效性，应把马克思主义当作科学来对待，而不能仅仅把马克思主义当作意识形态来对待；不能把大学生出现的思想问题都归结为思想政治理论课的问题，思想政治教育承担了不必要的社会期望；思想政治理论课教师必须具有关注国内社会生活实际和国际发展前沿的国际和国内两大视野。湖南湘潭职业技术学院教授周宁宁认为，高校的思想政治理论课教学应做到让学生课前“到课”，课中“抬头”和课后“进脑”，否则高校的思想政治理论课教学只会流于形式。要把提高学生认识世界、分析问题的能力放在第一位，在实际教学中的每节课可以考虑以案例导入，充分引起学生共鸣，从而有效提高教学的实效性。东北财经大学副教授杨志平认为，强化思想政治理论课教学的效果，应创新高校思想政治理论课教学实践的新形式，具体包括：基地教育、案例教学、研究实践、校园文化。这些形式体现了实践教学形式的多样性，反映了教育功能的层次性，显示了教学效果的多重性，使思想政治理论课教学效果不断得到强化。东北财经大学教授江海燕提出，高校思想政治理论课应发挥多维育人功能。要充分发挥其在育人工作中的关键性作用，就必须保证课程内容的正确性和科学性、教学方式和教学手段对当代大学生特点的适应性，要重视社会实践环节在高校育人中的重要作用、充分发挥思想政治理论课教师在课内和课外两个方面的作用。

另外，与会代表还对高校思想政治教育其他方面进行了研讨。湖州职业技术学院教授杨柳认为，高校思想政治教育必须坚持“育人为本”，创新大学生主体观。充分尊重大学生的主体地位，把大学生置于高校思想政治教育的价值主体、动力主体、实践主体、发展主体、创造主体和权益主体的重要地位来认识。只有如此，才能真正去实践“以大学生为本”的现代教育理念。吉林大学副教授侯治水认为，网络舆情给高校思想政治教育带来新变化，高校网络舆情具有信息、导向和渗透、沟通和凝聚、监督和预测等思想政治教育功能。加强网络舆情引导，积极探索高校思想政治教育的新途径，是一项长期和紧迫性任务。内蒙古师范大学讲师赵图雅认为，思想政治教育必须把握当代中国社会的变化及人民群众的心理特点和思想特点，必须将思想政治教育与不同地区、不同民族的特点相结合，只有做到区别对待，有的放矢才能最大化地发挥思想政治教育的作用。东北财经大学副教授宋正认为，理论创新与大学生思想政治教育的关系极为密切。理论创新在改变人们的思维方式、思想观念、全民共识等方面，深刻地影响着大学生的思想政治教育。因此，思想政治教育应在教育者的思想观念、知识结构、工作方法及教育机制上进行全方位创新。

## 六　关于内蒙古师范大学民族思想政治教育特色的探索

少数民族地区思想政治教育特色的研究是本次研讨会的议题之一。内蒙古师范大学陈江教授介绍了该校思想政治教育研究状况及取得的成果。内蒙古师范大学的思想政治教育研究的鲜明民族特色和地区特色，主要体现在马克思主义理论与蒙古族的传统文化结合、党和国家民族政策的理论与实践、内蒙古高校少数民族大学生思想政治教育和马克思主义经济理论对指导我国民族地区经济发展等方面的研究。多年来，他们在以下几个方面进行了不懈努力。一是在马克思主义理论指导下，整理、提炼和研究蒙古族传统文化。蒙古族传统文化有哲学、政治、经济、军事、文学艺术、伦理道德、宗教信仰、生活习俗等丰富形式，将马克思主义与蒙古族传统文化结合起来，形成具有蒙古族特质的，体现马克思主义先进性的新型文化形态。在弘扬蒙古族优秀文化的过程中，用蒙古族喜闻乐见的形式传播马克思主义，用马克思主义去占领民族文化阵地，使马克思主义民族化。二是重视党和国家民族政策的理论与实践研究，对马克思主义民族问题的基础理论和新形势下我国民族问题发展特点、趋势的宏观研究，如对中国第一个民族区域自治制度和有关民族地区发展的具体理论和政策问题进行研究。三是高校思想政治教育研究。把马克思主义思想政治教育理论与内蒙古地区高校大学生特别是少数民族大学生的特点紧密结合起来，围绕少数民族大学生的实际问题进行充分的调查研究；结合少数民族大学生的政治思想、心理素质、伦理道德以及学习、消费和就业状况等具体问题进行专项或综合性的研究；对内蒙古高校少数民族大学生思想政治教育和民族地区思想政治工作的内容、方式及途径等问题的研究，都取得了较丰硕的成果，产生了较大的影响。

(《马克思主义研究》2011年第9期)

# 关于做强做优国有企业的若干重大问题

## ——“中国经济社会发展智库第5届高层论坛”综述

鄢　杰

由中国经济社会发展智库理事会、中国社会科学院经济社会发展中心和中国经济规律研究会联合主办的“国企理论与政策——中国经济社会发展智库第5届高层论坛”，于2011年9月16日在中国社会科学院召开。来自全国研究机构、高等院校、国有企业以及政府部门的100多位专家学者汇聚中国社会科学院社科会堂，围绕坚持以公有制经济为主体、做强做优做大国有企业等重大理论与实践问题，各抒己见，形成了一系列具有重要价值的观点和政策建议。

### 一　关于国有企业的性质与作用

与会专家学者一致认为，我国国有企业是社会主义市场经济的重要微观基础，必须充分发挥国有企业的积极作用。

中国社会科学院副院长朱佳木指出，我国的国有经济是社会主义制度的经济基础，是社会主义市场经济的骨干力量，是实行宏观调控、参与国际竞争，以及保证党的执政地位、国家的长治久安、人民的共同富裕的重要力量，没有社会主义的国有企业特别是大中型企业，就没有中华人民共和国，没有中国特色社会主义，没有民族的团结、国防的巩固，就没有人民的一切。

中国社会科学院原副院长、特邀顾问刘国光研究员强调，造成当前我国收入分配不公的根本原因在于初次分配，财产占有上的差别，才是收入差别最大的影响因素。从根本上讲，是由于所有制结构上和财产关系中的“公”降“私”升和化公为私现象形成的。要改变当前的现状，必须重视发挥国有企业的作用，不断壮大国有经济。仅仅从分配和再分配领域着手，还是远远不够的，不能从根本上扭转贫富收入差距扩大的问题。还需要从所有制结构上直面这一问题，需要从强化以公有制经济为主体、国有经济为主导着手，扭转生产数据所有制“公”降“私”升和“国”退“民”进的趋势，只有不断壮大国有经济，才能制止两极分化。

中国社会科学院学部委员、马克思主义研究院院长程恩富教授认为，无论是从历史发展、理论逻辑、国企功能还是社会主义市场经济的实践看，国有企业都是中国共产党执政等社会主义性质的上层建筑的经济基础，在社会主义市场经济发展中居于重要的主导地位，我国国有企业改革的目的是为了更好地发挥国有企业的主导作用，奠定和壮大社会主义公有制经济的微观基础，而不是简单地让国有企业退出竞争性行业和领域。

中国人民大学一级荣誉教授卫兴华从五个方面论述了国有企业是中国特色社会主义的经济基础：第一，国有企业是社会主义经济制度的内在构成要素，从长远利益和全局利益方面支撑社会主义经济的发展；第二，国有企业是社会主义国家对经济运行更为有效地实行宏观调控的经济条件和手段；第三，国有企业是我国先进生产力的代表，是国民经济的支柱；第四，国有企业是保证我国经济独立自主和国家安全、应对国际竞争和突发事件、保障国家安全的重要支柱；第五，以国有企业为核心的公有制经济，是共产党执政的经济基础和物质手段。

求是杂志社高级编审宗寒认为，国有企业在关系国民经济命脉的重要部门和关键领域占支配地位，对于整个经济发展起主导作用，国有资产和集体资产在社会总资产中占优势，才能表明社会主义生产关系在我国的关键领域占支配地位，国有企业才能在整个国民经济范围内代表全体人民的根本利益和共同利益，行使自己的职能和作用，对经济社会的发展起主导作用；国有企业是维护国家利益和民族利益，国家政治安全、经济安全和国防安全的根本保证；发展壮大国有企业不仅仅关系到我国生产力的发展，更重要的是关系到我国的社会主义道路和方向，关系到我国社会主义制度的巩固与发展。

中国国际关系研究院经济安全研究中心主任江涌研究员认为，随着全球化的发展，资本的深化和扩张，只有国有企业才能有效约束资本的贪婪，才能把资本的负面效应降低到最低程度；只有国有企业才能避免全球化条件下资本的负面效应；只有国有企业才能抗衡跨国资本的扩张，维护国家经济安全，成为国家安全的依托。

中国人民大学经济学院副院长张宇教授认为，对国有经济的性质的认识需要深化，国有经济的基本理论存在许多需要探讨的问题。有关文件关于国有经济性质的界定不清楚，国有经济是市场性质还是非市场性质需要进一步研究，对国有经济主导地位的阐述也越来越弱化，导致行动落后，出现偏差，以致文件里面出现了国有经济退出竞争性领域的提法。

中国人民大学贾根良教授认为，第一，在我国国民经济中确实非常需要国企，应该占主导地位；第二，国企的重要作用就是要把国家引导到报酬递增的产业、技术创新的产业，国企的主要作用就是支撑技术创新，但现在国企起不了这个作用，管理部门并没有意识到这个问题。

江苏技术师范学院商学院李济广教授认为，以公有制经济为主体是经济改革的约束条件，国有经济的数量和布局必须满足以国有经济为主体的要求，必须坚持以公有股份制和公有股权多元化为股份制的主要形式，局部地区和单个行业也要以公有制经济为主体，必须制定大力发展公有制经济的政策措施。

江苏省委党校李炳炎教授认为，应在“十二五”开局之年，采取必要的政策措施，主要是及时调整所有制结构，加强培育公有制经济特别是国有经济，保证公有制经济的主体地位，提高所有制结构中国有经济的比重。浙江财经学院财政与公共管理学院杨俊博士认为，我们必须坚持我国的政治优势，坚持以央企为核心的国有经济的主体地位。

## 二　关于加强国企的制度创新

国家国资委研究局局长彭华刚总结了我国国企改革取得的主要成就，认为一系列体制机制的创新逐步推动国企成为自主创新、自主经营的市场主体，成为市场经济的微观基础；政资分开、政企分开使国企彻底摆脱了政府附属物的角色，政府不再直接干预国企经营是改革的一个重大突破；国企的活力和竞争力进一步增强，国企的组织形态发生了重大变化，国企公司制、股份制改革的比例已经超过了90%；制定了严密的选拔办法，向海内外招聘管理人员，实行量化考核，末位淘汰，体制机制创新激发了国企活力，竞争力和抗风险能力得到提高。并从转型升级、科技发展、国际化经营、人才组织、和谐发展等方面提出了做强做优国有企业的五大战略。

中国社会科学院马克思主义研究院毛立言研究员提出了公有制企业构建现代企业制度的思路。认为公有制经济也可以通过产权分化构建现代企业制度，既可以搞国有独资的公司制企业，也可以搞国有控股的股份有限公司；即便不是股份制，也可以构建成现代企业，国有独资企业，国有独资公司，也可以构建为现代企业制度。

中国社会科学院马克思主义研究院桁林研究员从唯物史观的角度审视了当前我国的所有制和国有企业改革，提出未来国企改革面临国企集团的垄断和反垄断问题、行政化与去行政化问题、薪酬激励机制问题等三大难题，进而认为要从具体的生产关系出发来考虑国企制度和国企改革制度设计的合理性、有效性。

中国社会科学院工业经济研究所王中先研究员提出，要用马克思两个“过渡形式”（由股份公司和合作工厂过渡到新生产方式）的理论来指导当前我国的国有制度改革，构建出资产公有基础上劳动者集体享有主权的现代公有企业制度的基本构造，以期在反复实践和认识中逐步解决创造现代公有制生产方式这个当代制度创新的最高难题。

青岛海洋大学经济学院陈国恒教授提出，深化国企产权制度改革必须遵循的三个理论原则是：（1）产权安排必须遵循产权的权能与利益、权利与责任相对称的原则。（2）产权安排必须遵循因产权的不同性质而异的原则，按照国有产权的性质做好产权安排，不能照搬私人资本的产权安排。（3）产权安排必须遵循适应产权主体的行为能力的原则，所安排的权利是产权主体有能力行使的，责任是有能力承担的。

福建师范大学经济学院副院长黄茂兴教授总结了新中国成立60多年来我国国有企业改革的经验，认为国有企业改革是一个渐进的过程，产权是国有企业改革的重要内容，国有企业改革要以经济体制改革为导向，国有企业改革要适应国有经济布局和结构调整的战略要求，国有企业改革要以相应的配套措施为保障。应从五个方面深化国有企业改革：（1）坚持市场化方向，不断探索与创新国有企业的体制和机制；（2）继续推进国有经济结构的战略性调整，减轻国有企业的历史负担；（3）深化垄断行业改革，引入竞争机制；（4）深化国有企业股份制改革，完善企业法人治理结构；（5）完善国有资本经营预算机制，加强国有资产管理。

江涌研究员认为，企业制度的建设绝不是一劳永逸的，国有企业应不断努力，缩小与理想的国有企业之间存在的差距；必须为国有资本设定边界，防止侵犯大众以及其他经济主体的合法利益；要加强对国有企业管理人员的监管，防止代理人的道德风险。

徐州市委党校程言君教授等分析了基于人力产权实现的我国现代企业制度创新的二次革命。认为社会主义社会的企业，尤其是公有制企业的现代企业制度，理应是人力产权型而非资本产权型。人力产权型现代企业制度即企业人员依据社会主义基本制度决定的人民当家作主的地位，凭借自身人力产权权利，在企业获得相应股权和企业主人地位而参与企业管理，分享企业利润，与资本产权所有者共同决定企业发展的现代企业制度。人力产权型现代企业制度，是中国特色社会主义根本政治制度、基本政治制度和基本经济制度的微观经济制度主体，亦即马克思揭示的“否定的否定”规律和人的异化复归规律的具体历史形式。

江苏省兴化市委党校朱妙宽研究员提出对全民所有制经济实行列宁所说的“全民计算和监督”的制度框架设计，是我们搞好全民所有制经济的一条最根本也是最有效的措施，论述了其理论依据、法律依据、政策依据、国际经验依据、国内经验依据，从主体、客体、财务公开、财务审计、干部福利、保障条件、配套措施等九个方面提出了实行全民计算和监督的制度框架设计，同时，还进行了相应的成本效益评估。

西南财经大学赵磊教授认为，中国特色社会主义的国有企业不是搞不搞得好的问题，而是看由谁来搞，怎么搞的问题。要抓好国有企业，关键在于人的问题，只要选聘好了管理人员，坚持马克思主义指导，结合中国实际，国有企业及其制度创新是一定能搞好的。

## 三　关于国有企业的主导地位与控制力

国家统计局赵华荃研究员认为，要通过量化分析和评价我国宪法规定的公有制主体地位和国有经济主导作用的贯彻执行情况。到 2010 年，在公有资产占社会资产的优势方面，全社会总资产中，公有制经济资产占 26.9%，远低于 55%—60% 的临界值；非公有制经济资产则占 73.0%，远高于 40%—45% 的临界值。在国有经济控制国家经济命脉方面，从国有经济起主导作用来看，在国家经济命脉领域 16 个行业实收资本中，国有资本占 35.5%，不仅远远落在 60% 临界值以下，而且比 2004 年下降了 25 个百分点；从国有经济控制力来看，在国家经济命脉领域 16 个行业实收资本中，国家经济具有绝对控制力资本只占 22.5%，不仅远低于 70% 的临界值，而且比 2004 年下降了 40 个百分点；具有绝对控制力和相对控制力的行业资本合计占 74.3%，低于 80% 的临界值，比 2004 年下降了 2.5 个百分点。由此可见，目前我国生产资料所有制改革的形势十分严峻，这是关系到社会主义生产关系和政权的根本问题。在此基础上，赵华荃提出了坚持公有制主体地位，发挥国有经济主导作用的八项战略性措施。

卫兴华教授认为，公有制经济“主导”的含义就是在国民经济发展中起引导、导向、带领的作用，要做发展中国特色社会主义经济的排头兵，在所有制结构中的数量比重并不一定要占多数。而“主体”则不同，既要有量的优势，又要有质的优势。所谓量的优势，就是从资产占有量、对 GDP 的贡献、产值、新增加值等方面看，公有制经济在比重上应占优势。所谓质的优势，应表现在两个方面：一方面，要把公有制经济搞好搞活，使国有经济有效发挥其主导作用，提高其在经济发展中的控制力、影响力和带动力；另一方面，公有制经济特别是国有经济应在发展生产力、应对国际竞争与危机、保障国家安全、保证社会进步与稳定、消除两极分化、实现共同富裕的根本任务与目的过程中，表现出其优越性。

首都经济贸易大学丁冰教授认为，当前外资的大量进入使得我国的公有制经济主体地位被严重削弱或丧失，其中作为公有制经济主导力量的国有企业所拥有的注册资本仅为47.7万亿元，而作为民族资本劲敌的外资跨国公司所拥有的注册资本达到了21.5万亿元，说明我国公有制经济主体地位已经丧失并在很大程度上已经为外资所左右，动摇了中国特色社会主义的根基。

宗寒认为，市场经济与社会主义制度相结合，首先是与公有制相结合，公有制在市场经济中起主体、支柱、控制作用。他从质和量的关系、生产力和上层建筑的关系、科技创新、传统产业改造等方面分析了国有经济的主体地位和控制作用。他认为，衡量一种经济成分在国民经济中的地位和作用，既要看质，又要看量，应当把质与量统一起来看待，以公有制为主体，国有经济必须控制经济命脉，公有制经济的数量和质量在国民经济中必须占主导地位。如果国有经济的比重严重下降，那只能意味着国有经济的地位和作用在削弱，社会主义生产关系的基础在削弱。国有企业尤其是国有大企业的技术力量强，人才集中，几乎都建立了比较强的科研机构，是我国技术进步和科技创新的核心和基地。

中国社会科学院马克思主义研究院王佳菲博士认为，现阶段为有效地实现国有经济的历史使命，应保证我国国有经营性资产在全社会经营性资产中居于优势地位，在数量上保持国有经营性资产在全社会经营性资产中居于优势地位，应及时扭转国有经济总体数量相对于其它经济成分持续下降的趋势，同时注重从生产力和生产关系两个层面提高国有经济的发展质量。否则，将很难保证其在国民经济中继续发挥主导作用，也不利于社会主义制度的巩固。

## 四　关于国有企业的效率问题

程恩富教授认为，中国国有企业除了追求经济效益外，还承担了宏观调控和履行社会责任等功能，对国有企业的效率要从宏观和微观层面，从经济、社会和生态等层面进行全面综合客观的评价，不能只看其经济效益而忽视其社会效益和生态效益，只强调微观效率而忽视其宏观效率。与私营企业相比较，国有企业总体上是比较有效率的。

卫兴华教授认为，国有企业承担着社会责任，不是只以营利为目的，要辩证地看待我国国有企业的效率。国有企业的效率问题，经常受到不实事求是的指责，断言国有企业整体上处于亏损状态也是违反事实的。他指出，我国国有企业大量亏损、破产和效率低下的现象，主要发生在20世纪90年代中后期，而且是由一些非本质的原因造成的，其中也包括中外新自由主义经济学家利用“自私经济人理论”鼓动经营者和少数干部贪污腐败所致。

中国社会科学院马克思主义研究院余斌研究员针对天则经济研究所发布的《国有企业的性质、表现与改革》的研究报告中否定国有企业效率和成就的观点，指出该报告中的许多数据来源根本就没有权威性和可靠性，只是“根据自己的理解进行取舍”，而不是根据这些数据是否真实地反映了现实而取舍，因而得出的关于国有企业缺乏效率的结论自然也不可靠。

清华大学马克思主义学院朱安东副教授认为，国有企业低效论不仅在理论上缺乏说服力，而且也没有得到数据支持；近年来，在一些国家出现的国有化浪潮说明在一定条件下国有化可能也是解决一些社会经济问题的良方；国有企业是公有制企业，民主管理应该是公有制企业的内在要求，应该充分发挥企业各利益相关者的积极性，让工人、企业所在地的居民、产品购买者以及管理层都参与企业的决策和管理过程，应该是长期保证其公有性质和效率所必需的。

中国人民大学经济学院的陈霞博士等以国有及国有控股工业企业作为考察对象，从利润总额、劳动生产率、潜在增长速度、创新产品销售收入占比等指标考察了国有企业在增强自身经济实力、提高生产经营能力、维持经济增长稳定性、促进自主创新、提升国际竞争力以及承担社会责任等十个方面考察了国有企业的效率。结论认为，国有企业的发展是有效率的，其不仅在追寻经济利润目标时，具有很高的效率，在实现促进自主创新、提升竞争能力、承担社会责任等众多目标时也是高效率的，而且从整体来看，其效率要高于私营企业和外资企业。

安徽工业大学经济学院洪功翔教授选取了 16 个竞争性行业 519 家上市公司 2002—2009 年的数据进行检验，认为国有与民营上市公司不存在预算软约束问题，它们的竞争环境基本相同。并从偿债能力、经营管理能力和盈利能力上选取了财务效率指标，利用 Malmquist 指数计算了技术效率指标进行两样本的非参数检验，进而认为无论是财务效率，还是技术效率，国有企业和民营企业均不存在差异，国有企业与民营企业效率无差异是可信的、有说服力的，天则经济研究所抛出的国有企业利润来自于政府财政补贴是经不起检验的。

山东师范大学政治与国际关系学院刘鹏认为，我国的国有企业改革的一个基本方面就是从原有的国有企业中将政府企业区别出来，应该重新定位改革的目标以促进政府企业更好地发挥其功能。要坚决避免一味强调效率而将政府企业改为自主经营、自负盈亏的纯粹市场主体的错误做法。

## 五 关于“国进民退”与国企“垄断”问题

程恩富教授指出，国有企业在一些关系国计民生行业处于垄断和支配地位，是符合中国特色社会主义市场经济要求的，主张“国退民进”、“国有企业退出一切竞争性领域”和“民营经济为主体”，是违反党中央文件精神的错误思潮。

卫兴华教授认为，多年来国有工业资产在全国工业经济中的比重从 2002 年的近 70% 下降到 2008 年的 43.7%，“国进民退”是一种片面的武断之词；国有资产的绝对量增加，并不是靠挤压私有经济取得的，与私人资本更快的增长相比，国有资产的相对量是降低的。

张宇教授认为，最近一个时期，国有企业在一些领域的扩张主要有三个方面的因素：一是与在应对国际金融危机冲击的过程中，国有经济的特殊作用有关；二是与国有大企业在危机中的特殊优势有关；三是与国有经济的竞争力提高有关，不应该把国有经济与民营经济对立起来。

贾根良教授认为，国企和民企并不矛盾，共同的对手是外资，二者可以分工协调，国企主要生产资本品，民企主要生产消费品，共同发展。

丁冰教授认为，部分人为了推行私有化不惜歪曲中央精神，借口国企“垄断”、“与民争利”、妨碍了“公平竞争”而应该退出，同时又坚持只能“国退民进”、反对“国进民退”，陷入自我矛盾之中。

中国社会科学院马克思主义研究院原理部主任胡乐明研究员分析了工业领域国有企业比重演变规律及其特征。首先，国有企业总体上是“国退民进”的，但不能排除个别年份所谓的“国进民退”；其次，从总体上看，国有企业产值比重要大于单位数比重；再次，经济越发达的区域，国有企业所占比重越小，反之，经济越不发达的地区，国有企业所占比重越大；最后，国有企业的退出速度具有显著的行业差异特征。国有企业在竞争性行业退出迅速，而且在该行业最后保留下来的国有企业所占比例极低。结论认为，就 20 世纪 90 年代初以来的工业领域国有企业比重的演变历史看，国有企业总体上是不断退出的，即便发生所谓的“国进民退”，也是国有经济的战略性调整。“国进民退”与“国退民进”一样，也是市场经济下的正常现象，不能一概否定。

中国社会科学院马克思主义研究院杨斌研究员强调，应高度重视垄断行业私有化的危害，要坚决抵制垄断性国企私有化、维护社会稳定并遏制通货膨胀。他认为，以私有垄断替代国有垄断不是改革的出路，中国自然垄断和公益事业领域的国有企业改革的正确方向，是进行公众作为全民股代表参与监督管理的制度创新，直接掌握内部成本数据并参与制订公众接受的合理价格，确保对高额垄断利润进行合理社会分红并造福于全体人民。

中国乡村建设规划设计院院长李昌平认为，巩固和完善国家自主性，就必须坚持中国特色社会主义方向，就必须巩固和完善国有企业。主张“国退民进”、国企占 GDP 份额不能超过 10% 的认识，是确认复制亚洲四小龙“出口导向工业化”模式可以实现现代化的前提下的一种认识，是对“中国拐点”和“出口导向工业化陷阱”的一无所知。中国在“出口导向工业化”20 多年之后，国家自主性与其他发展中国家相比要强很多，强就强在有庞大的国有企业。同时他还指出：国有企业必须坚持国有和全民共享发展成果的性质和原则。国有企业异化为利益集团经济、官家经济和无主经济，比“国退民进”更危险。

李济广教授认为，国有资本预算不能削减而要增加国有经济资本，国有经济重组和改革不能搞国退私进，必须制定大力发展公有制经济的政策措施。

## 六　关于国有企业的社会责任与发展问题

对外经贸大学原校长文魁教授认为，从生产关系来看，国企最高行为准则跟一般企业不同，作为企业，也要追求利润和效益，但其最高出发点不一样，国有企业要以人民整体利益为目标，除了追求经济效益外，国企发展要体现国家性质，体现以人为本和科学发展，履行社会责任，包括维护劳动者利益，提高劳动报酬；应付危机事件；平抑物价，平衡市场供求；注重文化，引领文明进步；节能减排，提供绿色消费等。

江涌研究员从国家经济安全的角度探讨了国有经济的神圣使命与社会责任，认为随着全球化的发展，资本深化和扩张，只有国有企业才能有效约束资本的贪婪，才能把资本的负面效应降低到最低程度；只有国有企业才能避免全球化条件下资本的负面效应，只有国有企业才能抗衡跨国资本的扩张，维护国家经济安全，成为国家安全的依托。

中国矿业大学（北京）文法学院张国博士认为，国有企业要履行好其所承担的社会责任，就必须妥善地处理好国有企业利润的分割、国有资产的保值与增值、吸纳国民就业、社会公益事业、环境和生态保护、社会责任报告的发布等方面所存在的突出问题，并且要自觉地接受来自社会各界的监督。

最后，程恩富、胡乐明教授强调，国有企业和整个国有资产的管理，应进一步在建立创新型国家的过程中发挥作用，创造和拥有更多的自主核心技术、技术标准和世界名牌；应进一步在转变对内对外经济发展方式的过程中发挥作用，调整经济结构，参与国内外高端竞争；应进一步在改善民生的过程中发挥作用，灵活增加上缴利润，并更多地直接用于人民福利的提升；应进一步在加强依法进行民主管理的过程中发挥作用，各级政府的国有资产管理部门须主动接受同级人大代表和人民的监督，国有企业改制须经过职代会的讨论和批准；应进一步在缩小贫富差距和实现共同富裕的过程中发挥作用，调控过高收入，扩大中等收入，提高较低收入，从制度上明确普通职工收入的变动要与企业高管收入（两者的最低与最高收入不宜超过15倍）、企业劳动生产率、利润率和当地通货膨胀率的变动同步挂钩。

（《马克思主义研究》2011年第11期）

# 应对经济全球化挑战　推动中国经济科学发展

## ——“经济全球化与中国经济科学发展高峰论坛暨中国经济规律研究会第21届年会”综述

杨国亮　翔　云

2011年9月17—18日，由中国经济规律研究会与对外经济贸易大学主办、对外经济贸易大学国际经济贸易学院与中国经济发展研究中心承办的“经济全球化与中国经济科学发展高峰论坛暨中国经济规律研究会第21届年会”在对外经济贸易大学成功举行。来自中国社会科学院、国家发展和改革委员会、北京大学、中国人民大学等研究机构、相关部委、著名高校的140多位专家学者，围绕经济全球化与中国经济科学发展这一主题，进行了深入研讨。

### 一　把握经济全球化实质，实现我国经济自主安全发展

中国经济规律研究会会长程恩富指出，当今经济全球化是美国等资本主义国家主导下的资本主义生产方式在全球的扩张。第二次世界大战以后，实际上出现了两个全球化，即资本主义的全球化与社会主义的全球化。尽管20世纪末苏东剧变以后，资本主义的全球化获得了很大的发展空间，但从发展趋势看，经济全球化最终将导向全球社会主义。这是由资本主义市场经济制度及其运动规律决定的，同时也与其政治文化制度密切相关。改革开放以来，我国对外开放经历了“引进来”、“引进来”与“走出去”并重、强调并实施自主创新战略三个阶段。当前，应进入转变对外经济发展方式的第四阶段，适度控制对外资、外技、外产、外贸、外汇和外源的依赖程度，积极提升协调使用国内外各种广义资源的综合效益。

中国人民大学教授卫兴华指出，经济全球化对我国经济发展来说是一把“双刃剑”。我国目前全方位对外开放，对于促进我国经济快速发展起着重要的积极的作用。但是另一方面，由美国等少数发达国家主导的经济全球化也对我国经济安全和社会安全带来许多风险和挑战。因此，在融入经济全球化的过程中，既要充分利用全球化可以为我所用的有关体制和规则，抓住机遇，有效地发展我国的经济，又要重视我国的经济和社会安全。

解放军炮兵学院副教授汪冰提出，近年来，我国在重视经济发展的同时，却出现忽视

经济安全问题。我国面临各种安全威胁，包括产业安全威胁、技术安全威胁、金融安全威胁和信息安全威胁等。主要表现在外资企业在国内市场占据竞争优势，造成国内一大批民族企业经营困难，民族品牌消失；部分产业技术对外依存度高，特别是一些有国际竞争力的产业，依靠外国核心技术和装备进行生产，关键零部件仍由外国公司控制；外部资金或金融手段易于对我国银行及金融体系产生冲击，金融业隐含着巨大风险；发达国家凭借先进的技术从我国获取了大量的产业利益，直接威胁到我国的信息安全。必须牢固树立经济安全理念，把经济安全置于国家安全战略地位，有计划地发展本国的民族经济，增强抵御经济风险和维护经济安全的能力；加快创新型国家建设步伐，以自主创新带动产业升级，增强国际竞争力。

南京政治学院上海分院副教授曹雷提出，当代的经济全球化，既给发展中国家利用外资和国际市场提供了难得的发展机遇，也带来了前所未有的巨大风险。这就要求我国的经济发展方式必须是充分自主型经济发展方式。体现在生产力层面上要有足量足质的科技的自主创新；体现在生产力源泉层面上要有足够的国民经济正常循环、不主要依赖外源的劳动力和资源与环境；体现在生产关系或经济基础层面上要有足够的公有制为主体的民族经济和民族企业；体现在上层建筑层面上要有独立自主的国家政治、经济、文化、军事等主权。

## 二　推进经济结构调整，实现我国经济发展方式转变

上海金融学院教授周肇光提出，改革开放以来，我们党非常重视转变经济发展方式。但也要清醒地看到，在经济发展方式转变中还面临着许多问题亟待解决，主要表现为经济发展速度过度依赖以牺牲环境为代价，经济发展动力过度依赖外贸进出口，经济发展方式过度依赖外资，经济发展效果评价过度依赖 GDP 指标。加快转变经济发展方式要做到，在经济发展理念上坚持以科学发展观为指导；在经济发展动力上坚持内需与外需并重；在经济发展方式上坚持以公有制为主体；在经济发展效果上坚持数量和质量综合评价。

苏州大学教授孙永正提出，加快转变经济发展方式，就要实现管理与发展理念的一系列创新，以经济和社会协调发展的理念取代经济建设为唯一中心的理念，从政府主导投资经营的理念向政府主导公共服务的理念转变，从投资多多益善向保障国民消费增长和引领消费升级的理念转变，从数量与规模优先向质量与效益优先的理念转变，从以 GDP 增长为标杆的理念向全面改善民生福利为标杆的理念转变。

复旦大学教授顾钰民提出，要使经济发展方式取得实质性进展，关键要创造有利于转变经济发展方式的市场、体制和政策三大条件。创造有利于转变经济发展方式的市场条件，就是要充分发挥市场机制对企业转变经济发展方式的促进作用。创造有利于转变经济发展方式的体制条件，就是要提高消费对经济增长的拉动作用，完善消费品生产特别是服务业发展的投资体制；完善国民收入分配体制，提高居民收入在国民收入分配中的比重；完善初次分配体制，提高劳动报酬的比重。创造有利于转变经济发展方式的政策条件，就是要实现经济发展源的转变，即经济发展主要靠要素驱动向主要靠创新驱动转变，对有利于促进转变经济发展方式的行为制定鼓励性政策，对不利于转变经济发展方式的行为制定

限制性政策。

## 三　深化收入分配改革，实现发展成果由全体人民共享

中国社会科学院特邀顾问、经济学家刘国光指出，目前我国收入分配领域的中心问题不是“国富”与“民富”的矛盾，而是一部分国民先富、暴富与大部分国民不富或贫穷的矛盾。要克服和扭转贫富差距过大和“两极”分化的趋势，需要政策转向，明确宣布“让一部分人先富起来”的政策已经完成任务，今后要转变为逐步“实现共同富裕”，由“先富”向“共富”的过渡。而从根本上解决收入差距过大的问题，还需要从所有制结构上直面这一问题，通过强化公有制经济为主体、国有经济为主导来解决这一问题。

中共江苏省委党校教授李炳炎提出，中国特色社会主义经济制度应包括以公有制为主体、多种所有制经济共同发展的基本经济制度、社会主义市场经济制度和社会主义分享经济制度。社会主义分享经济制度，其核心思想是以人为本和利益分享。他提出，以“分享型经济发展方式”为目标转变经济发展方式，是一种新的经济发展方式，是我国转变经济发展方式的目标定位，是以利益分享作为前提的经济发展方式，是以人为本的全面提高人的生活质量与幸福指数的经济发展方式。

对外经济贸易大学副教授杨国亮提出，人的全面发展是唯物史观的核心命题。新中国成立以来，党和国家的工作重心经历了由不断变革生产关系、大力发展生产力到努力实现人的全面发展三个阶段，反映了对社会主义的认识从表层到核心不断深化的过程。建立和完善社会主义市场经济和全面建设小康社会，就是为人的全面发展创造条件。包容性增长为进一步完善社会主义市场经济和全面建设小康社会提出了具体思路和衡量标准，是连接共产主义理想与当代中国改革发展实践的交会点。

南京航空航天大学副教授谭芝灵提出，经济制度是意识形态的“硬核”，为了确保马克思主义意识形态的主导地位，必须适时地加速推动核心层具体经济制度的完善与发展，使之更好地适应社会进步。在新形势下，中国既要积极地融入全球化、参与国际合作，更要坚持社会主义制度，强调自力更生，加速完善与发展基本经济制度，使之与社会主义核心价值体系相契合，以夯实我国基本经济制度。为此，要深化国有企业规制改革，建立劳动者所有权制度和劳动利益主导机制，引导私营企业规范分配，坚持马克思主义经济学的指导地位，给宣传马克思主义经济学、批判错误思潮以更多的平台与话语权。

中国社会科学院研究员毛立言提出，完善和发展社会主义公有制的根本途径就是要在不断发展生产力和促进生产社会化水平提高的基础上，不断扩大民主管理，保证支配管理权的行使真正代表全体劳动者利益，逐步缩小人们在生产资料支配管理权方面的差别。为此，要保证全体劳动者对生产资料的所有权，通过他们委托的经营管理者的现实支配和管理在经济利益上得到实现，根据现实条件与可能，努力寻找和创造多种具体的形式，使全体劳动者以直接或间接方式广泛参与管理活动，以真正体现劳动者的主人翁地位，充分调动其积极性、主动性和创造性。

## 四　探索经济规律，实现国民经济全面协调可持续发展

中国人民大学教授胡钧提出，“中国模式”应是自新中国成立以来经过长期经济社会发展形成的、符合中国实际的、具有鲜明制度特色的、成功的经济社会发展方式，其实质就是中国社会主义基本制度。“中国模式”的形成实际上是对西方资本主义发展模式的有力回应。“中国模式”的基本特征可以归纳为三个方面：中国共产党领导的核心地位和多党合作的政治体制，国有经济的主导作用和多种所有制经济共同发展的所有制结构，依据科学发展观制定的国家经济规划的主导作用和充分发挥市场经济的基础性调节作用。

中共广东省委党校教授黄铁苗提出，当前国际金融危机的深层次影响依然存在，全球经济形势好转的基础并不牢固，国内经济回升积极变化和不利影响同时显现，在这种大背景下积极稳妥地推进城镇化，既是扩大国内需求、调整经济结构的重要“抓手”，也是为我国经济长期平稳较快发展开拓新空间的有效途径。苏州大学教授夏永祥等在分析江苏省城乡一体化的区域差异状况和原因的基础上，提出推进城乡一体化协调发展的几点建议：加快农村社会经济发展，促进城乡经济社会全面融合；提高整个区域的经济实力和财政实力，夯实城市支持和反哺农村的经济基础；大力发展县域经济，壮大区域经济实力，促进城乡的融合与共同发展；强化政府责任，加大政府作用。

吉林大学教授纪玉山等提出，在“低碳革命”时代，要保证我国经济健康、快速、可持续发展，必须内外兼修。对内转变经济发展方式、大力发展低碳经济，降低能源强度与碳强度；对外要据理力争，积极与发达国家进行碳博弈，做一个碳外交强国，为经济发展创造良好的外部环境。西北大学教授岳宏志等提出，我国在经济发展过程中，要树立绿色、低碳的发展理念，以节能减排为重点，加快工业内部结构、产业结构和能源消费结构调整，同时加强环境治理，在节能减排中充分发挥企业的积极性。同时，应注意减排约束指标不能实行“一刀切”，应当对处于不同发展阶段的不同区域实行不同的减排指标约束，从而为落后地区争取发展空间，有利于缩小地区间差距。

广西大学教授李欣广提出，当前资本主义主导的国际经济对中国迈向生态文明会形成强大阻力。资本主义的竞争原则正在新兴产业领域给全球经济发展带来新的生态灾难，国际生态经济关系对发展中国家形成资源与环境上的制约，资本主义生活方式对生态文明生活方式形成制度侵蚀。中国地质大学教授黄娟等提出，经济全球化是我国建设生态文明必须面对的重要国际因素，需要我们辩证认识经济全球化对我国生态文明建设的重大影响，坚持独立自主同参与经济全球化相结合，积极探索中国特色生态文明建设之路。

另外，对外经济贸易大学特级教授林汉川、海外学者黄树东、对外经济贸易大学教授卢进勇、中国现代国际关系研究院研究员江涌、中国经济规律研究会副会长欧阳峣等就国际金融危机背景下中国中小企业的战略性突破、西方国家是否已进入和平衰落、加快构建中国企业主导的国际生产经营网络、经济全球化下中国的经济安全和建立大国经济学等重大问题发表了演讲。

（《教学与研究》2011 年第 11 期）

# 深入研究苏东剧变，促进世界社会主义发展

## ——“苏东剧变20年与当代世界社会主义”学术研讨会综述

孟　鑫

“苏东剧变20年与当代世界社会主义”学术研讨会暨当代世界社会主义专业委员会2011年年会于9月24—26日在山东大学威海国际学术中心举行。中国科学社会主义学会当代世界社会主义专业委员会、山东大学威海分校领导、著名学者赵曜、肖枫、赵明义、郑一凡、陆南泉、黄宗良等参会并重点发言。本次会议主要围绕以下四个中心议题进行了深入探讨。

### 一　苏东剧变的原因、性质与20世纪社会主义的历史经验

苏东剧变20年后，人们开始更加理性地分析剧变发生的原因及影响，专家学者提出了诸多新认识和新观点。大多数学者认为，严谨而理性地分析苏东剧变，深入研究苏共亡党、苏联解体的原因和教训，对于世界社会主义运动的复兴，对于中国特色社会主义事业的发展，都具有极为重要的理论和现实意义。虽然这是基本共识，但研究者关注的学术角度有所不同。

1. 研究苏东剧变应坚持理性思考

赵曜认为，导致苏联解体的原因是错综复杂的，是诸多因素的综合作用才导致剧变发生。苏联解体主要是源自于其自身建设失误，“问题出在苏联共产党党内。”何贻纶认为，应从苏联传统体制所造就的“局势和条件”与戈尔巴乔夫个人作用的结合上说明苏联剧变的根本原因。由于苏联没有正确把握其社会主义基本政治制度与具体管理体制的剥离改革过程，导致其改革由否定传统体制走向否定社会主义基本制度，从借鉴资本主义走向实行资本主义。马龙闪认为，苏联解体的历史原因就是其在理论、方针、政策选择上存在超阶段和直接过渡问题，这是俄国民粹主义最直接的特点。民粹主义把人民理想化，把公社理想化，对资本主义有恐惧症，它对布尔什维克的深刻影响导致苏联选择了直接过渡到社会主义的发展路径。

2. 研究苏东剧变应采用科学的方法论

肖枫认为，苏联解体和苏共衰亡是一个长期而复杂的过程。对苏联解体问题的研究，在方法论上应该是“合力论”与“重点论”的统一，一切从历史事实出发，坚持把实践作为检验真理的唯一标准。苏东剧变的深层原因在于苏联的制度存在问题，不能简单地认为苏联解

体是历史的进步。陆南泉认为，关于苏东剧变原因分析中存在的分歧和争论，对这些问题的分析和回答有助于对苏东剧变的深入研究。闻一认为，在研究方法上，应该从宏观上和总体上研究苏联解体。另外，目前很少有学者研究苏联普通人民对国家解体的看法，实际上苏联解体的真正原因是苏共和它所实行的社会主义失去了对普通百姓的吸引力。

3. 全面分析戈尔巴乔夫在苏东剧变中的作用和影响

郑异凡认为，简单地把戈尔巴乔夫视为“叛徒”，用“叛徒论”解释苏联解体和苏共亡党，这种解释虽然简单方便，但却忽视了人民群众的历史决定作用，苏共正是因为失去了人民群众的支持才最终亡党亡国的。闻一认为，在苏联解体过程中，影响最大的因素并不是戈尔巴乔夫，而是勃列日涅夫。勃列日涅夫时期的苏联已经背离了社会主义道路。何贻纶认为，分析苏联解体不能仅仅关注戈尔巴乔夫现象，苏联传统体制所形成的特定环境为其解体创造了可能性，戈尔巴乔夫的改革路径仅是为苏联解体创造了现实性。左凤荣认为，应全面和辩证地看待戈尔巴乔夫在苏联解体中的影响。季政矩提出，我们应该深入研究戈尔巴乔夫改革的教训和失误对中国的借鉴和启示。

## 二　苏东剧变后社会主义的新趋势与当代资本主义的新变化

苏东剧变后，世界社会主义与资本主义力量对比发生重大变化，社会主义陷入低潮，资本主义也处于不断改良、调整中。20 年后，以中国为代表的世界社会主义发展正在探索新道路，呈现新趋势；资本主义国家在经历了恐怖主义和金融危机打击后力图寻找突破之路。这一切都促使人们思考，如何汲取苏东剧变的教训，使现实社会主义国家在改革和发展中少走弯路，同时辩证地看待当代资本主义的新变化。

1. 苏东剧变说明现实社会主义国家必须加强和完善改革

赵明义认为，研究苏东剧变的原因，为现实社会主义改革提供了借鉴模板。以苏联为代表的社会主义国家执政几十年后面临两条绝路，一条活路。如不改革苏联模式的弊端，就会走上绝路；而改革时如不坚持科学方法和社会主义方向，也会走上绝路，苏联解体就是戈尔巴乔夫没有坚持正确改革方向并科学把握改革节奏的结果；一条活路就是把马克思主义与本国实际结合起来，建设有本国特色的社会主义。陆南泉认为，如何科学看待中国改革开放 30 年后的成就和问题是当前一个迫切而紧要的问题，目前存在的一些问题是改革不到位的结果，而不是改革的结果，不能因出现问题而否定和放弃改革。

2. 资本主义仍然具有发展空间

郑异凡认为，苏联解体凸显出科学认识历史发展规律问题的重要性。根据马克思主义的“两个绝不会”原理，人类 20 世纪的历史并未证实资本主义已经全部发挥出其生产力潜能，资本主义还有发展和改良的空间。张文红认为，苏东剧变对资本主义的重大影响之一就是两德合并。德国统一问题具有多面性，应全面分析两德统一对西德和东德的影响。据调查，统一 20 年后，德国变得更强大，在金融危机中表现稳定，东德的经济体制改变较为成功，但是，目前东部与西部仍然存在较大差距，在收入水平、失业率、身份认同等方面仍然存在较多问题。

3. 原苏东地区“后社会主义”研究

原苏东地区社会主义的发展状况一直是理论界关注的焦点之一。目前理论界以“后社会主义”泛称那些曾经走社会主义道路，后在苏东剧变中实行资本主义制度国家的社会主义发展状况。这些国家的共产党、社会党目前的状况和他们对苏东剧变的看法也是学者们研究的重点。

李兴耕介绍了第六届俄罗斯国家杜马选举前的俄罗斯共产党情况。他认为俄共目前积极参加俄罗斯国内政治事务，在国家政治发展中发挥了与“统一俄罗斯党”相抗衡的重要作用，但其仍然存在三方面问题：一是对苏联解体的原因缺乏深刻认识和理性分析；二是在与其他国家和政党的交往中越来越表现出沙文主义的特点；三是建党以来一直是“老年化”，而且在党的组织问题上不断发生分裂，队伍日益萎缩。李亚洲从政党政治的视角研究了俄共的困境与前景。

孙劲松介绍以德国统一社会党总书记艾贡·克伦兹为代表的前东德社会党人的一些历史情况，孔凡君则分析了东欧剧变后以罗马尼亚前总统伊利埃斯库为代表的“偏左”人士的观点。

## 三　中国共产党90年与中国特色社会主义

今年适逢中国共产党建党90周年，梳理党在社会主义革命和建设中的经验教训，总结党对社会主义理论创新的成果，客观评价当前取得的成就，全面认识存在的问题，成为此次研讨的核心问题之一。

1. 正确认识当前中国发展现状和存在的问题

赵明义认为，如何认识我国取得的举世瞩目的成就和存在的问题对于如何认识改革开放30年后的现状具有指导意义。苏联正是由于对建国70年的现状判断错误，得出必须彻底改变社会体制的结论，最终导致国家解体，实际上当时苏联存在的问题并未发展到如此严重的地步。中国目前的现状是进步与落后，先进和腐朽，繁荣和乱象共存，必须坚持科学原则进行深刻认识和分析。黄宗良提出了“俄罗斯和中国会不会殊途同归？”这样尖锐的问题，提示理论界正视当前中国发展中存在的诸多矛盾和问题。他认为，目前中国正处于改革的关键时期，是否正确处理好各种矛盾将会对中国的发展前景产生重要影响。

2. 90年来中国共产党的实践探索和理论创新

徐艳玲认为，在实践方面，从全球化视野看中国共产党90年来的发展历程，这是一个从被动全球化到主动全球化的历程，改革开放是中国从被动回应到主动参与全球化大潮的过程。陶文昭提出，中国改革开放的实践一直是在以苏为戒，包括以苏联模式为戒，实行改革开放；以苏联解体为戒，坚持社会主义；以苏联霸权为戒，走和平发展道路。

朱可辛认为，在理论方面，中国共产党90年来不断创新，三个“30年”形成了新民主主义与中国特色社会主义两大理论结晶和农村包围城市等10大理论创新。张传鹤提出，结合现实，加强基础理论研究，夯实理论基础，推进马克思主义中国化、时代化、大众化，同时加强对马克思主义中国化最新成果的研究和宣传，才能为丰富和发展中国特色社会主义理论体系，提供有力的理论指导。

3. 中国需要继续改革各项制度和完善民主体制

佟玉华提出，中国只有继续进行民主政治建设才能促进社会经济发展。梁军峰认为，民主是社会主义的旗帜，中国共产党从成立之始就以人民民主为己任，但由于多种原因，这种民主并没有完全得以实现。李景治提出，政治制度和社会制度变化与社会主义改革成败关系密切。苏联模式社会主义制度存在诸多弊端，但简单地推进改革并不能彻底消除弊端，苏联解体并没有解决苏联的问题就是实例，其原因在于具体制度改革不到位。中国坚持各项社会制度改革配套进行，实践说明中国选择的路是对的。陆南泉认为社会主义必须坚持不断改革才能发展，不改革只能是死路一条；在改革经济体制的同时必须进行政治体制改革，改革一定要坚持正确的方向。

综观诸多观点，苏东剧变 20 年后，学术界对其研究有以下特点：第一，以更加客观理性的态度研究事变的原因和影响。第二，更加注重研究方法的科学性和研究路径的准确性。第三，对具体人物和具体事件的分析更加全面和深入。第四，客观全面地分析中国目前的成就与问题。

（《科学社会主义》2011 年第 6 期）

# “中国马克思哲学高峰论坛(2011)”综述

近日，由徐州师范大学当代中国马克思主义哲学范式创新研究中心（以下简称“范式中心”）承办的“中国马克思哲学高峰论坛（2011）”，在徐州师范大学召开。来自中国社会科学院、北京大学、清华大学、中国人民大学、吉林大学、复旦大学、南京大学、武汉大学等单位的30余位国内知名专家学者参加了论坛，并围绕“路径与形态：中国马克思哲学理论创新90年”展开了热烈讨论。

## 一 “范式创新”：中国马克思哲学理论研究的前沿

徐州师范大学任平教授把当代中国马克思哲学研究的范式创新概括为八种类型：马克思主义哲学教科书改革研究范式、马克思主义哲学史研究范式、马克思主义文本—文献学研究范式、马克思主义中国化研究范式、马克思主义对话研究范式、马克思主义反思的问题学研究范式、马克思主义哲学领域创新研究范式、马克思主义出场学研究范式。他认为，这些范式将成为未来中国各学派成长、发展最为核心的要素。吉林大学孙正聿教授指出，一种哲学研究范式应该包括基本的概念框架、核心范畴、基本理念以及特定的解释原则，并由此把新中国成立以来的中国马克思哲学研究概括为教科书哲学、教科书哲学改革、后教科书哲学三种范式。中国人民大学郝立新教授表示，马克思哲学研究范式可以从两个角度来理解，一是马克思哲学本身的研究范式，一是研究马克思哲学的范式。他在后一种意义上归纳出回到本真为导向的文本考证、以前提追问为导向的哲学自身的反思、回应现实为指导的哲学批判三种研究范式。武汉大学何萍教授认为，任何范式的转换都有其现实的根据。研究范式转换应该注意两个理论问题：一是马克思主义哲学研究的思想资源，一是一个世纪以来的马克思主义哲学中国化的研究。

## 二 哲学对话与构筑中国化的马克思哲学形态

上海交通大学陈锡喜教授指出，探讨马克思主义哲学中国化的逻辑起点，既要回到马克思的理论立场与政治立场，又要分析中国革命的历史起点。苏州大学庄友刚教授表示，当前中国马克思哲学理论创新存在三个困境：理论创新的价值取向与哲学本性之间的悖谬、理论创新的目标要求与马克思哲学的理论特质之间的分裂、马克思哲学推进的世界历史基础与中国社会现实基地之间的差异。武汉大学汪信砚教授认为，早期马克思主义者自身有一种研究范式，从它的研究目标、研究路径、研究方法来看，可以概括为马克思主义哲学中国化研究范式。这种研究范式对当代中国马克思哲学研究具有重要的启发意义。山东大学刘陆鹏教授指出，要推进中国马克思哲学研究的发展，应该更加重视对马克思哲学的具体研究，而推进马克思哲学的具体研究需要两个条件：一是自由平等的讨论，一是自我批判的精神。

## 三 学术共同体建构与中国马克思哲学的当代使命

徐州师范大学曹典顺教授认为，当代中国马克思哲学研究的一个重要课题是建构学术共同体，他把这种学术共同体称为"范式学派"。中国人民大学郭湛教授表示，公共性问题是当代社会比较突出的现实问题，马克思哲学研究必然会转向公共性问题。当以哲学的方式关注现实时，需要时时对"哲学是什么"和"哲学做什么"进行反思。清华大学韩立新教授认为，文本研究是以间接的方式理解现实，既可以解决一些理论问题，又有助于解决时代问题。中国社会科学院李景源研究员认为，马克思主义传入中国后，中国理论界形成了逻辑理性与历史理性两大学术传统。当代中国马克思哲学研究应该站在现实历史的基点上，把历史理性传统接续起来。复旦大学吴晓明教授认为，当代中国马克思哲学研究的一个显著变化是对社会现实的关注。马克思哲学意味着一种未来的定向，它将开启一种新文明类型的可能性。吉林大学孙利天教授认为，当代中国马克思哲学研究需要一种理论的真诚，这样才可能有马克思哲学研究真实的进步。当代中国马克思主义者应该以从容淡定的情怀，保持哲学爱智慧的灵性，给予思想以自由的精魂，只有这样中国哲学才是可期待的。

（《光明日报》2011年12月27日）

# 附录

## 2011 年新书索引

### 中文著作

1. 付子堂：《历史与实践之维：马克思主义法律思想时代化问题研究》，法律出版社 2011 年版。

2. 何俊生、宋小刚：《当代中国马克思主义经济观》，中国社会科学出版社 2011 年版。

3. 何爱平：《马克思主义经济学与西方经济学的比较研究（第一辑）》，中国经济出版社 2011 年版。

4. 侯廷智、郜丽华主编：《马克思主义法学思想理论及其现实意义》，首都经济贸易大学出版社 2011 年版。

5. 倪瑞华：《英国生态学马克思主义研究》，人民出版社 2011 年版。

6. 刘卓红：《早期西方马克思主义社会历史观》，社会科学文献出版社 2011 年版。

7. 刘吉发、陈怀平、殷峰：《当代中国马克思主义政治观》，中国社会科学出版社 2011 年版。

8. 刘强、刘滨、刘兰剑：《当代中国马克思主义社会观》，中国社会科学出版社 2011 年版。

9. 刘湘顺：《马克思利益关系理论在当代中国的发展》，中国社会科学出版社 2011 年版。

10. 卢春雷：《后马克思主义"非暴力革命"理论研究》，中国社会科学出版社 2011 年版。

11. 吕大吉、高师宁：《马克思主义宗教理论研究》，中国社会科学出版社 2011 年版。

12. 吴晓明：《超感性世界的神话学及其末路：马克思存在论革命的当代阐释》，中国人民大学出版社 2011 年版。

13. 喻包庆：《马克思主义理论教育的政治学分析》，上海人民出版社 2011 年版。

14. 孙正聿：《马克思主义基础理论研究》，北京师范大学出版社 2011 年版。

15. 孙麾：《马克思主义哲学中国化与当代中国哲学建设》，社会科学文献出版社 2011 年版。

16. 师吉金:《常研常新:马克思主义中国化札记》,吉林大学出版社 2011 年版。

17. 康瑞华:《批判 · 构建 · 启思:福斯特生态马克思主义思想研究》,中国社会科学出版社 2011 年版。

18. 张一兵、夏凡:《人的解放》,河南人民出版社 2011 年版。

19. 张三萍:《现代新儒学的马克思主义观研究》,湖北人民出版社 2011 年版。

20. 张中云:《马克思主义国际政治理论发展史研究》,重庆出版社 2011 年版。

21. 张凌云:《马克思的历史唯物主义与中国特色社会主义》,东方出版中心 2011 年版。

22. 张广智主编:《史学之魂:当代西方马克思主义史学研究》,复旦大学出版社 2011 年版。

23. 张敏:《超越人本主义:马克思与费尔巴哈关系新论》,人民出版社 2011 年版。

24. 张明澍主编:《坚持与发展:改革开放时代的马克思主义政治理论》,社会科学文献出版社 2011 年版。

25. 张晓雯:《马克思主义“三农”理论中国化及其实践研究》,西南财经大学出版社 2011 年版。

26. 张雷声:《马克思主义理论学科体系建构与建设研究》,经济科学出版社 2011 年版。

27. 戴劲:《马克思的感性存在论研究》,人民出版社 2011 年版。

28. 方松华、陈祥勤、姜佑福:《中国马克思主义学术史纲》,学林出版社 2011 年版。

29. 曾传辉主编:《马克思主义宗教观研究(2010 年专辑)》,社会科学文献出版社 2011 年版。

30. 曾国屏:《现代科学技术与马克思主义哲学创新》,人民出版社 2011 年版。

31. 朱成全:《以自由看发展:马克思自由发展观视阈中的人类发展指数扩展研究》,人民出版社 2011 年版。

32. 李忠尚:《“新马克思主义”论》,中国人民大学出版社 2011 年版。

33. 李成旺:《马克思哲学革命的文本学解读》,中国社会科学出版社 2011 年版。

34. 李景瑜主编:《马克思主义中国化研究》,对外经济贸易大学出版社 2011 年版。

35. 杜秀娟:《马克思主义生态哲学思想历史发展研究》,北京师范大学出版社 2011 年版。

36. 杨晓东:《马克思解放视野中的社会政治生活》,中国社会科学出版社 2011 年版。

37. 杨金洲:《马克思主义研究:文本、理论与现实》,湖北人民出版社 2011 年版。

38. 林默彪:《诠释与反思:马克思主义哲学的中国化》,社会科学文献出版社 2011 年版。

39. 梁继超:《马克思主义中国化进程中的苏共因素》,吉林人民出版社 2011 年版。

40. 段联合、王立洲、桑业明:《当代中国马克思主义文化观》,中国社会科学出版社 2011 年版。

41. 洪岩:《马克思市民社会理论研究》,吉林大学出版社 2011 年版。

42. 潘世伟:《上下求索九十年:中国共产党建党以来马克思主义中国化、时代化和大众化的探索历程》,学林出版社 2011 年版。

43. 牛变秀：《价值存在和运动的辩证法：马克思〈资本论〉及其手稿的核心命题研究》，社会科学文献出版社 2011 年版。

44. 王东主编：《时代精神与马克思主义哲学创新》，人民出版社 2011 年版。

45. 王令金：《马克思主义中国化的历史进程及其规律》，中央编译出版社 2011 年版。

46. 王健：《马克思主义中国化历史进程论》，北京理工大学出版社 2011 年版。

47. 王晓红：《现实的人的发现——马克思对人性理论的变革》，北京师范大学出版社 2011 年版。

48. 王盛辉：《“自由个性”及其历史生成研究：基于马克思恩格斯文本整体解读》，人民出版社 2011 年版。

49. 王维平：《马克思主义基本原理当代价值研究》，中国社会科学出版社 2011 年版。

50. 石仲泉主编：《中国共产党与马克思主义中国化》，中国人民大学出版社 2011 年版。

51. 程恩富、陈厚义主编：《遵义会议与马克思主义中国化》，中国社会科学出版社 2011 年版。

52. 翟俊刚：《马克思哲学思维范式的当代阐释》，中央编译出版社 2011 年版。

53. 肖东波、黄俊：《新中国成立初期的马克思主义大众化》，浙江人民出版社 2011 年版。

54. 胡大平：《回到恩格斯：文本、理论和解读政治学》，江苏人民出版社 2011 年版。

55. 胡承槐：《马克思主义中国化历史研究》，浙江人民出版社 2011 年版。

56. 袁玲儿：《十三届四中全会以来马克思主义中国化的新发展及经验研究》，浙江大学出版社 2011 年版。

57. 覃采萍：《张闻天与马克思主义中国化》，中国社会科学出版社 2011 年版。

58. 谭培文：《马克思主义人学中国化研究》，人民出版社 2011 年版。

59. 赵卯生：《生态学马克思主义主旨研究》，中国政法大学出版社 2011 年版。

60. 赵敦华、孙熙国主编：《中西哲学的当代研究与马克思主义哲学创新》，人民出版社 2011 年版。

61. 郑一明主编：《中越马克思主义理论创新比较研究》，社会科学文献出版社 2011 年版。

62. 郝晓光、郝孚逸：《从否证到创新：马克思主义剩余价值哲学初探》，人民出版社 2011 年版。

63. 郭增花：《实践与至善：马克思在伦理学上的变革》，经济科学出版社 2011 年版。

64. 郭根山、祝念峰：《马克思主义工业化理论及其中国化进程》，人民出版社 2011 年版。

65. 陈东英：《赫斯与马克思早期思想关系研究》，人民出版社 2011 年版。

## 英文著作

1. 马克思为什么是对的 Why Marx was Right/Terry Eagleton. [monograph]. New Haven:

Yale University Press, 2011.

2. 马克思与教育 Marx and Education/Jean Anyon. New York: Routledge, 2011.

3. 神奇的马克思主义:颠覆性政治和想象 Magical Marxism: Subversive Politics and the Imagination/Andy Merrifield. London; New York: Pluto Press; New York: Distributed in the United States of America exclusively by Palgrave Macmillan, 2011.

4. 恩格斯与马克思的政治经济学 Friedrich Engels and Marxian Political Economy/Samuel Hollander. New York, NY: Cambridge University Press, 2011.

5. 新自由主义全球化的替代方案:制度的政治经济学研究 Alternatives to Neoliberal Globalization: Studies in the Political Economy of Institutions and Late Development/Dic Lo. New York, NY: Palgrave Macmillan, 2012.

6. 话语理论与批判媒体政治 Discourse Theory and Critical Media Politics/edited by Lincoln Dahlberg, Sean Phelan. Houndmills, Basingstoke, Hampshire; New York: Palgrave Macmillan, 2011.

7. 全球历史:一个南方的视角 Global History: a View from the South/Samir Amin. [monograph]. Cape Town, South Africa: Pambazuka Press; Dakar, Senegal: CODESRIA; Bangalore, India: Books for Change, c2011.

8. 终结资本主义危机还是终结资本主义? Ending the Crisis of Capitalism or Ending Capitalism? /Samir Amin; translated by Victoria Bawtree. [monograph]. Bangalore: Books for Change, c2011.

9. 古巴革命历史 A History of the Cuban Revolution/Aviva Chomsky. [monograph]. Malden, MA: Wiley-Blackwell, c2011.

10. 反思苏联解体后的状况:当市场遭遇道德经济 Rethinking the Post Soviet Experience: the Market Meets the Moral economy/ Jeffrey Hass. New York: Palgrave Macmillan, 2012.

11. 重新展望社会主义 Re-envisioning Socialism/Prabhat Patnaik. New Delhi: Tulika Books, 2011

12. 全球化时代的人本伦理 Humanistic Ethics in the Age of Globality/edited by Claus Dierksmeier. [et al.] New York, NY: Palgrave Macmillan, 2011.

13. 全球民主:规范和实证的视角 Global Democracy: Normative and Empirical Perspectives/edited by Daniele Archibugi, Mathias Koenig-Archibugi, Raffaele Marchetti. Cambridge; New York: Cambridge University Press, 2011.

14. 创新与经济危机:经济下滑的教训 Innovation and Economic Crisis: Lessons and Prospects from the Economic Downturn/Daniele Archibugi and Andrea Filippetti. New York, NY: Routledge, 2011.

15. 超越资本主义危机:转型中的世界经济 Beyond the Global Capitalist Crisis: the World Economy in Transition/by Berch Berberoglu. Burlington, VT: Ashgate, c2011.

16. 经济危机之后的新发展观 New Ideas on Development after the Financial Crisis/edited by Nancy Birdsall and Francis Fukuyama. Baltimore: Johns Hopkins University Press, 2011.

17. 骰子没有记忆：对货币全球流动的考察 Dice Have no Memory：Observations on Money moving around the World/William Bonner.

18. 亚洲资本主义的多元化与转型 Diversity and Transformations of Asian Capitalisms/edited by Boyer，Uemura，Isogai. New York：Routledge，2011.

19. 21 世纪劳动体制的变迁：压迫、资本主义与原始积累 Labour Regime Change in the Twenty-first Century：Unfreedom，Capitalism，and Primitive Accumulation/by Tom Brass. Leiden；Boston：Brill，2011.

20. 资本主义与生态保留 Capitalism and Conservation/［edited by］Daniel Brockington，Rosaleen Duffy. Malden，MA：Wiley-Blackwell，2011.

21. 马克思的教育观：种族、性别与学习 Educating from Marx：Race，Gender，and Learning/edited by Sara Carpenter and Shahrzad Mojab. New York：Palgrave Macmillan，2011.

22. 全球化之后 After Globalization/Eric Cazdyn and Imre Szeman.［monograph］. Chichester，West Sussex，United Kingdom：Wiley-Blackwell，c2011.

23. 构建资本主义：历史变迁与劳动过程 Building Capitalism：Historical Change and the Labour Process in the Production of Built Environment/Linda Clarke. Routledge，2011.

24. 自由社会里的货币：凯恩斯、弗里德曼与资本主义的新危机 Money in a Free Society：Keynes，Friedman，and the New Crisis in Capitalism/by Tim Congdon. New York：Encounter Books，c2011.

25. 离岸赌博：加勒比海国家对赌场资本主义的抗争 Internet Gambling Offshore：Caribbean Struggles over Casino Capitalism/Andrew F. Cooper. New York：Palgrave Macmillan，2011.

26. 公正的社会：人类本性的科学与社会公正的追求 The Fair society：the Science of Human nature and the Pursuit of Social Justice/Peter Corning. Chicago；London：University of Chicago Press，c2011.

27. 资本主义的新外衣：危机时期的企业、道德与享乐 Capitalism's New Clothes：Enterprise，Ethics and Enjoyment in Times of Crisis/Colin Cremin. London：Pluto Press，2011.

28. 权力的多元化：工业资本主义的考古学 The Plurality of Power：an Archaeology of Industrial Capitalism/Sarah E. Cowie.［monograph］. New York：Springer，c2011.

29. 新自由主义的危机 The Crisis of Neoliberalism/Gérard Duménil，Dominique Lévy.［monograph］. Cambridge，Mass.：Harvard University Press，2011.

30. 自治：资本主义、阶级与政治 Autonomy：Capitalism，Class and Politics/Eden，D. Ashgate，2011.

31. 财富、权力和自由放任式资本主义的危机 Wealth，Power，and the Crisis of Laissez Faire capitalism/Donald Gibson. New York：Palgrave Macmillan，2011.

32. 全球危机与全球领导权的危机 Global Crises and the Crisis of Global Leadership/edited by Stephen Gill. Cambridge；New York：Cambridge University Press，2011.

33. 僵尸政治与赌场资本主义时代的文化 Zombie Politics and Culture in the Age of Casino Capitalism/Henry A. Giroux. New York：Peter Lang，c2011.

34. 中国共产党与中国的资本主义革命 The Chinese Communist Party and China's Capitalist revolution: the Political Impact of the Market/Lance L. P. Gore. [monograph]. London; New York: Routledge, 2011.

35. 海湾阿拉伯国家的资本主义与阶级 Capitalism and Class in the Gulf Arab States/Adam Hanieh. . New York: Palgrave Macmillan, 2011.

36. 国家社会主义转型过程中的精英与阶级 Elites and Classes in the Transformation of State Socialism/David Lane. New Brunswick, N. J. : Transaction Publishers, c2011.

37. 全球化的悖论: 民主与世界经济的未来 The Globalization Paradox: Democracy and the Future of the World Economy/Dani Rodrik. New York: W. W. Norton&Co. , c2011.

38. 源于运动的力量: 社会运动与抗议政治 Power in Movement: Social Movements and Contentious Politics/Sidney G. Tarrow. [monograph]. Cambridge; New York: Cambridge University Press, 2011.

# 2011 年论文索引

1. 安启念：《马克思唯物史观思想的两个维度——从〈1857—1858 年经济学手稿〉谈起》，《中国人民大学学报》2011 年第 2 期。

2. 安巧珍：《马克思异化劳动的原生态含义和现代阐释》，《求实》2011 年第 9 期。

3. 包毅：《意识形态理论：列宁的诠释及其启示》，《求实》2011 年第 11 期。

4. 薄爱敬：《马克思恩格斯批判正义思想的理论特质》，《社会科学家》2011 年第 4 期。

5. 别祖云：《马克思与费尔巴哈在自然观上的分歧——从〈1844 年经济学哲学手稿〉来看》，《武汉理工大学学报（社会科学版）》2011 年第 3 期。

6. 蔡亚志：《列宁社会主义民主思想与中国特色社会主义民主政治建设》，《科学社会主义》2011 年第 1 期。

7. 曹浩瀚：《关于马克思 1848 年德国不断革命思想的再研究》，《马克思主义与现实》2011 年第 6 期。

8. 曹永森：《马克思主义权力制约思想析论》，《行政论坛》2011 年第 6 期。

9. 曾德华：《论马克思主义的本质特征》，《西南大学学报（社会科学版）》2011 年第 S1 期。

10. 陈朝宗：《马克思主义社会关系哲学研究》，《东南学术》2011 年第 3 期。

11. 陈冬生：《马克思主义意识形态理论与当代中国意识形态建设研究》，《中共中央党校学报》2011 年第 4 期。

12. 陈国富：《建设性批判：马克思批判思想的范式转换》，《理论月刊》2011 年第 8 期。

13. 陈国庆：《毛泽东理论品质的实践理性维度》，《西北大学学报（哲学社会科学版）》2011 年第 2 期。

14. 陈华森：《马克思恩格斯的个人观探析——兼论保守自由主义者对马克思主义的批评》，《云南行政学院学报》2011 年第 4 期。

15. 陈培永：《马克思“资本构成”概念的反向重构——对自治主义马克思主义“阶级构成”学说的评判》，《现代哲学》2011 年第 3 期。

16. 陈蔚：《马克思主义政治意识形态制度保障力面临的挑战剖析》，《当代世界与社会主义》2011 年第 3 期。

17. 陈锡喜：《马克思主义的三维特性和马克思主义“三化”的整体性》，《思想理论教育导刊》2011 年第 3 期。

18. 陈先达：《马克思主义中国化的伟大胜利》，《中国特色社会主义研究》2011 年第

4 期。

19. 陈香兰:《列宁对社会主义与资本主义并存关系的认识与思考》,《前沿》2011 年第 16 期。

20. 陈学明:《马克思主义哲学对处于改革开放新起点上的中国的现实意义》,《复旦学报(社会科学版)》2011 年第 6 期。

21. 陈一壮:《马克思两种劳动概念下的人的解放理论——从〈1844 年经济学—哲学手稿〉到〈政治经济学批判(1857—1858 年草稿)〉》,《湖南师范大学学报(社会科学版)》2011 年第 1 期。

22. 陈占安:《关于毛泽东哲学思想研究中的三个问题》,《马克思主义与现实》2011 年第 4 期。

23. 陈志刚:《马克思现代性批判思想的逻辑演变》,《哲学研究》2011 年第 7 期。

24. 程本学:《马克思主义理论的层次结构及其硬核》,《华南师范大学学报(社会科学版)》2011 年第 5 期。

25. 程恩富、李伟:《马列主义是认识和改造世界的科学方法与指南》,《马克思主义研究》2011 年第 1 期。

26. 程慧敏:《马克思时间理论的内涵及其意义》,《理论学刊》2011 年第 8 期。

27. 崔浩:《马克思主义政治参与观及其实践意义》,《毛泽东邓小平理论研究》2011 年第 8 期。

28. 邓朴:《唯物史观与马克思主义执政理念的演进》,《马克思主义与现实》2011 年第 1 期。

29. 丁峰:《马克思主义哲学中国化的研究范式与路径选择》,《南京政治学院学报》2011 年第 5 期。

30. 董德刚:《〈共产党宣言〉三个论断之辨析》,《科学社会主义》2011 年第 4 期。

31. 段方乐:《马克思对黑格尔辩证法的“颠倒”所蕴含的哲学变革》,《齐鲁学刊》2011 年第 2 期。

32. 樊晓磊:《马克思主义法学正义观的多元视角》,《法学杂志》2011 年第 10 期。

33. 范丹卉:《论科学发展观与构建社会主义和谐社会的统一性》,《理论月刊》2011 年第 6 期。

34. 方世南:《“谁”的话语体系:马克思主义创始人大众化理路的辩证逻辑》,《马克思主义研究》2011 年第 4 期。

35. 冯刚:《马克思主义哲学创新的有益探索》,《高校理论战线》2011 年第 10 期。

36. 冯海波:《马克思“劳动”与“资本家”概念的原生态意义》,《前沿》2011 年第 9 期。

37. 傅国强:《马克思主义整体性理论根源探析》,《学校党建与思想教育》2011 年第 14 期。

38. 高甦:《马克思上层建筑理论与高科技时代》,《东北师大学报(哲学社会科学版)》2011 年第 6 期。

39. 葛恒云：《马克思主义民生思想及其当代启示》，《江苏大学学报（社会科学版）》2011 年第 5 期。

40. 宫敬才：《马克思向未来社会过渡的三种图式论纲》，《河北大学学报（哲学社会科学版）》2011 年第 3 期。

41. 荀颖萍：《列宁晚年土地变革思想发展演变的思想脉络》，《湖北社会科学》2011 年第 7 期。

42. 谷炜江：《新的历史条件下对马克思恩格斯社会主义观的再解读》，《前沿》2011 年第 16 期。

43. 顾海良：《马克思恩格斯经典著作与中国特色社会主义理论体系的形成》，《教学与研究》2011 年第 6 期。

44. 顾玉兰：《科学认识列宁主义及其当代价值——兼析质疑列宁主义当代价值的种种观点》，《马克思主义研究》2011 年第 6 期。

45. 顾钰民：《中国化马克思主义所有制理论的创新与发展》，《江苏行政学院学报》2011 年第 2 期。

46. 关锋：《马克思的劳动过程理论和微观政治学》，《哲学研究》2011 年第 8 期。

47. 郭海宏：《马克思主义意识形态与创新中国特色社会主义制度论》，《湖南社会科学》2011 年第 3 期。

48. 郭学军：《邓小平新社会主义观及当代价值》，《毛泽东思想研究》2011 年第 6 期。

49. 韩喜平：《马克思主义理论观的新发展》，《吉林大学社会科学学报》2011 年第 6 期。

50. 郝立忠：《历史唯物主义与唯物主义辩证法的有机统一——论〈德意志意识形态〉的哲学形态定位》，《武汉大学学报（人文科学版）》2011 年第 3 期。

51. 郝文清：《马克思的马克思主义观》，《科学社会主义》2011 年第 2 期。

52. 何宏兵：《马克思主义社会历史观与科学发展》，《理论探索》2011 年第 6 期。

53. 赫曦滢：《马克思主义空间理论的批判性重构》，《社会科学战线》2011 年第 7 期。

54. 胡钧：《论〈资本论〉在马克思主义理论体系中的核心地位》，《当代经济研究》2011 年第 10 期。

55. 胡乐明：《当代西方马克思主义经济理论研究的新取向》，《当代经济研究》2011 年第 9 期。

56. 胡运锋：《毛泽东思想与列宁主义的理论关联》，《求实》2011 年第 6 期。

57. 黄华伟：《基于国家社科基金项目的马克思主义·科学社会主义学科发展状况》，《科技管理研究》2011 年第 10 期。

58. 黄敏：《历史唯物主义是相对平衡的历史发展观——唯物史观主客体二向度构局的历史分析》，《前沿》2011 年第 1 期。

59. 黄秋生、罗成翼：《马克思的人类学批判及其终极关怀》，《华南师范大学学报（社会科学版）》2011 年第 5 期。

60. 江胜珍：《经济公平与道德公平：马克思公平思想的两个维度》，《湘潭大学学报（哲学社会科学版）》2011 年第 4 期。

61. 江淑丽：《列宁并未改变马克思恩格斯的社会主义革命观》，《社会主义研究》2011 年第 6 期。

62. 姜晶花：《论马克思世界历史理论的全球化旨趣》，《中共福建省委党校学报》2011 年第 9 期。

63. 姜艳：《马克思人本理性哲学理念探微》，《人民论坛》2011 年第 24 期。

64. 姜月香：《谈马克思主义理论学科为思想政治理论课服务》，《学校党建与思想教育》2011 年第 2 期。

65. 蒋晓东：《马克思“实践”概念与杜威“行动”概念之比较》，《马克思主义与现实》2011 年第 2 期。

66. 蒋志红，张廷国：《论马克思正义观的基本主张》，《哲学动态》2011 年第 8 期。

67. 焦娅敏：《论马克思利益范畴生成的内在逻辑及现实意义》，《求实》2011 年第 9 期。

68. 金怡顺：《关于毛泽东思想科学体系几个问题的再探讨》，《社会科学家》2011 年第 6 期。

69. 金正一：《中国马克思主义学科缺失与转向目标》，《东北师大学报（哲学社会科学版）》2011 年第 6 期。

70. 寇东亮：《“人”与“物”关系的科学阐释与价值定向——马克思科学人本主义发展观及其当代意义》，《广东社会科学》2011 年第 6 期。

71. 雷江梅：《邓小平的世界历史眼光与中国特色社会主义理论基石》，《当代世界与社会主义》2011 年第 6 期。

72. 李安：《“以人为本”不等于“以民为本”——用马克思的异化观点阐述科学发展观的核心》，《生产力研究》2011 年第 5 期。

73. 李斌：《从人的全面发展理论到科学发展观——马克思主义中国化的重要范畴》，《求索》2011 年第 8 期。

74. 李春敏：《马克思恩格斯论资本主义空间生产的三重变革》，《南京社会科学》2011 年第 11 期。

75. 李佃来：《论马克思主义哲学中国化研究方法论的两个问题》，《江汉论坛》2011 年第 10 期。

76. 李繁荣：《〈资本论〉中的物质变换思想及其现实意义》，《江汉论坛》2011 年第 5 期。

77. 李慧娟：《恩格斯在何种意义上提出哲学基本问题》，《江海学刊》2011 年第 4 期。

78. 李军林：《近十年〈资本论〉研究述评》，《河北学刊》2011 年第 6 期。

79. 李明桂：《〈哥达纲领批判〉中马克思社会主义观的中国化诉求》，《改革与战略》2011 年第 7 期。

80. 李瑞清：《马克思主义方法的内涵、特征及地位》，《内蒙古大学学报（哲学社会科学版）》2011 年第 4 期。

81. 李述森：《经典马克思主义与列宁主义：不同演变轨迹的比较》，《东岳论丛》2011 年第 2 期。

82. 李太淼：《论中国共产党对马克思主义所有制理论的继承、发展和创新》，《中州学刊》2011 年第 4 期。

83. 李文阁：《近年来马克思主义哲学研究中的几个热点问题》，《红旗文稿》2011 年第 13 期。

84. 李西源：《马克思恩格斯经济利益协调思想及其当代价值》，《理论探索》2011 年第 5 期。

85. 李仙娥，万冬冬：《马克思生态思想的逻辑蕴涵及其启示》，《商业时代》2011 年第 30 期。

86. 李玉峰：《马克思主义民生观及其中国化》，《前线》2011 年第 9 期。

87. 梁茵：《马克思劳动与资本合作思想的多维透视》，《社会科学战线》2011 年第 4 期。

88. 林密：《马克思资本主义生产方式批判的空间视域》，《天津社会科学》2011 年第 1 期。

89. 刘芳，倪鑫：《论马克思主义大众化路径选择的辩证法》，《山东社会科学》2011 年第 11 期。

90. 刘海江：《基于“市民社会”还是“个人”——马克思〈黑格尔法哲学批判〉中的唯物主义基点辨正》，《理论探讨》2011 年第 4 期。

91. 刘海龙：《马克思科学技术观的人本意蕴》，《社会主义研究》2011 年第 3 期。

92. 刘建军：《马克思恩格斯对未来社会的科学预见》，《科学社会主义》2011 年第 4 期。

93. 刘宁：《市场经济的危机与化解——马克思经济危机理论的当代意义》，《改革与战略》2011 年第 3 期。

94. 刘同舫：《马克思主义中国化进程与党的执政理念演进》，《华南师范大学学报（社会科学版）》2011 年第 5 期。

95. 刘霞：《略论马克思主义资本属性理论》，《人民论坛》2011 年第 20 期。

96. 刘湘顺：《马克思利益理论及其方法论启示》，《江汉论坛》2011 年第 8 期。

97. 刘晓滨：《马克思生态哲学思想对当前经济发展的启示分析》，《生产力研究》2011 年第 10 期。

98. 刘彦昌：《中国共产党对马克思主义发展创新的当代启示》，《中国党政干部论坛》2011 年第 3 期。

99. 刘志明：《列宁关于“怎样建设社会主义”的若干历史经验》，《学术论坛》2011 年第 7 期。

100. 刘子瑛：《论马克思与哈贝马斯解放理论的差异》，《前沿》2011 年第 20 期。

101. 卢国琪：《科学发展观与马克思主义中国化》，《求索》2011 年第 2 期。

102. 卢建平：《马克思虚拟资本理论及其当代价值》，《前沿》2011 年第 8 期。

103. 卢江：《马克思主义过渡理论及其当代价值——从广义政治经济学角度的重新思考》，《经济学家》2011 年第 7 期。

104. 陆树程：《论社会主义核心价值体系认同的元问题——基于对马克思主义意识形态观的一种理解》，《马克思主义研究》2011 年第 8 期。

105. 鹿晓红、吴建国、郭晓磊：《关于马克思主义“科学本质”与“科学地位”的阐释》，《马克思主义研究》2011 年第 10 期。

106. 论卫星：《资本经济一般：马克思主义经济学发展的新课题》，《现代财经（天津财经大学学报）》2011 年第 2 期。

107. 吕建成：《毛泽东思想——中国革命和建设不竭的力量源泉》，《前线》2011 年第 7 期。

108. 吕薇洲：《马克思主义“必然性理论”及其当代价值》，《理论学刊》2011 年第 6 期。

109. 马骁毅：《实践、资本主义与公共领域——马克思与阿伦特实践观点之比较》，《社会科学辑刊》2011 年第 4 期。

110. 马智：《“生产劳动”与“社会关系”——试论马克思关于人的本质的基本规定》，《理论导刊》2011 年第 1 期。

111. 梅荣政：《〈资本论〉对唯物主义历史观的科学论证》，《马克思主义研究》2011 年第 5 期。

112. 牛涛：《论后金融危机时代马克思主义意识形态走向》，《学校党建与思想教育》2011 年第 32 期。

113. 欧阳彬：《马克思货币本质观与国际货币金融危机》，《武汉理工大学学报（社会科学版）》2011 年第 2 期。

114. 庞立生：《马克思社会理论的当代思想效应》，《东北师大学报（哲学社会科学版）》2011 年第 5 期。

115. 彭五堂：《论马克思所有制理论的萌发》，《马克思主义研究》2011 年第 8 期。

116. 齐晓安：《马克思主义理论学科建设的两个重大理论问题探讨》，《求索》2011 年第 5 期。

117. 齐勇：《马克思与哈贝马斯交往理论中价值问题的差异比较》，《学术交流》2011 年第 3 期。

118. 邱柏生：《试论当代中国马克思主义大众化的条件》，《思想理论教育导刊》2011 年第 12 期。

119. 曲波：《超越实证范式与解释范式的马克思社会理论》，《东北师大学报（哲学社会科学版）》2011 年第 5 期。

120. 任洲鸿：《试论马克思的资本历史使命理论及其当代意义》，《当代经济研究》2011 年第 10 期。

121. 荣长海：《马克思主义中国化 90 年——概念、进程和规律》，《理论学刊》2011 年第 11 期。

122. 尚庆飞：《论毛泽东对马克思主义辩证法中国化的理论贡献》，《东岳论丛》2011 年第 7 期。

123. 石敦国：《马克思的新唯物主义如何可能》，《西南大学学报（社会科学版）》2011 年第 3 期。

124. 时继锋：《马克思恩格斯论民主法制的产生和历史发展》，《求索》2011 年第 8 期。

125. 史界：《〈资本论〉中的利益理论及当代意义》，《生产力研究》2011 年第 7 期。

126. 史界：《探析〈德意志意识形态〉中的科学自由观及其当代价值》，《西南民族大学学报（人文社会科学版）》2011 年第 9 期。

127. 宋进：《论用马克思主义引领社会思潮的多维方式》，《毛泽东邓小平理论研究》2011 年第 11 期。

128. 孙乐强：《穿透拜物教的魔力：阶级意识与日常意识的辩证法——马克思后期对历史唯物主义主体向度的深化》，《南京社会科学》2011 年第 6 期。

129. 孙伟，张森林：《马克思主义国际政治理论价值目标及当代意义》，《社会主义研究》2011 年第 5 期。

130. 覃志红：《时代境域中的马克思生产理论研究》，《河北学刊》2011 年第 2 期。

131. 汤文曙：《马克思社会历史观逻辑前提的确立——再谈马克思哲学中的人》，《学术界》2011 年第 9 期。

132. 唐正东：《马克思生产关系概念的内涵演变及其哲学意义》，《哲学研究》2011 年第 6 期。

133. 陶庭马：《论马克思异化观的转变——从〈1844 年经济学哲学手稿〉到〈德意志意识形态〉》，《求实》2011 年第 8 期。

170. 田海平：《资本剥削的经济—伦理体系及其终结的命运——论马克思〈资本论〉中的伦理观》，《天津社会科学》2011 年第 5 期。

134. 田丽：《"三位一体"：当代中国马克思主义大众化之途径》，《首都师范大学学报（社会科学版）》2011 年第 6 期。

135. 田培炎：《马克思主义经典的永恒魅力》，《求是》2011 年第 13 期。

136. 田世锭：《辩证法马克思主义对马克思主义基本原理的坚守——兼与分析马克思主义比较》，《社会主义研究》2011 年第 4 期。

137. 田心铭：《中国社会主义核心价值观：以人为本，实事求是，独立自主》，《马克思主义研究》2011 年第 11 期。

138. 童贤成：《马克思主义人类解放理论及其当代意义》，《学术探索》2011 年第 2 期。

139. 汪青松：《马克思社会发展"三维模式"的重新审视》，《马克思主义研究》2011 年第 5 期。

140. 汪亭友：《恩格斯晚年确实主张走"民主社会主义道路"吗?》，《马克思主义研究》2011 年第 8 期。

141. 汪信砚：《中国共产党 90 年思想理论建设历程的深刻省思》，《湖北社会科学》2011 年第 8 期。

142. 王安忠：《马克思主义对当代中国社会主义和谐社会构建的现实意义》，《中国报业》2011 年第 2 期。

143. 王宝霞：《论马克思主义对传统形而上学的超越》，《人民论坛》2011 年第 29 期。

144. 王炳权：《唯物史观创立的标志性著作——〈德意志意识形态〉》，《党建研究》

2011 年第 10 期。

145. 王丹:《基于“两型社会”建设的马克思“物质变换”思想解读》,《当代经济研究》2011 年第 5 期。

146. 王东:《马克思危机理论的雏形——〈资本论〉第一手稿的理论意义新开掘》,《江汉论坛》2011 年第 7 期。

148. 王峰明:《〈资本论〉与历史唯物主义微观基础——以马克思的生产力理论为例》,《马克思主义研究》2011 年第 11 期。

149. 王凤才:《当代国外马克思主义最新发展研究》,《云南大学学报(社会科学版)》2011 年第 4 期。

150. 王海滨:《清理与前瞻:面向“中国问题”的马克思主义哲学研究范式》,《学习与探索》2011 年第 5 期。

151. 王虎学:《马克思分工思想的双重意蕴——基于历史唯物主义的考察》,《中共中央党校学报》2011 年第 1 期。

152. 王今朝:《马克思关于供求决定价格规律的假意识性质的交叉科学诠释》,《经济经纬》2011 年第 4 期。

153. 王晶:《论马克思恩格斯的受众观》,《新闻知识》2011 年第 9 期。

154. 王敬艳,焦垣生:《马克思主义社会学批评之后现代性发微》,《求索》2011 年第 9 期。

155. 王聚芹:《马克思对社会发展“尺度纠结”的科学化解及当代启示——以东方社会中、印、俄大国崛起为视角》,《理论探讨》2011 年第 4 期。

156. 王娟:《论中国特色社会主义与马克思主义理论的具体关系》,《马克思主义研究》2011 年第 5 期。

157. 王力:《马克思跨越理论的中国化与中国化的跨越理论》,《科学社会主义》2011 年第 3 期。

158. 王淼:《资本统治、异化与全球化——马克思对资本主义消费的分析与批判》,《东岳论丛》2011 年第 11 期。

159. 王前军:《马克思价值论视野中的科学发展观》,《内蒙古社会科学(汉文版)》2011 年第 6 期。

160. 王让新:《马克思主义与中国实际相结合有机构成新论》,《求实》2011 年第 9 期。

161. 王汝秀:《马克思关于“过渡时期”的著名论断再解读——兼论我国的“过渡时期”》,《社会主义研究》2011 年第 1 期。

162. 王胜军:《西方马克思主义对现代资本主义社会特权现象的批判》,《科学社会主义》2011 年第 2 期。

163. 王四达:《毛泽东新民主主义论的理论源头新探——以马克思的世界历史理论和东方社会理论为中心的考察》,《马克思主义研究》2011 年第 10 期。

164. 王素:《科学发展观:马克思主义关于发展的世界观和方法论的集中体现》,《社会科学研究》2011 年第 1 期。

165. 王同起：《中国共产党对马克思主义政党建设理论的贡献》，《天津师范大学学报（社会科学版）》2011 年第 4 期。

166. 王伟光：《马克思主义在中国的伟大胜利》，《中国社会科学》2011 年第 4 期。

167. 王现东：《“实事求是”的历史文化渊源与马克思主义中国化》，《前沿》2011 年第 22 期。

168. 王娅：《马克思恩格斯在无产阶级专政问题上的高度一致性》，《东岳论丛》2011 年第 6 期。

169. 王岩：《马克思主义可持续发展观的当代审视》，《人民论坛》2011 年第 32 期。

170. 王艳华：《马克思与鲍德里亚：两种现代性社会批判理论的差异与关联》，《东北师大学报（哲学社会科学版）》2011 年第 5 期。

171. 王雨辰：《理论创新：实现马克思主义大众化的根本途径》，《湖北社会科学》2011 年第 8 期。

172. 王志林：《恩格斯晚年关于“无产阶级解放条件”新变化思想及现代意义》，《中南民族大学学报（人文社会科学版）》2011 年第 2 期。

173. 王中汝：《论马克思主义收入分配理论在当代中国的创新与发展》，《当代世界与社会主义》2011 年第 3 期。

174. 王中汝：《收入分配的尺度及其现实价值——马克思主义经典作家收入分配尺度思想的四维解读》，《理论导刊》2011 年第 11 期。

175. 卫兴华：《在弄懂和把握马克思主义的基础上坚持和发展马克思主义》，《经济纵横》2011 年第 11 期。

176. 魏崇辉：《马克思主义意识形态理论与意识形态分析的可能路径》，《内蒙古社会科学（汉文版）》2011 年第 6 期。

177. 吴惠红：《马克思、恩格斯合理发展思想探析——基于共同体理论视域》，《理论月刊》2011 年第 9 期。

178. 吴苗：《论马克思主义发展观的历史性与时代化》，《前沿》2011 年第 16 期。

179. 吴倬：《马克思主义中国化、时代化、大众化的现实基础》，《理论学刊》2011 年第 8 期。

180. 奚洁人：《科学发展观对党的群众路线的理论新贡献——兼论新形势下贯彻群众路线的价值理念与思想方法》，《毛泽东邓小平理论研究》2011 年第 10 期。

181. 夏东民：《论马克思主义中国化理论创新及其核心要素》，《马克思主义研究》2011 年第 11 期。

182. 相秀丽：《从理论到技艺：论列宁在辩证法发展史上的特殊贡献》，《马克思主义与现实》2011 年第 3 期。

183. 谢江平：《列宁的非政治国家观及其局限》，《山西师大学报（社会科学版）》2011 年第 5 期。

184. 谢永宽：《论中国现代化理论与实践模式的变迁——马克思主义中国化视角》，《重庆大学学报（社会科学版）》2011 年第 4 期。

185. 谢宇:《试论中国共产党对马克思主义社会和谐理论的新贡献》,《福建论坛(人文社会科学版)》2011年第7期。

186. 徐飞:《论马克思主义哲学的学术性与意识形态性》,《湖北行政学院学报》2011年第6期。

187. 徐军:《马克思主义文化与近现代中国社会发展——论马克思主义从文化时尚、文化模式到指导思想的逻辑嬗变》,《福建论坛(人文社会科学版)》2011年第9期。

188. 徐熙泽:《马克思地租理论的拓展及现代价值》,《财经研究》2011年第5期。

189. 轩传树:《当代西方左翼学者"列宁主义"研究中的几个问题》,《当代世界与社会主义》2011年第2期。

190. 闫永飞:《马克思劳动价值论的本质内涵和阶级意义》,《江汉论坛》2011年第9期。

191. 杨成林、何自力:《重树马克思科学抽象法在经济学研究中的重要地位——马克思主义经济学和西方主流经济学方法论的比较分析》,《当代经济研究》2011年第11期。

192. 杨慧玲、张伟:《马克思分工理论体系研究》,《经济学家》2011年第10期。

193. 杨竞业:《论"可能幸福"概念——以马克思主义社会发展观为视角》,《中共福建省委党校学报》2011年第10期。

194. 杨丽珍:《马克思对费尔巴哈哲学的扬弃——以〈德意志意识形态〉文本为依据》,《华中师范大学学报(人文社会科学版)》2011年第4期。

194. 杨木:《"读懂"马克思——马克思"社会形态"、"经济的社会形态"的范畴》,《甘肃社会科学》2011年第4期。

196. 杨日鹏:《资本主义劳动过程中的工人同意与抗争——马克思主义论述及其当代意义》,《理论月刊》2011年第12期。

197. 杨晓平:《理论思维何以可能——马克思主义理论思维基本特征探析》,《理论与改革》2011年第3期。

198. 杨学功:《同一与差异:马克思恩格斯哲学观比较研究》,《马克思主义与现实》2011年第4期。

199. 易果平、傅晓华:《马克思主义公平观探微》,《湖南科技大学学报(社会科学版)》2011年第6期。

200. 于萍:《马克思人的解放理论意义探寻——对共产主义的一种解读》,《求实》2011年第11期。

201. 余良耘:《历史与个人——马克思主义关于"人类解放"的双重意蕴》,《理论月刊》2011年第12期。

202. 余乃忠:《如何向着自身的未来开放——马克思主义与后现代主义的哲学对话》,《宁夏社会科学》2011年第3期。

203. 俞良早:《马克思主义经典作家东方社会发展途径特殊性的理论及其当代发展》,《当代世界与社会主义》2011年第4期。

204. 喻冰:《马克思的现代社会发展理论与科学发展观》,《生产力研究》2011年第

3 期。

205. 袁媛淑:《论马克思恩格斯的社会权思想》,《求索》2011 年第 10 期。

206. 岳利萍:《马克思经济学与西方经济学生态经济思想的比较》,《经济纵横》2011 年第 6 期。

207. 臧峰宇:《"理解马克思"与"理解马克思主义"——兼论列宁哲学的当代意义》,《理论学刊》2011 年第 4 期。

208. 张超:《"社会"的缺失与回归:社会学马克思主义在中国》,《山西财经大学学报》2011 年第 S3 期。

209. 张传鹤:《深入推进马克思主义"三化"须抓住四个着力点》,《理论学刊》2011 年第 10 期。

210. 张迪:《马克思经济全球化思想解析》,《商业时代》2011 年第 26 期。

211. 张鼎良:《毛泽东社会主义发展理论的科学内涵及其特征》,《求索》2011 年第 5 期。

212 张国镛、贾真、张林:《"马克思主义的精髓"与"马克思主义的活的灵魂"之不同表述及其蕴涵》,《理论月刊》2011 年第 11 期。

213. 张劲松:《马克思经济哲学概念的后现代解读及其批判》,《马克思主义研究》2011 年第 8 期。

214. 张昆仑:《马克思〈资本论〉和西方经济学关于市场经济起点理论的比较分析》,《河南大学学报(社会科学版)》2011 年第 6 期。

215. 张雷声:《马克思主义中国化的多重研究视角》,《马克思主义研究》2011 年第 7 期。

216. 张立娇:《马克思阶级概念的方法论研究》,《山西师大学报(社会科学版)》2011 年第 4 期。

217. 张凌云:《中国特色社会主义对马克思东方社会理论的发展》,《探索与争鸣》2011 年第 6 期。

218. 张璐:《马克思的时代发展理论新探》,《新视野》2011 年第 3 期。

219. 张三元:《马克思哲学的理论形态究竟是什么——兼对当前两种流行观点的质疑》,《学术界》2011 年第 6 期。

220. 张卫海:《马克思市民社会理论的新发展与中国构建"国家—社会"关系模式的现实选择》,《理论月刊》2011 年第 6 期。

221. 张旭:《价值与资源配置——马克思主义经济学与西方经济学的理论对接》,《江汉论坛》2011 年第 2 期。

222. 张有军:《科学社会主义研究对象的重新认识》,《前沿》2011 年第 15 期。

223. 张玉喜:《马克思与奥地利学派资本理论的比较》,《天津社会科学》2011 年第 4 期。

224. 张云霞:《马克思和列宁的国家观比较》,《生产力研究》2011 年第 9 期。

225. 赵华灵:《马克思对"粗陋的共产主义"的批判及其理论意义》,《前沿》2011 年第

12 期。

226. 赵茂林：《马克思劳动价值论与新古典经济学价值理论的比较》，《经济纵横》2011 年第 8 期。

227. 赵明义：《社会发展历史进程中的中国特色社会主义》，《当代世界社会主义问题》2011 年第 3 期。

228. 赵庆杰：《马克思主义理论学科建设与思想政治理论课课程建设》，《思想教育研究》2011 年第 5 期。

229. 赵士发：《论马克思的世界历史视野及其对毛泽东的影响——兼谈世界历史理论的基本问题》，《哲学研究》2011 年第 7 期。

230. 赵笑蕾：《科学发展观对社会主义理论和实践的新探索》，《当代世界与社会主义》2011 年第 2 期。

231. 赵学珍：《马克思恩格斯推动科学理论大众化的实践经验》，《理论探索》2011 年第 4 期。

232. 赵艳琴、王文东：《马克思共同体思想的价值目标探微》，《商业时代》2011 年第 30 期。

233. 赵曜：《马克思主义中国化历史进程的开启——新民主主义理论的形成和毛泽东思想的确立》，《求是》2011 年第 12 期。

234. 赵越：《马克思主义中国化与中国现代化的关系探析》，《前沿》2011 年第 20 期。

235. 赵智奎：《马克思恩格斯的科学社会主义学说及其当代启示》，《马克思主义研究》2011 年第 1 期。

236. 郑国瑞：《马克思主义中国化理论和实践模式的生成逻辑》，《科学社会主义》2011 年第 5 期。

237. 郑吉伟：《论中国共产党对马克思主义经济理论的重要发展》，《高校理论战线》2011 年第 7 期。

238. 郑忆石：《科学、知识、知识分子：分析的马克思主义社会发展动力论域》，《浙江学刊》2011 年第 4 期。

239. 郑云天：《中国特色社会主义理论体系的三重维度》，《科学社会主义》2011 年第 5 期。

240. 钟春洋：《方法论视野下马克思劳动价值论新解读》，《当代经济研究》2011 年第 12 期。

241. 钟晓宏：《邓小平实践思想对历史唯物主义的重建》，《前沿》2011 年第 13 期。

242. 周丹：《马克思语境中的“现代性”概念解析》，《社会科学辑刊》2011 年第 4 期。

243. 周建勇：《国家具有相对自主性——对马克思主义国家理论的分析》，《理论月刊》2011 年第 9 期。

244. 周小毛：《马克思主义社会建设思想探析》，《湘潭大学学报（哲学社会科学版）》2011 年第 6 期。

245. 周新城：《中国特色社会主义理论体系同马克思主义基本原理是一脉相承的》，《思想理论教育导刊》2011 年第 10 期。

246. 周志山:《马克思生态哲学的社会视阈与科学发展观》,《马克思主义研究》2011 年第 5 期。

247. 朱聪明:《马克思对社会有机体学说的根本性变革——基于实践观点与实证主义的比较分析》,《东北大学学报（社会科学版)》2011 年第 3 期。

248. 朱建堂、葛晓健:《论科学发展观对马克思主义生态伦理观的适应性创新》,《湖北大学学报（哲学社会科学版)》2011 年第 6 期。

249. 朱进东、王艳:《论马克思恩格斯生态伦理观的基本内容与当代价值》,《理论探讨》2011 年第 5 期。

250. 朱彦振:《晚期马克思主义之意识形态理论评析》,《哲学研究》2011 年第 7 期。

251. 庄福龄:《简论毛泽东哲学思想和中国特色社会主义理论体系的形成与发展》,《毛泽东思想研究》2011 年第 2 期。

# 大事记

2011 年 1 月 24 日，由国防大学中国特色社会主义理论体系研究中心和福建省军区政治部主办、福建省厦门警备区承办的“继续抓住和用好重要战略机遇期”理论研讨会在厦门召开。来自全军各大单位和院校的 50 多名理论工作者参加了会议，并围绕这一主题进行了认真研讨。会议认为，必须充分认识和理解党的十七届五中全会作出的我国发展仍处于可以大有作为的重要战略机遇期的科学判断，引导人们认清和珍惜机遇，形成共识、凝聚力量，形成推动科学发展的强大合力。会议指出，要正确判断、继续抓住和充分用好我国发展的重要战略机遇期，必须运用辩证唯物主义和历史唯物主义，从现象透视本质，从局部把握全局，从危机寻求契机，洞察社会历史发展的内在趋势，把握国际国内形势的系统关联，认清挑战机遇转化的辩证关系，增强抓住用好机遇的自觉意识；必须科学把握世界格局中的中国定位，全面看待我国发展的巨大成就，勇于直面前进道路上的风险挑战，长期坚持韬光养晦的战略方针；必须始终牢牢坚持科学发展，一方面坚持科学谋划，营造持久和谐的良好国际战略环境，另一方面坚持统筹兼顾，实现经济社会稳定快速健康发展。军队在重要战略机遇期负有重大使命任务，必须牢记职责、勇于担当，不断提高核心军事能力和完成多样化军事任务能力，为维护我国发展的重要战略机遇期提供坚强安全的保障。

2011 年 3 月 1 日，中国社会科学院世界社会主义研究中心、社会科学文献出版社在北京联合举办“《居安思危——苏共亡党二十年的思考》、《2010—2011 世界社会主义黄皮书》发布暨世界格局的演进与世界思潮的变化”研讨会。上午会议由中国社会科学院马克思主义研究院院长、世界社会主义研究中心副主任程恩富主持，下午会议由中国社会科学院副院长、世界社会主义研究中心主任李慎明主持。中国社会科学院常务副院长王伟光、中组部原部长张全景、原中顾委秘书长李力安、中央政策研究室原副主任郑科扬、中国文化软实力研究中心主任张国祚等同志出席会议并讲话。来自中国社会科学院、中组部、中宣部、中联部、中央政策研究室、中共中央党校、国防大学、国务院发展研究中心等部委，北京大学、清华大学、中国人民大学、武汉大学、辽宁大学等高校，新华社、人民日报社、光明日报社、中宣部《党建》编辑部、《中直党建》编辑部、《红旗文稿》编辑部、中组部《党建研究》编辑部、中国组织人事报社等新闻报刊单位的负责人、专家学者近 200 人参加会议。

2011 年 3 月 2 日，中国经济社会发展智库理事会、中国社会科学院经济社会发展研究中心和中国人民大学马克思主义研究院联合主办的“住房理论与政策：中国经济社会发展智库第 4 届高层论坛”在中国人民大学举行。中国社会科学院副院长李扬，全国人大代表、中国社会科学院马克思主义研究院院长程恩富，住房和城乡建设部原副部长宋春华，全国人大代表、住房和城乡建设部政策研究中心主任陈淮，中国人民大学副校长林岗，全国政协委员、中国社会科学院学部委员李崇富，国务院参事任玉岭，中国社会科学院学部委员、财贸所原所长杨圣明，国务院国资委研究局副局长楚序平，国务院发展研究中心社会发展部原部长丁宁宁，国家信息中心经济预测部副主任步德迎，国家发改委宏观院研究员夏小林等有关领导和著名学者出席论坛并发表演讲。会议分别由中国人民大学马克思主义学院院长秦宣、中国社会科学院马克思主义研究院原理部主任胡乐明等主持。来自中国社会科学院、北京大学、中国人民大学、中央财经大学、浙江大学宁波理工学院及政府部门的300多位专家学者和师生，围绕论坛中心议题——“住房理论与政策”进行了广泛深入的研讨，提出了“以公租房为主、以商品房和私租房为辅”的建设性政策建议。

2011年4月7日，为纪念中国共产党成立90周年和刘少奇1961年湖南农村调查50周年，中国中共文献研究会刘少奇思想生平研究分会、中共湖南省委党史研究室、中共长沙市委主办的“刘少奇湖南农村调查50周年纪念座谈会”在湖南宁乡召开。中央文献研究室副主任、中国中共文献研究会副会长陈晋，中共湖南省委常委、秘书长杨泰波，中央党史研究室原副主任张启华，解放军军事科学院原战略部副部长齐德学与来自各地的党史学者，以及刘少奇同志的亲属、原身边工作人员和当年参与调查人员代表参加了会议。

2011年4月16—17日，由中国社会科学院马克思主义研究院和杭州师范大学联合主办、杭州师范大学马克思主义研究中心承办的全国“马克思主义与中国共产党成立九十周年学术研讨会”在杭州举行。来自全国22个省、市、自治区的高校、党校、科研、企事业单位专家学者以及杭州新闻媒体的记者、编辑百余人出席了研讨会。中共杭州市委副书记叶明发来贺信，杭州师范大学党委书记崔鹏飞致欢迎辞，浙江省马克思主义学会会长、浙江大学万斌教授和中共浙江省委宣传部理论处处长陈先春致辞。中国社会科学院马克思主义研究院院长程恩富教授作了题为《“两会精神”中国模式与苏联解体评析》的主题报告，杭州师范大学副校长何俊教授作了《马克思主义的早期传播及其启示——以浙江一师为例》的报告；陈占安、田克勤、林泰、陈锡喜、丁东澜等教授作了专题演讲

2011年4月23日，由中国社会科学院主办的“中国社会科学论坛——苏联解体20周年国际学术研讨会”在北京举行。来自俄罗斯、越南、日本、澳大利亚、美国、加拿大、墨西哥、德国、保加利亚等国的学者和来自全国的260多位学者莅会。与会者围绕“苏联解体原因”、“苏联解体后果”和“世界社会主义运动前景展望”三个议题展开热烈讨论，对我们深刻了解苏联解体的原因后果，准确把握世界社会主义运动发展趋势，坚定走中国特色社会主义道路的信心，具有重大启发意义。

2011年4月23—24日，由北京师范大学中国近现代史研究中心和《近代史研究》编辑部联合举办的“第二届近代文化与近代中国学术研讨会”在北京师范大学举行。李文海、张海鹏、刘桂生、耿云志、郑师渠、阿梅龙等80余名中外学者参加了研讨会。与会者围绕近代文化史研究的理论方法、学术范式、社会文化变迁、中西文化观、传统文化与近代文化，西学与中学、近代文化人物与文化转型等问题展开了热烈讨论。与会者充分肯定了近代文化在近代中国社会发展变迁中的历史地位和作用。认为近代中国在面临“数千年未有之大变局”的时代背景下，经济、政治、文化领域都遭遇到前所未有的压力，发展困难，但强烈的爱国

主义精神和自强不息的民族精神成为近代中国人民顽强拼搏的脊梁，推动了近代中国文化的发展。近代文化是在中西文化冲突和融合的过程中发展起来的，这种发展变化是前进的、活跃的、生机勃勃的。与会者还总结了近代文化研究30多年来所取得的成就。认为改革开放后，中国近代文化史的研究和教学工作逐渐铺开，并很快确立了中国近代文化史的学科地位，培养出大批研究人才，建成一些研究重镇，取得大量具有原创性的学术成果。

2011年4月24—25日，“全球秩序重建与国际思想创新”国际学术研讨会暨“中国社会科学论坛：国际马克思主义分论坛”在中国社会科学院召开。这次国际学术研讨会是由中国社会科学院主办、中国社会科学院马克思主义研究学部和马克思主义研究院具体承办的。“中国社会科学论坛”是我国中外学术交流的重要平台。中国社会科学院副院长李慎明，中国社会科学院学部委员、马克思主义研究学部主任、马克思主义研究院院长程恩富，中国社会科学院学部委员李崇富，美国麻省大学经济学教授大卫·科茨，俄罗斯莫斯科大学社会学教授多博林科夫等与来自中国、美国、德国、日本、俄罗斯、加拿大、澳大利亚、保加利亚等国的专家学者100余人，以及《光明日报》、《中国社会科学报》等媒体记者出席此次研讨会。研讨会围绕中国模式及其对世界和平发展的影响、全球化与新帝国主义、21世纪的资本主义与社会主义等主题，展开了深入的讨论和交流，以期为超越现存不公正的世界格局、重建一种稳定繁荣有序的世界新秩序，提供创新的理论和政策理路。

2011年4月25—26日，第二届“中越马克思主义理论创新论坛”在越南海防市举行。此次论坛由越南社会科学院哲学研究所和中国社会科学院马克思主义研究院共同主办。参加此次论坛的越南方面的研究人员有越南社会科学院原副院长陈德强、哲学研究所所长范文德、中国研究所所长杜进森、经济学研究所所长陈廷天、法律与国家研究所所长阮如发，越共中央理论委员会原秘书长杨富协、越南祖国统一阵线原中央委员陈厚等30余人；中国方面的研究人员有中国社会科学院马克思主义研究院党委书记侯惠勤教授等中国社会科学院的专家学者12人，中共中央党校1人，国家新闻出版总署1人，外交部国际问题研究基金会1人；老挝方面参加会议的研究人员有老挝人民革命党中央委员、社会科学院院长坎培，政治学所所长坎蓬。此次论坛的主题是：“社会主义发展模式：理论与实践”。先后有近20位学者作大会发言，有10多位学者作提问发言。

2011年5月4日，由中国社会科学院马克思主义研究院马克思主义原理研究部和经济社会发展研究中心发起设立的北京马克思主义经济学青年论坛在京举行第一次研讨会，来自10余所在京科研机构和高等院校的青年学者共50余人出席会议。与会代表围绕中国经济学现代化、国有企业的改革与发展、马克思主义经济学的教学改革等主题展开研讨。大家一致认为，如何从理论上更好地揭示和说明当前世界体系和国内建设所遇到的各种问题，把握未来的发展趋势，需要我们以马克思主义的立场观点和方法，深刻总结历史经验，实现马克思主义理论的创新与发展。中国人民大学著名教授卫兴华、中国社会科学院学部委员程恩富在贺词中希望北京马克思主义青年经济学论坛成为团结青年学者、加强学术交流与合作、扩大马克思主义经济学在青年中的影响和进一步推进中国经济学现代化的平台。

2011年5月14—15日，由中国经济史学会、辽宁大学历史学院联合主办的中国经济发展的历史经验与国际比较学术研讨会暨辽宁大学比较经济史研究中心揭牌仪式在辽宁大学蒲河校区隆重举行，来自全国各高校、中国社会科学院等单位的知名专家和学者60余人参加了会议。中国经济史学会会长、中国社会科学院经济研究所研究员董志凯，中国经济史学会名誉会长赵德馨，中国经济史学会副会长、清华大学人文学院教授陈争平，中国经济史学会副会长、当代中国研究所副所长武力，中国经济史学会秘书长、中国社会科学院经济研究所副所长刘兰兮，辽宁大学党委书记、校长程伟，副校长陆杰荣等出席了开幕式。中国经济史学会副会长、辽宁大学比较经济史研究中心主任、历史学院院长韩毅主持了开幕式。

2011年5月19日，北京大学在京举行“中国共产党与中华民族伟大复兴——纪念中国共产党成立90周年理论研讨会”。北京大学党委书记闵维方，中央党史研究室副主任李忠杰、章百家，中央文献研究室副主任李捷，教育部社科司司长杨光，北京市委宣传部副部长傅华，北京大学党委副书记杨河，方正集团董事长魏新，著名学者沙健孙、梁柱、赵家祥、丰子义、王东、郭建宁、秦宣、夏文斌等60余人出席会议。

2011年5月31日—6月1日，中央党史研究室、中国中共党史学会和中国中共党史人物研究会在京联合举行全国党史界纪念中国共产党成立90周年学术研讨会。来自全国党史系统、党校系统、军队系统、社科院系统、高校系统的160多位专家学者参加会议，并围绕“中国共产党领导革命、建设和改革的成功实践及基本理论和宝贵经验”的主题进行了研讨，从而进一步深化了对党的历史发展的主题和主线、主流和本质的认识与研究，深化了对共产党执政规律、社会主义建设规律、人类社会发展规律的认识与研究。

2011年6月9—10日，由中共中央文献研究室、中国中共文献研究会联合举办的“纪念中国共产党成立90周年理论研讨会暨中国中共文献研究会年会”在京举行。来自全国各地的200多位党史专家和理论工作者参加研讨。与会专家围绕纪念和庆祝中国共产党成立90周年的主题，深入总结中国共产党的光辉历史、丰功伟绩和宝贵经验，探讨了党中央在治党治国治军实践中积累的宝贵思想财富，研讨了如何在新的历史起点上推进党和国家事业发展的重大理论和现实问题。

2011年6月9—10日，在中国共产党诞生90周年与中国历史唯物主义学会成立30周年之际，由中共重庆市委宣传部和中国历史唯物主义学会主办、重庆邮电大学承办的“马克思主义中国化与中国共产党的建设理论研讨会”隆重召开。中国历史唯物主义学会名誉会长、中国人民大学教授陈先达，中国社会科学院学部委员、中国历史唯物主义学会会长李崇富，中国历史唯物主义学会常务副会长、中国社会科学院马克思主义研究院党委书记侯惠勤，中国历史唯物主义学会副会长、原教育部社科中心主任田心铭，全国哲学社会科学规划办公室原主任张国祚，中国历史唯物主义学会副会长、北京大学教授李士坤，以及国内社科界近150名专家学者，围绕马克思主义中国化、党史与唯物史观、党的领导与执政规律等重要问题展开热烈讨论，高度肯定中国共产党成立90年来所取得的伟大成就和马克思主义中国化的理论成果，提出了推进马克思主义中国化、加强和改善党的领导的建议。

2011年6月9日，由中共上海市委组织部、市委宣传部和浦东新区区委举办的上海市“纪念建党90周年改革开放与党的建设”理论研讨会隆重举行。全国及上海市社科界党建研究专家，上海市区县党委、企业党组织、开发区管理机构等单位的代表出席了研讨会。

2011年6月11日，中共湖北省委宣传部、湖北省社科联和华中师范大学在武汉联合举办了主题为“纪念中国共产党成立90周年暨建设马克思主义学习型政党”的高层论坛。论坛以纪念中国共产党成立90周年为主旨，以马克思主义学习型政党建设为重点，围绕中国共产党学习型政党建设的理论问题、党内不同时期学习型政党建设特点和中外学习型政党建设比较、中国共产党学习型政党建设面临的挑战及对策等问题开展深入研讨，为新时期加强和改进党的建设提供理论支持。中共中央文献研究室副主任李捷，求是杂志社副总编黄中平，国家社科基金重点项目《建设马克思主义学习型政党研究》首席专家、华中师范大学教授何祥林作了主题报告。来自中国人民大学、武汉大学、军事科学院、中南大学、华中师范大学、中国地质大学、东北师范大学、广东外语外贸大学、扬州大学、延安大学、中共湖北省委党校等单位的12位专家学者作了大会发言。

2011年6月15日，由中共河北省委宣传部、党史研究室、党校、社科院等共同主办的“纪念中国共产党成立90周年理论研讨会”在石家庄举行。中共河北省委常委、宣传部长聂辰席等与百余名专家学者围绕“总结历史经验、推动科学发展”主题，回顾了中国共产党90年来所取得的辉煌成就和宝贵经验，深入探讨了如何进一步加强党的建设和推进经济社会又好又快发展所面临的理论与实践课题。

2011年6月16—17日，由中央党校主办、大连市委协办的“全国党校系统纪念中国共产党成立90周年理论研讨会”在大连市委党校召开。中央党校常务副校长李景田，副校长陈宝生、李书磊、张伯里，中国社会科学院常务副院长王伟光，大连市委书记夏德仁，副书记里景瑞等出席会议。来自全国党校系统的200多位专家学者围绕中国共产党成立90年所取得的辉煌成就和成功经验进行了深入研讨与交流。李景田作了“中国特色社会主义的旗帜上鲜明地写着发展与公正”主题报告。与会同志指出，马克思主义中国化是中国共产党90年来最重要的经验。正确理解党的这一历史经验：一要认真学习马克思主义理论；二要用发展着的马克思主义指导新实践；三要发扬理论联系实际学风；四要不断推进马克思主义中国化时代化大众化。大家达成这样的共识，紧密团结在党的领导下，大力宣传我们党90年的辉煌历史，培养更多坚定的马克思主义领导干部，努力为中华民族伟大复兴奠定人才基础。

2011年6月17—20日，由中国马克思主义哲学史学会、人民出版社“中国共产党思想理论资源数据库”网站、复旦大学哲学学院、嘉兴学院、嘉兴南湖红船精神研究会联合主办的“中国共产党90年与马克思主义哲学创新”理论研讨会暨中国马克思主义哲学史学会2011年年会在嘉兴学院隆重举行。来自中共中央党校、中国社会科学院、中央编译局、人民出版社、北京大学、中国人民大学、复旦大学、武汉大学等单位的130多位专家参加了研讨。中央文献研究室副主任、中央马克思主义理论研究与建设工程咨询专家李捷，中央编译局原局长、中央马克思主义理论研究与建设工程咨询专家韦建桦，教育部社科司司长杨光，中国马克思主义哲学史学会会长、中国人民大学教授梁树发，浙江省委宣传部常务副部长胡坚，嘉兴市委书记李卫宁，嘉兴市委常委、副市长张阳升，嘉兴学院党委书记胡建成等领导出席了研讨会。

2011年6月20日，中国社会科学院纪念中国共产党成立90周年理论研讨会在京举行。会议由中国社会科学院党组成员、副院长武寅主持。中国社会科学院党组副书记、常务副院长王伟光发表讲话。与会者满怀豪情地回顾了中国共产党的光辉历史和丰功伟绩：90年来，党团结带领全国各族人民前赴后继、顽强拼搏，建立了新中国，进行了社会主义革命和建设，实行改革开放，成功开辟了中国特色社会主义道路，为中华民族伟大复兴打开了前所未有的光明前景；实事求是地总结了马克思主义在中国的伟大胜利的重要经验；探讨了中国共产党在推进马克思主义中国化理论创新的过程中积累的宝贵思想财富；探索了在世界风云变幻和复杂国际国内环境中进一步加强党的建设，永葆党的先进性所面临的形势、任务、机遇和问题。

2011 年 6 月 24—25 日，在伟大的中国共产党成立 90 周年前夕，共同富裕与中国特色社会主义理论研讨会在重庆召开，全国政协副主席、中国社会科学院院长陈奎元出席会议，中国社会科学院常务副院长王伟光和中国社会科学院副院长李慎明先后主持了研讨会。专家们在会议上从重庆的实践和中国的实际出发，围绕如何深化对共同富裕的认识、共同富裕与中国特色社会主义的关系、坚持公有制经济的主体地位对实现共同富裕的意义、怎样进一步实现和发展共同富裕等问题展开讨论，并探讨走共同富裕之路的理论本质、重大意义和实施路径等，期望能早日解决好共同富裕这个世界性难题，为中国特色社会主义建设取得更大胜利贡献力量。

2011 年 6 月 24 日，教育部“和谐校园与和谐文化建设”理论研讨会在河南理工大学举行。来自北京大学、清华大学等 21 所高校的 32 位著名专家学者与会并作了精彩学术报告。教育部高等学校社会科学发展研究中心主任冯刚，教育部社科司原司长、全国高校马克思主义理论课教学指导委员会主任杨瑞森，河南省委高校工委副书记张亚伟，河南省委宣传部理论处处长王喜成等出席会议并讲话，对深入推动和谐校园与和谐文化建设、繁荣发展哲学社会科学提出了明确要求。

2011 年 6 月 25 日，中华人民共和国国史学会和中国史学会在京联合召开“庆祝中国共产党成立 90 周年暨纪念《关于建国以来党的若干历史问题的决议》通过 30 周年”学术座谈会。中国社会科学院副院长兼当代中国研究所所长、国史学会常务副会长朱佳木出席会议并作了题为《始终坚持中国共产党的领导，努力实现中华民族伟大复兴》的发言。中央党史研究室原副主任沙健孙，中国人民大学原校长李文海，中国社会科学院学部委员、中国史学会会长张海鹏，军事科学院战略与战争理论研究部原副部长齐德学，中国社会科学院近代史所所长步平等专家分别作了主题发言。与会者一致认为，总结我们党 90 年的历史，可以得出一个基本结论，这就是，只有中国共产党，才能够领导中国的革命、建设、改革事业，才能够承担起中国人民和中华民族的历史重托，带领中国人民沿着中国特色社会主义道路前进，实现中华民族的伟大复兴。原中顾委秘书长、当代中国研究所原所长李力安，国史学会副会长、第二炮兵原副司令员张翔，当代中国研究所副所长张星星、武力、王灵桂和全所干部职工 90 余人出席了会议。

2011 年 6 月 26 日，教育部在京召开全国高校纪念中国共产党成立 90 周年理论研讨会。教育部党组书记、部长袁贵仁出席会议并作了题为“沿着中国特色社会主义教育发展道路奋勇前进”的讲话。他强调，我们开辟了中国特色社会主义教育发展道路这一重大论断，是胡锦涛总书记在去年 7 月全国教育工作会上提出的，是对中国共产党带领人民发展教育事业的奋斗历程、巨大成就和基本经验的高度概括。我们要坚定不移地走中国特色社会主义教育发展道路，在新的历史起点上不断开创教育事业科学发展新局面。沙健孙、陈先达、张静如等120多位专家学者和高校负责人围绕中国共产党成立90年来的光辉历程、宝贵经验和中国共产党领导教育事业改革发展的巨大成就、基本经验进行了深入研讨交流。

2011年6月28日上午，国家行政学院纪念中国共产党成立90周年理论研讨会在京召开。院机关党委书记、中国中共党史学会副会长杨文明，中央党史研究室副主任、中国中共党史学会常务副会长李忠杰出席会议，国家行政学院政治学教研部主任刘峰主持会议。来自国家行政学院、中央党校、中国社会科学院、求是杂志社、紫光阁杂志社等单位的专家学者、党务工作者及《人民日报》、《光明日报》和人民网等新闻媒体代表共80余人参加了会议。李忠杰、陈雪薇、许耀桐、黄苇町、辛向阳等著名党史、党建专家在研讨会上作了主题发言。与会专家回顾和总结了中国共产党的光辉历史和丰功伟绩，探讨了我们党在加强党的建设、提高执政能力、引领科学发展的伟大实践中积累的丰富历史经验以及在新的历史起点上推进党和国家事业发展的重大理论和现实问题。

2011年7月1—2日，中央组织部、中央宣传部、中共中央党校、中央文献研究室、中央党史研究室、教育部、中国社会科学院、解放军总政治部在京联合召开纪念中国共产党成立90周年理论研讨会。2日下午，中共中央政治局常委李长春出席研讨会并作重要讲话。他强调，胡锦涛总书记在庆祝中国共产党成立90周年大会上的重要讲话，全面回顾了我们党90年紧紧依靠人民完成和推进“三件大事”的奋斗历程，高度评价了90年来我们党团结带领全国人民创造的举世瞩目的辉煌成就，系统总结了90年来党领导革命、建设和改革的历史经验，明确提出了新的历史条件下提高党的建设科学化水平的目标任务，深刻阐述了在新的历史起点上把中国特色社会主义伟大事业全面推向前进的大政方针，讲话通篇闪耀着马克思主义真理的光辉，是继续推进中国特色社会主义伟大事业的纲领性文献。我们一定要认真学习、深刻领会，把思想和行动统一到讲话精神上来。

2011年7月7日，北京市委宣传部、北京市中国特色社会主义理论体系研究中心在京举行首都理论界学习胡锦涛总书记在庆祝中国共产党成立90周年大会上的重要讲话座谈会。北京市委常委、宣传部长、副市长、北京市中国特色社会主义理论体系研究中心主任鲁炜等与来自理论界的百余名专家学者出席会议。秦宣、夏兴有、谭维克等专家强调，总书记的讲话思想深邃、内涵丰富，使理论界深感使命重大，责任在肩。理论界要结合党的光辉历史，深刻阐述党的理论创新成果，提高马克思主义说服力。专家们说，90年来我们党带领人民完成和推进的“三件大事”，充分证明中国共产党不愧为伟大、光荣、正确的马克思主义政党，不愧为领导中国人民不断开创事业发展新局面的核心力量。“三大成就”，开辟了中国特色社会主义道路，形成了中国特色社会主义理论体系，确立了中国特色社会主义制度。这些都需要理论界结合不同学科和学术资源来深刻阐述和解读党的理论创新成果，引导人们坚定不移跟党走，坚定不移走中国特色社会主义道路。

2011年7月18—19日，由中国社会科学院马克思主义研究院与内蒙古师范大学联合主办，内蒙古师范大学法政学院承办的“2011年全国思想政治教育学术研讨会”在内蒙古呼和浩特市举行。来自全国各高等院校、科研机构、企事业单位、期刊杂志社的专家学者以及呼和浩特市有关媒体记者80余人参加了研讨会。内蒙古自治区社会科学联合会主席牛森发来贺信，内蒙古师范大学校长杨一江教授在开幕式上致辞，内蒙古自治区党委宣传部副部长张太平在开幕式上讲话。中国社会科学院马克思主义研究学部主任、马克思主义研究院院长程恩富教授作了题为《当前我国七大社会思潮》的主题报告；我国思想政治教育专业创建人之一、著名思想政治教育专家、华中师范大学张耀灿教授作了题为《思想政治教育学科理论的重新审视》的报告。与会代表围绕新形势下思想政治教育遇到的新问题、思想政治教育学科的创新与发展，以及如何提高思想政治教育理论课教学实效性等问题展开了深入的研讨，对于推进思想政治教育理论与实践创新将起到积极作用。

2011 年 8 月 4 日，中华人民共和国国史学会，中国社会科学院马克思主义研究学部和当代中国研究所、中国社会科学杂志社、中国社会科学网在京联合召开了胡锦涛总书记“七一”重要讲话精神研讨会。会议由中华人民共和国国史学会副会长、北京师范大学党委副书记王炳林主持。中国社会科学院副院长兼当代中国研究所所长、国史学会常务副会长朱佳木出席会议并作了题为“站在中华民族伟大复兴的高度认识和履行党的历史使命”的发言。国史学会顾问、中央纪委驻文化部纪检组组长李洪峰，国史学会顾问、北京大学原副校长梁柱，中国社会科学院马克思主义研究学部委员李崇富，当代所副所长、国史学会秘书长张星星，中国社会科学杂志社历史学部主任李红岩，当代所政治史研究室主任李正华，中国社会科学网理论研究室主任张吉明等专家先后在会上发言。主办单位有关领导和科研人员 80 余人出席会议。

2011 年 8 月 18—19 日，武汉大学世界史研究所在湖北省武当山举办了一场“世界史学科建设暨学术前沿研讨会”。与会学者深入探讨了新形势下世界史学科的建设问题，指出追踪学术前沿是推动学术发展的重要保证，同时也是学科建设的重要内容之一。与会代表主要从理论探讨、动态介绍及具体研究三个层面集中展现了当前国内外的学术前沿和发展动向，体现出本次会议很高的学术水准。

2011 年 8 月 26 日，由北京市社科联、教育部社科研究中心、人民出版社、北京大学哲学系联合主办的《马克思主义哲学创新研究》出版座谈会在北京大学举行。教育部副部长李卫红、中央编译局局长衣俊卿、新闻出版总署副署长阎晓宏、北京市社科联党组书记史秋秋、教育部社科研究中心主任冯刚、人民出版社副社长陈中和、北京大学党委副书记杨河、北京大学哲学系教授黄枬森及邢贲思、杨春贵、崔自铎、许全星、庞元正、韩庆祥、韦建桦、靳辉明、陈先达、庄福龄、赵家祥、孙小礼、赵光武、陈志尚、王东、丰子义、王博、郭建宁等数十位专家学者出席会议。

2011 年 9 月 3 日，由北京大学中国文化发展研究中心、北京大学马克思主义学院联合主办的“新世纪十年来中国文化发展的回顾与展望“学术研讨会在京召开。校党委副书记杨河参加并主持了会议。来自北京大学、清华大学、中国人民大学、复旦大学、武汉大学、中央民族大学、中共中央党校、中国社会科学院、文化部等单位的 60 多位知名专家学者围绕新世纪十年来中国文化发展的历程，深入研讨了马克思主义中国化、马克思主义与中国传统文化、马克思主义与西方文化，以及社会主义先进文化创新与发展等课题。

2011 年 9 月 16 日，由中国经济社会发展智库理事会、中国社会科学院经济社会发展中心和中国经济规律研究会联合主办的“国企理论与政策——中国经济社会发展智库第 5 届高层论坛”在中国社会科学院召开。来自全国研究机构、高等院校、国有企业以及政府部门的100多位专家学者汇聚中国社会科学院社科会堂，围绕坚持以公有制经济为主体、做强做优做大国有企业等重大理论与实践问题，各抒己见。中国社会科学院副院长朱佳木，中国社会科学院原副院长、特邀顾问刘国光，中国社会科学院学部委员、马克思主义研究院院长程恩富、中国人民大学一级荣誉教授卫兴华等著名学者作了大会发言。

2011年9月18—19日，为了进一步推进中国苏区史的研究，由江西省社会科学院主办、江西省社科院中国苏区史重点学科承办的“中国革命与苏维埃运动”学术研讨会在南昌召开。来自全国党史研究系统、党校系统、社科院系统、高校系统的40多位专家学者参加了会议。与会专家围绕苏维埃运动在中国革命中的地位和作用、共产国际与中国苏维埃运动、苏区建设、各苏区历史的发展与特点等问题展开热烈的讨论。作为苏区史研究的重要成果，余伯流、何友良主编的《中国苏区史》也在会上受到专家的关注和研讨。

2011年9月21—23日，由中国政治学会和郑州大学共同主办的中国政治学会2011年年会暨“中国共产党与政治发展”学术研讨会在河南郑州市隆重召开。全国政协常委、河南省政协副主席袁祖亮同志，全国人大常委、中国政治学会会长、中国社会科学院副院长李慎明同志，郑州大学党委书记郑永扣同志，中国政治学会副会长王一程、包心鉴、桑玉成、张桂琳、高建、周光辉、徐勇、杨海蛟同志以及来自全国高校和科研院所的150多位专家学者参加了会议。与会学者围绕着90年来中国共产党如何致力于政治发展这一主题，分“政治发展研究”、“执政党建设研究”、“反腐败研究”、“基层民主研究”四个分论坛展开了研讨与交流。

2011年9月23—24日，由首都师范大学历史学院中国近现代社会文化史研究中心主办的“西方新文化史与中国社会文化史的理论与实践”学术研讨会在京召开。来自中国社会科学院近代史所、上海社科院、天津社科院、首都师范大学、南开大学、复旦大学、中国人民大学、华东师范大学、中国政法大学、山西大学等单位的30余位学者参加了会议。与会学者就中国社会文化史研究的理论方法及中西方文化史的比较研究进行了深入探讨。

2011年9月24—26日，为期三天的“第五届中国社会科学前沿论坛”在永州市隆重开幕。此次论坛由中国社会科学杂志主办，湖南省社会科学院、中共永州市委、永州市人民政府承办。与会专家以“十二五规划与中国哲学社会科学创新体系”为主题，共同探讨了在全面启动“十二五规划”的新形势下，繁荣发展哲学社会科学，推进哲学社会科学创新体系建设的战略意义和实现路径，就推进学科体系、学术观点、科研方法创新展开了深入交流，并正式发布了2011年社会科学蓝皮书《中国社会科学学术前沿（2010—2011）》。中央候补委员、中国社会科学院常务副院长王伟光，湖南省政协副主席武吉海，中共永州市委书记张硕辅，教育部社科司司长杨光，中国社会科学杂志社总编辑高翔，湖南省社会科学院院长朱有志，市政协主席陈金荣，市委常委、秘书长唐定及来自全国多所知名大学等单位的100余位专家出席。湖南省社会科学院副院长周小毛主持开幕式。

2011年9月26—28日，由中华人民共和国国史学会和中国社会科学院当代中国研究所主办的第十一届国史学术年会在山城重庆召开。中共中央政治局委员、中共重庆市委书记薄熙来参加讨论并讲话。中国社会科学院副院长兼当代中国研究所所长、国史学会常务副会长朱佳木致开幕词，中共重庆市委常委、宣传部长何事忠致欢迎词，中央组织部原部长、国史学会顾问张全景讲了话。中央文献研究室副主任、国史学会副会长李捷，中共重庆市委常委、组织部长陈存根，市委常委、秘书长徐鸣，中央政策研究室原副主任、全国党建研究会顾问郑科扬出席开幕式。第二炮兵原副司令员、国史学会副会长张翔主持开幕式。李捷、郑科扬、程恩富、房宁、尹韵公、潘家华、李希光、温铁军等在大会上发了言。本次学术年会共有来自全国各地的20多位特邀嘉宾和90多位国史研究专家参加。

2011年10月9日，在辛亥革命100周年到来之际，由湖南省社科联、湖南师大、湖南省社科院、湖南省方志办、湖南省历史学会等单位联合发起和主办的“纪念辛亥革命100周年青年学术研讨会“在长沙市隆重召开。来自全国各地的80多名青年学者和特邀专家与会。老一辈著名学者金冲及、李文海、章开沅、张海鹏等发来贺信或贺电，对本次会议的召开表示热烈的祝贺。严昌洪、朱英、饶怀民、郑大华等知名学者作为特邀嘉宾在会上分别作了主题报告，使青年学者深受启发。

2011年10月22—23日，由中国社会科学院当代中国研究所与河北大学联合主办的“新中国社会变迁与当代社会史研究”学术研讨会在河北保定召开。来自中国人民大学、北京大学、南开大学、山西大学、河北大学、当代中国研究所等单位的近70名专家学者出席会议。与会学者围绕“当代社会史学科体系构建”，“农村社会研究”，“社会建设和民生事业”，“社会生活、婚姻家庭、民间信仰”和“社会构成、社会问题、社会管理”5个专题进行了深入的讨论。中国社会科学院副院长、当代中国研究所所长朱佳木指出，在新中国成立以来的62年里，我国社会发生了翻天覆地的变化，积极开展当代社会史研究，厘清当代中国社会变迁的过程，解读各种社会矛盾的成因，总结其中的经验教训，揭示中国特色社会主义发展的规律，并相应构建有中国特色、中国风格、中国气派的当代社会史学科，具有重要的现实意义。

2011年10月25—28日，中宣部在京举办学习贯彻党的十七届六中全会精神研讨班，深入学习领会全会精神，培训地方宣讲骨干，对做好理论研究阐释和宣讲工作作出安排。各省区市和新疆生产建设兵团党委宣传部分管理论工作的副部长、理论处长、讲师团长，全国中国特色社会主义理论体系研究中心负责同志和中央主要新闻媒体理论宣传部门负责同志参加了研讨班。

2011年10月28日，由北京外国语大学哲学社会科学学院、国际问题研究所、亚非学院联合主办的“经济全球化对各国文化安全的影响与对策”学术会议在京举行。来自高校和各科研院所的专家学者齐聚一堂，深入探讨经济全球化背景下世界经济发展的新格局新特点，以及各国文化安全受到的影响与对策。

2011年11月4日，“周恩来与马克思主义中国化”学术研讨会暨中国中共文献研究会周恩来思想生平研究分会2011年年会在重庆召开。中央文献研究室主任、中国中共文献研究会会长冷溶，重庆市委副书记张轩，中央文献研究室副主任、中国中共文献研究会副会长陈晋，重庆市委常委、宣传部长何事忠，中共党史学会副会长、中央党史研究室原副主任章百家，军事科学院世界军事部副部长罗援少将等有关部门负责人，周恩来同志原身边工作人员、周恩来同志亲属、专家学者100余人出席。与会专家就周恩来有关马克思主义中国化的思考与实践以及在马克思主义中国化过程中的贡献等问题进行了深入探讨。

2011年11月5—6日，由中国社会科学院马克思主义研究院、河南大学、中国社会科学杂志社马克思主义编辑室共同主办，中国社会科学院马克思主义研究院国外部、河南大学哲学与公共管理学院等共同承办的第五届全国马克思主义院长论坛在河南开封举办。中国社会科学院学部委员、马克思主义研究学部主任、马克思主义研究院院长程恩富，河南大学党委副书记王凌，以及来自中国社会科学院、北京大学等国内马克思主义研究和教学机构的领导及专家学者80余人参加了此次论坛。论坛围绕“中国共产党建党90周年与马克思主义中国化”和党的十七届六中全会精神，对中国共产党建党90周年的理论与实践、马克思主义中国化的进程与规律、马克思主义的理论研究与实际运用等专题进行了深入研讨。

2011年11月5—6日，中国社会科学院马研院马克思主义发展研究部和南京师范大学马克思主义学院、公共管理学院在南京联合举办马克思主义基本原理与中国特色社会主义研讨会。来自中国社会科学院、清华大学、中国人民大学、复旦大学、南京政治学院等单位的专家学者，围绕马克思主义基本原理及其当代价值、中国特色社会主义理论体系与高校马克思主义理论学科建设等议题进行了深入的研讨。

2011年11月13日，纪念中央革命根据地创建暨中华苏维埃共和国成立80周年学术研讨会在中国井冈山干部学院召开，石仲泉、李洪峰等数十名专家参加研讨会。中国井冈山干部学院常务副院长李小三指出，在中央革命根据地创建暨中华苏维埃共和国成立80周年之际，召开此次学术研讨会，共同回顾我们党艰苦创业的光辉历史，缅怀老一辈无产阶级革命家的不朽业绩，重温党的优良传统和作风，对于我们今天党的领导干部在各种风险和挑战面前提高执政能力、增强执政为民的本领具有十分重要的意义。

2011年11月18日，中共中央党校哲学教研部、中共中央党校社会发展研究中心和中国马克思主义研究基金会在中央党校联合主办“哲学与社会发展论坛（2011）——社会主义核心价值体系与当代中国社会发展”。中共中央党校副校长陈宝生、中央党校教育长徐伟新出席会议。中国马克思主义研究基金会副理事长、中央党校原教育长郝时晋，中央党校校委委员、哲学教研部主任、中央党校社会发展研究中心主任贾高建分别代表主办单位致辞。中央党校哲学教研部副主任、中央党校社会发展研究中心副主任李晓兵主持会议并作会议总结。来自中共中央党校、中国社会科学院、北京大学、中国人民大学、北京师范大学、《人民日报》、《光明日报》、求是杂志社等单位的近70名专家学者参加会议。

2011年11月19日上午，由徐州师范大学当代中国马克思主义哲学范式创新研究中心承办的“中国马克思哲学高峰论坛（2011）”在徐州师范大学召开。来自中国社会科学院、北京大学、清华大学、中国人民大学、吉林大学、复旦大学、南京大学、武汉大学等单位的30余位国内知名专家学者参加了论坛，并围绕“路径与形态：中国马克思哲学理论创新90年”展开了热烈讨论。

2011年11月21—22日，由中国中共文献研究会毛泽东思想生平研究分会和广州大学共同主办的“毛泽东与马克思主义中国化”学术研讨会暨中国中共文献研究会毛泽东思想生平研究分会第三届年会日前在广州召开。来自中共中央文献研究室、中共中央党校、中央档案馆、中国社会科学院、北京大学、广州大学等单位的专家学者100余人出席会议。与会学者围绕毛泽东对马克思主义中国化的历史贡献、毛泽东对马克思主义中国化的基本经验、马克思主义中国化两大理论成果的相互关系及时代价值等问题进行了深入研讨和交流。

2011年11月29—30日，第八届“全国马克思主义论坛”在京隆重举行。论坛主题为“马克思主义中国化与中国共产党90年”。此次论坛由中共中央编译局、《光明日报》社、北京大学联合主办，中央理论工程《马克思主义经典著作基本观点研究》课题组、中国马克思恩格斯研究会、中央编译局马克思主义研究部、北京大学哲学系、《马克思主义与现实》杂志社共同承办。来自中共中央编译局、中共中央党校、中国社会科学院、北京大学、清华大学、中国人民大学、武汉大学、国防大学、军事科学院等单位的100多位专家学者参加论坛。与会专家学者围绕“马克思主义在中国的传播”、“马克思主义中国化的成果与经验”、“中国化马克思主义与当代中国”、“中国化马克思主义与当代世界”、“中国共产党与马克思主义中国化”等议题展开了深入研讨。

2011年11月30日，为贯彻落实党的十七届六中全会精神、探讨新形势下文化强国之路，《光明日报》理论部与中国文化软实力研究中心、《人民日报》理论部、中国社会科学报、人民网、中国社会科学网主办，社会科学文献出版社、湖南大学、北京交通大学承办的“文化强国高层论坛”暨《中国文化软实力研究要论选（第一卷）》发布会在京举行。论坛的议题为：文化强国战略提出的背景和意义、实施文化强国战略的主要着力点、增强国家文化软实力的对策建议。中央政策研究室原副主任卫建林、中央文献研究室副主任陈晋、国家行政学院副院长周文彰、中国科学院纪检组组长王庭大、中央党史研究室原副主任沙健孙、《光明日报》副总编辑何东平等出席论坛并发表演讲。中国文化软实力研究中心主任张国祚主持论坛。

2011年12月8—9日，由中国社会科学院和海南省委、省政府联合主办，中国社会科学院哲学研究所、中共海南省委宣传部、中共海口市委和海口市政府承办的“2011年中国哲学论坛暨第二届中国哲学大会”在海口市举行。主题为“哲学创新与当代中国发展”。中共海南省委书记罗保铭、中国社会科学院常务副院长王伟光出席论坛并致辞。中共海南省委常委、宣传部长、副省长谭力主持开幕式；中国社会科学院哲学所所长谢地坤、中国社会科学院哲学所副所长余涌、北京大学哲学系教授丰子义分别主持大会发言。中国社会科学院文学哲学学部副主任、学部委员李景源作大会学术总结。中国社会科学院哲学所副所长孙伟平宣读恢复成立“中国哲学联合会”倡议书。